中華大藏經編輯局編

中華大藏經

漢文部分

六一

中華書局

圖書在版編目(CIP)數據

中華大藏經:漢文部分.第61册/中華大藏經編輯局編. —
北京:中華書局,1993.5(2019.10 重印)
ISBN 978-7-101-01089-3

Ⅰ.中…　Ⅱ.中…　Ⅲ.大藏經　Ⅳ.B941

中國版本圖書館 CIP 數據核字(2019)第 218323 號

内封題簽:李一氓
裝幀設計:伍端端

中華大藏經(漢文部分)

第六一册

《中華大藏經》編輯局 編

*

中華書局出版發行

(北京市豐臺區太平橋西里 38 號　100073)

http://www.zhbc.com.cn

E-mail:zhbc@zhbc.com.cn

三河市航遠印刷有限公司印刷

*

787×1092 毫米 1/16 · 67¾印張 · 2 插頁

1993 年 5 月第 1 版　2019 年 10 月北京第 4 次印刷

定價:600.00 元

ISBN 978-7-101-01089-3

中華大藏經（漢文部分）

第六十一册目録

千字文編次　通——明

目録

大唐大慈恩寺三藏法師傳序

垂拱四年三月十五日仰上沙門釋彦悰述　通

恭惟釋迦氏之臨忍土也，始演八正，啓三寳以黜群邪之典，由是佛教行焉。方等一乘圓宗十地謂之大法言真筌也，化城垢服濟鹿馳羊謂之小學言權旨也。至於禅戒呪術厭魅万途，而滅惑利生其歸一揆。是故歷代英聖仰而寳之。八會之經謂之為本根其義也，三轉之法謂之為末枝其義也。暨夫天雨四花地現六動，解其髻寳示以衣珠，借一以破三，撤末歸本者也。付法藏傳日：聖者阿難能誦持如来所有法藏，如瓶瀉水置之異器，即謂釋尊一代四十九年應物逗機適時之教也。逮提河輟潤，堅林晦景，邃旨冲宗於焉殆絶。我先昆迦葉屬五棺已掩，千氎將焚，痛天人眼滅，蒼生莫救，故召諸聖衆集結微言，考繩墨以立定門，即貫花而開律部，據優波提舍以之為論，剖拆空有，顯別斷常，示之以因修，明之以果證，足以貽範當代，軌訓將来，歸向之徒並遵其義。及王泰奉使，考日光而求佛；騰蘭應請，策練影以通經。厥後易首抽腸之賓播美於天外，篆葉結鵠之奥譯粹於區中。然至賾至神，思慮者或迷其性相；唯恍唯忽，言談者有昧其是非。况去聖既遥，来教多闕，殊途竟軫，别路揚鑣而已。我法師懸弭誕辰，室表空生之應；佩觿登歳，心符妙徳之方。誠悲愛海无出要之津，知覺地有栖神之宅，故削髮搞翰，翔集二空，異縣他山，載馳千里。每慨古賢之得本行本無，嘗致乖痛；先匠之闇疑傳疑，豕亥斯惑。竊惟音樂樹下必存金石之響，五天竺内想具百篇之義。遂發憤忘食，履嶮若夷，輕万死以涉葱河，重一言而之柰苑。鷲山猴沼仰勝迹以瞻奇，鹿野仙城訪遺編於蠹簡。春秋寒暑一十七年，耳目見聞百三十國。揚我皇之威烈，振彼后之權豪，偃異學之高轍，拔同師之巨幟，名王拜首，勝侶摩肩，万古風猷一人而已。法師於彼國所獲大小二乘三藏梵本等揔

有六百五十七部並載以巨為并諸
卻驂蒙霜犯雪自天祐以元亨陽苔
陰溢假皇威而利涉粤以貞觀十有
九祀達于上京道俗迎之闐城溢郭
鏘鏘濟濟亦一期之盛也及謁見
天子勞問慇懃爰命有司　璺令宣
譯人皆敬奉難以具言至如氏族簪
纓捐親入道遊踐遠近中外讚揚示
息化以歸真同薪盡而火滅若斯之
類則備乎茲傳也傳本五卷魏國西
寺前沙門惠立所述立俗姓趙豳國
公劉人隋起居郎司隸從事毅之子
博考儒釋雅善篇章妙辯雲飛溢思
泉涌加以直詞正色不憚威嚴赴水
蹈火无所屈撓覩三藏之學行矚三
藏之形儀鑽之仰之弥堅弥遠因修
撰其事以貽終古及削藁云畢慮遺
諸美遂藏之地府代莫得聞尒後役
思纏痾氣懸鍾漏乃顧命門徒掘以
啓之將出而卒門人等哀慟荒鯁悲
不自勝而此傳流離分散他所累載
搜購近乃獲全因命余以序之迫余
以次之余撫己缺然拒而不應因又

謂余曰佛法之事豈預俗徒況乃當
仁苦為辭讓余再懷慚退沉吟久之
執紙操翰汎瀾腷臆方乃參犬羊以
虎豹糅瓦石以琳璆錯綜本文箋為
十卷庶後之覽者无或嗤焉

大慈恩寺三藏法師傳卷第一

沙門慧立本　釋彥悰箋

起載誕於緱氏終西屆于高昌

法師諱玄奘俗姓陳陳留人也漢太
丘長仲弓之後曾祖欽後魏上黨太
守祖康以學優仕齊任國子博士食
邑周南子孫因家又為緱氏人也父
慧英潔有雅操早通經術形長八尺
美眉目褒衣博帶好儒者之容時人
方之郭有道性恬簡无務榮進加屬
隨政衰微遂潛心墳典州郡頻貢孝
廉及司隸辟命並辭疾不就識者嘉
焉有四男法師即第四子也幼而珪
璋特達聰悟不群年八歲父坐於几
側口授孝經至曾子避席忽整襟而
起問其故對曰曾子聞師命避席玄
奘今奉慈訓豈宜安坐父甚悅知其
必成召宗人語之皆賀曰此公之楊

烏也其早慧如此自後備通經典而
愛古尚賢非雅正之籍不觀非聖哲
之風不習不交童幼之黨无涉闤闠
之門雖鍾皷嘈囋於通衢百戲叫歌
於閭巷士女雲萃其未嘗出也又少
知色養溫清淳謹其第二兄長捷先
出家住東都淨土寺察法師堪傳法
教因將詣道塲誦習俄而有
勑於洛陽度二七僧時業優者數百
法師以經少不預取限立於公門之側
時使人大理卿鄭善果有知士之鑒
見而奇之問曰子為誰家荅以氏族
又問求度耶荅曰然但以習近業微
不蒙比預又問出家意何所為荅意
欲遠紹如來近光遺法果深嘉其志
又賢其器貌故特而取之因謂官僚
曰誦業易成風骨難得若度此子必
為釋門偉器但恐果與諸公不見其
翔翥雲霄灑演甘露耳又名家不可
失以今觀之則鄭卿之言為不虛也
既得出家與兄同止時寺有景法師
講涅槃經執卷伏膺遂忘寢食又學
嚴法師攝大乘論愛好逾劇一聞將

盡冊覽之後无復所遺衆咸驚異乃令升座覆述抑揚剖暢備盡師宗美問芳聲從玆發矣時年十三也其後隋氏失御天下沸騰帝城為桀跖之窠河洛為豺狼之穴衣冠殄喪法衆銷亡白骨交衢煙火斷絶雖王董僭逆之釁劉石乱華之灾剝削生靈芟夷海内未之有也法師雖居童幼而情達變通乃啓兄曰此雖父母之邑而喪乱若玆豈可守而死也今聞唐帝驅晉陽之衆已據有長安天下依歸如適父母願與兄投也兄從之即共俱來時武德元年矣是時國基草創兵甲尚興孫吳之術斯為急務孔釋之道有所未遑以故京城未有講席法師深以慨然初煬帝於東都建四道場召天下名僧居焉其徵來者皆一藝之士是故法將如林景脫基暹為其稱首末年國亂供料停絶多遊綿蜀知法之衆又盛於彼法師乃啓兄曰此无法事不可虛度願遊蜀受業焉兄從之又與經子午谷入漢川遂逢空景二法師皆道場之大

德相見悲喜停月餘從之受學仍相與進向成都諸德既萃大建法筵於是更聽基暹攝論毗曇及震法師迦延敬惜寸陰勵精无怠二三年間究通諸部時天下飢乱唯蜀中豐静故四方僧投之者衆講座之下常數百人法師理智宏才皆出其右吴蜀荊楚无不知聞其想望風徽亦猶古人之欽李郭矣法師兄因住成都空慧寺亦風神朗俊體狀魁傑有類於父好内外學凡講涅槃經攝大乘論阿毗曇兼通書傳尤善老莊為蜀人所慕揔管酇公特所欽重至於屬詞談吐蘊籍風流接物誘凡无愧於弟者其亭亭獨秀不雜埃塵遊八宏窮玄理廓宇宙以為志繼聖達而為心匡振頹網苞挫殊俗涉風波而意靡倦對万乘而節逾高者固兄所不能逮然昆季二人懿業清規芳聲雅質雖廬山兄弟无得加焉法師年滿二十即以武德五年於成都受具坐夏學律五篇七聚之宗一遍斯得益部經論研綜既窮更思入京詢問殊旨條

式有凝又為兄所留不能遂意乃私與商人結侶汎舟三峽沿江而遁到荊州天皇寺彼之道俗承風斯久既屬來儀咸請敷說法師為講攝論毗曇自夏及冬各得三遍時漢陽王以盛德懿親作鎮於彼聞法師至甚歡躬身礼謁發題之曰王率群僚及道俗一藝之士咸集榮觀於是徵詰雲發關並峯起法師酬對解釋靡不詞窮意服其中有深悟者悲不自勝王亦稱歎无極䞋施如山一无所取罷講後復北遊詢求先德至相州造休法師質問疑㝵又到趙州謁深法師學成實論又入長安止大覺寺就岳法師學俱舍論皆一遍而盡其旨經目而記於心雖宿學耆年不能出也至於鉤深致遠開微發伏衆所不至獨悟於幽奥者固非一義焉時長安有常辯二大德解究二乘行窮三學為上京法匠緇素所歸道振神州譽馳海外負笈之侶從之若雲雖含綜衆經而偏講攝大乘論法師既曾有功吴蜀自到長安又隨詢採然其所

有深致亦一拾斯盡二德並深嗟賞
謂法師曰汝可謂釋門千里之駒再
明慧日當在尔躬恨吾輩老朽恐不
見也自是學徒改觀譽滿京邑法師
既遍謁衆師備飡其説詳考其理各
擅宗塗驗之聖典亦隱顯有異莫知
適從乃誓遊西方以問所惑并取十
七地論以釋衆疑即今之瑜伽師地
論也又言昔法顯智嚴亦一時之士
皆能求法導利群生豈使高跡无追
清風絶後大丈夫會當繼之於是結
侶陳表有　詔不許諸人咸退唯法
師不屈既方事孤遊又承西路艱嶮
乃自試其心以人間衆苦種種調伏
堪任不退然始入塔啓請申其意願
乞衆聖冥加使往還无梗初法師之
生也母夢法師著白衣西去母曰汝是
我子今欲何去答曰為求法故去此
則遊方之先兆也貞觀三年秋八月
將欲首塗又求祥瑞乃夜夢見大海
中有蘇迷盧山四寶所成極為嚴麗
意欲登山而洪濤洶湧又无船栰不
以為懼乃決意而入忽見石蓮華涌

平波外應足而生却而覩之隨足而
滅須臾至山下又峻峭不可上試踊
身自騰有摶飈飈至扶而上昇到山
頂四望廓然无復擁㝵喜而寤焉遂
即行矣時年二十六也時有秦州僧
孝達在京學涅槃經功畢還鄉遂與
俱去至秦州停一宿逢蘭州伴又隨
去至蘭州一宿遇涼州人送官馬歸
又隨去至彼停月餘日道俗請開涅
槃攝論及般若經法師皆為開發涼
州為河西都會襟帶西蕃葱右諸國
商侶往来无有停絶時開講日盛有其
人皆施珎寶稽顙讃歎歸還各向其
君長稱歎法師之美云欲西來求法於
婆羅門國以是西域諸城无不預發
歡心嚴灑而待散會之日珎施豐厚
金銀之錢口馬无數法師受一半然
燈餘外並施諸寺時國政尚新疆埸
未遠禁約百姓不許出蕃時李大亮為
涼州都督既奉嚴勑防禁特切有人
報亮云有僧從長安来欲向西國不
知何意亮懼追法師問来由法師報
云欲西求法亮聞之逼還京彼有惠

威法師河西之領袖神悟聰哲既重
法師辭理復聞求法之志深生隨喜
密遣二弟子一曰惠琳二曰道整竊
送向西自是不敢公出乃晝伏夜行
遂至瓜州時刺史獨孤達聞法師至甚
歡喜供事殷厚法師因訪西路或有報云
從此北行五十餘里有瓠𧮪河下廣上
狹洄波甚急深不可渡上置玉門關
路必由之即西境之襟喉也關外西
北又有五烽候望者居之各相去百
里中无水草五烽之外即莫賀延磧
伊吾國境聞之愁憒所乘之馬又死
不知計出沉默經月餘未發之間涼
州訪牒又至云有僧字玄奘欲入西
蕃所在州縣宜嚴候捉州吏李昌崇
信之士心疑法師遂密將牒呈云師
不是此耶法師遲疑未報昌曰師須
實語必是弟子為圖之法師乃具實
而答昌聞深讃希有曰師實能尒者
為師毀却文書即於前裂壞之仍云
師須早去自是益增憂惘所從二小
僧道整先向燉煌唯惠琳在知其不
堪遠涉亦放還遂貿易得馬一疋但

苦无人相引即於所停寺弥勒像前啓請願得一人相引渡關其夜寺有胡僧達摩夢法師坐一蓮華向西而去達摩私恠旦而来白法師心喜為得行之徵然語達摩云夢為虚妄何足涉言更入道塲礼請俄有一胡人来入礼佛逐法師行二三帀問其姓名云姓石字槃陁此胡即請受戒乃為授五戒胡甚喜辝還少時賫餅菓更来法師見其明健貌又恭肅遂告行意胡人許諾言送師過五烽法師大喜乃更貨衣資為買馬而期焉明日日欲下遂入草間須臾彼胡更与一胡老翁乘一瘦老赤馬相逐而至法師心不懌少胡曰此翁極諳西路来去伊吾三十餘反故共俱来望有平章耳胡公因說西路險惡沙河阻遠鬼魅熱風過无達者徒侶衆多猶數迷失況師單獨如何可行願自斟量勿輕身命法師報曰貧道為求大法發趣西方若不至婆羅門國終不東歸縱死中途非所悔也胡翁曰師必去可乘我馬此馬往反伊吾已十五度健

而知道師馬少不堪遠涉法師乃竊念在長安將發志西方日有術人何弘達者誦呪占觀多有所中法師令占行事達曰師得去去狀似乘一老赤瘦馬漆鞍橋前有鐵既覩胡人所乘馬瘦赤漆鞍有鐵與何君言合心以為當遂即換焉胡翁歡喜礼敬而別於是裝束與少胡夜發三更許到河遥見玉關去關上流十里許兩岸可闊丈餘傍有胡樹樹藂胡乃斬木為橋布草填沙駈馬而過法師既渡而喜因解駕停憩與胡人相去可五十餘步各下褥而眠少時胡人乃拔刀而起徐向法師未到十步許又迴不知何意疑有異心即起誦經念觀音菩薩胡人見已還卧遂睡天欲明法師喚令起取水盥漱解齋訖欲發胡人曰弟子將前塗嶮遠又無水草唯五烽下有水必須夜到偷水而過但一處被覺即是死人不如歸還用為安隱法師確然不迴乃俛仰而進露刀張弓命法師前行法師不肯居前胡人自行數里而住曰弟子不能去家累既大

而王法不可忤也法師知其意遂任還胡人曰師必不達如被擒捉相引奈何法師報曰縱使切割此身如微塵者終不相引為陳重誓其意乃止与馬一疋勞謝而別自是子然孤遊沙漠矣唯望骨聚馬糞等漸進頃間忽有軍衆數百隊滿沙磧間乍行乍止皆裘褐駝馬之像及旌旗矟纛之形易貌移質倏忽千變遥瞻極著漸近而微法師初覩謂為賊衆漸近見滅乃知妖鬼又聞空中聲言勿怖勿怖由此稍安經八十餘里見第一烽恐候者見乃隱伏沙溝至夜方發到烽西見水下飲盥手訖欲取皮囊盛水有一箭颯来幾中於膝須臾更一箭来知為他見乃大言曰我是僧從京師来汝莫射我即牽馬向烽烽上人亦開門而出相見知是僧將入見挍尉王祥祥命爇火令看曰非我河西僧實似京師来也具問行意法師報曰挍尉頗聞涼州人說有僧玄奘欲向婆羅門國求法不荅日聞承奘師已東還何因到此法師引示馬上章

踈及名字彼乃信仍言西路艱遠師終不達今亦不與師罪弟子燉煌人欲送師向燉煌彼有張皎法師欽賢尚德見師必喜請就之法師對曰奘弃梓洛陽少而慕道兩京知法之匠吳蜀一藝之僧無不負笈從之窮其所解對揚談論亦忝為時宗欲養巳修名豈劣檀越燉煌耶然恨佛化經有不周義有所闕故無貪性命不憚艱危誓往西方遵求遺法檀越不相勵勉專勸退還豈謂同獸壓勞共樹涅盤之因也必欲拘留任即刑罰玄奘終不東移一步以負先心祥聞之憫然曰弟子多幸得逢遇師敢不隨喜師疲倦且卧待明自送指示途路遂拂筵安置至曉法師食訖祥使人盛水及麨餅自送至十餘里云師從此路徑向第四烽彼人亦有善心又是弟子宗骨姓王名伯隴至彼可言弟子遣師來泣拜而別既去夜到第四烽恐為留難欲默取水而過至水未下間飛箭巳至還如前報即急向之彼亦下來入烽烽官相問答欲往

天竺路由於此第一烽王祥校尉故遣相過彼聞歡喜留宿更施大皮囊及馬麦相送云師不須向第五烽彼人踈率恐生異圖可於此去百里許有野馬泉更取水從是巳去即莫賀延磧長八百餘里古曰沙河上無飛鳥下無走獸復無水草是時顧影唯一但念觀音菩薩及般若心經初法師在蜀見一病人身瘡臭穢衣服破汙愍將向寺施與衣服飲食之直病者慚愧乃授法師此經因常誦習至沙河間逢諸惡鬼奇狀異類遶人前後雖念觀音不能全去及誦此經發聲皆散在危獲濟實所憑焉時行百餘里失道覓野馬泉不得下水欲飲袋重失手覆之千里行資一期斯罄又失路盤迴不知所趣乃欲東歸還第四烽行十餘里自念我先發願若不至天竺終不東歸一步今何故来寧可就西而死豈歸東而生於是旋轡專念觀音西北而進是時四顧茫然人鳥俱絶夜則妖魑舉火爛若繁星晝則驚風擁沙散如時雨雖遇如

是心無所懼但苦水盡渴不能前是時四夜五日無一滴沾喉口腹乾燋幾將殞絶不復能進遂卧沙中默念觀音雖困不捨啓菩薩曰玄奘此行不求財利無兾名譽但為無上正法來耳仰惟菩薩慈念群生以救苦為務此為苦矣寧不知耶如是告時心心無輟至第五夜半忽有凉風觸身冷快如沐寒水遂得目明馬亦能起體既蘇息得少睡眠即於睡中夢一大神長數丈執戟麾曰何不強行而更卧也法師驚寤進發行可十里馬忽異路制之不迴經數里忽見青草數畝下馬恣食去草十步欲迴轉又到一池水其澄鏡澈即而就飲身命重全人馬俱得蘇息計此應非舊水固是菩薩慈悲為生其至誠通神皆此類也即就草池一日停息後日盛水取草進發更經兩日方出流沙到伊吾矣此等危難百千不能備叙既至伊吾止一寺寺有漢僧三人中有一老者衣不及帶跣走出迎抱法師哭哀號哽咽不能巳巳言豈期今日

重見鄉人法師亦對之傷泣自外胡僧胡王悉來參謁王請屆所居備陳供養時高昌王麴文泰使人先在伊吾是日欲還適逢法師歸告其王王聞即日發使勑伊吾王遣法師來仍簡上馬數十疋遣貴臣馳驅設頓迎候比停十餘日王使至陳王意拜請慇懃法師意欲取可汗浮啚過旣為高昌所請辭不獲免於是遂行涉南磧經六日至高昌界白力城時日已暮法師欲停城中官人及使者曰王城在近請進數換良馬前去法師先所乘赤馬留使後來即以其夜雞鳴時到王城門司啓王王勑開門法師入城王與侍人前後列燭自出宮迎法師入後院坐一重寶帳中拜問甚厚云弟子自聞師名喜忘寢食量准塗路知師今夜必至與妻子皆未眠讀經敬待須臾王妃共數十侍女又來礼拜是時漸欲將曉言久疲倦欲眠王始還宮留數黃門侍宿旦法師未起王已至門率妃已下俱來礼問王云弟子思量磧路艱阻師能獨來

甚為奇也流淚稱歎不能已已遂設食解齋訖而宮側別有道場王自引法師居之遣闍人侍衛彼有彖法師曾學長安善知法相王珎之命來與法師相見少時出又命國統王法師年逾八十共法師同處仍遣勸住勿往西方法師不許停十餘日欲辭行王曰已令統師諮請師意何如法師報曰留住實是王恩但於來心不可王曰泰與先王遊大國從隋帝歷東西二京及燕岱汾晉之間多見名僧心無所慕自承師名身心歡喜手舞足蹈擬師至止受弟子供養以終一身令一國人皆為師弟子望師講授僧徒雖少亦有數千並使執經充師聽眾伏願察納微心不以西遊為念法師謝曰王之厚意豈貧道寡德所當但此行不為供養而來所悲本國法義未周經教少闕懷疑蘊惑啓訪莫從以是畢命西方請未聞之旨欲令方等甘露不但獨灑於迦維決擇微言庶得盡霑於東國波崙問道之志善才求友之心只可日日堅強豈

使中塗而止願王收意勿以泝眷為懷王曰弟子慕樂法師必留供養雖葱山可轉此意無移乞信愚誠勿疑不實法師報曰王之深心豈待屢言然後知也但玄奘西來為法法既未得不可中停以是敬辭願王相體又人王曩修勝福位為人主非唯蒼生恃仰固亦釋教依憑理在助揚豈宜為礙王曰弟子亦不敢障导直以國無導師故屈留法師以引愚迷耳法師皆辭不許王乃動色攘袂大言曰弟子有異途處師師安能自去或定相留或送師還國請自思之相順猶勝法師報曰玄奘來者為乎大法今逢為障只可骨被王留識神未必留也因嗚咽不復能言王亦不納更使增加供養每日進食王躬捧盤法師既被停留違阻先志遂誓不食以感其心於是端坐水漿不涉於口三日至第四日王覺法師氣息漸惙深生愧懼乃稽首礼謝云任師西行乞垂早食法師恐其不實要王指日為言王曰若須介者請共對佛更結因緣

遂共入道場礼佛對母張太妃共法師約為兄弟任師求法還日請住此國三年受弟子供養若當來成佛願弟子如波斯匿王頻婆娑羅等與師作外護檀越仍屈停一月講仁王經中間為師營造行服法師皆許太妃甚歡願與師長為眷屬代代相度於是方食其節志貞堅如此後日王別張大帳開講帳可坐三百餘人太妃已下王及統師大臣等各部別而聽每到講時王躬執香鑪自來迎引將昇法座王又伍跪為蹬令法師躡上日日如此講訖為法師度四沙弥以充給侍製法服三十具以西土多寒又造面衣手衣靴韈等各數事黄金一百兩銀錢三萬綾及絹等五百疋充法師往還二十年所用之資給馬三十疋手力二十五人遣殿中侍御史歡信送至葉護可汗衙又作二十四封書通屈支等二十四國每一封書附大綾一疋為信又以綾綃五百疋果味兩車獻葉護可汗并書稱法師者是奴弟欲求法於婆羅門國願可

汗憐師如憐奴仍請勑以西諸國給鄔落馬遞送出境法師見王送沙弥及國書綾絹等至慙其優餞之厚上啓謝曰奘聞江海遐深濟之者必憑舟檝群生滯惑導之者寔假聖言是以如来運一子之大悲生茲穢土鏡三明之慧日朗此幽昏慈雲蔭有頂之天法雨潤三千之界利安已訖捨應歸真遺教東流六百餘祀騰會振輝於吳洛讖什鍾美於秦凉不墜玄風咸匡勝業但遠人來譯音訓不同去聖時遥義類差舛遂使雙林一味之旨分成當現二常大乘不二之宗析為南北兩道紛紜諍論凡數百年率土懷疑莫有匠决玄奘宿因有慶早預緇門負笈從師年將二紀名賢勝友備悉諮詢大小乘宗略得披覽未嘗不執卷躊躇捧經侘傺望給園而翹足想鷲嶺而載懷願一拜臨啓申宿惑然知寸管不可窺天小蠡難為酌海但不能棄此微誠是以裝束取路經塗荏苒遂到伊吾伏惟大王稟天地之淳和資二儀之淑氣垂衣

作主子育蒼生東拯大國之風西撫百戎之俗樓蘭月氏之地車師狼望之鄉並被深仁俱霑厚德加以欽賢愛士好善流慈憂矜遠來曲令接引既而至止渥惠逾深賜以話言闡揚法義又蒙降結弟季之緣敦奬友于之念并遺書西域二十餘蕃昭飾慇懃令遞餞送又愍西遊煢獨雪路淒寒爰下明勑度沙弥四人以為侍伴法服綿帽裘毯靴韈五十餘事及綾絹金銀錢等令充二十年往還之資伏對驚慙不知啓處决交河之水比澤非多舉葱嶺之山方恩豈重懸度凌溪之險不復為憂天梯道樹之鄉瞻礼非晚儻蒙允遂則誰之力焉王之恩也然後展謁衆師稟承正法歸還翻譯廣布未聞剪諸見之稠林絶異端之穿鑿補像化之遺闕定玄門之指南庶此微功用荅殊澤又前途既遠不獲久留明日辭違預增悽斷不任銘荷謹啓謝聞王報曰法師既許為兄弟則國家所畜共師同有何因謝也發日王與諸僧大臣百姓等傾

都送出城西王抱法師慟哭道俗皆悲傷離之聲振動郊邑勅妃及百姓等還自與大德已下各乘馬送數里而歸其所經諸國王侯禮重皆此類也從是西行度無半城篤進城後入阿耆尼國（舊云烏耆訛也）

大唐大慈恩寺三藏法師傳卷第一

大唐大慈恩寺三藏法師傳卷第一

校勘記

一　底本，金藏廣勝寺本。

一　一頁中二行「垂拱四年三月十五日仰上」，資、磧、普、南無；徑、清作「唐」。

一　一頁中六行「真筌」，磧、普、南、徑、清作「真詮」。

一　一頁中八行第二字「而」，資、磧、普、南、徑、清作「迺」。

一　一頁中一二行末字「歸」，資、磧、普、南、徑、清作「以歸」。

一　一頁中一八行「天人」，磧、普、南、徑、清作「人天」。

一　一頁中一九行「集結」，磧、普、南、徑、清作「結集」。

一　一頁中二一行「之爲」資、磧、普、南、徑、清作「爲之」。

一　一頁下四行末字「奥」，資、磧、普、南、徑、清作「典」。次頁下一行第一三字同。

一　一頁下一〇行第二字「方」，諸本（不含石，下同）無。又第五字「悲」，諸本無。又第一三字「知」，諸本無。

一　一頁下一七行第九字「猴」，資、磧、普、南、徑、清作「猨」。

一　一頁下二〇行第八字「后」，資、磧、普、南、徑、清作「俊」。

一　一頁下二一行第三字「轒」，資、麗作「轓」。

一　二頁上一行首字「有」，資、磧、普、南、徑、清無。又「五十七」，麗作「五十六」。

一　二頁上六行「嬰令」，資、磧、普、南、徑、清作「詔令」。

一　二頁上七行「人皆」，麗作「人百」。

一　二頁上一五行第一三字「矚」，資、磧、普、南、徑、清作「瞻」。

一　二頁上一六行末字「修」，資、磧、普、南、徑、清作「循」。

一　二頁上一七行第八字「及」，麗作「乃」。

一　二頁上一九行第一三字「掘」，資、

磧、普、南、徑、清作「握」。

一　二頁上二一行「累載」，資、磧、普、南、徑、清作「後累載」。

一　二頁中二行「辭讓」，磧作「辭護」。

一　二頁中七行「沙門慧立本」，資、磧、普、南作「沙門惠立本」；徑、清作「唐沙門惠立本」。以下各卷同。

一　二頁中一一行「仕齊」，資、磧、普、南、徑、清作「登仕齊」。

一　二頁中一二行第九字「爲」，資、磧、普、南、徑、清無。

一　二頁中一四行第三字「目」，諸本作「明目」。

一　二頁中一六行首字「随」，諸本作「隋」。

一　二頁下一行首字「烏」，麗作「焉」。

一　二頁下五行第八字「其」，資、磧、普、南、徑、清作「亦」。

一　二頁下八行「誦習」，資、磧、普、南、徑、清作「教誦習經業」；麗作「誦習經業」。

一　二頁下一〇行「經少」，麗作「幼少」。

一　二頁下一三行「又問」，資、磧、普、南、徑、清作「又問曰」。

一　二頁下一四行第一三字「答」，資、磧、普、南、徑、清作「答曰」。

一　三頁上三行首字「問」，資、磧、普、南、徑、清作「聞」。

一　三頁上六行第一三字「董」，磧作「重」。

一　三頁上一〇行「今聞」，麗作「余聞」。

一　三頁上一一行「唐帝」，資、磧、普、南、徑、清作「唐主」。

一　三頁上二二行「又與」，資、磧、普、南、徑、清作「又與兄」。

一　三頁中一行「月餘」，資、磧、普、南、徑、清作「月餘日」。次頁下一三行同。

一　三頁中一五行「八宏」，麗作「八紘」。

一　三頁中一七行「頮綱」，資、磧、普、南、徑、清作「頹綱」。

一　三頁中一八行末字「逮」，資、磧、普、南、徑、清作「逮也」。

一　三頁下六行「盛德」，資、磧、普、徑作「威德」。又第五字「作」，資、磧、普、南、徑、清作「化」。

一　三頁下七行「躬身」，資、磧、普、南、徑、清作「躬申」。

一　三頁下一三行「質問疑咠」，資、磧、普、南、徑、清作「質難問疑」。

一　四頁上二行末字「再」，資、磧、普、南、徑、清作「其再」。

一　四頁上五行「其理」，資、磧、普、南、徑、清作「其義」。

一　四頁上一二行「墍不許」，資、磧、普、南、徑、清作「詔不許」。

一　四頁上一五行第一三字「意」，磧、普、南、徑、清作「意志」。

一　四頁上一六行「初法師之」，資、磧、普、南、徑、清作「又法師初」。

一　四頁上末行末字「涌」，資、磧、普、南、徑、清作「踊」。

一　四負中一一行「菍右」，資、磧、普、南、徑、清作「葱左」。

一　四頁中一五行第五字「以」，資、磧、

一　普、南、徑、清作「比」。

一　四頁中一七行「金銀之錢」，資、磧、普、南、徑、清作「金錢銀錢」。又「口馬」，徑、清作「白馬」。

一　四頁下三行「惠琳」，資、磧、普、南、徑、清作「慧琳」。下同。

一　四頁下六行首字「歡」，資、磧、普、南、徑、清作「歡喜」。

一　四頁下一五行「州史」，諸本作「州吏」。

一　四頁下一六行第一二字「呈」，資、磧、普、南、徑、清作「來呈」。

一　四頁下一八行第七字「爲」，資、磧、普、南、徑、清作「爲師」。

一　四頁下末行第八字「貸」，諸本作「貿」。次頁上一二行第二字同。

一　五頁上七行「二三帀」，資、磧、普、南、徑、清作「一二三匝」。

一　五頁上一八行「過无達者」，資、磧、普、南、徑、清作「遇無免者」。

一　五頁上一九行第一一字「斟」，資、磧、普、南、徑、清作「料」。

一　五頁上末行第三字「馬」，麗作「此馬」。又第一〇字「已」，資、磧、普、南、徑、清作「已有」。

一　五頁中一行「不堪遠涉」，資、磧、普、南、徑、清作「不達」。

一　五頁中四行末字至次行首字「老赤」，資、磧、普、南、徑、清作「赤老」。

一　五頁中六行「鞍漆」，徑作「漆鞍」。又第一一字「君」，麗無。

一　五頁中七行第五字「即」，麗無。又第七字「焉」，諸本作「馬」。

一　五頁中九行「玉開」，資、磧、普、南、徑、清作「玉門關」。

一　五頁中一〇行「胡枏」，資、磧、普、南、徑、清作「梧桐」。又第一一字「胡」，資、磧、普、南、徑、清作「胡人」。

一　五頁中一六行「遂睡」，麗作「遂眠」。

一　五頁中二〇行「安隱」，資、磧、普、南、徑、清作「安穩」。

一　五頁中二一行第一三字「刃」，磧、普、南、徑、清作「刀」。

一　五頁下一行第六字「忏」，麗作「干」。

一　五頁下五行「自是」，資、磧、普、南、徑、清作「因是」。

一　五頁下七行首字「忽」，資、磧、普、南、徑、清作「忽見」。

一　五頁下八行首字「止」，資、磧、普、南、徑、清作「息」。

一　五頁下九行「儵忽」，資、磧、普、南、徑、清作「倏然」。

一　五頁下一二行第六字「經」，資、磧、普、南、徑、清作「逕」。

一　六頁上七行「談論」，資、磧、普、南、徑、清作「談說」。

一　六頁上一二行末字「玄」，麗無。

一　六頁上一九行「宗骨」，麗作「骨肉」。

一　六頁中八行首字「一」，資、磧、普、南、徑、清作「一心」。

一　六頁中一三行「不能全去」，徑作「不得全去」；麗作「不能令去」。

一　六頁中一六行「行資」，資、磧、普、南、徑、清作「之資」。又「一期」，諸本作「一朝」。

一 六頁中一七行第二字「失」，資、磧、普、南、徑、清無。

一 六頁中二二行「人烏」，資、磧、普、南、徑、清作「人馬」。

一 六頁下一行末字「是」，資、磧、普、南、徑、清作「於是」。

一 六頁下五行「無上」，資、磧、普、南、徑、清作「無上道心」。

一 六頁下一五行第五字「其」，諸本作「甘」。又第九字「即」，資、磧、普、南、徑、清作「下」。

一 六頁下一六行末字「水」，諸本作「水草」。

一 六頁下一七行「至誠」，資、磧、普、南、徑、清作「志誠」。

一 六頁下二一行第四字「止」，磧作「上」。

一 六頁下二二行「跣走」，諸本作「跣足」。

一 七頁上六行「駈馳」，資、磧、普、南、徑、清作「驅馳」。

一 七頁上一三行末二字至次行首字「雞鳴時」，資、磧、普、南、徑、清作「半」。

一 七頁上一六行「一重」，諸本作「一重閣」。

一 七頁上一九行「敬待」，資、磧、普、南、徑、清作「敬侍」。

一 七頁上二〇行「疲倦」，資、磧、普、南、徑、清作「疲勤」。

一 七頁上二一行第一二字「旦」，資、磧、普、南、徑、清作「方旦」。

一 七頁中八行第一三字「法」，資、磧、普、南、徑、清無。

一 七頁中一〇行第三字「泰」，資、磧、普、南、徑、清作「朕」。

一 七頁中一一行第六字「岱」，資、磧、普、徑、清作「代」。

一 七頁中一二行第七字「師」，諸本作「法師」。

一 七頁中二〇行「莫從」，資、磧、普、南、徑、清作「真縱」。

一 七頁下一行第一三字「眷」，麗作「養」。

一 七頁下七行「人王」，諸本作「大王」。

一 七頁下八行「依憑」，資、磧、普、南、徑、清作「攸憑」。

一 七頁下一〇行「愚迷」，資、磧、普、南、徑、清作「迷愚」。

一 七頁下一二行「自云」，諸本作「自去」。又「或定」，資、磧、普、南、徑、清作「必定」。

一 七頁下一五行末字「留」，資、磧、普、南、徑、清作「由」。

一 七頁下二一行「任師」，資、磧、普、南、徑、清作「任法師」。

一 八頁上二行第六字「任」，資、普作「住」。

一 八頁上五行「仁王經」，資、磧、普、南、徑、清作「仁王般若經」。

一 八頁上一二行第九字「蹬」，磧、普、南、徑、清作「隥」。

一 八頁中一三行「大乘」，磧、普、南、徑、清作「他化」。

一 八頁中二一行「裝束」，資、磧、普、南、徑、清作「束裝」。

一　八頁中二二行「經塗」，麗作「絓塗」。

一　八頁下一行第二字「主」，磧、普、南、徑、清作「王」。又第八字「柢」，資、麗作「抵」；磧、普、南、徑、清作「祇」。

一　八頁下三行第八字「霑」，資、磧、普、南、徑、清作「沾」；麗作「霑」。

一　八頁下四行「接引」，資、磧、普、南、徑、清作「引接」。

一　八頁下六行第七字「弟」，資、磧、普、南、徑、清作「娣」。

一　八頁下七行第一二字「昭」，諸本作「煦」。

一　八頁下一二行「啓處」，徑作「起處」。

一　八頁下一七行「諸見」，資、磧、普、南、徑、清作「邪見」。

一　八頁下二〇行「久留」，麗作「久停」。

一　九頁上三行「數里」，諸本作「數十里」。

一　九頁上末行卷末經名，資、磧、普、南、徑、清作「大慈恩寺三藏法師傳卷第一」。

大唐大慈恩寺三藏法師傳卷第二　通

沙門慧立本　釋彥悰箋

起阿耆尼國終羯若鞠闍國

從此西行至阿耆尼國阿父師泉泉在道南沙崖崖高數丈水自半而出相傳云舊有商侶數百在塗水盡至此困乏不知所為時衆中有一僧不畧行資依衆乞活衆議曰是僧事佛是故我曹供養雖涉萬里无所賫擕今我等熬然竟不憂念宜共白之僧曰汝等欲得水者宜各礼佛受三歸五戒我為汝等登崖作水衆既危困咸從其命受戒訖僧教曰吾上崖後汝等當喚阿父師為我下水任須多少吾之其去少時衆人如教而請須臾水下充足大衆无不歡荷師竟不來衆人上觀已寂滅矣大小悲號依西域法焚之於坐處聚甎石為塔塔今猶在水亦不絶行旅往來隨衆多少下有細窾若无人時津液而已法師與衆宿於泉側明發又逐銀山山甚高廣皆是銀礦西國銀錢所從出

也山西又逢群賊衆與物而去遂至王城所處川岸而宿時同侶商估數十貪先貿易夜中私發前去十餘里遇賊劫煞无一脫者比法師等到見其遺骸无復財產深傷嘆焉漸去遙見王都阿耆尼王與諸臣來迎延入供養其國先被高昌寇擾有恨不肯給馬法師停一宿而過前渡二大河西履平川行數百里入屈支國界舊云龜茲訛也將近王都王與群臣及大德僧木叉毱多等來迎自外諸僧數千皆於城東門外張浮幔安行像作樂而住法師至諸德起來相慰訖各還就坐使一僧擎鮮華一槃來授法師法師受已將至佛前散華礼拜訖就木叉毱多下坐坐已復行花行花已行蒲桃漿於初一寺受華受漿已次受餘寺亦尒如是展轉日晏方訖僧徒始散有高昌人數十於屈支出家別居一寺寺在城東南以法師從家鄉來先請過宿因就之王共諸德各還明日王請過宮備陳供養而食有三淨法師不受王深恠法師報此漸教

所開而玄奘所學者大乘不介也受餘別食食訖過城西北阿奢理兒寺唐言奇特也是木叉鞠多所住寺也鞠多理識閑敏彼所宗歸遊學印度二十餘載雖涉衆經而聲明最善王及國人咸所尊重号稱獨步見法師至徒以客禮待之未以知法為許謂法師曰此土雜心俱舍毗婆沙等一切皆有學之足得不煩西涉受艱辛也法師報曰此有瑜伽論不鞠多曰何用問是邪見書乎真佛弟子者不學是也法師初深敬之及聞此言視之猶土報曰婆沙俱舍本國已有恨其理踈言淺非究竟說所以故来欲學大乘瑜伽論耳又瑜伽者是後身菩薩弥勒所說今謂邪書豈不懼无底枉坑乎彼曰婆沙等汝所未解何謂非深法師報曰師今解不曰我盡解法師即引俱舍初文問發端即謬因更窮之色遂變動云汝更問餘處又示一文亦不通曰論无此語時王叔智月出家亦解經論時在傍坐即證言論有此語乃取本對讀之鞠多極慚云老

忘耳又問餘部亦无好釋時為淩山雪路未開不得進發淹停六十餘日觀眺之外時往就言相見不復踞坐或立或避私謂人曰此支那僧非易詶對若往印度彼少年之儔未必出也其畏歎如是至發日王給手力駝馬與道俗等傾都送出從此西行二日逢突厥寇賊二千餘騎其賊乃預共分張行衆資財懸諍不平自鬭而散又前行六百里渡小磧至跋禄迦國舊曰姑墨停一宿又西北行三百里渡一磧至淩山即嶺北隅也其山險峭峻極于天自開闢已来氷雪所聚積而為淩春夏不解凝冱汗漫與雲連屬仰之皚然莫覩其際其淩峯摧落横路側者或高百尺或廣數丈由是蹊徑崎嶇登陟艱阻加以風雪雜飛雖複屨重裘不免寒戰將欲眠食復无燥處可停唯知懸釜而炊席氷而寢七日之後方始出山徒侶之中餧凍死者十有三四牛馬逾甚出山後至一清池清池亦云熱海見其對淩山不凍故得此名其水未必温周千四五百里東西長南北狹望之淼然无

待激風而洪波數丈循海西北行五百餘里至素葉城逢突厥葉護可汗方事畋遊戎馬甚盛可汗身著綠綾袍露髮一丈許帛練裹額後垂達官二百餘人皆錦袍編髮圍遶左右自餘軍衆皆裘褐毳毛槊纛端弓駝馬之騎極目不知其表既與相見可汗歡喜云暫一處行二三日當還師且向衙所令達官荅摩支引送安置至衙三日可汗方歸引法師入可汗居一大帳帳以金花裝之爛眩人目諸達官於前列長筵兩行侍坐皆錦服赫然餘仗衛立於後觀之雖穹廬之君亦為尊美矣法師去帳三十餘步可汗出帳迎拜傳語慰問訖入坐突厥事火不施牀以木含火故敬而不居但地敷重茵而已仍為法師設一鐵交牀敷褥請坐須臾更引漢使及高昌使人入通國書及信物可汗自目之甚悅令使者坐命陳酒設樂可汗共諸臣使人飲別索蒲桃漿奉法師於是恣相酬勸窣渾鍾椀之器交錯遞傾僸佅兜離之音鏗鏘互舉雖

蕃俗之曲亦甚娛耳目樂心意也少
時更有食至皆烹鮮羔犢之質盈積
於前別營淨食進法師具有餅飯酥
乳石蜜刺蜜蒲桃等食訖更行蒲桃
漿仍請說法法師因誨以十善愛養
物命及波羅蜜多解脫之業乃舉手
叩額歡喜信受因留停數日勸住曰
師不須往印特伽國（謂印度也）彼地多暑
十月當此五月觀師容貌至彼恐銷
融也其人類黑露無威儀不足觀也
法師報曰今之彼欲追尋聖迹慕求
法耳可汗乃令軍中訪解漢語及諸
國音者遂得年少曾到長安數年通
解漢語即封為摩咄達官作諸國書
令摩咄送法師到迦畢試國又施緋
綾服一襲絹五十疋與群臣送十餘
里自此西行四百餘里至屏聿此曰
千泉地方數百里既多池沼又豐奇
木森沆涼潤即可汗避暑之處也自
屏聿西百五十里至呾邏斯城又西
南二百里至白水城又西南二百里
至恭御城又南五十里至笯（奴故反）赤
建國又西二百里至赭時國（唐言石國）國

西臨葉葉河又西千餘里至窣堵利
瑟那國國東臨葉葉河河出葱嶺北
源西北流又西北入大磧無水草望
遺骨而進五百餘里至颯秣建國（唐言康國）
王及百姓不信佛法以事火為道有
寺兩所迥無僧居客僧投者諸胡以
火燒逐不許停住法師初至王接猶
慢經宿之後為說人天因果讚佛功
德恭敬福利王歡喜請受齋戒遂致
慇懃所從二小師往寺礼拜諸胡還
以火燒逐沙彌還以告王王聞令捕燒
者得已集百姓令截其手法師將欲
勸善不忍毀其支體救之王乃重笞
之逐出都外自是上下肅然咸求信
事遂設大會度人居寺其革變邪心
誘開矇俗所到如此又西三百餘里
至屈霜（去聲）你迦國又西二百餘里至
喝捍國（唐言東安國）又西四百里至捕喝國
（唐言中安國）又西百餘里至伐地國（唐言西安國）又
西五百里至貨利習弥伽國國東臨
縛芻河又西南三百餘里至羯霜（去聲）
那國（唐言史國）又西南二百里入山路深險
纔通人步復無水草山行三百餘里

入鐵門峯壁狹峭而崖石多鐵礦依
之為門扉又鑄鐵為鈴多懸於上故
以為名即突厥之關塞也出鐵門至
覩貨羅國（舊曰吐火羅訛也）自此數百里度
縛芻河至活國即葉護可汗長子呾
度設（設者官名也）所居之地又是高昌王妹
聟高昌王有書至其所比法師到公
主可賀敦已死呾度設又病聞法師
從高昌來又得書與男女等嗚咽不
止法因請曰弟子見師目明願少停
息若差自送師到婆羅門國時更有
一梵僧至為誦呪患得漸除其後娶
可賀敦年少受前兒囑因藥以殺其
夫設既死高昌公主男小遂被前兒
特勤篡立為設仍妻其後母為逢
喪故淹留月餘彼有沙門名達摩僧
伽遊學印度葱嶺已西推為法匠其
踈勒于闐之僧無敢對談者法師欲
知其學深淺使人問師解幾部經論
諸弟子等聞皆怒達摩笑曰我盡解
隨意問法師知不學大乘就小教婆沙
等問數科不是好通因謝服門人皆
懃從是相見歡喜處處譽讚言已不

及時新設既立法師從求使人及鄔落欲南進向婆羅門國設其弟子所部有縛喝羅國北臨縛芻河人謂小王舍城極多聖跡願師暫往觀礼然後取乘南去時縛喝僧數十人聞舊設死子又立共来弔慰法師與相見言其意彼曰即當便去彼有好路若更来此徒為迂會法師從其言即與設辭取乘隨彼僧去既至觀其城邑郊郭顯敞川野腴潤實為勝地伽藍百所僧徒三千餘人皆小乘學城外西南有納縛伽藍(唐言新)裝嚴甚麗伽藍内佛堂中有佛澡罐量可斗餘又有佛齒長一寸廣八九分色黃白每有光瑞又有佛掃箒迦奢草作長三尺餘圍可七寸其箒柄飾以雜寶此三事齋日每出道俗觀礼至誠者感發神光伽藍北有窣堵波高二百餘尺伽藍西南有一精廬建立多年居中行道證四果者世世无絶涅槃後皆有塔記基趾接連數百餘矣大城西北五十里至提謂城城北四十里有波利城城中有二窣堵波高三丈

昔佛初成道受此二長者麨蜜初聞五戒十善并請供養如来當授髮爪令造塔及造塔儀式二長者將還本國營建靈刹即此地也城西七十餘里有窣堵波高逾二丈過去迦葉佛時作也納縛伽藍有磔迦國小乘三藏名般若羯羅(唐言慧性)聞縛喝羅國多有聖迹故来礼敬其人聰慧尚學少而英爽鑽研九部游泳四含義解之聲周聞印度其小乘阿毗達磨迦延俱舍六足阿毗曇等无不曉達既聞法師遠来求法相見甚歡法師因申疑滯約俱舍婆沙等問之其酬對甚精熟遂停月餘就讀毗婆沙論伽藍又有二小乘三藏達摩畢利(唐言法愛)達摩羯羅(唐言法性)皆彼所宗重覩法師神彩明秀極加歎仰時縛喝西南有銳末陁胡寔健國其王聞法師從遠國来皆遣貴臣拜請過國受供養辭不行使人往来再三不得已而赴王甚喜乃陳金寶飲食施法師皆不受而返自縛喝南行與慧性法師相隨入揭職國東南入大雪山行六百餘里

出覩貨羅境入梵衍那國國東西二千餘里在雪山中塗路艱危倍於沙磧之地凝雲飛雪曾不暫霽或逢尤甚之處則平途數丈故宋王稱西方之難增冰峩峩飛雪千里即此也嗟乎若不為衆生求无上正法者寧有稟父母遺體而遊此哉昔王遵登九折之坂自云我為漢室忠臣法師今涉雪嶺求經亦可謂如来真子矣如是漸到梵衍都城有伽藍十餘所僧數千人學小乘出世説部梵衍王出迎延過宮供養累日方出彼有摩訶僧祇部學僧阿梨耶䭾娑(唐言聖使)阿梨耶斯那(唐言聖軍)並深知法相見法師驚嘆指鄉遠國有如是僧相引處處礼觀慇懃不已王城東北山阿有立石像高百五十尺像東有伽藍伽藍東有鍮石釋迦立像高一百尺伽藍内有佛入涅槃卧像長一千尺並裝嚴微妙此東南行二百餘里度大雪山至小川有伽藍中有佛齒及劫初時獨覺齒長五寸廣减四寸復有金輪王齒長三寸廣二寸商諾迦縛娑(唐言

商郍和脩訛也所持鐵鉢量可八九升及僧伽胝衣赤絳色其人五百身中陰生陰恒服此衣從胎俱出後變為袈裟因縁廣如別傳如是經十五日出梵衍二日逢雪迷失道路至一小沙嶺遇獵人示道度黑山至迦畢試境國周四千餘里北背雪山王則剎利種也明略有威綂十餘國將至其都王共諸僧並出城來迎伽藍百餘所諸僧相諍各欲邀過所住有一小乘寺名沙落迦相傳云是昔漢天子子質於此時作也其寺僧言我寺本漢天子見作今從彼來先宜過我寺法師見其殷重又同侶惠性法師是小乘僧意復不欲居大乘寺遂即就停質子造寺時又藏无量珍寶於佛院東門南大神王足下擬後修補伽藍諸僧荷恩處處屋壁圖畫質子之形解安居日復為講誦樹福代代相傳于今未息近有惡王貪暴欲奪僧寶使人掘神足下地便大動其神頂上有鸚鵡鳥像見其發掘振羽驚鳴王及衆軍皆悶倒懼而還退寺有窣堵

波相輪摧毀僧欲取寶修營地還振吼无敢近者法師既至衆皆聚集共請法師陳說先事法師共到神所焚香告曰質子原藏此寶擬營功德今開施用誠是其時願鑒无妄之心少戢威嚴之德如蒙許者奘自觀開稱知斤數以付所司如法修造不令虛費惟神之靈願垂體察言訖命人掘之夷然无患深七八尺得一大銅器中有黃金數百斤明珠數十顆大衆歡喜无不嗟伏法師即於寺夏坐其王輕藝羅信重大乘樂觀講誦乃屈法師及慧性三藏於一大乘寺法集彼有大乘三藏名秣奴若瞿沙（唐言如意聲）薩婆多僧阿黎耶伐摩（唐言聖冑）弥沙塞部僧求郍跋陁（唐言德賢）皆是彼之稱首然學不兼通大小各別雖精一理終偏有所長惟法師備識衆教隨其來問各依部荅咸皆愜伏如是五日方散王甚喜以純錦五疋別施法師以外各有差於沙落迦安居訖其慧性法師重為覩貨羅王請卻還法師與別東進行六百餘里越黑嶺入北印度境

至濫波國國周千餘里伽藍十所僧徒皆學大乘停三日南行至一小嶺嶺有窣堵波是佛昔從南步行到此住立後人敬戀故建茲塔自斯以北境域皆号蔑戾車（唐言邊地）如來欲有教化乘空往來不復履地若步行時地便傾動從此南二十餘里下嶺濟河至郍揭羅喝國（北印度境）大城東南二里有窣堵波高三百餘尺无憂王所造是釋迦菩薩於第二僧祇遇然燈佛敷鹿皮衣及布髮掩泥得受記處雖經劫壞此跡恒存天散衆華常為供養法師至彼礼拜旋遶傍有老僧為法師說建塔因緣法師問曰菩薩布髮之時既是第二僧祇從第二僧祇至第三僧祇中間經无量劫一一劫中世界有多成壞如火災起時蘇迷盧山尚為灰燼如何此跡獨得无虧荅曰世界壞時此亦隨壞世界成時當其舊處跡現如本且如蘇迷盧山壞已還有在乎聖迹何得獨无以此校之不煩疑也亦為名荅次西南十餘里有窣堵波是佛買華處又東南

度沙嶺十餘里到佛頂骨城城有重
閣第二閣中有七寶小塔如來頂骨
在中骨周一尺二寸髮孔分明其色
黄白盛以寶函但欲知罪福相者磨
香末為泥以帛練裹隱於骨上隨其
所得以定吉凶法師即得菩提樹像
所將二沙弥大者得佛像小者得蓮
華像其守骨婆羅門歡喜向法師彈
指散華云師所得甚為希有足表有
菩提之分復有髑髏骨塔狀如荷
葉復有佛眼睛睛大如奈光明暉赫
徹燭函外復有佛僧伽胝上妙細氎
所作復有佛錫杖白鐵為環栴檀為
莖法師皆得礼拜盡其哀敬因施金
錢五十銀錢一千綺幡四口錦兩端
法服二具散衆雜華辭拜而出又聞
燈光城西南二十餘里有瞿波羅龍
王所住之窟如來昔日降伏此龍因
留影在中法師欲往礼拜承其道路
荒阻又多盜賊二三年已來人往多
不得見以故去者稀踈法師欲往礼
拜時迦畢試國所送使人貪其速還
不願淹留勸不令去法師報曰如來真

身之影億劫難逢寧有至此不往礼
拜汝等且漸進奘蹔到即來於是獨
去至燈光城入一伽藍問訪塗路覓
人相引无一肯者後見一小兒云寺
莊近彼令送師到莊即與同去到莊
宿得一老人知其處所相引而發行
數里有五賊人拔刃而至法師即去
帽現其法服賊云師欲何去荅欲礼
拜佛影賊云師不聞此有賊耶荅云
賊者人也今為礼佛雖猛獸盈衢奘
猶不懼況檀越之輩是人乎賊遂發
心隨往礼拜既至窟所窟在石澗東
壁門向西開窺之窈冥一无所覩老
人云師直入觸東壁訖却行五十步
許正東而觀影在其處法師入信足
而前可五十步果觸東壁訖却立至
誠而礼百餘拜一无所見自責障累
悲號懊惱更至心礼誦勝鬘等諸經
讃佛偈頌隨讃隨礼復百餘拜見東
壁現如鉢許大光倏而還滅悲喜更
礼復有膝許大光現現已還滅益增
感慕自誓若不見尊影終不移此地
如是更二百餘拜遂一窟大明見如

來影晈然在壁如開雲霧忽覩金山妙
相凞融神姿晃昱瞻仰慶躍不知所
辟佛身及袈裟並赤黄色自膝已上
相好極明華座已下稍似微昧膝左
右及背後菩薩聖僧等影亦皆具有
見已遥命門外六人將火入燒香比
火至欻然佛影還隱急令絶火更請
方乃重現六人中五人得見一人竟
无所覩如是可半食頃了了明見得
申礼讃供散花香訖光滅尒乃辭出
所送婆羅門歡喜嘆未曾有云非師
至誠願力之厚无致此也窟門外更
有衆多聖迹說如別傳相與歸還彼
五賊皆毀刃杖受戒而別從此復与
伴合東南山行五百餘里至健陁邏
國（舊說健陁衛訛也北印度境也）其國東臨信度河都
城号布路沙布羅國多賢聖古來作
論諸師那羅延天无著菩薩世親菩
薩法救如意脇尊者等皆此所出也
王城東北有置佛鉢寶臺鉢後流移
諸國今現在波剌斯國城外東南
八九里有畢鉢羅樹高百餘尺過去
四佛並坐其下現有四如來像當來

九百九十六佛亦當坐焉其側又有
窣堵波是迦膩色迦王所造高四百
尺基周一里半高一百五十尺其上
起金銅相輪二十五層中有如來舍
利一斛大窣堵波西南百餘步有白
石像高一丈八尺北面立極多靈瑞
往往有人見像夜遶大塔經行迦膩
色迦伽藍東北百餘里渡大河至布
色羯羅伐底城城東有窣堵波無憂
王造即過去四佛說法處也城北四
五里伽藍內有窣堵波高二百餘尺
無憂王所立即釋迦佛昔行菩薩道
時樂行惠施於此國千生為王即千
生捨眼處此等聖跡無量法師皆得
觀禮自高昌王所施金銀綾絹衣服
等所至大塔大伽藍處皆分留供養
申誠而去從此又到烏鐸迦漢荼城
城北陟履山川行六百餘里入烏仗
那國(唐言苑昔阿輸迦王之苑也舊稱烏長訛也)夾蘇婆薩堵河
昔有伽藍一千四百所僧徒一万八
千今並荒蕪減少其僧律儀傳訓有
五部焉一法密部二化地部三飲光
部四說一切有部五大眾部其王多

居曹揭釐城人物豐盛城東四五里
有大窣堵波多有奇瑞是佛昔作忍
辱仙人為羯利王(唐言鬪諍舊曰歌利訛也)割截身
體處城東北二百五十里入大山至
阿波邏羅龍泉即蘇婆河之上源也
西南流其地寒冷春夏恒凍暮即雪
飛仍含五色霏霏舞亂如雜華焉龍
泉西南三十餘里水北岸盤石上有
佛腳跡隨人福願量有脩短是佛昔
伏阿波邏羅龍時至此留跡而去順
流下三十餘里有如來濯衣石袈裟
條葉文相宛然城南四百餘里至醯
羅山是如來昔聞半偈(舊曰偈梵文略也或曰偈陀梵文訛也今從正宜云伽陀伽陀唐言頌有三十二言也)報藥叉之恩
捨身下處曹揭釐城西五十里渡
大河至盧醯呾迦(唐言赤)窣堵波高十
餘丈無憂王造是如來往昔作慈力
王時以刀刺身飼五藥叉處(舊云夜叉訛也)
城東北三十餘里至遏部多(唐言奇特)石
窣堵波高三十尺在昔佛於此為人
天說法佛去後自然踊生此塔西渡
大河三四里至一精舍有阿縛盧枳
多伊濕伐羅菩薩像(唐言觀自在合字連聲梵語如上分

文而言即阿縛盧枳多譯曰觀伊濕伐羅譯曰自在舊云光世音或觀世音或觀世音自在皆訛也)
威靈極著城東北聞說有人登越山
谷逆上徙多河塗路危險攀緣絙鏁
踐躡飛梁可行千餘里至達麗羅川
即烏仗那舊都也其川中大伽藍側
有刻木慈氏菩薩像金色裝嚴高百
餘尺末田底加(舊曰末田地訛)阿羅漢所造
彼以神通力將匠人昇覩史多天(舊曰
兜率陀訛也)親觀妙相往來三返尒乃功畢
自烏鐸迦漢荼城南渡信渡河河廣
三四里流極清急毒龍惡獸多窟其
中有持印度奇寶名花及舍利渡者
船輒覆沒渡此河至呾叉始羅國(北印
度境)其城北十二三里有窣堵波無憂
王所建每放神光是如來昔行菩薩
道為大國王號戰達羅鉢剌婆(唐言月光)
志求菩提捨千頭處塔側有伽藍昔
經部師拘摩邏多(唐言童壽)於此製造眾
論從此東南七百餘里閒有僧訶補
羅國(北印度境)又從呾叉始羅北界渡信
度河東南行二百餘里經大石門是
昔摩訶薩埵王子於此捨身飼餓烏
擇(音徒)七子處其地先為王子身血所

涂今猶絳赤草木亦然又從此東南山行五百餘里至烏剌叉國又東南登危險度鐵橋行千餘里至迦濕弥羅國（舊曰罽賓訛也）其都城西臨大河伽藍百所僧五千餘人有四窣堵波崇高壯麗无憂王所建各有如来舍利外餘法師初入其境至石門彼國西門也王遣母弟將車馬来迎入石門已歷諸伽藍礼拜到一寺宿寺名護瑟迦羅其夜衆僧皆夢神人告曰此客僧從摩訶脂那来欲學經印度觀礼聖迹師稟未聞其人既為法来有无量善神隨逐現在於此師等宿福為遠人所慕宜勤誦習令他讚仰如何懈怠沉没睡眠諸僧聞已各各驚寤經行禪誦至旦並来說其因緣礼敬逾肅如是數日漸近王城離可一由旬到達摩舍羅（唐言福舍王教所立使招延行旅給贍貧乏）王率群臣及都內僧詣福舍相迎羽從千餘人幢蓋盈塗煙華滿路既至相見礼讚郁厚自手以无量華供養散訖請乘大象相隨而進至都止闍耶因陀羅寺（寺王舅所立也）明日請入宮供養并

命大德僧稱等數十人食訖王請開講令法師論難觀之甚喜又承遠来慕學尋讀无本遂給書手二十人令寫經論別給五人供承駈使資待所須事事公給彼僧稱法師者高行之人戒禁淳潔思理淹深多聞揔持才睿神茂而性愛賢重士既屬上賓盱衡延納法師亦傾心諮稟曉夜无疲因請講授諸論彼公是時年向七十氣力已衰慶逢神器乃勵力敷揚自午已前講俱舍論午已後講順正理論初夜後講因明聲明論由是境內學人无不悉集法師隨其所說領悟无遺研幽擊節盡其神秘彼公歡喜歎賞无極謂衆人曰此脂那僧智力宏贍顧此衆中无能出者以其明懿足繼世親昆季之風所恨生乎遠國不早接聖賢遺芳耳時衆中有大乘學僧毗戍陁僧訶（唐言淨師子）辰那飯荼（唐言最勝親）薩婆多學僧蘇伽蜜多羅（唐言如来友）婆蘇蜜多羅（唐言世友）僧祇部學僧蘇利耶提婆（唐言日天）辰那咀邏多（唐言最勝救）其國先来尚學而此僧等皆道業堅貞才解

英冨比方僧稱雖不及比諸人足有餘既見法師為大匠褒揚無不發憤難詰法師亦明目誚酢無所蹇滯由是諸賢亦率懃服其國先是龍池佛涅盤後第五十年阿難弟子末田底迦阿羅漢教化龍王捨池立五百伽藍召諸賢聖於中住止受龍供養其後健陁羅國迦膩色迦王如來滅後第四百年因脇尊者請諸聖衆內窮三藏外達五明者得四百九十九人級尊者世友合五百賢聖於此結集三藏先造十萬頌鄔波第鑠論（舊曰優波提舍訛也）釋素呾纜藏（舊曰修多羅訛也）次造十萬頌毗奈耶毗婆沙論釋毗柰耶藏（舊曰毗那耶訛也）次造十萬頌阿毗達磨毗婆沙論釋阿毗達磨藏（或曰阿毗曇訛也）凡三十萬頌九十六萬言王以赤銅為鍱鏤寫論文石函封記建大窣堵波而儲其中命藥义神守護奧義重明此之力也如是停留首尾二年學諸經論礼聖跡已乃辭出西南逾涉山澗行七百里至半笯（奴故）嗟國從此東南行四百餘里至遏羅闍補羅國（北印土也）從此東南下山渡水行

七百餘里至磔迦國(北印度境)自藍波至於
此土其俗既住邊荒儀服語言稍殊
印度有鄙薄之風焉自出過邏闍補
羅國經二日渡旃達羅婆伽河(此云月分)到
闍耶補羅城宿於外道寺寺在城西
門外是時徒侶二十餘人後日進到
奢羯羅城城中有伽藍僧徒有百餘
人昔世親菩薩於中製勝義諦論其
側有窣堵波高二百尺是過去四佛
說法之處見有經行之遺跡從此出
那羅僧訶城東至波羅奢大林中逢
群賊五十餘人法師及伴所將衣資
劫奪都盡仍揮刀驅就道南枯池欲
總屠害其池多有蓬棘蘿蔓法師所
將沙弥遂映刺林見池南岸有穴堪
容人過私告法師師即相與透出東
南疾走可二三里遇一婆羅門耕地
告之被賊彼聞驚愕即解牛與法師
向村吹貝聲鼓相命得八十餘人各
將器仗急往賊所賊見衆人逃散各
入林間法師遂到池解衆人縛又從
諸人施衣分與相携投村宿諸人悲
泣獨法師笑無憂慼同侶問曰行路

衣資賊掠俱盡唯餘性命僅而獲存
困弊艱危理極於此所以却思林中
之事不覺悲傷法師何因不共憂之
倒為欣笑答曰居生之貴唯乎性命性
命既在餘何所憂故我土俗書云天
地之大寶曰生生之既在則大寶不
忘小小衣資何足憂悋由是徒侶感
悟其澄陂之量渾之不濁如此明日
到磔迦國東境至一大城城西道北
有大菴羅林林中有一七百歲婆羅
門及至觀之可三十許質狀魁梧神
理淹審明中百諸論善吠陁等書有
二侍者各百餘歲法師與相見延納
甚歡又承被賊即遣一侍者命城中
信佛法人令與法師造食其城有數
千戶信佛者蓋少宗事外道者極多
法師在迦濕弥羅時聲譽已遠諸國
皆知其使乃遍城中告唱云支那國
僧來近處被賊衣服揔盡諸人宜共
知時福力所感遂使邪黨革心有豪
傑等三百餘人聞已各將班氎布一
端并奉飲食恭敬而至俱積於前拜
跪問訊法師為呪願并說報應因果

令諸人等皆發道意棄邪歸正相對
笑語舞躍而還長年歎未曾有於是
以氎布分給諸人各得數具衣直用
之不盡以五十端布奉施長年仍就
停一月學經百論廣百論其人是龍
猛弟子親得師承說甚明淨又從此東
行至那僕底國詣突舍薩那寺有大
德毗膩多鉢臘婆(此云調伏光即北印度王子)好風儀善
三藏自造五蘊論釋唯識三十論釋
因住十四月學對法論顯宗論理門
論等大城東南行五十餘里至荅秣
蘇伐那僧伽藍(唐言闇林)僧徒三百餘人學
說一切有部賢劫千佛皆當於此地
集人天說法釋迦如來涅盤之後第
三百年中有迦多衍那(舊曰迦旃延訛也)論師於
此製發智論從此東北行百四五十
里至闍爛達那國(北印度境)入其國詣那伽
羅馱那寺有大德旃達羅伐摩(此云月胄)善
究三藏因就停四月學衆事分毗婆
沙從此東北登履危嶮行七百餘里
至屈(居勿反)露多國(北印度境)自屈露多國南行
七百餘里越山濟河至設多圖盧國
(北印度境)從此西南行八百餘里至波理夜呾

羅國(中印度境)從此東行五百餘里至秣菟羅國(中印度境)釋迦如來諸聖弟子舍利子(舊曰舍梨子又曰舍利弗皆訛也)等遺身窣堵波謂舍利子沒特伽羅子(舊曰目乾連訛也)等塔皆見在呾麗衍尼弗呾羅(唐言滿慈子舊曰彌多尼子訛略也)優波釐阿難陁羅怙羅(舊曰羅睺羅又曰羅雲皆訛也)及曼殊室利(唐言妙吉祥舊曰濡首又曰文殊師利或言曼殊尸利譯曰妙德訛也)如是等諸窣堵波每歲修福之日僧徒相率隨所宗事而修供養阿毗達磨衆供養舍利子習定之徒供養沒特伽羅子誦持經者供養滿慈子學毗奈耶衆供養優波離諸比丘尼供養阿難未受具戒者供養羅怙羅學大乘者供養諸菩薩城東五六里至一山伽藍尊者烏波毱多(唐言近護)之所建也其中爪髮舍利伽藍北巖有石室高二十餘尺廣三十餘尺四寸細籌填積其內尊者近護說法悟道夫妻俱證羅漢果者乃下一籌單巳及別族者雖證不記從此東北行五百餘里至薩他泥濕伐羅國(中印度境)又東行四百餘里至禄勒那國(中印度境)東臨殑伽河北背大山閻牟那河中境而流又河東行八百餘里至殑伽河

源廣三四里東南流入海處廣十餘里其味甘美細沙隨流彼俗書記謂之福水就中沐浴罪釁銷除啜波漱流則殃災殄滅沒而死者即生天受福愚夫愚婦常集河濱皆外道邪言無其實也後提婆菩薩示其正理方始停絶國有大德名闍耶毱多善閑三藏法師遂住一冬半春就聽經部毗婆沙訖渡河東岸至秣底補羅國其王戍陁羅種也伽藍十餘所僧徒八百餘人皆學小乘一切有部大城南四五里有小伽藍僧徒五十餘人昔瞿拏鉢刺婆(唐言德光)論師於此作辯真等論凡百餘部論師是鉢伐多國人本習大乘後退學小時提婆犀那(唐言天軍)阿羅漢往来覩史多天德光願見慈氏決諸疑滯請天軍以神力接上天宮既見慈氏揖而不礼言我出家具戒慈氏處天同俗礼敬非宜如是往来三返皆不致礼既我慢自高疑亦不決德光伽藍南三四里有伽藍僧二百餘人並小乘學是衆賢論師壽終處論師本迦濕弥羅國人博學

高才明一切有部毗婆沙時世親菩薩亦以睿智多聞先作阿毗達磨俱舍論破毗婆沙師所執理奧文華西域學徒莫不讚仰爰至鬼神亦皆講習衆賢覽而心憤又十二年覃思作俱舍雹論二万五千頌八十萬言造訖欲與世親面定是非未果而終世親後見其論歎有知解言其思力不減毗婆沙之衆也雖然甚順我義宜名順正理論遂依行焉衆賢死後於菴沒羅林中起窣堵波今猶現在林側又有窣堵波是毗秣羅蜜多羅(唐言無垢友)論師遺身處論師迦濕弥羅國人於說一切有部出家遊五印度學窮三藏將歸本國途次衆賢之塔悲其著述未及顯揚奄便逝歿因自誓更造諸論破大乘義滅世親名使論師之盲永傳遐代說此語已心智狂乱五舌重出遍體血流自知此苦原由惡見裁書懺悔勸諸同侶勿謗大乘言終氣絶當死之處地陷為坑其國有大德名蜜多斯那年九十即德光論師弟子善閑三藏法師又半春一夏

就學薩婆多部怛埵三弟鑠論（唐言辯真論二万五千頌德光所造也）隨發智論等又從此北行三百餘里至婆羅吸摩補羅國（中印度境）又此東南行四百餘里至醯掣怛羅國（中印度）又南行二百餘里渡殑伽河西南至毗羅那拏國（中印度境）又東行二百餘里至刧比他國（中印度境）城東二十餘里有大伽藍院內有三寶階南北列東西下是佛昔於忉利天為摩耶夫人說法訖歸贍部洲下處中是黃金左是水精右是白銀如來起善法堂將諸天衆躡中階而下大梵天王執白拂履銀階處右天帝釋持寶蓋蹈水精階居左是時百千天衆諸大菩薩陪隨而下自數百年前猶有階級今並淪沒後王戀慕壘塼石擬其狀飾以雜寶見高七十餘尺上起精舍中有石佛像左右有釋梵之像並做先儀式彰如在傍有石柱高七丈無憂王所立傍有石基長五十餘步高七尺是佛昔經行處從此西北行二百里至羯若鞠闍國（唐言曲女城中印度）國周四千里都城西臨殑伽河長二十餘里廣

五六里伽藍百餘所僧徒萬餘人大小俱學其王吠奢種也字曷利沙伐彈那（唐言喜增）父字波羅羯邏伐彈那（唐言作光增）先兄字曷羅闍伐彈那邏（唐言王增）喜增在位仁慈國人稱詠時東印度羯羅拏蘇伐剌那（唐言金耳）國設賞迦王（唐言同上）惡其明略而為隣患乃誘而害之大臣婆尼（唐言明了）及群僚等悲蒼生之無主共立其弟尸羅阿迭多（唐言戒日）統承宗廟王雄姿秀傑筭略宏遠德動天地義感人神遂能雪報兄讎牢籠印度風威所及礼教所霑無不歸德天下既定黎庶斯安於是戢武韜戈營樹福業勅其境內無得殺生凡厥元元普令斷肉隨有聖迹皆建伽藍歲三七日遍供衆僧五年一陳无遮大會府庫所積並充檀捨詳其所行須達拏之流矣城西北有窣堵波高二百餘尺東南六七里殑伽河南有窣堵波高二百餘尺並無憂王所造皆是佛昔說法處也法師入其國到跋達羅毗訶羅寺住三月依毗離耶犀那三藏讀佛使毗婆沙日冑毗婆

沙訖

大唐大慈恩寺三藏法師傳卷第二

大唐大慈恩寺三藏法師傳卷第二

校勘記

一　底本，金藏廣勝寺本。

一　一四頁中一行及卷末經名，資、磧、普、南、徑、清作「大慈恩寺三藏法師傳卷第二」。以下各卷例同。

一　一四頁中一〇行「熬然」，資、磧、普、南、徑、清作「敖然」。

一　一四頁中一五行第二字「吾」，諸本（不含石，下同）作「言」。

一　一四頁下二行「商估」，諸本作「商胡」。

一　一四頁下八行「二大河」，資、磧、普、南、徑、清作「一大河」。

一　一四頁下一五行第四字「將」，資、磧、普、南、徑、清無。

一　一四頁下末行第八字「恡」，麗作「恡之」。

一　一五頁上二行第一三字「皃」，資作「見」。

一　一五頁中一二行第六字「嶺」，諸本作「葱嶺」。

一　一五頁中一七行「登陟」，資、磧、普、徑作「登涉」。

一　一五頁中二〇行「殘凍」，資、磧、普、南、徑、清作「餕凍」。

一　一五頁中二二行夾註左「未必温」，資、磧、普、南、徑、清作「未必温也」。

一　一五頁下二行「可汗」，徑作「可汗」。以下徑混用。

一　一五頁下四行「一丈」，資、磧、普、南、徑、清作「以一丈」。

一　一五頁下五行「編髮」，磧、普、徑作「辮髮」。

一　一五頁下一七行第三字「伹」，諸本作「但」。

一　一五頁下二二行第四字「恣」，資、磧、普、南、徑、清作「益」。

一　一六頁上一〇行「類黑露」，資、磧、普、南、徑、清作「露黑類」。

一　一六頁上一六行第二字「服」，諸本作「法服」。

一　一六頁中一〇行「慇懃」，資、磧、普、南、徑、清作「慇重」。

一　一六頁中一六行第三字「曚」，資、磧、普、南、徑、清作「蒙」。

一　一六頁中二二行正文第一一字「路」，諸本作「山路」。

一　一六頁下二行第五字「又」，資、磧、普、南、徑、清作「又鍱鐵又」。

一　一六頁下一〇行「止法」，諸本作「能止」。又「因請」，麗作「因請法師」。

一　一六頁下一三行第三字「敦」，磧作「少」；南作「郭」。

一　一六頁下一五行第五字「立」，諸本無。又第一〇字「其」，資、磧、普、南、徑、清無。

一　一六頁下二一行第三字「問」，麗作「所問」。

一　一六頁下末行末字「不」，諸本作「不能」。

一　一七頁上二行「設云」，資、磧、普、南、徑、清作「設見云」。

一　一七頁上三行「縛喝羅國」，麗作

「縛喝國」。本頁中七行同。
一七頁上五行「縛喝僧」，資、磧、普、南、徑、清作「縛喝羅僧」。
一七頁上六行第九字「吊」，資、磧、普、南、徑、清作「迎」。
一七頁上一三行「外餘」，資、磧、普、南、徑、清作「二斗餘」。
一七頁上二一行「基趾」，諸本作「基址」。
一七頁中二行「當授」，南、徑、清作「甞授」。
一七頁中三行第四字「及」，清作「又」。
一七頁中四行第八字「地」，諸本無。
一七頁中二一行「法師」，麗作「法師法師」。
一七頁下三行「沙磧」，諸本作「凌磧」。
一七頁下四行「宋玉」，麗作「宋王」。
一七頁下五行第三字「難」，資、磧、普、南、徑、清作「艱」。又「增氷」，南、徑、清作「層冰」。
一七頁下一一行首字「僧」，麗作「僧徒」。
一七頁下一三行「馱娑」，麗作「馱婆」。
一七頁下一四行第二字「耶」，資、磧、普、南、徑、清無。
一七頁下一九行「裝嚴」，資、磧、普、南、徑、清作「莊嚴」。
一七頁下末行夾註左「日」，徑作「四」。
一八頁上一四行「郙重」，麗作「殷至」。
一八頁上末行「衆軍」，麗作「軍衆」。
一八頁中六行「威嚴」，徑、清作「威義」。又第一〇字「奘」，徑作「裝」。
一八頁中七行第一三字「令」，資作「今」。
一八頁中一二行第三字「羅」，南、徑、清作「唯」。
一八頁中一五行第三字「僧」，資、磧、普、南、徑、清無；麗作「部僧」。又夾註左「聖沓」，資、磧、普、南、徑、清作「聖胄」。
一八頁中一八行第七字「識」，資、磧、普、南、徑、清作「諳」。
一八頁中二〇行「以外各」，資、磧、普、南、徑、清作「以各」；麗作「以外各各」。
一八頁中二二行第八字「却」，資、磧、普、南、徑、清作「到」。
一八頁下七行「傾動」，麗作「傾動故也」。又「濟河」，資、磧、普、南、徑、清作「渡河」。
一八頁下二二行第七字「亦」，資、磧、普、南、徑、清作「上」。
一九頁上六行「印得」，麗作「即得」。
一九頁上九行第一二字「足」，麗作「是」。
一九頁上一〇行第一一字「骨」，資、磧、普、南、徑、清無。
一九頁上一一行第七字「睛」，資、磧、普、南、徑、清無。

一九頁中五行第四字「今」，南、徑、清作「令」。

一九頁中八行首字「㥆」，諸本作「帽」。

一九頁中一六行第一一字「訖」，資、磧、普、南、徑、清作「依言」。

一九頁中一九行「讃佛」，資、磧、普、南、徑、清作「諸佛」。

一九頁中二一行第九字「現」，資、磧、普、南、徑、清無。

一九頁中二二行第八字「尊」，諸本作「世尊」。

一九頁下一行「忽覩」，資、磧、普、南、徑、清作「忽矚」。

一九頁下四行第一三字「膝」，資、磧、普、南、徑、清無。

一九頁下九行「无所覩」，資、磧、普、南、清作「所無覩」。

一九頁下一二行「至誠」，資、磧、普、南、徑、清作「志誠」。

一九頁下一四行第五字「刃」，諸本作「刀」。

一九頁下一六行夾註右「舊說健陁衛」，資、磧、普、南、徑、清作「舊云健陀衛」。

二〇頁上四行「金銅」，資、磧、普、徑作「金剛」。

二〇頁上一〇行「王造」，麗作「王所造」。本頁中一七行同。

二〇頁上一二行末字「道」，資、磧、普、南、徑、清無。

二〇頁上一七行「荼城」，磧、普、南、徑、清作「蓬城」。本頁下一〇行同。

二〇頁上一八行第三字「陟」，資、磧作「涉」。

二〇頁中一四行夾註左「唐言頌有三十二言」，資、磧、普、徑、清作「唐言　頌頌有四十二言」；南作「唐言　頌頌有四十一言」。

二〇頁中一八行第七字「卧」，資、磧、普、南、徑、清作「施」。

二〇頁中二一行「踊生此塔西」，資、磧、普、南、徑、清作「涌出此塔塔西」。

二〇頁下一行夾註右「伐羅」，資、磧、普作「代羅」。又左「訛也」，資、磧、普、南、徑、清作「訛之也」。

二〇頁下三行「徙多河」，資、磧、普、南、徑、清作「從多阿」。又「絙鏁」，資、磧、普、南、徑、清作「鐵鏁」；麗作「絙鏁」。

二〇頁下四行「千餘里」，資、磧、普、南、徑、清作「十餘里」。

二〇頁下七行夾註左末字「訛」，資、磧、普、南、徑、清作「訛也」。

二〇頁下九行「親覩」，資、磧、普、南、徑、清作「令親覩」。

二〇頁下一四行「无憂」，資、磧、普、南、徑、清作「彼無憂」。

二〇頁下一九行第一〇字「閒」，資、磧、普、南、徑、清作「間」。

二〇頁下二一行第五字「行」，資、磧、普、南、徑、清無。

二一頁上二行「烏刺叉」，資、磧、普、南、徑、清作「烏刺尸」。

— 二一頁上六行末字「升」，麗作「斗」。
— 二一頁上一一行「摩訶脂那」，麗作「摩訶脂那國」。
— 二一頁上一六行「至旦」，資、磧、普、南、徑、清作「坐至旦」。
— 二一頁上二一行第一三字「養」，資、磧、普、南、徑、清無。
— 二一頁中五行「彼僧」，徑作「彼師」。
— 二一頁中八行第八字「踏」，徑作「懿」。
— 二一頁中一一行第七字「午」，麗作「自午」。
— 二一頁中一六行第三字「顧」，磧作「領」。
— 二一頁中一九行夾註右「唐官」，資、磧、普、南、清、麗作「唐言」；徑作「此言」。
— 二一頁中二〇行夾註「如來支」，諸本作「如來友」。
— 二一頁中二一行夾註左「世支」，諸本作「世友」。
— 二一頁下一行第三字「比」，資作「此」；磧、普、南、徑、清無。
— 二一頁下三行「法師」，諸本作「法師法師」。又「詶酢」，麗作「酬對」。
— 二一頁下一一行首字「級」，諸本作「及」。
— 二一頁下一四行夾註「呲那耶」，麗作「呲耶」。
— 二一頁下二〇行末字「出」，資、磧、普、南、徑、清無。
— 二一頁下二一行夾註「奴故」，資、磧、普、南、徑、清作正文「奴」。
— 二一頁下二二行第六字「南」，清、磧、普、南、徑、清無。
— 二一頁下末行夾註「北印土也」，諸本作「北印度境」。又末字「行」，資、磧、普、南、徑、清無。
— 二二頁上一行「礕迦」，資、磧、普、南、徑、清作「磔迦」；麗作「磔迦」。
— 二二頁上四行「二日」，麗作「三日」。
— 二二頁上七行第一二字「有」，諸本無。
— 二二頁上八行第二字「昔」，資、磧、普、南、徑、清作「昔者」。
— 二二頁上一〇行第九字「之」，諸本無。
— 二二頁上一五行「有穴」，諸本作「有水穴」。
— 二二頁上一六行第八字「師」，資、磧、普、南、徑、清無。
— 二二頁上二二行第一二、一三字「諸人」，資、磧、普、南、徑、清作「人人」。
— 二二頁中五行第三字「在」，資、磧、普、南、徑、清作「存」。又末字「天」，資、磧、普、南、徑、清作「而天」。
— 二二頁中七行首字「忘」，麗作「亡」。
— 二二頁中八行「澄陂」，資、磧、普、南、徑、清作「澄波」。
— 二二頁中一一行「質狀」，資、磧、普、南、徑、清作「形質」。
— 二二頁中一五行第四字「人」，資、磧、普、南、徑、清作「者」。又「令與」，諸本作「令爲」。
— 二二頁中一七行第七字「羅」，資、

一　二二頁下三行末字「用」，諸本作「猶用」。
一　磧、普、南、徑、清無。
一　二二頁下四行第六字「十」，資、磧、普、南、徑、清無。
一　二二頁下六行第一二字「又」，資、磧、普、南、徑、清無。
一　二二頁下七行「行至那僕底國」，資、磧、普、南、徑、清作「行五百餘里到至那僕底國」；麗作「行五百餘里至那僕底國」。
一　二二頁下一四行第一二字「之」，諸本無。
一　二二頁下一八行夾註左「月胄」，資作「月曹」。
一　二二頁下二〇行「東北」，麗作「東北行」。
一　二二頁下二一行「自屈露多國」，資、磧、普、南、徑、清作「自屈露國」。
一　二二頁下二二行「濟河」，資、磧、普、南、徑、清作「渡河」。
一　二二頁下末行夾註「北印度境」，資、磧、普、南、徑、清作「北印度也」。
一　二三頁上一行「從東行」，諸本作「從此東行」。
一　二三頁上五行夾註左「弥多尼子」，諸本作「彌多羅尼子」。
一　二三頁上七行夾註右「或言」，麗作「又言」。又左第三字「譯」，資、磧、普、南、徑、清無。
一　二三頁上九行第九字「養」，資、磧、普、南、徑、清無。
一　二三頁上一五行「爪髮」，資、磧、普、南、徑、清作「爪髭」。
一　二三頁上一八行「悟道」，資、磧、普、南、徑、清作「導」。又「羅漢」，諸本作「阿羅漢」。
一　二三頁上二〇行「薩他泥」，資、磧、普、南、徑、清作「薩他涅」。又夾註「中印度境」，資、磧、普、南、徑、清作「中印度」，二一行同。
一　二三頁中一〇行末字「徒」，資、磧、普、南、徑、清無。次頁中一行第一〇字同。
一　二三頁中一一行第五字「皆」，資、磧、普、南、徑、清無。
一　二三頁中一五行第八字「小」，資、磧、普、南、徑、清作「小乘」。
一　二三頁下四行「讚仰」，資、磧、普、南、徑、清作「鑽仰」。
一　二三頁下一三行夾註「無垢支」，資、磧、普、南、徑、清作「無垢稱也」；麗作「無垢稱」。
一　二三頁下二一行第七字「之」，資、磧、普、南、徑、清無。
一　二四頁上三行夾註「中印度境」，資、磧、普、南、徑、清作「北印度」；麗作「中印度」。
一　二四頁上五行夾註「中印度」，資、磧、普、南、徑、清作「中印度境」。
一　二四頁上七行夾註「中印度境」，諸本作「中印度」。
一　二四頁上八行第二字「大」，資、磧、普、南、徑、清無。又末字至次行首二字「東西下」，資、磧、普、南、徑、清作「面東一下」；麗作「面東西下」。

一 二四頁上一六行「後王」，資、磧、普、南、徑、清作「恐後王」。

一 二四頁上一八行「倣先」，資、磧、普、南、徑、清作「放光」。

一 二四頁上末行末字「廣」，徑、清作「度」。

一 二四頁中四行上夾註「作光增」，資、磧、普、南、徑、清作「作增光」；麗作「作增」。又正文「先兄字曷羅闍」，資、磧、普、南、徑、清作「兄字過邏闍」。又第一〇字「邏」，諸本無。

一 二四頁中七行夾註左「同上」，資作「周」；磧、普、南、徑、清作「日」。

一 二四頁中一二行「風威」，諸本作「威風」。

一 二四頁中一五行第八字「有」，資、磧、普、南、徑、清作「其」。

一 二四頁中二〇行第四字「高」，資、磧、普、南、徑、清作「亦高」。

一 二四頁下一行末字「訖」，資、磧、普、南、徑、清作「記」。

趙城縣廣勝寺

大唐大慈恩寺三藏法師傳卷第三　通

沙門慧立本　釋彥悰箋

起阿踰陁國終伊爛拏國

自此東南行六百餘里渡殑伽河南至阿踰陁國（中印度）寺百餘所僧徒數千人大小乘兼學大城中有故伽藍是伐蘇盤度菩薩（唐言世親舊曰婆藪盤豆譯為天親訛也）於此製大小乘論及為衆講處城西北四五里臨殑伽河岸大伽藍中有窣堵波高二百餘尺無憂王所建佛昔三月說法處其傍又有過去四佛經行處城西南五六里有故伽藍是阿僧伽菩薩說法處菩薩夜昇覩史多天於慈氏菩薩所受瑜伽論莊嚴大乘論中邊分別論晝則下天為衆說法阿僧伽亦名無著即健陁邏國人也佛滅度後一千年中出現於世從弥沙塞部出家後信大乘弟世親菩薩於說一切有部出家後信大乘兄弟皆稟明聖之器含著述之才廣造諸論解釋大乘為印度宗匠如攝大乘論顯揚聖教對法唯識俱舍論等皆其筆

也法師自阿踰陁國礼聖跡順殑伽河與八十餘人同船東下欲向阿耶穆佉國行可百餘里其河兩岸皆是阿輸迦林非常深茂於林中兩岸各有十餘船賊鼓棹迎流一時而出船中驚擾投河者數人賊遂擁船向岸令諸人解脫衣物搜其珎寶然彼群賊素事突伽天神每於秋中覓一人質狀端美煞取肉血用以祠之以祈嘉福見法師儀容偉麗體骨當之相顧而喜曰我等祭神時欲將過不能得人今此沙門形皃淑美煞用祠之豈非吉也法師報以奘穢陋之身得充祠祭實非敢惜但以遠来意者欲礼菩提樹像耆闍崛山并請問經法此心未遂檀越煞之恐非吉也船上諸人皆共同請亦有願以身代賊皆不許於是賊師遣人取水於花林中除地設壇和埿塗掃令兩人拔刀牽法師上壇欲即揮刀法師顏無有懼賊皆驚異既知不免語賊願賜少時莫相逼惱使我安心歡喜取滅法師乃專心覩史多宮念慈氏菩薩願得生

彼恭敬供養受瑜伽師地論聽聞妙法成就通慧還來下生教化此人令修勝行捨諸惡業及廣宣諸法利安一切於是礼十方佛正念而坐注心慈氏無復異緣於心想中若似登蘇迷盧山越一二三天見覩史多宮慈氏菩薩處妙寶臺天衆圍遶此時身心歡喜亦不知在壇不憶有賊同伴諸人發聲號哭須臾之間黑風四起折樹飛沙河流涌浪舩舫漂覆賊徒大駭問同伴曰沙門從何處來名字何等報曰從支那國來求法者此也諸君若煞得無量罪且觀風波之狀天神已瞋宜急懺悔賊懼相率懺謝稽首歸依時亦不覺賊以手觸尒乃開目謂賊曰時至耶賊曰不敢害師願受懺悔法師受其礼謝為說殺盜邪祠諸不善業未來當受無間之苦何為電光朝露少時之身作阿僧企耶長時苦種賊等叩頭謝曰某等妄想顛倒為所不應為事所不應事若不逢師福德感動冥祇何以得聞啓誨請從今日已去即斷此業願師證

明於是遍相勸告收諸刼具揔投河流所奪衣資各還本主並受五戒風波還靜賊衆歡喜頂礼辭別同伴敬歎轉異於常遠近聞者莫不嗟怪非求法殷至何以致茲從此東行三百餘里渡殑伽河北至阿耶穆佉國（中印度）從此東南行七百餘里渡殑伽河南閻牟那河北至鉢羅耶伽國（中印度）城西南瞻博迦花林中有窣堵波無憂王所造是佛昔降外道處其側有伽藍是提婆菩薩作廣百論挫小乘外道處大城東兩河交處其西有墠周十四五里土地平正自古已來諸王豪族仁慈惠施皆至於此因号其處為大施場今戒日王亦繼斯軌五年積財七十五日散施上從三寶下至孤窮無不悉施從此西南入大林多逢惡獸野象經五百餘里至憍賞弥國（舊曰俱睒弥訛中印度）伽藍十餘所僧徒三百餘人城內故宮中有大精舍高六十餘尺有刻檀佛像上懸石蓋鄔陁衍那王（唐言出愛舊云優填王訛）之所造也昔如來在忉利天經夏為母說法王思慕乃請目連將

工巧昇天觀佛尊顏容止還以紫檀雕刻以像真容世尊下來時像迎佛即此也城南有故宅是瞿史羅（舊曰瞿師羅訛）長者故居也城南不遠有故伽藍即長者之園地中有窣堵波高二百餘尺無憂王所造次東南重閣是世親造唯識論處次東菴没羅林有故基是無著菩薩作顯揚論處從此東行五百餘里至鞞索迦國伽藍二十餘所僧三千許人學小乘正量部東南道左有大伽藍是昔提婆設摩阿羅漢造識身足論說無我人瞿波阿羅漢作聖教要實論說有我人因此法執遂深諍論又是護法菩薩七日中摧伏小乘一百論師處其側又有如來六年說法處有一樹高七十餘尺昔佛因淨齒弃其餘枝遂植根繁茂至今邪見之徒數來殘伐隨伐隨生榮茂如本從此東北行五百餘里至室羅伐悉底國（舊曰舍衛訛）周六千餘里伽藍數百僧徒數千並學正量部佛在時鉢羅斯那恃多（唐言勝軍舊曰波斯匿訛）王所都也城內有王殿故基次東不遠有故

基上建窣堵波勝軍王為佛造大講堂處次復有塔是佛姨母鉢羅闍鉢底(唐言生主舊曰波闍波提訛也)比丘尼精舍次東有塔是蘇達多(唐言樂施舊曰須達訛也)故宅宅側有大窣堵波是鴦窶利摩羅(舊曰央掘摩羅訛)捨邪之處城南五六里有逝多林(唐言勝林舊曰祇陁訛也)即給孤獨園也昔為伽藍今已頹毀東門左右各建石柱高七十餘尺無憂王所立諸屋並盡獨一塼室在中有金像昔佛昇天為母說法勝軍王心生戀慕聞出愛王刻檀為像因造此也伽藍後不遠是外道梵志煞婦謗佛處伽藍東百餘步有大深坑是提婆達多以毒藥害佛生身入地獄處其南復有大坑瞿伽梨比丘謗佛生身入地獄處坑南八百餘步是戰遮婆羅門女謗佛生身入地獄處凡此三坑窺不見底伽藍東七十餘步有精舍高大中有佛像東面坐如來昔共外道論議處次東有天祠量等精舍日光移轉天祠影不及精舍精舍影常覆天祠次東三四里有窣堵波是舍利子與外道論議處大城西北六

十餘里有故城是賢劫中人壽二万歲時迦葉波佛父城也城南是佛成正覺已初見父處城北有塔塔有迦葉波佛全身舍利並無憂王所立從此東南行八百餘里至劫比羅伐窣堵國(舊曰迦毗羅衛國也)國周四千餘里都城十餘里並皆頹毀宮城周十五里疊塼而成極窂固內有故基淨飯王之正殿上建精舍中作王像次北有故基是摩耶夫人之寢殿上建精舍中作夫人之像其側有精舍是釋迦菩薩降神母胎處中作菩薩降生之像上座部云菩薩以嗢怛羅頞沙荼月三十日夜降神母胎當此五月十五日諸部則以此二十三日當此五月八日東北有窣堵波阿私陁仙相太子處於城左右有太子共諸釋種捔力處又有太子乘馬踰城處及先於四門見老病死及沙門猒離世間迴駕處從此東行荒林五百餘里至藍摩國(中印度)居人稀少故城東南有塼窣堵波高百餘尺如來涅盤後此國先王分得舍利還而造也每放光明其側有

龍池龍數變身為人遶塔行道野象銜花常来供養其側不遠有伽藍以沙弥知寺任相傳昔有苾蒭招命同侶遠来礼拜見野象銜花安置塔前復以牙芟草以鼻灑水衆見無不感歎有一苾蒭便捨大戒願留供養謂衆人曰為是畜生猶知敬塔獻花灑掃我居人類依佛出家豈可目覩荒殘不供事也即辝衆住結宇疏池種花植果雖涉寒暑不以勞倦隣國聞之各捨珎寶共建伽藍仍即屈知僧務自此相承遂為故事矣沙弥伽藍東大林中行百餘里有窣堵波無憂王所建是太子踰城至此解寶衣天冠髻珠付闡鐸迦(舊曰車匿訛)還處也及剃髮皆有塔記出此林(已至拘尸)那揭羅國處極荒梗城內東北隅有窣堵波無憂王所建准陁故宅(舊曰純陁訛)宅中有井將營獻供時鑿也水猶澄映城西北三四里渡阿恃多伐底河(唐言無勝舊曰阿利跋提河訛也)河側不遠至娑羅林其樹似槲而皮青葉白甚光潤四雙齊高即如來涅盤處也有大塼精舍中有如来涅盤之像

北首而卧傍有大窣堵波高二百餘尺無憂王所造又立石柱記佛涅盤事不書年月相傳去佛處世八十年以吠舍佉月後半十五日入涅盤當此二月十五日說一切有部復云佛以迦剌底迦月後半入涅盤當此九月八日自涅盤已來或云千二百歲或千三百或千五百或云過九百未滿千年又如來坐金棺為母說法出臂問阿難現足示迦葉香木焚身八王分骨皆有塔記從此復大林中經五百餘里至婆羅痆斯國（音女黠反）國周四千餘里都城西臨殑（伽河）長十餘里廣五六里伽藍三十餘所僧二千餘人學小乘一切有部渡婆羅痆斯河東北行十餘里至鹿野伽藍臺觀雲連長廊四合僧徒一千五百人學小乘正量部大院內有精舍高百餘尺石階塼龕層級百數皆隱起黃金佛像室中有鍮石佛像量等如來身作轉法輪狀精舍東南有石窣堵波無憂王所建高百餘尺前有石柱七十餘尺是佛初轉法輪處其側有梅呾麗

（唐言慈氏舊曰彌勒訛）菩薩受記處次西有窣堵波是佛昔為護明菩薩於賢劫中人壽二万歲時迦葉波佛所受記處釋迦受記南有過去四佛經行處長五十餘步高七尺以青石積成上有四佛經行之像伽藍西有如來澡浴池又有滌器池又有浣衣池並神龍守護無人穢觸池側有窣堵波佛修菩薩行時為六牙白象施獵師牙處又為鳥時與獮猴白為約尼拘律樹定長幼巡行化人處又作鹿王又度憍陳如等五人處從此順殑伽河流東行三百餘里至戰主國從此東北渡殑伽河行百四五十里至吠舍釐國（舊曰毗舍離訛也）國周五千餘里土壤良沃多菴沒羅果茂遮果都城荒毀故基周六七十里居人甚少宮城西北五六里有一伽藍傍有窣堵波是佛昔說毗摩羅詰經處次東北三四里有窣堵波是毗摩羅詰故宅其宅尚多靈異去此不遠有一室積石所作是無垢稱現疾說法處其側亦有寶積故宅菴摩羅女故宅次北三四里有窣堵

波是佛將往拘尸那國般涅盤天人隨從佇立處次西復有佛最後觀吠舍釐處次南又有菴摩羅女持園施佛處又有佛許魔王涅盤處從吠舍釐南境去殑伽河百餘里到吠多補羅城得菩薩藏經又南渡殑伽河至摩揭陁國（舊曰摩伽陁訛）周五千餘里俗土崇學重賢伽藍五十餘所僧万餘人多大乘學河南有故城周七十餘里雖復荒穨猶有雉堞昔人壽無量歲時号拘蘇摩補羅城（唐言香花宮城）王宮多花故致此号後至人壽數千歲時更名波吒釐子城（舊曰巴連佛邑訛）復約波吒釐樹為名至佛涅盤後第一百年有阿輸迦王（唐言無憂王舊曰阿育王訛也）即頻毗娑羅王（唐言影堅）之曾孫也自王舍城遷都來此年代浸遠今唯故基伽藍數百存者二三故宮北臨殑伽河為小城城有千餘家宮北有石柱高數十尺無憂王作地獄處法師在小城停七日巡礼聖迹地獄南有窣堵波即八万四千之一也王以人功建立中有如來舍利一斗每放神光次有精舍舍中有如

来所履石上有佛雙跡長一尺八
寸廣六寸兩足下有千輻輪相十
指端有万字花文及缾魚等皎然明
著是如来將入涅槃發吠舍釐至
此於河南岸大方石上立顧謂阿難
此是吾最後望金剛座及王舍城
所留之跡也精舍北有石柱高三十
餘尺書記無憂王三以贍部洲施
佛法僧三以珎寶贖詞也故城東南
有屈屈吒阿濫摩（唐言雞園）僧伽藍故
基無憂王所造是召千僧四事供養
處是等聖跡凡停七日礼拜方遍
又西南行六七由旬至低羅磔迦寺
寺有三藏數十人聞法師至皆出
迎引從此又南行百餘里到菩提樹
樹垣壘塼高峻極固東西長南北
稍狹正門東對尼連禪河南門接大
花池西帶嶮固北門通大伽藍其
內聖跡連接或精舍或窣堵波並諸
王大臣豪富長者慕
聖營造用為旌記正中有金剛座賢
劫初成與大地俱起據三千大千之
中下極金輪上齊地際金剛所成周

百餘步言金剛者取其堅固難壞能
沮万物若不依本際則地不能停若
不以金剛為座則无地堪發金剛定
今欲降魔成道必居於此若於餘地
地便傾昃故賢劫千佛皆就此焉又
成道之處亦曰道塲世界傾揺獨此
不動一二百年来衆生薄福往菩提
樹不見金剛座佛涅槃後諸國王以
兩軀觀自在菩薩像南北摽界東
向而坐相傳此菩薩身没不現佛法
當盡今南邊菩薩已没至胷其菩提
樹即畢鉢羅樹也佛在時高數百尺
比頻為惡王誅伐今可五丈餘佛坐
其下成无上等覺因謂菩提樹樹莖
黄白枝葉青潤秋冬不彫唯至如来
涅槃日其葉頓落經宿還生如本每
至是日諸國王與臣僚共集樹下以
乳灌洗燃燈散花収葉而去法師至
礼菩提樹及慈氏菩薩所作成道時
像至誠瞻仰訖五體投地悲哀懊惱
自傷嘆言佛成道時不知漂淪何趣
今於像季方乃至斯緬惟業障一何
深重悲淚盈目時逢衆僧解夏遠近

輻湊數千人觀者無不鳴噎其處一
踰繕那聖跡充滿停八九日礼拜方
遍至第十日那爛陁寺衆差四大德
来迎即與同去行可七踰繕那至寺
莊莊是尊者目連本生之村至莊食
須臾更有二百餘僧與千餘檀越將
幢蓋花香復来迎引讚歎圍繞入那
爛陁既至合衆都集法師與相見訖
上座頭別安牀命法師坐徒衆亦坐
坐訖遣維那擊揵稚唱法師住寺寺
中一切僧所畜用法物道具咸皆共
同仍差二十人非老非少閑解經律
威儀齊整者將法師參正法藏即戒
賢法師也衆共尊重不斥其名号為
正法藏於是隨衆入謁既見方事師
資務盡其敬依彼儀式膝行肘步鳴
足頂礼問訊讚歎訖法藏令廣敷牀
座命法師及諸僧坐坐訖問法師從
何處来報從支那國来欲依師學瑜
伽論聞已啼泣喚弟子佛陁跋陁羅
（唐言覺賢）即法藏之姪也年七十餘博通
經論善於言談法藏語曰汝可為衆
說我三年前病惱因緣覺賢聞已啼

泣抆淚而說昔緣云和上昔患風病每發手足拘急如火燒刀刺之痛乍發乍息凡二十餘載去三年前苦痛尤甚猒惡此身欲不食取盡於夜中夢三天人一黃金色二琉璃色三白銀色形皃端正儀服輕明来問和上曰汝欲弃此身耶經云說身有苦不說猒離於身汝於過去曾作國王多惱衆生故招此報今宜觀省宿愆至誠懺悔於苦安忍勤宣經論自當銷滅直尒猒身苦終不盡和上聞已至誠礼拜其金色人指碧色者語和上曰汝識不此是觀自在菩薩又指銀色曰此是慈氏菩薩和上即礼拜慈氏問曰戒賢常願生於尊處不知得不報曰汝廣傳正法後當得生金色者自言我是曼殊室利菩薩我等見汝空欲捨身不為利益故來勸汝當依我語顯揚正法瑜伽等論遍及未聞汝身即漸安隱勿憂不差有支那國僧樂通大法欲就汝學汝可待之法藏聞已礼拜報曰敬依尊教言已不見自尒已来和上所苦瘳除僧衆

聞者莫不稱歎希有法師得親承斯記悲喜不能自勝更礼謝曰若如所說玄奘當盡力聽習願尊慈悲攝受教誨法藏又問法師汝在路幾年荅三年既與昔夢符同種種誨喻令法師歡喜以申師弟之情言訖辭出向幼日王院安置於覺賢房第四重閣七日供養已更安置上房在護法菩薩房北加諸供給日得贍部羅果一百二十枚檳榔子二十顆荳蔻二十顆龍腦香一兩供大人米一升其米大於烏豆作飯香鮮餘米不及唯摩揭陁國有此粳米餘處更無獨供國王及多聞大德故号為供大人米月給油三斗酥乳等隨日取足淨人一人婆羅門一人免諸僧事行乘象輿那爛陁寺主客万僧預此供給添法師合有十人其遊踐殊方見禮如此那爛陁寺者此云施無猒寺耆舊相傳此伽藍南菴没羅園中有池池有龍名那爛陁傍建伽藍故以為号又云是如来昔行菩薩道時為大國王建都此地悲愍孤窮常行惠捨物念

其恩故号其處為施無猒也地本菴没羅長者園五百商人以十億金錢買以施佛佛於此處三月說法商人多有證果佛涅盤後此國先王鑠迦羅阿迭多（唐言帝日也）敬戀佛故造此伽藍王崩後其子佛陁毱多王（唐言覺護）纂承鴻業次南又造伽藍至子怛他揭多王（唐言如來）次東又造伽藍至子婆羅阿迭多（唐言初日）次東北又建伽藍後見聖僧從此支那國往赴其供心生歡喜捨位出家其子伐闍羅（唐言金剛）嗣立次北又建伽藍其後中印度王於側又造伽藍如是六帝相承各加營造又以塼壘其外合為一寺都建一門庭序別開中分八院寶臺星列瓊樓岳峙觀竦煙中殿飛霞上生風雲於戶牖交日月於軒簷加以淥水逶迤青蓮菡萏羯尼花樹暉煥其間菴没羅林森竦其外諸院僧室皆四重重閣虬棟虹梁綠櫨朱柱雕楹鏤檻玉礎文榱甍接瑤暉榱連繩彩印度伽藍數乃千万壯麗崇高此為其極僧徒主客常有万人並學大乘兼十八部爰

至佲典呹陁等書因明聲明醫方術數亦俱研習凡解經論二十部者一千餘人三十部者五百餘人五十部者并法師十人唯戒賢法師一切窮覽德秀年耆為衆宗匠寺內講座日百餘所學徒修習無弃寸陰德衆所居自然嚴肅建立已來七百餘載未有一人犯譏過者國王欽重捨百餘邑充其供養邑二百戶日進秔米酥乳數百石由是學人端拱無求而四事自足藝業成就斯其力焉法師於那爛陁寺安置已向王舍城觀礼聖迹王舍舊城彼云矩奢揭羅補羅城（唐言上茅宮城）城處摩揭陁國之中古昔君王多住其內其地又生好香茅故取為稱四面皆山峻峭如削西通小徑北有大門東西長南北狹周一百五十餘里其內更有小城基周三十餘里羯尼迦樹處處成林發蕚開榮四時無間葉如金色宮城北門外有窣堵波是提婆達多與未生怨王放護財醉象欲害佛處此東北有窣堵波是舍利子聞阿濕婆恃苾蒭說法證果

處次北不遠有大深坑是室利毱多（唐言勝密）受外道邪言以火坑毒食欲害佛處次火坑東北山城之曲有窣堵波是時縛迦大醫（舊曰耆婆訛）於此為佛造說法堂處其側現有時縛迦故宅宮城東北行十四五里至姞栗陁羅矩吒山（唐言鷲峯亦云鷲臺舊曰耆闍崛山訛也）其山連崗北嶺隆崛特高形如鷲鳥又狀高臺故取為稱泉石清奇林樹森欝如來在世多居此山說法華大般若等無量衆經山城北門行一里餘至迦蘭陁竹園今現有塼室如來在昔多居其中制諸戒律園主名迦蘭陁先以此園施諸外道後見佛又聞深法恨不以園得施如來時地神知其意為現灾恠怖諸外道逐之令出告曰長者欲以園施佛汝宜速去外道含怒而出長者歡喜建立精舍訖躬往請佛佛為受之竹園東有窣堵波阿闍多設咄路王（唐言未生怨舊曰阿闍世訛也）之所建如來涅盤後諸王共分舍利未生怨王得已將歸立塔供養無憂王發心欲遍造諸塔開取舍利尚留少許今每放

光明竹園西南行五六里山側有別竹林中有大石室是尊者摩訶迦葉波於此与九百九十九大阿羅漢如来涅槃後結集三藏處當結集時无量聖衆雲集迦葉告曰衆中自知具三明六通揔持如来一切法藏无錯謬者住餘各隨所安時簡得九百九十九人阿難在於學地迦葉語阿難汝漏未盡勿汙清衆阿難慚愧而出一夜勤修斷三界結成阿羅漢還来叩門迦葉問曰汝結盡耶答曰然復曰若結盡者不勞開門隨意所入阿難乃從戶隙而入礼拜僧足迦葉執其手曰我欲汝除斷諸漏證聖果故駈逐汝出汝當知之勿以為恨阿難曰若懷恨者豈名結盡於是礼謝而坐即初安居十五日時也迦葉語阿難曰如来常於衆中稱汝多聞揔持諸法汝可昇座為衆誦素呾纜藏即一切經也阿難承命而起向佛般涅槃山方作礼訖昇坐誦經諸衆隨口而録録訖又命優波離誦毗奈耶藏即一切戒律也誦訖迦葉波自誦阿毗達磨藏即一切論議經兩

三月安居中集三藏訖書之貝葉方
遍流通諸聖相謂曰我等集此名報佛
恩今日得聞斯其力也以大迦葉僧
中上座因名上座部又此西二十里有
窣堵波无憂王所建即大衆部共集
之處諸學无學數千人大迦葉結集
時不預者共集此中更相謂曰如来
在日同一師學世尊滅度簡我等
我等豈不能結集法藏報佛恩耶復
集素怛纜藏毗奈耶藏阿毗達磨藏
雜集藏禁呪藏別為五藏此中凡聖
同會因謂之大衆部次東北三四里
至曷羅闍姞利呬多城（唐言王舍城）外郭已壞
内城猶峻周二十餘里面有一門初
頻毗娑羅王居上茅宫時百姓殷稠
居家鱗接數遭火災乃立嚴制有不
謹慎先失火者徙之寒林寒林即彼
國棄尸惡處也頃之王宫忽復失火
王曰我為人主自犯不行无以懲下
命太子留撫王從居寒林時吠舍釐
王聞頻婆娑羅野居於外欲簡兵襲
之候望者知而奏王乃築邑以王先舍
於此故名王舍城即新城也後闍王嗣

位因都之至无憂王遷都波吒釐以
城施婆羅門今城中无雜人唯婆羅
門千餘家耳宫城内西南隅有窣堵
波是殊底色迦長者故宅（唐言星曆舊太樹提伽訛）
傍又有度羅怙羅處（即佛子也）椰爛陁寺
西北有大精舍高三百餘尺婆羅阿迭
多王之所建也莊嚴甚麗其中佛像
同菩提樹像精舍東北有窣堵波如
来昔於此七日說法處西北又有過去
四佛坐處其南鍮石精舍戒日王之
所建功雖未畢詳其圖量限高十餘
丈城次東二百餘步有銅立佛像高
八十餘尺重閣六層方得覆及昔滿
胄王之所作也又東行數里有窣堵
波佛初成道向王舍城至此頻毗娑
羅王与國人百千万衆迎見佛處又
東行三十餘里至因陁羅勢羅窶訶
山東峯伽藍前有窣堵波謂僧（莫贈反）娑
（唐言鴈也）昔此伽藍依小乘漸教食三淨肉
於一時中買贖不得其撿挍人傍徨
无措乃見群鴈翔飛仰而戲言曰今
日僧供有闕摩訶薩

埵宜知是時言訖其引前者應聲而
迴鍛翮高雲投身自墜苾芻見已慙
懼遍告衆僧聞者驚嗟無不對之歎
泣各相謂曰此菩薩也我曹何人敢
欲噉食又如來設教漸次而防我等
執彼初誘之言便為究竟之說守愚
無改致此損傷自今已後宜依大乘
不得更食三淨仍建靈塔以死鴈埋
中題表其心使永傳芳烈以故有茲
塔也如是等聖迹法師皆周遍觀礼
訖還歸那爛陁寺方請戒賢法師講
瑜伽論同聽者數千人開題訖少時
有一婆羅門於衆外悲嘷而復言笑
遣人問其所以答言我是東印度人
曾於布磔迦山觀自在菩薩像所發
願為王菩薩為我現身呵責我言汝
勿作此願後某年月日那爛陁寺戒
賢法師為脂那國僧講瑜伽論汝當
往聽因此聞法後得見佛何用王為
今見支那僧來師復為講與昔言同
所以悲喜戒賢法師因令住聽經十
五月講徹遣人將婆羅門送與戒日
王王封以三邑法師在寺聽瑜伽三

遍順正理一遍顯揚對法各一遍因明聲明集量等論各二遍中百二論各三遍其俱舍婆沙六足阿毗曇等以曾於迦濕弥羅諸國聽訖至此尋讀決疑而已兼學婆羅門書印度梵書名為記論其源無始莫知作者每於劫初梵王先說傳授天人以是梵王所說故曰梵書其言極廣有百万頌即舊譯毗伽羅論者是也然其音不正若正應云毗耶羯剌諵(音女咸反)此翻名為聲明記論以其廣記諸法能詮故名聲明記論昔成劫初梵王先說具百万頌後至住劫之初帝釋又略為十万頌其後北印度健馱羅國婆羅門覩羅邑波膩尼仙又略為八千頌即今印度現行者是近又南印度婆羅門為南印度王復略為二千五百頌遍鄙諸國多盛流行印度博學之人所不尊習此並西域音字之本其支分相助者復著記論略經有一千頌又有字體三百頌又有字緣兩種一名間擇迦三千頌二名温那地二千五百頌此別辯字緣字體又

有八界論八百頌此中略合字之緣體此諸記論辯能詮所詮有其兩例一名底(丁履反)彥多聲有十八囀二名蘇漫多聲有二十四囀其底彥多聲於文章壯麗處用於諸汎文亦少用其二十四囀者於一切諸文同用其底彥多聲十八囀者有兩一般羅颯迷二阿答末遲各有九囀故合有十八初九囀者如汎論一事即一事有三說他有三自說有三一一三中說一說二說多故有三也兩句皆然但其聲別故分二九耳依般羅颯迷聲說有無等諸法且如說有有即三名一名婆傚(之鞞反)底(丁履反下同)二名婆傚䂕(多訛反)三名婆飯底說他三者一名婆傚斯二名婆傚䂕三名婆傚他自說三者一婆傚弥二婆傚鞞(去聲)三婆傚摩(此第三依四吠陀論中說多言婆傚末斯)依阿答末遲九囀者於前九囀下各置毗耶底言餘同上安此者令文巧妙無別義亦表極美義也蘇漫多聲二十四囀者謂總有八囀於八囀中一一各三謂說一說二說多故開為二十四於二十

四中一一皆三謂男聲女聲非男非女聲言八囀者一詮諸法體二詮所作業三詮作具及能作者四詮所為事五詮所因事六詮所屬事七詮所依事八詮呼召事且以男聲寄丈夫上作八囀者丈夫印度語名布路沙體三囀者一布路煞二布路筲三布路沙(去聲)所作業三者一布路芟二布路筲三布路霜作具作者三者一布路鎩拏二布路諚(音鞞僭反)三布路鎩鞞或言布鎩呬所為事三者一布路屣(涉詐反)耶二布路沙諚(鞞僭反)三布路鎩韵(鞞約反)所因三者一布路沙哆(他我反)二布路鎩諚(同上)三布路鎩韵(同上)所屬三者一布路鎩詛(子耶反)二布路鎩諚三布路鎩諵(女咸反)所依三者一布路膝(所齊反)二布路煞諭三布路鎩蘭(所蘭反)呼召三者一系布路煞二系布路消三系布路沙略舉一二如此餘例可知難為具述法師皆洞達其詞與彼人言清典逾妙如是鑽研諸部及學梵書凡經五歲從此復往伊爛拏鉢伐多國在路至迦布德伽藍伽藍

南二三里有孤山巖巘崇崒灌木蕭森泉沼澄鮮花卉芬馥既為勝地靈廟寔繁感變之奇神異多種最中精舍有刻檀觀自在菩薩像威神特尊常有數十人或七日二七日絶粒斷漿請祈諸願心殷至者即見菩薩具相莊嚴威光朗曜從檀像中出慰喻其人與其所願如是感見數數有人以故歸者逾衆其供養人恐諸來者坌汙尊儀去像四面各七步許竪木构欄人来礼拜者皆於欄外不得近像所奉香花亦並遥散其得花住菩薩手及掛臂者以為吉祥以為得願法師欲往求請乃買種種花穿之為鬘將到像所至誠礼讚訖向菩薩跪發三願一者於此學已還歸本國得平安無難者願花住尊手二者所脩福慧願生覩史多宮事慈氏菩薩若如意者願花貫掛尊兩臂三者聖教稱衆生界中有一分無佛性者玄奘今自疑不知有不若有佛性脩行可成佛者願花貫掛尊頸項語訖以花遥散咸得如言既滿所求歡喜无量

其傍同礼及守精舍人見彈指嗚足言未曾有也當来若成道者願憶今日因緣先相度耳自此漸去至伊爛拏國伽藍十所僧徒四千餘人多學小乘說一切有部義近有隣王廢其國君以都城施僧於中並建二寺各有千僧有二大德一名怛他揭多毱多（此云如來密）二名羼底僧訶（此云師子忍）俱善薩婆多部又停一年就讀毗婆沙順正理等大城南有窣堵波佛昔於此三月為天人說法其傍又有過去四佛遺迹國西界殑伽河南至小孤山佛昔於此三月安居降薄句羅藥叉山東南巖下大石上有佛坐迹入石寸餘長五尺二寸廣四尺一寸又有佛置捃稚迦（即澡罐也舊曰軍持訛也）跡深寸餘作八出花文國南界荒林多有大烏壯而高大焉

大唐大慈恩寺三藏法師傳卷第三

大唐大慈恩寺三藏法師傳卷第三

校勘記

一　底本，金藏廣勝寺本。三七頁下至次頁中原版殘，以麗藏本換。

一　三一頁中五行夾註「中印度」，資、磧、普、南、徑、清作「中印度境」。

一　三一頁中七行夾註右第六字「曰」，次頁中六行、八行同。資、磧、普、南、徑、清無。

一　三一頁下七行「衣物」，諸本（不含石，下同）作「衣服」。又「搜其」，諸本作「搜求」。

一　三一頁下一五行第三字「樹」，資、磧、普、南、徑、清無。

一　三一頁下一八行第五字「師」，資、普、南、徑、清作「帥」。又末字「除」，資、磧、普、南、徑、清作「治」。

一　三一頁下二〇行「揮刀」，諸本作「揮刃」。

一　三二頁上二一行第一〇字「所」，資、磧、普、南、徑、清無。

一三二頁中三行末字「敬」，資、磧、普、南、徑、清作「驚」。
一三二頁中五行「般至」，諸本作「般重」。
一三二頁下一行「工巧」，諸本作「巧工」。
一三二頁下三行第四字「城」，資、磧、普、南、徑、清作「從」。
一三二頁下一六行「餘尺」，資、磧、普、南、徑、清作「尺餘」。
一三二頁下一七行第五字「齒」，資、磧、普、南、徑、清作「齒木」。
一三二頁下二〇行夾註左末字「訛」，諸本作「訛也」。
一三二頁下二二行首字「時」，資、磧、普、南、徑、清無，次頁下一九行第三字同。又「王所」，諸本作「王所居」。
一三三頁上二行第二字「處」，資、磧、普、南、徑、清無。
一三三頁上三行夾註右「生王」，諸本作「生主」。
一三三頁上六行夾註右「唐言」，麗作「唐曰言」。
一三三頁上一九行「高大」，資、磧、普、南、徑、清作「伽藍高大」。
一三三頁上二〇行第四字「議」，資、磧、普、南、徑、清無。
一三三頁上末行「西比」，諸本作「西北」。
一三三頁中六行「十餘」，資、磧、普、南、徑、清作「千餘」。
一三三頁中七行「疊塼」，麗作「壘塼」。
一三三頁中一七行「捅力」，諸本作「捔力」。
一三三頁中二一行夾註「中印度」，資、磧、普、南、徑、清作「中印度境」。又正文第八字「南」，資、磧、普、南、徑、清無。
一三三頁中二二行「百餘尺」，麗作「五十餘尺」。
一三三頁下四行首字「侶」，諸本作「學」。
一三三頁下九行第一三字「池」，資、磧、普、南、徑、清作「地」。
一三三頁下一一行「珎寶」，諸本作「財寶」。
一三三頁下末行「中有」，資、磧、普、南、徑、清作「內有」。
一三四頁上八行「或千三百」，資、磧、普、南、徑、清無。
一三四頁上一六行「雲連」，諸本作「連雲」。
一三四頁上一九行首字「階」，普、南、徑、清作「陛」。
一三四頁上二二行「七十」，諸本作「高七十」。
一三四頁中五行「餘步」，資、磧、普、南、徑、清作「餘丈」。
一三四頁中一五行夾註右「毗舍離」，徑作「毗舍離國」。
一三四頁下三行「菴摩羅」，資、磧、普、南、徑、清作「菴羅」。
一三四頁下七行正文第一一字「土」，資、磧、普、南、徑、清無。
一三四頁下一二行「後至」，麗作「復

至」。
一　三四頁下二二行「人功」，資、磧、普、南、徑、清作「人工」。
一　三四頁下末行「一汴」，麗作「一斗」。又第一一字「舍」，資、磧、普、南、徑、清無。
一　三五頁上一行「一尺」，磧、普作「一足」。
一　三五頁上九行第九字「詞」，諸本作「嗣」。
一　三五頁上一〇行第二字「屈」，資、磧、普、南、徑、清作「尼」；麗無。
一　三五頁上一三行「磔迦寺」，普、南、徑、清作「磔加寺」。
一　三五頁上二二行「大地」，資、磧、普、南、徑、清作「天地」。
一　三五頁下八行「與相」，麗作「共相」。
一　三五頁下九行首字「上」，諸本作「於上」。
一　三五頁下一九行第四字「報」，諸本作「報曰」。
一　三六頁上一行第二字「捫」，普、南、徑、清作「拉」。
一　三六頁上一一行末字「至」，資、磧作「志」。
一　三六頁上一五行第一一字「處」，資、磧、普、南、徑、清作「宮」。
一　三六頁上一九行「等論」，諸本作「論等」。
一　三六頁上二一行末字「之」，諸本作「教之」。
一　三六頁中四行「又問」，資、磧、普、南、徑、清作「又問曰」。
一　三六頁中一五行「三升」，資、磧、普、南、徑、清作「三斗」。
一　三六頁中一八行「十人」，普、南、徑、清作「人十」。
一　三六頁下一一行第一一字「也」，資、磧、普、南、徑、清作「地也」。
一　三六頁下三行第二字「以」，資、磧、普、南、徑、清作「以爲」。
一　三六頁下六行夾註左「覺護」，資、磧、普、南、徑、清作「覺密」。
一　三六頁下八行正文第三字「又」，資、磧、普、南、徑、清無。
一　三六頁下一一行「嗣立」，諸本作「嗣位」。
一　三六頁下一四行第二字「壘」，資、磧、普、南、徑、清作「疊」。
一　三六頁下一九行第二字「踈」，資、磧、普、南、徑、清作「疎」。又第九字「皆」，資、磧、普、南、徑、清作「皆有」。
一　三六頁下二一行第六字「裱」，諸本作「棖」。
一　三七頁上三行第七字「者」，磧作「諸」。
一　三七頁上二〇行「北門」，資、磧、普、南、徑、清作「北面」。
一　三七頁中二行「毒食」，諸本作「毒飯」。
一　三七頁中三行第四字「火」，資、磧、普、南、徑、清作「大」。
一　三七頁下一行第二字「明」，資、磧、普、南、徑、清無。
一　三七頁下二行第一一字「石」，資、

一　磧、普、南、徑、清無。

一　三七頁下八行第一一字「於」，資、磧、普、南、徑、清無。又末字至次行首字「迦葉」，資、磧、普、南、徑、清作「於是迦葉」。

一　三七頁下一四行第一〇字「汝」，磧、普、南、徑、清作「爲汝」。

一　三七頁下末行末字「兩」，資、磧、普、南、徑、清無。

一　三八頁上一三行夾註左末字「城」，資、磧、普、南、徑、清無。

一　三八頁上一六行「鱗接」，資、磧、普、南、徑、清作「隣接」。

一　三八頁上二一行「頻婆」，徑作「頻毘」。

一　三八頁中六行「三百」，普、南、徑、清作「二百」。又「婆羅」，資、磧、普、南、徑、清作「娑羅」。

一　三八頁中一九行「三淨肉」，資、磧、普、南、徑、清作「三淨食」。

一　三八頁下九行第一二字「故」，資、磧、普、南、徑、清無。

一　三八頁下一三行「悲嘷」，普、南、徑、清作「悲號」。

一　三九頁上七行「傳授」，資、磧、普、徑作「傳受」。

一　三九頁上九行「舊譯」，諸本作「舊譯云」。

一　三九頁上一二行第一一字「初」，諸本作「之初」。

一　三九頁上一三行第七字「至」，資、磧、普、南、徑、清無。

一　三九頁上一九行「尊習」，諸本作「遵習」。

一　三九頁上二〇行第四字「分」，資、磧、普、南、徑、清作「分明」。又第九字「著」，諸本作「有」。

一　三九頁上二二行第五字「間」，資、磧、普、南、徑、清作「門」。

一　三九頁上末行第八字「別」，資、磧、普、南、徑、清無。又末字「又」，資、磧、普、南、徑、清無。

一　三九頁中五行第七字「於」，資、磧、普、南、徑、清無。

一　三九頁中九行「即一事」，資、磧、普、南、徑、清無。

一　三九頁中一四行「婆佊矺」，資、磧、普、南、徑、清作「婆佊破」。一六行同。

一　三九頁中二一行末字「謂」，資、磧、普、南、徑、清作「謂言」。

一　三九頁下一一行第三字「布」，資、磧、普、南、徑、清作「布路」。

一　三九頁下末行「迦布德」，資、磧、普、南、徑、清作「迦布路」。

一　四〇頁上二行第四字「澄」，資、磧、普、南、徑、清作「清澄」。又第七字「舟」，資、磧、普、南、徑、清無。

一　四〇頁上一〇行第四字「儀」，資、磧、普、南、徑、清作「像」。

一　四〇頁上一一行「枸欄」，普、南、徑、清作「鉤欄」。又第七字「者」，諸本無。

一　四〇頁上一五行「至誠」，資、磧、普、南、徑、清作「志誠」。又末字「跪」，資、磧、普、南、徑、清作「胡跪」。

跪」。

一　四〇頁中一行第一〇字「見」，諸本作「見已」。

大唐大慈恩寺三藏法師傳卷第四　通

沙門慧立本　釋彦悰箋

起瞻波國終迦摩縷波國王請

自此順殑伽河南岸東行三百餘里至瞻波國（中印度境）伽藍十所僧徒三百餘人習小乘教城壘甎高數丈基隍深闊極為崇固昔者劫初人皆穴處後有天女下降人中遊殑伽河浴水靈觸身生四子分王瞻部洲別壇界築閭邑此則一子之都國南界數十由旬有大山林幽茂連綿二百餘里其閒多有野象數百為群故伊爛拏瞻波二國象軍最多每於此林命象師調捕充國乘用又豊豺兕黑豹人无敢行相傳云先佛未出之時有一放牛人牧數百頭牛駈至林中有一牛離群獨去常失不知所在至日暮欲歸還到群內而光色姝悅鳴吼異常諸牛咸畏无敢處其前者如是多日牧牛人怪其所以私候目之須臾還去遂逐觀之見牛入一石孔人亦隨入可四五里豁然大明林野光華多異花果爛然溢目並非俗內所見牛於一處食草草色香潤亦人閒所无其人見諸果樹黃赤如金香而且大乃摘取一顆心雖貪愛仍懼不敢食少時牛出人亦隨歸至石孔未出之閒有一惡鬼奪其菓留牧牛人以此問一大醫并說菓狀醫言不可即食宜方便將一出來後日復隨牛入還摘一顆懷欲將歸鬼復遮奪其人以菓内於口中鬼復搤其喉人即咽之菓既入腹身遂洪大頭雖得出身猶在孔竟不得歸後家人尋訪見其形變无不驚懼然尚能語說其所由家人歸還多命手力欲共出之竟无移動國王聞之自觀慮為後患遣人掘挽亦不能動年月既久漸變為石猶有人狀後更有王知其為仙菓所變謂侍臣曰彼既因藥身變即身是藥觀雖是石其體終是神靈宜遣人將鎚鑽斷取少許將來臣奉王命與工匠往盡力鐫鑿凡經一旬不得一片今猶見在自此東行四百餘里至羯末嗢祇羅國（中印度境）尋礼聖迹伽藍六

七所僧徒三百餘人自此東度殑伽
河行六百餘里至奔那伐彈那國（南印
度境）尋礼聖迹伽藍二十餘所僧三千
餘人大小乘兼學城西二十餘里有
跋姞婆伽藍臺閣壯峻僧徒七百人
其側有窣堵波无憂王所建昔如来
在此三月說法處數放光明又有四
佛經行之迹傍有精舍中有觀自在
菩薩像至誠祈請无願不遂自此東
南行九百餘里至羯羅拏蘇伐剌那
國（東印度境）伽藍十餘所僧徒三百餘人
學小乘正量部法別有三伽藍不食
乳酪此承提婆達多遺教也大城側
有絡多末知僧伽藍（唐言赤泥）即往昔此
國未有佛法時南印度沙門客遊此
國降挫鍱腹外道邪論已國王為立
其側又有窣堵波无憂王所建是佛
昔於此七日說法處從此東南出至
二摩怛吒國（東印度境）濱近大海氣序和
暢伽藍三十餘所僧徒二千餘人習上
座部義天祠外道其徒亦衆去城不
遠有窣堵波无憂王所建昔佛為諸
人天於此七日說法處去此不遠又

有伽藍中有青玉佛像高八尺相好
端嚴常有自然妙香芬馨滿院五色
光瑞往往燭天凡預見聞无不深發
道意從此東北海濱山谷間有室利
差怛羅國次東南海隅有迦摩浪迦
國次東有墮羅鉢底國次東有伊賞
那補羅國次東有摩訶瞻波國（此云林邑）
次西有閻摩那洲國凡此六國山海
深遠雖不入其境而風俗可知自此
三摩怛吒國西行九百餘里至耽摩
栗底國（東印度境）居近海隅伽藍十餘所
僧徒千餘人城側有窣堵波高二百
餘尺无憂王所建傍有過去四佛經
行遺迹是時聞海中有僧伽羅國（此云執師
子也）有明上座部三藏及解瑜伽論者
涉海路七百由旬方可達彼未去間
逢南印度僧相勸云往師子國者不
須水路海中多有惡風藥叉濤波之
難可從南印度東南角水路三日
行即到雖復跋履山川然用為安穩
并得觀烏荼等諸國聖迹法師即西
南向烏荼國（東印度境）伽藍百餘所僧徒万
餘人學大乘法亦有天祠外道邪正

雜居窣堵波十餘所皆无憂王所建
靈相間起國東南境臨大海有折利
怛羅城（唐言發行）即入海商人及遠方客旅
往来停止之路南去僧伽羅國二万
餘里每夜靜无雲之時遥望見彼佛
牙窣堵波上寶珠光明圓然狀似空
中星燭自此西南大林中行千二百
餘里至恭御陁國（東印度）從此西南行
大荒林千四五百里至羯餧（力曾反）伽國
（南印度境）伽藍十餘所僧五百餘人學上
座部法往昔人極殷稠為擾觸一五
通仙人仙人嗔忿以惡呪殘害國人
少長俱死後餘處稍漸遷居猶未充
實自此西北行千八百餘里至南憍
薩羅國（中印度境）王刹帝利也崇敬佛法
愛尚學藝伽藍百所僧徒万人天祠
外道頗亦殽雜城南不遠有故伽藍
傍有窣堵波无憂王所立昔者如来
於此處現大神變降挫外道後龍猛
菩薩止此伽藍時此國王号娑多婆訶
（唐言引正）珎敬龍猛供衛甚厚時提婆菩
薩自執師子國来求論難造門請通
門司為白龍猛素知其名遂滿鉢盛

水令弟子持出示之提婆見水默而投針弟子将還龍猛見已深加喜嘆曰水之澄滿以方我德彼来投針遂窮其底若斯人者可与論玄議道囑以傳燈即令引入坐訖發言往復彼此俱歡猶魚水相得龍猛曰吾衰邁矣朗輝慧日其在子乎提婆避席礼龍猛足曰某雖不敏敢承慈誨其國有婆羅門善解因明法師就停月餘日讀集量論從此南大林中東南行九百餘里至案達羅國（南印度境）城側有大伽藍彫構宏壯尊容嚴肅前有石窣堵波高數百尺阿折羅（唐言所行）阿羅漢所造羅漢伽藍西南二十餘里有孤山上有石窣堵波是陳那（唐言授也）菩薩於此作因明論處從此南行千餘里至馱那羯磔迦國（南印度境）城東據山有弗婆勢羅（唐言東山）僧伽藍城西據山有阿伐羅勢羅（唐言西山）僧伽藍此國先王為佛造立窮大廈之規盡林泉之秀嚴天神保護賢聖遊居佛涅槃千年之內每有千凡夫僧同来安居竟安居已皆證羅漢陵虛而去千年之

後凡聖同居自百餘年来山神易質擾惱行人皆生怖懼无復敢往由是今悉空荒无僧侶城南不遠有一大石山是婆毗吠迦（唐言清辯）論師住阿素洛宮待慈氏菩薩成佛擬決疑處法師在其國逢二僧一名蘇部底二名蘇利耶善解大衆部三藏法師因就停數月學大衆部根本阿毗達摩等論彼亦依法師學大乘諸論遂結志同行巡礼聖迹自此西行千餘里至珠利耶國（南印度境）城東南有窣堵波无憂王所建是佛昔於此地現大神通摧伏外道說法度人天處城西有故伽藍是提婆菩薩与此寺嗢怛羅（唐言上也）阿羅漢論議至第七轉已去羅漢无言乃竊運神通往都史多宮問慈氏菩薩菩薩為釋因告言彼提婆者植功曩久當於賢劫成等正覺汝勿輕也既還復解前難提婆曰此慈氏菩薩義非仁者自智所得也羅漢慙服避席礼謝之處從此南經大林行千五六百里至達羅毗荼國（南印度境）國大都城号建志補羅建志城即達磨波羅

（唐言護法）菩薩本生之處菩薩此國大臣之子少而爽慧弱冠之後王愛其才欲妻以公主菩薩久修離欲无心愛染將成之夕特起憂煩乃於佛像前請祈加護願脫茲難而至誠所感有大神王攜負而出送離此城數百里置一山寺佛堂中僧徒来見謂之為盜菩薩自陳由委聞者驚嗟无不重其高志因即出家尔後專精正法遂能究通諸部閑於著述乃造聲明雜論二万五千頌又釋廣百論唯識論及因明數十部並盛宣行其茂德高才別自有傳達志城即印度南海之口向僧伽羅國水路三日行到未去之間而彼王死國內飢乱有大德名菩提迷祇（抑鷄反）濕伐羅（此云自在覺雲）阿跋耶鄧瑟哳羅（此云无畏牙）如是等三百餘僧来投印度到建志城法師与相見訖問彼僧曰承彼國大德等解上坐部三藏及瑜伽論今欲往彼參學師等何因而来報曰我國王死人庶飢荒无可依仗聞贍部洲豐樂安隱是佛生處多諸聖迹是故来耳又知法之輩无越

我曹長老有疑隨意相問法師引瑜伽要文大節徵之亦不能出戒賢之解自此國界三千餘里聞有秣羅矩吒國（南印度境）既居海側極豐異寶其城東有窣堵波无憂王所建昔如来於此說法現大神變度无量衆處國南濱海有秣剌耶山崖谷崇深中有白檀香樹旃檀你婆樹樹類白楊其質涼冷虵多附之至冬方蟄用以別檀也又有羯布羅香樹松身異葉花果亦殊濕時无香採乾之後折之中有香狀類雲母色如氷雪此所謂龍腦香也又聞東北海畔有城自城東南三千餘里至僧伽羅國（唐言執師子非印境也）國周七千餘里都城周四十餘里人戶殷稠穀稼滋實黑小急暴此其俗也國本寶渚多有珎奇其後南印度有女娉隣國路逢師子王侍送之人怖畏逃散唯女獨在車中師子来見負女而去遠入深山採菓逐禽以用資給歲月既淹生育男女形雖類人而性暴惡男漸長大白其母曰我為何類父狩母人毋乃為陳昔事子曰人畜

既殊何不捨去而相守耶母曰非不有心但无由免脫子後逐父登嶺山谷察其經涉他日伺父去遠即攜母妹下投人里至母本國訪問舅氏宗嗣已絕寄止林閒其師子王還不見妻子憤恚出山哮吼人里男女往来多被其害百姓以事啓王王率四兵簡募猛士將欲圍射師子見已發聲嗔吼人馬傾墜无敢赴者如是多日竟无其功王復標償告令有能殺師子者當賜億金子白母曰飢寒難處欲赴王募如何母曰不可彼雖是狩仍為你父若其殺者豈復名人子曰若不如是彼然不去或當尋逐我等来入村閭一旦王知我等還死亦不相留何者師子為暴緣孃及我豈有為一而惱多人二三思之不如應募於是逐行師子見已馴伏歡喜都无害心子遂以利刀開喉破腹雖加此苦而慈愛情深含忍不動因即命絕王聞歡喜恠而問之何因尔也竟不實言種種窮迫方乃具述王曰嗟乎非畜種者誰辦此心雖然我先許

賞終不違言但汝殺父勒送之人不得更居我國勅有司多齎金寶逐之荒外即莊兩船多置黃金及資粮等送著海中任隨流逝男船泛海至此寶渚見豐奇翫即便止住後商人將家屬採寶復至其間乃煞商人留其婦女如是産育子孫經无量代人衆漸多乃立君臣以其遠祖執殺師子因為國稱女船泛海至波剌斯西為鬼魅所得生育群女今西大女國是也又言僧伽羅是商人子名以其多智免羅剎鬼害後得為王至此實渚殺除羅剎建立國都因之為名語在西域記其國先无佛法如来涅槃後一百年中无憂王弟摩醯因陁羅猒捨欲愛獲四沙門果乘空往来遊化此國顯讚佛教發示神通國人信慕建立伽藍見百餘所僧徒万人遵行大乘及上座部教緇徒肅穆戒節貞明相勗无怠王宮側有佛牙精舍高數百尺以衆寶莊嚴上建表柱以鉢曇摩羅伽大寶置之剎端光曜映空靜夜无雲雖万里同覩其側又有精

舍亦以雜寶莊嚴中有金像此國先
王所造髻有寶珠无知其價後有人
欲盜此珠守衛堅牢无由得入乃潛
穴地中入室欲取而像形漸高賊不
能及却而言曰如来昔修菩薩道為
諸衆生不惜軀命无恡國城何於今
日反慳固也以此思之恐佳言无實
像乃俛身授珠其人得已將出貨賣
人有識者擒之送王王問所得賊曰
佛自与我乃具說所由王自觀之像
首尚俛王覩靈聖更發深心以諸珍
寶於賊處贖珠還施像髻今猶現在
國東南隅有駿（勒鄧）伽山多神鬼依住
如来昔於此山說駿伽經（舊曰楞伽訛）國
南浮海數千里至那羅稽羅洲洲
人短小長三尺人身鳥喙无稼穡食
椰子其國海浪遼長身不能至訪諸
人口梗槩如是自達羅毗荼与師子
國僧七十餘人西北歸觀礼聖迹行
二千餘里至建那補羅國（南印度境）伽藍
百餘所僧徒萬餘人大小乘兼習天
祠外道亦甚衆多王宮城側有大伽
藍僧徒三百餘人並博贍之士其精舍

中有一切義成太子（舊曰悉達太子訛）寶冠高
減二尺盛以寶函每到齋日出置高
臺其至誠觀礼者多感異光城側伽
藍有精舍中有刻檀慈氏菩薩像高
十餘尺亦數有光瑞是聞二百億羅
漢所造也城北有多羅樹林周三十
餘里葉長色潤諸國抄寫最以為貴
從此西北經大林暴獸之野行二千
四五百里至摩訶剌侘國（南印度境）其俗
輕死重節王剎帝種也好武尚戎故
其國士馬完整法令嚴明每使將與
敵戰雖喪軍失利不加刑罰但賜女
服使其著慙彼人恥愧多至自死常
養勇士數千人暴象數百臨將對陣
又多飲酒量其欲醉然後麾旗以此
奮衝未有不潰恃茲慠慢莫顧隣敵
戒日王自謂智略宏遠軍師强盛每
親征伐亦不能摧制伽藍百餘所僧
徒五千餘人大小乘兼習亦有天祠
塗灰之道大城內外有五窣堵波皆
數百尺是過去四佛所遊之迹無憂
王建也自此西北行千餘里渡耐秣
陁河至跋祿羯呫婆國（南印度境）從此西

北二千餘里至摩臘婆國（南羅羅國也 南印度境）
風俗調柔崇愛藝業五印度中唯西
南摩臘婆東北摩揭陁二國稱為好
學尚賢善言談有風韻此國伽藍百
餘所僧徒二万餘人習小乘正量部
教亦有塗灰異道事天之衆相傳云
自六十年前有王名戒日高才博學
仁慈惠和愛育黎元崇敬三寶始自
為王至于崩逝口絕麁言顏無慍色
不傷臣妾之意無損蚊蟻之形每為
馬飲水漉而後飲恐害水居之命也
爰至國人亦令斷殺由是野獸依人
犲狼息毒境內夷靜祥瑞日興營搆
精廬窮極輪奐造七佛之儀設無遮
之會如是勝業在位五十餘年無時
暫輟黎庶思慕於今不止大城西北
二十餘里婆羅門邑傍有陷坑是大
慢婆羅門謗毀大乘生身入地獄處
語在西域記自此西北行二千四五百
里至阿吒釐國（南印度境）土出胡椒樹樹葉
似蜀椒出熏陸香樹樹葉類此棠梨
也自此西北行三日至契吒國（南印度境）
自此北行千餘里至伐臘毗國（南印度境）

伽藍百餘所僧徒六千餘人學小乘正量部法如來在日屢遊此國無憂王隨佛至處皆有表記今王剎帝利種也即羯若鞠闍國尸羅阿迭多王之女聟号杜魯婆跋吒（唐言帝胄）性躁急容止踈率然貴德尚學信愛三寶歲設大會七日延諸國僧施以上味奇珎牀座衣服爰至藥餌之資無不悉備自此西北行七百餘里至阿難陁補羅國（西印度境）又西北行五百餘里至蘇剌侘國（西印度境）自此東北行千八百里至瞿折羅國又東南行二千八百餘里至烏闍衍那國（南印度境）去城不遠有窣堵波是無憂王作地獄處從此東北行千餘里至擲枳陁國（南印度境）從此東北行九百餘里至摩醯濕伐羅補羅國（中印度境）從此又西還蘇剌侘國自此復西行至阿點婆翅羅國（西印度境）如來在日頻遊其地無憂王隨有聖迹之處皆起窣堵波今皆具在從此西行二千餘里至狼揭羅國（西印度境）臨近大海向西女國之路自此西北至波剌斯國（北印度境）聞說之其地多珎寶

大錦細褐善馬驝駞其所出也伽藍二三僧徒數百學小乘教說一切有部釋迦佛鉢在此王宮國東境有鶴秣城西北接拂懔國西南海島有西女國皆是女人無男子多珎貨附屬拂懔拂懔王歲遣丈夫配焉其俗産男例皆不舉又從狼揭羅國東北行七百餘里至臂多勢羅國（西印度境）中有窣堵波高數百尺無憂王所建中有舍利數放光明是如來昔作仙人為國王害處也從此東北行百餘里至阿軬荼國（西印度境）城東北大林中有伽藍故基是佛昔於此處聽諸比丘著亟縛屣（唐言靴也）有窣堵波無憂王所建傍有精舍中有青石立佛像數放光明次南八百餘步大林中有窣堵波無憂王所建是如來昔日止此夜寒乃以三衣重覆至明旦開諸苾蒭著納衣處從此又東行七百餘里至信度國（西印度境）土出金銀鍮石牛羊驝駞赤塩白塩黑塩等餘處取以為藥如來在日數遊此國所有聖迹无憂王皆建窣堵波以為表記又有烏波麹

多大阿羅漢遊化之迹從此東行九百餘里渡河東岸至茂羅三部盧國（西印度境）俗事天神祠宇華峻其日天像鑄以黃金飾諸雜寶諸國之人多來求請花林池沼接砌縈堦凡預瞻覩無不愛賞從此東北行七百餘里至鉢伐多國（北印度境）城側有大伽藍百餘僧皆學大乘是昔慎那弗怛羅（唐言最勝子）論師於此製瑜伽師地釋論亦是賢愛論師德光論師本出家處又其國有二三大德並學業可遵法師因停二年就學正量部根本阿毗達磨及攝正法論教實論等從此復東南還摩揭陁施無猒寺參礼正法藏訖聞寺西三踰膳那有低羅擇迦寺有出家大德名般若跋陁羅本縛羅鉢底國人於薩婆多部出家善自宗三藏及聲明因明等法師就停兩月諮決所疑從此復往杖林山居士勝軍論師所軍本蘇剌侘國人剎帝利種也幼而好學先於賢愛論師所學因明又從安慧菩薩學聲明大小乘論又從戒賢法師學瑜伽論爰至外籍群

言四吠陁典天文地理醫方術數無不究覽根源窮盡枝葉既學該內外德為時尊摩揭陁主滿冑王欽賢重士聞風而悅發使邀請立為國師封二十大邑論師不受滿冑崩後戒日王又請為師封烏荼國八十大邑論師亦辭不受王再三固請亦皆固辭謂王曰勝軍聞受人之祿憂人之事今方救生死縈纏之急豈有暇而知王務哉言罷揖而出王不能留自是每依杖林山養徒教授恒講佛經道俗宗歸常逾數百法師就之首末二年學唯識決擇論意義理論成無畏論不住涅槃十二因緣論莊嚴經論及問瑜伽因明等疑已於夜中忽夢見那爛陁寺房院荒穢並繫水牛無復僧侶法師從幼日王院西門入見第四重閣上有一金人色貌端嚴光明滿室內心歡喜欲登上無由乃請垂引相接彼曰我曼殊室利菩薩也以汝緣業未可來也乃指寺外曰汝看是法師尋指而望見寺外火焚燒村邑都為灰燼彼金人曰汝可早歸

此處十年後戒日王當崩印度荒乱惡人相害汝可知之言訖不見法師覺已怪歎向勝軍說之勝軍曰三界無安或當如是既有斯告任仁者自圖焉是知大士所行皆為菩薩護念將往印度告戒賢而駐待淹留未返示無常以勸歸若所為不契聖心誰能感此及永徽之末戒日果崩印度飢荒並如所告國家使人王玄策備見其事當此正月初時也西國法以此月菩提寺出佛舍利諸國道俗咸來觀礼法師即共勝軍同往見舍利骨或大或小大者如圓珠光色紅白又肉舍利如豌豆大其狀潤赤無量徒眾獻奉香花讚礼訖還置塔中至夜過一更許勝軍共法師論舍利大小不同云弟子見餘處舍利大如米粒而此所見何其太大師意有疑不法師報曰玄奘亦有此疑更經少時忽不見室中燈內外大明怪而出望乃見舍利塔光暉上發飛焰屬天色含五彩天地洞朗無復星月兼聞異香氳氳溢院於是遍相告報言舍利

有大神變諸眾乃知重集礼拜稱歎希有經食頃光乃漸收至餘欲盡遶覆鉢數匝然始揔入天地還闇辰象復出眾覩此已咸除疑網礼菩提樹及諸聖迹經八日復還那爛陁寺時戒賢論師遣法師為眾講攝大乘論唯識決擇論時大德師子光先為眾講中百論述其旨破瑜伽義法師妙閑中百又善瑜伽以為聖人立教各隨一意不相違妨惑者不能會通謂為乖反此乃失在傳人豈關於法也愍其局狹數往徵詰復不能酬荅由是學徒漸散而宗附法師又以中百論旨唯破遍計所執不言依他起性及圓成實性師子光不能善悟見論稱一切無所得謂瑜伽所立圓成實等亦皆須遣所以每形於言法師為和會二宗言不相違背乃著會宗論三千頌論成呈戒賢及大眾無不稱善並共宣行師子光慙赧遂出往菩提寺別命東印度一同學名旃陁羅僧訶來相論難冀解前恥其人既至憚威而默不敢致言法師聲譽益甚

初師子光未去前戒日王於那爛陁寺側造鍮石精舍高逾十丈諸國咸知王後自征恭御陁行次烏荼國其國僧皆小乘學不信大乘謂為空花外道非佛所說既見王來譏曰聞王於那爛陁側作鍮石精舍功甚壯偉何不於迦波釐外道寺造而獨於彼也王曰斯言何甚荅曰那爛陁寺空花外道與迦波釐不殊故也先是南印度王灌頂師老婆羅門名般若毱多明正量部義造破大乘論七百頌諸小乘師咸皆歎重因取示王曰我宗如是豈有大乘人能難破一字者王曰弟子聞狐行鼷鼠之群自謂雄於師子及其見也則䰟亡魄散師等未見大乘諸德所以固守愚宗若一見時恐還同彼彼曰王若疑者何不集而對決以定是非王曰此亦何難即於是日發使修書與那爛陁寺正法藏戒賢法師曰弟子行次烏荼見小乘師恃憑小見製論誹謗大乘詞理切害不近人情仍欲張鱗共師等一論弟子知寺中大德並才慧有餘

學無不悉輒以許之謹令奉報願差大德四人善自他宗兼內外者赴烏荼國行從所正法藏得書集衆量擇乃差海慧智光師子光及法師為四人應王之命其海慧等咸憂法師謂曰小乘諸部三藏玄奘在本國及入迦濕弥羅已來遍皆學訖具悉其宗若欲將其教旨能破大乘義終無此理奘雖學淺智微當之必了願諸德不煩憂也若其有負自是支那國僧無關此事諸人咸喜後日王復有書來云前請大德未須即發待後進止時復有順世外道來求論難乃書四十條義懸於寺門曰若有難破一條者我則斬首相謝經數日無人出應法師遣房內淨人出取其義毀破以足蹉蹋婆羅門大怒問曰汝是何人荅曰我是摩訶耶那提婆奴婆羅門亦素聞法師名慙恥更不與語法師令喚入將對戒賢法師及命諸德為證與之共論徵其宗本歷外道諸家所立其詞曰如餔多外道離繫外道髏鬘外道殊徵伽外道四種形服不

同數論外道（舊曰僧佉）勝論外道（舊曰衛世師）二家立義有别餔多之輩以灰塗體用為修道遍身艾白猶寢竈之猫狸離繫之徒則露質標奇拔髮為德皮裂足皴狀臨河之朽樹髏鬘之類以髏骨為鬘莊頭掛頸陷枯磈磊若塜側之藥叉徵伽之流被服糞衣飲噉便穢腥臊臭惡譬溷中之狂豕尒等以此為道豈不愚哉至如數論外道立二十五諦義從自性生大從大生我執次生五唯量次生五大次生十一根此二十四並供奉於我我所受用除離此已則我得清淨勝論師立六句義謂實德業有同異性和合性此六是我所受具未解脫已來受用前六若得解脫與六相離稱為涅槃今破數論所立如汝二十五諦中我之一種是別性餘二十四展轉同為一體而自性一種以三法為體謂薩埵剌闍荅摩此三展轉合成大等二十三諦二十三諦一一皆以三法為體若使大等一一皆攬三成如衆如林即是其假如何得言一切是實又

此大等各以三成即一是一切若一則一切則應一一皆有一切法作用既不許然何因執三為一切體性又若一則一切應口眼等根即是大小便路又一一根有一切作用應口耳等根聞香見色若不介者何得執三為一切法體豈有智人而立此義又自性既常應如我體何故轉變作大等法又所計我其性若常應如自性不應是我若如自性其體非我不應受用二十四諦是則我非能受二十四諦非是所受既能所俱無則諦義不立如是往復數番婆羅門默無所說起而謝曰我今負矣任依先約法師曰我曹釋子終不害人令役汝為奴隨我教命婆羅門歡喜敬從即將向房聞者無不稱慶時法師欲往烏荼乃訪得小乘所製破大乘義七百頌者法師尋看有數處疑謂所伏婆羅門曰汝曾聽此義不答曰曾聽五遍法師欲令其講彼曰我今為奴豈合為尊講法師曰此是他宗我未曾見汝但說無苦彼曰若然請至夜中

恐外人聞從奴學法汙尊名稱於是至夜屏去諸人令講一遍備得其旨遂尋其謬節申大乘義而破之為一千六百頌名破惡見論將呈戒賢法師及宣示徒衆無不嗟賞曰以此窮覈何敵不亡其論如別目謂婆羅門曰仁者論屈為奴於耻已足今放仁者去隨意所之婆羅門歡喜辭出往東印度迦摩縷波國向拘摩羅王談法師德義王聞甚悅即發使來請焉

大唐大慈恩寺三藏法師傳卷第四

大唐大慈恩寺三藏法師傳卷第四

校勘記

一　底本，金藏廣勝寺本。四六頁下至次頁下原版缺，以麗藏本補。

一　四五頁中五行「三百」，麗作「二百」。

一　四五頁中六行第七字「疊」，諸本（不含石，下同）作「壘」。

一　四五頁中一七行第一三字「日」，資、磧、普、南、徑、清無。

一　四五頁中末行第三字「可」，磧、普、南、徑、清作「可行」。

一　四五頁下一行第一三字「所」，資、磧、普、南、徑、清作「所有」。

一　四五頁下二〇行第四字「斵」，磧、普、南、徑、清作「斷」。

一　四六頁上五行「跋姞婆」，資、磧、普、南、徑、清作「跋姞娑」。

一　四六頁上一四行第二字「絡」，資、磧、普、南、徑、清作「給」。

一　四六頁上一九行「二摩怛吒」，諸本作「三摩怛吒」。

一　四六頁上二〇行「三十」，資、磧、普、南、徑、清作「二十」。又「二千」，資、磧、普、南、徑、清作「三千」。

一　四六頁中三行第二字「瑞」，資作「瑞氣」。又「爓天」，資、磧、普、南、徑、清作「屬天」；麗作「燭天」。

一　四六頁中五行「怛羅」，諸本作「恒羅」。又第一一字「迦」，資無。

一　四六頁中七行夾註左「林邑」，資、磧、普、南作「林邑也」。

一　四六頁中八行「那洲」，資、磧、普、南、徑、清作「羅洲」。

一　四六頁中一二行「僧徒」，資、磧、普、南、徑、清作「僧衆」。

一　四六頁下五行「夜静」，資、磧、普、南、徑、清作「夜淨」。

一　四六頁下六行「冏然」，資、磧、普作「冋然」；南、徑、清作「瑩然」。

一　四六頁下八行夾註「東印度」，資、磧、普、南、徑、清作「東印度境」。

一　四七頁上七行第三字「輝」，資、磧、普、南、徑、清作「耀」。

一　四七頁上二〇行「造立」，資、磧、普、南、徑、清作「建立」。

一　四七頁中一〇行「西行」，資、磧、普、南、徑、清作「南行」。

一　四七頁中一六行首字「言」，資、磧、普、南、徑、清作「答」。又第八字「都」，資、磧、普、南、徑、清作「覩」。

一　四七頁下五行「至誠」，資、磧、普、南、徑、清作「志誠」。

一　四七頁下一六行夾註「自在覺雲」，磧、普、南、徑、清作「覺自在雲」。

一　四七頁下二〇行「何因」，徑作「因何」。

一　四八頁上一四行夾註左「印境」，諸本作「印度境」。

一　四八頁中五行「林間」，諸本作「村閭」。

一　四八頁中一〇行「摽償」，諸本作「標賞」。

一　四八頁中一一行「當賜」，資、磧、普、南、徑、清作「賞賜」。又「子白」，資、磧、普、南、徑、清作「子語」。

一　四八頁中一三行「你父」，諸本作「爾父」。

一　四八頁中一七行「二三」，南、徑、清作「亦三」。

一　四八頁下六行第六字「至」，資、磧、普、南、徑、清作「住」。

一　四八頁下一〇行第一一字「大」，南、徑、清作「天」。

一　四九頁上一行「雜寶」，麗作「雜波」。

一　四九頁上六行「何於」，資、磧、普、南、徑、清作「何以」。

一　四九頁上一六行第四字「長」，資、磧、普、南、徑、清作「長於」；麗作「長餘」。又「烏啄」，諸本作「烏喙」。

一　四九頁上末行「之士」，資、磧、普、南、徑、清作「文才」。

一　四九頁中一一行「國士馬完整」，資、磧、普、南、徑、清作「國土兵馬齊整」；麗作「國土兵馬完整」。

一　四九頁中一五行第一一字「麾」，磧、普作「摩」。

一　四九頁中一七行「軍師」，資、磧、

一　普、南、徑、清作「軍帥」。同行末字至次行首字「每覲」，資、磧、普、南、徑、清作「覲臨」。

一　四九頁下五行「二万」，麗作「万」。

一　四九頁下六行「異道」，資、磧、普、南、徑、清作「外道」。

一　四九頁下八行「仁恕」，諸本作「仁慈」。

一　四九頁下一〇行「臣妾」，麗作「臣庶」。

一　四九頁下一二行「依人」，資、磧、普、南、徑、清作「附人」。

一　四九頁下二〇行夾註「南印度境」，磧、普、南、徑、清作「南印度」。

一　五〇頁上一行「僧徒」，資、磧、普、南、徑、清作「僧衆」。

一　五〇頁上四行「羯若」，徑作「羯諾」。

一　五〇頁上一一行「蘇剌佗」，磧、普、南、徑、清作「剌蘇佗」。又「自此」，資、磧、普、南、徑、清作「自」。

一　五〇頁上末行夾註「北印度境」，資、磧、普、南、徑、清作正文「非印度境」。又「珎寶」，諸本作「珠寶」。

一　五〇頁中一行「善馬」，普、南、徑、清作「羊馬」。

一　五〇頁中七行第一〇字「羅」，資、磧、普、南、徑、清無。

一　五〇頁中一一行「百餘」，諸本作「三百餘」。

一　五〇頁中一二行首字「阿」，資作「河」。

一　五〇頁中一三行第六字「昔」，資、磧、普、南、徑、清作「昔者」。

一　五〇頁中一八行第七字「至」，清作「堂」。

一　五〇頁中二〇行「鍮石」，資、磧、普、南、徑、清作「鍮鉐」。

一　五〇頁下七行「鉢伐」，資、磧、普、南、徑、清作「鉢伐多羅」；麗作「鉢伐多」。

一　五〇頁下一五行「擇迦寺」，資作「釋迦寺」。

一　五一頁上一三行「决擇」，徑、清作「决釋」。

一　五一頁上二〇行第三字「相」，資、磧、普、南、徑、清無。

一　五一頁中一三行「光色」，資、磧、普、南、徑、清作「光明」。

一　五一頁下七行「决擇」，磧作「大擇」。又「爲衆」，資、磧、普、南、徑、清作「巳爲四衆」。

一　五一頁下一三行「法師」，諸本作「法師法師」。

一　五一頁下二〇行第一三字「住」，諸本作「往」。

一　五二頁上二行「鍮石」，資作「鍮鉐」；磧、普、南、徑、清作「鍮鉐」。六行同。

一　五二頁上一二行「歎重」，資、磧、普、南、徑、清作「歡喜」。

一　五二頁上一八行「以定」，資、磧、普、南、徑、清無。

一　五二頁中三行第六字「正」，資、磧、普、南、徑、清無。

一　五二頁中五行第二字「應」，麗作「以應」。

一 五二頁中一〇行第八字「負」，磧、普作「貧」。

一 五二頁中一一行「日王」，資、磧、普、南、徑作「戒日王」。

一 五二頁中一七行「蹉躡」，資、磧、普、南、徑、清作「躡蹉」。

一 五二頁中一九行第一二字「語」，資、磧、普、南、徑、清作「論」。

一 五二頁中二二行第一一字「離」，資、磧、普、南、徑、清作「諸離」。

一 五二頁下八行第一〇字「之」，資、磧、普、南、徑、清無。

一 五二頁下一九行「三法爲體」，資、南、清作「三法謂體」；磧、普作「一法謂體」。又第一三字「謂」，資、磧、普、南、徑、清作「爲」。

一 五三頁上一行「大等」，資、磧、普、南、徑、清作「大等居」。

一 五三頁上二行第一二字「法」，諸本無。

一 五三頁上八行「何故」，諸本作「何能」。

一 五三頁上一五行第一二字「役」，麗作「令」。

一 五三頁上一九行「尋看」，諸本作「尋省」。

一 五三頁中一行第八字「法」，資、磧、普、南、徑、清無。

一 五三頁中六行第三字「毃」，資作「弊」。又第一〇字「目」，資、磧、普、南、徑、清作「因」。

大唐大慈恩寺三藏法師傳卷第五　通

沙門慧立本　釋彥悰箋

起尼乹占歸國終至帝城之西漕

鳩摩羅使未至聞有一露形尼乹子名伐闍羅忽入法師房来法師舊聞尼乹善於占卜即請坐問所疑曰玄奘支那國僧来此學問歲月已久今欲歸還不知達不又去住二宜何最為吉及壽長短願仁者占看尼乹乃索一白石畫地而筮報法師曰師住時最好五印度及道俗無不敬重去時得達於敬重亦好但不如於住師之壽命自今已去更可十年若憑餘福轉續非所知也法師又問意欲思歸經像既多不知若為勝致尼乹曰勿憂戒日王鳩摩羅王自遣人送師必達無苦法師報曰彼二王者從来未面如何得降此恩尼乹曰鳩摩羅王已發使来請二三日當到既見鳩摩羅亦便見戒日如是言訖而去法師即作還意莊嚴經像諸德聞之咸来勸住曰印度者佛生之處大聖雖

遷遺蹤具在巡遊礼讚足豫平生何為至斯而更捨也又支那國者蔑戾車地輕人賤法諸佛所以不生志狹垢深聖賢由茲弗往氣寒土嶮亦焉足念哉法師報曰法王立教義尚流通豈有自得霑心而遺未悟且彼國衣冠濟濟法度可遵君聖臣忠父慈子孝貴仁貴義尚齒尚賢加以識洞幽微智與神契體天作則七耀無以隱其文設器分時六律不能韜其管故能駈役飛走感致鬼神消息陰陽利安萬物自遺法東被咸重大乘定水澄明戒香芬馥發心造行願與十地齊功斂掌熏修以至三身為極向蒙大聖降靈親麾法化耳承妙說目擊金容並轡長途未可知也豈得稱佛不往遂可輕哉彼曰經言諸天隨其福德共食有異今與法師同居贍部而佛生於此不往於彼以是將為邊惡地也地既無福所以不勸仁歸法師報曰無垢稱言夫日何故行贍部洲荅曰為之除冥今所思歸意遵此耳諸德既見不從乃相呼往戒賢

法師所具陳其意戒賢謂法師曰仁意何如報曰此國是佛生處非不愛樂但玄奘來者為求大法廣利群生自到已來蒙師為說瑜伽師地論決諸疑網礼見聖迹及聞諸部甚深之旨私心慰慶誠不虛行願以所聞歸還翻譯使有緣之徒同得聞見用報師恩由是不願停住戒賢喜曰此菩薩意也吾心望尒尒亦如是任為裝束諸人不須苦留言訖還房經二日東印度鳩摩羅王遣使奉書與戒賢法師曰弟子願見支那國大德願師發遣慰此欽思戒賢得書告衆曰鳩摩羅王欲請玄奘但此人衆差擬往戒日王所與小乘對論今若赴彼戒日儻須如何可得不宜遣去乃謂使曰支那僧意欲還國不及得赴王命使到王更遣來請曰師縱欲歸暫過弟子去亦非難必願毋顧勿復致違戒賢既不遣往彼王大怒更發別使賚書與戒賢法師曰弟子凡夫染習世樂於佛法中未知迴向今聞外國僧名身心歡喜似開道芽之分師復

不許其來此乃欲令衆生長淪永夜豈是大德紹隆遺法汲引物哉不勝渴仰謹遣重諮若也不來弟子則分是惡人近者設賞迦王猶能壞法毀菩提樹師謂弟子無此力耶必當整理象軍雲萃於彼踏那爛陁寺使碎如塵此言如誓師好試看戒賢得書謂法師曰彼王者善心素薄境內佛法不甚流行自聞仁名似發深意仁或是其宿世善友努力為去出家以利物為本今正其時譬如伐樹但斷其根枝條自殄到彼令王發心則百姓從化若違不赴或有魔事勿憚小勞法師辭與使俱去至彼王見甚喜率群臣迎拜讚歎延入宮日陳音樂飲食花香盡諸供養請受齋戒如是經月餘戒日王討恭御陁還聞法師在鳩摩羅處驚曰我先頻請不來今何因在此發使語鳩摩羅王急送脂那僧來鳩摩羅王敬重法師愛戀無已不能捨離語使曰我頭可得法師未可即來使還報戒日王大怒謂侍臣曰鳩摩羅王輕我也如何為一僧

發是麁語更遣使責曰汝言頭可得者即宜付使將來鳩摩羅深懼言失即命嚴象軍二萬乘船三万艘共法師同發泝殑伽河以是王所至羯朱嗢祇羅國遂即參及鳩摩羅王將欲發引先令人於殑伽河北營行宮是日渡河至宮安置法師訖自與諸臣參戒日王於河南戒日見來甚喜知其敬愛於法師亦不責其前語但問脂那僧何在報曰在某行宮王曰何不來報曰大王欽賢愛道豈可遣師就此參王王曰善且去某明日自來鳩摩羅還謂法師曰王雖言明日來恐今夜即至仍須候待若來師不須動法師曰玄奘佛法理自如是至夜一更許王果來有人報曰河中有數千炬燭并步鼓聲王曰此戒日王來即勅擎燭自與諸臣遠迎其戒日王行時每將金鼓數百行一步一擊号為節步鼓獨戒日王有此餘王不得同也既至頂礼法師足散花瞻仰以無量頌讚歎訖謂法師曰弟子先時請師何為不來報曰玄奘遠尋佛

法為聞瑜伽師地論當奉命時聽論未了以是不遂參王王又問曰師從脂那來弟子聞彼國有秦王破陣樂歌舞之曲未知秦王是何人復有何功德致此稱揚法師報曰玄奘本土見人懷聖賢之德能為百姓除兇翦暴覆潤群生者則歌而詠之上備宗廟之樂下入閭里之謳秦王者即脂那國今之天子也未登皇極之前封為秦王是時天地版蕩蒼生無主原野積人之肉川谷流人之血妖星夜聚沴氣朝凝三河苦封豕之貪四海困長虵之毒王以帝子之親應天策之命奮戎振旅撲翦鯨鯢仗鉞麾戈肅清海縣重安宇宙再耀三光六合懷恩故有茲詠王曰如此之人乃天所以遣為物主也又謂法師曰弟子且還明日迎師願不憚勞於是辭去詰旦使來法師共鳩摩羅同去至戒日宮側王與門師二十餘人出迎入坐備陳珍膳作樂散花供養訖王曰聞師作制惡見論何在法師報在此因取觀觀訖王甚悅謂其門師等曰

弟子聞日光既出則螢燭奪明天雷振音而鎚鑿絕響師等所守之宗他皆破訖試可救者諸德無敢言者王曰師等上坐提婆犀那自云解冠群英學該眾哲首興異見常毀大乘及聞客大德來即往吠舍釐礼觀聖跡託以逃潛故知師等無能也王有妹聰慧利根善正量部義坐於王後聞法師序大乘宗途奧曠小教局淺夷然歡喜稱讚不能已王曰師論大好弟子及此諸師並皆信伏但恐餘國小乘外道尚守愚迷望於曲女城為師作一會命五印度沙門婆羅門外道等示大乘微妙之理絕其毀謗之心顯師盛德之高摧其我慢之意是日發勅告諸國及義解之徒集曲女城觀支那國法師之論焉法師自冬初共王逆河而進至臘月方到會場五印度中有十八國王到諳知大小乘僧三千餘人到婆羅門及尼乾外道二千餘人到那爛陀寺千餘僧到是等諸賢並博蘊文義富贍辯才思聽德音皆來會所兼有侍從或象或

輿或幢或幡各自圍遶峨峨岌岌若雲興霧涌充塞數十里間雖六齊之舉袂成帷三吳之揮汗為雨未足方其盛也王先勅會所營二草殿擬安像及徒眾比到並成其殿峻廣各堪坐千餘人王行宮在會場西五里日於宮中鑄金像一軀裝一大象上施寶帳安佛在其中戒日王作帝釋形手執白拂侍右拘摩羅王作梵王形執寶蓋侍左皆著天冠花鬘垂瓔珮王又裝二大象載寶花逐佛後隨行隨散令法師及門師等各乘大象次列王後又以三百大象使諸國王大臣大德等乘象魚麗於道側稱讚而行從旦裝束自行宮引向會所至院門各令下乘捧佛入殿置於寶座王共法師等以次供養然後命十八國王入諸國僧名稱最高文義贍博者使千餘人入婆羅門外道有名行者五百餘人入諸國大臣等二百餘人入自外道俗各令於院門外部伍安置王遣內外並設食食訖施佛金盤一金椀七金澡罐一金錫杖一金錢

三千上氍衣三千法師及諸僧等施各有差施訖別設寶牀請法師坐為論主稱揚大乘序作論意仍遣那爛陁寺沙門明賢法師讀示大衆別令寫一本懸於會場門外示一切人若其間有一字無理能難破者請斷首相謝如是至晚無一人致言戒日王歡喜罷會還宮諸王諸僧各歸所次法師共鳩摩羅王亦還自宮明旦復來迎像送引聚集如初經五日小乘外道見毀其宗結恨欲為謀害王知宣令曰邪黨亂真其來自久埋隱正教誤惑衆生不有上賢何以鑒偽支那法師者神宇冲曠解行無深為伏群邪來遊此國顯揚大法汲引愚迷妖妄之徒不知慙悔謀為不軌翻起害心此而可容孰不可恕衆有一人傷觸法師者斬其手毀罵者截其舌其欲申辭救義不拘此限自是邪徒戢翼竟十八日無一人發論將散之夕法師更稱揚大乘讚佛功德令无量人返邪入正棄小歸大戒日王益增崇重施法師金錢一萬銀錢三万

上氍衣一百領十八國王亦各施珎寶法師一皆不受王命侍臣莊嚴大象施幢請法師乘令貴臣陪衛巡衆告唱表立義無屈西國法凡論得勝如此法師讓而不行王曰古來法尒事不可違乃將法師袈裟遍唱曰支那國法師立大乘義破諸異見自十八日來無敢論者普宜知之諸衆歡喜為法師競立美名大乘衆号曰摩訶耶那提婆此云大乘天小乘衆号曰木叉提婆此云解脫天燒香散花礼敬而去自是德音弥遠矣王行宮西有一伽藍王所供養中有佛牙長可寸半其色黃白每放光明昔迦濕弥羅國訖利多種滅壞佛法僧徒解散有一苾芻遠遊印度其後覩貨羅國雪山下王忿諸賤種毀滅佛法乃詐為商旅率三千勇士多賫珎寶偽言獻奉其王素貪聞之甚喜遣使迎接但雪山王禀質雄猛威肅如神既至其座去帽而叱之訖利多王覩便驚懾顛仆於地雪山王按其首而斬之謂其群臣曰我雪山下王念尒諸

奴毀壞佛法故来罰汝然則過在一人非關汝輩各宜自安唯扇惑其王首為惡者逐之他國餘無所問旣殲醜類建立伽藍召集僧徒奉施而返前投印度苾芻聞國平定杖錫旋歸路逢群象鳴吼而来苾芻見已昇樹藏避象乃吸水灌樹以牙排掘須臾樹倒象以鼻卷苾芻置背上負載而去至一大林中有病象患瘡而卧象引苾芻手觸其苦處見瘡有竹刺為拔刺引去膿血裂衣為裹象得漸安明日諸象競求菓味奉施苾芻苾芻食已有一象將金函授於病者病象得已授與苾芻苾芻受已諸象載送出林到舊處置於地跪拜而去苾芻開函乃佛牙也將歸供養近戒日王聞迦濕弥羅有佛牙親至界首請看礼拜諸衆悋惜不聽將出乃別藏之但其王懼戒日之威處處掘覓得已將呈戒日見之深生敬重恃其强力遂奪歸供養即此牙也散會後王以所鑄金像衣錢等付囑伽藍令僧守護法師先以辝那爛陁諸德及取經

像訖罷會竟至十九日辭王欲還王曰弟子嗣承宗廟為天下主三十餘年常慮福德不增廣往因不相續以故積集財寶於鉢羅耶伽國兩河間立大會場五年一請五印度沙門婆羅門及貧窮孤獨為七十五日無遮大施已成五會今欲作第六會師可不暫看隨喜法師報曰菩薩為行福慧雙修智人得果不忘其本王尚不悋珎財玄奘豈可辭少停住請隨王去王甚喜至二十一日發引向鉢羅耶伽國就大施場殑伽河在北閻牟那河在南俱從西北東流至此國而會其二河合處西有大墠周圍十四五里平坦如鏡自昔諸王皆就其地行施因号施場焉相傳云若於此地施一錢勝餘處施百千錢由是古来共重王勅於墠上建施場竪蘆為籬面各千步中作草堂數十間安貯衆寶皆金銀真珠紅頗梨寶帝青珠大青珠等其傍又作長舍數百間貯憍奢耶衣班氎衣金銀錢等籬外別作造食處於寶庫前更造長屋百餘行

似此京邑肆行一一長裛可坐千餘人先是王勅告五印度沙門外道尼乹貧窮孤獨集施場受施亦有因法師曲女城會不歸便往施所者十八國王亦便逐王行比至會場道俗到者五十餘万人戒日王營殑伽河北岸南印度王杜魯婆跋吒營合河西鳩摩羅王營閻牟那河南花林側諸受施人營跋吒王西辰旦其戒日王與鳩摩羅王乘舩軍跋吒王從象軍各整儀衛集會場所十八國諸王以次陪列初一日於施場草殿內安佛像布施上寶上衣及美饌作樂散花至日晚歸營第二日安日天像施寶及衣半於初日第三日安自在天像施如日天第四日施僧僧万餘人百行俱坐人施金錢百文珠一枚氎衣一具飲食香花供養訖而出第五番施婆羅門二十餘日方遍第六番施外道十日方遍第七番遍施遠方求者十日方遍第八番施諸貧窮孤獨者一月方遍至是五年所積府庫俱盡唯留象馬兵器擬征暴乱守護宗

廟自餘寶貨及在身衣服瓔珞耳璫髀釧寶鬘頸珠髻中明珠揔施無復孑遺一切盡已從其妹索麁弊衣著礼十方佛踊躍歡喜合掌言曰某比来積集財寶常懼不入堅牢之藏今得貯福田中可謂入藏矣願某生生常具財法等施衆生成十自在滿二莊嚴會訖諸王各將諸寶錢物於諸衆邊贖王所施瓔珞髻珠御服等還將獻王經數日王衣服及上寶等服用如故法師辭欲歸王曰弟子方欲共師闡揚遺法何遽即歸如是留連復十餘日鳩摩羅王殷勤亦如是謂法師曰能住弟子處受供養者當為師造一百寺法師見諸王意不解乃告以苦言曰支那國去此遐遠晚聞佛法雖霑梗槩不能委具為此故来訪殊異耳今果願者皆由本土諸賢思渇誠深之所致也以是不敢須臾而忘經言障人法者當代代無眼若留玄奘則令彼無量行人失知法之利無眼之報寧不懼哉王曰弟子慕重法師德願常瞻奉既損多人之益

實懼於懷任師去住雖然不知師欲從何道而歸師取南海去者當發使相送法師報曰玄奘從支那来至國西界有國名高昌其王明睿樂法見玄奘来此訪道深生隨喜資給豐厚願法師還日相過情不能違今者還須北路而去王曰師須幾許資粮法師報無所須王曰何得介於是命施金錢等物鳩摩羅王亦施衆珎法師並皆不納唯受鳩摩羅王曷剌釐帔（即麁毛下細者所作也）擬在途防雨於是告別王及諸衆相餞數十里而歸將分之際嗚噎各不能已法師以經像等附北印度王烏地多軍鞍乘漸進後日王更附烏地王大爲一頭金錢三千銀錢一万供法師行費別三日王更與鳩摩羅王跋吒王等各將輕騎數百復來送別其殷勤如是仍遣達官四人名摩訶怛羅（類此官也）王以素氎作書紅泥封印使達官奉書送法師所經諸國令發乘遞送終至漢境自發鉢羅耶伽國西南大林野中行七日到憍賞弥國城南劬師羅長者施佛園

處礼聖迹訖復與烏地多王西北行一月餘日歷數國重礼天梯聖迹復西北行三踰繕那至毗羅那拏國都城停兩月日逢師子光師子月同學二人講俱舍攝論唯識論等皆来迎接甚歡法師至又開瑜伽决擇及對法論等兩月訖辭歸復西北行一月餘日經數國至闍蘭達國即北印度王都復停一月烏地王遣人引送西行二十餘日至僧訶補羅國時有百餘僧皆北人賷經像等依法師而還如此復二十餘日山澗中行其處多賊法師恐將刼掠常遣一僧預前行若逢賊時教説遠来求法今所賷持並經像舍利願檀越擁護無起異心法師率徒侶後進時亦屢逢然卒無害如是二十餘日行至呾叉尸羅國重礼月光王捨千頭處國東北五十踰繕那即迦濕弥羅國其王遣使迎請法師為爲行輜重不果去停七日又西北行三日至信度大河河廣五六里經像及同侶人並坐船而進法師乘爲涉渡時遣一人在船看守經

及印度諸異花種將至中流忽然風波乱起搖動船數將覆没守經者惶懼墮水衆人共救得出遂失五十夾經本及花種等自餘僅得保全時迦畢試王先在烏鐸迦漢荼城聞法師至躬到河側奉迎問曰承師河中失經師不將印度花果種来答曰將来王曰鼓浪傾船事由於此自昔以來欲將花種渡者並然因共法師還城寄一寺停五十餘日為失經本更遣人往烏長（去聲）那國抄寫迦葉臂耶部三藏迦濕弥王聞法師漸近亦志遠躬来叅拜累日方歸法師與迦畢試王相隨西北行一月餘日至藍波國境王遣太子先去勑都人及衆僧莊辦幢幡出城迎候王與法師漸發比至道俗數千人幢幡甚盛衆見法師歡喜礼拜訖前後圍遶讚詠而進至都停一大乘寺時王亦為七十五日無遮大施自此復正南行十五日往伐刺拏國礼聖迹又西北往阿薄健國又西北往漕矩吒國又北行五百餘里至佛栗氏薩儻那國從此東

出至迦畢試境王又為七日大施施
訖法師辭發東北行一踰繕那至瞿
盧薩謗城與王別北行王遣大臣將
百餘人送法師度雪山負芻草糧食
資給行七日至大山頂其山疊嶂危
峯參差多狀或平或聳勢非一儀登
陟艱辛難為備敘自是不得乘馬策
杖而前復經七日至一高嶺嶺下有
村可百餘家養羊畜羊大如驢其日
宿於此村至夜半發仍令村人乘山
駝引路其地多雪澗凌溪若不憑鄉
人引導交恐淪墜至明晝日方渡凌
嶮時唯七僧并雇人等有二十餘為
一頭騾十頭馬四疋明日到嶺底尋
盤道復登一嶺望之如雪及至皆白
石也此嶺最高雖雲結雪飛莫至其
表是日將昏方至山頂而寒風淒凜
徒侶之中無能正立者又山無卉木
唯積石攢峯岌岌然如林筍矣其處
既山高風急鳥將度者皆不得飛自
嶺南嶺北各行數百步外方得舒其
六翮矣尋贍部洲中嶺岳之高亦無
過此者法師從西北下數里有少平

地施帳宿旦而進經五六日下山至
安呾羅縛婆國即覩貨羅之故地伽
藍三所僧徒數十習大衆部法有一
窣堵波無憂王建也法師停五日西
北下山行四百餘里至闊悉多國亦
覩貨羅之故地從此西北復山行三
三百餘里至活國居縛芻河側即覩
貨羅東界都城在河南岸因見葉護
可汗孫王覩貨羅自稱葉護至衙停
一月葉護遣衛送共商侶東行二日
至瞢健國其傍又有阿利尼國曷邏
胡國訖栗瑟摩國鉢利曷國皆覩貨
羅故地也自瞢健復東行入山三百
餘里至呬摩呾羅國亦覩貨羅故地
風俗大同突厥而尤異者婦人首冠
木角高三尺餘前有兩岐表夫父母
上岐表父下岐表母隨先喪三除去
一岐若舅姑俱歿則舉冠全弃自此
復東行二百餘至鉢創那國亦覩貨
羅故地也為寒雪停月餘日從此東
南山行二百餘里至淫薄健國又東
南履危躡嶮行三百餘里至屈居勿反
浪拏國從此又東北山行五百餘里

至達摩悉鐵帝國亦名護蜜也國在兩山
間臨縛芻河出善馬形小而健俗無
禮義性暴形陋眼多碧綠異於諸國
伽藍十餘所昏馱多城國之都也中
有伽藍此國先王所立伽藍中石佛
像上有金銅圓蓋雜寶莊瑩自然住
空當於佛頂人有禮旋蓋亦隨轉人停
蓋止莫測其靈寺立因緣廣如別傳從此國大
山北至尸弃尼國又越達摩悉鐵帝
國至商彌國從此復東山行七百餘
里至波謎羅川川東西千餘里南北
百餘里在兩雪山間又當葱嶺之中
風雪飄飛春夏不止以其寒冽卉木
稀少稼穡不滋境域蕭條無復人跡
川中有大龍池東西三百里南北五
十餘里處贍部洲中地勢高隆瞻之
淼流目所不能極水族之類千品万
種喧聲交聒若百工之肆焉復有諸
鳥形高丈餘鳥卵如甕舊稱條支巨
鷇或當此也池西分出一河西至達
摩悉鐵帝國東界與縛芻河合而西
流赴海以右諸水亦皆同會池東分
一大河東至佉沙國西界與從多河

合而東流赴海以左諸水亦並同會川南山外有鉢露羅國多金銀金色如火又此池南北與阿耨達池相當從此川東出登危履雪行五百餘里至朅盤陁國城依峻嶺北背徙多河其河東入鹽澤潛流地下出積石山為此國河源也又其王聡慧建國相承多歷年所自云本是脂那提婆瞿怛羅（唐言漢日天種）王故宮有故尊者童壽論師伽藍尊者怛叉始羅國人也神晤英秀日誦三万二千言兼書亦尒遊戲眾法雅閑著述凡製論數十部並盛宣行即經部本師也是時東有馬鳴南有提婆西有龍猛北有童壽号為四日能照有情之惑童壽聲譽既高故先王躬伐其國迎而供養城東南三百餘里至大石壁有二石室各一羅漢於中入滅盡定端居不動視若羸人而竟無傾朽已經七百餘歲矣法師在其國停二十餘日復東北行五日逢群賊商侶驚怖登山象被逐溺水死賊過後與商人漸進東下自寒履嶮行八百餘里出葱嶺至

烏鎩國城西二百里有大山峯巒甚峻上有窣堵波聞之舊說曰數百年前因雷震山崩中有苾蒭身量枯偉瞑目而坐鬚髮蒸蒸垂覆肩面有樵者見而白王王躬觀礼士庶傳聞遠近同集咸申供養積花成積王曰此何人也有苾蒭對曰此出家羅漢入滅盡定者歲月滋淹故鬚長耳王曰若何驚晤令其起也對曰段食之身出定便壞宜先以酥乳灌灑使潤霑腠理然後擊揵搥感而悟之或可起也王曰善哉遂依僧語灌乳擊揵搥羅漢舉目而視曰尒輩何人形畀法服對曰我輩苾蒭也彼曰我師迦葉波如來今何所在對曰久入涅盤聞之愀然重曰釋迦文佛成無上等覺未荅曰已成利物斯周亦從寂滅聞已低眉良久以手舉鬢起昇虛空作大神變化火焚身遺骸墮地王與大眾收骨起窣堵波即此塔也從此北行五百餘里至佉沙國（舊日疏勒乃稱其城号也正音宜云室利訖栗多底疏勒之言尚訛）又從此東南行五百餘里渡徙多河踰大嶺至斫句迦國（舊日沮渠）

國南有大山山多龍室即度證果人多運神通就之栖止因入寂滅者眾矣今猶有三羅漢住巖穴入滅心定鬚髮長諸僧時往為剃又此國多大乘經典十万頌為部者凡有數十從此東行八百餘里至瞿薩旦那國（唐言地乳即其俗之雅言也俗謂渙那國匈奴謂之于遁諸胡謂之豁旦印度謂之屈丹舊日于闐訛也）沙磧太半宜穀豐果出氍毹細氈工績絁紬又土多白玉毉玉氣序和調俗知礼義尚學好音風儀詳整異諸胡俗文字遠遵印度微有改耳重佛法伽藍百所僧五千餘人多學大乘王甚雄智勇武遵愛有德自云毗沙門天之胤也王之先祖即無憂王之太子在怛叉始羅國後被譴出雪山北養牧逐水草至此建都久而無子因禱毗沙門天廟神額上剖出一男復於廟前地生奇味甘香如乳取而養子遂至成長王崩後嗣立威德遐被力并諸國今王即其後也先祖本因地乳資成故于闐正音稱地乳國焉法師入其境至勃伽夷城城中有坐佛像高七尺餘首戴寶冠威顏圓滿

聞諸舊說像本在迦濕弥羅國請來到此昔有羅漢有一沙弥身嬰疥疾臨將捨壽索酢米餅師以天眼觀見瞿薩旦那有潛運神足乞而與之沙弥食已歡喜樂生其國願力無違命終即生王家嗣立之後才略驍雄志思吞攝乃踰雪山伐其舊國時迦濕弥王亦簡將練兵欲事攘拒羅漢曰不勞舉刃我自遣之即往瞿薩旦那王所為說項生貪暴之失及示先身沙弥衣服王見已得宿命智深生愧恧與迦濕弥王結好而罷仍迎先所供像隨軍還國像至此城住而不進王與衆軍盡力移轉卒不能動即於像上營構精廬招延德侶捨所愛冠莊嚴佛頂其冠見在極多貴寶觀者歎焉法師停七日于闐王聞法師到其境躬來迎謁後日發引王先還都留兒侍奉行二日王又遣達官來迎離城四十里宿明日王與道俗將音樂香花接於路左既至延入城安置於小乘薩婆多寺王城南十餘里有大伽藍此國先王為毗盧折那唐言遍照

阿羅漢造也昔此國法教未霑而羅漢自迦濕弥羅至此宴坐林中時有見者怪其形服以狀白王王聞親往觀其容止問曰介何人獨栖林野曰我如來弟子法介閑居王曰稱如來者復何義也荅曰如來者即佛陁之德号昔淨飯王太子一切義成愍諸衆生沉沒苦海無救無歸乃弃七寶千子之資四洲輪王之位閑林進道六年果成獲金色之身證無師之法灑甘露於鹿苑耀摩尼於鷲峯八十年中示教利喜化緣既盡息應歸真遺像遺典傳通猶在王以宿福位為人主當法輪之付囑作有識之依歸冥而不聞是何理也王曰某罪累淹積不聞佛名今蒙聖人降德猶是餘福既有遺像遺典請奉修行羅漢報曰必願樂者當先建立伽藍則靈像自至王於是旋駕與群臣詳擇勝地命選匠人問羅漢造立之式因而建焉寺成王重請曰伽藍已就佛儀何在報曰王但至誠像至非遠王共大臣及士庶等各燒香捧花一心而立

須臾間有佛像自空而來降於寶座光暉晃朗容顏肅然王見歡喜稱慶無極弃請羅漢為衆說法因與國人廣興供養故此伽藍即最初之立也法師前為渡河失經到此更使人往屈支疏勒訪本及為于闐王留連未獲即還因修表使高昌小兒逐商侶入朝陳已昔往婆羅門國求法今得還歸到于闐其表曰沙門玄奘言奘聞馬融該贍鄭玄就扶風之師伏生明敏晁錯躬濟南之學是知儒林近術古人猶且遠求况諸佛利物之玄蹤三藏解纏之妙說敢憚塗遙而無尋慕者也玄奘往以佛興西域遺教東傳然則勝典雖來而圓宗尚闕常思訪學無顧身命遂以貞觀三年冒越憲章私往天竺踐流沙之浩浩陟雪嶺之巍巍鐵門巉嶮之塗熱海波濤之路始自長安神邑終于王舍新城中間所經五万餘里雖風俗千别艱危万重而憑恃天威所至無鯁仍蒙厚礼身不辛苦心願獲從遂得觀耆闍崛山礼菩提之樹見不見迹聞

未聞經窮宇宙之靈奇盡陰陽之化
育宣皇風之德澤發殊俗之欽思歷
覽周遊一十七載今已從鉢羅耶伽
國經迦畢試境越葱嶺渡波謎羅川
歸還達於于闐為所將大象溺死經
本衆多未得鞍乘以是少停不獲奔
馳早謁軒陛無任延仰之至謹遣高
昌俗人馬玄智隨商侶奉表先聞是
後為于闐諸僧講瑜伽對法俱舍攝
大乘論一日一夜四論遞宣王與道
俗歸依聽受日有千數時閒經七八
月使還蒙恩勑降使迎勞曰聞師訪
道殊域今得歸還歡喜無量可即速
來與朕相見其國僧解梵語及經義
者亦任將來朕已勑于闐等道使諸
國送師人力鞍乘應不少乏令燉煌
官司於流沙迎接鄯鄯於沮沫迎接
法師奉勑已即進發于闐王資餞甚
厚自發都三百餘里東至媲摩城城
有彫檀立佛像高二丈餘質狀端嚴
甚多靈應人有疢疾隨其苦處以金
薄帖像病即瘳愈凡有願求多蒙果
遂相傳云昔佛在世憍賞弥國鄔陁

衍那王所作佛滅度後自彼飛來至
此國北曷勞落迦城後復自移到此
因緣如別傳又相傳有記云釋迦法滅像入
龍宮從媲摩城東入沙磧行二百餘
里至泥壤城又從此東入大流沙風
動沙流地無水草多熱毒魑魅之患
無徑路行人往返望人畜遺骸以為幖
幟硗确難涉委如前序又行四百餘
里至覩貨邏故國又行六百餘里至
折摩馱那故國即沮沫地又東北行
千餘里至納縛波故國即樓蘭地展
轉近於自境得鞍乘已放于闐使人
及駞馬還有勑酬其勞皆不受而去
既至沙州又附表時帝在洛陽宮表
至知法師漸近勑西京留守左僕射
梁國公房玄齡使有司迎待法師承
上欲問罪遼濱恐稽緩不及乃倍途
而進奄至漕上官司不知迎接威儀
莫暇陳設而聞者自然奔湊觀礼盈
衢更相登踐欲進不得因宿於漕上矣

大唐大慈恩寺三藏法師傳卷第五

大唐大慈恩寺三藏法師傳卷第五

校勘記

一　底本，金藏廣勝寺本。
一　五七頁中五行「法師」，資、磧、普、南、徑、清無。
一　五七頁中六行「占卜」，資、磧、普、南、徑、清作「占相」。
一　五七頁中九行第四字「壽」，諸本（不含石，下同）作「壽命」。
一　五七頁中一二行第一二字「於」，資、磧、普、南、徑、清無。
一　五七頁下六行「而遺」，資作「而不遺」。
一　五七頁下一二行第五字「自」，資、磧、普、南、徑、清作「自佛」。
一　五七頁下二〇行「惡地」，麗作「地惡」。又「不勸仁歸」，資、磧、普、南、徑、清作「勸仁勿歸」。
一　五七頁下末行「既見」，清作「既諫」。
一　五八頁上一行「具陳」，資作「傳」；磧、普、南、徑、清作「陳」。

一　五八頁上二行首字「意」，諸本作「意定」。

一　五八頁上三行「來者」，諸本作「來意者」。

一　五八頁上八行「不顧」，資、磧、普、南、徑、清作「不暇」。

一　五八頁上九行第八字「尒」，資、磧、普、南、徑、清無。

一　五八頁上一〇行「二日」，南作「一日」。

一　五八頁上一六行第二字「儻」，磧作「償」。

一　五八頁上二〇行「遣往」，資、磧、普、南、徑、清作「與遣」。

一　五八頁中五行第五字「謂」，麗作「即謂」。

一　五八頁中七行第六字「謬」，磧、普、南、徑、清、麗作「曰」。

一　五八頁中一三行「苦達」，資、清作「若達」。

一　五八頁中一四行第五字「與」，資、磧、普、南、徑、清作「師與」。

一　五八頁中一九行「在此」，麗作「在彼」。

一　五八頁中二〇行第四字至次行第七字「鳩摩羅……使」，資、磧、普、南、徑、清作「王」。

一　五八頁下二行第三字「宜」，資、磧、普、南、徑、清無。

一　五八頁下三行「三万」，資、磧、普、南、徑、清作「三万隻」。

一　五八頁下四行第五字「渡」，資、磧、普、南、徑、清無。又「以是」，諸本作「以赴」。

一　五八頁下八行「河南」，資、磧、普、南、徑、清作「河北」。

一　五八頁下二〇行第九字「王」，資、磧、普、南、徑、清無。

一　五九頁上五行第九字「報」，資、磧、普、南、徑、清無。

一　五九頁上六行第四字「聖」，資、磧、普、南、徑、清無。

一　五九頁上一〇行「無主」，資、磧、普、南、徑、清作「乏主」。

一　五九頁上一四行「奮戎」，資、磧、普、南、徑、清作「奮威」。

一　五九頁上一七行「又謂」，麗作「又問」。

一　五九頁中三行「諸德」，資、磧、普、南、徑、清作「諸僧」。

一　五九頁中一一行「並皆」，麗作「普皆」。

一　五九頁中一三行「一會」，磧作「六會」。

一　五九頁中一四行「之理」，資、磧、普、南、徑、清無。

一　五九頁中末行「德音」，資、磧、普、南、徑、清作「法音」。

一　五九頁下一四行第七字「魚」，資、磧、普、南、徑、清無。

一　五九頁下一七行第四字「等」，資、磧、普、南、徑、清無。

一　五九頁下末行「金錫杖一」，諸本作「金錫杖一枚」。

一　六〇頁上二行第七字「設」，麗作「施」。

一　六〇頁上六行第二字「問」，麗作「問」。又「斷首」，資、磧、普、南、徑、清作「斬首」。

一　六〇頁上八行「諸僧」，麗作「及僧」。又第一三字「所」，資、磧、普、南、徑、清作「所止」。

一　六〇頁上一三行「衆生」，麗作「群生」。

一　六〇頁上一四行「兼深」，諸本作「淵深」。又末字「伏」，資、磧、普、南、徑、清作「拔」。

一　六〇頁上一七行「可恕」，資、磧、南作「可怒」。

一　六〇頁上一八行「其手」，諸本作「其首」。

一　六〇頁上二〇行「無一人」，資、磧、普、南、徑、清作「無人」。

一　六〇頁中二行末字「大」，資、磧、普、南、徑、清作「一大」。

一　六〇頁中四行「立義」，資、磧、普、南、徑、清作「義立」。

一　六〇頁中五行第六字「而」，磧、普、徑無。

一　六〇頁中九行「美名大乘衆號曰」，資、磧、普、南、徑、清作「義名大乘衆曰」。

一　六〇頁下一一行「膿血」，徑作「濃血」。

一　六〇頁下一四行「受已」，資、磧、普、南、徑、清作「得已」。

一　六〇頁下一九行「戒日」，麗作「戒日王」。

一　六〇頁下二〇行「恃其」，資、磧、普、南、徑、清作「侍恃」。

一　六一頁上一行「罷會」，諸本作「罷論」。

一　六一頁上三行「廣往」，麗作「廣法」。

一　六一頁上七行末字「可」，諸本作「何」。

一　六一頁中一行第一〇字「衰」，資、磧、普、南、徑、清作「衷」；麗作「屋」。

一　六一頁中三行第一一字「亦」，資、磧、普、南、徑、清無。

一　六一頁中五行「逐王行」，清作「遂王行」。

一　六一頁中一六行第一〇字「僧」，資、磧、普、南、徑、清無。

一　六一頁中一八行「飲食」，諸本作「及飲食」。

一　六一頁中二〇行第一〇字「遍」，資、磧、普、南、徑、清無。

一　六一頁下一行「耳璫」，資作「耳渠」；磧、南作「耳磲」；普作「耳磲」；徑、清作「耳璖」。

一　六一頁下四行末字至次行首字「比來」，資、磧、普、南、徑、清作「此」。

一　六一頁下八行「各將」，麗作「各持」。

一　六一頁下一二行第二字「師」，麗作「法師」。

一　六一頁下一四行「能住」，諸本作「師能住」。

一　六一頁下二〇行「而忘」，資、磧、普作「而望」。

一　六一頁下末行第二字「法」，諸本無。

一　六二頁上七行首字「須」，資、磧、普、南、徑、清無。
一　六二頁上一四行「日王」，諸本作「戒日王」。
一　六二頁中一一行「比人」，諸本作「北人」。
一　六二頁中一三行第五字「將」，諸本作「相」。
一　六二頁下四行第五字「花」，麗作「花果」。
一　六二頁下二〇行第六字「自」，資、磧、普、南、徑、清無。
一　六二頁下末行「栗氏」，資、磧、普、南、徑、清作「栗氏國」。
一　六三頁上一行末字「施」，資、磧、普、南、徑、清無。
一　六三頁上二行第一三字「至」，麗作「又至」。
一　六三頁上三行「大臣」，諸本作「一大臣」。
一　六三頁上一二行第一〇字「晝」，資、磧、普、南、徑、清作「盡」。

一　六三頁上一七行「方至」，諸本作「方到」。
一　六三頁中六行末字「三」，諸本無。
一　六三頁中七行「活國」，資、磧、普、南、徑、清作「括國」。
一　六三頁中一〇行「二日」，磧作「至日」。
一　六三頁中一七行「喪三」，諸本作「喪亡」。
一　六三頁中一九行「二百餘」，諸本作「二百餘里」。
一　六三頁中二〇行「從此」，諸本作「從此又」。
一　六三頁中二一行「淫薄健」，磧、普、南、徑、清作「佉薄健」。
一　六三頁下九行「尸弃尼」，麗作「尸棄尼」。
一　六三頁下一三行「以其寒洌」，資、磧、普、南、徑、清作「以其地寒烈」。
一　六三頁下一五行「川中有大龍池」，資、磧、普、南、徑、清作「中有大池」。
一　六三頁下一七行「漭沆」，麗作「漭漭」。

一　六三頁下末行「徙多河」，麗作「從多河」。次頁上五行同。
一　六四頁上二行第一〇字「多」，資、磧、普、南、徑、清無。
一　六四頁上三行第一一字「達」，諸本無。
一　六四頁上六行第四字「入」，資、磧、普、南、徑、清作「入海」。
一　六四頁上七行第七字「又」，資、磧、普、徑無。
一　六四頁上一一行首字「晤」，資、磧、普、南、徑、清作「悟」。
一　六四頁上一五行第一〇字「感」，諸本作「惑」。
一　六四頁上一六行第三字「故」，資、磧、普、徑無。
一　六四頁上一八行「端居」，資、磧、普、南、徑、清作「端坐」。
一　六四頁中二行「聞之」，資、磧、普、南、徑、清無。
一　六四頁中三行第二字「因」，資、磧、

普、南、徑、清無。

一　六四頁中四行「鬢髮鬖鬖」，資、磧、普、南、徑、清作「鬚髮毿毿」。

一　六四頁中九行「驚晤」，資、磧、普、南、徑、清作「警悟」；麗作「警寤」。

一　六四頁中一三行第一二字「昇」，資、磧、普、南、徑、清作「拔」；麗作「被」。

一　六四頁中一七行第八字「周」，麗作「問」。

一　六四頁中二二行夾註右「栗多底」，麗作「栗利多底也」。又左末字「訛」，諸本作「訛也」。又正文首字「又」，麗無。

一　六四頁下一行「龍室」，諸本作「龕室」。又第一二字「證」，資、磧、普、南、徑、清無。

一　六四頁下四行「鬢髮長」，資、磧、普、南、徑、清作「鬚髮漸長」；麗作「鬢髮漸長」。

一　六四頁下七行夾註右第六字「之」，資、磧、普、南、徑、清無。又「凶奴」，資、磧、普、南、徑、清作「凶奴」。

一　六四頁下八行第六字「果」，磧、普、南、徑、清作「樂」。

一　六四頁下九行「絶細」，資、磧、普、南、徑、清作「絶紬」。

一　六四頁下一〇行第七字「音」，麗作「音韻」。

一　六四頁下一二行末字至次行首字「王甚」，諸本作「其王」。

一　六四頁下一七行「天廟神」，諸本作「天廟廟神」。

一　六四頁下一八行「奇味」，資作「池水奇味」。又「取而」，資、磧、普、南、徑、清作「取向」。

一　六四頁下二〇行「令王」，諸本作「今王」。

一　六五頁上一一行「已得」，資、磧、普、南、徑、清作「便得」。

一　六五頁上一五行「德侶」，諸本作「僧侶」。

一　六五頁中一四行「依歸」，資、磧、普、南、徑、清作「歸依」。

一　六五頁中二一行「佛儀」，資、磧、普、南、徑、清作「佛像」。

一　六五頁下六行第七字「及」，資、磧、普、南、徑、清作「乃」。

一　六五頁下七行「商侶」，諸本作「商伴」。

一　六五頁下一六行「三年」，諸本作「三年四月」。

一　六五頁下一七行「漫漫」，資、磧、普、南、徑、清作「浩浩」。

一　六五頁下二二行「辛苦」，資、磧、普、南、徑、清作「苦辛」。

一　六六頁上一一行「時聞」，諸本作「時間」。

一　六六頁上一七行「鄙鄙」，南作「鄙部」。

一　六六頁上二〇行「二丈餘質狀」，資、磧、普、南、徑、清作「三丈餘姿狀」。

一　六六頁上二一行「疥疾」，資、磧、普、南、徑、清作「疾病」。

一　六六頁中五行第一一字「大」，資、

磧、普、徑無。

一　六六頁中六行「魑魅」，資、磧、普、南、徑、清作「鬼魅」。

一　六六頁中七行「徑路」，諸本作「無徑路」。

一　六六頁中一二行「近於」，諸本作「達於」。

一　六六頁中一三行「馳馬」，麗作「馱馬」。

一　六六頁中一五行首字「至」，麗作「進」。

大唐大慈恩寺三藏法師傳卷第六　通

沙門慧立本　釋彥悰箋

起十九年春正月入西京終二十二年六月謝御製經序并荅

貞觀十九年春正月景子京城留守左僕射梁國公房玄齡等承法師齎經像至乃遣右武侯大將軍侯莫陳寔雍州司馬李叔眘長安縣令李乹祐等奉迎自漕而入舍於都亭驛其從若雲是日有司頒諸寺具帳輿花幡等擬送經像于弘福寺人百欣踊各競莊嚴翌日大會於朱雀街之南凡數百件部伍陳列即以安置法師於西域所得如來肉舍利一百五十粒摩揭陁國前正覺山龍窟留影金佛像一軀通光座高三尺三寸擬婆羅痆斯國鹿野菀初轉法輪像刻檀佛像一軀通光座高尺有五寸擬憍賞弥國出愛王思慕如來刻檀寫真像刻檀佛像一軀通光座高二尺九寸擬劫比他國如來自天宮下降寶階像銀佛像一軀通光座高四尺擬摩揭陁國鷲峰山說法花等經像金佛像一軀通光座高三尺五寸擬那揭羅曷國伏毒龍所留影像刻檀佛像一軀通光座高尺有三寸擬吠舍釐國巡城行化刻檀像等又安置法師於西域所得大乘經二百二十四部大乘論一百九十二部上座經律論一十五部三弥底部經律論一十五部弥沙塞部經律論二十二部迦葉臂耶部經律論一十七部法密部經律論四十二部說一切有部經律論六十七部因論三十六部聲論一十三部凡五百二十夾六百五十七部以二十疋馬負而至其日所司普班諸寺但有寳帳幢幡供養之具限明二十八日旦並集朱雀街擬迎新至經像於弘福寺於是人增勇銳各競莊嚴窮諸麗好幢帳幡蓋寳案寳輿寺別將出分布訖僧尼等整服隨之雅梵居前薰爐列後至是並陳於街內凡數百事布經像而行珠珮動音金花散彩預送之儔莫不歌詠希有忘塵遣累嘆其希遇始自朱雀街內終屆弘福寺

十餘里閭都人仕子內外官僚列道
兩傍瞻仰而立人物闐闉所司恐相
騰踐各令當處燒香散花無得移動
而煙雲讚響處處連合昔如來創降
迦毗弥勒初昇覩史龍神供養天衆
圍遶雖不及彼時亦遺法之盛也其
日衆人同見天有五色綺雲現於日
北宛轉當經像之上紛紛郁郁周圓
數里若迎若送至寺而微釋彥悰箋
述曰余考尋圖史此蓋謂天之喜氣
識者嘉焉昔如來創降迦維慈氏將
昇覩史龍神供養天衆奉迎雖不及
往時而遺法東流未有若茲之盛也
壬辰法師謁文武聖皇帝於洛陽宮
二月已亥見於儀鸞殿帝迎慰甚厚
既而坐訖帝曰師去何不相報法師
謝曰玄奘當去之時以再三表奏但
誠願微淺不蒙亮許無任慕道之至
乃輒私行專擅之罪唯深慙懼帝曰
師出家與俗殊隔然能委命求法惠
利蒼生朕甚嘉焉亦不煩為愧但念
彼山川阻遠方俗異心怪師能達也
法師對曰玄奘聞乘疾風者造天池

而非遠御龍舟者涉江波而不難自
陛下握乾符清四海德籠九域仁被
八區淳風扇炎景之南聖威振葱山
之外所以戎夷君長每見雲翔之鳥
自東來者猶疑發於上國斂躬而敬
之況玄奘圓首方足親承育化者也
既賴天威故得往還無難帝曰此自
是師長者之言朕何敢當也因廣問
彼事自雪嶺已西印度之境玉燭和
氣物產風俗八王故迹四佛遺蹤並
博望之所不傳班馬無得而載法師
既親遊其地觀覿疆邑耳聞目覽記
憶無遺隨問訓對皆有條理帝大悅
謂侍臣曰昔苻堅稱釋道安為神器
舉朝尊之朕今觀法師詞論典雅風
節貞峻非唯不愧古人亦乃出之更
遠時趙國公長孫無忌對曰誠如聖
旨臣嘗讀三十國春秋見敘安事寔
是高行博物之僧但彼時佛法來近
經論未多雖有鑽研蓋其條葉非如
法師躬窺淨域討衆妙之源究泥洹
之跡者矣帝曰公言是也又謂法師
曰佛國遐遠靈跡法教前史不能委

詳師既親覩宜修一傳以示未聞帝
又察法師堪公輔之寄因勸罷道助
秉俗務法師謝曰玄奘少踐緇門伏
膺佛道玄宗是習孔教未聞今遣從
俗無異乘流之舟使弃水而就陸不
唯無功亦徒令腐敗也願得畢身行
道以報國恩即玄奘之幸甚如是固
辭乃止時帝將問罪遼濵天下之兵
已會於洛軍事忙迫聞法師至令引
入朝期暫相見而清言既交遂不知
日昃趙國公長孫無忌奏稱法師停
在鴻臚日暮恐不及帝曰怱怱言猶
未盡意欲共師東行省方觀俗指麾
之外別更談敘師意如何法師謝稱
玄奘遠來兼有疾疹恐不堪陪駕帝
曰師尚能孤遊絕域今此行蓋同跬
步安足辭焉法師對曰陛下東征六
軍奉衛罰乱國誅賊臣必有牧野之
功昆陽之捷玄奘自度終無裨助行
陣之効虛負塗路費損之愧加以兵
戎戰鬪律制不得觀看既佛有此言
不敢不奉伏願天慈哀矜即玄奘幸
甚帝信納而止法師又奏云玄奘從

西域所得梵本六百餘部一言未譯
今知此嵩岳之南少室山北有少林
寺遠離廛落泉石清閑是後魏孝文
皇帝所造即菩提留支三藏翻譯經
處玄奘望為國就彼翻譯伏聽勑旨
帝曰不須在山師西方去後朕奉為
穆太后於西京造弘福寺寺有禪院
甚虛靜法師可就翻譯法師又奏曰
百姓無知見玄奘從西方來妄相觀
看遂成闤闠非直違觸憲網亦為妨
廢法事望得守門以防諸過帝大悅
曰師此意可謂身之言也當為處分
師可三五日停憩還京就弘福安置
諸有所須一共玄齡平章自是辭還
矣三月己巳法師自洛陽還至長安
即居弘福寺將事翻譯乃條疏所須
證義綴文筆受書手等數以申留守
司空梁國公玄齡玄齡遣所司具狀
發使定州啓奏令旨依所須供給務
使周備夏六月戊戌證義大德諳解
大小乘經論為時輩所推者一十二
人至即京弘福寺沙門靈潤沙門文
備羅漢寺沙門慧貴實際寺沙門明

琰寶昌寺沙門法祥靜法寺沙門普
賢法海寺沙門神昉廓州法講寺沙
門道深汴州演覺寺沙門玄中蒲州
普救寺沙門神泰緜州振響寺沙門
敬明益州多寶寺沙門道因等又綴
文大德九人至即京普光寺沙門栖
玄弘福寺沙門明濬會昌寺沙門辯
機終南山豐德寺沙門道宣簡州福
聚寺沙門靜邁蒲州普救寺沙門行
友棲巖寺沙門道卓豳州昭仁寺沙
門慧立洛州天宮寺沙門玄則等又
有字學大德一人至即京大總持寺
沙門玄應又有證梵語梵文大德一
人至即京大興善寺沙門玄謩自餘
筆受書手所司供料等並至丁卯法
師方操貝葉開演梵文創譯菩薩藏
經佛地經六門陀羅尼經顯揚聖教
論等四部其翻六門經當日了佛地
經至辛巳了菩薩藏經顯揚論等歲
暮方訖二十年春正月甲子又譯大
乘阿毗達磨雜集論至二月訖又譯
瑜伽師地論秋七月辛卯法師進新
譯經論見了者表曰沙門玄奘言竊

聞八正之旨實苦海之津梁一乘之
宗誠涅槃之梯隥但以物機未熟致
蘊葱山之西經胥庭而莫聞歷周秦
而靡至暨乎摩騰入洛方被三川僧
會遊吴始霑荊楚從是已來遂得人
修解脫之因家樹菩提之業固知傳
法之益其利博哉次復嚴顯求經澄
什繼譯雖則玄風日扇而並處偽朝
唯玄奘輕生獨達明聖所將經論咸
得奏聞蒙陛下崇重聖言賜使翻譯
比與義學諸僧等專精夙夜無惰寸
陰雖握管淹時未遂終訖已絕筆者
見得五部五十八卷名曰大菩薩藏
經二十卷佛地經一卷六門陀羅尼
經一卷顯揚聖教論二十卷大乘阿
毗達磨雜集論一十六卷勒成八袟
繕寫如別謹詣闕奉進玄奘又竊見
弘福寺尊像初成陛下親降鑾輿開
青蓮之目今經論初譯為聖代新文
敢緣前義亦望曲垂神翰題製一序
讃揚宗極冀沖言奧旨與日月齊明
玉字銀鈎將乾坤等固使百代之下
誦詠不窮千載之外瞻仰無絕前又

洛陽奉見日勅令法師修西域記至
是迺成乙未又表進曰沙門玄奘言
竊尋蟠木幽陵雲官紀軒皇之壤流
沙滄海夏載著伊堯之域西母白環
薦垂衣之主東夷楛矢奉刑措之君
固以飛英曩代式徽前典伏惟陛下
握紀乘時提衡範物刳舟絃木威天
下而濟群生鼇足蘆灰堙方輿而補
圓蓋耀武經於七德闡文教於十倫
澤徧泉源化霑簫葦房芝發秀浪井
開花樂囿馴班巢阿響律浮紫膏於
貝闕霏白雲於玉檢遂苑弱木而池
濛汜圓炎火而照積冰梯赤坂而承
朔泛滄津而委贄史曠前良事絶故
府豈如漢開張掖近接金城秦戍桂
林纔通珠浦而已玄奘幸屬天地貞
觀華夷靜謐冥心梵境敢符好事命
均朝露力譬秋螽徒以憑假皇靈飄
身進影展轉膜拜之鄉流離重譯之
外條支巨鷇方驗前聞罽賓孤鸞還
稽曩實時移歲積人願天從遂得下
雪岫而泛提河窺鶴林而觀鷲嶺祇
園之路髣像猶存王城之基坡陁尚

在尋求歷覽時序推遷言返帝京淹
踰一紀所聞所履百有二十八國竊
以章亥之所踐藉空陳廣袤夸父之
所凌厲無述土風班超侯而未遠張
騫望而非博今所記述有異前聞雖
未極大千之疆頗窮蔥外之境皆存
實錄匪敢彫華謹具編裁稱為大唐
西域記凡一十二卷繕寫如別望班
之右筆飾以左言掩博物於晉臣廣
九丘於皇代但玄奘資識淺短遺漏
寔多兼拙於筆語恐無足觀覽景申
神筆自荅書曰省書具悉來意法師
夙摽高行早出塵表泛寶舟而登彼
岸搜妙道而闢法門弘闡大猷蕩滌
衆罪是故慈雲欲卷舒之蔭四空慧
日將昏朗之照八極舒朗之者其唯
法師乎朕學淺心拙在物猶迷況佛
教幽微豈能仰測請為經題非已所
聞又云其新撰西域記者當自披覽
勅奘尚丁酉法師重表曰沙門玄奘
言伏奉墨勅猥垂奬諭祗奉綸言精
守振越玄奘業行空疎謬參緇侶幸
屬九瀛有截四表無虞憑皇靈以遠

征恃國威而訪道窮遐冒險雖勵愚
誠纂異懷荒寔資朝化所獲經論蒙
遣翻譯見成卷軸未有銓序伏惟陛
下叡思雲敷天華景爛理包繫象調
逸風英跨千古以飛聲掩百王而騰
實竊以神力無方非神思不足銓其
理聖教玄遠非聖藻何以序其源故
乃冒犯威嚴敢希題目宸睠冲邈不
垂矜許撫躬累息相顧失圖玄奘聞
日月麗天既分暉於戶牖江河紀地
亦流潤於巖涯雲和廣樂不秘響於
聾昧金璧奇珍豈韜彩於愚瞽敢緣
斯理重以干祈伏乞雷雨曲垂天文
俯照配兩儀而同久與二曜而俱懸
然則鷲嶺微言假神筆而弘遠鷄園
奧典託英詞而宣暢豈止區區梵衆
獨荷恩榮蠢蠢迷生方超塵累而已
自此方許二十二年春駕幸玉華宮
夏五月甲午翻瑜伽師地論訖凡一
百卷六月庚辰勅追法師赴宮比發
在塗屢有使至令緩進無得勞損既
至見於玉華殿甚歡帝曰朕在京苦
暑故就此山宮泉石既涼氣力稍好

能省覽機務然憶法師故遣相屈涉途當大勞也法師謝曰四海黎庶依陛下而生聖躬不安則率土惶灼伏聞鑾輿至此御膳順宜凡預含靈孰不蹈舞願陛下永保崇高與天無極玄奘庸薄猥蒙齒召銜荷不覺為勞帝以法師學業該贍儀韻淹深每思逼勸歸俗致之左右共謀朝政往於雒陽宮奉見之際以親論之至是又言曰昔堯舜禹湯之君隆周炎漢之主莫不以為六合務廣萬機事殷兩目不能遍鑒一心難為獨察是以周憑十乱舜託五臣翼亮朝猷弼諧邦國彼明王聖主猶仗群賢況朕寡闇而不寄衆抵者也意欲法師脫須菩提之染服掛維摩詰之素衣昇鉉路以陳謨坐槐庭而論道於意何如法師對曰陛下言六合務廣三五之君不能獨守寄諸賢哲共而成之仲尼亦云君失臣得故君為元首臣為股肱玄奘謂此言將誡中庸非為上智若使有臣皆得桀紂豈無臣耶以此而推不必由也仰惟陛下上智之君

一人紀綱萬事自得其緒況撫運以來天地休平中外寧晏皆是陛下不荒不縱不麗不侈兢兢業業雖休勿休居安思危為善承天之所致也餘何預哉請辯二三以明其事陛下經緯八紘之略驅駕英豪之才尅定禍乱之功崇闡雍熙之業聰明文思之德體元合極之姿皆天之所授無假於人其義一也敦本弃末尚仁尚禮移澆風於季俗反淳政於上皇賦遵薄制刑用輕典九州四海稟識懷生俱沐恩波咸遂安樂此又聖心聖化無假於人其義二也至道旁通深仁遠洽東逾日域西邁崑丘南盡炎洲北窮玄塞彫題鼻飲之俗卉服左衽之人莫不候雨瞻風稽顙屈膝獻琛貢寶充委夷邸此又天威所感無假於人其義三也獫狁為患其來自久五帝所不臣三王不能制遂使河洛為被髮之野酆鄗為鳴鏑之場中國陵遲凶奴得志殷周已來不能攘弭至漢武窮兵衛霍盡力雖收枝葉根本猶存自後以來不聞良策及陛下

御圖一征斯殄傾巢倒穴無復孑遺瀚海燕然之域並入隄封單于弓騎之人俱充臣妾若言由臣則虞夏已來賢輔多矣何因不獲故知有道斯得無假於人其義四也高麗小蕃失禮上國隋帝總天下之師三自征罰攻城無傷半堞野掠不獲一人虛喪六軍狼狽而反陛下暫行將數万騎摧駐蹕之強陣破遼蓋之堅城振旅凱旋俘馘三十万衆用兵御將其道不殊隋以之亡唐以之得故知由主無假於人其義五也又如天地交泰日月光華和氣氤氳慶雲紛郁五靈見質一角呈奇白狼白狐朱鷰朱草昭彰雜沓無量億千不能遍舉皆是應德而至無假於人乃欲比肩前王寄功十乱竊為陛下不取縱復須人今亦伊呂多矣玄奘庸陋何足以預之至於守戒緇門闡揚遺法此其願也伏乞天慈終而不奪帝甚悅謂法師曰師向所陳並上玄垂祐及宗廟之靈卿士之力朕安能致也既欲敷揚妙道亦不違高志可努力今日已

後亦當助師弘道釋彥悰箋述曰法師才兼內外臨機訓荅其辯洽如是艱哉昔道安陳諫符堅之駕不停恒摽奮詞姚興之心莫止終致敗軍之辱進道之勞豈如法師雅論纔申皇情允塞清風益潔美志逾貞以此而言可不煩月旦而優劣見矣時中書令褚遂良奏曰今四海廓清九域寧晏皆陛下聖德實如師言臣等備位而已日月之下螢爝何功帝笑曰不如此夫珍裘非一狐之腋大廈必衆材共成何有君能獨濟師欲自全雅操故濫相光飾耳帝又問法師比翻何經論荅近翻瑜伽師地論訖凡一百卷帝曰此論甚大何聖所說復明何義荅曰論是彌勒菩薩說明十七地義又問何名十七地荅謂五識相應地意識相應地有尋有伺地無尋唯伺地無尋無伺地三摩呬多地非三摩呬多地有心地無心地聞所成地思所成地修所成地聲聞地獨覺地菩薩地有餘依地無餘依地及舉綱提目陳列大義帝深愛焉遣使向

京取瑜伽論論至帝自詳覽覩其詞義宏遠非從來所聞歎謂侍臣曰朕觀佛經譬猶瞻天望海莫測高深法師能於異域得是深法朕比以軍國務殷不及委尋佛教而今觀之宗源杳曠靡知涯際其儒道九流比之猶汀瀅之池方溟渤耳而世云三教齊致此妄談也因勑所司簡秘書省書手寫新翻經論為九本與雍洛并兖相荊揚涼益等九州展轉流通使率土之人同稟未聞之義時司徒趙公長孫無忌中書令褚遂良等奏曰臣聞佛教沖玄天人莫測言本則甚深語門則難入伏惟陛下至道昭明飛光旦日澤霑遐界化溢中區擁護五乘建立三寶故得法師當衿葉而秀質聞千載而挺生陟重阻以求經履危途而訪道見珍殊俗具獲真文歸國翻宣若庵園之始說精文奧義如金口之新開皆是陛下聖德所感臣等愚瞽預此見聞苦海波瀾舟航有寄又天慈廣遠使布之九州蠢蠢黔黎俱飡妙法臣等億劫希逢不勝幸

甚帝曰此是法師大悲願力又公等宿福所逢非朕獨所致也帝先許作新經序機務繁劇未及措意至此法師重啓方為染翰少頃而成名大唐三藏聖教序凡七百八十一字神筆自寫勑貫衆經之首帝居慶福殿百官侍衛命法師坐使弘文館學士上官儀以所製序對群寮宣讀霞煥錦舒極褒揚之致其詞曰

蓋聞二儀有象顯覆載以含生四時無形潛寒暑以化物是以窺天鑑地庸愚皆識其端明陰洞陽賢哲罕窮其數然而天地苞乎陰陽而易識者以其有像也陰陽處乎天地而難窮者以其無形也故知象顯可徵雖愚不惑形潛莫覩在智猶迷況乎佛道崇虛乘幽控寂弘濟万品典御十方舉威靈而無上抑神力而無下大之則彌於宇宙細之則攝於毫釐無滅無生歷千劫而不古若隱若顯運百福而長今妙道凝玄遵之莫知其際法流湛寂挹之莫測其源故知蠢蠢凡愚區區庸鄙投其旨趣能無疑惑

者哉然則大教之興基乎西土騰漢庭而皎夢照東域而流慈昔者分形分跡之時言未馳而成化當常現常之世人仰德而知遵及乎晦影歸真遷儀越世金容掩色不鏡三千之光麗像開圖空端四八之相於是微言廣被拯含類於三塗遺訓遐宣導群生於十地然而真教難仰莫能一其旨歸曲學易遵邪正於焉紛糺所以空有之論或習俗而是非大小之乘乍沿時而隆替有玄奘法師者法門之領袖也幼懷貞敏早悟三空之心長契神情先苞四忍之行松風水月未足比其清華仙露明珠詎能方其朗潤故以智通無累神測未形超六塵而迥出隻千古而無對凝心內境悲正法之陵遲棲慮玄門慨深文之訛謬思欲分條析理廣彼前聞截偽續真開茲後學是以翹心淨土往遊西域乘危遠邁杖策孤征積雪晨飛塗間失地驚砂夕起空外迷天萬里山川撥煙霞而進影百重寒暑躡霜露而前蹤誠重勞輕求深願達周遊

西宇十有七年窮歷道邦詢求正教雙林八水味道飡風鹿苑鷲峯瞻奇仰異承至言於先聖受真教於上賢探賾妙門精窮奧業一乘五律之道馳驟於心田八藏三篋之文波濤於口海爰自所歷之國總將三藏要文凡六百五十七部譯布中夏宣揚勝業引慈雲於西極注法雨於東陲聖教缺而復全蒼生罪而還福濕火宅之乾焰共拔迷途朗愛水之昏波同臻彼岸是知惡因業墜善以緣昇昇墜之端唯人所託譬夫桂生高嶺雲露方得泫其華蓮出淥波飛塵不能汙其葉非蓮性自潔而桂質本貞良由所附者高則微物不能累所憑者淨則濁類不能霑夫以卉木無知猶資善而成善況乎人倫有識不緣慶而成慶方冀茲經流施將日月而無窮斯福遐敷與乾坤而永大

時法師奉謝聖製表曰沙門玄奘言竊聞六爻探賾局於生滅之場百物正名未涉真如之境猶且遠徵羲冊覩奧不測其神遐想軒圖歷選並歸

其美伏惟皇帝陛下玉毫降質金輪御天廓先王之九州掩百千之日月廣列代之區域納恒沙之法界遂使給園精舍並入隄封貝葉靈文咸歸冊府玄奘往因振錫聊謁崛山經途萬里恃天威如咫步匪乘千葉詣雙林如食頃搜揚三藏盡龍宮之所儲研究一乘窮鷲嶺之遺旨並已載於白馬還獻紫宸尋蒙下詔賜使翻譯玄奘識乖龍樹謬忝傳燈之榮才異馬鳴深愧瀉瓶之敏所譯經論紕舛尤多遂荷天恩留神構序文超象繫之表理括眾妙之門忽以微生親承梵響踊躍歡喜如聞受記無任忻荷之極謹奉表詣闕陳謝以聞帝省表後手報書曰朕才謝珪璋言慚博達至於內典尤所未閑昨製序文深為鄙拙唯恐穢翰墨於金簡標瓦礫於珠林忽得來書謬承褒讚循躬省慮弥益厚顏善不足稱空勞致謝

大唐大慈恩寺三藏法師傳卷第六

大唐大慈恩寺三藏法師傳卷第六

校勘記

一　底本，金藏廣勝寺本。

一　七二頁中四行「六月」，諸本(不含石，下同)作「夏六月」。

一　七二頁中八行末字「等」，資、磧、普、南、徑、清無。

一　七二頁中一〇行第一三字「憣」，諸本作「幡」。

一　七二頁中一一行第八字「寺」，資、磧、普、南、徑、清無。又第一〇字「百」，諸本作「皆」。

一　七二頁中一八行「尺有五寸」，資、磧、普、南、徑、清作「三尺有五五寸」，麗作「三尺五寸」。

一　七二頁下四行「三寸」，麗作「五寸」。

一　七二頁下七行「上座」，諸本作「上座部」。又末字「部」下，麗有「大衆部經律論一十五部」十字。

一　七二頁下一一行末字「因」，資、磧、普、南、徑、清作「因明」。

一　七二頁下一八行「幢帳幡蓋」，資、磧、普、南、徑、清作「播帳幢蓋」。

一　七二頁下二〇行「陳於」，資、磧、普、南、徑、清作「到朱雀」。

一　七二頁下二一行「動音」，資、磧、普、南、徑、清作「流音」。

一　七二頁下末行「弘福寺」，諸本作「弘福寺門」。

一　七三頁上一行「十餘」，諸本作「數十」。又「仕子」，南、徑、清作「士子」。

一　七三頁上五行「天衆」，資、磧、普、南、徑、清作「大衆」。

一　七三頁上八行「周圓」，資、磧、普、南、徑、清作「周圍」。

一　七三頁上一〇行第一一字「夫」，諸本作「天」。

一　七三頁上一八行「亮許」，諸本作「允許」。

一　七三頁上末行「玄奘」，資、磧、普、南、徑、清作「奘」。

一　七三頁中一一行「不傳」，資、磧、普作「不殆」。

一　七三頁中一五行「遵之」，麗作「尊之」。又「今覩」諸本作「今觀」。

一　七三頁中一八行「三十」，麗作「昔」。

一　七三頁中二二行「又謂」，諸本作「帝又謂」。

一　七三頁下二行「罷道」，麗作「歸俗」。

一　七三頁下七行第六字「即」，資、磧、普、南、徑、清無。

一　七三頁下八行「之兵」，資、磧、普、南、徑、清作「兵馬」。

一　七三頁下九行第一三字「令」，資、磧、普作「今」；南、徑、清作「命」。

一　七三頁下一〇行第三字「期」，資、磧、普、南、徑、清無。

一　七三頁下一四行末字「稱」，資、磧、普、南、徑、清作「曰」。

一　七三頁下一五行「疢疾」，諸本作「疾疹」。

一　七三頁下二二行「不奉」，資、磧、普、南、徑、清作「不奏」。

一　七四頁上二行「北有」，徑、清作「此有」。

一 七四頁上三行第四字「堩」，資、磧、普、南、徑、清作「郾」。

一 七四頁上五行第五字「爲」，徑作「其」。

一 七四頁上一〇行「寇綢」，資、磧、普、南、徑、清作「憲綢」。

一 七四頁上一二行「可謂身」，資、磧、普、南、清、麗作「可謂保身」；徑作「可爲保身」。

一 七四頁上一八行第六、七字「玄齡」，資、磧、普、南、徑、清作「房玄齡」。

一 七四頁中三行「玄中」，諸本作「玄忠」。

一 七四頁中四行「振響寺」，資、磧、普、南、徑、清作「振音寺」。

一 七四頁中五行第一三字「又」，諸本作「又有」。

一 七四頁中六行第八字「京」，諸本作「京師」。

一 七四頁中一〇行「幽州昭仁寺」，資、磧、普、南、徑、清作「幽州照仁寺」。

一 七四頁下一行第六字「實」，諸本作「實出」。

一 七四頁下二行第二字「誠」，麗作「誠昇」。又「梯蹬」，磧、普、南、徑、清作「梯隥」。

一 七四頁下一一行「無惰」，資、磧、普、南、徑、清作「無墮」；麗作「不墮」。

一 七五頁上二行「迺成」，諸本作「而成」。又「表進」，資、磧、普、南、徑、清作「進表」。

一 七五頁上五行第二字「垂」，資作「乘」。

一 七五頁上七行「範物」，麗作「制範」。

一 七五頁上一〇行第二字「偏」，資、磧、普、南、徑、清作「漏」。又「房芝」，資、磧、普、南、徑、清作「芝房」。

一 七五頁上一九行「重譯」，資、磧、普、麗作「重驛」。

一 七五頁上二一行第五字「移」，資、磧、普、南作「多」。

一 七五頁中三行「章亥」，資、磧、普、南、徑、清作「章允」；麗作「章彦」。

一 七五頁中一〇行第五字「代」，資、磧、普作「伐」。

一 七五頁中一一行「景申」，麗作「丙申」。

一 七五頁中一三行「塵表」，資、磧、普、南、徑、清作「塵寰」。

一 七五頁中一九行第四字「其」，資、磧、普、南、徑、清無。

一 七五頁中二二行第一一字「条」，資、磧、普、南、徑、清作「忝」。

一 七五頁下三行「銓序」，麗作「詮序」。

一 七五頁下五行第二字「風」，資、磧、普、南、徑、清作「咸」；麗作「成」。

一 七六頁上三行「煌灼」，資、磧、普、南、徑、清作「惶灼」；麗作「惶忉」。

一 七六頁上四行第八字「順」，麗作「休」。

一 七六頁上一一行首字「主」，資、磧、普、南作「王」。

一 七六頁上一三行末字「邦」，資作「拜」。

一 七六頁上一四行末字「闇」，南、徑、

清作「閒」。
一　七六頁上二一行第八字「誠」，資、磧、普、南、徑、清作「識」。
一　七六頁中一五行第六字「題」，諸本作「蹄」。
一　七六頁中二二行第一一字「收」，資、磧、普、南、徑、清作「毀」。
一　七六頁中末行「不聞」，資、磧、普、南、徑、清作「無聞」。
一　七六頁下二行「滓海」，資、磧、普、南、徑、清作「瀚海」。又第九字「隄」，資、普、麗作「堤」；磧、南、徑、清作「提」。
一　七六頁下七行「野掠」，資、磧、普作「半掠」，南、徑、清作「掠卒」。
一　七六頁下一〇行「俘醎」，資、磧、普、南、徑、清作「俘馘」。
一　七六頁下一三行「五靈」，磧、普、南、徑、清作「四靈」。
一　七六頁下一四行「朱鴈」，磧、普、南、徑、清、麗作「朱鷹」。
一　七七頁上一行第一二字「述」，麗無。
一　七七頁上三行「艱哉」，諸本作「難哉」。
一　七七頁上六行「益潔」，諸本作「轉潔」。
一　七七頁上七行「月旦」，資、磧、普、南、清作「耳且」；徑作「耳目」。
一　七七頁上九行第六字「德」，資、磧作「感」。
一　七七頁中三行「望海」，資、磧、普作「俯海」；南、徑、清作「瞰海」。
一　七七頁中六行「比之」，資、磧、普、南、徑、清作「之典」。
一　七七頁中一一行「趙公」，資、磧、普、南、徑、清作「趙國公」。
一　七七頁中一六行「丬寸菜」，資、磧、普、南、徑、清作「菽菜」。
一　七七頁下一行「大悲」，徑、清作「大慈」。又「公等」，資、磧、普、南、徑、清作「卿等」。
一　七七頁下三行「機務」，資、磧、普、南、徑、清作「國務」。
一　七七頁下五行「神筆」，資、磧、普、南、徑、清作「自神筆」。
一　七八頁上一〇行「習俗」，資、磧、普、南、徑、清作「俗習」。
一　七八頁中四行「探賾」，徑作「探頤」。下同。
一　七八頁中一二行末字「雲」，資、磧、普、南、徑作「零」。
一　七八頁中一三行「渌波」，諸本作「緑波」。
一　七八頁中二〇行「奉謝聖製表曰」，資、磧、普、南、徑、清作「既奉序表謝曰」；麗作「奉聖制表謝曰」。
一　七八頁下四行第七字「隄」，南、徑、清作「提」。
一　七八頁下九行第一〇字「詔」，麗作「壆」。
一　七八頁下一二行「尤多」，徑作「猶多」。
一　七八頁下一四行「受記」，資、磧、普、南、徑、清作「授記」。
一　七八頁下一五行第一三字「省」，資、磧、普、南、徑、清作「看」。

一　七八頁下一六行首字「後」，麗作「復」。

一　七八頁下二〇行第五字「盖」；資、磧、普、徑作「善」。

大唐大慈恩寺三藏法師傳卷第七　通

沙門慧立本　釋彥悰箋

起二十二年六月　天皇製述聖
記終永徽五年春二月法師答書

二十二年夏六月　天皇大帝居春宮奉覩　聖文又製述聖記其詞曰

夫顯揚正教非智无以廣其文崇闡微言非賢莫能定其旨蓋真如聖教者諸法之玄宗衆經之軌躅也綜括宏遠奥旨遐深極空有之精微體生滅之機要詞茂道曠尋之者不究其源文顯義幽履之者莫測其際故知聖慈所被業无善而不臻妙化所敷緣无惡而不剪開法網之綱紀弘六度之正教拯群有之塗炭啓三藏之秘局是以名无翼而長飛道无根而永固道名流慶歷遂古而鎮常赴感應身經塵劫而不朽晨鐘夕梵交二音於鷲峯慧日法流轉雙輪於鹿苑排空寶蓋接翔雲而共飛莊野春林尚天花而合彩伏惟

皇帝陛下上玄資福垂拱而治八荒德被黔黎斂衽而朝万國恩加朽骨石室歸貝葉之文澤及昆虫金匱流梵說之偈遂使阿耨達水通神甸之八川耆闍崛山接嵩華之翠嶺竊以法性凝寂靡歸心而不通智地玄奥感懇誠而遂顯豈謂重昏之夜燭慧炬之光火宅之朝降法雨之澤於是百川異流同會於海万區分義總成乎實豈与湯武校其優劣堯舜比其聖德者哉玄奘法師者夙懷聰令立志夷簡神清齠齓之年體拔浮華之世凝情定室匿迹幽巖栖息三禪巡遊十地超六塵之境獨步迦維會一乘之旨隨機化物以中華之无質尋印度之真文遠涉恒河終期滿字頻登雪嶺更獲半珠問道往還十有七載備通釋典利物為心以貞觀十九年二月六日奉　勅於弘福寺翻譯聖教要文凡六百五十七部引大海之法流洗塵勞而不竭傳智燈之長燄皎幽闇而恒明自非久植勝緣何以顯揚斯旨所謂法性常住齊三光之明　我皇福臻同二儀之固伏見

御製衆經論序照古騰今理含金石之聲文抱風雲之潤治輙以輕塵足岳墜露添流略舉大綱以為斯記

法師進啓謝曰玄奘聞七耀摛光憑高天而散景九河灑潤因厚地而通流是知相資之美處物既然演法依人理在无惑伏惟

皇太子殿下發揮　睿藻再述

天文讚美大乘莊嚴實相珠迴玉轉霞爛錦舒將日月而聯華與咸韶而合韻玄奘輕生多幸沐浴殊私不任銘佩奉啓陳謝時降

令書曰治素无才學性不聰敏內典諸文殊未觀覽所作序記鄙拙尤繁忽得来書褒揚讚述撫躬自省慙悚交并勞師等遠臻深以為愧

釋彥悰箋述曰自二　聖序文出後王公百辟法俗黎庶手舞足蹈歡詠德音內外揄揚未浹辰而周六合慈雲再蔭慧日重明歸依之徒波迴霧委所謂上之化下猶風靡草其斯之謂乎如來所以法付國王良為此也時弘福寺寺主圓定及京城僧等請鐫二序文於金石藏之寺宇　帝可之

後寺僧懷仁等乃鳩集晉右軍將軍
王羲之書勒於碑石焉庚辰
皇太子以文德聖皇后早弃万方思
報昊天追崇福業使中大夫守右庶子
臣高季輔宣令日京人不造各譴所
鍾年在未識慈顏弃背終身之憂貫
心滋甚風樹之切刻骨冥深每以龍
忌在辰歲時興感空懷陟岵之望益
疚寒泉之心既而笙歌遂遠瞻奉无
逮徒思昊天之報罔寄烏鳥之情竊
以覺道洪慈寔資冥福冀申孺慕
是用歸依宜令所司於京城內舊廢
寺妙選一所奉為文德聖皇后即營
僧寺寺成之日當別度僧仍令挾帶
林泉務盡形勝仰規忉利之果副此
罔極之懷於是有司詳擇勝地遂於
宮城南晉昌里面曲池依淨覺故伽
藍而營建焉瞻星揆地像天闕倣給
園窮班倕巧藝盡衡霍良木文石梓
桂櫲樟栟櫚充其材珠玉丹青赭堊
金翠備其飾而重樓複殿雲閣洞房
凡十餘院揔一千八百九十七間牀
褥器物備皆盈滿　文武聖皇帝又

讀法師所進菩薩藏經美之因
勑春宮作其經後序其詞曰
蓋聞羲皇至賾精粹止於龜文軒后
通幽雅奧窮於鳥篆孝丹書而索隱
殊昧實際之源徵綠錯以研幾蓋非
常樂之道猶且事光圖史振薰風于
八埏德洽生靈激波瀾於万代伏惟
皇帝陛下轉輪垂拱而化漸鷄園勝
殿凝旒而神交鷲嶺總調御於徽號
匪文思之所窺綜波若於綸言豈繫
象之能擬由是教覃溟表咸傳八解
之音訓浹寰中皆踐四禪之軌遂使
三千法界盡懷生而可封百億須弥
入提封而作鎮尼連德水迹帝里之
滄池舍衛菴園接上林之茂苑雖復
法性空寂隨感必通真乘深妙无幽
不闡所謂大權御極導法流而靡窮
能仁撫運拂劫石而無盡體均具相
不可思議校美前王焉可同年而語
矣爰自開闢地限流沙震旦未融靈
文尚隱漢王精感託夢想於玄霄晉
后翹誠降條多於白馬有同蠡酌豈
達四海之涯取辟管窺寧窮七曜之

隩洎乎皇靈遐暢威加鐵圍之表至
聖發明德被金剛之際恒沙國土普
襲衣冠開解脫門踐真實路龍宮梵
說之偈必萃清臺猊吼貝葉之文咸
歸冊府灑茲甘露普潤芽莖垂此慧
雲遍霑翾走豈非歸依之勝業聖政
之靈感者乎夫菩薩藏經者大覺義
宗之要旨也佛脩此道以證无生菩
薩受持咸登不退六波羅蜜關鍵所
資四无量心根力斯備蓋彼岸之津
涉正覺之梯航者焉貞觀中年身毒
歸化越熱坂而頒羽蹻懸度以輸賝
文軌既同道路无擁沙門玄奘振錫
尋真出自玉關長駈奈苑至于天竺
力士生處訪獲此經歸而奏上降
詔翻譯於是畢功余以問安之暇澄
心妙法之寶奉述
天旨微表讚揚式命有司綴于終卷
自是帝既情信日隆平章法義福田
功德无輟於口與法師无暫相離
勑加供給及時服卧具數令換易
秋七月景申夏臘又施法師納袈裟
一領價直百金觀其作製都不知鍼

線出入所從　帝庫內多有前代諸
納咸无好者故自教後宮造此將為
稱意營之數歲方成乘輿四巡恒將
隨逐二十二年　駕幸洛陽宮時蘋
州道恭法師常州慧宣法師並有高
行學該內外為朝野所稱　帝召之
既至引入坐言訖時二僧各披一納
是梁武帝施其先師相承共寶既
來謁　龍顏故取披服　帝哂其不
妙取納令示仍遣賦詩以詠恭公詩
曰福田資像德聖種理幽薰不持金
作縷還用綵成文朱青自掩映翠綺
相氛氳獨有離離菉恒向稻畦分宣
公詩末云如蒙一披服方堪稱福田
意欲之　帝並不與各施絹五十疋即
此納也傳其麗絕豈常人所宜服用
唯法師咸德當之矣時并賜法師剃
刀一口法師表謝曰沙門玄奘伏奉
勑賜納袈裟一領剃刀一口殊命荐
臻寵靈隆赫恭對惶悸如履春冰玄
奘幸遭邕穆之化早預息心之侶三
業无紀四恩靡荅謬迴天睠濫叨雲
澤忍辱之服彩合流霞智慧之刀銛

逾切玉謹當衣以降煩惱之魔佩以
斷塵勞之網起餘識於彼已懼空疎
於冒榮慚忝弃營趍承俯僂鞠心跼
蹐精爽飛越不任悚荷之至謹奉表
謝以聞塵黷聖鑒伏深戰慄　帝少
勞兵事纂曆之後又心存兆庶及遼
東征罰櫛沐風霜旋旆已來氣力頗
不如平昔有憂生之慮既遇法師遂
留心八正牆塹五乘遂將息平復因問
欲樹功德何最饒益法師對曰衆生
寢惑非慧莫啓慧芽抽殖法為其資
弘法由人即度僧為最　帝甚歡秋
九月己卯詔曰昔隋季失御天下分崩
四海塗原八埏鼎沸朕屬當戡亂躬
履兵鋒亟犯風霜宿於馬上比加藥
餌猶未痊除近日已來方就平復豈
非福善所感而致此休徵耶京城及
天下諸州寺宜各度五人弘福寺宜
度五十人計海內寺三千七百一十
六所計度僧尼一万八千五百餘人
未此已前天下寺廟遭隋季凋殘緇
侶將絕蒙茲一度並成徒衆美哉君
子所以重正言也　帝又問金剛般若

經一切諸佛之所從生聞而不謗功
逾身命之施非恒沙珍寶所及加以
理微言約故賢達君子多愛受持未
知先代所翻文義具不法師對曰此
經功德實如聖旨西方之人咸同愛
敬今觀舊經亦微有遺漏據梵本具
云能斷金剛般若舊經直云金剛般
若欲明菩薩以分別為煩惱而分別
之惑堅類金剛唯此經所詮无分別
慧乃能除斷故曰能斷金剛般若故
知舊經失上二字又如下文三問闕一
二頌闕一九喻闕三如是等什法師
所翻舍衛國也留支所翻婆伽婆者
少可　帝曰師既有梵本可更委翻
使衆生聞之具足然經本貴理不必
須飾文而乖義也故今新翻能斷金
剛般若委依梵本奏之　帝甚悅冬
十月車駕還京法師亦從還先是
勑所司於北闕紫微殿西別營一所
号弘法院既到居之晝則帝留談說
夜乃還院翻經更譯无性菩薩所釋
攝大乘論十卷世親論十卷緣起聖
道經一卷百法明門論一卷戊申

皇大子又宣令曰營慈恩寺漸向畢功輪奐將成僧徒尚闕伏奉勑旨度三百僧別請五十大德同奉神居降臨行道其新營道塲宜名大慈恩寺別造翻經院虹梁藻井丹青雲氣瓊礎銅沓金環華鋪並加殊麗令法師移就翻譯仍綱維寺任法師既奉令旨令充上座進啓讓曰沙門玄奘啓伏奉令旨以玄奘為慈恩寺上座恭聞嘉命心靈靡措屏營累息深增戰悚玄奘學藝無紀行業空踈敢誓捐鑿方期光贊憑恃皇靈窮遐訪道所獲經論奉勑翻譯情冀法流漸潤克滋鼎祚聖教紹宣光華史冊玄奘昔冒危途久嬰痾疹駑蹇力弊恐不卒業孤負國恩有罰無赦命知僧務更貽重譴魚鳥易性飛沉失途伏惟皇人子殿下仁孝天縱愛敬因心感風樹之悲結寒泉之痛式建伽藍將弘景福匡理法衆任在能人用非其器必有蹎仆伏願歡情遠鑒照弘法之福因慈造曲垂察愚鄙之忠款則法僧無悔吝之咎魚鳥得飛沉之趣不

任瀝懇之至謹奉啓陳情伏用悚悸十二月戊辰又勑太常卿江夏王道宗將九部樂万年令宋行質長安令裴方彥各率縣內音聲及諸寺幢帳並使豫極莊嚴已巳旦集安福門街迎像送僧入大慈恩寺至是陳列於通衢其錦綵軒檻魚龍幢戲凡千五百餘乘帳蓋三百餘事先是內出繡畫等像二百餘軀金銀像兩軀金縷綾羅幡五百口宿於弘福寺并法師西國所將經像舍利等爰自弘福引出安置於帳座及諸車上處中而進又於像前兩邊各嚴大車車上竪長竿懸幡幡後即有師子神王等為前引儀又莊寶車五十乘坐諸大德次京城僧衆執持香花唄讚隨後次文武百官各將侍衛部列陪從大常九部樂挾兩邊二縣音聲繼其後而幢幡鍾鼓訇磕繽紛眩日浮空震曜都邑望之極目不知其前後　皇太子遣率尉遲紹宗副率王文訓領東宮兵千餘人充手力　勑遣御史大夫李乾祐為大使與武侯相知撿挍

帝將皇太子後宮等於安福門樓手執香爐目而送之甚悅衢路觀者數億万人經像至寺門

勑趙公英公中書褚令執香爐引入安置殿內奏九部樂破陣舞及諸戲於庭訖而還壬申將欲度僧辛未

皇太子與仗衛出宿故宅後日旦從寺南列羽儀而來至門下乘步入百寮陪從礼佛已引五十大德相見陳造寺所為意發言嗚噎酸感傍人侍臣及僧无不哽泣觀蒸蒸之情亦令之舜也言訖昇殿東閤令少詹事張行成宣恩宥降京畿見禁囚徒然後剃髮觀齋及賜王公已下束帛訖屏人下閤礼佛與妃等巡歷廊宇至法師房製五言詩帖於戶曰停軒觀福殿遊目眺皇畿法輪含日轉花盖接雲飛翠烟香綺閣丹霞光寶衣幡虹遙合彩空外迥分暉蕭然登十地自得會三歸觀訖還宮是時緇素歡欣更相慶慰莫不歌玄風重盛遺法再隆近古以來未曾有也其日

勑追法師還北闕二十三年夏四月

駕幸翠微宮　皇太子及法師並陪從既至處分之外唯談玄論道問因果報應及西域先聖遺芳故迹皆引經詶對　帝深信納數攘袂嘆曰朕共師相逢晚不得廣興佛事　帝發京時雖少違和而神威睿慮无減平昔至五月己巳微加頭痛留法師宿宮中庚午帝崩於含風殿時秘不言還京發喪殯太極殿其日皇太子即　皇帝位於梓宮之側踰年改元曰永徽万方號慟如喪考妣法師還慈恩寺自此之後專務翻譯无棄寸陰每日自立程課若晝日有事不充必兼夜以續之過乙之後方乃停筆攝經已復礼佛行道至三更暫眠五更復起讀誦梵本朱點次第擬明旦所翻每日齋訖黄昏二時講新經論及諸州聽學僧等恒來決疑請義既知上座之任僧事復來諮禀復有內使遣營功德前後造一切經十部夾紵寶裝像二百餘軀亦令取法師進止日夕已去寺內弟子百餘人咸請教誡盈廊溢廡皆詶荅處分无遺漏

者雖衆務輻湊而神氣綽然无所擁滯猶與諸德說西方聖賢立義諸部異端及少年在此周遊講肆之事高論劇談竟无疲怠其精敏强力過人若斯復數有諸王卿相來過礼懺逢迎誘導並皆發心莫不捨其驕華肅敬稱歎二年春正月壬寅瀛州刺史賈敦頤蒲州刺史李道裕穀州刺史杜正倫恒州刺史蕭銳因朝集在京公事之暇相命參法師請受菩薩戒法師即授之并為廣說菩薩行法勸其事君盡忠臨下慈愛群公歡喜辭去參各捨淨財共修書遣使參法師謝聞戒法其書曰竊聞身非欲食如來受純陀之供法无所求淨名遂善德之請皆為顯至理之常恒示凡聖之无二又是因機以接物假相而弘道為之者表重法之誠受之者為行檀之福豈曰心緣於彼此情深於名利者哉仰惟宿殖德本非於三四五佛深達法相善識一十二部獨悟真宗遠尋聖迹遊蝸山之淨土洛恒水之清流入深法界求善知識孜至

丈於百代之後探玄旨於千載之前津梁庶品不皦不昧等施一切无先无後蹟等識蔽二空葉淪三界猶蛩絲之自纏如井輪之不息雖復順教生信隨緣悟解頂礼歸依受持四句隱身而為宴坐厭苦而求常樂而遠滯无明近昏至理未能悟佛性之在身知境界之唯識心非无取義涉有无不能即八邪而入八正行非道而通佛道辟涉海而无津猶面牆而靡見昨因事隙遂得參奉曲蒙接引授菩薩戒施以未曾有法發其无上道心一念破於无邊四心盡於來際菩提之種起自塵勞火中生蓮曷足為諭始知如來之性即是世間涅槃之際不殊生死行於波若便是不行得彼菩提翻為无得忽以小機預聞大教頂受尋思无量歡喜然夫檀義攝六法施為優尊位有三師居其一弘道利物雖類日月之无心仰照懷恩竊同葵藿之知感大士聞法捐軀非所企及童子見佛奉土輙敢庶幾謹送片物表心具如別疏所願照其

誠懇生其福田受茲微施隨意所与
使夫墜露添海將渤澥而俱深飛塵
集岳与須弥而永固可久可大幸甚
幸甚春寒尚重願動止休宜謹遣白
書諸无所具貫敦賾等和南其為朝
賢所慕如是三年春三月法師欲於
寺端門之陽造石浮圖安置西域所
將經像其意恐人代不常經本散失
兼防火難浮圖量高三十丈擬顯大
國之崇基為釋迦之故迹將欲營築
附表聞奏
勑使中書舍人李義府報法師云師所
營塔功大恐難卒成宜用甎造亦不願
師辛苦今已勑大內東宮掖庭等七
宮亡人衣物助師足得成辦於是用
甎仍改就西院其塔基面各一百四
十尺倣西域制度不循此舊式也塔
有五級并相輪露槃凡高一百八十
尺層層中心皆有舍利或一千二千
凡一万餘粒上層以石為室南面有
兩碑載二聖三藏聖教序記其書即
尚書右僕射河南公褚遂良之筆也
初基塔之日三藏自述誠願略曰玄奘

自惟薄祐生不遇佛復乘微善預聞
像教儻生末法何所歸依又慶少得
出家目覩靈相幼而慕法耳屬遺荃
聞說菩薩所修行思齊如不及聞說
如來所證法仰止於身心所以歷尊
師授傳問先達信夫漢夢西感正教
東傳道阻且長未能委悉故有專門
竟執多滯二常之宗黨同嫉異致乖
一味之旨遂令後學相顧靡識所歸
是以面鷲山以增哀慕常啼而假寐
潛祈靈祐顯恃國威決志出一生之
域投身入万死之地絓是聖迹之處備
謁遺靈但有弘法之人遍尋正說經
一所悲所見於未見遇一字慶所聞
於未聞故以身命餘資繕寫遺闕既
遂誠願言歸本朝幸屬休明　詔許
翻譯　先皇道跨金輪聲振玉鼓紹
隆象季允膺付屬又降發　神衷親
裁三藏之序令上春宮講道復為述
聖之記可謂重光合璧振彩聯華渙
汗垂七耀之文鏗鏘韻九成之奏自
東都白馬西明草堂傳譯之盛詎可
同日而言者也但以生靈薄運共失

所天唯恐三藏梵本零落忽諸二聖
天文寂寥無紀所以敬崇此塔擬安
梵本又樹豊碑鐫斯序記庶使巍峩
永劫願千佛同觀氛氲聖迹與二儀
齊固時三藏親負簣畚擔運甎石首
尾二周功業斯畢夏五月乙卯中印
度國摩訶菩提寺大德智光慧天等
致書於法師智光於大小乘及彼外書
四韋陁五明論等莫不洞達即戒賢
法師門人之上首五印度學者咸共
宗焉慧天於小乘十八部該綜明練
匠誘之德亦彼所推重法師遊西域日
常共切磋彼雖半教有功然未措心
於方等為其執守偏見法師恒訶
曲女城法集之時又深折挫彼亦媿
伏自別之後欽佇弗忘乃使同寺沙
門法長將書并賫讚頌及氎兩端揄
揚之心甚厚其書曰微妙吉祥世尊
金剛座所摩訶菩提寺諸多聞衆所
共圍繞上座慧天致書摩訶支那國
於无量經律論妙盡精微木叉阿遮利
耶敬問无量少病少惱我慧天苾芻

今造佛大神變讚頌及諸經論比量智等今附苾蒭法長將往此无量多聞老大德阿遮利耶智光亦同前致問鄔波索迦日授稽首和南令共寄白氎一雙示不空心路遠莫怪其少願領彼須經論錄名附來當為抄送木叉阿遮利耶願知其為遠賢所慕如此五年春二月法長辭還又索報書法師答并信物其書同文錄奏然後將付使人其詞曰

大唐國苾蒭玄奘謹脩書中印度摩揭陁國三藏智光法師座前自一辭違俄十餘載境域遐遠音徽莫聞思戀之情每增延結彼苾蒭法長至蒙問并承起居康勝豁然目朗若覩尊顏踊躍之懷筆墨難述節候漸暖不審信後何如又往年使還承正法藏大法師无常奉問摧割不能已已嗚呼可謂苦海舟流天人眼滅遷棄之痛何期速歟惟正法藏植慶曩晨樹功長劫故得挺冲和之茂質標懿傑之宏才嗣德聖天繼輝龍猛重然智炬再立法幢撲炎火於邪山塞洪

流於倒海策疲徒於寶所示迷眾於大方蕩蕩焉巍巍焉實法門之棟幹也又如三乘半滿之教異道斷常之書莫不韞綜胸懷貫練心府文辭節而克暢理隱昧而必彰故使內外歸依為印度之宗袖加以恂恂善誘曉夜不疲儵罇自盈酌而不竭玄奘昔因問道得預參承并荷指誨雖曰庸愚頗亦蓬依麻直及辭還本邑囑累尤深慇懃之言今猶在耳方冀保安眉壽式賛玄風豈謂一朝奄歸万古追惟永往彌不可任伏惟法師夙承雅訓早昇堂室攀戀之情當難可處奈何奈何有為法爾當可奈何願自裁抑昔大覺潛暉迦葉紹宣洪業商那遷化毱多闡其嘉猷今法將歸真法師次任其事唯願清詞妙辯共四海而恒流福智莊嚴與五山而永久玄奘所將經論已翻瑜伽師地論等大小三十餘部其俱舍順正理見譯未周今年必了即日大唐天子聖躬万福率土安寧以輪王之慈敷法王之化所出經論並蒙神筆制於序令所司

抄寫國內流行爰至隣邦亦俱遵習雖居像運之末而法教光華邑邑穆穆亦不異室羅筏誓多林之化也伏願照知又前渡信渡河失經一馱今錄名如後有信請為附來并有片物供養願垂納受路遠不得多莫嫌鮮薄玄奘和南又答慧天法師書曰

大唐國苾蒭玄奘謹致書摩訶菩提寺三藏慧天法師足下乖別稍久企仰唯深音寄不通莫慰傾渴彼苾蒭法長至辱書敬承休豫用增欣悅又領白氎兩端讚頌一夾來意既厚熏德愧以无當悚息悚息節氣漸和不知信後體何如也想融心百家之論栖慮九部之經建正法幢引歸宗之客擊克勝鼓挫鍱腹之賓頡頏王侯之前抑揚英俊之上故多歡適也玄奘庸弊氣力已衰又加念德欽仁唯豐勞積昔因遊方在彼遇矚光儀曲女城會又親交論當對諸王及百千徒眾定其深淺此立大乘之旨彼竪半教之宗往復之間詞氣不无高下務存正理靡護人情以此逅生淩觸

罷席之後尋已豁然今来使猶傳法師寄申謝悔何懷固之甚也法師學冨詞清志堅操遠阿耨達水无以比其波瀾淨末尼珠不足方其皦潔後進儀表属在高人願勗良規闡揚正法至如理周言極无越大乗意恨法師未為深信所謂鶖鷺羊鹿弃彼白牛賞愛水精捨頗胝寶明明大徳何此惑之滯歟又坏器之身浮促難守宜早發大心莊嚴正見勿使臨終方致嗟悔今使還國謹此代誠并附片物蓋欲示酬来意未是盡其深心也願知前還日渡信渡河失經一馱今録名如别請為附来餘不能委述苾蒭玄奘謹呈

大唐大慈恩寺三藏法師傳卷第七

乙巳歲高麗國大藏都監奉

勅雕造

三藏法師傳卷第七　第二十二張　通

大唐大慈恩寺三藏法師傳卷第七

校勘記

一　底本，麗藏本。

一　八三頁上三行「六月天皇」，諸本(不含[石]，下同)作「夏六月皇太子」。

一　八三頁中二一行第二字「皎」，諸本作「皎」。

一　八三頁下一〇行第一三字「韶」，諸本作「英」。

一　八三頁下一三行首字「令」，諸本作「令答法師」。

一　八三頁下一九行第六字「未」，諸本作「未及」。

一　八四頁上三行末字「思」，[資]作「恩」。

一　八四頁上八行第二字「在」，諸本作「之」。

一　八四頁上一八行第一三字「儆」，諸本作「放」。

一　八四頁上二〇行第八字「材」，[徑]作「林」。

一　八四頁上末行第八字「文」，諸本作「天」。

一　八四頁中五行第八字「緑」，[南]作「録」。

一　八四頁中七行「波瀾」，諸本作「堯波」。

一　八四頁中一〇行「波若」，[徑]作「般若」。

一　八四頁中一三行「可封」，[南]、[徑]、[清]作「可期」。

一　八四頁中二〇行「開闢」，諸本作「開闢」。

一　八四頁下七行第六字「夫」，諸本作「大」。

一　八四頁下一一行第一三字「身」，[資]、[磧]、[普]作「申」。

一　八四頁下一三行「无擁」，諸本作「無壅」。

一　八四頁下一六行第一三字「暇」，諸本作「暇」。下同。

一　八五頁上四行「二十二年」，[資]作「往十二年」；[磧]、[普]、[南]、[徑]、[清]作「往十一年」。

一八五頁上七行「二僧」，磧、普作「一僧」。

一八五頁上一〇行首字「妙」，諸本作「工」。

一八五頁上一三行「氛氳」，諸本作「氤氳」。

一八五頁上一六行第四字「傳」，諸本作「儔」。又第一二字「宜」，諸本無。

一八五頁中五行第二字「以」，諸本無。

一八五頁中九行「將息」，諸本作「將加」。又「因問」，諸本作「帝因問曰」。

一八五頁中一四行「塗原」，諸本作「塗炭」。

一八五頁中二〇行「一万」，資、磧作「二萬」。

一八五頁下一九行第三字「司」，徑作「同」。

一八五頁下二二行「世親論」，諸本作「世親所釋攝大乘論」。

一八六頁上一〇行「深增」，諸本作「增深」。

一八六頁上一一行末字至次行首字「捐聲」，諸本無。

一八六頁上一三行第八字「情」，諸本作「誠」。

一八六頁上一四行「紹宣」，諸本作「紹宗」。

一八六頁上一七行「失途」，諸本作「失路」。

一八六頁上一八行「人子」，諸本作「太子」。

一八六頁上二二行「愚鄙」，諸本作「愚誠」。

一八六頁上末行「悔吝」，諸本作「晦老」。

一八六頁中一行「瀝懇」，諸本作「誠懇」。又「伏用悚悸」，諸本作「伏用慙惶追增悚悸」。

一八六頁中四行「裴方彥」，諸本作「裴方產」。

一八六頁中五行第三字「豫」，諸本作「務」。又「已已」，諸本無。

一八六頁中一三行第八字「嚴」，諸本作「麗」。

一八六頁中一四行「即有」，諸本作「布」。

一八六頁中一八行「幢幡」，徑作「長旛」。

一八六頁下一行第一四字「手」，諸本無。

一八六頁下一三行「京畿」，諸本作「京城」。

一八六頁下一九行「空外」，諸本作「定水」。

一八六頁下二二行「近古」，諸本作「遠近」。

一八七頁上一四行第七字「過」，諸本作「遇」。

一八七頁中八行「敦賾」，磧、普、南、徑、清作「敦頤」。下同。又「蒲州」，磧、南、清作「蒲州」。

一八七頁中一三行「癸夘」，諸本無。

一八七頁中二一行「一十二部」，資作「十二部」；磧、普、南、徑、清作

「十二部經」。

一八七頁下三行第三字「頥」，磧、普、南、徑、清作「頤」。

一八七頁下八行「无取」，諸本作「去取」。

一八七頁下一六行「波若」，諸本作「般若」。

一八七頁下二一行第一二字「間」，諸本作「聞」。

一八八頁上一〇行第四字「基」，諸本作「其」。

一八八頁上一二行第一四字「師」，諸本無。

一八八頁中三行第八字「而」，諸本作「知來」。

一八八頁中八行「二常」，資作「二帝」；磧、普、南、徑、清作「二諦」。

一八八頁中一二行第九字「絓」，諸本作「經」。

一八八頁中一四行「所見於」，磧、普、南、徑作「見於所」；清作「見放所」。又末二字至次行首字「所聞於」，磧、普、南、徑、清作「聞於所」。

一八八頁中一六行「遂誠」，諸本作「誠遂」。

一八八頁下四行「氛氳」，諸本作「氤氳」。

一八八頁下八行第六字「智」，諸本無。

一八八頁下一〇行末二字至次行首二字「咸共宗焉」，諸本作「咸所共宗」。

一八八頁下一二行第一四字「域」，諸本無。

一八九頁上九行第一〇字「同」，諸本作「寫」。

一八九頁上一五行「康勝」，諸本作「康豫」。

一八九頁上一八行「已已」，徑、清作「已矣」。

一八九頁中一〇行第一〇字「方」，資、磧、普、南、徑、清無。

一八九頁中一二行「永徃」，南作「求往」。

一八九頁中一五行「紹宣」，諸本作「紹宗」。

一八九頁下一二行「白氎」，諸本作「細白氎」。

一八九頁下末行第一一字「遞」，諸本作「輒」。

大唐大慈恩寺三藏法師傳卷第八　通
沙門慧立本　釋彥悰箋
起永徽六年夏五月譯理門論終顯
慶元年春三月百官謝示御製寺碑文
六年夏五月庚午法師以正譯之餘
又譯理門論又先於弘福寺譯因明
論此二論各一卷大明立破方軌現
比量門譯寮僧伍競造文䟽時譯經
僧栖玄將其論示尚藥奉御呂才才
遂更張衢術指其長短作因明註解
立破義圖序曰
蓋聞一消一息範圍天地之儀大哉
至哉變通爻畫之紀理則未弘於方
外事乃猶拘於域中推渾元而莫知
窮陰陽而不測豈聞象繫之表猶開
八正之門形器之先更弘二智之教
者也故能運空有而雙照冥真俗而
兩夷泛六度於愛河駕三車於火宅
是知法王法力超群生而自在自覺
覺人摧衆魔而獨悟業運將啓乃雷
震而電耀化緣斯極亦火滅而薪盡
覩其應迹若有去来察此真常本無

生住但以弘濟之道有緣斯感天祚
明德無遠不臻是以萌蘂疇昔神光
聊見於曩時祥瑞有歸淨土咸歡於
茲日伏惟皇唐之有天下也運金輪
而臨四有握璿極而撫萬方輝慧日
於六天蒸法雲於十地西越流沙遂
荒妙樂之域東漸於褭掩有歡喜之
都振聲教於無邊通車書於有頂遂
使百億須弥既咸頒於望袟三千法
界亦共沐於皇風故令五方印度改
荒服於藁街十八韋陁譯梵文於秘
府乃有三藏玄奘法師者所謂當今
之能仁也聰慧夙成該覧宏贍德行
純粹律業翹勤實三寶之棟梁四衆
之綱紀者也每以釋教東遷為日已
久或恐邪正雜擾水乳不分若不稽
實相於迦維驗真文於摩竭何以成
决定之藏為畢竟之宗者乎幸逢二
儀交泰四海無塵遂得拂衣玄漠振
錫葱嶺不由味於蒟醬直路夷通豈
藉佩於杜衡遥途近易於是窮河源
於西域涉恒水於東維採貝葉於鷲
山窺金文於鶴樹所歷諸國百有餘

都所獲經論向七百部並傳以藩駉
聿歸上京因得面奉聖顏對揚宗極
此因明論者即是三藏所獲梵本內
之一部也理則包括於三乘事乃牢
籠於百法研機空有之際發揮內外
之宗雖詞約而理弘實文徵而義顯
學之者當生不能窺其奧游之者數
載未足測其源以其衆妙之門是以
先事翻譯其有神泰法師靖邁法師
明覺法師等並以神機昭晰志業兼
該博習群經多所通悟皆蒙別勅追
赴法筵遂得函丈請益執卷承旨三
藏既善宣法要妙盡幽深泰法師等
是以各録所聞為之義疏詮表既定
方擬流通無緣之徒多未聞見復有
栖玄法師者乃是才之幼少之舊也
昔栖遁於嵩岳嘗枉步於山門既筮
仕於上京猶曲睠於窮巷自蒙修攝
三十餘年切思之誠二難俱盡然法
師節操精潔戒行氷霜學既照達於
一乘身乃拘局於十誦才既覩其清
苦時以開遮折之但以內外不同行
巳各異言戲之間是非鋒起師乃從

容謂才曰檀越復研味於六經探賾
於百氏推陰陽之慇伏察律呂之忽
微又聞生平未見太玄詔問須臾即
解由來不窺象戲試造旬日復成以
此有限之心逢事即欲穿鑿但以佛
法玄妙量謂未與彼同雖復强學推
尋恐非措心之所何因今將內論翻
用見譏者乎法師後逢因明創行義
趣幽隱是以先寫一通故將見遺仍
附書云此論極難深究玄妙比有聰
明博識聽之多不能解今若復能通
之可謂內外俱悉矣其論既近至中
夏才實未之前聞恥於被試不知復
為强加披閱於是依極成而探深義
憑比量而求微旨反覆再三薄識宗
趣後復借得諸法師等三家義疏更
加究習然以諸法師等雖復序致泉
富文理會通既以執見參差所說自
相矛楯義既同禀三藏豈合更開二
門但由疊發蕭牆故容外侮闚測然
佛以一音演說亦許隨類各解何必
獨簡白衣不為衆生之例才以公務
之餘輒為斯注至於三法師等所說

善者因而成之其有疑者立而破之
分為上中下卷号曰立破注解其間
墨書者即是論之本文其朱書注者
以存師等舊說其下墨書注者是才
今之新撰用決師等前義凡有四十
餘條自鄶巳下猶未具録至於文理
隱伏稍難見者仍畫為義圖共相比
挍仍更別撰一方丈圖獨存才之近
注論既外無人解無處道聽途說若
言生而知之固非才之望也然以學
無再請尚日傳燈聞一知十方稱殆
庶況乎生平不見率尒輒事含毫今
既不由師資注解能無紕紊竊聞雪
山夜义說生滅法立井野獸歎未曾
有苟令所言合理尚得天仙歸敬才
之所注庶幾於茲法師等若能忘狐
鬼之微陋思句味之可尊擇善而從
不簡真俗此則如來之道不墜於地
弘之者衆何常之有必以心未忘於
人我義不察於是非才亦扣其兩端
猶擬質之三藏秋七月巳巳譯經沙
門慧立聞而慜之因致書於左僕射
燕國于公論其利害曰立聞諸佛之

立教也文言奧遠旨義幽深等圓穹之廓衆類滄波之浩汗該真如之性相居十地而尚迷說小草之因緣處無生其猶昧況有縈纏八邪之網沉淪四倒之流而欲窺究宗因辯彰其同異者無乃妄哉竊見大慈恩寺翻譯法師慧基早樹智力夙成行潔珪璋操逾松柏遂能躬遊聖域詢稟微言總三藏於胸襟包四含於掌握嗣清徽於曩哲扇遺範於當今實季俗之舟航信緇林之龜鏡者也所翻聖教已三百餘軸中有小論題曰因明詮論難之旨歸序析邪之軌式雖未為玄門之要妙然亦非造次之所知也近聞尚藥呂奉御以常人之資竊衆師之說造因明圖釋宗因義不能精悟好起異端苟覓聲譽妄為穿鑿誹衆德之正說任我慢之偏心媒衒公卿之前囂喧閭巷之側不慙顏厚靡憚神勞再歷炎涼情猶未已然奉御於俗事少閑遂謂真宗可了何異鼷鼠見釜竈之堪陟乃言昆閬之非難蛛蝥覩棘林之易羅亦謂扶桑之

可網不量涯分何殊此焉抑又聞之大音希聲大辯若訥所以淨名會理杜口毗城尼父德高恂恂鄉黨又叔度汪汪之稱元禮摸揩之譽亦未聞誇競自媒而獲搢紳之推仰也立致書其事遂寢冬十月丁酉太常博士柳宣聞其事寢乃作歸敬書偈以檄譯經僧衆曰

稽首諸佛　願護神威　當陳誠請
罔或尤譏　沉晦未悟　圓覺所歸
久淪愛海　舟檝攸希　異執乖競
和合是依　去難取有　理絕過違
慢乖八正　戲入百非　取捨同辯
染淨混微　簡金去礫　琢玉裨輝
能仁普鑒　疑慮研幾　契誠大道
孰敢毀誹　諤諤崇德　唯唯浸衰
惟願留聽　庶有發揮　埀聆悃悃
垂誨斐斐

歸敬曰昔能仁示現王宮假殁雙樹微言既暢至理亦弘剎土蒙靡受之恩懷生霑昭蘇之惠自佛樹西蔭覺影東臨漢魏寔為濫觴符姚盛其風彩自是名僧間出賢達連鑣慧日長

懸法輪恒馭開鑿之功始自騰顯弘闡之力仍資什安別有單開遠適羅浮圖澄近現趙魏粗言圭角未可縷陳莫不辯空有於一乘論苦集於四諦假銓明有終未離於有為息言明道方契證於凝寂猶執玄以求玄是玄非玄理因玄以忘玄玄或是玄義雖冥會幽途事理絕於言象然攝生歸寂終藉筌蹄亦既立言是非鋒起如彼戰爭干戈競發負者屏氣勝者先鳴故尚降魔制諸外道自非辯才無畏答難有方則物輩喧張我等恥辱是故專心適道一意總持建立法幢極推法鼓旗鼓既正則敵者殘摧法輪既轉能威不伏若使望風旗無對難舍縣而能闡弘三寶無有是處尚藥呂奉御入空有之門馳正見之路聞持擬於昔賢洞微侔於往哲其詞辯其義明其德真其行著已沭八解之流又悟七覺之分影響成教若淨名之詞菴園闡道必求猶波喻之歸無竭意在弘宣佛教立破因明之蹤若其是也必須然其所長如其非

也理合指其所短令現僧徒雲集並是採石他山朝野俱聞吕君請益莫不側聽瀉瓶皆罄盪滌掉悔之源銷屏疑忿之聚有太史令李淳風者聞而進曰僕心懷正路行屬歸依以寶慧為大覺玄軀無為是調御法體然皎日麗天寔助上玄運用賢僧闡法實裨天師妙道是所信受是所安心但不敢以黄葉為金山鷄成鳳南郭濫吹淄澠混流耳或有異議豈僕心哉豈僕心哉然鶴林已後歲將二千正法既遥末法初踐玄理藴而不彰覺道寖將湮落玄奘法師頭陁法界遠達迦維目擊道樹金河仍覩七處八會毗城鷲嶺身入彼邦娑羅寶階仍驗虚實至如歷覽王舍檀特恒河如斯等輩未易具言也加之西域名僧莫不面論波若東國疑義悉皆質之彼師毗尼之藏既奉持而不捨毗曇明義亦洞觀而為常蘇妬路既得之於聲明稱多羅亦剖斷於疑滯法無大小莫不韞之胷懷理無深淺悉能決之敏慮故三藏之名振旦之所

推定摩訶之号乃羅衛之所共稱名實之際何可稱道然吕君學識該博義理精通言行樞機是所詳悉至於陁羅佛法稟自生知無礙辯才寧由伏習但以因明義隱所説不同觸象各得其形共器飯有異色吕君既已執情道俗企望指定秋霜已降側聽鐘鳴法雲既敷雷震希發但龍象蹴蹋非驢所堪猶緇服壼奧白衣不踐脱如龍種抗説無垢釋疑則苾蒭悉曇亦優婆能盡輙附微志請不為煩若有滯疑望諮三藏裁決以所承稟傳示四衆則正道克昌覆障永絶紹隆三寶其在兹乎過此已往非復所悉弟子柳宣白庚子譯經僧明濬答柳博士宣以還述頌言其得失曰

於赫大聖　覺種圓明　無幽不察
如響酬聲　弗資延慶　孰悟歸誠
良導可仰　寔引迷生　百川邪浪
一味吞并　物有取捨　正匪虧盈
八邪馳鋭　四句爭名　飾非鑒是
抑重為輕　照日氷散　投珠水清
顯允上德　體道居貞　縱加譽毀

未動遺榮　昂昂令哲　藹藹含情
俟諸達觀　定此權衡　聊申拚排
用簡英英

遂述曰頃於望表預矚歸敬之詞覽其文煥乎何偉麗也詳其致誠哉豈不然歟悲夫愛海滔天邪山槩日封人我者顛墜其何已恃慢結者沉淪而不窮故六十二見爭騖詟而自處九十五道競扶伏以忘歸如來以本願大悲亡緣俯應内圓四智外顯六通運十力以伏天魔飛七辯而摧外道竭茲愛海濟稟識於三空殄彼邪山駈肖形於八正指因示果反本還源大矣哉悲智妙用無得而言焉昔道樹登庸被聾教於百億堅林寢迹振遺烈於三千自佛日西傾餘光東照周感夜明之瑞漢通宵夢之徵騰蘭爇慧炬於前澄什嗣傳燈於後其於譯經弘法神異濟時高論降邪安禪肅物縝頹綱者接武維絶紉者肩隨莫不夷夏欽風幽明翼化聯華靡替可略而詳惟今三藏法師蘊靈秀出含章而體一味瓶瀉以贈五乘悲

去聖之逾遠憫來教之多闕緬思圓
義許道以身心口自謀形影相吊振
衣警錫討本尋源出王關而遠遊指
金河而一息稽疑梵宇探幽洞微旋
化神州揚真弥謬遺詮闕典大備玆
辰方等圓宗弥廣前烈所明勝義妙
絕環中之中真性真空極踰方外之
外以有取也有取喪其真就無求之
無求盡其實拂二邊之迹忘中道之
相則累遣未易洎其深重空何以臻
其極要矣妙矣至哉大哉契之於心
然後以之為法在心為法形言為教
法有自相共相教乃遮詮表詮粹旨
冲宗豈次所能覼縷法師凝神役智
詳本正末緝熙玄籍大啓幽關秘希
聲應扣擊之大小靡義海納朝宗之
巨細於是殊方碩德異域高僧伏膺
問道蓄疑請益固已飲河滿腹莫測
其淺深聆音駭聽孰知其遠迹至於
因明小道現比蓋微斯乃指初學之
方隅舉立論之標幟至若靈樞秘鍵
妙本成功備諸奧冊非此所云也呂
奉御以風神爽拔早擅多能器宇該

通夙彰博物弋獵開墳之典鈎深壞
壁之書觸類而長窮諸數術振風飈
於辯囿擒光華於翰林驤首雲中先
鳴日下五行資其筆削六位佇其高
談一覽太玄應問便釋再尋象戲立
試即成實晉代找先漢朝曼倩方今
蔑如也既而翺翔群略綽有餘功而
敬慕大乘夙敦誠信比因友生戲尒
忽復屬想因明不以師資率已穿鑿
比決諸跡指斥求非諠議於朝廷形
言於造次考其志也固已難加覈其
知也誠為可惑此論以一卷成部五
紙成卷研機三跡向已一周舉非四
十自無一是自既無是而能言是跡
本無非而能言非言非不非言是不
是言是不是是是而恒非言非不非
非非而恒是非非恒是不為是所是是
是恒非不為非所非以茲貶失致惑
病諸
且攝生因了因執一體而云二義能
了所了封一名而惑二體又以宗依
宗體留依去體以為宗喻體喻依去
體留依而為喻緣斯兩系妄起多疑

迷一極成謬生七難但以鑽窮二論
師已一心滯文句於上下誤字音於
平去復以數論為聲論舉生城為滅
城豈唯差離合之宗因蓋亦違倒順
之前後又探鄙俚訛韻以擬梵本囀
音雖復廣援七種而只當彼一轉然
非彼七所目乃是第八呼聲殊雜乖
訛何從而至又案勝論立常極微數
乃無窮體唯極小後漸和合生諸子
微數則倍減於常微體又倍增於父
毋迭乎終已體遍大千究其所窮數
唯是一呂公所引易繫詞云太極生
兩儀兩儀生四象四象生八卦八卦
生万物
云此與彼言異義同今案太極無形
肇生有象元資一氣終成万物豈
得以多生一而例一生多引類欲顯
博聞義乖復何所託設引大例生
義似同若釋同於邪見深累如何自
免豈得苟要時譽混正同邪非身之
讎奚至於此凡所紕紊胡可勝言特
由率已致斯猖狽既不正枝葉自
傾逐誤生疑隨疑設難曲形直影其

可得乎試舉二三冀詳大意深癡繁
緒委沓如別尋夫呂公達鑒豈孟浪
而至此哉示顯真俗雲泥難易楚越
因彰佛教弘達正法凝深辟洪鑪非
掬雪所投渤澥豈睽舟能越也太史
令李君者靈府沉秘襟期邈遠卓犖
九數綜涉六爻博考墳圖瞻觀雲物
鄙衛宏之失度陋裨竈之末工神无
滯用堅實斯在既屬呂公餘論復致
間言以實際為大覺玄軀无為是調
御法體此乃信熏修容有分證稟自
然終不可成良恐言似而意違詞近
而旨遠天師妙道幸以再期且寂氏
天師崔君特厲共貽伊各夫復何言
雖謂不混於淄澠蓋已自濫金鍮耳
惟公逸宇寡廓學殫墳素庶身從
義應物以樞機肅肅焉汪汪焉權勣
節以干雲談清瀾而鎮地騰芳文苑
職處儒林掍摭九疇之宗研詳二載
之說至於礼經三百曲礼三千莫不
義符指掌事如俯拾罇俎咸推其準
的法度必待其雌黃遂令相鼠之詩
絕聞於野魚麗之詠盈耳於朝惟名

與實盡善盡美而誠敬之重稟自夙
成弘護之心實惟素蓄屬斯詮議同
恥疾懷故能投刺含睇允光大義非
夫才兼內外照實鄰幾豈能激揚清
濁濟俗匡真者耶昔什公門下服道
者三千今此會中同德者如市貧道
猥以庸陋叨廁末進雖慶朝聞終慙
夕惕詳以造疏三德並是實達五乘
牆仞罕窺詞峯難仰既屬商羊鼓舞
而霈澤必霑詞雷迸發恐无暇掩耳
僉議古人曰一枝可以戢羽何繁乎鄧
林潢洿足以沉鱗豈俟於滄海故不
以愚懦垂逼課虛辭弗獲免粗陳梗
槩雖文不足取而義或可觀顧已庸
蹤弥增悚惕指述還荅餘无所申釋
明璿白
癸夘宣得書又激呂奉御因奏其事
勑遣羣公學士等往慈恩寺請三藏
與呂公對定詞屈謝而退焉
顯慶元年春正月景寅　皇太子忠
自以非嫡不敢久處元良乃慕太伯
之規陳表累讓　大帝從之封忠為
梁王賜物一万段甲第一區即以其

月冊　代王　弘為　皇太子　代子就
大慈恩寺為　皇太子設五千僧齋
人施帛三段
勑遣朝臣行香時黃門侍郎薛元超
中書侍郎李義府因叅法師遂問
曰翻經固法門之美未審更有何事
可以光揚又不知古來翻譯儀式如
何法師報曰法藏沖奧通演實難然
則內闡住持由乎釋種外護建立屬
在　帝王所以泛海之舟能馳千里
依松之葛遂竦萬尋附託勝緣方能
廣益今漢魏遙遠未可詳論且陳苻
姚已來翻宣經論除僧之外君臣贊
助者苻堅時曇摩難提譯經黃門侍
郎趙整執筆姚興時鳩摩羅什譯經
姚主及安城侯姚嵩執筆後魏菩提
留支譯經侍中崔光執筆及製經序
齊梁周隋並皆如是貞觀初波頗羅
那譯經　勑左僕射房玄齡趙郡王
李孝恭太子詹事杜正倫太府卿
蕭璟等監閱詳緝今獨无此又慈恩
寺聖上為文德聖皇后營建壯嚴輪
奐今古莫儔未得建碑傳芳示後顯

捌之極莫過於此公等能為致言則斯美可至二公許諾而去明日因朝遂為法師陳奏天皇皆可之壬辰光祿大夫中書令兼撿挍太子詹事監修國史柱國固安縣開國公崔殷禮宣勅曰大慈恩寺僧玄奘所翻經論既新翻譯文義須精宜令太子太傅尚書左僕射燕國公于志寧中書令兼撿挍吏部尚書南陽縣開國男来濟禮部尚書高陽縣開國男許敬宗守黄門侍郎兼撿挍太子左庶子汾陰縣開國男薛元超守中書侍郎兼撿挍右庶子廣平縣開國男李義府中書侍郎杜正倫等時為看閱有不穩便處即隨事潤色若須學士任量追三兩人罷朝後勅遣內給事王君德来報法師云師須官人助翻經者已處分于志寧等令往其碑文朕望自作不知稱師意不且令相報法師既奉綸旨允慰宿心當對使人悲喜不覺淚流襟袖翌日法師自率徒衆等詣朝堂奉表陳謝（表文失）二月有尼寶乘者高祖神堯皇帝之婕妤隋襄

州摠管臨河公薛道衡之女也德芬彤管美擅椒闈父既學業見稱女亦不虧家訓妙通經史兼善文才大帝幼時從其受學嗣位之後以師傅舊恩封河東郡夫人禮敬甚重夫人情慕出家帝從其志為禁中別造鶴林寺而處之并建碑述德又度侍者數十人並四事公給將進具戒至其月十日勅迎法師并將大德九人各一侍者赴鶴林寺為河東郡夫人薛尼受戒又勅莊挍寶車十乘音聲車十乘待於景曜門內先將馬就寺迎接入城門已方乃登車發引大德居前音聲從後是時春之仲月景物妍華柳翠桃紅松青霧碧錦軒紫蓋交映其間飀飀然猶給園之衆適王城矣既到安置別館設壇席為寶乘等五十餘人受戒唯法師一人為闍梨諸德為證而已三日方了受戒已復命巧工吴智敏圖十師形留之供養其鶴林側先有德業寺尼衆數百又奏請法師受菩薩戒於是復往德業事訖辭還覲於隆重勅遣內給事王君

德將手力執華蓋引送衢路觀者極生善矣鶴林後改為隆國寺焉無幾御製碑文成勅遣大尉公長孫無忌以碑宣示群公其詞曰

朕聞乹坤締搆之初品物權輿之始莫不載形后土藉覆穹蒼然則二曜輝天靡測盈虛之象四瀆紀地豈究波瀾之極況乎法門冲寂現生不滅之前聖教牢籠示有無形之外故以道光塵刼化洽含靈者矣緬惟王宮發迹蓮披起步之華神沼騰光樹曲空低之幹演德音於鹿苑會多士於龍宮福已罪之群生興將滅之人代能使下愚挹道骨碎寒林之野上哲欽風魂沉雪山之偈然流法雨清火宅而辞炎輪昇慧日皎重昏而歸晝朕遊覽緗史詳觀道藝福崇永刼者其唯釋教歟文德皇太后憑柯瓊樹蹠派璿源德照塗山道光媯汭流芬彤管彰懿則於八紘垂訓紫宮扇徽猷於萬古遷而陰精掩月永戢貞輝坤維絶紐長淪戎跡撫奩鏡而增感望陟屺而何追昔仲由興歎於千鍾

虞丘致哀於三失朕之罔極實有切
於終身故載懷興葺創茲金地卻背
邠郊點千莊之樹錦前臨終岳吐百
仞之峯邐迤左面八川水皎地而分鏡
右階九達羽飛蓋而連雲抑天府之
奧區信上京之勝地尒其彫軒架迴
綺閣凌虛丹空曉烏煥日宮而汎彩
素天初兔鑒月殿而澄輝薰徑秋蘭
疎庭佩紫芳叢冬桂密戶藂丹燈皎
繁花焰轉煙心之鶴幡摽迴剎彩縈
天外之虹飛陛參差含文露而棲玉
輕藨舒卷網靄宿而編珠霞斑低岫
之紅池汎漢煙之翠鳴佩與宵鐘合
韻和風共晨梵分音豈直香積天宮
遠慙輪奐閬風仙闕遙愧彫華而已
哉有玄奘法師者寔真如之冠冕也
器宇凝邃若清風之肅長松縟思繁
蔚如綺霞之輝迥漢騰今照古之智
挺自王知蘊寂懷真之誠發乎齠齓
孤標一代邁生遠以照前迥秀千齡
架澄什而光後以為淳風替古澆俗
移今悲巨夜之長昏痛微言之永翳
遂適投跡異域廣餐秘教乘枉雲漢

之外振錫煙霞之表滔天巨海侵驚
浪而羈遊亘地嚴霜犯凄氛而獨逝
平郊散緒衣單雪嶺之風曠野侶輪
肌弊流沙之日遐征月路影對宵而
暫雙遠邁危峯形臨朝而永隻跡窮
智境探賾至真心罄玄津研機秘術
通昔賢之所不逮悟先典之所未聞
遂得金牒東流續將斷之教寶偈西
徙補已缺之文於時廼睠靈基棲心
此地弘宣奧旨弈葉重翠於祇林遠
闡幽關洪波再清於定水朕所以虔
誠八正肅志雙林庶延景福式資冥
助奉穎皇太后逍遙六度神遊丹闕
之前偃息四洲寬昇紫極之境悲夫
玉燭易往促四序於炎涼金箭難留
馳六龍於晷漏恐波遷樹在夷濱海
於桑田地是勢非淪高岸為幽谷於
是敬刊貞石式旌真境其銘曰
三光昭象万品流形人途超忽時代
虛盈淳風久謝澆俗潛生愛波滔識
業霧昏情猗歟調御迦維騰迹妙道
乘幽玄源控寂鷲峯遐峙龍宮廣闢
慧日舒光慈雲吐液睠言聖教載想

德音義崇往劫道冠來今騰神九域
晦迹雙林漢夢如在周星遽沉悲纏
奩鏡哀深棟宇濯龍潛潤椒風韜緒
霜露朝侵風枝夕舉雲車一駕悠哉
万古乃興輪奐寔構彫華紫棟留月
紅梁藻霞雲窻散葉風沼飄華蓋低
鳳偃橋側虹斜爰有慧命英器虛冲
殞風智燈再朗真筌重崇四遷流速
孤摽千載獨步三空給園味道雪嶺
六龍馳騖巨夜銷氛幽關啟曙茂德
垂範徽塵表譽勒美披文遐年永著
三月庚申群公等奉聖製咸詣朝堂
上表陳謝曰跪發天華觀河宗之奇
寶虔開秘篆聆雲英之麗曲包萬葉
之鴻規籠千祀之殊觀相趨慶抃莫
知所限
竊以慧日西照朗巨夜而開冥法流
東徙洽陳荄而挺秀無方之化不一
應物之理同歸歷代迄茲咸崇斯典
伏惟陛下垂衣載海作鏡中區錫類
之道弥光出要之津尤深重開給園
於勝境延稱首以閑居地窮輪奐人
摽龍象重茲潛發中旨爰製豐碑妙

三藏法師傳卷第八　第十四張　通字号

恩難涯玄標獨已義超繫表理邃環中臣等夙蔽真宗幸窺天藻以坳増之量揣靈龜之淩壑蜉蝣之情識仙驥之遐壽式歌且舞咸誦在心循覽周遍不勝忻躍

大唐大慈恩寺三藏法師傳卷第八

大唐大慈恩寺三藏法師傳卷第八

校勘記

一　底本，金藏廣勝寺本。

一　九三頁下二行「萌帶」，資、磧、普作「萌帶」。

一　九三頁下三行第一三字「歡」，資、磧、普、南、徑、清作「歎」；麗作「款」。

一　九三頁下五行第一二字「輝」，諸本(不含石，下同)作「耀」。

一　九三頁下九行第一一字「袟」，徑作「秩」。

一　九三頁下一三行「德行」，資、磧、普、南、徑、清作「德業」。

一　九三頁下一四行「律業」，資、磧、普、南、徑、清作「律禁」。

一　九三頁下二〇行「蒟醬」，資、磧、普、南、徑、清作「蒟醬」。

一　九三頁下二一行「遹途」，諸本作「遥途」。又「河源」，資、磧、普、南、徑、清作「源河」。

一　九四頁上三行「梵本内」，諸本作「梵本之内」。

一　九四頁上七行「學之者」，資、磧、普、南、徑、清作「學者」。

一　九四頁上一一行「慱習」，資、磧、普、南、徑、清作「精習」。

一　九四頁上一九行「切思」，資作「切思」；磧、普、南、徑、清作「忉怛」。

一　九四頁中九行「見遣」，諸本作「見遺」。

一　九四頁中一三行末字至次行首字「復爲」，資、磧、普、南、徑、清作「爲復」。

一　九四頁中一四行「深義」，資、磧、普、南、徑、清作「義深」。

一　九四頁中一九行「矛楯」，資、磧、普、南、徑、清作「矛盾」。

一　九四頁下二行第六字「卷」，麗作「三卷」。

一　九四頁下三行第一〇字「其」，資、磧、普、南、徑、清無。

一　九四頁下六行第四字「鄁」，徑作

「創」。

一 九四頁下八行第九字「圖」，資、磧、普、南、徑、清作「大圖」；麗作「圖」。

一 九四頁下一〇行第九字「之」，資無。

一 九五頁上五行「彰其」，資、磧、普、南、徑、清作「彰」；麗作「其」。

一 九五頁上六行「同異」，徑作「同義」。

一 九五頁上一八行首字「誹」，麗作「排」。又第一一字「偏」，資、磧、普、徑作「徧」。

一 九五頁上二〇行「再歷」，資、磧、普、南、徑、清作「頗歷」。

一 九五頁中五行第一三字「立」，諸本作「云立」。

一 九五頁中一二行第五字「去」，資、磧、普、南、徑、清作「玄」。

一 九五頁中一七行第一〇字「矝」，諸本作「矜」。

一 九五頁中二一行末字「覺」，南、徑、清作「塔」。

一 九五頁下四行「辯空」，資、磧、普、南、徑、清作「談空」。

一 九五頁下七行第一〇字「玄」，資、磧、普、南、徑、清無。

一 九五頁下一四行第三字「椎」，資、磧、普、南、徑、清作「植」。

一 九五頁下一五行末字「無」，諸本作「靡」。

一 九五頁下一六行「三寶」，磧作「二寶」。

一 九六頁上一行第九字「現」，諸本作「見」。

一 九六頁上六行第六字「軀」，資作「驅」。

一 九六頁上一二行第四字「遥」，資、磧、普、南、徑、清作「萋」。

一 九六頁上一四行「金河」，資、磧、普、南、徑、清作「金流」。

一 九六頁上一六行「至如」，資、磧、普、南、徑、清作「至於」。

一 九六頁上二一行「割斷於凝滯」，諸本作「剖斷於疑滯」。

一 九六頁中一五行「明璿」，資、磧、普、南、徑、清作「明濬」。

一 九六頁中一七行「覺種」，磧、普、南、徑、清作「種覺」。

一 九六頁中一九行第二字「導」，資、磧、普、南、徑、清作「遵」。

一 九六頁中二一行第一一字「鑒」，資、磧、普、南、徑、清作「濫」。

一 九六頁中末行第二字「允」，資、磧、普、南、徑、清作「無」。

一 九六頁下一行第七字「令」，資作「合」。

一 九六頁下四行第九字「矚」，麗作「瞻」。

一 九六頁下五行「其文」，磧、普、南、徑、清作「其雄文」。又「詳其」，資、磧、普、南、徑、清作「詳其雅」。

一 九六頁下九行第七字「仗」，資、磧、普、南、徑、清作「伏」。

一 九六頁下一〇行「亡緣」，徑作「忘緣」。

一 九六頁下一五行「堅林」，南、徑、清作「雙林」。

一　九六頁下一七行「夜明」，資、磧、普作「夜隕」。
一　九六頁下一九行「降邪」，資、磧、普、南、徑、清作「摧邪」。
一　九六頁下二〇行第六字「綱」，麗作「網」。又「維絶紉者」，磧、普、南、徑、清作「斷絶紐者」；麗作「維絶紐者」。
一　九七頁上二行第二字「許」，資作「計」。
一　九七頁上三行第二字「謦」，資、磧、普、南、徑、清作「擎」。
一　九七頁上四行「稽凝」，諸本作「稽疑」。
一　九七頁上七行第二字「環」，磧、普、徑作「褱」。
一　九七頁上一四行第四字「次」，諸本作「造次」。
一　九七頁上一九行「遠迩」，麗作「遠近」。
一　九七頁上二二行末字「呂」，資、磧、普、南、徑、清作「而呂」。

一　九七頁中一行第六字「弋」，資、南、徑、清、麗作「戈」。
一　九七頁中一〇行第六字「庍」，諸本作「斥」。又第一三字「廷」，資、磧、普、南、徑、清無。
一　九七頁中一一行首字「言」，資、磧、普、南、徑、清無。
一　九七頁中一二行第三字「誠」；資作「識」。
一　九七頁中一六行第七字「是」，資、磧、普、南、徑、清無。
一　九七頁中一七行第二字「非」，資、磧、普、南、徑、清無。
一　九七頁下一九行第四字「若」，麗作「苦」。
一　九七頁下末行第二字「逐」，磧、普、徑作「遂」。
一　九八頁上四行「引達」，磧、南、徑、清、麗作「弘遠」。
一　九八頁上六行第一〇字「期」，清作「斯」。
一　九八頁上七行「綜陟」，諸本作「綜涉」。
一　九八頁上一〇行「間言」，資、磧、普、南、徑作「問言」。
一　九八頁上一二行第二字「終」，磧、普、南、徑、清作「約」。
一　九八頁上一三行「再期」，磧、普、南、徑、清作「再思」。
一　九八頁上一四行第一〇字「各」，諸本作「咎」。
一　九八頁上一五行「自濫」，麗作「自濫於」。
一　九八頁上一六行第一〇字「素」，資、磧、普、南、徑、清作「索」。
一　九八頁上一八行「談清瀾」，資作「淡清瀾」；磧、普、南、徑、清、麗作「淡清潤」。
一　九八頁上一九行「捃掠」，諸本作「捃摭」。又「二載」，諸本作「二戴」。
一　九八頁上二〇行「礼經」，諸本作「經禮」。
一　九八頁上二二行「必待」，資、磧、普、南、徑、清作「皆待」。

一　九八頁中四行第七字「實」，麗作「冥」。
一　九八頁中一〇行第六字「詞」，磧、普、南、徑、清作「疾」。
一　九八頁中一三行第八字「而」，諸本無。
一　九八頁中一五行「悚惕」，諸本作「悚恧」。
一　九八頁中一六行「明璿」，諸本作「明濬」。
一　九八頁中一九行「詞屈」，資、磧、普、南、徑、清作「呂公詞屈」。
一　九八頁下一行「代王引爲皇太子代子」，資、磧、普、南、徑、清作「代王治爲皇太子戊子」。
一　九八頁下三行「施帛」，資、磧、普、南、徑、清作「施布帛」。
一　九八頁下一一行第六字「竦」，南、徑、清作「聳」。
一　九八頁下一五行「趙𤼲」，磧作「趙正」；普、南、徑、清作「趙政」。
一　九八頁下一六行「姚主」，資、磧、普、南、徑、清作「姚王」。
一　九八頁下一八行第五字「並」，資、磧、普、南、徑、清無。
一　九九頁上五行「崔殷禮」，資、磧、普、南、徑、清作「崔敦禮」。
一　九九頁上一一行末字「汾」，資、磧、普、南、徑、清作「泒」。
一　九九頁上一七行第九字「官」，資無；磧、普、南、徑、清作「文」。
一　九九頁上一九行「自作」，資、磧、普、南、徑、清作「自修」。
一　九九頁上末行「神堯」，麗作「太武」。
一　九九頁中二行第六字「閈」，資、磧、普、南、徑、清作「閭」。
一　九九頁中四行「師傅」，諸本作「師傅」。
一　九九頁中八行「其月」，麗作「二月」。
一　九九頁中九行第七字「并」，資、磧、普、南、徑、清無。
一　九九頁中一二行第二字「待」，資作「侍」。又第一三字「迎」，資、磧、普、南、徑、清無。
一　九九頁中二〇行末字至次行首二字「其鶴林」，麗作「鶴林寺」。
一　九九頁中二一行「數百」，資、磧、普、南、徑、清作「數百人」。
一　九九頁中二二行「德業」，資、磧、普、南、徑、清作「德業寺」。
一　九九頁中末行「覼於」，諸本作「覼施」。
一　九九頁下三行「大尉公」，資、磧、麗作「太尉公」；普、南、徑、清作「太尉」。
一　九九頁下七行首字「輝」，徑作「耀」。
一　九九頁下一一行第五字「起」，資、磧、普、南、徑、清作「超」。
一　九九頁下一九行第三字「璠」，資、磧、普、南、徑、清作「泉」。
一　一〇〇頁上四行第一一字「地」，麗作「池」。
一　一〇〇頁上六行第九字「尒」，資、磧、普、南、徑、清作「示」。
一　一〇〇頁上七行「汎彩」，資、磧、普、南、徑、清作「泛彩」。

- 一〇〇頁上一〇行末字「縈」，諸本作「縈」。
- 一〇〇頁上一九行第三字「王」，諸本作「生」。
- 一〇〇頁上末行第一二字「柸」，諸本作「杯」。
- 一〇〇頁中二行第一一字「氛」，麗作「氣」。
- 一〇〇頁中五行第一三字「跡」，資、磧、普、南、徑、清作「研」。
- 一〇〇頁中六行第四字「賾」，徑作「頤」。
- 一〇〇頁中九行首字「徙」，麗作「從」。又「迺睠」，資、磧、普、南、徑、清作「睠彼」。
- 一〇〇頁中一〇行第七字「弈」，諸本無。又第九字「重」，資、磧、普、南、徑、清作「方」。
- 一〇〇頁中一一行第四字「洪」，諸本無。
- 一〇〇頁中一二行第八字「庶」，資、磧、普、南、徑、清作「將」。
- 一〇〇頁中一四行「四洲」，磧、普、南、徑、清作「四禪」。
- 一〇〇頁中一七行第一〇字「岸」，麗作「峯」。
- 一〇〇頁中一八行「真境」，徑、清作「貞境」。
- 一〇〇頁下一行第四字「崇」，資、磧、普、南、徑、清作「徽」。
- 一〇〇頁下七行「虛冲」，麗作「靈冲」。
- 一〇〇頁下九行「重崇」，資、磧、普、南、徑、清作「重宗」。
- 一〇〇頁下一〇行「銷氛幽開」，資、磧、普、南、徑、清作「銷氣函關」。
- 一〇〇頁下一一行首字「垂」，資作「軌」；磧、普、南、徑、清作「徽」。
- 一〇〇頁下一二行「庚申」，資、磧、普、南、徑、清作「庚申」；麗作「丁亥」。
- 一〇〇頁下一三行「覲河宗」，資、磧、普、南、徑、清作「觀河宗」。
- 一〇〇頁下一四行第二字「虔」，清作「處」。
- 一〇〇頁下一五行第一三字「抃」，徑、清作「擷」。
- 一〇〇頁下一八行第四字「陳」，資、磧、普、南、徑、清作「凍」。
- 一〇〇頁下二一行第一〇字「深」，諸本無。
- 一〇〇頁下末行第八字「中」，諸本作「冲」。
- 一〇一頁上一行第七字「巳」，諸本作「王」。
- 一〇一頁上二行第五字「蔽」，磧、普、南、徑、清作「敬」。又末字「塘」，諸本作「堂」。
- 一〇一頁上四行第五字「式」，資、

磧、南作「或」。

一一〇一頁上五行第二字「遍」，資、磧、普、南、徑、清作「遑」。

大唐大慈恩寺三藏法師傳卷第九　通

沙門慧立本　釋彥悰箋

起顯慶元年三月謝慈恩寺碑
成終三年正月隨車駕還西京

顯慶元年春三月癸亥　御製大慈
恩寺碑文訖時禮部尚書許敬宗遣
使送碑文與法師鴻臚寺又有符下
寺甲子法師率寺衆詣闕陳謝曰
沙門玄奘言被鴻臚寺符伏奉
勅旨親紆　聖筆為大慈恩寺所製
碑文已成睿澤傍臨　宸詞曲照玄門
益峻梵侶增榮踊厚地而懷慙竊曾
穹而亰力奘聞造化之功既播物
而成教聖人之道亦因辭以見情然
則畫卦垂文空談於形器設爻分象
未踰於寰域義皇之德尚見稱於前
古媯后之風亦獨高於後代豈若開
物成務闡八正以摛章詮道立言證
三明而導俗理窮天地之表情該日
月之外較其優劣斯為盛矣伏惟
皇帝陛下金輪在運玉曆乘時化溢
四洲仁覃九有道包將聖功茂迺神

縱多能於生知資率由於天至始悲
奩鏡即創招提俄樹勝幢更敷文律
若乃
天華頴發睿藻波騰吞筆海而孕龍
宮掩詞林而包鶴樹內該八藏外覈
六經奧而能典宏而且密固使給園遺
迹託
寶思而彌高柰菀餘芬假瓊章而不
昧豈直抑揚夢境照晰迷塗諒以銘
範四天牢籠三界者矣玄奘言行无
取猥預緇徒丞叨恩顧每謂多幸重
忝曲城之造欣逢像法之盛且慙且
躍實用交懷无任竦戴之誠謹詣朝
堂奉表陳謝乙丑法師又惟
主上文明天縱聖而多能非直文麗
魏君亦乃書邁漢主法師以見碑是
聖文其書亦望神筆因詣闕請
皇帝自書表曰沙門玄奘等言竊以
應物垂象神用溥該隨時設教
聖功畢盡是知日月雙朗始極經天
之運卉木俱秀方窮麗地之德伏惟
皇帝陛下智周万物仁霑三界既隆
景化復闡玄風鄙姬穆之好道空貫

瑤池之詠篾漢明之崇法徒開白馬
之祠遂乃俯降天文遠揚幽旨用彫
豊琬長垂茂則同六英之發音若五
緯之摛曜敷至懐而感俗弘大揩以
迮時豈獨幽賛真如顯揚玄賾者也
雖玉藻斯暢翠版將刊而銀鈎未書
丹宇猶韞然則蔓樂已箕匪里曲之
堪預龍鄉既晝何爝火之能明非夫
牙曠撫律羲和揔馭焉得楊法鼓之
大音揚慧日之沖彩敢緣斯義冒用
干祈伏乞成茲具美勒以　神筆庶
淩雲之妙邁跡前王垂露之奇騰芬
後聖金聲玉振即悟羣迷鳳翥龍蟠
將開衆瞽豈止克隆像教懐生霑莫
大之恩實亦聿贊
明時宗社享無彊之福玄奘稟識愚
淺謀齒緇林本懃窺涉多虧律行猥
辱宸詞過蒙襃美雖驚惕之甚措顏
无地而憮狠之勤翹誠有日重敢塵
黷更懐氷火表奏不納景寅法師又
請曰昨一日蒙賚天藻喜戴不勝未
允神翰翹丹尚擁竊以攀榮奇樹必
含笑而分芳跪寶玉峯亦舒渥而貽

彩伏惟陛下提衡執粹垂拱大寧睿思綺
毫俯凝多藝鴻範光於涌洛草聖茂於臨
池玄奘肅荷前恩奉若華於金鏡冒希後
澤佇桂影於銀鈎豈直合璧相循聯輝是
仰亦恐非天翰无以懸日月之文唯麗則
可以櫶希徵之軌馳䰟泥首非所敢望不
勝積慊昧死陳請表奏帝方運神筆法
師既蒙帝許不勝喜慶表謝曰沙門玄奘
言伏奉勅旨許降宸筆自勒御製大慈恩
寺碑文璽誥爰臻綸慈猥集祇荷轗惕罔
知攸措玄奘聞強弩在彀鼷鼠不足動其
機鴻鍾匿音纖莛無以發其響不謂日臨
月照遂迴景於空門雨潤雲蒸乃昭感於
玄寺是所願也豈所圖焉伏惟陛下履翼
垂樞握符纘運追軒邁頊孕夏吞殷演
衆妙以陶時揔多能而景俗九域之內既
沐仁風四天之表亦霑玄化然則津梁之
法非至聖無足闡其源幽賛之工非至人
何以敷其迹雖追遠所極自動天情而冥
祐可祈即迴宸睠英詞曲被巳超希代之
珎秘迹行開將踰絶價之寶凡在群品靡
弗欣戴然彼梵徒倍增慶躍夢鈞天之
廣樂疋此非奇得輪王之髻珠儔茲豈貴

庶當刊以貞石用樹福庭春蠅彼迷生方開
耳目威乎法炬傳諸未來使夫瞻寶字而
仰銀鈎發菩提於此日諷遒文而探賾悟
般若於斯地劫城窮芥昭之美恒存遷
海環棊藹藹之風無朽玄奘出自凡品夙
轗行業既蒙落飾思闡玄猷往涉迦維本
憑皇化迨茲翻譯復承朝獎而貞觀之際
濫沐洪慈永徽以來更叨殊遇二主神筆
猥賜襃揚兩朝聖藻亟垂榮飾顧循愚
劣寧懐兢懼輸報之誠不忘昏曉但以恩
深巨壑豈滴水之能酬施厚嵩丘匪纖塵
之可謝唯當憑諸惠力運以無方資景祚
於園寢助隆基於七百不任竦戴之至謹
附內給事王君德奉表陳謝以聞輕犯威
嚴伏深戰慄夏四月八日大帝書碑并匠
鐫訖將欲送寺法師轗荷聖慈不敢空然
待送乃率慈恩徒衆及京城師僧尼各營
幢蓋寶帳幡花共至芳林門迎勅又遣太
常九部樂長安万年二縣音聲共送幢最
卑者上出雲霓幢極短者猶摩霄漢凡
三百餘事音聲車百餘乘至七日冥集城
西安福門街其夜雨八日路不堪行勅遣
且停仍迎法師入內至十日天景晴麗

勑遣依前陳設十四日旦方乃引發
幢幡等次第陳列從芳林門至慈
恩寺三十里間爛然盈滿
帝登安福門樓望之甚悅京都士女
觀者百餘万人至十五日度僧七人
設二千僧齋陳九部樂等於佛殿前
日晚方散至十六日法師又與徒衆
詣朝堂陳謝碑至寺表曰沙門玄奘
等言今月十四日伏奉
勑旨送　御書大慈恩寺碑并設九部
樂供養堯日分照先增惠炬之輝舜
海通波更足法流之廣豊碣巖峙天
文景燭狀綵霞之映靈山疑縟宿之
臨仙嶠凡在緇素電激雲奔瞻奉驚
躍得未曾有竊以八卦垂文六爻發
繫觀鳥制法泣麟敷典　聖人能事
畢見於玆將以軌物垂範隨時立訓
闡鑄生靈抑揚風烈然則秦皇刻石
獨昭美於封禪魏后刊碑徒紀功於
大饗猶稱題目高視百王豈若鎔紆
數藻俯開仙翰金奏發韻銀鈎絢迹
探龍宮而架三玄軼鳳篆而窮八體
揚春波而騁思滴秋露以摽奇弘一

乘之妙理贊六度之幽賾化揔三千
之域聲騰百億之外柰苑微言假
天詞而更顯竹林開士託神筆而弥
尊因使梵志歸心截疑網而袪訓波
旬革慮偃邪山而伺道豈止塵門之
士始悟迷方滯夢之賓行超苦際像
教東漸年垂六百弘闡之盛未若於
玆至如漢明通感尚咨謀於傅毅吴
主歸宗猶考疑於闞澤自斯已降无
足稱者隨緣化物獨推
聖運為善必應克峻昌基若金輪之
王神功不測同寶冠之帝休祚方永
玄奘等謬忝
朝恩幸登玄肆屬慈雲重布法鼓再
揚三明之化既隆八正之門長闢而顧
非貞懇虛蒙奬導仰曾旻而荷澤俯
峻谷以懷慙无任竦戴之誠謹詣
闕陳謝以聞碑至有司於佛殿前東北
角別造碑屋安之其舍複拱重櫨雲
楣綺棟金花下照寶鐸上暉仙掌露
盤一同靈塔
大帝善楷隸草行尤精飛白其碑作
行書又用飛白勢作顯慶元年四字

並窮神妙觀者日數千人文武三品
已上表乞摸打許之自結繩息用文
字代興二篆形殊楷草勢異懸針垂
露雲氣偃波銘石章程八分行隸古
人互有短長不能兼美至如漢元稱
善史書魏武工於草行鍾繇閑於三
體王仲妙於八分劉邵張弘發譽於
飛白伯英子玉流名於草聖唯中郎
右軍稍兼衆美亦不能盡也故韋文
休見二王書曰二王自可稱能未是
知書也若其天鋒秀拔頵𪓟遒健該
古賢之衆體盡先哲之多能為毫翰
之陽春文字之寡和者信歸之於我
皇矣法師少因聽習及往西方涉凌
山雪嶺遂得冷病發即封心屢經困
苦數年已來彌藥防禦得定今夏五
月因熱追涼遂動舊疾幾將不濟道
俗憂懼中書聞奏
勑遣供奉上醫尚藥奉御蔣孝璋
針醫上官琮專看所須藥皆令內送
北門使者日有數般遣伺氣候遞
報消息乃至眠寢處所皆遣內局上
手安置其珍惜如是雖慈父之於一

子所不過也孝璋等給侍醫藥晝夜
不離經五日方損内外情安法師既荷
聖恩翌日進表謝曰沙門玄奘言玄
奘拙自營衛冷疹增動幾至綿篤殆
辭昭運天恩矜憫降以良醫針藥纔
加即蒙瘳愈駐頹齡於欲盡反營魄
於將消重覩昌時復遵明導豈止膏
肓永絶腠理恒調而已顧循庸菲屢
荷殊澤施厚命輕罔知輸報唯憑慧
力庶詶寘祉玄奘猶自虚惙未堪詣
闕陳謝無任悚戴之至謹遣弟子大
乘光奉表以聞
帝覽表遣給事王君德慰問法師曰
既新服藥後氣力固當虚劣請法師
善自攝衛未宜即用心力法師又蒙
問不勝喜懼之至又表謝曰沙門玄奘
言玄奘業累所嬰致招疾苦呼吸之
頃幾隔明時忽蒙
皇帝皇后降慈悲之念垂性命之憂
天使頻循有逾十慰神藥俯救若遇
一丸飲沐聖慈已祛沉痛蒙荷醫療遂
得痊除豈期已逝之鬼見招於上帝將
夭之壽重稟於洪鑪退省庸微何以

當此撫膺媿越言不足宣荷殊澤而
詎勝粉微軀而靡謝方冀勗兹礼誦
罄此身心以荅不次之恩少塞無窮
之責無任感戴之極謹附表謝聞喜懼
兼并同知攸措塵黷聽覽伏增惶悚
往貞觀十一年中有　勅曰老子是朕
祖宗名位稱号宜在佛先時普光寺
大德法常摠持寺大德普應等數百
人於朝堂陳諍未蒙改正法師還國來
已頻内奏許有商量未果而
文帝昇遐永徽六年有
勅道士僧等犯罪情難知者可同俗
法推勘邊遠官人不閑
勅意事无大小動行枷杖虧辱為甚
法師每憂之因疾委頓慮更不見
天顔乃附人陳前二事於國非便玄
奘命垂旦夕恐不獲後言謹附啓聞
伏枕惶懼
勅遣報云所陳之事聞之但佛道名
位　先朝處分事須平章其同俗
勅即遣停廢師宜安意強進湯藥至
二十三日降　勅曰道教清虚釋典微
妙庶物藉其津梁三界之所遵仰比

為法末澆訛多違制律權依俗法以
申懲誡寘在止惡勸善非是以人輕
法但出家人等具有制文更別推科
恐為勞擾前令道士女道士僧尼有
犯依俗法者宜停必有違犯宜依條
制法師既荷茲聖澤奉表詣闕陳謝曰
沙門玄奘言伏見　勅旨僧尼等有過
停依俗法之條還依舊格非分之澤
忽委緇徒不訾之恩復霑玄肆晞陽
沐道實用光華跼地循躬唯增震惕
竊以法王既没像化空傳崇紹之規寄
諸明后伏惟
皇帝陛下寶圖御極金輪垂正睠茲釋
教載懷宣闡以為澡飾玄門外異流
俗雖情牽五濁律行多虧而體被三
衣福田斯在削玉條之密網布以寛仁
信金口之直詞允茲回向斯固天祇載
悦應之以休徵豈止梵侶懷恩加之以
貞確若有背茲寛貸自貽伊咎則違大
師之嚴旨虧　聖主之深慈凡在明靈
自宜讜譎豈待平章之律方科姧妄之
罪玄奘庸昧猥厠法流毎忝
鴻恩以懷慙惕重祇殊奬彌復兢惶

但以近嬰疾疢不獲隨例詣闕無任
悚載之至謹遣弟子大乘光奉表陳
謝以聞自是僧徒得安禪誦矣法師
悲喜交集不覺淚霑衿袖不勝抃
躍之至又重進表謝曰　沙門玄奘
言伏奉見恩勑除僧等依俗法推
勘條章喜戴之心莫知准譬竊尋正
法隆替隨君上所抑揚彝倫薄厚儷
玄風以興缺自聖運在璿明皇執粹
甄崇道藝區別玄儒開不二之鍵廣
唯一之轍寫龍宮於蓬閣接鷲壞於
神皐俾夫鍾梵之聲洋溢區宇福善
之業濯沐黎萌寔法明之嘉會率土
之幸甚頃為僧徒不整誨馭乖方致
使內虧佛教外犯王法一人獲罪舉衆
蒙塵遂觸天威令依俗法所期清肅
志在懲誡僧等震懼夙夜慚惶而聖
鑒天臨仁澤昭被萬深期於玄妙掩
纖垢於含弘爰降殊恩釋茲嚴罰非
其人之足惜顧斯法之可尊遂令入
網之魚復游江漢觸籠之鳥還颺杳
冥法水混而更清福田鹵而還沃僧
等各深荷戴人知自勉庶當勵情去

惡以副天心專精礼念用答鴻造伏
願皇帝皇后以紹隆之功永凝百福
乘慈悲之業端拱萬春震域締祥維
城具美不勝舞躍感荷之至謹重附
表陳謝以聞輕贖冕旒伏增惶恐帝
覽表知法師病愈遣使迎法師入安
置於凝陰殿院之西閣供養仍彼翻
經或經二旬三旬方乃一出冬十月
中宮在難歸依三寶請垂加祐法師
啓曰聖體必安和無苦然所懷者是
男平安之後願聽出家當蒙勑許其
月一日皇后施法師納袈裟一并雜
物等數十件法師啓謝曰沙門玄奘
啓垂賚納并雜物等捧對驚慙不知
比喻且金縷上服傳自先賢或無價
衣聞諸聖典未有窮神盡妙目擊當
如今之賜者也觀其均綵濃淺敬君
不能逾其巧裁縫婉密離婁無以窺
其際便覺煙霞入室蘭囿在身旋俯
自瞻頓增榮價昔道安言称秦代未
遇此恩支遁稱礼晉朝罕聞斯澤唯
玄奘庸薄獨竊洪私顧寵循躬弥深
戰汗伏願皇帝皇后富衆多之子孫

享無疆之福祚長臨玉鏡永御寶圖
覆育群生與天無極不任慙佩之至
謹啓謝聞施重詞輕不能宣盡五日
申後忽有一赤雀飛来止於御帳玄
奘不勝喜慶陳表賀曰沙門玄奘言
玄奘聞白鳩彰瑞表殷帝之興赤雀
呈符示周王之盛是知穹昊降祥以
明人事其来久矣玄奘今日申後酉
前於顯慶殿庭帷內見有一雀背羽
俱丹腹足咸赤從南飛来入帳止於
御座徘徊踴躍貌甚從容見是異禽
乃謂之曰皇后在孕未遂分誕玄奘
深懷憂懼願乞平安若如所祈為陳
喜相雀乃迴旋蹀足示平安之儀了
然解人意玄奘深心歡喜舉手喚之
又徐徐相向乃至逼之不懼撫之不
驚左右之人咸悉共見玄奘因為受
三歸報其雅意未及執捉且從其徘
徊遂復飛去伏惟皇帝皇后德通神
明恩加地庶禮和樂洽仁深義遠故
使羽族呈祥神禽効質顯子孫之盛
彰八百之隆既為曩代之休符亦是
當今之靈貺玄奘輕生有幸肇屬嘉

祥喜抃之深不敢緘默略疏梗槩謹
以奏聞若其羽翼之威儀陽精之淳
偉歷代之稽古出見之方表所不知
也謹言表進已頃間有勑令使報法
師皇后分難已訖端正奇特神光滿
院自庭燭天朕歡喜無已內外舞躍
必不違所許願法師護念号為佛光
王法師進表賀曰沙門玄奘言竊聞
至道攸敷啓夫人於載弃深期所感
誕玄聖於克岐伏惟皇帝皇后情鏡
三空化孚九有故能闡垂旒於二諦
却走馬於一乘蘭殿初歆爰發俱胝
之願珽柯在孕便結踰城之徵俾夫
十号降靈弘茲攝受百神翼善肅此
宮闈所以灾厲克清安和載誕七華
儼以承步九龍低而灌質玄門佇迹
道樹虛陰雖昔之履帝呈祥捫天表
異寧足以方斯感既延此英猷率土
詠歌喜皇階之納祐緇林勇銳忻紺
馬之來遊伏願無替前恩特令持服
靡局常戀迴攜良因且帝子之崇出
處斯在法王之任高尚弥隆加以功
德無邊津梁載遠儻聖澤無殊弘誓

不移竊謂殫四海之資不足比斯檀
行傾十地之業無以譬此福基當願
皇帝皇后百福凝華齊輝北極萬春
表壽等固南山鼙娛樂於延齡踐薩
云於遐劫儲君允茂綏紹帝猷寵蕃
惟宜翊亮王室緜緜英胤休祉日繁
標峻節於本枝嗣芳塵於草座玄奘
濫偶丕運局影禁門匪貴德昇寵緣恩
積幸屬國慶惟如淨業開基踊躍之
懷塵紛無恨不勝喜賀之至謹奉表
以聞輕觸威嚴伏增戰越佛光王生
滿三日法師又進表曰沙門玄奘言
奘聞易嘉日新之義詩美無疆子孫
所以周祚過期漢曆遐緬者應其道
也又聞龍門洄激資源長而流遠桂
樹蕤生籍根深而芳藹伏惟皇運累
聖相承重規疊矩積植仁義浸潤黎
元其來久也由是二后光膺大寶為
子孫基可謂根深源長矣遠陛下受
圖功業逾盛還淳反素邁三五之蹤
製礼作樂逸殷周之軌不恃黃屋為
貴以濟兆庶為心未明求衣日昃志
食一人端拱萬里廓清雖成康之隆

未至於此是故卿雲紛郁江海無波
日域遵風龍鄉沐化盪盪乎巍巍乎
難得而備言矣既而道格穹蒼明神
降福令月嘉晨皇子載誕天枝廣茂
瓊萼增敷率土懷生莫不慶賴在於
玄奘特百恒情豈直喜聖后之平安
實亦欣如来之有嗣伏願不違前勑
即聽出家移人王之胤為法王之子
披着法服制立法名授以三歸列於
僧數紹隆像化闡播玄風再秀禪林
重暉覺苑追淨眼之茂跡踐月蓋之
高蹤斷二種纏成無等覺色身微妙
譬彼山王焰網莊嚴過於日月然後
蔭慈雲於大千之境揚惠炬於百億
之洲振法鼓而挫天魔麾勝幡而摧
外道接沉流於倒海撲燎火於邪山
竭煩惱之深河碎無明之巨鷇為天
人師作調御士唯願先廟先靈藉孫
祉而彼岸皇帝皇后因子福而享万
春永握靈圖常臨九域子能如此方
名大孝始曰榮親所以釋迦弃國而
務菩提蓋謂此也豈得以東平瓔璪
之善陳思庸庸之才並日而論優劣

同年而議深淺矣謹即嚴衣捧鉢以
望善来之賓拂座清塗用竚踰城之
駕不勝慶慰翹顒之至謹奉表以聞
輕觸宸威追深戰越當即受三歸服
袈裟雖保傅養育所居常近法師十
一月五日滿月勑為佛光王度七人
仍請法師為王剃髮法師進表謝曰
沙門玄奘言昨奉恩旨令玄奘為佛
光王剃髮并勑度七人所剃之髮則
王之煩惱落也所度之僧則王之侍
衛具也是用震動波旬之殿踊躍淨
居之懷弘願既宣景福弥盛豈謂庸
賤之手得効伎於天膚凡庶之人蒙
入道於嘉會上下欣抃悲喜交集竊
尋覆護之重在褓所先解脫之因落
飾為始伏惟皇帝皇后道凝象外福
洽區中所以光啓妙門聿修德本所
願皇陛納祐玉扆延和臨百億天下
畢千万歲與佛光竒子乳哺惟宜善
神衛質諸佛摩頂增華眘掐之資允
穆紹隆之寄新度之俗荷澤既深亦
當翹勤道業專精戒行允副綵綸佇
承取草不勝感荷之至謹奉表以聞

其日法師又重慶佛光王滿月并進
法服等表曰沙門玄奘言竊聞摶風
迅羽累日而冲空瀉月明璣逾旬而
就滿是知稟靈物表亮彩天中者固
已後發其姝惟新厥美者矣惟佛光
王資上善以締祥闈中和而育德自
徼園降誕天祠動瞻眘氣清衿寢與
納祐王顏秀表晨夕增華自非皇帝
皇后慧日在躬法流灌想寄紹隆於
磐石啓落飾於天人其孰能福此褓
衣安茲乳哺無灾無害克岐克嶷者
哉今魄照初環滿月之姿盛矣冀枝
再長如蓮之目蒨兮所以縈殿慰懷
黔首胥悅七衆歸怙四門佇鑒豈惟
日索後言鸖驂待御而已玄奘幸承
恩寵許垂蔭庇師弟之望非所庶幾
同梵之情實切懷抱輒敢進金字般
若心經一卷并函報恩經變一部袈
裟法服一具香鑪寶子香案澡缾經
架數珠錫杖澡豆槃各一以充道具
以表私歡所冀選載弄於半璋代辟
邪於蓬矢俾夫善神見而踊躍弘誓
因以堅固輕用干奉寔深悚惕伏願

皇帝皇后尊邁拱辰明兼合耀結歡
心於坒庶享延齡於萬春少海澄輝
掩丕釗而取雋寵蕃振美輔閭平以
載馳所願佛光王千佛摩頂百福凝
軀德音日茂曾覩丕相不勝感荷奉
表以聞二年春二月駕幸洛陽宮法
師亦陪從并翻經僧五人弟子各一
人事事公給佛光王駕前而發法師
與王子同去餘僧居後既到安置積
翠宮夏四月車駕避暑於明德宮法
師又亦陪從安置飛華殿其宮南接
皂澗北跨洛濱則隋之顯仁宮也五
月勑法師還於積翠宮翻譯法師既
奉帝旨進表辤曰沙門玄奘言伏蒙
恩旨許命積翠宮翻經仰佩優渥誠
深喜戴伏念違離旋增惘然玄奘功
徽勳府道謝德科而久忝榮章鎮荷
曡覆循涯知懼臨谷匪危伏惟皇帝
皇后聖掐含弘仁慈亭育故使萬類
取足一物獲安既而近隔蘭陛聽楊
鑾而悲結甫瞻茨嶺想多豫而欣然
伏願王字延和仙挑薦壽邁甘泉之
清暑等瑶水之佳遊所冀温樹迎秋

涼風造夏侯歸軒於砥陌儼幽錫於
喬林稱慶萬春甘從九逝不勝感戀
之極謹附表奉辞以聞荒越在顙氷
火交慮法師在京之日先翻發智論
二十卷及大毗婆沙未了至是有勅
報法師曰其所欲翻經論無者先翻
有者在後法師進表曰竊聞晃旒肅
俗咸鏡前修述作窮神必歸睿后皇
帝造物玄猷遠暢掩王城於侯甸光
貝葉於羽陵傍啓譯寮降緝鴻序騰
照千古流暉萬葉陛下纂承丕業光
敷遠韻神用日新賞鑒無怠玄奘濫
沐天造叨承明詔每撫庸躬恒深悚
息去月日奉勅所翻經論在此無者
宜先翻舊有者在後翻但發智毗婆
沙論有二百卷此土先唯有半但有
百餘卷而文多舛雜今更整頓翻之
去秋以來已翻得七十餘卷尚有三
十卷未翻此論於學者甚要望聽翻
了餘經論有詳略不同及尤舛誤者
亦望隨翻以副聖述帝許焉法師少
離京洛因茲扈從蹔得還鄉遊覽舊
廛問訪親故淪喪將盡唯有姊一人

適瀛州張氏遣迎相見悲喜問姊父
母墳隴所在躬自掃謁為歲久荒頹
乃更詳勝地欲具棺槨而改葬焉雖
有此心未敢專志法師乃進表請曰
沙門玄奘言玄奘不天夙鍾荼蓼兼
復時逢隋乱殯掩倉卒日月不居已
經四十餘載墳隴頹毀殆將淪滅追
惟平昔情不自寧謹與老姊二人收
捧遺柩去彼狹陋改葬西原用答昊
天微申罔極昨日蒙勅放玄奘出三
兩日撿挍但玄奘更無兄弟唯老姊
二人卜遠有期用此月二十一日安
厝今觀葬事尚寡未辦所賜三兩
日恐不周帀望乞天恩聽玄奘葬事
了還又婆羅門上客今相隨逐過為
率略恐將嗤笑不任纏迫憂懼之至
謹附表以聞伏乞天覆雲迴曲憐孤
請帝覽表允其所請仍勅所司其法
師營葬所須並宜公給法師既荷殊
澤又進啓謝曰沙門玄奘啓玄奘殃
深釁積降罰明靈不能殞亡偷存今
日但灰律驟改盈缺匪居墳壟淪頹
草棘荒蕪思易宅兆亟曆歲年直為

遠隔山河不能果遂幸因陪隨鑾駕
得届故鄉允會宿心成茲改厝陳設
所須復蒙皇帝皇后曲降天慈賜遣
營佐不謂日月之光在瓦礫而猶照
雲雨之澤雖蓬艾而必霑感戴屏營
喜懼兼集不任存亡銜佩之至謹附
啓謝聞事重人微不能宣盡法師既
蒙勅許遂改葬焉其營送威儀無非
公家資給時洛下道俗赴者万餘人
後魏孝文皇帝自代徙都洛陽於少
室山北造少林伽藍因地勢之高卑
有上方下方之稱都一十二院東據
嵩岳南面少峯北依高嶺兼帶三川
聳石巃嵸飛泉縈映松蘿共筼簹交
葛桂栢與杞梓蕭森壯婉清虛實域
中之佳所其西臺最為秀麗即菩提
流支譯經處又是跋陁禪師宴坐之
所見有遺身之塔大業之末群賊以
火焚之不然遠近珎異寺西北嶺下
緱氏縣之東南鳳凰谷陳村亦名陳
堡即法師之生地也秋九月二十日
法師請入少林寺翻譯表曰沙門玄
奘言玄奘聞菩提路遠趣之者必假

資粮生死河深渡之者須憑舩筏資粮者三學三智之妙行非宿舂之類也舩筏者八忍八觀之淨業非方舟之徒也是以諸佛具而昇彼岸凡夫闕而沉生死由是茫茫三界俱溧七漏之河浩浩四生咸溺十纏之浪莫不波轉煙迴心迷意醉窮刼石而靡怠盡芥城而弥固曽不知駕三車而出火宅乘八正而適寶坊實可悲哉豈直秋之為氣良增歎矣寧惟孔父之情所以未嘗不臨食輟餐當寐而驚者也玄奘每惟此身衆緣假合念念無常雖岸樹井藤不足以儔危脆乹城水沫無以譬其不堅所以朝夕是期無望長久而歲月如流六十之年颷焉已至念玆遄速則生涯可知加復少因求法尋訪師友自他邦國無處不經塗路遐遥身力疲竭須年已來更增衰弱顧陰視景能復幾何既資粮未充前塗漸促無日不以此傷嗟筆墨陳之不能盡也然輕生多幸屬逢明聖蒙先朝不次之澤荷陛下非分之恩沭浴隆慈歲月久矣至

於增名益價發譽騰聲無翼而飛坐凌霄漢受四事之供超倫輩之華求之古人所未有也玄奘何德何功以至於此皆是天波廣潤日月曲臨遂使燕石為珎駑駘取貴撫躬內省唯深慙悪且害盈〔滿悪〕寔前哲之雅言少欲知足亦諸佛之誠言玄奘自揆藝業空虛名行無取天慈聖澤無宜以冐望乞體骨畢命山林礼誦經行以荅提舁又蒙陛下以輪王之尊布法王之化西域所得經本並令翻譯玄奘猥承人乏濫當斯任既奉天旨夙夜匪寧令已翻出六百餘卷皆三藏四含之宗要大小二乘之樞軸凡聖行位之林藪八万法門之海澤西域稱詠以為鎮國鎮方之典所須文義無披不得譬猶擇木鄧林隨求小大收珎海浦任取方圓學者之宗斯為繇歸玄奘用此奉報國恩誠不能盡雖然亦冀萬分之一也但斷伏煩惱必定慧相資如車二輪闕一不可至如研味經論慧學也依林宴坐定學也玄奘少來頗得專精教義唯於四

禪九定未暇安心今願託慮禪門澄心定水制情猨之逸躁繫意馬之奔馳若不毀迹山中不可成就竊承此州嵩高少室嶺嶂重疊峯澗多奇含孕風雲苞蘊仁智果藥豊茂蘿薜清虛實海內之名山域中之神岳其間復有少林伽藍閑居寺等皆跨枕巖壑縈帶林泉佛事尊嚴房宇閑邃即後魏三藏菩提流支譯經之處也實可依歸以修禪觀又兩踈朝士尚解歸海辞榮巢許俗人猶知栖真蘊素况玄奘出家為法翻滯闤中清風激人念之增媿者也伏惟陛下明踰七曜照極九幽伏乞允此愚誠特垂聽許使得絕囂塵於衆俗卷影迹於人間陪麋鹿之群隨鳧鶴之侶栖身片石之上庇影一樹之蔭守察心猨觀法實相令四魔九結之賊無所穿窬五忍十行之心相從引發作菩提之由漸為彼岸之良因外不累於皇風內有增於行業以此送終天之恩也儻蒙矜許則廬山慧遠雅操庶追剡岫道林清徽望續仍冀禪觀之餘時

問翻譯無任樂願之至謹詣闕奉表
以聞輕觸宸威追深戰越帝覽表不
許其月二十一日神筆自報書曰省
表知欲晦跡巖泉追林遠而架往託
慮禪寂軌澄什以標令仰挹風徽寔
所欽尚朕業空學寡靡究高深然以
淺識博聞未見其可法師津梁三界
汲引四生智皎心燈定凝意水非情
塵之所翳豈識浪之能驚道德可居
何必太華疊嶺空寂可舍豈獨少室
重巒幸戢來言勿復陳請則市朝大
隱不獨貴於昔賢見聞弘益更可珍
於即代勑既令斷表不敢更言法師
既奉勑書進啓謝曰沙門玄奘言使
人李君信至垂賜手詔銀鉤麗於丹
字睿藻警彼河圖磊落帶峯岳之形
郁潤挹風雲之氣不謂白藏之暮更
覩春葩之文身居瀍洛之間忽睹崐
荆之寶捧對歡忻手舞足蹈昔季重
蒙魏君之札唯敘睽離惠遠辱晉帝
之書纔令給米未覩詞兼空寂可含
之旨誨示大隱朝市之情固知聖主
之懷窮真蹔俗綜有該無超羲軒而

更高架曹馬逾遠者矣但玄奘素絲
之質尤畏朱藍葛藟之身寔希松杞
思願媲煙霞於少室偶泉石於嵩阿
允避溺之情終防火之志所以敢竭
愚瞽昧死陳聞庶陶甄之慈無遺㱿
鷇雲雨之澤不弃蠢蟄而明詔霈臨
不垂亮許仍降恩獎曲存輝賁五情
戰懼不知所守既戢來言不敢更請
謹附表謝聞唯增悚越冬十一月五
日佛光王晬曰法師又進法衣一具
上佛光王表曰沙門玄奘言玄奘聞
蘭榮紫畹遇之者必歡桂茂青溪逢
之者斯悅卉木猶尒況人倫乎況聖
胤乎伏惟皇帝皇后挹神睿之姿懷
天地之德撫寧區夏子育群生無復
大建伽藍廣興福聚益寶圖常恒不
變之業助鼎命金剛堅固之因既妙
善熏修故使皇太子機神日茂潞王
懿傑逾明佛光王岐嶷增朗可謂超
周越商與黃比崇子孫萬年之慶者
也玄奘猥以庸微時得衆見王等私
心踊悅誠歡誠喜今是佛光王誕晬
之日禮有獻賀輒率愚懷謹上法服

一具伏願王子萬神擁衛百福扶持
寤寐安和乳餔調適紹隆三寶摧伏
四魔行菩薩行繼如來事不勝瓊萼
天枝英華美茂歡喜之至謹附表并
衣以聞輕觸宸嚴追深戰越法師時
在積翠宮翻譯無時蹔輟積氣成疾
奏帝聞之不悅即遣供奉內醫呂
弘哲宣勑慰問法師法師悲喜不已
進表謝曰沙門玄奘言使人呂弘哲
等至宣勑慰問玄奘所患并許出外
將息慈言忽臨毛骸用起若對旒冕
如寘水淵玄奘攝慎乖方疾瘵仍集
自違離鑾蹕倍覺嬰纏心痛背悶骨
酸肉楚食眠頓絕氣息漸微慮有不
啚黷穢宮宇思欲出外自屏溝壑仍
恐驚動聖聽不敢即事奏聞遂依問
籍出至寺所病既因勞轉篤心亦分
隔明時乃有尚藥司醫張德志為針
療因漸瘳降得存首領還顧專輒之
罪自期粉墨之誅伏惟日月之明久
諒愚拙江海之澤每肆含容豈可移
幸於至微屈法於常典望申公道以
穆憲司枉獄為輕伏鈇是俟而殘塊

朽質仍被恩光撫臆言懷用銘肌骨自惟偃頓非復尋常縱微下里之憂亦盡生涯之冀但恨隆恩未荅末命先虧仰惟帝勤親勞薄狩期於閱武情在訓戎既昭仁於放麟又策勳於獻捷遐迩慶集上下歡并風后清壓山祇護野敬惟動止故極休貞申炯誡於十旬浹辰而返鄴宣遊於八駿寄迩而旋王乘可佇永懷以慰撫事廻惶終期殞越不勝荷懼之至謹奉表待罪以聞荒惴失啚伏聽勅旨帝覽表甚歡經三日後遣使迎法師入四事供養留連累日勅送法師還積翠宮仍舊宣譯焉冬十二月改洛陽宮為東都嬿封畿之禰隘乃東分鄭州之汜水懷州之河陽西廢穀州取宜陽永寧新安澠池等縣皆隸屬焉法師以鄉邑增貴修表賀曰沙門玄奘言竊聞鶉首錫秦上帝兆金城之據龜圖薦夏中畿啓玉泉之窺是知靈貺所基皇猷顯屬昌誦由其卜遠高光所以闡期允迪厥猷率遵斯在伏惟　皇帝皇后揆物裁務懸衡撫俗

即土中之重隩逅虞巡而駐蹕因舊制之壞偉儀鎬京而建郛仍以卑宮載懷改作勞於蕢役馭奔在念斬居逸於晨興自非折中華夷均一徭輸豈能留連

聖眷煥汗綸言是以令下之初山川爵其改觀拓制爰始烟霎霏而動色飛甍日麗馳道風清神期盻嚮彝倫郁穆若賦武昌之魚樂遷王里爭傘玄亭之鸛願奉屬車既小晉鄴之依更福劉張之榮前王齷齪豈洛遍開我后牢籠伊咸丕建麟宗克茂鼎祚惟遠自可東宴平樂西臨建章佇吹笙而駐壽康在藻而流詠蕩蕩至公巍巍罕述奘散材莫効貽懼增深但三川之郊猥露故里千載之幸爵為新邑華門雖翳苴命猶存喜編轂下匪懃閱外况光宅之慶遐迩所同歡聖上九安庸微所特荷不勝喜抃之極謹奉表陳謝以聞

大唐大慈恩寺三藏法師傳卷第九

大唐大慈恩寺三藏法師傳卷第九

校勘記

一　底本，金藏廣勝寺本。

一　一〇七頁中四行「三年正月隨車駕還西京」，資、磧、普、南、徑、清作「二年十一月法師謝勅問病表」。

一　一〇七頁中一三行「奘聞」，諸本(不含石　下同)作「玄奘聞」。

一　一〇七頁下八行「餘芬」，資、磧、普、南、徑、清作「餘芳」。

一　一〇七頁下九行「抑揚」，諸本作「抑揚」，下同。又末字「鎔」，諸本作「鎔」。

一　一〇七頁下一二行第三字「城」，資、磧、普、南、徑、清作「成」。

一　一〇七頁下一六行第六字「邁」，磧、南作「過」；普、徑、清作「道」。

一　一〇七頁下一七行第九字「因」，資、磧、普、南、徑、清無。

一　一〇八頁上二行第二字「祠」，資、磧、普、南、徑、清作「詞」。

一〇八頁上五行第一二字「蹟」，徑作「頤」。下同。

一〇八頁上八行第四字「鄉」，資、磧、普、南、徑、清作「卿」。

一〇八頁上九行「楊法鼓」，諸本作「揚法鼓」。

一〇八頁上一〇行第一三字「昌」，諸本作「冐」。下同。

一〇八頁上一三行末字「蟠」，資、磧作「盤」。

一〇八頁上一八行第二字「宸」，資、磧、普、南、徑、清作「紫宸」。又第五字「蒙」，普、南、徑、清無。

一〇八頁上末行「分芳」，諸本作「芬芳」。

一〇八頁中二行「湧洛」，資、磧、普、南、徑、清作「洛浦」。

一〇八頁中四行「合壁」，資、普、南、徑、清作「含壁」。

一〇八頁中六行第三字「爐」，諸本作「攎」。又「泥首」，麗作「俛首」。

一〇八頁中八行「喜慶」，資、磧、普、南、徑、清作「慶抃」。

一〇八頁中一五行「垂摳握符」，資、磧作「垂樞握褢」；普、南、徑、清作「乘樞握褢」；麗作「乘樞握符」。

一〇八頁中二〇行第七字「瞎」，諸本作「瞻」。

一〇八頁下三行首字「仰」，資、磧、普、南、徑、清作「跂」。又「道文」，資、磧、普、南、徑、清作「通文」。又「探賾」，麗作「探至頤」。

一〇八頁下五行「環桒」，麗作「還桒」。

一〇八頁下七行第一一字「丼」，資、磧、普作「漿」。

一〇八頁下九行「亟垂」，麗作「極垂」。

一〇八頁下一四行「王君德」，諸本作「臣王君德」。

一〇八頁下一五行第一一字「大」，資、磧、普、南、徑、清無。次頁中二二行首字同。

一〇八頁下一六行第五字「送」，資、磧、普、南、徑、清作「往」。

一〇八頁下一七行第一二字「師」，諸本無。

一〇八頁下二〇行第七字「幢」，諸本作「播」。

一〇八頁下二一行「百餘乘」，資、磧、普、南、徑、清作「千餘乘」。又「七日寘」，徑、清作「七日瞑」。

一〇九頁上一二行第一三字「詩」，徑作「峙」。

一〇九頁上一三行第六字「霞」，南、徑、清作「露」。

一〇九頁中四行第二字「因」，資、磧、普、南、徑、清作「固」。

一〇九頁中一五行首字「楊」，諸本作「揚」。

一〇九頁中一七行首字「峻」，諸本作「浚」。

一〇九頁中一八行「東北」，資、磧、普、南、徑、清作「東南」。

一　一〇九頁中一九行第一一字「拱」，資作「栱」。

一　一〇九頁中二二行第四字「揩」，諸本作「楷」。本頁下三行第八字同。

一　一〇九頁下二行第五字「摸」，資、磧、普、南、徑、清作「模」。

一　一〇九頁下四行第一三字「𩊓」，資、磧、普、南、徑作「狎」；清作「押」。

一　一〇九頁下七行第二字「王」，普、南、徑、清作「三」。又「劉邵」，資、磧、普、南、徑、清作「劉劭」。

一　一〇九頁下一一行「道健」，資、磧作「道健」；普、南、徑、清、麗作「道健」。

一　一〇九頁下一四行末二字至次行首字「涉淩山」，資、磧、普、南、清作「步淩山」；徑作「步靈山」。

一　一一〇頁上五行第六字「矝」，諸本作「矜」。

一　一一〇頁上一一行「悚戴」，資、磧、普、南、徑、清作「竦戴」。

一　一一〇頁上一二行「奉表」，資、磧、普、南、徑、清作「先奉表」。

一　一一〇頁上一四行第二字「新」，資、磧、普、南、徑、清作「初」。

一　一一〇頁上一六行首字「問」，諸本作「聖問」。

一　一一〇頁上二〇行第四字「偱」，麗作「臨」。

一　一一〇頁上二一行第一一字「蒙」，資、磧、普、南、徑、清作「承」。

一　一一〇頁上二二行第九字「鬼」，諸本作「魂」。

一　一一〇頁中六行「往貞觀十一年中」，資、磧、普、南、徑、清作「貞觀十一年」。

一　一一〇頁中一一行末字「有」，資、磧、普、南、徑、清作「先有」。

一　一一〇頁中一七行「旦夕」，資、磧、普、南、徑、清作「日夕」。

一　一一〇頁中一八行第二字「枕」，磧、南、徑、清作「增」。

一　一一〇頁下一行「澆訛」，諸本作「人澆」。又「權依」，資、磧、普、南、徑、清作「且權依」。

一　一一〇頁下三行「制文」，諸本作「制條」。

一　一一〇頁下四行「女道士」，資、磧、普作「女道」。

一　一一〇頁下九行末字「陽」，資、磧、普、南、清作「湯」。

一　一一〇頁下一三行第一一字「垂」，諸本作「乘」。

一　一一〇頁下一四行「宣闡」，資、磧、普、南、徑、清作「宣闕」。又「藻飾」，諸本作「落飾」。

一　一一〇頁下二一行「平章」，資、磧、普、南、徑、清作「平反」。又「奸妄」，資、磧、普、南、徑、清作「姦惡」。

一　一一〇頁下二二行末字「忝」，普、南作「恭」。

一　一一〇頁下末行第三字「以」，資、磧、普、南、徑、清作「忌」。

一　一一一頁上二行「悚戴之至」，資、

磧、普、南、徑、清作「竦戴之誠」；麗作「悚戴之至」。又「奉表」，資、磧、普、南、徑、清作「先奉表」。

一　一一一頁上三行第一二字「矣」，資、磧、普、南、徑、清無。

一　一一一頁上六行第四字「見」，諸本無。

一　一一一頁上七行第七字「心」，資、磧、普、南、徑、清作「誠」。

一　一一一頁上一二行「法明」，諸本作「法門」。

一　一一一頁上二〇行第五字「惜」，普、南、徑、清作「措」。

一　一一一頁上末行首字「等」，資作「寺」。

一　一一一頁中二行首字「願」，麗作「惟」。

一　一一一頁中八行首字「經」，諸本作「譯」。

一　一一一頁中一〇行第二字「曰」，資、磧、普、南、徑、清無。

一　一一一頁中一一行末字至次行第三字「其月一日」，磧作「其月五日」；麗作「至十一月五日」。

一　一一一頁中一二行「袈裟一」，資、磧、普、南、清作「袈裟一頂」，徑作「袈裟一領」。

一　一一一頁中一四行第三字「賚」，資、磧、普、南、徑、清作「賜」。

一　一一一頁中一八行「禹婁」，資、磧、普、南、徑、清作「離婁」。

一　一一一頁中一九行「入室」，資、磧、普作「之室」。又「旋俯」，資、磧作「施府」；普作「施俯」。

一　一一一頁下二行「不住」，諸本作「不任」。

一　一一一頁下四行末字「玄」，資、磧、普、南、徑、清無。

一　一一一頁下七行「周王之盛」，資、磧、普、南、徑、清作「國王之盛」；麗作「周王之慶」。

一　一一一頁下八行第一一字「日」，資、磧、普、南、徑、清無。

一　一一一頁下一三行第二字「懷」，資、磧、普、南、徑、清無。

一　一一一頁下一四行第六字「旋」，資、磧、普作「施」。

一　一一一頁下一八行第一一字「且」，麗無。

一　一一一頁下二一行末字「盛」，麗作「茂」。

一　一一二頁上一行第三字「扸」，資、普、南、徑、清作「祚」。

一　一一二頁上四行第八字「間」，資、磧、普、南、徑、清作「聞」。

一　一一二頁上五行「已訖」，麗作「已訖果生男」。

一　一一二頁上八行第五字「表」，諸本無。

一　一一二頁上九行「夫人」，諸本作「天人」。又「載弄」，資、磧、普、南、徑、清作「載算」。

一　一一二頁上一三行「斑柯」，麗作「琁柯」。

一　一一二頁上一七行「虛陰」，資、磧、普、南、徑、清作「靈陰」。

一　一一二頁上一九行第五字「階」，麗作「陛」。

一　一一二頁上二〇行「前恩」，麗作「前思」。又「持服」，諸本作「法服」。

一　一一二頁中七行第二字「峻」，資、磧、普、南、徑、清作「志」。

一　一一二頁中九行「惟如」，諸本作「惟始」。

一　一一二頁中一三行首字「奘」，諸本作「玄奘」。又第四字「嘉」，資、磧作「喜」。

一　一一二頁中一四行第一〇字「緬」，資、磧、普、南、徑、清作「緒」。又第一三字「其」，諸本作「斯」。

一　一一二頁中二一行第一一字「恃」，資、磧、普、南、徑、清作「持」。

一　一一二頁下四行「令月嘉晨」，資、磧、普、南作「令月嘉辰」；徑、清作「令月嘉辰」。

一　一一二頁下六行第四字「百」，南、徑、清作「迫」。

一　一一二頁下一四行第八字「境」，徑作「墇」。

一　一一二頁下一九行「而彼岸」，諸本作「而昇彼岸」。

一　一一二頁下二二行第五字「謂」，諸本作「爲」。

一　一一三頁上三行「翹顒」，資、磧、普、南、徑、清作「顒顒」。

一　一一三頁上四行「三歸」，資、磧、普、南、徑、清作「三皈依」。

一　一一三頁上五行第五字「傳」，麗無。又「法師」，麗作「於法師」。

一　一一三頁上六行首字「一」，諸本作「二」。

一　一一三頁上九行第一二字「之」，資、磧、普、南、徑、清無。

一　一一三頁上一八行「皇陛」，諸本作「皇階」。又「天下」，資、磧、普、南、徑、清作「與群下」。

一　一一三頁上一九行「與佛光奇子」，資、磧、普、南、徑、清作「奇佛光高子」；麗作「期佛光奇子」。

一　一一三頁上二〇行第一三字「資」，諸本作「姿」。

一　一一三頁上二一行第九字「俗」，諸本作「僧」。

一　一一三頁上二二行「允副絲綸」，資、磧、普、南、徑、清作「允嗣僧倫」。

一　一一三頁上末行首字「承」，麗作「當」。

一　一一三頁中二行第四字「表」，麗作「奏」。

一　一一三頁中六行「育德」，磧作「有德」。

一　一一三頁中七行「天祠」，徑作「天詞」。

一　一一三頁中八行「玉顏」，資、磧作「王顏」。又「晨夕」，資、磧、普、南、徑、清作「日夕」。

一　一一三頁中一二行首字「哉」，資、磧、普、南、徑、清無。

一　一一三頁中一五行「待御」，諸本作「待馭」。又「幸承」，麗作「幸

蒙」。

一 一一三頁中一九行「寶子」，麗作「寶字」。又「澡餅」，麗作「藻餅」。

一 一一三頁中二〇行「澡豆榼」，麗作「藻豆合」。

一 一一三頁中二二行第六字「夫」，資、磧、普、南、徑、清無。

一 一一三頁下五行第六字「曾」，資、磧、普、南、徑、清作「善」。

一 一一三頁下一五行第四字「命」，諸本作「令」。又末字「誠」，麗作「情」。

一 一一三頁下一八行首字「層」，諸本作「曾」。

一 一一三頁下二〇行第七字「既」，資、磧、普、南、徑、清無。又末字「楊」，諸本作「揚」。

一 一一三頁下二二行「玉字」，諸本作「玉宇」。

一 一一三頁下末行「瑶水」，磧、南、徑、清作「瑶池」。

一 一一四頁上一行「涼風」，諸本作「涼颸」。

一 一一四頁上二行「喬林」，資、磧、普、南、徑、清作「惟林」。又「九逝」，資、磧、普、南、徑、清作「九遊」。

一 一一四頁上三行末字「氷」，資、磧、普、南、徑、清作「水」。

一 一一四頁上五行「二十」，諸本作「三十」。

一 一一四頁上七行末字「庸」，資、磧、普、南、徑、清作「康」。

一 一一四頁上一一行第一〇字「纂」，資、普作「邁」。

一 一一四頁上一二行首字「敷」，磧作「放」。

一 一一四頁上一八行末字至次行首四字「三十卷木翻」，諸本作「百三十卷未翻」。

一 一一四頁中三行第一三字「焉」，諸本無。

一 一一四頁中七行「淪滅」，資、磧、普、南、徑、清作「湮滅」；麗作「滅夷」。

一 一一四頁中八行「二人」，資、磧、普、南、徑、清作「一人」。

一 一一四頁中一二行「二人」，資、磧、普、南、徑、清作「一人」。又第三字「卜」，資作「小」。

一 一一四頁中末行「亟曆」，資作「函歷」；磧、普、南、徑、清作「亟歷」；麗作「彌歷」。

一 一一四頁下一行「山河」，諸本作「關山」。又「陪隨」，麗作「陪從」。

一 一一四頁下二行第九字「成」，麗作「遂」。

一 一一四頁下三行第四字「蒙」，資、普、南、徑、清無。

一 一一四頁下八行「無非」，麗作「並」。

一 一一四頁下一五行第九字「壯」，資、普作「杜」。

一 一一四頁下一七行「趺陁」，諸本作「跋陀」。

一 一一四頁下一八行第六字「之」，資、磧、普、南、徑、清作「定」。

一 一一四頁下二〇行第九字「谷」，

資無。
一一四頁下二一行首字「堡」，資、磧、普、南、徑、清作「堡谷」。
一一五頁上二行第一二字「春」，資作「春」。
一一五頁上七行「熛迴」，諸本作「煙迴」。
一一五頁上八行首字「怠」，麗作「殆」。
一一五頁上一三行「井藤」，資、磧、普、南、徑、清作「井藤」。
一一五頁上一七行第四字「因」，徑、清作「固」。又「他邦」，資、磧、普、南、徑、清作「邦他」。
一一五頁上一八行「須年」，諸本作「頃年」。
一一五頁上二一行「輕生」，清作「經生」。
一一五頁中六行「寔前哲」，資、磧、普、南、徑、清作「乃前哲」。
一一五頁中九行「體骨」，諸本作「骸骨」。

一一五頁中一三行第二字「匪」，磧、普、南、徑、清作「靡」。
一一五頁中一六行「鎮方」，資、磧、普、南、徑、清作「方」。
一一五頁下二行「意烏」，資、磧、普、南、徑、清作「意馬」。
一一五頁下六行第二字「實」，資、磧、普、南、徑、清無。
一一五頁下七行第一三字「枕」，諸本作「枕」。
一一五頁下一〇行「依歸」，資、磧、普、南、徑、清作「歸依」。
一一五頁下一一行第二字「海」，資、普、南、徑、清作「悔」。又第一二字「真」，資、磧、普、南、徑、清作「箕」。
一一五頁下一四行第八字「允」，諸本作「亮」。
一一五頁下二一行第一一字「天」，資作「于」。
一一六頁上七行「愽聞」，諸本作「薄聞」。

一一六頁上一三行「吏言」，麗作「復言」。
一一六頁上一六行第四字「欝」，麗作「蔚」。
一一六頁上一八行「湹洛之間」，資、磧、普、南、徑、清作「伊洛之澗」；麗作「伊洛之間」。又「忽瞻」，諸本作「忽矚」。
一一六頁上二〇行第五字「礼」，諸本作「札」。
一一六頁上二二行「大隱」，資、普、南、徑、清作「人隱」。又「朝市」，徑作「市朝」。
一一六頁中一行第三字「架」，麗作「駕」。
一一六頁中六行「明詔」，資、磧、普、南、徑、清作「明照」。
一一六頁中七行「曲存」，徑、清作「曲在」。
一一六頁中九行「表謝聞」，資、磧、普、南、徑、清作「謝文」。
一一六頁中一二行「紫畹」，資、磧、

普、南、徑、清作「紫苑」。又「遇之者必歡」，資、普、南、徑、清作「過之者必觀」；磧、麗作「過之者必歡」。

一一六頁中二〇行「與黃」，資、磧、普、南、徑、清作「與黃帝」。又「子孫」，諸本作「子子孫孫」。

一一六頁中末行「愚懷」，麗作「愚誠」。又「法服」，資、磧、普、南、徑、清作「法衣」。

一一六頁下七行第五字「之」，資、磧、普、南、徑、清無。

一一六頁下一二行「水淵」，諸本作「氷泉」。又第一一字「疾」，麗作「疹」。

一一六頁下一四行第一二字「慮」，資、磧、普、南、徑、清作「恐」。

一一六頁下一六行末字「問」，資、磧、普、南、徑、清作「門」。

一一六頁下一七行第八字「因」，資、磧、普、南、徑、清作「困」。

一一六頁下一八行第一三字「爲」，麗作「爲其」。

一一六頁下二一行第八字「每」，資、磧、普、南、徑、清作「特」。

一一六頁下末行末字「塊」，諸本作「䰟」。

一一七頁上二行「下里」，資作「下理」；磧、普、南、徑、清作「下俚」。

一一七頁上四行第九字「薄」，麗作「蒋」。

一一七頁上六行第二字「撻」，諸本作「鳳」。又第一二字「后」，磧、普、南、徑、清作「伯」。

一一七頁上七行「故極休貞」，麗作「固極休禎」。又末字「焔」，資、磧、普、南、徑、清作「炯」。

一一七頁上九行「王乗」，資、磧、普、南、徑、清作「玉乘」；麗作「王駕」。又「永懷」，資、磧、普、南、徑、清作「氷懷」。

一一七頁上一六行「殺州」，資、普、南、徑、清作「殺州」。

一一七頁上一八行第一〇字「駕」，諸本作「賀」。

一一七頁中一行第七字「迊」，磧、普、南、徑、清作「遮」；麗作「匝」。

一一七頁中二行第八字「而」，資、普、徑作「西」。

一一七頁中七行「動色」，資、磧、普、南、徑、清作「色動」。

一一七頁中八行「飛莬」，諸本作「飛鳧」。

一一七頁中九行末字「仚」，諸本作「企」。

一一七頁中一四行第五字「康」，資、磧、普、南、徑、清作「秉」。

一一七頁中一五行第五字「奘」，資、磧、普、南、徑、清作「玄奘」。

一一七頁中一六行第六字「露」，諸本作「霑」。

一一一七頁中二〇行「以聞」，諸本作「以聞三年春正月駕還西京法師亦隨歸」。

大唐大慈恩寺三藏法師傳卷第十　通

沙門慧立本　釋彥悰箋

起顯慶三年正月車駕自洛還西京
西明寺終至麟德元年二月玉華宮
捨化

勑法師徙居西顯慶三年正月駕自東都還西京法師亦隨還秋七月再有
明寺以元年秋八月戊子十九日
造先有　勑曰以延康坊濮王故宅為
皇太子分造觀寺各一命法師案行
其處還奏地窄不容兩所於是總用
營寺其觀改就普寧坊仍先造寺其
年夏六月營造功畢其寺面三百五
十步周圍數里左通衢腹背廛落青
槐列其外淥水亘其間亹亹耽耽都
邑仁祠此為最也而廊殿樓臺飛驚
接漢金鋪藻棟眩日暉霞凡有十院
屋四千餘間莊嚴之盛雖梁之同泰
魏之永寧所不能及
勑先委所司簡大德五十人侍者各
一人後更令詮試業行童子一百五
十人擬度至其月十三日於寺建齋
度僧命法師看度至　七月十四日
迎僧入寺其威儀幢蓋音樂等一如
入慈恩及迎碑之則　勑遣西明寺
給法師上房一口新度沙弥海會等
十人充弟子
大帝以法師先朝所重嗣位之後禮
敬逾隆中使朝臣問慰無絕䞋施綿
帛綾錦前後万餘段法服納袈裟等
數百事法師受已皆為國造塔及營
經像給施貧窮并外國婆羅門客等
隨得隨散無所貯畜發願造十俱胝
像百万為一俱胝並造成矣東國重
於般若前代雖翻不能周備衆人更
請委翻然般若部大京師多務又人
命無常恐難得了乃請於玉華宮
翻譯上許焉即以四年十月法師從
京發向玉華宮并翻經大德及門徒
同去其供給諸事一如京下至彼安
置肅誠院至五年春正月一日起首
翻大般若經經有二十万頌文既廣
大學徒每請刪略法師將順衆意如
羅什所翻除繁去重作此念已於夜
夢中即有極怖畏事以相驚誡或
見乘危嶺或見猛獸搏人流汗戰

慄方得免脫覺已驚懼向諸衆說還
依廣翻夜中乃見諸佛菩薩眉間放
光照觸已身心意怡適法師又自見
手執華燈供養諸佛或昇高座為衆
說法多人圍遶讚歎恭敬或夢見有
人奉已名果覺而喜慶不敢更删一
如梵本佛說此經凡在四處一王舍
城鷲峯山二給孤獨園三他化自在
天王宮四王舍城竹林精舍揔一十
六會合為一部然法師於西域得三
本到此翻譯之日文有疑錯即挍三
本以定之殷勤省覆方乃著文審慎
之心自古無比或文乖旨奧意有躊
躇必覺異境似若有人授以明決情
即豁然若披雲覩日自云如此悟處
豈奘淺懷所通並是諸佛菩薩所冥
加耳經之初會有嚴淨佛土品品中
說諸菩薩摩訶薩衆為般若波羅蜜
故以神通願力盛大千界上妙珎寶
諸妙香花百味飲食衣服音樂隨意
所生五塵妙境種種供養嚴說法處
時玉華寺主慧德及翻經僧嘉尚其
夜同夢見玉華寺內廣博嚴淨綺飾

莊嚴幢帳寶輿華幡伎樂盈滿寺中
又見無量僧衆手執花蓋如前供具
共來供養大般若經寺內衢巷墻壁
皆莊綺錦地積名花衆共履踐至翻
經院其院倍加勝妙如經所載寶莊
嚴土又聞院內三堂講說法師在中
堂敷演既覩此已歡喜驚覺俱參法
師說所夢事法師云今正翻此品諸
菩薩等必有供養諸師等見信有是
乎時殿側有雙㮈樹忽於非時數數
開花花皆六出鮮榮紅白非常可愛
時衆詳議云是般若再闡之徵又六
出者表六到彼岸然法師翻此經時
汲汲然恒慮無常謂諸僧曰玄奘今
年六十有五必當卒命於此伽藍經
部甚大每懼不終努力人加勤懇勿
辭勞苦至龍朔三年冬十月二十三
日方乃絶筆合成六百卷稱為大般
若經焉合掌歡喜告徒衆曰此經於
漢地有緣玄奘來此玉華者經之力
也向在京師諸緣牽乱豈有了時今
得終訖並是諸佛冥加龍天擁祐此
乃鎮國之典人天大寶徒衆宜各踊

躍欣慶時玉華寺都維那寂照慶賀
功畢設齋供養是日請經從肅誠殿
往嘉壽殿齋所講讀當迎經時般若
放光諸天雨花并聞空中音樂非常
香氣既覩靈瑞倍增嘉慰謂門人曰
經自記此方當有樂大乘者國王大
臣四部徒衆書寫受持讀誦流布皆
得生天究竟解脫既有此文不可緘
默至十一月二十日令弟子窺基奉表
奏聞請御製經序至十二月七日通
事舍人馮茂宣勅垂許法師翻般若
後自覺身力衰竭知無常將至謂門
人曰吾來玉華本緣般若今經事既
終吾生涯亦盡若無常後汝等遣吾
宜從儉省可以蘧蒢裹送仍擇山澗
僻處安置勿近宮寺不淨之身宜須
屏遠門徒等聞之哀慟各收淚啓曰
和上氣力尚可尊顏不殊於舊何因
忽出此言法師曰吾自知之汝何
由得解麟德元年春正月朔一日翻
經大德及玉華寺衆慇懃啓請翻大
寶積經法師見衆情專至俛仰翻數
行訖便攝梵本停住告衆曰此經部

軸爲大般若同玄奘自量氣力不復辦此死期已至勢非賒遠今欲往蘭芝等谷礼拜辞俱胝佛像於是爲門人同出僧衆相顧莫不潸然礼訖還寺專精行道遂絶翻經至八日有弟子高昌僧玄覺夢見有一浮啚端嚴高大忽然崩倒見已驚起告法師法師曰非汝身事是吾滅謝之徵至九日暮間於房後度渠脚跌倒脛上有少許皮破因即寢疾氣候漸微至十六日如從夢覺口云吾眼前有白蓮華大於盤鮮淨可愛十七日又夢見百千人形容偉大俱著錦衣將諸綺繡及妙花珎寶裝法師所卧房宇以次裝嚴遍翻經院内外爰至院後山嶺林木悉竪幡幢衆彩間錯并奏音樂門外又見无數寶輿輿中香食美菓色類百千並非人中之物各各擎來供養於法師法師辝曰如此珎味證神通者方堪得食玄奘未階此位何敢輙受雖此推辞而進食不止侍人謦咳遂尔開目因向寺主慧德具說前事云玄奘一生以來所修

福慧准斷相貌似功不唐捐信知佛教因果並不虛也遂命僧嘉尚法師具録所翻經論合七十四部揔一千三百三十八卷又録造俱胝畫像弥勒像各一千幀又造塑像十俱胝又抄寫能斷般若藥師六門陁羅尼等經各一千部供養悲敬二田各万餘人燒百千燈贖數万生録訖令嘉尚宣讀聞已合掌憘慶又告門人曰吾无常期至意欲捨墮宜命有緣揔集於是罄捨衣資更令造像并請僧行道至二十三日設齋䞋施其日又命塑工宋法智於嘉壽殿竪菩提像骨已因從寺衆及翻經僧并門徒等乞歡喜辞別云玄奘此毒身深可厭患所作事畢无宜久住願以所修福慧迴施有情共諸有情同生覩史多天弥勒内眷屬中奉事慈尊佛下生時亦願隨下廣作佛事乃至无上菩提辞訖因默正念時復口中誦色蘊不可得受想行識亦不可得眼界不可得乃至意界亦不可得眼識界不可得乃至意識界亦不可得无明不可得

乃至老死亦不可得乃至菩提不可得不可得亦不可得復口說偈教傍人云南无弥勒如來應正等覺願爲含識速奉慈顔南无弥勒如來所居内衆願捨命已必生其中時寺主慧德又夢見千軀金像從東方來下入翻經院香花滿空至二月四日夜半看病僧明藏禪師見有二人各長一丈捧白　蓮華如小車輪花有三重葉長尺餘光淨可愛將至法師前擎花人云師從无始已來所有損惱有情諸有惡業因令小疾並得消除應可欣慶法師顧視合掌良久遂以右手而自支頭次以左手申左脛上舒足重壘右脇而卧迄至屬纊竟不迴轉不飲不食至五日夜半弟子光等問和上決得生弥勒内衆院不法師報云得生言訖喘息漸微少間神逝侍者人不覺（屬纊方委從足）向上漸冷最後頂暖顔色赤白怡悅勝常過七七日竟无敗變亦无異氣自非定慧莊嚴戒香資被孰能致此又慈恩寺僧明慧業行精苦初中後夜念誦經行无時懈

發於法師亡夜子後旋遶佛堂行道
見北方有白虹四道從北亘南貫井
宿直至慈恩塔院皎潔分明心恠所
以即念往昔如来滅度有白虹十二
道從西方直貫太微於是大聖遷化
今有此相將非玉華法師有無常事
耶天曉向衆說其所見衆咸恠之至
九日旦凶問至京正符虹現之象聞
者嗟其感異法師身長七尺极身赤
白色眉目疎朗端嚴若聖美麗如畫
音詞清遠言談雅亮聽者無猒或處
徒衆或對嘉賓一坐半朝身不傾動
服尚乹陁裁唯細氎脩廣適中行步
雍容直前而視輙不顧眄滔滔焉若
大江之紀地灼灼焉類芙蕖之在水
加以戒範端凝始終如一愛惜之志
過護浮囊持戒之堅超逾繫草性愛
恬簡不好交遊一入道場非朝命不
出法師亡後西明寺上座道宣律師
有感神之德至乹封年中見有神自
云弟子是韋將軍諸天之子主領鬼
神如来欲入涅盤勅弟子護持贍部
遺法比見師戒行清嚴留心律部四

方有疑皆来諮决所制輕重儀時有
乖錯師年壽漸促文記不正註誤後
人以是故来示師佛意因指宣所出
律抄及輕重儀僻謬之處並令改正
宣聞之悚慄悲喜因問經律論等心
所不决者神並為决之又問古来傳
法之僧德位高下并問法師神荅云
自古諸師解行互有短長而不一准
但如奘師一人九生已来備修福慧
生生之中多聞博洽聰慧辯才於贍
部洲支那國常為第一福德亦然其
所翻譯文質相兼無違梵本由善業
力今見生覩史多天慈氏内衆聞法悟
解更不人間受生神授語訖辭別而
還宣因録入別記見在西明寺藏矣
自非法師高才懿德乃神明知之豈
凡情所測度法師病時撿挍翻經使
人許玄備以其年二月三日奏云法
師因損足得病至其月七日勅中御府
供奉醫人張德志程桃捧將藥急赴
比至法師已終醫藥不及時坊州刺
史竇師倫奏法師已亡帝聞之哀慟
傷感為之罷朝曰朕失國寶矣時文武

百寮莫不悲哽流涕帝言已嗚噎悲不能
勝帝翌日又謂群臣曰惜哉朕國内
失奘師一人可謂釋衆梁摧矣四生
无導矣亦何異於苦海方闌舟檝遽沉
暗室猶昏燈炬斯掩
帝言已嗚咽不怡至其月二十六日下
勅曰竇師倫所奏玉華寺僧玄奘既
亡葬事所須並令官給至三月六日
又有
勅曰玉華寺僧玄奘亡其翻經之事
且停已翻成者准舊例官為抄寫自
餘未翻者總付慈恩寺守掌勿令損
失其玄奘弟子及同翻經僧先非玉
華寺僧者宜各放還本寺至三月十
五日又有　勅曰故玉華寺僧玄奘
葬日宜聽京城僧尼造幡蓋送至
墓所法師道茂德高為明時痛惜故
於亡後重疊降恩求之古人无比此
也於是門人遵其遺命以籧篨為轝
奉神柩還京安置慈恩翻經堂内弟
子數百哀號動地京城道俗奔赴哭
泣日數百千以四月十四日將葬滻之
東都内僧尼及諸幢越共造殯送之

儀素蓋白幢泥洹帳轝金棺銀槨娑
羅等五百餘事布之街衢連雲接漢
悲笳悽挽響逸穹宇而京邑及諸州
五百里内送者百餘万人雖復喪事
華整而法師神柩仍在蘧篨本轝
東市絹行用繒三千疋結作泥洹轝兼
以花珮莊嚴極為殊妙請安神柩門
徒等恐虧師素志不許乃以法師三
衣及國家所施百金之納置以前行
蘧篨轝次其後觀者莫不流淚哽塞
是日緇素宿於帳所者三万餘人十五
日旦掩坎訖即於墓所設齋而散是
時天地變色鳥狩鳴哀物感既然則
人悲可悉皆言愛河尚淼慈舟遽沉
永夜猶昏慧燈光滅攀戀之痛如亡
眼目不直比之山頹木壞而已惜哉
至　總章二年四月八日
勑徙葬法師於樊川北原營建塔宇
蓋以舊所密迩京郊禁中多見時傷
聖慮故改卜焉至於遷殯之儀門徒
哀感行侶悲慟切彼性初鳴呼
釋慧立論曰觀夫夜星霄月繼西日
之明三江九河助東溟之大相資之

道在物既然傳龒之風於人豈異自
法王潛輝之後阿難結集巳来歳越
千年時逾十代聖賢閒出英睿挺生
各韞雄圖俱苞上智負荷遺法控御
天人道御風飈神傾海岳或舒指而
流膏液或異室而朗奇光或連尸以
伏天魔或一對而迴時主或頴通法於
邊剎冒風波於嶮塗或虛巳以應物
求果報而行死地終令玄津溢潒惠
濟无彊既益傳燈寔符付囑考之前
冊可不然哉而清源不窮今復遇法
師嗣承之矣惟法師星像降靈山岳
騰氣才過東箭譽美南金雅操不
群堅芳獨拔以四生為巳任建正法
為身事巍巍乎似嵩華之負穹蒼
皎皎焉若琅玕之映澄海而聰檖俊
骨發於自然味道輕榮率由天性至
夫多識洽聞之奧冠恒聳而逾高詳
玄造微之切跨生融而更遠滔滔乎
蕩蕩乎實紹隆之器也神之將使像
化重光於頹季之期故誕茲明德者
矣法師以今古大德闡揚經論雖復
俱依聖教而引據不同諍論紛然其

来自久至如梨耶是報非報化人有
心无心和合怖數之徒聞熏滅不滅
等百有餘科並三藏四含之盤根大
小兩宗之鉗鍵先賢之所不决今哲
之所共疑法師亦躊躕此文怏怏斯
旨慨然嘆曰此地經論蓋法門枝葉
未是根源諸師雖各起異端而情
疑莫遣終須括囊大本取定於祇桓
耳由是壯志發懷馳心遐外以貞觀
三年秋八月立誓裝束拂衣而去到
中天竺那爛陁寺逢大法師名尸羅
跋陁此曰戒賢其人體二居宗神鑒
奧遠博閑三藏善四韋陁於十七地
論宷為精熟以此論該冠衆經亦備
常宣誦尤是弥勒菩薩所造即攝大
乘之根系是法師發軔之所祈者十
六大國靡不歸宗稟義學之徒恒
有万許法師既往修造一面盡歡以
為相遇之晚於是伏膺聽受兼諮决
所疑一遍便覆无所遺忘辭潒氾之
納群流若孟諸之吞雲夢彼師嗟佐
嘆未曾有云若斯人者聞名尚難豈
謂此時共談玄耳法師從是聲振慈

西名流八國彼諸先達英傑聞之皆宿構重關共來難詰鴈行魚累數鶩肩隨其並論之詞雲屯雨至法師從容辯釋皆入其室操其戈取其牟擊其盾莫不人人亟轍解頤虔伏稱為此公天縱之才難酬對也戒日王等見之抃喜皆肘步嗚足傾珎供養罷席之後更學梵書并餘經論自如來一代所說者山方等之教鹿苑半字之文爰至後聖馬鳴龍樹無著天親諸所製作及灰山住等十八異執之宗五部殊塗之致並搜羅研究達其旨得其文并佛處世之跡如泥洹堅固之林降魔菩提之樹迦路崇高之塔那揭留影之山皆躬申礼敬備覩靈奇亦無遺矣法師心期既滿學覽復周將旋本土遂繕寫大小乘法教六百餘部請像七軀舍利百有餘粒以今十九年春正月二十五日還至長安道俗奔迎傾都罷市是時也煙收霧卷景麗風清寶帳盈衢花幢擁日慶雲垂彩於天表郁郁紛紛庶士詠讚於通莊轟轟隱隱邪風於焉頓

戢慧日赫以重明雖不逢世尊從忉利之下闍浮此亦足為千載之休美也法師此行經塗數萬備歷艱危至如涸陰冱寒之山飛波激浪之壑厲毒黑風之氣狻猊貙豻之群並法顯失侶之鄉智嚴遺伴之地班超之所不踐章亥之所未遊法師子尔孤征坦然無梗扇唐風於八河之外揚國化於五竺之間使乎遐域侯王馳心輦轂遠方酋長俛仰天衢雖法師不世之功抑亦聖朝運昌感通之力也皇帝握龍圖而纂曆應赤伏以君臨戮鯨豕以濟群生盪雲霓而光日月正四維之絕柱息滄海之橫流重立乾坤再施鎔造九功苞於虞夏七德冠於曹劉海晏河清時和歲阜遠無不順迩無不安天成地平人慶神悅加以重明麗正三善之義克隆宰輔忠勤良哉之歌斯允既而功窮厚載德感上玄紫芝含秀於玉階華果結英於朱閣又如西州石瑞松縣琨符紀聖主千年之期表儲君副承之業鳳毛才子之句上果佛田之文歷萬

古而不開當我皇而始出豈非明靈輔德玄天福眷者焉加復遊心真際城塹五乘追思鷲嶺之容紆想提河之說故使遺形紺髮煥彩來儀勝典高僧相輝而至慈雲布於六合法鼓振於三千天花將景風共飛翠霧與香煙同馥於是溺俗沉流之士望涯岸而有期清虛蹈玄之賓顧三空而非遠所謂司南啓路眾惑方知商飇襲林而群籟自響法師盛德也如彼逢時也如此豈同雅澄懷道遇二石之兇殘安什傳經值苻姚之偽曆校之深淺即行潦之類江湖方之明闇乃朝陽之與螢曜矣昔鐘玦既至魏文奉賦以讚揚神雀斯呈賈逵獻頌而論異在禽物之微賤古人猶且詠歌況法師不朽之神功棟梁之大業豈可緘默於明時而無稱述者也玄學愧往賢德非先達直以同霑像化叨廁末塵欣慕之懷百於恒品所以力課庸愚輒申斯傳其清徽令望之美絕後光前之蹤別當分諸鴻筆非此所能覼縷也冀明鑒君子收意而

三藏法師傳卷第十　第十八張　通字号

不哂焉贊曰
生靈感絶大聖遷神其能繼者唯乎
哲人馬鳴先唱提婆後申如日斯隱
朗月方陳穆矣法師諒為貞士迥秀
天人不羈塵滓窮玄之奥究儒之理
潔若明珠芬同蕙芷悼經之闕疑義
之錯委命詢求陵危踐墊恢恢器宇
赳赳誠恪振美西洲歸功東閣屬逢
有道時惟我皇重懸玉鏡再理珠囊
三乘既闡十地無揚俾夫慧日幽而
更光粤余庸眇幸叅塵末長自蓬門
靡雕靡括高山斯仰清流是渴願得
攀依比之驥蔦
釋彥悰箋述曰余觀佛教東度已来
英俊賢明捨家入道者万計其中罕
能無善一二美者有焉至若視聽貌
言洽聞強識輕生重道絶域遐征貞
操勁松筠雅志陵金石群雄草廬聖
主迴光者於三藏備之矣抑又聞之
三藏當盛暑之辰體無霑液祁寒之
際貌不慘悽又不夭不申不欠不嚔
斯蓋未詳其地位何賢聖之可格哉
又比宫現疾之時徵慶繁縟將終之

三藏法師傳卷第十　第十九張　通字号

日色貌敷愉亦難得而測也及终後
月餘日有人賫栴檀末香至請依西
國法以塗三藏身衆咸莫之許其人
作色曰弟子别奉進止師等若不許
請録狀以聞衆從之及開棺發殮已
人覺異香等蓮華之氣乎相驚問皆
云若兹向人徐併殮衣唯畱襯服衆
覩三藏貌如生人皆號絶共覩向人
塗香服殮蓋棺已俄失所在衆疑天
人焉余考三藏夙心稽其近迹自非
摩訶薩埵其孰若之乎粤我同儔幸
希景仰勗哉

大唐大慈恩寺三藏法師傳卷第十

大唐大慈恩寺三藏法師傳卷第十

校勘記

一　底本，金藏廣勝寺本。
一　一二六頁中三行「車駕」，麗作「隨車駕」。
一　一二六頁中四行「西明寺終」，磧、普、南、徑、清作「終」；麗無。
一　一二六頁中六行小字左「再有」，磧、普、南、徑、清無。
一　一二六頁中八行「先有」，磧、普、南、徑、清作「時有」。
一　一二六頁中一〇行第二字「處」，磧、南作「後」。
一　一二六頁中一一行末字「其」，磧、普、南、徑、清作「以其」。
一　一二六頁中一三行第七字「左」，磧、普、南、徑、清、麗作「左右」。
一　一二六頁中一六行「眩日」，磧、普、南、徑、清作「眩目」。
一　一二六頁中一八行末字「及」，磧、普、南、徑、清、麗作「及也」。

一二六頁中末行「七月」，磧、普、南、徑、清、麗作「秋七月」。

一二六頁下三行「海會等」，磧、普、南、徑、清無。

一二六頁下五行首字「大」，磧、普、南、徑、清無。

一二六頁下七行「綾錦」，南作「綾絹」。

一二六頁下一一行「一俱胝」，磧、普、南、徑、清作「十俱胝」。

一二六頁下一四行第一〇字「於」，磧、普、南、徑、清、麗作「就於」。

一二六頁下一五行第三字「上」，磧、普、南、徑、清、麗作「帝」。又「四年十月」，磧、南作「冬四年十月」；普、徑、清、麗作「四年冬十月」。

一二六頁下一六行「門徒」，磧、普、南、徑、清、麗作「門徒等」。

一二六頁下一七行至一八行「至彼安置肅誠院」，磧、普、南、徑、清作「到彼安置肅成院焉」；麗作「至彼安置肅誠院焉」。

一二六頁下一九行「經有」，磧、普、南、徑、清作「梵本總有」；麗作「經梵本總有」。

一二六頁下二二行「驚誡」，磧、普、南、徑、清、麗作「警誡」。

一二七頁上一三行「自古」，麗作「古來」。

一二七頁上一五行「觀日」，磧、普、南、徑、清、麗作「覩日」。

一二七頁上一七行第一三字「品」，磧、普、南、徑、清無。

一二七頁中四行「綺錦」，磧、普、南、徑、清作「綺飾」。

一二七頁中一六行「努力人加勤懇」，磧、普、南、徑、清作「人人努力加勤」。

一二七頁中一八行「方乃」，麗作「功畢」。

一二七頁中二〇行「漢地」，磧、普、南、徑、清作「此地」。又「玉華」，磧、普、南、徑、清作「玉華寺」。

一二七頁中二二行「擁枯」，磧、普、南、徑、清、麗作「擁祐」。

一二七頁下二行「肅誠殿」，磧、普、南、徑、清作「肅成殿」。

一二七頁下四行「諸天雨花并聞空中音樂」，磧、普、南、徑、清作「照燭遠邇兼有」。

一二七頁下五行「既覩靈瑞倍增嘉慰」，磧、普、南、徑、清作「法師」。

一二七頁下九行「二十日」，磧、普、南、徑、清作「二十二日」。又「窺其」，磧、普、南、徑、清作「乘基」；麗作「窺基」。

一二七頁下一〇行首字「奏」，磧、普、南、徑、清無。

一二七頁下一一行「馮茂」，磧、普、南、徑、清作「馮義」。

一二七頁下一七行「收淚」，麗作「抆淚」。

一二七頁下二一行「玉華寺」，磧、普、南、徑、清作「彼寺」。

一二七頁下末行第四字「攝」，磧、普、南、徑、清作「收」。

一　一二八頁上三行第五字「拜」，磧、普、南、徑、清無。

一　一二八頁上五行「翻經」，磧、普、南、徑、清、麗作「翻譯」。

一　一二八頁上六行第七字「夢」，磧、普、南、徑、清作「因向法師自陳所夢」。

一　一二八頁上八行第七字「是」，磧、普、南、徑、清作「此是」。

一　一二八頁上一四行「裝法師所卧房宇」，磧、南、徑、清作「從法師所卧房室」；普作「奘法師所卧房室」。

一　一二八頁上一七行「輿中」，磧作「雖中」。

一　一二八頁上末行第六字「云」，磧、普、南、徑、清、麗作「法師又云」。

一　一二八頁中一行末字「知」，麗作「如」。

一　一二八頁中二行第一一字「僧」，磧、普、南、徑、清、麗無。

一　一二八頁中四行「三十八」，磧、普、南、徑、清作「三十五」。

一　一二八頁中五行「壁像」，磧、普、南、徑、清作「素像」。

一　一二八頁中六行第二字「抄」，磧、普、南、徑、清無。

一　一二八頁中七行「一千」，麗作「一十」。

一　一二八頁中一四行「翻經僧」，磧、普、南、徑、清、麗作「翻經大德」。

一　一二八頁中一五行第三字「云」，磧、普、南、徑、清無。

一　一二八頁下六行「夢見」，磧、普、南、徑、清、麗作「夢見有」。

一　一二八頁下八行「看病」，磧、普、南、徑、清、麗作「瞻病」。

一　一二八頁下九行「丈捧白蓮華」，磧、普、南、徑、清、麗作「丈許共捧一白蓮華」。

一　一二八頁下一二行「消除」，磧、普、南、徑、清作「消殄」。

一　一二八頁下一三行首字「可」，磧、普、南、徑、清、麗作「生」。

一　一二八頁下一四行「支頭」，磧、普、南、徑、清作「搘頭」。又「左脛」，磧、普、南、徑、清、麗作「左䏶」。

一　一二八頁下一五行「迄至屬纊」，磧、普、南、徑、清作「曁乎屬纊」；麗作「迄至命終」。

一　一二八頁下一七行首字「問」，磧、普、南、徑、清作「問云」。又第四字「決」，磧、普、南、徑、清、麗作「決定」。又「衆院」，磧、普、南、徑、清作「衆」；麗作「院」。

一　一二八頁下一八行「喘息」，磧、普、南、徑、清作「氣息」。又「神逝」，徑、清作「神遊」。

一　一二八頁下一九行首字「者」，磧、普、南、徑、清、麗無。又小字「方委」，麗作「方知」。又「向上」，磧、普、南、徑、清無。

一　一二八頁下二〇行「七七日」，磧、普、南、徑、清作「七日」。

一　一二九頁上一行「亡夜子後」，磧、普、南、徑、清、麗作「亡夜夜半後」。

一　一二九頁上二行「比方」，磧、普、

南、徑、清、麗作「北方」。

一　一二九頁上四行第四字「往」，磧、普、南、徑、清無。

一　一二九頁上八行「凶問至京正」，麗作「无常事果達於京師」。

一　一二九頁上九行「身長」，磧、普、南、徑、清、麗作「形長」。

一　一二九頁上一〇行第一〇字「堲」，磧、普、南、徑、清作「表」。

一　一二九頁上一二行「半朝身不傾動」，麗作「半日身不傾搖」。

一　一二九頁上一六行第六字「凝」，磧、普、南、徑、清作「明」。又末字「志」，磧、普、南、徑、清作「意」。

一　一二九頁上一七行「繫草」，磧、普、南、徑、清作「草繫」。

一　一二九頁上二〇行「見有神」，磧、普、南、徑、清、麗作「見有神現」。

一　一二九頁上末行第三字「比」，磧、普、南、徑、清作「比丘」。

一　一二九頁中一行第一二字「儀」，麗無。

一　一二九頁中二行「註誤」，麗作「便誤」。

一　一二九頁中四行「並令」，麗作「皆令」。

一　一二九頁中五行至六行「心所不決者神並」，麗作「種種疑妨神皆」。

一　一二九頁中九行「但如」，磧、普、南、徑、清、麗作「且如」。

一　一二九頁中一四行第三字「不」，磧、普、南、徑、清、麗作「不來」。又「受生神授語訖」，麗作「既從彌勒問法悟解得聖宣受神語已」。

一　一二九頁中一五行「別記」，麗作「著記數卷」。又第九字「在」，磧、普、南、徑、清無。

一　一二九頁中一六行「自非」，磧、普、南、徑、清、麗作「據此而言自非」。

一　一二九頁中一七行第五字「度」，麗無。

一　一二九頁中二〇行「供奉」，磧、普、南、徑、清、麗作「宜遣醫人將藥往看所司即差供奉」。

一　一二九頁中二一行「坊州」，徑、清作「房州」。

一　一二九頁中末行第七字「曰」，磧、普、南、徑、清作「數日」。

一　一二九頁下一行「百寮」，磧、普、南、徑、清作「宰僚」。

一　一二九頁下二行第二字「帝」，磧、普、南、徑、清無。

一　一二九頁下三行「奘師」，磧、普、南、徑、清作「奘法師」。

一　一二九頁下四行第二字「導」，磧、普、南、徑、清作「導師」。又「於苦海方闊」，磧、普、南、徑、清作「苦海方割」。

一　一二九頁下六行「鳴咽不怡」，磧、普、南、徑、清作「嗟惋不止」；麗作「嗚咽不止」。

一　一二九頁下七行至八行「僧玄奘既亡」，磧、普、南、徑、清作「玄奘法師已亡」；麗作「僧玄奘法師既亡」。

一　一二九頁下九行第二字「有」，磧、

普、南、徑、清無。

一 一二九頁下一〇行「僧玄奘亡」，磧、普、南、徑、清、麗作「奘法師既亡」。

一 一二九頁下一三行「玄奘」，磧、普、南、徑、清作「奘師」。又第一一字「僧」，磧、普、南、徑、清無。

一 一二九頁下一四行第六字「各」，磧、普、南、徑、清無。

一 一二九頁下一五行「勑曰故玉華寺僧玄奘」，磧、普、南、徑、清作「勑玉華寺故大德玄奘法師」；麗作「勑曰故玉華寺僧玄奘法師」。

一 一二九頁下一六行「幡蓋」，磧、普、南、徑、清作「幢蓋」。

一 一二九頁下一七行「爲明」，磧、普、南、徑、清作「明爲」。

一 一二九頁下二〇行「慈恩」，磧、普、南、徑、清作「慈恩寺」。

一 一二九頁下二一行「數百」，磧、普、南、徑、清作「數百人」。

一 一二九頁下二二行末字「之」，磧、普、南、徑、清無。

一 一二九頁下末行「諸檀越」，磧、普、南、徑、清、麗作「諸士庶」。

一 一三〇頁上一行「白幢」，磧、普、南、徑、清作「旛幢」。又末字至次行首字「娑羅」，磧、普、南、徑、清、麗作「娑羅樹」。

一 一三〇頁上四行「百餘万人」，磧、普、南、徑、清作「百萬餘人」。

一 一三〇頁上六行第六字「繒」，磧、普、南、徑、清作「繒綵」。

一 一三〇頁上七行「神柩」，磧、普、南、徑、清作「法師神柩」。

一 一三〇頁上八行「不許」，磧、普、南、徑、清作「因止之」。

一 一三〇頁上一一行「帳所」，磧、普、南、徑、清作「墓所」。

一 一三〇頁上一二行「設齋」，磧、普、南、徑、清作「設無遮會」。

一 一三〇頁上一五行「光滅」，麗作「先滅」。

一 一三〇頁上一七行「八日」，磧、普、南、徑、清、麗作「八日有」。

一 一三〇頁上二一行「彼往」，磧、普、南、徑、清作「比如」。

一 一三〇頁中二行第四字「輝」，磧、普、南、徑、清作「耀」。

一 一三〇頁中三行「聖賢聞出英睿挺生」，磧、普、南、徑、清、麗作「聖賢間出英叡遞生」。

一 一三〇頁中八行「風波」，磧、普、南、徑、清作「浪波」。

一 一三〇頁中一六行「晈晈」，磧、普、南、徑、清作「皎皎」。

一 一三〇頁中二〇行「蕩蕩」，磧、普、南、徑、清作「藹藹」。又「器也神之」，麗作「神器也」。

一 一三〇頁中二二行第四字「以」，磧、普、南、徑、清作「以往」。又「闡揚」，磧、普、南、徑、清、麗作「闡揚」。

一 一三〇頁下一〇行「裝束」，磧、普、南、徑、清作「束裝」。

一 一三〇頁下一二行「體二居宗」，磧、普、南、徑、清作「體居二宗」。

一一三〇頁下一七行「學之徒」，麗作「學徒」。
一一三〇頁下一八行「万許」，磧、普、南、徑、清作「萬計」。
一一三〇頁下二一行「孟諸」，磧、普、南、徑、清作「孟潴」。
一一三一頁上一行首字「西」，磧、普、南、徑、清作「嶺」。
一一三一頁上二行「魚累」，磧、普、南、徑、清作「魚貫」。
一一三一頁上八行第九字「餘」，麗作「諸」。
一一三一頁上一二行「搜羅」，磧、普、南、徑、清作「收羅」。
一一三一頁上一九行「十九年」，麗作「唐十九年」。
一一三一頁中四行「飛波」，磧、普、南、徑、清作「飛濤」。
一一三一頁中五行「玃猊」，磧、普、南、徑、清、麗作「狻猊」。
一一三一頁中七行「子尒」，普、徑、清、麗作「子爾」。
一一三一頁中一二行「赤狄」，磧、普、南作「赤服」；徑、清作「赤眼」；麗作「赤伏」。
一一三一頁中二二行第八字「表」，磧、普、南、徑、清、麗作「顯」。又「副承」，磧、普、南、徑、清作「嗣承」。
一一三一頁中末行「佛田」，南、徑、清作「佛日」。
一一三一頁下一行「不開」，徑作「不聞」。
一一三一頁下九行「衆惑方知」，磧、普、南、徑、清作「而衆惑知方」；麗作「衆惑知方」。
一一三一頁下一三行「方之」，磧、普、南、徑、清作「比之」。
一一三一頁下一四行「鐘玦」，磧、普、徑、清、麗作「鍾玦」；南作「鍾琰」。
一一三一頁下一五行「貫達」，磧、普、南、徑、清、麗作「貫逵」。
一一三一頁下一九行「同霑」，麗作「同沾」。
一一三一頁下二〇行第九字「百」，南、徑、清作「迫」。
一一三二頁上二行「継者」，磧、普、南、徑、清作「紹繼」；麗作「繼紹」。
一一三二頁上八行「西洲」，磧、普、南、徑、清、麗作「西州」。又「東閣」，磧、普、南、徑、清作「東土」。
一一三二頁上一一行第三字「粤」，磧、普、南、徑、清作「曰」，本頁中一一行第一〇字同。
一一三二頁上一三行「籐葛」，磧、普、南、徑、清、麗作「藤葛」。
一一三二頁上一四行「東度」，徑作「東土」。
一一三二頁上二〇行第七字「辰」，徑、清作「晨」。
一一三二頁上二一行「悠悽又」，磧、普、南、徑、清作「悽惨」。
一一三二頁上末行「徵慶」，磧、普作「徽慶」。
一一三二頁中一行「敷愉」，磧、普、南、徑、清作「怤愉」。
一一三二頁中三行第三字「以」，磧、

一　普、南、徑、清作「用」。

一　一三二頁中七行「徐併」，磧、普、南、徑、清、麗作「除併」。

一　一三二頁中八行第八字「皆」，磧、普、南、徑、清作「百姓」。

大唐西域求法高僧傳卷上 并序　廣

沙門義淨從西國還在南海室利佛逝撰寄歸并那爛陀寺圖

觀夫自古神州之地輕生殉法之賓
顯法師則創闢荒途奘法師乃中開
王路其間或西越紫塞而孤征或南
渡滄溟以單逝莫不咸思聖跡罄五
體而歸礼俱懷旋踵報四恩以流望
然而勝途多難寶處弥長苗秀盈十
而蓋多結實罕一而全少寔由茫茫
象磧長川吐赫日之光浩浩鯨波巨
壑起滔天之浪獨步鐵門之外亘万
嶺而投身孤標銅柱之前跨千江而
遣命(跋南國有千江口也)或亡飡幾日輟飲數晨
可謂思慮銷精神憂勞排正色致使
去者數盈半百留者僅有幾人設令
得到西國者以大唐無寺飄寄棲然
為客遑遑停託無所遂使流離蓬轉
牢居一處身既不安道寧隆矣嗚呼
實可嘉其美誠冀傳芳於來葉粗據
聞見撰題行狀云尒其中次第多以
去時年代近遠存亡而比先後

太州玄照法師　齊州道希法師
齊州師鞭法師　新羅阿離耶跋摩法師
新羅慧業法師　新羅求本法師
新羅玄太法師　新羅玄恪法師
新羅復有法師二人　覩貨羅佛陀跋摩師
并州道方法師　并州道生法師
并州常慜禪師　常慜師弟子一人
京師末底僧訶師　京師玄會法師
質多跋摩師
吐蕃公主嬭母息二人隆法師
益州明遠法師　益州義朗律師
朗律師弟子一人　益州智岸法師
益州會寧律師　交州運期法師
交州木叉提婆師　交州窺沖法師
交州慧琰法師　信胄法師
愛州智行法師　愛州大乘燈禪師
唐國僧伽跋摩師　高昌彼岸智岸二人
洛陽曇潤法師　洛陽義輝論師
又大唐三人　新羅慧輪法師
荊州道琳法師　荊州曇光法師
又大唐一人　荊州慧命禪師
潤州玄逵律師
晉州善行法師　襄陽靈運法師
澧州僧哲禪師
哲禪師弟子一人　洛陽智弘律師

荊州無行禪師　荊州法振禪師
荊州乘悟禪師　梁州乘如律師
澧州大津法師

右總五十六人先多零落淨來
日有無行師道琳師慧輪師僧
哲師智弘師五人見在計當垂
拱元年與無行禪師執別西
國不委今者何處存亡耳

沙門玄照法師者太州仙掌人也梵
名般迦舍末底(唐云照慧)乃祖乃父冠冕
相承而總髫之秋抽簪出俗成人之
歲思礼聖蹤遂適京師尋聽經論
以貞觀年中乃於大興善寺玄證師
處初學梵語於是仗錫西邁掛想祇
園背金府而出流沙踐鐵門而登雪
嶺漱香池以結念畢契四弘陟葱阜
而翹心誓度三有途經速利過覩貨羅
遠跨胡疆到吐蕃國蒙文成公主送
往北天漸向闍闌陀國未至之閒長
途險隘為賊見拘既而商旅計窮控
告無所遂乃援神寫契仗　聖明衷
夢而感徵覺見群賊皆睡私引出圍
遂便免難住闍闌陀國經于四載蒙

國王欽重畓之供養學經律習梵文既得少通漸次南上到莫訶菩提復經四夏自恨生不遇聖幸覩遺蹤仰慈氏所制之真容著精誠而無替爰以翹敬之餘流情俱舍既解對法清想律儀兩教斯明後之那爛陁寺畓住三年就勝光法師學中百等論復就寶師子大德受瑜伽十七地禪門定瀫亟覩闌涯既盡宏綱遂往弶(巨亮反)伽河北受國王苫部供養住信者等寺復歷三年後因唐使王玄策歸鄉表奏言其實德遂蒙降勅重詣西天追玄照入京路次泥波羅國蒙王發遣送至吐蕃重見文成公主深致禮遇資給歸唐於是巡涉西蕃而至東夏以九月而辭苫部正月便到洛陽五月之間途經万里于時麟德年中駕幸東洛奉謁闕庭還蒙勅旨令往羯濕弥囉國取長年婆羅門盧迦溢多既與洛陽諸德相見略論佛法綱紀敬愛寺導律師觀法師等請譯薩婆多部律攝既而勅令促去不遂本懷所將梵本悉畓京下於是

重涉流沙還經磧石崎嶇棧道之側曳半影而斜通搖泊繩橋之下没全軀以傍渡遭吐蕃賊脫首得全遇凶奴寇僅存餘命行至北印度界見唐使人引盧迦溢多於路相遇盧迦溢多復令玄照及使傔數人向西印度羅荼國取長年藥路過縛渴羅到納婆毗訶羅(唐云新寺)覩如来澡盥及諸聖跡漸至迦畢試國礼如来頂骨香花具設取其印文觀来生善惡復過信度國方達羅荼矣蒙王礼敬安居四載轉歷南天將諸雜藥望歸東夏到金剛座旋之那爛陁寺淨與相見盡平生之志願契總會於龍花但以泥波羅道吐蕃擁塞不通迦畢試途多氏捉而難度遂且棲志鷲峯沉情竹苑雖每有傳燈之望而未諧落葉之心嗟乎苦行標誠利生不遂思攀雲駕墜翼中天在中印度菴摩羅跛國遘疾而卒春秋六十餘矣(言多氏者即大食國也)傷曰卓矣壯志頴秀生田頻經細柳幾步祁連祥河濯流竹苑搖芊翹心念念渴想玄玄專希演法志託提生嗚呼

不遂愴矣無成兩河沉骨八水揚名善手守死哲人利貞(兩河即在西河八水乃居京都)道希法師者齊州歷城人也梵名室利提婆(唐云吉祥天也)乃門傳禮義家襲搢紳紛漸玄門少懷貞操涉流沙之廣蕩觀化中天陟雪嶺之嶔岑輕生殉法行至吐蕃中途危厄恐戒撿難護遂便暫捨行至西方更復重受周遊諸國遂達莫訶菩提翹仰聖蹤經乎數載既住那爛陁亦在俱尸國蒙菴摩羅跛國王甚相敬待在那爛陁寺頗學大乘住輸婆伴娜(在涅槃處寺名也)專功律藏復習聲明頗盡綱目有文情善草隸在大覺寺造唐碑一首所將唐國新舊經論四百餘卷並在那爛陁矣淨在西國未及相見住菴摩羅跛國遭疾而終春秋五十餘矣後因巡礼見希公住房傷其不幸聊題一絕七言百苦忘勞獨進影四恩存念契流通如何未盡傳燈志溘然於此遇途窮師鞭法師者齊州人也善呪禁閑梵語與玄照師從北天向西印度到菴摩羅割跛城為國王所敬居王寺與

道希法師相見申鄉國之好同居一夏遇疾而終年三十五矣

阿離耶跋摩者新羅人也以貞觀年中出長安之廣脅王城小名追求正教親禮聖蹤住那爛陀寺多閱律論抄寫衆經痛矣歸心所期不契出雞貴之東境没龍泉之西裔即於此寺無常年七十餘矣雞貴者梵云矩矩吒䃜說羅矩矩吒是雞䃜說羅是貴即高麗國也相傳云彼國敬雞神而取尊故戴翎羽而表飾矣那爛陀有池名曰龍泉西方喚高麗為矩矩吒䃜說羅也

慧業法師者新羅人也在貞觀年中往遊西域住菩提寺觀礼聖蹤於那爛陀久而聽讀淨因撿唐本忽見梁論下記云在佛齒木樹下新羅僧慧業寫記訪問寺僧云終於此年將六十餘矣所寫梵本並在那爛陀寺

玄太法師者新羅人也梵名薩婆慎若提婆唐云一切智天永徽年内取吐蕃道經泥波羅到中印度礼菩提樹詳撿經論旋踵東土行至土谷渾逢道希師覆相引致還向大覺寺後歸唐國莫知所終矣

玄恪法師者新羅人也與玄照法師

貞觀年中相隨而至大覺既伸礼敬遇疾而亡年過不惑之期耳

復有新羅僧二人莫知其諱發自長安遠之南海汎舶至室利佛逝國西婆魯師國遇疾俱亡

佛陀達摩者即覩貨速利國人也大形撲足氣力習小教常乞食少因興易遂居神州云於益府出家性好遊涉九州之地無不履焉後遂西遊周觀聖迹淨於那爛陀見矣後乃轉向北天年五十許

右一十人

道方法師者并州人也出沙磧到泥波羅至大覺寺住得為主人經數年後還向泥波羅于今現在既虧戒撿不習經書年將老矣

道生法師者并州人也梵名栴達羅提婆唐云月天以貞觀末年從吐蕃路往遊中國到菩提寺礼制底訖在那爛陀學為童子王深所礼遇復向此寺東行十二驛有王寺全是小乘於其寺内停住多載學小乘三藏精順正理多賫經像言歸本國行至泥波羅

遘疾而卒可在知命之年矣

常慜禪師者并州人也自落髮投簪披緇釋素精勤匪懈念誦無歇常發大誓願生極樂所作淨業稱念佛名福基既廣數難詳志後遊京洛專崇斯業幽誠冥兆有所感徵遂願寫般若經滿於万卷冀得遠詣西方礼如来所行聖迹以此勝福迴向願生遂詣闕上書請於諸州教化抄寫般若且心所至也天必從之乃蒙授墨勑南遊江表敬寫般若以報天澤要心既滿遂至海濵附舶南征往訶陵國從此附舶往末羅瑜國復從此國欲詣中天然所附商舶載物既重解纜未遠起忽滄波不經半日遂便沉没當没之時商人爭上小舶互相戰鬪其舶主既有信心高聲唱言師来上舶常慜曰可載餘人我不去也所以然者若輕生為物順菩提心亡己濟人斯大士行於是合掌西方稱弥陁佛念念之須舶沉身没聲盡而終春秋五十餘矣

有弟子一人不知何許人也號咷悲

泣亦念西方與之俱没其得濟之人具陳斯事耳傷曰　悼矣偉人為物流身明同水鏡貴等和琺涅而不黒磨而不磷投軀慧巘養智芳津在自國而弘自業適他土而作他因觀將流之險難決於己而巨親在物常慜子其實隣織體散鯨波以取滅淨願詣安養而流神道乎不昧德也寧堙布慈光之赫赫竟塵劫而新新

末底僧訶者（唐云師子惹）京北人也俗姓皇甫莫知本諱與師鞭同遊俱到中土住信者寺少閑梵語未詳經論思還故里路過泥波羅國遇患身死年四十餘玄會法師者京師人也云是安將軍之息也從北印度入羯濕弥羅國為國王賞識乘王為奏王樂日日向龍池山寺供養寺是五百羅漢受供之處即尊者阿難陀室灑末田地所化龍王之地也（室灑譯為所教舊云弟子者非也）復化羯濕弥羅王大放恩赦國内有死囚千餘人勸王釋放出入王宅既漸年載後因失意遂乃南遊至大覺寺礼菩提樹覩木真池登鷲峯山陟尊足嶺禀

識聡敏多繕工伎雖復經過未幾而梵韻清徹少携經教思反故居到泥波羅國不幸而卒春秋僅過而立矣（泥波羅既有毒藥所以到彼多亡也）

復有一人與北道使人相逐至縛渴羅國於新寺小乘師處出家名質多跋摩後將受具而不食三淨其師曰如来大師親開五正既其無罪尒何不食對曰諸大乘經具有全制是所舊習性不能改師曰我依三藏律有成科汝之引文非吾所學若懷別見我非汝師遂强令進乃掩泣而食方為受具少閑梵語覆取北路而歸莫知所至傳聞於北天之僧矣

復有二人在泥波羅國是吐蕃公主嬭母之息也初並出家後一歸俗住大王寺善梵語并梵書年三十五二十五矣

隆法師者不知何所人也以貞觀年内從北道而出取北印度欲觀化中天誦得梵本法花經到健陁羅國遇疾而亡北方僧来傳說如此

右二十人

明遠法師者益州清城人也梵名振多提婆（唐云思天）幼履法訓長而弥脩容儀雅麗庠序清適善中百議莊周早遊七澤之間後歷三吴之表重學經論更習定門於是棲隱廬峯經于夏日既慨聖教陵遲遂乃振錫南遊届於交阯鼓舶鯨波到訶陵國次至師子洲為君王礼敬乃潛形閤内密取佛牙望歸本國以興供養既得入手翻被奪將不遂所懷頗見陵辱向南印度傳聞師子洲人云往大覺中方寂無消息應是在路而終莫委年幾其師子洲防守佛牙異常牢固置高樓上幾閇重關鏁鑰泥封五官共印若開一户則響徹城郭每日供養香花遍覆至心祈請則牙出花上或現異光衆皆共覩傳云此洲若失佛牙並被羅刹之所吞食為防此患非常守護亦有傳云當向支那矣斯乃聖力遐被有感便通豈由人事强申非分耳

義朗律師者益州成都人也善閑律典兼解瑜伽發自長安弥歷江漢與

同州僧智岸并弟一人名義玄年始
弱冠知欽正理頗閑内典尤善文筆
思瞻聖迹遂與弟俱遊秀季良昆遁
相携帶鶺鴒存念魚水敦懷既至烏
雷同附商舶掛百丈陵万波越舸扶
南綴纜郎迦戍蒙郎迦戍國王待以
上賓之礼智岸遇疾於此而亡朗公
既懷死別之恨與弟附舶向師子洲
披求异典頂礼佛牙漸之西國傳聞
如此而今不知的在何所師子洲既
不見中印度復不聞多是魄歸異代
矣年四十餘耳
會寧律師益州成都人也稟志操行
意存弘益少而聰慧投跡法場敬勝
理若髻珠棄榮華如脫屣薄善經論
尤精律典志存演法結念西方爰以
麟德年中仗錫南海汎舶至訶陵洲
停住三載遂共訶陵國多聞僧若那
跋陁羅於阿笈摩經内譯出如來涅
槃焚身之事斯與大乘涅槃頗不相
涉然大乘涅槃西國淨觀見目云其
大數有二十五千頌翻譯可成六十
餘卷撿其全部竟而不獲但得初大

衆問品一夾有四千餘頌會寧既譯
得阿笈摩本遂令小僧運期奉表賫
經還至交府馳驛京兆奏上闕庭冀
使未聞流布東夏運期從京還達交
阯告諸道俗蒙贈小絹數百疋重詣
訶陵報德智賢（若那跋達羅也）與會寧相見
於是會寧方適西國比於所在每察
風聞尋聽五天絕無蹤緒准斯理也
即其人已亡　傷曰
嗟矣會寧為法孤征纔翻二軸戲
望天庭終期寶渚權居化城身雖没
而道著時縱遠而遺名將菩薩之先
志共後念以揚聲春秋可三十四五矣
運期師者交州人也與曇潤同遊仗
智賢受具旋迴南海十有餘年善崑
崙音頗知梵語後便歸俗住室利佛
逝國于今現在既而往復宏波傳經
帝里布未曾教斯人之力年可四
十矣
木叉提婆者交州人也（唐云解脫天也）不閑本
諱汎舶南溟經遊諸國到大覺寺遍
礼聖蹤於此而殞年可二十四五耳
窺冲法師者交州人即明遠室灑也

梵名質呾囉提婆與明遠同舶而汎
南海到師子洲向西印度見玄照師
共詣中土其人稟性聰叡善誦梵經
所在至處恒編演唱之首礼菩提樹
到王舍城遘疾竹園淹留而卒年三
十許
慧琰師者交州人也即行公之室灑隨
師到僧訶羅國遂停彼國莫辯存亡
信胄法師不知何許人也梵名設剌
陀跋摩（唐云信胄）取北道而到西國礼謁既
周住信者寺於寺上層造一塼閣施上
卧具永貽供養遇疾數日餘命輟然忽
於夜中云有菩薩授手迎接端居合
掌太息而終年三十五

右三十人

智行法師者愛州人也梵名般若提
婆（唐云慧天）汎南海詣西天遍礼尊儀至
殑伽河北居信者寺而卒年五十餘矣
大乘燈禪師者愛州人也梵名莫呵
夜那鉢地已波（唐云大乘燈也）幼隨父母汎舶
往杜和羅鉢底國方始出家後隨唐
使郯緒相遂入京於慈恩寺三藏法
師玄奘處進受具戒居京數載頗覽

經書而思礼聖蹤情契西極體蘊忠恕
性合廉隅戒皦存懷禪枝叶慮以為
溺有者假緣緣非則墜有離生者託
助助是則乖生乃畢志王城敦心竹
苑冥摧八難終求四輪遂持佛像携
經論既越南溟到師子國觀礼佛牙
備盡靈異過南印度復届東天往耽
摩立底國既入江口遭賊破舶唯身
得存淹停斯國十有二歲頗閑梵語
誦緣生等經兼脩福業因遇商侶與
淨相隨詣中印度先到那爛陀次向
金剛座旋過薛舍離後到俱尸國與
無行禪師同遊此地燈師每歎曰本
意弘法重之東夏寧知志不成遂奄尒
襄年今日雖不契懷來生願畢斯志
然常為觀史多天兼冀會慈氏日晝
龍花一兩枝用摽心至燈公因道行
之次過道希師所住舊房當于時
也其人已亡漢本尚存梵夾猶列覩
之潸然流涕而歎昔在長安同遊法
席今於他國但遇空筵　傷曰
嗟矣死王其力弥強傳燈之士奄尒
云亡　神州望斷聖境魂揚眷餘悵而

流涕慨布素而情傷禪師在俱尸城
般涅槃寺而歸寂滅于時年餘耳
順矣
僧伽跋摩者康國人也少出流沙遊
步京輦禀素崇信戒行清嚴檀捨是
修慈悲在念以顯慶年内奉
勅與使人相隨礼覲西國到大覺寺
於金剛座廣興薦設七日七夜然燈
續明獻大法會又於菩提院内無憂
樹下雕刻佛形及觀自在菩薩像盛
興慶讃時人歎希後還唐國又奉
勅令往交阯採藥于時交州時屬大
儉人物飢餓於日日中營辦飲食救
濟孤苦悲心内結涕泣外流時人号
為常啼菩薩也纏瘵微疾奄尒而終
春秋六十餘矣
彼岸法師智岸法師並是高昌人也
少長京師傳燈在念既而歸心勝理
遂乃觀化中天與使人王玄廓相隨
汎舶海中遇疾俱卆所將漢本瑜
伽及餘經論咸在室利佛逝國矣
曇潤法師洛陽人也善呪術學玄理
探律典翫醫明善容儀極詳審振錫

江表拯物為懷漸次南行達于交阯
住經載稔緇素欽風汎舶南上期西
印度至訶陵北渤盆國遇疾而終年
三十矣
義輝論師洛陽人也受性聰敏理思
鉤深博學為懷尋真是務聽攝論俱
舍等頗亦有功但以義有異同情生
研覈而欲思觀梵本親聽微言遂指
掌中天還望東夏惜哉苗而不實壯
志先秋到郎迦戍國嬰疾而亡年三
十餘矣
復有大唐三僧從北道到烏長那國
傳聞向佛頂骨處礼拜今亦弗委存
亡烏長僧至傳說之矣
　右四十人
慧輪師者新羅人也梵名般若跋摩
（唐云慧甲）自本國出家翹心聖迹汎舶而
陵閩越涉步而届長安奉　勅隨
玄照師西行以充侍者既之西國遍
礼聖蹤居菴摩羅跋國在信者寺
住經十載近住次東邊北方覩貨
羅僧寺元是覩貨羅人為本國僧所
造其寺巨富貲產豐饒供養飡設餘

莫加也寺名健陀羅山荼慧輪住此既善梵言薄閑俱舍来日尚在年向四十矣其北方僧来者皆住此寺為主人耳大覺寺西有迦畢試國寺寺亦巨富多諸碩德普學小乘北方僧来亦住此寺名窶拏折里多（唐云德行）大覺東北兩驛許有寺名屈録迦即是南方屈録迦國王昔所造也寺雖貧素而戒行清嚴近者日軍王復於故寺之側更造一寺今始新成南國僧来多住於此諸方皆悉有寺所以本國通流神州獨無一處致令往還艱苦耳那爛陁寺東四十驛許尋殑伽河而下至蜜栗伽悉他鉢娜寺（唐云鹿園寺也）去此寺不遠有一故寺但有塼基厥号支那寺古老相傳云是昔室利笈多大王為支那國僧所造（支那即廣州也莫訶支那即京師也）（亦云提婆弗呾羅唐云天子也）于時有唐僧二十許人從蜀川牂牁道而出（蜀川去此寺有五百餘驛）向莫訶菩提礼拜王見敬重遂施此地以充停息給大村封二十四所於後唐僧亡没村乃割屬餘人現有三村入鹿園寺矣准量支那寺至今可五百

餘年矣現今地屬東印度王其王名提婆䟦摩每言曰若有大唐天子處數僧来者我為重興此寺還其村封令不絕也誠可歎曰雖有鵲巢之易而樂福者難逢必若心存濟益奏請弘此誠非小事也　金剛座大覺寺即僧訶羅國王所造師子洲僧舊住於此大覺寺東北行七驛許至那爛陁寺乃是古王室利鑠羯羅昳底為北天苾芻曷羅社槃所造此寺初基纔餘方堵其後代國王苗裔相承造製宏壯則贍部洲中當今無以加也軌摸不可具述但且略叙區寰耳然其寺形叓方如城四面直簷長廊遍匝皆是塼室重疊三層層高丈餘撗梁板闐本無椽凡用塼平覆寺背正直隨意旋往其房後壁即為外面也壘塼峻峭高三四丈上作人頭高共人等其僧房也面有九焉一一房中可方丈許後面通窓户向簷矣其門既高唯安一扇皆相瞻望不許安簾出外平觀四面皆覩手相撿察寧容片私於一角頭作閣道還往寺上四

角各為塼堂多聞大德而住於此寺門西向飛閣陵虛雕刻奇形妙盡工飾其門乃與房相連元不別作但前出兩步齊安四柱其門雖非過大實乃裝架弥堅每至食時重閔返閉既是聖教意在防私寺内之地方三十步許皆以塼砌小者或七步或五步耳凡所覆屋脊上簷前房内之地並用塼屑如桃棗大和雜粘泥以杵平築用壃石灰雜以麻筋并油及麻滓爛皮之屬浸漬多日泥於塼地之上覆以青草經三數日看其欲乾重以滑石揩拭拂赤土汁或丹朱之類後以油塗鮮澄若鏡其堂殿階陛悉皆如此一作已後縱人踐蹋動經一二十載曾不圮礫不同石灰水沾便脫如斯等類乃有八寺上皆平通規矩相似於寺東面西取房或一或三用安尊像或可即於此面前出多少别起臺觀為佛殿矣此寺西南大院之外方列大窣覩波（舊云塔者訛略）及諸制底（舊云支提者訛）數乃盈百聖跡相連不可稱記金寶瑩飾實成希有其閒僧徒綱軌出納之

儀具如中方録及寄歸傳所述寺内但以宿老上座而為尊主不論其德諸有門鑰每宵封印將付上座更無別置寺主維那但造寺之人名為寺主梵云毗訶羅莎弭若作番直典掌寺門及和僧白事者名毗訶羅波羅（譯為護寺）若鳴健稚及監食者名為羯磨陀那（譯為授事言維那者略也）衆僧有事集衆平章令其護寺巡行告白一一人前皆須合掌各伸其事若一人不許則事不得成全無衆前打搥秉白之法若見不許以理喻之未有挾强便加壓伏其守庫當莊之流雖三二人亦遣典庫家人合掌為白若和方可費用誠無獨任之咎不白而獨用者下至半升之粟即交被驅擯若一人稱豪獨用僧物處斷綱務不白大衆者名為俱攞鉢底（譯為家主）斯乃佛法之大疣人神所共怨雖復於寺有益而終獲罪弥深智者必不為也又諸外道先有九十六部今但十餘若有齋會聚集各各自居一處並與僧尼無競先後既其法别理不同行各習所宗坐

無交雜此之寺制理極嚴峻每半月令典事佐史巡房讀制衆僧名字不貫王籍其有犯者衆自治罰為此僧徒咸相敬懼其寺受用雖迮而益利弥寛曾憶在京見人畫出祇洹寺様咸是憑虚為廣異聞略陳梗槩云尒又五天之地但是大寺君王悉皆令置漏水為此晝夜期候不難准如律教夜分三分初後制令禪誦中間隨意消息其漏水法廣如寄歸傳中所述雖復言陳寺様終恐在事還迷為此畫出其圖冀令目擊無滞如能奏請依様造之即王舍支那理成無别耳（此下直畫寺様也）此是室利那爛陀莫訶毗訶羅様唐譯云吉祥神龍大住處也西國凡喚君王及大官屬并大寺舍皆先云室利意取吉祥尊貴之義那爛陀乃是龍名近此有龍名那伽爛陀故以為号毗訶羅是住處義比云寺者不是正翻如觀一寺餘七同然皆上平直通人還往凡觀寺様者須南面看之欲使西出其門方得直勢於門南畔可二十歩有窣覩波高百尺

許是世尊昔日夏三月安居處梵名慕攞健陀俱胝唐云根本香殿矣門北畔五十歩許復有大窣覩波更高於此是幼日王所造皆並塼作装飾精妙金牀寳地供養希有中有如來轉法輪像次此西南有小制底高一丈餘是婆羅門執雀請問處唐云雀離浮圖此即是也根本殿西有佛齒木樹非是楊枝其次西畔有戒壇方可大尺一丈餘即於平地周壘塼牆子高二尺許牆内坐基可高五寸中有小制底壇東殿角有佛經行之基壘塼為之寛可二肘長十四五肘高可二肘餘上乃石灰塐作蓮花開勢高可二寸闊一尺許有十四五表佛足迹此寺則南望王城纔三十里鷲峯竹苑皆在城傍西南向大覺正南尊足山並可七驛北向薛舍離乃二十五驛西瞻鹿苑二十餘驛東向耽摩立底國有六七十驛即是海口昇舶歸唐之處此寺内僧衆有三千五百人屬寺村莊二百一所並是積代君王給其人户永充供養（言驛者即當一踰繕那也）重

日龍池龜洛地腨天津途遥去馬道絶耒人致令傳說罕得其真摸形别匠軌製殊陳依俙畫古髣髴驚新庶觀者之庶想若佛在而翹神

大唐西域求法高僧傳卷上

丙午歲高麗國大藏都監奉
勅雕造

求法高僧傳卷上　第二十三張　唐

大唐西域求法高僧傳卷上

校勘記

一　底本，麗藏本。
一　一三九頁上一行小字「并序」，磧、普、南、徑、清無。
一　一三九頁上二行譯者，資、磧、普作「三藏法師義淨奉詔譯」；南、徑、清作「唐三藏法師義淨奉詔撰」。
一　一三九頁上五行「王路」，南作「五路」；徑、清作「正路」。又「孤征」，資作「孤往」。
一　一三九頁上一二行「孤標」，磧、普、南、徑、清作「孤漂」。
一　一三九頁上一三行夾註左末字「也」，諸本（不含石，下同）無。作爲語氣詞，以下不一一出校。
一　一三九頁上一七行「蓬轉」，諸本作「萍轉」。
一　一三九頁上一八行「牢居」，諸本作「罕」。
一　一三九頁中一行「新羅求本法師」，諸本無。
一　一三九頁中三行「法師」，諸本無。
一　一三九頁中五行「常愍師」，徑、清無。
一　一三九頁中九行「律師」，資、磧、普、南作「法師」並有夾註「并弟一人」；徑、清作「律師」並有夾註「智岸并弟」。
一　一三九頁中一〇行「朗律師弟子一人」，諸本無。又「益州智岸法師」，徑、清無。
一　一三九頁中一五行首字「唐」，諸本作「康」。
一　一三九頁中一六行「曇潤」，諸本作「曇閏」。下同。
一　一三九頁中一八行「曇光法師」，徑、清作「曇光律師」。
一　一三九頁中一九行「又大唐一人」，徑、清作夾註「大唐一人」。
一　一三九頁中二〇行「玄達」，磧、普作「玄達」。
一　一三九頁中末行「哲禪師弟子一

人」，諸本作夾註「弟子一人」。

一三九頁下二行「荆州乘悟禪師梁州乘如律師」，徑、清作夾註「乘悟乘如」。

一三九頁下三行「大津」，資、磧、普作「大律」。

一三九頁下五行「慧輪」，資、磧、普、南作「慧輸」。

一三九頁下七行「無行禪師」，諸本作「無行師」。

一三九頁下一〇行「冠冤」，諸本作「冠冕」。

一三九頁下一一行「惣髻」，諸本作「鬆髻」。

一三九頁下一三行「大興善寺」，諸本作「大興聖寺」。

一三九頁下二一行第一〇字「仗」，諸本作「伏」。

一四〇頁上四行第五字「之」，諸本無。

一四〇頁上一三行首字「勑」，諸本作「勑旨」。

一四〇頁上一四行「蒙王」，諸本作「蒙國王」。

一四〇頁上一六行「苦部」，諸本作「苫部」。

一四〇頁上一八行第一三字「還」，諸本作「遂」。

一四〇頁中六行第八字「傔」，資作「兼」。

一四〇頁中八行「澡盥」，諸本作「澡盆」。

一四〇頁下二行夾註右「西河」，諸本作「西國」。又左「京都」，諸本作「東郡」。

一四〇頁下一八行「不幸」，諸本作「不達」。又「七言」，徑、清無。

一四〇頁下一九行「存念」，諸本作「在念」。

一四〇頁下二一行「呪禁」，諸本作「禁呪」。

一四一頁上四行夾註左「小名」，諸本作「山名」。

一四一頁上九行夾註左第一五字「爲」，諸本無。

一四一頁上二〇行末字「師」，諸本作「法師」。

一四一頁中一行「大覺」，諸本作「大覺寺」。

一四一頁中七行第二字「摸」，諸本作「模」，下同。又第九字「常」，徑作「嘗」。

一四一頁中一二行「右一十人」，資、磧、普、南作「右十人」；徑、清無。

一四一頁中一三行第三字「法」，資、磧、普無。

一四一頁中二〇行「礼遇」，諸本作「禮敬」。

一四一頁下一行「可在」，資、普、徑作「在可」。

一四一頁下五行「詳志」，諸本作「詳悉」。

一四一頁下一〇行「所至」，諸本作「所志」。

一四一頁下一五行「起忽」，資、磧、

普作「超忽」；南、徑、清作「忽起」。

一　一四二頁上一〇行「京兆」，諸本作「京師」。

一　一四二頁上一六行第三字「軄」，諸本作「識」。

一　一四二頁上一九行夾註左第四字「者」，諸本無。又正文「復化」，諸本作「復勸化」。

一　一四二頁中二行第六字「隽」，諸本作「擕」。

一　一四二頁中三行第三字「國」，諸本無。

一　一四二頁中九行「全制」，諸本作「令制」。

一　一四二頁中一四行「北天」，諸本作「天竺」。

一　一四二頁中一七行「大王寺」，諸本作「天王寺」。

一　一四二頁中一七行末字至次行首二字「二十五」，徑、清無。

一　一四二頁中末行「右二十人」，徑、清無。

一　一四二頁下二行「履法」，諸本作「順法」。

一　一四二頁下三行「庠序」，諸本作「詳序」。

一　一四二頁下一〇行第五字「将」，諸本作「将事」。

一　一四三頁上六行第六字「戍」，諸本無。

一　一四三頁上九行第四字「典」，磧、普作「與」。

一　一四三頁上一一行「魄歸」，諸本作「魂歸」。

一　一四三頁上一五行「脫屣」，諸本作「脫履」。

一　一四三頁上一六行「志存」，諸本作「思存」。

一　一四三頁上一七行「汎舶」，磧、普作「沉舶」。

一　一四三頁上二一行第一〇字「觀」，諸本作「親」。

一　一四三頁中二行第一三字「表」，諸本無。

一　一四三頁中四行第九字「期」，資作「斯」。

一　一四三頁中五行末字「諂」，諸本作「詣」。

一　一四三頁中九行「傷曰」，磧、南作「傷呼」；普、徑、清作「傷乎」。

一　一四三頁中一一行第五字「期」，諸本作「斯」。又第八字「擢」，諸本作「擁」。

一　一四三頁中一七行首字「逝」，諸本作「遊」。

一　一四三頁中一八行末字「四」，諸本作「三」。

一　一四三頁中二二行末字「耳」，諸本作「矣」。

一　一四三頁下三行首字「兵」，諸本作「共」。

一　一四三頁下七行第三字「師」，諸本作「法師」。次頁上一八行第六字、次頁下一九行第三字同。

一　一四三頁下九行「何許」，諸本作「何所」。

一 一四三頁下一四行「三十五」，諸本作「三十五矣」。

一 一四三頁下一五行「右三十人」，徑、清無。

一 一四三頁下二一行「社和」，諸本作「杜和」。

一 一四三頁下二二行第二字「郏」，資、磧、普作「刿」。

一 一四四頁上三行末字「託」，諸本作「記」。

一 一四四頁上一〇行「兼脩」，諸本作「兼循修」。

一 一四四頁上一四行第九字「知」，諸本無。又第一二字「成」，諸本作「我」。

一 一四四頁上二一行第八字「空」，資、磧、普、徑作「室」。

一 一四四頁上末行第一三字「帳」，諸本作「悵」。

一 一四四頁中七行第一一字「到」，磧、南作「致」。

一 一四四頁中一〇行第六字「形」，諸本無。

一 一四四頁中末行「振錫」，磧、普、南、徑、清作「杖錫」。

一 一四四頁下二行「汎舶」，磧、普、南、徑、清作「附舶」。又「南上」，南作「南至」。

一 一四四頁下八行第五字「思」，諸本作「異」。

一 一四四頁下一五行「右四十人」，徑、清無。

一 一四四頁下一七行夾註左「慧甲」，諸本作「申」。

一 一四五頁上二行「尚在」，諸本作「尚存」。

一 一四五頁上六行「折里多」，資、磧、普作「折里夕」。

一 一四五頁上一〇行第六字「寺」，磧、普無。

一 一四五頁上一一行「有寺所以」，磧作「寺所所以」。

一 一四五頁上一四行「他鉢娜」，諸本作「伽鉢娜」。又夾註「鹿園寺」，諸本作「鹿寺」。

一 一四五頁上一九行「牂牫」，諸本作「牂牱」。又夾註右第三字「去」，諸本作「寺」。

一 一四五頁上二二行末字「入」，諸本作「人屬」。

一 一四五頁中四行首字「今」，諸本作「令」。

一 一四五頁中一〇行第八字「槃」，諸本作「槃社」。

一 一四五頁中一三行「軌摸」，諸本作「軌模」。

一 一四五頁中一四行「叟方如城」，諸本作「叟方如域」。

一 一四五頁中一六行第一〇字「覆」，磧、普作「履」。又第一二字「背」，諸本作「皆」。

一 一四五頁中一八行第三字「峭」，諸本無。

一 一四五頁中末行第五字「甬」，諸本作「角」。

一 一四五頁下四行末字「實」，磧、普

作「寶」。

一　一四五頁下七行「七步」，諸本作「十步」。

一　一四五頁下九行第二字「屑」，諸本作「糏」。

一　一四五頁下一〇行首字「用」，諸本作「周」。

一　一四五頁下一六行第五字「礫」，諸本作「坼」。

一　一四五頁下一八行第五字「西」，諸本無。

一　一四五頁下二〇行「此寺西南」，諸本作「於寺西面」。

一　一四五頁下二一行夾註「支提者訛」，諸本作「支提者訛也」。

一　一四五頁下二二行「稱記」，諸本作「稱説」。

一　一四六頁上一五行「不白」，資、磧、普、徑作「若不白」。

一　一四六頁中九行「中間」，磧、普、南作「中聞」。

一　一四六頁中一四行小字「此下宜盡寺樣也」，諸本作「乃歎曰衆美仍羅列群英已古今也知生死分那得不傷心寺樣」。

一　一四六頁中一九行「比云」，南、徑、清作「此云」。

一　一四六頁中二一行末字至次行首字「南面」，資作「南西」；磧、普、南、徑、清作「面西」。

一　一四六頁中二二行「直勢」，諸本作「眞勢」。

一　一四六頁中末行末二字至本頁下一行首字「百尺許」，諸本作「百許尺」。

一　一四六頁下九行第一〇字「有」，諸本作「有其」。

一　一四六頁下一〇行末字「子」，南、徑、清作「可」。

一　一四六頁下一四行第八字「壉」，諸本作「素」。

一　一四六頁下一五行「二寸」，磧、普、南、徑、清作「二肘」。

一　一四六頁下一七行第七字「酉」，諸本作「西」。

一　一四六頁下一八行「北向」，資、普作「比向」。

一　一四七頁上一行第五字「洛」，諸本作「浴」。

一　一四七頁上二行第五字「令」，資、普、南、徑、清作「今」。

一　一四七頁上三行第八字「畫」，資、磧、普作「盡」。

大唐西域求法高僧傳卷下 并重歸南海傳 廣
三藏法師 義淨 撰

道琳法師者荆州江陵人也梵名尸
羅鉢頗唐云戒光弱冠之年披緇離
俗成人之歲訪釋尋真搜律藏而戒
珠瑩啓禪門而定水清稟性虛潔雅
操廉貞濯青溪以恬志漱玉泉而養
靈既常坐不卧一食全誠後復慨大
教東流時經多載定門鮮入律典頗
虧遂欲尋流討源遠遊西國乃杖錫
遐逝鼓舶南溟越銅柱而届郎迦歷
訶陵而經裸國所在國王礼待極致
殷厚經乎數載到東印度躭摩立底
國住經三年學梵語於是捨戒重受
學習一切有部律非唯學兼定慧蓋
亦情躭呪藏後乃觀化中天頂礼金
剛御座菩提聖儀復至那爛陁寺搜
覽大乘經論注情俱舍經於數年至
於鷲嶺杖林山園鵝樹備盡翹仰並
展精誠乃遊南天竺國搜訪玄謨向
西印度羅荼國住經年稔更立靈壇
重稟明呪嘗試論之曰夫明呪者梵

云毗睇陁羅必㪷 丁澤反 家毗睇譯為明
呪陁羅是持必㪷家是藏應云持明
呪藏然相承云此呪藏梵本有十万
頌唐譯可成三百卷現今求覓多失
少全而大聖没後阿離野那伽曷樹
那即龍樹菩薩特精斯要時彼弟子
厥号難陁聡明博識潰意斯典在西
印度經十二年專心持呪遂便感應
每至食時食從空下誦呪求如意瓶
不久便獲乃於瓶中得經歡喜不呪
結其瓶遂去於是難陁法師恐呪明散
失遂便撫集可十二千頌成一家之
言每於一頌之內離合呪印之文雖
復言同字同實乃義別用別自非口
相傳授而實解悟無因後陳那論師
見其製作巧殊人智思極情端撫經
歎曰嚮使此賢致意因明者我復何
顏之有乎是知智士識已之度量愚者
闇他之淺深矣斯之呪藏東夏未流
所以道琳意存斯妙故呪藏云昇天
乘龍役使百神利生之首唯呪是親
淨於那爛陁亦屢入壇場希心此要
而為功不並就遂泯斯懐為廣異聽

粗題綱目云尒道琳遂從西境轉向北天觀化羯濕弥羅便入烏長那國詢訪定門搜求般若次往迦畢試國礼烏率膩沙佛頂骨也自尒之後不委何託淨迴至南海羯荼國有北方胡至云有兩僧胡國逢見說其狀跡應是其人與智弘相隨擬歸故國聞爲途賊斯擁還乃覆向北天年應五十餘矣

曇光律師者荊州江陵人也旣其出俗遠適京師即誠律師之室瀝善談論有文情學兼內外戒行清謹南遊溟渤望礼西天承已至訶利雞羅國在東天之東年在盛壯不委何之中訪寂無消息應是損落江山耳

又見訶利雞羅國僧說有一唐僧年餘五十得王敬重兼權一寺多齎經像好行楚撻即於此國遇疾而歿他鄉矣

慧命師者荊州江陵人也戒行疎通有懷節操學兼內外逸志雲表仰祥河而牒想念竹苑以翹心汎船行至占波遭風而屢遘艱苦適馬援之銅柱息上景而歸唐

玄逵律師者潤州江寧人也俗姓胡令族高宗兼文兼史尚仁貴義敬法敬僧校業蟬聯嘉聲靡墜律師則童子出家長而欽德其進具尒不群遍閱律部偏務禪寂戒行嚴峻誠罕其流聽諸大經頗究玄義博翫丈什草隸尤精空有三衣袒膊爲餝不披覆膊衣角搭肩入寺徒跣行途著屣縱使人見笑高節曾不閒然不臥長坐詎脅安眠之席杜多乞食寧過酒肆之門善人皆愛草鞋巧知皮赤無過監者足不履地能閑露腳是儀嗟乎此子聞與理諧激揚清波耻泊泥而從俗獨醒在且豈共醉而居昏纔於丹楊一面遂即同契南上旣季留連愴矣三荊之枯友于攀絕傷哉八翼之離以爲傳法在懷無抑高節行至廣州遂染風疾以斯嬰帶弗遂述懷於是悵恨而歸返錫吳楚年二十五六後僧哲師至西國云其人已亡有疾于懷嗟乎不幸勝途多難驗非虛矣寶貝與還以法資空有鬱藍之望復欲旋歸遺錫徒懷隴樹之心乃

歎曰淋人斯去誰當繼來不幸短命嗚呼哀哉九仞希岳一簣便摧秀而不實嗚呼哀哉解乎易得行也難求嗟尒幼年業德俱修傳燈念往嬰痼情双慨乎壯志哀哉去留庶傳尒之令節秉輝曜於長秋于時逵師言離廣府還望桂林去留愴然自述贈懷云尒　五言

標心之梵宇　運想入仙洲　嬰痼乖同好　流情阻若抽　棻落乍難聚　情離不可收　何日乘杯至　詳觀演法流

淨以咸亨元年在西京尋聽于時與并部處一法師萊州弘禕論師更有二三諸德同契鷲峯標心覺樹然而一公屬母親之年老遂懷戀於并川禕師遇玄瞻於江寧乃敦情於安養玄逵旣到廣府復阻先心唯與晉州小僧善行同去神州故友索尒分飛印度新知冥焉未會此時躑躅難以爲懷戲擬四愁聊題兩絕而已

五言　我行之數萬　愁緒百重思　鄉教六尺影　獨步五天鄉

五言　重自解憂曰

上將可陵師疋士志難移如論惜短
命何得滿長衹
于時咸亨三年坐夏揚府初秋忽遇
龔州史君馮孝詮蹔廣府與波斯舶
主期會南行復蒙使君命往崗州
重為檀主及弟孝誕使君孝軫使君
郡君寗氏郡君彭氏等合門眷屬咸
見資贈爭抽上賄各捨奇飡庶無乏
於海途恐有勞於險地篤如親之慧
順給孤之心共作歸依同緣勝境所
以成礼謁者盖馮家之力也又嶺南
法俗共鯁去留之心北土英儒俱懷
生別之恨至十一月遂乃面翼軫背
番禺指鹿園而遐想望雞峯而太息
于時廣莫初飆向朱方而百丈雙挂
離箕創節棄玄朔而五兩單飛長截
洪溟似山之濤橫海斜通巨壑如雲
之浪滔天未隔兩旬果之佛逝經停
六月漸學聲明王贈支持送末羅瑜
國（今改為室利佛逝也）復停兩月轉向羯茶至十
二月舉帆還乘王舶漸向東天矣從
羯茶北行十日餘至裸人國向東望岸
可一二里許但見椰子樹檳榔林森

然可愛彼見舶至爭乗小艇有盈百
數皆將鄁子芭蕉及籐竹器来求市
易其所愛者但唯鐵焉大如兩指得
鄁子或五或十丈夫悉皆露體婦女
以片葉遮形商人戲授其衣即便搖
手不用傳聞斯國當蜀川西南界矣
此國既不出鐵亦寡金銀但食鄁子
諸根無多稻穀是以盧呵冣為珎貴
（此國名鐵為盧呵）其人容色不黑量等中形巧
織團藤箱餘處莫能及若不共交
易便放毒箭一中之者無復再生從
茲更半月許望西北行遂達航摩立
底國即東印度之南界去莫訶菩提
及那爛陀可六十餘驛於此創與大
乗燈師相見留住一載學梵語習聲
論遂與燈師同行取正西路商人數
百詣中天矣去莫訶菩提有十日在
過大山澤路險難通要藉多人必無
孤進于時淨染時患身體疲羸求趂
商徒旋困不及雖可勵己求進五里
終須百息其時有那爛陀寺二十
許僧并燈上人並皆前去唯餘單己
孤出險隘日晚晡時山賊便至援弓

大喚来見相陵先掠上衣次抽下服
空有條帶亦並奪將當是也實謂長
辭人代無諧礼謁之心體散鋒端不
遂本求之望又彼國相傳若得白色
之人殺充天祭既思此說更軫于懷
乃入泥坑遍塗形體以葉遮蔽扶杖徐行
日云暮矣營處尚遠至夜兩更方及
徒侶聞燈上人村外長叫既其相見
令授一衣池内洗身方入村矣從此
行數日先到那爛陀敬根本塔次上耆
闍崛見疊衣處後往大覺寺礼真容
像山東道俗所贈紬絹持作如来等
量袈裟親奉披服濮州玄律師附羅
蓋數万為持奉上曹州安道禪師寄
拜礼菩薩像亦為礼訖于時五體布
地一想虔誠先為東夏四恩普及法
界含識願龍花揔會遇慈氏尊並契
真宗獲无生智次乃遍礼聖跡過方
丈而届拘尸所在歛誠入鹿園而跨
雞嶺住那爛陀寺十載求經方始旋
踵言歸還航摩立底未至之間遭大
劫賊僅免夷刃之禍得存朝夕之命
於此昇舶過羯茶國所將梵本三藏

五十万餘頌唐譯可成千卷權居佛

逝矣
善行師者晉州人也少辭桑梓訪道
東山長習律儀寄情明呪温恭儉素
利物是心則淨之門人也随至室利
佛逝有懷中土既沉痼疾返棹而歸
年四十許
靈運師者襄陽人也梵名般若提婆
志懐耿介情存出俗追尋聖跡與僧
哲同遊戲南溟達西國極閑梵語利
物存懷所在至處君王礼敬遂於那
爛陁畫慈氏真容菩提樹像一同尺
量妙簡工人賫以歸唐廣興佛事翻
譯聖教實有堪能矣
僧哲禪師者澧州澧陽人也幼敦高節早
託玄門而解悟之機實有權瓶之妙
談論之鋭固當重席之美沉深律苑
控総禪畦中百兩門久提綱目莊劉
二籍極盡樞関思慕聖蹤泛舶西域
既到西土適化隨緣巡礼略周歸東
印度到三摩呾吒國國王名曷羅社
跋吒其王既深敬三寶為大鄔波索
迦深誠徹信光絶前後每於日日造

拓模泥像十万軀讀大般若十万頌

用鮮花十万尋親自供養所呈薦設
積與人齊整駕將行觀意先發幡旗
鼓樂張日弥空佛像僧徒並居前引
王乃後從於王城內僧尼有四千許
人皆受王供養每於晨朝令使入寺
合掌房前急行疾問大王奉問法師
等宿夜得安和不僧荅曰願大王無
病長壽國祚安寧使返報已方論國
事五天所有聰明大德廣惠才人博
學十八部經通解五明大論者並集
玆國矣良以其王仁聲普洎駿骨遐
収之所致也其僧哲住此王寺尤蒙
別禮存情梵本頗有日新矣来時不
與相見承聞尚在年可四十許僧哲
弟子玄遊者高麗國人也隨師於師
子國出家因住彼矣
右五十人
智弘律師者洛陽人也即聘西域大
使王玄策之姪也年纔弱歳早狎冲
虚志蔑輕肥懐情捿遁遂往少林山
飡和服餌樂誦經典頗工文筆既而
悟朝市之諠譁尚法門之澄寂遂背

八水而去三吳捨素提而擐緇服事

瑳禪師為師稟承恩慧而未經多載
即錫歸玄閑復往蘄州忍禪師處重
修定瀲而芳根雖植崇條未聳遂濟
湘川跨衡嶺入桂林而託想遁幽泉以
息心頗經年載仗㝠禪師為依止觀
水之秀嚴翫林薄之清虛揮翰寫
衷製幽泉山賦申遠遊之懐既覽三
吳之法匠頗盡芳筵歷九江之勝友
幾閑妙理然而宿植善根匪由人奬
出自中府欲觀礼西天幸遇无行禪
師與之同契至合浦昇舶長泛滄溟
風便不通漂居上景覆向交州住經
一夏既至冬末復海濵神灣隨舶南
遊到室利佛逝國自餘經歷具在行
禪師傳内到大覺寺住經二載瞻仰
尊容傾誠勵想諷誦梵本月故日新
閑聲論能梵書學律儀習對法既解
俱舍復善因明於那爛陁寺披攬大
乘在信者道場乃專功小教復就名
德重洗律儀懇懇勤勤無亡寸影習
德光師所製律經隨聽隨譯實有功
夫善護浮囊無虧片檢常坐不卧知

足清廉奉上謙下久而弥敬至於王城鷲嶺仸苑鹿林祇樹天階菴園山穴僧申翹想果契幽心每掇衣鉢之餘常懐供益之念於那爛陁寺則上飡普設在王舍城中乃器供常住在中印度近有八年後向北天羯濕弥羅擬之鄉國矣聞與琳公為伴不知今在何所然而翻譯之功其人巳戟矣

無行禪師者荊州江陵人也梵名般若提婆（唐云慧天）叶性虛融稟質温雅蘊存仁徳志重烟霞而竹馬之年投足石渠之署暨乎弱冠有懐金馬之門顛巳漁獵百氏流睇三經州望推奇鄉曲排儁于時則絢彩霞開鏡三江而挺秀芳思泉涌灌七澤而流津然宿因感會今果現前希慕法門有寬玄苑幸遇五人之度愛居等界道場既而剃滌諦門初霑法侶事大福田寺慧英法師為鄔波馱耶（唐云親教師和上者訛也）斯乃吉藏法師之上足可謂蟬聯碩徳固乃世不乏賢於是摽心般若屢志禪居屏棄人間往来山水每因談玄講肆擊闡微言雖年在後生望逾

先進及乎受具同壇乃二十餘人誦戒契心再辰便了咸稱上首餘莫能加次隱幽巖誦法華妙典不盈一月七軸言終乃歎曰夫尋筌者意在得魚求言者本希趣理宜可訪名匠鏡心神啓定門斷煩惑遂乃杖錫九江移步三越遊衡岳處金陵逸想嵩華長吟少室濯足八水舉袂三川求善知識即其志也或携定門而北上瓛智者禪匠之精微麾戒嶽而東歸究道宣律師之淳粹聽新舊經論討古今儀則洋洋焉波瀾万頃嶷嶷也灌岸千尋與智弘為伴東風汎舶一月到室利佛逝國國王厚禮特異常倫布金花散金粟四事供養五體呈心見從大唐天子處来倍加欽上後乗王舶經十五日達末羅瑜州又十五日到羯茶國至冬末轉舶西行經三十日到那伽鉢亶那從此泛海二日到師子洲觀礼佛牙從師子洲復東北泛舶一月到訶利雞羅國此國乃是東天之東界也即贍部洲之地也停至一年漸之東印度恒與智弘相

隨此去那爛陁途有百驛既停息巳便之大覺蒙國安置入寺俱為主人西國主人稍難得也若其得主則衆事皆同如也為客但食而巳禪師後向那爛陁聽瑜伽習中觀研味俱舍探求律典復往羝羅荼寺去斯兩驛彼有法匠善解因明屢在芳筵習陳那法稱之作莫不漸入玄關頗開幽鍵每雅杖錫乞食全軀少欲自居情超物外曾因閑隙譯出阿笈摩經述如来涅槃之事略為三卷巳附歸唐是一切有部律中所出論其進不乃與會寧所譯同矣行禪師既言欲居西國復道有意神州疑取北天歸乎故里淨来日從那爛陁相送東行六驛各懐生別之恨俱希重會之心業也茫茫流泗交袂矣春秋五十六又禪師姓好上欽礼每以覺樹初緑觀洗沐於龍池竹苑新黄奉折花於鷲嶺（此二時也春中也皆是大節會无聞遠近道俗咸觀菩提樹也又鷲峯山此時有花如手許寶同金色又皆折以上呈當此之時弥覆山野名春女花耳）曾於一時與行禪師同遊鷲嶺瞻奉既訖遐眺鄉關無任殷憂淨乃聊述所懐云爾

雜言
觀化祇山頂流睇古王城万載池猶
潔千年苑尚清踢歸影堅路摧殘廣
腸嚧七寶仙臺亡舊迹四彩天花絕
雨聲聲華遠自恨生何晚既傷火宅
眩中門還嗟寶渚迷長坂步陟平郊
望心遊七海上擾擾三界溺邪津渾
渾万品亡真匠雖有能仁獨圓悟廓
塵靜浪開玄路創逢飢命棄身城更
為求人捐意樹（施也）持囊畢契戒珠
淨（戒也）被甲要心忍衣固（忍也）三祇不倦
陵二車一足忘勞越九數（勤也）定潋江清
沐久結（定也）智斂霜凝漸新霧（慧也）無邊
大劫無不修六時慇生遵六度度有
流化切汲金河示滅歸常住鶴林摧
唱演切同聖徒往傳餘響龍宮祕典
海中探石室真言山處仰流教在茲
辰傳芳代有人沙河雪嶺迷朝徑巨
海鴻崖亂夜津入万死求一生投針
偶穴非同喻東馬懸車豈等程不徇
今身樂無祈後代榮誓捨危軀追勝
義咸希畢契傳燈情勞歌勿復陳延
眺且周巡東睇女戀留二迹西馳旋

苑去三輪北睨舍城池尚在南睎尊
嶺寔猶尊五峯秀百池分衆衆鮮花
明四曜輝輝道樹鏡三春揚錫指山
阿攜步上祇陁既覩如來疊衣石復
觀天授迸餘峨佇靈鎮凝思遍生河
金花逸掌儀前奉芳蓋陵虛殿後過
旋遶經行砌目想如神契迴向少福潤
生津共會龍花捨塵繫
一三五七九（在西國懷王舍城當之作）
遊愁赤縣遠丹思抽鷲嶺寒風駛
龍河激水流既喜朝聞日復日不覺
頹年秋更秋已畢祇山本願誠難遇
終望持經振錫往神州
法振禪師者荊州人也景行高尚雅
福是修濯足禪波棲心戒海法侶欽
肅為歸諷誦律經居山水而思礼聖
迹有意西遊遂共同州僧乘悟禪師
梁州乘如律師學窮內外智思鉤深
其德不孤結契遊踐於是攜二友出
三江楚帆上景之前鼓浪訶陵之北巡
歷諸島漸至羯荼未久之間法振遇
疾而殞年可三十五六既而一人斯委
彼二情疑遂附舶東歸有望交阯覆

至瞻波（林邑國也）乘悟又卒瞻波人至傳說
如此而未的委獨有乘如言歸故里
雖不結實仍專合秀尒獨何為三無
一就
大津師澧州人也幼染法門長敦節
儉有懷省欲以乞食為務希礼聖跡
啓望王城每歎曰釋迦悲父既其不
遇天宮慈氏宜勗我心自非覩覺樹
之真容謁祥河之勝躅豈能收情六
境致想三祇者哉遂以永淳二年振
錫南海爰初結旅頗有多人及其角
立唯斯一進乃賫經像與唐使相逐
泛舶月餘達尸利佛逝洲停斯多載
解崑崙語頗習梵書絜行齊心更受
圓具淨於此見遂遣歸唐望請天恩
於西方造寺既覩舍利之弘廣乃輕命
而復滄溟遂以天授二年五月十五
日附舶而向長安矣今附新譯雜經論
十卷南海寄歸內傳四卷
西域求法高僧兩卷　　贊曰
嘉尒幼年慕法情堅既虔誠於東
夏復請益於西天重指神州為物淹
流傳十法之弘法竟千秋而不秋

右總五十六人

又重歸南海傳有師資四人

苾芻貞固律師者梵名娑羅笈多譯為貞固即鄭地滎川人也俗姓孟早以驅烏之歲早蘊慈門總角之秋棲心慧苑年甫十四遂丁荼蓼眷流俗之難保知法門之可尚爰興正念企步勝場遂於汜水等慈寺遠法師處申侍席之業意存教網便誦大經經三兩歲師遂淪化後往相州林慮諸寺尋師訪道欲致想禪尙自念教撿未寬難辯真偽即往東魏聽覽雜識復往安州大猷禪師處習學方等數旬未隔即妙相現前復往荊州歷諸山寺求善知識希覓未聞復往襄州遇善導禪師受弥陁勝行當尒之時爰望弃索訶之穢土即欲趣安養之芳林覆思獨善傷大士行唯識所變何非淨方遂往峴山恢覺寺澄禪師處創蒙半字之訓漸通完器之言禪師則沉研律典荷世尊五德之重寄轄轢經論當末代四依之任持定瀲波深濯八解而流泒惠峯岳峻聳六度而蹤

巖五塵無雜九惱非驚外跨四流內澄三定法俗欽望推為導首特蒙綸旨召入神都在魏國東寺居多聞之數固師年餘二十即於禪師足下而進圓具纔經一載總涉律綱覆向安州秀律師處三載端心讀宣律師文抄可謂閑絕鄔波離貫五篇之表裏受諸毗舍女洞七聚之幽關律去五歲得遊方未至歲而早契十年離依止不屆年而豫合其秀律師即蜀郡與律師之上足既進圓具仍居蜀川於和上處學律四載後往長安宣律師處為依止之客投心乳器若飮鵝之善識精嚴竭智水瓶等歡喜之妙持先後經十六年不離函杖幽窮諸部濤鍊數家將首律師蹤以為宗本然後去三楊之八水復向黃州報所生地次往安州大興律教諸王刺史咸共遵承故律云若有律師處與我身不殊居十力寺年七十餘方始舜化戒行清素耳目詳知嗟乎代有其人棟梁佛日鐸聯靡絕繼踵相承實謂漢弥矣荊玉雖別川而俱媚桂枝蘭蘂

継易節而同芳固師既得律典斯通更披經論又復誦法華維摩向一千遍心心常續念念恒持三業相驗四儀無爽覆往襄州在和上處重聽蘊咀羅披尋對法藏頗通瀹薄撿衣珠化城是息終期寶渚遂乃濯足襄水顧步廬山仰上德之清塵住東林而散志有意欲向師子洲頂礼佛牙觀諸聖迹以垂拱之歲移錫桂林適化遊方漸之清遠峽谷同緣赴感後屆番禺廣府法徒請開律典時屬大唐聖主天下普置三師欲令佛日再明法舟長汎既而威儀者律也固亦衆所欽情三藏道場講毗柰耶教經乎九夏爰竟七篇善教法徒汎誘時俗于時制旨寺恭闍梨每於講席親自提獎可謂恂恂善誘弘濟忘倦闍梨則童年出家高行貞節年餘七十而恒敬五篇有福之人可逢上智實乃禪池淼漫引法海而通波思嶺崔嵬構慧嶽而騰峭深明灼本巧悟心源雖閑諸法體空而利物之用盛集攀有為之福業作無上之津梁而屬寫經

藏常營衆食實亦衆所知識應物感

生勸悟諸人共敦律教固師既法侶
言散還向峽山異謗松林之下用畢
幽捿之志蒙謙寺主等特見賔迎寺
主乃道冠生知體含仁恕供承四海
靡倦三朝屈己申他卑辭是務固師
意欲息想山門有懷營構傾廊通真
道脱階正邪基曲制山池希流八解
之清潤傍開壇界異闡七聚之芳
規復欲於戒壇後面造一禪龕立方
等道塲修法華三昧功雖未就而已
情決然布薩軌儀已紹綱目又每歎
日前不遺擇父後未遇慈尊末代時
中如何起行既沉吟於空有之際復
躑躅於多師之門矣淨於佛江口昇
舶附書憑信廣州見求墨紙抄寫梵
經并雇手直于時商人風便擧帆高
張遂被載來求住無路是知業能裝
飾非人所圖遂以永昌元年七月二
十日達于廣府與諸法俗重得相見
于時在制旨寺處衆嗟曰本行西國
有望流通迴住海南經本尚闕所將三
藏五十餘万言並在佛逝國事須覆

往既而年餘五十重越流波隟駟不

留身城難保朝露溘至何所爲馮經
典既是要門誰能共往収取隨譯隨
受須得其人衆僉告曰去斯不遠有
僧貞固久探律教早蘊精誠儻得其
人斯爲善伴亦既纔聞此告驀歸雅
合求心於是裁封山扃薄陳行李固
乃啓封整覲即有同行之念辭手聊
城一發下三將之雄心雪山小偈輋
大隱之深志遂乃喜辭幽澗歎去松
林攘辭石箭之前褰衣制旨之内始
傾一蓋合襟情於撫塵既投五體契
虚懷於曩日雖則平生未面而實冥
符宿心共在良宵頗論行事固乃荅
日道欲合不介而自親時將至求抑
而不可讓即共弘三藏助燭千燈者
歟於是重往峽山與謙寺主等言別
寺主乃照機而作曾不留連見述所
懷咸助隨喜已闕無念他濟是心並
爲資裝令無少乏及廣府法俗悉贈
資粮即以其年十一月一日附商舶去
番禺望占波而陵帆指佛逝以長驅
作舍生之梯橙爲欲海之舟艫慶肴

懷於從志庶無廢於長途固師年四

十矣贊曰
智者植業稟自先因童年潔想雅福
是覩情求勝己意仗明仁非馨香於
事利固實愛於賢珎其一愛持妙典貞
明固意大善敦心小瑕興畏有懷脱
屣無望榮貴若住猫之毛尾弗斵等
遊蜂之色香靡費其二孤辭榮澤隻
步漢陰哲人務本律教是尋既知綱
領進影幽深致遠懷於覺樹遂仗策
於桂林其三怡神峽谷匠物廣川既而追
舊聞於東夏復欲請新教以南遊希
揚布於未布異傳芳於未傳慶斯
人之壯志能爲物而身捐其四爲我良
伴共届金洲能堅梵行善友之由躬
車遁濟手足相求儻得契傳燈之一
望亦是不虛生於百秋其五既至佛逝
宿心是契得聽未聞之法還觀不觀
之例隨譯受詳撿通滯新見新知
巧明開制博識多智每勵朝聞之心
恭儉勤懷無憂夕死之計恐衆多而
事擾且遂靜而兼濟継一焰之隨風
廢千燈而同翳其六又貞固弟子一人

俗姓孟名懷業梵号僧伽提婆祖父
本是北人因官遂居領外家屬權停
廣府慕法遣奉師門雖可年在弱冠
而實志逾強仕見師主懷弘法之念
即有隨行之心割愛抽悲投命溟渤
至佛逝國解骨崙語頗學梵書誦俱
舍論偈雖事憑於一獵冀有望於千
途儻策勤於熟思希比迹於生葛且為
侍者現供翻譯年十七耳
苾蒭道宏者梵名佛陁提婆唐云覺天汴州
雍丘人也俗姓靳其父早因商侶移
步南遊遠歷三江遐登五嶺遂過韶
部後届峡山覩巖谷之清虛翫川源
之澄寂逢善知識披緇釋素于時道
宏其年尚小任業風而莽轉隨父師
而遊涉入桂林以翹想步幽泉而疊
息父名大感禪師遂於寂禪師處學
秘心闢頗經年載薄知要義還之峡
谷道宏隨父亦復出家年滿二十此
焉進具往来廣府出入山門雖可年
登未高而頗懷節槩既聞淨至達赴
莊嚴詢訪所居去停斯旨一申礼事
即有契於行心再想生津實無論於

性命聞說滔天之浪蔑若小池覩擴
海之鯨意同鮨鱓尋即重之清遠言
別山庭與貞固師同歸府下於是手
畢志南海起意金洲擬寫三藏德被
千秋識悟聡敏叶性溫柔頗功草隸
復翫莊周體齊物之篇虛談知指馬
之說攸攸不憑河而徒涉能臨懼而
善籌雖功未顯於移照終有慶於英
猷英猷何陳求法輕身不計樂而為
樂不將覩而作覩欲希等生靈於已
體豈若嬲茎茍而行仁既至佛逝敦
心律藏隨譯隨寫傳燈是望重瑩戒
珠極所欽尚求寂滅之圓成弃生津
之重障畢我大業由斯小匠慶尔拔
擢於有流庶福資於無量年二十
二矣
苾蒭法朗者梵名達摩提婆唐云法天襄
州襄陽人也任靈集寺俗姓安實乃
家傳禮義門襲冠纓童年出家欽修
是務遂離桑梓遊涉嶺南淨至番禺
報知行李雖復學悟非遠而實悕尚
情深意　喜相隨同越滄海未經一
月届乎佛逝亦既至此業行是修曉

夜端心習因明之秘册晨昏勵想聽
俱舍之幽宗既而一蕢已傾庶冈隮
於九仞三藏虔念擬克成五篇
芾憚劬勞性有聡識復能志託弘益
抄寫忘疲乞食自濟但有三衣袒膊
塗跣尊修上儀雖未成於角立終有
慕於囊錐凡百徒侶咸悕自樂尔獨
標心利生是恪恪勤何始專思至理
若能弘廣顗於悲生冀大明於慈氏
年二十四矣
其僧貞固等四人既而附舶俱至佛
逝學經三載梵漢澈通法朗須往訶
陵國在彼經夏遇疾而卒懷業戀居
佛逝不返番禺唯有貞固道宏相
隨俱還廣府各並淹留且任更待後
追貞固遂於三藏道場敷揚律教未
終三載染患身亡道宏獨在嶺南尔
来迥絕消息雖每顧問音信不通嗟
乎四子俱沉滄波竭力盡誠思然法
炬誰知業有長短各阻去留每一念
来傷歎無極是知麟喻難就危命易
廚所有福田共相資濟龍花初會俱
出塵勞耳

大唐西域求法高僧傳卷下

求法高僧傳卷下 第二十七張 廣字号

大唐西域求法高僧傳卷下

校勘記

一 底本，金藏廣勝寺本。

一 五二頁中一行小字「并重歸南海傳」，資、磧、普、南作「此卷十五人并重歸南海傳」；徑、清無。

一 五二頁中二行撰者，徑、清作「唐三藏法師義淨奉詔撰」。

一 五二頁中五行「訪釋」，諸本（不含石，下同）作「訪友」。

一 五二頁中九行「鮮入」，資、普、徑、清作「先入」；磧、南作「光入」。

一 五二頁中一〇行首字「虧」，諸本作「窺」。

一 五二頁中一八行第六字「汪」，資、磧、普、南、徑、清作「漬」。

一 五二頁中二一行「羅荼國」，資、磧、普、南、徑、清作「於羅荼國」；麗作「於羅荼國」。

一 五二頁下九行「誦呪」，諸本作「又誦呪」。

一 五二頁下一〇行末字「呪」，諸本作「以呪」。

一 五二頁下一一行「呪明」，資、磧、普、南、徑、清作「明呪」。

一 五二頁下二〇行第六字「存」，磧、普、南作「非」。

一 五二頁下二一行第一〇字「首」，諸本作「道」。

一 五三頁上一行「綱目」，諸本作「網目」。

一 五三頁上五行首字「訖」，諸本作「託」。

一 五三頁上一四行首字「訪」，資、磧、普、南、徑、清作「方」。

一 五三頁上一七行第一三字「歿」，諸本作「瘞」。

一 五三頁上一九行「慧命師」，資、磧、普、南、徑、清作「慧命禪師」。

一 五三頁上二一行「牒想」，磧、普、南、徑、清作「標想」。又「以翹心」，資、磧、普、南、清作「而翹心」。又末字「行」，麗作「而行」。

一五三頁中二行「兼史」，資、磧、普、南、徑、清作「兼武」。

一五三頁中四行第九字「其」，諸本作「及其」。

一五三頁中九行第四字「人」，諸本作「時人」。

一五三頁中一一行末字「赤」，麗作「亦」。

一五三頁中一四行首字「泥」，資作「沒」。

一五三頁中一五行首字「繞」，麗作「繞」。又「丹楊」，磧、南、徑、清、麗作「丹陽」。

一五三頁中一九行「述懷」，諸本作「遠懷」。

一五三頁中二一行第三字「疾」，麗作「疚」。

一五三頁中末行「朧樹」，資作「龍樹」。

一五三頁下一行「當繼」，資作「復當」。

一五三頁下二行「九刃」，資、磧、普、南、徑、清作「九仞」。

一五三頁下七行「桂林」，麗作「柱林」。

一五三頁下八行「五言」，資、磧、普、南、徑、清無。

一五三頁下一四行「二三」，資、磧、普、南、徑、清作「三二」。

一五三頁下二二行末字「鄔」，諸本作「陲」。

一五三頁下末行夾註末字「目」，諸本作「曰」。

一五四頁上四行第三字「史」，諸本作「使」。又第八字「隨」，資、磧、普、南、徑、清無。

一五四頁上九行「險地」，資作「險阻」。

一五四頁上一一行第二字「成」，諸本作「得成」。

一五四頁上一五行末字「挂」，資、磧、普、南、徑、清作「桂」。

一五四頁上一九行第一一字「送」，麗作「送往」。

一五四頁上二〇行夾註左末字「也」，徑、清無。

一五四頁上末行「鄞子」，資、磧、普、南、徑、清作「椰子」。以下間有出現，不出校。

一五四頁中七行第八字「宜」，諸本作「寡」。

一五四頁中八行「盧呵」，徑、清作「盧阿」。

一五四頁中九行夾註左「盧呵」，磧、南、徑、清作「盧阿」。

一五四頁中一三行「南界」，諸本作「南界也」。

一五四頁中一五行末字「聲」，麗作「聲聞」。

一五四頁中二〇行「商徒旋困不及」，磧、普、南、徑、清作「商徒旋困不能及」；麗作「商旅困不能逮」。

一五四頁中末行「孤出」，諸本作「孤步」。

一五四頁下二行「條帶」，諸本作「條帶」。又「當是」，諸本作「當是

一時」。

一五四頁下五行「天祭」，資作「大祭」。

一五四頁下九行首字「令」，資、磧、普、南、徑、清作「念」。

一五四頁下一〇行首字「行」，資、磧、普、南、徑、清作「北行」。又第三字「次」，諸本作「次上」。

一五四頁下一五行「菩薩」，諸本作「菩提」。

一五四頁下一七行「惣會」，麗作「初會」。

一五五頁上一行第一二字「摧」，資、磧、普、南、徑、清作「擁」。

一五五頁上六行第八字「冗」，麗作「染」。

一五五頁上七行「四十」，資、磧、普、南、徑、清作「三十」。

一五五頁上一〇行第四字「戲」，資、磧、普、南、徑、清作「越」。

一五五頁上一一行「存懷」，資、磧、普、南、徑、清作「在懷」。

一五五頁上一三行「歸唐」，資、磧、普、南、徑、清作「歸國」。

一五五頁上一五行「澧陽」，諸本無。

一五五頁上一六行「攉瓶」，諸本作「灌瓶」。

一五五頁上一九行「樞開」，資、磧、普、南、徑、清作「樞關」；麗作「樞開」。

一五五頁上二〇行第二字「到」，諸本作「至」。

一五五頁中一行第二字「摸」，諸本作「模」。又第七字「區」，諸本作「軀」。

一五五頁中二行第六字「尋」，資、磧、普、南、徑、清作「朶」。

一五五頁中三行「觀意」，諸本作「觀音」。

一五五頁中四行第三字「張」，諸本作「漲」。

一五五頁中一八行「右五十人」，徑、清無。

一五五頁中一九行末字至次行首字「大使」，資、磧、普、南、徑、清作「太史」。

一五五頁中二一行「懷情」，麗作「情懷」。

一五五頁中二二行第二字「和」，資、磧、普、南、徑、清作「松」。

一五五頁下一行「素提」，諸本作「素禔」。

一五五頁下二行「思慧」，資、磧作「思惠」；普、南、徑、清、麗作「思慧」。

一五五頁下七行首字「水」，諸本作「山水」。

一五五頁下八行第二字「掣」，資、磧、普、南、徑、清作「製」。又「之懷」，資、磧、普作「之壞」。

一五五頁下一一行第二字「自」，麗作「日」。

一五五頁下一四行第七字「復」，諸本作「復往」。

一五五頁下一九行「披攬」，諸本作「則披覽」。

一　一五五頁下二〇行「專切」，諸本作「專功」。

一　一五五頁下二一行「懇懇」，普、南、徑、清作「懇志」。

一　一五五頁下二二行「德光師」，諸本作「德光律師」。又末字「切」，諸本作「功」。

一　一五六頁上三行第三字「中」，磧作「中」。又第六字「果」，資、磧、普、南、徑、清作「並」。

一　一五六頁上一一行首字「存」，磧作「有」。

一　一五六頁上一七行「玄苑」，資、磧、普、南、徑、清作「玄化」。又「愛居等界」，資、磧、普、南、徑、清作「爱居等戒」；麗作「爱居等界」。

一　一五六頁上一八行「諦門」，資、磧、普、南、徑作「譯門」；清作「譯」。

一　一五六頁上二一行末字「壓」，諸本作「棲」。

一　一五六頁上末行「望逾」，麗作「而望逾」。

一　一五六頁中末行第二字「至」，資、磧、普、南、徑、清作「住」；麗作「在」。

一　一五六頁下二行「蒙國」，資、磧、普、南、徑、清作「蒙國家」。

一　一五六頁下八行第五字「作」，資、磧、普、南、徑、清作「作者」。

一　一五六頁下一三行「禪師」，資、磧、普、南、清作「禪師說」。

一　一五六頁下一四行「疑取」，資、磧、普、南、清作「擬取」。

一　一五六頁下一八行第二字「姓」，諸本作「稟性」。

一　一五六頁下二〇行夾註右「時也」，麗作「時者」。又「无間」，麗作「無問」。又左「菩提樹」，諸本作「洗菩提樹」。又「有花」，資、磧、普、南、徑、清作「有黄花大」；麗作「有花大」。

一　一五六頁下二一行夾註右「又皆」，諸本作「人皆」。又第九字「以」，資、磧、普、南作「情」。又左「花耳」，麗作「花也」。

一　一五七頁上一行「雜言」，資、磧、普、南、徑、清作「雜言詩曰」。

一　一五七頁上一三行「斂霜凝漸」，諸本作「劍霜凝斬」。

一　一五七頁上一五行第三字「功」，磧、普、南、徑、清作「功德」。

一　一五七頁上一六行第七字「住」，資、磧、普、南作「佳昔」；徑、清作「往昔」。

一　一五七頁上二〇行第二字「穴」，資作「伉」。又第六字「東」，資、磧、普、南、徑、清作「速」。

一　一五七頁上末行第二字「且」，磧、普、南、徑、清作「旦」。又第八字「戀」，諸本作「䜌」。

一　一五七頁中二行第二字「寔」，磧、普、南、徑、清、麗作「穴」。又第四字「尊」，磧、普、南、徑、清作「存」。

一　一五七頁中七行第一二字「向」，諸本作「斯」。

一　一五七頁中七行末字「潤」，磧、普

作「澗」。

一五七頁中八行「生津」，麗作「津梁」。

一五七頁中九行「一三五七九」及夾註「在西國懷王舍城舊之作」，資、磧、普、南、徑、清作「一三五七九言」並夾註「在西國懷王舍城舊之作」；麗作「在西國王舍城懷舊之作」並夾註「一三五七九言」。

一五七頁中一二行「祇山」，資、磧、普、南、徑、清作「耆山」。

一五七頁中一六行「爲歸」，諸本作「爲導爲歸」。同行「居山水」，諸本作「居山居水」。

一五七頁中一九行「遊踐」，麗作「由踐」。

一五七頁下一行夾註右首字「弗」，麗作「即」。

一五七頁下三行「仍喜合秀」，資作「仍嘉合秀」；磧、普、南、徑、清、麗作「仍嘉令秀」。

一五七頁下四行「一就」，資、磧、普、南、徑、清作「一就耳」。

一五七頁下五行「大津師」，資作「大律師」；磧、普、南、徑、清作「大津法師」；麗作「大津師者」。

一五七頁下一六行「舍利」，諸本作「利益」。

一五七頁下一七行「二年」，資、磧、普、南、徑、清作「三年」。

一五七頁下一九行「内傳」，麗作「内法傳」。

一五七頁下二〇行「高僧」，資、磧、普、南、徑、清作「高僧傳」。

一五八頁上一行「右惣五十六人」，徑、清無。

一五八頁上四行「滎川」，磧、普、徑、清作「榮川」。

一五八頁上一二行「真僞」，磧、南作「其僞」。

一五八頁上一四行「山寺」，資、磧、普、南、徑、清作「山水」。

一五八頁上二二行末字「濯」，資、磧、普、南、徑、清作「灌」。

一五八頁中一行首字「巖」，資、磧、普、南、徑、清作「巘」。

一五八頁中一〇行第五字「豫」，資作「務」。

一五八頁中一三行第五字「之」，資無；磧、普、南、徑、清作「有」。

一五八頁中一五行「幽窮」，麗作「研窮」。又末字「濤」，磧、南作「鑄」；徑、清、麗作「洶」。

一五八頁中一六行第五字「首」，資、磧、普、南、徑、清作「守」。

一五八頁中一七行「三楊」，麗作「三陽」。

一五八頁中末行首字「珎」，麗作「珠」。又第二字「矣」，諸本無。

一五八頁下一行第二字「易」，麗作「異」。又第一三字「斯」，磧作「所」。

一五八頁下二行首字「吏」，磧作「便」。

一五八頁下一四行第二字「情」，資、磧、普、南、徑、清作「請」。

一　一五八頁下一八行「童年」，諸本作「童真」。

一　一五八頁下二〇行末字「䔿」，資、磧、普、南、徑、清作「踈」。

一　一五八頁下二二行首字「閒」，諸本作「閑」。又第一一字「盛」，普、南、徑、清作「咸」。

一　一五八頁下末行第一二字至次頁上一行首字「屬冩經藏」，諸本作「屢寫藏經」。

一　一五九頁上一行第二字「常」，清作「當」。

一　一五九頁上七行末字「真」，諸本作「直」。

一　一五九頁上一一行末字至次行首字「已情」。諸本作「情已」。

一　一五九頁上一五行第一一字「佛」，諸本作「佛逝」。

一　一五九頁上末行第六字「言」，麗作「頌」。又「國事」，麗作「終」。

一　一五九頁中一行「流波」，麗作「滄波」。

一　一五九頁中七行第九字「局」，諸本作「扃」。

一　一五九頁中八行末字「聊」，資、磧、普、南、徑、清作「遼」。

一　一五九頁中一一行「石箭」，諸本作「石門」。

一　一五九頁中末行第六字「橙」，資、磧、普、南、徑、清作「隥」。又第一三字「慶」，資、磧作「愛」。

一　一五九頁下一行第三字「從」，普、南、徑、清作「促」。

一　一五九頁下五行「寳愛」，資、普、徑作「實愛」；磧作「實受」。同行「妙冊」，麗作「妙典」。

一　一五九頁下八行「滎澤」，資、磧、普、南、徑、清作「榮澤」。

一　一五九頁下一〇行「進影」，諸本作「更進」。

一　一五九頁下一三行「揚布」，資、磧作「敷揚」；南、徑、清作「布揚」。又「傳芳」，普、南、徑、清作「傳流」；麗作「流傳」。

一　一五九頁下一四行「身指」，諸本作「身捐」。

一　一五九頁下一五行第七字「堅」。資、磧、普、南、徑、清作「持」。

一　一五九頁下末行「千燈」，麗作「十登」。

一　一六〇頁上四行「逾強」，普、南、徑、清作「逾弘」。

一　一六〇頁上八行第三字「策」，資、磧、普、南、徑、清作「能」。

一　一六〇頁上九行「十七」，資、磧、普、南、徑、清作「七十」。

一　一六〇頁中四行「起意」，諸本作「共赴」。

一　一六〇頁中五行第一二字「功」，資、磧、普、南、徑、清作「攻」。

一　一六〇頁中一一行第六字「苟」，諸本作「狗」。

一　一六〇頁中一三行「生津」，麗作「迷津」。

一　一六〇頁中一五行末二字至次行首字「二十二」，資、磧、普、南、徑、

清作「二十三」。

一　一六〇頁中二二行第三字「意」，資、磧作「意存」。又「未經」，資、磧、普、南、徑、清作「經餘」。

一　一六〇頁下一行「秘冊」，資、磧、普、南、徑、清作「秘典」。

一　一六〇頁下三行「九刃」，諸本作「九仞」。又「剋成」諸本作「剋成乎」。

一　一六〇頁下一二行第一二字「湏」，資、磧、普、南、徑、清作「頃」。

一　一六〇頁下一九行「滄波」，資、磧、普、南、徑、清作「滄海」。

一　一六〇頁下二一行「無極」，麗作「無及」。

昔道人法顯從長安行西至天竺傳一卷廣

東晉沙門釋法顯自記遊天竺事

法顯昔在長安慨律藏殘缺於是遂以弘始二年歲在已亥與慧景道整慧應慧嵬等同契至天竺尋求戒律初發跡長安度隴至乹歸國夏坐夏坐訖前至褥檀國度養樓山至張掖鎮張掖大亂道路不通張掖王慇勤遂留爲作檀越於是與智嚴慧簡僧紹寶雲僧景等相遇欣於同志便共**可八十里南北四十里共停一月餘日**法顯等五人隨使先發復與寶雲等別燉煌太守李浩供給度沙河沙河中多有惡鬼熱風遇則皆死無一全者上無飛鳥下無走獸遍望極目欲求度處則莫知所擬唯以死人枯骨爲摽識耳行十七日計可千五百里得至鄯鄯國其地崎嶇薄瘠俗人衣服粗與漢地同但以氈褐爲異其國王奉法可有四千餘僧悉小乘學諸國俗人及沙門盡行天竺法但有精麁從此西行所經諸國類皆如是唯

國國胡語不同然出家人皆習天竺書天竺語住此一月日復西北行十五日到隱夷國僧亦有四千餘人皆小乘學法則齊整秦土沙門至彼都不豫其僧例也法顯得符行當公孫理住二月餘日於是還與寶雲等共合隱夷國人不修礼儀遇客甚薄智嚴慧簡慧嵬遂返向高昌國欲求行資法顯等蒙符公孫供給遂得直進西南行路中無居民涉行艱難所經之苦人理莫比在道一月五日得到于闐其國豐樂人民殷盛盡皆奉法以法樂相娛衆僧乃數萬人多大乘學皆有衆食彼國人民星居家家門前皆起小塔最小者可高二丈許作四方僧房供給客僧及餘所須國主安頓供給法顯等於僧伽藍僧伽藍名瞿摩帝是大乘寺三千僧共揵搥食入食堂時威儀齊肅次第而坐一切寂然器鉢無聲淨人益食不得相喚但以手指麾慧景道整慧達先發向竭叉國法顯等欲觀行像

停三月日其國中有四大僧伽藍不數小者從四月一日城裏便掃灑道路莊嚴巷陌其城門上張大幃幕事事嚴飾王及夫人婇女皆住其中瞿摩帝僧是大乘學王所敬重最先行像離城三四里作四輪像車高三丈餘狀如行殿七寶莊校懸繒幡蓋像立車中二菩薩侍作諸天侍從皆以金銀彫瑩懸於虛空像去門百步王脫天冠易着新衣徒跣持花香翼從出城迎像頭面礼足散花燒香像入城時門樓上夫人婇女遥散衆花紛紛而下如是莊嚴供具車車各異一僧伽藍則一日行像四月一日爲始至十四日行像乃訖行像訖王及夫人乃還宮耳其城西七八里有僧伽藍名王新寺作來八十年經三王方成可高二十五丈彫文刻鏤金銀覆上衆寶合成塔後作佛堂莊嚴妙好梁柱户扇窻牖皆以金薄別作僧房亦嚴麗整飾非言可盡嶺東六國諸王所有　上價寶物多作供養

人用者少既過四月行像僧韶一人隨胡道人向罽賓法顯等進向子合國在道二十五日便到其國國王精進有千餘僧多大乘學住此十五日已於是南行四日至葱嶺山到於麾國安居安居已山行二十五日到竭叉國與慧景等合値其國王作般遮越師般遮越師漢言五年大會也會時請四方沙門皆來雲集集已莊嚴衆僧坐處懸繒幡蓋作金銀蓮華着僧座後鋪淨坐具王及群臣如法供養或一月二月或三月多在春時王作會已復勸諸群臣設供供養或一日二日三日五日供養都畢王以所乘馬鞍勒自副使國中貴重臣騎之并諸白氎種種珎寶沙門所須之物共諸群臣發願布施布施已還從僧贖其地山寒不生餘穀唯熟麦耳衆僧受歲已其晨輙霜故其王每請衆僧令麦熟然後受歲其國中有佛唾壷以石作之色似佛鉢又有佛一齒其國中人爲佛齒起塔

有千餘僧徒盡小乘學自山以東俗人被服類粗與秦土同亦以氈褐爲異沙門法用轉勝不可悉記其國當葱嶺之中自葱嶺已前草木果實皆異唯竹及安石榴甘蔗三物與漢地同耳從此西行向北天竺國在道一月得度葱嶺葱嶺山冬夏有雪又有毒龍若失其意則吐毒風雨雪飛沙礫石遇此難者万無一全彼土人即名爲雪山也度嶺已到北天竺始入其境有一小國名陁歷亦有衆僧皆小乘學其國昔有羅漢以神足力將一巧匠上兜率天觀弥勒菩薩長短色貌還下刻木作像前後三上觀弥勒菩薩然後乃成像長八丈足趺八尺齋日常有光明諸國王競興供養今故現在於此順嶺西南行十五日其道艱岨崖岸嶮絶其山唯石壁立千仞臨之目眩欲進則投足無所下有水名新頭河昔人有鑿石通路施傍梯者凡度七百度梯已躡懸絚過河河兩岸相去減八十步九譯所記漢之張騫甘英皆不至

衆僧問法顯佛法東過其始可知也顯云訪問彼土人皆云古老相傳自立弥勒菩薩像後便有天竺沙門賫經律過此河者像立在佛泥洹後三百許年計於周氏平王時由玆而言大教宣流始自此像非夫弥勒大士継軌釋迦孰能令三寶宣通邊人識法固知冥運之開本非人事則漢明帝之夢有由而然矣度河便到烏長國其烏長國是正北天竺也盡作中天竺語中天竺所謂中國俗人衣服飲食亦與中國同佛法甚盛名衆僧止住處為僧伽藍凡有五百僧伽藍皆小乘學若有客比丘到悉供養三日三日過已乃令自求所安常傳言佛至北天竺即到此國也佛遺足跡於此或長或短在人心念至今猶尒及曬衣石度惡龍處悉亦現在石高丈四尺闊二丈許一邊平慧景慧達道整三人先發向佛影那竭國法顯等住此國夏坐坐訖南下到宿呵多國其國佛法亦盛昔天帝釋試菩薩化作鷹鴿割肉貿鴿處佛既成道與諸弟子遊行語

云此本是吾割肉貿鴿處國人由是得知於此處起塔金銀挍飾從此東下五日行到揵陁衛國是阿育王子法益所治處佛為菩薩時亦於此國以眼施人其處亦起大塔金銀挍餝此國人多小乘學自此東行七日有國名竺剎尸羅竺剎尸羅漢言截頭也佛為菩薩時於此處以頭施人故因以為名焉復東行二日至投身餧餓虎處此二處亦起大塔皆衆寶挍飾諸國王臣民競興供養散華然燈相繼不絶通上二塔彼方人亦名為四大塔也從揵陁衛國南行四日到弗樓沙國佛昔將諸弟子遊行此國語阿難云吾般泥洹後當有國王名罽膩伽於此處起塔後罽膩伽王出世出行遊觀時天帝釋欲開發其意化作牧牛小兒當道起塔王問言汝作何等荅言作佛塔王言大善於是王即於小兒塔上起塔高三十餘丈衆寶挍飾凡所経見塔廟壯麗威嚴都無此比傳云閻浮提塔唯此塔為上王作塔成已小塔即自傍出大塔南高三尺

許佛鉢即在此國昔月氏王大興兵衆来伐此國欲取佛鉢既伏此國已月氏王等篤信佛法欲持鉢去故大興供養供養三寶畢乃挍飾大象置鉢其上象便伏地不能得前更作四輪車載鉢八象共牽復不能進王知與鉢縁未至深自愧歎即於此處起塔及僧伽藍并留鎮守種種供養可有七百餘僧日將欲中衆僧則出鉢與白衣等種種供養然後中食至暮燒香時復尒可容二斗許雜色而黑多四際分明厚可三分甚光澤貧人以少華投中便滿有大富者欲以多華供養正復百千万斛終不能滿寶雲僧景止供養佛鉢便還慧景慧達道整先向那竭國供養佛影佛齒及頂骨慧景病道整住看慧達一人還於弗樓沙國相見而慧達寶雲僧景遂還秦土慧景應在佛鉢寺無常由是法顯獨進向佛頂骨所西行十六由延至那竭國界醯羅城城中有佛頂骨精舍盡以金薄七寶挍飾國王敬重頂骨慮人抄奪乃取國中豪姓八人人持一印印

封守護清晨八人俱到各視其印然後
開戶開戶已以香汁洗手出佛頂骨置
精舍外高座上以七寶圓碪碪下瑠璃
鍾覆上皆珠璣挍飾骨黃白色方圓四
寸其上隆起每日出後精舍人則登高
樓擊大鼓吹蠡敲銅王聞已則詣精舍
以華香供養供養已次第頂戴而去從
東門入西門出王朝朝如是供養礼拜
然後聽國政居士長者亦先供養乃修
家事日日如是初無懈倦供養都訖乃
還頂骨於精舍中有七寶解脫塔或開
或閉高五尺許以盛之精舍門前朝朝
恒有賣花香人凡欲供養者種種買焉
諸國王亦恒遣使供養精舍處方三十
步雖復天震地裂此處不動從此北行一
由延到那竭國城是菩薩本以銀錢貿
五莖華供養定光佛處城中亦有佛齒塔
供養如頂骨法城東北一由旬到一谷口
有佛錫杖亦起精舍供養杖以牛頭旃檀
作長丈六七許以木筒成之正復百千人舉
不能移入谷口西行有佛僧伽梨亦
起精舍供養彼國土俗亢旱時國人相率出衣

礼拜供養天即大雨那竭城南半由
延有石室博山西南向佛留影此中
去十餘步觀之如佛真形金色相好
光明炳著轉近轉微髣髴如有諸方
國王遣工畫師摹寫莫能及彼國人
傳云千佛盡當於此留影影西四百步
許佛在時剃髮剪爪佛自與諸弟子
共造塔高七八丈以為將來塔法今
猶在邊有寺寺中有七百餘僧此處
諸羅漢辟支佛塔乃千數住此冬三
月法顯等三人南度小雪山雪山冬
夏積雪山北陰中遇寒風暴起人皆
噤戰慧景一人不堪復進口出白沫
語法顯云我亦不復活便可時去勿
得俱死於是遂終法顯撫之悲啼本
圖不果命也奈何復自力前得過嶺
南到羅夷國近有三千僧兼大小乘
學住此夏坐坐訖南下行十日到跋
那國亦有三千許僧皆小乘學從此東
行三日復度新頭河兩岸皆平地過
河有國名毗荼佛法興盛兼大小乘
學見秦道人往乃大憐愍作是言如
何邊地人能知出家為道遠求佛法

悉供給所須待之如法從此東南行減
八十由延經歷諸寺甚多僧衆万數
過是諸處已到一國國名摩頭羅又
經蒱那河河邊左右有二十僧伽藍
可有三千僧佛法轉盛凡沙河已西
天竺諸國國王皆篤信佛法供養衆僧時則
脫天冠共諸宗親羣臣手自行食行
食已鋪氈於地對上座前坐於衆僧
前不敢坐牀佛在世時諸王供養法
式相傳至今從是以南名為中國中
國寒暑調和無霜雪人民殷樂無戶
籍官法唯耕王地者乃輸地利欲去
便去欲住便住王治不用刑斬有罪
者但罰其錢隨事輕重雖復謀為惡
逆不過截右手而已王之侍衛左右
皆有供祿舉國人民悉不殺生不飲
酒不食葱蒜唯除旃荼羅旃荼羅名
為惡人與人別居若入城市則擊木
以自異人則識而避之不相唐突國
中不養豬鷄不賣生口市無屠店及
沽酒者貨易則用貝齒唯旃荼羅漁獵
師賣肉耳自佛般泥洹後諸國王長
者居士為衆僧起精舍供給田宅園

法顯傳　第十二張　廣字号

圖民户牛犢鐵券書録後王王相傳
無敢廢者至今不絶衆僧住止房舍牀
蓐飲食衣服都無闕乏處處皆佘衆
僧常以作切德為業及誦經坐禪客
僧往到舊僧迎逆代擔衣鉢給洗足
水塗足油與非時漿須臾息已復問
其臈數次第得房舍臥具種種如法
衆僧住處作舍利弗塔目連阿難塔
并阿毗曇律經塔安居後一月諸希
福之家勸化供養僧作非時漿衆僧
大會說法說法已供養舍利弗塔種
種華香通夜然燈使伎樂人作舍利弗
大婆羅門時詣佛求出家大目連大
迦葉亦如是諸比丘尼多供養阿難
塔以阿難請世尊聽女人出家故諸
沙弥多供養羅云阿毗曇師者供養
阿毗曇律師者供養律年年一供養各
自有日摩訶衍人則供養般若波羅蜜
文殊師利觀世音等衆僧受歲竟長
者居士婆羅門等各將種種衣物沙
門所須以用布施衆僧受亦自各各布
施佛泥洹已來聖衆所行威儀法則
相承不絶自度新頭河至南天竺迄

法顯傳　第十一張　廣字

于南海四五万里皆平坦無大山川正
有河水耳從此東南行十八由延有
國名僧迦施佛上忉利天三月為母
說法來下處佛上忉利天以神通力
都不使諸弟子知未滿七日乃放神
足阿那律以天眼遥見世尊即語尊
者大目連汝可往問訊世尊目連即
往頭面礼足共相問訊問訊已佛語
目連吾却後一七日當下閻浮提目連
既還于時八國大王及諸臣民不見
佛久咸皆渴仰雲集此國以世尊時優
鉢羅比丘尼即自心念今日國王臣
民皆當迎佛我是女人何由得先見
佛即以神足化作轉輪聖王最前礼
佛佛從忉利天上來向下下時化作
三道寶階佛在中道七寶階上行梵
天王亦化作白銀階在右邊執白拂而侍
天帝釋化作紫金階在左邊執七寶蓋
而侍諸天無數從佛下佛既下三階俱没
于地餘有七級而現後阿育王欲知其
根際遣人掘看下至黃泉根猶不盡
王益敬信即於階上起精舍當中階
作丈六立像精舍後立石柱高二十

法顯傳　第十四張　廣字号

肘上作師子柱内四邊有佛像内外映徹淨若琉璃有外道論師與沙門諍此住處時沙門理屈
於是共立誓言此處若是沙門住處
者今當有靈驗作是言已柱頭師子乃大
鳴吼見驗於是外道慴怖心伏而退
佛以受天食三月故身作天香不同
世人即便浴身後人於此處起浴室浴室猶在優鉢
羅比丘尼初礼佛處今亦起塔佛在世
時有剪髮爪作塔及過去三佛并釋
迦文佛坐處經行處及作諸佛形像
處盡有塔今悉在天帝釋梵天王從
佛下處僧亦起塔此處僧及尼可有千人
皆同衆食雜大小乘學住處有一白
耳龍與此衆僧作檀越令國内豐熟
雨澤以時無諸灾害使衆僧得安衆
僧感其恵故為作龍舍敷置坐處又
為龍設福食供養衆僧日日衆中別
差三人到龍舍中食每至夏坐訖龍
輙化作一小蛇兩耳邊白衆僧識之
銅盂成酪以龍置中從上座至下座行之似若問訊遍便化去
每年一出其國豐饒人民熾盛寂樂
無比諸國人來無不經理供給所須
寺西北五十由延有一寺名大墳大墳
者惡鬼名也佛本化是惡鬼後人於

此處起精舍布施阿羅漢以水灌手水瀝滴地其處故在正復掃除常現不滅此處別有佛塔善鬼神常掃灑初不須人功有邪見國王言汝能如是者我當多將兵衆住此益積糞穢汝復能除不鬼神即起大風吹之令淨此處有百枚小塔人終日數之不能得知若至意欲知者便一塔邊置一人已復計數人人或多或少其不可得知有一僧伽藍可六七百僧此中有**辟支佛食處泥洹地大如車輪餘處生草此處獨**不生及**曬**衣地處亦不生草衣條著地跡今故現在法顯在龍精舍夏坐坐訖東南行七由延到罽饒夷城城接恒水有二僧伽藍盡小乘學去城西六七里恒水北岸佛為諸弟子說法處傳云說無常苦空說身如泡沫等此處起塔猶在度恒水南行三由延到村名呵梨佛於此中說法然經行坐處盡起塔從塔去此東南行十由延到沙祇大國出沙祇城南門道東佛本在此嚼楊枝已剌土中即生長七尺不增不減諸外道婆羅

門嫉妬或斫拔遠棄之其處續生如故此中亦有四佛經行坐處起塔故在從此南行八由延到拘薩羅國舍衛城城內人民希曠都有二百餘家即波斯匿王所治城也大愛道故精舍處須達長者井壁及鴦掘摩得道般泥洹燒身處後人起塔皆在此城中諸外道婆羅門生嫉妬心欲毀壞之天即雷電霹靂終不能得壞出城南門千二百步道西長者須達起精舍**精舍東向開門門戶兩邊有二石柱**左柱上作輪形右柱上作牛形精舍左右池流清淨樹林尚茂衆華異色蔚然可觀所謂祇洹精舍也佛上忉利天為母說法九十日波斯匿王思見佛即刻牛頭栴檀作佛像置佛坐處佛後還入精舍像即避出迎佛佛言還坐吾般泥洹後可為四部衆作法式像即還坐此像最是衆像之始後人所法者也佛於是移住南邊小精舍與像異處相去二十步祇洹精舍本有七層諸國人民競興供養懸繒幡蓋散華燒香然燈續明日日不絕鼠銜燈炷燒幡蓋遂

及精舍七重都盡諸國人民皆大悲惱謂栴檀像已燒却後四五日開東邊小精舍戶忽見本像皆大歡喜共治精舍得作兩重還移像本處法顯道整初到祇洹精舍念昔世尊住此二十五年自傷生在邊地共諸同志遊歷諸國而或有還者或有無常者今日乃見佛空處愴然心悲彼衆僧出問法顯等言汝等從何國來荅曰從漢地來彼衆僧歎曰奇哉邊國之人乃能求法至此自相謂言我等諸師和上相承以來未見漢**道人来到此也精舍西北四里有林名曰**得眼本有五百盲人依精舍住此佛為說法盡還得眼盲人歡喜剌杖着地頭面作礼杖遂生長大世人重之無敢伐者遂成為榛是故以得眼為名祇洹衆僧中食後多往彼榛中坐禪祇洹精舍東北六七里毗舍佉母作精舍請佛及僧此處故在祇洹精舍大院各有二門一門東向一門北向此園即須達長者布金錢買地處精舍當中央佛住此處最久說法度人經行坐處亦盡起塔皆有名字及孫陁利殺身謗佛處出祇洹東門北行七十步道西佛昔共九十六種外道論議國王大臣居士

人民皆雲集而聽時外道女名旃遮摩耶起嫉妒心乃懷衣著腹前似若妊身於衆會中謗佛以非法於是天帝釋即化作白鼠齧其腰帶帶斷所懷衣墮地地即裂生入地獄及調達毒爪欲害佛生入地獄處後人皆標識之又於論議處起精舍高六丈許裏有坐佛其道東有天寺名曰影覆與論議處精舍夾道相對亦高六丈許所以名影覆者日在西時世尊精舍影則映外道天寺日在東時外道天寺影則北映終不能得映佛精舍也外道常遣人守其天寺掃灑燒香然燈供養至明旦其燈輒移在佛精舍中婆羅門恚言諸沙門取我燈自供養佛為尒不止婆羅門於夜自伺候見其所事天神將燈繞佛精舍三匝供養佛已忽然不見婆羅門乃知佛神大即捨家入道傳云近有此事繞祇洹精舍有十八僧伽藍盡有僧住唯一處空此中國有九十六種道皆知今世後世各有徒衆亦皆乞食但不持鉢亦復求福於曠路側立福德舍屋

宇牀臥飲食供給行路人及出家人来去客但所期異耳調達亦有衆在常供養過去三佛唯不供養釋迦文佛舍衛城東南四里琉璃王欲伐舍衛國世尊當道側立立處起塔城西五十里到一邑名都維是迦葉佛本生處父子相見處般泥洹處皆悉起塔迦葉如来全身舍利亦起大塔從舍衛城東南行十二由延到一邑名那毗伽是拘樓秦佛所生處父子相見處般泥洹處亦皆起塔（從此北行減一由延到一邑是拘那含牟尼佛所生處父子相見處般泥洹處亦皆起塔從此東行減一由延到迦）維羅衛城城中都無王民甚丘荒止有衆僧民戶數十家而已白淨王故宮處作太子母形像及太子乘白象入母胎時太子出城東門見病人迴車還處皆起塔阿夷相太子處與難陁等撲象捔射箭處東南去三十里入地令泉水出後世人治作井令行人飲佛得道還見父王處五百釋子出家向優波離作禮地六種震動處佛為諸天說法四天王等守四門父王不得入處佛在尼拘律樹下東向坐大愛道布施佛僧伽梨處此樹猶

在瑠璃王煞釋種釋種死盡得須陁洹立塔今亦在城（東北數里有王田太子坐樹下觀耕者處東五十里有王）園園名論民夫人入池洗浴出池北岸二十步舉手攀樹枝東向生太子太子墮地行七步二龍王浴太子身浴處遂作井及上洗浴池今衆僧常取飲之凡諸佛有四處常定一者成道處二者轉法輪處三者說法論議伏外道處四者上忉利天為母說法来下處餘者則隨時示現焉迦維羅衛國大空荒人民希踈道路畏白象師子不可妄行從佛生處東往五由延有國名藍莫此國王得佛一分舍利還歸起塔即名藍莫塔塔邊有池池中有龍常守護此塔晝夜供養阿育王出世欲破八塔作八万四千塔破七塔已次欲破此塔龍便現身將阿育王入其宮觀諸供養具已語王言汝供養若能勝是便可壞之持去吾不與汝諍阿育王知其供養具非世之所有於是便還此中荒蕪絕人灑掃常有羣象以鼻取水灑地取雜花香而供養塔諸國有道人来欲礼拜塔遇象大

怖依樹自翳見象如法供養道人大自悲感此中无有僧伽藍可供養此塔乃令象灑掃道人即捨大戒還作沙弥自挽草木平治處所使得淨潔勸化國王作僧住處已為寺主今現有僧住此事在近自尒相承至今恒以沙弥為寺主從此東行三由延太子遣車匿白馬還處亦起塔從此東行四由延到炭塔亦有僧伽藍復東行十二由延到拘夷那竭城城北雙樹間希連禪河邊世尊於此北首而般泥洹及須跋最後得道處以金棺供養世尊七日處金剛力士放金杵處八王分舍利處此諸處皆起塔有僧伽藍今悉現在其城中人民亦希曠止有衆僧民户從此東南行十二由延到諸梨車欲遂佛般泥洹處而佛不聽戀佛不肯去佛化作大深塹不得度佛與鉢作信遣還其家處立石柱上有銘題自此東行五由延到毗舍離國毗舍離城北大林重閣精舍佛住處及阿難半身塔其城裏本菴婆羅女家為佛起塔今故現在城南三里道西菴婆

羅女以園施佛作佛住處佛將般泥洹與諸弟子出毗舍離城西門迴身右轉顧看毗舍離城告諸弟子是吾最後所行處後人於此處起塔城西北三里有塔名放弓仗以名此者恒水上流有一國王王小夫人生一肉胎大夫人妬之言汝生不祥之徵即盛以木函擲恒水中下流有國王遊觀見水上木函開看見千小兒端正殊特王即取養之遂便長大甚勇健所往征伐無不摧伏次伐父王本國王大愁憂小夫人問王何故愁憂王曰彼國王有千子勇健無比欲来伐吾國是以愁耳小夫人言王勿愁憂但於城東作高樓賊来時置我樓上則我能却之王如其言至賊到時小夫人於樓上語賊言汝是我子何故作反逆事賊曰汝是何人云是我母小夫人曰汝等若不信者盡仰向張口小夫人即以兩手搆兩乳各作五百道俱墮千子口中賊知是其母即放弓仗二父王於是思惟皆得辟支佛二辟支佛塔猶在後世尊

成道告諸弟子是吾等昔時放弓仗處後人得知於此處立塔故以名焉千小兒者即賢劫千佛是也佛於放弓仗塔邊捨壽佛告阿難言我却後三月當般泥洹魔王嬈固阿難使不得請佛住世從此東行三四里有塔佛般泥洹後百年有毗舍離比丘錯行戒律十事證言佛說如是尒時諸羅漢及持律比丘凡有七百僧更撿挍律藏後人於此處起塔今亦現在從此東行四由延到五河合口阿難從摩竭國向毗舍離欲般泥洹諸天告阿闍世王阿闍世王即自嚴駕將士衆追到河上毗舍離諸梨車聞阿難来亦復来迎俱到河上阿難思惟前則阿闍世王致恨還則梨車復怨即於河中央入火光三昧燒身而般泥洹分身作二分一分在一岸邊於是二王各得半身舍利還歸起塔度河南下一由延到摩竭提國巴連弗邑巴連弗邑是阿育王所治城城中王宮殿皆使鬼神作累石起牆闕彫文刻鏤非世所造今故現在阿育王弟得羅漢

道常住耆闍崛山志樂閑靜王敬心欲請
於家供養以樂山靜不肯受請王語
弟言但受我請當為汝於城裏作山
王乃具飲食召諸鬼神而告之曰明
日悉受我請無坐席各自賫来明日
諸大鬼神各賫大石来辟方四五步坐
訖即使鬼神累作大石山又於山底
以五大方石作一石室可長三丈廣
二丈高一丈餘有一大乘婆羅門子
名羅跋私婆迷住城裏爽悟多智事
無不達以清淨自居國王宗敬師事
若往問訊不敢並坐王設以愛敬心執
手執手已婆羅門輒自灌手年可五
十餘舉國瞻仰賴此人弘宣佛法外
道不能得加陵衆僧於阿育王塔邊
造摩訶衍僧伽藍甚嚴麗亦有小乘寺
都合六七百僧衆威儀庠序可觀四
方高德沙門及學問人欲求義理皆
詣此寺婆羅門子師亦名文殊師利
國内大德沙門諸大乘比丘皆宗仰
焉亦住此僧伽藍凡諸中國唯此國
城邑為大民人富盛競行仁義年年
常以建卯月八日行像作四輪車縛

竹作五層有承櫨揠戟高二丈許其
狀如塔以白氎纏上然後彩畫作諸
天形像以金銀琉璃莊挍其上懸繒
幡蓋四邊作龕皆有坐佛菩薩立侍
可有二十車車莊嚴各異當此日境内
道俗皆集作倡伎樂華香供養婆羅
門子来請佛佛次第入城入城内再
宿通夜然燈伎樂供養國國皆尒其
國長者居士各於城内立福德醫藥
舍凡國中貧窮孤獨殘跛一切病人皆
詣此舍種種供給醫師看病隨宜飲
食及湯藥皆令得安差者自去阿育
王壞七塔作八万四千塔最初所作
大塔在城南三里餘此　塔前有佛
迹起精舍户北向塔南有一石柱圍
丈四五高三丈餘上有銘題云阿育
王以閻浮提布施四方僧還以錢贖
如是三反塔北三四百步阿育王本
於此作泥梨城泥梨城中有石柱亦
高三丈餘上有師子柱上有記銘作
泥梨城因縁及年數日月從此東南
行九由延至一小孤石山山頭有石
室石室南向佛坐其中天帝釋將天

樂般遮彈琴樂佛處帝釋以四十二
事問佛一一指畫石畫跡故在此中
亦有僧伽藍從此西南行一由延到
那羅聚落是舍利弗本生村舍利弗
還於此中般泥洹即此處起塔今現
在從此西行一由延到王舍新城新
城者是阿闍世王所造中有二僧伽
藍出城西門三百步阿闍世王得佛一
分舍利起塔高大嚴麗出城南四里
南向入谷至五山裏五山周圍狀若
城郭即是蓱沙王舊城城東西可五
六里南北七八里舍利弗目連初見
頞鞞處尼揵子作火坑毒飯請佛處阿
闍世王酒飲黑象欲害佛處城東北
角曲中耆舊於菴婆羅園中起精舍
請佛及千二百五十弟子供養處今
故在其城中空荒無人住入谷搏山東
南上十五里到耆闍崛山未至頭三
里有石窟南向佛本於此坐禪西北
三十步復有一石窟阿難於中坐禪
天魔波旬化作鵰鷲住窟前恐阿難
佛以神足力隔石舒手摩阿難肩怖即
得止鳥迹手孔今悉在故曰鵰鷲窟

山前有四佛坐處又諸羅漢各各有石窟坐禪處動有數百佛在石窟前東西經行調達於山北嶮巘間横擲石傷佛足指處石猶在佛說法堂已毀壞止有塼壁基在其山峯秀端嚴是五[illegible]中㝡高法顯於新城中買華油燈倩二舊比丘送法顯到耆闍崛山華香供養然燈續明慨然悲傷收淚而言佛昔於此說首楞嚴法顯生不值佛但見遺跡處所而已於石窟前誦首楞嚴停止一宿還向新城出舊城北行三百餘步道西迦蘭陁竹園精舍（今現在衆僧掃灑精舍北二三里）有尸磨賒那尸磨賒那者漢言棄死人墓田摶南山西行三百步有（一方室名賓波羅）窟佛食後常於此坐禪又西行五六里山北陰中有一石室名車帝佛泥洹後五百阿羅漢結集經處出經時鋪三高座莊嚴挍飾舍利弗在左目連在右五百數中少一羅漢大迦葉為上座

時阿難在門外不得入其處起塔今亦在摶山亦有諸羅漢坐禪石窟甚多出舊城北東下三里（有調達石窟離山五十步有大方黑石窟）昔有

比丘在上經行思惟是身無常苦空得不淨觀猒患是身即捉刀欲自煞復念世尊制戒不得自煞又念雖尒我今但欲殺三毒賊便以刀自刎始傷（其命已）得須陁洹既阿那含斷已成阿羅漢果般泥洹從此西行四由延到伽耶城城內亦空荒復南行二十里到菩薩本苦行六年處處有林木從此西行三里到佛入水洗浴天案樹枝得攀出池處又北行二里得弥家女奉佛乳糜處從此北行二里佛於一大樹下石上東向坐食糜樹石今悉在右可廣長六尺高二尺許中國寒暑均調樹木或數千歲乃至万歲從此東北行半由延到一石窟菩薩入中西向結加趺坐心念若我成道當有神驗石壁上即有佛影現長三尺許今猶明亮時天地大動諸天在空中白言此非是過去當來諸佛成道處去此西南行減半由（延到貝多樹下是）過去當來諸佛成道處諸天說是語已即便在前唱導導引而去菩薩起行離樹二十步天授吉祥草菩薩受之復行

十五步五百青雀飛来繞菩薩三匝而去菩薩前到貝多樹下敷吉祥草東向坐時魔王遣三玉女從北来試魔王自從南来試菩薩以足指案地魔兵退散三女變（變成老母）自上苦行六年處　及此諸處後人皆於中起塔立像今皆在佛成道已七日觀樹受解脫樂處佛於貝多樹下東西經行七日處諸天化作七寶臺供養佛七日處文鱗盲龍七日繞佛處佛於尼拘律樹下方石上東向坐梵天来請佛處四天王奉鉢處五百賈人授麨蜜處度迦葉兄弟師徒千人處此諸處亦盡起塔佛得道處有三僧伽藍皆有僧住衆僧民戶供給饒足無所乏少戒律嚴峻威儀坐起入衆之法佛在世時聖衆所行以至于今佛泥洹已来四大塔處（相承不絕四大塔者佛生處得道處轉法）輪般泥洹處阿育王昔作小兒時當道戲遇迦葉佛行乞食小兒歡喜即以一掬土施佛佛持還泥經行地因此果報作鐵輪王王閻浮提乘鐵輪案行閻浮見鐵圍兩山間地獄治罪人即問羣臣此是

何等荅言是鬼王閻羅王治罪人王自念言鬼王尚能作地獄治罪人我是人主何不作地獄治罪人耶即問臣等誰能為我作地獄主治罪人者臣荅言唯有極惡人能作耳王即遣臣遍求惡人見池水邊有一人長壯黑色髮黃目青以脚鉤魚口呼禽獸禽獸來便射殺無得脫者此人將來與王王密勑之　汝作四方高牆內植種種華果作好浴池莊嚴挍餝令人渴仰牢作門戶有人入者輙捉種種治罪莫使得出設使我入亦治罪莫放今拜汝作地獄主時有比丘次第乞食入其門獄卒見之便欲治罪比丘惶怖求請須臾聽我中食俄須復有人入獄卒內置碓臼中擣之赤沫出比丘見已思惟此身無常苦空如泡如沫即得阿羅漢果而獄卒捉內鑊湯中比丘心顏欣悅火滅湯冷中生蓮花比丘坐上尒時獄卒即往白王中有奇怪願王往看王言我前有要今不得往獄卒言此非小事王宜疾往更改先要王即隨入比丘為王說法王得信解

即壞地獄悔前所作衆惡由是信重三寶常至貝多樹下悔過自責受八戒齋王夫人問王常遊何處羣臣荅言恒在貝多樹下夫人伺王不在遣人伐其樹倒王來見之悶躃地諸臣以水灑面良久能蘇王即以塼累四邊以百甖牛乳灌樹根身四布地作是誓言若樹不生我終不起作是誓已樹便即根上而生以至于今高減十丈從此南三百里行到一山名鷄足大迦葉今在此山中擘山下入入處不容人今極遠有旁孔迦葉全身在此中住孔外有迦葉本洗手土彼方人若頭痛者以此土塗之即差此山中即日故有諸羅漢住彼諸國道人年年往供養迦葉心濃至者夜即有羅漢來共言論釋其疑已忽然不現此中榛木茂盛又多師子虎狼不可妄行法顯還向巴連邑順恒水西下十由延得一精舍名曠野佛所住處今現有僧復順恒水西行十二由延到迦尸國波羅㮈城城東北十里許得仙人鹿野苑精舍此苑本有辟支佛住常有野鹿栖宿世尊將成道諸天於空中唱言白淨王子出

家學道却後七日當成佛辟支佛聞已即取泥洹故名此處為仙人鹿野苑世尊成道已後人於此處起精舍佛欲度拘驎等五人五人相謂言此瞿曇沙門六年苦行日食一麻一米尚不得道況入人閒恣身口意何道之有今日來者慎勿與語佛到五人皆起作禮處復北行六十步佛於此東向坐始轉法輪度拘驎等五人處其北二十步佛為弥勒受記處其南五十步翳羅鉢龍問佛我何時得免此龍身此處皆起塔見在中有二僧伽藍悉有僧住自鹿野苑精舍西北行十三由旬有國名拘睒弥其精舍名瞿師羅園佛昔住處今故有衆僧多小乘學從是東行八由延佛本於此度惡鬼處亦常在此住經行坐處皆起塔亦有僧伽藍可百餘僧從此南行二百由延有國名達嚫是過去迦葉佛僧伽藍穿大石山作之凡有五重最下重作象形有五百閒石室第二層作師子形有四百閒第三層作馬形有三百閒第四層作牛形有二

百閣第五層作鴿形有百閣㝡上有泉水循石室前繞房而流周圓迴曲如是乃至下重順房流從户而出諸僧室中處處穿石作窓牖通明室中朗然都無幽闇其室四角穿石作蹬蹬上處今人形小緣蹬上正得至昔一脚躡處因名此寺為波羅越者天竺名鴿也其寺中常有羅漢住此土丘荒無人民居去山極遠方有村皆是邪見不識佛法沙門婆羅門及諸異學彼國人民常見飛人來入此寺于時諸國道人欲來禮此寺者彼村人則言汝何以不飛耶我見此閣道人皆飛道人方便荅言翅未成耳達嚫國嶮道艱難難知處欲往者要當賫錢貨施彼國王王然後遣人送展轉相付示其逕路法顯竟不得往承彼土人言故說之耳從彼波羅㮈國東行還到巴連弗邑法顯本求戒律而北天竺諸國皆師師口傳無本可寫是以遠涉乃至中天竺於此摩訶衍僧伽藍得一部律是摩訶僧祇衆律佛在世時㝡初大衆所行也於祇洹精舍傳其本

自餘十八部各有師資大歸不異然小小不同或用開塞但此皆是廣說備悉者復得一部抄律可七千偈是薩婆多衆律即此秦地衆僧所行者也皆師師口相傳授不書之於文字復於此衆　中得雜阿毗曇心可六千偈又得一部綖經二千五百偈又得一卷方等般泥洹可五千偈又得摩訶僧祇阿毗曇故法顯住此三年學梵書梵語寫律道整既到中國見沙門法則衆僧威儀觸事可觀乃追歎秦土邊地衆僧戒律殘缺誓言自今已去至得佛願不生邊地故遂停不歸法顯本心欲令戒律流通漢地於是獨還順恒水東下十八由延其南岸有瞻波大國佛精舍經行處及四佛坐處悉起塔現有僧住從此東行近五十由延到多摩梨帝國即是海口其國有二十四僧伽藍盡有僧住佛法亦興法顯住此二年寫經及畫像於是載商人大舶泛海西南行得冬初信風晝夜十四日到師子國彼國人去相法可七百由延其國本在洲上東西

五十由延南北三十由延左右小洲乃有百數其閒相去或十里二十里或二百里皆統屬大洲多出珎寶珠璣有出摩尼珠地方可十里王使人守護若有採者十分取三其國本無人民正有鬼神及龍居之諸國商人共市易市易時　鬼神不自現身但出寶物題其價直商人則依價直直取物因商人來往住故諸國人聞其土樂悉亦復來於是遂成大國其國和適無冬夏之異草木常茂田種隨人無有時節佛至其國欲化惡龍以神足力足躡王城北一足躡山頂兩跡相去十五由延王於城北跡上起大塔高四十丈金銀莊挍衆寶合成塔邊復起一僧伽藍名無畏山有五千僧起一佛殿金銀刻鏤悉以衆寶中有一青玉像高二丈許通身七寶焰光威相嚴顯非言所載右掌中有一無價珠法顯去漢地積年所與交接悉異域人山川草木舉目無舊又同行分披或流或亡顧影唯已心常懷悲怨於此玉像邊見商人以晉地一白絹扇供養不

覺悽然淚下滿目其國前王遣使中國取貝多樹子於佛殿傍種之高可二十丈其樹東南傾王恐倒故以八九圍柱柱樹樹當柱處心生遂穿柱而下入地成根大可四圍許柱雖中裂猶裹其外人亦不去樹下起精舍中有坐像道俗敬仰無惓城中又起佛齒精舍皆七寶作王淨修梵行城内人敬信之情亦篤其國立治已來無有飢荒喪乱衆僧庫藏多有珎寶無價摩尼其王入僧庫遊觀見摩尼珠即生貪心欲奪取之三日乃悟即詣僧中稽首悔前罪心因白僧言願僧立制自今已後勿聽王入庫看比丘滿四十臘然後得入其城中多居士長者薩薄商人屋宇嚴麗巷陌平整四衢道頭皆作說法堂月八日十四日十五日鋪施高座道俗四衆皆集聽法其國人云都可六万僧悉衆食王別於城内供養六千人衆食須者則持大鉢往取随器所容皆滿而還佛齒常以三月中出之未出前十日王莊挍大象使一辯說人著王衣服騎象上擊鼓

唱言菩薩從三阿僧祇劫作行不惜身命以國城妻子及挑眼與人割肉貿鴿截頭布施投身餓虎不悋髓腦如是種種苦行為衆生故成佛在世四十五年說法教化令不安者安不度者度衆生緣盡乃般泥洹泥洹已來一千四百九十七歲世間眼滅衆生長悲却十日佛齒當出至無畏山精舍國内道俗欲殖福者各各平治道路嚴飾巷陌辦衆華香供養之具如是唱已王便夾道兩邊作菩薩五百身已來種種變現或作須大拏或作睒變或作象王或作鹿馬如是形像皆彩畫莊挍狀若生人然後佛齒乃出中道而行隨路供養到無畏精舍佛堂上道俗雲集燒香然燈種種法事晝夜不息九十日乃還城内　精舍齋日則開門户敬礼如法無畏精舍東四十里有一山中有精舍名支提可有二千僧僧中有一大德沙門名達摩瞿諦其國人民皆共宗仰住一石室中四十許年常行慈心能感虵鼠使同止一室而不相害城南七里有一精舍名摩訶

毗訶有三千僧住有一高德沙門戒行清潔國人民疑是羅漢臨終之時王來省視依法集僧而問比丘得道耶其便以實答言是羅漢既終王即按經律以羅漢法葬之精舍東四五里積好大薪廣可二丈餘高亦尒比丘着栴檀沉水諸木四邊作階上持淨好白㲲周匝蒙積作大轝狀似此間轜車但無龍魚耳當闍維時王及國人四衆咸集以華香供養從轝至墓所王自華香供養供養訖轝著積上以酥油遍灌然後燒之火然時人人敬心各脫上服及羽儀傘蓋遥擲火中以助闍維闍維已收斂取骨即以起塔法顯至不及其生存唯見葬時王篤信佛欲為衆僧作新舍先設大會飯食供養已乃選好上牛一雙金銀寶物莊挍角上作好金犁王自耕頃四邊然後割給民户田宅書以鐵券自是已後代代相承無敢廢易法顯在此國聞天竺道人於高座上誦經云佛鉢本在毗舍離今在揵陁衛竟若干百年法顯聞誦時有定歲數但今忘耳當復至西月氏國若干百年當至于

闐國住若干百年當至屈茨國若干百年（當復至師子國若干百年當復來到）漢地若干百年當還中天竺已當上兜術天上弥勒菩薩見而嘆曰釋迦文佛鉢至即共諸天華香供養七日七日已還閻浮提海龍王將入龍宮至弥勒將成道時鉢還分為四復本頞那山上弥勒成道已四天王當復應念佛如先佛法賢劫千佛共用一鉢鉢去已佛法漸滅佛法滅後人壽轉短乃至五歲五歲之時粳米酥油皆悉化滅人民極惡捉草木則變成刀杖共相傷割其中有福者逃避入山惡人相煞盡已還復来出共相謂言昔人壽極長但為惡甚作非法故我等壽命遂尒短促乃至五歲我今共行諸善起慈悲心修行信義如是各行信義展轉壽倍乃至八万歲弥勒出世初轉法輪時先度釋迦遺法中弟子出家人及受三歸五戒八齋法供養三寶者第二第三次度有緣者法顯尒時欲寫此經其人云無本我心口誦耳

法顯住此國二年更求得（弥沙塞律藏本得長阿含）雜

阿含復得一部雜藏此悉漢土所無者得此梵本已即載商人大船上可有二百餘人後係一小船海行艱嶮以備大船毀壞得好信風東下三日便值大風船漏水入商人欲趣小船小船上人恐人来多即斫絙斷商人大怖命在須臾恐船水滿即取麁財貨擲著水中法顯亦以君墀及澡灌并餘物棄擲海中但恐商人擲去經像唯一心念觀世音及歸命漢地衆僧我遠行求法願威神歸流得到所止如是大風晝夜十三日到一島邊潮退之後見船漏處即補塞之於是復前海中多有抄賊遇輙無全大海弥漫無邊不識東西唯望日月星宿而進若陰雨時為逐風去亦無所准當夜闇時但見大浪相搏晃然火色黿鼉水性怪異之屬商人荒遽不知那向海深無底又無下石住處至天晴已乃知東西還復望正而進若值伏石則無活路如是九十許日乃到一國名耶婆提其國外道婆羅門興盛佛法不足言停此國五月日復隨他商

人大船上亦二百許人賫五十日粮以四月十六日發法顯於船上安居東北行趣廣州一月餘日夜鼓二時遇黑風暴雨商人賈客皆悉惶怖法顯尒時亦一心念觀世音及漢地衆僧蒙威神祐得至天曉曉已諸婆羅門議言坐載此沙門使我不利遭此大苦當下比丘置海島邊不可為一人令我等危嶮法顯　檀越言若下此比丘亦并下我不尒便煞我如其下此沙門吾到漢地當向國王言汝也（漢地七）亦敬信佛法重比丘僧商人躊躇不敢便下于時天多連陰海師相望僻誤遂經七十餘日粮食水漿欲盡取海鹹水作食分好水人可得二升遂便欲盡商人議言常行時正可五十日便到廣州今已過期多日將無僻耶即便西北行求岸晝夜十二日到長廣郡界牢山南岸便得好水菜但經涉險難憂懼積日忽得至此岸見藜藿　依然知是漢地然不見人民及行跡未知是何許或言未至廣州或言已過莫知所定即乗小船入

法顯傳　第卅二張　廣字号

浦見人欲問其處得兩獵人即將歸令法顯（譯語問之法顯先安慰之）徐問汝是何人荅言我是佛弟子又問汝入山何所求其便詭言明當七月十五日欲取桃臘佛又問此是何國荅言此青州長廣郡界統屬晉家聞巳商人歡喜即乞其財物遣人往長廣郡太守李嶷敬信佛法聞有沙門持經像乘船泛海而至即將人從來至海邊迎接經像歸至郡治商人於是還向楊州到青州請法顯一冬一夏夏坐訖法顯離諸師久欲趣長安但所營事重遂便南下向都就禪師出經律藏法顯發長安六年到中國停經六年還經三年達青州凡所遊履減三十國沙河巳西迄于天竺衆僧威儀法化之美不可詳說竊惟諸師未得備聞是以不顧微命浮海而還艱難具更幸蒙三尊威靈危而得濟故昔疏所經歷欲令賢者同其聞見是歲甲寅晉義熙十二年矣歲在壽星夏安居末迎法顯道人既至留共冬齋因講集之餘重問遊歷其人恭順言輒依實由是先所略者勸令詳載顯復具叙始末自云顧尋所經不覺心動汗流所以乘危履嶮不惜此形者蓋是志有所存專其愚直故投命於必死之地以達万一之冀於是感歎斯人以爲古今罕有自大教東流未有忘身求法如顯之比然後知誠之所感無窮否而不通志之所將無功業而不成夫功業者豈不由夫所重重夫所忘者哉

法顯傳一卷

昔道人法顯從長安行西至天竺傳一卷

校勘記

一　底本，金藏廣勝寺本。

一　一六八頁中一行經名，資、磧、普、徑、清作「法顯傳一卷」；南作「法顯傳」；麗作「高僧法顯傳一卷」。

一　一六八頁中二行「沙門釋法顯」，資、磧、普、南、徑、清作「沙門法顯」。

一　一六八頁中七行第三字「前」，資、磧、普、南、徑、清作「前行」。

一　一六八頁中一〇行「便共」，諸本（不含石，下同）作「便共夏坐夏坐訖復進到燉煌有塞東西」。

一　一六八頁中一七行「摽識」，資、磧、普、南、徑、清作「標幟」；麗作「幖幟」。

一　一六八頁下三行「隅夷國」，資、磧、普、南、徑、清作「鄔夷國鄔夷國」；麗作「烏夷國」。

一　一六八頁下五行第六字「也」，資、

磧、普、南、徑、清無。又「行當」，資、磧、普、南、徑、清作「行堂」。

一　一六八頁下六行首字「理」，諸本、作「經理」。

一　一六八頁下七行「合隅夷國」，資、磧、普、南、徑、清作「爲傷夷國」；麗作「合烏夷國」。

一　一六八頁下八行第一二字「國」，諸本無。

一　一六八頁下一七行末二字至次行首字「須供給」，資、磧、普、南、徑、清作「堵」。

一　一六九頁上一行「有四」，資、磧、普、南、徑、清作「十四」。

一　一六九頁上六行「三四里」，麗作「二四里」。

一　一六九頁上九行第五字「以」，資、磧、普、南、徑、清無。

一　一六九頁上一五行「四月」，麗作「自月」。

一　一六九頁中五行第一一字「至」，資、磧、普、南、徑、清作「入」。

一　一六九頁中六行第一一字「山」，資、磧、普、南、徑、清作「止」。

一　一六九頁中一〇行第五字「集」，資、磧、普、南、徑、清無。

一　一六九頁中一一行「着僧」，資、磧、普、南、徑、清作「著繒」。

一　一六九頁中一五行「五日」，麗作「五日乃至七日」。

一　一六九頁中一七行「白氎」，資作「白縶」。

一　一六九頁中一八行「布施布施己」，麗作「布施衆僧布施僧已」。

一　一六九頁中二一行首字「請」，資、磧、普、南、徑、清作「讃」。

一　一六九頁中二二行第八字「之」，資、磧、普、南、徑、清無。

一　一六九頁中末行「其國中人」，資、磧、普、南、徑、清作「國人」。

一　一六九頁下一行第五字「徒」，資、磧、普、南、徑、清無。

一　一六九頁下二行「類粗與秦土同」，資、磧、普、南、徑、清作「粗類秦土」。

一　一六九頁下三行第五字「轉」，資、磧、普、南、徑、清作「轉轉」。又「悉其記」諸本作「具記」。又第一二字「國」，諸本作「其國」。

一　一六九頁下六行第一一字「國」，資、磧、普、南、徑、清無。

一　一六九頁下七行第八字「山」，資、磧、普、南、徑、清無。

一　一六九頁下一〇行「人即名爲雪山也」，資、磧、普、南、徑、清作「人人即名爲雪山人也」。

一　一六九頁下一五行「弥勒菩薩」，諸本無。

一　一六九頁下末行首字「譯」，磧、普、南、徑、清作「所」。又「不至」，麗作「不至此」。

一　一七〇頁上八行末字「帝」，資、磧、普、南、徑、清無。

一　一七〇頁上一〇行首字「其」，資、磧、普、南、徑、清無。

一　一七〇頁上一二行「止住」，資、磧、

一　普、南、徑、清作「住止」。
一　一七〇頁上一六行第八字「也」，資、磧、普、南、徑、清作「已」。又「於此」，資、磧、普、南、徑、清作「於此跡」。
一　一七〇頁上一八行「恙亦」，資、磧、普、南、徑、清作「亦恙」。又末字「尺」，資、磧、普、南、徑、清無。
一　一七〇頁上一九行「慧達道敎止」，資、磧、普、南、徑、清作「道整慧達」。
一　一七〇頁上末行第五字「既」，資、磧、普、南、徑、清作「即」。
一　一七〇頁中九行第五字「焉」，諸本無。
一　一七〇頁中一六行第七字「罰」，資、磧、普、南、徑、清無。
一　一七〇頁中二〇行「三十」，諸本作「四十」。
一　一七〇頁中二二行第九字「塔」，資、磧、普、南、徑、清無。
一　一七〇頁下三行第四字「等」，資、磧、普、南、徑、清無。又第一四字「大」，資、磧、普、南、徑、清無。
一　一七〇頁下九行「七百」，徑作「七日」。又第七字「欲」，資、磧、普、南、徑、清無。
一　一七〇頁下一二行「三分」，諸本作「二分」。又「甚光澤」，資、磧、普、南、徑、清作「瑩徹光澤」。
一　一七〇頁下一三行末字「供」，資、磧、普、南、徑、清作「而供」。
一　一七〇頁下一四行第三字「復」，磧、南作「後」。
一　一七〇頁下一五行第二字「止」，資、磧、普、南、徑、清作「只」。
一　一七〇頁下一九行第二字「應」，麗無。
一　一七〇頁下二〇行第一二字「至」，資、磧、普、南、徑、清作「便至」。
一　一七〇頁下二一行第五字「城」，資、磧、普、南、徑、清無。
一　一七一頁上六行「敲銅」，資、磧、普、南、徑、清作「敲銅鈸」；麗作「敲銅鉢」。
一　一七一頁上一四行「三十」，資、磧、普、南、徑、清作「四十」。
一　一七一頁上一六行「銀錢」，磧、普作「銀銀」。
一　一七一頁上二〇行「成之」，諸本作「盛之」。
一　一七一頁上二一行「西行」，資、磧、普、南、徑、清作「四日西行」。又末字至次行首字「亦起」，資、磧、普、南、徑、清無。
一　一七一頁上末行第九字「俗」，資、磧、普、南、徑、清無。
一　一七一頁中六行第一三字「四」，資、磧、普、南、徑、清無。
一　一七一頁中一〇行「諸羅漢」，諸本作「有諸羅漢」。
一　一七一頁中一二行「遇寒風」，資、普、南作「過寒風」；磧作「過寒」。
一　一七一頁中一五行「悲啼」，諸本作「悲號」。

一一七一頁下一三行「刑斬」，資、磧、普、南、徑、清作「刑罔」。

一一七一頁下二〇行「屠店」，資、磧、普、徑、清作「屠估」，南作「屠行」。

一一七一頁下二一行第一四字「漠」，資、磧、普、南、徑、清無。

一一七一頁下二二行「賣肉」，磧作「賈肉」。

一一七一頁下末行「起精舍」，資、磧、普、南、徑、清作「起精舍供養」。

一一七二頁上一〇行「僧作」，麗作「僧行」。

一一七二頁上一二行「華香」，資、磧、普、南、徑、清作「香華」。又「伎樂人」，資、磧、普、南、徑、清作「彼人」。

一一七二頁上一三行首字「大」，資、磧、普、南、徑、清作「本」。

一一七二頁上二〇行「各將」，資、磧、普、南、徑、清作「各持」。

一一七二頁上二一行「以用布施衆僧僧受」，資、磧、普、南、徑、清作「以布施僧衆僧」。

一一七二頁中二行第四字「耳」，資、磧、普、南、徑、清無。

一一七二頁中三行「三月」，資作「三日」。

一一七二頁中五行第八字「未」，麗作「來」。

一一七二頁中九行第六字「一」，諸本無。

一一七二頁中一三行「迎佛」，資、磧、普、南、徑、清作「奉迎佛」。

一一七二頁中一九行小字右首字「來」，資、磧、普、南、徑、清無。

一一七二頁中二〇行第七字「而」，資、磧、普、南、徑、清無。

一一七二頁中末行「二十」，資、磧、普、南、徑、清作「三十」。

一一七二頁下四行「見驗於是外道慴怖」，資、磧、普、南、徑、清作「見證於是外道懼怖」。

一一七二頁下一一行第四字「僧」，諸本無。

一一七二頁下一二行第一二字「有」，資、磧、普、南、徑、清無。

一一七二頁下一八行第二字「化」，諸本作「化形」。

一一七二頁下一九行「成酪」，諸本作「盛酪」。

一一七二頁下二〇行「每年」，資、磧、普、南、徑、清作「年年」。

一一七二頁下二二行第二字「西」，資、磧、普、南、徑、清無。又「大墳大墳」，資、磧、普、南、徑、清作「火境火境」。

一一七三頁上一行「布施」，資、磧、普、南、徑、清作「以精舍布施」。

一一七三頁上四行「人功」，資、磧、普、南、徑、清作「人工」。

一一七三頁上一一行第七字「洹」，麗無。

一一七三頁上一三行第一三字「在」，資、磧、普、南、徑、清作「住」。

一一七三頁上一七行第一三字「空」，

— 資、磧、普、南、徑、清無。
— 一七三頁上一九行「一村」，南、徑、清作「一林」。
— 一七三頁上二〇行第二字「然」，諸本無。又「塔去」，諸本無。
— 一七三頁上二二行第一二字「已」，資、磧、普、南、徑、清無。
— 一七三頁中一行第六字「拔」，諸本作「或拔」。
— 一七三頁中一一行「開門門户」，磧、普、南、徑、清作「開門户」。又「兩邊」，資、磧、普、南、徑、清作「兩廂」。
— 一七三頁中一二行小字「精舍左右」，資、磧、普、南、徑、清無。
— 一七三頁中一三行「樹林」，資、磧、普、南、徑、清作「林木」。
— 一七三頁中一四行「所謂」，諸本作「即所謂」。
— 一七三頁中二一行「諸國」，諸本作「諸國王」。本頁下一行同。
— 一七三頁中末行「罠衛」，麗作「鼠含」。又「幡蓋」，資、磧、普、南、徑、清作「花幡蓋」。
— 一七三頁下二行第六字「俟」，諸本作「後」。又第一二字「邊」，資、磧、普、南、徑、清無。
— 一七三頁下五行「邊地」，資、磧、普、南、徑、清作「邊夷」。
— 一七三頁下七行「法顯」，資、磧、普、南、徑、清作「顯」。
— 一七三頁下八行第四字「等」，資、磧、普、南、徑、清無；次頁中二一行第一〇字同。又「答曰」，資、磧、普、南、徑、清作「答云」。
— 一七三頁下九行「邊國」，資、磧、普、南、徑、清作「邊地」。
— 一七三頁下一一行「有林」，資、磧、普、南、徑、清作「有榛」。
— 一七三頁下一五行第四字「榛」，麗作「林」。一六行第六字同。
— 一七三頁下一八行「大院各」，資、磧、普、南作「大援落」，徑、清作「大園落」。
— 一七三頁下一九行「地處」，資、磧、普、南、徑、清作「地處也」。
— 一七三頁下二一行第一一字「及」，資、磧、普、南、徑、清作「乃」。次頁中一四行第九字同。
— 一七四頁上二行第七字「乃」，資、磧、普、南、徑、清作「及」。
— 一七四頁上四行第一二字「帶」，資、磧、普、南、徑、清無。
— 一七四頁上五行「地即裂」，資、磧、普、南、徑、清作「地即劈裂」。
— 一七四頁上六行末字至次行首字「摽識」，麗作「幖幟」。
— 一七四頁上七行「精舍」，資、磧、普、南、徑、清作「精舍精舍」。
— 一七四頁上八行「裏有坐佛」，麗作「中有坐佛像」。又「天寺」，諸本作「外道天寺」。
— 一七四頁上一一行第二字「舍」，諸本無。

一七四頁上一二行第一〇字「能」，資、磧、普、南、徑、清無。

一七四頁上一六行「於夜」，諸本作「於是夜」。

一七四頁上一七行第九字「將」，資、磧、普、南、徑、清作「持」。本頁下一七行第九字同。

一七四頁上一八行「供養供養」，資、磧、普、南、徑、清作「供養」。

一七四頁上二〇行「十八」，資、磧、普、南、徑、清作「九十八」。

一七四頁上二一行第二字「住」，資、磧、普、南、徑、清作「住處」。又第一五字「道」，諸本作「外道」。

一七四頁上二二行小字右「後世」，磧、普、南、徑、清無。

一七四頁中三行首字「常」，資、磧、普、南、徑、清無。

一七四頁中一一行「亦皆」，資、磧、普、南、徑、清作「亦有僧伽藍」。

一七四頁中一二行「丘荒止」，資、磧、普、南、徑、清作「如坵荒只」。

一七四頁中一七行「箭處」，諸本作「處箭」。

一七四頁中一八行第三字「令」，資作「今」。

一七四頁中一九行第二字「飲」，資、磧、普、南、徑、清作「飲之」。

一七四頁中二一行第一〇字「等」，資、磧、普、南、徑、清無。

一七四頁下一行「煞釋種釋種死」，資、磧、普、南、徑、清作「殺釋種子釋種子先」。

一七四頁下二行小字右第一〇字「坐」，資、磧、普、南、徑、清無。又左第六字「東」，諸本作「城東」。

一七四頁下一〇行第二字「者」，資、磧、普、南、徑、清無。

一七四頁下一二行「東住」，諸本作「東行」。

一七四頁下一八行第一四字「養」，資、磧、普、南、徑、清無。

一七四頁下二〇行第一二字「所」，資、磧、普、南、徑、清無。

一七四頁下二一行「絶人」，諸本作「無人」。

一七五頁上五行第一一字「主」，磧、普、南、徑、清無。

一七五頁上一一行第四字「禪」，資、磧、普、南、徑、清無。

一七五頁上一四行第七字「此」，資、磧、普、南、徑、清無。

一七五頁上一五行「希曠」，資、磧、普、南、徑、清作「稀曠」。

一七五頁上一七行「欲遂」，諸本作「欲逐」。

一七五頁上一九行第一〇字「處」，資、磧、普、南、徑、清無。本頁下二行第九字同。

一七五頁上二〇行「五由延」，麗

作「十由延」。
一七五頁中六行首字「上」，麗無。
一七五頁中一三行「欲來」，磧、普、南、徑、清作「欲求」。
一七五頁中一六行「到時」，麗作「來時」。
一七五頁中二一行「各作」，資、磧、普、南、徑、清作「乳各作」；麗作「乳作」。又第六字「俱」，資、磧、普、南、徑、清無。
一七五頁中二二行「其母」，資、磧、普、南、徑、清作「我母」。
一七五頁下一行第九字「等」，諸本無。
一七五頁下四行末二字至次行首字「捨壽佛」，資、磧、普、南、徑、清無。
一七五頁下五行「我却」，磧作「我知」。
一七五頁下九行「特律比丘凡」資、磧、普、南、徑、清作「持戒律比丘凡夫者」。

一七五頁下一〇行末字「現」，資、磧、普、南、徑、清無。
一七五頁下一二行「般泥洹」，資、磧、普、南、徑、清作「般涅槃」。
一七五頁下一三行第七、八、九字「阿闍世」，資、麗作「阿闍世王」；磧、普、南、徑、清無。
一七五頁下二一行「城城中」，資、磧、普、南、徑、清作「城中」。
一七六頁上一行小字左首字「欲」，資、磧、普、南、徑、清無。
一七六頁上六行「各賫」，資、磧、普、南、徑、清作「各持」。又「辟方」，麗作「壁方」。
一七六頁上八行第七字「一」，磧、普、南、徑、清無。
一七六頁上九行第四字「一」，資、磧、普、南、徑、清無。
一七六頁上一〇行「羅跋私婆迷」，資、磧、普、南、徑、清作「羅汰私婆迷」；麗作「羅汰私迷」。又第七字「來」，諸本無。

一七六頁上一三行「灌手」，諸本作「灌洗」。
一七六頁上一四行「賴此人」，諸本作「賴此一人」。
一七六頁上二二行「人義」，諸本作「仁義」。
一七六頁中一行第八字「櫃」，資作「匽」；磧、普、南、徑、清作「揠」。又「二丈許」，資、磧、普、南、徑、清作「二丈餘許」。
一七六頁中五行「車車」，諸本作「車車車」。
一七六頁中九行「城内」，資、磧、普、南、徑、清作「城中」。
一七六頁中一五行首字「迹」，資、磧、普、南、徑、清作「脚跡」。又第八字「塔」，資、磧、普、南、徑、清作「塔塔」。
一七六頁中一九行「泥梨城中」，資、磧、普、南、徑、清作「中央」。
一七六頁中二〇行「記銘」，諸本

作「銘記」。

一　一七六頁下二行第六字「指」，諸本作「以指」。

一　一七六頁下五行「此中」，資、磧、普、南、徑、清作「此村中」。又「今現」，資、磧、普、南、徑、清作「今亦現」。

一　一七六頁下一〇行「周圓」，諸本作「周圍」。

一　一七六頁下末行「悉在」，資、磧、普、南、徑、清作「悉存」。

一　一七七頁上一行第二字「前」，諸本作「窟前」。

一　一七七頁上二行「在石窟前」，諸本作「在石室前」。

一　一七七頁上三行「嶮巇」，資作「嶮巇」。

一　一七七頁上六行末字「華」，諸本作「香華」。

一　一七七頁上七行第一一字「到」，資、磧、普、南、徑、清作「上」。

一　一七七頁上八行末字「牧」，資、磧、普、南、徑、清作「收」；麗作「扙」。

一　一七七頁上九行「於此」，資、磧、普、南、徑、清作「於此住」。

一　一七七頁上一〇行第一二字「於」，諸本作「即於」。

一　一七七頁上一五行「三百」，清作「二百」。又小字右「一万室」，諸本作「一石室」。

一　一七七頁上一八行「高座」，資、磧、普、南、徑、清作「空座」。

一　一七七頁上二〇行「羅漢」，諸本作「阿羅漢」。

一　一七七頁上末行小字右「室石」，諸本作「石窟」。又左末字「窟」，資、磧、普、南、徑、清無。

一　一七七頁中五行小字「其命已」，資、磧、普、南、徑、清作「再」；麗作「肉」。又正文「阿郝舍」，資、磧、普、南、清、麗作「半得阿那舍」；徑作「半得阿那舍」。

一　一七七頁中一〇行第六字「又」，徑作「人」。

一　一七七頁中一三行第二字「右」，諸本作「石」。

一　一七七頁中一九行第六字「是」，資、磧、普、南、徑、清無。

一　一七七頁中二〇行小字右第二字「到」，資、磧、普、南、徑、清無。

一　一七七頁中末行「二十」，諸本作「三十」。

一　一七七頁下二行末字「坐」，諸本作「而坐」。

一　一七七頁下五行夾註「變成老母」，資、磧、普、南、徑、清作「老」；麗作「成老母」。

一　一七七頁下九行「寶臺」，磧、南作「寶屋」；麗作「寶堂」。又末字「肓」，諸本作「盲」。

一　一七七頁下一二行「賈人」，資、磧、

普、南、徑、清作「賈客」。

一　一七七頁下一三行第一二字「盡」，資、磧、普、南、徑、清無。

一　一七七頁下一五行「饒足」，徑、清作「繞足」。

一　一七七頁下一八行小字左「得道」，諸本作「得道處」。又正文第三字「輪」，諸本作「輪處」。

一　一七七頁下一九行「迦葉」，資、磧、普、南、徑、清作「釋迦」。

一　一七七頁下二二行第一二、一三字「閻浮」，諸本作「閻浮提」。

一　一七八頁上一行「閻羅王」，資、磧、普、南、徑、清作「閻羅」。

一　一七八頁上六行「池水」，磧、普、南、徑、清作「泄水」。又第一二字「人」，磧、普、徑無。

一　一七八頁上七行「目青以脚鈎魚」，資、磧、普、南、徑、清作「眼青以脚鈎兼魚」。又「口呼」，磧、普、南、徑、清作「口哷」。

一　一七八頁上八行「此人」，諸本作「得此人已」。

一　一七八頁上一三行「地獄主」，資作「地獄王」。又第一〇字「時」，資、磧、普、南、徑、清無。

一　一七八頁上一六行「復有」，磧作「得有」。

一　一七八頁上一八行第一〇字「果」，資、磧、普、南、徑、清無。又第一一字「而」，諸本作「既而」。

一　一七八頁上二〇行小字左「尒時」，資、磧、普、南、徑、清無。又正文「中有」，資、磧、普、南、徑、清作「獄中」；麗作「獄中有」。

一　一七八頁上二二行首字「得」，諸本作「敢」。

一　一七八頁上末行第一一字「王」，資、磧、普、南、徑、清無。

一　一七八頁中三行首字「戒」，資、磧、普、南、徑、清無。

一　一七八頁中四行「不在」，諸本作「不在時」。

一　一七八頁中五行「恚悶」，磧、普、南、清、麗作「迷悶」；徑作「述悶」。

一　一七八頁中六行「能蘇」，諸本作「乃蘇」。

一　一七八頁中七行小字右第六字「枝」，資、磧、普、南、徑、清無。又左「作是」，資、磧、普、南、徑、清無。

一　一七八頁中八行「千今高滅」，資、磧、普、南、徑、清作「于今今高滅」；麗作「于今高滅」。又「三百里」，諸本作「三里」。

一　一七八頁中一三行末字「彼」，資、磧、普、南、徑、清作「彼方」。

一　一七八頁中一六行「此中」，諸本作「此山」。

一　一七八頁中一七行「巴連邑」，諸本作「巴連弗邑」。

一　一七八頁下五行「六年」，資、磧、

普、南、徑、清作「本六年」。

一 一七八頁下一〇行「受記」，諸本作「授記」。

一 一七八頁下一一行「得免」，資、磧、普、南、徑、清作「當得免」。

一 一七八頁下一六行第五字「是」，磧、普、徑無。

一 一七八頁下一七行「亦常」，資、磧、普、南、徑、清作「亦嘗」。

一 一七八頁下二二行「師子形」，徑作「師形」。

一 一七九頁上二行「周圓」，諸本作「周圍」。

一 一七九頁上三行「諸僧」，資、磧、普、南、徑、清作「諸層」。

一 一七九頁上五行「四角」，資、磧、普、南、徑、清作「四角頭」。又「蹄蹬」，資、麗作「梯蹬」；磧、普、南、徑、清作「梯隥」。

一 一七九頁上六行「緣蹄」，諸本作「緣梯」。又第一三字「昔」，諸本作「昔人」。

一 一七九頁上七行「躡處」，資、磧、普、南、徑、清作「所躡處」。又「波羅越者」，諸本作「波羅越波羅越者」。

一 一七九頁上一一行「飛人」，資、磧、普、南、徑、清作「人飛」。

一 一七九頁上一五行「嶮道艱難難」，資作「幽嶮道路艱難而」；磧、普、南、徑、清作「嶮道路艱難而」；麗作「幽嶮道路艱難難」。

一 一七九頁上一八行第八字「彼」，資、磧、普、南、徑、清無。

一 一七九頁上二一行「遠涉」，資、磧、普、南、徑、清作「遠步」。

一 一七九頁中一行末字「然」，資、磧、普、南、徑、清作「於」。

一 一七九頁中二行「皆是」，諸本作「最是」。

一 一七九頁中五行第二字「皆」，諸本作「亦皆」。

一 一七九頁中七行第七字「綖」，麗無。

一 一七九頁中八行「般泥洹」，諸本作「般泥洹經」。

一 一七九頁中一八行「多摩梨」，麗作「摩梨」。

一 一七九頁中末行第九字「本」，磧、普、南、徑、清作「大」。

一 一七九頁下六行「正有」，徑、清作「止有」。

一 一七九頁下八行「直直」，麗作「雇直」。

一 一七九頁下一四行「王於」，資、磧、普、南、徑、清作「於王」。

一 一七九頁下一八行「二丈」，麗作「三丈」。

一 一七九頁下一九行「無價珠」，諸本作「無價寶珠」。

一 一七九頁下二〇行「異域」，資、磧、普、南、徑、清作「異城」。

一 一七九頁下二一行「分披」，磧、

南作「分析」；普、徑、清作「分析」。

一七九頁下二二行首字「流」，資、磧、普、南、徑、清作「留」。

一七九頁下末行「晉地」，麗無。又「自絹扇」，諸本作「白絹扇」。

一八〇頁上六行第三字「其」，資、磧、普作「畏其」；南、徑、清作「在其」。

一八〇頁上一三行正文「因白」，資、磧、普、南、徑、清作「告白」。

一八〇頁上一四行「入庫」，資、磧、普、南、徑、清作「入其庫」。

一八〇頁上一六行「屋宇」，資作「至宇」；磧、普、南、徑、清作「屋宇」。

一八〇頁上一九行「六万僧」，磧、普、南、徑、清作「五六萬僧」。又「悉衆食」，諸本作「悉有衆食」。

一八〇頁上二〇行「供養六千人」，資、磧、普、南、徑、清作「供五六千人」；麗作「供養五六千人」。又末字「大」，資、磧、普、南、徑、清作「本」。

一八〇頁上二二行第九字「前」，資、磧、普、南、徑、清無。

一八〇頁中一行「作行」，資、磧、普、南、徑、清作「苦行」。

一八〇頁中二行第五字「城」，資、磧、普、南、徑、清無。

一八〇頁中五行第二字「五」，南、清作「九」。

一八〇頁中七行第二字「歲」，資、磧、普、南、徑、清作「年」。又「却十日」，諸本作「却後十日」。

一八〇頁中八行第二字「至」，徑作「正」。

一八〇頁中一〇行「王便」，徑作「王使」。

一八〇頁中一六行「九十日」，諸本作「滿九十日」。

一八〇頁中一七行「齋日」，諸本作「城内精舍至齋日」。又末字至次行首字「敬礼」，諸本作「禮敬」。

一八〇頁中一八至一九行「有一山中有精舍名支提」，資、磧、普、南、徑、清作「有一山山中有精舍名跋提」。

一八〇頁下一行「毗呵」，諸本作「毗訶羅」。

一八〇頁下二行「國人民疑」，諸本作「國人咸疑」。

一八〇頁下五行「精舍」，諸本作「於精舍」。又「廣可二丈」，諸本作「縱廣可三丈」。

一八〇頁下六行「高亦爾比丘着」，諸本作「高亦爾近上著」。又「諸木」，諸本作「諸香木」。

一八〇頁下七行「蒙積作」，資、磧、普、南、徑、清作「蒙積上作」。

一八〇頁下八行「狀似」，磧、普、

一　南、徑、清作「床似」。
一　一八〇頁下一一行「舉著積上以」，資、磧、普、南、徑、清作「舉著積上」。
一　一八〇頁下一二行第三字「時」，資、磧、普、南、徑、清作「之時」。
一　一八〇頁下一三行「收斂」，資、南、徑、清作「收撿」；磧、普作「取撿」。
一　一八〇頁下一五行「篤信佛」，諸本作「篤信佛法」。又「新舍」，諸本作「新精舍」。
一　一八〇頁下一六行「飯食」，資、磧、普、南、徑、清作「飯食僧」。
一　一八〇頁下一八行「塋規郭」，資、磧、普、南、徑、清作「頃」。
一　一八〇頁下二二行夾註右「聞誦時」，資、磧、普、南、徑、清作「聞誦之時」。
一　一八一頁上二行「當復至師子國若干百年當復來到漢地」，資、磧、普、南、徑、清作「當復來到漢地住若干百年當復至師子國」。
一　一八一頁上三行第四字「已」，資、磧、普、南、徑、清作「到中天已」。
一　一八一頁上六行「將入」，資、磧、普、南、徑、清作「持入」。
一　一八一頁上七行「頞那山」，資、磧、普、南、徑、清作「頻那山」。
一　一八一頁上九行「一鉢」，資、磧、普、南、徑、清作「此鉢」。
一　一八一頁上一〇行末二字「五歲」，資、磧、普、南、徑、清作「十歲」。一六行同。
一　一八一頁上一二行首字「草」，資、磧、普、南、徑、清無。又第一一字「割」，資、磧、普、南、徑、清作「割殺」。
一　一八一頁上一五行「非法」，資、磧、普、南、徑、清作「諸非法」。
一　一八一頁上一七行「信義」，資、磧、普、南、徑、清作「仁義」。
一　一八一頁上一九行第六字「中」，資、磧、普、南、徑、清無。
一　一八一頁上二〇行第四字「八」，資、磧、普、南、徑、清無。
一　一八一頁上二二行「無本」，諸本作「此無經本」。又「我心」，資、磧、普、南、徑、清作「我止」。
一　一八一頁中二行第一二字「舶」，資、磧、普、南、徑、清作「船」。下同。
一　一八一頁中四行「三日」，資、磧、普、南、徑、清作「二日」。
一　一八一頁中七行「水滿」，資、磧、普、南、徑、清作「水漏」。
一　一八一頁中八行「君墀」，南、徑、清作「軍持」。
一　一八一頁中一六行第一〇字「所」，資、磧、普、南、徑、清無。
一　一八一頁中一七行「晃然」，麗作「晃若」。又「竈鼉」，資、磧、普、南、徑、清作「黿鼈」。
一　一八一頁中一八行「荒處」，資、磧、

普、南、徑、清作「荒遽」；麗作「荒懅」。

一八一頁中二一行「許日」，資、磧、普、南、徑、清作「日許」。

一八一頁下三行第二字「北」，南、清作「比」。下一八行第六字清同。

一八一頁下九行「檀越言」，資、磧、普、南、徑、清作「本檀越言」。又第一一字「若」，諸本作「汝若」。

一八一頁下一〇行第九字「便」，諸本作「便當」。又第一二字「如」，資、磧、普、南、徑、清作「汝」。

一八一頁下一二行「商人」，諸本作「諸商人」。

一八一頁下一三行第四字「下」，徑無。

一八一頁下一七行第七字「令」，資、磧、普、南、徑、清作「爾今」。

一八一頁下一九行首字「到」，磧、普、南無。

一八一頁下二一行「蔾藋」，諸本作「蔾藋菜」。

一八二頁上一行「見人」，諸本作「覓人」。

一八二頁上四行「詭言」，資作「説言」。

一八二頁上六行「昝家」，資、磧、普、南作「劉家」。

一八二頁上七行第九字「郡」，資、磧、普、南、徑、清無。

一八二頁上九行第七字「來」，資、磧、普、南、徑、清無。

一八二頁上一〇行第一三字「到」，資、磧、普、南作「劉法」；徑、清作「留法」。

一八二頁上一一行末字「離」，資、磧、普、南、徑、清作「遠離」。

一八二頁上一三行「禪師」，南作「諸師」。又第一〇字「藏」，資、磧、普、南、徑、清無。

一八二頁上一四行「中國」，麗作「中印國」。又「經六年還經」，資、磧、普、南、徑、清作「六年還」。

一八二頁上一五行「遊履」，資、磧、普、南、徑、清作「遊歷」。

一八二頁上一七行「未得」，磧、普作「來得」。

一八二頁上一九行第五字「昔」，資、磧、普、南、徑、清作「竹帛」；麗作「將竹帛」。

一八二頁上末行末字「矣」，資、磧、普、南、徑、清無。

一八二頁中二行「之餘」，資、磧、普、南、徑、清作「之際」。

一八二頁中五行「心歡」，諸本作「心動」。

一八二頁中七行「必死」，資、磧、普、南、徑、清作「不必全」。

一八二頁中一〇行「無竆」，諸本作「無窮」。

一八二頁中一一行第二字「將」，資、磧、普、南、徑、清作「奬」。又第八字「成」，諸本作「成成」。

一　一八二頁中一二行第二字「夫」，資、磧、普、南、徑、清作「忘失」；麗作「忘夫」。

琳法師別傳序　惠

隴西處士李懷琳　撰

詳夫太極元氣之初三光尚匿木皇火帝之後八卦爰興是知仁義漸開假龍圖而起字道德云廢因鳥迹以成書所以左史記言夏商備於誥誓右史記事唐虞流於典謨既乃史遷綴史記之文班固嗣班彪之作英雄高士耆舊逸人傳記之興其來尚矣況乎法雲佛日無去無來妙有真空離生離滅雖復至理凝湛而事迹應權所以誕相西隆周王矚五光之彩流地東夏漢帝夢丈六之容於是慷慨摩騰應群機而入洛抑揚僧會體大道以遊吳代有其人英雄間發爰有襄陽釋法琳者紹迹四依應生五濁愍八藏於襟腑包九流於胷臆維絕紐之將施纂龍樹之前徽正頹綱之已紊嗣馬鳴之餘烈至若冒言不諱等折檻於朱雲有犯無隱邁牽衣於王象觸龍鱗而不移其志諒疾風之勁草焉冐嚴刑而不改其節寔季葉之忠臣也然其文言博雅秦懸一字無以方事理弘敷蜀掛千金未足比嗟乎儒釋君子鮮味斯道信哉曲高和寡幾將湮滅者歟爰有弘福寺琮上人者稟氣星辰體道秉羊之歲資靈海岳育德撫象之季志等澄蘭誓摧邪而納慮器均安遠弘正教以為心至若持線金章貫花玉牒妙窮宗致曲盡幽微然而聽覽之餘遊情子史綜括黃老包吞儒墨每以琳公雅作分散者多詢諸耆舊勤成卷軸分為上中下目之為別傳理致周備捃摭無遺刪補有則抑亦僧中之良史也然而記詞記事班馬擬以多慙直筆直言陳范方之有愧始驗琳公之草創雖著美於一時上人之潤色乃規模於萬葉第子狄道李懷琳與琮上人志叶金蘭義符膠漆雖緇素有隔而嗅味頗同爰因頂謁遇覩寶聚輒申狂簡為之序引云尒

唐護法沙門法琳別傳卷上

京弘福寺沙門彥琮　撰

法師諱法琳俗姓陳氏潁川郡人仲弓

之後也遠祖蔭官從寓襄陽幼齒抽簪情敦博物遂乃金陵楚郢負袠問津孔肆釋筵橫經訪道於是該九部洞百家究金言殫玉牒每而歎曰為大丈夫不能立正摧邪綱維至理豈直遠慚龍樹抑亦遥媿馬鳴未若隱遯巖阿栖心丘壑遂以隋開皇十四年夏五月隱於青溪山鬼谷洞焉閱覽玄儒寸陰無棄迴攀巖廬則蔽虧於日月空飛戶牖則吐納於風雲因撰青溪山記可八千餘言理趣鏗鏘文詞婉麗見傳于代故闕錄焉然法師韞德潛形訥言敏行誓維頹紐觀化上京是歲仁壽元年春三月也於是背楚塞涉秦川步三陽遊八水每以李門仙術濩落虛陳服息披尋何能究悉因以義寧初歲假衣黃巾巢鑿宗源從其居館然法師素閑莊老談吐清奇而道士等競契金蘭慕申膠漆故使三清秘典洞鑒玄津九府幽微窮諸要道遂得葛妄張虛之旨韜韞襟懷李氏奉釋之謨記諸心目武德年首還莅釋宗備踐法筵周遊

講肆意以神州帝壤易可箴規因住
濬法道場栖心定慧後四年秋九月有
前道士太史令傅弈先是黃巾黨其
所習遂上廢佛法事十有一條大略
云釋經誕妄言妖事隱損國破家未
聞益世請胡佛邪教退還天竺凡是
沙門放歸桑梓則我家國昌泰李孔
之教行焉高祖納弈獻書乃下詔問諸
沙門曰棄父母之鬚髮去君臣之華服利
在何門之中益在何情之内損益二
宜請動妙釋而法師伏檻既久思騁
長鑣幸承斯
詔問遂陳對曰琳聞至道絶言豈九
流能辯法身無像非十翼所詮但以
四趣茫茫漂淪欲海三界蠢蠢顛
墜邪山諸子迷以自焚凡夫溺而不
出大聖為之興世至人所以降靈遂
開解脫之門示以安隱之路於是剎
利王種辞恩愛而出家天竺貴族捨
縈華而入道是以悉達太子去衮龍
之衣就福田之服指出二種生死志
求一妙涅槃弘道以報四恩育德以資
三有此其利益也案佛本行經剃鬚

出家品偈云
假使恩愛久共處　時至命盡會別離
見此無常須臾間　是故我今求解脫
於是棄其德者斷惡以立身欽其風者
潔己而修善故毁形以成其志故棄
鬚髮美容變俗以會其道故捨君臣
華服雖形闕奉親而内懷其孝礼乖
事主而心戢其恩澤被怨親以成大
順福霑幽顯豈拘小違上智之人依
佛語故為益下凡之類虧聖教故為
損然懲惡則濫者自新進善則通人
感化伏惟
陛下至德含弘仁心鞠育愛復降情
正法留意出家廣布慈雲重興佛日
利益之道難得而稱此則大唐帝
業慈被百靈聖種濡基惠流千祀
不敢輒以愚昧輕測天心謹課庸
辞略申管見塵黷御覽伏深戰越時
高祖覽法師對竟亦無辞法師頻詣
闕庭不蒙戚否但傅氏所陳之事高
祖未遣須行弈乃公然宣布遐迩禿
丁之誚閭里盛傳胡鬼之謠昌言酒
席致使明明佛日翳以虧光濟濟法

流壅之無潤于時達鑒君子揮翰者
弥多契理名僧動毫者非一捴持道
場釋普應者式行精苦博物不群屬
弈狂言因製破邪論二卷又前扶溝
令李師政者歸心佛理篤意玄宗義
忿在懷又撰内德正邪二論莫不僉
跡佛教委指業緣競引梵言曲垂邪
正而法師咸詢作者備覽諸文情用
不安謂衆人曰經教弈之所廢豈得
引廢證成雖欲破邪歸正未遣邪原
今案孔老二教師敬佛文就彼宗承
斥其虛謬衆人皆以為然法師因著
破邪論一卷可八千餘言理會宮商
文諧鐘律傳之耳目故此闕書但法
師筆削清奇冠乎群品遂使朝賢貴
士咸誦在心道世名儒家藏一本寘
可謂詞峯峻峙理海宏深為廣海之
舟航作大夜之燈炬法師以論軸初
製道俗無聞若不廣露其情何以革
茲聾俗因以五年春正月啓上儲后
云緬尋三元五運之肇天皇人帝之
興龜圖鳥篆之文金版丹笥之典六
衡九光之度百家万卷之書莫不遵

人倫信義之風述勖華周孔之教統其要也未達生死之源詳其理也不出有無之域豈若五分法身三明種智湛然常樂何變何遷邈矣眞如非生非滅而能道資萬有慈被百靈啓解脱彼岸之津開究竟無為之府拔群生於苦海之外救諸子於火宅之中但以化隔葱河千有餘載教流漢土六百許年龕塔相望神人接踵所以道安登秦帝之輦僧會上吳主之車高座法師能敷八正浮圖和上巧說五乘化洽九州福霑三世其為利物此之謂歟有隋襖運戎馬生郊灾起四凶毒流百姓慧燈既隱法雨將收賴我大唐上應乾心下愜黎願補天以嚴三象紐地以安五嶽生民蒙再造之恩釋門荷中興之賜方欲六玆五帝四彼三皇返淳朴之風行無為之化竊見傅弈所上誹毀之事在司既未施行弈乃公然遠近流布人間酒席競為戲談有累清風寔穢華俗長物邪見損國福田理不可也伏惟殿下往藉三歸文資十善赴蒼生之

望應大寶之期道叶隆平德光副后發荐雷之響則蟄戶俱開啓明離之暉則幽儩並鏡赫矣美矣難得名矣固以漢光重世周卜永年復能降意福門迴情勝境津梁在念擒灂為心伏願折邪見幢燃正法炬像化攸寄深幸玆乎不任憤懣懇焉之志謹上破邪論一卷塵黷威嚴伏增悚息又文帝龍潛之日復上啓云琳聞情切者其聲必哀理正者其言必直是以窮子念達其言勞人願歌其事何者竊見大業末年天下喪亂二儀慘毒四海沸騰波振塵飛丘焚原燎五馬絕浮江之路七童有平壘之歌熢燧時警羽檄競馳關塞多虞刁斗不息道消德亂運盡數窮轉輸寔繁頭會箕斂積屍如莽流血為川人不聊生物亦勞止於是控告無所投骸莫從百姓苦其倒懸萬國困其無主豈徒法輪絕響正教陵夷聖上興弔俗之心順昊天之命爰舉義旗平定區宇當時道俗蒙賴華戎胥悅於是叶天地而通八風測陰陽而調四序上和

邦國下叙人倫功蓋補天神侔立極降雲雨而生育開日月而照臨發之以聲明紀之以文物恩霑荇葦施洽蟲魚方欲重述九疇再敷五教興石渠之學布庠序之風遠紹羲軒近同文景功業永隆不知手之儛之足之蹈之者矣竊見傅弈所上之事披覽未遍五內分崩尋讀始周六情破裂嗚呼邪言惑正魔辯逼眞猶不足聞諸下愚況欲上千天聽但弈職居時要物望所知何容不近人情無辜起惡然其文言淺陋事理不詳學先王之典謨傷人倫之風範何者夫人不言言必有中夫子曰一言合理則天下歸之一事乖常則妻子背叛觀弈所上之事括其大都窮其始末乃因冒關庭處多毀辱聖人甚切如弈此意本欲因玆自媒苟求進達實未能益國利人直是譏弄朝野然陛下應天順時握圖受籙赴万國之心當一人之慶扶危救世之力夷凶靜難之功固以威蓋前王聲高往帝爰復存心三寶留意福田預是出家之人莫

不咸戴天澤但由僧等不能遵奉式
行酬報國恩無識之徒非違造罪致
令傅弈陳此惡言擗踊痛心投骸無
地然僧尼有罪甘受極刑恨弈輕辱
聖人言辭切害深恐邪見之輩因此
行非無識之徒漸生異見又案春秋
云魯莊公七年夏四月恒星不見夜
明如日即佛生時之瑞應也然佛有
眞應二身權實兩智三明八解五眼
六通神日不可思議法号心行處滅
其道也運衆聖於泥洹其力也接下
凡於峕海自後漢明帝永平十三年
夢見金人已來像教東流靈瑞非一
具如漢魏諸史姚石等書至如道安
道生之輩圖澄羅什之流並有高行
深解當世名僧盡被君王識知貴勝
崇重自五百餘年已來寺塔遍於九
州僧尼溢於三輔並由時君敬信朝
野歸心像教興行於今不絕者寔荷
人王之力也然世間君臣父子猶謂
恩澤難酬昊天不報況佛是衆生出
世慈父又為凡聖良醫欲抑而挫之
罪而辱之理不可也仰尋如來智

出有無豈三皇能測功苞造化非二
儀可方故列子曰昔吳大宰嚭問孔
丘曰夫子聖人歟孔子對曰丘博識
強記非聖人也又問三皇聖人歟對
曰三皇善用智勇聖亦非丘所知又問
五帝聖人歟對曰五帝善用仁信聖
亦非丘所知又問三王聖人歟對曰
三王善用時聖亦非丘所知太宰嚭
大駭曰然則孰為聖人乎孔子動容
而對曰丘聞西方有聖者焉不治而
不亂不言而自信不化而自行蕩蕩
乎民無能名焉若三皇五帝必是大
聖孔丘豈容隱而不說便有匿聖之
愆以此挍量推佛為大聖也
案老子西昇經云吾師化遊天竺善
入泥洹符子云老氏之師名釋迦文
直就孔老經書師敬佛處文證不少
豈弈一人所能謗黷昔公孫龍著堅
白論罪三皇非五帝至今讀之人猶
切齒以為前鑒良可悲矣當今主上
至聖欽明方欲放馬休牛戢閻封墓
興皇王之風開釋老之化狂簡之說
尤可焚之若言帝王無佛則大治年
長有佛則虐政祚短者案堯舜獨治

不及子孫夏殷周秦王政數改蕭牆
之內逆亂相尋尒時無佛何因運短
但琳等預居堯世日用莫知在外見
傅弈所上之事恐蕃國遠聞謂華夏
無識夫子曰言滿天下無口過行滿
天下無怨惡言之者欲使無罪聞之
者足以自誡傅弈出言不遜聞者悉
驚有穢國風特損華俗謹錄升款冒
以啓聞伏惟
大王殿下天挺英靈自然岐嶷風神
頴越器局含弘好善為樂邁彼東平
溫易是歡更方西楚加以阿衡百揆
或序六條德既褰帷仁兼裂綱開康
莊之第坐荀卿之賓起脩竹之園醼
丈雅之客莫不詩極緣情賦窮體物
信可譽形朝野美冠前英者焉但琳
等內顧闇如方圓寡用念傅弈下愚
之甚賁媿凡僧禿丁之誚惡罵之極
也罪莫大焉自尊盧赫胥已來天地
開闢之後未有如弈之狂悖者也不
任斷骨痛心之志謹錄傳弈所上
之事輙述鄙辭件荅如左塵黷威嚴
伏增殞絕謹啓武德六年五月二日

濟法寺沙門琳等啓上時皇儲等因
奏法師之論高祖異焉故傅氏所
陳因而致寢釋門再敞寔賴我皇
起予者商法師有之矣但傅氏所獻
狂簡思媚闕庭既而不愜所懷陰施
密譖摛扇黃領穿鑿異端遂使鼠璞
混質於周邦雞鳳濫形於楚國玉石
相亂朱紫難分屢譖釋宗達于
高祖帝乃從其所議不任自明後以
武德九年春三月
詔問皇儲曰朕惟佛教之興其來自
昔但僧尼入道本斷俗緣調課不輸
丁役俱免理應盡形寺觀履德居真
沒命釋門清身養素比年沙門乃多
有愆過違犯條章干煩正術未能益
國利化翻乃左道是修佛戒雖有嚴
科違者都無懼犯以此詳之似非誠
諦今欲散除形像廢毀僧尼輒尒為
之恐駭凡聽佇子明言可乎不可皇
儲對曰臣聞三乘啓轍諸子免火宅
之災八正開元群生悟無為之果是
故慈雲降潤不別艾蘭慧日流輝寧
分岸谷且以立教垂範盡妙窮微至

理深難情量叵測雖有周孔儒術莊
老玄風將欲方茲逈非倫嫓其有出世
代賢士今古明君咸共遵崇無棄敬
仰當今時屬澆訛人多狡猾出家者
未能盡善入法者無廢嬌娃亦有規
免賦租虛掛學道偷安朝夕假号桑
門自有威儀具足志等明珠戒行不
虧心同潔玉今欲並令還俗無別賢
愚將恐火縱崐山玉石同燼霜飛柰
苑蘭艾俱摧指事為言恐傷皇化今
責如來降罰以息姦非但佛性慈悲
法門平等無彼無此無我無人絕愛
志憎情同巨海獸之者不生悋想恚
之者不發恚心以此而詳昭然可驗
且商均生於舜舍丹朱長自堯宮二
子雖復非人猶不虧兩君之聖今忽
因愚僧之過欲毀尊像之形進退商
量理為未可
高祖又問諸群臣曰傅奕每言於朕
云佛教無用朕欲從其所議卿等如
何時左僕射魏國公裴寂進諫於
高祖曰臣聞昔齊桓公與管仲鮑叔甯
戚等飲酒而適桓公謂鮑叔曰為寡

人等祝之鮑叔奉酒而祝之曰願我
君無忘出於莒願管仲無忘縛於魯
願甯戚無忘飯於牛時桓公避席而
謝曰寡人與二大夫皆無忘夫子之
言則齊之社稷必不廢矣此言常思
舊也陛下昔創義師志憑三寶云
安九五擡啓玄門今陛下六合歸仁
富有四海欲納奕之狂簡而毀廢佛
僧此即虧陛下之往信彰陛下之今過
黎元失望理不可也
高祖納皇儲等諫因降勑曰寺留三
所京置千僧餘並給賜王公僧等放
還桑梓嚴勑既下皂白難分不敢忤
意而止焉夏五月六日
高祖脫屣万機文帝攝政時大赦天
下還返神居佛日再揚斯為盛矣又
因前傅奕密扇黃巾乃有道士李仲
卿劉進喜等咸陳管見並作膚文遂
昏冒生靈語越典墳動違經史法師
著十異九迷及顯正等論貶量佛聖
觀其所述傷而愍之聊撰論文目為
辯正詳乎法師用奇博物匪日而成
時以文籍歘然因循累稔右僕射蔡

國公杜如晦者岐嶷天挺器宇宏深與法師志篤江湖倚相歆味法師仗借墳素致書於杜公曰法琳草衣野客木食山人九類曲鍼誠同蔭芥不被知於當世分緘口以終身既德愧內充譽慚外滿非唯孤負慧遠實亦帶累道安是以畢志青溪歸心紫蓋覆松巖下永味經書思谷池邊長觀魚鳥豈謂忽辭林藪更入囂塵久客秦川俄離楚塞萍流八水葉墜三陽口腹之弊已淹仲叔之情何寄卧靈臺而起恨遊白社而興嗟南巢之戀倍增北風之悲逾切居生坎壈命迍邅空詠七哀徒吟九歎撫躬吊影命也如何加以病在膏肓風纏腠裏累年將息未覺有瘳至於照雪聚螢萠力已謝九流七略難甚緣山万卷百家杳猶行海前因傳子聊貢斐然仍以未謁邪源今者重修辯正頗為經書卒備史籍靡克雖罄短懷同知克就仰惟僕射公運籌策之才居阿衡之任知人之鑒遠邁山濤接士之心還方趙武風姿爽朗識度含弘既握

靈虵之珠爰佩荊山之玉所以弼諧庶績燮理文昌德鏡搢紳譽形朝野加以門稱筆海世号詞宗不忘宿昔之懷曲賜憂憐之訪寒灰更煖朽木蘇榮昔王粲閱書取資於蔡氏祖如達賦必賴於楊雄意者但是諸子雜書及晉宋已來內外文籍與釋典有相開涉處悉願披覽謹以別錄仰呈特希恩許輕黷所請悚息何言然邪見信心古來共有善人惡黨今日寧無前以傳子謟言略呈小論既蒙上達復荷褒揚戢在中心但知慙德昔三都賦未值張華無人見賞今破邪論不逢君子誰肯為弥比者海內諸州四方道俗流通抄寫讚詠成章迴邪見之心發愚人之善者豈非明公之力也必能利物薄有冥功仰用莊嚴並將迴向耳杜公時荅法師書曰猥辱芳符曲垂提拂嘉言忽降銘戴增深仰惟法師命世挺生神襟俊逸器局宏亮識度清通架澄什以照前邁安遠而光後哂談灰於漢日浚辯鼎於秦年既其內贍五乘解窮八藏亦

乃外該百氏識洞九流加以學盡莊徽詞殫李奧體二篇之訛簡究三張之詭文慕巢許之穎陽踵黃綺之商洛隱紫臺而偃仰遁青溪以詠歌蕭散有慧遠之風放曠兼道融之迹既而情維絕紐志緝頹綱乃返步山門來儀上國矚傳奕之狂簡已製破邪還劉李之訛言將修辯正經云護法菩薩正應如是昔聞其語今見其人但弟子承乏忝官實慚籌策濫蒙抽擢深媿阿衡書云筆海詞宗頓成虛闡耳況弟子家非汲郡詎有竹簡之書室異魯邦理無蝌蚪之字人殊兩戴世別二冠五體闃然四部多闕法師既建覺德之志嗣提婆之蹤弟子亦敢獻消塵以裨嵩巒謹當詢諸碩德追訪鴻儒博採所須廣尋其要亦望親承几案面奉徽猷闡盛德之道華聽長者之餘論但弟子王事靡暇遣此代懷休沐之日即當馳謁時法師所闕杜公給而足焉法師据道尋儒卒乎先志論成八軸十有二篇流詠九州傳之三輔可謂文彰理炳叶律

諧鍾郁郁可觀洋洋盈耳諒使大羅
玉帝悚慴金闕之中九府仙君震赦
四天之上改辟邪之異轍革衆迷之
惑心況乎左道黃巾能無傾覆者哉
東宮學士陳子良者言為世表學冠
儒林矚此論文因為訓詁敘之云尒
蓋聞宣尼入夢十翼之理克彰伯陽
出關二篇之義爰著或鉤深繫象或
探賾希夷名言之所不宜陰陽之所
不測猶能弥綸天地苞括鬼神道無
洽於大千言未超於域內況乎法身
圓寂妙出有無至理凝玄跡泯真俗
體絕三相累盡七生無心即心非色
為色無心即心故能心斯心矣非色
爲色故能色斯色矣藏虵於是併空
形名所以俱寂筌蹄之外豈可言乎
若乃西伯拘羑遂顯精微子長蠶室
率成先志故易曰古之作易者其有
憂患乎論之興焉良有以矣法師俗
姓陳氏漢太丘長仲弓之後也遠祖
隨官遊播遷江左近因流寓又處荊
州隋世入關從師請業可謂玉移荊
岫皎潔之光弥彰桂從幽林芬芳之

風更遠法師應真人之祥稟黃裳之
吉內談三藏外綜九流既善緣情尤
工體物篇章婉麗理致遒華郁郁間
縟錦之文飄飄徵凌雲之氣班賈金
玉未可同年潘陸江湖寧堪方駕至
如莊生墨生之學黃子老子之書三
清三洞之文九府九仙之籙登真隱訣之
秘靈寶度命之儀吞若胷襟說猶指
掌加以舊習中觀少蘊法華既有闡
持此專者述運思之外汲引無疲辯
中觀則龍樹可期談自然則老莊非
遠於是四方雜沓如歸長者之園七
貴紛綸若赴華陰之市固以學伴安
遠才邁肇生貫開士之棟梁法門之
牆塹也乃有道士李仲卿劉進喜等咸
陳管見並作庸文謗毀正法在俗人
上或生邪信法師愍其盲瞽恐入泥
犁爰發大悲遂製斯論可謂鼓旋法
海根彼詞鋒碧雞之銳競馳黃馬之
駿爭騖莫不藁墜柯摧雲銷霧卷狀
鴻爐之焚纖羽猶炎景之鑠輕氷負
勝之儔於斯可見斬歸慈定已破魔
軍聊奮慧刀即降愚賊佛日於是重

暉法雲由斯廣被但法師所作詩賦
啓頌碑誌章表大乘教法及破邪論
等三十餘卷在世久傳然此論文凡
八卷十二篇二百餘紙窮釋老之教
源極品藻之名理修述多年仍未流
布昔秦孝公聽說帝而寐聞談霸而
興陽春和寡深可悲歎但法師所述
內外並該恐好事後生致有未諭弟
子潁川陳子良者近申頂禮從而問
津爛然溢目若明月之入懷寂乎應
機辟寶珠之燭物既悟四衢之幻便
息百城之遊於是啓所未聞聊為註
解庶將來同好幸詳其致焉貞觀元
年文帝捨大和宮奉為
高祖置龍田寺既而山泉勝美栖心
是寄而法師雅好美之乃徙居焉七
年春二月有太子中舍人辛諝設難
二條以問紀國寺僧釋慧淨淨時因
著折疑論以荅辛諝論在續高僧傳
淨時以所著論呈法師法師荅淨
書曰近覽所報辛中舍人析疑論詞
義包舉比喻超絕璀璨眩雜朱之目
鏗鏘駭師曠之耳固以妙盡環中詞
殫辯圃辟玉衡之齊七政猶溟海之

統百川煥渙乎魏魏乎言過視聽之
外理出思議之表足可以杜諸見之
門開得意之路者也至如住無所住
兼修之義在焉為無所為濟應之功弘
矣將令守雌顏厚獨善靦容乃理異
之顯哉豈玄同之可得夫立象以表
意得意則象忘若忘其所忘則彼此
之情斯泯非忘其所忘則小大之殊
有異是知日月既出無用爝火之光
時雨既降何煩浸灌之澤故云彼此
可忘非無彼此也故吾去也因故去
而辯無常新吾來也藉新來以談緣
起非新非故熏修之義莫成無緣無
剋美惡之功執者蓋藉以生滅破彼
斷常之迷寄以因果示其中觀之路
斷常見息則弱喪同歸中觀理融則
真如自顯或談業理以明熏習乍開
報分以釋自然意出言端旨超文外
報分有在鳧鶴不亡其短長業理相
因蟬鷃各任其飛化可謂於無名相
中假名相說體真會俗豈不然歟詳
中舍人天挺之才未若上人盡理之
說子期可慚於喪偶顏生有媿其坐

志可以息去取之兩端泯顛沛之一
致楚既得之矣亦未為失也法師博
物不群智慧無限當今獨步即日棟
梁既為衆所知識實亦名稱普聞加
以累謁金門類登上席扇玄風於鷄
鑰振法鼓於龍樓七貴挹其波瀾五
師推其神俊既資垂天之翼又繼横
海之鱗支遁之匹王何寧堪並駕帛
祖之方嵇阮未足連衡用古儔今君
有之矣
琳謝病南山棲心幽谷非出非處蕩
慮於風雲無見無聞寄情於泉石遇
覩名作實遣煩憂乍覽瓊章用袪痼
疾徘徊吟諷循環卷舒奉藴懷袖之
中不覺紙勞字故略申片意謹此白
書遲遇後生更開末俞琳不量愚管
輕述鄙懷敢欲有詶以麻續線因著
齊物論焉其詞曰蒙示辛中舍人二
問詞旨宏贍理致幽絶既開義府特
耀文鋒舉佛性平等之談引群生各
解之說陳彼此之兩難歸玄同之一
門非夫契彼環中孰能為茲高論美
則美矣疑且疑焉何者尋上皇無範

始流先覺之名法王應物爰標佛陁
之號智慧者蓋分別之小術般若者
乃無知之大宗分別緣起所以強稱
先覺無知性寂於是假謂佛陁分別
既於外有數無知亦於内無心於外
有數分別之見不忘於内無心誘引
之功莫亶甚秋毫之方巨岳踰尺鷃
之比大鵬此不可同年而語矣莊生
云吾忘其是非非忘彼此庸詎然乎
所謂小智不及大智小年不及大年
唯彭祖之特聞非衆人之所達也況
三世之理不差二諦之門可驗是以
聖立因果凡夫有得聖之期道稱自
然學者無成道之益從微至著藴善
剋而方妍乘因趣果賴熏修而始見
彼既知而故問余亦述而略荅詳夫
一音普被弱喪由是同歸四智廣覃
真如以之自顯也自顯也者唯微唯
彰同歸也者孰來孰去蓋知隨業受
報二鳥不嫌其短長因濕致生兩蟲
無擇其飛化不在待與不待明即待
之非待矣請試論之昔闞澤有言曰
孔老法天不敢違天諸天法佛不敢

逹佛至如洪範九疇承天制用上方十
善奉佛慈風若將孔老以匹聖尊可
謂子貢賢於仲尼跛鼈凌於駿驥欲
觀渤海返謂涓流何異蔽目而視毛
端却行而求前路非所應也且王道
周顗宰輔之冠蓋王濛謝尚人倫之
羽儀次則郄超王謐劉璆謝容等並
江左英彥七十餘人皆學綜九流才
暎千古咸言性靈眞要可以持身濟
俗者莫過乎釋氏之教也至如宋文
帝與何尚之等亦有此談如其宇內
並遵斯要吾當坐致太平矣又云
十善暢則人天興五戒行則鬼畜省
其寶濟世之玄範豈造次而可論乎
中舍人學富才高文華理峻秦懸一
字蜀掛千金法琳徒礪鉛刀何敢當
奇麗也

唐護法沙門法琳別傳卷上

丙午歲高麗國大藏都監奉
勑雕造

法琳傳上卷 第二十五張 惠

唐護法沙門法琳別傳卷上、中、下

校勘記

一 底本，麗藏本。此傳三卷，僅高麗藏載録，故無校。

唐護法沙門法琳別傳卷中　惠

京師福道場釋彥琮　撰

貞觀十一年春正月
帝欲宣揚祖風遵崇本系爰發
明詔頒告黎元云老君垂範義在於
清虛釋迦貽訓理存於因果論其教
也汲引之跡殊途求其宗也弘益之
風齊致然則大道之興肇於遂古源
出無名之始事高有形之表邁兩儀
而運行包萬物而亭育故能經邦致
治返樸還淳至如佛教之興基於西
域爰自東漢方被中華神變之理多
方報應之緣匪一暨乎近世崇信滋
深人冀當年之福家懼來生之禍
由是滯俗者聞玄宗而大笑好異
者望真諦而爭歸始波蕩於閭里
終風靡於朝庭遂使殊俗之典鬱
為眾妙之先諸夏之教翻居一乘之
後流遯忘返于茲累代朕夙夜寅畏
緬惟至道思革前弊納諸軌物況朕
之本系出自柱下鼎祚克昌既憑上
德之慶天下大定亦賴無為之功宜
有解張闡茲玄化自今已後齋供行
立至於講論道士女冠可在僧尼之前
庶敦本系之化暢於九有尊祖宗之
風貽諸萬葉時京邑僧眾咸詣
闕庭上表乃推法師為表曰琳年迫
桑榆始逢太平之世貌侵蒲柳方值
聖明之君竊聞子見一善必獻其父
臣見一善必獻其主臣子於君父敢不
盡心者焉何者父有諍子身不陷於不
義士有諍友身不離於令名琳等雖
預出家仍在臣子之列有犯無隱敢
不陳之伏見
詔書國家本系出自柱下尊祖之風
形乎前典頒告天下無得而稱令道
士等處僧尼之上奉以周旋豈敢拒
詔尋老君垂範治國治家所佩服章
亦無改易清虛卓志与世不群不立
觀宇不領門徒處柱下以全真隱龍
德而養性智者見之謂之智愚者見
之謂之愚非魯司寇莫之能識今之
道士不遵其法所著冠服並是黃巾
之餘本非老君之裔行三張之穢術
弃五千之妙門反同張禹漫行章句

法琳別傳卷中　第二張　惠

從漢魏已來常以鬼道化於浮俗妄
託老君之後實是左道之苗若位在
僧尼之上誠恐涇渭同流有損國化
若不陳奏何以表臣子之情謹錄道
經及漢魏諸史佛先道後之事如左
伏願
天慈曲垂聽覽其時表奏
帝遣中書侍郎岑文本宣口勑云
語諸僧等明詔既下如也不伏國
有嚴科法師斂氣吞聲顧謂諸僧
曰帝在九重聖顏難覩縱欲牽衣
折檻亦乃無由未若踵武屈原栖遑
草野結蘭為珮倩白自居焉後十三
年秋九月有黃巾秦世英者薄閑醫
禁粗解醫方挾伎術以倖時因得志
於儲后陰陳法師之論言訕謗皇宗
毀黷先人罪當誷上帝乃赫然斯怒
沙汰僧尼勑遣緇徒並依遺教其法
琳既訕謗朕之宗系宜即推繩必也
無辭國有刑憲而法師鼓騰毛羽思
奮雲霄不待追徵自之衙府群寮承
主上之意勘劾法師因禁州庭執叅之
縲紲司空毛明素倂聆法師清閑每

法琳別傳卷中　第三張　惠

常想見其入既屬幽居致詩於法師
日治長倦縲紲韓安數死灰始驗山
中木方知貴不材法師辱素詩而謝
曰貧道識性擣昧輙不自涯任簡斐
聡上忤
天聽未能自殞苟存餘息而公賜垂
清翫琳寧緘默者哉力拙課虛訓之
云介尉夜嗟幽憤陳思告責躬在余
今失佚枉與古人同草深難見日松
逈易來風因言得意者誰復免窮通
毛明素矚法師詩而驚異焉請結三
益薦意二難素曰嗟乎相知之晚也
冬十月癸亥因興善寺大衆饋珍饌
於法師法師致書謝曰辱賚朝飧虔誠跪
受非直光鮮玉液抑亦香奪蘭芬戢
荷仰仁恕之流溢味輟虛嬴之弊幸
甚幸甚伏惟大衆動止與時休泰也
琳實不才叨瀆緇侶方圓倚伏无所
自容不能拔萃出群卒致危身之敗
不能和光同滓終罹無狀之辜徒復
擁膝長吟慙魂吊影耳是知甫糟歠
醨者則松栢之操弥貞淈泥揚波者
則蓮桂之芳逾潔至於琳也復何人

生琳別傳卷中　第四張　惠

哉素之進也未聞造謁既延中士之
謗遂蹈下愚之迹与夫衛足曳尾何
期奚歟且達人無健羨之名大道拘
守雌之節泉清井渫能不惻然方將
晦影窮巖銷聲幽谷散誕白雲之際
優遊青松之下朝窺慧苑暮宿禪林
送此殘年放情物外茲願未允耿介
如何但縲人思撓辯殫理寡粗因翰
墨申述鄙懷而尺素易煩寸心難盡
也冬十月丙申勑遣刑部尚書劉德
威禮部侍郎令狐德芬侍御史韋悰
司空毛明素等在州勘當因問法師
曰落髮灰心事宜恬靜出家捨俗須
棄無為理應屏跡四禪栖神六度惣
儒墨之糟粕遵半滿之菁花何乃放
志九流嬰心五典廣引三教敘治道
之昇沉備舉十王標崇敬之優劣或
述佛道先後時談釋李師資廣顯十
喻九箴盛辯氣為道本語信毀則皦
然交報論品藻則歷介衆書道家之
謬僧何以知奉佛歸心全擬自取仰
具顯作論根起冒外逗遛儻也無辯
則罪人斯得法師對曰琳聞一切種

生琳別傳卷中　第五張　惠

智号悉達多歷塵劫而應生觀衆賢
而遍學或復示居外道或復現作儒
林應同類而誘凡隨異形而化物然
後稱無上士号天中天俯跡娑婆救
流沙界或假安禪悟道慧解開襟致
有說法度人神通化物但以衆生緣
悟種種不同所以半教滿教數心一
乘三乘闡道隨宜各解意在茲乎故
佛令十二時中一時學外欲使摧伏
異黨接引俗流緣淺暨深愛語同事
故內典通學論云夫在天成象為
日月而精異剛柔在地成形作山川
而氣殊動靜物既如此人亦如斯所
以首足之儀方履圓戴性情之用陰
慘陽舒貴我有知在靈為長心行匪
一嗜欲不同故以稟薄稟厚愚賢自
隔同念克念狂聖是分歧路交遷泣
拔毛之未肯絲色代變悲摩頂之不
恡信乃利物多途潤身異術九流既
泒百家競起儒道禮樂以九仙為亂
神道事冲玄以六經為失德刑名貴
酷縱橫尚辯孔辯單族劉弱儒冠專
門則銑由章句綴文則過在輕薄俗

生琳別傳卷中　第六張　惠

以內典類之虗無僧以外書辭之穢
秕存小節則弃方廣習大道則捨毗
尼慧士徽為導福之尊禪人許為守
智之藏紛然異學難可勝言各適所
宜寧容不習好同惡異守迷莫返其
為太息良在於兹罕悟通方一何寡
識豈若半文半質兼俗兼真歷覽群書
牢籠眾藝唯有能仁種智稱絕古今
遂有王舍野人試以牧牛之秘祇園
梵志驗以數菓之奇盛披貝多固難
詳也所以童子善財求知識而匪懈
長者耆域志好學而斯通該亦無棄
一塵為積德山之廣不遺片水聚成
智棄之大海有龍樹儒器馬鳴碩
德弘道一時傳芳千祀若夫道安識
藍田之鼎法蘭辯昆明之灰僧會辭
氣清高惠遠神彩灑落斯並先風之
領袖後進之景行者也豈唯方朔以
多能擅響張華以博物著名而已哉
蓋聞赤墟招不識之譏白鴿起不知
之誚至有通人過學庶無斯耻竊以
德該內外辟邪憚風而偃蹤解窮大
小殊機承景而傾向必若小教未通

則慧品不足外學有闕則式篇猶犯
是以巧鑄文辭本成四辯之德妙閑
聲韻寔預五明之方然則花嚴責於
多聞法花誡於親近自省無執頗異
彼乎不以媒衒爭名矜伐當世欲為
真道之助正覺之資耳至如田君下
坐之伎尚可濟時齊人小筭之術猶
堪自致而況琢磨文彩祖述道德者
也既等金石絲竹俱為悅耳之音橘
柚櫨梨皆是適口之味高山之喻初
地難勝之順世間固亦風流不墜文
在兹乎庶令僧兼俗典無頓廢於丘
墳儒知佛宗不慢輕於式定故曰大
士遍學通人博聞豈同孤陋之徒守
局促之懷者也但琳所著辯正根起有
由往以武德四年仲冬之月得清虛
觀道士李仲卿所製十異九迷及劉
進喜顯正等論輕侮大聖昏冒生靈
妄引典謨飾非為是琳既慨其無識
念彼何辜因乃廣搖九流論成八軸
敘述三教志明益國摽十代者意顯
遵崇據史籍而辯後先約訓誥以明
師敬十篇斥其十異九箴挫彼九迷

氣為道本並有典謨信毀皦然非无
實錄但琳往作道士偽謗子細委知
釋教孔老所崇歸心何容自取既而
理符事順則清白顯然根起是彰則
逗留斯得威等又問法師曰仲卿偃
劣之論十有九條進喜顯正之文纔
唯一軸亦不妄陳美惡廣引帝王何
乃辯正之詞紛紜若是假引上庠右
學但搆虛辭妄陳開士儒生全無實
錄祇欲以今類古意有所非仰具確
陳無容隱默法師對曰琳聞烏有亡
是顯司馬之詞子墨翰林屬揚雄之
賦次有玄微鏡機之輩傳盛藻於當
時殉華沖漠之流顯詞宗於曩日典
謨既尒琳何異哉若不假彼開宗何
以曲終其致所以創陳三教敘立論
之由次顯九箴答仲卿之說其中亦
有古來共惑因論釋通後以武德八
年仲春之月
高祖親臨國學將行奠禮備陳三教
商確微言于時二眾通人雲羅御席
五都才子星布義筵時有潘誕黃巾
妄陳先後奏

高祖言悉達太子不能得佛六年求
道方得成佛此則道能生佛佛由道
成道是佛之父師佛乃道之子弟遂引
佛經云求於無上正眞之道又云體
解大道發無上意等當尒之時有勝
光寺釋慧乘者學業鉤深才鋒暎俗
裹粮坐鉀固敵是求待問開宗鳴川
鼓石既瀉懸河之辯兼吐飛龍之詞
義網高張玄梯廣布莫不應機泉涌
飈響風馳遂使主上迴光群公拜首
于時九仙外道東體輳門三洞黃巾
望風結舌法琳既緣此議又撰佛道
先後釋李師資等篇又以傳弈所上
事云後漢中原未全有信晉魏夷虜
信者一分仲卿論云石勒之日念其
胡風與僧澄道人煸足毛羽因此胡
法始興於世劉進喜云胡來此土未
全有信姚石已後胡風乃戚但琳緣此
三人不能默已遂廣陳君王宰輔敬
佛度僧用對彼辭顯其虛妄後陳信
毀交報以示仲卿彰善惡之有徵使
其悛改但仲卿等文雖二軸事有多
條繼琳八卷之書猶為略報方今主

上欽明託想玄猷興顯沙門遵崇釋
教豈敢以今況古意有所非理數皦
然識為確論威等又問法師曰論第
一云大唐馭極聖皇垂拱尚賢崇而
返正貴仁德以還淳道佛二流在政
非急久欲陳其未喻不揆所疑獻替
可否幸詳其要當今
聖上欽明文思有何未喻可否須陳
剋上之情確言其旨法師對曰琳聞
儒教濟時人知希仰釋老利物愚者
致疑所以託彼上庠陳其未諭寄之
碩學暢此玄功故云殉主事親則忠
孝為首全身遠害則道德居尊救皆
利生則慈悲作本懷忠奉孝可以全
家國行道立德可以播身名興慈運
悲可以濟群品濟群品則恩均六趣
播身名即榮被一門全家國乃功包
六合故忠孝為訓俗之教道德為持
身之術慈悲蓋育物之行亦猶天有
三光各稱其德鼎有三足並著其功
三教同遵嘉祥可致也當今
主上高居負扆端拱無為文思聰明學
云未喻但以仲卿之輩邪見根深繼沐

皇猷未能遷善所以咨之寡主暢彼典
謨伸告善言用提其耳實不言
皇上未喻可否須陳乞撿論文自分
涇渭威等又問法師曰論第二云撿
諸古史逖聽先儒不聞靈寶之名未
記天尊之說又稱妄加穿鑿廣製齋
儀靡覿出要之方但肆貪求之術道
士之号無由而來河上之言迥無蹤
跡者但道言靈寶之妙秘在玄臺老稱
天尊之神大羅端拱三元十眞之製
斯即出要之方六齋七品之儀豈是
貪求之術道士之名尚矣河上之說
久焉胡乃斥朝庭之宗崇非家國之
度敬徒悕五聽未越三章天網縱寬
蹤而詎漏法師對曰琳聞九首雙瞳
之典金天火帝之文自秦赤漢之暮
三國二京之誌是稱左史右史記事
記辯直筆直言無矯無妄故吳主孫
權問尚書令闞澤曰仙有靈寶之法
其教如何闞澤對曰夫靈寶者一無
氏族可依二無成道處所教出幽谷
非人所知眞是幽居濫說非聖人製
也吳主善其對焉所言天尊之号出

自佛經竊我聖蹤施乎已典何者案
五經正史三皇已來並不云別有天
尊住於天上但敘周公孔子制禮刪
詩所以五典三墳靡覩大羅之稱前
王往帝不聞郊祀天尊安有執玉簡
披黃褐垂素鬚戴金冠別号天尊端
拱九華之殿獨稱大道統御七暎之
宮縱有道黎辯天尊諸子談靈寶此
乃道聽途說詎可依憑委巷之書非
開國典又齊儀矯製事跡可尋莫不
廣列金銀領班纈絲並是三張詭述
修靜妄言斥破逗遛倫如琳論又道
士之号老教先無河上之名儒宗未
稱何者姚書云始乎漢魏終暨苻姚
皆号衆僧以為道士至魏太武世有
寇謙之流始竊道士之名私易祭酒之
稱此豈琳之臆斷乃是史籍咸明又
班固漢書文帝傳及潘岳關中記稱
康皇甫謐高士傳及訪父老等書皆
無河上公結草為菴現神變處事並虛
謬不涉典謨妄搆斐然勳成卷軸當今
主上垂拱問道坐朝九族既親平章
百姓寔可黜三張之穢術闡五千之

妙門琳今愕愕而犯顏望顯主上為
明后若唯唯而從盲處陷聖帝於昏
君伏惟　万乘幸納芻蕘敢陳
一中斯言若允埃露異益高深威等
又問法師曰論第三云梁高祖留
心釋典祈祐捨身隋文帝荷負四生
棟梁三寶拓拔淪於正法宇文毀於
尊容者即應蘊福延慶積惡招殃何
乃魏則數蒙臨軒周乃累君傳嗣梁
嬰侯景之難隋纔二世而亡是知天
道無親頓成虛闡禍淫福善胡其爽
歟因何損替者翻享遐齡崇敬者無
終厥壽進退舒揗情狀皎然去取自
乖足知虛謬法師對曰琳聞道教浮
疎詎明三報儒宗偓促但敘一生故
仲尼荅季路曰生與事人汝尚未知
死與鬼神尒焉能事袁宏後漢書曰
道家者流出於老子老子以清虛淡
泊為主祐善嫉惡為教畜妻子用符
書禍福報應在一生之內此並區中
之近唱非象外之遐談所以荀悅碩
疑史遷深惑至如唐虞上聖乃育朱
均瞽叟下愚是生有舜顏回大賢而

夭絕商臣極惡而胤昌盜跖縱暴而
福終夷齊至仁而餓死張湯酷吏七
世垂纓比干正臣一身屠戮諸如此例胡
可勝言僉或致疑故常情耳所以我
之種覺獨号遍知遐唱四生廣敷三
報欲使繁疑霧卷凡滯雲披玉牒
周陳金言備顯故經云有業現苦
有苦報有業現苦有樂報有業現樂
有樂報有業現樂有苦報或餘福未
盡惡不即加或宿愆尚在善緣便發
如灰覆火豈得稱無若闇聲當知
必有且夫善惡無爽狀響關以日虧
報應有歸箕鯨亡而星現但察感通
之分足明善惡之來然則蕭揚周魏
之流可不思而自釋也威等又問法
師曰論第四云高祖武皇帝者似若
詔出已後方造論端
當今帝系所崇老聃為本奉遵柱下
勅道居先因何固非詔文擅生肥毀事
既非小須具委陳不得徒事飾非虛煩
翰墨法師對曰琳所著論文本緣劉
李實非詔出已後乃是八年已前但為

謚号未行創云皇帝次依漢史為太上皇後見帝謚須行方題大武請尋論卷第四指的顯然叙德但記八年足知非謬豈敢詔書出後公然杷毀求虛責實罪有所歸乞撿逗遛自分情日感等又問法師曰論第五云依姚長讃曆云佛是周昭王甲寅歲生穆王壬申之歲始滅度者因何法顯為傳云聖殷王時生推於像正之記言佛是周平王世出道安作論確執桓王長房為録周言莊代是知傳述乖紊無的可依仰具顯先後不同遐迩所以法師對曰琳聞大聖應生本期利物有感斯現無機不燭故經云一音所暢各隨類解論聲既尒語躰亦然而傳記所明非無所理琳今正據取彼多家先列其真後陳其妄謹依魏國曇謨最法師齊朝上統法師及隋修曆博士姚長讃等據周穆天子傳周書異記前漢劉向列仙傳序并古舊二録後漢法本内傳及傳毅法王本記吴尚書令闞澤等衆書准阿含等經推佛是姬周第五主昭王瑕即位二十三

年癸丑之歲七月十五日現白象形降神自兜率託淨飯王宮摩耶受胎故後漢法本内傳云明帝問摩騰法師日佛生日月可知以不騰荅曰佛以癸丑之年七月十五日託陰摩耶即此年也昭王二十四年甲寅之歲四月八日於嵐毗園内波羅樹下右脇而誕生故普曜經云普放大光照三千界即周書異記云昭王二十四年甲寅之歲四月八日江河泉池忽然汎漲枯井涌泉並皆溢出宮殿人舍山川大地咸悉震動其夜即有五色光氣入貫太微遍於西方盡作青紅色昭王即問太史蘇由曰是何祥也蘇由曰有大聖人生於西方故現此瑞昭王曰於天下何如蘇由曰即時無他一千年後聲教被於此土昭王即遣人鐫石記之埋在南郊天祠前佛生即此年也昭王四十二年壬申之歲四月八日夜半踰城出家故瑞應經云太子十九四月八日夜半天人窺於窻中叉手白言時可去矣因命馬行即此年也周第六主穆王諱滿二

年癸未二月八日佛年三十成道故普曜經云菩薩明星出時豁然大悟即此年也周穆王五十二年壬申之歲二月十五日佛年七十九方始滅度故涅槃經云二月十五日臨涅槃時出種種光大地六種震動聲至有頂光遍三千即周書異記云穆王即位五十二年壬申之歲二月十五日平旦暴風忽起發損人舍傷折樹木山川大地皆悉震動午後天陰雲黑西方有白虹十二道南北通過連夜不滅穆王問太史扈多曰是何徵也扈多對日西方有大聖人滅度衰相現耳佛入涅槃即此年也始自昭王二十四年甲寅之歲誕應已來至今大唐貞觀十三年己亥之歲正經一千六百一十八（一十八者恐六十六之錯）載言法顯為傳云聖殷王時生者但法顯雖遊外國傳末可依年月特殊大為河漢又道安乙丑上統甲寅諸無所據未足為驗又像正之記罕見依憑安公為論據羅什記羅什記者承安世高安世高者以漢桓帝時在洛陽翻譯信執筆者據桓王時

但羅什秦日始來世高漢朝先至二師相去垂三百年信彼相承依而為記非是安論造次謬陳並由當時傳者之過又隋朝翻經學士費長房言佛莊王時生者房以二莊同世周莊十年即魯莊七年也但據恒星為驗而云佛生未悟恒星別由他事琳案文殊師利般涅槃經云佛滅度後二百五十年文殊至雪山中化五百仙人訖還歸本土放大光明遍照世界入於涅槃恒星之瑞即其時也長房言二月八日生者乃是四月非二月也然長房所判未究事根何者長房云周以十一月為正月言四月者今二月也雖云二月終是四月案春秋一部年用魯莊之年月取周王之月恒星本瑞於周世須據周之時日月長房乃云佛莊王十年二月八日生者大為猛浪若是二月不應論星長房又云佛以四月八日下託胎者託胎既用周月現生還是周辰今言二月是亦非也若周以十一月為正月如來不容二月生凡人正月胎即十月生四月胎即正月生佛俯同人世

法琳別傳卷中　第十九張　惠

七月胎故乃四月生王劭齊誌云周四月者夏之六月（周夏二字上下方可）以此却推四月生者是七月胎今言六月取其節氣雖經七月終屬六月信知王劭所說不差又長房言佛以周惠王十九年癸亥二月明星出時成道者亦有大過何者案劉向古舊二錄云周惠王時已漸佛教始一百五十年後老子方說五千文若以惠王之時始成佛者不應經教已傳京洛又計惠王即莊王孫也以癸亥年推其相去雅三十年不應始得成佛經教已來此土尋如來化世四十九年迦葉結集在佛滅後法門東漸正是周時劉向之言誠非謬矣長房之錄定不可依詳夫聖應无方理難窺測況乃東西夐遠年代遐邈復遭六國縱橫秦焚五典為年紀者不少序帝曆者多家而示有著違增減出沒皆師己意各謂指南琳今粗述見聞詳諸史錄略陳遐迩揚礭後先者也

唐護法沙門法琳別傳卷中

丙午歲高麗國大藏都監奉
勅雕造

法琳別傳卷中　第二十張　惠

唐護法沙門法琳別傳卷下　　惠

京弘福道場釋彥琮　撰

威等又問法師曰論第六云飾道昰
禍宋之服曳孫恩敗晉之裳者南鄭
反漢之巾把公旗誅家之笏者但大
冠小冠之設爰自漢朝皮巾鹿巾之
來興於往古冠即法於年祀笏乃倖
於搢紳既而服象雲羅致有攀霞道
士衣同羽縠時聞履霧仙人故知其
跡可尋三芝弗遠其風可仰八桂非
遙所以蕭史邑邑駕丹鳳於秦室卅
卿弈弈驂白鹿於漢庭而云敗國破
家出何圖史既陳虛唱法有嚴科法
師對曰琳聞聲調響順形直影端未
見鑽火得水種豆生麦所以蘇張逢
於鬼谷各逞浮詐之先顏閔遇於孔
門俱標德行之始故知習二篇之化
徼妙無為行三張之風謀為乱首何
者後漢順帝特沛人張陵客遊蜀土
聞諸古老相傳云昔漢高祖應二十四
氣祭二十四山遂王有天下陵不自
度德遂搆此謀殺牛祭祀二十四所
置以土壇戴以草屋搆二十四治館治
館之興始乎此也二十三所在於蜀地
尹喜一所在於咸陽於是誑誘愚民
招合兇黨斂租稅米謀為乱階時被
虵吞釁逆不作又陵孫張魯行其祖
術於後漢中自稱師君禍亂方起為
曹公所滅又中平元年鉅鹿人張角
自稱黃天部師有三十六將皆著黃
巾遠與張魯相應衆至十万焚燒鄴
城漢帝遣河南尹何進將兵討滅又
晉武帝咸寧二年有道士陳瑞以左
道惑衆自号天師徒附數千積有歲
月為益州刺史王濬誅滅又晉文帝
大和元年彭城道士盧悚自稱大道
祭酒以邪術惑衆聚合徒黨向日占
辰攻廣漢門云迎海西公時殿中桓
秘等覺知與戰尋被誅斬又梁武帝
大同五年道士袁矜娀言惑衆行禁
步綱官軍收捕尋被誅滅又隋文帝
開皇十年有綿州昌隆縣道士蒲
童與左童二人在崩濮館自稱得聖
誑惑人民重床至屋却坐其上云十
五童女方堪受法令女登牀以幕圍

法琳別傳卷下　第二張　惠

遶遂便姧匿如此經月後事發覺因
即逃亡又開皇十八年益州道士韓
朗綿州道士黃儒林扇惑蜀王令興
惡逆云欲建大事須藉勝緣遂教蜀
王傾倉竭庫造千尺道像設千日大
齋畫先帝形反縛頭手咒而壓之河
北公趙仲卿撿察得實送身京省被
問伏罪在市被刑近如武德三年綿
州昌隆縣人李望先事黃老恒作妖
耶去大業季年有道士蒲子真微閑
道術被送東京至梁漢身死因葬在
彼而李望矯云子真近還又於彼縣
山側有一石室巖穴幽闇人莫敢窺
望乃依憑以作妖詐在明則張帳大
語領納通傳入闇即噎氣小聲詐陳
禍福遂令道士等傳說達縣聞州官
人初檢並皆信受後刺史李大禮云
此事非輕必須申奏要假親驗方定
是非遂與合州縣官人并道士等一
百餘騎同至穴所再拜祈請望聘詐
答聞者傾心唯巴西縣令樂世質深
達機情知其詐詐入闇密候見望噎
聲質時呵之望即款伏收禁州獄方

法琳別傳卷下　第三張　惠

欲科罪未經數日服藥而終是知所
習非正釁逆相仍左道乱群斯言信
矣竊惟賊飾黃巾興乎鉅鹿鬼書丹
簡發自陽平而云服象雲羅斯言逕
挺衣同雨穀不近人情安有駕鶴乘
龍身被布褐駈鸞策鳳頂戴皮巾所
以白石赤松之流皆非鬼卒王喬羨
門之輩並匪治頭又李聃事周之辰
服同儒墨公旗謀漢之日始有黃巾
如其祖習伯陽道士並宜朝拜若也
宗旗取則斯弊特可湮除威等又問
法師曰論第七云律安感夢而疾瘳
文宣降靈而病愈吳王圍寺舍利浮
光齊主行刑刀壽斷壞宇文毀僧而
奢潰括拔廢寺而膿流孫皓尿像而
陰疼赫連兇頑而震死者詳其所引
並是帝王豈有倏尒歸心則銷痾盪
瘵暫然廢毀即國喪身亡是知帝代
遷訛自開運數脩短皇王興替計亦
非由信毀何為妄陳禍福詭述妖祥
據此逗遛非無指斥法師對曰易稱
積善餘慶積惡餘殃書云善惡之報
同乎影響所以文武成康之際治道

隆平秦皇二世之時酷毒天下此乃
履道祚久淫刑嗣短典籍盛談詎關
運數況佛稱調御三界特尊僧号福
田四生崇重豈有恭虔敬仰福乃無
徵毀滅剪除禍之無驗前以略陳報
應對彼邪人使慶朝聞甘乎夕殞其
文宣律安之輩吳王齊后之流拓拔
宇文赫連孫皓等善惡之跡記傳具
明廣如宣驗冥祥搜神感應等說且
善惡之分理數皦然傳之典謨懸諸
日月足使見不賢而內自省弱喪知歸
矚賢者而思齊迷途自曉琳粗述一
隅而已令渠三反者焉當今
聖上欽明歸心覺路揆竹園而興梵
宇陵祇樹以起禪龕造無著尊度降
魔衆恩覃馬岸道被龍堆凡是人倫
孰不霑賴琳豈敢妄陳妖孽指斥國
家但為對彼仲卿因興此論威等又
問法師曰論第八云出道偽謬良有
以焉鹿馬殊形秦人一其貌麟麏異
質魯俗迷其容欲示後昆考其虛
詐者但紫氣浮關尹喜啓二篇之
奧青牛出境老子述重玄之微所

以洪漢景文修之匪懈我皇繼踵親
自依行今乃誇黷浮華難希禹泣驗
之詭詐故觸湯羅當今
聖上神謀達四聰於六合皇衷睿
鑒朗二曜於八紘忽以鹿馬判昌辰
麟麏識喆后斯焉可忍孰不可容法
師對曰琳聞白馬東旋三藏創茲而
起青牛西逝二篇自此而興或闡玄
玄以化民或明空空而救物驗之圖
牒指掌可知所以發唱顯宗終乎此
世釋教翻譯時代炳然文史備彰黎
民不惑至如道家玄籍斯則不然唯
老子二篇李聃躬闡自餘經教製雜
九情何者前漢時王褒造洞玄經後
漢時張陵造靈寶經及章醮等道書
二十四卷吳時葛孝先造上清經晉時
道士王浮造明威化胡經又鮑靜造三
皇經後改為三清經齊時道士陳顯明
造六十四卷真步虛經梁時陶弘景
造大清經及章醮儀十卷後周武帝
滅二教時有華州前道士張賓詔授
本州刺史長安前道士焦子順一名
道抗選得開府扶風令前道士馬翼

雍州別駕李運等四人以天和五年
於花州故城内守真寺挑攬佛經造
道家偽經一千餘卷時萬年縣人索
皎裝潢但是甄鸞笑道勘盡改除之近
如大業末年有五通觀道士輔慧祥
三年不言因改涅槃經為長安經當
時被糺不許出城門家見内書黃衣
執送留守依經事發為尚書衛文昇
所奏於金光門外被戮耳目同驗又
甄鸞笑道論云道家妄注諸子書三
百五十卷為道經又撿玄都目錄妄
取藝文志書名矯注八百八十四卷
為道經據此而言是明虛謬故知代
代穿鑿狂簡寔繁人人妄造斐然盈
貫琳又案後魏正光元年明帝召清
通觀道士姜斌與融覺寺僧曇謨最
對論斌時妄引開天經云天師張陵
所造帝時勅遣大尉公丹陽王蕭綜
散騎常侍温子昇等一百七十人共
議云老子正著五千文西隱流沙更
無言說臣等所議姜斌罪當惑衆
帝曰姜斌既有娀言付獄斬決又案
後漢明帝永平十四年道士褚善信

等六百九十人聞佛法入洛請求捅
試揔將道家經書合三十七部七百
四十四卷就中五百九卷是道經餘
二百三十五卷是諸子書又案晉葛
洪神仙傳云老教所有度世消災之
法凡九百三十卷符書等七十卷揔
一千卷又案宋太始七年道士陸脩
靜荅明帝云道家經書并藥方呪符
圖等揔一千二百二十八卷云一千
九十卷已行於世一百三十八卷猶
隱在天宮案今玄都經目錄云依宋
人陸脩靜所上目今乃言有六千三
百六十三卷云二千四十卷見有其
本四千三百二十三卷並未見本以此
詳撿事跡可知詭妄之由騰之圖史
若據蕭温等議止有道德二篇如取
漢帝校量便應七百餘卷約葛洪神
仙之說僅有一千准修靜所上目中
過前九十又撿玄都經錄轉復弥多
既其先後不同是知虛妄明矣增加
卷軸添足篇章依傍佛經改頭換尾
或道名山自出時唱仙洞飛來何乃
黃領獨知英賢不覩請問當今道士

推勘後出之經為是老子別陳為是
天尊更說縱其說也應有時方為是
何代何郡何年何月如其有據容可
流行若是妄言理須焚剪當今明朝
馭宇承廕百王聖上臨軒應期千載
方欲廣敷五教杜絕妖妄之書重述
九疇弘揚要道之訓豈敢以麟曆判
上處馬識朝但以無識黃巾混其真
偽嘗見道士不別是非所以借況秦
人辯之魯俗若乾坤之象龍馬豈天
地則可騰驪理固不然如何見責
威等委細推撿以十一月十五日具
狀奏聞
帝因覩降問曰朕本系老聃東周隱
德末葉承嗣起自隴西闡大道為道
元隨迎不測談上德為德母視聽莫
知苞四象以運行括二儀而亭育既
無得而稱矣信日用而不知朕所以
尊乎祖風高出一乘之上敦乎本化
超踰百氏之先何為詭判師資妄陳
先後無言即死有說即生　法師對
曰琳聞師經對文侯云堯舜之君唯
恐無言桀紂之君唯恐有言又東方朔

荅武帝云臣生亦言死亦言琳今屬堯
舜之君何得無言者哉琳聞拓拔達闍
唐言李氏陛下之李斯即其苗非柱
下隴西之流也謹案老聃之李牧母
所生若據隴西乃皆僕裹何者燉煌
實錄云桓王三十九年幸閒預庭與
群臣經夜論古今王曰老聃父為何
如人也天水大守橐綏對曰老聃父姓
韓名虔字元旱癃跛下賤胎即無耳一
目不明孤單乞貸年七十二無妻遂
与隣人益壽氏宅上老婢字曰精敷
野合懷胎而生老子又王儉百家譜云
李姓者始祖皐繇之後為舜理官因
遂氏焉乃稱李姓李氏之興起於聃
也以李樹下生乃稱李姓至漢成帝
時有李隱抗烈毀上被誅徙其族於
張掖在路暴死其奴隸等將其印綬
冒涼得仕所謂隴西之李自此興焉
又老子云吾不敢為天下先故述五
千之訓又言不与物競處衆人之所
惡既處物不競又不為先恕己推人
守雌保弱老子西昇經又云乾竺有
古皇先生者是吾師也綿綿常存吾

今逝矣又符子云老氏之師号釋迦
文尹喜內傳云老子曰王欲出家吾
師号佛覺一切人也今受天帝請食
還當為王及群臣等一時受戒竊以
拓拔元魏北代神君達闍達系陰山
貴種經云以金易鍮石以絹易縷褐
如捨寶女与婢交通
陛下即其人也弃北代而認隴西　陛下
即其事也又老生姬季之末釋誕隆周
之初世隔一十餘王年經二百餘祀
此即師資驗矣先後顯然勘卷分明
在文指的伏惟陛下好生惡殺賴及蟲
魚拯溺救焚化霑荇葦等三皇之世
教而不誅同五帝之時師而不陣
陛下若奮赫斯之怒則百万不足愜情
陛下若掇秋霜之威則一言容有
可錄輕忤御覽譬鵾飛揚塵黷威
嚴心魂失守帝時大怒竪目又問
法師曰朕聞周之宗盟異姓為後尊
祖重親寔由先古何為追逐其短禽
鼠兩端廣引形似之言備陳不遜之
詞擢髮數罪比此猶輕盡竹書愆方
斯未擬爬毀朕之祖祢謗黷朕之先

人如此要君理有不恕法師對曰琳
聞文王大聖周公大賢追遠慎終是
天靡荅孝悌之至通於神明雖有宗
周義不爭長何者皇天無親唯德是
輔古人黨理而不黨親不自我先不
自我後不以疎而不賞賞彼有功不以
親而不誅誅其有過伏惟
陛下道含弘而光大恩被八埏德音
覆而平均網開三面納忠言若弗及
懸五聽以乾乾從善諫其如流坐九
重而翼翼
陛下今縱雷霆之怒琳甘粉骨灰軀儻
垂雨露之恩庶全骸骨自後辯對傳
有二百餘條詢訪莫知闕而不錄至
二十日又降
勑云汝所著辯正論信毀交報篇言
念觀音者臨刀不傷既有斯靈朕今
赦汝七日之內尒其念哉俟及刑科
能無斷不法師既羈縲紲復迫刑期
氷炭交懷控告無所至第六日夜盤
桓悵快徙倚沉吟步朗月以惘然慨
淳生之如寄不覺潸涕因言志云草
命如懸露輕生類轉蓬所嗟明夜月

難与古人同法師因揮涕昌言仰天而歎曰昔鄒衍拘脅獄燕丹質秦邦尚感夏景零霜烏頭變白豈可獨於琳也偏無徵應者哉言訖俄有神人身長丈餘素服衣冠踰垣屐止而謂法師曰既能立形殉道弃細類網冥衛寔繁幸無勞慮語訖而失法師因乃恭虔五體默念三尊遂得思逸胷懷釋然無懼至七日旦

勅遣劉德威等問法師曰今赦期已滿當届臨刑比念觀音有何靈應法師對曰自隋季擾攘四海沸騰疫毒流行干戈競起興師相伐各擅兵威臣佞君荒不為政化遏絕王路固執一隅我皇興吊伐之心統天立極救戮刑於都市斯即觀音拯橫死於帝庭寧殊勢至論功比德上聖道齊琳於七日已來唯念

陛下威等重問法師曰前奉

勅旨令師誦念觀音因何不念乃云唯念

陛下法師對曰琳聞觀音聖鑒垂形六道上天下地皆為師範然我皇文

思聰明光宅海內九夷奉職八表刑清君聖臣賢不為枉濫今

陛下子育群品如經即是觀音既其靈應相符所以唯念

陛下但琳所著辯正爰与書史符同一句參差甘從斧鉞

陛下若順忠順正琳則不損一毛

陛下若刑濫無辜琳有伏屍之痛威等錄狀奏

帝帝悅因召法師而問曰朕比覽師文僉驗老教發言佛理感歎良哉而釋劣道優朕今未曉佛大道小非不昧斯宜悉尒心較言優劣佇聞嘉唱紱朕煩懷法師面奏曰伏承

聖旨宏博名義弘深戴天不測其高方斯未擬履地莫知其厚匹此非儔伏惟

陛下巨細不疑示迴天睠等齊桓禮鄙人之術同燕昭師郭隗之才敢不罄言陳其猶惑琳聞妙覺常身本無色像為眾生故跡有形儀感等洪鐘隨撞擊之大小應同明鏡逐庶物以妍嗤然由道冠二篇理踰百氏典謩

在目可略言焉故後漢太傅張衍謂南岳道士褚善信曰夫西域教者法王說也齊於六道普潤含靈卿可弃妄歸真勵心遵學若不奉敬可謂虛度百年無功而逝卿若慢而不敬亦可專心黃老黃老者雖無法王之量亦是前世聖人撰集雖同諸子言行甚奧詮性無為道德之府也昔孝景皇帝常修行不惓道學從此興焉處百家之長得擬佛經為次至於茅成子列子莊子惠子等並皆悉學自然逍遙塵外亦是黃老之次郷可慕焉又吳尚書令闞澤對吳主孫權曰臣審知佛是無上法王眾聖所歸教加一切哀含万類深同巨海不簡細流明並日月不嫌星燭會觸即化遇物斯乘天上人中自在尊貴縱使天有普覆之功地有普載之力皆是諸佛建立使之然也臣又竊尋魯孔丘者英才挺秀聖德不群世号素王製作經典訓獎周末教加季葉師儒之風澤潤今古亦有逸民如許成子廣成子原陽子涓子惠子莊子等百家子

書皆修仙自號放暢山谷縱太其心學歸淡泊事乖人倫長幼之節亦非安世化人之風是以古人將為陷滯蓋此之謂歟至漢景帝時考諸百家以黃子老子義體宏深內外明達故改子為經始立道學
勅訓朝野令諷誦焉若將孔老二家比方佛法遠則遠矣所以然者孔老設教法天制用不敢違天諸佛設教天法奉行不敢違佛以此言之實非比對明矣吳主善之因謂闞澤曰卿博學精通覽無不悉宜加太子太傅領侍中尚書令如故又梁武帝會三教詩曰小年學周孔弱冠窮六經中復觀道書有名與無名晚年開釋卷猶日映衆星又蕭宋光祿大夫顏之推云佛家三世之事信而有徵万行歸空千門入善豈徒九經百氏之博哉明非堯舜周孔老莊所及也又牟子論曰堯舜周孔老氏之化比之於佛猶白鹿之與麒麟又後周王褒庭誥曰道家之義則隨支體黜聰明棄義絕仁離形去智此域中之教也釋

氏之教見皆斷集證滅修道明因辯果華凡成聖斯為教之極也又今秘書監虞世南帝王略論亦言老子之義谷神不死玄牝長存久視長生乘龍駕鶴此區中之教也夫釋氏之法空有不滯人我兼忘超出生死歸於寂滅此象外之談也且夫優劣之跡訓誥如然而大小之來在乎
陛下何者詔未出前佛大道小詔出已後道大佛小大小優劣此之謂歟
伏惟
陛下至德通神布雲雨於緇侶道隣極聖垂日月於玄門親降德音問於庸非但琳欽承顧問敢述舊章塵黷威嚴彌深戰越帝覽法師對異而釋放焉時憲司執奏曰法不可廢國有常刑諸指斥乘輿者罪當大辟
帝曰法琳雖毀朕宗祖非無典據特可赦其極犯徙在益部為僧法師見放意不自得因作悼屈原篇用申厥志其詞曰何天道之幽昧兮乖張列宿使忠正之屈原兮而見放逐讒佞從旨兮位顯名彰直言不諱兮遂焉逢

殃和璞捐於山澤兮燕石為珍西施厭而不幸兮嫫母見親撫心思念屈原兮悼達廣識君王不察其貞正兮斥逐去國納讒諂之諛惑兮自昏厥德燕蘇弃於荒野兮蘩蘙見殖鶤鵠鳴嘯於君林兮鵷鸞戢翼豺狼當路而從横兮麟麏伏匿鳳鳥尚知懷德兮見覆巢而高翔麒麟猶忻有道兮矚不仁而騰驤忠諫之不入兮箕子佯狂杜伯之諒直兮遭尤逢殃比干正而剖心兮伍子胥貞而抉眼痛清白之屈原兮沉汨羅而不返時京邑僧侶有流言於法師曰不能靜思澄神求出要道而狼㸖破邪辯正忤擾天庭致使主上瞋嫌釋教翻覆汝若所陳必當寧容徙汝劒南若於佛法有功何乃陵遲若是法師聞之謂三五友人曰琳聞主憂臣辱主辱臣亡弈謂僧是禿丁佛為胡鬼斯言可忍孰不可容于時大德如雲名僧若雨縱引四含八藏措筆無由徒解九部三乘置言何地琳遂不量踈薄揩紐頹綱因乃据摭典墳搜揚子集曉其未

揄挫彼邪言遂使倭傳無辞李劉臧默信知寸有所大尺有不長用珠彈鵠未若泥梗

勑縱遷琳益部寧成伐罪於琳佛法今且晏然此豈謂為翻覆昔屈原被讒放逐原豈不為忠卞氏獻璧加刑誰言是瑕此亦時君用與不用也屈原雖經放逐離騷盛行卞氏縱復加刑連城尚寶但清水圓米行處豈無所恨世人莫知我也言訖泣數行下因為詩曰僕秉屈原操不採漁父篇問言蓬轉者答為直如絃時掩泣吞聲哽咽而言曰琳也不遇今被南遷幸希諸德寄目傳書時訪生死時道俗送餞塡咽郊畿散若明神步輦徐逝法師辭訣友人又為詩曰非意延非罪離友復離親山川万里隔方勞七尺身遊魂長去楚分念獨留秦自匪相知者誰憐死別人夏六月丁卯行至百牢關菩提寺因苦痢疾遂致不救臨終而歎曰大丈夫泡幻之軀信為無用觀斯悉露深可猒哉本期殉道以立身不獲從志泣麟傷鳳能無

悲心言訖而卒即貞觀十四年秋七月二十三日也春秋六十有九道俗摧慟如喪所親因葬於東山之巔高樹白塔行侶来往莫不傷嗟人物周旋知便下淚但法師藝業優贍墳素必該世号詞林時稱學海或復風前月下之詠春蘭秋菊之篇體物緣情並多麗落前秘書監虞世南者名超振古道邁當今乃集法師之文為之叙引云尒

若夫神妙無方非筌䇯能測至理凝邈豈繩準可知寔乃常道無言有涯斯絕安可憑諸天縱窺其杳冥者乎至如五門六度之源半字一乘之教九流百氏之目三洞七檢之文咸可以經緯闡其圖諜可以心力到其境者英猷茂實代有其人焉法師少學三論名聞朝野長該衆典聲振殊俗威儀肅穆介節淹通留連清翰發摘微隱比地方春藏用顯仁之量如愚若訥外闇内明之功固能智同測海道亞弥天豈止操類山濤神侔庾亮而已尒其文情乃典而不野麗而有

則循八音之並奏等五色以相宣道行則納正見於三空拯群生於八苦既學博而心下亦守卑而調高寔釋種之梁棟善人之羽儀者矣加以賑乏扶危先人後己重風光之拂照林牖愛山水之貪帶烟霞頼力是翫晦迹肥遯以隋開皇之末隱於青溪山之鬼谷洞焉廻構巖崖則弊虧日月空飛戶牖則吐納風雲其間採五芝而偃仰遊八禪而寢息餌松朮於溪澗披薜荔於山阿皆合掌歸依摩頂問道經行恬靜十有餘年然而疊嶂危岑長松巨壑野老之所栖盤古賢之所遊踐莫不身至目覩攀穴指歸仍撰青溪山記一卷見行於世故此關書太史令傅奕學業庸淺識慮非長乃穿鑿短篇憑陵正覺將欲震茲布鼓竊比雷門中庸之人頗成阻惑法師愍彼後昆又撰破邪論一卷雖知虞衛同奏表異者九成駑驥並馳見奇者千里終須朱紫各色清濁分流訶以凡測聖之塵責以俗校真之咎引文證理非道則儒曲致深情指

的周容莫不轍乱旗靡瓦解氷銷入
室有操矛之圖崩角無容頭之地於
是傳寫不窮流布長世若披雲而見
日同迷蹤而得道乎法師著述之性
速而且理凡厥勒成多所遺失今散
採所得詩賦碑誌讚頌箴誡記傳啓
論及三教系譜釋老宗源等合成三
十卷法師與僕情敦淡水義等金蘭
雖服制異宜而風期是篤輙以藤縺
聯彼珪璋編為次第具如別目並悉文
道旨婉桂馥蘭芭盛傳緗素流乎視
聽矣釋彦琮賛曰易稱大極生兩儀兩
儀生四象老子述無名天地始有名万
物毋序道序徳談孝談忠斯亦方内之
至言域中之大訓也詎聞視聽之外四
徳常身形器之先一如凝湛肇欲施安
品物託像迦維利見閻浮龍飛道樹於
是淨五眼朗三明具六通圓万徳耀神
光於此界放毫相於他方動大地以
警迷徒震雷音而駭群品始垂雲於
鹿野蔭彼小根終灑潤於鶴林霑茲
大菜其間則三邪服道捐火具於禪
河十異歸心沐清流於福地自尒微

言既絕佛日潛輝大義將乖邪風競
扇則有提婆童壽緝彼頽綱龍樹馬
鳴維其絕紐逮乎金人感夢秦蔡西
遊玉馬東旋騰蘭降趾則有九仙左
道蟻聚於京畿五岳邪徒鴟張於帝
闕竟誇蚊翼各恃螢光欲方駕大鵬
比暉龍燭騰上靡施於三略巳薦苞
茅蘭公未遑於六韜嚮風銜璧故得空
懸五雲之蓋庭虧七寶之花韜暎日
宮揚輝綺殿于時捐巾褐者其數若
林遵解脫者如風偃草此則釋門大
敞佛日方興牧野倒戈詎堪為比自
後名僧間出髦彦挺生代有其人詳
諸史牒則有道馭年最提智翻以擴
行始上顯公擁法蠢而直進摧姜娍
於魏闕撲陸靜於齊朝賁神武於一
時流榮聞於千載粤我巨唐之有天
下也踰三皇而越五帝毋堯舜而子
成康光宅八埏君臨萬國闡玊鼓法
蠢之訓揚佛日金鏡之光蕩蕩巍巍
斯之謂矣時有傅劉作鯁妄擁邪言
唱和既同手為脣齒而法師幼懐高
量志㳟群兒所以搜括典謨約文申

理並懸諸日月緗素皎然卷舒猗於
四生舒慧照於三界遂使朱藍各色
邪正區分或藻嘉聲傳乎口實余既
側聞餘論思記德音先之史才徒知
勵朽至若詩賦啓頌之作章表碑誄之
科重席劇談花文藍藻者則詳諸別
簡非此所云若服玆佛聖之篇牆塹
法王之記對揚天命光顯大猷者則
載彼見聞存乎實錄庶使前芳弗墜
後進思齊補僧史之闕遺記盛德之
請問者矣

唐護法沙門法琳別傳卷下

丁未歲高麗國大藏都監奉
勅雕造

隋天台智者大師別傳　勒十

門人灌頂撰

大師諱智顗字德安俗姓陳氏潁川人也高宗茂績盛傳於譜史矣暨晉世遷都家隨南出寓居江漢因止荊州之華容縣父起祖學通經傳談吐絕倫而武策運籌偏多勇決梁湘東王蕭繹之荊州列爲賓客奉教入朝領軍朱异見而歎曰若非經國之才孰爲英王之所重乎孝元即位拜使持節散騎常侍益陽縣開國侯母徐氏溫良恭儉偏勤齋戒夢香煙五彩輕浮若霧縈迴在懷欲拂去之聞人語曰宿世因緣寄託王道福德自至何以去之又夢吞白鼠因覺體重至於載誕夜現神光棟宇煥然兼輝隣室隣里憶先靈瑞呼爲王道兼用後相復名光道故小立二字眼有重瞳父母藏護不欲人知而人自知之矣至年七歲喜往伽藍諸僧口授普門品初啓一徧即得而父母遏絕不聽數往每存理所誦而惆悵未聞奄忽自然通餘文句後以經驗無所遺失鄉閭嗟異溫故知新其若此乎年十五值孝元之敗家國殄喪親屬流徙歎榮會之難久痛凋離之易及於長沙像前發弘大願誓作沙門荷負正法爲已重任既精誠感通夢彼瑞像飛臨宅庭授金色手從窻隙入三徧摩頂由是深厭家獄思滅苦本但二親恩愛不時聽許雖惟將順而寢哺不安乃刻檀寫像披藏尋經曉夜禮誦念念相續當拜佛時舉身投地怳焉如夢見極高山臨於大海澄渟蓊鬱更相顯映山頂有僧招手喚上須臾申臂至于山麓接引令登入一伽藍見所造像在彼殿內夢裏悲泣而陳所願學得三世佛法對千部論師說之無礙不唐世間四事恩惠申臂僧舉手指像而復語云汝當居此汝當終此既從寤已方見已身對佛而伏夢中之淚委地成流悲喜交懷精勤逾至後遭二親殄喪丁艱荼毒逮于服訖從兄求去兄曰天已喪我親汝重割我心既孤更離安可忍乎跪而對曰昔梁荊百萬一朝僕妾于時久役江湖之心不能復處礙磊之內欲報恩酧德當謀道爲先膚聚何益銘肌刻骨意不可移時王琳據湘從琳求去琳以陳侯故舊又嘉此志節資給法具深助隨喜年十有八投湘州果願寺沙門法緒而出家焉緒授以十戒導以律儀仍攝以北度詣慧曠律師兼通方等故北面事焉後詣大賢山誦法華經無量義經普賢觀經歷涉二旬三部究竟進修方等懺心淨行勤勝相現前見道場廣博妙飾莊嚴而諸經像縱橫紛雜身在高座足躡繩牀口誦法華手正經像是後心神融淨爽利常日逮受具足律藏精通先世萌動而常樂禪悅怏怏江東無足可問時有慧思禪師武津人也名高嵩嶺行深伊洛十年常誦七載方等九旬常坐一時圓證希有能有事彰別傳昔在周室預知佛法當禍故背北游南意期衡嶽以希棲遁權止光州大蘇山先師遙飡風德如飢渴矣其地乃是陳齊邊境兵刃所衝而能輕於生重於法忽夕死貴朝聞涉險而去初獲頂拜思曰昔日靈山同聽法華宿緣所追今復來矣即示普賢道場爲說四安樂行於是昏曉苦到如教

研心于時但勇於求法而貧於資供切栢爲香栢盡則繼之以栗卷簾進月月没則燎之以松息不虛黈言不妄出經二七日誦至藥王品諸佛同讃是眞精進是名眞法供養到此一句身心豁然寂而入定持因靜發照了法華若高輝之臨幽谷達諸法相似長風之游太虛將證白師師更開演大張教綱法目圓備落景諮詳連環達旦自心所悟及從師受四夜進功功逾百年問一知十何能爲喻觀慧無礙禪門不壅宿習開發煥若華敷矣思師歎曰非爾弗證非我莫識所入定者法華三昧前方便也所發持者初旋陀羅尼也縱令文字之師千羣萬衆尋汝之辯不可窮矣於說法人中最爲第一時有慧邈禪師行矯常倫辯迷時聽自謂門人曰我所敷弘眞師子吼他之所說是野干鳴心眼未開誰不惑者先師正引經文傍宗擊節研覈考問邈則失徵揚簸慧風則糠粃可識淘汰定水故砂礫易明於是迷徒知反問津識濟仍於是夜夢見三層樓閣邈立其下已坐其上又有

一人攘臂怒目曰何忽邈耶何疑法耶宜當問我先師設難數關賓主往復怒人辭窮理喪結舌亡言因誡之曰除諸法實相餘皆魔事誡已不復見邈及與怒人夕有聞者謂爲調寐旦詣思所具陳是相師曰汝觀般若不退品凡幾種行類相貌九十六道經云人若說法神助怖之汝既晝折慢幢夜驅惡黨邪不干正法應爾也思師造金字大品經竟自開玄義命令代講是以智方日月辯類懸河卷舒稱會有理存焉唯有三三昧及三觀智用以諮審餘悉自裁思師手持如意臨席讃曰可謂法付法臣法王無事者也慧曠律師亦來會坐思謂曰老僧嘗聽賢子法耳答云禪師所生非曠之子又曰思亦無功法華力耳代講竟思師誡曰吾久羨南衡恨法無所委汝粗得其門甚適我願吾解不謝汝緣當相揖今以付囑汝汝可秉法逗緣傳燈化物莫作最後斷種人也既奉嚴訓不得扈從衡嶽素聞金陵仁義淵藪試往觀之若法弘其地則不孤付囑仍共法喜等二十七人同至

陳都然上德不德又知音者寡有一老僧厭名法濟即何凱之從叔也自矜禪學倚卧問言有人入定聞攝山地動知僧詮練無常此何禪也答曰邊定不深邪乘闇入若取若說定壞無疑濟驚起謝曰老僧身嘗得此定向靈耀則公說之則所不解說已永失今聞所未聞非直善知法相亦乃懸見他心濟以告凱凱告朝野由是聲馳道俗請益成蹊大忍法師梁陳擅德養道開善不交當世時有義集來會蔣山雖有折角重席忍無所容與先師觀慧縱横聽者傾耳衆咸彈指合掌皆言聞所未聞忍歎曰此非文疏所出乃是觀機縱辯般若非鈍非利利鈍由緣豐富適時是其利相池深華大鈍可意得慶餘暉之有幸使老疾而忘疲先達稱詠故頌聲溢道于時長干慧辯延入定熙天宮僧晃請居佛窟皆欲捨講習禪緣差永恨面而誓曰今身障隔不遂禀承後世弘通必希汲引僕射徐陵德優名重夢其先門曰禪師是吾宿世宗範汝宜一心事之既奉冥訓資敬盡節參不失時

序拜不避泥水若蒙書疏則洗手燒香冠帶三禮屏氣開封對文伏讀句句稱諾若非徵妙至德豈使當世文雄屈意如此耶儀同沈君理請住瓦官開法華經題勑一日停朝事羣公畢集金紫光祿王固侍中孔煥尚書毛喜僕射周弘正等朱輪動於路玉珮喧於席俱服戒香同飡法味小莊嚴寺慧榮負才輕誕其日揚眉舞扇扇便墮地雙搆巨難難不稱捷合掌歎曰非禪不智今之法座乎法歲法師爾日並坐撫榮背而嘲曰從來義龍今成伏鹿扇既墮地以何遮羞榮答云輕敵失勢猶未可欺也興皇法朗盛弘龍樹更遣高足搆難累旬磨鏡轉明揩金足色虛往既實而忘反也好勝者懷愧不議而華新斯之謂歟建初寶瓊相逢讓路曰少欲學禪不值名匠長雖有信阻以講說方秋遇賢年又老矣庶因渴仰累世提攜白馬警韶定林法歲禪衆智令奉誠法安等皆金陵上匠德居僧首捨指南之位遵北面之禮其四方衿袖萬里來者不惜無貲之軀以希一句之益伏膺至

教飡和妙道唯禪唯慧忘寢忘飡先師善於將衆調御得所停瓦官八載講大智度論說次第禪門蒙語默之益者畧難稱紀雖動靜合道而能露疵藏寶恩被一切莫知我誰昔浮頭玄高雙弘定慧厥後沈喪單輪隻翼而已逮南嶽挺振至斯爲盛者也陳始興王出鎮洞庭公卿餞送皆迴車瓦官傾捨山積虔拜殷重因而歎曰吾昨夜夢逢强盜今乃表諸輭賊毛繩截骨則憶曳尾泥間仍謝遣門人曰吾聞闇財則應於絃無明是闇也脣舌是弓也心慮如弦音聲如箭長夜虛發無所覺知若益一人心弦則應又法門如鏡方圓如像若緣牽心轆轤無盡若緣杜心自然蹇澀昔南嶽輪下及始濟江東法鏡屢明心絃數應初瓦官四十人共坐二十人得法次年百餘人共坐二十人得法次年二百人共坐減十人得法其後徒衆轉多得法轉少妨我自行化道可知羣賢各隨所安吾欲從吾志蔣山過近非避喧之處聞天台地記稱有仙宮白道猷所見者信矣山賦用比蓬萊孫興

公之言得矣若息緣玆嶺啄峯飲澗展平生之願也陳宣帝有勑留連徐僕射潸涕請住匪從物議直指東川即陳太建七年秋九月初入天台歷游山水弔道林之栱木慶曇光之石龕訪高察之山路漱僧順之雲潭數度石梁屢降南門徘徊淹流未議卜居常宿於石橋見有三人皁幘絳衣有一老僧引之而進曰禪師若欲造寺山下有皇太子寺基捨以仰給因而問曰止如今日草舍尚難當於何時能辦此寺老僧答云今非其時三國成一有大勢力人能起此寺寺若成國則清當呼爲國清寺于時三方鼎峙車書未同雖獲冥期悠悠何日且旋塗出谷見佛隴南峯左右映帶最爲兼美即徘徊留意有定光禪師居山三十載迹晦道明易狎難識有所懸記多皆顯驗其夕乃宿定光之草庵咸聞鐘磬寥亮山谷從微至著起盡成韻問光此聲疎數光舞手長吟曰但聞鳴槌集僧是得住之相憶覩招手相引時不餘人莫解其言仍於光所住之北峯創立伽藍樹植松槃引流遶

砌瞻望寺所全如昔夢無毫差也寺北別峯呼爲華頂登眺不見羣山暄涼永異餘處先師捨衆獨往頭陀忽於後夜大風拔木雷震動山魑魅千羣一形百狀或頭戴龍虺或口出星火形如黑雲聲如霹靂倏忽轉變不可稱計圖畫所寫降魔變等蓋少小耳可畏之相復過於是而能安心湛然空寂逼迫之境自然散失又作父母師僧之形乍枕乍抱悲咽流涕但深念實相體達本無憂苦之相尋復消滅强輭二緣所不能動明星出時神僧現曰制敵勝怨乃可爲勇能過斯難無如汝者既安慰已復爲說法說法之辭可以意得不可以文載當於語下隨句明了披雲飲泉水日非喻即便問曰大聖是何法門當云何學云何弘宣答此名一實諦學之以般若宣之以大悲從今已後若自兼人吾皆影響頭陀既竟旋歸佛隴風煙山水外足忘憂妙慧深禪內充愉樂然佛隴艱阻舟車不至年既失稔僧衆隨緣師共慧綽種苣拾橡安貧無感俄而陳宣帝詔云禪師佛法雄傑時匠所

宗訓兼道俗國之望也宜割始豐縣調以充衆費蠲兩戶民用給薪水衆因更聚亦不爲欣有陳郡袁子雄奔林百里又新野庾崇斂民三課兩人登山值講淨名遂齋戒連辰專心聽法雄見堂前有山瑠璃映徹山陰曲澗琳瑯布底跨以虹橋塡以寶飾梵僧數十皆手擎香爐從山而出登橋入堂威儀溢目香煙徹鼻雄以告崇崇稱不見並席天乖其在此矣雄因發心改造講堂此事非遠堂今尚在但天台基壓巨海黎民漁捕爲業爲梁者斷谿爲簄者藩海秋水一漲巨細塡梁晝夜二潮嗷咲滿簄髗骨成岳蠅蛆若雷非但水陸可悲亦痛舟人濫殞先師爲此而運普悲自捨身衣并諸勸助贖簄一所永爲放生之池于時計詡臨郡請講金光明經濟物無偏寶冥出窟以慈修身見者歡喜以慈修口聞聲發心善誘殷勤導達因果合境漁人改惡從善好生去殺湍潮綿亘三百餘里江谿簄梁合六十三所同時永捨俱成法池一日所濟巨億萬數何止十千而已哉方舟江上講

流水品又散粳糧爲財法二施船出海口望芙蓉山聳峭叢起若紅蓮之始開橫石孤垂似萎華之將落師云昔夢游海畔正似於此沙門慧承郡守錢玄智皆著書嗟詠文繁不載詡後還都別坐餘事因繫廷尉臨當伏法遙想先師願申一救其夜夢羣魚巨億不可稱計皆吐沫濡詡明旦降勑特原詡罪當於午時忽起瑞雲黃紫赤白狀如月暈凝於虛空遙蓋寺頂又黃雀羣飛翾動嘈囋棲集簷宇半日方去師云江魚化爲黃雀來此謝恩耳師遣門人慧拔金陵表聞降陳宣帝勑云嚴禁采捕永爲放生之池陳東宮問徐陵曰天台功德誰爲製碑答云願神筆玉著會宣帝崩不復得就勑國子祭酒徐孝克以樹高碑碑今在山覽者墮淚陳文皇太子永陽王出撫甌越累信殷勤仍赴禹穴躬行方等春屬同稟淨戒晝飡講說夜習坐禪先師謂門人智越云吾欲勸王修福禳禍可乎越對云府僚無舊必稱寒熱師云息世譏嫌亦復爲善王後出游墜馬將絶越乃感悔憂愧若傷

先師躬自帥衆作觀音懺法整心專志王覺
小醒凭机而坐王見一梵僧擎香爐直進問
王曰疾勢何如王汗流無答僧乃遶王一帀
香氣徘徊右旋即覺搭然痛惱都釋戒慧先
涤其心靈驗次恱其目不欲生信詎可得乎
其願文云仰惟天台闍梨德侔安遠道邁光
猷遐邇傾心振錫雲聚紹像法之將墜以救
昏蒙顯慧日之重光用拯澆俗加以游浪法
門貫通禪苑有爲之結已離無生之忍現前
弟子飄颻業風沈淪愛水雖飡法喜弗袪蒙
蔽之心徒仰禪恱終懷散動之慮日輪馳驚
羲和之轡不停月鏡迴軒嫦娥之影難駐有
離有會歎息奚言愛法敬法瀉湲無已願生
生世世值天台闍梨恒修供養如智積奉智
勝如來若藥王覲雷音正覺安養兜率俱蕩
一乘先師雖復懷寶窮岫聲振都邑藏形幽
壑德慧昭彰陳少主顧問羣臣釋門誰爲名
勝徐陵對曰瓦官禪師德邁風霜禪鑑淵海
昔遠游京邑羣賢所宗今高步天台法雲東
靄永陽王北面親承願陛下詔之還都弘法

使道俗咸荷陳主初遣傳宣左右趙君卿再
遣主書朱雷三傳遣詔四遣道人法昇皆帝
自手書悉稱疾不當陳主遂仗三使更勑州
敦請永陽王諫曰主上虛已朝廷思敬一言
利益則四生有賴若高讓深山則慈悲有隔
弟子微弱尚賜迂屈不赴臺旨將何自安答
曰自省無德出處又幽過則身當豈令枉濫
業緣如水隆去窊留志不可滿任之而已仍
出金陵路逢兩使初遣應勑左右黃吉寶次
遣主書陳建宗延上東堂四事供養禮遇殷
勤立禪衆於靈耀開釋論於太極又講仁王
般若百座居左五等在右陳主親筵聽法僧
正慧暅僧都慧曠長干慧辯皆奉勑激揚難
似冬冰峨峨共結解猶夏日赫赫能消天子
欣然百僚盡敬講竟慧暅擎香爐賀席曰國
十餘齋身當四講分文析理謂得其門今日
出星收見巧知陋由來諍競不止即座肅穆
有餘七夜恬靜千枝華耀皆法王之力也陳
主於廣德殿謝云非但佛法仰委亦願示諸
不逮陳世所檢僧尼無貫者萬人朝議策經

不合者休道先師諫曰調達日誦萬言不免
地獄槃特誦一行偈獲羅漢果篤論唯道豈
關多誦陳主大恱即停搜揀然居靈耀過爲
褊隘更求閑靜立衆安禪忽夢一人翼從嚴
整稱名冠達請住三橋師云冠達梁武法名
三橋豈非光宅遂移居之其年四月陳主幸
寺捨身大施又講仁王般若敘經纔訖陳主
於大衆內起禮三拜俯仰殷勤以彰敬重太
子已下並託舟航咸宗戒範以崇津導先師
虛已亡受能安寵辱故澹無驚喜皇太子請
戒文云淵和南仰惟化導無方隨機濟物衛
護國土汲引人天照燭光耀託迹師友比丘
入夢符契之像久彰和尚來儀高座之德斯
秉是以翹心十地渴仰四依大小二乘內外
兩教尊師重道由來尚矣伏希俯提從其所
請世世結緣遂其本願日夜增長今二月五
日於崇正殿設千僧法會奉請爲菩薩戒師
謹遣主書劉璿奉迎云云于時傳香在手而臉
下垂淚既字爲善萌反言成晚後大隋吞陳
方悟前旨金陵既敗策杖荆湘路次盆城忽

夢老僧曰陶侃瑞像敬屈守護於是往憇匡山見惠遠圖像驗鴈門法師之靈也俄而潯陽反叛寺宇焚燒獨有玆山全無侵擾護像之功其在此矣秦孝王聞風延屈先師對使而言雖欲相見終恐緣差既而王人催促迫不得止將欲解纜忽值大風累旬之間妖賊卒起水陸壅隔遂不成行至尊昔管淮海萬里廓清慕義崇賢歸身如舍遣使招引束鉢赴期師云我與大王深有因緣順水背風不日而至菩薩律儀即從稟受先師初陳寡德次讓名僧後舉同學三辭不免仍求四願一雖好學禪行不稱法年既西夕遂守繩牀撫臆論心假名而已吹噓在彼惡聞過實願勿以禪法見欺二生在邊表長逢離亂身闇庠序口拙暄涼方外虛玄久非其分域間搏節一無可取雖欲自慎終恐樸直忤人願不責其規矩三微欲傳燈以報法恩若身當戒範應重去就去就若重傳燈則闕去就若輕則來嫌誚避嫌安身未若通法願許爲法勿嫌輕重四三十餘年水石之間因以成性今王

塗既一佛法再興謬承人汎沐此恩化內竭朽力仰酧外護若丘壑念起願放其飲啄以卒殘生許此四心乃赴優旨大王方希淨戒故妙願唯諾請戒文曰弟子基承積善生在皇家庭訓早趨彝教夙漸福履攸臻妙機須悟恥崎嶇於小徑希優遊於大乘笑止息於化城誓舟航於彼岸開士萬行戒善爲先菩薩十受專持最上喻造宮室必先基址徒架虛空終不能成孔老釋門咸資鎔鑄不有軌儀孰將安仰誠復能仁本爲和尚文殊冥作闍梨而必藉人師顯傳聖授自近之遠感而遂通波崙罄髓於無竭善財忘身於法界經有明文非從臆說深信佛語幸遵明導禪師佛法龍象戒珠圓淨定水淵澄因靜發慧安無礙辯先物後已謙挹成風名稱遠聞衆所知識弟子所以虔誠遙注命楫遠延每畏緣差值諸留難亦既至止心路豁然及披雲霧即消煩惱以今開皇十一年十一月二十三日於總管金城殿設千僧會敬屈授菩薩戒戒名爲孝亦名制止方便智度歸宗奉極以

此勝福奉資至尊皇后作大莊嚴同如來慈普諸佛愛等視四生猶如一子師云大王紆遵聖禁名曰總持王曰大師傳佛法燈稱爲智者所獲檀嚫各六十種一時迴施悲敬兩田使福德增多以資家國香火事訖汎舸衡峽大王麾駕貴州臨江奉送供給隆重轉倍於前既值便風朝發夕還而渚宮道俗延頸候望扶老携幼相趨戒場垂黑戴白雲屯講座聽衆五千餘人旋鄉荅地荊襄未聞既慧日已明福庭將建於當陽縣玉泉山而立精舍蒙勅賜額號爲一音重改爲玉泉其地本來荒險神獸蛇暴諺云三毒之藪踐者寒心創寺其間決無憂慮是春夏旱百姓咸謂神怒故智者躬至泉源滅此邪見口自呪願手又擕畧隨所指處重雲靉靆籠山而來長虹煥爛從泉而起風雨衝溢歌詠滿路荊州總管上柱國宜陽公王積到山禮拜戰汗不安出而言曰積屢經軍陣臨危更勇未嘗怖懼頓如今日其年王使奉迎荊人違覲向方遙禮臨岐望絕既而重履江淮道俗再馳欣戴

大王尸波羅蜜先到彼岸智波羅蜜今從稟
受請文云弟子多幸謬稟師資無量劫來悉
憑開悟色心無作昔年虔受身雖踈漏心護
明珠定品禪枝併散歸靜荷國鎮藩爲臣爲
子豈藉四緣能入三昧電光斷結其類實多
慧解脫人厥朋不少即日欲伏膺智斷率先
名教永汎法流兼用治國未知底滯可開化
不師嚴道尊可降意不宿世根淺可發萌不
菩薩應機可逗時不書云人生在三事之如
一況譚釋典而不從師令之慊言備歷素欽
成就事重請棄飾辭答曰謬承人況擬迹師
資顧此膚踈以非時許況隆高命彌匪克當
徒欲沉吟必乖深寄重請云學貴承師事推
物論歷求法界措心有在仰惟宿植善根非
一生得初乃由學俄逢聖境南嶽記莂說法
第一無以仰過照禪師來具述斯事于時心
喜以域寸誠智者昔入陳朝彼國明試厖官
大集衆論鋒起榮公强口先被折角兩瓊繼
軌纔獲交綏忍師讃歎嗟唱希有弟子仰延
之始屈登無畏釋難如流覩所聞見衆咸瞻
仰承前刱楚莫不歸伏非禪不智驗乎金口
比聞名僧所說智者融會甚有階差譬若羣
流歸乎大海此之包舉始得佛意唯願未得
令得未度令度樂說不窮法施無盡復使栁
顧言稽首虔拜云云智者頻辭不免乃著淨名 勘十
經疏河東栁顧言東海徐陵並才華族胄應 十六
奉文義緘封寶藏王躬受持令王入朝辭歸
東嶺吳民越俗掃巷淘灘沿道令牧旛華交
候寺舊所荒廢凡一十二載人蹤久斷竹樹
成林還届半山忽見沙門眉髮皓然秉錫當
路衆共咸覩行次漸近逡巡韜祕聖猶尚候
況人情乎智者雅好泉石負杖閑游若吟歎
曰雖在人間弗忘山野幽幽深谷愉愉靜夜
澄神自照豈不樂哉後時一夜皎月映牀獨
坐說法連綿良久如人問難侍者智晞明旦
啓曰未審昨夜見何因緣答曰吾初夢大風
忽起吹壞寶塔次梵僧謂我云機緣如薪照
用如火傍助如風三種備矣化道即行華頂
之夜許相影響機用將盡傍助亦息故來相
告耳又見南嶽師共喜禪師令吾說法即自
念言餘法名義皆曉自裁唯三觀三智最初
面受而便說說竟謂我云他方華整相望甚
久緣必應往吾等相送吾拜稱諾此死相現
也吾憶小時之夢當終此地所以每欣歸山
今奉冥告勢當不久死後安厝西南峯所指
之地累石周屍植松覆坎立二白塔使人見 勘十 十七
者發菩提心又經少時語弟子云商行寄金
醫去留藥吾雖不敏狂子可悲仍口授觀心
論隨語疏成不加點潤論在別本其冬十月
皇上歸蕃遣行參高孝信入山奉迎因散什
物用施貧無標杙山下處擬殿堂又畫作寺
圖以爲式樣誡囑僧衆如此基陛儼我目前
棟宇成就在我死後我必不覩汝等見之後
若造寺一依此法弟子疑曰此處山澗險峙
有何緣力能得成寺答云此非小緣乃是王
家所辦合衆同聞互相推測或言是姓王之
王或言是天王之王或言是國王之王喧喧
成論竟不能決今事已驗方知先旨乃說帝
王之王標寺基已隨信出山行至石城乃云
有疾謂智越云大王欲使吾來吾不負言而

來也吾知命在此故不須進前也石城是天
台西門大佛是當來靈像處所既好宜最後
用心衣鉢道具分爲兩分一分奉彌勒一分
充羯磨語已右脇西向而卧專稱彌陀般若
觀音奉請進藥即云藥能遣病留殘年乎病
不與身合藥何能遣年不與心合藥何所留
智晞往日復何所聞觀心論中復何所道紛
紜醫藥擾累於他又請進齋飯報云非但步
影爲齋能無緣無觀即眞齋也吾生勞毒器
死悦休歸世相如是不足多歎即口授遺書
并手書四十六字蓮華香爐犀角如意留别
大王願芳香不窮永保如意書具别本封竟
索三衣鉢命淨掃灑唱二部經爲最後聞思
聽法華竟讚云法門父母慧解由生本迹曠
大微妙難測四十餘年蘊之知誰可與唯獨
明了餘人所勒十不見輟斤絕絃於今十八日矣聽無
量壽竟讚曰四十八願莊嚴淨土華池寶樹
易往無人火車相現能改悔者尚復往生況
戒慧熏修行道力故實不唐捐梵音聲相實
不誑人當唱經時吳州侍官張達等伴五人

自見大佛倍大石尊光明滿山直入房内諸
僧或得瑞夢或見奇相雖復異處而同是此
時唱經竟索香湯漱口說十如四不生十法
界三觀四無量心四悉檀四諦十二因緣六
波羅蜜一一法門攝一切法皆能通心到清
涼池若能於病患境達諸法門者即二十五
人百金可寄今我最後策觀談玄最後善寂
吾今當入智朗請云伏願慈留賜釋餘疑不
審何位殁此何生誰可宗仰報曰汝等懶種
善根問他功德如盲問乳蹶者訪路告實何
盖由諸儱悷故喜怒呵讚既不自省倒見識
嫌吾今不久當爲此輩破除疑謗觀心論已
解今更報汝吾不領衆必淨六根爲他損已
只是五品位耳汝問何生者吾諸師友侍從
觀音皆來迎勒十我問誰可宗仰豈十九不曾聞波羅
提木叉是汝之師吾常說四種三昧是汝明
導教汝捨重擔教汝降三毒教汝治四大教
汝解業縛教汝破魔軍教汝調禪味教汝折
慢幢教汝遠邪濟教汝出無爲坑教汝離大
悲難唯此大師能作依止我與汝等因法相

遇以法爲親傳習佛燈是爲眷屬若不能者
傳習魔燈非吾徒也誡維那曰人命將終聞
鐘磬聲增其正念唯長唯久氣盡爲期云何
身冷方復響磬世間哭泣著服皆不應爲言
訖加趺唱三寶名如入三昧以大隋開皇十
七年歲次丁巳十一月二十四日未時入滅
春秋六十僧夏四十至子時頂上猶煖雖
復不許哀號門人哽戀心没憂海不能自喻
日隱舟沈永無憑仰加趺安坐在外十日道
俗奔赴燒香散華號繞泣拜過十日已殮入
禪龕之内則流汗徧身綿帛掩拭沾濡若浣
既而歸佛隴而連雨不休弟子呪願願賜咸
神纔動泥洹之轝應手雲開風噪松悲泉奔
水咽道俗弟子侍從靈儀還遺囑之地龕墳
雖掩妙迹常通謹書十條繼于狀末
其一勑昔在藩寅覽別書感對潸塞向淨名疏
而呪願曰昔親奉師顏未敢咨決今承遺旨
何由可悟若尋文生解願示神通夜仍感夢
羣僧集閣王自說義釋難如流見智者飛空
而至瀉七寶珊瑚於閣内還更飛去王後答

遺旨文并功德疏慰山衆文並在別本送經
一藏銅鐘二口香旛委積衣物豐華王人降
寺歲月相望每至忌辰結齋不絕司馬王弘
依圖造寺山寺秀麗方之釋宮創寺已後即
登春坊故知皇太子寺基此瑞驗矣王家造
寺斯又驗矣三國成一斯又驗矣寺名國清
此又驗矣靈瑞殷勤聯翩四驗古今可以為
例焉
其二朱方天香寺沙門慧延彼土名達昔游光
宅早沾法潤忽聞遷化感咽彌辰奉慕尊靈
為生何處因寫法華經以期冥示潛思累旬
夢見觀音高七層塔光焰赫奕過經所稱智
者身從觀音從西來至延夢裏作禮乃謂延
曰疑心遣否延寤懷此相口未曾言後見灌
頂始知臨終觀音引導事驗懸契欣嗟無已
其三土人馬紹宗居貧好施刈稻百束以供寺
僧執役疲勞身如有疾心作是念我由施故
而感斯患未測幽冥當有報否因極寢卧夢
見智者加趺坐一牀燒香如霧安慰紹宗汝
家貧好施何疑無福種種勸喻辭繁不載爾

夜宗兄及宗妻母三人共夢晨朝各說異口
同言香氣盈家經日不歇宗親感歎冥聖不
遙
其四開皇十八年四月十六日佛隴僧衆方就
坐禪師現常形進堂按行上座道修良久瞻
奉其年十月十八日有海州連水縣人丘彪
晝發誓於龕夜見僧排戶彪即起禮拜云勿
拜安隱無慮也遶寺一帀彪隨後奉尋出門
數步奄然便失當其月十二日有海州沐陽
縣人房伯奴衛伯玉於智者舊室而見其形
狀事相如在
其五開皇十九年十一月六日土人張造年邁
脚蹶曳疾登龕拜曰早蒙香火願來世度脫
仍聞龕內應聲又聞彈指造再請云若是冥
力重賜神異即復如初造泣而拜戀慕忘返
其六仁壽元年正月十九日永嘉縣僧法曉生
聞勝德歿傳妙瑞悔不早親追恨疚心故來
墳所旋千帀禮千拜於昏夕間龕戶自開光
明流出照諸樹木枝葉炳然合寺奔馳所共
瞻禮

其七仁壽二年八月十三日沂州臨沂縣人孫
抱長午前於龕所奉見信心殷重後限滿被
替獨到龕所辭別洒淚向僧說如此
其八大業元年二月二十日土人張子達母俞
氏年登九十患一脚短凡十八年自悲已老
到墳奉別設齋尊至即覺短脚還申行步平
正宛如少時此嫗悲喜見人即述遥禮天台
以為常則
其九荊州弟子法偃於江都造智者影像還至
江津像身流汗拭已更出道俗瞻禮如平生
汗痕尚在
其十荊州玉泉寺造石碑未得鐫刻智者像至
而碑上自然生脉成文曰天地玄用出生或
有磨刮其辭彌亮一境觀讀三日方失
智者弘法三十餘年不畜章疏安無礙辯契
理符文挺生天智世間所伏有大機感乃為
著文奉勑撰淨名經疏至佛道品為二十八
卷覺意三昧一卷六妙門一卷法界次第章
門三百科始著六十科為三卷小止觀一卷
法華三昧行法一卷又常在高座云若說次

第禪門一年一徧若著章䟽可五十卷若說法華玄義并圓頓止觀半年各一徧若著章䟽各三十卷此三法門皆無文䟽講授而已大莊嚴寺法慎私記禪門初分得三十卷尚未刪定而法慎終國清寺灌頂私記法華玄初分得十卷止觀初分得十卷方希再聽畢其首尾會智者涅槃鑽仰無所髣髴龍章未盡要妙深識者自尋得其門也學士法喜凡事十七禪師年登耳順方逢智者陳尚書毛喜嘲之曰尊師猶少弟子何老答云所事者德豈在於年又問曰何者爲德答云善巧說法即後代富樓那破魔除障即是優波毱多毛喜自善其辭談之朝野常爲口實又常行方等懺雉來索命神王遮曰法喜當往西方次生得道豈償汝命耶仍於瓦官寺端坐入滅建業咸覩天地共知又有慧諂因聽法而發定道勢因領語而觀開淨辯强記有瀉瓶之德於佛隴燒身慧普修懺象王便現法慎學禪微發持力此二三子不幸早亡門人行解兼善堪爲後進師者多矣皆內祕珍寶不令人識今略書見聞如上梁晉安王中兵叅軍陳鍼即智者之長兄也年在知命張果相之死在晦朔師令行方等懺鍼見天堂牌門此是陳鍼之堂過十五年當生此地遂延十五年壽果後見鍼驚問君服何藥答但修懺耳果云若非道力安能超死耶梁方茂從師習坐忽發身通微能輕舉智者呵云汝帶妻子何須學此宜急去之大中大夫蔣添玟儀同公吳明徹皆稟息法脚氣獲除法雲遠軍例皆如此灌頂多幸謬逢嘉運濫齒輪下十有三年戴天履地不測高深以開皇二十一年遇見開府柳顧言賜訪智者俗家桑梓入道緣由皆不能識克心自責微知醒悟仍問遠祖於故老即詢受業於先達瓦官前事或親承音旨天台後瑞隨分憶持然深禪博慧妙本靈迹皆非淺短能知但戀慕玄風無所宗仰輒編聞見若奉慈顔披尋首軸涕泗俱下謹狀

銑法師云大師所造有爲功德造寺三十六所大藏經十五藏親手度僧一萬四千餘人造栴檀金銅素畫像八十萬軀傳法弟子三十二人得法自行不可稱數

隋天台智者大師別傳

音釋

顗魚豈切　异音異　怳許往切怳惚也　麓盧谷切山足也　碨磊碨烏賄切磊落猥切　糠粃糠音康穀皮也粃補履切不成粟也　礫郎擊切小石也　讇正作讇丑琰切　寱音藝寐語也　莒其呂切莒藤也　橡徐兩切橡實也　篙侯古切海中取魚竹名　噭哭噭五高切哭許及切正作吸　髗音盧頭骨也　詡况羽切　萎於爲切萎蔫也　翾許緣切小飛貌　嘈囋嘈財勞切囋作答切嘈囋聲也　窊烏瓜切與窊同汙下也　晅許晩切　撙祖本切栽挿也　覶初覲切覶施也　撝許爲切指撝也　蹶居月切僵也　儱悷儱力董切悷郎計切儱悷多惡不調也　彪必幽切　鍼巨淹諸深二切

隋天台智者大師別傳

校勘記

一 底本、清藏本。

一 二二〇頁上一四行第三字「楝」，徑作「揀」。

一 二二一頁中七行第一二字「憧」，徑作「幢」。

一 二二一頁中一一行「諮審」，徑作「談審」。

一 二二二頁上七行第一六字「才」。徑作「水」。

一 二二二頁中一〇行第六字「財」，徑作「財」。

一 二二二頁中一一行第六字「如」，徑作「於」。

一 二二二頁下一九行第二字「憶」，徑作「臆」。

一 二二四頁中末行第二字「逮」，徑作「建」。

一 二二五頁下九行「五千」，徑作「五十」。

一 二二五頁下一五行「鼔鞬」，徑作「鼔鞬」。

一 二二六頁中六行第四字「東」，徑作「束」。

一 二二七頁中一九行首字「慢」，徑作「漫」。

一 二二九頁下三行「別傳」，徑作「別傳終」。

高僧傳卷第一

梁會稽嘉祥寺沙門釋慧皎撰　廣

譯經上

攝摩騰本中天竺人善風儀解大小乘經常遊化為任昔經往天竺附庸小國講金光明經會敵國侵境騰惟曰經云能說此經法為地神所護使

所居安樂今鋒方始曾是為益乎乃誓以忘身躬往和勸遂二國交歡由是顯達漢永平中明皇帝夜夢金人飛空而至乃大集羣臣占以所夢通人傅毅奉答臣聞西域有神其名曰佛陛下所夢將必是乎帝以為然即遣郎中蔡愔博士弟子秦景等使往天竺尋訪佛法愔等於彼遇見摩騰乃要還漢地騰誓志弘通不憚疲苦冒涉流沙至乎雒邑明帝甚加賞接於城西門外立精舍以處之漢地有沙門之始也但大法初傳未有歸信故蘊其深解無所宣述後少時卒於雒陽有記云騰譯四十二章經一卷初緘在蘭臺石室第十四間中騰所住處今雒陽城西門外白馬寺是也相傳云外國國王嘗毀破諸寺唯招提寺未及毀壞夜有一白馬繞塔悲鳴即以啓王王即停壞諸寺因改招提以為白馬故諸寺立名多取則焉竺法蘭亦中天竺人自言誦經論數萬章為天竺學者之師時蔡愔既至彼國蘭與摩騰共契遊化遂相隨而

来會彼學徒留礙蘭乃間行而至既
達雒陽與騰同止少時便善漢言愔
於西域獲經即為翻譯所謂十地斷結佛
生法海藏佛本行四十二章等五
部移都寇乱四部失不傳江左唯四
十二章經今見在可二千餘言漢地
見存諸經唯此為始也愔又於西域
得畫釋迦倚像是優田王栴檀像師
第四作也既至雒陽明帝即令畫工圖
寫置清凉臺中及顯節陵上舊像今
不復存焉又昔漢武穿昆明池底得
黑灰問東方朔朔云不委可問西域
人後法蘭既至衆人追以問之蘭云
世界終盡劫火洞燒此灰是也朔言
有徵信者甚衆蘭後卒於雒陽春
秋六十餘矣
安清字世高安息國王正后之太子
也幼以孝行見稱加又志業聰敏剋
意好學外國典籍及七曜五行醫方
異術乃至鳥獸之聲無不綜達嘗行
見羣鷰忽謂伴曰鷰云應有送食者
頃之果有致焉衆咸奇之故儁異之
聲早被西域高雖 在居家而奉戒精

峻王薨便嗣大位乃深惟苦空猒離
形器行服既畢遂讓國與叔出家脩
道博曉經藏尤精阿毗曇學諷持禪
經略盡其妙既而遊方弘化遍歷諸
國以漢桓之初始到中夏才悟機敏
一聞能達至止未久即通習華言於
是宣譯衆經改胡為漢出安般守意
陰持入大小十二門及百六十品初
外國三藏衆護撰述經要為二十七
章高乃剖析護所集七章譯為漢文
即道地其先後所出經論凡三十九
部義理明哲文字允正辯而不華質
而不野凡在讀者皆亹亹而不勸焉
高窮理盡性自識緣業多有神迹世
莫能量初高自稱先身已經出家有
一同學多瞋分衛值施主不稱情每輒
懟恨高屢加訶諫終不悛改如此二
十餘年乃與同學辭訣云我當往廣州
畢宿世之對卿明經精勤不在吾後
而性多瞋怒命過當受惡形我若得
道必當相度既而遂適廣州值寇賊
大乱行路逢一少年唾手拔刃曰真
得汝矣高笑曰我宿命負卿故遠相

償卿之忿怒故是前世時意也遂申
頸受刃容無懼色賊遂殺之觀者盈
陌莫不駭其奇異既而神識還為安
息王太子即今時世高身也高遊化
中國宣經事畢值靈帝之末關雒擾
乱乃振錫江南云我當過廬山度昔
同學行達䢼亭湖廟舊有靈威商旅
祈禱乃分風上下各無留滯嘗有乞
神竹者未許輒取舫即覆沒竹還本
處自是舟人敬憚莫不懾影高同旅
三十餘舩奉牲請福神乃降祝曰船
有沙門可便呼上客咸驚愕請高入
廟神告高曰吾昔外國與子俱出家
學道好行布施而性多瞋怒今為䢼
亭廟神周迴千里並吾所治以布施
故珍玩甚豐以瞋恚故墮此神報今
見同學悲欣可言壽盡旦夕而醜
形長大若於此捨命穢汙江湖當度
山西澤中此身滅後恐墮地獄吾有
絹千疋并雜寶物可為立法營塔使
生善處高曰故来相度何不出形神
曰形甚醜異衆人必懼高曰但出衆
人不怪也神從牀出頭乃是大蟒不

知尾之長短至高膝邊高向之梵語數番贊唄數番契蟒悲淚如雨須臾還隱高即取絹物辭別而去舟侶颺帆蟒復出身登山而望衆人舉手然後乃滅倏忽之頃便達豫章即以廟物造東寺高去後神即命過暮有一少年上船長跪高前受其呪願忽然不見高謂船人曰向之少年即䢼亭廟神得離惡形矣於是廟神歇無復靈驗後人於山西澤中見一死蟒頭尾數里今潯陽郡虵村是也高後復到廣州尋其前世害己少年時少年尚在高經至其家說昔日償對之事并敘宿緣歡喜相向云吾猶有餘報今當往會稽畢對廣州客悟高非凡豁然意解追悔前愆厚相資供隨高東遊遂達會稽至便入市正值市中有亂相打者誤著高頭應時殞命廣州客頻驗二報遂精勤佛法具說事緣遠近聞知莫不悲慟明三世之有徵也高既王種西域賓族安息皆呼為安侯至今猶為號焉天竺國自稱書為天書語為天語音訓詭蹇與漢殊異先

後傳譯多致謬濫唯高所出為群譯之首安公以為若及見面不異見聖列代明德咸贊而思焉余訪尋衆錄紀載高公互有出沒將以權迹隱顯應發多端或由傳者紕繆致成乖角輒備列衆異庶或可論案釋道安經錄云安世高以漢桓帝建和二年至靈帝建寧中二十餘年譯出三十餘部經又別傳云晉太康末有安侯道人來至桑垣出經竟封一函於寺云後四年可開之吳末行至楊州使人貨一箱物以買一奴名福善云是我善知識仍將奴適豫章度䢼亭廟神為立寺竟福善以刀刺安侯脅於是而終桑垣人迺發其所封函理自成字云尊吾道者居士陳惠傳禪經者比丘僧會是日正四年也又庾仲雍荊州記云晉初有沙門安世高度䢼亭廟神得財物立白馬寺於荊城東南隅宋臨川康王宣驗記云蟒死於秦畧宗塔寺記云丹陽瓦官寺晉哀帝時沙門慧力所立後有沙門安世高以䢼亭廟餘物治之然道安法師既

校閱群經詮錄傳譯必不應謬從漢桓建和二年至晉太康末凡經一百四十餘年若高公長壽或能如此而事不應然何者案如康僧會注安般守意經序云此經世高所出久之沉翳會有南陽韓林潁川文業會稽陳惠此三賢者信道篤密會共請受乃陳惠義余助斟酌尋僧會以晉太康元年乃死而已云此經出後久之沉翳又世高封函之字云尊吾道者居士陳惠傳禪經者比丘僧會然安般所明盛說禪業是知封函之記信非虛作既云二人方傳吾道豈容與共同世且別傳自云傳禪經者比丘僧會會已太康初死何容太康之末方有安侯道人首尾之言自為矛楯正當隨有一書謬指晉初於是後諸作者或道太康或言吳末雷同奔競無以校焉既晉初之說尚已難安而曇宗記云晉哀帝時世高方復治寺其為謬說過乃懸矣

支樓迦讖亦直云支讖本月支人操行純深性度開敏稟持法戒以精勤

著譏諷誦羣經志在宣法漢靈帝時
遊于雒陽以光和中平之間傳譯梵
文出般若道行般首楞嚴等三經又有
阿闍世王寶積等十餘部經歲久無
録安　公校定古今精尋文體云似
讖所出凡此諸經皆審得本旨了不
加飾可謂善宣法要弘道之士也後
不知所終時有天竺沙門竺佛朔亦
以漢靈之時齎道行經來適雒陽即轉
梵為漢譯人時滯雖有失旨然棄文
在質深得經意朔又以光和二年於
雒陽出般三昧讖為傳言河南雒陽
孟福張蓮筆受時又有優婆塞安玄
安息國人性貞白深沉有理致博誦
羣經多所通習亦以漢靈之末遊賈
雒陽以功號曰騎都尉性虛靖溫恭
常以法事為己任漸解漢言志宣經
典常與沙門講論道義世所謂都尉
者也玄與沙門嚴佛調共出法鏡經
玄口譯梵文佛調筆受理得音正盡
經微旨郢匠之美見述後代調本臨
淮人綺年穎悟敏而好學世稱安侯
都尉佛調三人傳譯號為難繼調又

撰十慧亦傳於世安公稱佛調出經
省而不煩全本巧妙又有沙門支曜巨
康孟詳等並以漢靈獻之間有慧學
之譽馳於京雒曜譯成具定意小本
起等巨譯問地獄事經並言直理旨
不加潤飾孟詳譯中本起及脩行本
起先是沙門曇果於迦維羅衛國得
梵本孟詳共竺大力譯為漢文安公
云孟詳所出弈弈流便足騰玄趣也
曇柯迦羅此云法時本中天竺人家
世大富常脩梵福迦羅幼而才悟質
像過人讀書一覽皆文義通暢善學
四圍陁論風雲星宿圖讖運變莫不
該綜自言天下文理畢已心腹至年
二十五入一僧坊看遇見法勝毗曇
聊取覽之茫然不解殷懃重省更增
惛慔乃歎曰吾積學多年浪志墳典
遊刃經籍義不再思文無重覽今覩
佛書頓出情外必當理致鈎深別
有精要於是齎卷入房請一比丘略
為解釋遂深悟因果妙達三世始知
佛教宏曠俗書所不能及乃棄捨世
榮出家精苦誦大小乘經及諸部毗

尼常貴遊化不樂專守以魏嘉平中
來至洛陽于時魏境雖有佛法而道
風訛替亦有衆僧未稟歸戒正以剪
落殊俗耳設復齋懺事法祠祀迦羅
既至大行佛法時有諸僧共請迦羅
譯出戒律迦羅以律部曲制文言繁
廣佛教未昌必不承用乃譯出僧祇
戒心止備朝夕更請梵僧立羯磨法
受戒中夏戒律始自于此迦羅後不
知所終時又有外國沙門康僧鎧者
亦以嘉平之末來至洛陽譯出郁陁
長者等四部經又有安息國沙門曇
帝亦善律學以魏正元之中來遊洛
陽出曇無德部羯磨又有沙門帛遠不
知何人亦才明有深解以魏甘露中
譯出無量清淨平等覺經等凡六部
經後不知所終焉

康僧會其先康居人世居天竺其父
因商賈移于交阯會年十餘歲二親
並終至孝服畢出家勵行甚峻為人
弘雅有識量篤至好學明解三藏博
覽六經天文圖緯多所綜涉辯於樞
機頗屬文翰時孫權已制江左而佛

教未行先有優婆塞支謙字恭明一名越本月支人來遊漢境初漢桓靈之世有支讖譯出衆經有支亮字紀明資學於讖謙又受業於亮博覽經籍莫不精究世間伎藝多所綜習遍學異書通六國語其為人細長黑瘦眼多白而睛黃時人為之語曰支郎眼中黃形軀雖細是智囊漢獻末亂避地于吳孫權聞其才慧召見悅之拜為博士使輔導東宮與韋曜諸人共盡匡益但生自外域故吳志不載謙以大教雖行而經多梵文未盡翻譯已妙善方言乃收集衆本譯為漢語從吳黃武元年至建興中所出維摩大般泥洹法句瑞應本起等四十九經曲得聖義辭旨文雅又依無量壽中本起製菩提連句梵唄三契并注了本生死經等皆行於世時吳地初染大法風化未全僧會欲使道振江左興立圖寺乃杖錫東遊以吳赤烏十年初達建鄴營立茅茨設像行道時吳國以初見沙門覩形未及其道疑為矯異有司奏曰有外人入境自稱沙

門容服非恒事應檢察權曰昔漢明帝夢神號稱為佛彼之所事豈非其遺風耶即召會詰問有何靈驗會曰如來遷迹忽逾千載遺骨舍利神曜無方昔阿育起塔乃八万四千夫塔寺之興以表遺化也權以為誇誕乃謂會曰若能得舍利當為造塔如其虛妄國有常刑會請期七日乃謂其屬曰法之興廢在此一舉今不至誠後將何及乃共潔齋靜室以銅瓶加凡燒香禮請七日期畢寂然無應求伸二七亦復如之權曰此欺誑將欲加罪會更請三七權又特聽會謂法屬曰宣尼有言曰文王既沒文不在茲乎法靈降而吾等無感何假王憲當以誓死為期耳三七日暮猶無所見莫不震懼既入五更忽聞瓶中鏗然有聲會自往視果獲舍利明旦呈權舉朝集觀五色光炎照曜瓶上權自手執瀉于銅盤舍利所衝盤即破碎權大肅然驚起而曰希有之瑞也會進而言曰舍利威神豈直光相而已乃劫燒之火不能焚金剛之杵不

能碎權命令試之會更誓曰法雲方被蒼生仰澤願更垂神迹以廣示威靈乃置舍利於鐵砧椎上使力者擊之於是砧椎俱陷舍利無損權大歎服即為建塔以始有佛寺故號建初寺因名其地為佛陀里由是江左大法遂興至孫皓即位法令苛虐廢棄淫祀乃及佛寺並欲毀壞皓曰此由何而興若其教真正與聖典相應者當存奉其道如其無實皆悉焚之諸臣僉曰佛之威力不同餘神康會感瑞大皇創寺今若輕毀恐貽後悔皓遣張昱詣寺詰會昱雅有才辯難問縱橫會應機騁詞文理鋒出自旦之夕昱不能屈既退會送于門時寺側有淫祀者昱曰玄化既孚此輩何故近而不革會曰雷霆破山聾者不聞非音之細苟在理通則万里懸應如其阻塞則肝膽楚越昱還歎會才明非臣所測願天鑒察之皓大集朝賢以馬車迎會會既坐皓問曰佛教所明善惡報應何是耶對曰夫明主以孝慈訓世則赤烏翔而老人星見仁德育物

則醴泉涌而嘉苗出善既有瑞惡亦如之故為惡於隱鬼得而誅之為惡於顯人得而誅之易稱積善餘慶詩詠求福不回雖儒典之格言即佛教之明訓皓曰若然則周孔已明何用佛教會曰周孔所言略示近迹至於釋教則備極幽微故行惡則有地獄長苦修善則有天宮永樂舉茲以明勸沮不亦大哉皓當時無以折其言皓雖聞正法而昏暴之性不勝其虐後使宿衛兵入後宮治園於地得一金像高數尺呈皓皓使著不淨處以穢汁灌之共諸群臣笑以為樂俄尒之間舉身大腫陰處尤痛叫呼徹天太史占言犯大神所為即祈祀諸廟永不差愈婇女先有奉法者因問訊云陛下就佛寺中求福不皓舉頭問曰佛神大耶婇女云佛為大神皓心遂悟具語意故婇女即迎像置殿上香湯洗數十過燒香懺悔叩頭于枕自陳罪狀有頃痛間遣使至寺問訊道人請會說法會即隨入皓具問罪福之由會為敷析辭甚精要皓先有才

解於然大悅因求看沙門戒會以戒文禁秘不可輕宣乃取本業百三十五願分作二百五十事行住坐臥皆願眾生皓見慈願廣普益增善意即就會受五戒旬日疾瘳乃於會所住更加修飾宣示宮室莫不必奉會在吳朝亟說正法以皓性凶麤不及妙義唯敘報應近事以開其心會於建初寺譯出眾經所謂阿難念彌鏡面王察微王梵皇經等又出小品及六度集雜譬喻等並妙得經體文義允正又傳泥洹唄聲清靡哀亮一代模式又注安般守意法鏡道樹等三經并製經序辭趣雅便義旨微密並見於世吳天紀四年四月皓降晉九月會遘疾而終是歲晉武太康元年也至晉咸和中蘇峻作亂焚會所建塔司空何充復更修造平西將軍趙誘世不奉法傲慢三寶入此寺謂諸道人曰久聞此塔屢放光明虛誕不經所未能信若必自覩所不論耳言竟塔即出五色光照曜堂剎誘肅然毛豎由此信敬於寺東更立

小塔遠由大聖所感近亦康會之力故圖寫厥像傳之于今孫綽為之贊曰

會公蕭瑟　實惟令質　心無近累
情有餘逸　屬此幽夜　振彼尤黜
超然遠詣　卓矣高出

有記云孫皓打試舍利謂非其權時余案皓將壞寺諸臣咸答康會感瑞大皇創寺是知初感舍利必也權時故數家傳記咸言孫權感舍利於吳宮其後更試神驗或將皓也

維祇難本天竺人世奉異道以火祠為正時有天竺沙門習學小乘多行道術經遠行逼暮欲寄難家宿難家既事異道猜忌釋子乃處之門外露地而宿沙門夜密加呪術令難家所事之火欻然變滅於是舉家共出稽請沙門入室供養沙門還以呪術變火令生難既覩沙門神力勝已即於佛法大生信樂乃捨本所事出家為道依此沙門以為和上受學三藏妙善四含遊化諸國莫不皆奉以吳黃武三年與同伴竺律炎來至武昌賫曇鉢經梵本曇鉢者即法句經也時吳

士共請出經難既未善國語乃共其律炎譯為漢文炎亦未善漢言頗有不盡志存義本辭近朴質至晉惠之末有沙門法立更譯為五卷沙門法巨著筆其辭味小華也立又別出小經近百許首值永嘉末亂多不復存

竺曇摩羅刹此云法護其先月支人本姓支氏世居燉煌郡年八歲出家事外國沙門竺高座為師誦經日万言過目則能天性純懿操行精苦篤志好學万里尋師是以博覽六經遊心七籍雖世務毀譽未嘗介抱是時晉武之世寺廟圖像雖崇京邑而方等深經蘊在葱外護乃慨然發憤志弘大道遂隨師西域遊歷諸國外國異言三十六種書亦如之護皆遍學貫綜詁訓音義字體無不備識遂大賫梵經還歸中夏自燉煌至長安沿路傳譯寫為晉文獲賢劫正法華光贊等一百六十五部孜孜所務唯以弘通為業終身寫譯勞不告勸經法所以廣流中華者護之力也未隱居深山山有清澗恒取澡漱後有薪採

者穢其水側俄頃而燥護乃徘徊歎曰人之无德遂使清泉輟流水竭真無以自給正當移去耳言訖而泉涌滿澗其幽誠所感如此故支遁為之像贊云護公澄寂道德淵美微吟窮谷枯泉漱水邈矣護公天挺弘懿濯足流沙領拔玄致後立寺於長安　青門外精勤行道於是德化遐布聲蓋四遠僧徒數千咸所宗事及晉惠西奔關中擾亂百姓流移護與門徒避東下至澠池遘疾而卒春秋七十有八後孫綽製道賢論以天竺七僧方竹林七賢以護匹山巨源論云護公德居物宗巨源位登論道二公風德高遠足為流輩矣其見美後代如此時有清信士聶承遠明解有才篤志務法護公出經多參正文句超日明經初譯頗多煩重承遠刪正得今行二卷其所詳定類皆如此遠有子道真亦善梵學君父子此比辭雅便無累於古又有竺法首陳士倫孫伯虎虞世雅等皆共承護旨執筆詳校安公云護公所出若審得此公手目經領悉正凡所譯經雖不

辯如婉顯而宏達欣暢特善無生依慧不文朴則近本其見稱若此護世居燉煌　而化道周給時人咸謂燉煌菩薩也

帛遠字法祖本姓萬氏河内人父威達以儒雅知名州府辟命皆不赴祖少發道心啓父出家辭理切至父不能奪遂改服從道祖才思雋徹敏朗絕倫誦經日八九千言研味方等妙入幽微世俗墳素多所該貫乃於長安造築精舍以講習為業白黑宗稟幾且千人晉惠之末太宰河間王顒鎮關中虛心敬重待以師友之敬每至閑辰靖夜輒談講道于時西府初建後又甚盛能言之士咸服其遠達祖見群雄交爭干戈方始志欲潛遁隴右以保雅操會張輔為秦州刺史鎮隴上祖與之俱行輔以祖名德顯著眾望所歸欲令反服為己僚佐祖固志不移由是結憾先有州人管蕃與祖論議屢屈於祖蕃深銜恥恨每加讒構祖行至汧縣忽語道人及弟子云我數日對當至便辭別作素書

分布經像及資財都訖明晨詣輔共語忽忤輔意使収之行罰衆咸怪惋祖曰我来畢對此宿命久結非今事也乃呼十方佛祖前身罪縁懽喜畢對頗從此以後與輔為善知識無令受煞人之罪遂便鞭之五十奄然命終輔後具聞其事方大惋恨祖道化之聲被於關隴崤函之右奉之若神戎晉嗟慟行路流涕隴上羌胡率精騎五千將欲迎祖西歸中路聞其遇害悲恨不及衆咸憤激欲復祖之讎輔遣軍上隴羌胡率輕騎逆戰時天水故帳下督冨整遂因忿斬輔羣胡既雪怨恥稱善而還共分祖尸各起塔廟輔字世偉南陽人張衡之後雖有才解而酷不以理撫煞天水太守封尚百姓疑駭因亂而斬焉管蕃亦卒以傾險致敗後少時有一人姓李名通死而更蘇云見祖法師在閻羅王處為王講首楞嚴經云講竟應往忉利天又見祭酒王浮一云道士基公次被鏁械求祖懺悔昔祖平素之日與浮每爭邪正浮屢屈既瞋不自忍

乃作老子化胡經以誣謗佛法殃有所歸故死方思悔孫綽道賢論以法祖疋嵇康論云帛祖釁起於管蕃中散禍作於鍾會二賢並以俊邁之氣昧其量身之慮栖心事外輕世招患殆不異也其見稱如此祖既博涉多閑善通梵漢之語常譯惟逮弟子本五部僧等三部經又注首楞嚴經又言別譯數部小經值乱零失不知其名祖弟法祚亦少有令譽被博士徵不就年二十五出家深洞佛理關隴知名時梁州刺史張光以祚兄不肯反服輔之所煞光又逼祚令罷道祚執志堅貞以死為誓遂為光所害春秋五十有七注放光般若經及著顯宗論等光字景武江夏人後為武都楊難敵所圍發憤而死時晉惠之世又有優婆塞衛士度譯出道行般若經二卷士度本司州汲郡人陸沈寒門安貧樂道常以佛法為心當其亡日清淨澡漱誦經千餘言然後引衣尸卧奄然而卒

帛尸梨密多羅此云吉友西域人時人呼

為高座傳云國王之子當承繼世而以國讓弟闇軌太伯既而悟心天啓遂為沙門密天姿高朗風神超邁直尒對之便卓出於物晉永嘉中始到中國值乱仍過江止建初寺丞相王導一見而奇之以為吾之徒也由是名顯太尉庾元規光禄周伯仁太常謝幼輿廷尉桓茂倫皆一代名士見之終日累歎披衿致契導甞詣密密解帶偃伏悟言神解時尚書令卞望之亦與密致善須臾望之至密乃斂衿飾容端坐對之有問其故密曰王公風道期人卞令軌度格物故其然耳諸公於是歎其精神灑屬皆得其所桓廷尉甞欲為密作名目久之未得有云尸梨密可謂卓朗於是桓乃咨嗟絕歎以為標題之極太將軍王處仲在南夏聞王周諸公皆器重密疑以為失及見密乃欣振奔至一面盡虔周顗為僕射領選臨入過造密乃歎曰若使太平之世盡得選此賢真令人无恨也俄而顗遇害密往省其孤對坐作胡唄三契梵響凌雲誦呪數

千言音高暢顏容不變既而揮涕收
淚神氣自若其哀樂廢興皆此類也
王公嘗謂密曰外國有君一人而已
耳密笑曰若使我如諸君今日豈得
在此當時為佳言密性高簡不學晉
語諸公與之語言密雖因傳譯神領
意得頓盡言前莫不歎其自然天拔
悟得非常密善持呪術所向皆驗初
江東未有呪法密譯出孔雀王經明諸
神呪又授弟子覓歷高聲梵唄傳響
于今晉咸康中卒春秋八十餘諸公
聞之痛惜流涕桓宣武每云少見高
座稱其精神著出當年瑯瑘王珉師
事於密乃為之序曰春秋吳楚稱子
傳者以先中國而後四夷豈不以三
代之亂行乎殊俗之禮以戎狄貪婪
無仁讓之性乎然而卓世之秀時生
於彼逸羣之才或侔乎茲故知天授
英偉豈俟於華戎自此以來唯漢世
有金日磾之賢蓋於仁孝忠誠德信
純至非為明達足論高座心造峯極
交儁以神風領朗越過之遠矣密常
在石子崗東行頭陁既卒因塟于此

成帝懷其風為樹刹冢所後有關右
沙門來遊京師迺於冢處起寺陳郡
謝混贊成其業追旌往事仍曰高座
寺也

僧伽跋澄此云衆現罽賓人毅然有
淵懿之量歷尋名師備習三藏博覽
衆典特善數經闇誦阿毗曇毗婆沙
貫其妙旨常浪志遊方觀風弘化苻
堅建元十七年來入關中是大乘之
典未廣禪數之學甚盛既至長安咸
稱法匠焉苻堅秘書郎趙正崇仰大
法嘗聞外國宗習阿毗曇毗婆沙而
跋澄諷誦乃四事禮供請譯梵文遂
共名德法師釋道安等集僧宣譯跋
澄口誦經本外國沙門曇摩難提筆
受為梵文佛圖羅刹宣譯秦沙門敏
智筆受為晉本以偽秦建元十九年
譯出自孟夏至仲秋方訖跋澄又賷
婆須蜜梵本自隨明年趙正復請出
之跋澄乃與曇摩難提及僧伽提婆
三人共執梵本秦沙門佛念宣譯慧
嵩筆受安公法和對共校定故二經
流布傳學迄今跋澄戒德整峻虛靖

離俗關中僧衆則而象之後不知所
終佛圖羅刹不知何國人德業純粹
該覽經典久遊中土善閑漢言其宣
譯梵文見重苻世

曇摩難提此云法喜兜佉勒人齠年
離俗聰慧夙成研諷經典以專精致
業遍觀三藏闇誦增一阿含經博識
洽聞靡所不綜是以國內遠近咸共
推服少而觀方遍歷諸國常謂弘法
之體宜宣布未聞故遠冒流沙懷寶
東入以苻氏建元中至于長安難提
學業既優道聲甚盛苻堅深見禮接
先是中土群經未有四含堅臣武威
太守趙正欲請出經時慕容沖已叛
起兵擊堅關中擾動正慕法情深忘
身為道乃請安公等於長安城中集
義學僧請難提出中增一二阿含并
先無所出毗曇心三法度等凡一百
六卷佛念傳譯慧嵩筆受自夏迄春
綿涉兩載文字方具及姚萇寇逼關
內人情危阻難提乃辭還西域不知
所終其時也苻堅初敗羣鋒互起戎
狄縱暴民流四出而猶得傳譯大部

盖由趙正之力正字文業洛陽清水人或曰濟陰人年十八爲秦著作郎後遷至黃門郎武威太守為人無鬚而瘦有妻妾而無兒時人謂閹然而情度敏達學兼內外性好譏諫无所迴避符堅末年寵惑鮮卑隳於治正正因歌諫曰昔聞孟津河千里作一曲此水本自清是誰攪令濁堅動容曰是朕也又歌曰北園有一棗布葉垂重陰外雖饒棘刺內實有赤心堅笑曰將非趙文業耶其調戲機捷皆此類也後因關中佛法之盛乃願欲出家堅惜而未許及堅死後方遂其志更名道整因作頌曰佛生何以晚泥洹一何早歸命釋迦文今來投大道後遁世商洛山專精經律晉雍州刺史郗恢欽其風尚逼共同遊終於襄陽春秋六十餘矣

僧伽提婆此言眾天或云提和音訛故也本姓瞿曇氏罽賓人入道修學遠求明師學通三藏無尤善阿毗曇心洞其纖旨誦三法度論晝夜嗟味以為入道之府也為人儁朗有深鑒而

儀止溫恭務在誨人恂恂不怠符氏建元中來入長安宣流法化初僧伽跋澄出婆須蜜及曇摩難提所出二阿含毗曇廣說三法度等凡百餘万言屬慕容之難戎敵紛擾兼譯人造次未善詳悉義旨句味往往不盡俄而安公弃世未及改正後東山清平提婆乃與冀州沙門法和俱適洛陽四五年間研講前經居華稍積博明漢語方知先所出經多有乖失法和慨歎未定乃更令提婆出阿毗曇及廣說眾經頌之姚興王秦法事甚盛於是法和入關而提婆度江先是廬山慧遠法師翹勤妙典廣集經藏虛心側席延望遠賓聞其至止即請入廬岳以晉太元中請出阿毗曇心及三法度等提婆乃於般若臺手執梵文口宣晉語去華存實務盡義本今之所傳蓋其文也至隆安元年來遊京師晉朝王公及風流名士莫不造席致敬時衛軍東亭侯瑯琊王珣淵懿有深信荷持正法建立精舍廣招學眾提婆既至珣即延請仍於其舍講

阿毗曇名僧畢集提婆宗致既精詞旨明析振發義理眾咸悅悟時王彌亦在座聽後於別屋自講珣問法綱道人阿彌所得云何答曰大略全是小未精覈耳其敷析之明答人心如此其冬珣集京都義學沙門慧持等四十餘人更請提婆重譯中阿含等罽賓沙門僧伽羅叉執梵本提婆翻為晉言至來夏方訖其在江洛左右所出眾經百餘万言歷遊華戎備悉風俗從容機警善於談笑其道化聲譽莫不聞焉後不知所終

竺佛念涼州人弱年出家志業清堅外和內朗有通敏之鑒諷習眾經粗涉外典其蒼雅詁訓尤所明達少好遊方備貫風俗家世西河洞曉方語華戎音義莫不兼釋故義學之譽雖闕洽閭之聲甚著符氏建元中有僧伽跋澄曇摩難提等入長安趙正請出諸經當時名德莫能傳譯眾咸推念於是澄執梵文念譯為晉質斷疑義音字方明至建元二十年正月復請曇摩難提出增一阿含及中阿含

於長安城內集義學沙門請念為譯敷析研覆六載乃竟二含之顯念宣譯之功也自世高支謙以後莫踰在符姚二代為譯人之宗故關中僧衆咸共嘉焉後續出菩薩瓔珞十住斷結及出曜胎經中陰經等始就治定意多未盡遂尒遘疾卒于長安遠近白黑莫不歎惜

曇摩耶舍此云法明罽賓人少而好學年十四為弗若多羅所知長而氣幹高爽雅有神慧該覽經律明悟出羣陶思八禪遊心七覺時人方之浮頭婆馱孤行山澤不避豺虎獨處思念動移宵日甞於樹下每自剋責年將三十尚未得果何其懈哉於是累日不寢不食專精苦到以悔先罪乃夢見博叉天王語之曰沙門當觀方弘化曠濟為懷何守小節獨善而已道假衆緣復須時熟非分强求死而無證覺自思惟欲遊方授道既而踰歷名邦履踐郡國以晉隆安中初達廣州住白沙寺耶舍善誦毗婆沙律人咸号為大毗婆沙時年已八十五

徒衆八十五人時有清信女張普明諮受佛法耶舍為說佛生緣起并為譯出差摩經一卷至義熙中來入長安時姚興僭号甚崇佛法耶舍既至深加礼異會有天竺沙門曇摩掘多來入關中同氣相求統然若舊因共耶舍譯舍利弗阿毗曇以偽秦弘始九年初書梵書文至十六年翻譯方竟凡二十二卷偽太子姚泓親管理味沙門道標為之作序耶舍後南遊江陵止于辛寺大弘禪法其味靖之賓披而至者三百餘人凡士庶造者雖先無信心見皆敬悅自說有一師一弟子修業並得羅漢傳者失其名又甞於外門閉户坐禪忽有五六沙門來入其室又時見沙門飛來樹端者往往非一常交接神明而俯同矇俗雖道迹未彰時人咸謂已階聖果至宋元嘉中辭還西域不知所終耶舍有弟子法度善梵漢之言常為譯語度本竺婆勒子勒久停廣州往來求利中途於南康生男仍名南康長名金迦入道名法度度初為耶舍弟子承受

經法耶舍既還外國度便獨執矯異規以攝物乃言專學小乘禁讀方等唯礼釋迦無十方佛食用銅鉢無別應器又令諸尼相捉而行悔罪之日但伏地相向惟宋故丹陽尹顏竣女法弘尼文州刺史張牧女普明尼初受其法今都下宣業弘光諸尼習其遺風東土尼衆亦時傳其法

高僧傳卷第一

高僧傳卷第一

校勘記

一 底本，金藏廣勝寺本。

一 二三一頁中一行前，資、磧、普、南、徑、清有序，和載於卷第十四卷首之序全同，故不録。

一 二三一頁中一行經名，資、磧、普、南作「高僧傳第一」。

一 二三一頁中二行撰者，資、磧、普、南作「梁嘉祥沙門釋慧皎撰」；徑、清作「梁會稽嘉祥寺沙門慧皎撰」。

一 二三一頁中一九行第九字「喜」，諸本（不含石，下同）作「善」。

一 二三一頁中末行第七字「經」，資、磧、普、南、徑、清無。

一 二三一頁下一行「今餘」，諸本作「今鋒鏑」。

一 二三一頁下三行「顯達」，資、磧、普、南、徑、清作「顯譽逺」。

一 二三一頁下四行「飛空」，資作「空飛」。又「占以」，諸本作「以占」。

一 二三一頁下一六行「西門」，諸本作「西雍門」。

一 二三二頁上三行「所謂」，麗無；又末字至四行第二字「佛生生」，諸本作「佛本生」。

一 二三二頁上五行第八字「失」，諸本作「失本」。

一 二三二頁上九行第四字「也」，資、磧、普、南、徑、清無。

一 二三二頁上一二行「不委」，資、磧、普、南、徑、清作「不知」。

一 二三二頁上一三行首字「人」，資、磧、普、南、徑、清作「胡人」。

一 二三二頁中一行「大位」，資、磧、普、南、徑、清作「父位」。

一 二三二頁中四行第二字「略」，南、徑、清作「備」。

一 二三二頁中八行第三字「入」，資、磧、普、南、徑、清作「入經」。

一 二三二頁中九行「撰述」，磧作「選述」。

一 二三二頁中一一行「道地」，資、磧、普、南、徑、清作「道地經也」；麗作「道地經是也」。

一 二三二頁中一二行「明哲」，諸本作「明析」。

一 二三二頁中一六行小字「情稱」，諸本作正文「稱」。

一 二三二頁中一七行「懟恨」，磧、普作「對恨」。

一 二三二頁中一八行「辤訣」，資、普、南、徑、清作「詞訣」。

一 二三二頁中二〇行第四字「瞋」，資、磧、普、南、徑、清作「恚」。

一 二三二頁中二二行「拔刃」，資、磧、南、徑、清作「拔刀」。

一 二三二頁中末行第一三字「遠」，磧、普、南、徑、清、麗作「遠來」。

一 二三二頁下二行末字至三行首字「盈陌」，諸本作「填陌」。

一 二三二頁下四行「身也」，麗作「身是也」。

一　二三二頁下七行「舊有靈威」，資、磧、普、南、徑、清作「此廟舊有威靈」；麗作「此廟舊有靈威」。

一　二三二頁下一一行第四字「人」，諸本無。又第六字「主」，諸本無。又末字「舩」，資、磧、普、南、徑、清作「舫」。

一　二三二頁下一二行第五字「便」，資、磧、普作「更」。

一　二三二頁下二一行第三字「處」，諸本作「處也」。

一　二三二頁下末行首字「人」，資、磧、普、南、徑、清無。又第七字「牀」，諸本作「牀後」。

一　二三三頁上二行第六字「番」，諸本無。

一　二三三頁上四行首字「忛」，磧、南、徑、清作「帆」。

一　二三三頁上六行第二字「造」，資、磧、普、南、徑、清作「爲造」。

一　二三三頁上七行「長跪」，資、磧、南、徑、清作「長跽」。

一　二三三頁上九行第一二字「滅」，資、磧、普、南、徑、清作「歇矣」；麗作「歇末」。

一　二三三頁上一三行「經至」，資、磧、普、南、徑、清作「徑投」。

一　二三三頁上一八行「殞命」，麗作「隕命」。

一　二三三頁上二〇行「悲慟」，資、磧、普、南、徑、清作「悲歎」。

一　二三三頁上二一行「安息」，諸本無。

一　二三三頁中二行第七字「若」，資作「難」。又「見面」，諸本作「面稟」。

一　二三三頁中五行首字「發」，諸本作「廢」。

一　二三三頁中一一行第六字「吴」，普作「矣」。

一　二三三頁中一五行第一〇字「函」，資、磧、普、南、徑、清作「函材」；麗作「函財」。

一　二三三頁中一七行「州荆」，諸本作「荆州」。

一　二三三頁下二行末字「四」，資、磧、普、南、徑、清作「三」。

一　二三三頁下六行「文業」，資、磧、普、南、徑、清作「大業」。

一　二三三頁下八行第三字「義」，資、磧、普、南、徑、清作「注義」。

一　二三三頁下一九行第一二字「安」，資、磧、普、南、徑、清作「實」。

一　二三三頁下二一行第三字「說」，資、磧、普、南、徑、清作「諸」。

一　二三四頁上一行「志在」，麗作「忠存」。

一　二三四頁上三行第七字「般」，諸本作「般舟」，一二行第四字同。

一　二三四頁上八行末字「亦」，麗作「亦以」。

一　二三四頁上一一行首字「在」，諸本作「存」。

一　二三四頁上一四行第五字「性」，資、磧、普、南、徑、清作「志性」。

一　二三四頁上一五行「遊貫」，南、徑、

清作「遊賞」。

一　二三四頁上一六行第一〇字「牙」，諸本無。

一　二三四頁中四行第一二字「意」，資、磧、普、南、徑、清作「意經及」。

一　二三四頁中九行第一二字「玄」，資作「畜」。

一　二三四頁中一二行「讀書」，資、磧、普、南、徑、清作「詩書」。

一　二三四頁中一三行「圍陁」，資、磧、普、南、徑作「韋陁」。

一　二三四頁中一七行「惛慢」，諸本作「惛漢」。

一　二三四頁下五行第八字「有」，資、磧、普、南、徑、清無。

一　二三四頁下九行「受戒」，資、磧、普、南、徑、清無；又第九字「于」，資、磧、普、南、徑、清作「乎」。

一　二三四頁下一一行「郁陁」，南、徑、清、麗作「郁伽」。

一　二三四頁下一四行「出曇無德部」，資、磧、普、南、徑、清作「譯出曇無德」；麗作「出曇無德」。又「帛遠」，諸本作「帛延」。

一　二三四頁下一五行「何人」，資、磧、普、南、徑、清作「何許人」。

一　二三四頁下一七行末字「焉」，資、磧、普、南、徑、清無。

一　二三四頁下二〇行「終至孝」，資、磧、普、南、徑、清作「亡以至性奉孝」。

一　二三四頁下二一行「篤至」，資、磧、普、徑、清作「篤志」。

一　二三五頁上一六行第九字「依」，徑、清作「從」。

一　二三五頁上一七行「菩提」，資、磧、普、南、徑、清作「菩薩」。

一　二三五頁上末行「外人」，諸本作「胡人」。

一　二三五頁中二行首字「帝」，資、磧、普、南、徑、清無。又「豈非其」，資、磧、普、南、徑、清作「豈其」。

一　二三五頁中五行「阿育」，諸本作「阿育王」。

一　二三五頁中一一行首字「凡」，資、磧、南、徑、清作「几」。

一　二三五頁中一二行第一一字「寔」，資、磧、普、南、徑、清無。

一　二三五頁中一四行第七字「曰」，資、磧、普、南、徑、清無。

一　二三五頁中一五行第五字「降」，諸本作「應降」。

一　二三五頁中一七行末字「鏗」，麗作「鎗」。

一　二三五頁中二〇行第三字「執」，諸本作「執瓶」。

一　二三五頁下三行「砧椎」，諸本作「砧磓」。次行同。

一　二三五頁下四行「歎服」，資、磧、普、南、徑、清作「嗟服」。

一　二三五頁下九行第五字「教」，資、磧、普、南、徑、清作「義教」。

一　二三五頁下一二行第三字「何」，諸本作「何者」。又「對曰」，諸本作「會對曰」。

一　二三五頁下末行第九字「星」，資、

磧、普、麗無。

一　二三六頁上六行第一〇字「爾」，諸本作「示」。

一　二三六頁上七行第四字「理」，諸本無。

一　二三六頁上一一行第一一字「地」，磧、普、南、徑、清作「地中」。又末字「金」，資、磧、普、南、徑、清作「立金」。

一　二三六頁上一九行第二字「具」，資、磧、普、南、徑、清作「其」。

一　二三六頁上二〇行「叩頭」，諸本作「皓叩頭」。

一　二三六頁上二二行第一一字「具」，南、徑、清作「見」。

一　二三六頁中五行末字「住」，資、磧、普、南、徑、清作「住處」。

一　二三六頁中六行「宮室」，諸本作「宗室」。

一　二三六頁中九行第一二字「弥」，資、磧、普、南、徑、清作「彌陀經」。

一　二三六頁中一一行第一〇字「其」，諸本作「經」。

一　二三六頁中一五行第三字「王」，諸本作「至」。又第四字「吴」，資、普作「矣」。

一　二三六頁中一七行第五字「武」，資、磧、普、南、徑、清無；麗作「成」。

一　二三六頁中一九行第一二字「入」，資、磧、普、南、徑、清作「夢入」。

一　二三六頁下一行「所感」，諸本作「神感」。

一　二三六頁下四行第五字「屬」，資、磧、普、南、徑、清作「屬此」；麗作「屬此」。又第九字「拔」，諸本無。

一　二三六頁下六行「非非其權」，資、磧、普、南、徑、清作「非權」；麗作「非其權」。

一　二三六頁下一一行第七字「人」，資、磧、普、南、徑、清作「人也」。

一　二三六頁下一二行首字「正」，資、磧、普、南、徑、清作「上」。

一　二三七頁上四行首字「未」，資、磧、普、徑、清作「末」。

一　二三七頁上五行第五字「味」，麗無。

一　二三七頁上一〇行「遇目」，諸本作「過目」。

一　二三七頁上一五行「西域」，諸本作「至西域」。

一　二三七頁上一九行第九字「獲」，諸本作「所獲」。又「賢劫」，麗作「覽即」。

一　二三七頁上二〇行「孔孔」，諸本作「孜孜」。

一　二三七頁上二二行第一二字「未」，諸本作「護以晉武之末」。

一　二三七頁上末行「薪採」，諸本作「採薪」。

一　二三七頁中二行「永竭」，諸本作「水若永竭」。

一　二三七頁中三行末字「涌」，資、磧、普、南、徑、清作「流」。

一　二三七頁中五行第一三字「吟」，磧、普作「今」；南、徑、清作「令」。

一　二三七頁中七行第二字「領」，資、

磧、普、南、徑、清作「傾」。

一　二三七頁中一〇行第一三字「避」，諸本作「避地」。

一　二三七頁中一八行第九字「得」，資、磧、普、南、徑、清作「文偶」。

一　二三七頁中一九行第八字「遠」，諸本作「承遠」。又「君父子此」，諸本作「此君父子」。

一　二三七頁中末行第一三字「維」，諸本作「雖」。

一　二三七頁下一行第二字「如」，諸本作「妙」。

一　二三七頁下三行第四字「而」，資、磧、普、南、徑、清作「死而」。又第八字「給」，資、磧、普、南、徑、清作「洽」。

一　二三七頁下六行第一三字「赴」，資、磧、普、南、徑、清作「行」。

一　二三七頁下七行第一二字「至」，資、磧、普、徑、清作「志」。

一　二三七頁下八行第四字「改」，資、磧、普作「故」。

一　二三七頁下一〇行第七字「素」，資、磧、普、南、徑、清作「索」。

一　二三七頁下一四行「輕談講道」，資、磧、普作「輕談講道德」；南、徑、清、麗作「輙談講道德」。

一　二三七頁下一五行第二字「後」，資、磧、普、南、徑、清作「俊」。

一　二三七頁下二二行「讒構」，資、磧、普、南、徑作「讒構」。又第一〇字「語」，資、磧、普、南、徑、清作「語諸」。

一　二三七頁下末行第九字「便」，資、磧、普作「使」，次頁下四行第四字同。

一　二三八頁上二行「使收之」，諸本作「輔使收之」。

一　二三八頁上三行第四字「來」，麗作「来此」。

一　二三八頁上五行第八字「輔」，資、磧、普、南、徑、清作「張輔」。

一　二三八頁上六行「五十」，資、磧、普、南、徑、清作「五下」。

一　二三八頁上七行第一二字「祖」，諸本作「初祖」。

一　二三八頁上末行第一〇字「既」，資作「既喜」。

一　二三八頁中七行第七字「常」，麗作「嘗」。又「惟建」，諸本作「惟逮」。又「弟子本」，資、磧、普、南、徑、清作「弟子本起」。

一　二三八頁中八行末字「言」，麗作「有」。

一　二三八頁中一六行末字「揚」，資、磧、普、南、清作「互揚」；徑作「氏揚」；麗作「在揚」。

一　二三八頁中一九行第一〇字「人」，資、磧、普、南、徑、清作「之人」。

一　二三八頁中二一行「誦經」，資、普、清作「隱凡誦經」；磧、南、徑作「隱几誦經」。

一　二三八頁下二行「太伯」，資作「太公」。

一　二三八頁下八行第三字「歟」，資、磧、普、南、徑、清作「與」；麗作

「與」。

一　二三八頁下一三行第六字「令」，資、清作「今」。

一　二三八頁下一四行「灑屬」，麗作「灑屬」。

一　二三八頁下一五行「名目」，資、磧、普、南、徑、清作「頌」；麗作「目」。

一　二三八頁下一七行第一〇字「太」，資、磧、普、南、徑、清作「大」。

一　二三八頁下一八行首字「仲」，資、磧、普、南、徑、清作「沖」。

一　二三八頁下一九行第三字「失」，資、磧、普、南、徑、清作「失鑒」。

一　二三八頁下末行「誦呪」，諸本作「次誦呪」。

一　二三九頁上一行第三字「音」，諸本作「聲音」。

一　二三九頁上四行首字「耳」，麗無。

一　二三九頁上五行第五字「爲」，資、磧、普、南、徑作「以爲」。

一　二三九頁上六行「神領」，諸本作「而神領」。

一　二三九頁上一五行第三字「以」，資、磧、普、南、徑、清、麗作「以爲」。又第七字「而」，資、磧、普、南、徑、清無。

一　二三九頁上一八行「天授」，磧、普作「大授」。

一　二三九頁上二〇行「之賢」，諸本作「然日磾之賢」。又「德信」，徑、清作「德性」。

一　二三九頁中三行「謝混」，麗作「謝琨」。

一　二三九頁中九行第一一字「是」，諸本作「先是」。

一　二三九頁中一三行「請譯」，徑作「請釋」。

一　二三九頁中一四行末字至一五行首字「跋證」，資、磧、普、南作「跋澄」。

一　二三九頁中一八行「跋澄」，諸本作「初跋澄」。

一　二三九頁下三行「文遊中士」，諸本作「久遊中土」。

一　二三九頁下九行「遍歷」，資、磧、普、南、徑、清作「遍涉」。

一　二三九頁下一五行「慕法」，普作「慕去」。

一　二三九頁下一七行第七字「出」，諸本作「譯出」。

一　二三九頁下一八行第二字「無」，資、磧、普、南、徑、清無。次頁上二一行第八字同。

一　二四〇頁上二行「僞秦」，諸本作「爲僞秦」。

一　二四〇頁上三行「黃門郎」，資、磧、普、南、徑、清作「黃門侍郎」。

一　二四〇頁上六行第一一字「隋」，資、磧、普、南、徑、清作「惰」。

一　二四〇頁上一四行「佛生」，徑、清作「我生」。

一　二四〇頁上一六行「遁世」，諸本作「遁迹」。

一　二四〇頁上二二行第五字「誦」，諸本作「常誦」。

一　二四〇頁中七行「東山」，麗作「山

東」。

一　二四〇頁中九行第一二字「慱」，資、磧、普、南、徑、清作「傳」。

一　二四〇頁中一一行第一三字「乃」，諸本作「及」。

一　二四〇頁中一六行第六字「中」，資、磧、普、南、徑、清作「之中」。

一　二四〇頁中二二行「荷持」，資、磧、普、南、徑、清作「扶持」。

一　二四〇頁下二行「王弥」，資、磧、普、南、徑、清作「王僧珍」。

一　二四〇頁下四行「阿弥」，資、磧、普、南、徑、清作「僧珍」。

一　二四〇頁下五行「精竅」，諸本作「精覈」。又「啓人心」，諸本作「易啟人心」。

一　二四〇頁下六行第二字「其」，資、磧、普、南、徑、清作「其年」。又「慧持」，諸本作「釋慧持」。

一　二四〇頁下九行「江洛」，資、磧、普、南、徑、清作「河洛」。

一　二四〇頁下一六行「俻貫」，麗作「俻觀」。

一　二四〇頁下一七行第八字「釋」，麗作「解」。

一　二四一頁上二行「研覆」，諸本作「研覈」。

一　二四一頁上三行「莫踰」，諸本作「莫踰於念」；又第一三字「在」，徑作「自」。

一　二四一頁上五行「後績出」，資、磧、普、南、徑、清作「其後續自出」。

一　二四一頁上八行末字「惜」，資、磧、普、南、徑、清作「惜矣」。

一　二四一頁上一三行「豺虎」，資、磧、普、南、徑、清作「虎兕」。

一　二四一頁上一四行第六字「沓」，資、磧、普、南、徑、清作「常」。

一　二四一頁中六行「婉然」，諸本作「宛然」。又末字至七行第二字「耶舍譯」，資、磧、普、南、徑、清作「出」。

一　二四一頁中八行「梵書文」，資、磧、普、南、徑、清作「梵文」。

一　二四一頁中九行「二十二」，清作「一十二」。

一　二四一頁中一一行第一〇字「其」，諸本作「其有」。

一　二四一頁中一二行首字「披」，諸本作「披榛」。

一　二四一頁中一三行「白説」，諸本作「自説」。

一　二四一頁下五行「尹顔竑」，麗作「尹顔瑗」。

一　二四一頁下六行「文州」，諸本作「交州」。

一　二四一頁下七行「弘光」，資、磧、普、南、徑、清作「弘光等」。

廣

高僧傳卷第二

梁會稽嘉祥寺沙門釋慧皎撰

鳩摩羅什一

鳩摩羅什此云童壽天竺人也家世國相什祖父達多倜儻不群名重於國父鳩摩炎聰明有懿節將嗣相位乃辭避出家東度葱嶺龜茲王聞其棄榮甚敬慕之自出郊迎請為國師王有妹年始二十識悟明敏過目必能一聞則誦且體有赤黶法生智子諸國娉之並不肯行及見摩炎心欲當之乃逼以妻焉既而懷什什在胎時其母自覺神悟超解有倍常日聞雀梨大寺名德既多又有得道之僧

既與王族貴女德行諸尼彌日設供請齋聽法什母忽自通天竺語難問之辭必窮淵致衆咸歎之有羅漢達摩瞿沙曰此必懷智子為說舍利弗在胎之證及什生後還忘前言久之什母樂欲出家夫未之許遂更產一男名弗提婆後因出城遊觀見塚間枯骨異處縱橫於是深惟苦本定誓出家若不落髮不咽飲食至六日夜氣力綿乏疑不達旦夫懼而許焉以未剃髮故猶不嘗進即勅人除髮乃下飲食次旦受戒仍樂禪法專精匪懈學得初果什年七歲亦俱出家從師受經日誦千偈偈有三十二字凡三万二千言誦毗曇既過師授其義即自通達無幽不暢時龜茲國人以其母王妹利養甚多乃携什避之什年九歲隨母渡辛頭河至罽賓遇名德法師槃頭達多即罽賓王之從弟也淵粹有大量才明博識獨步當時三藏九部莫不該練從旦至中手寫千偈從中至暮亦誦千偈名播諸國遠近師之什至即崇以師礼從受雜藏中長二含凡四百万言達多每稱什神俊遂聲徹於王王

即請入宮集外道論師共相攻難言
氣始交外道輕其年幼言頗不遜什
乘隙而挫之外道折伏愧惋無言王
益敬異日給鵝腊一雙粳米麵各三
斗酥六升此外國之上供也所住寺
僧乃差大僧五人沙弥十人營視掃
灑有若弟子其見尊崇如此什至年十二
其母携還龜茲諸國皆聘以重爵什
並不顧時什母將什至月氏北山有
一羅漢見而謂其母曰常當守護此
沙弥若至三十五不破戒者當大興
佛法度無數人與優波掘無異若戒
不全無能為也正可才明儁詣法師
而已什進到沙勒國頂戴佛鉢心自
念言鉢形甚大何其輕耶即重不可
勝失聲下之母問其故答云兒心有
分別故鉢有輕重耳遂停沙勒一年
其冬誦阿毗曇於十門脩智諸品無
所諮受而備達其妙又於六足諸問
無所滯礙沙勒國有三藏沙門名喜
見謂其王曰此沙弥不可輕王宜請
令初開法門凡有二益一國內沙門
恥其不逮必見勉强二龜茲王必謂

什我國出而彼尊之是尊我也必來
交好王許焉即設大會請什升座說
轉法輪經龜茲王果遣重使酬其親
好什以說法之暇乃尋訪外道經書學
圍陁舍多論多明文辭製作問答等
事又博覽四圍陁典及五明諸論陰
陽星筭莫不必盡妙達吉凶言若符
契為性率達不厲小撿脩行者頗共
疑之然什自得於心未嘗介意時有
莎車王子參軍王子兄弟二人委國
請從而為沙門兄字須利耶跋陁弟
字須耶利蘇摩蘇摩才伎絕倫專以
大乘為化其兄及諸學者皆共師焉
什亦宗而奉之親好弥至蘇摩後為
什說阿耨達經什聞陰界諸入皆空
無相怪而問曰此經更有何義而皆
破壞諸法答曰眼等諸法非真實有
什既執有眼根彼據因成無實於是
研覈大小往復移時什方知理有所
歸遂專務方等乃歎曰吾昔學小
乘如人不識金以鍮石為妙因廣求
義要受誦中百二論及十二門等頌
之隨母進到温宿國即龜茲之北界

時温宿有一道士神辯英秀振名諸
國手擊王鼓而自誓言論勝我者斬
首謝之什既至以二義相撿即迷悶
自失稽首歸依於是聲滿葱左譽宣
河外龜茲王躬往温宿迎什還國廣
說諸經四遠宗仰莫之能抗時王子
為尼字阿竭耶末帝博覽群經特深
禪要云已證二果聞法喜踊迺更設
大集請開方等經奧什為推辯諸法
皆空無我分別陰界假名非實時會
聽者莫不悲感追悼恨悟之晚矣至
年二十受戒於王宮從卑摩羅叉學
十誦律有頃什母辭往天竺謂龜茲
王白純曰汝國尋衰吾其去矣行至
天竺進登三果什母臨去謂什曰方
等深教大闡真丹傳之東土唯尒之
力但於自無利其可如何什曰大士
之道利彼忘軀若必使大化流傳能
洗悟懞俗雖復身當爐鑊苦而無恨
於是留住龜茲止于新寺後於寺側
故宮中初得放光經始就披讀魔來
蔽文唯見空牒什知魔所為誓心逾
固魔去須字顯仍習誦之復聞空中聲曰

汝是智人何用讀此什曰汝是小魔宜時速去我心如地不可轉也停住二年又廣誦大乘經論洞其秘奧龜玆王為造金師子座以大秦錦褥鋪之令什升而說法什曰家師猶未悟大乘欲躬往仰化不得停此俄而大師盤頭達多不遠而至王曰大師何能遠顧達多曰一聞弟子所悟非常二聞大王弘贊佛道故冒涉艱危遠奔神國什得師至欣遂本懷為說德女問經多明因緣空假昔與師俱所不信故先說也師謂什曰汝於大乘見何異相而欲尚之什曰大乘深淨明有法皆空小乘偏局多諸漏失師曰汝說一切皆空甚可畏也安捨有法而愛空乎如昔狂人令績師績縷極令細好績師加意細若微塵狂人猶恨其麤績師大怒乃指空示曰此是細縷狂人曰何以不見師曰此縷極細我工之良匠猶且不見況他人耶狂人大喜以付織師師亦效焉皆蒙上賞而實無物汝之空法亦由此也什乃連類而陳之往復苦至經一月餘日方乃

信服師歎曰師不能達反啓其志驗於今矣於是禮什為師言和上是我大乘師我是和上小乘師矣西域諸國咸伏什神儁每講說諸王皆長跪座側令什踐而登焉其見重如此什既道流西域名被東川時符堅僭号關中有外國前部王及龜玆王弟並來朝堅堅引見二王說堅云西域多產珍奇請兵往定以求內附至符堅建元十三年歲次丁丑正月太史奏云有星見於外國分野當有大德智人入輔中國堅曰朕聞西域有鳩摩羅什襄陽有沙門釋道安將非此耶遣使求之至十七年二月善善王前部王等又說堅請兵西伐十八年九月堅遣驍騎將軍呂光陵江將軍姜飛將前部王及車師王等率兵七万西伐龜玆及烏耆諸國臨發堅餞光於建章宮謂光曰夫帝王應天而治以子愛蒼生為本豈貪其地而伐之乎正以懷道之人故也朕聞西有鳩摩羅什深解法相善閑陰陽為後學之宗朕甚思之賢哲者國之大寶若剋

龜玆即馳驛送什光軍未至什謂龜玆王白純曰國運衰矣當有勍敵日下人從東方來宜恭承之勿抗其鋒純不從而戰光遂破龜玆殺純立純弟震為主光既獲什未測其智量見年齒尚少乃凡人戲之強妻以龜玆王女什距而不受辭甚苦到光曰道士之操不踰先父何可固辭乃飲以醇酒閉之密室什被逼既至遂虧其節或令騎牛及乘惡馬欲使墮落什常懷忍辱曾無異色光慚愧而止光還中路置軍於山下將士已休什曰不可在此必見狼狽宜徙軍隴上光不納至夜果大雨洪潦暴起水深數丈死者數千光始密而異之什謂光曰此凶亡之地不宜淹留推運揆數應速言歸中路必有福地可居光從之至涼州聞符堅已為姚萇所害光三軍縞素大臨城南於是竊号關外稱年太安太安元年正月姑臧大風什曰不祥之風當有姦叛然不勞自定也俄而梁謙彭晃相係而叛尋皆殄滅至光龍飛二年張掖臨松盧水

胡沮渠男成及從弟蒙遜反推建康太守段業為主光遣庶子秦州刺史太原公纂率衆五万討之時論謂業等烏合纂有威聲勢必全剋光以訪什什曰觀察此行未見其利既而纂敗績於合梨俄又郭馨作亂纂委大軍輕還復為馨所敗僅身免光中書監張資文翰温雅光甚器之資病光博營救療有外國道人羅叉云能差資疾光喜給賜甚重什知叉誑詐告資曰叉不能為益徒煩費耳冥運雖隱可以事試也乃以五色絲作繩結之燒為灰末投水中灰若出水還成繩者病不可愈須臾灰聚浮出復繩本形既而又治無効少日資亡頃之光又卒子紹襲位數日光庶子纂煞紹自立稱元咸寧咸寧二年有猪生子一身三頭龍出東廂井中到殿前蟠卧比旦失之纂以為美瑞号大殿為龍翔殿俄而有黑龍升於當陽九宮門纂改九宮門為龍興門什奏曰皆潛龍出遊豕妖表異龍者陰類出入有時而今屢見則為災崇必有下

人謀上之變宜剋已脩德以沓天戒纂不納與什博戲煞棊曰斫胡奴頭什曰不能斫胡奴頭胡奴將斫人頭此言有旨而纂不悟光弟保有子名超超小字胡奴後果煞纂斬首立其兄隆為主時人方驗什之言也什停涼積年呂光父子既不弘道故藴其深解無所宣化苻堅已亡竟不相見及姚萇僣有關中亦挹其高名虛心要請諸呂以什智計多解恐為姚謀不許東入及萇卒子興襲位復遣敦請興弘始三年三月有樹連理生于廟庭逍遥園葱變為韮以為美瑞謂智人應入至五月興遣隴西公碩德西伐呂隆隆軍大破至九月隆上表歸降方得迎什入關以其年十二月二十日至于長安興待以國師之礼甚見優寵語言相對則淹留終日研微造盡則窮年忘勸自大法東被始于漢明涉歷魏晉經論漸多而支竺所出多滯文格義興少達崇三寶鋭志講集什既至止仍請入西明閣及逍遥園譯出衆經什既率多諳誦無

不究盡轉能漢言音譯流便既覧舊經義多紕僻皆由先度失首不與梵本相應於是興使沙門僧䂮僧遷法欽道流道恒道摽僧叡僧肇等八百餘人諮受什首更令出大品什持梵本興執舊經以相讎挍其新文異舊者義皆圓通衆心愜伏莫不欣賛興以佛道冲邃其行唯善信為出苦之良津仰世之洪則故託意九經遊心十二乃著通三世論以勗示因果王公以下並欽賛厥風大將軍常山公顯左軍將軍安城侯嵩並篤信緣業屢請什於長安大寺講說新經續出小品金剛波若十住法花維摩思益首楞嚴持世佛蔵菩薩蔵遺教菩提無行呵欲自在王因緣觀小無量壽新賢劫禪經禪法要禪要解弥勒成佛弥勒下生十誦律十誦戒本菩薩戒本釋論成實十住中百十二門論凡三百餘卷並暢顯神源揮發幽致于時四方義士万里必集盛業久大于今式仰龍光釋道生慧解入微玄構文外每恐言舛入關請决廬山釋慧遠

學貫群經棟梁遺化而時去聖久遠
疑義莫決乃封以諮什語見遠傳初
沙門慧叡才識高明常隨什傳寫什每為
叡論西方辭體商略同異云天竺國
俗甚重文製其宮商體韻以入絃為
善凡覲國王必有贊德見佛之儀以
歌歎為貴經中偈頌皆其式也但改
梵為秦失其藻蔚雖得大意殊隔文
體有似嚼飯與人非徒失味乃令嘔
噦也什嘗作頌贈沙門法和云心
育明德流薰万由延哀鸞孤桐上清
音徹九天凡為十偈辭喻皆介什雅
好大乘志存敷廣常歎曰吾若著筆
作大乘阿毗曇非迦旃延子比也今
在秦地深識者寡折翮於此將何
所論乃悽然而止唯為姚興著實相
論二卷并注維摩出言成章無所刪
改辭喻婉約莫非契理什為人神情
鑒徹傲岸出群應機領會鮮有倫匹
者篤性仁厚汎愛為心虛己善誘終
日無勌姚主常謂什曰大師聰明超
悟天下莫二若一旦後世何可使法
種無嗣遂以妓女十人逼令受之自

介以来不住僧坊別立廨舍供給豐
盈每至講說常先自說譬喻如臭泥
中生蓮花但採蓮花勿取臭泥也初
什在龜茲從卑摩羅叉受律卑摩
後入關中什聞至欣然師敬盡礼卑
摩未知被逼之事因問什曰汝於漢
地大有重緣受法弟子可有幾人什
荅云漢境經律未備新經及諸論等
多是什所傳出三千徒衆皆從什受
法但什累業障深故不受師敬耳又
杯渡比丘在彭城聞什在長安乃歎
曰吾與此子戲別三百餘年杳然未
期遲有遇於來生耳什未終日少覺
四大不愈乃口出三番神呪令外國
弟子誦之以自救未及致力轉覺危
殆於是力疾與衆僧告別曰因法相
遇殊未盡伊心方復後世惻愴可言
自以闇昧謬充傳譯凡所出經論三
百餘卷唯十誦一部未及刪煩存其
本旨必無差失願凡所宣譯傳流後
世咸共弘通今於衆前發誠實誓若
所傳無謬者當使焚身之後舌不燋
爛以偽秦弘始十一年八月二十日

卒于長安是歲晉義熙五年也即於
逍遙園依外國法以火焚尸薪滅形
碎唯舌不灰後外國沙門来云羅什
所諳十不出一初什一名鳩摩羅耆
婆外國制名多以父母為本父鳩摩
炎母字耆婆故兼取為名然什死年
月諸記不同或云弘始七年或云八
年或云十一年尋七與十一字或訛
誤而譯經中猶有一年者恐雷同三
家無以正焉

弗若多羅二

弗若多羅此云功德花罽賓人也少
出家以戒節見稱備通三藏而專精
十誦律部為外國師宗時人咸謂已
諧聖果以為秦弘始中振錫入關秦
王姚興待以上賓之礼羅什亦挹其
戒範厚相宗敬先是經法雖傳律藏
未闡聞多羅既善斯部咸共思慕以
為秦弘始六年十月十七日集學義
僧數百餘人於長安中寺延請多羅
誦出十誦本羅什譯為晉文三分獲
二多羅搆疾奄然棄世衆以大業未
就而匠人殂往悲恨之深有踰常痛

曇摩流支三

曇摩流支此云法樂西域人也棄家入道偏以律藏馳名以弘始七年秋達自關中初弗若多羅誦出十誦未竟而亡廬山釋慧遠聞支既善毗尼希得究竟律部乃遣書通好曰佛法之興先行上國分流以來四百餘年至於沙門德式所闕尤多頃西域道士弗若多羅是罽賓人甚諷十誦梵本有羅什師通才博見為之傳譯十誦之中文始過半多羅早喪中途而寢不得究竟大業慨恨良深傳聞仁者齎此經自隨甚欣所遇冥運之來豈人事而已耶想弘道為物感時而動叩之有人必情無所吝若能為律學之徒畢此經本開示梵行洗其耳目使始涉之流不失無上之津參懷勝業者日月弥朗此則慧深德厚人神同感矣幸願垂懷不乖往意一二悉諸道人所具流支既得遠書及姚興敦請乃與共譯十誦都畢研詳考覆條制審定而什猶恨文煩未善既而什化不獲刪治流支住長安大寺慧觀

欲請下京師支曰彼土有人有法足以利世吾當更行無律教處於是遊化餘方不知所卒或云終於涼土未詳

卑摩羅叉四

卑摩羅叉此云無垢眼罽賓人沈靖有志力出家履道苦節成務先在龜茲弘闡律藏四方學者競往師之鳩摩羅什時亦預焉及龜茲陷沒乃避地焉經頃之聞什在長安大弘經藏又欲使毗尼勝品復洽東國於是杖錫流沙冒險東入以偽秦弘始八年達自關中什以師禮敬待叉亦以遠遇欣然及羅什棄世叉乃出遊關左于壽春止石澗寺律衆雲聚盛闡毗尼羅什所譯十誦本五十八卷最後一誦謂明受戒法及諸成善法事逐其義要改名善誦叉後齎往石澗開為六十一卷最後一誦改為毗尼誦故猶二名存焉頃之南適江陵於辛寺夏坐開講十誦既通漢言善相領納無作妙本大闡當時析文求理者其聚如林明條知禁者數亦殷矣律藏大弘叉之力也道場慧觀深括宗

旨記其所制內禁輕重撰為二卷送還京師僧尼披習競相傳寫時聞者哄曰卑羅鄙語慧觀才錄都人繕寫紙貴如王今猶行於世為後生法矣叉養德好閑棄諠離俗其年冬復還壽春石澗卒於寺焉春秋七十七叉為人眼青時人亦為青眼律師

佛陁耶舍五

佛陁耶舍此云覺明罽賓人也婆羅門種世事外道有一沙門從其家乞其父怒使人打之父遂手腳攣躄不能行乃問於巫師對曰坐犯賢人鬼神使然也即請此沙門竭誠懺悔數日便瘳因令耶舍出家為其弟子時年十三常隨師遠行於曠野逢虎師欲走避耶舍曰此虎已飽必不侵人俄而虎去前行果見餘殘師密異之至年十五誦經日得二三万言所住寺常於外分衛廢於誦習有一羅漢重其聰敏恒乞食供之至十九誦大小乘經數百万言然性度簡傲頗以知見自處謂少堪己師者故不為諸僧所重但美儀止善談笑見者忘其深恨年及進

戒莫為臨壇所以向立之歲猶為沙弥乃從其舅學五明諸論世間法術多所練習年二十七方受具戒恒以讀誦為務手不釋牒每端坐思義尚忘不覺虛過於時其專精如此後至沙勒國國王不悆請三千僧會耶舍預其一焉時太子達摩弗多此言法子見耶舍容服端雅問所從來耶舍訓對清辯太子悅之仍請留宮內供養待遇隆厚羅什後至復從舍受學甚相尊敬什既隨母還龜茲耶舍留止頃之王薨太子即位時苻堅遣呂光西伐龜茲龜茲王急求救沙勒沙勒王自率兵赴之使耶舍留輔太子委以後事救軍未至而龜茲已敗王歸具說羅什為光所執舍乃歎曰我與羅什相遇雖久未盡懷抱其忽羈虜相見何期停十餘年乃東適龜茲法化甚盛時什在姑臧遣信要之裹粮欲去國人留之復停歲許後語弟子云吾欲尋羅什可密裝夜發勿使人知弟子曰恐明追至不免復還耳耶舍乃取清水一鉢以藥投中呪

數十言與弟子洗足即便夜發比旦行數百里問弟子曰何所覺耶答曰唯聞疾風之響眼中淚出耳耶舍又與呪水洗足住息明旦國人追之已差數百不及行達姑臧而什已入長安聞姚興逼以妾媵勸為非法乃歎曰羅什如好綿何可使入棘林中什聞其至姑臧勸姚興迎之興未納頃之興命什譯出經藏什曰夫弘宣法教宜令文義圓通貧道雖誦其文未善其理唯佛陁耶舍深達幽致今在姑臧願詔徵之一言三詳然後著筆使微言不墜取信千載也興從之即遣詔迎厚加贈遺悉不受仍笑曰明旨既降便應載馳檀越待士既厚脫如羅什見處則未敢聞命使還具說之興歎其幾慎重信敦喻方至長安興自出候問別立新省於逍遙園中四事供養並不受時至分衛一食而已于時羅什出十住經一月餘日疑難猶豫尚未操筆耶舍既至共相徵决辞理方定道俗三千餘人皆歎其當要舍為人赤髭善解毗婆沙時人号

曰赤髭毗婆沙既為羅什之師亦稱大毗婆沙四事供養衣鉢卧具滿三間屋不以關心姚興為貨之於城南造寺耶舍先誦曇無德律為司隸校尉姚爽請令出之興疑其遺謬乃試耶舍令誦羌籍藥方可五万言經二日乃執文覆之不誤一字衆服其強記即以弘始十二年譯出四分律凡四十四卷并長阿含等涼州沙門竺佛念譯為秦言道含筆受至十五年解座興嚫耶舍布絹万疋悉不受道含佛念布絹各千疋名德沙門五百人皆重嚫施耶舍後辞還外國至罽賓得虛空藏經一卷寄賈客傳與涼州諸僧後不知所終

佛馱跋陁羅六

佛馱跋陁羅此云覺賢本姓釋氏迦維羅衛人甘露飯王之苗裔也祖父達摩提婆此云法天嘗商旅於北天竺因而居焉父達摩脩耶利此云法日少亡賢三歲孤與母居五歲復喪母為外氏所養從祖鳩婆利聞其聰敏兼悼其孤露乃迎還度為沙弥至

年十七與同學數人俱以習誦為業
衆皆一月賢一日誦畢其師歎曰賢
一日敵三十夫也及受具戒脩業精
勤博學群經多所通達少以禪律馳
名常與同學僧伽達多共遊罽賓同
處積載達多雖伏其才明而未測其
人也後於密室閉戶坐禪忽見賢來
驚問何來荅云暫至兜率致敬弥勒
言訖便隱達多知是聖人未測深淺
後屢見賢神變乃敬心祈問方知得
不還果欲遊方弘化備觀風俗會有
秦沙門智嚴西至罽賓覩法衆清僧
乃慨然東顧曰我諸同輩斯有道志
而不遇真匠發悟莫由即諮訊國衆
孰能流化東土僉云有佛馱跋陁者
出生天竺那呵利城族姓相承世遵
道學其童齓出家已通解經論少受
業於大禪師佛大先先時亦在罽賓
乃謂嚴曰可以振維僧徒宣授禪法
者佛馱跋陁其人也嚴既要請苦至
賢遂愍而許焉於是捨衆辭師裹糧
東逝步驟三載綿歷寒暑既度葱嶺
路經六國國主矜其遠化並傾心資

奉至交阯乃附舶循海而行經一島
下賢以手指山曰可止於此舶主曰
客行惜日調風難遇不可停也行二
百餘里忽風轉吹舶還向島下衆人
方悟其神咸師事之聽其進止後遇
便風同侶皆發賢曰不可動舶主乃
止既而有先發者一時覆敗後於闇
夜之中忽令衆舶俱發無肯從者賢
自起收纜一舶獨發俄尒賊至留者
悉被抄害頃之至青州東萊郡聞鳩
摩羅什在長安即往從之什大欣悅
共論法相振發玄微多所悟益因謂
什曰君所釋不出人意而致高名何
耶什曰吾年老故尒何必能稱美談
什每有疑義必共諮決秦太子泓欲
聞賢說法乃要命群僧集論東宮羅
什與賢數番往復什問曰法云何空
荅衆微成色色無自性故雖色常空
又問既以極微破色空復云何破微
荅曰群師或破析一微我意謂不尒
又問微是常耶荅曰以一微故衆微
空以衆微故一微空時寶雲譯出此
語不解其意道俗咸謂賢之所計微

塵是常餘日長安學僧復請更釋賢
曰夫法不自生緣會故生緣一微故
有衆微微無自性則為空矣寧可言
不破一微常而不空乎此是問荅之
大意也秦主姚興專志佛法供養三
千餘僧並往來宮闕盛脩人事唯賢
守靜不與衆同後語弟子云我昨見
本鄉有五舶俱發而弟子傳告外人
關中舊僧咸以為顯異惑衆又賢在
長安大弘禪業四方樂靖者並聞風
而至但染學有淺深得有濃淡澆偽
之徒因而詭滑有一弟子因少觀行
自言得阿那含果賢未即檢問遂致
流言大被謗讟將有不測之禍於是
徒衆或藏名潛去或踰牆夜走半日
之中衆散殆盡賢乃夷然不以介意
時舊僧僧䂮道恒等謂賢曰佛尚不
聽說已所得法先言五舶將至虛而無
實又門徒誑惑互起同異既於律有違
理不同止宜可時去勿得停留賢曰
我身若流萍去留甚易但恨懷抱未
申以為慨然耳於是與弟子慧觀等
四十餘人俱發神志縱容初無異色

識眞之衆咸共歎惜白黑送者千有餘人姚興聞去悵恨乃謂道恒曰佛賢沙門恊道来遊欲宣遺教緘言未吐良用深慨豈可以一言之咎令万夫無導因勑令追之賢報使曰誠知恩旨無預聞命於是率侶宵征南指廬岳沙門釋慧遠久服風名聞至欣喜若舊遠以賢之被擯過由門人若懸記五舶止說在同意亦律無犯乃遣弟子曇邕致書姚主及關中衆僧解其擯事遠乃請出禪數諸經賢志在遊化居無求安停止歲許復西適江陵遇外國舶至既而訊訪果是天竺五舶先所見者也傾境士庶競来礼事其有奉遺悉皆不受持鉢分衛不問豪賤陳郡袁豹為宋武帝太尉長史宋武南討劉毅隨府届于江陵賢將弟子慧觀詣豹乞食豹素不敬信待之甚薄未飽辭退豹曰似未足且復小留賢曰檀越施心有限故令所設已罄豹即呼左右益飯飯果盡豹大慚愧即問慧觀曰此沙門何如人觀曰德量高邈非凡所測豹深

歎異以啓太尉太尉請與相見甚崇敬之資供備至俄而太尉還都便請俱歸安止道場寺賢儀軌率素不同華俗而志韻清遠雅有淵致京師法僧弼與沙門寶林書曰鬬場禪師甚有天心便是天竺王何風流人也其見稱如此先是沙門支法領於于闐得花嚴前分三万六千偈未有宣譯義熈十四年吳郡内史孟顗右衛將軍褚叔度即請賢為譯匠乃手執梵文共沙門法業慧嚴等百有餘人於道場譯出詮定文旨會通華戎妙得經意故道場寺猶有華嚴堂焉又沙門法顯於西域所得僧祇律梵本復請賢譯為晉文語在顯傳其先後所出觀佛三昧海六卷泥洹及修行方便論等凡一十五部一百十有七卷並究其幽旨妙盡文意賢以元嘉六年卒春秋七十有一矣

曇無讖第七

曇無讖或云曇摩讖或云曇無懺蓋取梵音不同也其本中天竺人六歲遭父喪隨母傭織㲲為業見沙門達

摩耶舍此云法明道俗所崇豐於利養其母美之故以讖為其弟子十歲同學數人讀呪聰敏出群誦經日得万餘言初學小乘兼覽五明諸論講說精辯莫能詶抗後遇白頭禪師共讖論議習業既異交諍十旬讖雖攻難鋒起而禪師終不肯屈讖伏其精理乃請禪師曰頗有經典可得見不禪師即授以樹皮涅槃經本讖尋讀驚悟方自慙恨以為坎井之識久迷大方於是集衆悔過遂專大乘至二十誦大小乘經二百餘万言讖從兄善能調象騎煞王所乘白耳大象王怒誅之令曰敢有視者夷三族親屬莫敢往者讖哭而葬之王怒欲誅讖讖曰王以法故煞之我以親而葬之並不違大義何為見怒傍人為之寒心其神色自若王奇其志氣遂留供養之讖明解呪術所向皆驗西域号為大呪師後隨王入山渴須水不能得讖乃密呪石出水因贊曰大王恵澤所感遂使枯石生泉隣國聞者皆歎王德于時雨澤甚調百姓歌詠王恱其

道術深加優寵頃之王意稍歇待之
漸薄讖以久處致猒乃辝往罽賓賷
大涅槃前分十卷并菩薩戒經菩薩
戒本等彼國多學小乘不信涅槃乃
東適龜茲頃之復進到姑臧止於傳
舍慮失經本枕之而寢有人牽之在
地讖驚覺謂是盜者如此三夕聞空
中語曰此如來解脫之藏何以枕之
讖乃慚悟別置高處夜有盜之者數
過提舉竟不能勝明旦讖將經去不
以為重盜者見之謂是聖人悉來謝
過河西王沮渠蒙遜僭據涼土自稱
為王聞讖名呼與相見接待甚厚蒙
遜素奉大法志在弘通欲請出經本
讖以未參土言又無傳譯恐言舛
於理不許即翻於是學語三年方譯
寫初分十卷時沙門慧嵩道朗獨步
河西值其宣出經藏深相推重轉易
梵文嵩公筆受道俗數百人疑難縱
横讖臨機釋滯清辯若流兼富於文
藻辝製華密嵩朗等更請廣出諸經
次譯大集大雲悲花地持優婆塞戒
金光明海龍王菩薩戒本等六十餘

万言讖以涅槃經本品數未足還外
國究尋值其母亡遂留歲餘後於于
闐更得經本中分復還姑臧譯之後
又遣使于闐尋得後分於是續譯為
三十三卷以偽玄始三年初就翻譯
至玄始十年十月二十三日三袠方
竟即宋武承初二年也譯出此經梵
本三万五千偈於此方減百万言今
所出者止一万餘偈讖嘗告蒙遜云
有鬼入聚落必多災疫遜不信欲躬
見為驗讖即以術加遜遜見而駭怖
讖曰宜絜誠齋誡神呪驅之乃讀呪
三日謂遜曰鬼已去矣時境首有見
鬼者云見數百疫鬼奔驟而逝境內
獲安讖之力也遜益加敬事至遜偽
承玄二年蒙遜濟河伐乞佛暮末於
抱罕以世子興國為前驅為末軍所
敗興國擒焉後乞佛失守暮末与興
國俱獲於赫連定定後為吐谷渾所
破興國遂為乱兵所煞遜大怒謂事
佛無應即遣斥沙門五十已下皆造
蒙遜先為母造丈六石像像遂泣涕
淚讖又格言致諫遜乃改心而悔焉

時魏虜託跋燾聞讖有道術遣使迎
請且告遜曰若不遣讖便即加兵遜
既事讖日久未忍聽去後又遣偽太
常高平公李順策拜蒙遜為使持節
侍中都督涼州西域諸軍事太傅驃
騎大將軍涼州牧涼王加九錫之禮
又命遜曰聞彼有曇摩讖法師博通
多識羅什之流秘呪神驗澄公之疋朕
思欲講道可馳驛送之遜与李順讌
於新樂門上遜謂曰西申老目蒙遜
奉事朝廷不敢違失而天子信納佞
言苟見蹙迫前遣遠求留曇無讖而
今便來徵索此是門師當與之俱死
每不惜殘年人生一死詎覺幾時順
曰王款誠先著遣愛子入侍朝廷欽
王忠績故顯加殊禮而王以此一道
人虧山岳之功不忍一朝之忿損由
來之美豈朝廷相待之厚竊為大王
不取主上虛襟之至弘文所知文者
遜所遣躬魏之使遜曰太常口美如
藕秦恐情不副辞耳遜既吝讖不遣
又迫魏之强至遜義和三年二月讖固
請西行更尋涅槃後分遜忿其欲去

乃寄函谷識爲以資粮發遣厚賜寶貨臨發之日識乃流涕衆曰識業對將至衆聖不能救矣以本有心擔義不容停比發遜果遣刺客於路害之春秋四十九是歲宋元嘉十年也黒白遠近咸共惜焉既而遜左右常白日見鬼神以劒擊遜至四月遜寢疾而亡初識在姑臧有張掖沙門道進欲從識受菩薩戒識云且悔過乃竭誠七日七夜至第八日詣識受戒識忽大怒進更思惟但是我業障未消耳乃勠力三年且禪且懺進即於定中見釋迦文與諸大士授已戒法其夕同止十餘人皆感夢如進所見進欲詣識說之未及至十步識驚起唱言善哉善哉已感戒矣吾當更為汝作證次第於佛像前為說戒相時沙門道朗振譽關西當進感戒之夕朗亦通夢乃自卑戒臈求為法弟於是從進受者千有餘人傳授此法迄至于今皆識之餘則有別記云菩薩地持經應是伊波勒菩薩傳來此土後果是識所傳譯疑識或非凡也蒙遜

有從弟沮渠安陽侯者為人强志疎通涉獵書記因識入河西弘闡佛法安陽乃閱意內典奉持五禁所讀衆經即能諷誦常以為務學多聞大士之風業少時常渡流沙至于闐於瞿摩帝大寺遇天竺法師佛馱斯那諮問道義斯那本學大乘天才秀發誦半億偈明了禪法故西方諸國号為人中師子安陽從受禪秘要治病經因其梵本口誦通利既而東歸向邑於高昌得觀世音彌勒二觀經各一卷及還河西即譯出禪要轉為晉文及爲魏呑併西凉乃南奔于宋晦志卑身不交人世常住塔寺以居士身畢初出彌勒觀音二觀經丹陽尹孟顗見而善之深加賞接後竹園寺慧濬尼復請出禪經安陽既通習積以臨華無滯旬有七日出為五卷頃之又於鍾山定林寺出佛父般泥洹經一卷安陽居絶妻孥無欲榮利縱容法侶宣通正法是以黒白咸敬而嘉焉後遘疾而終識所出諸經至元嘉中傳建業道場慧觀法師志欲重

尋涅槃後分乃啓宋太祖資給遣沙門道普持書吏十人西行尋經至長廣郡舶破傷足因疾而卒普臨終歎曰涅槃後分與宋地無緣矣普本高昌人經遊西域遍歷諸國供養尊影頂戴佛鉢四塔道樹足跡形像無不瞻覲善梵書備諸國語遊履異域別有大傳時高昌復有沙門法盛亦經往外國立傳凡有四卷又有竺法維釋僧表並往佛國云云

高僧傳卷第二

高僧傳卷第二

校勘記

一 底本，金藏廣勝寺本。

一 二四九頁中二行「沙門釋慧皎撰」，資、磧、普、南、徑、清作「沙門慧皎撰」。卷第三至卷第九同。

一 二四九頁中三行與四行之間，普、南、徑、清有「晉」字。

一 二四九頁中一一行「鳩摩羅什一」，資、磧、普、南、徑、清無。

一 二四九頁中一七行第八字「識」，資、磧、普、南、徑、清作「才」。

一 二四九頁中一八行首字「紶」，南、徑、清作「解」。

一 二四九頁中二一行「自覺神悟超解有倍常日」，資、磧、普、南、徑、清作「慧解倍常」。

一 二四九頁下一行首字「既」，諸本（不含石，下同）作「即」。

一 二四九頁下三行「之有」，資、磧、普、南、徑、清作「異有」。

一 二四九頁下五行第八字「後」，諸本作「之後」。又「還忘」，資、磧作「還無」。又「久之」，麗作「須之」。

一 二四九頁下七行「弗提婆」，諸本作「弗沙提婆」。

一 二四九頁下八行末字至次行第四字「誓出家若不」，資、磧、普、南、徑、清作「求離俗誓忘」。

一 二四九頁下一〇行第九字「夫」，諸本作「夫乃」。

一 二四九頁下一一行「除髮」，資、磧、普、南、徑、清作「爲除髮」。

一 二四九頁下一二行「仍業」，麗作「仍樂」。

一 二四九頁下一五行「王妹」，資、磧、普、南、徑、清作「王女」。

一 二四九頁下一六行末字「頭」，麗作「頂」。

一 二四九頁下一九行「該練」，資、磧、普、南、徑、清作「該博」。

一 二五〇頁上一行第四字「宮」，資、磧、普、南、徑、清無。

一 二五〇頁上七行第一二字「什」，資、磧、普、徑、清、麗無。

一 二五〇頁上一〇行「見而」，諸本作「見而異之」。

一 二五〇頁上一一行「三十五」，資、磧、普、南、徑、清作「年三十五」。

一 二五〇頁上一二行「優婆掘」，資、磧、普、南、徑、清作「優婆毱多」；麗作「優婆掘多」。

一 二五〇頁上一三行「正可」，資、磧、普、南、徑、清作「止可」。又「詣法師」，資、磧、普、南、徑、清作「藝法師」。

一 二五〇頁中一行「我國出」，諸本作「出我國」。

一 二五〇頁中四行末字「學」，諸本作「善學」。

一 二五〇頁中五行「舍多」，麗作「含多」。

一 二五〇頁中七行「必盡」，普、南、徑、清作「畢盡」。

一 二五〇頁中一九行「研覈」，諸本

作「研覈」。
一 二五〇頁下六行「宗仰」，資、磧、普、南、徑、清作「學宗」。又「王子」，資、磧、普、南、徑、清作「王女」。
一 二五〇頁下一六行第四字「大」，諸本作「應大」。
一 二五〇頁下一七行第四字「自」，諸本作「自身」。
一 二五〇頁下二二行第九字「魔」，資、磧、普、南、徑、清作「是魔」。
一 二五〇頁下末行第四字「頌」，諸本無。又「誦之」，資、磧作「誦文」。
一 二五一頁上一行第六字「用」，資、磧、普、南、徑、清作「用以」。又「小魔」，資、磧作「少魔」。
一 二五一頁上三行第三字「又」，資、磧、普、徑、清、麗無。
一 二五一頁上九行「難危」，諸本作「艱危」。
一 二五一頁上一〇行「爲說」，資、磧、普、南、徑、清作「即爲師說」。
一 二五一頁上一四行「諸漏失」，資、磧、普、南、徑、清作「滯名相」。
一 二五一頁上一六行「續縷」，資、磧、普、南、徑、清作「續師續綿」；麗作「續師續線」。
一 二五一頁中四行第七字「每」，資、磧、普、南、徑、麗作「每至」。
一 二五一頁中六行「東川」，資、磧、普、南、徑、清作「東國」。
一 二五一頁中八行「引見二王說」，資、磧、普、南、徑、清作「於正殿引見二王因說」。
一 二五一頁中九行第四字「請」，資、磧、普、南、徑、清作「乃請」。
一 二五一頁中一〇行「十三年」，資、磧作「十二年」。
一 二五一頁中一一行第五字「於」，資、磧、普、南、徑無；清作「於於」。
一 二五一頁中一三行第八字「釋」，資、磧、普、南、徑、清無。
一 二五一頁中一四行「遣使求」，諸本作「即遣使求之」。
一 二五一頁中一六行「姜飛」，資、磧、普、南、徑、清作「姜飛等」。
一 二五一頁中二〇行末字「乎」，資、磧、普、南、徑、清無。
一 二五一頁中二一行第一一字「西」，諸本作「西國」。
一 二五一頁下一行「未至」，資、磧、普、南、徑、清作「未到」。
一 二五一頁下七行第四字「距」，資、磧、南、徑、清作「拒」。
一 二五一頁下八行「何可」，資、磧、普、南、徑、清作「何所」。
一 二五一頁下九行「脝酒閅之」，諸本作「醇酒同閅」。
一 二五一頁下一三行「宜徙」，資、磧作「宜徒」。
一 二五一頁下一五行首字「尺」，諸本作「丈」。
一 二五一頁下二〇行「元年」，普、南、徑、清作「二年」。
一 二五一頁下二二行「相係而叛」，資、磧、普、南、徑、清作「相繼而反」。

一二五一頁下末行「至光」，資、磧、普、南、徑、清作「光至」。

一二五二頁上四行首字「烏」，資、磧、作「焉」。又「以訪」，資、磧、普、南、徑、清作「以問」。

一二五二頁上七行第八字「僅」，資、磧、普、徑、清、麗作「僅以」。

一二五二頁上一一行第六字「益」，資、磧、普、南、徑作「蓋」；清作「蓋益」。

一二五二頁上一二行「系作」，資、磧、普、南、徑、清作「絲作」。

一二五二頁上一五行「傾之」，諸本作「頃之」。

一二五二頁上一七行第八字「咸」，資、磧、普作「元咸」。

一二五二頁上末行「灾崇」，諸本作「灾眚」。

一二五二頁中一行末字「戒」，資、磧、普、南、徑、清作「威」。

一二五二頁中四行第七字「不」，資、磧、普、徑、清、麗作「終不」。

一二五二頁中九行「亦挹」，資、磧、普、南、徑、清作「聞」。

一二五二頁中一三行「廟庭」，麗作「廣庭」。又「爲薤」，諸本作「爲莛」。

一二五二頁中一八行「語言」，南、徑、清、麗作「晤言」。

一二五二頁中二一行第一〇字「達」，資、磧、普、南、徑、清無。

一二五二頁下二行「僻皆由光度」，資、磧、普、南、徑、清作「謬皆由先譯」。

一二五二頁下九行第二字「仰」，諸本作「御」。

一二五二頁下一二行第二字「軍」，資、磧、普、南、徑、清無。又末字「屬」，資、磧、普、徑、清、麗作「屢」。

一二五二頁下一九行第三字「論」，資、磧、普、南、徑、清無。又第一三字「論」，資、磧、普、徑、清作「諸論」。

一二五二頁下二二行「今式」，麗作「今咸」。

一二五三頁上一行末字「遠」，資、磧、普、南、徑、清無。

一二五三頁上二行「莫決」，資、磧、普、南、徑、清作「多端」。

一二五三頁上三行「慧叡」，麗作「僧叡」。又「常隨」，南作「當隨」。

一二五三頁上六行首字「善」，南作「義」。

一二五三頁上九行首字「禮」，諸本作「體」。

一二五三頁上一〇行「沓作」，資、磧、普、南、徑、清作「常作」。

一二五三頁上一一行首字「育」，諸本作「山育」。

一二五三頁上一八行「契理」，諸本作「玄奥」。

一二五三頁上一九行首字「鑒」，麗作「朗」。又第一三字至次行首字「倫疋者」，資、磧、普、南、徑、清作「其疋且」。

一二五三頁中二行第一一字「喻」，資、磧、普、南、徑、清無。

一二五三頁中四行第九字「叉」，諸本作「叉律師」。
一二五三頁中一〇行「師敬」，麗作「師教」。
一二五三頁中一四行「乃曰」，諸本作「乃口」。
一二五三頁中一七行「可言」，麗作「何言」。
一二五三頁下五行第一二字「父」，諸本作「什父」。
一二五三頁下六行「爲名」，資、磧、南、徑、清作「爲名焉」。
一二五三頁下八行第六字「年」，資、磧、普、南、徑、清無。
一二五三頁下九行「經中猶有一年者」，資、磧、普、南、徑、清作「經録中猶有十一年者容」；麗作「經録傳中猶有一年者」。
一二五三頁下一一行「弗若多羅二」，資、磧、普、南、徑、清無。
一二五三頁下一五行首字「諧」，諸本作「階」。
一二五三頁下一六行首字「王」，資、磧、普、南、徑、清作「主」；麗作「上」。
一二五三頁下一七行「宗敬」，資、磧、南、徑、清作「崇敬」。
一二五三頁下一九行「學義」，諸本作「義學」。
一二五三頁下二〇行「延請」，資、磧、普作「近請」。
一二五三頁下二一行第五字「本」，資、磧作「胡本」；普、南、徑、清、麗作「梵本」。
一二五三頁下末行「就而匠人殂」，資、磧、普、南、徑、清作「卒而匠人逝」。
一二五四頁上一行「曇摩流支三」，資、磧、普、南、徑、清無。
一二五四頁上七行首字「法」，諸本作「教」。又第八字「分」，諸本作「自分」。
一二五四頁上八行「德式」，資、磧、普、南、徑、清作「律戒」。又第一二字「頃」，資、磧、普、南、徑、清作「頃有」。
一二五四頁上九行「甚諷」，資、磧、普、南、徑、清作「其諷」。
一二五四頁上一〇行「羅什師」，諸本作「羅什法師」。
一二五四頁上一三行「宿運」，諸本作「寘運」。
一二五四頁上一五行「必情」，資、磧作「必請」。
一二五四頁上一七行「条懷」，資、磧、普、南、徑、清作「澡懷」。
一二五四頁上一八行「慧深」，資、磧、普、徑、清作「恵深」。
一二五四頁上二一行末字「覆」，普、麗作「覈」。
一二五四頁中四行「卑摩羅叉四」，資、磧、普、南、徑、清無。
一二五四頁中九行「焉經」，資、磧、普、南、徑、清作「烏纏」；麗作「焉」。
一二五四頁中一一行「東入」，資、磧、普、南、徑、清作「東渡」。

一　二五四頁中一二行「以遠」，資、磧、普作「以達」。

一　二五四頁中一四行首字「于」，諸本作「逗于」。同行「律衆」，資、磧、普、南、徑、清作「律徒」。

一　二五四頁中一七行「改名」，麗作「名爲」。

一　二五四頁中一九行「於辛」，資、普、南、徑、清作「於新」。

一　二五四頁中二〇行「漢言」，南作「漢音」。

一　二五四頁中二一行「妙本」，南作「妙有」。

一　二五四頁下四行「如王」，諸本作「如玉」。

一　二五四頁下六行「七十七」，諸本作「七十有七」。

一　二五四頁下七行「亦爲」，諸本作「亦號爲」。

一　二五四頁下八行「佛陁耶舍五」，資、磧、普、南、徑、清無。

一　二五四頁下九行「覺明」，普、南、徑、清作「覺名」。又第一二字「也」，資、磧、普、徑、清無。

一　二五四頁下一〇行第一三字「乞」，資、磧、普、南、徑、清作「乞食」。

一　二五四頁下一一行「攣癖」，普、南、徑、清作「攣躄」。

一　二五四頁下一二行首字「行」，諸本作「行止」。又「至師」，資、磧作「座師」。

一　二五四頁下一七行「餘殘」，普、南、徑、清作「餘殨」。

一　二五四頁下二〇行第六字「至」，諸本作「至年」。

一　二五四頁下二二行第六字「者」，資、磧、普、南、徑、清無。

一　二五五頁上三行「練習」，資、磧、普、南、徑、清作「綜習」。

一　二五五頁上五行「尚云不覺虛過於時」，資、磧作「不覺虛過於」；普、南、徑、清作「不覺虛中過時」。

一　二五五頁上六行「三千」，磧作「三十」。

一　二五五頁上一三行「呂光」，資、磧、普、南、徑、清作「呂光等」。又「求救」，諸本作「求救於」。

一　二五五頁上二二行第八字「明」，諸本作「明日」。

一　二五五頁中一行第一三字「比」，資、磧、普、南、徑、清作「比至」。

一　二五五頁中五行第三字「百」，諸本作「百里」。

一　二五五頁中九行「命什」，資、磧作「命比」。

一　二五五頁中一〇行第三字「令」，資、磧作「合」。

一　二五五頁中一二行第四字「詔」，麗作「下詔」。

一　二五五頁中一四行首字「遣」，諸本作「遣使」。又「仍笑」，諸本作「乃笑」。

一　二五五頁中末行首字「當」，普、南、徑、清作「賞」。

一　二五五頁下四行「司錄」，資作「司疑」。

一　二五五頁下五行第七字「興」，資、磧、普、南、徑、清無。又「乃試」，麗作「乃請」。

一　二五五頁下六行「二日」，資、普、南、徑、清作「一日」。

一　二五五頁下九行第四字「并」，資、磧、普、徑、清作「并出」。

一　二五五頁下一六行「佛馱跋陁羅六」，資、磧、普、南、徑、清無。

一　二五五頁下二一行「少亡」，資、磧、普、南、徑作「父少亡」。

一　二五六頁上一一行第四字「欲」，諸本作「常欲」。

一　二五六頁上一二行「清僧」，資、磧、普、南、徑、清作「清淨」；麗作「清勝」。

一　二五六頁上一八行「光光」，資作「光先」；南、徑、清、麗作「先先」。

一　二五六頁上末行「傾心」，資、磧、普、南、徑、清作「傾懷」。

一　二五六頁中九行第五字「一」，資、磧、普、南、徑、清作「唯一」。

一　二五六頁中一五行「諮決」，麗作「諮決時」。

一　二五六頁中一八行首字「荅」，諸本作「荅曰」。又「雖色」，資、磧、普、南、徑、清作「唯色」。

一　二五六頁中一九行第一四字「一」，麗無。

一　二五六頁下八行第八字「而」，諸本作「既而」。

一　二五六頁下一一行第九字「得」，資、磧、普、徑、清作「所得」；麗作「得法」。

一　二五六頁下一二行「目而」，諸本作「因而」。

一　二五六頁下一四行「謗黷」，麗作「謗讟」。

一　二五六頁下一六行「夷然」，資、磧、普、南、徑、清作「怡然」。

一　二五六頁下二〇行第四字「止」，資、磧、普、徑作「正」。

一　二五六頁下二二行首字「申」，麗作「由」。

一　二五六頁下末行「縱容」，資、普、南、徑、清、麗作「從容」。

一　二五七頁上五行第一〇字「報」，資、磧、普、南、徑、清作「謂」。

一　二五七頁上八行首字「喜」，資、磧、普、南、徑、清作「喜傾蓋」。

一　二五七頁上九行第一〇字「亦」，諸本作「亦於」。

一　二五七頁上一二行「停止」，資、磧、普、南、徑、清作「停山」。

一　二五七頁上一三行「舶至」，資、磧、普、南、徑、清作「舶主」。

一　二五七頁上一五行「奉遺」，資、磧、普、南、徑、清作「奉施」。

一　二五七頁上一六行「豪賤」，諸本作「豪賤時」。

一　二五七頁上一七行「劉毅」，資、磧、普、南、徑、清作「劉毅豹」。

一　二五七頁上二〇行「小留」，資、磧、普、南、徑、清作「少留」。

一　二五七頁上二二行「即問」，諸本作「既而問」。

一二五七頁上末行「高邈」，資、磧、普、南、徑、清作「高遠」。
一二五七頁中二行「便請」，資、磧、普、南、徑、清作「請與」。
一二五七頁中三行第一〇字「軌」，麗作「範」。
一二五七頁中四行末字「法」，諸本作「法師」。
一二五七頁中五行「鬪場」，資、磧作「鬧場」；普作「門場」；南、徑、清作「道場」。
一二五七頁中六行「天心」，麗作「大心」。
一二五七頁中八行末字「義」，資、磧、普、南、徑、清作「到義」；麗作「至義」。
一二五七頁中一〇行「譯匠」，資、磧作「譯近」。
一二五七頁中一一行「慧嚴」，資、磧、普、南、徑、清作「慧義慧嚴」。
一二五七頁中一二行「華戎」，普、南、徑、清作「華梵」。

一二五七頁中一七行「七卷」，資、磧作「十卷」。
一二五七頁中二〇行「曇無讖第七」，資、磧、普、南、徑、清無。
一二五七頁中末行「父喪」，資、磧、普、南、徑、清作「父憂」。又第八字「毹」，諸本作「毹㲪」。
一二五七頁下二行「美之」，普、南、徑、清作「羨之」。
一二五七頁下五行第一二字「日」，諸本無。
一二五七頁下八行「乃請」，諸本作「乃謂」。
一二五七頁下一一行「專大乘至」，資、磧、普、南、徑、清作「專業大乘至年」；麗作「專大乘至年」。
一二五七頁下二〇行第八字「渴」，資、磧、普、南、徑、麗作「王渴」。
一二五七頁下末行「歌詠」，資、磧、普、南、徑、清作「稱詠」。
一二五八頁上九行第四字「悞」，諸本作「悟」。

一二五八頁上一〇行第七字「勝」，資、磧、普、南、徑、清作「動」。又第一一字「將」，資、磧、普、南、徑、清作「持」。
一二五八頁上一一行末字至次行首字「謝過」；資、磧、普、南、徑、清作「拜謝時」；麗作「拜謝」。
一二五八頁中五行第三字「三」，資、磧無。
一二五八頁中七行「承初」，諸本作「永初」。又「譯云」，諸本作「識云」。
一二五八頁中八行首字「本」，麗作「本本」。
一二五八頁中一九行「定定」，資、磧、普、南、徑、清作「勅勅」。
一二五八頁中二一行第四字「即」，資、磧、普、南、徑、清作「即欲」。又末字「造」，諸本作「令罷道」。
一二五八頁中末行首字「淚」，諸本作「流淚」。
一二五八頁下一〇行「曰西申」，諸本作「順曰西蕃」。

一　二五八頁下一二行「遠求」，諸本作「表求」。

一　二五八頁下一三行「便來」，普、南、徑、清作「使來」。

一　二五八頁下一四行首字「每」，諸本作「實」。

一　二五八頁下一六行「顯加」，資、磧、普、南、徑、清作「顯嘉」。又「此一」，資、磧、普、南、徑、清作「一胡」；麗作「此一胡」。

一　二五八頁下一九行「文者」，諸本作「弘文者」。

一　二五八頁下二〇行「魏之使」，資、磧作「魏魏使也」；普、南、徑、清作「魏之使也」；麗作「魏使也」。

一　二五八頁下二二行「二月」，諸本作「三月」。又「識固」，資、磧、普、南、徑、清作「識因」。

一　二五九頁上一行「厚賜」，諸本作「厚贈」。

一　二五九頁上二行第一〇字「衆」，諸本作「告衆」。

一　二五九頁上六行「惜焉」，資、磧、普、南、徑、清作「嗟焉」。

一　二五九頁上一〇行「受戒」，諸本作「求受」。

一　二五九頁上一二行「且懺進」，資、磧、普、南、徑、清作「且定」。

一　二五九頁上一三行「釋迦文」，諸本作「釋迦文佛」。

一　二五九頁上一五行「及至」，資、磧、普、南、徑、清作「至數」；麗作「及至數」。

一　二五九頁上一七行第一一字「法」，諸本無。

一　二五九頁中三行「閱意」，資、磧、普、南、徑、清作「銳意」。

一　二五九頁中五行第六字「常」，徑、清作「嘗」；麗作「求法」。又「于闐」，資、磧、普、南、徑、清作「于闐國」。

一　二五九頁中一〇行「向邑」，資、磧、普、南、徑、清無。

一　二五九頁中一四行「人世常住」，資、磧作「世勢常遊止」；普、南、徑、清作「世務常遊止」；麗作「人世常遊」。

一　二五九頁中一四行末字至次行首字「身畢」，資、磧、普、南、徑、清作「自畢」；麗作「身畢世」。

一　二五九頁中一六行「加賞」，資、磧作「加賓」。

一　二五九頁中一七行第一四字至次行首字「以臨華」，資、磧、普、南、徑、清作「久臨筆」；麗作「以臨筆」。

一　二五九頁中一九行「出佛父」，資、磧作「譯出佛父」；普、南、徑、清作「譯出佛母」。

一　二五九頁中二〇行第七字「奴」，資、磧、普、南、徑、麗作「孥」；清作「拏」。又「縱容」，資、普、南、徑、清、麗作「從容」。

一　二五九頁中末行首字「中」，諸本作「中方」。

一　二五九頁下二行第四字「持」，諸本作「將」。

一　二五九頁下三行第一一字「普」，資、磧、普、南、徑、清作「道普」。

一　二五九頁下七行第三字「善」，資、磧、普、南、徑、清作「善能」。

一　二五九頁下八行「復有」，資、磧、普、南、徑、清作「後有」。

一　二五九頁下一〇行第五字「往」，諸本作「經往」。又「云云」，資、磧、普、南、徑、清作「云」。

高僧傳卷第三　廣

梁會稽嘉祥寺沙門釋慧皎撰

譯經下

釋法顯姓龔平陽武陽人有三兄並髫齔而亡父恐禍及顯三歲便為度沙弥居家數年病篤欲死因以送還寺信宿便差不肯復歸其母欲見之不得立小屋於門外以擬去来十歲遭父憂叔父以其母寡獨不立逼使

還俗顯曰本不以有父而出家也正欲遠塵離俗故入道耳叔父善其言乃止頃之母喪至性過人塟事畢仍即還寺嘗與同學數十人於田中刈稻時有飢賊欲奪其穀諸沙弥悉奔走唯顯獨留語賊曰若欲須穀隨意所取但君等昔不布施故致飢貧今復奪人恐来世弥甚貧道預為君憂耳言訖即還賊弃穀而去衆僧數百人莫不歎服及受大戒志行明敏儀軌整肅常慨經律舛闕誓志尋求以晉隆安三年与同學慧景道整慧應慧嵬等發自長安西渡流沙上無飛鳥下無走獸四顧茫茫莫測所之唯視日以准東西望人骨以標行路耳屢有熱風悪鬼遇之必死顯任緣委命直過險難有頃至葱嶺嶺冬夏積雪有龍吐毒風雨沙礫山路艱危壁立千刃昔有鑿石通路傍施梯道凡度七百餘所又躡懸絙過河數十餘處皆漢之張騫甘父所不至也次度小雪山遇寒風暴起慧景噤戰不能前語顯曰吾其死矣卿可前去勿得俱

殞言絕而平顯撫之泣曰本圖不果
命也奈何復自力孤行遂過山險凡
所經歷三十餘國將至天竺去王舍
城三十餘里有一寺逼暝過之顯欲
詣耆闍崛山寺僧諫曰路甚艱阻且
多黑師子亟經噉人何由可至顯曰
遠涉數万誓到靈鷲身命不期出
息非保豈可使積年之誠既至而廢
耶雖有險難吾不懼也衆莫能止乃
遣兩僧送之顯至山日將曛夕遂欲
停宿兩僧危懼捨之而還顯獨留山
中燒香礼拜翹感舊跡如覩聖儀至
夜有三黑師子来蹲顯前舐脣搖尾
顯誦經不輟一心念佛師子乃低頭
下尾伏顯足前以手摩之呪曰若欲相害
待我誦竟若見試者可便退矣師子
良久乃去明晨還返路窮幽梗止有
一逕通行未至里餘忽逢一道人年
可九十容服麁素而神氣雋遠顯雖
覺其韻高而不悟是神人後又逢一
少僧顯問曰向耆年是誰耶荅云頭
陀迦葉大弟子也顯方大惋恨更追
至山所有横石塞于室口遂不得入

顯流涕而去進至迦施國國有白耳
龍每与衆僧約令國内豐熟皆有信
効沙門為起龍舍并設福食每至夏
坐訖龍輒化作一小虵兩耳悉白衆
咸識是龍以銅盂盛酪置龍於中從
上座至下行之遍乃化去年輒一出
顯亦親見後至中天竺於摩竭提邑波
連弗阿育王塔南天王寺得摩訶僧
祇律又得薩婆多律抄雜阿毗曇心
綖經方等泥洹經等顯留三年學梵
語梵書方躬自書寫於是持經像寄
附商客到師子國顯同旅十餘或留
或亡顧影唯已常懷悲慨忽於玉像
前見商人以晉地一白團扇供養不
覺悽然下淚停二年復得弥沙塞律
長雜二含及雜藏並漢土所無既而附
商人大舶循海而還舶有二百許人
值暴風水入衆皆惶懅即取雜物棄
之顯恐棄其經像唯一心念觀世音
及歸命漢土衆僧舶任風而去得無
傷壞經十餘日達耶婆提國停五月
復隨他商東適廣州舉帆二十餘日
夜忽大風合舶震懼衆咸議曰坐載

此沙門使我等狼狽不可以一人故
令一衆俱亡共欲推之法顯檀越厲
聲呵商人曰汝若下此沙門亦應下
我不尒便當見煞漢地帝王奉佛敬
僧我至彼告王必當罪汝商人相視
失色僶俛而止既水盡粮竭唯任風
隨流忽至岸見藜藿菜依然知是
漢地但未測何方即乘船入浦尋村
見獵者二人顯問此是何地耶獵人
曰此是青州長廣郡牢山南岸獵人
還以告太守李嶷嶷素敬信忽聞沙
門遠至躬自迎勞顯持經像隨還頃
之欲南歸青州刺史請留過冬顯曰貧
道投身於不反之地志在弘通所期
未果不得久停遂造京師就外國禪
師佛馱跋陀於道場寺譯出摩訶僧
祇律方等泥洹經雜阿毗曇心垂百
餘万言顯既出大泥洹經流布教化
咸使見聞有一家失其姓名居近朱
雀門世奉正化自寫一部讀誦供養
無別經室與雜書共屋後風火忽起
延及其家資物皆盡唯泥洹經儼然
具存煨燼不侵卷色無改京師共傳

咸歎神妙其餘經律未譯後至荊州
卒於辛寺春秋八十有六衆咸慟惜
其遊履諸國別有大傳焉
釋曇無竭此云法勇姓李幽州黃龍
人幼為沙彌便修苦行持戒誦經為
師僧所重嘗聞法顯等躬踐佛國
乃慨然有忘身之誓遂以宋永初元
年招集同志沙門僧猛曇朗之徒二
十五人共齎幡蓋供養之具發跡北
土遠適西方初至河南國仍出海西
郡進入流沙到高昌郡經歷龜茲沙
勒諸國登葱嶺度雪山障氣千重層
冰萬里下有大江流急若箭於東西
兩山之脇繫索為橋十人一過到彼
岸已舉烟為識後人見烟知前已度
方得更進若久不見烟則知暴風吹
索人墮江中行經三日復過大雪山
懸崖壁立無安足處石壁皆有故杙
孔處處相對人各執四杙拔下杙手攀
上杙展轉相攀經日方過及到平地
相待料檢同侶失十二人進至罽賓
國禮拜佛鉢停歲餘學梵書梵語求
得觀世音受記經梵文一部復西行

至辛頭那提河漢言師子口緣河西入
月氏國禮拜佛肉髻骨及覩自沸木
舫後至檀特山南石留寺住僧三百
餘人雜三乘學無竭停此寺受大戒
天竺禪師佛馱多羅此云覺救彼方
咸云已證果無竭請為和上漢沙門
志定為阿闍梨停夏坐三月日復行
向中天竺界路既空曠唯齎石蜜為
糧同侶尚有十三人八人於路並化
餘五人同行無竭雖屢經危棘而繫
念所齎觀世音經未嘗暫廢將至舍
衛國野中逢山象一群無竭稱名歸
命即有師子從林中出象驚惶奔走後渡恒河
復值野牛一群鳴吼而來將欲害人無竭歸命如
初尋有大鷲飛來野牛驚散遂
得免之其誠心所感在險剋濟皆此
類也後於南天竺隨舶汎海達廣州
所歷事跡別有記傳其所譯出觀世
音受記經今傳于京師後不知所終
佛馱什此云覺壽罽賓人少受業於
彌沙塞部僧專精律品兼達禪要以
宋景平元年七月屆于楊州先沙
門法顯於師子國得彌沙塞律梵本

未被翻譯而法顯遷化京邑諸僧聞
什既善此學於是請令出焉以其年
冬十一月集于龍光寺譯為三十四
卷稱為五分律什執梵文于闐沙門
智勝為譯龍光道生東安慧嚴共執
筆參正宋侍中瑯琊王練為檀越至
明年四月方竟仍於大部抄出戒心
及羯磨文等並行於世什後不知
所終
浮陀跋摩此云覺鎧西域人幼而履
操明直聰悟出群習學三藏偏善毗
婆沙論常誦持此部以為心要宋元
嘉之中達于西涼先有沙門道泰志
用強悍少遊葱右遍歷諸國得毗婆
沙梵本十有萬偈還至姑臧側席虛
衿企待明匠聞跋摩遊心此論請為
翻譯時蒙遜已死子茂虔襲位虔承
和五年歲次丁丑四月八日即宋元
嘉十四年於涼州城內閑預宮中請
跋摩譯焉泰即筆受沙門慧嵩道朗
與義僧三百餘人考正文義再周方
訖凡一百卷沙門道挻為之作序有
頃魏虜託跋燾西伐姑臧涼土崩亂

經書什物皆被焚盡遂失四十卷今唯有六十存焉跋摩避亂西反不知所終

釋智嚴西涼州人弱冠出家便以精勤著名納衣宴坐蔬食永歲每以本域丘墟志欲博事名師廣求經誥遂周流西國進到罽賓入摩天陀羅精舍從佛馱先比丘諮受禪法漸染三年功踰十載佛馱先見其禪思有緒特深器異彼諸道俗聞而歎曰秦地乃有求道沙門矣始不輕秦類敬接遠人時有佛馱跋陀比丘亦是彼國禪匠嚴乃要請東歸欲傳法中土跋陀嘉其懇至遂共東行於是踰沙越險達自關中常依隨跋陀止長安大寺頃之跋陀橫為秦僧所擯嚴亦分散憩于山東精舍坐禪誦經力精修學晉義熙十三年宋武帝西伐長安剋捷旋旆塗步山東時始興公王恢從駕遊觀山川至嚴精舍見其同止三僧各坐繩床禪思湛然恢至良久不覺於是彈指三人開眼俄而還閉問不与言恢心敬精奇訪諸耆

老皆云此三僧隱居求志高韻法師也恢即啓宋武延請還都莫肯行者既屢請懇至二人推嚴隨行恢懷道素篤禮事甚殷還都即住始興寺嚴性虛靖志避諠塵恢乃為於東郊之際更起精舍即枳園寺也嚴前還於西域所得梵本衆經未及譯寫到元嘉四年乃共沙門寶雲譯出普曜廣博嚴淨四天王等嚴在寺不受別請常分衛自資道化所被幽顯咸服有見鬼者云見西州太社聞鬼相語嚴公至當避易此人未之解俄而嚴至聊問姓字果稱智嚴默而識之密加禮異儀同蘭陵蕭思話婦劉氏疾恒見鬼來吁可駭畏時迎嚴說法嚴始到外堂劉氏便見羣鬼迸散嚴既進為夫人說經疾以之瘳因稟五戒一門宗奉嚴清素寡欲隨受隨施少而遊方無所滯著稟性沖退不自陳敘故雖多美行世無得而盡傳嚴昔未出家時嘗受五戒有所虧犯後入道受具足常疑不得戒每以為懼積年禪觀而不能自了遂更汎海重到天竺

諮諸明達值羅漢比丘具以事問羅漢不敢判決乃為嚴入定往兜率宮諮彌勒彌勒答云得戒嚴大喜於是步歸至罽賓無疾而化時年七十八彼國法凡聖燒身各處嚴雖戒操高明而實行未辨始移尸向凡僧墓地而尸重不起改向聖墓則飄然自輕嚴弟子智羽智遠故從西來報此徵瑞俱還外國以此推嚴信是得道人也但未知果向中間若深淺耳

釋寶雲未詳氏族傳云涼州人少出家精勤有學行志韻剛潔不偶於世故少以方直純素為名而求法懇惻亡身殉道志欲躬覩靈跡廣尋經要遂以晉隆安之初遠適西域与法顯智嚴先後相隨涉履流沙登踰雪嶺勤苦艱危不以為難遂歷于闐天竺諸國備覩靈異乃經羅剎之野聞天鼓之音釋迦影跡多所瞻禮雲在外域遍學梵書天竺諸國音字詁訓悉皆備解後還長安隨禪師佛馱跋陀業禪進道俄而禪師橫為秦僧所擯徒衆悉同其咎雲亦奔散會廬山

暉慧遠解其擯事共歸京師安止道
場寺衆僧以雲志力堅猛弘道絶域
莫不披衿諮問敬而愛焉雲譯出新
無量壽晩出諸經多雲所治定華戎
兼通音訓允正雲之所定衆咸信服
初關中沙門竺佛念於苻姚二代顯
出衆經江左譯梵莫踰於雲故於晉
宋之際弘通法藏沙門慧觀等咸友
而善之雲性好幽居以保閑寂遂適
六合山寺譯出佛本行讃經山多荒
民俗好草竊雲説法教誘多有改更
礼事供養十室而八頃之道場慧觀
臨亡請雲還都捴理寺任雲不得已
而還居道場歲許復更還六合以元
嘉二十六年終於山寺春秋七十有
四其遊履外國別有記傳

求那跋摩此云功德鎧本剎利種累
世爲王治在罽賓國祖父呵梨跋陁
此言師子賢以剛直被徙父僧伽阿
難此言衆喜因潛隱山澤跋摩年十
四便機見儁達深有遠度仁愛汎博
崇德務善其母嘗須野肉令跋摩辦
之跋摩啓曰有命之類莫不貪生夭

彼之命非仁人矣母怒曰設令得罪吾
當代汝跋摩他日煑油誤澆其指因
謂母曰代兒忍痛母曰痛在汝身吾
何能代跋摩曰眼前之苦尚不能代況
三途耶母乃悔悟終身斷殺至年十
八相工見而謂曰君年三十當撫臨
大國南面稱尊若不樂世榮當獲聖
果至年二十出家受戒洞明九部博
曉四含誦經百餘万言深達律品妙
入禪要時号曰三藏法師至年三十
罽賓王薨絶無紹嗣衆咸議曰跋摩
帝室之胤又才明德重可請令還俗
以紹國位羣臣數百再三固請跋摩
不納乃辭師違衆林栖谷飲孤行山
野遁迹人世後師子國觀風教識真
之衆咸謂已得初果儀形感物見者
發心後至闍婆國初未至一日闍婆
王母夜夢見一道士飛舶入國明旦
果是跋摩來至王母敬以聖礼從受
五戒母因勸王曰宿世因緣得爲母
子我已受戒而汝不信恐後生之因
永絶今果王迫以母勑即奉命受戒
漸染既久專精稍篤頃之隣兵犯境

王謂跋摩曰外賊恃力欲見侵侮若
與鬪戰傷殺必多如其不拒危亡將
至今唯歸命師尊不知何計跋摩曰
暴寇相攻宜須禦捍但當起慈悲勿
興害念耳王自領兵擬之旗鼓始交
賊便退散王遇流矢傷脚跋摩爲呪
水洗之信宿平復王恭信稍殷乃欲
出家脩道因告羣臣曰吾欲躬栖法
門卿等可更擇明主羣臣皆拜伏勸
請曰王若捨國則子民無依且敵
國凶强恃險相對如失恩覆則黔首
奚處大王仁慈寧不愍念敢以死請
申其悃愊王不忍違乃就羣臣請三
願若許者當留治國一願凡所王境
同奉和上二願盡所治內一切斷殺三
願所有儲財賑給貧病羣臣歡喜僉
然敬諾於是一國皆從受戒王後爲
跋摩立精舍躬自引材傷王脚指跋
摩又爲呪治有頃平復導化之聲播
於遐迩外國聞風皆遣使要請時京
師名德沙門慧觀慧聰等遠挹風猷
思欲餐稟以元嘉元年九月面啓文
帝求迎請跋摩帝即勑交州刺史令

汎舶延致觀等又遣沙門法長道雋等往祈請并致書於跋摩及闍婆王婆多加等必希顧臨宋境流行道教跋摩以聖化宜廣不憚遊方先已隨商人竺難提舶欲向一小國會值便風遂至廣州故其遺文云業行風所吹遂至於宋境此之謂也帝知跋摩已至南海於是復勑州郡令資發下京路由始興經停歲許始興有虎市山儀形聳孤峯嶺高絶跋摩謂其髣髴耆闍乃改名靈鷲於山寺之外別立禪室室去寺數里磬音不聞每至鳴椎跋摩已至或冒雨不沾或履泥不濕時衆道俗莫不肅然增敬寺有寶月殿跋摩於殿北壁手自畫作羅云像及定光儒童布髮之形像成之後每夕放光久之乃歇始興太守蔡茂之深加敬仰後茂之將死跋摩躬自往視說法安慰後家人夢見茂之在寺中為衆僧講法實由跋摩化導之力也此山本多虎灾自跋摩居之晝行夜往或時值虎以杖按頭弄之而去於是山旅水賓去來無梗感德歸

化者十有七焉跋摩嘗於別室入禪累日不出寺僧遣沙弥往候之見一白師子緣柱而亘室弥滿生青蓮花沙弥驚恐大呼往逐師子豁無所見其靈異無方類多如此後文帝重勑觀等復更敦請乃汎舟下都以元嘉八年正月達于建鄴文帝引見勞問慇懃因又言曰弟子常欲持齋不煞迫以身殉物不獲從志法師既不遠万里来化此國將何以教之跋摩曰夫道在心不在事法由己非由人且帝王與疋夫所脩各異疋夫身賤名劣言令不威若不克己苦躬將何為用帝王以四海為家万民為子出一嘉言則士女咸悅布一善政則人神以和刑不夭命役無勞力則使風雨適時寒暖應節百穀滋繁桑麻鬱茂如此持齋齋亦大矣如此不煞德亦衆矣寧關半日之飡全一禽之命然後方為弘濟耶帝乃撫机歎曰夫俗人迷於遠理沙門滯於近教迷遠理者謂至道虛說滯近教者則拘戀篇章至如法師所言真謂開悟明達可與言

天人之際矣乃勑住祇洹寺供給隆厚公王英彥莫不宗奉俄而於寺開講法花及十地法席之日軒蓋盈衢觀矚往還肩隨踵接跋摩神府自然妙辯天絶或時假譯人而往復懸悟後祇洹慧義請出菩薩善戒始得二十八品後弟子代出二品成三十品未及繕寫失序品及戒品故今猶有兩本或稱菩薩戒地初元嘉三年徐州刺史王仲德於彭城請外國伊葉波羅出雜心至擇品而緣礙遂輟至是更請跋摩譯出後品足成十三卷并先所出四分羯磨優婆塞五戒略論優婆塞二十二戒等凡二十六卷並文義詳允梵漢弗差時影福寺尼慧果淨音等共請跋摩云去六年有師子國八尼至京云宋地先未經有尼那得二衆受戒恐戒品不全跋摩云戒法本在大僧衆發設不本事無妨得戒如愛道之緣諸尼又恐年月不滿苦欲更受跋摩稱云善哉苟欲增明甚助隨喜但西國尼年臘未登又十人不滿且令學宗語別因西域居

士更請外國尼來足滿十數其年夏在定林下寺安居時有信者採花布席唯跋摩所坐花彩更鮮衆咸崇以聖礼夏竟還祇洹其年九月二十八日中食未畢先起還閤其弟子後至奄然已終春秋六十有五未終之前預造遺文偈頌三十六行自說因縁云已證二果手自封緘付弟子阿沙羅云我終可以此文還示天竺僧亦可示此境僧也既終之後即扶坐繩牀顔貌不異似若入定道俗赴者千有餘人並聞香氣芬烈咸見一物狀若龍虵可長一疋許起於屍側直上衝天莫能詺者即於南林戒壇前依外國法闍毗之四部鱗集香薪成積灌之香油以燒遺陰五色焰起氤氳麗空是時天景澄朗道俗哀歎仍於其處起立白塔欲重受戒諸尼悲泣望斷不能自勝初跋摩至京文帝欲從受菩薩戒會虜寇侵彊未及諮稟奄而遷化以本意不遂傷恨弥深乃令衆僧譯出其遺文云

前頂礼三寶　淨戒諸上座　濁世多諂曲

虛僞無誠信　愚惑不識真　懷嫉輕有德
是以諸賢聖　現世晦其迹　我求郁跋摩
命行盡時至　所獲善功德　今當如實說
不以諂曲心　希有求名利　為勸衆懈怠
增長諸佛法　大法力如是　仁者咸諦聽
我昔曠野中　初觀於死尸　膖脹盈爛壞
臭穢膿血流　繫心緣彼處　此身性如是
常見此身相　貪餓不畏火　如是無量種
修習死尸觀　放捨餘聞思　依止林樹間
是夜專精進　正觀常不忘　境界恒在前
猶如對明鏡　如彼我亦然　由是心研靖
輕身極明淨　清涼心是樂　增長大歡喜
則生無著心　變成骨鏁相　白骨現在前
朽壞肢節離　白骨悉磨滅　無垢智熾然
調伏思法相　我時得如是　身安極柔軟
如是方便修　勝進轉增長　微塵念念滅
壞色正念法　是則身究竟　何緣起貪欲
知因諸受生　如魚貪鈎餌　彼受無量壞
念念觀磨滅　知彼所依處　從心猨猴起
業及業報果　依緣念念滅　心所知種種
是名別相法　是則思慧念　次第滿足修
觀種種法相　其心轉明了　我於尒焰中
明見四念處　律行從是竟　攝心緣中住

苦如熾然鋼　斯由渴愛轉　愛盡般涅槃
普見彼三界　死焰所熾然　形體極消瘦
喜息樂方便　身遂漸充滿　勝妙衆生相
頂忍亦如是　是於我心起　真實正方便
漸漸略境界　寂滅樂增長　得世第一法
一念緣真諦　次第法忍生　是謂無漏道
妄想及諸境　名字悉遠離　境界真諦義
除惱獲清涼　成就三眛果　離垢清涼緣
不涌亦不沒　淨慧如明月　湛然正安住
紙一寂滅相　非我所宜說　唯佛能證知
郁波阿毗曇　說五因緣果　實義知修行
名者莫能見　諸論各異端　修行理無二
偏執有是非　達者無違諍　修行衆妙相
今我不宣說　懼人起妄想　誑惑諸世間
於彼修利相　我已說少分　若彼明智者
善知此緣起　摩羅婆國界　始得初聖果
阿蘭若山寺　道迹修遠離　後於師子國
村名劫波利　進修得二果　是名斯陀含
從是多留難　障修離欲道　見我修遠離
知是處空閑　咸生希有心　利養競來集
我見如火毒　心生大猒離　避亂浮于海
闍婆及林邑　業行風所飄　隨緣之宋境
於是諸國中　隨力興佛法　無問所應問

諦實眞實觀　令此身滅盡　如若燈火滅
僧伽跋摩此云眾鎧天竺人也少而
棄俗清峻有戒德善解三藏久精雜
心以宋元嘉十年出自流沙至于京
邑器宇宏肅道俗敬異咸宗事之号
曰三藏法師初景平元年陸令許桒
捨宅建刹因名平陸寺後道場慧觀
以跋摩道行純備請住此寺崇其供
養以表厥德跋摩共觀埏塔三層今
之奉誠是也跋摩行道諷誦日夜不
輟僧眾歸集道化流布初三藏法師
明於戒品將為影福寺尼慧果等重
受具戒是時二眾未備而三藏遷化
俄而師子國比丘尼鐵薩羅等至都
眾乃請跋摩為師繼軌三藏祇洹慧
義擅步京邑謂為矯異執志不同親
與跋摩拃論翻覆跋摩標宗顯法理
證明允既德有所歸義遂迴剛靡然推
服令弟子慧基等服膺供事僧尼受
者數百許人宋彭城王義康崇其戒
範廣設齋供四眾殷盛傾于京邑慧
觀等以跋摩妙解雜心諷誦通利先
三藏雖譯未及繕寫即以其年九月

於長干寺招集學士更請出焉寶雲
譯語觀自筆受考覈研校一周乃訖
續出摩得勒伽分別業報略勸發諸
王要偈及請聖僧浴文等跋摩遊化
為志不滯一方既傳經事訖辭還本
國眾咸祈止莫之能留元嘉十九年
隨西域賈人舶還外國不詳其終
曇摩密多此云法秀罽賓人也年至
七歲神明澄正每見法事輒自然欣
躍其親愛而異之遂令出家罽賓多
出聖達屢值明師博貫羣經特深
禪法所得門戶極甚微奧為人沈邃
有慧解儀軌詳正生而連眉故世号
連眉禪師少好遊方誓志宣化周歷
諸國遂適龜茲未至一日王夢神告
嗣王曰有大福德人明當入國汝應
供養明旦即勑外司若有異人入境
必馳奏聞俄而密多果至王自出郊
迎延請入宮遂從稟戒盡四事之礼
密多安而能遷不拘利養居數載密
有去心神又降夢曰福德人捨王去
矣王惕然驚覺既而君臣固留莫之
能止遂度流沙進到燉煌於閑曠之

地建立精舍植㮈千株開園百畝房
閣池沼極為嚴淨頃之復適涼州仍
於公府舊寺更葺堂宇學徒濟濟禪
業甚盛常以江左王畿志欲傳法以
宋元嘉元年展轉至蜀俄而出峽止
荊州於長沙寺造立禪閣翹誠懇惻
祈請舍利旬有餘日遂感一枚衝器
出聲放光滿室門徒道俗莫不更增
勇猛人百其心頃之沿流東下至于
京師初止中興寺晚憩祇洹密多道聲
素著化洽連邦至京甫尒傾都礼訊
自宋文哀皇后及皇太子公主莫不
設齋桂宮請戒椒掖參候之使旬日
相望即於祇洹寺譯出禪經法要普
賢觀虛空藏觀等常以禪道教授或
千里諮受四輩遠近皆号大禪師會
稽太守平昌孟顗深信正法以三寶
為己任素好禪味敬心殷重及臨浙
右請與同遊乃於此縣之山建立塔
寺東境舊俗多趣巫祝及妙化所
移比屋歸正自西徂東無思不服元
嘉十年還都止鍾山定林下寺密多
天性凝靖雅愛山水以為鍾山鎮岳

埒美嵩華常歎下寺基構臨澗傾側
於是乘高相地揆卜山勢以元嘉十二
年斬石刊木營建上寺士庶欽風獻
奉稠疊禪房殿宇欝介層構於是息
心之衆万里來集諷誦肅邕望風成
化定林達禪師即神足弟子弘其風
教聲震道俗能淨化久而莫渝勝業
崇而弗替蓋密多之遺烈也爰自西
域至于南土凡所遊履靡不興造檀
會敷陳教法初密多之發罽賓也有
迦毗羅神王衛送遂至龜茲於中路
欲反乃現形告辭密多曰汝神力通
變自在遊處將不相隨共往南方語
畢即收影不現遂遠從至都即於上
寺圖像著壁迄至于今猶有聲影之
驗潔誠祈福莫不享願以元嘉十九
年七月六日卒于上寺春秋八十有
七道俗四衆行哭相趍仍葬于鍾山
宋熙寺前

釋智猛雍州京兆新豐人稟性端明
勵行清白少襲法服修業專至諷誦
之聲以夜續日每聞外國道人說天
竺國土有釋迦遺迹及方等衆經常

慨然有感馳心遐外以為万里咫尺
千載可追也遂以僞秦弘始六年甲
辰之歲招結同志沙門十有五人發
跡長安渡河跨谷三十六所至涼州城
出自陽關西入流沙凌危履險有
前傳遂歷鄯鄯龜茲于闐諸國備矚
風化從于闐西南行二千里始登葱
嶺而九人退還猛与餘伴進行千七
百里至波倫國同侶竺道嵩又復無
常將欲闍毗忽失尸所在猛悲歎驚
異於是自力而前与餘四人共度雪
山渡辛頭河到罽賓國國有五百羅
漢常往返阿耨達池有大德羅漢見
猛至歡喜猛問諮方土為說四天子
事具在猛傳猛於奇沙國見佛文石
唾壺又於此國見佛鉢光色紫紺四
際盡然猛香華供養頂戴發願鉢若有
應能輕能重既而轉重力遂不堪及
下案時復不覺重其道心所應如此
復西南行千三百里至迦維羅衛國
見佛髮佛牙及肉髻骨佛影跡炳然
具存又覩泥洹堅固之林降魔菩提
之樹猛喜心內充設供一日兼以寳

蓋大衣覆降魔像其所遊踐究觀靈
變天梯龍池之事不可勝數後至華
氏國阿育王舊都有大智婆羅門名
羅閱家舉族弘法王所欽重造純銀
塔高三丈既見猛至乃問秦地有大
乘學不猛答悉大乘學羅閱驚歎曰
希有希有將非菩薩往化耶猛於其
家得大泥洹梵本一部又得僧祇律
一部及餘經梵本誓願流通於是便
反以甲子歲發天竺同行三伴於路
無常唯猛与曇纂俱還於涼州出泥
洹本得二十卷以元嘉十四年入蜀
十六年七月造傳記所遊歷元嘉末
卒于成都余歷尋遊方沙門記列
道路時或不同佛鉢頂骨處亦乖爽
將知遊往天竺非止一路頂鉢靈還
時屆異土故傳述見聞難以例也

畺良耶舍此云時稱西域人性剛直
寡嗜欲善誦阿毗曇博涉律部其餘
諸經多所該綜雖三藏兼明而以禪
門專業每一遊觀或七日不起以三
昧正受傳化諸國以元嘉之初遠冒
沙河萃于京邑太祖文皇深加歎異

初止鍾山道林精舍沙門寶誌崇其禪法沙門僧含請譯藥王藥上觀及無量壽觀含即筆受以此二經是轉障之祕術淨土之洪因故沉吟嗟味流通宋國平昌孟顗承風欽敬資給豐厚顗出守會稽固請不去後移憩江陵元嘉十九年西遊岷蜀處處弘道禪學成羣後還卒於江陵春秋六十矣時又有天竺沙門僧伽達多僧伽羅多等並禪學深明來遊宋境達多嘗在山中坐禪日時將迫念欲虛齋乃有羣鳥銜果飛來授之達多思惟獼猴奉蜜佛亦受而食之今飛鳥授食何為不可於是受而進之元嘉十八年夏受臨川康王請於廣陵結居後終於建鄴僧伽羅　多此云衆濟以宋景平之末來至京師乞食人間宴坐林下養素幽閑不涉當世以元嘉十年卜居鍾阜之陽剪棘開榛造立精舍即宋熙是也

求那跋陀羅此云功德賢中天竺人以大乘學故世號摩訶衍婆羅門種幼學五明論天文書筭醫方呪術靡

不該博後遇見阿毗曇雜心尋讀驚悟乃深崇佛法焉其家世外道禁絕沙門乃捨家潛遁遠求師友即投簪落彩專精志學及受具足博通三藏為人慈和恭恪事師盡禮頃之辭小乘師進學大乘大乘師試令探取經匣即得大品華嚴師嘉而歎曰汝於大乘有重緣矣於是誦講宣說莫能訓抗進受菩薩戒法乃奉書父母勸歸正法曰若專守外道則雖還無益若歸信三寶則長相見父感其言至遂棄邪從正跋陀前到師子諸國皆傳送資供既有緣東方乃隨舶汎海中途風止淡水復竭舉舶憂惶跋陀曰可同心并力念十方佛稱觀世音何往不感乃密誦呪經懇到禮懺俄而信風暴至密雲降雨一舶蒙濟其誠感如此元嘉十二年廣州刺史車朗表聞宋太祖遣信迎接既至京都勅名僧慧嚴慧觀於新亭郊勞見其神情朗徹莫不虔仰雖因譯交言而欣若傾蓋初住祇洹寺俄而太祖延請深加崇敬琅琊顏延之通才碩學束

帶造門於是京師遠近冠蓋相望大將軍彭城王義康丞相南譙王義宣並師事焉頃之衆僧共請出經於祇洹寺集義學諸僧譯出雜阿含經東安寺出法鼓經後於丹陽郡譯出勝鬘楞伽經徒衆七百餘人寶雲傳譯慧觀執筆往復諮析妙得本旨後譙王鎮荊州請與俱行安止辛寺更創房殿即於辛寺出無憂王過去現在因果及一卷無量壽一卷泥洹央掘魔相續解脫波羅蜜了義現在佛名經三卷第一義五相略八吉祥等諸經并前出凡百餘卷常令弟子法勇傳譯度語譙王欲請講花嚴等經而跋陀自忖未善宋言有懷愧歎即旦夕禮懺請觀世音乞求冥應遂夢有人白服持劍擎一人首來至其前曰何故憂耶跋陀具以事對答曰無多憂即以劍易首更安新頭語令迴轉曰得無痛耶答曰不痛豁然便覺心神悅懌旦起道義　皆備領宋言於是就講元嘉將末譙王屢有怪夢跋陀答云京都將有禍亂未及一年元凶搆

逆及孝建之初譙王陰謀逆節跋陀顏容憂慘未及發言譙王問其故跋陀諫爭懇切乃流涕而出曰無所冀貧道不道不容邑從譙王以其物情所信乃逼與俱下梁山之敗大艦轉迫去岸懸遠判無全濟唯一心稱觀世音手捉邛竹杖投身江中水齊至膝以杖刺水水流深駃見一童子尋後而至以手牽之顧謂童子汝小兒何能度我怳忽之間覺行十餘步仍得上岸即脫納衣欲償童子顧覓不見舉身毛竪方知神力焉時王玄謨督軍梁山世祖勑軍中得摩訶衍善加料理驛信送臺俄而尋得令舸送都世祖即時引見顧問委曲曰企望日久今始相遇跋陀曰既染釁戾分當灰粉今得接見重荷生造勑問並誰為賊荅曰出家之人不預戎事然張暢宗靈秀等並見驅逼貧道所明但不圖宿緣乃逢此事帝曰無所懼也是日勑住後堂供施衣物給以人乘初跋陀在荊十載每為譙王書疏無不記錄及軍敗檢簡無片言及軍事

者世祖明其純謹益加礼遇後因閑談聊戲問曰念丞相不荅曰受供十年何可忘德今從陛下乞願願為丞相三年燒香帝悽然慘容義而許焉及中興寺成勑令移住為開三閒房後於東府讌會王公畢集勑見跋陀時未及淨髮白首皓然世祖遙望顧謂尚書謝莊曰摩訶衍聰明機解但老期已至朕試問之其必悟人意也跋陀上階迎謂之曰摩訶衍不負遠來之意但唯有一在即應聲荅曰貧道遠歸帝京垂三十載天子恩遇銜愧罔極但七十老病唯一死在帝嘉其機辯勑近御而坐舉朝屬目後於秣陵界鳳皇樓西起寺每至夜半輒有推戶而喚視之無人衆屢厭夢跋陀燒香呪願曰汝宿緣在此我今起寺行道礼懺常為汝等若住者為護寺善神若不能住各隨所安既而道俗十餘人同夕夢見鬼神千數皆荷擔移去寺衆遂安今陶後渚白塔寺即其處也永明六年天下亢旱禱祈山川累月無驗世祖請令祈雨必使

有感如其無獲不須相見跋陀曰仰憑三寶陛下天威冀必降澤如其不獲不復重見即往北湖釣臺燒香祈請不復飲食默而誦經密加秘呪明日晡時西北雲起如蓋日在桑榆風震雲合連日降雨明旦公卿入賀勑見慰勞䞋施相續跋陀自幼以來蔬食終身常執持香鑪未嘗輟手每食竟輒分食飛鳥乃集手取食至太宗之世礼供弥隆到大始四年正月覺體不悆便與太宗及公卿等告別臨終之日延佇而望之見天花聖像禺中遂卒春秋七十有五太宗深加痛惜慰賻甚厚公卿會葬榮哀備焉時又有沙門寶意梵言阿那摩低本姓康康居人世居天竺以宋孝建中來止京師瓦官禪房恒於寺中樹下坐禪又曉經律時人亦号三藏常轉側數百具子立知凶吉善能神呪以香塗掌亦見人往事宋世祖施其一銅唾壺高二尺許常在牀前忽有人竊之意以席一領空卷之呪上數通經于三夕唾壺還在席中莫測其然於是四遠道俗咸敬

以師礼焉永明末終於所住
求那毗地此言安進本中天竺人弱
年從道事天竺大乘法師僧伽斯聡
慧強記勤於諷誦諳究大小乘將二
十万言兼學外典陰陽占時驗事徵
瑞非一齊建元初来至京師止毗耶
離寺執錫從徒威儀端肅王公貴勝迭相
供請初僧伽斯於天竺國抄脩多羅
藏中要切譬諭撰為一部凡有百事
教授新學毗地悉皆通兼明義旨以
永明十年秋譯為齊文凡有十卷謂
百句譬經復出十二因縁及須達長
者經各一卷自大明已後譯經殆絶
及其宣流世咸稱美毗地為人弘厚
故万里歸集南海商人咸宗事之供
獻皆受悉為營法於建鄴淮側造正
觀寺居之重閣層門殿堂整飾以中
興二年命終於所住梁初有僧伽婆
羅者亦外國學僧儀貌謹潔善於談
對至京師亦止正觀寺今上甚加礼遇
勑於正觀寺及壽光占雲館中譯出
大育王經解脱道論等請寶唱袁曇允
等筆受

論曰傳譯之功尚之矣固無得而稱
焉昔如来滅後長老迦葉阿難末田
地等並具足住持八万法藏弘道濟
人功用弥博聖慧日光餘暉未隱是
後迦旃延子達磨多羅達摩尸利帝
等並博尋異論各著言說而皆祖述
四含宗軌三藏至若龍樹馬鳴婆藪
槃頭則於方等深經領括樞要源發
般若流貫雙林雖曰化洽窪隆而亦
俱得其性故令三寶載傳法輪未絶
是以五百年猶稱正法在世夫神化
所接遠近斯届一聲一光輙震他土
一臺一蓋動覆恒國振丹之与迦維
雖路絶葱河里踰數万若以聖之神
力譬猶武步之間而令聞見限隔豈
非時也及其縁運將感名教潛洽或
稱為浮啚之主或號為西域大神故
漢明帝詔楚王英云王誦黄老之微
言尚浮啚之仁祀及通夢金人遣
使西域迺有攝摩騰竺法蘭懷道来
化恊策孤征艱苦必達傍峻壁而臨
深躡飛絙而渡險遺身為物處難能
夷傳法宣經初化東土後學而聞蓋

其力也爰至安清支讖康會竺護等
並異世一時継踵弘賛然夷夏不同
音韻殊隔自非精括詁訓領會良難
屬有支謙聶承遠竺佛念釋寶雲竺
叔蘭無羅叉等並妙善梵漢之音故
能盡翻譯之致一言三復詞旨分明
然後更用此土宫商飾以成製論云隨
方俗語能示正義於正義中置隨義
語蓋斯謂也其後鳩摩羅什碩學鈎
深神鑒奥遠歷遊中土備悉方言復
恨支竺所譯文製古質未盡善美迺
更臨梵本重為宣譯故致今古二經
言殊義一時有生融影叡嚴觀恒肇
皆領悟言前詞潤珠玉執筆承旨任
在伊人故長安所譯鬱為稱首是時
姚興竊號跨有皇畿崇愛三寶城塹
遺法使夫慕道来儀遐迩烟萃三藏
法門有縁必覩自像運東遷在兹為
盛其佛賢比丘江東所譯花嚴大部
曇無讖河西所翻涅槃妙教及諸師
所出四含五部犍度婆沙等並皆言
符法本理惬三印而童壽有別室之
愆佛賢有擯黙之迹考之實録未易

詳究或以時運澆薄道喪人離故所感見爰至於此若以近迹而求蓋亦珪璋一玷也又世高無識法祖法祚等並理思淹通仁澤成霧而皆不得其死將由業有傳感義無違避故羅漢雖諸漏已盡尚貽貫腦之厄比干雖忠謇竭誠猶招賜劍之禍匪其然乎間有竺法度者自言專執小乘而与三藏乖越食用銅鉢非律儀所許伏地相向懺法所無且法度生本南康不遊天竺晚值曇摩耶舍又非專小之師直欲谿壑其身故為矯異然而達量君子未曾迴適尼衆易從初稟其化夫女人理教難愜事迹易翻聞因果則悠然扈背見變術則奔波傾飲隨墮之義即斯謂也竊惟正法淵廣數盈八億傳譯所得卷止千餘皆由踰越沙阻履跨危絕或望烟渡險或附弋前身及相會推求莫不十遺八九是以法顯智猛智嚴法勇等發趾則結旅成羣還至則顧影唯一實足傷哉當知一經達此豈非更賜壽命而須世學徒唯慕鑽求一典謂

言廣讀多惑斯蓋惰學之辟匪曰通方之訓何者夫欲考尋理味決正法門豈可斷以胃衿而不博尋衆典遂使空勞傳寫永翳箱匣甘露正說竟莫披尋無上寶珠隱而弗用豈不惜哉若能貫採禪律融治經論雖復祇樹息蔭玄風尚扇娑羅變葉佛性猶彰遠報能仁之恩近稱傳譯之德儻獲身命寧不勗歟

賛曰頻婆揜唱疊教攸陳五乘竟轉八万弥綸周星曜魄漢夢通神騰蘭識什殉道來臻慈雲從蔭慧水傳津裨夫季末方樹洪因

高僧傳卷第三

高僧傳卷第三

校勘記

一　底本，金藏廣勝寺本。二七九頁下原版手抄，以高麗藏本换。

一　二六九頁中四行首字「釋」，磧、普、南、徑、清作「宋江陵辛寺釋」。

一　二六九頁中五行首字「釋」，磧、普、南、徑、清作「黄龍釋」。

一　二六九頁中六行首字「佛」，磧、普、南、徑、清作「建康隆光寺佛」。

一　二六九頁中七行首字「浮」，磧、普、南、徑、清作「河西浮」。

一　二六九頁中八行首字「釋」，磧、普、南、徑作「京師枳園寺釋」；清作「京西枳園寺釋」。

一　二六九頁中九行首字「釋」，磧、普、南、徑、清作「六合山釋」。

一　二六九頁中一〇行首字「求」，磧、普、南、徑、清作「京師祇洹寺求」。

一　二六九頁中一一行首字「僧」，磧、普、南、徑、清作「京師奉誠寺僧」。

一　二六九頁中一二行首字「曇」，磧、普、南、徑、清作「上定林寺曇」。

一　二六九頁中一三行首字「釋」，磧、普、南、徑、清作「京兆釋」。

一　二六九頁中一四行首字「曇」，資、麗作「畺」；磧、普、南、徑、清作「道林寺畺」。

一　二六九頁中一五行首字「求」，磧、普、南、徑、清作「中興寺求」。

一　二六九頁中一六行首字「求」，磧、普、南、徑、清作「齊正觀寺求」。

一　二六九頁中一八行「父恐」，資、磧、普、南、徑、清作「其父恐」。又「爲度」，諸本(不含石，下同)作「度爲」。

一　二六九頁中一九行第一二字「以」，資、磧、普、南、徑、清無。

一　二六九頁中二〇行首字「寺」，資、磧、普、南、徑、清作「寺住」。

一　二六九頁中二一行第二字「得」，資、磧、普、南、徑、清作「得爲」；麗作「能得後爲」。

一　二六九頁下一行末字「正」，資無。

一　二六九頁下一五行第七字「望」，資、磧、普、南、徑、清無。

一　二六九頁下一七行第七字「至」，資、磧、普、南、徑、清作「至于」。

一　二六九頁下一八行第二字「龍」，諸本作「惡龍」。

一　二六九頁下一九行第四字「有」，麗作「有人」。

一　二六九頁下二一行「甘父」，南、徑、清作「甘英」。

一　二七〇頁上四行末字「欲」，麗作「明旦欲」。

一　二七〇頁上五行第二字「耆」，磧作「者」。又「艱阻」，資、磧、普、南、徑、清作「艱嶮阻」。又末字「具」，諸本作「且」。

一　二七〇頁上一〇行第七字「至」，諸本作「旣至」。又「遂欲」，麗作「欲遂」。

一　二七〇頁上一五行第七字「以」，諸本作「顯以」。

一　二七〇頁中七行至八行「邑波連弗」，南、徑、清作「波連弗邑」。

一　二七〇頁中一三行第一三字「玉」，普作「依王」。

一　二七〇頁中一四行「白團扇」，麗作「白團絹扇」。

一　二七〇頁中一六行「雜藏」，麗作「雜藏本」。

一　二七〇頁中一八行第五字「人」，資、磧、普、南、徑、清無；麗作「入」。

一　二七〇頁中末行第一〇字「咸」，資、磧、普、南、徑、清作「咸皆」。

一　二七〇頁下八行「未測」，清作「末測」。

一　二七〇頁下九行「獵人」，資、磧、普、南、徑、清作「獵者」，一〇行同。

一　二七〇頁下一二行末字「頃」，諸本作「頃之」。

一　二七〇頁下一五行「遂造」，諸本作「遂南造」。

一　二七〇頁下一七行第一二字「心」，南、徑、清作「心論」。又第一三字「垂」；資、磧、普、南、徑、清作「垂有」。

一　二七一頁上五行首字「人」，麗作「人也」。

一　二七一頁上九行末字「北」，資、磧、普、南、徑、清作「此」。

一　二七一頁上一一行「入流沙」，磧無。

一　二七一頁上一五行「爲識」，諸本作「爲幟」。

一　二七一頁上一九行第九字「四」，諸本作「四杙」。又第一四字「手」，資、磧、普、南、徑、清作「右手」。

一　二七一頁上二〇行「經日」，資、磧、普、南、徑、清作「經三日」。

一　二七一頁中一行全行「至……入」，麗無。

一　二七一頁中二行末字至次行首字「木舫」，資、磧、普、南、徑、清作「水船」。

一　二七一頁中五行「彼方」，麗作「彼土」。

一　二七一頁中六行第五字「果」，資、磧、普、南、徑、清作「聖果」。

一　二七一頁中九行「尚有」，資、磧、普、南、徑、清作「而有」。又「並化」，資、磧、普、南、徑、清作「並死」。

一　二七一頁中一二行「野中」，資、磧、普、南、徑、清作「中野」。

一　二七一頁中一三行「奔足」，諸本作「奔走」。

一　二七一頁下一行「未被」，資、磧、普、南、徑、清作「未及」。

一　二七一頁下一〇行「西域人」，資、磧、普、南、徑、麗作「西域人也」。

一　二七一頁下一四行第三字「倮」，麗作「果」。

一　二七一頁下一六行「逝心」，諸本作「遊心」。

一　二七一頁下一七行第一二字「位」，諸本作「位以」。

一　二七一頁下二一行第二字「議」，諸本作「義學」。

一　二七二頁上二行「六十」，資、磧、普、南、徑、清作「六十卷」。

一　二七二頁上九行首字「染」，麗作「深」。

一　二七二頁上一二行「馱跋陁」，麗作「馱跋陁羅」。

一　二七二頁上一三行第一一字「欲」，資、磧、普、南、徑、清作「欲令」。

一　二七二頁上一五行「沙越」，資、磧、普、南、徑、清作「越沙」。

一　二七二頁上一七行末字「力」，資、磧、普、南、徑、清作「勵力」。

一　二七二頁上一八行第二字「修」，資、磧、普、南、徑、清無。

一　二七二頁上一九行「塗步」，麗作「塗出」。

一　二七二頁上末行「精奇」，麗作「其奇」。

一　二七二頁中二行「宋武」，麗作「宋武帝」。

一　二七二頁中三行「請懇」，磧、普、南、徑、清作「請懺」。又「懷道」，資、磧、普、南、徑、清作「道懷」。

一　二七二頁中五行第二字「虛」，麗作「愛虛」。

一　二七二頁中六行第一三字「還」，麗無。

一　二七二頁中七行「譯寫」，磧作「譯爲」。

一 二七二頁中九行第七字「等」，資、磧、普、南、徑、清作「等經」。

一 二七二頁中一一行「社閒」，資、磧、普、麗作「社間」。

一 二七二頁中一二行「當避」，磧、南作「當辟」。

一 二七二頁中一四行第一二字「疾」，諸本作「疾病」。

一 二七二頁中一五行「吁可」，資、磧、南、清作「吁呵」。

一 二七二頁下一行「值羅漢」，磧作「頁羅漢」；南作「真羅漢」。

一 二七二頁下二行首字「漢」，資、磧、普、南、徑、清作「漢羅漢」。

一 二七二頁下五行「各處」，資、磧、普、南、徑、清作「之處各有其所」。

一 二七二頁下一〇行第九字「若」，磧、普、徑、清無。

一 二七二頁下一三行「絶素」，諸本作「純素」。

一 二七二頁下一四行「亡身」，資、磧、普、南、徑、清作「忘身」。

一 二七二頁下二〇行「詁訓」，磧作「話訓」。

一 二七二頁下二二行第三字「禪」，資、磧、普、南、徑、清作「禪師」。

一 二七三頁上四行末字「戎」，磧、普、南、徑、清作「梵」。

一 二七三頁上六行第九字「於」，諸本作「善於宣譯」。

一 二七三頁上一一行「改更」，資、磧、普、南、徑、清作「改悟」。

一 二七三頁上一二行「而八」，資、磧、普、南、徑、清作「而九」。

一 二七三頁中六行「相工」，麗作「相公」。

一 二七三頁中一〇行第四字「時」，資、磧、普、南、徑、清作「時人」。

一 二七三頁中一一行第三字「王」，資、磧、普、南、徑、清作「國王」。

一 二七三頁中一五行第六字「後」，諸本作「後到」。又第一二字「教」，諸本作「弘教」。

一 二七三頁下四行「慈悲」，諸本作「慈悲心」。

一 二七三頁下一二行「仁慈」，諸本作「天慈」。又「愍念」，資、磧、普、南、徑、清作「愍命」。

一 二七三頁下一三行第八字「達」，諸本作「固達」。

一 二七三頁下一八行「引材」，資、磧、普、南、徑、清作「琢材」。

一 二七三頁下一九行「導化」，資、磧、普、南、徑、清作「道化」。

一 二七三頁下二〇行「外國」，諸本作「隣國」。

一 二七四頁上一行「法長」，諸本作「法長道沖」。

一 二七四頁上二行第二字「往」，諸本作「往彼」。

一 二七四頁上七行第一一字「帝」，諸本作「文帝」。

一 二七四頁上一〇行「聳孤」，資、磧、普、南、徑、清作「聳峙」。又「髣髴」，資作「髮髴」。

一 二七四頁上一二行「禪室室」，資、

磧、普、南、徑作「禪室」。
一二七四頁上一四行首字「濕」，資、磧、普、南、徑、清作「污」。
一二七四頁上二二行「弄之」，資、磧、普、南、徑、清作「抒之」。
一二七四頁中一一行「十有七」，諸本作「十有七八」。又「入禪」，資、磧、普、南、徑、清作「坐禪」。
一二七四頁中三行第六字「而」，資、磧、普、南、徑、清作「而立」；麗作「而上」。又「亘室」，麗作「亘空」。
一二七四頁中一六行首字「形」，諸本作「刑」。
一二七四頁中一八行「齊亦大矣如此不熱德」，資、磧、普、南、徑作「亦大矣不熱」；清作「齊亦大矣不熱」。
一二七四頁中一九行首字「寧」，諸本作「寧在」。
一二七四頁下二行「公王」，南、徑作「王公」。
一二七四頁下五行「天絶」，資、磧、普、南、徑、清作「天逸」。
一二七四頁下八行「繕寫」，清作「善寫」。
一二七四頁下一一行第二字「出」，諸本作「譯出」。
一二七四頁下一四行「二十二」，資、磧、普、南、徑、清作「二十四」。
一二七四頁下一六行「淨音」，磧、南作「淨竒」。
一二七四頁下末行第六字「令」，徑作「分」。
一二七五頁上九行第三字「終」，諸本作「終後」。
一二七五頁上一四行「詺者」，資、磧、普、南作「詔者」。
一二七五頁中四行「希有」，麗作「希望」。
一二七五頁中一二行「心是」，資、磧、普、南、徑、清作「止是」。
一二七五頁中二〇行「報果」，麗作「果報」。
一二七五頁下二行「普見」，資作「晋見」。
一二七五頁下三行「生相」，資、磧、普、南、徑、清作「相生」。
一二七五頁下五行「增長」，清作「猶長」。
一二七五頁下八行「三昧果」，資、磧、普、南、徑、清作「三昧畢」。
一二七五頁下一九行「是多」，資、磧、普、南、徑、清作「是名」。
一二七六頁上一行「諦實」，資作「諦寶」。又末字「滅」，資作「減」。
一二七六頁上三行「三藏」，資、磧、普、南、徑、清作「律藏」。又「火精」，諸本作「尤精」。
一二七六頁上四行「出自」，資、磧、普、南、徑、清作「步自」。
一二七六頁上六行第一一字「陸」，諸本作「平陸」。
一二七六頁上九行「架塔」，諸本作「加塔」。
一二七六頁上一〇行「行道」，清作「所道」。

一二七六頁上一五行「乃請」，麗作「乃共請」。又「三藏」，資、磧、普、南、徑、清作「三藏時」。

一二七六頁中四行「浴文」，資作「俗文」。

一二七六頁中七行「不詳」，資、磧、普、南、徑、清作「莫詳」。

一二七六頁中一二行「門户極甚」，資、磧、普、南、徑、清作「之要皆極其」。又「治邃」，諸本作「沉邃」。

一二七六頁中一六行首字「嗣」，諸本無。

一二七六頁中一九行「延請」，資、磧、普、南、徑、清作「乃請」。

一二七六頁中二二行「周留」，諸本作「固留」。

一二七六頁下二行「池沼」，資、磧、普、南、徑、清作「池林」。

一二七六頁下四行「江左」，資、磧、普、南、徑、清作「江右」。

一二七六頁下五行末字「止」，資、磧、普、南、徑、清作「停止」。

一二七六頁下一四行第一二字「法」，諸本作「禪法」。

一二七六頁下一六行「大禪師」，麗作「大禪師焉」。

一二七六頁下一九行「此縣」，諸本作「鄮縣」。

一二七七頁上一行首字「埒」，資作「將」。

一二七七頁上三行「石刊木」，資、磧、普、南、徑、清作「木刊石」。

一二七七頁上四行「層搆」，麗作「曾搆」。

一二七七頁上七行第六字「䏧」，資、磧、普、南、徑、麗作「故能」。

一二七七頁上二二行「續日」，資、磧、普、南、徑作「繼日」。

一二七七頁中五行「履險」，資、磧、普、南、徑、清作「度險」。又末字「有」，諸本作「有過」。

一二七七頁中六行「前傳」，資、磧、普、徑、清作「前倍」；南作「前陪」。

一二七七頁中九行「同捩」，資、磧、普、南、徑、清作「同侶」。

一二七七頁中一四行「問諮」，諸本作「諮問」。又「天子」，南、徑、清作「天下」。

一二七七頁中一七行「盡然」，磧、普、南、徑作「晝然」。

一二七七頁中二一行「佛影跡」，資、磧、普、南、徑、清作「佛影佛跡」。

一二七七頁下四行「閱家」，資、磧、普、南、徑、清作「閱宗」。

一二七七頁下一六行末字「遷」，資、磧、普、南、徑、清作「迹」。

一二七七頁下二一行「遊觀」，資、磧、普、南、徑、清作「禪觀」。又第一三字「以」，諸本作「常以」。

一二七八頁上二行「含請」，磧作「合請」。

一二七八頁上一〇行首字「哆」，麗無。

一二七八頁上一六行「羅哆」，資、磧、普、南、徑、清作「羅多哆」。

一二七八頁上一九行「卜居」，磧、南

作「十居」。
一　二七八頁上二〇行「宋熙」，麗作「宋熙寺」。
一　二七八頁上二二行「婆羅門」，諸本作「本婆羅門」。
一　二七八頁上末行「五明論」，諸本作「五明諸論」。
一　二七八頁中三行「師友」，資、磧、普、南、徑、清作「師範」。
一　二七八頁中四行「落彩」，資、磧、普、南、徑、清作「落髮」。又「具足」，資、磧、普、南、徑作「具戒」。
一　二七八頁中八行「誦講宣說」，諸本作「讀誦講宣」。
一　二七八頁中一一行「長相見父」，資、磧、普、南、徑作「長得相見其父」；清作「長得相見父」；麗作「長相見其父」。
一　二七八頁中一二行第六字「陁」，諸本作「跋陁」。
一　二七八頁中一八行「廣州」，諸本作「至廣州」。
一　二七八頁中一九行首字「表」，資、磧、普作「素」。又「遣信」，南、徑作「遣使」。
一　二七八頁中二〇行「郊勞」，資、磧、普、南、徑、清作「慰勞」。
一　二七八頁中二二行「初往」，資、磧、普、南、徑、麗作「初住」。
一　二七八頁下五行「法皷」，諸本作「法鼓經」。
一　二七八頁下一〇行首字「及」，資、磧、普、南、徑、清作「經」。又「央掘魔」，麗作「央掘摩羅」。
一　二七八頁下一一行第一三字至次行首字「經三卷」，資、磧、普、南、徑、清作「等經等」。
一　二七八頁下一二行末字「并」，諸本作「并前」。
一　二七八頁下一八行第一一字「無」，諸本作「無所」。
一　二七八頁下二〇行末字至次行首字「悅懌」，資、磧、普、南、徑、清作「喜悅」。
一　二七八頁下二一行「道義皆」，資、磧、普、南、徑、清作「語義皆通」。
一　二七九頁上三行第一二字「無」，諸本作「必無」。
一　二七九頁上四行「不道」，諸本無。
一　二七九頁上五行「大艦」，資、磧、普、南、徑、清作「火艦」。
一　二七九頁上七行「卭竹」，資、磧、普、南、徑、清作「筇竹」。
一　二七九頁上一九行第三字「宗」，資、磧、普、南、徑、清作「宋」。又「並見」，資、磧、普、南、徑、清作「並是」。
一　二七九頁上二二行「在荊」，資、磧、普、南、徑、清作「在荊州」。
一　二七九頁中一〇行第五字「迎」，諸本作「因迎」。
一　二七九頁中一六行「之無」，資、磧、普、南、徑、清作「不見」。
一　二七九頁中二二行「永明」，磧、普、南、徑、清、麗作「大明」。
一　二七九頁下五行第八字「如」，資

作「初如」；磧、普、南、徑、清作「初如車」。

一 二七九頁下一〇行「大始」，資、磧、普、南、徑作「太始」。

一 二七九頁下一二行「望之」，資、磧、普、南、徑、清作「望云」。

一 二七九頁下一七行第四字「孝」，資、磧、普、南、徑、清作「孝武」。又「凡宮」，資、磧、普、南、徑、清作「瓦宮」。

一 二七九頁下一八行第九字「又」，徑、清作「及」。

一 二七九頁下二二行第一〇字「以」，資、普、徑作「取」；磧、南、清作「取坐」。

一 二七九頁下二三行「數通」，資、磧、普、南、徑、清作「數遍」。

一 二八〇頁上一行首字「以」，諸本作「而異焉齊文惠文宣及梁太祖並敬以」。又「末終」，資、磧、普、南、徑、清作「末卒」；麗作「末年終」。

一 二八〇頁上三行第四字「事」，諸本作「師事」。

一 二八〇頁上五行第七字「典」，資、普、南、徑、清作「典明」；磧作「興明」；麗作「典明解」。

一 二八〇頁上六行首字「瑞」，諸本作「兆」。

一 二八〇頁上九行「一部」，磧作「一命」。

一 二八〇頁上一〇行第九字「通」，資、磧、普、南、徑、清作「通誦」。

一 二八〇頁上一一行末字「謂」，資、磧、普、南、徑作「誦」。

一 二八〇頁上一二行第二字「句」，麗無。

一 二八〇頁上一七行第一三字「以」，資、磧、普、南、徑、清作「以齊」。

一 二八〇頁上一八行「命終」，諸本作「冬終」。又第一一字「有」，資、磧、普、南、徑作「復有」。

一 二八〇頁上二〇行末字「遇」，資、磧、普、南、徑、清作「接」。

一 二八〇頁上二一行「占雲」，資、普、麗作「殿占雲」；磧、南、徑、清作「殿古雲」。

一 二八〇頁上二二行「育王」，資、磧、普、南、徑、清作「阿育王」。又第一〇字「請」，資、磧、普、南、徑、清作「凡十部三十三卷使沙門釋」；麗作「釋」。

一 二八〇頁上末行「筆受」，資、磧、普、南、徑、清作「執筆受現行於世」。

一 二八〇頁中一行第八字「之」，諸本無。

一 二八〇頁中三行「住持」，資、磧、普、南、徑、清作「任持」。

一 二八〇頁中八行「則於」，資、普、徑、清作「別於」。

一 二八〇頁中一〇行「法輪」，資、磧、普、南、徑、清作「輪轉」。

一 二八〇頁中一一行「五百年」，諸本作「五百年中」。

一 二八〇頁中一二行「所接」，資、磧、普、南、徑、清作「所被」。

一　二八〇頁中二一行第二字「協」，南、清作「挾」。

一　二八〇頁中末行「而聞」，磧、徑作「與聞」。

一　二八〇頁下九行「願學」，諸本作「碩學」。

一　二八〇頁下末行首字「愆」，資、磧、普、南、徑、清作「逼」。又「擯默」，諸本作「擯黜」。

一　二八一頁上一行「離故」，資、磧、南、清作「漓故」。

一　二八一頁上三行「一玷」，麗作「之一玷」。

一　二八一頁上四行「成霧」，資、磧、普、南、徑作「成務」。

一　二八一頁上六行「貽貫朏」，資作「有實腦」；磧、普、南、徑作「有貫腦」；清、麗作「貽貫腦」。

一　二八一頁上七行「忠謇」，資、磧、普、南、徑、清作「忠謹」。

一　二八一頁上八行第二字「閒」，資、磧、普、南、徑、清作「聞」。

一　二八一頁上九行第一〇字「非」，諸本作「本非」。

一　二八一頁上一〇行「懺法」，諸本作「又是懺法」。

一　二八一頁上一六行「之義」，磧作「之我」。

一　二八一頁上二一行第二字「趾」，資、磧、普、南、徑、清作「跡」。

一　二八一頁中一行「蓋惰」，資作「益嗜」；磧、普、南、徑作「蓋墮」。

一　二八一頁中七行「尚扇」，資、磧、普、南、徑、清作「尚啓」。

一　二八一頁中一一行「曜魄」，資、磧、普、南、徑、清作「隱曜」。

一　二八一頁中卷末經名，徑作「高僧傳卷三」。

高僧傳卷第四　義解一　　廣

梁會稽嘉祥寺沙門釋慧皎撰

朱士行潁川人志業方直勸沮不能移其操少懷遠悟脫落塵俗出家已後專務經典昔漢靈之時竺佛朔譯出道行經即小品之舊本也文句簡略意義未周士行嘗於洛陽講道行經覺文章隱質諸未盡善每歎曰此

經大乘之要而譯理不盡誓志捐身遠求大本遂以魏甘露五年發迹雍州西渡流沙既至于闐果得梵書正本凡九十章遣弟子不如檀此言法饒送經梵本還歸洛陽未發之頃于闐諸小乘學衆遂以白王云漢地沙門欲以婆羅門書惑亂正典王為主若不禁之將斷大法聾盲漢地王之咎也王即不聽齎經士行深懷痛心乃求燒經為證王即許焉於是積薪殿前以火焚之士行臨火誓曰若大法應流漢地經當不然如其無護命也如何言已投經火中火即為滅不損一字皮牒如本大衆駭服咸稱其神感遂得送至陳留倉垣水南寺時河南居士竺叔蘭父本天竺人父世避難居于河南蘭少好遊獵後經暫死備見業果因改勵專精深崇正法博究衆音善於梵漢之語又有無羅叉比丘西域道士藝業多學乃手執梵本叔蘭譯為晉文稱為放光波若皮牒故本今在豫章至太安二年支孝龍就叔蘭一時寫五部校為定本時未有品目舊

本十四疋縑令寫為二十卷士行遂終於于闐春秋八十依西方法闍維之薪盡火滅尸猶能全衆咸驚異乃呪曰若真得道法當毀敗應聲碎散因斂骨起塔焉後弟子法益從彼國來親傳此事故孫綽正像論云士行散形于闐此之謂也

支孝龍淮陽人少以風姿見重加復神彩卓犖高論適時常披味小品以為心要陳留阮瞻潁川庾敳並結知音之交世人呼為八達時或嘲之曰大晉龍興天下為家沙門何不全髮膚去袈裟釋胡服被綾羅龍曰抱一以逍遙唯寂以致誠剪髮毀容改服變形彼謂我辱我棄彼榮無心於貴而愈貴無心於足而愈足矣其機辯適時皆此類也時竺叔蘭初譯放光經龍既素樂無相得即披閱旬有餘日便就開講後不知所終矣孫綽為之贊曰小方易擬大器難像桓桓孝龍剋邁高廣物競宗歸人思效仰雲泉彌漫蘭風肹響

康僧淵本西域人生于長安貌雖梵人

語實中國容止詳正志業弘深誦放光道行二波若即大小品也晉成之世與康法暢支敏度等俱過江暢亦有才思善為往復著人物始義論等暢常執麈尾行每值名賓輒清談盡日庾元規謂暢曰此麈尾何以常在暢曰廉者不取貪者不與故得常在也敏度亦聰哲有譽著譯經錄今行於世淵雖德愈暢度而別以清約自處常乞匃自資人未之識後因分衛之次遇陳郡殷浩始問佛經深遠之理却辯俗書性情之義自晝至曛浩不能屈由是改觀瑯瑘王茂弘以鼻高眼深戲之淵曰鼻者面之山眼者面之淵山不高則不靈淵不深則不清時人以為名荅後於豫章山立寺去邑數十里帶江傍嶺林竹鬱茂名僧勝達響附成羣以常持心梵經空理幽遠故偏加講說尚學之徒往還填委後卒於寺焉

法雅河間人凝正有器度少善外學長通佛義衣冠士子咸附諮稟時依門徒並世典有功未善佛理雅乃與

康法朗等以經中事數擬配外書為生解之例謂之格義乃毗浮相曇等亦辯格義以訓門徒雅風采灑落善於樞機外典佛經遞互講說與道安法汰每披釋湊疑共盡經要後立寺於高邑僧衆百餘訓誘無懈雅弟子曇習祖述先師善於言論為偽趙太子石宣所敬云

康法朗中山人少出家善戒節嘗讀經見雙樹鹿苑之處欝而歎曰吾已不值聖人寧可不覩聖處於是誓往迦夷仰瞻遺迹乃共同學四人發跡張掖西過流沙行經三日路絕人蹤忽見道傍有一故寺草木沒人中有敗屋兩間間中各有一人誦經一人患痢兩人比房不相料理屎尿縱横舉房臭穢朗謂其屬曰出家同道以法為親不見則已豈可見而捨耶朗乃停六日為洗浣供養至第七日見此房中皆是香花乃悟其神人因語朗云比房是我和上已得無學可往問訊朗往問訊因語朗云君等誠契皆當入道不須遠遊諸國於事無益

雖當自力行道勿令失時但朗功業尚小未得所願當還真丹國作大法師於是四人不復西行仍留此專精業道雖朗更遊諸國研尋經論後還中山門徒數百講法相係後不知所終孫綽為之贊曰人亦有言瑜璞弗藏朗公冏冏能韜其光敬終慎始研微辯章何以取證氷堅履霜朗弟子令韶其先鴈門人姓吕少遊獵後發心出家事朗為師思學有功特善禪數每入定或數日不起移柳泉山鑿穴宴坐朗終後刻木為像朝夕礼事孫綽正像論云吕韶凝神於中山即其人也

竺法乘未詳何人幼而神悟超絶懸鑒過人依竺法護為沙弥清真有志氣護甚嘉焉護既道被関中且資財殷富時長安有甲族欲奉大法試護道德偽往告急求錢二十万護未荅乘年十三侍在師側即語曰和上意已相許矣客退後乘曰觀此人神色非實求錢將以觀和上道德何如耳護曰吾亦以為然明日此客率其一

宗百餘口詣護請受戒具謝求錢之意於是師資名布遐邇乘後西到燉煌立寺延學忘身為道誨而不勸使夫豺狼革心戎狄知礼大化西行乘之力也後終於所住孫綽道賢論以乘比王濬沖論云法乘安豐少有機悟之鑒雖道俗殊操阡陌可以相准高士季顒為之贊傳乘同學竺法行竺法存並山栖履操知名當世矣

竺潛字法深姓王瑯瑘人晉丞相武昌郡公敦之弟也年十八出家事中州劉元真為師元真早有才解之譽故孫綽贊曰索索虛衿翳翳閑沖誰其體之在我劉公談能彫飾照足開矇懷抱之内豁尒每融潛伏膺已後剪削浮華崇本務學微言興化譽洽西朝風姿容貌堂堂如也至年二十四講法華大品既蘊深解復能善說故觀風味道者常數盈百晉永嘉初避亂過江中宗元皇及肅祖明帝丞相王茂弘太尉庾元規並欽其風德友而敬焉建武太寧中潛恒著屐至殿内時人咸謂方外之士以德重故也

中宗肅祖昇遐王庾又薨乃隱迹剡山以避當世追蹤問道者已復結旅山門潛優遊講席三十餘載或暢方等或釋老莊投身剡北莫不内外兼洽至哀帝好重佛法頻遣兩使慇懃造請潛以上旨之重暫遊宮闕即於御筵開講大品上及朝士並稱善焉于時簡文作相朝野以為至德以潛是道俗標領又先朝友敬尊重挹服頂戴兼常迄乎龍飛虔礼弥篤潛嘗於簡文處遇沛國劉惔惔嘲之曰道士何以遊朱門潛曰君自觀其朱門貧道見為蓬户司空何次道懿德純素篤信經典每加祗崇遵以師資之敬數相招請屢興法祀潛雖復從運東西而素懷不樂乃啓還剡之仰山遂其先志於是逍遥林阜以畢餘年支遁遣使求買仰山之側沃洲小嶺欲為幽栖之處潛荅云欲来輙給豈聞巢由買山而隱遁後与高麗道人書云上座竺法深中州公之弟子體德貞峙道俗綸綜往在京邑維持法綱内外具瞻弘道之匠也頃以道業

靖潛不耐塵俗考室山澤修德就閑今在剡縣之仰山率合同遊論道説義高栖皓然遐迹有詠以晉寧康二年卒於山館春秋八十有九烈宗孝武詔曰潛法師理悟虛遠風鑒清貞棄宰相之榮襲染衣之素山居人外篤勤匪懈方賴宣道以濟蒼生奄然遷化用痛于懷可賻錢十万星馳驛送孫綽以潛比劉伯倫論云潛公道素淵重有遠大之量劉靈肆意放蕩以宇宙為小雖高栖之業劉所不及而曠大之體同焉時仰山復有竺法友志業強正博通衆典甞從潛受阿毗曇一宿便誦潛曰經目則諷見稱昔人若能仁更興大晉者必汝為五百之一也年二十四便能講說後立剡縣城南臺寺焉竺法蘊悟解入玄尤善放光波若康法識亦有義學之功而以草隸知名常遇康昕昕自謂筆道過識共昕各作右軍草傍人竊以為貨莫之能別又寫衆經甚見重竺法濟幼有才藻作高逸沙門傳凡此諸人皆潛之神足孫綽並為之贊

不復具抄

支遁字道林本姓關氏陳留人或云河東林慮人幼有神理聰明秀徹初至京師太原王濛甚重之曰造微之功不減輔嗣陳郡殷融甞與衛玠交謂其神情儁徹後進莫能繼之者及見遁歎息以為重見若人家世事佛早悟非常之理隱居餘杭山深思道行之品委曲慧印之經卓焉獨拔得自天心年二十五出家每至講肆善標宗會而章句或有所遺時為守文者所陋謝安聞而善之曰此乃九方堙之相馬也略其玄黃而取其駿逸王洽劉恢殷浩許詢郗超孫綽桓彥表王敬仁何次道王文度謝長遐袁彥伯等並一代名流皆著塵外之狎遁甞在白馬寺與劉系之等談莊子逍遙篇云各適性以為逍遙遁曰不然夫桀跖以殘害為性若適性為得者彼亦逍遙矣於是退而注逍遙篇羣儒舊學莫不歎服後還立支山寺晚欲入剡謝安為吳興與遁書曰思君日積計辰傾遲知欲還剡自甚以

悵然人生如寄耳頃風流得意之事殆為都盡終日慼慼觸事惆悵唯遲君來以晤言消之一日當千載耳此多山縣閑靜差可養疾事不異剡而醫藥不同必思此緣副其積想也王羲之時在會稽素聞遁名未之信謂人曰一往之氣何足言後遁既還剡經由于郡王故詣遁觀其風力既至謂遁曰逍遙篇可得聞乎遁乃作數千言標揭新理才藻驚絕王遂披衿解帶流連不能已仍請住靈嘉寺意存相近俄又投迹剡山於沃洲小嶺立寺行道僧衆百餘常隨稟學時或有墮者遁乃著座右銘以勗之曰勤之勤之至道非弥奚為淹滯弱喪神奇茫茫三界眇眇長羈煩勞外湊冥心內馳殉赴欽渴緬邈忘疲人生一世涓若露垂我身非我云云誰施達人懷德知安必危寂寥清舉濯累禪池謹守明禁雅翫玄規綏心神道抗志無為寮朗三蔽融冶六疵空同五陰豁虛四支非指喻指絕而莫離妙覺既陳又玄其知婉轉平任與物推

移過此以往勿思勿議敦之覺父志在嬰兒時論以遁才堪經賛而潔已拔俗有違兼濟之用遁乃作釋矇論晚移石城山又立棲光寺宴坐山門遊心禪苑木食澗飲浪志無生乃注安般四禪諸經及即色遊玄論聖不辯知論道行旨歸學道誡等追蹤馬鳴躡影龍樹義應法本不違實相晚出山陰講維摩經遁為法師許詢為都講遁通一義衆人咸謂詢無以厝難詢設一難亦謂遁不復能通如此至竟兩家不竭凡在聽者咸審得遁旨迴令自說得兩三反便亂至晉哀即位頻遣兩使徵請出都止東安寺講道行波若白黑欽崇朝野悅服太原王濛宿構精理撰其才詞往詣遁作數百語自謂遁莫能抗遁徐曰貧道與君別來多年君語了不長進濛慙而退焉乃歎曰實緇鉢之王何也郗超問謝安林公談何如嵇中散安曰嵇努力裁得去耳又問何如殷浩安曰亹亹論辯恐殷制支拔直上淵浩實有慙德郗超後與親友書云林

法師神理所通玄拔獨悟實數百年紹明大法令真理不絕一人而已遁淹留京師涉將三載乃還東山上書告辭曰遁頓首言敢以不才希風世表未能鞭後用愆靈化蓋沙門之義法出佛　聖彫純反朴絕欲歸宗遊虛玄之肆守內聖之則佩五戒之貞毗外王之化諧無聲之樂以自得為和篤慈愛之孝蠕動無傷銜無恤之哀永悼不仁秉未兆之順遠防宿命挹無位之節履亢不悔是以哲王御南面之重莫不欽其風尚安其逸軌探其順心略其形敬故令歷代弥新矣陛下天鍾聖德雅尚不懃道遊靈摸日昃忘御可謂鍾鼓晨極聲振天下清風既邵莫不幸甚上願陛下齊齡二儀弘敷至化去陳信之妖誣尋丘禱之弘議絕小涂之致泥奮宏轡於夷路若然者太山不淫季氏之旅得一以成靈王者非圓丘而不禋得一以永貞若使貞靈各一人神相忘君君而下無親舉神神而祝不加靈玄德交被民荷冥祐恢恢六合成吉祥

之宅洋洋大晉為元亨之宇常無為而万物歸宗執大象而天下自往國典然則有司存焉若生而非惠則賞者自得戮而非怒則罰者自刑弘公器以厭神意提銓衡以極冥量所謂天何言哉四時行焉貧道野逸東山與世異榮菜蔬長阜漱流清谿纏褸畢世絕窺皇階不悟乩光曲曜猥被蓬蓽頻奉明詔使詣上京進退惟谷不知所厝自到天道屢蒙引見優以賓礼榮以微言每愧才不拔滯理無拘新不足對揚玄摸允塞視聽踟躇侍人流汗位席曩四翁赴漢干木蕃魏皆出處有時默語適會今德非昔人動靜乖衷遊魂禁省鼓言帝側將困非據何能有為且歲月僶俛感若斯之歎況復同志索居綜習遼落延首東顧孰能無懷上願陛下時蒙放遣歸之林薄以鳥養鳥所荷為優謹露板以聞申其愚管畧粮望路伏待慈詔詔即許焉資給發遣事事豐厚一時名流並餞離於征虜蔡子叔前至近遁而坐謝万石後至值蔡暫起謝便移就其處蔡還合褥舉謝擲地謝不以介意其

為時賢所慕如此既而收迹剡山畢命林澤人嘗有遺遁馬者遁愛而養之時或有譏之者遁曰愛其神駿聊復畜耳後有餉鶴者遁謂鶴曰尒沖天之物寧為耳目之翫乎遂放之遁幼時嘗與師共論物類謂雞卵生用未足為煞師不能屈師尋亡忽見形投卵於地鷇破雛行頃之俱滅遁乃感悟由是蔬食終身遁先經餘姚塢山中住至於名辰猶還塢中或問其意荅云謝安在昔數來見輒移旬日今觸情舉目莫不興想後病甚移還塢中以晉太和元年閏四月四日終于所住春秋五十有三即窆於塢中厥冢存焉或云終剡未詳郄超為之序傳袁宏為之銘贊周曇寶為之作誄孫綽道賢論以遁方向子期論云支遁向秀雅尚莊老二子異時風好玄同矣又喻道論云支道林者識清體順而不對於物玄道沖濟與神情同任此遠流之所以歸宗悠悠者所以未悟也後高士戴逵行經遁墓乃歎曰德音未遠而拱木已繁冀神理

綿綿不與氣運俱盡耳遁有同學法虔精理入神先遁亡遁歎曰昔匠石廢斤於郢人牙生輟弦於鍾子推己求人良不虛矣寶契既潛發言莫賞中心蘊結余其亡矣乃著切悟章臨亡成之落筆而卒凡遁所著文翰集有十卷盛行於世時東土復有竺法仰者慧解致聞為王坦之所重亡後猶見形詣王勗以行業焉

于法蘭高陽人少有異操十五出家便以精勤為業研諷經典以日兼夜求法問道必在衆先迄在冠年風神秀逸道振三河名流四遠性好山泉多處巖壑嘗於冬月在山冰雪甚厲時有一虎來入蘭房蘭神色無忤虎亦甚馴至明旦雪止乃去山中神祇常來受法其德被精靈皆此類也後聞江東山水剡縣稱奇乃徐步東甌遠矚嶀嵊居于石城山足今之元華寺也時人以其風力比庾元規孫綽道賢論以比阮嗣宗論云蘭公遺身高棲迹殆至人之流阮步兵傲獨不羣亦蘭之儔也居剡少時欻然歎

曰大法雖興經道多闕若一聞圓教夕死可也乃遠適西域欲求異聞至交州遇疾終於象林沙門支遁追立像贊曰于氏超世綜體玄旨嘉遁山澤馴洛虎兕別傳云蘭亦感枯泉漱水事與竺法護同未詳又有竺法興支法淵于法道與蘭同時比德興以洽見知名淵以才華著稱道以義解馳聲矣

于法開不知何許人事蘭公為弟子深思孤發獨見言表善放光及法華又祖述耆婆妙通醫法嘗乞食投主人家值婦人在草危急衆治不驗舉家遑擾開曰此易治耳主人正宰羊欲為淫祀開令先取少肉為羹進竟因氣針之須臾羊膜裹兒而出升平五年孝宗有疾開視脉知不起不肯復入康獻后令曰帝小不佳昨呼于公視脉旦到門不前種種辭憚宜收付廷尉俄而帝崩獲免還剡石城續修元華寺後移白山靈鷲寺每與支道林爭即色空義廬江何默申明開難高平郄超宣述林解並傳於世

開有弟子法威清悟有樞辯故孫綽
為之贊曰易曰翰白詩美蘋藻斑如
在埸芬若停潦于威明發介然遐討
有絜其名無愧懷抱開嘗使威出都
經過山陰支遁正講小品開語威言
遁林講比汝至當至其品中示語攻
難數十番云此中舊難通威既至郡
正值遁講果如開言往復多番遁遂
屈因厲聲曰君何足復受人寄載來
耶故東山喭云深量開思林談識記
至哀帝時累被詔徵乃出京講放光
經凡舊學抱疑莫不因之披釋講竟
辭還東山帝戀德慇懃贈錢絹及步輿
并冬夏之服謝安王文度悉皆友善
或問法師高明剛簡何以醫術經懷
荅曰明六度以除四魔之病調九候
以療風寒之疾自利利人不亦可乎
年六十卒於山寺孫綽為之目才辯
縱橫以數術弘教其在開公乎
于道邃燉煌人少而失蔭叔親養之
邃孝敬竭誠若奉其母至年十六出
家事蘭公為弟子學業高明內外該
覽善方藥美書札洞諳殊俗尤巧談

論護公常稱邃高簡雅素有古人之
風若不無年方為大法梁棟矣後與蘭
公俱過江謝慶緒大相推重性好山
澤在東多遊履名山為人不屑毀譽
未嘗以塵近經抱後隨蘭適西域於
交阯遇疾而終春秋三十有一矣郗
超圖寫其形支遁著銘贊曰英英上
人識通理清朗質玉瑩德音蘭馨孫
綽以邃比阮咸或有累騎之譏邃有清
令之譽可得為疋孫綽曰雖迹有窪
隆高風一也喻道論云近俗中有竺法
行談者以方樂令江南有于道邃識
者以對勝流皆當時共所見聞非同
志之私譽也
竺法崇未詳何人少入道以戒節見
稱加又敏而好學篤志經記而尤長
法華一教嘗遊湘州麓山山精化為
夫人詣崇請戒捨所住山以為寺崇
居之少時化洽湘土後還剡之葛峴
山茅菴澗飲取欣禪慧東甌學者
競往湊焉與隱士魯國孔淳之相遇
每盤遊極日輒信忘歸披衿頓契自
以為得意之交也崇迺歎曰緬想人

外三十餘年傾蓋于茲不覺老之將
至後淳之別遊崇詠曰皓然之氣猶在
心目山林之士往而不返其若人之謂
乎崇後卒於山中著法華義疏四卷
云時剡東仰山復有釋道寶者本姓王
琅琊人晉丞相道之弟弱年信悟避
世辭榮親舊諫止莫之能制香湯澡
浴將就下髮乃詠曰安知万里水初
發監觴時後以學行顯焉
竺法義未詳何許人年十三遇深公
便問仁利是君子所行孔丘何故罕
言深曰物尠能行是故罕言深見其
幼而穎悟勸令出家於是栖志法
門從深受學遊刃眾典尤善法花後
辭深出京復大開講席王導孔敷並
承風敬義至晉興寧中更還江左憩
于始寧之保山受業弟子常有百
餘至咸安二年忽感心氣疾病常存
念觀音乃夢見一人破腹洗腸覺便
病愈傅亮每云吾先君與義公遊處
每聞說觀音神異莫不大小肅然晉
寧康三年孝武皇帝遣使徵請出都
講說晉太元五年卒於都春秋七十

有四吳帝以錢十万買新亭崗為墓起塔三級義弟子曇爽於墓所立寺因名新亭精舍後宋孝武南下伐凶鑾旆至上式宮此寺及登禪復幸禪堂因為開拓改曰中興故元嘉末童謡云錢唐出天子乃禪堂之謂故中興禪房猶有龍飛殿焉今之天安是也

笠僧度姓王名晞字玄宗東莞人也雖少出孤微而天姿秀發至年十六神情爽拔卓尒異人性度温和鄉鄰所美時獨與母居孝事盡礼求同郡楊徳順女亦乃衣冠家人女字苕華容貌端正又善墳籍與度同年求聓之日即相許焉未及成礼苕華母亡須之苕華父亡度母亦卒度覩世代無常忽然感悟乃捨俗出家改名僧度迹抗塵表避地遊學苕華服畢自惟三從之義無獨立之道乃與度書謂髮膚不可傷毀宗礼不可頓廢令其顧世教改遠志曜翹爍之姿於盛明之世遠休祖考之靈近慰人情之願并贈詩五首一篇曰大道自無窮天地長且久巨石故叵消芥子亦難數

人生一世間飄忽若過牖榮華豈不茂日夕就彫朽川上有餘吟日斜思鼓缶清音可娛耳滋味可適口羅紈可飾軀華冠可曜首安事自剪削躭空以害有不道妾區區但恡君恤後度荅書曰夫事君以治一國未若弘道以濟万邦安親以成一家未若弘道以濟三界髮膚不毀俗中之近言耳但吾徳不及遠未能兼被以此為愧然積簣成山亦冀從微之著也且披袈裟振錫杖飲清流詠波若雖公王之服八珎之饍鏗鏘之聲曄曄之色不與易也若能懸契則同期於泥洹矣且人心各異有若其面卿之不樂道猶我之不慕俗矣楊氏長别離矣万世因緣於今絶矣歳聿云暮時不我與學道者當以日損為志處世者當以及時為務卿年德並茂宜速有所慕莫以道士經心而坐失盛年也又報詩五篇其一首曰機運無停住倏忽歳時過巨石會當竭芥子豈云多良由去不息故令川上嗟不聞榮啓期皓首發清歌布衣可暖身誰

論飾綾羅今世雖云樂當奈後生何罪福良由已寧云已恤他度既志懐匪石不可迴轉苕華悟亦起深信度於是專精佛法披味群經着毗曇言歸亦行於世後不知所終時何内又有笠慧超者亦行解兼著與高士鴈門周續之友善注勝鬘經焉

高僧傳卷第四

高僧傳卷第四

校勘記

一　底本，金藏廣勝寺本。

一　二九〇頁中三行「朱士行」，磧、普、南、徑作「晉洛陽朱士行」；清作「洛陽朱士行」。

一　二九〇頁中四行「支孝龍」，磧、普、南、徑、清作「淮陽支孝龍」。

一　二九〇頁中五行「康僧淵」，磧、普、南、徑、清作「豫章山康僧淵」。

一　二九〇頁中六行「竺法雅」，磧作

「高色笁法雅」；普、徑、清作「高邑笁法雅」；南作「高色笁法雅」。

一 二九〇頁中七行「康法朗」，磧、普、南、徑、清作「中山康法朗」。

一 二九〇頁中八行「笁法乘」，磧、普、南、徑、清作「燉煌笁法乘」。

一 二九〇頁中九行「笁潛深」，資作「笁道潛」；磧、普、南、徑、清作「剡東岇山笁道潛」。

一 二九〇頁中一〇行「支道林」，磧、普、南、徑、清作「剡沃洲支道林」。

一 二九〇頁中一一行「于法蘭」，磧、普、南、徑、清作「剡山于法蘭」。

一 二九〇頁中一二行「于法開」，磧、普、南、徑、清作「剡白山于法開」。

一 二九〇頁中一三行「于道邃」，磧、普、南、徑、清作「燉煌于道邃」。

一 二九〇頁中一四行「笁法崇」，磧、普、南、徑、清作「剡葛峴笁法崇」。

一 二九〇頁中一五行「笁法義」，磧、普、南、徑、清作「始寧山笁法義」。

一 二九〇頁中一六行「笁僧度」，磧、普、南、徑、清作「東莞笁僧度」。

一 二九〇頁中一七行第一一字「勸」，資、磧、普、南、徑、清作「歡」。

一 二九〇頁中末行第四字「章」，資、磧、普、南、徑、清作「意」。

一 二九〇頁下七行末字「主」，諸本（不含石，下同）作「地主」。

一 二九〇頁下一三行第八字「即」，諸本作「火即」。

一 二九〇頁下一五行第六字「恒」，磧、普、南、徑、清作「垣」。

一 二九〇頁下一六行第四字「父」，諸本無。

一 二九〇頁下二〇行「藝業」，諸本作「稽古」。

一 二九一頁上一行第六字「令」，資、磧、普、南、徑、清作「今」。

一 二九一頁上七行第二字「形」，諸本作「形於」。

一 二九一頁上一〇行第一二字「敳」，資、磧、普、南、徑、清作「凱」。

一 二九一頁上一一行第四字「交」，資、磧、普、南、徑、清作「友」。

一 二九一頁上一五行「無心」，諸本作「故無心」。

一 二九一頁上一八行「得即」，資、磧、普、南、徑、清作「即得」。

一 二九一頁上二〇行「桓桓」，資、磧、普、南、徑、清作「盤桓」。

一 二九一頁中五行「麈尾」，普作「塵尾」。

一 二九一頁中七行「不取」，資、磧、普、南、徑、清作「不求」。

一 二九一頁中八行第九字「著」，資、磧、普、南、徑、清作「著傳」。

一 二九一頁中一一行第七字「浩」，諸本作「浩浩」。

一 二九一頁中一七行第一〇字「林」，資、磧、普、南、徑、清作「松」。

一 二九一頁中一八行「以常」，資、磧、普、南、徑、清作「常以」。

一 二九一頁中一八行「梵經」，資、磧、普、南、徑、清作「梵天經」。

一 二九一頁中二〇行首字「瑱」，諸

一　本作「填」。

一　二九一頁中二一行「法雅」，資、磧、普、南、徑、清作「竺法雅」。

一　二九一頁中末行「門徒」，資、磧、普、南、徑、清作「雅門徒」。

一　二九一頁下二行第一〇字「乃」，資、磧、普、南、徑、清作「及」。

一　二九一頁下二行末二字「相曇」，資、磧、普、南、徑、清作「曇相」。

一　二九一頁下五行第三字「沃」，資、磧、普、徑、清作「汰」；南作「汏」。

一　二九一頁下七行第一三字「僞」，資、磧、普、南、徑、清無。

一　二九一頁下八行第三字「右」，資、磧、普、南、徑、清作「石」。

一　二九一頁下一二行末字「跡」，資、磧、普、南、徑、清作「趾」。

一　二九一頁下一三行第五字「流」，資無。

一　二九一頁下一五行「閒中」，諸本作「間中」。又「誦經」，諸本作「一人誦經」。

一　二九二頁上二行「尚小」，資、磧、普、南、徑、清作「小未純」；麗作「尚小未純」。

一　二九二頁上四行「業道」，資、磧、普、南、徑、清作「道業」。

一　二九二頁上五行「門徒」，資、磧、普、南作「立徒」。

一　二九二頁上七行「囧囧」，資、磧、普、南、徑、清作「冏冏」。

一　二九二頁上八行「徽辯」，資、磧、普、南、徑、清作「冣徽」。

一　二九二頁上一一行第一〇字「移」，諸本作「後移」。

一　二九二頁上一五行「何人」，資、磧、普、南、徑、清作「何許人」。

一　二九二頁上一九行末二字「未荅」，資、磧、普、南、徑、清作「未及答」。

一　二九二頁上二〇行「語曰」，資、磧、普、南、徑、清作「語客曰」。

一　二九二頁中六行「王濬冲」，磧作「王濬仲」。

一　二九二頁中一〇行「竺潛」，資、磧、普、南、徑、清作「竺道潛」。

一　二九二頁中一九行第一〇字「百」，諸本作「五百」。

一　二九二頁中二一行「太尉」，麗作「大尉」。

一　二九二頁下一行「中宗肅祖昇遐」，資、磧、普、南、徑、清作「及中宗肅祖昇霞」。

一　二九二頁下二行「結旅」，資、磧、南、清作「結侶」。

一　二九二頁下四行「剡北」，諸本作「北面者」。

一　二九二頁下六行「造請」，諸本作「徵請」。又「上旨」，諸本作「詔旨」。

一　二九二頁下一〇行末字「嘗」，資、磧、普、南、徑、清作「常」。次頁中一七行第三字徑、清同。

一　二九二頁下一一行「劉惔惔」，資、磧、普、南、徑、清作「劉恢恢」。

一　二九二頁下一五行「法祀」，資、磧、普、南、徑、清作「法禮」。

一　二九二頁下一六行「仰山」，磧、南、

清作「峁山」。一八行、次頁上二行、一二行、二九六頁下五行同。

一　二九二頁下二〇行第三字「由」，普作「中」。

一　二九二頁下二一行第一〇字「公」，諸本作「劉公」。

一　二九三頁上五行第四字「潛」，麗作「深」。九行第五字及第一二字、一三行第一二字、一四行第七字同。

一　二九三頁上七行第五字「方」，資作「万」。

一　二九三頁上一〇行「劉靈」，麗作「劉伶」。

一　二九三頁上一五行「昏者必汝」，資作「智者必取」；磧、普、南、徑、清、麗作「昏者必取」。

一　二九三頁上一七行「臺寺」，資、磧、普、南、徑、清作「法臺寺」。

一　二九三頁上一九行首字「功」，資、磧、普、南、徑、清作「譽」。又第八字「常」，諸本作「嘗」。

一　二九三頁上二〇行「過識」，資、磧、普、南、徑、清作「遇識識」；麗作「過識識」。又「右軍」，資、磧、普、南、徑、清作「王右軍」。

一　二九三頁上二一行第一二字「甚」，資、磧、普、南、徑、清無。

一　二九三頁上二一行末字「重」，麗作「重之」。

一　二九三頁中八行「深思」，資、磧、普、南、徑、清作「沉思」。

一　二九三頁中一三行「方堙」，資、磧、普、南、徑、清作「歅」。

一　二九三頁中二一行「後還」，諸本作「後還吳」。

一　二九三頁中二二行「吳興」，資、磧、普、南、徑、清作「吳興守」。

一　二九三頁中末行第一三字「自」，諸本作「自治」。

一　二九三頁下三行第四字「⿰月吾」，資、磧、普、徑、清、麗作「晤」。

一　二九三頁下七行第六字「言」，資、磧、普、南、徑、清作「可言」。

一　二九三頁下八行第六字「故」，資、磧、普、南、徑、清作「故往」。

一　二九三頁下九行首字「謂」，諸本作「王謂」。

一　二九三頁下二一行第四字「寮」，磧、普、南、徑作「寥」。

一　二九三頁下二二行「谽虛」，資、磧、普、南、徑、清作「虛谽」。

一　二九三頁下末行第一〇字「平」，磧、徑、清作「乎」。

一　二九四頁上二行第一一字「贊」，磧、普、南、徑、清作「濟」。

一　二九四頁上三行「之用」，諸本作「之道」。同行第一三字「曚」，資作「矇」；磧、普作「朦」。

一　二九四頁上五行第六字「食」，麗作「喰」。

一　二九四頁上九行第五字「維」，磧、普作「羅」。

一　二九四頁上一一行第三字「設」，資、磧、南、清作「每設」。

一　二九四頁上一二行第一一字「咸」、

諸本作「咸謂」。
一　二九四頁上一三行末字「哀」，諸本作「哀帝」。
一　二九四頁上一七行「徐曰」，麗作「乃徐曰」。
一　二九四頁上一九行第九字「絆」，麗作「緇」。
一　二九四頁上二二行「倫辯」，資、磧、普、南、徑、麗作「論辯」。又第一一字「拔」，諸本作「超拔」。
一　二九四頁上二二行末字至次行首字「淵浩」，資、磧、普、南、徑、清作「淵源」；麗作「淵源浩」。
一　二九四頁中一行第一一字「實」，資、磧、普、南、徑、清無。又「百年」，諸本作「百年來」。
一　二九四頁中六行「佛聖」，資、磧、普、南、徑、清作「佛之聖」。
一　二九四頁中八行第六字「諧」，資作「皆」。
一　二九四頁中九行「無恤」，資、磧、普、南、徑、清作「撫恤」。

一　二九四頁中一一行第一二字「御」，磧、普、南、徑、清作「御世」。
一　二九四頁中一五行「聲振」，資、磧、普、南、徑、清作「聲滿」。
一　二九四頁中一六行第三字「邵」，資、磧、普、南、徑、清作「劭」。
一　二九四頁中一七行第五字「化」，資、磧、普、南、徑、清作「法」。
一　二九四頁中二二行第一〇字「祝」，資作「況」；磧、普、南、徑、清、麗作「呪」。
一　二九四頁下一行第九字「亨」，資、磧作「享」。
一　二九四頁下三行第二字「煞」，諸本作「刑殺」。
一　二九四頁下五行第七字「詮」，清作「銓」。
一　二九四頁下九行「惟谷」，資、磧、普、南、徑、清作「惟咎」。
一　二九四頁下一〇行「天道」，資、磧、普、南、徑、清作「天庭」。又「優以」，資、磧、普、南、徑、清作「優遊」。

一　二九四頁下一一行第三字「榮」，資、磧、普、南、徑、清作「策」。
一　二九四頁下一二行首字「拘」，資作「物」。
一　二九四頁下一三行第四字「汗」，磧、南作「汙」。又第一二字「干」，資、磧、普、徑作「于」。
一　二九四頁下一四行第六字「時」，資、磧、南、清作「岀」；普、徑作「且」。
一　二九四頁下一五行第五字「衷」，資、磧、普、南、徑、清作「理」。
一　二九四頁下一七行第一二字「遼」，資作「聊」；普作「繚」。又末字「延」，資、磧、普、南、徑、清作「迴」。
一　二九四頁下一八行「時蒙」，資、磧、普、南、徑、清作「特蒙」。
一　二九四頁下二二行「謝万石」，資、磧、普、南、徑、清作「謝安石」。
一　二九五頁上二行第一二字「愛」，資、磧、普、南、徑、清作「受」。
一　二九五頁上一〇行第六字「名」，

資、磧、普、南、徑、清作「明」。

一　二九五頁上一一行第六字「在」，資、磧、普、南、徑、清作「石」。又第一〇字「見」，資、磧、普、南、徑、清作「見就」。

一　二九五頁上一五行「未詳」，資、磧、普、南、徑、清作「未詳遁善草隸」。

一　二九五頁中八行「慧解」，資、磧、普、南、徑、清作「亦慧解」。

一　二九五頁中一六行「乃去」，資、磧、普、南、徑、清作「方去」。

一　二九五頁中一八行「稱奇」，資、磧、普、南、徑、清作「最奇」。

一　二九五頁中二〇行第三字「也」，麗作「是也」。

一　二九五頁中二二行「高上」，諸本作「高尚」。

一　二九五[illegible]行「欻然」，磧、普、南、徑、清作「愴然」。

一　二九五頁下五行「馴洛」，資、磧、普、南、徑、清作「仁感」；麗作「馴洽」。

一　二九五頁下一六行第九字「褁」，資、磧作「裹」。又末字至一七行首字「升平」，資、磧、普、南、徑、清作「昏升平」。

一　二九五頁下一九行第五字「旦」，資、磧、普、南、徑、清作「但」。

一　二九五頁下末行第四字「平」，磧、南作「乎」。

一　二九六頁上六行首字「遁」，諸本作「道」。

一　二九六頁上七行末字「郡」，磧作「邢」。

一　二九六頁上一一行「詔徵」，資、磧、普、南、徑、清作「徵詔」。

一　二九六頁上一三行第四字「山」，資、磧、普、南、徑、清無。

一　二九六頁上一八行「爲之」，諸本作「爲之目」。

一　二九六頁中二行第五字「年」，麗無。又末字「蘭」，麗作「簡」。

一　二九六頁中五行第五字「近」，資、磧、普、南、徑、清作「迹」。

一　二九六頁中六行末字「郄」，資、磧、普、徑作「郗」。

一　二九六頁中七行「遁著銘」，資、磧、普、南、徑、清作「遁爲著銘」。

一　二九六頁中九行「咸有」，諸本作「或曰咸有」。

一　二九六頁中一〇行首字「令」，資、磧、普、南、徑、清作「冷」。又「可得」，諸本作「何得」。

一　二九六頁中一一行「俗中」，諸本作「洛中」。

一　二九六頁中一五行「何人」，資、磧、普、南、徑、清作「何許人」。

一　二九六頁中一六行「經記」，資、磧、普、南、徑、清作「經呪」。

一　二九六頁中一八行「夫人」，普、徑、清作「天人」。

一　二九六頁中一九行第八字「土」，磧、南、清作「上」。

一　二九六頁中二〇行第四字「潸」，諸本作「澗」。

一　二九六頁中二二行第七字「信」，

諸本作「信宿」。又「衿頡」，磧、普、南、徑、清作「衿領」。

一　二九六頁下一行「千兹」，磧作「干兹」；資、普、徑、清作「于兹」。

一　二九六頁下二行「晧然」，南、徑作「浩然」。

一　二九六頁下五行「道實」，諸本作「道寶」。

一　二九六頁下六行第七字「道」，資、磧、普、南、徑、清作「導」。

一　二九六頁下八行首字「浴」，資、磧、普、南、徑、清作「沐」。

一　二九六頁下一二行「年言」，資、磧、普、南、徑、清作「寡言」；麗作「罕言」。

一　二九六頁下一六行第四字「義」，諸本作「友」。

一　二九六頁下二一行末字「昏」，資、磧、普、南、徑、清作「至昏」。

一　二九七頁上四行第四字「上」，諸本作「止」。

一　二九七頁上一二行「楊德順」，諸本作「楊德慎」。又「家人」，資、磧、普、南、徑、清作「之家人」。

一　二九七頁上一五行「父亡」，諸本作「父又亡」。又「度母」，麗作「庋母」。又「度覩」，麗作「度遂覩」。

一　二九七頁上一七行「迹抗」，資、磧、普、南、徑、清作「抗迹」；麗作「迹扤」。

一　二九七頁上一九行「宗礼」，諸本作「宗祀」。

一　二九七頁上二二行「一篇」，諸本作「其一篇」。

一　二九七頁中一行「忽若」，資、磧、普、南、徑、清作「若風」。

一　二九七頁中五行「怜君」，諸本作「令君」。

一　二九七頁中七行「安覩」，資、磧、普、南、徑、清作「事覩」。

一　二九七頁中一〇行第一一字「之」，南作「至」。

一　二九七頁中一九行「莫以」，資、磧、普、南、徑、清作「莫不以」。

一　二九七頁下三行第九字「悟」，諸本作「感悟」。

高僧傳卷第五　義解二　廣

梁會稽嘉祥寺沙門釋慧皎撰

釋道安姓衛氏常山扶柳人也家世英儒早失覆廕為外兄孔氏所養年七歲讀書再覽能誦鄉隣嗟異至年十二出家神智聰敏形貌甚陋不為師之所重驅役田舍至于三年執勤

就勞曾無怨色篤性精進齋戒無闕數歲之後方啓師求經師與辯意經一卷可五千言安賫經入田因息就覽暮歸以經還師更求餘者師曰昨經未讀今復求耶荅曰即已闇誦師雖異之而未信也復與成具光明經一卷減一万言賫之如初暮復還師師執經覆之不差一字師大驚嗟而異之後為受戒恣其遊學至鄴入中寺遇佛圖澄澄見而嗟歎與語終日衆見形貌不稱咸共輕怪澄曰此人遠識非爾儔也因事澄為師澄講安每覆述衆未之愜咸言須待次當難殺崐崘子即安後更覆講疑難鋒起安挫銳解紛行有餘力時人語曰漆道人驚四隣後避難潛于濩澤太陽竺法濟并州支曇講陰持入經安後從之受業頃之與同學竺法汰俱憩飛龍山沙門僧先道護已在彼山相見欣然乃共披文屬思妙出神情安後於太行恒山創立寺塔改服從化者中分河北時武邑太守盧歆聞安清秀使沙門敏見苦要之安辭

不獲免乃受請開講名實既符道俗
欣慕至年四十五復還冀部住受都
寺徒衆數百常宣法化石虎死彭城
王遵立遣中使竺昌蒲請安入華林
園廣修房舍安以石氏之末國運將
危乃西適牽口山迄冉閔之亂人情
蕭索乃謂其衆曰今天災旱蝗寇賊
縱横聚則不立散則不可遂復率衆
入王屋女牀山頃之復渡河依陸渾
山栖木食修學俄而慕容俊逼陸渾
遂南投襄陽行至新野謂徒衆曰今
遭凶年不依國主則法事難立又教
化之體宜令廣布咸曰隨法師教乃
令法汰詣楊州曰彼多君子好尚風
流法和入蜀山水可以修閑安弟子
慧遠等四百餘人渡河夜行值雷雨
乘電光而進前行得人家見門裏有
二馬柳柳閒懸一馬兜可容一斛安
使呼林伯升主人驚出果姓林名伯
升謂是神人厚相接待而弟子問何
以知其姓字安曰兩木為林兜容伯
升也既達襄陽復宣佛法初經出已
久而舊譯時謬致使深藏隱没未通

每至講說唯叙大意轉讀而已安窮
覽經典鉤深致遠其所注般若道行
密迹安般諸經並尋文比句為起盡
之義及析疑甄解凡二十二卷序致
淵富妙盡深旨條貫既叙文理會通
經義克明自安始也自漢魏迄晉經
來稍多而傳經之人名字弗說後人
追尋莫測年代安乃總集名目表其
時人詮品新舊撰為經録衆經有據
實由其功四方學士競往師之時征
西將軍桓朗子鎮江陵要安暫往朱
序西鎮復請還襄陽安以白馬寺狹
乃更立寺名曰檀溪即清河張殷宅
也大富長者並加贊助建塔五層起房
四百涼州刺史楊弘忠送銅万斤擬
為承露盤安曰露盤已訖汰公營造
欲迴此銅鑄像事可然乎忠欣而敬
諾於是衆共抽捨助成佛像光相丈
六神好明著安既大願果成謂言夕
死可矣苻堅使送外國金箔倚像高
七尺又金坐像結珠彌勒像金縷繡
像織成像各一張每講會法聚輒羅
列尊像布置幢幡珠珮迭暉烟華亂

發使夫昇階履闥者莫不肅焉盡
敬矣有一外國銅像形製古異時衆
不甚恭重安曰像形相致佳但髻形
未稱令弟子爐冶其髻既而光焰煥
炳燿滿一堂詳視髻中見一舍利衆
咸愧服安曰像既靈異不煩復治乃
止識者咸謂安知有舍利故出以示
衆時襄陽習鑿齒鋒辯天逸籠罩當
時其先聞安高名早已致書通好曰
承應真履正明白内融慈訓兼照道
俗齊蔭自大教東流四百餘年雖蕃
王居士時有奉者而真丹宿訓先行
上世道運時遷俗未僉悟自頃道業
之隆咸無以匹所謂月光將出靈鉢
應降法師任當洪範化洽幽深此方
諸僧咸有思慕各願慶雲東徂摩尼迴
曜一蹈七寶之座暫現明哲之燈雨甘
露於豐草植栴檀於江湄則如來之
教復崇於今日玄波溢漾重盪於一
代矣文多不悉載及聞安至止即往
修造既坐稱言四海習鑿齒安曰彌
天釋道安時人以為名答齒後餉梨
十枚正值衆食便手自剖分梨盡人

遍無叅差者高平郄超遣使遺米千
斛修書累紙深致慇懃安荅書云捐
米弥覺有待之為煩習鑿齒與謝安
書云来此見釋道安故是遠勝非常
道士師徒數百齋講不倦無變化伎
術可以惑常之人耳目無重威大勢
可以整羣小之叅差而師徒肅肅自相
尊敬洋洋濟濟乃是吾由来所未見其
人理懷簡衷多所博涉內外羣書
略皆遍覩陰陽筭數亦皆能通佛經
妙義故所遊刃作義乃似法蘭法道
恨足下不同日而見其亦每言思一
得叙其為時賢所重類皆然也安在
樊沔十五載每歲常再講放光波若
未甞廢闕晉孝武皇帝承風欽德遣
使通問并有詔曰安法師器識倫通
風韻標朗居道訓俗徽績兼著豈直
規濟當今方乃陶津来世俸給一同
王公物出所在時苻堅素聞安名每
云襄陽有釋道安是神器方欲致之
以輔朕躬後遣苻丕南攻襄陽安與
朱序俱獲於堅謂僕射權翼曰朕以
十万之師取襄陽唯得一人半翼曰

誰耶堅曰安公一人習鑿齒半人也
既至住長安五重寺僧衆數千大弘
法化初魏晉沙門依師為姓故姓各
不同安以為大師之本莫尊釋迦乃
以釋命氏後獲增一阿含果稱四河
入海無復河名四姓為沙門皆稱釋
種既懸與經符遂為永式安外涉羣
書善為文章長安中衣冠子弟為詩
賦者皆依附致譽時藍田縣得一大
鼎容二十七斛邊有篆銘人莫能識
乃以示安安云此古篆書云魯襄公
所鑄乃寫為隸文又有人持一銅斛
於市賣之其形正圓下向為斗橫梁
昂者為外互者為合梁一頭為籥籥
同鍾容半合邊有篆銘堅以問安安
云此王莽自言出自舜皇龍集戊辰改
正即真以同律量布之四方欲小大
器鈞令天下取平焉其多聞廣識
如此堅勅學士內外有疑皆師於安
故京兆為之語曰學不師安義不中
難初堅承石氏之乱至是民户殷富
四方略定東極滄海西併龜茲南苞
襄陽北盡沙漠唯建業一隅未能抗

伏堅每与侍臣談話未甞不欲平一
江左以晉帝為僕射謝安為侍中堅
弟平陽公融及朝臣石越原結等並
切諫終不能迴衆以安為堅所信敬
乃共請曰主上將有事東南公何不
能為蒼生致一言耶會堅出東苑命
安外輦同載僕射權翼諫曰臣聞
天子法駕侍中陪乘道安毀形寧可
參廁堅勃然作色曰安公道德可尊
朕以天下不易輿輦之榮未稱其德即
勅僕射扶安登輦俄而顧謂安曰朕
將與公南遊吳越勅六師而巡狩涉
會稽以觀滄海不亦樂乎安對曰陛
下應天御世有八州之貢冨居中土
而制四海宜栖神無為与堯舜比隆
今欲以百万之師求厥田下下之土
且東南區地地卑氣厲昔舜禹遊而不
反秦王適而不歸以貧道觀之非愚
心所同也平陽公懿戚石越重臣並
謂不可猶尚見拒貧道輕淺言必不
允既荷厚遇故盡丹誠耳堅曰非為
地不廣民不足治也將簡天心明大運所在
耳順時巡狩亦著前典若如来言則

帝王無省方之文乎安曰鑾駕必動可先幸洛陽抗威蓄銳傳檄江南如其不服伐之未晚堅不從之遣平陽公融等精銳二十五万為前鋒堅躬率步騎六十万到項晉遣征虜將軍謝石徐州刺史謝玄拒之堅前軍大潰於八公西晉軍逐北三十餘里死者相枕融馬倒殞首堅單騎而遁如所諫焉安常注諸經恐不合理乃誓曰若所說不甚遠理願見瑞乃夢見胡道人頭白眉毛長語安云君所注經殊合道理我不得入泥洹在西域當相助弘通可時時設食後十誦律至遠公乃知和上所夢賓頭盧也於是立座飯之處處成則安既德為物宗學兼三藏所制僧尼軌範佛法憲章條為三例一曰行香定座上經上講之法二曰常日六時行道飲食唱時法三曰布薩差使悔過等法天下寺舍遂則而從之安每與弟子法遇等於弥勒前立誓願生兜率後至秦建元二十一年正月二十七日忽有異僧形甚庸陋来寺寄宿寺房既迮

處之講堂時維那夜見此僧從窓隙出入遽以白安安驚起礼訊問其来意荅相為而来安曰自惟罪深詎可度脫彼荅云甚可度耳然須　浴聖僧情願必果具示浴法安請問来生所生之處彼乃以手虛撥天之西北即見雲開備覩兜率妙勝之報尒夕大衆數十人悉皆同見安後營浴具見有非常小兒伴侶數十来入寺戲須臾就浴果是聖應也至其年二月八日忽告衆曰吾當去矣是日齋畢無疾而卒葬城內五級寺中是歲晉太元十年也年七十二未終之前隱士王嘉往候安安曰世事如此行將及人相與去乎嘉曰誠如所言師並前行僕有小債未了不得俱去及姚萇之得長安也嘉時故在城內萇與符登相持甚久萇乃問嘉朕當得登不荅曰略得萇怒曰得當言得何略之有遂斬之此嘉所謂負債者也萇死後其子興方殺登興字子略即嘉所謂略得者也嘉字子年洛陽人也形貌鄙陋似若不足　滑　稽好語笑然不食五穀

清虛服氣人咸宗而事之往問善惡嘉隨而應荅語則可笑狀如調戲辭似讖記不可領解事過多驗初養徒於加眉谷中符堅遣大鴻臚徵不就及堅將欲南征遣問休否嘉無所言乃乘使者馬佯向東行數百步因落靴帽解棄衣服奔馬而還以示堅壽春之敗其先見如此及姚萇之害嘉之日有人於隴上見之乃遺書於萇安之潛契神人皆此類也安先聞羅什在西國思共講析每勸堅取之什亦遠聞安風謂是東方聖人恒遙而礼之初安生而便左臂有一皮廣寸許著臂捋可得上下之唯不得出手時人謂之為印手菩薩安終後十六年什公方至什恨不相見悲恨無極安既篤好經典志在宣法所請外國沙門僧伽提婆曇摩難提及僧伽跋澄等譯出衆經百餘万言常與沙門法和詮文字定詳覈文旨新出衆經於是獲正孫綽為名德沙門論自云釋道安博物多才通經名理又為之贊曰物有廣贍人固多宰淵淵釋安專能兼倍飛

齎汧隴馳名淮海形雖草化猶若
常在有別記云河北竺道安與釋道
安齊名謂習鑿齒致書於竺道安道
安本隨師姓竺後改為釋世見其二
姓因謂為兩人謬矣

釋法和榮陽人也少與安公同學以
恭讓知名善能標明論綜解悟疑滯
因石氏之亂率徒入蜀巴漢之士慕
德成羣聞襄陽陷没自蜀入關住陽
平寺後於金輿谷設會與安公共登
山嶺極目周睇既而悲曰此山高聳
遊望者多一從此化竟測何之安曰
法師持心有在何懼後生若慧心不
萌斯可悲矣後與安公詳定新經參
正文義頃之為晉王姚緒請住蒲坂
講說其後少時勑語弟子俗內煩惱
苦累非一乃正衣服繞佛礼拜還坐
本處以衣蒙頭奄然而卒時年八十矣

竺僧朗京兆人也少而遊方問道長
還關中專當講說嘗與人同共赴請
行至中途忽告同輩曰君等寺中衣
物似有竊者如言即反果有盜焉由
其相語故得無失朗常蔬食布衣志

耽人外以偽秦皇始元年移卜泰山
與隱士張忠為林下之契每共遊處
忠後為苻堅所徵行至華陰山而卒
朗乃於金輿谷崑崙山中別立精舍
猶是泰山西北之一巖也峯岫高嶮
水石宏壯朗創築房室製窮山美內
外屋宇數十餘區聞風而造者百有
餘人朗孜孜訓誘勞不告倦秦主苻
堅欽其德素遣使覲遺堅後沙汰衆
僧乃別詔曰朗法師戒德氷霜學徒
清秀崑崙一山不在搜例及秦姚興
亦加歎重燕假主慕容德欽朗名行假号東齊王給
以二縣租稅朗讓王而取租稅為興福業晉孝武致
書遺魏主拓跋珪亦送致物其為時人所敬如此
此谷中舊多虎災執杖結羣而行及朗居之猛獸
歸伏晨行夜往道俗無滯百姓咨嗟稱善無極故
奉高人至今猶呼金輿谷為朗公谷也凡有
來詣朗者人數多少未至一日已逆知使
弟子為具飲食必如言果至莫不歎
其有預見之明矣後卒於山中春秋
八十有五時泰山復有支僧敦者本
冀州人少遊汧隴長歷荊雍妙通大
乘兼善數論著人物始義論亦行於世

竺法汰東莞人少與道安同學雖才
辯不逮而姿貌過之與道安避難行
至新野安分張徒衆命汰下京臨別
謂安曰法師儀軌西北下座弘教東
南江湖道術此焉相望矣至於高會
淨因當期之歲寒耳於是分手泣涕
而別乃與弟子曇一曇二等四十餘
人沿東下遇疾停陽口時桓溫鎮荊
州遣使要過供事湯藥安公又遣弟
子慧遠下荊問疾汰病小愈詣溫溫
欲共汰久語先對諸賓未及前汰
既疾勢未歇不堪久坐乃乘輿歷廂
迴出相聞與溫日風淡忽發不堪久
語比當更造溫忩忩起出接與歸焉
汰形長八尺風姿可觀含吐蘊藉詞
若蘭芳時沙門道恒頗有才力常執
心無義大行荊土汰曰此是邪說應
須破之乃大名集僧令弟子曇一難
之據經引理析駁紛紜恒杖其口辯
不肯受屈日色既暮明旦更集慧遠
就席設難數番鋒起恒自覺義途差
異神色微動麈尾扣案未即有答遠
曰不疾而速杼軸何為座者皆笑矣

心無之義於此而息汰下都止瓦官寺晉太宗簡文皇帝深相敬重請講放光經開題大會帝親臨幸王侯公卿莫不畢集汰形解過人流名四遠開講之日黑白觀聽士女成羣及諮稟門徒以次駢席三吳負𧴲至者千數瓦官寺本是河内山玩公墓為陶處晉興寧中沙門慧力啓乞為寺止有堂塔而已及汰居之更拓房宇脩立衆業又起重門以可地勢汝南世子司馬綜第去寺近遂侵掘寺側重門淪陷汰不介懷綜乃感悟躬往悔謝汰即與相見傍若無人領軍王洽東亭王珣太傅謝安並欽敬無極臨亡數日忽覺不悆乃語弟子吾將去矣以晉太元十二年卒春秋六十有八烈宗孝武詔曰汰法師道播八方澤流後裔奄尒喪逝痛貫于懷可賻錢十万喪事所須隨由備辦孫綽為之贊曰淒風拂林鳴絃映壑爽爽法汰校德无怍汰弟子曇一曇二並博練經義又善老易風流趣好与慧遠齊名曇二少卒汰哭之慟曰天喪回

也汰所著義疏并与郗超書論本無義皆行於世或有言曰汰是安公弟子者非也

釋僧先冀州人常山淵公弟子性純素有貞操為沙弥時與道安相遇於逆旅安時亦未受具戒因共披陳志慕神氣慷慨臨别相謂曰若俱長大勿忘同遊先受戒已後勵行精苦學通經論值石氏之亂隱於飛龍山遊想巖壑得志禪慧道安後復從之相會欣喜謂昔誓始從因共披文屬思新悟尤多安曰先舊格義於理多違先曰且當分析逍遥何容是非先達安曰弘贊理教宜令允愜法鼓競鳴何先何後乃與安汰等南遊晉平講道弘化後還襄陽遇疾而卒又有沙門道護亦冀州人貞節有慧解亦隱飛龍山與安等相遇乃共言曰居靖離俗每欲匡正大法豈可獨步山門使法輪輟軫宜各隨力所被以報佛恩衆僉曰善遂各行後不知所終

竺僧輔鄴人也少持戒行執志貞苦學通諸論兼善經法道振伊洛一都

宗事值西晉飢亂輔與釋道安等隱于濩澤研釋辯析洞盡幽微後憩荊州上明寺單蔬自節礼懺翹勤誓生兜率仰瞻慈氏時瑯瑘王忱為荊州刺史藉輔貞素請為戒師一門宗奉後未亡二日忽云明日當去至臨終妙香滿室梵響相係道俗奔波來者万數是日後分無疾而化春秋六十因葬寺中僧為起塔

竺僧敷未詳氏族學通衆經尤善放光及道行波若西晉末亂移居江左止京師瓦官寺盛開講席建鄴舊僧莫不推服時同寺沙門道嵩亦才解相次與道安書云敷公研微秀發非吾等所及也時異學之徒咸謂心神有形但妙於万物隨其能言互相摧壓敷乃著神無形論以有形便有數有數則有盡神既無盡故知無形矣時扶辯之徒紛紜交諍既理有所歸愜然信服後又著放光道行等義疏後終於寺中春秋七十餘矣竺法汰与道安書云每憶敷上人周旋如昨逝殁奄復多年與其清談之日未嘗

不相憶思得與君共覆蹤其美豈啚一旦永為異世痛恨之深何能忘情其義理所得披尋之功信難可啚矣汰與安書數述敷義令推尋失其文製湮沒可悲

釋曇翼姚巷人也或云冀州人年十六出家事安公為師少以律行見稱學通三藏為門人所推經遊蜀郡刺史毛璩深重之為設中食躬自瞻奉見翼於飯中得一粒穀先取食之璩竊以敬異知必不孤信施得後餉米千斛翼受而分施翼嘗隨安在檀溪寺晉長沙太守滕含於江陵捨宅為寺告安求一僧為綱領安謂翼曰荊楚士庶始欲師宗成其化者非尒而誰翼遂杖錫南征締構寺宇即長沙寺是也後互賊越逸侵掠漢南江陵閤境避難上明翼又於彼立寺羣寇既盪復還江陵修復長沙寺丹誠祈請遂感舍利盛以金瓶置于齋座翼乃頂礼立誓曰若必是金剛餘陰願放光明至于中夜有五色光彩從瓶漸出照滿一堂舉眾驚嗟莫不以翼神

感當于尒時雖復冨蘭等見亦迴爲歸真也後入巴陵居山伐木山海經所謂洞庭山也山上有穴通吴之苞山山既靈異人甚憚之翼率人入山路值白虵數十卧遮行轍翼退還所住遥謂山靈為其礼懺乃謂曰吾造寺伐材幸願共為功德夜即夢見神人告翼曰法師既為三寶須用特相隨喜但莫令餘人妄有所伐明日更往路甚清夷於是伐木沿流而下其中伐人不免私竊還至寺上翼材已畢餘人所私之者悉為官所取其誠感如此翼常歎寺主僧足而形像尚少阿育王所造容儀神瑞皆多布在諸方何其無感不能招致乃專精懇惻請求誠應以晉太元十九年甲午之歲二月八日忽有一像現于城北光相衝天時白馬寺僧眾先往迎接不能令動翼乃往祇礼謂眾人曰當是阿育王像降我長沙寺焉即令弟子三人捧接飄然而起迎還本寺道俗奔赴車馬轟填後罽賓禪師僧伽難陁從蜀下入寺礼拜見像光上有

梵字便曰是阿育王像何時來此時人聞者方知翼之不謬年八十二而終終日像圓光奄然靈化莫知所之道俗咸謂翼之通感焉時長沙寺復有僧衛沙門學業甚著殷仲堪所重尤善十住乃為之注解

釋法遇不知何人弱年好學篤志墳素而任性誇誕謂傍若無人後與安公相值忽然信伏遂抽簪許道事安為師既沐玄化悟解非常折挫本心謙虚成德義陽太守阮保聞風欽慕遥結善友修書通好施遺相接後襄陽被寇遇乃避地東下止江陵長沙寺講說眾經受業者四百餘人時一僧飲酒廢夕燒香遇止罰而不遣安公遥聞之以竹筒盛荊子手自緘封題以寄遇遇開封見杖即曰此由飲酒僧也我訓領不勤遠貽憂賜即命維那鳴搥集眾以杖筒置香橙上行香畢遇乃起出眾以杖前向筒致敬於是伏地命維那行杖三下內杖筒中垂淚自責時境內道俗莫不歎息因之勵業者甚眾既而與慧遠書曰

吾人微闇短不能率衆和上雖隔在
異域猶遠垂憂念吾罪深矣後卒於
江陵春秋六十矣
釋曇徽河内人年十二投道安出家
安尚其神彩且令讀書二三年中學
兼經史十六方許剃髮於是專務佛
理鏡測幽凝未及立年便能講說雖
志業高素而以恭推見重後隨安在
襄陽苻丕寇境乃東下荊州止上明
寺每法輪一轉則黑白奔波常顧解
有所從乃圖寫安形存念礼拜於是
江陵士女咸西向致敬印手菩薩或
問法師道化何如和上徽曰和上内
行深淺未易可測外緣所被多諸應
驗在吾一滞寧比江海耶以晉太元
二十年卒臨亡之日體無餘患上堂
同衆中食因而告别食竟還房右脇
而化春秋七十三矣著立本論九篇
六識旨歸十二首並行於世
釋道立不知何許人少出家事安公
為師善放光經又以莊老三玄微應
佛理頗亦属意焉性澄靖不涉當
世後隨安公隱覆舟山巖居獨立不

受供養每潛思入禪輙七日不起如
此者數矣後夏初忽出山鵠集衆僧
自為講大品或問其故荅云我止可
至秋為欲令所懷粗訖耳自恣後數
日果無疾而終時人謂知命者矣
釋曇戒一名慧精姓卓南陽人晉外
兵部棘陽令潛之弟也居貧務學遊
心墳典後聞于法道講放光經乃借
衣一聽遂深悟佛理廢俗從道伏事
安公為師愽通三藏誦經五十餘万
言常日礼五百拜佛晉臨川王甚知
重後篤疾常誦弥勒佛名不輟口弟
子智生侍疾問何人願生安養誡曰吾
與和上等八人同願生兠率和上及
道願等皆已往生吾未得去是故有
願耳言畢即有光照身容貌更悅奄
尒遷化春秋七十仍葬安公墓右
竺法曠姓睪下邳人寓居吴興早失
二親事後母以孝聞家貧無蓄常
躬耕壟畔以供色養及母亡行喪盡
禮服闋出家事沙門竺曇印為師印
明叡有道行曠師竭誠迄受具戒栖
風立操卓尒殊羣履素安業志行淵

深印嘗疾病危篤曠乃七日七夜祈
誠礼懺至第七日忽見五色光明照
印房如覺有人以手按之所苦遂愈
後辭師遠遊廣尋經要還止於潛青
山石室每以法花為會三之旨無量
壽為淨土之因常吟詠二部有衆則
講獨處則誦謝安為吴興故往展敬
而山栖幽阻車不通轍於是解駕山
樹陵峰步往晉簡文皇帝遣堂邑太
守曲安遠詔問起居并諮以妖星請
曠為力曠荅詔曰昔宋景修福妖星
移次陛下光輔以来正刑允輯天下
任重万機事殷失之毫氂差以千里
雅當勤修德正以塞天譴貧道必當
盡誠上荅正恐有心無力耳乃與弟子
齋懺有頃災滅晉興寧中東遊禹穴
觀矚山水始投若耶之孤潭欲依巖
傍嶺栖閑養志郄超謝慶緒並結居
廛外時東土多遇疫疾曠既少習慈
悲兼善神呪遂遊行村里拯救危急
乃出邑止昌原寺百姓疾者多祈之
致効有見鬼者言曠之行住常有鬼
神數十衛其前後時沙門竺道隣造

無量壽像曠乃率其有緣起立大殿
相傳云伐木遇旱曠呪令至水晉孝
武帝欽承風聞要請出京事以師礼
止于長干寺元興元年卒春秋七十
有六散騎常侍顧愷之為作贊傳云
竺道壹姓陸吳人也少出家貞正有
學業而晦迹隱智人莫能知與之久
處方悟其神出瑯瑘王珣兄弟深加
敬事晉太和出都止瓦官寺從汰公
受學數年之中思徹淵深講傾都邑
汰有弟子曇一亦雅有風操時人呼
曇壹為壹道壹德相繼為時論所
宗晉簡文皇帝深所知重及帝崩汰
死壹乃還東止虎丘學徒苦留不止
及令丹陽尹移壹還都壹荅移曰蓋
聞大道之行嘉遁得肆其志唐虞之
盛逸民不奪其性弘方由於有外致
遠待而不踐大晉光濟德被無外崇
礼佛法弘長弥大是以殊域之人不
遠万里被褐振錫洋溢天邑皆割愛
棄欲洗心清玄遐期曠世故道深常
隱志存慈救故遊不滯方自東徂西
唯道是務雖万物惑其日計而識者

悟其歲功今若責其屬籍同役編户
恐遊方之士望崖於聖世輕舉之徒
卓長往而不反虧盛明之風　謬至
相之旨且荒服之賓無關天臺幽藪
之人不書王府幸以時審議詳而後
集也壹於是閑居幽阜晦影窮谷時
若耶山有帛道猷者本姓馮山陰人
少以篇牘著稱性率素好丘壑一吟
一詠有濠上之風與道壹經有講筵
之遇後與壹書云始得優遊山林之
下縱心孔釋之書觸興為詩陵峯採
藥服餌蠲痾樂有餘也但不與足下
同日以此為恨耳因有詩曰連峯數
千里脩林帶平津雲過遠山翳風至
梗荒榛茅茨隱不見雞鳴知有人閑
步踐其逕處處見遺薪始知百代下
故有上皇民壹既得書有契心抱乃東
適耶溪與道猷相會定於林下於是
縱情塵外以經書自娛頃之郡守瑯
瑘王薈於邑西起嘉祥寺以壹之風
德高遠請居僧首壹乃抽六物遺於
寺造金牒千像壹既博通內外又律
行清嚴故四遠僧尼咸依附諮稟時

人号曰九州都維那後暫往吳之虎
丘山以晉隆安中遇疾而卒即塟於
山南春秋七十有一矣孫綽為之贊
曰馳詞說言因緣不虛惟茲壹公綽
然有餘譬若春圃載芬載譽條被猗
蔚枝幹森踈壹弟子道寶姓張亦
吳人聰慧夙成尤善席上張彭祖王
秀琰皆見推重並著莫逆之交焉
釋慧虔姓皇甫北地人也少出家奉
持戒行志操確然憩廬山十有餘年
道俗有業志勝途者莫不偽慕風彩
羅什新出諸經虔志存敷顯宣揚德
教以遠公在山足紐振玄風虔乃東
遊吳越矚地弘通以晉義熙之初投
山陰嘉祥寺剋己導物苦身率衆凡
諸新經皆書寫講說涉將五載忽然
得病寢疾少時自知必盡乃屬想安
養祈誠觀世音從西郭門入清暉妙
狀光映日月幢幡華蓋皆以七寶莊
嚴見便作礼問曰不審大士今何所
之荅云往嘉祥寺迎虔公因尒無常
當時疾雖綿篤而神色平平有如恒
日侍者咸聞異香久之乃歇虔自審

必終文覩瑞相道俗聞見咸生歎羨焉　高僧傳卷第五　第二十七張　廣字號

高僧傳卷第五

高僧傳卷第五　校勘記

一　底本，金藏廣勝寺本。

一　三〇四頁中四行「和二」，資作「和二竺法雅三」；磧、普、南、徑、清作「和二」并夾註「竺法雅三重出不刊」。

一　三〇四頁中五行末字「三」，資、磧、普、南、徑、清作「四」，下至一七行末字例同，如「四」，作「五」。

一　三〇四頁中七行「竺僧先」，資、磧、普、南、徑、清作「釋僧光」。

一　三〇四頁中一二行「釋曇徽」，資作「釋曇徽」。三一一頁上四行同。

一　三〇四頁中二一行「神智」，資、磧、普、南、徑、清作「神性」。又第九字「形」，諸本（不含石，下同）作「而形」。

一　三〇四頁下九行第二字「而」，資、磧、普、南、徑、清作「而敬」。又「受戒」，諸本作「受具戒」。

一　三〇四頁下一一行「不稱」，資作「而不稱」。

一　三〇四頁下一三行第一三字「次」，諸本作「後次」。

一　三〇四頁下一六行「四隣」，麗作「四隣于時學者多守聞見安乃歎曰宗匠雖邈玄旨可尋應窮究幽遠探微奧令無生之理宣揚季末使流遁之徒歸向有本於是遊方問道備訪經律」。

一　三〇四頁下一七行「太陽」，磧作「大陽」。

一　三〇五頁上三行第九字「化」，麗作「化時」。

一　三〇五頁上四行「嗣立」，麗作「石導墓襲嗣立」。

一　三〇五頁上五行第一一字「末」，磧、南作「未」。又末字「將」，資、普、徑、清作「衰」。

一　三〇五頁上七行第三字「乃」，諸本作「安乃」。

一　三〇五頁上九行「女牀」，資、磧、普、南、徑、清作「女林」。

一　三〇五頁上一〇行第二字「栖」，麗無。

一　三〇五頁上一五行第一二字「安」，諸本作「安與」。

一　三〇五頁上一八行「二馬」，南作「一馬」。又「棉棉」，資作「棉之」；磧、普、南、徑、清作「柳之」。

一　三〇五頁上一九行首字「使」，諸本作「便」。又第四字「伯」，麗作「百」，一九行末字、二一行末字同。

一　三〇五頁上二〇行第一〇字「而」，諸本作「既而」。

一　三〇五頁上末行「深藏」，資、磧、

普、南、徑、清作「深義」。

一　三〇五頁中四行第三字「及」，麗作「乃」。

一　三〇五頁中一二行「襄陽」，麗作「襄陽深相結納序每歎曰安法師道學之津梁澄治之鑪肆矣」。

一　三〇五頁中一四行「並加」，磧、普作「並和」。

一　三〇五頁中一六行第一〇字「訖」，資、磧、普、南、徑、清作「託」。

一　三〇五頁中一九行「明著」，麗作「明著每夕放光徹照堂殿像後又自行至万山舉邑皆往瞻礼遷以還寺」。

一　三〇五頁中二〇行第六字「使」，諸本作「遣使」。

一　三〇五頁中二二行「一張」，資、磧、普、南、徑、清作「一尊」。

一　三〇五頁下四行「爐治」，資、磧、普、南、徑、清作「爐治」。

一　三〇五頁下六行「靈異」，資、磧、普、南、徑作「盡異」。

一　三〇五頁下九行第四字「聞」，資、磧、普、南、徑、清作「藉」。

一　三〇五頁下一〇行第一二字「兼」，資、磧、普、南、徑、清作「所兼」。

一　三〇五頁下一二行「宿儿」，磧、普、南、徑、清作「宿訓」。

一　三〇五頁下一五行「幽深」，資、磧、普、南、徑、清作「深幽」。

一　三〇五頁下一六行「各願」，麗作「若」。

一　三〇六頁上二行末字至次行首字「捐米」，資、磧、普、南、徑、清作「捐米千斛」。

一　三〇六頁上三行第一二字「與」，資、磧、普、南、徑、清作「書與」。

一　三〇六頁上六行「之人」，諸本作「人之」。

一　三〇六頁上九行第四字「蘭」，諸本作「簡」。一一行第一二字，資、磧、普、南、徑、清同。

一　三〇六頁上一二行末字至次行首字「一得」，諸本作「得一」。

一　三〇六頁上二〇行「安是」，資、磧、普、南、徑、清作「安足」。

一　三〇六頁上二二行第六字「竪」，諸本作「竪竪」。

一　三〇六頁中一四行「爲升」，麗作「爲斗」。

一　三〇六頁中一五行第二字「鍾」，資、磧、普、南、徑、清作「黄鍾」。

一　三〇六頁中一六行第一二字「集」，資、磧、普、南、徑、清無。

一　三〇六頁中末行末字「抗」，麗作「抗」。

一　三〇六頁下三行「原結」，諸本作「原紹」。

一　三〇六頁下五行末字至次行首字「不能」，資、磧、普、南、徑、清作「能不」。

一　三〇六頁下一二行第八字「劾」，諸本作「整」。

一　三〇六頁下一四行第一〇字「貢」，資、磧、普、南、徑、清無。

一　三〇六頁下一八行「秦王」，麗作

「秦皇」。

一　三〇六頁下二〇行第七字「拒」，資、磧、普、南、徑、清作「距」。次頁上六行第九字同。

一　三〇七頁上一行「鑾駕」，諸本作「若鑾駕」。

一　三〇七頁上二行「抗威」，資、磧、普、南、徑、清作「枕威」。

一　三〇七頁上三行第一一字「之」，諸本無。

一　三〇七頁上七行「八公」，資、磧、普、南、徑、清作「八公山」。

一　三〇七頁上一〇行「不堪」，資、磧、普、南、徑、清作「不甚」。又第一一字「瑞」，諸本作「瑞相」。

一　三〇七頁上一二行第一二字「在」，諸本作「住在」。

一　三〇七頁上一七行第一三字「經」，麗作「講經」。

一　三〇七頁中一行「維那」，諸本作「維那直殿」。

一　三〇七頁中三行第二字「荅」，諸本作「答云」。

一　三〇七頁中四行第一一字「湏」，資、磧、普、南、徑、清作「湏更」；麗作「湏史」。

一　三〇七頁中六行第二字「徃」，資、磧、普、南、徑、清無。

一　三〇七頁中一三行「年七十二」，資、磧、普、南、徑、清無。

一　三〇七頁中一五行「師並」，資、磧、普、南、徑、清作「師且」。

一　三〇七頁中末行「滑稽」，諸本作「本滑稽」。

一　三〇七頁下八行第一二字「害」，資、磧、普、南、徑、清作「正害」。

一　三〇七頁下九行「遺書」，資、磧、普、南、徑作「遣書」。

一　三〇七頁下一四行第六字「之」，資、磧、普、南、徑、清作「也」。又第一二字「時」，麗作「又肘外有方肉上有通文時」。

一　三〇七頁下二〇行「文字定」，諸本作「定音字」。

一　三〇八頁上二行「竺道安」，諸本作「別有竺道安」。

一　三〇八頁上六行首字「釋」，資作「二釋」。

一　三〇八頁上七行「論綜」，麗作「論綱」。

一　三〇八頁上九行第一三字「住」，資、普、徑作「往」。

一　三〇八頁上一〇行「金與」，諸本作「金輿」。

一　三〇八頁上一一行首字「山」，資作「之山」。

一　三〇八頁上一五行「請住」，資、磧、南、清作「請往」。

一　三〇八頁上一六行「俗內」，資、磧、普、南、徑、清作「俗綱」。

一　三〇八頁上一八行末字「矣」，資作「矣竺法雅河間人凝正有器度少善外學長通佛義衣冠仕子咸附諮稟時依雅門徒並世典有功未善佛理雅乃與康法朗等以經中事數擬配外書爲生解之例謂之格義及

毗浮曇相等亦辯以訓門徒雅風格義彩灑落善於樞機外典佛經遞互講說與道安法汰每披釋湊疑共盡經要後立寺於高邑僧衆百餘訓誘無懈雅弟子曇習祖述先師善於言論爲僞趙太子石宣所敬云」。

一　三〇八頁上一九行第七字「也」，資、磧、普、南、徑、清無。又末字「長」，資、磧、普、南、徑、清作「長安」。

一　三〇八頁上二〇行「與人」，諸本作「與數人」。

一　三〇八頁上末行第九字「常」，資、磧、普、南、徑、清無。

一　三〇八頁中一行第六字「秦」，麗作「秦苻健」。

一　三〇八頁中九行第七字「使」，麗作「使微請朗同辭老疾乃止於是月月修書」。

一　三〇八頁中一一行第一一字「及」，麗作「及後」。

一　三〇八頁中一二行第二字「加」，麗作「佳」。同行第六字「假」，諸本無。又「假號東齊王」，資、磧、普、南、徑、清無。

一　三〇八頁中一三行第六字至次行第一一字「朗讓……致物」，資、磧、普、南、徑、清無。

一　三〇八頁中一四行「亦送」，麗作「亦送書」。

一　三〇八頁中一五行「執仗」，資、磧、普、南、徑、清作「人常執仗」；麗作「常執仗」。

一　三〇八頁中一八行第一三字「已」，諸本作「瓢已」。

一　三〇八頁中末行末字「世」，南作「出」；麗作「世矣」。

一　三〇八頁下五行「望矣」，資、磧、普、南、徑、清作「忘矣」。

一　三〇八頁下六行「淨因」，資、磧、普、南、徑、清作「淨國」。

一　三〇八頁下八行第二字「沿」，資、南、徑、清、麗作「沿江」；磧、普作「沿汚」。

一　三〇八頁下一〇行「汰病」，資、磧、普、南、徑、清作「汰疾」。

一　三〇八頁下一四行「與歸」，資、磧、普、南、徑、清作「興循」。

一　三〇八頁下一八行「句集」，諸本作「集名」。

一　三〇八頁下一九行「杖其」，資、磧、普、南、徑、清作「拔其」。

一　三〇八頁下二一行「設難」，資、磧、普、南、徑、清作「攻難」。又「鋒起」，資、磧、普、南、徑、清作「關責鋒起」；麗作「開責鋒起」。

一　三〇八頁下末行末字「矣」，資、磧、普、南、徑、清無。

一　三〇九頁上五行「士女」，磧、普、南、徑、清作「士庶」。

一　三〇九頁上七行「公墓」，資、磧、普、南、徑、清作「墓王公」。

一　三〇九頁上八行「昬興寧」，磧作「昬與寧」。

一　三〇九頁上一二行第六字「介」，資、磧、普、南、徑、清作「介」。

一三〇九頁中四行第三字「先」，資、磧、普、南、徑、清作「光」。八行第五字、一三行首字同。

一三〇九頁中一五行第五字「乃」，資、磧、普、南、徑、清作「光乃」；麗作「先乃」。又第七字「安」，麗無。

一三〇九頁中一六行第一三字「有」，資、普、徑作「與」。

一三〇九頁中一九行「匡正」，資作「匡心」。

一三〇九頁中二一行第八字「行」，諸本作「行化」。

一三〇九頁下二行「研釋」，諸本作「研精」。

一三〇九頁下四行第一一字「忼」，資、磧、普、南、徑、清作「忱」。

一三〇九頁下六行第一二字「至」，諸本作「至于」。

一三〇九頁下一一行第九字「未」，資、磧、普、南、徑作「末」。

一三〇九頁下一九行第二字「杖」，資、磧、普、南、徑、清作「狀」。

一三一〇頁上六行第四字「妣」，諸本作「姓妣」。

一三一〇頁上一一行「孤信施得」，資、磧、普、南、徑、清作「奉信施」。

一三一〇頁上一三行「騰舍」，資、磧、普、南、徑、清作「滕舍之」。

一三一〇頁上一四行第八字「綱」，資、磧、普、南、徑、清作「摠」。

一三一〇頁上二二行「至于」，資、磧、普、南、徑、清作「至乎」。

一三一〇頁上末行「不以」，資、磧、普、南、徑、清作「不挹」。

一三一〇頁中二行「居山」，諸本作「君山」。

一三一〇頁中六行「遙謂」，磧、普、南、徑、清、麗作「遙請」。又第一二字「曰」，諸本作「神曰」。

一三一〇頁中一三行第八字「主」，諸本作「立」。

一三一〇頁下一行「來此」，磧作「來北」。

一三一〇頁下五行「甚著」，諸本作「甚著爲」。

一三一〇頁下七行「何人」，資、磧、普、南、徑、清作「何許人」。

一三一〇頁下八行首字「素」，清作「索」。

一三一〇頁下九行「抽簪」，諸本作「投簪」。

一三一〇頁下一六行「荊子」，諸本作「一荊子」。

一三一〇頁下二〇行「以扙」，諸本無。

一三一一頁上八行「恭推」，南、徑、清作「恭雅」。

一三一一頁上二〇行「少出家」，清作「少少出家」。

一三一一頁上末行「獨立」，麗作「獨處」。

一三一一頁中三行「大品」，資、磧、普、南、徑、清作「大品經」。

一三一一頁中七行「兵部」，資、磧、普、南、徑、清作「兵郎」。

一 三一一頁中一三行「何人」，諸本作「何不」。
一 三一一頁中一六行「照身」，諸本作「照于身」。又末字「奄」，諸本作「遂奄」。
一 三一一頁中二二行第七字「師」，諸本作「師事」。
一 三一一頁中末行第六字「殊」，徑、清作「還」。
一 三一一頁下三行「印房」，資、普、南、徑、清、麗作「印房户印」；磧作「印房尸印」。又「按之」，資作「捘之」；磧、普、南、徑、清作「振之」。
一 三一一頁下七行「吴興」，資、磧、普、南、徑、清作「吴興守」。
一 三一一頁下一八行「結居」，資、磧、普、南、徑、清作「結交」。
一 三一二頁上四行「于長干寺」，磧作「干長于寺」。
一 三一二頁上九行「太和」，諸本作「太和中」。
一 三一二頁上一二行第一一字「德」，諸本作「名德」。
一 三一二頁上一四行「虒丘」，諸本作「虎丘山」。
一 三一二頁上一五行首字「及」，諸本作「乃」。又「移曰」，資、磧、普、南、徑、清作「尹曰」。
一 三一二頁中三行首字「卓」，麗無。又「謬至」，資、磧、普、南、徑、清作「有謬主」；麗作「謬主」。
一 三一二頁中五行「歡詳」，麗作「翔」。
一 三一二頁中一〇行第三字「後」，徑作「復」。
一 三一二頁中一四行「雲遇」，諸本作「雲過」。
一 三一二頁中一七行「壹既得書」，資、磧、普、南、徑、清作「而壹得書既」。
一 三一二頁下一〇行「盧山」，麗作「廬山中」。
一 三一二頁下一八行「觀世音」，諸本作「觀音山陰北（「北」，麗作「比」）寺有淨嚴尼宿德有戒行夜夢見觀世音」。
一 三一二頁下二二行「有如」，資、磧、普、南、徑、清作「如有」。
一 三一二頁下末行「自審」，諸本作「既自審」。
一 三一三頁上一行「歎美」，資、磧、南、清作「歡美」。

高僧傳卷第六 義解三 廣

梁會稽嘉祥寺沙門釋慧皎撰

釋慧遠本姓賈氏鴈門婁煩人也弱而好書珪璋秀發年十三隨舅令狐氏遊學許洛故少為諸生博綜六經尤善莊老性度弘博風鑒朗拔雖宿儒英達莫不服其深致年二十一欲度江東就范宣子共契嘉遁值石虎已死中原寇亂南路阻塞志不獲從

時沙門釋道安立寺於太行恒山弘賛像法聲甚著聞遠遂往歸之一面盡敬以為真吾師也後聞安講波若經豁然而悟乃歎曰儒道九流皆糠粃耳便與弟慧持投簪落彩委命受業既入乎道厲然不群常欲揔攝綱維以大法為已任精思諷持以夜續晝貧旅無資緼纊常闕而昆弟恪恭終始不懈有沙門曇翼每給以燈燭之費安聞而喜曰道士誠知人矣遠藉慧解於前因發勝心於曠劫故能神明英越機鑒遐深安公常歎曰使道流東國其在遠乎年二十四便就講說嘗有客聽講難實相義往復移時弥增疑昧遠乃引莊子義為連類於惑者曉然是後安公特聽慧遠不廢俗書安有弟子法遇曇徽皆風才照灼志業清敏並推伏焉後隨安公南遊樊沔偽秦建元九年秦將苻丕寇斥襄陽道安為朱序所拘不能得去乃分張徒衆各隨所之臨路諸長德皆被誨約遠不蒙一言遠乃跪曰獨無訓勗懼非人例安曰如公者豈復

相憂遠於是與弟子數十人南適荆
州住上明寺後欲往羅浮山及屆潯
陽見廬峯清静足以息心始住龍泉
精舍此處去水本遠遠乃以杖扣地
曰若此中可得栖立當使朽壤抽泉
言畢清流涌出後卒成溪其後少時
潯陽亢旱遠詣池側讀海龍王經忽
有巨蛇從池上空須臾天雨歲以有
年因號精舍為龍泉寺焉時有沙門
慧永居在西林與遠同門舊好遂要
遠同止永謂刺史桓伊曰遠公方當
弘道今徒屬已廣而來者方多貧道
所栖褊狹不足相處如何桓乃為遠
復於山東更立房殿即東林是也遠
創造精舍洞盡山美却負香爐之峯
傍帶瀑布之壑仍石疊基即松栽構
清泉環階白雲滿室復於寺內別置禪
林森樹烟凝名逕苔合凡在瞻履皆
神清而氣肅焉遠聞天竺有佛昔
化毒龍所留之影在北天竺月氏國
那竭呵城南古仙人石室中住道取
流沙西一万五千八百五十里每欣
感交懷志欲瞻覩會有西域道士叙

其光相遠乃背山臨流營築龕室妙
算畫工淡彩圖寫色疑積空望似烟
霧暉相炳曖若隱而顯遠乃著銘曰
廓矣大像理玄無名體神入化落影
離形迴暉層巖凝映虛亭在陰不昧
處闇逾明宛步蟬蛻朝宗百靈應不
同方迹絕杳冥其一茫茫荒宇靡勸
靡獎淡虛寫容拂空傳像相具體微
沖姿自朗白毫吐曜昏夜中爽感徹
乃應扣誠發響留音停岫津悟冥賞
撫之有會功弗由曩其二旋踵忘敬罔
慮罔識三光掩暉万像一色庭宇幽
藹歸塗莫測悟之以靖開之以力惠
風雖遐維塵攸息匪聖玄覽孰扇其
極其三希音遠流乃眷東顧欣風慕道
仰規玄度妙盡毫端運微輕素託綵
虛凝殆映霄霧迹以像真理深其趣
奇興開衿祥風引路清氣迴軒昏交
未曙髣髴神容依俙欽遇其四銘之圖
之曷營曷求神之聽之鑒尒所脩庶
滋塵軌映彼玄流漱情靈沼飲和
至柔照虛應簡智落乃周深懷冥託
宵想神遊畢命一對長謝百憂其五

又昔潯陽陶侃經鎮廣州有漁人於
海中見神光每夕豔發經旬彌盛怪
以白侃侃往詳視乃是阿育王像即
接歸以送武昌寒溪寺寺主僧珍嘗
往夏口夜夢寺遭火而此像屋獨有
龍神圍遶珍覺馳還寺寺既焚盡唯
像屋存焉侃後移鎮以像有威靈遣
使迎接數十人舉之至水及上船船
又覆沒使者懼而反之竟不能獲侃
幼出雄武素薄信情故荊楚之間為
之謠曰陶惟劒雄像以神摽雲翔泥宿
邈何遙遙可以誠致難以力招及遠
創寺既成祈心奉請乃飄然自輕往
還無梗方知遠之神感證在風諺矣
於是率衆行道昏曉不絕釋迦餘化
於斯復興既而謹律息心之士絕塵
清信之賓並不期而至望風遙集彭城
劉遺民豫章雷次宗鴈門周續之新
蔡畢穎之南陽宗炳張萊民張季碩
等並棄世遺榮依遠遊止遠乃於精
舍無量壽像前建齋立誓共期西方
乃令劉遺民著其文曰惟歲在攝提
秋七月戊辰朔二十八日乙未法師

釋慧遠貞感幽奥宿懷特發乃延命同志息心貞信之士百有二十三人集於廬山之陰般若臺精舍阿彌陀像前率以香華敬廌而誓焉惟斯一會之衆夫緣化之理既明則三世之傳顯矣遷感之數既符則善惡之報必矣推交臂之潛淪悟無常之期切審三報之相催知險趣之難拔此其同志諸賢所以夕惕宵勤仰思攸濟者也蓋神者可以感涉而不可以迹求必感之有物則幽路咫尺苟求之無主則眇茫河津今幸以不謀而僉心西境叩篇開信亮情天發乃機象通於寢夢欣歡百於子來於是雲圖表暉影侔神造功由理諧事非人運茲實天啓其誠冥運來萃者矣可不剋心重精疊思以凝其慮然其景績參差功德不一雖晨祈云同夕歸攸隔即我師友之眷良可悲矣是以慨焉胥命整衿法堂等施一心亭懷幽極誓茲同人俱遊絕域其有驚出絕倫首登神界則無獨善於雲嶠忘兼全於幽谷先進之與後昇勉思策征之

道然復妙覲天儀啓心貞照識以悟新形由化革藉狀萃於中流蔭瓊柯以詠言飄雲衣於八極泛香風以窮年體忘安而彌穆心超樂以自怡臨三塗而緬謝傲天宮而長辭紹衆靈以繼軌指太息以為期究茲道也豈不弘哉遠神韻嚴肅容止方稜凡預瞻覩莫不心形戰慄曾有沙門持竹如意欲以奉獻入山信宿竟不敢陳竊留席隅默然而去有慧義法師強正少憚將欲造山謂遠弟子慧寶曰諸君庸才望風推服今試觀我如何至山值遠講法花每欲難問輒心悸汗流竟不敢語出謂慧寶曰此公定可訝其伏物蓋衆如此殷仲堪之荊州過山展敬與遠共臨北澗論易體移景不倦見而歎曰識信深明實難為庶司徒王謐護軍王默等並欽慕風德遥致師敬謐修書曰年始四十而衰同耳順遠答曰古人不愛尺璧而重寸陰觀其所存似不在長年耳檀越既履順而遊性乘佛理以御心因此而推復何羨於遐齡聊想斯理久已

得之為復酬來信耳盧循初下據江州城入山詣遠遠少與循父嘏同為書生及見循歡然道舊因朝夕音問僧有諫遠者曰循為國寇與之厚得不疑乎遠曰我佛法中情無取捨豈不為識者所察此不足懼及宋武追討盧循設帳桑尾左右曰遠公素主廬山與循交厚宋武曰遠公世表之人必無彼此乃遣使齎書致敬并遺錢米於是遠近方服其明見初經流江東多有未備禪法無聞律藏殘闕遠慨其道缺乃令弟子法淨法領等遠尋衆經踰越沙雪曠歲方反皆獲梵本得以傳譯昔安法師在關請曇摩難提出阿毗曇心其人未善晉言頗多疑滯後有罽賓沙門僧伽提婆博識衆典以晉太元十六年來至尋陽遠請重譯阿毗曇心及三法度論於是二學乃興并製序標宗貽於學者孜孜為道務在弘法每逢西域一賓輒懇惻諮訪聞羅什入關即遣書通好曰釋慧遠頓首去歲得姚左軍書具承德問仁者曩絕殊域越自外境于時音

譯未交聞風而悅但江湖難冥以形乖為歎耳須知承不通之會懷寶來遊至止有問則一否九馳徒情欣雅味而無由遣盡寓目望途固已增其勞佇每欣大法宣流三方同遇雖運鍾其末而趣均在昔誠未能和津妙門感徹遺靈至於虛矜遺契亦無日不懷夫旃檀移植則異物同熏摩尼吐曜則衆珍自積是惟敬人之道猶虛往實歸況宗一無像而應不以懷者乎是故負荷大法者必以無報情心會友以仁者使功不自己若令法輪不停轔於八正之路三寶不輟音於將盡之期則滿願不專美於絕代龍樹豈獨善於往蹤今比量衣裁願登高座為著之并天澱之器此既法物聊以示懷什荅書曰鳩摩羅耆婆和南既未言面又文辭殊隔導心之路不通得意之緣圯絕傳驛來況粗承風德獲如何必備聞一途可以蔽百經言末後東方當有護法菩薩勗哉仁者善弘其事夫財有五備福戒博聞辯才深知兼之者道隆未具者疑

滯仁者備之矣所以寄心通好因譯傳意豈其能盡粗酬來意耳損所致比量衣裁欲令登法座時著當如來意但人不稱物以為愧耳今往常所用鍮石雙口澡灌可備法物之數也并遺偈一章曰既已捨染樂心得善攝不若得不馳散深入實相不畢竟空相中其心無所樂若悅禪智慧是法性無照虛誑等無實亦非停心處仁者所得法幸願示其要遠重與什書曰日有涼氣比復何如去月法識道人至聞君欲還本國情以悵然先聞君方當大出諸經故來欲便相諮求若此傳不虛衆恨可言今輒略問數十條事冀有餘暇一二為釋此雖非經中之大難欲取決於君耳并報偈一章曰本端竟何從起滅有無際一微涉動境成此頹山勢惑相更相乘觸理自生滯因緣雖無主開途非一世時無悟宗匠誰將握玄契來問尚悠悠相與期暮歲後有弗若多羅來適關中誦出十誦梵本羅什譯為晉文三分始二而多羅棄世遠常慨其未

備及聞曇摩流支入秦復善誦此部乃遣弟子曇邕致書祈請令於關中更出餘分故十誦一部具足無闕晉地獲本相傳至今葱外妙典關中勝說所以來集茲土者遠之力也外國衆僧咸稱漢地有大乘道士每至燒香禮拜輒東向稽首獻心廬岳其神理之迹故未可測也先是中土未有泥洹常住之說但言壽命長遠而已遠乃歎曰佛是至極至極則無變無變之理豈有窮耶因著法性論曰至極以不變為性得性以體極為宗羅什見論而歎曰邊國人未有經便闇與理合豈不妙哉秦王姚興欽德風名歎其才思致書慇懃信餉連接贈以龜茲國細縷雜變像以申款心又令姚嵩獻其珠像釋論新出興送論并遺書曰大智論新譯訖此既龍樹所作又是方等旨歸宜為一序以申作者之意然此諸道士咸相推謝無敢動手法師可為作序以貽後之學者遠荅云欲令作大智論序以申作者之意貧道聞懷大非小褚所容汲深非短

綆所測拔省之日有愧高命又體羸多疾觸事有廢不復屬意已來其日亦久緣來告之重輒粗綴所懷至於研究之美當復寄諸明德其名高遠固如此遠常謂大智論文句繁廣初學難尋乃抄其要文撰為二十卷序致淵雅使夫學者息過半之功矣後桓玄征殷仲堪軍經廬山要遠出虎溪遠稱疾不堪玄自入山左右謂玄曰昔殷仲堪入山礼遠願公勿敬之玄荅何有此理仲堪本死人耳及至見遠不覺致敬玄問不敢毀傷何以剪削遠荅云立身行道玄稱善所懷問難不敢復言乃說征討之意遠不荅玄又問何以見願遠云願檀越安隱使彼亦無他玄出山謂左右曰實乃生所未見玄後以震主之威苦相延致乃貽書騁說勸令登仕遠荅辭堅正確乎不拔志踰丹石終莫能迴俄而玄欲沙汰衆僧教僚屬曰沙門有能申述經誥暢說義理或禁行脩整足以宣寄大化其有違於此者悉皆罷遣惟廬山道德所居不在搜簡之例遠

與玄書曰佛教凌遲穢雜日久每一尋至慨憤盈懷常恐運出非意淪滑將及竊見清澄諸道人教實應其本心夫涇以渭分則清濁殊勢枉以直正則不仁自遠此命既行必二理斯得然後令飾偽者絕假通之路懷真者無負俗之嫌道世交興三寶復隆矣因廣立條制玄從之昔成帝幼冲庾冰輔正以為沙門應敬王者尚書令何充僕射褚𦤎諸葛恢等奏不應敬禮官議悉同充等門下承冰旨為駮同異紛然竟莫能定及玄在姑熟欲令盡敬乃與遠書曰沙門不敬王者既是情所未了於理又是所未喻一代大事不可令其體不允近八座書令以呈君可述所以不敬意也此便當行之事一二令詳盡想必有以釋其所疑耳遠荅書曰夫稱沙門者何耶謂能發矇俗之幽昏啓化表之玄路方將以兼忘之道與天下同往使希高者挹其遺風漱流者味其餘津若然雖大業未就觀其超步之迹所悟固已弘矣又袈裟非朝宗之服鉢盂非廊

廟之器沙門塵外之人不應致敬王者玄雖苟執先志耻即外從而覩遠辭旨愁趄未決有頃玄篡位即下書曰佛法宏大所不能測推奉主之情故興其敬今事既在己宜盡謙光諸道人勿致礼也遠乃著沙門不敬王者論凡有五篇一曰在家謂在奉法則是順化民情未變俗迹同方內故有天屬之愛奉主之礼礼敬有本遂因之以成教二曰出家謂出家者能遁世以求其志變俗以達其道變俗則服章不得與世典同礼遁世則高尚其迹大德故能拯溺俗於沉流拔玄根於重劫遠通三乘之津近開人天之路如令一夫全得則道洽六親德流天下雖不處王侯之位固已協契皇極在宥生民矣是故內乖天屬之重而不違其孝外闕奉主之恭而不失其敬也三曰求宗不順化謂反本求宗者不以生累其神超落塵封者不以情累其生不以情累其生則其生可滅不以生累其神則其神可冥冥神絕境故謂之泥洹故沙門雖抗礼萬乘高尚其事

不爵王侯而沾其惠者也四曰體極不兼應謂如來之與周孔發致雖殊潛相影響出處咸異終斯必同故雖曰道殊所歸一也不兼應者物不能兼受也五曰形盡神不滅謂識神馳騖隨行東西也此是論之大意自是沙門得全方外之迹矣及桓玄西奔晉安帝自江陵旋于京師輔國何無忌勸遠候覲遠稱疾不行帝遣使勞問遠脩書曰釋慧遠頓首陽月和暖願御膳順宜貧道先嬰重疾年衰益甚猥蒙慈詔曲垂光慰感懼之深實百于懷幸遇慶會而形不自運此情此慨良無以喻詔答陽中感懷知所患未佳其情耿耿去月發江陵在道多諸惡情遲兼常本與經過相見法師既養素山林又所患未痊邈無復因增其歎悵陳郡謝靈運負才傲俗少所推崇及一相見肅然心服遠內通佛理外善群書夫預學徒莫不依擬時遠講喪服經雷次宗宗炳等並執卷承旨次宗後別著義疏首稱雷氏宗炳因寄書嘲之曰昔與足下共於釋

和上閤面受此義今便題卷首稱雷氏乎其化兼道俗斯類非一自遠卜居廬阜三十餘年影不出山迹不入俗每送客遊履常以虎溪為界焉以晉義熙十二年八月初動散至六日困篤大德耆年皆稽顙請飲豉酒不許又請飲米汁不許又請以蜜和水為漿乃命律師令披卷尋文得飲與不卷未半而終春秋八十三矣門徒號慟若喪考妣道俗奔赴轂繼肩隨遠以凡夫之情難割乃制七日展哀遺命使露骸松下而弟子收葬尋陽太守阮保於山西嶺鑿壙開隧謝靈運為造碑文銘其遺德南陽宗炳又立碑寺門初遠善屬文章辭氣清雅席上談吐精義簡要加以容儀端整風彩灑落故圖像于寺遐迩式瞻所著論序銘贊詩書集為十卷五十餘篇見重於世

釋慧持者慧遠之弟也冲默有遠量年十四學讀書一日所得當他一旬善文史巧才製年十八出家與兄共伏事道安法師遍學衆經遊刃三藏及安在襄陽遣遠東下持亦俱行初

憩荊州上明寺後適廬山皆隨遠共止持形長八尺風神儁爽常躡草屣納衣半脛廬山徒屬莫匪英秀往反三千皆以持為稱首持有姑為尼名道儀住在江夏儀聞京師盛於佛法欲下觀化持乃送姑至都止于東安寺晉衛軍琅琊王珣深相器重時有西域沙門僧伽羅叉善誦四含珣請出中阿含經持乃校閱文言搜括詳定後還山少時豫章太守范甯請講法花毗曇於是四方雲聚千里遙集王珣與范甯書云遠公持公孰愈范荅云誠為賢兄弟也王重書曰但令如兄誠未易有況復弟賢耶兗州刺史琅耶王恭致書於沙門僧撿曰遠持兄弟至德何如撿荅曰遠持兄弟也綽綽焉信有道風矣羅什在關遙相欽敬致書通好結為善友持復聞成都地沃民豐志往傳化兼欲觀矚峨嵋振錫岷岫乃以晉隆安三年辭遠入蜀遠苦留不止遠歎曰人生愛聚汝樂離如何持亦悲曰若滯情愛聚者本不應出家今既割欲求道正以西方

為期耳於是兄弟収淚憫默而別行
達荊州刺史殷仲堪礼遇欣重時桓
玄亦在彼玄雖涉學功疏而一往神
出見持有隣幾獨絶尤歎是今古無
比大欲結歡持既疑其為人遂棄而
不納殷桓二人苦欲留之持益無停
意臨去與玄書曰本欲栖病峨嵋之
岫觀化流沙之表不能負其發足之
懐便束裝首路玄得書惆悵知其不
止到蜀龍淵精舍大弘佛法井絡四方
慕德成侶刺史毛璩推相崇挹時有
沙門慧巖僧恭先在岷蜀人情傾蓋
及持至止皆望風推服有昇持堂者
皆号登龍門恭公幼有才思為蜀郡
僧正巖公內外多解素為毛璩所重
後蜀人譙縱因鋒鏑之機攻煞毛璩
割據蜀土自号成都王機集僧設會
逼請巖公巖不得已而赴璩既宿昔
檀越一旦傷破覩事增悲痛形顏色
遂為譙縱所忌因而被害舉邑紛擾
白黒危懼持避難憩郫縣中寺縱有
從子道福凶悖尤甚將兵往郫有所
討戮還過入寺人馬洛血衆僧大怖

一時驚走持在房前盥洗神色無
忤道福直至持邊持彈指以水洗然
自若福愧悔流汗出寺門謂左右曰
大人故與衆異後境內清怗還止龍
淵寺講說齋懺老而愈篤以晉義熙
八年卒于寺中春秋七十有六臨終
遺命務勗律儀謂弟子曰經戒如平
地衆善由生汝行住坐卧宜其謹哉
以東閣經籍付弟子道泓在西閣法
典囑弟子曇蘭泓業行清敏蘭神悟
天發並係軌師蹤焉
釋慧永姓潘河內人也年十二出家
伏事沙門竺曇現為師後又伏膺道
安法師素與遠共期欲結宇羅浮之
岫遠既為道安所留永乃欲先踰五
嶺行經潯陽郡人陶範苦相要留於
是且停廬山之西林寺既門徒稍盛
又慧遠同架遂有意終焉永貞素
自然清心剋已言常含笑語不傷物
躭好經典善於講說蔬食布衣率以
終歲又別立一茅室於嶺上每欲禪
思輙往居焉時有至房者並聞殊
香之氣永室中常有一虎人或畏者

輙驅令上山人去後還復循伏永嘗
出邑薄晚還山至烏橋烏橋營主醉
騎馬當道遮永不聽去日時向晚永
以杖遥指馬即驚走營主倒地永捧
慰還營因尒致疾明晨往寺向永悔
過永曰非貧道本意恐戒神所為耳
白黒聞知歸心者衆矣後鎮南將軍
何無忌作鎮尋陽陶爰集虎溪請永
及惠遠遠既久持名望亦雅足才力
從者百餘皆端整有風序及高言華
論舉動可觀永怗然獨往率尒後至
納衣草屣執杖提鉢而神氣自若清
散無矜衆咸重其貞素翻更多之遠
少所推先而[illegible]永高行身執卑恭以
布寘福永厲行精苦願生西方以晉
義熙十年遇疾綿篤而謹戒律執志
愈勤雖枕痾懷苦顏色怡悅未盡少
時忽斂衣合掌求屣欲起如有所見
衆咸驚問荅云佛來言終而卒春
秋八十有三道俗在山咸聞異香七
日乃歇時廬山又有釋僧融亦苦節
通靈能降伏鬼物云
釋僧濟未詳何許人晉太元中來入

廬山從遠公受學大小諸經及世典
書數皆遊鍊心貫其深要年始過立
便出邑開講歷當無匹遠每謂曰共
吾弘佛法者尒其人乎後停山少時
忽感篤疾於是要誠西國想像弥陁
遠遺濟一燭曰汝可以建心安養覽諸漏
刻濟執燭憑机停想無乱又請衆僧
夜集為轉無量壽經至五更中濟以
燭授同學令於僧中行之於是暫卧
因夢見自秉一燭乘虛而行覩無量
壽佛接置于掌遍至十方不覺欻然
而覺具為侍疾者說之且悲且慰自省
四大了無疾苦至于明夕忽索履起
立目逆虛空如有所見須臾還卧顏
色更悅因謂傍人云吾其去矣於是
轉身右脅言氣俱盡春秋四十有五矣
釋法安一名慈欽未詳何許人遠公之
弟子也善戒行講說衆經兼習禪業
善能開化愚曚拔邪歸正晉義熙中
新陽縣虎災縣有大社樹下築神廟
左右居民以百數遭虎死者々有一
兩安甞遊其縣暮逗此村民以畏虎
早閉門閭安逕之樹下通夜坐禪向曉

聞虎負人而至投之樹北見安如喜
如驚跳伏安前安為說法授戒虎踞
地不動有頃而去旦村人追虎至樹
下見安大驚謂是神人遂傳之一縣
士庶宗奉虎災由此而息因改神廟
留安立寺左右田園皆捨為衆業後
欲作畫像須銅青困不能得夜夢見
一人迋其牀前云此下有銅鐘覺即
掘之果得二口因以青成像後以鐘
助遠公鑄佛餘一武昌太守熊無患
借視遂留之安後不知所終
釋曇邕姓楊關中人少仕偽秦至衛
將軍形長八尺雄武過人太元八年
從苻堅南征為晉軍所敗還至長安
因從安公出家安公既往乃南投廬
山事遠公為師內外經書多所綜涉
志尚弘法不憚疲苦後為遠入關致
書羅什凡為使命十有餘年皷擊風
流搖動峯岫強捍果敢專對不辱京
師道場僧鑒挹其德解請還楊州以
遠年高遂不果行然遠神足高抗者
其類不少恐後不相推謝因以小緣
託擯邕出邕奉命出山容無怨忤乃

於山之西南營立茅宇与弟子曇果
澄思禪門甞於一時果夢見山神求
受五戒果曰家師在此可往諮受後
少時邕見一人着單衣帽風姿端
雅從者二十許人請受五戒邕以果先
夢知是山神乃為說法授戒神襯以
外國匕筋礼拜辭別倏忽不見至遠
臨亡之日奔赴號踊痛深天屬後往
荊州卒於竹林寺
釋道祖吳國人也少出家為臺寺支
法齊弟子幼有才思精勤務學後与
同志僧遷道流等共入廬山七年並
山中受戒各隨所習日有其新遠公
每謂祖等易悟盡如此輩不復憂後
生矣遷流等並年二十八而卒遠歎
曰此子並才義英茂清悟日新懷此
長往一何痛哉道流撰諸經目未就
祖為成之今行於世祖後還京師瓦
官寺講說桓玄每觀聽乃謂人曰道
祖後發愈於遠公但儒博不逮耳及
玄輔政欲使沙門敬王祖乃辭還吳
之臺寺有頃玄篡位勅郡送祖出京
祖稱疾不行於是絕迹人事講道終

曰晉太元九年卒春秋七十二矣遠
有弟子慧要亦解經律而尤長巧思
山中無刻漏乃於泉水中立十二葉
芙蓉因波轉以定十二時晷景無差
焉亦甞作木鵄飛數百步遠又有弟
子曇順曇詵並義學致譽順本黃
龍人少受業什公後還師遠蔬食有
德行南蠻校尉劉遵於江陵立竹林
寺請經始遠遣徙焉詵亦清雅有風
則注維摩及著窮通論等又有法幽
道恒道授等百有餘人或義解深明或
匡拯眾事或戒行清高或禪思深入
並振名當世傳業于今

釋僧䂮姓傅氏北地泥陽人晉河間
郎中令遐之元子也少出家止長安
大寺為弘覺法師弟子覺亦一時法
匠䂮初從受業後遊青司樊沔之間
通六經及三藏律行清謹能匡振佛
法姚興早挹風名素所知重及僭有
關中深相頂敬興既崇信三寶盛弘
大化建會設齋烟蓋重疊使夫慕道
捨俗者十室其半自童壽入關遠僧
復集僧尼既多或有愆漏興曰凡夫

學僧未階苦忍安得無過過而不劾過
遂多矣宜立僧主以清大望因下書
曰大法東遷於今為盛僧尼已多應
須綱領宣授遠規以濟頹緒僧䂮法
師學優早年德芳暮齒可為國內
僧主僧遷法師禪慧兼修即為悅眾法
欽慧斌共掌僧錄給車輿吏力䂮資
侍中秩傳詔羊車各二人遷等並有
厚給共事純儉允愜時望五眾肅清
六時無怠至弘始七年勑加親信伏
身白從各三十人僧正之興䂮之始也
䂮躬自步行車輿以給老疾所獲供
卹常充眾用雖年在秋方而諷說經
律勗眾無倦以弘始之末卒於長安
大寺春秋七十矣

釋道融汲郡林慮人十二出家厥師
愛其神彩先令外學往村借論語竟
不賫歸於彼已誦師更借本覆之不
遺一字既嗟而異之於是恣其遊學
迄至立年才解英絕內外經書闇遊
心府聞羅什在關故往諮稟什見而
奇之謂姚興曰昨見融公復是奇特
聰明釋子興引見歎重勑入逍遙園

參正詳譯因請什出菩薩戒本今行
於世後譯中論始得兩卷融便就講
剖析文言預貫終始什又命融令講
新法花什自聽之乃歎曰佛法之興
融其人也俄而師子國有一婆羅門
聰辯多學西土俗書罕不披誦為彼
國外道之宗聞什在關大行佛法乃
謂其徒曰寧可使釋氏之風獨傳震
旦而吾等正化不洽東國遂乘駝負
書來入長安姚興見其口眼便僻頗
亦惑之婆羅門乃啟興曰至道無方
各尊其事今請與秦僧捔其辯力隨
有優者即傳其化興即許焉時關中
僧眾相視缺然莫敢當者什謂融曰
此外道聰明殊人捔言必勝使無上
大道在吾徒而屈良可悲矣若使外
道得志則法輪摧軸豈可然乎如吾所
覩在君一人融自顧才力不減而外
道經書未盡披讀乃密令人寫婆羅
門所讀經目一披即誦後尅日論義
姚興自出公卿皆會關中僧眾四遠
必集融與婆羅門擬相詶抗鋒辯飛
玄彼所不及婆羅門自知辭理已屈

猶以廣讀為本融乃列其所讀書并秦地經史名目卷部三倍多之什因嘲之曰君不聞大秦廣學榔忽輕尒遠来婆羅門心愧悔伏頂礼融足數日之中無何而去像運再興融有力也融後還彭城常講說相續聞道至者千有餘人依隨門徒數盈三百性不狎諠常登樓披翫懇懇善誘畢命弘法後卒於彭城春秋七十四矣所著法華大品金光明十地維摩等義疏並行於世矣

釋曇影或云北人不知何許郡縣性虛靖不甚交遊而安貧志學舉止詳審過似淹遲而神氣駿捷志與形反能講正法華經及光讃波若每法輪一轉輙道俗千數後入關中姚興大加礼接及什至長安影往從之什謂興曰昨見影公亦是此國風流標望之僧也興勑住逍遥園助什譯經初出成實論凡諍論問荅皆次第往反影恨其支離乃結為五番竟以呈什什曰大善深得吾意什後出妙法華義疏巳有四卷并注中論後山栖隱處守節塵外修功立善愈老愈篤以晉義熈中卒春秋七十矣

釋僧叡魏郡長樂人也少樂出家至年十八始獲從志依投僧賢法師為弟子謙虛内敏學與時競至年二十二博通經論甞聽僧朗法師講放光經屢有機難朗與賢有濠上之契謂賢曰叡比格難吾累思不能通可謂賢賢弟子也至年二十四遊歷名邦處處講說知音之士負袟成群常歎曰經法雖少足識因果禪法未傳厝心無地什後至關因請出禪法要三卷始是鳩摩羅陁所製末是馬鳴所說中間是外國諸聖共造亦稱菩薩禪叡既獲之日夜修習遂精鍊五門善入六淨爲司徒公姚嵩深相礼貴姚興問嵩叡公何如嵩荅實鄴衛之松栢興勑見之公卿皆集欲觀其才器叡風韻霪流含吐彬蔚興大賞悅即勑給俸卹吏力人轝興後謂嵩曰四海標領何獨鄴衛之松栢於是美聲遐布遠近歸德什所翻經叡並叅正昔竺法護出正法華經受决品云天見人人見天什譯經至此乃言此語與西域義同但在言過質叡曰將非人天交接兩得相見什喜曰實然其領悟標出皆此類也後出成實論令叡講之什謂叡曰此諍論中有七變處文破毗曇而在言小隱若能不問而解可謂英才至叡啓發幽微果不諮什而契然懸會什歎曰吾傳譯經論得與子相值真無所恨矣著大智論十二門論中論等諸序并著大小品法華維摩思益自在王禪經等序皆傳於世初叡善攝威儀弘賛經法常迴此業願生安養每行住坐卧不敢正背西方後自知命盡忽集僧告別乃謂衆曰平生誓願願生西方如叡所見或當得往未知定免狐疑城不但身口意業或相違犯願施以大慈為永劫法朋也於是入房洗浴燒香礼拜還牀向西方合掌而卒是日同寺咸見五色香烟從叡房出春秋六十七矣時又有沙門僧揩與叡公同學亦有高名云

釋道恒藍田人年九歲戲於路隱士張

忠見而埜曰此小兒有出人之相在俗必有輔政之功處道必能成顯佛法恨吾老矣不得見之恒少失二親事後母以孝聞家貧無蓄常手自畫纘以供贍奉而篤好經典學兼宵夜至年二十後母又亡行喪盡禮服畢出家遊刃佛理多所兼通學該內外才思清敏羅什入關即往修造什大嘉之及譯出衆經並助詳定時恒有同學道標亦雅有才力當時擅名與恒相次秦主姚興以恒標二人神氣俊朗有經國之量乃勑僞尚書令姚顯令敦逼恒標罷道助振王業又下書恒標等曰卿等皎然之操實在可嘉但君臨四海治急須才今勑尚書令顯令奪卿等法服助翼贊時世苟心在道味寧繫白黑望體此懷不以守節為辭也恒標等荅曰奉去月二十日詔令奪恒標等法服承命悲懐五情失守恒等才質闇短染法未深緇服之下撍畢身命並習佛法不閑世事徒廢非常之業終無殊異之功昔光武尚能縱嚴陵之心魏文容管

寧之操抑至尊之高心遂匹夫之微志況陛下以道御物兼弘三寶顧鑒元元之情垂曠道物之理也興又致書於什䂮二法師曰別已數旬每有傾想漸暖比休泰耳小虜遠舉更無處分正有憒然耳須万事之懃須才以理之近詔恒標二人令釋羅漢之服尋大士之蹤然道無在頹法師等助以諭之什䂮等荅曰蓋聞太上以道養民而物自是其復有德而治天下是以古之明主審違性之難御悟任物之多因故堯放許由於箕山陵讓放杖於魏國高祖縱四皓於終南叔度辞蒲輪於漢岳蓋以適賢之性為得賢也今恒標等德非圓達分在守節少習玄化伏膺佛道至於敷折妙典研究幽微足以啓悟童稚助化功德願陛下施既往之恩縱其微志也興後頻復下書闔境救之殆而得勉恒乃歎曰古人有言益我貨者損我神生我名者煞我身於是竄影巖壑畢命幽藪蔬食味禪緬迹人外晉義熙十三年卒于山舍春秋七十二

恒著釋駁論及百行箴標作舍利弗毗曇序并吊王喬文並行於世

釋僧肇京兆人家貧以傭書為業遂因繕寫乃歷觀經史備盡墳籍愛好玄微每以莊老為心要嘗讀老子德章乃歎曰美則美矣然期神冥累之方猶未盡也後見舊維摩經歡喜頂受披尋翫味乃言始知所歸矣因此出家學善方等兼通三藏及在冠年而名振關輔時競譽之徒莫不猜其早達或千里趍負入關抗辯肇既才思幽玄又善談說承機挫銳曾不流滯時京兆宿儒及關外英彥莫不挹其鋒辯負氣摧衂後羅什至姑臧肇自遠從之什嗟賞無極及什適長安肇亦隨返姚興命肇與僧叡等入逍遙園助詳定經論肇以去聖久遠文義舛雜先舊所解時有乖謬及見什諮禀所悟更多因出大品之後肇便著波若無知論凡二千餘言竟以呈什什讀之稱善乃謂肇曰吾解不謝子辞當相挹時廬山隱士劉遺民見肇此論乃歎曰不意方袍復有平叔因以呈

遠公遠乃撫机歎曰未常有也因共披尋翫更存往復遺民乃致書肇曰頃餐徽問有懷遥仰歲末寒嚴體中何如音寄壅隔增用悒蘊弟子枕痾草擇常有弊瘵頓彼大衆康和外國法師休悆不去年夏末見上人波若無知論才運清儁旨中沉允推步聖文婉然有歸披味殷懃不能釋手真可謂浴心方等至㴱悟懷絕冥之肆窮盡精巧無所閒然但闇者難曉猶有餘疑今輒條之如左頓縱容之暇粗為釋之肇荅書曰不面在昔佇想用勞得前疏并問披尋反覆欣若覿對涼風戒節頃常何如貧道勞疾每不佳即此大衆尋常什師休勝秦主道性自然天機邁俗城塹三寶弘道是務由使異典勝僧自遠而至靈鷲之風萃乎茲土領公遠舉乃是千載之津梁於西域還得方等新經二百餘部什師於大寺出新至諸經法藏淵曠日有異聞禪師於瓦官寺教習禪道門徒數百日夜匪懈邕邕肅肅致自欣樂三藏法師於中寺出律部本末精悉

若覩初制毗婆沙法師於石羊寺出舍利弗毗曇梵本雖未及譯時問中事發言新奇貧道一生猥參嘉運遇茲盛化自不覩釋迦泥洹之集餘復何恨但恨不得與道勝君子同斯法集耳稱詠既深聊復委及然來問妙切難為郢人貧道思不閑微兼拙於華語且至趣無言言則乖旨云云不已意何所辯聊以狂言示訓來旨也肇後又著不真空論物不遷論等并注維摩及製諸經論序並傳於世及什之亡後追悼永往翹思弥厲乃著涅槃無名論其辭曰經稱有餘無餘涅槃涅槃秦言無為亦名滅度無為者取乎虛無寂寞妙絕無為滅度者言大患永滅超度四流斯蓋鏡像之所歸絕稱之幽宅也而曰有餘者蓋是出處之異號應物之假名余嘗試言之夫涅槃之為道也寂寥虛曠不可以形名得微妙無相不可以有心知超群有以幽昇量太虛而永久隨之弗得其蹤迎之罔眺其首六趣不能攝其生力負無以化其體眇渀惚恍若在

若往五目莫覩其容二聽不聞其響窈窈冥冥誰見誰曉弥綸靡所不在而獨曳於有無之表然則言之者失其真知之者返其愚有之者乖其性無之者傷其軀所以釋迦掩室於摩竭淨名杜口於毗耶須菩提唱無說以顯道釋梵絕聽而雨花斯皆理為神御故口為緘默豈曰無辯辯所不能言也經曰真解脫者離於言數寂滅永安無終無始不晦不明不寒不暑湛若虛空無證語曰涅槃非有亦復非無言語路絕心行處滅尋夫經論之作也豈虛搆哉果有其所以不有故不可得而有有其所以不無故不可得而無耳何者本之有境則五陰永滅推之無鄉則幽靈不竭幽靈不竭則抱一湛然五陰永滅則万累都捐万累都捐故與道通同抱一湛然故神而無功神而無功故至功常在與道通同故沖而不改沖而不改不可為有至功常在不可為無然則有無絕於內稱謂淪於外視聽之所不暨四空之所昏昧恬兮而夷泊焉而泰

九流於是乎交歸衆聖於此乎冥會斯乃希夷之境太玄之鄉而欲以有無題牓其方域而語神道者不亦邈哉其後十演九折凡數千言文多不載論成之後上表於姚興曰肇聞天得一以清地得一以寧君王得一以治天下伏惟陛下叡哲欽明道與神會妙契環中理無不曉故能遊刃万機弘道終日依被蒼生垂文作範所以域中有四大王居一焉涅槃之道蓋是三乘之所歸方等之淵府眇漭希夷絕視聽之域幽致虛玄非群情之所測肇以微軀猥蒙國恩得閑居學肆在什公門下十有餘年雖衆經殊趣勝致非一涅槃一義常為聽先但肇才淺闇短雖屢蒙誨喻猶懷漠漠為竭愚不已亦如似有解然未經高勝先唱不敢自決不幸什公去世諮參無所以為永恨而陛下聖德不孤獨與什公神契目擊道存決其方寸故能振彼玄風以啓末俗一日遇蒙答安成侯嵩問無為宗極頗涉涅槃無名之義今輒作涅槃無名論有

十演九折博採衆經託證成喻以仰述陛下無名之致豈曰關詣神心窮究遠當聊以擬議玄門班喻學徒耳若少參聖旨願勑存記如其有差伏承旨授興答旨慇懃備加贊述即勑令繕寫班諸子姪其為時所重如此晉義熙十年卒於長安春秋三十有一矣

莫安宝刀　七

高僧傳卷第六

高僧傳卷第六

校勘記

一　底本，金藏廣勝寺本。

一　三一九頁中一九行第八字「愽」，資、磧、普、南、徑、清作「偉」。

一　三一九頁中二一行「嘉道」，資、磧、普、南、徑、清無。

一　三一九頁下五行第一一字「彩」，資、磧、普、南、徑、清作「綵」。

一　三一九頁下一〇行第三字「安」，諸本（不含石，下同）作「安公」。

一　三一九頁下一六行首字「於」，麗作「於是」。

一　三一九頁下一九行第四字「沔」，麗作「河」。

一　三一九頁下二〇行第二字「斥」，南、徑、清作「拜」。

一　三一九頁下末行第一一字「公」，資、磧、普、南、徑、清作「汝」。

一　三二〇頁上四行第七字「本」，麗作「大」。

一 三二〇頁上五行「栖立」，徑、清作「棲止」。又第一二字「壞」，諸本作「壤」。

一 三二〇頁上六行「後卒」，資、磧、普、南、徑、清作「浚矣」。

一 三二〇頁上八行第五字「池」，麗作「地」。又「天雨」，諸本作「大雨」。

一 三二〇頁上一八行「名莛」，資、磧、普、南、徑、清作「石逕」；麗作「石莛」。

一 三二〇頁上一九行第一一字「有」，諸本作「有佛影是」。

一 三二〇頁上二一行第一二字「住」，麗作「經」。

一 三二〇頁中三行第五字「燠」，資、磧、普、南、徑、清作「曖」。

一 三二〇頁中四行「大像」，磧、普、徑、清作「大象」。又第一一字「入」，資、磧、普、南、徑、清作「人」。

一 三二〇頁中七行第五字「杳」，資、磧、普、南、徑、清作「而」。

一 三二〇頁中一四行第六字「攸」，資、磧、普、南、徑、清作「假」。

一 三二〇頁中一七行第二字「凝」，資、磧、普、南、徑、清作「淡」。又第八字「以」，資、磧、普、南、徑、清作「似」。

一 三二〇頁中一九行首字「未」，資作「末」。又第三字「髮」，磧、南、徑、清作「鬘」。

一 三二〇頁中二一行第九字「情」，資、磧、普、南、徑、清作「清」。

一 三二〇頁中二二行末字「託」，磧作「記」。

一 三二〇頁下八行第七字「舉」，資、磧、普、南、徑、清作「擧」。

一 三二〇頁下一一行第一四字「泥」，徑作「沉」。

一 三二〇頁下一四行第一三字「諺」，磧、普、南、徑、清作「謠」。

一 三二〇頁下末行首字「秋」，南、徑、清作「格」。

一 三二一頁上一行第八字「宿」，資、磧、普、南、徑、清作「霜」。

一 三二一頁上三行第九字「臺」，資、磧、普、南、徑、清作「雲臺」。

一 三二一頁上四行「敬鷹」，資、磧、普、徑、清作「敬鷹」。又第一二字「惟」，資、磧、普、南、徑、清作「推」。

一 三二一頁上一二行第二字「眇」，磧、普、南、徑、清作「渺」。又第四字「河」，磧、普、南、徑、清作「何」。

一 三二一頁上一三行第四字「開」，資、普、徑作「則」。

一 三二一頁上一六行第三字「具」，諸本作「其」。

一 三二一頁上一七行第六字「疑」，諸本作「凝」。

一 三二一頁上二〇行第四字「矜」，資、磧、普、南、徑、清作「襟」。

一 三二一頁上二一行「遊絶」，徑、清作「絶遊」。

一 三二一頁上二二行末字「合」，資、普、南、徑、清、麗作「全」；磧作「令」。

一 三二一頁上末行第一二字「策」，

資作「暈」；磧、普、南、徑、清作「彙」。

一　三二一頁中一行「覲天」，資作「覲天」；磧、普、南、徑、清作「觀大」，麗作「覲大」。

一　三二一頁中八行第一〇字「有」，資、磧、普、南、徑、清作「有一」。

一　三二一頁中一一行第二字「少」，資、磧、普、南、徑、清作「不」。

一　三二一頁中一四行「汗流」，磧、普、南、徑、清作「流汗」。

一　三二一頁中一七行首字「移」，資、磧、普、南、徑、清作「要移」。又第五字「見」，資、磧、普、南、徑、清作「既」。

一　三二一頁中一八行「爲庶」，資作「爲度」；磧、普、南、徑、清作「庶幾」。

一　三二一頁中一九行第六字「法」，諸本作「敬」。

一　三二一頁中末行第五字「美」，諸本作「美」。又第八字「齡」，資、磧、普、南、徑、清作「齡耶」。

一　三二一頁下一行第一〇字「脩」，磧、普、南、徑、清作「循」。三行第四字、四行第六字、七行第二字、八行第三字同。

一　三二一頁下二行第九字「脩」，磧、南、徑、清作「循」。又第一一字「瑕」，資、磧、普、南、徑、清作「瑕」。

一　三二一頁下三行第一三字「問」，資、磧、普、南、徑、清作「介」。

一　三二一頁下四行第一二字「厚」，諸本作「交厚」。

一　三二一頁下七行第一三字「王」，南、徑、清作「主」。

一　三二一頁下八行第六字「宋」，清作「家」。

一　三二一頁下末行末字「音」，資作「旨」。

一　三二二頁上一行首字「譯」，資、磧、普、南、徑、清作「驛」。又第一二字「寘」，資、南、徑作「寘」；清作「實」。

一　三二二頁上二行第五字「湏」，麗作「頊」。又第八字「不」，諸本作「否」。

一　三二二頁上三行第八字「否」，諸本作「日」。

一　三二二頁上四行第五字「遣」，諸本作「造」。

一　三二二頁上六行第一二字「和」，諸本作「扣」。

一　三二二頁上七行「矜遺」，資、磧、普、南、徑、清作「襟遺」；麗作「衿遺」。

一　三二二頁上九行「敌人」，諸本作「教合」。

一　三二二頁上一一行首字「懷」，諸本作「情」。又末字至次行首字「報情」，資、磧、普、南、徑、清作「執爲」；麗作「報爲」。

一　三二二頁上一五行「徃蹤今」，諸本作「前蹤今往」。

一　三二二頁上一七行末字至次行首字「耆婆」，資、磧、普、南、徑、清作

「什」。

一　三二二頁上二〇行「復如何必」，資、磧、普、南、徑、清作「知何如」。

一　三二二頁上末行首字「傳」，諸本作「博」。

一　三二二頁中七行第一二字「竟」，清作「意」。

一　三二二頁中八行末字「性」，清作「姓」。

一　三二二頁中一三行第八字「來」，資、磧、普、南、徑、清作「未」。

一　三二二頁中一五行「一一二」，資、磧、普、南、徑、清作「一一」。

一　三二二頁中一六行第五字「欲」，資、磧、普、南、徑、清作「要欲」。

一　三二二頁中一八行第一〇字「相」，麗作「想」。

一　三二二頁中二〇行第一一字「來」，磧、普、南、徑、清作「末」。

一　三二二頁下一〇行「至極至極」，資、磧、普、南、徑、清作「至極」。

一　三二二頁下一四行第六字「王」，磧、普、南、徑、清、麗作「主」。又「欽德風名」，資、磧、普、南、徑、清作「欽風名德」。

一　三二二頁下二一行末字「答」，麗作「答書」。

一　三二二頁下末行第八字「堵」，徑、清、麗作「睹」。

一　三二三頁上三行第四字「來」，資、磧、普、南、徑、清無。

一　三二三頁上四行第五字「當」，資作「而當」。又第七字「寄」，麗作「期」。

一　三二三頁上一六行第四字「亦」，資、磧、普、南、徑、清作「亦復」。

一　三二三頁上二一行第九字「戒」，諸本作「或」。又第一二字「脩」，資、磧、普、南、徑、清作「循」。

一　三二三頁上二二行第九字「於」，麗作「放」。又末字「遣」，資、磧、普、南、徑、清作「道」，次頁中末行第六字同。

一　三二三頁中二行第四字「憒」，諸本作「憒」。

一　三二三頁中五行第一一字「二」，麗作「一」。

一　三二三頁中八行第三字「立」，資、磧、普、南、徑、清作「玄」。

一　三二三頁中一〇行第六字「昱」，資、磧、普、南、徑、清作「翌」。又第九字「恢」，麗作「悏」。

一　三二三頁中一四行「未了」，磧、普、南、徑、清作「不了」。

一　三二三頁中一五行第一〇字「近」，資、磧、普、南、徑、清作「近與」。又末字「令」，諸本作「今」。

一　三二三頁中一六行第三字「君」，諸本作「君君」。

一　三二三頁中一七行首字「行」，資、磧、普、南、徑、清作「行行」。又第八字「盡」，磧、普、南、徑、清作「遣」。

一　三二三頁下六行第三字「勿」，諸本作「勿復」。

一　三二三頁下七行「謂在」，資、磧、

普、南、徑、清無；麗作「謂在家」。

一　三二三頁下八行第五字「民」，諸本作「之民」。

一　三二三頁下一二行第一〇字「則」，諸本作「則宜」。又末字至次行首字「大德」，資作「夫德」；磧、普、南、徑、清作「夫然」。

一　三二三頁下一五行第一一字「德」，諸本作「澤」。

一　三二三頁下一七行首字「宥」，資作「睿」。

一　三二三頁下一八行首字「違」，麗作「逆」。

一　三二三頁下一九行第三字「日」，清作「曰」。

一　三二三頁下二一行末字「不」，資、磧、普作「不生」。

一　三二三頁下末行第一〇字「梳」，諸本作「抗」。

一　三二四頁上三行第七字「咸」，資、磧、普、南、徑、清作「成」。又第一〇字「斯」，諸本作「期」。

一　三二四頁上四行第四字「所」，資作「所謂」。

一　三二四頁上五行首字「受」，徑作「愛」。

一　三二四頁上九行第四字「覲」，資、磧、普、南、徑、清作「迎」。

一　三二四頁上一二行首字「猥」，麗作「狠」。

一　三二四頁上一三行首字「于」，南作「千」。

一　三二四頁上一五行「其情耿耿」，資、磧、普、南、徑、清作「甚情耿」。

一　三二四頁中一〇行第一〇字「轂」，資、磧、普、南、徑、清作「踵」。

一　三二四頁中一二行第六字「而」，諸本作「既而」。

一　三二四頁中一三行第二字「保」，資、磧、普、南、徑、清作「侃」。又第一〇字「隧」，資、磧、普、南、徑、清作「塚」。

一　三二四頁中一八行末字「世」，資、磧、普、南、徑、清作「世焉」。

一　三二四頁下二行第一二字「草」，資、磧、普、徑、清作「草」。

一　三二四頁下七行第二字「衛」，諸本作「衛軍」。

一　三二四頁下一二行第一〇字「逾」，資、磧、普、徑、清、麗作「愈」。又第一二字「答」，諸本作「答書」。

一　三二四頁下一三行「賢兄弟」，資、磧、普、南、徑、清作「賢兄賢弟」。

一　三二四頁下一四行「復弟」，資、磧、普、南、徑、清作「弟復」。

一　三二四頁下一八行第一〇字「復」，諸本作「後」。

一　三二四頁下一九行第一一字「矚」，資、磧、普、徑、清作「瞻」。

一　三二四頁下二一行第一三字「汝」，資、磧、普、南、徑、清作「汝獨」；麗作「汝乃」。又末字「樂」，資作「藥」。

一　三二五頁上一行第八字「收」，磧、普、南、徑、清作「拉」。

一　三二五頁上二行第一一字「攸」，諸本作「欣」。

一　三二五頁上九行「惆悵」，資、磧、普、南、徑、清作「惆愴」；麗作「惆悵」。

一　三二五頁上一〇行「止到蜀」，諸本作「可止遂乃到蜀止」。

一　三二五頁上一一行第九字「推」，麗作「雅」。

一　三二五頁上一七行「割璩」，麗作「割據」。又第一〇字「機」，諸本作「乃」。

一　三二五頁上二一行第一〇字「縣」，資無。

一　三二五頁中四行第一一字「怙」，資、磧、普、麗作「怗」；南、徑、清作「恬」。

一　三二五頁中六行「七十」，資、磧、普、南、徑、清作「八十」。

一　三二五頁中七行第一一字「經」，諸本作「經言」。

一　三二五頁中八行第六字「汝」，資、磧、普、南、徑、清作「汝等」。

一　三二五頁中一二行第五字「潘」，磧、普、南、徑、清作「鄱」。

一　三二五頁中一四行第六字「遠」，資、磧、普、南、徑、清作「慧遠」。

一　三二五頁中一七行第一三字「積」，諸本作「稍」。

一　三二五頁中一八行第五字「架」，資作「藻」；磧、普、南、徑、清、麗作「築」。

一　三二五頁下一行第二字「駈」，磧、普、南、徑、清作「驅出」。

一　三二五頁下一行「偱伏」，資、磧、普、南、徑、清作「循伏」；麗作「馴伏」。

一　三二五頁下四行第五字「馬」，諸本作「馬馬」。

一　三二五頁下八行第八字「陶」，資、磧、普、南、徑、清無。

一　三二五頁下一一行「恬然」，麗作「怗然」。又第一三字「後」，資作「復」。

一　三二五頁下一二行第三字「革」，資、磧、普、徑、清、麗作「草」。

一　三二五頁下一六行第七字「綿」，資、磧、普、南、徑、清作「危」。又第一〇字「謹」，諸本作「專謹」。

一　三二五頁下末行「中來入」，資、磧、普、南、清作「未入」；徑作「不入」；麗作「中來人」。

一　三二六頁上二行「鍊心」，諸本作「練心抱」。

一　三二六頁上三行第八字「無」，諸本作「元」。

一　三二六頁上五行「要誠」，資作「要識」；磧、普、南、徑、清作「誠要」。

一　三二六頁上六行第一〇字「建」，資、磧、普、南、徑、清作「運」。

一　三二六頁上一五行第五字「謂」，徑、清作「爲」。

一　三二六頁上一六行第五字「言」，資、磧、普、南、徑、清作「而言」。

一　三二六頁上一八行第四字「善」，磧、普、南、徑、清作「善持」。

一　三二六頁上末行第三字「門」，麗無。又末字「晚」，諸本作「曉」。

一　三二六頁中八行第三字「遷」，資、磧、普、南、徑、清作「近」。
一　三二六頁中九行「以鍾」，資、磧、普、南、徑、清作「以一鍾」；麗作「以銅」。
一　三二六頁中一〇行第七字「一」，麗無。又第一二字「能」，磧、普、南、徑、清、麗作「能」。
一　三二六頁中一二行「秦至」，資、磧、普、南、徑、清作「秦王爲」。
一　三二六頁中一六行第七字「内」，磧、普、南作「師」。
一　三二六頁中一九行「强桿」，磧、普、南、徑、清作「强悍」；麗作「强捍」。
一　三二六頁中二〇行末字「以」，諸本作「邑以」。
一　三二六頁中二一行「神足高杭」，諸本作「神色高抗」。
一　三二六頁下四行第一〇字「帽」，磧、普、南、徑、清作「帢」。
一　三二六頁下一一行「法齊」，資、磧、普、徑、清作「法濟」。
一　三二六頁下一九行第七字「每」，資、磧、普、南、徑、清作「每詣」；麗作「每往」。
一　三二六頁下二一行第九字「王」，資、磧、普、南、徑、清作「王者」。
一　三二六頁下末行第二字「稱」，資、磧、普、南、徑、清作「稱以」。
一　三二七頁上一行首字「日」，諸本作「日以」。又「七十二」，資、磧、普、南、徑、清作「七十三」。
一　三二七頁上三行「刻漏」，磧、普、南、徑、清作「漏刻」。又「衆水」，諸本作「泉水」。
一　三二七頁上四行第三字「因」，諸本作「因流」。
一　三二七頁上五行第六字「鵜」，諸本作「鷉」。
一　三二七頁上六行第一〇字「譽」，資作「擧」。
一　三二七頁上九行第七字「従」，麗作「徙」。
一　三二七頁上一一行第八字「餘」，諸本作「餘人」。
一　三二七頁上一二行第二字「拯」，資、磧、普、清作「極」。
一　三二七頁上一四行「泥陽」，磧、普、南、徑、清作「潯陽」。
一　三二七頁上一九行「姚興」，諸本作「姚萇姚興」。
一　三二七頁上末行末字「夫」，麗作「未」。
一　三二七頁中一行「不刻」，資、磧、普、南、徑、清作「將極」；麗作「不朔」。
一　三二七頁中九行第八字「愜」，資、磧、普、南作「怯」。
一　三二七頁中一〇行末字至一一行第二字「伏身白」，資作「伏白身」；磧、普、南、徑、清作「仗身白」。
一　三二七頁中一四行第一二字「於」，資、磧、普、南、徑無。
一　三二七頁中一五行「七十」，資、磧、普、南、徑、清作「七十三」。
一　三二七頁中二二行「奇特」，資作

「天奇」；磧、普、南、徑、清作「大
奇」。
一 三二七頁下一行第一三字「令」，
諸本作「今」。
一 三二七頁下一〇行第一三字「僻」，
資、磧、普、南、徑、清作「辟」。
一 三二七頁下一二行第二字「尊」，
資、磧、普、南、徑、清作「遵」。又第
一〇字「捅」，資、磧、普、南、徑、清
作「捔」。
一 三二七頁下一五行第六字「餘」，
諸本作「殊」。
一 三二七頁下二一行「皆會」，諸本
作「皆會闕下」。
一 三二七頁下二二行第一一字「杭」，
諸本作「抗」。
一 三二八頁上四行末字「數」，資、磧、
普、南、徑、清作「句」。
一 三二八頁上五行「有力」，資、磧、
普、南、徑、清作「之力」。
一 三二八頁上六行「聞道」，麗作「問
道」。

一 三二八頁上二二行首字「曰」，諸
本作「什曰」。
一 三二八頁上二二行「法華」，諸本
作「法華經影既舊所命宗特加深
思乃著法華」。
一 三二八頁上末行「已有」，諸本無。
一 三二八頁中七行第三字「布」，諸
本作「有」。又第四字「譏」，麗作
「機」。
一 三二八頁中一六行「六淨」，資、磧、
普、南、徑、清作「六靜」。
一 三二八頁中一九行「霔流」，資、磧、
普、南、徑、清作「窪隆」。
一 三二八頁中二一行「四海」，資、磧、
普、南、徑、清作「乃四海之」；麗
作「乃四海」。
一 三二八頁下一行末字「言」，資、磧、
普、南、徑、清作「言曰」。
一 三二八頁下六行第二字「變」，資、
磧、普、南、徑、清無。
一 三二八頁下一〇行第一一字「諸」，
資、磧、普、南、徑、清無。又末字

「著」，徑、清作「注」。
一 三二八頁下一三行第六字「業」，
諸本作「諸業」。
一 三二八頁下一七行第二字「城」，
麗作「成」。
一 三二八頁下一九行第七字「牀」，
資、磧、普、南、徑、清作「座」。
一 三二九頁上二行第一二字「成」，
諸本作「光」。
一 三二九頁上四行第九字「蓄」，資、
磧、普、南、徑、清作「蓄粒」。
一 三二九頁上五行第三字「瞻」，徑、
清作「贍」。
一 三二九頁上七行第二字「遊」，資、
磧、普、南、徑、清作「又遊」。又「蕪
通」，資、磧、普、南、徑、清作「通
達」。
一 三二九頁上一〇行第一三字「桓」，
諸本作「恒」。
一 三二九頁上一四行第六字「晈」，
資、磧、普、南、徑、清作「皎」。
一 三二九頁上一六行末字「在」，諸

本作「存」。

一　三二九頁上一八行「二十」，資、磧、普、南、徑、清作「二十八」。

一　三二九頁中三行「道物」，諸本作「通物」。

一　三二九頁中八行「無在」，諸本作「無不在」。

一　三二九頁中九行首字「助」，磧、普、南、徑、清作「勗」。

一　三二九頁中一〇行「自是」，南、徑、清作「自足」。

一　三二九頁中一二行末字至一三行第三字「陵讓放杖」，麗作「文軾干木」。

一　三二九頁中一八行第三字「願」，南作「願乞」；徑、清作「願也」。又第六字「施」，資、磧、普、南、徑、清作「放」。又第一三字「微」，資作「後」。

一　三二九頁中二〇行首字「勉」，資、磧、普、南、徑、清作「免」。

一　三二九頁下一行第四字「駮」，資、磧作「馭」。

一　三二九頁下二行第四字「吊」，資、磧、普作「予」。又末字「世」，麗作「世矣」。

一　三二九頁下四行「愛好」，資、磧、普、南、徑、清作「志好」。

一　三二九頁下五行末字「德」，資、磧、普、南、徑、清作「道德」。

一　三二九頁下六行第一〇字「期」，資、磧、普、南、徑、清作「期栖」。

一　三二九頁下七行第五字「也」，資、磧、普、南、徑、清作「善」；麗作「善也」。

一　三二九頁下一一行「趍負」，資、磧、普、南、徑、清作「負粮」。

一　三二九頁下一六行第三字「返」，資、磧、普、南、徑、清作「入及」。

一　三二九頁下一八行首字「外」，麗作「多」。

一　三二九頁下末行第八字「抱」，諸本作「袍」。

一　三三〇頁上一行「撫机」，徑作「撫几」。又「未常」，資、磧、普、南、徑、清作「未嘗」。

一　三三〇頁上二行第三字「翫」，諸本作「翫味」。

一　三三〇頁上三行第四字「問」，資、磧、普、南、徑、清作「聞」。

一　三三〇頁上四行第九字「悒」，資作「挹」；磧、普、南、徑、清作「抱」。

一　三三〇頁上四行第一三字「枕」，諸本作「沉」。

一　三三〇頁上五行第二字「擇」，諸本作「澤」。又第六字「痒」，資、磧、普、南、徑、清作「瘵」。

一　三三〇頁上八行第三字「婉」，資作「苑」。

一　三三〇頁上九行第八字「至」，諸本作「之」。

一　三三〇頁上一〇行第一一字「聞」，資、磧、普、南、徑、清作「闇」。

一　三三〇頁上一一行第四字「疑」，資、磧、普、南、徑、清作「疑一兩」。又第一〇字「左」，資、磧、普、南、

徑、清作「别」。又「縱容」，磧、普、南、徑、清、麗作「從容」。

一　三三〇頁上一四行第四字「𢦏」，資作「届」。

一　三三〇頁上一六行末字「道」，資、磧、普、南、徑、清作「通」。

一　三三〇頁上二〇行「大寺」，資、磧、普、南、徑、清作「大石寺」。

一　三三〇頁中三行第六字「貧」，徑作「貪」。又第一三字「運」，清作「連」。

一　三三〇頁中四行第四字「自」，麗作「自恨」。又「泥洹」，資、磧、普、南、徑、清作「祇桓」。

一　三三〇頁中六行末字「妙」，諸本作「婉」。

一　三三〇頁中八行首字「華」，資、磧、普、南、徑、清作「筆」。又第一一字「旨」，資、磧、普、南、徑、清作「至」。

一　三三〇頁中九行首字「意」，諸本作「竟」。

一　三三〇頁中一二行「之亡」，資、磧、普、南、徑、清作「亡之」。

一　三三〇頁中一四行「涅槃」，資、磧、普、南、徑、清作「涅槃者」。

一　三三〇頁中一五行第五字「寞」，磧、普、徑、清作「漠」。又「無爲」，諸本作「於有爲」。

一　三三〇頁中一七行「有餘者」，諸本作「有餘無餘者」。

一　三三〇頁中二二行第三字「仰」，諸本作「迎」。

一　三三〇頁中末行第一〇字「濟」，資、磧、普、南、徑、清作「漭」。又「若在」，諸本作「若存」。

一　三三〇頁下二行「窈窈冥冥」，資、磧、普、南、徑、清作「冥冥窈窈」。又第一〇字「倫」，資、磧、普、南、徑、清作「綸」。

一　三三〇頁下七行第五字「梵」，麗作「梵乃」。

一　三三〇頁下八行第五字「爲」，麗作「爲之」。又第一三字「所」，資作「而」。

一　三三〇頁下一〇行第八字「晦」，資、磧、普、徑、清、麗作「晦」。

一　三三〇頁下一一行「無證語曰」，諸本作「無名無證論曰」。

一　三三〇頁下一八行第五字「故」，資、磧、普、南、徑、清作「故其」。

一　三三〇頁下一九行第九字「故」，資、磧、普、南、徑、清作「故則」。又「常在」，資、磧、普、南、徑、清作「常存」，二一行同。

一　三三〇頁下二二行末字「暨」，資作「鑒」。

一　三三〇頁下末行第一一字「泊」，資、磧、普、南、徑、清作「怕」。

一　三三一頁上三行第三字「牓」，資、磧、普、南、徑、清作「榜標」。

一　三三一頁上八行第九字「曉」，資、磧、普、南、徑、清作「統」。

一　三三一頁上九行第六字「依」，資、磧、普、南、徑、清作「威」。

一　三三一頁上一〇行末字「道」，資、磧、普、南、徑、清作「道也」。

一三三一頁上一三行「微軀」，資、磧、普、南、徑、清作「人微」。

一三三一頁上一四行「什公」，麗作「付公」。

一三三一頁上一五行第六字「一」，資、磧、普、南、徑、清作「一然」。又「爲聽先」，資、磧、普、南、徑、清作「以聽習爲先」；麗作「爲聽習先」。

一三三一頁上一六行第四字「淺」，資、磧、普、南、徑、清作「識」。

一三三一頁上二〇行第一二字「決」，資、磧、普、南、徑、清作「快」。

一三三一頁中二行第一〇字「開」，資、磧、普、南、徑、清作「關」。

一三三一頁中五行第一〇字「加」，資、磧、普作「如」。

高僧傳卷第七　義解四　内

梁會稽嘉祥寺沙門釋慧皎撰

竺道生本姓魏鉅鹿人寓居彭城家世仕族父為廣戚令鄉里稱為善人生幼而頴悟聡拮若神其父知非凡器愛而異之後值沙門竺法汰遂改俗歸依伏膺受業既踐法門儁思奇拔研味句義即自開解故年在志學便登講座吐納問辯詞清珠玉雖宿望學僧當世名士皆慮挫詞窮莫敢酬抗年至具戒器鑒日深性度機警神氣清穆初入廬山幽栖七年以求其志常以入道之要慧解為本故鑽仰群經斟酌雜論万里隨法不憚疲苦後與慧叡慧嚴同遊長安從什公受業關中僧衆咸謂神悟後還都止青園寺寺是晉恭思皇后褚氏所立本種青處因以為名生既當時法匠請以居焉宋太祖文皇深加歎重後太祖設會帝親同衆御于地筵下食良久衆咸疑日晚帝曰始可中耳生曰白日麗天天言始中何得非中遂取鉢便食於是一衆從之莫不歎其樞機得東王弘范泰顔延並挹敬風猷從之問道生既潛思日久徹悟言外迺喟然歎曰夫象以盡意得意則象忘言以詮理入理則言息自經典東流譯人重阻多守滯文鮮見圓義若忘筌取魚始可與言道矣於是校閲

真俗研思因果迺言善不受報頓悟
成佛又著二諦論佛性有論法身无色論佛无淨
土論應有緣論等籠罩舊說妙有淵
首而守文之徒多生嫌嫉與奪之聲
紛然競起又六卷泥洹先至京都生
剖析經理洞入幽微迺說阿闡提人
皆得成佛于時大部未傳孤明先發
獨見忤衆於是舊學以為邪說譏憤
滋甚遂顯大衆擯而遣之生於大衆
中正容誓曰若我所說反於經義者
請於現身即表厲疾若與實相不相
違背者願捨壽之時據師子座言
竟拂衣而遊初投吳之虎丘山旬日
之中學徒數百其年夏雷震青園佛
殿龍昇于天光影西壁因改寺名号
曰龍光時人歎曰龍既已去生必行
矣俄而投迹廬山銷影巖岫山中僧
衆咸共敬服後涅槃大本至于南京
果稱闡提悉有佛性與前所說合若
符契生既獲斯經尋即講說以宋元
嘉十一年冬十一月庚子於廬山精
舍昇于法座神色開朗德音俊發論
議數番窮理盡妙觀聽之衆莫不悟悅

法席將畢忽見麈尾紛然而墜端坐
正容隱几而卒顏色不異似若入定
道俗嗟駭遠近悲涼於是京邑諸僧
内慙自疚追而信服其神鑒之至徵
瑞如此仍葬廬山之阜初生與叡公
及嚴觀同學齊名故時人評曰生叡
發天真嚴觀窪流得慧義彭亨進冠
淵于默塞生及叡公獨標天真之目
故以秀出群士矣初關中僧肇始注
維摩世咸翫味生乃更發深旨顯暢
新典及諸經義疏世皆寶焉王微以
生比郭林宗乃為之立傳旌其遺德
時人以生推闡提得佛此語有據頓
悟不受報等亦為憲章宋太祖嘗述
生頓悟義沙門僧弼等皆設巨難帝
曰若使逝者可興豈為諸君所屈後
龍光又有沙門寶林初經長安受學
後祖述生公諸義時人号曰遊玄生
著涅槃記及注異宗論撒魔文等林
弟子法寶亦學兼内外著金剛後心
論等亦祖述生義焉近代又有釋慧
生亦止龍光寺蔬食善衆經兼工草
隸時人以同寺相繼号曰大小二生

釋慧叡冀州人少出家執節精峻常
遊方而學經行蜀之西界為人所掠
常使牧羊有客信敬者見而異之疑
是沙門請問經義無不綜達商人即
以金贖之既還襲染衣篤學弥至遊
歷諸國迺至南天竺界音譯詁訓
殊方異義无不必曉後還憩廬山俄
又入關從什公諮稟後適京師止烏
衣寺講說衆經皆思徹言表理契環
中宋大將軍彭城王義康請以為師
冊三迺許王請入苐受戒叡曰礼聞
來學不聞往教康大以為愧迺入寺
虔礼祗奉戒法後以貂裘奉叡叡不
著常坐之王密令左右求買酬三十
万叡曰雖非所服既大王所施聊為
從用耳陳郡謝靈運篤好佛理殊俗
之音多所達解迺諮叡以經中諸字
并衆音異旨於是著十四音訓叙條
例梵漢昭然可了使文字有據焉叡
以宋元嘉中卒春秋八十五矣
釋慧嚴姓范豫州人年十二為諸生
博曉詩書十六出家又精鍊佛理迄
甫立年學洞群籍風聲四遠化洽殊

邦聞什公在關復從受學訪正音義多所異聞後還京師止東安寺宋高祖素所知重高祖後伐長安要與同行嚴曰檀越此行雖伐罪弔民貧道事外之人不敢聞命帝苦要之遂行及文帝在位情好尤密每見弘讃問佛法先是帝未甚崇信至元嘉十二年京尹蕭摹之上啓請制起寺及鑄像帝乃與侍中何尚之吏部郎中羊玄保等議之謂尚之曰朕少來讀經不多比日弥復无暇三世因果未辯厝懷而復不敢立異者正以卿輩時秀率所敬信故也范泰謝靈運常言六經典文本在濟俗為治必求靈性真奥豈得不以佛經為指南耶近見顔延之折達性論宗炳難白黒論明佛汪汪尤為名理並足開奬人意若使率土之賓皆敦此化則朕坐致太平夫復何事近蕭摹之請制未全經通即以相示委卿增損必有以遏戒浮俗無傷弘奬者適當著令耳尚之對曰悠悠之徒多不信法以臣庸蔽獨事愚勤懼以闕薄貽黙大數今乃更

荷褒拂非所敢當至如前代群英則不負明詔矣中朝已遠難復盡知度江以来則王導周顗庾亮王濛謝尚郄超王坦王恭王謐郭文謝敷戴逵許詢及亡高祖兄弟王元琳昆季范汪孫綽張玄殷顗或宰輔之冠蓋或人倫之羽儀或置情天人之際或抗迹烟霞之表並稟志歸依厝心崇信其間比對則蘭護開潜淵遁崇邃皆亞迹黄中或不測人也近世道俗較談便尒若當備舉夷夏爰逮漢魏奇才異德胡可勝言慧遠法師嘗云釋氏之化無所不可適道固自教源濟俗亦為要務竊尋此説有契理奥何者若使家家持戒則一國息刑故佛澄適趙二石減暴靈塔放光符健損虐故神道助教有自来矣而蕭摹所啓亦不謂全非但傷蠧道俗者本在无行僧尼而情見難分袪取未易金銅土木雖縻費滋深必福業所寄復難得頓絶臣比思為斟酌進退難安今日親奉德音實用夷泰羊玄保進曰此談蓋天人之際豈臣所宜預竊恐

秦楚論强兵之術孫吳盡呑併之計將無取於此耶帝曰此非戰國之具良如卿言尚之曰夫礼隱逸則戰士怠貴仁徳則兵氣衰若以孫吳為志苟在呑噬亦无取堯舜之道豈唯釋教而已耶帝悦曰釋門有卿亦猶孔氏之有季路所謂惡言不入於耳帝自是信心適立始致意佛經及見嚴觀諸僧輙論道義理時顔延之著離識觀及論檢帝命嚴辯其同異往復終日帝笑曰公等今日无愧支許嚴後著无生滅論及老子略注等東海何承天以博物著名乃問嚴佛國將用何歴嚴云天竺夏至之日方中无影所以天中於五行土徳色尚黄數尚五八寸為一尺十兩當此土十二兩建辰之月為歳首及討覈分至推校薄蝕顧步光景其法甚詳宿度年紀咸有條例承天无所厝難後婆利國人来果同嚴説帝勅任豫受焉大涅槃經初至宋土文言致善而品數踈簡初學難以措懐嚴適共慧觀謝靈運等依泥洹本加之品目文有過

貿頗亦治改始有數本流行嚴迺夢見一人形狀極偉厲聲謂嚴曰涅槃尊經何以輕加斟酌嚴覺已惕然迺更集僧欲收前本時識者咸云此蓋欲誡厲後人耳若必不應者何容即時方夢嚴以為然頃之又夢神人告曰君以弘經之力必當見佛也嚴以宋元嘉二十年卒于東安寺春秋八十有一吳帝詔曰嚴法師器識淵遠學道之匠奄尒遷神痛悼于懷可給錢五万布五十疋嚴弟子法智幼有神理年二十四往江陵值雅公講便論議數番雅曆通无地雅顧眄四衆曰小子斐然成章智笑曰迺變風變雅作矣於是聲布楚郢譽洽京吳善成實及大小品

釋慧觀姓崔清河人十歲便以傳見馳名弱年出家遊方受業晚適廬山又諮稟慧遠聞什公入關乃自南徂北訪覈異同詳辯新舊風神秀雅思入玄微時人稱之曰通情則生融上首精難則觀肇第一著法華宗要序以簡什什曰善男子所論甚快君小

却當南遊江漢之間善以弘通為務什亡後迺南適荊州州將司馬休之甚相敬重於彼立高悝寺使夫荊楚之民迴邪歸正者十有其半宋武南伐休之至江陵與觀相遇傾心待接依然若舊因勑與西中郎遊即文帝也俄而還京止道場寺觀既妙善佛理探究老莊又精通十誦博採諸部故求法問道者日不空筵元嘉初三月上巳車駕臨曲水讌會命觀與朝士賦詩觀即坐先獻文旨清婉事適當時瑯瑘王僧達廬江何尚之並以清言致欵結賞塵外宋元嘉中卒春秋七十有一著辯宗論論頓悟漸悟義及十喻序贊諸經序等皆傳於世時道場寺又有僧馥者本澧泉人專精義學注勝鬘經又有法業本長安人善大小品及雜心䟽食節已故晉陵公主為起南林寺後遂居焉

釋慧義姓梁北地人少出家風格秀舉志業強正初遊學於彭宋之間備通經義後出京師迺說云冀州有法稱道人臨終語弟子普嚴云嵩高靈

神云江東有劉將軍應受天命吾以三十二璧鎮金一鉼為信遂徹宋王宋王謂義曰非常之瑞亦須非常之人然後致之若非法師自行恐无以獲也義遂行以晉義熙十三年七月往嵩高山尋　覔未得便至心燒香行道至七日夜夢見一長鬚老公拄杖將義往璧處指示云是此石下義明便周行山中見一處炳然如夢所見即於廟所石壇下得璧大小三十二枚黃金一鉼此瑞詳之宋史義後還京師宋武加接尤重迄乎踐祚禮遇弥深宋永初元年車騎范泰立祇洹寺以義德為物宗固請經始義以泰清信之至因為指授儀則時人以義方身子泰比須達故祇洹之稱厥号存焉後西域名僧多投止此寺或傳譯經典或訓授禪法宋元嘉初徐羡之檀道濟等專權朝政泰有不平之色甞肆言罵之羡等深憾聞者皆憂泰在不測泰亦慮及於禍迺問義安身之術義曰忠順不失以事其上故上下能相親也何慮之足憂因勸泰

高僧傳卷第七　第十二張　内

以果竹園六十畝施寺以為幽宾之
祐秦從之終享其福及泰薨第三子
晏謂義昔承厥父之險說求園地追
以為憾遂奪而不與義秉泰遺疏紛
紜紜彰於視聽義廼稜篤衣與慧
叡同住宋元嘉二十一年終於烏衣
寺春秋七十三矣晏後少時而卒晏
弟曄後染孔熙先謀逆厥宗同潰後
柢洹寺又有釋僧睿善三論為宋文
所重

釋道淵姓寇不知何許人出家止京
師東安寺少持律撿長冒義宗衆經
數論靡不通達而潛光隱德世莫之
知後於東安寺開講剖析玄微洞盡幽
賾使終古積滯渙然氷解於是學徒
攻覩翕然附德後移止彭城寺宋文
帝以淵行為物軌勅居寺住後卒於
所住春秋七十有八淵弟子慧琳本
姓劉秦郡人善諸經及莊老排諧好
語笑長於製作故集有十卷而為性
傲誕頗自矜伐淵嘗詣傅亮琳先在
坐及淵至琳不為致礼淵怒之彰色
亮遂罰琳杖二十宋世祖雅重琳引

高僧傳卷第七　第十三張　内字号

見常外獨掲頗延之每以致譏帝輙
不惔後著白黒論乖於佛理衡陽太守
何承天與琳比狎雅相擊揚著達性
論並拘滯一方詆呵釋教顔延之及
宗炳撿駁二論各万餘言琳既自毀
其法被斥交州世云淵公見麻星者
即其人也

釋僧弼本吴人性度虚簡儀止方直
少與龍光曇幹同遊長安從什受學
受曰措力靖有深思什加賞特深使
頌預參譯後遊歷名邦備瞻風化時
有請弼為寺主弼曰至道不弘淳風
日緬自非定慧兼足無以鎮立風猷
且當隨緣致益何得獨善一寺後南
居楚郢十有餘年訓誘經戒大化江
表河西王沮渠蒙遜遠挹風名遣使
通敬覲遺相續後下都止彭城寺文
皇器重每講說宋元嘉十九年卒春
秋七十有八

釋慧靜姓王東河人少遊學伊洛之
間晚歷徐兖容貌甚黒而識悟清遠
時洛中有沙門道經亦解邁當世與
靜齊名而耳甚長大故時人語曰洛

高僧傳卷第七　第十四張　内字号

下大長耳東河黒如墨有問無不酬
有酬無不塞靜至性虚通澄審有思
力每法輪一轉輙負帙千人海内學
賓無不必集誦法花小品註維摩思
益著涅槃略記大品旨歸及達命論
并諸法師誄多流傳北土不甚過江
宋元嘉中卒春秋六十餘矣

釋僧苞京兆人少在關受學什公宋
永初中遊北徐入黄山精舍復造靜
定二師進業仍於彼建三七普賢齋
懺至第十七日有白鵠飛来集普賢
座前至中行香畢乃去至二十一日
將暮又有黄衣四人繞塔數匝忽然
不見苞少有志節加復祥感故匪懈
之情因之彌厲日誦万餘言經常礼
數百拜佛後東下京師正值祇洹寺
發講法徒雲聚士庶駢席苞既初至
人未有識者廼乘驢往看衣服垢弊
負有風塵堂内既迮坐驢戦於户外
高座出題適竟苞始欲厝言法師便
問客僧何名荅云名苞又問盡何所苞
荅曰高座之人亦可苞耳廼致問數
番皆是先達思力所不逮高座无以

挠其鋒遂遂退而止時王弘范泰聞苞論議歎其才思請與交言仍屈住祇洹寺開講衆經化導相續陳郡謝靈運聞風而造焉及見苞神氣弥深歎伏或問曰謝公何如苞曰靈運才有餘而識不足抑不免其身矣苞嘗於路行見六劫被録苞為說法勸念觀世音群劫以臨危之際念念懇切俄而送吏飲酒洪醉劫解枷得免焉宋元嘉中卒時凡宮又有釋法和者亦精通數論致譽當時為宋高祖所重勅為僧主焉

釋僧詮姓張遼西海陽人少遊燕齊遍學外典弱冠方出家復精鍊三藏為北土學者之宗後過江止京師鋪筵大講化洽江南吴郡張恭請還吴講說姑蘇之士並慕德歸心初止閑居寺晚憩虎丘山詮先於黄龍國造丈六金像入吴又造人中金像置于虎丘山之東寺詮性好檀施周贍貧乏清確自守居无蕭幣後平昌孟顗於餘杭立方顯寺請詮居之率衆翹勤禪礼無輟看尋業至遂迺失明而

策厲弥精講授不廢吴國張暢張敷譙國戴顒戴勃並慕德結交崇以師礼詮後暫遊臨安縣投董功曺家功曺者清信弟子也詮投止少時便遇疾甚篤而常見所造之像来在西壁又見諸天童子皆来侍病弟子法朗夢見一臺數人捧之問何所去荅云迎詮法師明旦果卒縣令阮尚之使葢白土山郭文舉之塚右以擬梁鴻之附要離也特進王裕及高士戴顒至詮墓所刻石立碑唐思賢造文張敷作誄

釋曇鑒姓趙冀州人少出家事竺道祖為師蔬食布衣肆行精苦學究群經兼善數論聞什公在関杖策從學謂鑒為一聞持人後遊方宣化達自荆州止江陵辛寺年登耳順勵行弥潔常願生安養瞻覲弥陁後弟子僧濟辝往上明鑒去汝去迺佳恐不復相見因委曲疏受付囑至夜與諸耆老共敘無常言甚切至既夜各各還房鑒獨畱歩廊下至三更沙弥僧顒請還房鑒曰汝但眠不湏復来至

明旦弟子慧嚴依常問訊見合掌坐而口不言迫就察之實迺已卒身體柔軟香潔倍常因申而殮焉春秋七十吴郡張辯作傳并賛賛曰披莠迳芬揠瑾表潔渾渾法師弗濡弗涅韡韡初辰攸蔚暮節神遊智往豈伊實訣時江陵又有釋道海北州釋慧龕東州釋慧恭淮南釋曇泓東轅山釋道廣弘農釋道光等並願生安養臨終祥瑞焉

釋慧安未詳是何人蔬食精苦學通經義兼能善說又以尊戒見稱誦經三十餘万言止廬山陵雲寺學徒雲聚千里從風常捉一杖去是西域僧所施杖光色灼徹亦頗有香氣上有梵書人莫能識後入関詣羅什捉杖自隨什見杖驚曰此杖迺在此間耶因譯其字云本生天竺娑羅林南方喪乱草付興後得羅什道教隆安後以杖覿外國僧波沙耶耶賫還西域安以宋元嘉中卒於山寺

釋曇无成姓馬扶風人家世避難移居黄龍年十三出家履業清正神悟

絶倫未及具戒便精往復聞什公在
關負笈從之旣至見什什問沙弥何
能遠來荅曰聞道而至什大善之於
是經傳務學慧業逾深姚興謂成曰
馬季長顧學高明素嬀當世法師故
當不尒荅曰以道伏心為除此過興
甚異之供事殷厚姚祚將亡關中危
擾成迺懸於淮南中寺涅槃大品常
更年講說受業二百餘人與顏延之
何尚之共論實相往復弥晨成迺著
實論又著明漸論宋元嘉中卒春秋
六十有四時中寺復有曇囧者與成
同學齊名為宋臨川康王義慶所重
釋僧含不知何許人幼而好學篤志
經史及天之筭術長通佛義數論兼
明尤善大涅槃常講說不輟元嘉七
年新興太守陶仲祖立靈味寺欽含
風軌請以居之含勗衆清謹三業无
虧後迺遊歷陽弘贊正法江左道俗
響附如林時任城彭丞著無三世論
含迺作神不滅論以抗之使夫見聞
之者莫不將墜而更興矣又著聖智
圓鑒論無生論法身論業報論及法

花宗論等皆傳於世頃之南遊九江
大闡經法瑯瑘顏峻時為南中郎記
室參軍隨鎮尋陽與含深相器重造
必終日含嘗密謂峻曰如今讖緯不
虛者京師尋有禍乱真人應符屬在
殿下檀越善以緘之俄而元凶搆逆
世祖龍飛果如其言也後平康无疾
忽告衆辭別至乎明晨奄然巳化時
人謂之知命時又有釋道含者亦學
解有功著釋異十論云云
釋僧徹姓王本太原晉陽人少孤兄
弟二人寓居襄陽徹年十六入廬山
造遠公遠見而異之問曰寧有出家
意耶對曰遠塵離俗固其本心繩墨
鎔鈞兩唯匠者遠曰君能入道當得
無畏法門於是投簪委質從遠受業
遍學衆經尤精波若又以問道之暇
亦厝懷篇牘至若一賦一詠輙落筆
成章嘗至山南扳松而嘯於是清風
遠集衆鳥和鳴超然有勝氣退還諮
遠律制管弦戒絶歌儛一吟一嘯可
得為乎遠曰以散乱言之皆為違法
由是迺止至年二十四遠令講小品

時輩未之許及登座詞旨明括聽者
无以折其鋒遠謂之曰向者勍敵並
無遺力汝城隍嚴固攻者喪師反轍
能尒良為未易由是門人推服焉遠
亡後南遊荆州止江陵城内五層寺
晚移琵琶寺彭城王義康儀同蕭思
話等並從受戒法筵請設齋躬自下
饌宋元嘉二十九年卒春秋七十刾史
南譙王劉義宣為造墳壙時荆州上
明有釋僧莊者亦善涅槃及數論宋
孝武初被勑下都稱疾不赴
釋曇諦姓康其先康居人漢靈時移
附中國獻帝末乱移止吳興諦父服
嘗為冀州別駕母黃氏晝寢夢見一
僧呼黃母寄一麈尾并鐵鏤書鎮二
枚眠覺見兩物具存因而懷孕生諦
諦年五歲母以麈尾等示之諦曰秦
王所餉母曰汝置何處荅云不憶至
年十歲出家學不從師悟自天發後
隨父之樊鄧遇見關中僧䂮道人忽
喚䂮名曰童子何以呼宿士名諦曰
向者忽言阿上是諦沙弥為衆僧採
菜被野猪所傷不覺失聲耳䂮經為

弘覺法師弟子為僧採菜被野賭所
傷碧初不憶此迺謂諦父諦父具說
本末并示書鎮麈尾等碧迺悟而泣
日即先師弘覺法師也經為姚萇講
法華貧道為都講萇餉師二物今遂
在此追計弘覺捨命正是寄物之日
復憶採菜之事弥深悲仰諦後遊覽
經籍遇目斯記晚入吳虎丘寺講礼
易春秋各七遍法華大品維摩各十
五遍又善屬文翰集有六卷亦行於
世性愛林泉後還吳興入故章崐崘山
閑居澗飲二十餘載以宋元嘉末卒
於山春秋六十餘

釋僧導京兆人十歲出家從師受業
師以觀世音經授之讀竟諮師此經
有幾卷師欲試之迺言止有此耳導
曰初云尒時无盡意故知尒前已應
有事師大悅之授以法花一部於是
晝夜看尋粗解文義貧无油燭常採
薪自照至年十八博讀轉多氣幹雄
勇神機秀發形止方雅舉動无忤僧
叡見而奇之問曰君於佛法且欲何
願導曰且願為法師作都講叡曰君

方當万人法主豈肯對揚小師乎迄
受具戒識洽逾深禪律經論達自心
抱姚興欽其德業友而愛焉入寺相
造迺同輦還宮及什公譯出經論並
參議詳定導既素有風神又值關中
盛集於是謀猷衆典博採真俗迺著
成實三論義疏及空有二諦論等後
宋高祖西伐長安擒獲僞主盪清關
內既素籍導名迺要與相見謂導曰
相望久矣何其流滯殊俗荅云明公
盪九有鳴鑾河洛此時相見不亦善
乎高祖旋旆東歸留子桂陽公義真鎮
關中臨別謂導曰兒年小留鎮願法
師時能顧懷義真後為西虜勃勃赫
連所逼出自關南中途擾敗醜虜乘
凶追騎將及導率弟子數百人遏於
中路謂追騎曰劉公以此子見託貧
道今當以死送之會不可得不煩相逼
群寇駭其神氣遂迴鋒而反義真走
竄于草會其中兵段宏率以獲免蓋
由導之力也高祖感之因令子姪內
外師焉後立寺於壽春即東山寺也
常講說經論受業千有餘人會虜俄

滅佛法沙門避難投之者數百悉給衣食有死於虜
者皆設會行香為之流涕哀慟至孝武帝升位遣
使徵請導翻然應詔止于京師中興寺孝武帝降
蹕躬出候迎導以孝建之初三綱更
始感事懷惜悲不自勝帝亦哽咽良
久即勅於凡官寺開講維摩帝親臨
幸公卿必集登高座曰昔王宮託生
雙樹現滅自尒以来歲逾千載淳源
永謝澆風不追給苑丘墟鹿園蕪穢
九十五種以趣下為升高三界群生
以火宅為淨國豈知上聖流涕大士
插追者哉因潸然泫淚四衆為之改
容又謂帝曰護法弘道莫先帝王陛
下若能運四等心矜危勸善則此沙
石凡礫便為自在天宮帝稱善久之
座者咸悅後辭還壽春卒於石磵春
秋九十有六時有沙門僧因亦當世名
匠與導相次或問因云法師與導公
孰愈荅云吾與僧導同師什公准之
孔門則導公入室吾可升堂導有弟
子僧咸僧音等並善成實

釋道汪姓潘長樂人幼隨叔在京年
十三投廬山遠公出家研綜經律雅

善涅槃蔬食數十餘年嘗行梁州道為羌賊所圍垂失衣鉢汪與弟子數人擕心共念觀世音有頃覺如雲務者覆汪等身群盜推索不見於是獲免後聞河間玄高法師禪慧深廣欲往從之中路值吐谷渾之難遂不果行於是旋于成都徵士費文淵初從受業乃立寺於州城西北名曰祇洹化行巴蜀譽洽朝野梁州刺史申坦與汪有舊坦後致故汪將往省之仍欲停彼費文淵乃上書刺史張悅曰道汪法師識行清白風霜弥峻卓尒不群確焉難拔近聞梁州遣迎承教旨許去闔境之論僉曰非宜鄙州邊荒僧尼出万禪戒所資一焉是賴豈可水失其珠山亡其玉願鑒九俗之誠令四輩有憑也悅即敦留遂不果行悅還都具向宋孝武述汪德行帝即勑令迎接為中興寺主汪迺因悅固辝以疾遂獲免於是謝病下帷絕窺人世後劉思考臨州大設法祀請汪講說迺應請或問法師常擕守靖何以虧節荅曰劉公篤信方欲大法憑

之何辝小勞耶先是峽中人每於石岸之側見神光夜發思孝以大明之中請汪於光處起寺即崖鐫像因險立室行途瞻仰咸發淨心後王景茂請居武擔寺為僧主勗眾清謹白黑歸依以宋泰始元年卒於所住顧命闍維之劉思考為起塔於武擔寺門之右景和元年蕭惠開西鎮成都承汪高譽思共講道行至中途聞汪已逝迺歎曰惜也吾不及其人文舉之追康成曾何足道其為時賢所惜如此時蜀江陽寺釋普明長樂寺釋道闇並戒德高明明蔬食誦經嘗節通感闇學兼內外兼善談吐吳國張裕請為戒師云

釋慧靜姓邵吳興餘杭人居貧履操厲行精苦風姿秀整容止可觀始遊學廬山晚還都集業解兼內外偏善涅槃初住治城寺顏延之何尚之並欽慕風德顏延每歎曰荊山之玉唯靜是焉及子竣出鎮東州攜與同行因栖于天柱山寺及大明之中又還居剡之法花臺後憩東仰山處

處盤遊並以弘法為務年過知命志節弥堅宋太始中卒春秋五十有八所著文翰集為十卷

釋法愍北人弱年慕道篤志經籍十八出家便遊踐州國觀風味道波若數論及諸經律皆所遊刃後憩江夏郡五層寺時沙門僧昌於江陵城內立塔刺史謝晦欲壞之愍聞故往諫晦晦意不止愍於是隱迹於長沙麓山終身不出晦迺率儀至寺厚賜酒肉嚴鼓振威斬斫形像俄而雲霧暗天風塵四起晦驚懼而走後以叛逆誅滅隊人丁法成史僧雙見身癩病餘多犯法而死愍迺著顯驗論以明因果并注大道地經後卒於山中春秋八十有三弟子僧道立研頌德時始興郡靈化寺有比丘僧宗亦博涉經論著法性覺性二論云

釋道亮不知何許人住京師北多寶寺神悟超絕容止可觀而性剛忤物遂顯於眾元嘉之末被徙南越時人或譏其不能保身亮曰業理所之特非人事於是命侶宵征南適廣州弟

子智林等十二人隨之停南六載講説導衆化悶嶺外至大明中還止京兆盛開法席著成實論義疏八卷宋太始中卒春秋六十有九時多寶復有靜林慧隆林善大涅槃經爲宋孝武所器敬隆亦善衆經及數論又皆節通靈隆患心氣積時夜有非人送湯云秣陵令所送授器巳奄然不見隆取一服所苦即痊

釋梵敏姓李河東人少遊學關隴長歷彭泗內外經書皆闇遊心曲晚憩丹陽頻建講説謝莊張永劉虬吕道慧皆承風欣悅雅相歎重數講法華成實又序要義百科略標綱紐故文止一卷屬辭省詣見重當時後卒於丹陽春秋七十餘矣時又有釋僧籥者本上黨人善涅槃經爲張暢所重

釋道温姓皇甫安定朝那人高士謐之後也少好琴書事親以孝聞年十六入廬山依遠公受學後遊長安復師童壽元嘉中還止襄陽檀溪寺善大乘經兼明數論樊鄧學徒並師之時吳國張邵鎮襄陽子敷隨之敷聽温

講還邵問温何如曰義解足以析微道心未易可測邵躬往候之方挹其神俊後從容謂曰法師儻能還俗當以別駕相處温曰檀越迺以桎梏誘人即日辭往江陵邵追之不及歎恨孝建初被勑下都止中興寺大明中勑為都邑僧主路昭皇太后大明四年十月八日造普賢像成於中興禪房設齋所請凡二百僧列名同集人數已定于時寺既新搆嚴衛甚肅忽有一僧晚來就座風容都雅舉堂矚目與齋主共語百餘許言忽不復見撿問門防咸言不見出入衆迺悟其神人温時既為僧主迺列言秣陵白皇太后睿鑒沖明聖符幽洽解思淨埸研衿至境固以聲藻宸內事虛梵表迺創思鎔斲栖寫神華摸造普賢来儀盛像寶傾宙球妙盡天錫所設齋講訖今月八日嚫會有限名簿素定引次就席數无盈減轉經明半景及昃吾忽覩異僧預于座內容止端嚴氣貟秀發舉衆驚嗟莫有識者齋主問曰上人何名荅曰名慧明住何寺

荅云来自天安言對之間倏然不見闔席悚䙾遍筵肅慮以為明祥所貴幽應攸闡紫山可覿華臺不遠蓋聞至誠所感還景移緯登心所殉發石開泉況帝德涵運皇功懋洽仁洞乾遐理暢冥外故上王盛士剋表大明之朝勸發妙身躬見龍飛之室適若因陛下惠燭海隅明華日月故以慧明為人名繼天興祚式垂无疆故以天安為寺稱神基弥遠道政方凝九服咸太万寓齊悅謹列言屬縣以顯天休縣即言郡時京兆尹孔靈符以事表聞詔仍改禪房為天安寺以旌厥瑞焉温後累當講任稟味之賔頻委相屬精勤導安歎感神異帝悅之賜錢五十万時人道之語曰帝主傾財温公率則上天懐感神靈降德宋太始初卒春秋六十有九時中興復有僧慶慧定僧嵩並以義學顯譽慶善三論為時學所宗定善涅槃及毗曇亦數當尤匠嵩亦兼明數論末年僻執謂佛不應常住臨終之日舌本先爛焉

釋曇斌姓蘇南陽人十歲出家事道
禕為師始住江陵新寺聽經論學禪
道渾思深至而情未盡達夜夢神人
謂斌曰汝所疑義遊方自決於是振
錫挾衣殊邦問道初下京師仍往吳
郡值僧業講十誦飡聽少時悟解深
入後還都從靜林法師諮受涅槃又
詵吳興小山法珎研訪泥洹勝鬘晚
從南林法業受花嚴雜心既遍歷衆
師備聞異釋迺潛思積時以窮其妙
融冶百家陶貫諸部於是還止樊鄧
開莚講說四遠名賓負帙皆至及孝
建之初勅王玄謨資發出京初止新
安寺講小品十地并申頓悟漸悟之
旨時心覺之徒皆相讎挍斌既辞愜
理詣終莫能屈陳郡袁粲令望當時
而嘉斌行解常令中書舍人巢尚之
意欲試之斌不為屈粲迺躬自往候
粲每歎斌數覲天子斌曰貧道方外
之人豈宜與天子同趣粲益以高之
後請為母師宋建平王景素亦諮其
戒範宋元徽中卒於莊嚴寺春秋六
十有七時莊嚴復有曇濟曇宗並以

學業才力見重一時濟述七家論宗
著經目及數林
釋慧亮姓姜先名顯亮為東阿靖公
弟子少有清譽時人呼靖為大師亮
為小師雖年望未逮而風軌繼之後
立寺於臨淄講法華大小品十地等
學徒雲聚千里命駕後過江止何園
寺顏延張緒眷德留連每歎曰安汰
吐珠玉於前斌亮振金聲於後清言
妙緒將絕復興太始之初莊嚴寺大集
簡閱義士上首千人勅亮與斌迎為
法主當時宗匠无與競焉宋元徽中
卒春秋六十三矣著玄通論今行於代
釋僧鏡姓焦本隴西人遷居吳地至
孝過人輕財好施家貧母亡太守賜
錢五千苦辞不受迺身自負土種植
松栢廬于墓所泣血三年服畢出家
住吳縣華山後入関隴師受法累載
方還停止京師大闡經論司空東海
徐湛之重其風素請為一門之師後
東反姑蘇復專當法匠臺寺沙門道
流請停歲許又東適上虞徐山學徒
隨往百有餘人化洽三吳聲馳上國

陳郡謝靈運以德音致欵宋世祖藉
其風素勅出京師止定林下寺頻建
法聚德衆雲集著法華維摩泥洹義
疏并毗曇玄論區別義類有條貫焉
宋元徽中卒春秋六十有七上虞徐
山先有曇隆道人少善席上晚忽皆
節過人亦為謝靈運所重常共遊嶀
嵊亡後運迺誄焉
釋僧瑾姓朱沛國人隱士建之第四
子少善莊老及詩札後行至廣陵見
曇因法師遂稽首一面伏膺為道遊
學內典博涉三藏後至京師值龍光
道生復依憑受業初憩冶城寺宋孝
武勅為湘東王師皆辞以疾遂不獲
免王從請五戒甚加優札先是智斌
沙門初代曇岳為僧正斌亦德為物
宗善三論及維摩思益毛詩莊老等
後義嘉搆釁時人譏斌去為義嘉行
道遂被擯交州時湘東踐祚是為明
帝仍勅瑾使為天下僧主給法伎一
部親信二十人月給錢三万冬夏四
賜并車輿吏力凡諸外鎮皆勅瑾辭
四方獻奉並問僧正得未其見重如

此瑾性不蓄金皆充福業起靈根靈
基二寺以為禪慧栖止及明帝末年
頗多忌諱故涅槃滅度之翻於此暫
息凡諸死亡凶禍衰白等語皆不得
以對因之犯忤而致戮者十有七八
瑾每以直諫恩礼遂薄時汝南周顒
入侍帷幄瑾嘗謂顒曰陛下比日所
行殊非人君舉動俗事諷諫无所復
益妙理深談弥為奢緩唯三世苦報㝡
切近情檀越儻因機候正當陳此而
已帝後風疾數加針灸痛惱無聊輒
召顒及殷洪等說鬼神雜事以散胃
懷顒迺習讀法句賢愚二經每見談
說輒為言先帝往往驚由報應真當
如此亦寧可不畏因此犯忤之徒屢
被全宥蓋瑾之所因為得人也瑾以
宋元徽中卒春秋七十有九
復有沙門曇度續為僧主度本瑯瑘
人善三藏及春秋莊老易宋世祖太
宗並加欽賞及少帝卑礼度亦行藏
得所舉動无忤止于新安寺同寺又
有釋玄運者亦精通大小乘張永張
融並升堂問道

釋道猛本西涼州人少而遊歷燕趙
備矚風化後停止壽春力精勤學三
藏九部大小數論皆思入淵微無不
鏡徹而成實一部最為獨步於是大
化江西學人成列至元嘉二十六年
東遊京師止于東安寺復續開講席
宋太宗為湘東王時深相崇薦及登
祚倍加礼接賜錢三十万以供資待
太始之初帝創寺于建陽門外勅猛
為綱領帝曰夫人能弘道道籍人弘
今得法師非直道益蒼生亦有光世
望可目寺為興皇由是成号及創造
功畢勅猛於寺開講成實序題之日
帝親臨幸公卿皆集四遠學賓負袠
齊至猛神韻无忤吐納詳審稱善久
之因有詔曰猛法師風道多濟朕素
賓友可月給錢三万令吏四人白簿
吏二十人車及步輿各一乘乘輿至
客省猛隨有所獲皆賑施貧乏營造
寺廟以宋元徽三年卒于東安寺春
秋六十有五後有道堅慧鸞慧敷僧
訓道明並止興皇寺義學之徒抑亦
次焉

釋超進本姓顓頊氏長安人篤志精
勤幼而敦學大小諸經並加綜採神
性和敏戒行嚴肅故年在未立而振
譽關中及西虜勃勃赫連寇陷長安
人情危擾法事罷廢進避地東下止
于京師更精尋文旨開暢講說頃之
進適姑蘇復弘法時平昌孟顗守在
會稽籍甚風猷迺遣使迎接安置山
陰靈嘉寺於是停止浙東講輪相續
邑野僧尼及清信男女並結菩薩因
緣伏膺戒範至宋太始中被徵出都
講大法鼓經俄而旋于稽邑還紹法
化以大涅槃是窮理之教每留思踟
蹰累加講說凡結齋會者无不必請
若值他許則為移日後年衰腳疾不
堪外赴並送食于房以希宣益進為
性篤好經典看尋昔至及年老失明
猶使弟子唱涅槃經句中一遍其耽
好若此以宋元徽中卒春秋九十有
四時有曇機法師本姓趙氏亦長安
人值關中寇亂避地東下遊觀山水
至于稽邑善法花毗曇時世宗奉與
進相次郡守瑯瑘王琨請居邑西嘉

栚寺寺本琝相沓所創也時又有釋
道憑者亦是當世法匠而執性對忤
論者少之
釋法珎姓楊河東人少而好學尋問
万里宋景平中来遊兗豫貫拯衆經
傍通異部後聽東河靜公講衆屢請
覆述靜歎曰吾不及也元嘉中過江
吴興沈演之特深器重請還吴興武
康小山寺首尾十有九年自非祈請
法事未嘗出門居于武康每歲開講
三吴學者負笈盈衢乃著涅槃法花
大品勝鬘等義䟽大明六年勅吴興
郡致礼上京與道猷同止新安寺使
頓漸二悟義各有宗至便就講鑾轝
降蹕百辟陪筵珎年雖梔暮而䟽苦
弗攺戒節清白道俗歸焉宋元徽中
卒春秋七十有六時宋熈有曇瑶者
善淨名十住及莊老又工草隷為宋
建平宣簡王宏所重也
釋道猷吴人初為生公弟子隨師之
廬山師亡後臨川郡山及見新出勝
鬘經披卷而歎曰先師昔義闇與經
同但歲不待人經集義後良可悲哉

因注勝鬘以翌宣遺訓凡有五卷文
顗不行宋文問慧觀頓悟之義誰復
習之荅云生弟子道猷即勅臨川郡
發遣出京既至即延入宮內大集義
僧令猷申述頓悟時競辯之徒関責
互起猷既積思參玄又宗源有本乘
機挫銳往必摧鋒帝乃撫机稱快及
孝武升位尤相歎重乃勅住新安為
鎮寺師主帝每稱曰生公孤絕情照
猷公直轡獨上可謂克明師匠元黍
徽音宋元徽中卒春秋七十有一後
有豫州沙門道慈善維摩法華祖述
猷義刪其所注勝鬘以為兩卷今行
於世時北多寶寺慧整長樂寺覺世並齊
名比德整特精三論為學者所宗世
善於大品及涅槃　經立不空假名義
釋慧通姓劉沛國人少而神情爽發
儁氣虛玄止于治城寺每麈尾一振
輙軒蓋盈衢東海徐湛之陳郡袁粲
敬以師友之礼孝武皇帝厚加寵秩
勅與海陵小建平二王為友袁粲著
蘧顏論示通通難詰往反著文于世
又製大品勝鬘雜心毗曇等義䟽并

駮夷夏論顯證論法性論及爻象記
等皆傳於世宋昇明中卒春秋六十
三矣

高僧傳卷第七

高僧傳卷第七

校勘記

一　底本，金藏廣勝寺本。

一　三四二頁中二行首字「竺」，磧、普、南、徑、清作「宋竺」。

一　三四二頁中一三行末字「二」，磧無。

一　三四二頁中一〇行至一八行「釋僧徹……三十二」，清因分卷不同，載卷第八。

一　三四二頁中一七行「法珎」，資、磧、普、南、徑作「法瑤」。

一　三四二頁下五行第八字「曰」，磧作「日」。

一　三四二頁下六行第九字「拪」，諸本（不含石，下同）作「栖」。

一　三四二頁下一七行首字「觔」，諸本作「鉢」。

一　三四二頁下一八行第七字「奉」，諸本作「泰」。又第九字「延」，資、磧、普、南、徑、清作「延之」。

一　三四三頁上一行第八字「言」，麗作「立」。

一　三四三頁上二行第一〇字「有」，諸本作「當有」。

一　三四三頁上五行第一三字「都」，麗作「師」。

一　三四三頁上六行第一一字「阿」，資、磧、普、南、徑、清作「一」。

一　三四三頁上七行第八字「部」，諸本作「本」。

一　三四三頁上一二行第三字「之」，諸本無。

一　三四三頁中一行「麈尾」，普作「塵尾」。

一　三四三頁中三行第八字「凉」，諸本作「泣」。

一　三四三頁中七行「彭享」，資作「彭亨」；磧、普、南、徑、清作「憉悙」。

一　三四三頁中一一行第二字「典」，麗作「異」。

一　三四三頁中一四行「亦爲」，資、磧、普、南、徑、清作「時亦」；麗作「時亦爲」。

一　三四三頁中一五行第一二字「巨」，普作「目」。

一　三四三頁中二二行首字「生」，諸本作「生者」。又第一一字「經」，資、磧、普、南、徑、清作「經典」。

一　三四三頁中末行末字「生」，資、磧、普、南、徑、清作「生也」。

一　三四三頁下一行第一二字「精」，徑作「清」。

一　三四三頁下二行末字「掠」，資、磧、南、徑、清作「略」；麗作「抄掠」。

一　三四三頁下三行第六字「客」，諸本作「商客」。

一　三四三頁下六行第一二字「詁」，麗作「詰」。

一　三四三頁下七行第七字「必」，南作「畢」。

一　三四三頁下八行首字「又」，資、磧、普、南、徑、清無。又第一三字「止」，資、磧、普、南、徑、清作「止于」。

一　三四三頁下一四行第二字「常」，

資、磧、普、南、徑、清作「嘗」。又第一二字「酬」，資、磧、普、南、徑、清作「雇」。

一　三四三頁下一九行首字「例」，麗作「列」。

一　三四三頁下二〇行「五矣」，諸本作「有五矣」。

一　三四四頁上一六行第二字「延」，麗作「迎」。又第四字「折」，諸本作「推」。又第一〇字「難」，資作「歎」。

一　三四四頁上一八行第四字「賓」，徑、清、麗作「濱」。

一　三四四頁上二一行首字「俗」，麗作「溪」。

一　三四四頁上末行第八字「貽」，資、磧、普、南作「貼」。又第九字「點」，徑、清作「玷」。

一　三四四頁中三行「王濛」，資、磧、普、南、徑、清作「王蒙」。

一　三四四頁中六行首字「汪」，資、磧、普、南、徑、清作「注」。

一　三四四頁中一〇行第一三字「數」，資、磧、普、南、徑、清作「較」。

一　三四四頁中一三行第一三字「濟」，資作「齊」。

一　三四四頁中一六行第五字「滅」，資、磧、普作「減」。又第一三字「捐」，資、磧、普、南、徑、清作「損」。又末字「虐」，麗作「虛」。

一　三四四頁中一九行第六字「見」，諸本作「貌」。

一　三四四頁中二二行第七字「深」，資、磧、普、南、徑、清無。

一　三四四頁下一五行第三字「以」，諸本作「謂」。

一　三四五頁上三行第五字「輕」，資、普、南、徑、清作「轍」。

一　三四五頁上一六行末字「品」，資、磧、普、南、徑、清作「品焉」。

一　三四五頁上一九行末字「但」，諸本作「徂」。

一　三四五頁上二二行第九字「著」，諸本作「迺著」。

一　三四五頁中七行第六字「止」，磧作「上」。

一　三四五頁中一〇行末字「朝」，資、磧、普、南、徑、清作「諸朝」。

一　三四五頁中一六行第一一字「澧」，資、南、徑、清作「醴」。

一　三四五頁下二行第四字「壁」，諸本作「璧」。八行第五字、一〇行第一〇字同。

一　三四五頁下一〇行第九字「得」，麗作「果得」。

一　三四五頁下二〇行第七字「美」，諸本作「羡」。

一　三四六頁上二行「第三子」，資、磧、普、南、徑、清作「泰第三子」。

一　三四六頁上一七行第一一字「住」，資、磧、普、南、徑、清作「任」。

一　三四六頁上一九行第一二字「排」，磧、普、南、徑、清作「俳」。

一　三四六頁上二二行「彰色」，磧、普、南、徑、清作「彰於顏色」。

一　三四六頁上末行末字「引」，資作

「家」。

— 三四六頁中四行第七字「誣」，磧作「詃」。

— 三四六頁中五行第三字「撿」，磧、普、南、徑、清作「難」。

— 三四六頁中一〇行第五字「靖」，資、磧、普、南、徑、清作「竭」。

— 三四六頁中一一行第一一字「瞻」，資、磧、普、南、徑、清作「矚」。

— 三四六頁中一八行第四字「每」，諸本作「每延」。

— 三四六頁中一九行末字「八」，資、磧、普、南、徑、清作「八矣」。

— 三四六頁中二〇行「東河」，資作「河東」，頁下一行同；磧、普、南、徑、清、麗作「東阿」。頁下一行同。

— 三四六頁下一行「大長」，磧、普、南、徑、清作「長大」。

— 三四六頁下四行「必集」，南、徑、清作「畢集」。

— 三四六頁下一一行第四字「十」，資、磧、普、南、徑、清作「一」；麗無。

— 三四六頁下一九行第一一字「韉」，資作「薦」。

— 三四六頁下二〇行第三字「出」，資、磧、普、南、徑、清作「舉」。

— 三四七頁上三行「化導」，諸本作「法化」。又「陳郡」，資、磧、普、南、徑、清作「及陳郡」。

— 三四七頁上一〇行「凡官」，資、磧、普、南、徑、清作「瓦官寺」；麗作「瓦官」。

— 三四七頁上二〇行第一三字「贍」，徑作「瞻」。

— 三四七頁上二一行第三字「礭」，徑作「確」。又第八字「熑」，資、磧、普、南、徑、清作「縑」。

— 三四七頁上二二行「餘抗」，諸本作「餘杭」。

— 三四七頁上末行第八字「業」，諸本作「苦」。

— 三四七頁中八行「明且」，諸本作「明旦」。頁下一行同。

— 三四七頁中一四行第九字「肆」，諸本作「律」。

— 三四七頁中一六行第三字「謂」，諸本作「什常謂」。

— 三四七頁中一七行「弗州」，諸本作「荆州」。

— 三四七頁下一行末字「坐」，諸本作「平坐」。

— 三四七頁下五行第九字「師」，徑、清作「施」。又第一一字「澮」，諸本作「緇」。又末字「暐」，資、磧、南、徑、清作「煒」。

— 三四七頁下六行第六字「暮」，資作「慕」。

— 三四七頁下一一行「是何」，徑作「何許」。

— 三四七頁下一三行首字「三」，麗作「四」。

— 三四七頁下一五行第六字「灼」，資、磧、普、南、徑、清作「炯」。

— 三四七頁下一七行第五字「杖」，資、磧、普、南、徑、清作「大」。

一 三四七頁下一八行「娑羅」，資作「婆羅」。
一 三四八頁上五行第四字「顧」，諸本作「碩」，又第九字「熇」，資作「碻」；磧、普、南、徑、清作「穚」；麗作「驕」。
一 三四八頁上一一行首字「實」，諸本作「實相」。
一 三四八頁上一三行末字「重」，資、磧、普、南、徑、清作「重焉」。
一 三四八頁上一五行第五字「之」，諸本作「文」。
一 三四八頁上一九行第三字「迺」，諸本作「西」。
一 三四八頁上二〇行第二字「附」，磧、普、南作「術」。又「城彭丞」，資、磧、普、南、徑、清作「彭城函」。
一 三四八頁中二行第八字「峻」，資、磧、普、南、徑、清作「竣」。四行第八字同。
一 三四八頁中四行第一一字「今」，麗作「令」。又第一二字「識」，資、磧、普作「織」。
一 三四八頁中五行第二字「者」，南作「光」。
一 三四八頁中八行第七字「乎」，資、磧、普、南、徑、清作「于」。
一 三四八頁中一〇行「云云」，麗作「云」。至此，清卷第七終，卷第八始。
一 三四八頁中一五行末字「得」，徑、清作「學」。
一 三四八頁中一九行第七字「扳」，麗作「攀」。
一 三四八頁中二一行第三字「制」，資、磧、普、南、徑、清作「禁」。
一 三四八頁中二二行第八字「乱」，資作「辝」。
一 三四八頁下一行第一二字「哲」，諸本作「析」。
一 三四八頁下二行第一三字「敵」，資、磧、普、南、徑、清作「對」。
一 三四八頁下三行第一三字「反」，資、磧、普、南、徑、清作「發」。
一 三四八頁下七行首字「話」，資、磧、普、南、徑、清作「詁」。又第八字「筵」，資、磧、普、南、徑、清作「延」。
一 三四八頁下一〇行第五字「莊」，南作「壯」。
一 三四八頁下一二行「漢靈」，資、磧、普、徑、麗作「漢靈帝」。
一 三四八頁下一三行末字「服」，資作「彤」；磧、普、南、徑、清、麗作「彤」。
一 三四八頁下一五行第四字「毋」，諸本作「爲母」。
一 三四八頁下二一行第四字「曰」，諸本作「晉曰」。又第一一字「士」，磧、普、南、徑、清、麗作「老」。
一 三四九頁上四行第一〇字「經」，諸本作「師經」。
一 三四九頁上五行第八字「萇」，諸本作「姚萇」。
一 三四九頁上六行末字「白」，諸本作「日」。
一 三四九頁上八行第三字「遇」，徑、

清作「過」。

一　三四九頁上一一行「琨崘山」，資、磧、普、南、徑、清作「琨山」。

一　三四九頁上一三行第二字「山」，麗作「山舍」。

一　三四九頁中一一行第二字「當」，諸本作「當爲」。

一　三四九頁中一一行第二字「九」，諸本作「一九」。又第五字「鑾」，資、磧、普、南、徑、清作「鸞」。

一　三四九頁中一二行第四字「旋」，資、磧、普、南、徑、清作「旍」。

一　三四九頁中一四行「虜勃勃」，資、南作「虜勃人」；磧、普作「虞勃人」。

一　三四九頁中一八行「頻相逼」，諸本作「煩相追」。

一　三四九頁中末行末字「俄」，資、磧、普、南、徑、清無。

一　三四九頁下一行第一七字「有」，諸本作「其有」。

一　三四九頁下二行第一二字「働」，諸本作「慟」。

一　三四九頁下五行第五字「惜」，資、磧、普、南、徑、清作「昔」。

一　三四九頁下六行第一二字「帝」，資、磧、普、南、徑、清作「而帝」。

一　三四九頁下七行「必集」，資、磧、普、南、徑、清作「畢集導」；麗作「必集導」。

一　三四九頁下一二行首字「栖」，諸本作「栖」，次頁中二二行第三字同。又第六字「潛」，資、磧、南、清、麗作「潛」。

一　三四九頁下一五行首字「石」，磧、普、南、徑、清作「土」。

一　三四九頁下一八行第三字「導」，資、磧、普、南、徑、清作「導公」。

一　三四九頁下二一行「僧威僧音」，資、磧、普、南、徑、清作「僧音僧威」。

一　三五〇頁上二行首字「爲」，資、磧、普、南、徑、清作「汪爲」。

一　三五〇頁上三行末字「務」，資、磧、普、南、徑、清作「霧」。

一　三五〇頁上一三行第三字「礭」，徑作「確」。

一　三五〇頁上一六行「九俗」，資、磧、普、南、徑、清作「道俗」。

一　三五〇頁中六行末字「命」，諸本作「命令」。

一　三五〇頁中八行第九字「開」，資作「關」。

一　三五〇頁中一三行「明明」，麗作「明」。

一　三五〇頁中一四行第七字「蕪」，諸本作「尤」。

一　三五〇頁中一六行「餘挠」，諸本作「餘杭」。

一　三五〇頁中一八行第六字「都」，麗作「上都」。又第七字「集」，諸本作「進」。

一　三五〇頁中一九行第四字「住」，麗作「止」。又第五字「治」，磧、普、南、徑、清作「治」。

一　三五〇頁中二〇行「顏延」，諸本作「顏延之」。

一 三五〇頁下一行第二字「盤」，磧、普、南、徑、清作「磐」；麗作「般」。

一 三五〇頁下二一行第一〇字「従」，諸本作「徙」。

一 三五一頁上二行「導衆」，資、磧、普、南、徑、清作「衆經」。又第一三字「止」，南作「北」。

一 三五一頁上四行「多寶」，諸本作「多寶寺」。

一 三五一頁上五行第一一字「經」，資、磧、普、徑無。

一 三五一頁上八行首字「湯」，資、磧、普、南、徑、清作「藥」。

一 三五一頁上一〇行第一三字「壟」，資、磧、普、南、徑作「隴」。

一 三五一頁上一四行「綱網」，資、南、徑、清作「綱紐」；磧、普作「綢紐」。

一 三五一頁上二二行第八字「鄧」，資、磧、普、南、徑、清作「沔」。

一 三五一頁中一行第八字「曰」，諸本作「敕曰」。

一 三五一頁中三行第六字「謂」，資、磧、普、南、徑、清作「謂温」。

一 三五一頁中九行第一一字「各」，諸本作「名」。

一 三五一頁中一三行「門防」，麗作「防門」。

一 三五一頁中一四行末字「白」，資、磧、普、南、徑、清作「曰」。

一 三五一頁中一五行第一二字「解」，諸本作「滌」。

一 三五一頁中一六行第一三字「虛」，資、磧、普、南作「靈」。

一 三五一頁中一七行「斲栖」，資、磧、普、南、徑、清作「斲抽」。

一 三五一頁中一九行第八字「覗」，資、磧、普、南、徑、清作「覸」。

一 三五一頁中二〇行第一二字「明」，資、磧、普、南、徑、清作「將」。

一 三五一頁下二行第四字「魂」，諸本作「愧」。

一 三五一頁下一四行首字「旌」，麗作「旋」。

一 三五一頁下一五行首字「頡」，諸本作「填」。又第八字「安」，諸本作「物」。

一 三五一頁下一六行第九字「道」，諸本作「爲」。

一 三五一頁下一八行「中興」，諸本作「中興寺」。

一 三五二頁上二行「新寺」，資、磧、普、南、徑、清作「辛寺」。

一 三五二頁上三行第二字「潭」，諸本作「覃」。

一 三五二頁上五行末字「昊」，資、磧、普、徑、麗作「吴」。

一 三五二頁上八行「法珎」，資、磧、普、南、徑、清作「法瑶」。

一 三五二頁上一〇行第一三字「甚」，資、磧、普、徑、麗作「其」。

一 三五二頁上一七行末字「夯」，資、磧、普、南、徑、清作「介」。

一 三五二頁上二〇行第九字「趣」，磧、普、南、徑、清作「遊」。

一 三五二頁中一行第一二字「家」，麗作「宗」。

一　三五二頁中三行第五字「姜」，資、磧、普、南、徑、清作「董」。又第一三字「請」，徑、清作「静」，四行第一〇字同。

一　三五二頁中八行「顔延」，資、磧、普、南、徑、清作「顔延之」。

一　三五二頁中一〇行第一三字「寺」，資、磧、普、南、徑、清無。

一　三五二頁中一一行第一三字「迎」，諸本作「遮」。

一　三五二頁中一三行末字「代」，諸本作「世」。

一　三五二頁中一八行「華山」，資、磧、普、南、徑、清作「華山寺」。又第一〇字「師」，諸本作「尋師」。

一　三五二頁下二行首字「其」，磧、普、南、徑、清作「甚」。

一　三五二頁下三行第三字「德」，資、磧、普、南、徑、清作「聽」。

一　三五二頁下九行第一一字「建」，資、磧、普、南、徑、清作「逮」。

一　三五二頁下一〇行首字「子」，資、磧、普、南、徑、清作「子也」。

一　三五二頁下一三行第一〇字「治」，磧、普、徑、清作「治」。

一　三五二頁下二一行末字「四」，麗作「四時」。

一　三五二頁下二二行第八字「諸」，資、磧、普、南作「請」。又第一二字「勑」，諸本作「勑與」。

一　三五三頁上二行第八字「拪」，諸本作「栖」，次頁上一五行第一〇字同。

一　三五三頁上一四行第一〇字「由」，諸本作「曰」。

一　三五三頁上一八行首字「復」，資、磧、普、南、徑、清作「後」。

一　三五三頁上一九行第一一字「宋」，資、磧、普、南、徑、清作「等」。

一　三五三頁中一一行第一三字「先」，資、磧、普、南、徑、清作「光」；麗作「光於」。

一　三五三頁中一三行首字「功」，資、磧、普、南、徑、清作「工」。

一　三五三頁中一五行「稱善」，資、磧、普、徑、麗作「帝稱善」。

一　三五三頁中一七行「令吏」，資作「令使」；磧、普、南、徑、清作「令史」。

一　三五三頁中二二行「導明」，資、磧、普、南、徑、清作「道明」。又第一二字「徒」，諸本作「譽」。

一　三五三頁下七行第七字「法」，諸本作「佛法」。

一　三五三頁下八行第四字「甚」，資、普、徑作「其」。

一　三五三頁下九行第一二字「輪」，諸本作「論」。

一　三五三頁下一一行第四字「戒」，資、磧、普、南、徑、清作「式」。

一　三五三頁下一二行「稽邑」，麗作「會稽」。

一　三五三頁下一三行第三字「大」，資、磧、普、南、徑、清作「大般」。

一　三五三頁下一四行第七字「結」，資、磧、普、南、徑、清作「經」。

一三五三頁下一八行第九字「句」，資、諸本作「旬」。

一三五四頁上四行第三字「珎」，資、磧、普、南、徑、清作「瑤」。一五行第七字同。

一三五四頁上六行「東河」，資、磧、普、南、徑、清作「東阿」。

一三五四頁上一三行「致礼」，資、磧、普、南、徑、清作「禮致」。

一三五四頁上一九行末字「也」，資、磧、普、南、徑、清無。

一三五四頁上二一行第五字「後」，麗作「後隱」。又第一〇字「及」，資、磧、普、徑作「乃」。

一三五四頁中二行首字「頡」，資、磧、普、南、徑、清作「煩」。又第五字「文」，資、磧、普、南、徑、清作「文簡」。

一三五四頁中三行第五字「生」，麗作「生公」。

一三五四頁中五行第二字「令」，資、磧、普、南、徑、清作「命」。

一三五四頁中七行第一一字「机」，資、磧、普、南、徑、清作「几」。

一三五四頁中九行第三字「師」，諸本作「法」。又「絶情」，諸本作「情絶」。

一三五四頁中一〇行第一三字「元」，諸本作「無」。

一三五四頁中一四行第四字「北」，南、徑、清作「杜」；麗作「比」。又第七字「寺」，諸本無，第一二字同。

一三五四頁中一六行第八字「經」，資、磧、普、南、徑、清作「諸經」。

一三五四頁中一八行「治城」，磧、徑、清作「治城」。

一三五四頁中二二行首字「璣」，諸本作「蘧」。又「通通」，資、磧、普、南、徑、清作「通」。

一三五四頁下一行首字「駮」，徑作「駿」。

一三五四頁下末行「第七」，清作「第八」。

高僧傳卷第八　義解五　内

梁會稽嘉祥寺沙門釋慧皎撰

釋僧淵本姓趙潁川人魏司空儼之後少好讀書進戒之後專攻佛義初遊徐邦止白塔寺從僧嵩受成實論毗曇學未三年功踰十載慧解之聲馳於遐迹淵風姿宏偉腰帶十圍神氣清遠含吐灑落隱士劉因之捨所

住山給為精舍曇度慧記道登並從淵受業慧記兼通數論道登善涅槃法華並為魏王元宏所重馳名偽國淵以偽太和五年卒春秋六十有八即齊建元三年也

釋曇度本姓蔡江陵人少而敬慎威儀素以戒範致稱神情敏悟鑒徹過人後遊學京師備貫衆典涅槃法花維摩大品並探索微隱思發言外因以腳疾西遊乃造徐州從僧淵法師更受成實論遂精通此部獨步當時偽主元宏聞風餐挹遣使徵請既達平城大開講席宏致敬下筵親管理味於是停止偽都法化相續學徒自遠而至千有餘人以偽太和十三年卒於偽國即齊永明六年也撰成實論大義疏八卷盛傳北土

釋道慧姓王餘姚人寓居建鄴十一出家為僧遠弟子止靈曜寺至年十四讀廬山慧遠集迺慨然歎息恨有生之晚遂與友人智順泝流千里觀遠遺迹於是憩廬山西寺涉歷三年更還京邑時王彧辯三相義大聚學

僧慧時年十七便發問數番言語玄微詮勝有次衆咸奇之後受業於猛斌二法師猛嘗講成實張融構難重疊猛稱疾不堪多領乃命慧令荅之融以慧年少頗協輕心慧乘機挫銳言必詣理酬酢往還綽有餘裕善大乘明數論講說相續學徒甚盛區別義類始為章段焉褚澄謝超宗炳名重當時並見推禮慧以母年老欲存資奉迺移憩莊嚴寺母憐其志復出家為道捨宅為福　建精舍慧以齊建元三年卒春秋三十有一臨終呼取麈尾授友人智順順慟曰如此之人年不至四十惜矣因以麈尾內棺中而窆焉葬於鍾山之陽陳郡謝超宗炳為造碑文時莊嚴復有玄趣僧達並以學解見稱趣博通衆經並精內外而尤善席上風軌可欣達少而頭白時人曰白頭達亦博解衆典尤精往復而性剛忤物被擯長沙

釋僧鍾姓孫魯郡人十六出家居貧屢道嘗至壽春導公見而奇之譙郡王鄴重其志操供以四事後請講百

論導往聽之迺謂人曰後生可畏真不虛矣鍾妙善成實三論涅槃十地等後南遊京邑止于中興寺永明初魏使李道固來聘會于寺內帝以鍾有德聲勑令酬對往復移時言无失厝日影小晚鍾不食固曰何以不食鍾曰古佛道法過中不食固曰何為聲聞耶鍾曰應以聲聞得度者故現聲聞時人以為名荅尒後盤桓講說稟聽成群齊文惠太子竟陵文宣王數請南面齊永明七年卒春秋六十時與鍾齊名比德者曇纖曇遷僧表僧寂敏達僧寶等並各善經論志為文宣所敬迭興講席矣

釋道盛姓朱沛國人幼出家務學善涅槃維摩兼通周易住湘州宋明承風勑令下京止彭城寺謝超宗一遇遂歎以師礼迺著述交論及生死本無源論等後憩天保寺齊高帝勑代曇度為僧主丹陽尹沈文季素奉黃老排嫉能仁迺建義符僧局責僧屬欲沙籍簡僧尼由盛綱領有功事得寧寢後文季故於天保設會令陸修靜與盛

論義盛既理有所長又詞氣儁發嘲謔往還言无甦擾靜意不獲申恧焉而退盛以永明中卒春秋六十餘矣

釋弘充涼州人少有志力通莊老解經律大明末過江初止多寶寺善能問難先達多為所屈後自開法筵鋒鏑爭起充既思入玄微口辯天逸通疑釋滯无所閴然每講法花十地聽者盈堂宋太宰江夏文獻王義恭雅重之明帝踐祚起湘宮寺請充為綱領於是移居焉于時湘宮又有法鮮比丘亦聰悊有思力與充齊名充以齊永明中卒春秋七十有二注文殊問菩提經及注首楞嚴經

釋智林高昌人初出家為亮公弟子幼而崇理好學負帙長安振錫江豫博採群典特善雜心及亮公被擯弟子十二人皆隨之嶺外林迺憩踵潘禺化清海曲至宋明之初勑在所資給發遣下京止靈基寺講說相續稟服成群申明二諦義有三宗不同時汝南周顒又作三宗論既與林意符深所欣遲迺致書於顒曰近聞檀越

敘二諦之新意陳三宗之取捨聲殊恒律雖進物不速如貧道鄙懷謂天下之理唯此為得焉不如此非理也是以相勸速著紙筆比見往來者聞作論已成隨意充遍特非常重又承檀越恐立異常時干犯學眾製論雖成定不必出聞之懼然不覺興卧此義旨趣似非初開妙音中絕六十七載理高常韻莫有能傳貧道年二十時便忝得此義常謂藉此微悟可以得道竊每權喜无與共之年少見長安耆老多云關中高勝迺舊有此義當法集盛時能深得斯趣者本无多人既犯越常情後進聽受便自甚寡傳過江東略无其人貧道捉麈尾以来四十餘年東西講說謬重一時其餘義統頗見宗録唯有此途白黑无一人得者貧道積年迺為之發病既痾衰末命加復旦夕西旋顧惟此道從今永絕不言檀越機發无緒獨創方外非意此音猥來入耳且欣且慰實无以況建明斯義使法燈有終始是真實行道第一功德雖復國城妻

子施佛及僧其為福利無以相過既幸已詮述想便宜廣宣使賞音者見也論明法理當仁不讓豈得顧惜衆心以矣奇趣耶若此論已成遂復中寢恐檀越方來或以此為巨障往言貌然非戲論矣想便寫一本為惠貧道賷以還西使處處弘通也比小可牽故入山取叙深企付之願因出論焉故三宗之旨傳述至今林形長八尺天姿瓌雅登座震吼談吐若流後辞還高昌齊永明五年卒春秋七十有九著諦論及毗曇雜心記并注十二門論中論等

釋法瑗姓辛隴西人辛毗之後長兄源明仕偽魏為大尚書第二兄法愛亦為沙門解經論兼數術為芮芮國師俸以三千户瑗幼而閑達倜儻殊群路見貧寒輙脱衣為惠出家事梁州沙門竺慧開開懿德通神時人謂得初果開謂瑗曰汝情悟若此必能經捴末化宜竟力博聞无得獨善於是辞開遊學經涉燕趙去来鄴洛值胡冦縱横関隴鼎沸瑗冒險履危學

業無怠元嘉十五年還梁州因進成都後東適建鄴依道場慧觀為師篤志大乘傍尋數論外典墳素頗亦披覽後入廬山守靜味禪澄思五門遊心三觀頃之刺史庾登之請出山講說後文帝覔述生公頓悟義者迺勅下都使頓悟之旨重申宋代何尚之聞而歎曰常謂生公殁後微言永絕今日復聞象外之談可謂天未喪其文也帝勅為南平穆王鑠五戒師及孝武即位勅為西陽王子尚友辞疾不堪久之獲免因廬于方山注勝鬘及微密持經論議之隙時談孝經喪服後天保攺搆請瑗居之因辞山出邑綱維寺綱刺史王景文往候正值講喪服問論數番稱善而退及明帝造湘宮新成大開講肆妙選英僧勅請瑗充當法主帝乃降蹕法筵公卿會座一時之盛觀者榮之後齊文惠又請居靈根因移彼寺太尉王儉門無雜交唯待瑗若師書語盡敬以齊永明七年卒春秋八十一矣時靈根寺又有法常智興並博通經論數當

講說常迺尤能劇談為時匠所憚而
性甚剛便不偶人俗
釋玄暢姓趙河西金城人少時家門
為胡虜所滅禍將及暢虜師見暢而
止之曰此兒目光外射非凡童也遂
獲免仍往涼州出家本名慧智後遇
玄高事為弟子高每奇之事必共議
因改名玄暢以表付囑之旨其後虐虜
剪滅佛法害諸沙門唯暢得走以元
嘉二十二年閏五月十七日發自平
城路由代郡上谷東跨太行路經幽
冀南轉將至孟津唯手把一束楊枝
一扼葱葉虜騎追逐將欲及之乃以
楊枝擊沙沙起天闇人馬不能得前
有頃沙息騎已復至於是投身河中
唯以葱葉內鼻孔中通氣度水以八
月一日達于楊州洞曉經律深入禪
要占記吉凶靡不誠驗墳素子氏多
所該涉至於世伎雜能罕不必備初
華嚴大部文旨浩博終古以來未有
宣釋暢乃竭思研尋提章比句傳講
迄今暢其始也又善於三論為學者
之宗宋文帝深加歎重請為太子師

再三固讓弟子謂之曰法師方欲弘
道濟物廣宣名教今帝主虛己相延
皇儲蓄禮思敬若道揚於聖躬則四
海歸德今猗然高讓將非聲聞耶暢
曰此可與智者說難與俗人言也及
太初事故方知先覺自尒遷憩荊州
止長沙寺時沙門功德直出念佛三
昧經等暢刊正文字辭旨婉切又舒
手出香掌中流水莫之測也迄宋之
季年乃飛舟遠舉西適成都初止大
石寺乃手畫作金剛密迹等十六神
像至昇明三年又遊西界觀矚岷嶺
乃於岷山郡北部廣陽縣界見齊后
山遂有終焉之志仍倚巖傍谷結草
為菴弟子法期見神人乘馬著青單
衣繞山一匝還示造塔之處以齊建
元元年四月二十三日建剎立寺名
曰齊興正是齊太祖受錫命之辰天
時人事万里懸合時傅琰西鎮成都
欽暢風軌待以師敬暢立寺之後乃
致書於琰曰貧道栖荊累稔年衰疾
積厭毒人諠所以遠託岷界卜居斯
昇在廣陽之東去城千步逶迤長亘

連嵔嵬嶺四澗亘列五峯抱郭懷邑
邇望三方負巒背岳遠矚九流以去
年四月二十三日創功覆疊前冬至
此訪承尒日正是陛下龍飛之辰蓋
聞道配太極者嘉瑞自顯德同二儀
者神應必彰所以河洛昞有周之兆
靈石表大晉之徵伏謂茲山之符驗
豈非齊帝之靈應耶檀越奉國情深
至使運屬時徵不能忘心豈能遺事
輙疏山贊一篇以露愚抱
贊曰峩峩齊山誕自幽冥潛端幾昔
帝跡乃明岑載聖宇兆祚休名靈根
雲坦峯岳霞平規巖擬剎度嶺締經
創工之日龍飛紫庭道侔二儀四海均
清終天之祚岳德表靈琰即具以表
聞勑蠲百戶以充俸給齊驃騎豫章
王嶷作鎮荊峽遣使徵請河南吐谷
渾主遙心敬慕乃馳騎數百迎於齊
山值巴東赴遂不相及至齊武升位
司徒文宣王啓自江陵旋于京師文
惠太子又遣徵迎既勑令重疊辭
不獲免於是泛舟東下中途動疾帶
患至京傾衆阻望止住靈根少時而卒

春秋六十有九是歲齊永明二年十
一月十六日即窆于鍾阜獨龍山前
臨川獻王立碑汝南周顒製文
釋僧遠姓皇勃海重合人其先北地
皇甫氏避難海隅故去甫存皇焉遠幼
而樂道年十六欲出家父母不許因蔬食
懺誦曉夜不輟年十八方獲入道則
有沙門道慧高才秀德聲蓋海岱遠
從受學通明數論貫大小乘宋大明
中度江住彭城寺昇明中於小丹陽
牛落山立精舍名曰龍淵遠年三十
一始於青州孫泰寺南面講說言論
清暢風容秀整坐者四百餘人莫不悅
服瑯琊王僧達才貴當世籍甚遠風
素延止衆造寺遠賙貧濟乏身无留
財有玄紹比丘每給以金貝遠讓而
弗受嘗一時行青園閭里中得時氣
病者憫而造之見駢尸侶病者數人
人莫敢近遠深加痛惋留止不忍去
因為告乞殮死撫生恩加骨肉宋新
安孝敬王子鸞為亡所生母殷貴妃
造新安寺勅選三州招延英哲遠與
小山法瑤南澗顯亮俱被徵召皆推

遠為元舉之首大明六年九月右司
奏曰臣聞邃拱凝居非期宏峻拳跪
槃伏豈止敬恭將欲昭張四維締制
八寓故雖儒法枝派名墨條流至於
崇親嚴上厥繇靡爽唯浮圖為教逷
自龍堂宗旨緬邈微言論遠拘文斂
道在未弥肩遂通凌越典度偃居尊
戚失隨方之妙迹迷製化之淵美夫
佛法以謙儉自牧忠虔為道不輕比
丘遭人必拜目連桒門遇長則礼寧
有屈膝四輩而間礼二親稽顙耆腊
而直骸万乘者哉故咸康創議元興
載述而事屈偏黨道挫餘分今鴻源
遥洗群流仰鏡九仙盡寶百神從職
而鑾輦之内含弗臣之氓階席之間
延抗礼之客懼非所以澄一風範詳
示景則者也臣等參議以為沙門接
見皆當盡虔礼敬之容依其本俗則
朝徽有序乘方兼遠矣帝雖頗信法
而久自驕縱故奏上之日詔即可焉
遠時歎曰我剃頭沙門本出家求道
何關於帝王即日謝病仍隱迹上定
林山及景和之中此制寢還遵舊章

宋明踐祚請遠為師竟不能致其後
山居逸迹之賓傲世陵雲之士莫不
崇踵山門展敬禪室廬山何點汝南
周顒齊郡明僧紹濮陽吴苞吴國張
融皆投身接足諮其戒範後宋建平
王景素謂栖玄寺是先王經始既等
是人外欲請遠居之慇懃再三遂不
下山齊太祖將外位入山尋遠遠固
辭老疾足不垂床太祖躬自降礼諮
訪委悉及登禪復鑾駕臨幸將詣遠
房房閣狹小不容輿蓋太祖欲見遠
遠持操不動太祖遣問卧起然後轉
蹕而去遠曾不屑焉至于寢疾文惠
太子伏膺師礼數往參候時貴卿士往還
不絶遠蔬食五十餘年澗飲二十餘
載遊心法苑緬想人外高步山門蕭
然物表以齊永明二年正月卒于定
林上寺春秋七十有一帝以致書於
沙門法獻曰承遠上無常弟子夜中
已自知之遠上此甚得好處諸佳非
一不復增悲也一二遲見法師方可
叙瑞夢耳今正為作功德所須可具
疏來也竟陵文宣王又書曰遠法師

一代名德志節清高潛山樹美四海飡風弟子闇昧謀蒙師範方欲仰稟仁化用洗煩慮不謂此疾奄成異世悲痛之心特不可忍遠上即業行圓通曠劫希有弟子意不欲遺形影迹雜處衆僧墓中得別卜餘地是所願也方應樹刹表奇刻石銘德矣即為營墳於山南立碑頌德太尉瑯瑘王儉製文時定林上寺又有法令慧泰並善經論繼譽於遠焉

釋僧慧姓皇甫本安定朝那人高士謐之苗裔先人避難寓居襄陽世為冠族慧少出家上荊州竹林寺事曇順為師順廬山慧遠弟子素有高譽慧伏膺以後專心義學至年二十五能講涅槃法花十住淨名雜心等性强記不煩都講而文句辯析宣暢如流又善莊老為西學所師與高士南陽宗炳劉虬等並皆友善炳每歎曰西夏法輪不絕其在慧公乎吳國張暢經遊西土迺造慧而請交焉齊初為荊州僧主風韻秀然協道匡世補益之功有譽遐迩年衰常乘輿赴講

觀者号為禿頭官家與玄暢同時人謂黑衣二傑齊永明四年卒春秋七十有九後有釋慧敞者亦志素貞正代慧為僧主續有功効焉慧弟子僧岫亦以學顯力精致血疾而終

釋僧柔姓陶丹陽人少而耿潔便有出塵之操年九歲隨叔遊學家世貧迫藜藿不充而篤志弥堅履窮无改後出家為弘稱弟子稱姓呂洛陽臨滑人學通經論聲譽早彰柔伏膺已後便精勤戒品委曲禪慧方等衆經大小諸部皆徹玄鑒源洞盡宗要年過弱冠便登講席一代名賓並投身北面後東遊禹穴值慧基法師招停城傍一夏講論後入剡白山靈鷲寺未至之夜沙門僧緒夢見神人朱旗素甲滿山而出緒問其故荅云法師當入故出奉迎明旦待人果是柔至既而掃飾山門有終焉之志敷經遵學有士如林齊太祖創業之始及世祖襲圖之日皆建立招提傍求義士以柔耆素有聞故徵書歲及文宣諸王番三招請乃更出京師止于定林

寺躬為元匠四遠欽服人神贊美文惠文宣並伏膺入室柔秉德居宗當之弗讓捨生安養國每至懸車西次輒頓容合掌至臨亡之日體無餘患唯語弟子云吾應去矣仍鋪席于地西向虔礼奄然而卒是歲延興元年春秋六十有四即葬於山南沙門釋僧祐與柔少長山栖同止歲久亟挹道心預聞法味為立碑墓所東莞劉勰製文柔有弟子僧紹亦貞正有學業時鍾山山茨精舍又有僧拔慧熙皆弱年英邁幼著高名並美業未就而相繼早卒拔撰七玄論今行於世

釋慧基姓偶吳國錢唐人幼而神情儁逸機悟過人初依隨祇洹慧義法師至年十五義嘉其神彩為啓宋文帝求度出家文帝引見顧問允怗即勑於祇洹寺為設會出家輿駕親幸公卿必至即勑於祇洹寺集基既栖志法門厲行精苦學兼昏曉解洞群經後有西域法師僧伽跋摩弘贊禪律來遊宋境義乃令基入室供事年滿二十度蔡州受戒跋摩謂基曰汝

當道王江東不須久留京師於是四五年中遊歷講肆脩訪衆師善小品法花思益維摩金剛波若勝鬘等經皆思探玄賾鑒洞幽凝提章比句麗溢終古基師慧義德居物宗道王京土士庶歸依利養紛集以基懿德可冊乃携共同沾及義之亡後貲生雜物近盈百万基法應獲半悉捨以為福唯取麤故衣鉢協以東歸還止錢唐顯明寺頃之進適會稽仍止山陰法華寺尚學之徒追蹤問道於是遍歷三吳講宣經教學徒至者千有餘人宋太宗遣使迎請稱疾不行元徽中復被徵詔始行過淅水復動疾而還乃於會邑龜山立寶林精舍手疊塼石躬自指麾架懸梁險製極山狀初立三層匠人小拙後天震毀壞更加脩飾遂窮其麗美基夢見普賢因請為和上及寺成之後造普賢并六牙白象之形即寶林設三七齋懺士庶鱗集獻奉相仍後周顒莅剡請基講說顒既素有學功特深佛理及見基訪覈日有新異劉瓛張融並申以師

礼崇其義訓司徒文宣王欽風慕德致書慇懃訪以法花宗旨基乃著法花義疏凡有三卷及製門訓義序三十三科并略申方便旨趣會通空有二言及注遺教等並行於世基既德被三吳聲馳海內乃勑為僧主掌任十城蓋東土僧正之始也於是從容講道訓厲禪慧四遠從風五衆歸伏基性烈而能溫氣清而且穆故預在門人莫不兢戰以齊建武三年冬十一月卒于城傍寺春秋八十有五初基寢疾弟子夢見梵僧數人皆踞砌坐問所從来荅云從大乘國来迎基和上後數日而亡因窆于法花山南特進廬江何胤為造碑文於寶林寺銘其遺德基弟子僧行慧旭道恢並學業優深次第敷講各領門徒繼軌前轍後有沙門慧諒接掌僧任諒亡次沙門慧永風姿瓌雅德行清嚴亦遊刃衆經時當講說永後次沙門慧深亦基之弟子深與同學法洪並以戒潔見重深後次沙門曇與亦沉審有氣局

釋慧次姓尹冀州人初出家為志欽弟子後過徐州釋法遷解貫當世欽乃以次付囑仍隨遷南至京口止竹林寺至年十五隨遷還彭城雖復年在息慈而志學无勌清鑒倫通超然孤拔至年十八解通經論名貫徐土迄稟具戒業操弥深頻講成實及三論大明中出都止于謝寺迄宋季耆初歸德稍廣每講席一鋪輒道俗奔赴沙門智藏僧旻法雲等皆幼年俊朗慧悟天發並就次請業焉文宣悉敬以師礼四事供給永明八年講百論至破塵品忽然從化春秋五十七矣時謝寺又有僧寶僧智長樂寺法珎僧嚮僧猛法寶慧調並一代美搢為時倫所宗

釋慧隆姓成陽平人少而居貧學无師友卓然自悟年二十三方出家十餘年中凝心佛法貫通衆典宋太始中出都止何園寺隆既思徹詮表善於清論乘機挫擬往必折關宋明帝請於湘宮開講成實負袠問道八百餘人其後王侯貴勝屢招講說凡先

舊諸義盤滯之處隆更顯發關張使照然可了乃立實法斷結義等汝南周顒目之曰隆公蕭散森踈若霜下之松竹以永明八年卒春秋六十有二時江西有釋智誕亦善於經論與隆比德齊時各馳名兩岸時何園復有僧辯僧賢道慧法度並研精經論功業可稱

釋僧宗姓嚴本雍州馮翊人晉氏喪乱其先四世祖移居秦郡年九歲為瑗公弟子諮承慧業晚又受道於斌濟二法師善大涅槃及勝鬘維摩等每至講說聽者將近千餘妙辯不窮應變無盡而任性放蕩亟越儀法得意便行不以為礙守檢專節者咸有是非之論文惠太子將欲罪擯徙遂通夢有感於是改意歸焉魏主元宏遙挹風德屢致書并請開講齊世祖不許外出宗講涅槃維摩勝鬘等近盈百遍以從來信施造太昌寺以居之建武三年卒所住春秋五十有九先是北土法師曇准聞宗持善涅槃迺南遊觀聽既南北情異思不相參准

乃別更講說多為北士所師准後居湘宮寺與同寺法身法真並為當時匠者有安樂寺慧令法仙法寂中興寺僧敬道文天竺寺僧賢並善數論振名上國云

釋法安姓畢東平人魏司隷校尉軌之後也七歲出家事白馬寺慧光為師光幼而奕拔博通內外多所參知安年在息慈便精神秀出時張永請斌公講并屈呂名學永問斌云京下復有卓越年少不斌荅有沙弥道慧法安僧拔慧熙永要請令道慧覆涅槃法安述佛性神色自若序鴻無遺永問並年幾慧荅十九安荅十八永歎曰昔扶風朱勃年十二能讀書詠詩時人号才童今日二道可日義少於是顯譽京朝流名四遠迄至立年專當法匠王僧虔出鎮湘州携共同行後南適番隅正值攸公講涅槃安問論數番攸心愧讓席停彼兩周法事相継永明中還都止中寺講涅槃維摩十地成實論相継不絕司徒文宣王及張融何胤劉繪劉瓛等並禀

服文義共為法友永泰元年卒於中寺春秋四十有五著淨名十地義疏并僧傳五卷時有靈基敬遺光贊慧韜凡官寺道宗亦皆當時名流為學者所慕

釋僧印姓朱壽春人少而神思沉審安苦務學初遊彭城從曇度受三論度既擅步一時四遠依集印稟味鑽研窮其幽奧後進往廬山從慧龍諮受法花龍亦當世著名播於法花宗旨印偏功搆徹獨表新異於是東適京師止中興寺復陶思涅槃及餘經典宋大明中徵君何點招僧大集請印為法匠聽者七百餘人司徒文宣王東海徐孝嗣並挹敬風猷屢請講說印戒行清嚴稟生和穆含恕安忍憙愠不彰時壯氣之徒問論中間或厝以嘲謔印神彩夷然曾无外意雖學涉衆典而偏以法花著名講法花凡二百五十二遍以齊永元年卒春秋六十有五矣

釋法度黃龍人少出家遊學北土備綜衆經而專以苦節成務宋末遊于

京師高士齊郡明僧紹抗迹人外隱居琅瑘之嶠山抱度清徽待以師友之敬及士捨所居山為栖霞精舍請度居之先有道士欲以寺地為館住者輙死及後為寺猶多恐動自度居之群妖皆息經歲許忽聞人馬鼓角之聲俄見一人持紙名通度曰靳尚度前之尚形甚都雅羽衞亦嚴致敬已乃言弟子王有此山七百餘年神道有法物不得干前諸栖託或非真正故死病繼之亦其命也法師道德所歸謹捨以奉給并願五戒永結來緣度日人神道殊無容相屈且檀越血食世祀此最五戒所禁尚日若備門徒輙先去煞於是辭去明旦度見一人送錢一万香燭刀子疏云弟子靳尚奉供至月十五日度為設會尚又来同衆礼拜行道受戒而去嶠山廟巫夢神告曰吾已受戒於度法師祠祀勿得煞戮由是廟用薦止菜脯而已度甞動散寢於地見尚從外来以手摩頭足而去須之復来持一琉璃甌甌中如水以奉度味甘而冷度

所苦即間其徵感若此時有沙門法紹業行清苦譽齊於度而學解優之故時人号曰北山二聖紹本巴西人汝南周顒去成都拈共同止于山茨精舍度與紹並為齊竟陵王子良始安王遥光恭以師礼資給四事度常願生安養故偏講無量壽經積有遍數齊永元二年卒於山中春秋六十有四度弟子僧朗繼踵先師復經山寺朗本遼東人性廣學思力該普凡厥經律皆能講說花嚴三論最所命家今上深見器重勑諸義士受業于山時有彭城寺慧開幼而神氣高朗志學淵深故早彰令譽立年便講又餘抗縣法開者亦清爽儁發善為談論出京止禪崗同寺僧紹有聞當時

釋智秀本姓裘京兆人寓居建業幼而穎悟早有出家之心二親愛而不許密為求聟將剋娶日秀乃間行避走投蔣山靈耀寺剃髮出家及年滿具戒業操逾堅稟訪衆師搜撿新異於是大小兼明數論精熟尤善大小涅槃淨名波若及講莚一建輙王侯

接駕負帙肩隨為人神彩細審思入玄微其文句幽隱並見披釋以天監之初卒于治城寺春秋六十有三會葬之日黑白奔赴街巷填闉士庶含酸榮哀以備時治城又有僧若道乘當時令問若與兄僧璿並善諸經及外書若誦法花工草隷後為吴國僧正乘亦志業明敏而特善毗曇

釋慧球本姓馬氏扶風郡人世為冠族年十六出家住荆州竹林寺事道馨為師稟承戒訓履行清潔後入湘州麓山專業禪道頃之與同學慧度倶適京師諮訪經典後又之彭城從僧淵受成實論至年三十二方還荆州土專當法匠講集相繼學侶成群荆楚之間終石稱最使西夏義僧得與京邑抗衡者球之力也中興元年勑為荆土僧主訓勗之功有譽當世天監三年卒春秋七十四遺命露骸松下弟子不忍行也

釋僧盛本姓何建鄴人少而神情聰敏加又志學勳勤遂大明數論兼善衆經講說為當時元匠又特精外典

為群儒所憚故學館諸生常以盛公
相脅天鑒中卒于靈曜寺春秋五十
餘時有宋熙寺法欣延賢寺智敞法
冏建元寺僧護僧韶皆比德同譽欣
敞並善經論法冏兼精律部韶護以
毗曇著名

釋智順本姓徐瑯琊臨沂人年十五
出家事鍾山延賢寺智度為師少而
聰穎篤志過人雖年在息慈而學功
已積及受具戒秉禁无疵陶練衆經
而獨步於涅槃成實講說徒衆常數
百餘人嘗以事生非慮頗致坎折而
貞素確然其徽无點齊竟陵文宣王
特深礼異為修冶城寺以居之司空
徐孝嗣亦崇其行解奉以師敬及東
昏失德孝嗣被誅子緄逃竄避禍順
身自營護卒以見免緄後重加資俸
一無所受嘗有夜盜順者淨人追而
擒之順留盜宿于房內明旦遣以錢
絹喻而遣之其仁洽篤恕如此後東
遊禹穴止于雲門精舍法輪之盛復
見江左順為人謙虛恭恪形器若神
風軌嚴厲動无失厝故士庶瞻礼常

有懼焉以天監六年卒于山寺春秋
六十一初順之疾甚不食多日一時
中竟忽索齋飲弟子曇和以順絶穀
日久密以半合米雜煮以進順順咽
而還吐索水洒漱語和去汝永出雲
門不得還住其執節清苦皆此之類
臨終之日房內頗聞異香亦有見天
蓋者遺命露骸空地以施蟲鳥門人
不忍行之乃窆于寺側弟子等立碑
頌德陳郡袁昂製文法花寺釋慧舉
又為之墓誌順所著法事贊及受戒
弘法等記皆行於世

釋寶亮本姓徐氏其先東莞胄族晉
敗避地于東萊㢘縣亮年十二出家
師青州道明法師明亦義學之僧名
高當世亮就業專精一聞无失及具
戒之後便欲觀方弘化每惟訓育有
本未能遠絶緣累明謂曰沙門去俗
以宣通為理豈可拘此愛網使吾道
不東乎亮感悟因此客遊年二十一
至京師居中興寺袁粲一見而異之
粲後與明書曰頻見亮公非常人也
比日聞所未聞不覺歳之將暮珠生

合浦魏人取以照車壁在邯鄲秦王
請以華國天下之寶當與天下共之
非復上人之貴州所宜專也自是學名
稍盛及本親喪亡路阻不得還北因
屏居禪思杜講說絶人事齊竟陵文
宣王躬自到居請為法匠亮不得已
而赴文宣接足恭礼結菩提四部因
緣後移憩靈味寺於是續講衆經盛
于京邑講大涅槃凡八十四遍成實
論十四遍勝鬘四十二遍維摩二十
遍其大小品六遍法花十地優婆塞
戒無量壽首楞嚴遺教弥勒下生等
亦皆近十遍黑白弟子三千餘人諮
稟門徒常盈數百亮為人神情爽岸
俊氣雄逸及開章命句鋒辯縱橫其
有問論者或豫蘊重關及亮之披解
便覺宗旨渙然忘其素蓄今上龍興
尊崇正道以亮德居時望亟延談說
亮任率直每言輒稱貧道上雖意有
間然而挹其神出天監八年初勅亮
撰涅槃義疏十餘万言上為之序曰
非言无以寄言言即无言之累累言
則可以息言言息則諸見競起所以

如來乘本願以託生現慈力以應化離文字以設教忘相以通道欲使珉玉異價涇渭分流制六師而正四倒反八邪而歸一味折世智之角杜異人之口導求珠之心開觀象之目救焚灼於火宅極沉溺於浪海故法雨降而燋種受榮慧日昇而長夜蒙曉發迦葉之悱憤吐眞實之誠言雖復二施等於前五大陳於後三十四問參差異辯方便觀引各隨意荅舉要論經不出兩途佛性開其本有之源涅槃明其歸極之宗非因非果不起不作義高萬善事絶百非空空不能測其眞際玄玄不能窮其妙門自非德均平等心合无生金牆至室豈易入哉有青州沙門釋寶亮者氣調爽拔神用俊舉少貞苦節長安法忍書年逾蕭觀齒不衰流通先覺孶孶如也後進晚生莫不依仰以天監八年五月八日勑亮撰大涅槃義疏以九月二十日訖光表微言讚揚正道連環既解疑網云除條流明悉可得略言朕縱容暇日將欽覽焉聊書數行

以為記莂云尒亮福德招感供施累積性不蓄金皆散營福業身歿之後房無留財以天監八年十月四日卒于靈味寺春秋六十有六葬鍾山之南立碑墓所陳郡周興嗣廣陵高爽並為製文刻于兩面弟子法雲等又立碑寺內文宣圖其形像於普弘寺焉時高座寺僧成曠野寺僧寶亦齊代法匠寶又善三玄為貴遊所重

釋法通本姓褚氏河南陽翟人晉安東將軍楊州都督裒之八世孫也家世衣冠礼義相襲通幼而岐嶷聰悟絶倫年十一出家遊學三藏專精方等大品法花尤所研審年未登立便為講匠學徒雲聚千里必萃後踐迹京師初止莊嚴後憩定林上寺棲閑隱素屐道唯勤希風影附者復盈山室齊竟陵文宣王丞相文獻王皆紆責慕德親承頂礼陳郡謝舉吳國陸杲尋陽張孝秀並策步山門稟其戒法白黑弟子七千餘人晦迹鍾阜三十餘載坐禪誦念礼懺精苦至天監十一年六月十日便覺不悆語弟子云我

正可至九月二十日間耳到九月十四日見兩居士皆執白拂来向床前便次第出十七日忽漫語云煙越不相識何處来耶弟子曇智問意故荅曰有一人著朱衣戴幘擎木箱在床前至二十日見佛像作兩行来通合掌良久侍疾者但聞異香竟不測其意通乃密向同意慧弥說之至二十一日索香湯洗浴竟仍作礼還卧叉手當胷正中時卒春秋七十仍葬于寺南弟子靜深等立碑墓側陳郡謝舉蘭陵蕭子雲並為製文刻于兩面時定林上寺復有沙弥聖進本閩人清信篤至遂出家苦節嘗頭陁至山東宿于樹下有虎来摩其頭見進端坐无擾跪之而去後每獨行獨坐常見青馬一疋衛其左右

釋慧集本姓錢吳興於潛人年十八於會稽樂林山出家仍隨慧基法師受業為性毅實言无華綺而學勤昏曉未嘗懈息後出京止招提寺復遍歷衆師融冶異說三藏方等並皆綜達廣訪大毗婆沙及雜心揵度等以相

訓校故於毗曇一部檀步當時凡碩
難堅疑並為披釋海內學賓无不必
至每一開講負裘千人沙門僧旻法
雲並名高一代亦執卷請益今上深
相賞接每講以天監十四年遷至烏程焉遘疾
而卒春秋六十著毗曇大義疏十餘
万言盛行於世
釋曇斐本姓王會稽剡人少出家受
業於慧基法師性聰敏素著領牒之
稱其方等經皆所綜達老莊儒墨頗
亦披覽後東西稟訪備窮經語之旨
居于鄉邑法花臺寺講說相仍學徒
成列斐神情爽發志用清玄故於小
品淨名元成獨步加又談吐蘊籍辞
辯高華席上之風見重當代梁衡陽
孝王元簡及隱士廬江何胤皆遠悒徽
猷招延講說吳國張融汝南周顒顒
子捨等並結知音之狎焉以天監十
七年卒于寺春秋七十有六其製作
文辞亦頗見於世初斐有譽江東被
勅為十城僧主符旨適行未拜便化
厥土僧尼倍懷戀德斐同縣南巖寺
有沙門法藏亦以戒素見稱憙放枚

生命興立圖像時餘姚縣有明慶比
丘與斐同時致譽慶本姓鄭氏戒行
嚴潔學業清美本師事炎公又弘實
弟子師資三業並見重東南焉論曰
夫至理無言玄致幽寂故心行處斷
无言故言語路絕言語路絕則有言傷其旨
心行處斷則作意失其真所以淨名
杜口於方丈釋迦緘默於雙樹將知
理致淵寂故聖為无言但悠悠夢境
去理殊隔蠢蠢之徒非教孰啟是以
聖人資靈妙以應物體冥寂以通神
借微言以津道託形像以傳真故曰
兵者不祥之器不獲已而用之言者
不真之物不獲已而陳之故始自鹿
苑以四諦為言初終至鵠林以三點
為圓極其間散說流文數過八億象
馱負而弗窮龍宮溢而未盡將令乘
蹄以得兔籍指以知月知月則廢指
得兔則忘蹄經云依義莫依語此之
謂也而滯教者謂至道極於篇章存
形者謂法身定於丈六故須窮達幽
旨妙得言外四辯莊嚴為人廣說示
教利憙其在師乎故士行尋經於于

闐擯志而滅火終令般若盛於東川
忘想傳乎季末爰次竺潛支遁于蘭
法開等並氣韻高華風道清裕傳化
之義美功亦亞焉中有
釋道安者資學於聖師竺佛圖澄安
又授業於弟子慧遠惟此三業世
不乏賢並戒節嚴明智寶炳盛慧日餘暉重光千載
之下香吐遺芬再馥閻浮之地涌泉猶注寔賴伊
人遠公既限以虎溪安師乃更同輦夫高尚之道
如有惑焉然而言默動靜所適唯時四
翁赴漢用之則行也三閭辭楚舍之
則藏也經云若欲建立正法則聽親
近國王及持仗者安雖一時同輦迺
為百民致諫故能終感應真開雲顯
報其後荊陝著名則以翼遇為言初
廬山清素則以持永為上首融恒影
肇德重關中生叡暢遠領宗建鄴曇
度僧淵獨擅江西之實超進慧基乃
揚折東之盛雖復人世迭隆而皆道
術懸會故使像運餘興歲將五百功
効之美良足羨焉
贊曰遺風　眇法浪邅迴匪伊釋招
孰振將頹潛安比玉遠叡聰瓌鑣斧

曲㚒彈沐斜埃素絲既涤承變方來

高僧傳卷第八　第二十六張　內字号

高僧傳卷第八

高僧傳卷第八
校勘記

一　底本，金藏廣勝寺本。

一　三六三頁中一行「卷第八」，清作「卷第九」。又小字「義解五」，資、磧、普、南、清作「義解」。

一　三六三頁中一八行首字「後」，諸本(不含石，下同)作「後也」。

一　三六三頁中一九行「徐邦」，資、磧、普、南、徑、清作「徐州」。又末字「論」，資、磧、普、南、徑、清無。

一　三六三頁中二〇行「毗曇」，資、磧、南作「曇毗二論」；普、徑、清作「毗曇二論」。

一　三六三頁下三行第六字「王」，諸本作「主」。

一　三六三頁下三行第一三字「僞」，麗作「魏」，一四行第六字、一六行第三字同。

一　三六三頁下一二行首字「僞」，諸本作「魏」。

一　三六四頁上八行第一三字「炳」，諸本無，一六行首字同。

一　三六四頁上九行第五字「椎」，諸本作「推」。

一　三六四頁上一一行第七字「建」，資、磧、普、南、徑、清作「不遠」。

一　三六四頁上一六行第五字「文」，資、磧、普、南、徑、清作「銘」。

一　三六四頁上一七行第一二字「並」，資、磧、普、南、徑、清作「兼」。

一　三六四頁上一九行第四字「曰」，諸本作「號曰」。

一　三六四頁中四行第七字「躬」，諸本作「聘」。

一　三六四頁中一五行第九字「幼」，麗作「幼而」。

一　三六四頁中一六行第九字「住」，諸本作「始住」。

一　三六四頁中二一行「欲沙籍」，諸本作「籍欲沙」。

一　三六四頁中末行首字「文」，資、磧、普、南、徑、清作「沈文」。又「天保」，

資、磧、普、南、徑、清作「天保寺」。
一 三六四頁下二行第七字「擾」，資、磧、普、南、徑、清作「屈」。
一 三六四頁下三行「永明」，諸本作「齊永明」。
一 三六四頁下一三行第一一字「二」，磧、南、徑、清作「三」。
一 三六四頁下一八行末字「潘」，資、磧、普、南作「藩」；徑、清、麗作「番」。
一 三六四頁下二二行末字「符」，諸本作「相符」。
一 三六四頁下末行第四字「遲」，資、磧、普、南、徑、清作「慰」。
一 三六五頁上六行第六字「常」，資、磧、普、南、徑、清作「當」。
一 三六五頁上一〇行第三字「忝」，清作「忝」。
一 三六五頁上二〇行「機發无緒」，資、磧、普、南、徑、清作「天機發緒」。
一 三六五頁上二一行第二字「外」，磧、普、南、徑、清作「寸」。
一 三六五頁上二二行第一三字「終」，資、磧、普、南、徑、清作「種」。
一 三六五頁中四行第三字「夭」，磧、南、徑、清作「失」。
一 三六五頁中五行末字「言」，磧、普、南、徑、清作「之」。
一 三六五頁中六行首字「貇」，資、磧、普、南、徑、清作「懇也」；麗作「懇」。又第一二字「爲」，資、磧、普、南、徑、清無。
一 三六五頁中七行末字「可」，徑作「亦」。
一 三六五頁中八行第八字「仚」，諸本作「企」。
一 三六五頁中一二行第四字「諦」，諸本作「二諦」。
一 三六五頁中一六行「芮芮」，資、磧、普、南、徑、清作「苪苪」。
一 三六五頁中一八行第一一字「出」，諸本作「初出」。
一 三六五頁下三行第一一字「素」，資、磧、普、南、徑、清作「索」。
一 三六五頁下四行第一〇字「登」，諸本作「澄」。
一 三六五頁下六行第五字「覔」，諸本作「訪覔」。
一 三六五頁下九行末字「其」，南、徑、清作「斯」。
一 三六五頁下一五行第五字「綱」，諸本作「網」。
一 三六五頁下一八行第三字「充」，資、普、南、徑、清作「尤」。
一 三六五頁下二一行第一〇字「語」，資作「譯」；磧、普、南、徑、清作「驛」。
一 三六六頁上二行第四字「便」，諸本作「梗」。
一 三六六頁上四行第一一字「師」，磧、普、南、徑、清作「帥」。
一 三六六頁上一一行第四字「岱」，資、磧、普、南、徑、清作「代」。
一 三六六頁上一三行第六字「馳」，諸本作「騎」。

一　三六六頁上一八行第一一字「素」，資、磧、普、南、徑、清作「索」；麗作「典」。

一　三六六頁上一九行第一二字「必」，徑作「畢」。

一　三六六頁上二一行第七字「研」，資、磧、普、南、徑、清作「幽」。

一　三六六頁中二行第一〇字「主」，資、磧、普、南、徑、清作「王」。

一　三六六頁中三行第一〇字「於」，諸本無。又第一二字「躬」，麗作「君」。

一　三六六頁中一〇行第八字「西」，資、磧、普、南、徑、清作「迺」。

一　三六六頁中一八行末字「天」，資作「矣」。

一　三六六頁中二一行第八字「捿」，資、磧、普、徑作「栖」。

一　三六六頁下一行「嵓疊嶺」，資、磧、普、南、徑、清作「疊疊嶺嶺」；麗作「疊嶺」。同行第五字「開」，麗作「闃」。

一　三六六頁下二行首字「逈」，磧、普、南、徑、清作「迴」。

一　三六六頁下一一行第一二字「端」，諸本作「瑞」。

一　三六六頁下一二行第三字「乃」，麗作「仍」。又第六字「載」，資、磧、普、南、徑、清作「戴」。又第八字「宇」，資、磧、普、南、徑、清作「字」。

一　三六六頁下一七行第六字「峽」，資、磧、普、南、徑、清作「陜」。

一　三六六頁下一九行第三字「巴」，磧、徑、麗作「已」。

一　三六六頁下二一行第一〇字「令」，資、磧、普、南、徑、清無。又第一一字「命」，麗無。

一　三六六頁下末行首字「患」，資、磧、普、南、徑、清作「恙」。又第一四字「丙」，資作「两」。

一　三六七頁上七行末字「則」，諸本作「時」。

一　三六七頁上八行「道慧」，磧、普、南、徑、清作「道憑」。

一　三六七頁上一一行第二字「落」，南作「首」。

一　三六七頁上一二行第七字「秦」，麗作「泰」。

一　三六七頁上一四行第一二字「甚」，資、磧、普、南、徑、清無。

一　三六七頁上一七行第九字「間」，諸本作「聞」。又第一二字「得」，資、磧、普、南、徑、清作「有得」。

一　三六七頁中一行第三字「元」，資、磧、普、南、徑、清作「允」。又第一三字「右」，麗作「有」。

一　三六七頁中三行第八字「欲」，資、磧、普、南、徑、清作「以」。

一　三六七頁中六行第一〇字「論」，諸本作「淪」。

一　三六七頁中七行第三字「未」，資、普、徑、清作「末」。

一　三六七頁中九行第八字「恵」，資、磧、普、南、徑、清作「忠」。

一　三六七頁中一一行第七字「間」，磧、南、徑、清作「簡」。又第一二

字「頼」，資、磧、普、南、徑、清作「首」。

一 三六七頁中一四行第一三字「從」，資、磧、普、南、徑、清作「聳」。

一 三六七頁中一八行第五字「虔」，資、磧、普、南、徑、清無。

一 三六七頁中二〇行第二字「久」，資、磧、普、南、徑、清作「尤」。

一 三六七頁下三行首字「崇」，資、磧、普、南、徑、清作「策」。又第一二字「點」，資、磧、普、南、徑、清作「默」。

一 三六七頁下六行首字「王」，磧作「主」。又末字「等」，磧、普、南、徑、清作「寺」。

一 三六七頁下一四行第三字「伏」，資、徑、清作「並伏」；磧、普、南作「並服」。

一 三六七頁下一八行第一一字「以」，資、磧、普、南、徑、清無。

一 三六七頁下二〇行第七字「此」，諸本作「此去」。

一 三六八頁上三行第九字「此」，麗作「比」。

一 三六八頁上四行第一一字「即」，資、磧、普、南、徑、清作「即既」。

一 三六八頁上二〇行第六字「絶」，麗作「絶者」。

一 三六八頁上二二行首字「爲」，諸本作「勑爲」。

一 三六八頁中一行「時人」，資、磧、普、南、徑、清作「時時人」；麗作「時時」。

一 三六八頁中三行第一二字「素」，資、磧、普、南、徑、清作「業」。

一 三六八頁中四行第一一字「慧」，徑、清作「其」。

一 三六八頁中八行首字「逈」，資、磧、普、南、徑、清作「迫」；麗作「過」。

一 三六八頁中一〇行首字「滑」，諸本作「渭」。

一 三六八頁中一二行「玄鑒」，諸本作「鑒玄」。

一 三六八頁中一六行第一三字「朱」，資、磧、普、南、徑、清作「彩」。

一 三六八頁中一七行第二字「甲」，資作「紳」。

一 三六八頁中一九行末字「遵」，資、磧、普、南、徑、清作「導」。

一 三六八頁下三行第四字「誓」，諸本作「常誓」。又第一二字「車」，磧、普、南、徑、清作「輪」。

一 三六八頁下一四行第五字「偶」，資、磧、普、南、徑、清作「吕」。

一 三六八頁下一七行第一三字「怙」，資、磧、普、南、徑、清作「恠」；麗作「怙」。

一 三六八頁下一九行「至即勑於祇洹寺」，諸本無。

一 三六九頁上一行第一一字「師」，諸本作「邑」。

一 三六九頁上四行第七字「洞」，資、磧、普、南、徑、清作「徹」；麗作「勧」。又第一二字「北」，諸本作「比」。

一 三六九頁上五行第八字「德」，諸

本作「既德」。又末字「京」，麗作「荆」。

三六九頁上一八行第一〇字「夢」，諸本作「瞢夢」。

三六九頁上二〇行第六字「即」，諸本作「即於」。

三六九頁中一三行第二字「問」，磧、普、南作「間」。又第一三字「迎」，諸本作「奉迎」。

三六九頁中一五行「何胤」，資、磧、普作「河胤」。

三六九頁中一六行第八字「僧」，麗作「德」。

三六九頁中一九行第五字「永」，諸本作「永永」。

三六九頁中二二行第二字「潔」，資、磧、南、徑、清作「素」。又第一一字「與」，資、磧、普、南、徑、清作「興」。

三六九頁中末行「氣局」，麗作「器局」。

三六九頁下八行首字「論」，資、磧、普、南、徑、清作「論等」。

三六九頁下一一行「文宣」，諸本作「文慧文宣」。

三六九頁下一五行第九字「調」，資、磧、普、南、徑、清作「淵」。又第一三字「美」，諸本作「英」。

三六九頁下一六行第三字「倫」，諸本作「論」。

三六九頁下二二行第四字「宮」，磧、普、南、徑、清作「宮寺」。又第六字「論」，諸本作「講」。又第一一字「問」，資作「聞」。

三七〇頁上六行第一三字「園」，資、磧、普、徑、清作「園寺」。

三七〇頁上一三行第一〇字「餘」，資、磧、普、南、徑、清作「人」。

三七〇頁上一五行第九字「檢」，資作「儉」。

三七〇頁上一六行第一三字「徙」，麗作「徒」。又末字「遂」，資、普、南、徑、清作「逐」。

三七〇頁上一八行第一三字「世」，麗作「太」。

三七〇頁上二一行第六字「卒」，麗作「卒於」。

三七〇頁上二二行第一一字「持」，諸本作「特」。

三七〇頁中一行第九字「士」，資、磧、普、南、徑、清作「土」。

三七〇頁中三行第三字「有」，諸本作「時有」。

三七〇頁中一二行第八字「要」，諸本作「即要」。

三七〇頁中一三行第一二字「鴻」，諸本作「瀉」。

三七〇頁中一五行第一二字「讀」，資、磧、普、南、徑、清作「誦」。

三七〇頁中一六行第一〇字「道」，資、磧、普、南、徑、清作「道士」。又末字「少」，諸本作「少也」。

三七〇頁中一九行「番隅」，諸本作「番禺」。又第九字「攸」，資、磧、普、南、徑、清作「彼」。

三七〇頁中二〇行第五字「攸」，

資作「敔」；磧、普、南、徑、清作「彼」。
一 三七〇頁下一行「无年」，諸本作「元年」。
一 三七〇頁下三行「靈基」，諸本作「靈基寺」。
一 三七〇頁下八行第三字「檀」，諸本作「擅」。
一 三七〇頁下一二行第一三字「餘」，資、磧、普、南、徑、清作「其餘」。
一 三七〇頁下一三行第七字「君」，資作「居」。又第九字「點」，資、磧、普、南、徑、清作「默」。
一 三七〇頁下一七行第六字「壯」，麗作「仗」。
一 三七〇頁下一八行第一二字「外」，磧、普、南、徑、清作「介」。
一 三七〇頁下二〇行第一一字「元」，諸本作「元元」。
一 三七一頁上二行第一〇字「徽」，資、磧、普、南、徑、清作「真」。
一 三七一頁上六行第六字「經」，麗作「住經」。
一 三七一頁上七行「紙名」，麗作「名紙」。
一 三七一頁上一〇行第七字「干」，資作「于」；南作「千」。
一 三七一頁上一二行第九字「願」，麗作「願受」。
一 三七一頁上二〇行第一〇字「田」，資、普、南、徑、清作「同」；磧、麗作「用」。
一 三七一頁上二一行末字「來」，麗作「而來」。
一 三七一頁中二行「偃之」，諸本作「優之」。
一 三七一頁中四行第一一字「止」，諸本作「下止」。
一 三七一頁中六行第三字「逕」，諸本作「遥」。
一 三七一頁中九行「四度」，麗作「四矣度有」。
一 三七一頁中一〇行第七字「性」，諸本作「爲性」。
一 三七一頁中一六行第六字「岦」，諸本作「崗寺與」。
一 三七一頁中一九行第一二字「間」，資作「聞」。
一 三七一頁下三行第五字「治」，磧、普、南、徑、清作「治」。五行第七字同。
一 三七一頁下四行第一一字「闉」，資、磧、普、南、徑、清作「闓」。
一 三七一頁下六行首字「當」，資、磧、普、南、徑、清作「並當」。又第四字「問」，資、磧、普、南、徑、清作「聞」。
一 三七一頁下一一行末字「相」，諸本作「湘」。
一 三七一頁下一五行首字「州」，諸本無。
一 三七一頁下一六行第六字「石」，諸本作「古」。
一 三七一頁下一九行第二字「鑒」，資、磧、普、南、徑、清作「監」。次頁上二行第四字及次頁中一行第

六字同。又第一〇字「四」，諸本作「有四」。

一　三七一頁下二一行第一三字「情」，磧、普、徑作「性」。

一　三七二頁上九行第七字「雖」，資、磧、普、南、徑、清作「故雖」。

一　三七二頁上一〇行第二字「積」，資、磧、普、南、徑、清作「績」。

一　三七二頁上一四行第七字「治」，資、麗作「治」。

一　三七二頁上一七行第七字「見」，資、磧、普、南、徑、清作「獲」。

一　三七二頁上二二行「謙虛」，資、磧、普、南、徑、清作「虛靖」。

一　三七二頁上末行「嚴厲」，資、磧、普、南、徑、清作「清嚴」。又末字「常」，資、磧、普、南、徑、清作「當」。

一　三七二頁中三行第六字「欽」，資、磧、普、南、徑、清作「飯」。

一　三七二頁中六行第九字「清」，資、磧、普、南、徑、清作「精」。

一　三七二頁中七行末字「天」，資、磧、普、南、徑、清作「天華天」。

一　三七二頁中一四行首字「敗」，資、磧、普、南、徑、清作「亂」。

一　三七二頁下三行第五字「之」，資、磧、普、南、徑、清無。

一　三七二頁下五行「講說」，資、磧、普、南、徑、清無。

一　三七二頁下六行第六字「居」，資、磧、普、南、徑、清作「房」。

一　三七二頁下七行「菩提」，資、磧、普、南、徑、清作「菩薩」。

一　三七二頁下九行第八字「凡」，清作「經」。

一　三七二頁下一一行第六字「六」，麗作「十」。

一　三七二頁下一三行第二字「皆」，資、磧、普、南、徑、清作「各」。

一　三七二頁下一八行首字「尊」，資作「導」。

一　三七二頁下一九行第二字「任」，資、磧、普、南、徑、清作「任性」。

一　三七三頁上六行首字「焚」，資、磧、普、南、徑、清作「燒」。

一　三七三頁上一〇行第七字「觀」，諸本作「勸」。

一　三七三頁上一五行第一一字「至」，諸本作「玉」。

一　三七三頁上一八行第四字「齯」，麗作「倪」。

一　三七三頁上二〇行第五字「勑」，麗作「乃勑」。

一　三七三頁上末行第三字「縱」，諸本作「從」。又第八字「欽」，諸本作「欲」。

一　三七三頁中一行第一二字「伎」，資、磧、普、南、徑、清作「供」。

一　三七三頁中二行第七字「敬」，資、磧、普、南、徑、清作「散」。

一　三七三頁中八行第一三字「亦」，諸本作「亦並」。

一　三七三頁中一三行第五字「一」，資、磧、普、南、徑、清作「二」。

一　三七三頁中一四行第九字「審」，資、磧、普、南、徑、清作「密」。

一　三七三頁中一五行第一〇字「萃」，資、磧、普、南、徑、清作「集」。

一　三七三頁中一八行末字「責」，諸本作「賁」。

一　三七三頁下一行首字「正」，徑、清作「止」。又第八字「日」，資、磧、南、徑、清無。

一　三七三頁下三行第三字「出」，資、磧、南、徑、清作「出去至」；麗作「出至」。

一　三七三頁下一三行「聖進」，徑作「智進」。

一　三七三頁下一四行末字及一五行首字「山東」，麗作「東山」。

一　三七三頁下一六行第八字「後」，資、磧、普、南、徑、清作「爾後」。

一　三七四頁上一行首字「訕」，資、磧、普、南、徑、清作「讎」；麗作「辯」。

一　三七四頁上五行「每講」，資、磧、普、南、徑、清作「每請開講」；麗無。又第一六字「焉」，諸本無。

一　三七四頁上一〇行第五字「經」，諸本作「深經」。

一　三七四頁上一一行第一二字「語」，資、磧、普、南、徑、清作「詁」；麗作「論」。

一　三七四頁上一四行第四字「元」，諸本作「尤」。

一　三七四頁上一五行第一一字「代」，資、磧、普、南作「世」；徑、清作「時」。

一　三七四頁上一六行第一四字「悒」，資、磧、普、南、徑、清作「挹」。

一　三七四頁中四行第一二字「焉」，資、磧、普、南、徑、清無。

一　三七四頁中五行「幽寂」，諸本作「幽寂幽寂」。

一　三七四頁中九行第六字「聖」，資、磧、普、南、徑、清無。

一　三七四頁中末行第六字「師」，諸本作「法師」。

一　三七四頁下二行第二字「想」，資、磧、普、南、徑、清作「相」。

一　三七四頁下四行第二字「義」，諸本無。

一　三七四頁下六行第二字「授」，徑、清作「受」。又第三字「散」，諸本無。又「三菐」，磧、普、南、徑、清、麗作「三葉」。

一　三七四頁下七行「炳盛」，資、磧、南、徑、清作「成就使夫」；麗作「炳盛使夫」。

一　三七四頁下八行第四字「土」，磧、普、南、徑、清作「吐」。

一　三七四頁下九行第一一字「乃」，資、磧、普、南、徑、清作「反」。又第一四字「輦」，磧、普、南、徑、清作「輦與」；資、麗作「輦輿」。

一　三七四頁下一〇行第三字「惑」，資、磧、普、南、徑、清作「忒」。又第七字「言」，麗作「語」。

一　三七四頁下一四行第一三字「雲」，資、磧、普、南、徑、清作「玄」。

一　三七四頁下一九行首字「揚」，資作「擒」；磧、普、南、徑、清作「摛」。又「折東」，磧、普、徑、清、麗作「浙

東」。

一　三七四頁下二一行第六字「羡」，麗作「美」。

一　三七四頁下二二行第五字「眇」，諸本作「眇漫」；又第六字「法」，資、磧、普、南、徑、清作「結」。又第一二字「釋」，資、磧、普、南、徑、清作「粹」。

一　三七四頁下末行第八字「玉」，磧、普、南、徑、清作「曜」。又第一一字「聰」，諸本作「聯」。

一　三七五頁上一行第一一字「承」，資、磧、普、南、徑、清作「永」。

一　三七五頁上末行「卷第八」，清作「卷第九」。

高僧傳卷第九　內

梁會稽嘉祥寺沙門釋慧皎撰

神異上

竺佛圖澄一　單道開二

竺佛調三　耆域四

竺佛圖澄一

竺佛圖澄者西域人也本姓帛氏少出家清真務學誦經數百万言善解文義雖未讀此土儒史而與諸學士論辯疑滯皆闇若符契无能屈者自云再到罽賓受誨名師西域咸稱得道以晉懷帝永嘉四年来適洛陽志弘大法善誦神呪能役使鬼物以麻油雜胭脂塗掌千里外事皆徹見掌中如對面焉亦能令潔齋者見又聽鈴音以言事无不効驗欲於洛陽立寺值劉曜寇洛臺帝京擾乱澄立寺之志遂不果迺潛澤草野以觀世變時石勒屯葛陂專以煞戮為務沙門遇害者甚衆澄憫念蒼生欲以道化勒於是杖策到到軍門勒大將軍郭黑略素奉法澄即投止略家略從受五戒崇弟子之礼略後從勒征伐輙預剋勝負勒疑而問曰孤不覺卿有出衆智謀而每知行軍吉凶何也略曰將軍天挺神武幽靈所助有一沙門術智非常云將軍當略有區夏已應為師目前後所白皆其言也勒喜曰天賜也召澄問曰佛道有何靈驗澄知勒不達深理正可以道術為徵因而言曰至道雖遠亦可以近事為證即取應器盛水燒香呪之須臾生青蓮花光色曜目勒由此信服澄因而諫曰夫王者德化洽於宇内則四靈表瑞政弊道消則彗孛見於上恒象著見休咎隨行斯迺古今之常徵天人之明誡勒甚悅之凡應被誅餘殘蒙其益者十有八九於是中州胡晉略皆奉佛時有痼疾世莫能治者澄為醫療應時瘵損陰施默益者不可勝記勒自葛陂還河北過坊頭坊頭人夜欲斫營澄語黑略曰須臾賊至可　令公知果如其言有備故不敗勒欲試澄夜冠胄衣甲執刃而坐遣人告澄云夜来不知大將軍所在使人始至未及有言澄逆問曰平居无寇何故夜嚴勒益

敬之勒後因忿欲害諸道士并欲害澄澄逥避至黑略舍語弟子曰若將軍信至問吾所在者報云不知所之信人尋至覔澄不得使還報勒勒驚曰吾有惡意向聖人聖人捨我去矣通夜不寢思欲見澄澄知勒意悔明旦造勒勒曰昨曰何行澄曰公有怒心昨故權避公今改意是以敢来勒大笑曰道人謬耳襄國城塹水源在城西北五里團丸祀下其水暴竭勒問澄何以致水澄曰今當勑龍勒字世龍謂澄嘲已荅曰正以龍不能致水故相問耳澄曰此誠言非戲也水泉之源必有神龍居之今往勑語水必可得逥與弟子法首等數人至泉源上其源故處久已乾燥坼如車轍從者心疑恐水難得澄坐繩床燒安息香呪願數百言如此三日水泫然微流有一小龍長五六寸許隨水来出諸道士見競往視之澄曰龍有毒勿臨其上有頃水大至隍塹皆滿澄閑坐歎曰後二日當有一小人驚動此下而襄國人薛合有二子既小且驕輕弄鮮卑奴奴忿抽刃刺煞其弟執兄于室

以刀擬心若人入屋便欲加手謂合曰送我還國我活汝兒不然共死此内外驚愕莫不往觀勒逥自往視之謂薛合曰送奴以全卿子誠為善事此法一開方為後害卿且寛情國有常憲人命取奴奴遂煞兒死而鮮卑段波攻勒其衆甚盛勒懼問澄澄曰昨寺鈴鳴云明旦食時當擒段波勒登城望波軍不見前後失色曰軍行地傾波豈可獲是公安我辭耳更遣蘷安問澄澄曰已獲波矣時城北伏兵出遇波執之澄勸勒宥波遣還本國勒從之卒獲其用時劉載已死載從弟曜簒襲偽位稱光初光初八年曜遣從弟偽中山王岳將兵攻勒勒遣石虎率步騎拒之大戰洛西岳敗保石梁塢堅柵守之澄與弟子自官寺至中寺始入寺門歎曰劉岳可憫弟子法祚問其故澄曰昨日亥時岳已被執果如所言至光初十一年曜自率兵攻洛陽勒欲自往拒曜内外僚佐無不必諫勒以訪澄澄曰相輪鈴音云秀支替戾岡僕谷劬秃當此羯

語也秀支軍也替戾岡出也僕谷劉曜胡位也劬秃當捉也此言軍出捉得曜也時徐光聞澄此旨苦勸勒行勒逥留長子石弘共澄以鎮襄國自率中軍步騎直詣洛城兩陣纔交曜軍大潰曜馬沒水中石堪生擒之送勒澄時以物塗掌觀之見有大衆衆中縛一人朱絲約項其時因以告弘當介之時正生擒曜也曜卒之後勒逥僭稱趙天王行皇帝事改元建平是歳晉成帝咸和五年也勒登位已後事澄弥篤時石葱將叛其年澄誡勒曰今年葱中有虫食必害人可令百姓无食葱也勒班告境内慎无食葱到八月石葱果走勒益加尊重有事必諮而後行號大和上

石虎有子名斌後勒愛之甚重忽暴病而亡已涉二日勒曰朕聞虢太子死扁鵲能生大和上國之神人可急往告必能致福澄逥取楊枝呪之須臾能起有頃平復由是勒諸稚子多在佛寺中養之每至四月八日勒躬自詣寺灌佛為兒發願至建平四

月天静无風而塔上一鈴獨鳴澄謂衆曰鈴音云國有大喪不出今年矣是歳七月勒死子弘襲位少時虎廢弘自立遷都于鄴稱元建武虎傾心事澄有重於勒迺下書曰和上國之大寶榮爵不加高禄不受榮禄匪及何以旌徳從此已往宜衣以綾錦乗以雕輦朝會之日和上昇殿常侍以下悉舉轝太子諸公扶翼而上主者唱大和上至衆坐起以彰其尊又勑僞司空李農旦夕親問太子諸公五日一朝表朕敬焉澄時止鄴城内中寺遣弟子法常北至襄國弟子法佐從襄國還相遇在梁基城下共宿對車夜談言及和上比旦各去法佐至始入覲澄澄逆笑曰昨夜尒與法常交車共說汝師耶先民有言不曰敬乎幽而不改不曰慎乎獨而不怠幽獨者敬慎之本尒不識乎佐愕然愧懺於是國人每共相語莫起惡心和上知汝及澄之所在无敢向其方面涕唾便利者時太子石邃有二子在襄國澄語邃曰小阿弥比當得疾可往迎之邃

即馳信往視果已得病大醫殷騰及外國道士自言能治澄告弟子法牙曰正使聖人復出不愈此病况此等乎後三日果死石邃荒酒將圖爲逆謂内竪曰和上神通儻發吾語明日来者當先除之澄月望將入覲虎謂弟子僧慧曰昨夜天神呼我曰明日若入還勿過人我儻有所過汝當止我澄常入必過邃邃知澄入要候甚苦澄上南臺僧慧引衣澄曰事不得止坐未安便起邃固留不住所謀遂差還寺歎曰太子作乱其形將成欲言難言欲忍難忍迺因事從容箴虎虎終不解俄而事發方悟澄言後郭黒略將兵征長安北山羌墮羌伏中時澄在堂上坐弟子法常在側澄慘然改容曰郭公今厄唱云衆僧呪願澄又自呪願須臾更曰若東南出者活餘向則困復更呪願有頃曰脫矣後月餘日黒略還自說墮羌圍中東南走馬之正過帳下人推馬與之曰公乗此小人乗公馬濟與不濟任命也略得其馬故獲免推撿日時正是澄

呪願時也僞大司馬燕公石斌虎以爲幽州牧鎮薊群凶湊聚因以肆暴澄誡虎曰天神昨夜言疾牧馬還至秋齊當癰爛虎不解此語即勑諸處牧馬送還其秋有人譖斌於虎虎召斌鞭之百煞其所生齊氏虎彎弓捻矢自視行斌罰輕虎乃手煞五百澄諫曰心不可縱死不可生礼不親敎以傷恩也何有天子手行罰乎虎乃止後晋軍出淮泗隴北凡城皆被侵逼三方告急人情危擾虎乃瞋曰吾之奉佛供僧而更致外寇佛无神矣澄明旦早入虎以事問澄澄因諫虎曰王過去世經爲大商主至罽賓寺甞供大會中有六十羅漢吾微身亦預斯會時得道人謂吾曰此主人命盡當受雞身後王晋地今王爲王豈非福耶彊場軍寇國之常耳何爲怨謗三寶夜興毒念乎虎迺信悟跪而謝焉虎常問澄佛法不煞朕爲天下之主非刑煞無以肅清海内既違戒煞生雖復事佛詎獲福耶澄曰帝王事佛當在體恭心順顯暢三寶不爲

暴虐不害无辜至於凶愚无賴非化
所遷有罪不得不煞有惡不得不刑
但當煞刑可刑耳若暴虐恣意煞害
非罪雖復傾財事法无解殃禍願陛
下省欲興慈廣及一切則佛教永隆
福祚方遠虎雖不能盡從而為益
不少虎尚書張離張良家冨事佛各
起大塔澄謂曰事佛在於清靖无欲
慈矜為心檀越雖儀奉大法而貪吝
未已遊獵無度積聚不窮方受現世
之罪何福報之可悕耶離等後並被
戮滅時又久旱自正月至六月虎遣
太子詣臨漳西釜口祈雨久而不降
虎令澄自行即有白龍二頭降於祠
所其日大雨方數千里其年大收戎
貊之徒先不識法聞澄神驗皆遥向
礼拜並不言而化焉澄甞遣弟子向
西域市香既行澄告餘弟子曰掌中
見買香弟子在某處被刧垂死因
燒香呪願遥救護之弟子後還云某
月某日某處為賊所刧垂當見煞忽
聞香氣賊无故自驚曰救兵已至棄之
而走虎於臨漳修治舊塔少承露盤

澄曰臨淄城內有古阿育王塔地中
有承露盤及佛像其上林木茂盛可
掘取之即畫圖與使依言掘取果得
盤像虎每欲伐燕澄諫曰燕國運未
終卒難可尅虎屢行敗績方信澄誡
澄道化既行民多奉佛皆營造寺廟
相競出家真偽混淆多生愆過虎下
書問中書曰佛號世尊國家所奉里
閭小人无爵秩者為應得事佛與不
又沙門皆應高潔貞正行能精進然
後可為道士今沙門甚衆或有姦宄
避役多非其人可料簡詳議偽中書
著作郎王度奏曰夫王者郊祀天地
祭奉百神載在祀典礼有甞饗佛出
西域外國神功不施民非天子諸華
所應祠奉往漢明感夢初傳其道唯
聽西域人得立寺都邑以奉其神其
漢人皆不得出家魏承漢制亦修前
軌今大趙受命率由舊章華戎制異
人神流别外不同內饗祭殊礼荒夏
服祀不宜雜錯國家可斷趙人悉不
聽詣寺燒香礼拜以尊典礼其百辟
卿士下逮衆隷例皆禁之其有犯者

與淫祀同罪其趙人為沙門者還從
四民之服偽中書令王波同度所奏
虎下書曰度議云佛是外國之神非
天子諸華所可宜奉朕生自邊壤忝
當期運君臨諸夏至於饗祀應兼從
本俗佛是戎神正所應奉夫制由上
行永世作則苟事无虧何拘前代
其夷趙百蠻有捨其淫祀樂事佛者
悉聽為道於是慢戒之徒因之以厲
黃河中舊不生黿忽得一以獻虎澄
見而歎曰桓温其入河不久温字元
子後果如言也時魏縣有一流民莫
識氏族恒著麻襦布裳在魏縣市中
乞匃時人謂之麻襦言語卓越狀如
狂病乞得米穀不食輙散置大路云
飴天馬趙興太守籍拔収送詣虎先
是澄謂虎曰國東二百里某月某日
當送一非常人勿煞之也如期果至
虎與共語了无異言唯言陛下當終
一柱殿下虎不解此語令送以詣澄
麻襦謂澄曰昔在光和中會奄至今
日酉戎受玄命絶曆終有期金離消
于壤邊荒不能尊駈除靈期迹莫已

巳之懿夏苗業繁其来方積休期於
何期永以歡之澄曰天迴運極否將
不支九木水為難无可以術寧玄慭
雖存世莫能基必頹久遊閻浮利擾
擾多此患行登陵雲宇會於虛遊閒
澄與麻襦講語終日人莫能解有竊
聽者唯得此數言推計似如論數百
年事虎遣驛馬送還本縣既出城辭
能步行云我當有所過未便得發至
合口橋可留見待使如言馳去未至
合口而麻襦已在橋上考其行步有
若飛也澄有弟子道進學通內外為
虎所重嘗言及隱士事虎謂進曰有
楊軻者朕之民也徵之十餘年不恭
故往省視傲然而卧朕雖不德君臨
万邦乘轝所向天沸地涌雖不能令
木石屈膝何疋夫而長傲耶昔太公
之齊先誅華士太公賢哲豈其謬乎
進對曰昔舜優蒲衣禹造伯成魏錫
于木漢美周黨管寧不應曹氏皇甫
不屈晉世二聖四君共加其節將欲
激厲貪競以峻清風願陛下遵舜禹
之德勿效太公用刑君舉必書豈可

令趙史遂无隱遁之傳乎虎悅其言
即遣軻還其所止差十家供給之進
還具以白澄澄眈然笑曰汝言善也
但軻命有所懸矣秦州兵乱軻弟子
以牛負軻西奔戎軍追擒并為所害
虎嘗晝寢夢見群羊負魚從東北来
寤以訪澄澄曰不祥也鮮卑其有中
原乎慕容氏後果都之澄又嘗與虎
共昇中堂澄忽驚曰變變幽州當火
灾仍取酒灑之久而笑曰救已得矣
虎遣驗幽州云尒日火從四門起西
南有黑雲来驟雨滅之雨亦頗有酒
氣至虎建武十四年七月石宣石韜
將圖相殺宣時到寺與澄同坐浮圖
一鈴獨鳴澄謂宣曰解鈴音乎鈴云
胡子洛度宣變色曰是何言與澄謬
曰老胡為道不能山居無言重茵美
服豈非洛度乎石韜後至澄熟視良
久韜懼而問澄澄曰怪公血臭故相
視耳至八月澄使弟子十人齋于
別室澄時暫入東閤虎與后杜氏問
訊澄澄曰脅下有賊不十日自佛圖
以西此殿以東當有流血慎勿東行

也杜后曰和上耄耶何處有賊澄即
易語云六情所受皆悉是賊老自應
耄但使少者不惛遂便寓言不復彰的
後二日宣果遣人害韜於佛寺中欲
因虎臨喪仍行大逆虎以澄先誡
故獲免及宣事發被収澄諫虎曰
既是陛下之子何為重禍耶陛下若
含怒加慈者尚有六十餘歲如必誅
之宣當為彗星下掃鄴宮也虎不從
以鐵鏁穿宣頷牽上薪積而焚之収
其官屬三百餘人皆轘裂支解投之
漳河澄迺勑弟子罷別室齋也後月
餘日有一妖馬騣尾皆有燒狀入中陽
門出顯陽門東首東宮皆不得入走
向東北俄尒不見澄聞而歎曰灾其
及矣至十一月虎大饗群臣於太武
前殿澄吟曰殿乎殿乎棘子成林將
壞人衣虎令發殿石下視之有棘生
焉澄還寺視佛像曰悵恨不得莊嚴
獨語曰得三年乎自荅不得不得又
曰得二年一年百日一月乎自荅不
得迺无復言還房謂弟子法祚曰戊
申歲禍乱漸萌巳酉石氏當滅吾及

其末乱先從化矣即遣人與虎辝曰物理必遷身命非保貧道焰幻之軀化期巳及既荷恩殊重故逆以仰聞虎愴然曰不聞和上有疾迺忽尒告終即自出宫詣寺而慰喻焉澄謂虎曰出生入死道之常也修短分定非人能延道重行全德貴无愆苟業操无虧雖亡若在違而獲延非其所願念意未盡者以國家心存佛理奉法無若興起寺廟崇顯壯麗稱斯德也宜享休祉而布政猛烈淫刑酷濫顯違聖典幽背法誡不自懲革終无福祐若降心易慮惠此下民則國祚延長道俗慶賴畢命就盡没无遺恨虎悲慟嗚咽知其必逝即為鑿壙營墳至十二月八日卒於業宫寺是歲晉穆帝永和四年也士庶悲哀號赴傾國春秋一百一十七矣仍窆於臨漳西紫陌即虎所創塚也俄而梁犢作乱明年虎死冉閔篡戮石種都盡閔小字棘奴澄先所謂棘子成林者也澄左乳傍先有一孔圍四五寸通徹腹内有時腸從中出或以絮塞孔夜欲

書輒拔絮則一室洞明又齊日輒至水邊引腸洗之還復内中澄身長八尺風姿詳雅妙解深經傍通世論講說之日止標宗致使始末文言昭然可了加復慈洽蒼生拯救寃苦當二石凶强虐害非道若不與澄同日孰可言哉但百姓蒙益日用而不知耳佛調須菩提等數十名僧皆出自天竺康居不遠數万之路之涉流沙詣澄受訓樊沔釋道安中山竺法雅並跨越關河聽澄講說皆妙達精理研測幽微澄自說生處去鄴九万餘里棄家入道一百九年酒不踰齒過中不食非戒不履无欲無求受業追遊常有數百前後門徒幾且一万所歷州郡興立佛寺八百九十三所弘法之盛莫與先矣初虎殮澄以生時錫杖及鉢内棺中後冉閔篡位開棺唯得鉢杖不復見尸或言澄死之月有人見在流沙虎疑不死開棺不見尸後慕容儁都鄴處石虎宫中每夢見虎齧其臂意謂石虎為祟迺募覓虎尸於東明館掘得之尸殭不毀儁蹋罵

之曰死胡敢怖生天子汝作宫殿成而為汝兒所圖況復於他鞭撻毀辱投之漳河尸倚橋柱不移秦將王猛迺収而葬之麻襦所謂一柱殿也後符堅征鄴儁子暐為堅大將郭神虎所執實先夢之驗也田融趙記云澄未亡數年自營塚壙澄既知塚必開又尸不在中何容預作恐融之謬矣澄或言佛圖澄或言佛圖橙或言佛圖蹬皆取梵音之不同耳

單道開二

單道開姓孟燉煌人少懷棲隠誦經四十餘万言絶穀餌栢實難得復服松脂後服細石子一吞數枚數日一服或時多少噉薑椒如此七年後不畏寒暑冬温夏凉晝夜不卧與同學十人共契服食十年之外或死或退唯開全志身陵太守遣馬迎開辭能步行三百里路一日早至山樹神或現異形試之初无懼色以石虎建武十二年從西平来一日行七百里至南安度一童子為沙弥年十四稟受教法行能及開時太史奏虎云有仙

高僧傳卷第九 第十八張 內字号

人星見當有高士入境虎普勑州郡
有異人令啓聞其年冬十一月秦州
刺史上表送開初止鄴城西法綝祠
中後徙臨漳昭德寺於房內造重閣
高八九尺許於上編菅為禪室如十
斛羅大常坐其中虎資給甚厚開皆
以惠施時樂仙者多來諮開都不荅
迺為說偈云我矜一切苦出家為利
世利世須學明學明能斷惡山遠粮
粒難作斯斷食計非是求仙侶幸勿
相傳說開能救眼疾時秦公石韜就
開治目著藥小痛韜甚憚之而終得
其効佛圖澄曰此道士觀國興衰若
去者當有大灾至石虎太寧元年開
與弟子南度許昌虎子姪相煞鄴都
大乱至晉昇平三年來之建業俄而
南海後入羅浮山獨處茅茨蕭然物
外春秋百餘歲卒于山舍勑弟子以
尸置石穴中弟子迺移之石室有康
泓者昔在北聞開弟子敘開昔在
山中每有神仙去来迺遥心欽悒及
後從役南海親與相見側席鑽仰稟
聞備至迺為之傳讚曰

高僧傳卷第九 第十九張 內字号

蕭哉若人　飄然絕塵　外軌小乘
內暢空身　玄象暉曜　高步是臻
飡茹芝英　流浪巖津
晉興寧元年陳郡袁宏為南海太守
與弟穎叔及沙門支法防共登羅浮
山至石室口見開形骸及香火凡器
猶存宏曰法師業行殊群正當如蟬
蛻耳迺為讚曰
物儁拙奇　德不孤立　遼遼幽人
望巖凱入　飄飄靈仙　茲焉遊集
遺屣在林　千載一襲
後沙門僧景道漸並登羅浮竟不至頂

竺佛調三

竺佛調者未詳氏族或云天竺人事
佛圖澄為師住常山寺積年業尚純
樸不表飾言時咸以此高之常山有
奉法者兄弟二人居寺百里兄婦疾
篤載出寺側以近醫藥兄既奉調為
師朝晝常在寺中諮詢行道異日調
忽往其家弟具問嫂所苦并審兄安
否調曰病者粗可卿兄如常調去後
弟亦策馬繼往言及調旦來兄驚曰
和上旦初不出寺汝何容見兄弟爭

高僧傳卷第九 第二十張 內字号

以問調調笑而不荅咸共異焉調或
獨入山一年半歲齎乾飯數升還恒
有餘嘗隨調山行數十里天暮大雪
調入石穴虎窟中宿虎還共卧窟前
調謂虎曰我奪汝處有愧如何虎迺
弭耳下山從者駭懼調後自剋亡日遠
近皆至悉與語曰天地長久尚有崩
壞豈況人物而求存耶若能盪除三
垢專心真淨形數雖乖而必同契衆
咸流涕固請調曰死生命也其可請
乎調迺還房端坐以衣蒙頭奄然而
卒後數年調白衣弟子八人入西山伐
木忽見調在高巖上衣服鮮明姿儀
暢悅皆驚喜作礼和上尚在耶調曰
吾常在耳具問知舊可否良久乃去
八人便捨事還家向諸同法者說衆
無以驗之共發塚開棺不復見尸唯
衣履在焉有記云此竺佛調譯出法
鏡經及十慧等經釋道安經錄云漢
靈帝光和中有沙門嚴佛調共安玄
都尉譯出法鏡經及十慧等語在譯
經傳而此中佛調迺東晉中代時人
見名字是同謂為一謀矣

耆域四

耆域者天竺人也周流華戎靡有常所而倜儻神奇任性忽俗迹行不恒時人莫之能測自發天竺至于扶南經諸海濱爰及交廣並有靈異既達襄陽欲寄載過江船人見梵沙門衣服弊陋輕而不載船達北岸域亦已度前行見兩虎虎弭耳掉尾域以手摩頭虎下道而去兩岸人見隨從成群以晉惠之末至于洛陽諸道人悉為作礼域胡跪晏然不動容色時或告人以前身所更謂支法淵從羊中来竺法興從人中来又譏諸衆僧謂衣服華麗不應素法見洛陽宮城云髣髴似忉利天宮但自然之與人事不同耳域謂沙門耆闍蜜曰匠此宮者從忉利天来成便還天上矣屋脊瓦下應有千五百作器時咸云昔聞此匠實以作器著瓦下又云宮成之後尋被害焉時衡陽太守南陽滕永文在洛寄住滿水寺得病經年不差兩脚攣屈不能起行域往看之曰君欲得病疾差不因取淨水一杯楊柳一

枝拂水舉手向永文而呪如此者三因以手搦永文膝令起即起行步如故此寺中有思惟樹數十株枯死域問永文樹死来幾時永文曰積年矣域即向樹呪如呪永文法樹尋荑發扶踈榮茂尚方暑中有一人病癥將死域以應器著病者腹上白布通覆之呪願數千言即有臭氣薰徹一屋病者曰我活矣域令人舉布應器中有若淤泥者數升臭不可近病者遂活洛陽兵乱辞還天竺洛中沙門竺法行者高足僧也時人方之樂令因請域曰上人既得道之僧願留一言以為永誡曰可普會衆人也衆既集域升高座曰守口攝身意慎莫犯衆悪修行一切善如是得度世言訖便禪默行重請曰願上人當授所未聞如斯偈義八歲童子亦已諳誦非所望於得道人也域笑曰八歲雖誦百歲不行誦之何益人皆知敬得道者不知行之自得道悲夫吾言雖少行者益也於是辞去數百人各請域皆許往明旦五百舍皆有一域始謂

獨過未相讎問方知分身降焉既發諸道人送至河南城域徐行追者不及域迺以杖畫地曰於斯別矣其日有從長安来者見域在彼寺中又賈客胡濕登者即於是日將暮逢域於流沙計已九千餘里既還西域不知所終

高僧傳卷第九　神異上

高僧傳卷第九

校勘記

一　底本，金藏廣勝寺本。

一　三八四頁中一行經名，清作「高僧傳卷第十」，卷末經名同。

一　三八四頁中六行「竺佛圖澄一」，資、磧、普、南、徑、清無。

一　三八四頁中一七行「殺洛」，資、磧、普、南、徑、清作「寇斥洛陽」；麗作「殺斥洛」。

一　三八四頁中一九行第四字「乇」，諸本（不含石，下同）作「乇兵」。又「爲務」，麗作「爲威」。

一　三八四頁中二一行首字「到」，諸本無。又「軍郭里」，資、磧、普、南、徑、清作「郭黒」；麗作「軍郭黒」。

一　三八四頁下一八行第一四字「澄」，資、磧、普、南、徑、清無。

一　三八四頁下二一行「執刃」，麗作「執刀」。

一　三八五頁上二行第九字「語」，麗作「告」。

一　三八五頁上七行首字「日」，諸本作「夜」。

一　三八五頁上九行第四字「圍」，磧、普、南作「圍」。

一　三八五頁上一二行第六字「此」，資、磧、普、南、徑、清作「此是」。

一　三八五頁上一五行第九字「坼」，資作「拆」。

一　三八五頁上一九行首字「見」，資、磧、普、南、徑、清無。

一　三八五頁上二一行第一三字「而」，諸本作「既而」。

一　三八五頁上末行「抽刃」，徑作「抽刀」。

一　三八五頁中二行「共死」，資、磧、普、南、徑、清作「則共死於」；麗作「共死於」。

一　三八五頁中四行「誠爲」，諸本作「誡爲」。

一　三八五頁中五行第四字「開」，資、磧、普、南、徑、清作「聞」。

一　三八五頁中六行「人命」，磧、普、南、徑、清、麗作「命人」。又「死而」，諸本作「而死」。

一　三八五頁中九行「波軍」，資、磧、普、徑、清作「彼軍」。

一　三八五頁中一四行「稱光初」，諸本作「稱元光初」。

一　三八五頁中一七行第六字「堅」，資、磧、普作「竪」。又「守之」，資、磧、普、南、徑、清作「守之時」。

一　三八五頁下五行「直詣」，麗作「直指」。

一　三八五頁下八行「項其時」，資、磧、普、南、徑、清作「其肘」。

一　三八五頁下九行「曜卒」，諸本作「曜平」。

一　三八五頁下一一行第二字「昬」，麗作「東昬」。

一　三八五頁下一三行「虫食」，資、磧、普、南、徑、清作「虫食之」。

一　三八五頁下一七行第七字「後」，磧、普、南、徑、清作「後勒爲兒」。

一　三八五頁下一九行第五字「且」，諸本無。又第一一字「國」，資、磧、普、南、徑、清作「國中」。

一　三八五頁下末行「建平」，諸本作「建平四年」。

一　三八六頁上三行第一三字「虎」，資、磧、普、南、徑、清作「石虎」。

一　三八六頁上四行「建武」，麗作「建」。

一　三八六頁上六行「匪及」，資、磧、普、南、徑、清作「匪顧」。

一　三八六頁上九行「舉轝」，資、普、南、徑、清、麗作「助舉轝」；磧作「助舉與」。

一　三八六頁上一〇行「至衆坐」，資、磧、普、南、徑、清作「衆坐皆」；麗作「至衆坐皆」。

一　三八六頁上一三行「北至」，徑、清作「比至」。

一　三八六頁上末行「得疾」，資、磧、普、南、徑、清作「得病」。

一　三八六頁中一行「殺騰」，資作「殷騰」。

一　三八六頁中五行「吾語」，諸本作「吾謀」。

一　三八六頁中一〇行第二字「上」，諸本作「將上」。

一　三八六頁中一三行「縱容」，諸本作「從容」。

一　三八六頁中一五行第八字「山」，資、磧、普、南無。

一　三八六頁中二〇行「園中」，諸本作「圍中」。

一　三八六頁中二一行「之正過」，資、磧、普、南、徑、清作「乏正遇」；麗作「之際正遇」。

一　三八六頁中二二行第二字「此」，諸本作「此馬」。

一　三八六頁下一行第五字「僞」，資、磧、普、南、徑、清作「石虎兒僞」。

一　三八六頁下二行第六字「葥」，資、磧、普、南、徑、清無。

一　三八六頁下三行「牧馬」，諸本作「收馬」，五行同。

一　三八六頁下六行第四字「百」，諸本作「三百」。又「所生」，資、磧、普、南、徑、清作「所生母」。

一　三八六頁下七行「行弑」，磧、普、南、徑、清作「行弑罰」；麗作「弑行」。

一　三八六頁下一〇行「凡城」，資作「瓦城」。

一　三八六頁下一四行「虎曰」，資、磧、普、南、徑、清作「之曰」。

一　三八六頁下一五行第一一字「吾」，諸本作「吾此」。

一　三八六頁下二〇行第四字「常」，資、磧、普、南、徑、清作「嘗」。又「佛法」，麗作「佛法云何澄曰佛法」。

一　三八六頁下末行首字「事」，麗作「之事」。又「當在」，麗作「當在心」。

一　三八七頁上三行「當煞」，諸本作「當殺可殺」。

一　三八七頁上七行「張離張良」，資、磧、普、南、徑、清作「張良張離等」。

一　三八七頁上一七行第一〇字「嘗」，

徑作「常」，本頁中一四行第一一字徑、清同。

一　三八七頁上一九行「初被劫」，資、磧、普、南、徑、清作「被賊」。

一　三八七頁上二一行「某處」，資、磧、普、南、徑、清作「於某處」。

一　三八七頁中三行「畫圖」，資作「畫圖」。

一　三八七頁中五行「屢行」，麗作「屢伐」。

一　三八七頁中七行「混修」，諸本作「混淆」。

一　三八七頁中一二行「僞中」，資、磧、普、南、徑、清作「真僞中」。

一　三八七頁中一五行「神功」，諸本作「之神功」。

一　三八七頁中一八行「亦修」，資、磧、普、南、徑、清作「亦循」。

一　三八七頁中二〇行末至次行第二字「荒夏服祀」，資、磧、普、南、徑、清作「華夏服禮」。

一　三八七頁中二二行「以尊」，磧、普、南、徑、清、麗作「以遵」。又「典礼」，資作「典祀」。

一　三八七頁下七行第八字「元」，資、磧、普、南、徑、清作「允」；麗無。

一　三八七頁下八行第八字「其」，資、磧、普、南、徑、清作「於」。

一　三八七頁下一六行首字「飴」，資、磧、普、南、徑、清作「飼」。

一　三八七頁下一九行「唯言」，資、磧、普、南、徑、清作「唯道」。

一　三八七頁下二二行「酉戎」，資、磧、普、南、徑、清作「西戎」；麗作「酉戍」。

一　三八七頁下末行第七字「尊」，諸本作「遵」。

一　三八八頁上二行「歡之」，麗作「歎之」。

一　三八八頁上八行第一三字「城」，諸本作「城外」。

一　三八八頁上一五行「故徃」，資作「王命故」；磧、普、南、徑、清、麗作「王命故徃」。

一　三八八頁上一九行末字「餝」，麗作「軾」。

一　三八八頁上末行「勿效」，資、磧、普、南、徑、清作「勿斆」。

一　三八八頁中三行「睍然」，資、磧、普、南、徑、清作「莞然」。

一　三八八頁中四行第八字「秦」，諸本作「後秦」。

一　三八八頁中五行「戎軍」，資、磧、普、南、徑、清作「戍軍」。

一　三八八頁中八行「又嘗」，資、磧、普、南作「常」；徑、清作「甞」。

一　三八八頁中九行「中堂」，磧、普、南、徑、清作「中臺」。

一　三八八頁中一六行「洛度」，麗作「落度」，一八行同。

一　三八八頁中一六行「言與」，諸本作「言歟」。

一　三八八頁中二二行第九字「不」，諸本作「不出」。

一　三八八頁下八行第二字「怒」，資、磧、普、徑作「恕」。

- 三八八頁下一三行「髦尾」，徑作「鬣尾」。
- 三八八頁下末行「已酉」，資、磧、普、南、徑、清作「已酉歲」。
- 三八九頁上五行第五字「詣」，資、磧、普、南、徑、清無。
- 三八九頁上六行「人胠」，資、磧、普、南、徑、清作「所能」。
- 三八九頁上七行第二字「道」，資、磧、普、南、徑、清作「夫道」。
- 三八九頁上八行「念意」，諸本作「今意」。
- 三八九頁上九行「無若」，諸本作「無吝」。
- 三八九頁上一〇行末字「亭」，諸本作「享」。
- 三八九頁上一七行第八字「悲」，資、磧、普、南、徑、清作「悲慟」。又第一一字「赴」，資無。
- 三八九頁上一八行末字「柴」，資、磧、普、南、徑、清作「紫」。
- 三八九頁上二〇行第四字「冉」，資作「染」。又第七字「毲」，麗作「熱」。
- 三八九頁中一行首字「書」，諸本作「讀書」。
- 三八九頁中五行「冤苦」，諸本作「危苦」。
- 三八九頁中九行「之涉」，諸本作「足涉」。
- 三八九頁中一〇行「樊污」，資、磧、普、南、徑、清作「樊沔」；麗作「樊巧」。
- 三八九頁中一四行「追遊」，資、磧、普、南、徑、清作「追隨者」。
- 三八九頁中一八行第七字「染」，磧、普、南、徑、清、麗作「冉」。
- 三八九頁中末行第一三字至頁下一行首字「踰罵之」，資、南、徑作「乃踰之罵」；磧、普、清、麗作「踰之罵」。
- 三八九頁下二行「於他」，諸本作「他耶」。
- 三八九頁下四行第三字「而」，資、磧、普、南、徑、清無。
- 三八九頁下六行第六字「之」，資、磧、普、徑、清作「虎之」；南作「虎」。
- 三八九頁下一一行「單道開二」，資、磧、普、南、徑、清無。
- 三八九頁下一三行「栢實」，諸本作「栢實栢實」。
- 三八九頁下一六行「冬温夏涼」，資、磧、普、南、徑、清作「冬袒夏温」。又第一二字「與」，資、磧、普、南、徑、清作「始」。
- 三八九頁下一八行第一二字「開」，諸本作「開開」。
- 三八九頁下一九行第一三字「神」，資、磧、普、南、徑、清作「諸神」。
- 三九〇頁上四行「昭德寺」，資、磧、普、南、徑、清作「照德寺」。
- 三九〇頁上五行「八九尺」，資、磧、普、南、徑、清作「八九丈」。
- 三九〇頁上六行第二字「羅」，資作「蘿」；磧、普、南、徑、清、麗作「籮」。

一 三九〇頁上七行第一〇字「諮」，諸本作「諮問」。

一 三九〇頁上一六行「俄而」，諸本作「俄而至」。

一 三九〇頁上二〇行第八字「開」，資、磧、普、南、徑、清無。

一 三九〇頁上二一行「敬悒」，麗作「敬挹」。

一 三九〇頁上末行「讚曰」，資、磧、普、南、徑、清作「讚讚曰」。

一 三九〇頁中一一行「在牀」，諸本作「在林」。

一 三九〇頁中一二行第九字「登」，諸本作「欲登」。

一 三九〇頁中一三行「竺佛調三」，資、磧、普、南、徑、清無。

一 三九〇頁中一七行第九字「寺」，諸本作「去寺」。

一 三九〇頁中一八行第三字「出」，麗作「至」。

一 三九〇頁下二行「入山」，資、磧、普、南、徑、清作「入深山」。又「數升」，資、磧、普、南、徑、清作「數斗」。

一 三九〇頁下八行「存耶」，諸本作「永存」。

一 三九〇頁下九行第一〇字「而」，資作「人」；磧、普、南、徑、清作「而神會」。

一 三九〇頁下末行第六字「謂」，諸本作「便謂」。

一 三九一頁上一行「耆域四」，資、磧、普、南、徑、清無。

一 三九一頁上三行第一三字「不」，資、磧、普、南、徑、清作「亦不」。

一 三九一頁上五行「及交」，資、磧、普、南、徑、清作「涉交」。

一 三九一頁上九行第二字「頭」，諸本作「其頭」。又「人見」，諸本作「見者」。

一 三九一頁上一〇行第二字「以」，資、磧、普、南、徑、清無。

一 三九一頁上一一行「胡跪」，資、磧、普、南、徑、清作「胡跽」。

一 三九一頁上一二行「羊中」，麗作「牛中」。

一 三九一頁上一三行「竺法興」，磧作「竺法與」。

一 三九一頁上末行第三字「疾」，資、磧、普、南、徑、清無。

一 三九一頁中一行首字「枝」，諸本作「枝便以楊枝」。

一 三九一頁中二行第七字「膝」，麗作「兩膝」。又第一〇字「即」，資、磧、普、南、徑、清作「即時」。

一 三九一頁中四行第四字「樹」，麗作「此樹」。

一 三九一頁中一〇行「若沂」，諸本作「若涅」。

一 三九一頁中一一行「遂活」，資、磧、普、南、徑、清作「遂瘥」。又「洛中」，資、磧、普、南、徑、清作「洛中有」。

一 三九一頁中一二行末字「令」，資作「今」。

一 三九一頁中一四行「曰可」，諸本作「域曰可」。

一　三九一頁中二二行「益也」，諸本作「益多也」。又第一三字「請」，諸本作「請域中食」。

一　三九一頁下一行第三字「未」，麗作「後」。

一　三九一頁下六行第三字「巳」，麗作「巳行」。

一　三九一頁下末行「神異上」，徑無。

高僧傳卷第十　神異下　内

梁會稽嘉祥寺沙門釋慧皎撰

揵陁勒者本西域人来至洛陽積年雖敬其風操而終莫能測後謂衆僧曰洛東南有槃鵄山山有古寺廟處基塼猶存可共修立衆未之信試逐撿視入山到一處四面平坦勒示云此即寺基也即掘之果得寺下石基後示講堂僧房處如言皆驗衆咸驚歎因共修立以勒為寺主去洛城一百餘里朝至洛陽諸寺赴中暮輙乞油一鉢還寺然燈以此為常未曾違失有人健行欲隨勒觀其遲疾奔馳流汗恒苦不及勒令執袈裟角唯聞屬風之響不復覺倦須臾至寺勒後不知所終

訶羅竭者本樊陽人少出家誦經二百万言性虛玄守戒節善舉厝美容色多行頭陁獨宿山野晉武帝太康九年暫至洛陽時疫疾甚流死者相繫竭為呪治十差八九至晉惠帝元康元年乃西入止婁至山石室中坐禪此室去水既遠時人欲為開澗竭曰不假相勞乃自起以左脚蹴室西石壁壁陷没指拔足水從中出清香軟美四時不絶来飲者皆止飢渴除疾病至元康八年竭坐從化弟子依國法闍維之焚燎累日而屍猶坐火中永不灰燼乃移還石室内西域人竺定字安世晉咸和中往其國自親觀視屍儼然平坐已三十餘年定後至京傳之道俗

竺法慧本關中人方直有戒行入嵩高山事浮畾寥為師晉康帝建元元年至襄陽止羊叔子寺不受別請每乞食輙賫繩牀自隨於閑曠之路則施之而坐時或遇雨以油帔自覆雨

止唯見繩床不知慧所在訊問未息慧已在床每語弟子法照曰汝過去時折一鷄脚其殃尋至俄而照為人所擲脚遂永疾後語弟子云新野有一老公當命過吾欲度之仍行於畦畔之間果見一公將牛耕田慧從公乞牛公不與慧前自捉牛鼻公懼其異遂以施之慧牽牛呪願七步而反以牛還公公少日而亡後征西庾稚恭鎮襄陽既素不奉法聞慧有非常之迹甚嫉之慧預告弟子曰吾宿對尋至誡勸眷屬令懃修福善尒後二日果収而刑之春秋五十八矣臨死語衆人云吾死後三日天當暴雨至期果洪注城門水深一丈居民淹没多有死者時有范犲者巴西閬中人初為沙門賣卜于河東市徒跣弊衣冬夏一服言事亦頗時有驗後遂退道染習張陵之教云

安慧則未詳氏族少無恒性卓越異人而工正書善談吐晉永嘉中天下疫病則晝夜祈誠願天神降藥以愈万民一日出寺門見兩石形如甕則

疑是異物取看之果有神水在内病者飲服莫不皆愈後止洛陽大市寺手自細書黄縑寫大品經一部合為一卷字如小豆而分明可識凡十餘本以一本與汝南周仲智妻胡母氏供養胡母過江賫經自隨後為火所烻愴卒不暇取經悲泣懊惱火息後仍於灰中得之首軸顏色一无虧損于時同見聞者莫不迴邪改信此經今在京師簡靖寺首尼處時洛陽又有康慧持者亦神異通靈云

涉公者西域人也虗靖服氣不食五穀日能行五百里言未然之事驗若指掌以符堅建元十二年至長安能以秘呪呪下神龍每旱堅常請之呪龍俄而龍下鉢中天輙大雨堅及群臣親就鉢中觀之咸歎其異堅奉為國神士庶皆投身指足自是無復炎旱之憂至十六年十二月无疾而化堅哭之甚慟卒後七日堅以其神異試開棺視之不見屍骸所在唯有殮被存焉至十七年自正月不雨至于六月堅减膳撤懸以迎和氣至七月

降雨堅謂中書朱彤曰涉公若在朕豈憔心於雲漢若是哉此公其大聖乎彤曰斯術幽遠實亦曠古之奇也

釋曇霍者未詳何許人蔬食苦行常居冢間樹下專以神力化物時河西鮮卑偷髮利鹿孤僭據西平自稱為王号建和二年十一月霍從河南来至自西平持一錫杖令人跪之云此是波若眼奉之可以得道人遺其衣物受而輙投諸地或放之河中有須衣自還本主一无所汙行疾如風力者追之恒困不及言人死生貴賤毫釐无爽人或藏其錫杖霍閉目少時立知其處並奇其神異終莫能測然因之事佛者甚衆鹿孤有弟耨檀假署車騎權傾僞國性猜忌多所賊害霍每謂檀曰當修善行道為後世橋梁檀曰僕先世以来恭事天地名山大川今一旦奉佛恐違先人之旨公若能七日不食顏色如常是為佛道神明僕當奉之乃使人幽守七日而霍无飢渴之色檀遣沙門智行密持餅遺霍霍曰吾嘗誰欺國王耶檀深

奇之厚加敬仰因此改信節然興慈國人既蒙其祐咸稱曰大師出入街巷百姓並迎為之礼檀有女病甚篤請霍救命霍曰死生有命聖不能轉吾豈能延壽正可知早晚耳檀固請之時宮後門閉霍曰急開後門及開則生不及則死檀命開之不及而卒至晉義熙三年傉檀為勃勃所破凉土兵乱不知所之

史宗者不知何許人常著麻衣或重之為納故世号麻衣道士身多瘡疥性調不恒常在廣陵白土埭賃埭謳謳唱引綿以自欣暢得直隨以布施人栖憩无定所或隱或顯時高平檀祇為江都令聞而召來應對機捷无所拘滯博達稽古辯說玄儒乃賦詩一首曰有欲苦不足无欲亦無憂未若清虛者帶索被玄裘浮遊一世間紈若不繫舟方當畢塵累栖志且山丘檀祇知非常人遣還所在遺布三十疋恚以乞人後有一道人不知姓名常賷一杖一箱自隨嘗遍暮來詣海鹽令去欲數日行雙倩一人可見給不令日隨意取之乃選取

守鵝鴨小兒形服寂醜者將去倏忽之間至一山上山上有屋屋中有三道人相見欣然共語小兒不解至中許道人為小兒就主人索食得一小甌食狀如熟艾食之飢止向冥道人辭欲還去聞屋中人君知史宗所在不其適何當竟道人云在徐州北廣陵白土埭上計其適亦竟世屋中人便作書曰因君與之道人以書付小兒比曉便至縣與令相見去欲少日停此令日大善問箱中有何等答去書疏耳道人常在聽事上眠以箱杖著牀頭令使持時人夜偷取看之道人已知暮輙高懸箱杖當下而卧永不可得後與辭曰吾欲小停而君恒欲偷人正尒便去耳令呼先小兒問近所經小兒去道人令其捉杖飄然而去或聞足下波浪耳并說山中人寄書猶在小兒衣帶令開看都不解乃寫取封其本書令人送此小兒至白土埭送與史宗宗開書大驚去汝那得蓬萊道人書耶宗後南遊吳會嘗過漁梁見漁人大捕宗乃上流洗浴群魚皆散其潛拯物類如此後憩上虞龍

山大寺善談莊老究明論孝而韜光隱迹世莫之知會稽謝邵魏邁之放之等並篤論淵博皆師受焉後同止沙門夜聞宗共語者頗說蓬萊上事曉便不知宗所之陶淵明記白土埭遇三異法師此其一也或去有商人海行於孤洲上見一沙門求寄書與史宗置書於船中同侶欲看書書著船不脫及至白土埭書飛起就宗宗接而將去

杯度者不知姓名常乘木杯度水因而為目初見在冀州不修細行神力卓越世莫測其由來嘗於北方寄宿一家家有一金像度竊而將去家主覺而追見度徐行走馬逐而不及至孟津河浮木杯水憑之度河无假風棹輕疾如飛俄而度岸達于京師見時可年四十許帶索襤縷殆不蔽身言語出沒喜怒不均或嚴冰扣凍而洒浴或著屐上牀或徒行入市唯荷一蘆圌子更无餘物乍往延賢寺法意道人處意以別房待之後欲往延步江於江側就航人告度不肯載之

復累足杯中頫眄吟詠杯自然流直
度北岸向廣陵遇村舍有李家八關
齋先不相識乃直入齋堂而坐置蘆
圌於中庭衆以其形陋无恭敬心李
見蘆圌當道欲移置牆邊數人舉不
能動度食竟提之而去笑曰四天王
李家于時有一竪子窺其圌中見四
小兒並長數寸面目端正衣裳鮮潔
於是追覓不知所在後三日乃見在
西界蒙籠樹下坐李跪拜請還家月
日供養度不甚持齋飲酒噉肉至於
辛膾與俗不殊百姓奉上或受不受
沛國劉興伯為兗州刺史遣使要之
負圌而來興伯使人舉視十餘人不
勝伯自看唯見一敗納及一木杯後
還李家復得三十餘日清旦忽云欲
得一袈裟中時令辦李即經營至中
未成度云暫出至冥不反合境聞有
異香疑之為佳處處覓度乃見在北
巖下鋪敗袈裟於地卧之而死頭前
脚後皆生蓮花花極鮮香一夕而萎
邑共殯葬之後數日有人從北来云
見度負蘆圌行向彭城乃共開棺唯

見靴履既至彭城遇有白衣黃欣深
信佛法見度礼拜請還家其家至貧
但有麦飰而已度甘之怡然止得半
年忽語欣云可覓蘆圌三十六枚吾
須用之荅云此間正可有十枚貧无
以買恐不盡辦度曰汝但檢覓宅中
應有欣即窮檢果得三十六枚列之
庭中雖有其數亦多破敗比欣次第
熟視皆已新貞度密封之因語欣令
開乃見錢帛皆滿可堪百万許識者
謂是杯度分身他土所得䞋施迴以
施欣欣受之皆為功德經一年許度
辤去欣為辦粮食明晨見粮食具存
不知度所在經一月許復至京師時
潮溝有朱文殊者少奉法度多来其
家文殊謂度云弟子脫捨身没苦願
見救濟脫在好處願為法侶度不荅
文殊喜曰佛法默然已為許矣後東
遊入吴郡路見釣魚師因就乞魚魚
師施一餧者度手弄反覆還投水中游
泳而去又見網師更從乞魚網師瞋
罵不與度乃捻取兩石子擲水中俄而有兩牛鬪
其網中網既碎敗不復見牛度亦已

隱行至松江乃仰蓋於水中乘而度
岸經涉會稽剡縣登天台山數月
而反京師時有外國道人名僧佉吒
寄都下長干寺住有容僧僧悟者與
吒同房宿於牕隙中見吒取寺剎捧
之入雲然後將下悟不敢言但深加
敬仰時有一人姓張名奴不知何許
人不甚見食而常自肥悅冬夏常著
單布衣佉吒在路行見張奴欣然而
笑佉吒曰吾東見蔡秜南許馬生北
遇王年今欲就杯度乃與子相見耶
張奴乃題槐樹而歌曰濛濛大象內
照曜實顯彰何事迷昏子縱惑自招
殃樂所少人往苦道若翻囊不有松
柏操何用擬風霜閑預紫烟表長歌
出昊蒼澄靈无色外應見有緣鄉歲
曜毗漢后辰麗輔郡王伊余非二仙
晦迹於九方亦見流俗子觸眼致酸
傷略謠觀有念寧曰盡衿章佉吒曰
前見先生禪思幽岫一坐百齡大悲
薰心靖念枯骨亦題頌曰悠悠世事
或滋損益使欲塵神攅生悅懌惟此
拈人淵覺先見思形浮沫驕影遄電

累蹴聲華夢醜章并視色悟空読物
傷變捨紛絕有斷習除癒育條曲蔭
白茅以薦依畦啜麻隣崖飲游慧定
計照妙真日眷慈悲有增深想无惓
言音各去尒後月日不復見此二人
傳者云將僧悟共之南岳不及張奴
與杯度相見甚有所敍人所不解度
猶停都少時遊止无定請召或往不
往時南州有陳家頗有衣食度往其
家甚見料理聞都下復有杯度陳家
父子五人咸不信故下都看之果如
其家杯度形相一種陳為設一合蜜
薑及刀子熏陸香手巾等度即食蜜
薑都盡餘物宛在膝前其父子五人
恐是其家杯度即留二弟停都守視
餘三人還家家中杯度如舊膝前亦
有香刀子等但不敢蜜薑為異乃語
陳云刀子鈍可為磨之三弟都還云
彼度已移靈鷲寺其家慶彖黃紙兩
幅作書書不成字合同其背陳問上
人作何等書度不荅竟莫測其然時
吴郡民朱靈期使高驪還值風舶飄
經九日至一洲邊洲上有山山甚高

大入山採薪見有人路靈期乃將數
人隨路告乞行十餘里聞磬聲香烟
於是共稱佛礼拜須臾見一寺甚光
麗多是七寶莊嚴見有十餘僧皆是
石人不動不搖乃共礼拜還反行步
少許聞唱導聲還往更看猶是石人
靈期等相謂此是聖僧吾等罪人不
飫得見因共竭誠懺悔更往乃見真
人為期等設食食味是菜而香美不
同世食竟共叩頭礼拜乞速還至鄉
有一僧云此間去都乃二十餘万里
但令至心不憂不遠也因問期云識
杯度道人不荅言甚識因指北壁有
一囊挂錫杖及鉢云此是杯度許今
因君以鉢與之并作書著函中別有
一青竹杖語言但擲此杖置舫前水
中閉船靜坐不假勞力必令速至於
是辭別令一沙弥送至門上語言此
道去行七里便至舫不須從先路也
如言西轉行七里許即具如所示唯聞舫從嶺
樹木上過都不見水經三日至石頭淮而住亦不
復見竹杖所在舫入淮至朱雀門乃
見杯度騎大航欄以杖捶之曰馬馬何

不行觀者甚多靈期等在舫遥礼之
度乃自下舫取書并鉢開書視之字
無人識者度大笑曰使我還耶取鉢
擲雲中還接之云我不見此鉢四千
年矣度多在延賢寺法意處時世以
此鉢異物競往觀之一說云靈期舫
漂至窮山遇見一僧来云是度上弟
子昔持師鉢而死治城寺令因君以
鉢還師但令一人擎鉢舫前一人正
拖自安隱至也期如所教果獲全濟
時南州杯度當其騎簡之日尒日早
出至晚不還陳氏明旦見門扇上有
青書六字云福德門靈人降字劣可
識其家杯度遂絕迹矣都下杯度猶
去来山邑多行神呪時庾常婢偷物
而叛四追不擒乃問度度云已死在
金城江邊空冢中往看果如所言孔
寧子時為黃門侍郎在廨患痢遣信
請度度呪竟云難差見有四鬼皆被
傷截寧子注曰昔孫恩作乱家為軍
人所破二親及叔皆被痛酷寧子果
死又有齊諧妻胡母氏病衆治不愈
後僧設齋齋坐有僧聰道人勸迎杯

度度既至一呪病者即愈齊諧伏事
為師因為作傳記其從来神異大略
與上同也至元嘉三年九月辞諧入
京留一万錢物寄諧倩為營齋於是
別去行至赤山湖患痢而死諧即為
營齋并接尸還葬建業之覆舟山四
年有吴興邵信者甚奉法遇傷寒病
無人敢看乃悲泣念觀音忽見一僧
来云是杯度弟子語云莫憂家師尋
来相看荅云度師以死何容得来道
人云来復何難便衣帶頭出一合許
散與服之病即差又有杜僧哀者住
在南岦下昔經伏事杯度兒病甚篤
乃思念恨不得度練神呪明日忽見
度来言語如常即為呪病者便愈至
五年三月八日度復来齊諧家呂道
慧聞人怛之杜天期水丘熈等並共見
皆大驚即起礼拜度語衆人言年當
大凶可懃修福業法意道人甚有德
可往就其修立故寺以攘灾禍也須
臾聞上有一僧喚度便辞去云貧道
當向交廣之間不復来也齊諧等拜
送慇懃於是絶迹須世亦言時有見

者既未的其事故无可傳也

釋曇始關中人自出家以後多有異
迹晉孝武大元年末賫經律數十部
往遼東宣化顯授三乘立以歸戒盖
高句驪聞道之始也義熈初復還關
中開導三輔始足白於面雖跣涉泥
水未甞沾濕天下咸稱白足和上時
長安人王胡其叔死數年忽見形還
將胡遍遊地獄示諸果報胡辞還叔
謂胡曰既巳知因果但當奉事白足
阿練胡遍訪衆僧唯見始足白於面
因而事之晉末朔方凶奴赫連勃勃
破獲關中斬戮无數時始亦遇害而
刀不能傷勃勃嗟之普赦沙門悉皆
不煞始於是潜遁山澤修頭陁之行
後拓跋燾復剋長安擅威關洛時有
博陵崔皓少習左道猜嫉釋教既位
居偽輔燾所伏信乃與天師寇氏說
燾以佛化无益有傷民利勸令廢之
燾既惑其言以偽太平七年遂毀滅
佛法分遣軍兵燒掠寺舍統内僧尼
悉令罷道其有竄逸者皆遣人追捕
得必梟斬一境之内無復沙門始唯

閉絶幽深軍兵所不能至至太平之
末始知燾化時將及以元會之日忽
杖錫到宮門有司奏云有一道人足
白於面從門而入燾令依軍法屢斬
不傷遽以白燾燾大怒自以所佩劒
斫之體无餘異唯劒所著處有痕如
布線焉時北園養虎于檻燾令以始
餧之虎皆潜伏終不敢近試以天師
近檻虎輙鳴吼燾始知佛化尊高黄
老所不能及即延始上殿頂礼足下
悔其諐失始為說法明辯因果燾大
生愧懼遂感癘疾崔寇二人次發悪
病燾以過由於彼於是誅剪二家門
族都盡宣下國中興復正教俄而燾
卒孫濬襲位方大弘佛法盛迄于今
始後不知所終

釋法朗高昌人幼而執行精苦多諸
徵瑞韜光藴徳人莫測其所階朗師
釋法進亦高行沙門進甞閉户獨坐
忽見朗在前問從何處来荅云從户
鑰中入云與遠僧倶至日既將中願
為設食進即為設食唯聞上鉢之聲
竟不見人昔廬山慧遠甞以袈裟遣

進進即以為覼朗去衆僧巳去別日
當取之後見執羆者就進取衣進即
與之訪常執羆者皆去不取方知是先
聖人權迹取也至魏虜毀滅佛法朗
西適龜兹龜兹王與彼國大禪師結
約若有得道者至當為我說我當供
養及朗至乃以白王王待以聖礼後
終於龜兹焚屍之日兩眉涌泉直上
于天衆歎希有收骨起塔後西域人
来北土具傳此事時凉州復有沙門
智整亦貞苦有異行為玄
主揚難當所事後入寒峽山石穴中
不返
邵碩者本姓邵名碩始康人居无常
所怳忽如狂為人大口眉目醜拙小
兒好追而弄之或入酒肆同人酣飲
而性好佛法每見形像无不礼拜贊
歎悲感流涙碩本有三男二女大男
恵生者亦出家碩以宋初亦出家入
道自稱碩公出入行住不擇晝夜遊
歷益部諸縣及往蠻中皆因事言謔
恊以勸善至人家眠地者家必有死
就人乞細席必有小兒亡時戓以此

為識至四月八日成都行像碩於衆
中匍匐作師子形尒日郡縣亦言見
碩作師子形乃悟其分身也刺史蕭
恵開及劉益明等並挹事之益明以
男子衣衣二妾試碩去以此二人給
公為左右可乎碩為人好韻語乃謂
曰寧自乞酒以清醼不能與阿夫竟
殘年後一朝忽著布帽詣益明少時
明卒先是益明長史沈仲玉改鞭杖
之格嚴重常科碩謂玉曰天地嗷嗷
從此起若除鞭格得刺史玉信而除
之及益明卒仲玉果行州事以宋元
徽元年九月一日卒岷山通雲寺臨
亡語道人法進云可露吾骸急繫屐
著脚既而依之出尸置寺後經二日
不見所在俄而有人從郫縣来過進
云昨見碩公在市中一脚著屐謾語
云小子無宜適失我屐一隻進驚而
撿問沙弥沙弥荅云近送屍時怖懼
右脚一屐不得好繫遂失之其迹詭
異莫可測也後竟不知所終
釋慧安未詳何許人少經被虜屬荆
州人為奴執役懃緊主甚愛之年十

八聽出家上江陵琵琶寺風貌庸率
頗共輕之時為沙弥衆僧列坐輙使
行水安恒執空瓶從上至下水常不
竭時咸以異焉及受具戒稍顯靈迹
嘗月晦夕共同學慧濟上堂布薩堂
户未閞安乃綰濟指從壁隙而入出
亦如之濟甚駭懼不敢發言後乃與
濟共至塔下便語濟云吾當遠行今
與君別須之便見天人伎樂香花布
滿空中濟唯驚懼竟不得語安又謂
曰吾前後事迹慎无妄說說必有咎
唯西南有一白衣是新發意菩薩可
具為說之於是辝去便附商人入湘
川中路患痢極篤謂舩主曰貧道命
必應盡但出置岸邊不須器木氣絶
之後即施虫鳥商人依其言出卧岸
側夜見火炎從身而出商人恠懼就
經往觀之巳氣絶矣商人行至湘東
見安亦巳先至俄又不知所之濟後
至陟屺寺詣隱士南陽劉虯具言其
事虯即起遥礼之謂濟曰此得道之
人入火光三昧也時蜀中又有僧覽
法衞並有異迹人亦疑得聖果

釋法匱本姓阮吳興於潛人少出家為京師祇園寺法楷弟子楷素有學功特精經史瑯琊王奐王肅並共師焉匱為性恭默少語言撲然自守不涉人事誦法華經一部寺有上座釐勝法師老病匱從為依止營護甚至及勝亡殯葬如法每齋會得直聚以造栴檀像像成自設大會其本家僑居京師大市是旦還家又至定林復還祇園後三處孝覆皆見匱來中食實是一時而三處赴焉尒日晚還房卧奄然而卒尸甚香軟手屈二指衆咸悟其得果時猶為沙弥而靈迹殊異遂聞於武帝帝親臨幸為會僧設供文惠文宣並到房頂礼為營理葬殯百姓雲赴嚫施重疊仍以所得利養起祇園寺塔是歲齊永明七年也

釋僧惠姓劉不知何許人在荊州數十年南陽劉虬立陟屺寺請以居之時人見之已五六十年終亦不老舉止趍尒无甚威儀往至病人家若瞋者必死喜者必差時咸以此為識凡未相識者並悉其覩表存亡惠嘗至

江邊告津吏求度吏迫以舟小未及過之須臾已見惠在彼岸諸人咸歎神異中山甄恬南平車曇同日請惠惠皆赴之後兩家撿覆方知分身齊永明中文惠要下京行遇保誌誌撫背曰赤龍子他无所言惠後還荊遇見鎮西長史劉景蕤忽泣慟而授之數日蕤果為刺史所害後至湘州城南忽去地中有碑衆人試掘果得二枚惠後不知所終或云永元中卒於江陵時江陵長沙寺又有釋慧遠者本沙門惠印之蒼頭也印見其有信因為出家仍行般舟之業數歲勤苦遂有神異能分身赴請及預記興亡等

釋慧通不知何許人也宋元嘉中見在壽春衣服趍尒寢宿无定遊歷村里飲讌食噉不異恒人常自稱鄭散騎言未然之事頗時有驗江陵有邊僧歸者遊賈壽春將應反鄉路值慧通稱欲寄物僧歸時自負重擔固以致辭遂強置擔上而了不覺重行數里便別去謂僧歸曰我有姊在江陵

作尼名惠緒住三層寺君可為我相聞道尋欲往言訖忽然不見顧視擔上所寄物亦失僧歸既至尋慧緒具說其意緒既无此弟亦不知何以而然乃自往壽春尋之竟不相見通後自往江陵而慧緒已死入其房中許問委悉因留江陵少時路由人家墳墓無不悉其氏族死亡年月傳以相問並如言或時縣指偷刼道其罪狀於是群盜還見通者輙閒行避走又於江津路值一人忽以杖打之語去可駛歸去看汝家若為此人至家果延火所及舍物蕩盡齊永元初忽就相識人任漾求酒甚急云今應遠行不復相見為謝諸知識並宜精懃善為先飲酒畢至牆邊卧地就看已死後數十日復有人於市中見之追及共語反之乃失

釋保誌本姓朱金城人少出家止京師道林寺師事沙門僧儉為和上脩習禪業至宋大始初忽始僻異居止無定飲食无時髮長數寸常跣行街巷執一錫杖杖頭掛剪刀及鏡或掛

一兩疋帛齊建元中稍見異迹數日
不食亦無飢容與人言始若難曉後
皆効驗時或賦詩言如讖記京土士
庶皆共事之齊武帝謂其惑衆収駐
建康明旦人見其入市還撿獄中誌
猶在焉誌語獄吏門外有兩轝食來
金鉢盛飯汝可取之既而齊文慧太
子竟陵王子良並送食餉誌果如其
言建康令呂文顯以事聞武帝帝既
延入居之後堂時屏除內宴誌亦隨
衆出既而景陽山上猶有一誌與七
僧俱帝怒遣推撿失所在問吏啓云
誌久出在省方以墨塗其身時僧正
法獻欲以一衣遺誌遣使於龍光罽
賔二寺求之並云昨宿旦去又至其
常所造厲侯伯家尋之伯云誌昨在
此行道旦眠未覺使還以告獻方知
其分身三處宿焉誌常盛冬袒行沙
門寶亮欲以納衣遺之未及發言誌
忽來引納而去又時就人求生魚鱠
人為辦覔致飽乃去還視盆中魚游
活如故誌後假武帝神力見高帝於
地下常受錐刀之苦帝自是永廢錐

刀齊衛尉胡諧病請誌誌往跡云明
屈明日竟不往是日諧亡載尸還宅
誌云明屈者明日屍出也齊太尉司
馬殷齊之隨陳顯達鎮江州辭誌誌畫紙作
一樹樹上有鳥語云急時可登此後
顯達逆即留齊之鎮州及敗齊之叛
入廬山追騎將及齊之見林中有一
樹樹上有鳥如誌所畫悟而登之鳥
竟不飛追者見鳥謂无人而反卒以
見免齊屯騎桑偃將欲謀反往詣誌
誌遥見而走大呼云圍臺城反逆斫
頭破腹後末旬事發偃叛往朱方為
人所得果斫頭破腹梁鄱陽忠烈王
甞屈誌来第會忽令覔荊子甚急既
得安之門上莫測所以少時王便出
為荊州刺史其預鑒之明此類非一
誌多去来興皇淨名兩寺及今上龍
興甚見崇礼先是齊時多禁誌出入
今上即位下詔曰誌公迹拘塵垢神
遊冥寂水火不能燋濡蛇虎不能侵
懼語其佛理則聲聞以上談其隱倫
則遁仙高者豈得以俗士常情空相
拘制何其鄙狹一至於此自今行来

隨意出入勿得復禁誌自是多出入
禁內天監五年冬旱雩祭備至而未
降雨誌忽上啓云誌病不差就官乞
活若不啓百官應得鞭杖願於華光
殿講勝鬘請雨上即使沙門法雲講
勝鬘講竟夜便大雪誌又云須一盆
水加刀其上俄而雨大降高下皆足
上甞問誌云弟子煩惑未除何以治
之荅云十二識者以為十二因緣治
惑藥也又問十二之旨云旨在書字
時節刻漏中識者以為書之在十二
時中又問弟子何時得靜心修習荅
云安樂禁識者以為禁者止也至安
樂時乃止耳後法雲於華林講法華
至假使黑風誌忽問風之有無荅云
世諦故有第一義則无也誌往復三
四番便笑云若體是假有此亦不可
解難可解其辝旨隱没類皆如此有
陳御虜者舉家事誌甚篤誌甞為其
現真形光相如菩薩像焉誌知名顯
奇四十餘載士女恭事者數不可稱
至天監十三年冬於臺後堂謂人曰菩
薩將法未及旬日無疾而終尸骸香

歎形貌熙悅臨亡然一燭以付後閤
舍人吴慶慶即啓聞上歎日大師不
復留矣燭者將以後事屬我乎因厚
加殯送葬于鍾山獨龍之阜仍於墓
所立開善精舍勅陸倕製銘辭於冢
内王筠勒碑文於寺門傳其遺像處
處存焉初誌顯迹之始年可五六十
許而終亦不老人咸莫測其年有徐
捷道者居于京師九日臺北自言是
誌外舅弟小誌四年計誌亡時應年
九十七時梁初蜀中又有道香僧朗
亦並有神力云
論曰神道之為化也蓋以抑夸强摧
侮慢挫凶銳解塵紛至若飛輪御寶
則善信歸降竦石參煙則力士潛伏
當知至治无心剛柔在化自晋惠失
政懷愍播遷中州寝蕩群羯乱交淵
曜篡虐於前勒虎僭凶於後郡國分
崩民遭屠炭澄公憫鋒鏑之方始痛
形害之未央遂彰神化於葛陂騁懸
記於襄鄴籍秘呪而濟將盡擬香氣
而拔臨危瞻鈴映掌坐定吉凶終令
二石稽首荒裔子来澤潤蒼萌固无

以校也其後佛調耆域涉公杯度等
或韜光晦影俯同迷俗或顯現神奇
遥記方地或死而更生或空後空槨
靈迹怪詭莫測其然但典章不同祛
取亦異至如劉安李脱書史則以為
謀僭妖蕩仙録則以為羽化雲翔夫
理之所貴者合道也事之所貴者濟
物也故權者反常而合道利用以成
務然前傳所紀其詳莫究由法身應
感或是遁仙高逸但使一介兼人便
足高矣至如慧則之感香甕能致痼疾
消瘳史宗之過漁梁乃令潛鱗得命
白足臨刃不傷遺法為之更始保誌
分身負戶帝王以之加信光雖和而
弗汙其體塵雖同而弗渝其真故先
代文紀並見宗録若其夸衒方伎左
道乱時因神藥而高飛籍芳芝而壽
考與夫雞鳴雲中狗吠天上蛇鵠不死
龜靈千年曾是為異乎
贊曰土資水澤金由火煎强梁匿化
假見威權澄照襄土開導蕃川惠茲
雨蒸緩彼四邊如不緊頼民命何全

高僧傳卷第十

高僧傳卷第十

校勘記

一　底本，金藏廣勝寺本。

一　三九八頁中一行經名，清作「高僧傳卷第十一」，卷末經名同。

一　三九八頁中二行撰者，資、磧、普、南作「梁會稽嘉祥沙門慧皎撰」；徑、清作「梁會稽嘉祥寺沙門慧皎撰」。

一　三九八頁中三行「揵陁勒一」，磧、南作「昏槃鵄山揵陁勒一」(「昏槃鵄山」作小字)。

一　三九八頁中一二行首字「雖」，諸本(不含石，下同)作「衆雖」。

一　三九八頁中一八行第一一字「去」，麗作「寺去」。

一　三九八頁中一九行第四字「朝」，諸本作「朝朝」。

一　三九八頁下三行「懋陽」，資、磧、普、南、徑、清作「懋陽」；麗作「樊陽」。

一　三九八頁下一一行「拔足」，諸本作「既拔足」。

一　三九八頁下一三行「竭坐」，諸本作「端坐」。又末字「國」。麗作「西國」。

一　三九八頁下一五行「西域」，諸本作「後西域」。

一　三九八頁下一六行「自親」，諸本作「親自」。

一　三九八頁下一七行第二字「屍」，資、磧、普、南、徑、清作「見屍」。

一　三九九頁上九行第一三字「稚」，徑、清作「雅」。

一　三九九頁上一五行「淹没」，麗作「漂没」。

一　三九九頁上一六行第三字至一九行末字「時……云」，磧、普、南、徑、清無。

一　三九九頁上一九行首字「習」，麗作「俗習」。

一　三九九頁中三行第一〇字「經」，資、磧、普、南、徑、清無。

一　三九九頁中六行「爲火」，諸本作「爲灾火」。

一　三九九頁中七行首字「娗」，諸本作「延」。

一　三九九頁中八行首字「仍」，麗作「乃」。

一　三九九頁中一〇行第八字「首」，資、磧、普、南、徑、清作「靖首」。

一　三九九頁中一四行「十二」，資、磧、普、南、徑、清作「十一」。

一　三九九頁中一八行「指足」，諸本作「接足」。

一　三九九頁下七行第二字「號」，諸本作「號年建和」。

一　三九九頁下末行「國王」，資、磧、普、南、徑、清作「而欺國王」；麗作「欺國王」。

一　四〇〇頁上一行「節然」，諸本作「節殺」。

一　四〇〇頁上一二行「白土」，徑作「白上」。又「埭賃埭謳」，資、磧、南、徑、清作「埭凭埭」；普作「埭

凭埭」。又第一三字「謳」，麗無。
一 四〇〇頁上一三行「布施」，麗作「施」。
一 四〇〇頁上一八行第七字「紈」，諸本作「汎」。
一 四〇〇頁上二〇行「三十」，資、磧、普、南、徑、清作「二十」。
一 四〇〇頁上二二行第一三字「倩」，資作「請」。
一 四〇〇頁中四行首字「許」，麗作「困」。
一 四〇〇頁中五行首字「堰」，資、磧、普、南、徑、清作「甌」。又第一八字「去」，資、磧、普、南、徑、清無。
一 四〇〇頁中六行第二字「人」，諸本作「人間云」。
一 四〇〇頁中七行第二字「北」，諸本作「江北」。又第七字「埭」，資、磧、普、南、徑、清作「埭」，一九行末字、本頁下五行末字、九行第八字同。
一 四〇〇頁中一一行第四字「常」，徑作「嘗」。又第六字「聽」，麗作「廳」。又第八字「上」，資、磧、普、南、徑、清作「止」。
一 四〇〇頁中一二行第一〇字「看」，諸本作「欲看」。
一 四〇〇頁中一四行第三字「與」，諸本作「與令」。
一 四〇〇頁下一行第一一字「孝」，資、磧、普、南、徑、清作「索」。
一 四〇〇頁下三行第一〇字「受」，磧、普、南、徑、清無。
一 四〇〇頁下一五行「而追」，諸本作「而追之」。
一 四〇〇頁下一六行第七字「水」，諸本作「於水」。
一 四〇〇頁下二〇行第七字「牀」，資、磧、普、南、徑、清作「山」。
一 四〇〇頁下二二行末字「延」，資、磧、普、南、徑、清作「瓜」。
一 四〇一頁上二行第四字「向」，麗作「行向」。
一 四〇一頁上七行「李家」，資、磧、普、南、徑、清作「福於李家」。
一 四〇一頁上一〇行第九字「跪」，資、磧、普、南、徑、清作「家」。又末字「月」，磧、普、南、徑、清作「日」。
一 四〇一頁上一三行第一三字「要」，資、磧、普、南、徑、清作「邀」。
一 四〇一頁上一九行第六字「往」，諸本作「恠」。
一 四〇一頁上二二行首字「邑」，諸本作「邑人」。
一 四〇一頁中九行第六字「皃」，資、磧、普、南、徑、清作「完」。
一 四〇一頁中一〇行「百万許」，諸本作「百許萬」。
一 四〇一頁中一五行「潮溝」，資、磧、普、南、徑、清作「湖溝」。
一 四〇一頁中一七行第三字「濟」，資、磧、普、南、徑、清作「度」。
一 四〇一頁中一九行末字「魚」，資、磧、普、南、徑、清作「漁」。
一 四〇一頁中二〇行第四字「餧」，磧、普、南、徑、清作「殪」。

一 四〇一頁中二〇行末字至二一行首字「游泳」，資、磧、普、南、徑、清作「游活」。
一 四〇一頁中二一行「絧師」，麗作「魚絧師」。
一 四〇一頁中二二行「捻取」，資、磧、普、南、徑、清作「拾取」。又「兩牛」，諸本作「兩水牛」。
一 四〇一頁下二行「天台山」，資、磧、普、南、徑、清作「天台」。
一 四〇一頁下五行第四字「宿」，資、磧、普、南、徑、清作「寘」。
一 四〇一頁下一二行第七字「而」，資作「而下」；磧、普、南、徑、清作「而爲」。
一 四〇一頁下一五行第二字「操」，資、磧、普、南、徑、清作「志」。
一 四〇一頁下一六行第五字「靈」，資、磧、普、南、徑、清作「虛」。
一 四〇一頁下一七行第七字「輔」，資作「傳」；磧、普、南、徑、清作「傳」。
一 四〇一頁下一八行第三字「於」，資、磧、普、南、徑、清作「之」。
一 四〇一頁下一九行第一〇字「衿」，徑、清作「矜」。
一 四〇二頁上一行第五字「夢」，諸本作「薨」。
一 四〇二頁上三行第四字「廌」，資、磧、普、南、徑、清作「薦」。
一 四〇二頁上四行第二字「照」，資、磧、普、南、徑、清作「昭」。
一 四〇二頁上六行第一二字「及」，資、磧、普、南、徑、清作「反」。
一 四〇二頁上一〇行「杯度」，諸本作「一杯度」。又末字「家」，資、磧、普、南、徑、清無。
一 四〇二頁上一八行「三弟」，諸本作「二弟」。
一 四〇二頁上一九行第二字「度」，資、磧、普、南、徑、清作「杯度」。又第一〇字「度」，資無；磧、普、南、徑、清作「杯度」。
一 四〇二頁中五行「還反」，資、磧、普、南、徑、清作「速」。
一 四〇二頁中一〇行「食竟」，磧、普、南、徑、清作「期等食竟」。
一 四〇二頁中二〇行「七里許」，諸本作「七里許至舫」。
一 四〇二頁中二二行第一三字「門」，資、磧、普、南、徑、清無。
一 四〇二頁中末行「大航」，麗作「大船」。又第七字「攔」，資、磧、普、南、徑、清作「蘭」；麗作「欄」。又第九字「杖」，資、磧、普、南、徑、清作「箠」。
一 四〇二頁下七行「窮山」，諸本作「一窮山」。
一 四〇二頁下八行「治城寺」，磧、普、南、徑、清作「治城寺」。
一 四〇二頁下一〇行首字「拖」，資、磧、普、南、徑、清作「柂」。
一 四〇二頁下一一行「騎簡」，資、磧、普、南、徑、清作「騎蘭」；麗作「騎欄」。
一 四〇二頁下二〇行「注曰」，諸本

作「泣曰」。

一　四〇二頁下末行首字「後」，諸本作「後請」。

一　四〇三頁上四行首字「京」，資、磧、普、南、徑、清作「東」。

一　四〇三頁上六行「接尸」，資、磧、普、南、徑、清作「迎尸」。又末字至七行首字「四年」，諸本作「至四年」。

一　四〇三頁上一七行「怛之」，磧、普、南、徑、清作「坦之」。

一　四〇三頁上一八行第八字「度」，資、磧、普、南、徑、清作「度度」。二一行諸本同。

一　四〇三頁上二一行第二字「聞」，資、磧、普、南、徑、清作「間」。

一　四〇三頁中三行「大元」，資、磧、普、南、徑、清作「太元」。又「年末」，諸本作「之末」。

一　四〇三頁中七行「沾濕」，麗作「沾涅」。

一　四〇三頁中一四行首字「刀」，資、磧、普、南、徑、清作「刃」。

一　四〇三頁中一八行第六字「伏」，南、徑、麗作「仗」；清作「杖」。

一　四〇三頁中一九行「佛化」，麗作「佛教」。

一　四〇三頁下七行第一〇字「擥」，資、磧、普、南、徑、清作「檻」。

一　四〇三頁下八行首字「飴」，諸本作「餧」。

一　四〇三頁下二二行「上鉢」，諸本作「匕鉢」。

一　四〇三頁下末行「袈裟」，諸本作「一袈裟」。

一　四〇四頁上八行第一〇字「眉」，資、磧、普、南、徑、清作「肩」。

一　四〇四頁上一〇行「北土」，資、磧、普、南、徑、清作「此土」。

一　四〇四頁上一一行末字「玄」，資無；磧、普、南作「立」；徑、清作「土」。

一　四〇四頁上一四行「始庚」，諸本作「始康」。

一　四〇四頁上二二行第一一字「家」，麗作「人家」。

一　四〇四頁中二行第一〇字「郡」，資、磧、普、南、徑、清作「郭」。

一　四〇四頁中七行首字「日」，諸本作「明日」。同行第七字「清」，麗作「漬」。又第八字「嚥」，資、磧、普、南、徑、清作「醼」。

一　四〇四頁中一六行第一三字「過」，資、磧、普、南、徑、清作「遇」。

一　四〇四頁中一七行「謾語」，諸本作「漫語」。

一　四〇四頁中一九行第一二字「時」，麗作「出時」。

一　四〇四頁中二二行第七字「許」，資、磧、普、南、徑、清無。

一　四〇四頁下八行「共至」，麗作「共坐」。

一　四〇四頁下一八行首字「經」，諸本無。

一　四〇四頁下末行第七字「人」，諸本作「時人」。又末字「果」，麗作

「果也」。

一　四〇五頁上四行「撲然」，南、徑、清作「樸」。

一　四〇五頁上五行末字「壂」，資、磧、普、南、徑、清無。

一　四〇五頁上六行「甚至」，資、磧、普、南、徑、清作「甚多」。

一　四〇五頁上七行第四字「殯」，資、磧、普作「擯」。

一　四〇五頁上一三行第五字「果」，麗作「二果」。

一　四〇五頁上二一行第二字「趍」，資作「起」。

一　四〇五頁中七行末字「投」，磧、普、南、徑、清作「捉」。

一　四〇五頁中一六行第九字「也」，資、磧、普、南、徑、清無。

一　四〇五頁下三行第一一字「尋」，諸本作「尋得」。

一　四〇五頁下五行第四字「徃」，麗作「徃來」。

一　四〇五頁下九行第五字「言」，諸本作「其言」。

一　四〇五頁下一三行首字「果」，麗作「果爲」。

一　四〇五頁下一五行末字「善」，諸本作「修善」。

一　四〇五頁下一八行「反之」，諸本作「久之」。

一　四〇五頁下二一行「大始」，諸本作「太始」。又第一〇字「始」，諸本作「如」。

一　四〇六頁上二行第九字「言」，麗作「言語」。

一　四〇六頁上四行第三字「共」，資、磧、普、南、徑、清作「敬」。

一　四〇六頁上九行末字至一〇行首字「既延」，麗作「即迎」。

一　四〇六頁上一二行「在問」，資、磧、普、南、徑、清作「闇」。

一　四〇六頁上一八行第九字「常」，資、磧、普、南、徑、清作「嘗」。

一　四〇六頁中一行「徃疏」，磧、普、南、徑、清作「注疏」。

一　四〇六頁中六行第四字「即」，資、磧、普、南、徑、清作「節」。

一　四〇六頁中一一行第一二字「反」，諸本作「欲反」。

一　四〇六頁中一二行第五字「末」，資、磧、普、南、徑、清作「未」。

一　四〇六頁中一四行首字「嘗」，資、磧、普、南、徑、清作「恢嘗」。

一　四〇六頁中一五行「莫惻」，諸本作「莫測」。又第一三字「便」，資、磧、普、南作「使」。

一　四〇六頁中二一行「隱倫」，磧、普、南、徑、清作「隱淪」。

一　四〇六頁中末行「行來」，麗作「行道來往」。

一　四〇六頁下四行首字「活」，麗作「治」。

一　四〇六頁下六行第一二字「傾」，諸本作「須」。

一　四〇六頁下九行「答云」，資、磧、普、南、徑、清作「誌答云」。

一　四〇六頁下一〇行第一〇字「云」，

諸本作「答云」。
一 四〇六頁下一四行「華林」，資、磧、普、南、徑、清作「華林殿」；麗作「華林寺」。
一 四〇六頁下一七行第一一字「此」，磧、普、南、徑、清作「許」。
一 四〇六頁下一九行「陳御虜」，資、磧、普、南、徑、清作「陳征虜」。
一 四〇六頁下末行第三字「法」，諸本作「去」。
一 四〇七頁上一行第八字「然」，磧、普、南、徑、清作「自然」。
一 四〇七頁上四行第二字「殯」，資、磧、普作「擯」。
一 四〇七頁上一一行「九十七」，麗作「九十七矣」。
一 四〇七頁上一七行第一〇字「群」，資、磧、普、南、徑、清作「羣」。
一 四〇七頁上一九行「屠炭」，徑、清作「塗炭」。
一 四〇七頁上二〇行「形害」，諸本作「刑害」。
一 四〇七頁上末行「蒼萌」，磧、普、南、徑、清作「蒼生」。
一 四〇七頁中三行「窆墎」，資、磧、普、南、徑、清作「空郭」。
一 四〇七頁中四行末字「祛」，南、徑、清作「去」。
一 四〇七頁中九行第一一字「由」，諸本作「或由」。
一 四〇七頁中一〇行「一介」，資、磧、普、南、徑、清作「一分」。又第一三字「人」，麗作「又」。
一 四〇七頁中一一行第二字「高」，麗無。
一 四〇七頁中一四行「員户」，南、徑、清、麗作「圓户」。
一 四〇七頁中二一行第七字「裊」，諸本作「褭」。
一 四〇七頁中二二行「雨葉」，諸本作「兩葉」。又第三字「緩」，諸本作「綏」。

高僧傳卷第十一　內

梁會稽嘉祥寺沙門釋慧皎撰

習禪二十一人　明律十三人

竺僧顯一

竺僧顯本姓傅氏北地人貞苦善戒節蔬食誦經業禪為務常獨處山林頭陁人外或時數日入禪亦无飢色時劉曜寇蕩西京朝野崩乱顯以晉太興之末南逅江左復歷名山修己恒業後遇疾綿篤乃屬想西方心甚苦至見无量壽佛降以真容光照其身所苦都愈是夕更起澡浴為同住及侍疾者說已所見并陳誡因果辭甚精析至明清晨平坐而化室內有殊香旬餘乃歇

帛僧光二

帛僧光或云曇光未詳何許人少習禪業晉永和初遊于江東投剡之石城山山民咸云此中舊有猛獸之災及山神縱暴人蹤久絕光了无懼色雇人開剪負杖而前行入數里忽大風雨群虎號鳴光於山南見一石室仍止其中安禪合掌以為栖神之處至明旦雨息乃入村乞食夕復還中經三日乃夢見山神或作虎形或作虵身競來怖光光一皆不恐經三日又夢見山神自移往章安縣幹山住推室以相奉尔後薪採通流道俗宗事樂禪來學者起茅茨於室側漸成寺舍因名隱岳光每入定輒七日不起處山五十三載春秋一百一十歲晉太元之末以衣蒙頭安坐而卒衆僧咸謂依常入定過七日後怪其不起乃共看之顏色如常唯鼻中无氣

神還雖久而形骸不朽至宋孝建二年郭鴻任剡入山礼拜試以如意撥骨颯然風起衣服銷散唯白骨在焉鴻大愧懼収之於室以塼壘基収而泥之畫其形像于今尚存

竺曇猷三

竺曇猷或云法猷燉煌人少苦行習禪定後遊江左止剡之石城山乞食坐禪嘗行到一行蠱家乞食猷呪願竟忽有蜈蚣從食中跳出猷快食无他後遊始豐赤城山石室坐禪有猛獸數十蹲在猷前猷誦經如故一虎獨睡猷以如意扣虎頭問何不聽經俄而群虎皆去有頃壯蛇競出大十餘圍循環往復舉頭向猷經半日復去後一日神見形詣猷曰法師威德既重来止此山弟子輙推室以相奉猷曰貧道尋山願得相值何不共住神曰弟子无為不尒但部屬未洽法化卒難制語遠人来往或相觸人神道異是以去耳猷曰本是何神居之久近欲移何處去耶神曰弟子夏帝之子居此山二千餘年寒石山是

家舅所治當往彼住尋還山陰廟臨別執手贈猷香奩於是鳴鞞吹角陵雲而去赤城山山有孤巖獨立秀出千雲猷摶石作梯昇巖宴坐接竹傳水以供常用禪學造者十有餘人王羲之聞而故往仰峯高挹致敬而返赤城巖與天台瀑布靈溪四明並相連屬而天台懸崖峻峙峯嶺切天古老相傳云上有佳精舍得道者居之雖有石橋跨澗而横石斷人且莓苔青滑自終古以来无得至者猷行至橋所聞空中聲曰知君誠篤今未得度却後十年自當来也猷心悵然夕留中宿聞行道唱薩之聲旦復欲前見一人鬚眉皓白問猷所之猷具荅意公曰君生死身何可得去吾是山神故相告耳猷乃退還道經一石室過中憩息俄而雲霧晦合室中盡鳴猷神色無變明旦見人著單衣幘来曰此乃僕之所居昨行不在家中遂致搔動大深愧怍猷曰若是君室請以相還神曰僕家室已移請留令住猷停少時猷每恨不得度石橋後潔齋累日

復欲更往見横石洞開度橋少許覩精舍神僧果如前所説因共燒香中食食畢神僧謂猷曰却後十年自當来此今未得住於是而返顧看横石還合如初晉太元中有妖星帝普下諸國有德沙門令齋懺悔攘灾猷乃祈誠冥感至六日旦見青衣小兒来過云横勞法師是夕星退别說云接星是帛僧光未詳猷以太元之末卒於山室屍猶平坐而舉體緑色晉義熙末隱士神世標入山登巖故見猷屍不朽其後欲往觀者輙雲霧所惑無得窺也時又有慧開慧真等亦善禪業入餘姚靈秘山各造方丈禪龕于今尚在

慧嵬四

釋慧嵬不知何人止長安大寺戒行澄潔多栖處山谷修禪定之業有一無頭鬼来嵬神色无變乃謂鬼曰汝既無頭便无頭痛之患一何快哉鬼便隱形復作无腹鬼来但有手足嵬又曰汝无腹便無五藏之憂一何樂哉須臾復作異形嵬皆隨言遣之後

又時天甚寒雪有一女子来求寄宿形貌端正衣服鮮明姿媚柔雅自稱天女以上人有德天遣我来以相慰喻談說欲言勸動其意嵬執心貞確一心無擾乃謂女曰吾心若死灰无以革囊見試女遂陵雲而逝顧而歎日海水可竭須弥可傾彼上人者秉志堅貞後以晉隆安三年與法顯俱遊西域不知所終

賢護五

釋賢護姓孫涼州人来止廣漢閻興寺常習禪定為業又善於律行纖毫無犯以晉隆安五年臨亡口出五色光明照滿寺内遺言使燒身弟子行之既而支節都盡唯一指不然因埋之塔下

支曇蘭六

支曇蘭青州人蔬食樂禪誦經三十万言晉太元中遊剡後憩始豐赤城山見一處林泉清曠而居之經于數日忽見一人長大數呵蘭令去又見諸異形禽獸以恐蘭見蘭恬然自得乃屈膝礼拜云珠欺王是家舅今往

韋鄉山就之推此處以相奉尒後三年忽聞車騎隱隱從者弥峯儀而有人著幘稱珠欺王通既前從其妻子男女等二十三人並形貌端整有逾於世既至蘭所暄凉訖蘭問往在何處荅云樂安縣韋鄉山久服風問今與家累仰投乞受歸戒蘭即授之受法竟𧹞錢一万蜜二器辞別而去便聞鳴笳動吹響振山谷蘭禪衆十餘共所聞見晉元熙中卒於山春秋八十有三矣

法緒七

釋法緒姓混高昌人德行清謹蔬食修禪後入蜀於劉師冢間頭陁山谷虎兕不傷誦法華維摩金光明常處石室中且禪且誦盛夏於室中捨命七日不臭屍左側有香經旬乃歇每夕引光照徹數里村人即於屍上為起冢塔焉

玄高八

釋玄高姓魏本名靈育馮翊万年人也母寇氏本信外道始適魏氏首孕一女即高之長姊生便信佛乃為母

祈願願門无異見得奉大法母以僞秦弘始三年夢見梵僧散華滿室覺便懷胎至四年二月八日生男家内忽有異香及光明照壁迄旦乃息母以兒生瑞兆因名靈育時人重之復稱世高年十二辞親入山久之未許異日有一書生寓家宿去欲入中常山隱父母即以高憑之是夕咸見村人共相祖送明旦村人盡来候高母云昨已相送今復覔耶村人云都不知行豈容已送父母方悟昨之迎送乃神人也高初到山便欲出家山僧未許云父母不聽法不得度高於是蹔還家啓求入道經涉兩旬方卒先志既背俗乖世改名玄高聦敏生知學不加思至年十五已為山僧說法受戒已後專精禪律聞關右有浮馱跋陁禪師在石羊寺弘法高徃師之旬日之中妙通禪法跋陁歎曰善哉佛子乃能深悟如此於是卑顔推遜不受師礼高乃杖策西秦隱居麦積山山學百餘人崇其義訓禀其禪道時有長安沙門釋曇弘秦地高僧隱

在此山與高相會以同業友善時乞佛熾槃跨有隴西西接凉土有外國禪師曇無毗来其國領徒立衆訓以禪道然三昧正受既深且妙隴右之僧稟承盖寡高乃欲以己率衆即從毗受法旬日之中毗乃反啓其志時有河南二僧雖形為沙門而權侔偽相恣情乖律頗忌學僧曇无毗既西返舍夷二僧乃向河南王世子曼讒搆玄高蓄聚徒衆將為國災曼信讒便欲加害其父不許乃擯高往河北林陽堂山山古老相傳云是群仙所宅高徒衆三百往居山舍神情自若禪慧弥新忠誠冥感多有靈異磬既不擊而鳴香亦自然有氣應真仙士往往来遊猛獸馴伏蝗毒除害高學徒之中遊刃六門者百有餘人有玄紹者秦州隴西人學究諸禪神力自在手指出水供高洗漱其水香淨倍異於常每得非世華香以獻三寶靈異如紹者又十一人紹後入堂術山蟬蛻而逝昔長安曇弘法師遷流岷蜀道洽成都河南王藉其高名遣使迎

接弘既聞高被擯撍欲申其清白乃不顧棧道之難冒險從命既達河南賓主儀異便謂王曰既深監遠識何以信讒棄賢貧道所以不遠數千里正欲獻此一白王及太子赧然愧悔即遣使詣高卑辭遜謝請高還邑高既廣濟為懷忘忿赴命始欲出山山中草木摧折崩石塞道高呪願曰吾撍志弘道豈得滯方乃風息路開漸還到國王及臣民近道候迎内外敬奉崇為國師河南化畢進遊凉土沮渠蒙遜深相敬事集會英賓發高勝解西海有樊僧印亦從高受學志狹量褊得少為足便謂己得羅漢頓盡禪門高乃密以神力令印於定中備見十方無極世界諸佛所說法門不同印於一夏尋其所見永不能盡方知定水无底大生愧懼時魏虜託跋燾僭據平城軍侵凉境燾舅陽平王杜請高同還偽都既達平城大流禪化偽太子晃事高為師晃一時被讒為父所疑乃告高曰空羅枉苦何由得脫高令作金光明齋七日懇懺

燾乃夢見其祖及父皆執劒烈威問汝何故信讒言枉疑太子燾驚覺大集群臣告以所夢諸臣咸言太子無過實如皇靈降誥燾於太子無復疑焉盖高誠感之力也燾因下書曰朕承祖宗重光之緒思闡洪基恢隆万代武功雖昭而文教未暢非所以崇太平之治也今者域内安逸百姓富昌宜定制度為万世之法夫陰陽有往復四時有代序授子任賢安全相付所以休息疲勞式固長久古今不易之令典也朕諸功臣勤勞日久當致仕歸第雍容高爵頤神養壽論道陳謨而已不須復親有司若劇之職其令　皇太子副理万機揔統百揆更舉良賢以備列職擇人授任而黜陟之故孔子曰後生可畏焉知来者之不如今於是朝士庶民皆稱臣於太子上書如表以白紙為別時崔皓寇天師　先得寵於燾恐晃纂承之日奪其威柄乃譖云太子前事實有謀心但結高公道術故令先帝降夢如此初論事迹稍形若不誅除必為

巨害壽遂納之勃大怒即勑収高高先時嘗密語弟子云佛法應衰吾與崇公首當其禍乎于時聞者莫不慨然時有涼州沙門釋慧崇是偽魏尚書韓万德之門師既德次於高亦被疑阻至偽太平五年九月高與崇公俱被幽縶其月十五日就禍卒於平城之東隅春秋四十有三是歲宋元嘉二十一年也當尒之夕門人莫知是夜三更忽見光繞高先所住處塔三匝還入禪窟中因聞光中有聲云吾逝矣弟子方知已化哀號痛絕既而迎屍於城南曠野沐浴遷殯兼營理崇公別在異處一都道俗無不嗟駭弟子玄暢時在雲中去魏都六百里忽見一人告之以變仍給六百里馬於是揚鞭而返晚間至都見師已亡悲慟斷絕因與同學共泣曰法今既滅頗復興不如脫更興請和上起坐和上德匪常人必當照之矣言畢高兩眼稍開光色還悅體通汗出其汗香甚須臾起坐謂弟子曰大法應化隨緣盛衰盛衰在迹理恒湛然但

念汝等不久復應如我耳唯有玄暢當得南度汝等死後法當更興善自脩心无令中悔言已便卧而絕也明日還柩欲闍維之國制不許於是營墳即窆道俗悲哀號泣望斷有沙門法達為偽國僧正欽高日久未獲受業忽聞怛化因而哭曰聖人去也當復何依累日不食常呼高上聖人自在何能不一現應聲見高飛空而至達頂礼求哀願見救護高曰君業重難救當可如何自今以後依方等苦悔當得轉受達曰脫得苦報願見驗救高曰不忘一切寧獨在君達又曰法師與崇公並生何處高曰吾願生惡世救護衆生即已還生閻浮崇公常祈安養已果心矣達又問不審法師已階何地高曰我諸弟子自有知者言訖奄然不見達密訪高諸弟子咸云得忍菩薩至偽太平七年誅跋壽果毀滅佛法悉如高言時河西國沮渠茂虔時有沙門曇曜亦以禪業見稱偽太傅張潭伏膺師礼

僧周九

釋僧周不知何人姓高烈有奇志操而韜光晦迹人莫能知常在嵩高頭陁坐禪魏虜將滅佛法周謂門人曰大難將至乃與眷屬數十人共入寒山山在長安西南四百里蹊谷險阻非軍兵所至遂卜居焉俄而魏虜肆暴傳者悉斃其後尋悔誅滅崔氏更興佛法偽永昌王鎮長安奉旨將更修立訪求沙門時有說寒山有僧德業非凡王即遣使徵請周辭以老疾令弟子僧亮應命出山周後將殂告弟子曰吾將去矣其夕見火從繩牀後出燒身經二日方盡烟焰張天而房不燼弟子収遺灰架以塼塔弟子僧亮姓李長安人受業於僧周初永昌王謂僧無敢應者咸以言佛法初興疑有不測之慮亮曰像運寄人正在今日若被誅剪自身當之如其獲全則道有更振之期又僧周加勸於是隨使至長安未至之頃王及民人掃灑街巷比室候迎王親自枉道接足致敬亮為陳誡罪福訓示因果言約理詣和而且切聽者悲憙各不自

勝於是脩復故寺延請沙門関中大法更興亮之力也

慧通十

釋慧通関中人少止長安太后寺蔬食持呪誦增一阿含經初從涼州禪師慧詔諮受禪業法門觀行多所遊刃常祈心安養欲棲神彼國微疾乃於禪中見一人來形甚端嚴語通言良時至矣須臾見無量壽佛光相暉然通因覺禪具告同學所見言訖便化異香在房三日乃歇春秋五十九矣

淨度十一

釋淨度吳興餘杭人少愛遊獵嘗射孕鹿墮胎鹿母銜痛猶就地舐子度乃心悟因摧弓折矢出家蔬食誦經三十餘万言常獨處山澤坐禪習誦若邑中有齋集輙身然九燈端然達曙以為供養如此者累年後忽告弟子云令辦香湯洗浴說法數千章誡以生死因果言訖奄然而化蕭鼓香烟自空而至同時眷屬數十人皆所聞見

僧從十二

釋僧從未詳何人廩性虛靜隱居始豐瀑布山學兼內外精脩五門不服粲唯餌棗栗至年百歲氣力休强礼誦無輟與隱士褚伯玉為林下之交每論道說義輙留連信宿後終於山中

法成十三

釋法成涼州人十六出家學通經律不餌五穀唯食松脂隱居巖穴習禪為務元嘉中東海王懐素出守巴西聞風遣迎會於涪城夏坐講律事竟辭反因停廣漢復弘禪法後小疾便告眾云成常誦寶積經於是自力誦之始得半卷氣劣不堪乃令人讀之一遍纔竟合掌而卒侍疾十餘人咸見空中紺馬背負金棺昇空而逝

慧覽十四

釋慧覽姓成酒泉人少與玄高俱以寂觀見稱覽曾遊西域頂戴佛鉢仍於罽賓從達摩達比丘諮受禪要摩達曾入定往兜率天從弥勒受菩薩戒後以戒法授覽覽還至于填復以戒法授彼諸僧後乃歸路由河南河南吐谷渾慕延世子瓊等敬覽德問

遣使并資財令於蜀立左軍寺覽即居之後移羅天宮寺宋文請下都止鍾山定林寺孝武起中興寺復勑令移住京邑禪僧皆隨踵受業吳興沈演朱昌孟顗並欽恭道德為造禪定室於寺東大明中卒春秋六十餘矣

法期十五

釋法期姓向蜀都郫人早喪二親事兄如父十四出家從智猛諮受禪業與靈期寺法林同共習觀猛所諳知皆已證得後遇玄暢復從進業及暢下江陵期亦隨從十住觀門所得已九有師子奮迅三昧唯此未盡暢歎曰吾自西至流沙北履幽漠東探禹穴南盡衡羅唯見此一子特有禪分後卒於長沙寺春秋六十二神光映尸體更香絜時蜀龍花寺又有釋道果者亦以禪業顯

道法十六

釋道法姓曹燉煌人起家入道專精禪業亦時行神呪後遊成都王休之費鏗之請為異樂香積二寺主訓眾有法常行分衛不受別請及僧食乞

食所得常減其分以施虫鳥每夕輙脫衣露坐以食蚊蝱如此者累年後入定見弥勒放齊中光照三途果報於是深加篤勵常坐不臥元徽二年於定中滅度卒坐繩床貎悅恒日

普恒十七

釋普恒姓郭蜀郡人也為兒童時常於日光中見聖僧在空中說法向家人序之並未之信後咨求出家止治下安樂寺獨處一房不立眷屬習靖業禪善入出住與蜀韜律師為同意自說入火光三昧光從眉直下至金剛際於光中見諸色像先身業報煩亦明了宋昇明三年卒春秋七十有八未亡月日忽與親知告別竟无感顏時及謂是戲言將終之日微有病相唯俗家一奴看之明旦平坐而卒奴不解強取卧之屍竟不申衆僧來見便令坐之手屈三指其餘皆申衆僧咸取捋之隨手即申申已復更屈生時體黑死更潔白於是依得道法闍維之薪積始然便有五色烟起殊香芬馥利將王玄載乃為之讃曰大

覺眇無像懸應貴志靖一念會道場空過万劫永信心虛東想過聖藻西影妙趣澄三界傳神四禪境恪物故衆差真性理恒炳韜光寄浮世遺德方化迫

法晤十八

釋法晤齊人家以田桒為業有男六人普皆成長晤年五十喪妻舉家蕃然慕道父子七人悉共出家南至武昌履行山水見樊山之陽可為幽栖之處本隱士郭長翔所止於是有意終焉時武昌太守陳沆晦聞而奇之因為剪邏開山造立房室晤不食粳米常資麦飯日一食而已誦小大品法華常六時行道頭陁山澤不避虎兕有時在樹下坐禪或經日不起以齊永明七年卒於山中春秋七十有九後有沙門道濟踵其高業今武昌謂其所住為頭陁寺焉

僧審十九

釋僧審姓王太原祁人晉驃騎沉之後也祖世寓居譙郡審少出家止壽春石澗寺誦法華首楞嚴常謂非禪

不智於是專志禪那聞曇摩密多道王京邑乃拂衣過江止于靈曜寺精勤諮受曲盡深奧時群刧入山審端坐不動賊乃脫衣以施之又說法訓勗刧賊慚愧流汗作礼而去靈鷲寺慧高從之受禪業乃請審還寺別立禪房清河張振後又請居栖玄寺文惠文宣並加敬事傳琰蕭赤斧皆諮戒訓王數則入房不見審正見入禪因彈指而出曰聖道人即奉米千斛請受三歸永明八年卒春秋七十有五時有僧謙超志法達慧勝並業亦各有異迹

曇超二十

釋曇超姓張清河人形長八尺容止可觀蔬食布衣一中而已初上都龍華寺元嘉南遊始興遍觀山水獨宿樹下虎兕不傷大明中還都至齊太祖即位被勑往遼東弘讃禪道停彼一年大行法化建元末還京俄又適錢唐之靈苑山每一入禪累日不起後時忽聞風雷之聲俄見一人秉笏而進稱嚴進東通須臾有一人至形甚端正羽衛

連翩下席礼敬自稱弟子居在七里任周此地承法師至故来展奉富陽縣人故冬鑿蘗山下為塼侵壞龍室群龍共忿作三百日不雨今已一百餘日井池枯涸田種永罷法師既道德通神欲仰屈前行必能感致潤澤蒼生功有歸也超曰興雲降雨本是檀越之力貧道何所能乎神曰弟子部典止能興雲不能降雨是故相請耳遂許之神儵忽而去超乃南行經五日至赤亭山遥為龍呪願說法至夜群龍悉化作人来詣超礼拜超更說法因乞三歸自稱是龍超請其降雨乃相看无言其夜又與超夢云本因忿立誓法師既導之以善輙不敢違命明日晡時當降雨超明旦即往臨泉寺遣人告縣令辦船於江中轉海龍王經縣令即請僧淨船石首轉經裁竟遂降大雨高下皆足歲以獲收起以永明十年卒春秋七十有四

慧明二十一

釋慧明姓康康居人祖世　避地于東吴明少出家止章安東寺齊建元

中與沙門共登赤城山石室見猷公屍體不朽而禪室荒蕪高蹤不繼乃雇人開翦更立堂室造卧佛并猷公像於是栖心禪講畢命枯槁後於定中見一女神自稱吕姥云常加護衛或時有白猨白鹿白虵白虎遊戲堦前馴伏宛轉不令人畏齊竟陵文宣王聞風衽挹頻遣三使慇懃敦請乃暫出京師到第文宣敬以師礼少時辭還山苦畱不止於是資給發遣以建武之末卒於山中春秋七十

論曰神也者妙万物而為言故能无法不緣无境不察然後緣法察境唯寂迺明其猶淵池息浪則徹見魚石心水既澄則凝照無隱老子云重為輕根静為躁君故輕必以重為本躁必以静為基大智論云辟如服藥將身權息家務氣力平健則還修家業如是以禪定力服智慧藥得其力已還化衆生以四等六通由禪而起八除十入籍定方成故知禪定為用大矣哉自遺教東移禪道亦授先是世高法護譯出禪經僧先曇猷等並依教

修心終成勝業故能内踰喜樂外折妖祥賓鬼魅於重巖覩神僧於絶石及沙門智嚴躬履西域請罽賓禪師佛䭾跋陁更傳業東土玄高玄紹等亦並親受儀則出入盡於數隨往返窮乎還淨其後僧周淨度法期慧明等亦雁行其次然禪用為顯属在神通故使三千宅乎毛孔四海結為凝蘇過石壁而無擁聲大衆而弗遺及夫悠悠世道碌碌仙術尚能停波止呵呪火燒國止復玄高逝而更起道法坐而從化焉足異哉若如欝頭藍弗竟為禽獸所惱獨角仙人終為扇陁所乱皆由心道雖攝而與愛見相應比夫螢爝之於日月曾是為疋乎

讚曰禪那杳寂正受淵深假夫鞍慮方侔幽尋五門棄惡九次藝林枯鑠山海聚散昇沉茲徳裕矣如不勵心

明律第五　十三人

釋慧猷一　釋僧業二
釋慧詢三　釋僧璩四
釋道儼五　釋僧隱六
釋道房七　釋道營八

釋志道九　釋法穎十
釋法琳十一　釋智稱十二
釋僧祐十三

釋慧猷一
釋慧猷江左人少出家止江陵辛寺幼而蔬食履操至性方直及具戒已後專精律禁時有西國律師卑摩羅叉來適江陵大弘律藏猷從之受業沈思積時乃大明十誦講說相續陝西律師莫不宗之後卒於江陵著十誦義疏八卷

釋僧業二
釋僧業姓王河內人幼而聰悟博涉衆典後遊長安從什公受業見新出十誦遂專功此部俊發天然洞盡深奧什歎曰後世之優波離也但關中多難避地京師吳國張邵挹其貞素乃請還姑蘇為造閑居寺地勢清曠環帶長川業居宗秉化訓誘無輟三吳學士輻湊肩聯又以講導餘隙屬意禪門每一端坐輒有異香充塞房內近業坐者咸所共聞莫不嗟其神異昔什公在關未出十誦乃先譯戒

本及流支入秦方傳大部戒心之與大本其意正同在言或異業乃改正一依大本今之傳誦二本並行業以元嘉十八年卒於吳中春秋七十有五業弟子慧光襲業風軌數當講說

釋慧詢三
釋慧詢姓趙趙郡人少而蔬食苦行經遊長安受學什公研精經論尤善十誦僧祇乃更製條章義貫終古宋永初中還止廣陵大闡律席元嘉中至京止道場寺寺僧慧觀亦精於十誦以詢德為物軌乃令更振他寺於是移止長樂寺大明二年卒於所住春秋八十有四矣

釋僧璩四
釋僧璩姓朱吳國人出家為僧業弟子總銳衆經尤明十誦兼善史籍頗製文藻始住吳虎丘山宋孝武欽其風聞勑出京師為僧正悅衆止于中興寺時有沙門僧定自稱得不還果璩集僧詳斷令現神足定云犯慾戒故不現璩案律文有四因緣得現神足一斷疑網二破邪見三除憍慢四成功

德定既虛誑事曝即日從明擯璩仍著誡衆論以示來葉璩既學兼內外又律行無疵道俗歸依車軌相接少帝唯從受五戒豫章王子尚崇為法友袁粲張敷並一遇傾蓋後移止莊嚴卒於所住春秋五十有八述勝鬘文旨并僧尼要事兩卷今行於世時又有道表律師率真有高行宋明帝勑晉熙王燮從請戒焉

釋道儼五
釋道儼姓丘小黃人少有行善於毗尼精研四部融會衆家又以律部東傳梵漢異音文頗左右恐後人諮訪無所乃會其旨歸名曰決正四部毗尼論後遊於彭城弘通律藏遂卒於彼春秋七十有五時栖玄寺又有釋慧曜者善十誦

釋僧隱六
釋僧隱姓李秦州隴西人家世正信隱年八歲出家便能長齋至十二蔬食及受具戒執操彌堅常遊心律藏妙通十誦法華維摩聞西涼州有玄高法師禪慧兼舉乃負笈從之於是

學盡禪門深解律要高公化後復西
遊巴蜀專任弘通頃之東下上江陵
琵琶寺又諮業於慧徹徹名重當時
道肩方外隱研訪少時倫窮經律禪
慧之風被於荊楚州將山楊王劉休
祐及長史張岱並諮稟戒法後刺史
巴陵王休若及建平王景素皆稅駕
禪房屈膝恭禮後卧疾少時問侍者
日中未荅云已中乃索水漱口顏貌
怡然忽尒從化春秋八十矣時江陵
上明復有成具律師亦善十誦及雜
心毗曇等

釋道房七

釋道房姓張廣漢五城人道行清貞
少善律學止廣漢長樂寺每礼佛燒
香烟直入佛頂又勤誨門人改惡
行善其不改者乃為之流泣後卒于
所住春秋一百二十歲矣

釋道營八

釋道營未詳何人始住靈曜寺習禪晚依觀詢二
律師諮受毗尼徧善僧祇一部法花金光明素守節
莊嚴道慧治城智秀皆師其戒範張永請還吳郡
蔡興宗復要住上虞後於京師更與營立閑心寺

復請還居講席頻仍學徒甚盛昇明
二年卒春秋八十有三矣時有釋慧
祐者本丹徒人年三十出家厲身苦
節　精尋律教齊初東山講摩訶
僧祇部齊竟陵王子良遣迎出都仍
止閑心寺焉

釋志道九

釋志道姓任河内人性温謹十七出
家止靈曜寺蔬素少欲六物之外略
无兼畜學通三藏尤長律品何尚之
欽德致礼請居所造法輪寺先時魏
虜滅佛法後世嗣興而戒授多闕道
既搘志弘通不憚艱𡸁乃攜同契十
有餘人往至虎牢集洛秦雍淮豫五
州道士會於列水寺講律明戒更申
受法偽國僧禁獲全道之力也後還
京邑王奐出鎮湘州攜與同遊以永
明二年卒於湘土春秋七十有三時
京師瓦官寺又有超度者亦善十誦
及四分著律例七卷

釋法頴十

釋法頴姓索燉煌人十三出家為法
香弟子住凉州公府寺與同學法力

俱以律藏知名頴伏膺已後學无再
請記在一聞研精律部博涉經論元
嘉末下都止新亭寺孝武南下改治此
寺以頴學業兼明勑為都邑僧正後
辭任還多寶寺常習定閑房亦開律
席及齊高即位復勑為僧主資給事
事有倍常料頴以從来信施造經像
及藥藏鎮於長干齊建元四年卒春
秋六十有七撰十誦戒本并羯磨等
時天寶寺又有慧文律師亦善諸部
毗尼為瑯琊王奐所事云

釋法琳十一

釋法琳姓樂晉原臨邛人少出家止
蜀郡裴寺專好戒品研心十誦常恨
蜀中無好師宗俄而隱公至蜀琳乃
剋己握錐以日兼夜及隱還陝亟復
隨從數載諸部毗尼洞盡心曲後還
蜀止靈建寺益部僧尼無不宗奉常
祈心安養每誦無量壽及觀經輒見
一沙門形甚姝大常在琳前至齊建
武二年寢疾不愈注念西方礼懺不
息見諸賢聖皆集目前乃向弟子述
其所見令死後焚身言訖合掌而卒

即於新繁路口積木燔屍烟焰衝天
三日乃盡收斂遺骨即於其處而起
塔焉

釋智稱十二

釋智稱姓裴本河東聞喜人魏兾州
刺史徽之後也祖世避難寓居京口
稱幼而慷慨頗好弓馬年十七隨王
玄謨申坦北討獫狁每至交兵血刃
未嘗不心懷惻怛痛深諸己卻乃歎
曰害人自濟非仁人之志也事寧解
甲遇讀瑞應經乃深生感悟知百年
不期國城非重乃投南澗禪房宗公
請受五戒宋孝武時迎益州仰禪師
下都供養稱便來意歸依仰亦厚相
將接及仰反汶江因邑遊而上於蜀
裴寺出家仰為之師時年三十有六
乃專精律部大明十誦又誦小品一
部後東下江陵從隱具二師受禪律
值義嘉遘乱乃移卜居京師遇顗公
於興皇講律辯更隱遠發言中詣一時之
席莫不驚嗟定林法獻於講席相值
聞其往復清玄仍攜止山寺於是遽
誦小品研搆毗尼後餘抗寶安寺釋

僧志請稱還鄉開講十誦雲栖寺復
屈為寺主稱乃受任少時舉其經目
示以憲章頃之反都文宣請於普弘
講律僧衆數百皆執卷承旨稱辭家
入道務遣繁累常絶慶弔杜人事每
有凶故秉戒節哀唯行道加勤以終
朞功之制末方沙門慧始請稱還鄉
講說親里知舊皆來聞訊悉慇懃訓
勗示以孝慈臨別涕泣固留不止還
京憩安樂寺法輪常轉講大本三十
餘遍齊永元二年卒春秋七十有二
著十誦記八卷盛行於世弟子僧辯
等樹碑于安樂寺稱弟子聰超二人
宣善毗尼為門徒所挹

釋僧祐十三

釋僧祐本姓俞氏其先彭城下邳人
父世居于建業祐年數歲入建初寺
礼拜因踊躍樂道不肯還家父母憐
其志且許入道師事僧範道人年十
四家人密為訪婚祐知而避至定林
投法達師達亦戒德精嚴為法門梁
棟祐師奉竭誠及年滿具戒執操堅
明初受業於沙門法穎穎既一時名

匠為律學所崇祐迺竭思鑽求无懈
昏曉遂大精律部有勵先哲齊竟陵
文宣王每請講律聽衆常七八百人
永明中勑入吴試簡五衆并宣講十
誦更申受戒之法凡獲信施悉以治
定林建初及修繕諸寺并建无遮大
集捨身齋等及造立經藏搜校卷軸
使夫寺廟開廣法言无墜咸其力也祐為
性巧思能目准心計匠人依摽尺寸
無爽故光宅攝山大像剡縣石佛等並
請祐經始准畫儀則今上深相礼遇
凡僧事碩疑皆勑審决年衰腳疾勑
聽轝入內殿為六宮受戒其見重如
此開善智藏法音慧廓皆崇其德素
請事師礼梁臨川王宏南平王偉儀
同陳郡袁昂永康定公主貴嬪丁氏
並崇其戒範盡師資之敬凡白黑門
徒一万一千餘人以天監十七年五
月二十六日卒于建初寺春秋七十
有四因窆于開善路西定林之舊墓
也弟子正度立碑頌德東莞劉勰製
文初祐集經藏既成使人抄撰要事
為三藏記法苑記世界記釋迦譜及

弘明集等皆行於世
論曰礼者出乎忠信之薄律亦起自防非是故隨有犯緣迺製篇目迄乎雙樹在逝為周自金河滅影迦葉嗣興因命持律尊者優波離比丘使出律藏波離乃手執象牙之扇口誦調御之言滿八十反其文迺訖於是題之樹葉號曰八十誦律是後迦葉阿難末田地舍那波斯優波掘多此五羅漢次第任持至掘多之世有阿育王者王在波吒梨弗多城因以往昔見佛遂為鐵輪御世而猜忌不忍在政荷虔焚蕩經書害諸得道其後易心歸信追悔前失遠會應真更集三藏於是乎執見聞各引師說依據不同遂成五部而所制輕重時或不同開遮廢立不无小異皆由如来往昔善應物機或隨人隨根隨時隨國或此處應開餘方則制或此人應制餘者則開五師雖同取佛律而各據一邊故篇聚或時輕重罪目不无優降依之修學並能得道故如来在世有夢疊因緣巳懸記經律應為五部大

集經云我滅度後遺法分為五部顛倒解義隱覆法藏名曇无毱多即曇无德也讀誦外書受有三世善能問難說一切姓皆得受戒名薩婆若帝婆即薩婆多也說無有我輕諸煩惱名迦葉毗說有我不說空名婆蹉富羅以廣博遍覽五部名摩訶僧祇善男子如是五部雖各別異而皆不妨諸佛法界及大涅槃又文殊師利問經云我涅槃百年當有二部起一摩訶僧祇二大衆老少同會共菩薩會出律也從此部流散更生十一部故彼經偈云十八及二本悉從大乘出无是亦無非我說未来起又執見不同傳中亦有十八部而名字小異故以五部為根本從薩婆多部生四部弥沙塞生一部迦葉毗生二部並是佛泥曰後二百年內僧祇生六部流傳至四百年中曇無德所生也經中或時止道五師者舉其領袖而言或時十八二十則通列異論也自大教東傳五部皆度始弗若多羅誦出十誦梵本羅什譯為晉文未竟多羅化焉後曇

摩流支又誦出所餘什譯都竟曇无德部佛陁耶舍所翻即四分律也摩訶僧祇部及弥沙塞部並法顯得梵本佛馱跋陁羅譯出僧祇律佛馱什譯出弥沙塞部即五分律也迦葉毗部或言梵本已度未　被翻譯其善見摩得勒伽戒因緣等亦律之技屬也雖復諸部皆傳而十誦一本最盛東國以昔卑摩羅叉律師本西土元匠来入関中及往荆陜皆宣通十誦盛見宗録曇猷親承音旨僧業繼踵弘化其間璩儼隱榮等並祖述猷業列奇宋代而皆依文作解未甚鑽研其後智稱律師竭有深思凡所披釋並開拓門户更立科目齊梁之間號稱命世學徒傳記于今尚焉夫慧資於定定資於戒故戒定慧品義次第當知入道即以戒律為本居俗則以礼義為先記云道德仁義非礼不成教訓正俗非礼不備經云戒為平地衆善由生三世佛道藉戒方住故律解五法制使先知斬草三根不可不識然後定慧法門以次修學而隷執之徒

牙生異論偏於律者則言戒律為指
事數論虛誕薄知篇聚名目便言解
及波離止能渡水翻囊巳行謂齊羅
漢唯我日僧餘皆目想此則自讃毀
他功不贖過我慢矜高蓋斯謂也偏
於數論者則言律部為偏承數論為
通方背毗尼毗尃重陰入得意便行
曾莫拘礙謂言地獄不燒智人鑊湯
不煑般若此皆操之失柄還以自傷
相鼠看羊豈非斯謂
讃曰磐杵設誡凡杖施銘人如不勗
奚用剋成納衣既補篇聚由生緘持
口意枯槁心形恰慼兩鏡欣憂二瓶

高僧傳卷第十一

高僧傳卷第十一

校勘記

一　底本，金藏廣勝寺本。

一　四一四頁中一行經名，資作「高僧傳第十一」下附夾註「習禪二十一人明律十二人」；磧、普、南作「高僧傳卷第十一」下附夾註「習禪二十一人明律十三人」；徑作「高僧傳卷第十一」下附夾註「習禪明律」；清作「高僧傳第十二」下附夾註「習禪明律」。

一　四一四頁中二行撰者，資、磧、普、南、徑、清作「梁會稽嘉祥寺沙門慧皎撰」。卷第十二、十三、十四同。

一　四一四頁中三行全行，資、磧、普、南作「習禪第四」；徑、清作「習禪第四」下附夾註「二十一人」。

一　四一四頁中五行「竺曇猷」，諸本（不含石，下同）作「竺曇猷」。

一　四一四頁中五行「慧嵬」，諸本作「釋慧嵬」，下至本頁中一四行僧名例同。

一　四一四頁中一二行「法晤」，資作「法悟」；磧、普、南、徑、清作「僧審」。

一　四一四頁中一三行「僧審」，磧、普、南、徑、清作「法悟」。

一　四一四頁中一五行「竺僧顯一」，資、磧、普、南、徑、清無。以下品目例同。

一　四一四頁中一八行第三字「人」，徑、清作「入」。

一　四一四頁中二〇行第六字「逗」，南、徑、清作「遊」。

一　四一四頁中二一行「囑想」，南作「屬緣」。

一　四一四頁下一行「更起」，麗作「便起」。

一　四一四頁下二行「陳識」，諸本作「陳誠」。

一　四一四頁下三行「精析」，南、徑、清作「精研」。

一　四一四頁下一六行第六字「自」，

諸本作「自言」。又「幹山」，資、磧、普、南、徑、清作「韓石山」；麗作「寒石山」。
一　四一五頁上一一行第九字「杇」，資、磧、普、南、徑、清作「析」。
一　四一五頁上四行「壘基收」，資、磧、普、南、清作「疊其外」；徑、麗作「壘其外」。
一　四一五頁上九行第七字「行」，資、磧、普、南、徑、清無。又第八字「蠱」，資作「蟲」。
一　四一五頁上一〇行「忽有」，資、磧、普、南、徑、清作「忽見」。
一　四一五頁上一一行第三字「遊」，諸本作「移」。
一　四一五頁上一二行首字「獸」，諸本作「虎」。
一　四一五頁上一九行「元爲」，資、磧、普、徑作「無爲」。
一　四一五頁上二〇行「偶觸」，諸本作「侵觸」。
一　四一五頁上末行「居此」，資、磧、普、南、徑、清作「居于此」。
一　四一五頁中一行第一一字「立」，諸本作「山」。
一　四一五頁中二行第五字「奩」，諸本作「三奩」。
一　四一五頁中一四行「薩之」，資作「菩薩」；磧、普、南、徑、清作「布薩」。
一　四一五頁中一五行「鬚眉」，資、磧、普、南、徑、清作「鬢眉」。
一　四一五頁中一九行第一〇字「幘」，麗作「袷」。
一　四一五頁中二一行「君室」，資、磧、普、南、徑、清作「君家」。
一　四一五頁中二二行第一〇字「今」，諸本作「令」。
一　四一五頁下二行第八字「所」，資、磧、普、南、徑、清無。
一　四一五頁下五行「妭星」，資、磧、普、南、徑、清作「妖星現」。
一　四一五頁下六行「沙門」，資、磧、普、南、徑、清作「沙門精勤佛事」。又「懺悔攘灾」，資、磧、普、南、徑、清作「懺禳灾」。
一　四一五頁下八行首字「過」，諸本作「悔過」。
一　四一五頁下一六行「慧嵬」，麗作「釋慧嵬」。
一　四一五頁下一七行「何人」，諸本作「何許人」。
一　四一五頁下二〇行「一何」，南作「今何」。
一　四一五頁下二二行第四字「无」，諸本作「既無」。
一　四一六頁上一行「又時」，資、磧、普、南、徑、清作「冬時」。
一　四一六頁上四行「執心」，資、磧、普、南、徑、清作「厥志」；麗作「執志」。
一　四一六頁上六行第一三字「而」，資、磧、普、南、徑、清無。
一　四一六頁上一〇行「賢護」，麗作「釋賢護」。
一　四一六頁上一三行「五年」，諸本

作「五年卒」。
一四一六頁上一五行「一指」，資、磧、普、南、徑、清作「手一指」。又一三字「因」，資、磧、普、南、徑、清作「因而」。
一四一六頁上一八行「蔬食」，資、磧、普、南、徑、清作「少蔬食」。
一四一六頁上二一行「長大數呵蘭」，資作「而刑長數丈呼蘭」；磧、普、南、徑、清作「而形長數丈呼蘭」。
一四一六頁上二二行第六字「以」，資、磧、普、南、徑、清作「來以」；麗作「數以」。
一四一六頁中一行第二字「鄉」，資、磧、普、南、徑、清作「鄉」，六行八字同。
一四一六頁中五行第一二字「徃」，諸本作「住」。
一四一六頁中六行第一三字「問」，資、磧、普、南、徑、清作「聞」。
一四一六頁中一二行「法緒」，麗作「釋法緒」；下至四二一頁上二一行品目首僧名例同。
一四一六頁中一八行第二字「引」，諸本作「放」。
一四一六頁下七行「寓家」，諸本作「寓高家」。
一四一六頁下九行「人母」，諸本作「父母」。
一四一六頁下一七行「閑右」，麗作「閑中」。
一四一七頁上三行第六字「來」，諸本作「來入」。
一四一七頁上七行「有河南」，諸本作「河南有」。
一四一七頁中二行第六字「難」，資、磧、普、南、徑、清作「艱」。
一四一七頁中三行「儀異」，諸本作「畢」。又第九字「既」，資、磧、普、南、徑、清作「王既」。
一四一七頁中五行「一白」，資、磧、普、南、徑、清作「一言耳」。
一四一七頁中七行「廣濟」，資、磧、普、南、徑、清作「曠濟」。
一四一七頁中七行末字至八行首四字「山中草木摧」，資、磧、普、南、徑、清作「風雷忽起樹木摧」。
一四一七頁中八行第九字「道」，麗作「路」。又第一〇字「高」，資、磧、普、南、徑、清無。
一四一七頁中一三行「西海」，諸本作「時西海」。又第五字「樊」，資、磧、普、南、徑、清作「樊會」。
一四一七頁中一四行「量福」，資作「量區」。
一四一七頁中一九行末字「社」，清作「杜」，磧、普、南、徑、清作「杜超」。
一四一七頁中二〇行第一三字「禪」，資、磧、普、南、徑、清作「法」。
一四一七頁下七行第五字「照」，麗作「昭」。
一四一七頁下一〇行第一三字「令」，諸本作「全」。
一四一七頁下一四行第一一字「若」，諸本作「苦」。

一　四一七頁下一六行「授任」，資、磧、普、南、徑、清作「受任」。

一　四一七頁下二〇行第四字「先」，資、磧、普、南、徑、清作「並先」。

一　四一七頁下末行「如此」，磧、普、南、徑、清作「如比」。又「初論」，諸本作「物論」。

一　四一八頁上一行「巨害」，資作「臣害」。又第七字「勅」，諸本作「勅然」。

一　四一八頁上五行「既德」，資、磧、普、南、徑、清作「德既」。

一　四一八頁上九行第一〇字「夕」，資、磧、普、南、徑、清作「時」。

一　四一八頁上一二行第二字「逝」，諸本作「已逝」。又「弟子」，諸本作「諸弟子」。

一　四一八頁上一六行「忽見」，諸本作「旦忽見」。又「告之」，麗作「告云」。

一　四一八頁中四行首字「日」，資、磧、普、南、徑、清作「旦」。

一　四一八頁中七行「怛化」，資、普、南、徑、清作「徂化」。又「去也」，諸本作「去世」。

一　四一八頁中一一行末字至一二行首字「苦悔」，磧、普、南、徑、清作「懺悔」。

一　四一八頁中一二行第四字「轉」，諸本作「輕」。又末字「驗」，諸本作「矜」。

一　四一八頁中一五行「閻浮」，資、磧、普、南、徑、清作「閻浮提」。

一　四一八頁中一九行第二字「云」，諸本作「云是」。

一　四一八頁下一行「何人」，資、磧、普、南、徑、清作「何許人」，次頁中一行同。又第八字「姓」，資、磧、普、南、清作「性」。

一　四一八頁下二行「嵩高山」，資、磧、普、南、徑、清作「嵩山」。

一　四一八頁下五行「蹊谷」，諸本作「溪谷」。

一　四一八頁下一三行「二日」，麗作「三日」。又第一二字「張」，麗作「漲」。

一　四一八頁下一六行第三字「謂」，諸本作「請」。

一　四一八頁下二二行「罪福」，諸本作「禍福」。

一　四一九頁上六行第三字「詔」，資、磧、普、南、徑作「紹」。

一　四一九頁上七行第七字「欲」，諸本作「而欲」。

一　四一九頁上九行「光相」，資、磧、普、南、徑、清作「光明」。

一　四一九頁上一三行「餘抗」，諸本作「餘杭」。又「少愛」，資、磧、普、南、徑、清作「少好」。

一　四一九頁中一行「廩性」，諸本作「禀性」。

一　四一九頁中三行首字「槃」，諸本作「五穀」。又「至年」，諸本作「年垂」。又「氣力」，諸本作「而氣力」。

一　四一九頁中八行「松脂隱居」，資、磧、普、南、徑、清作「松栢脂孤居」。

一　四一九頁中一二行第四字「成」，資、磧、普、南、徑、清作「亡成」。

一　四一九頁中一五行「紺馬」，資、磧、普、南、徑、清作「有紺馬」。

一　四一九頁中一九行「達比丘」，諸本作「比丘」。又末字至二〇行首字「摩達」，諸本作「達摩」。

一　四一九頁中二一行「覽還」，資、磧、普、南、徑、清作「還」。

一　四一九頁中二二行第四字「彼」，諸本作「彼方」。

一　四一九頁中末行末字「問」，資、磧、普、南、徑、清作「聞」。

一　四一九頁下二行第五字「羅」，資、磧、普、南、徑、清作「羅浮」。又末字「止」，磧、普、南、徑、清作「上」。

一　四一九頁下五行「朱昌」，諸本作「平昌」。又「欽恭」，諸本作「欽慕」。又末字「定」，諸本無。

一　四一九頁下六行第四字「東」，資、磧、普、南、徑、清作「宋」。

一　四一九頁下八行「蜀都」，資、磧、普、南、徑、清作「蜀郡」。

一　四一九頁下一〇行「同共習觀」，資、磧、普、南、徑、清作「共習禪觀」。

一　四一九頁下一四行第五字「至」，資、磧、普、南、徑、清作「涉」。

一　四一九頁下一六行「六十二」，諸本作「六十有二」。

一　四一九頁下一七行第七字「蜀」，麗作「屬」。

一　四一九頁下一八行末字「顯」，諸本作「顯焉」。

一　四一九頁下二〇行「起家」，資、磧、普、南、徑、清作「棄家」。

一　四一九頁下二一行第一二字「王」，麗作「至王」。

一　四一九頁下二二行「異樂」，諸本作「興樂」。

一　四二〇頁上五行第六字「卒」，諸本作「平」。又第一一字「悅」，資、磧、普、南、徑、清作「如」。

一　四二〇頁上七行「人也」，諸本作「成都人也」。又末字「常」，資、磧、普、南、徑、清作「嘗」。

一　四二〇頁上一五行「月日」，資、磧、普、南、徑、清作「一月日」。

一　四二〇頁上一六行第三字「及」，諸本作「人」。

一　四二〇頁上一九行「便令」，資、磧、普、南、徑、清作「更令」。

一　四二〇頁上二〇行第二字「咸」，諸本作「試」。又「隨手」，諸本作「亦隨手」。

一　四二〇頁上二一行第四字「黑」，資、磧、普、南、徑、清作「淨」。

一　四二〇頁中二行第一一字「過」，資、磧、普、徑、麗作「遇」。

一　四二〇頁中三行第一二字「恪」，諸本作「俗」。

一　四二〇頁中七行首字至一九行末字「釋……焉」與本頁中二一行首字至本頁下一三行第四字「釋……迹」，資、磧、普、南、徑、清，經文互置。

一　四二〇頁中七行第三字「晤」，資、磧、普、南、徑、清作「悟」。八行第六字、一三行第一一字同。

一　四二〇頁中八行第二字「普」，資、磧、普、南、徑、清作「並」。

一　四二〇頁中一二行第八字「陳」，諸本作「陳留」。

一　四二〇頁中一四行「小大」，諸本作「大小」。

一　四二〇頁下四行第四字「賊」，資、磧、普、南、徑、清無。

一　四二〇頁下六行第四字「之」，資、磧、普、南、徑、清無。

一　四二〇頁下九行「不見」，諸本作「覓」。

一　四二〇頁下一〇行「出日」，磧、普、南、徑、清作「謂」。

一　四二〇頁下一二行第一三字「業」，諸本作「業禪」。

一　四二〇頁下一六行第一二字「上」，資、磧、普、南、徑、清作「止」；麗作「止上」。

一　四二〇頁下一七行「元嘉」，諸本作「元嘉末」。

一　四二〇頁下二〇行「一年」，諸本作「二年」。

一　四二〇頁下二一行「靈[illegible]山」，資、磧、普、南、徑、清作「靈隱山」。

一　四二〇頁下末行第五字「進」，諸本作「鎮」。又「東通」，資、磧、普、南、徑、清作「陳通」。

一　四二一頁上二行首字「任」，資、磧、普、南、徑、清作「住」。又「展奉」，麗作「展礼」。

一　四二一頁上九行「部典」，諸本作「部曲」。

一　四二一頁上一〇行「儵忽」，資、磧、普、南、徑、清作「倏然」。

一　四二一頁上一二行第一〇字「超」，資、磧、普、南、徑、清作「超所」。

一　四二一頁上一八行第一二字「石」，清作「啓」。

一　四二一頁上一九行第四字「遂」，資、磧、普、南、徑、清作「遂即」。

一　四二一頁上二二行第五字「康」，資作「虔」。

一　四二一頁中二行「屍體」，諸本作「屍骸」。

一　四二一頁中四行「禪講」，諸本作「禪誦」。

一　四二一頁中一一行「七十」，麗作「七十矣」。

一　四二一頁中一二行第三字「神」，諸本作「禪」。

一　四二一頁中一三行「然後」，麗作「然」。

一　四二一頁中一六行第四字「躁」，資、磧、普、南、徑、清作「躁根」。

一　四二一頁中二〇行第四字「以」，諸本作「是以」。

一　四二一頁中二一行第一〇字「定」，資、磧、普、南、徑、清作「之」。

一　四二一頁中末行「僧先」，資、磧、普、南、徑、清作「僧光」。

一　四二一頁下二行第三字「賓」，資、磧、普、南、徑、清作「擯」。

一　四二一頁下九行第七字「擁」，諸本作「壅」。
一　四二一頁下一一行第六字「止」，諸本作「正」。又第一〇字「逝」，資、磧、普、南、徑、清作「逝矣」。
一　四二一頁下一六行「讃曰」，麗作「贊白」。又「假夫」，資、磧、普、南作「漱夫」。
一　四二一頁下一九行小字「十三人」，資、磧、普、南無。
一　四二二頁上五行「江在」，諸本作「江左」。
一　四二二頁上一六行第一二字「但」，諸本作「值」。
一　四二二頁上二〇行「講導」，資、磧、普、南、徑、清作「講道」。
一　四二二頁上二二行首字「内」，資、磧、普、南、徑、清作「中」。又第一二字「嗟」，資、磧、普、南、徑、清作「嘆」。
一　四二二頁中一行「戒心」，諸本作「故戒心」。

一　四二二頁中三行第一一字「竝」，資、磧、普、南、徑、清作「雙」。
一　四二二頁中四行「无嘉」，諸本作「元嘉」。
一　四二二頁中五行「慧光」，磧、普、南、徑、清作「慧先」。又第一一字「數」，諸本作「亦數」。
一　四二二頁中一一行「至京」，資、磧、普、南、徑、清作「至京師」。
一　四二二頁中一六行「姓來」，資、磧、普、南、徑、清作「姓朱」。
一　四二二頁中二一行「佀怨」，諸本作「恐犯」。
一　四二二頁中二二行第二字「現」，資、磧、普、南、徑、清作「現耳」。
一　四二二頁中末行首字「斷」，諸本作「一斷」。
一　四二二頁下一行第一〇字「従」，諸本無。
一　四二二頁下二行第八字「業」，資、磧、普、南、徑作「葉」。
一　四二二頁下四行第二字「唯」，諸本作「准」。

一　四二二頁下七行第三字「并」，諸本作「并撰」。
一　四二二頁下八行第八字「真」，磧、普、南、徑、清作「直」。
一　四二二頁下九行第五字「衆」，資、磧、普、南、徑、清作「燓」。
一　四二二頁下一一行第一一字「行」，諸本作「戒行」。
一　四二二頁下一七行第四字「善」，諸本作「亦善」。
一　四二二頁下二〇行「十二」，資、磧、普、南、徑、清作「十二年」。
一　四二二頁下二二行第四字「誦」，諸本作「誦誦」。
一　四二三頁上二行第一二字「止」，清作「上」。
一　四二三頁上三行第四字「又」，麗無。
一　四二三頁上五行「山楊王」，諸本作「山陽王」。
一　四二三頁上一一行「上明」，諸本

作「上明寺」。

一 四二三頁上一七行末字「于」，資、磧、普、南、徑、清無。

一 四二三頁上二〇行「何人」，資、磧、普、南、徑、清作「何許人」。

一 四二三頁上二一行「法花」，諸本作「誦法華」。又「素守節」，諸本作「蔬素守節」。

一 四二三頁上二二行「治城」，磧、普、南、徑、清作「治城」。

一 四二三頁上末行第九字「後」，諸本作「永後」。又「婁湖」，麗作「婁胡」。

一 四二三頁中四行「東山」，資、磧、普、南、徑、清作「東」。

一 四二三頁中一五行「列水寺」，諸本作「引水寺」。

一 四二三頁中二〇行「七卷」，諸本作「七卷云」。

一 四二三頁下三行「孝武」，資、磧、普、南、徑、清作「武」。

一 四二三頁下五行「亦開」，諸本作「亦時開」。

一 四二三頁下七行第五字「料」，諸本作「科」。

一 四二三頁下一〇行「天寶寺」，資、磧、普、南、徑、清作「天保寺」。

一 四二三頁下一六行「陜迺」，諸本作「陜西」。

一 四二三頁下一九行「觀經」，資、磧、普、南、徑、清作「觀音經」。

一 四二三頁下二一行「窮疾」，諸本作「寢疾」。又「不愈」，資、磧、南作「不悆」。

一 四二四頁上一三行第一二字「仰」，資、磧、普、南、徑、清作「印」，本頁上一四行第一一字、一五行第四字、一六行第五字同。

一 四二四頁上一四行第七字「來」，資、磧、普、南、徑、清作「東」。

一 四二四頁上一八行第一二字「受」，諸本作「更受」。

一 四二四頁上一九行「遘乱」，徑、清作「構亂」。又「卜居」，資、磧、普、南、徑、清作「卜」。

一 四二四頁上二〇行第六字「諮」，諸本作「稱諮」。

一 四二四頁上二二行末字「薀」，諸本作「温」。

一 四二四頁中五行第一一字「杜」，資、磧、普、南、徑、清作「杜塞」。

一 四二四頁中七行「末方」，資、磧、普、南、徑、清作「朱方」。

一 四二四頁中一〇行「三十」，資、磧、普、南、徑、清作「四十」。

一 四二四頁中一一行「二年」，資、磧、普、南、徑、清作「三年」。

一 四二四頁中一二行「十誦記」，諸本作「十誦義記」。

一 四二四頁中一七行「居乎」，諸本作「居于」。

一 四二四頁中二一行第四字「師」，諸本作「法師」。

一 四二四頁下一行第六字「崇」，諸本作「宗」。

一 四二四頁下二行第九字「勵」，資、

磧、普、南、徑、清作「邁」。
一　四二四頁下七行「摽挍」，諸本作「搜校」。
一　四二四頁下八行「開廣」，資、磧、普、南、徑、清作「廣開」。
一　四二四頁下九行「目准」，磧、普、南、徑、清作「自准」。又「匠人」，諸本作「及匠人」。
一　四二四頁下一〇行第六字「攝」，資、磧、南、清作「[山*聶]」。
一　四二四頁下一二行第七字「勑」，諸本作「勑就」。
一　四二四頁下一三行第二字「轝」，諸本作「乘輿」。
一　四二四頁下一五行「王宏」，麗作「王宕」。又「南求」，諸本作「南平」。
一　四二四頁下二一行「東寬」，諸本作「東莞」。
一　四二五頁上四行第四字「逝」，諸本作「迹」。
一　四二五頁上九行第二字「未」，磧作「末」。
一　四二五頁上一〇行「任持」，麗作「住持」。
一　四二五頁上一一行「因以」，資、磧、普、南、徑、清作「以因」。
一　四二五頁上一三行「荷虛」，資、普、南、徑、清、麗作「苛虐」。
一　四二五頁上二一行「罪目」，資、磧、普、南、徑、清作「綱目」。
一　四二五頁中二行第一一字「[需*毛]」，諸本作「毱」。
一　四二五頁中四行第五字「姓」，資、磧、普、南、徑、清作「性」。又「若帝婆」，資、磧、普、南、徑、清無。
一　四二五頁中八行第五字「各」，資、磧、普、南、徑、清作「名」。
一　四二五頁中一〇行「涅[月*采]」，諸本作「涅[月*采]後」。又第一〇字「一」，麗作「二」。
一　四二五頁中一一行「菩薩會」，麗無。
一　四二五頁中一二行第八字「十」，諸本作「七部二者體毗履部純老宿共會出律也從此部流散更生十」。
一　四二五頁中一七行「泥日」，資、磧、普、南、徑、清作「泥洹」。
一　四二五頁中一九行「所生也」，資、磧、普、南、徑、清作「生五部」。
一　四二五頁下三行「弥塞」，諸本作「弥沙塞」。
一　四二五頁下六行第七字「祓」，麗作「彼」。
一　四二五頁下一〇行「十頌」，諸本作「十誦」。
一　四二五頁下一一行「宗録」，麗作「宋録」。
一　四二五頁下一三行「鑽研」，資、磧、普、南、徑、清作「鑽堀」。
一　四二五頁下一七行「當知」，諸本作「故當知」。
一　四二五頁下一九行「記云」，諸本作「礼記云」。
一　四二五頁下二一行第一二字「律」，資、磧、普、南、徑、清作「神」。
一　四二五頁下二二行「三根」，麗作

「三相」。

一　四二六頁上三行「行謂」，諸本作「謂行」。

一　四二六頁上四行「目想」，資、磧、普、南、徑、清作「木想」。

一　四二六頁上六行第一一字「承」，諸本作「分」。

一　四二六頁上七行「背毗尼毗」，諸本作「於是扈背毗尼」。

一　四二六頁上一〇行第三字「看」，資、磧、普、南、徑、清作「糯」。

一　四二六頁上一一行「磐杵」，諸本作「盤盂」。又第七字「凡」，諸本作「几」。

一　四二六頁上一二行第四字「成」，磧、普、南、徑、清作「乘」。

一　四二六頁卷末經名，清作「高僧傳卷第十二」。

高僧傳卷第十二　亡身　誦經　内

梁會稽嘉祥寺沙門釋慧皎撰

亡身第六

釋僧群未詳何人清貧守節蔬食誦經後遷居羅江縣之霍山構立茅室山孤在海中上有石盂逕數丈許水深六七尺常有清流古老相傳云是群仙所宅群飲水不飢因絕粒後晉安太守陶夔聞而索之群以水遺夔出山輒臭如此三四夔躬自越海天甚晴霽及至山風雨晦冥停數日竟不得至迺歎曰俗内凡夫遂為賢聖所隔慨恨而返群庵舍與盂隔一小澗常以一木為梁由之汲水後時忽有一折翅鴨舒翼當梁頭就唼群群欲舉錫撥之恐畏傷損因此迴還絕水不飲數日而終春秋一百四十矣臨終向人說年少時經折一鴨翅驗此以為現報

釋曇稱河北人少而仁愛惠及蜫虫晉末至彭城見老人年八十夫妻窮悴迺捨戒為奴累年執役而内修道德未嘗有廢鄉隣嗟之及二老卒傭賃獲直悉為二老福用擬旨贖事欲畢還道法物未備宋初彭城駕山下虎灾村人遇害日有一兩稱乃謂村人曰虎若食我灾必當消村人苦諫不從即於是夜獨坐草中呪願曰以我此身充汝飢渴令汝從今息怨害意未來當得无上法食村人知其意正各泣拜而還至四更中聞虎取稱村人逐至南山噉身都盡唯有頭在因葬而起塔尒後虎灾遂息

釋法進或曰道進或曰法迎姓唐涼州張掖人幼而精苦習誦有超邁之德為沮渠蒙遜所重遜卒子景環為胡寇所破問進曰今欲轉掠高昌為可剋不進曰必捷但憂灾餓取迴軍即定後三年景環卒弟安周續立是歲

高僧傳卷第十二　第三張　内字号

飢荒死者無限周旣事進進屢從求乞以賑貧餓國蓄稍竭進不復求迺淨洗浴取刀鹽至深窮窟餓人所聚之處次第授以三歸便掛衣鉢著樹投身餓者前云施汝共食衆雖飢困猶義不忍受進即自割肉拄鹽以啖之兩股肉盡心悶不能自割因語餓人云取我皮肉猶足數日若王使來必當將去但取藏之餓者悲悼无能取者須臾弟子來至王人復看擧國奔赴號叫相屬因轝之還宫周勑以三百斛麦以施餓者別發倉廩以賑貧民至明晨乃絶出城北闍維之烟炎衝天七日乃歇尸骸都盡唯舌不爛即於其處起塔三層樹碑于右進弟子僧遵姓趙高昌人善十誦律蔬食節行誦法華勝鬘金剛波若又篤屬門人常懺悔為業

釋僧富姓山高陽人父羁為藍田令富少孤居貧而篤學无猒採薪為燭以照讀書及至冠年備盡經史美姿容善談論後遇僞秦衛將軍楊邑資其衣粮習鑿齒携共志學及聽安公

高僧傳卷第十二　第四張　内字号

講放光經遂有心樂道於是剃鬚依安受業安亡後還魏郡廷尉寺下帷潜思絶事人間時村中有刧刼得一小兒欲取心肝以解神富逍遥路口遇見刧具問其意因脫衣以易小兒群刧不許富曰大人五藏亦可用不刧謂富不能因亡身妄言求好富迺念曰我幻炎之軀會有一死以死濟人雖死猶生即自取刧刀畫胷至臍群刧更相咎責四散奔走即送小兒還其家路口時行路一人見富如此因問其故富雖復頬悶口猶能言迺具荅以事此人悲悼傷心還家取針縫其腹皮塗以驗藥轝還寺將息少時而差後不知所終

釋法羽冀州人十五出家為慧始弟子始立行精苦修頭陁之業羽摽心通猛深達其道常欲仰軌藥王燒身供養時僞晋王姚緖鎮蒲坂羽以事白緖緖曰入道多方何必燒身不敢固違幸願三思羽誓志旣重即服香屑以布纏體誦捨身品竟以火自燎道俗覩視莫不悲慕焉時年四十有五

高僧傳卷第十二　第五張　内字号

釋慧紹不知氏族小兒時母哺魚肉輙吐咽菜不疑於是便蔬食至八歲出家為僧要弟子精懃懔勵苦行標節後隨要止臨川招提寺迺密有燒身之意常雇人斫薪積於東山石室高數丈中央開一龕足容己身迺還寺辭要要苦諌不從即於焚身之日於東山設大衆八關并告别知識其日闔境奔波車馬人衆及賷金寶者不可稱數至初夜行道紹自行香行香旣竟執燭然薪入中而坐誦藥王本事品衆旣不見紹悟其已去礼拜未畢悉至薪所積已洞然誦聲未息火至額聞唱一心言已奄絶大衆咸見有一星其大如斗直下烟中俄而上天時見者咸謂天宫迎紹經三日薪聚乃盡紹臨終謂同學曰吾燒身處當生梧桐慎莫伐之其後三日果生焉紹焚身是元嘉二十八年年二十八紹師僧要亦清謹有懿德年一百六十終於寺

釋僧瑜姓周吳興餘杭人弱冠出家業素純粹元嘉十五年與同學曇温

慧光等於廬山南嶺共建精舍名曰
招隱瑜常以為結累三塗情形故也
情將盡矣形亦宜捐藥王之蹤獨何
去遠於是屢發言誓始契燒身以宋
孝建二年六月三日集薪為龕并請
僧設齋告衆辭別是日雲霧晦合密
雨交零瑜迺誓曰若我所志克明天
當清朗如其無感便當滂注使此四
輩知神應之无昧也言已雲景明霽
至初夜竟便入薪龕中合掌平坐誦
藥王品火焰交至猶合掌不散道俗
知者奔赴彌山並稽首作礼願結因
緣咸見紫氣騰空久之乃歇時年四
十四其後旬有四日瑜房生雙桐根
枝豐茂巨細相如貫壞直聳遂成奇
樹理識者以為娑羅寶樹剋炳泥洹
瑜之庶機故現斯證因号為雙桐沙
門吴郡張辯為平南長史親覩其事
具為傳贊贊曰悠悠玄機茫茫至道
出生入死孰為妙寶其一自昔藥王殊
化絶倫徃聞其說今覩斯人其二英英
沙門慧定心固凝神紫氣表迹雙樹
其三其德可樂其操可貴文之作矣式
飈颺歸其四

釋慧益廣陵人少出家隨師止壽春
宋孝建中出都憩竹林寺精勤苦行
誓欲燒身衆人聞者或毀或贊至大
明四年始就却粒唯餌麻麦到六年
又絶麦等但食蘇油有頃又斷蘇油
唯服香丸雖四大綿微而神情警正
孝武深加敬異致問慇懃遣太宰江
夏王義恭詣寺諫益誓志无改至大
明七年四月八日將就焚燒迺於鍾
山之南置鑊辦油其日朝乘牛車而
以人牽自寺之山以帝王是兆民所
憑又三寶所寄乃自力入臺至雲龍
門不能步下令人啓聞慧益道人今
捨身詣門奉辭深以佛法仰累帝聞
改容即躬出雲龍門益既見帝重以
佛法憑囑於是辭去帝亦續至諸王
妃后道俗士庶填滿山谷投衣棄寶
不可勝計益乃入鑊據一小床以劫
貝自纒上加一長帽以油灌之將就
著火帝令太宰至鑊所請喻曰道行
多方何必殞命幸願三思更就異途
益雅志確然曾无悔念迺荅曰微軀

賤命何足上留天心聖慈罔已者願
度二十人出家降勅即許益迺手自
執燭以然帽帽然迺棄燭合掌誦藥
王品火至眉誦聲猶分明及眼乃昧
貴賤哀嗟以響振幽谷莫不彈指稱
佛惆悵淚下火至明旦迺盡帝於時
聞空中笳管異香芬苾帝盡日方還
宮夜夢見益振錫而至更囑以佛法
明日帝為設會度人令齋主唱白具
序徵祥燒身之處謂藥王寺以擬本
事也

釋僧慶姓陳巴西安漢人家世事五
斗米道慶生而獨悟十三出家止義
興寺淨修梵行願求見佛先捨三指
末誓燒身漸絶粮粒唯服香油到大
明三年二月八日於蜀城武擔寺西
對其所造淨名像前焚身供養刺史
張悅躬出臨視道俗僑舊觀者傾邑
行雲為結苦雨悲零俄而晴景開明
天色澄淨見一物如龍從積昇天時
年二十三天水太守裴方明為收灰
起塔

釋法光秦州隴西人少而有信至二

十九方出家苦行頭陁不服綿纊絶
五穀唯餌松葉後誓志燒身乃服松
膏及飲油經于半年至齊永明五年
十月二十日於隴西記城寺內集薪
焚身以滿先志火来至目誦聲猶記
至鼻乃昧奄然而絶春秋四十有一
永明末始豐縣有比丘法存亦燒身
供養郡守蕭緬遣沙門慧深為起灰塔
釋曇弘黄龍人少修戒行專精律部
宋永貞中南遊番禺止臺寺晚又適
交阯之仙山寺誦無量壽及觀經誓
心安養以孝建二年於山上聚薪密
往積中以火自燒弟子追及抱持將
還半身已爛經月小差後近村設會
舉寺皆赴弘於是日復入谷燒身村
追救命已終矣於是益積進火明日
乃盡尔日村居民咸見弘身黄金色
乘一金鹿西行甚急不暇暄凉道俗
方悟其異共收灰骨以起塔焉
論曰夫有形之所貴者身也情識之
所珎者命也是故飡脂飲血乘肥衣
輕欲其怡懌也餌术含丹防生養性
欲其壽考也至如析一毛以利天下

則恡而弗為徹一飡以續餘命則惜
而不與此其弊過矣自有宏知達見
遺己贍人體三界為長夜之宅悟四
生為夢幻之境精神逸乎蜚羽形骸
滯於瓶殼是故摩頂至足曾不介心
國城妻子捨若草芥今之所論蓋其
人也僧群心為一鴨而絶水以亡身
僧富止救一童而畫腹以全命法進
割肉以啖人曇稱自餧於災虎斯皆
尚乎兼濟之道忘我利物者也昔王
子投身功踰九劫刻肌貿鳥駭震三
千惟夫若人固亦超邁高絶矣爰次
法羽至于曇弘皆灰燼形骸棄捨珎
愛或以情祈安養或以願生知足故
雙梧表於房裏一館顯自空中符瑞
彪炳與時間出然聖教不同開遮亦
異若是大權為物適時而動利現万
端非教所制故經云能然手足一指
迺勝國城布施若是出家凡僧本以
威儀攝物而今殘毀形骸壞福田相
考而為談有得有失得在忘身失在
違戒故龍樹云新行菩薩不能一時
備行諸度或滿檀而乖孝如王子投虎

或滿慧而乖慈如撿他斷食等皆由
行未全美不无盈歉又佛說身有八
万戶蟲與人同氣人命既盡虫亦俱
逝是故羅漢死後佛許燒身而今未
死便燒或損於蟲命有說者或言羅
漢尚入火光夫復何恠有言入火光
者先已捨命用神智力後迺自燒然
性地菩薩亦未免報軀或時投形火
聚或時裂骸分人當知緣蟲之論其
究竟詳焉夫三毒四倒乃生死之根
栽七覺八道實涅槃之要路豈燔炙
形骸然後離苦若其位隣得忍俯迹
同凡或時為物捨身此非言論所及
至如凡夫之徒鑒察无廣竟不知盡壽
行道何如棄捨身命或欲激譽一時
或欲流名万代及臨火就薪悔怖交
切彰言既廣恥奪其操於是僶俛從
事空嬰万苦若然非所謂也
讚曰若人挺志金石非英鑠茲所重
祈彼寶城芬梧蓊蔚紫館輝騰烟羅
彩吐瑞含楨千秋尚美万代傳馨
誦經第七　二十一人
釋曇邃一　釋法相二

竺法純三　釋僧生四
釋法宗五　釋道冏六
釋慧慶七　釋普明八
釋法荘九　釋慧果十
釋法恭十一　釋僧覆十二
釋慧進十三　釋弘明十四
釋慧豫十五　釋道嵩十六
釋超辯十七　釋法慧十八
釋僧俟十九　釋慧弥二十
釋道琳二十一

釋曇邃未詳何人少出家止河陰白馬寺蔬食布衣誦正法華經常一日一遍又精達經旨亦為人解說嘗於夜中忽聞扣户云欲請法師九旬說法邃不許固請乃赴之而猶是眠中比覺已身在白馬塢神祠中并一弟子自尒日日密往餘无知者後寺僧經祠前過見有兩高座邃在北弟子在南如有講說聲又聞有奇香之氣於是道俗共傳咸云神異至夏竟神施以白馬一疋白羊五頭絹九十疋呪願畢於是各絕邃後不知所終

釋法相姓梁不測何人常山居精苦

誦經十餘万言鳥獸集其左右皆馴若家禽太山祠有大石函貯財寶相時山行宿于廟側忽見一人玄衣武冠令相開函言絕不見其函石蓋重過千鈞相試提之飄然而起於是取其財以施貧民後度江南止越城寺忽遊縱放蕩優排滑稽或時裸袒干冒朝貴晉鎮北將軍司馬恬惡其不節招而鴆之頻傾三鍾神氣清夷淡然无擾恬大異之至晉元興末卒春秋八十時有竺曇蓋竺僧法並苦行通感善能神呪請雨為楊州刺史司馬元顯所敬法亦善神呪晉丞相會稽王司馬道子為治城寺焉

竺法純未詳何人少出家止山陰顯義寺苦行有德善誦古維摩經晉元興中為寺上蘭渚買故屋暮還於湖中遇風而舩小純唯一心憑觀世音口誦不輟俄見一大流舩乘之獲免至岸訪舩无主須臾不見道俗咸歎神感後不知所終

釋僧生姓袁蜀郡郫人少出家以苦行致稱成都宋豊等請為三賢寺主

誦法華習禪定常於山中誦經有虎蹲其前誦竟迺去後每至諷詠輙見左右四人為侍衛年雖衰耄而翹勤弥厲後微疾便語侍者云吾將去矣死後可為燒身弟子依遺命

釋法宗臨海人少好遊獵嘗於剡遇射孕鹿母墮胎鹿母銜箭猶就地舐子宗迺悔悟知貪生愛子是有識所同於是摧弓折矢出家業道常分衛自資受一食法蔬苦六時以悔先罪誦法華維摩常昇臺諷詠響聞四遠士庶稟其歸戒者三千餘人遂開拓所住以為精舍因謂為目号曰法華臺也宗後不測所終

釋道冏姓馬扶風人初出家為道懿弟子懿病嘗遣冏等四人至河南霍山採鍾乳入穴數里跨水渡三人溺死炬火又亡冏判无濟理冏素誦法華唯憑誠此業又存念觀音有頃見一光如螢火追之不及遂得出穴於是進修禪業節行弥新頻作數過普賢齋並有瑞應或見梵僧入坐或見騎馬人至並来未及暄凉倏忽不見

後與同學四人南遊上京觀風化夜
乗氷度河中道氷破三人没死囙又
歸誠觀音乃覺脚下如有一物自𢻒
復見赤光在前乗光至岸達都止南
澗寺常般舟為業嘗中夜入禪忽見
四人御車至房呼令上乗囙欻不自
覺已見身在郡後沉橋間見一人在路
坐胡床侍者數百人見囙驚起囙曰
坐禪人耳彼人因謂左右曰向止令
知處而已何忽勞屈法師於是礼拜
執別令人送囙還寺扣門良久方開
入寺見房猶閇衆咸莫測其然宋元
嘉二十年臨川康王義慶携往廣陵
終於彼
釋慧慶廣陵人出家止廬山寺學通
經律清潔有戒行誦法華十地思益
維摩每夜吟諷常聞暗中有彈指讚歎
之聲嘗於小雷遇風波舩將覆没慶
唯誦經不輟覺舩在浪中如有人牽
之倏忽至岸於是篤厲弥勤宋元嘉
末卒春秋六十有二
釋普明姓張臨滑人少出家稟性清
純蔬食布衣以懺誦為業誦法華維

摩二經及誦之時有別衣別座未嘗
穢雜每誦至勸發品輙見普賢乗象立
在其前誦維摩經亦聞空中唱樂又善
神呪所救皆愈有鄉人王道真妻病
請明来呪明入門婦便悶絶俄見一物
如狸長數尺許從狗竇出因此而愈
明嘗行水旁祠至覡自云神見之皆
奔走以宋孝建中卒春秋八十有五
釋法莊姓申淮南人十歲出家為廬
山慧遠弟子少以苦節摽名晩遊関
中從叡公稟學元嘉初出都止道場
寺性率素止一中而已誦大涅槃法
華淨名每後夜諷誦比房常聞莊户
前有如兵仗羽衛之響實天神来聽
也宋大明初卒於寺春秋七十有六
釋慧果豫州人少以蔬苦自業宋初
遊京師止凡官寺誦法華十地嘗於
圊廁見一鬼致敬於果云昔為衆僧
作維那小不如法墮在噉糞鬼中法
師德素高明又慈悲為意願助以拔
濟之方也又云昔有錢三千埋在柿
樹下願取以為福果即告衆掘取果
得三千為造法華一部并設會後夢

見此鬼云已得改生大勝昔日果以
宋太始六年卒春秋七十有六
釋法恭姓関雍州人初出家止江陵
安養寺後出京師住東安寺少而苦
行殊倫服布衣餌菽麦誦經三十餘
万言每夜諷詠輙有殊香異氣入恭
房者咸共聞之又以弊納聚蚤虱常
披以餇之宋武文明三帝及衡陽文
王義秀等並崇其德素所獲信施常
分給貧病未嘗私蓄宋太始中還西
卒於彼春秋八十時烏衣復有僧恭
者德業高明經惣寺任亦不食粳粮唯
餌豆麦
釋僧覆未詳何人少孤為下人所養
七歳出家為曇亮弟子學通諸經蔬
食持呪誦大品法華宋明帝深加器
重勑為彭城寺主率衆有功宋太始
末卒春秋六十有六
釋慧進姓姚吳興人少而雄勇任性
遊俠年四十忽悟心自啓遂尔離俗
止京師高座寺蔬食素衣誓誦法華
用心勞苦執卷輙病迺發願願造法
華百部以悔先障始聚得錢一千六

百時有刧来問進有物不荅去唯有造經錢在佛處群刧聞之赧然而去於是聚集信施得以成經滿足百部經成之後病亦小差誦法華一部得過情願旣滿厲操愈堅常迴諸福業願生安養未亡少時忽聞空中聲曰汝所願巳足必得生西方也至齊永明三年无病而卒春秋八十有五時京師龍華寺復有釋僧念誦法華金光明蔬食避世

釋弘明本姓瀛會稽山陰人少出家貞㫁有戒節止山陰雲門寺誦法華習禪定精勤礼懺六時不輟每旦則水瓶自滿實諸天童子以為給使也明甞於雲門坐禪虎來入明室内伏于牀前見明端然不動久迺去又時見一小兒來聽明誦經明曰汝是何人荅云昔是此寺沙弥盜帳下食今墮圊中聞上人道業故來聽誦經願助方便使免斯累也明即說法勸化領解方隱後於永興石姥巖入定又有山精來惱明明捉得以腰繩繫之鬼遜謝求脫云後不敢復來及解放於是絕迹元嘉中郡守平昌

孟顗重其貞素要出安止道樹精舍後濟陽江斆之於永興邑立昭玄寺復請明往住大明末陶里董氏又為明於村立栢林寺要明還止訓勗禪戒門人成列以齊永明四年卒於栢林寺春秋八十有四

釋慧豫黃龍人来遊京師止靈根寺少而務學遍訪衆師善談論美風則每聞臧否人物輙塞耳不聽或時以異言間止瓶衣率素曰以一中自畢精勤摽節以救㫁為先誦大涅槃法華十地又習禪業精於五門甞寢見有三人来扣户並衣冠鮮潔執持華盖豫問覔誰荅云師應死故來奉迎豫曰小事未了可申一年不荅去可尒至明年滿一周而卒是歲齊永明七年春秋五十有七豫同寺有沙門法普亦素行誦經

釋道嵩姓夏高寗人年十歲出家少而沉隱有志用及具戒之後專好律學誦經三十万言交接上下未甞有喜慍之色性好檀捨隨獲利養皆以施人瓶衣之外略无兼物宋元徽中

来京師止鍾山定林寺守靖閑房懺誦無輟人有造者輟為其說法訓獎以代饌焉從之請戒者甚衆後卒於山中春秋四十有九

釋超辯姓張燉煌人幼而神悟孤發履操深沉誦法華金剛波若聞京師盛於佛法迺越自西河路由巴楚達于建業頃之東適吴越觀瞻山水停山陰城傍寺少時後還都止定林上寺閑居養素畢命山門誦法華日限一遍心敏口從恒有餘力礼千佛凡一百五十餘万拜足不出門三十餘載以齊永明十年終於山寺春秋四十有三葬于寺南沙門僧祐為造碑墓所東莞劉勰製文時有靈根釋法明祇洹釋僧志益州釋法定並誦經十餘万言蔬㫁有至德

釋法慧本姓夏侯氏少而秉志精苦律行氷嚴以宋大明之末東遊禹穴隱于天柱山寺誦法華一部蔬食布衣志耽人外居閣不下三十餘年王侯稅駕止拜房而反唯汝南周顒以信解兼深特與相接時有慕德希礼或

因顒分意時一見者以齊建武二年卒于山寺春秋八十有五時若耶懸溜山有釋曇遊者亦蔬食誦經苦節為業

釋僧侯姓龔西涼州人年十八便蔬食礼懺及具戒之後遊方觀化宋孝建初来至京師誦法花維摩金光明常二十一遍如此六十餘年蕭惠開入蜀請共同遊後惠開協同義嘉負罪歸闕侯乃還都於後岡創立石室以為安禪之所自息慈以来至于捨命魚肉葷辛未甞近齒脚影小移輙虚齋而過齊永元二年微覺不悆至中不能食迺索水漱口合掌而卒春秋八十有九時普弘有釋慧温亦誦法華維摩首楞嚴蔬苦並有高節

釋慧弥姓楊氏弘農華陰人漢太尉震之後裔也年十六出家及具戒之後志修遠離迺入長安終南山巖谷險絶軌迹莫至弥負錫獨前猛虎嘯咣无擾少誦大品又精修三昧於是剪茅結宇以為栖神之宅時至則持鉢入村食竟則還室禪誦如此者

八年後聞江東有法之盛迺觀化京師止于鍾山定林寺習業如先為人温恭冲讓喜恒无色戒範精明奬化忘勸諮賢求善慍若未足凡黑白造山礼拜者皆為説法提誘以代饌爰自出家至于衰老葷酥鮮豢一皆永絶足不出户三十餘年曉夜習定常誦波若六時礼懺必為衆先以梁天監十七年閏八月十五日終於山舍春秋七十有九葬于寺南立碑頌徳時定林又有沙門法仙亦誦經有素行後還吴為僧正卒於彼

釋道琳本會稽山陰人少出家有戒行善涅槃法華誦淨名經吴國張緒礼事之後居富陽縣泉林寺寺常有鬼怪自琳居之則消琳弟子慧韶為屋所押頭蹈入肩琳為祈請韶夜見兩梵道人拔出其頭旦起遂平復琳於是設聖僧齋畢見座上有人迹皆長三尺餘衆咸服其徵感富陽人始家家立聖僧坐以飯之至梁初琳出居齊熙寺天監十八年卒春秋七十有三

論曰諷誦之利大矣而成其功者稀

焉良由惣持難得惛忘易生如經所説止復一句一偈亦是聖所稱美是以曇邃通神於石塢僧生感衞於空山道囧臨危而獲濟慧慶將没而蒙全斯皆實徳内充故使徵應外聞經云六牙降室四王衞座豈虚哉若迺凝寒靖夜朗月長宵獨處閑房吟諷經典音吐遒亮文字分明足使幽靈忻踊精神暢悦所謂歌詠誦法言以此為音樂者也

賛曰法身既遠所寄者辞況吟反復惡利難思無忘三業有覺六時化人乃衞變衆来比此焉實徳誰與較之

高僧傳卷第十二

夏縣上王壽聖寺僧　本興
秉次助彫藏經一十卷以此功德報師
父母四恩三有法界含識俱登彼
岸

高僧傳卷第十二

校勘記

一 底本，金藏廣勝寺本。
一 四三六頁中一行經名，清作「高僧傳卷第十三」。卷末經名同。
一 四三六頁中三行「第六」下，徑、清有夾註「十一人」。
一 四三六頁中四行「釋僧」，磧、普、南、徑、清冠以「晉」字。又「釋曇稱」，磧、普、南、徑、清冠以「宋」字。
一 四三六頁中五行首字「釋」，磧、普、南冠以「宋」字。下至八行首字同。
一 四三六頁中八行「釋法光」，磧、普、南、徑、清作「齊釋法光」。
一 四三六頁中九行「釋曇弘」，磧、普、南冠以「齊」字。
一 四三六頁中一〇行「何人」，諸本(不含石，下同)作「何許人」。
一 四三六頁中一二行第一〇字「遝」，資作「經」。
一 四三六頁中一四行第五字「群」，資、磧、普、南、徑、清作「群僊」。
一 四三六頁中一五行「大守」，諸本作「太守」。
一 四三六頁中一七行「甚晴」，資、磧、普、南、徑、清作「甚清」。
一 四三六頁中末行第三字「錫」，麗作「錫杖」。
一 四三六頁下五行第六字「見」，諸本作「見有」。
一 四三六頁下八行末字至九行首字「欲畢」，諸本作「畢欲」。
一 四三六頁下九行第二字「還」，麗作「還入」。
一 四三六頁下一五行第一一字「閒」，諸本作「閑」。
一 四三六頁下一六行末字「在」，資、磧、普、南、徑、清作「存」。
一 四三六頁下二二行第一一字「取」，諸本作「耳」。
一 四三七頁上六行第一一字「拄」，麗作「和」。
一 四三七頁上八行第三字「取」，諸本作「汝取」。
一 四三七頁上一〇行「復看」，資、磧、普、南、徑、清作「復至」。
一 四三七頁上一一行第八字「舉」，諸本作「譽」。頁中一四行第七字同。
一 四三七頁上一二行「餓者」，資、磧、普、南、徑、清作「飢者」。
一 四三七頁上一四行第一三字「舌」，資、磧、普、南、徑、清作「舌之」。
一 四三七頁上一七行第一三字「又」，資、磧、普作「乂」。
一 四三七頁上一八行首字「屬」，諸本作「厲」。
一 四三七頁中三行「村中」，資、磧、普、南、徑、清作「村人」。
一 四三七頁中七行「因亡身」，資、磧、普、南、徑、清作「忘身因」；麗作「亡身」。又第一三字「富」，資作「富我」。
一 四三七頁中八行「以死」，資、磧、普、南、徑、清作「今以」。

一　四三七頁中九行「畫胥」，麗作「劃胥」。
一　四三七頁中一〇行末字「其」，麗無。
一　四三七頁中一三行第二字「事」，資、磧、普、南、徑、清作「此事」。
一　四三七頁中一七行「摽心」，諸本作「操心」。
一　四三七頁中一八行「通猛」，資作「踊猛」；磧、普、南、徑、清、麗作「勇猛」。
一　四三七頁中一九行第四字「僞」，資、磧、普、南、徑、清作「僞秦」。
一　四三七頁中二二行首字「屑」，資、磧、普、南、徑、清作「油」。
一　四三七頁下七行「要要」，資、磧、普、南、徑、清作「要」。
一　四三七頁下一三行第五字「薪」，資、磧、普、南、徑、清作「積」。又第九字「洞」，麗作「烔」。
一　四三七頁下二一行末字「寺」，麗作「寺矣」。

一　四三八頁上三行「宜損」，資、磧、普、南、徑、清作「宜捐」。
一　四三八頁上四行首字「去」，諸本作「云」。
一　四三八頁上一四行第四字「後」，資、磧、普、南、徑、清作「卒後」。又第一〇字「房」，資、磧、普、南、徑、清作「房中」。又「雙桐」，麗作「雙梧桐」。
一　四三八頁上一五行「相如」，資、磧、普、南、徑、清作「相似」。又末字「竒」，資、磧、普、南、徑、清作「連竒」。
一　四三八頁上一七行「庶機」，資、磧、普、徑、麗作「庶幾」。
一　四三八頁中一行首字「飃」，資、磧、普、南、徑、清作「颺」。
一　四三八頁中六行「又斷」，資作「又絶」。
一　四三八頁中八行首字「孝」，資、磧、普、南作「者」。
一　四三八頁中九行第八字「益」，諸本作「益益」。

一　四三八頁中一九行末字至次行首字「刧貝」，麗作「衣具」。
一　四三八頁下一行第五字「上」，資、磧、普、南、徑、清作「止」。
一　四三八頁下三行「帽然」，資、磧、普、南、徑、清作「帽燃已」。
一　四三八頁下五行第五字「以」，諸本無。
一　四三八頁下六行「淚下」，資、磧、普、南、徑、清作「抆淚」。又「於時」，資、磧、普、南、徑作「於于時」。
一　四三八頁下九行「唱白」，資作「唱曰」。
一　四三八頁下一〇行第八字「謂」，資、磧、普、南、徑、清作「起」。
一　四三八頁下一六行第一〇字「城」，資、磧、普、南、徑、清無。
一　四三九頁上五行末字「記」，資、磧、普、南、徑、清作「了」。
一　四三九頁上七行「永明」，諸本作「時永明」。

一　四三九頁上一〇行「永貞」，諸本作「永初」。

一　四三九頁上一一行「觀經」，資、磧、普、南、徑、清作「觀音經」。

一　四三九頁上一三行「自燒」，資、磧、普、南、徑、清作「自焚」。

一　四三九頁上一六行「救命已終」，麗作「求命已絕」。又「益蘏」，諸本作「益薪」。又「明日」，資、磧、普、南、徑、清作「明旦」。

一　四三九頁上一九行第四字「異」，諸本作「神異」。

一　四三九頁上二一行第二字「珎」，資、磧、普、南、徑、清作「貴」。

一　四三九頁中五行第四字「穀」，磧、普、南、徑、清作「轂」。又第一三字「分」，諸本作「介」。

一　四三九頁中六行「草茶」，資、磧、普、南、徑、清作「遺芥」。

一　四三九頁中七行第五字「心」，磧、普、南、徑、清作「止」。

一　四三九頁中八行「晝腹」，麗作「劃腹」。

一　四三九頁中一二行「固亦」，麗作「固以」。

一　四三九頁中一五行「雙梧」，資、磧、普、南、徑、清作「雙桐」。

一　四三九頁中一六行第一二字「開」，資作「閑」。

一　四三九頁中二〇行第一〇字「骸」，資、磧、普、南、徑、清作「體」。本頁下九行第五字、一二行第二字同。

一　四三九頁下五行第五字「損」，麗無。又第九字「有」，諸本作「有失」。

一　四三九頁下一〇行第二字「竟」，資、磧、普、南、徑、清作「莫」。

一　四三九頁下一一行首字「栽」，資、磧、普、南、徑、清作「找」。又第一二字「豈」，諸本作「豈必」。

一　四三九頁下一四行第一二字「不」，資、磧、普、南、徑、清無。

一　四三九頁下一五行第一一字「激」，麗作「邀」。

一　四三九頁下二二行「二十一人」，資、磧、普、南無。

一　四三九頁下末行「釋曇邃」，磧作「釋曇遂」。

一　四四〇頁上二行第七字「囘」，資、磧、普、南、徑、清作「冋」。下同。

一　四四〇頁上一一行「何人」，諸本作「何許人」。本頁中一五行、次頁下一四行同。

一　四四〇頁上一三行第一三字「甞」，資、磧、南、徑、清作「常」。

一　四四〇頁中七行第七字「排」，資作「徘」；磧、普、南、徑、清、麗作「俳」。

一　四四〇頁中一二行第三字「善」，麗作「蓋」。

一　四四〇頁中一四行「治城寺」，資、麗作「起治城寺」；磧、普、南、徑、清作「起治城寺」。

一　四四〇頁中二〇行「咸歎」，資、磧、南、清作「感歎」。

一　四四〇頁下一行第七字「常」，資、磧、普、南、徑、清作「甞」。又末字

「虎」，諸本作「虎來」。

一　四四〇頁下五行首字「死」，資、磧、普、南、徑、清作「於」。又第九字「依」，資、磧、南、徑、清作「謹依」。

一　四四〇頁下七行第四字「毋」，資、磧、普、南、徑、清無。又「衛箭」，資、磧、普、南、麗作「銜箭」；徑作「御箭」。

一　四四〇頁下一三行第八字「謂」，諸本作「誦」。

一　四四〇頁下一七行「跨水渡」，諸本作「跨木渡水」。

一　四四〇頁下一九行第一三字「頃」，磧作「須」；普作「頂」。

一　四四〇頁下末行第六字「來」，資、麗無；磧、普、南、徑、清作「以」。又「暄涼」，資、磧、南作「喧涼」。

一　四四一頁上一行第一一字「觀」，諸本作「觀矚」。

一　四四一頁上三行末字「皷」，資、磧、普、南、徑、清作「鼓」。

一　四四一頁上五行第三字「常」。諸本作「常以」。

一　四四一頁上七行第一〇字「間」，麗無。

一　四四一頁上一四行末字「彼」，磧、普、南、徑、清作「彼也」；麗作「彼矣」。

一　四四一頁上二二行「臨滑人」，諸本作「臨淄人」。

一　四四一頁中一行第五字「誦」，資、磧、普、南、徑、清作「諷誦」。

一　四四一頁中二行第四字「誦」，資、磧、普、南、徑、清無。又第一三字「乘」，磧、普作「棄」。

一　四四一頁中三行「唱樂」，資、磧、普、南、徑、清作「倡樂」。

一　四四一頁中八行「孝建」，資、磧、普、南、徑、清作「孝建初」。

一　四四一頁中一三行末字「户」，資、磧、普、南、徑、清作「房」。

一　四四一頁中一六行「蔬苦」，資、磧、普、南、徑、清作「蔬食」。

一　四四一頁中二二行「樹下」，資、磧、普、南、徑、清作「樹根下」。

一　四四一頁下四行第八字「性」，資、磧、普、徑、麗作「住」。

一　四四一頁下五行第八字「菽」，資、磧、普、南、徑、清作「菰」。

一　四四一頁下八行第三字「飴」，磧、普、南、徑、清作「飼」。

一　四四一頁下九行「義秀」，資、磧、普、南、徑、清作「義季」。又「德素」，資、磧、普、南、徑、清作「德業」。

一　四四一頁下末行第六字「先」，資、磧、普、南、徑、清作「前」。

一　四四二頁上九行「復有」，磧作「後有」。

一　四四二頁上一一行第六字「瀛」，資、磧、普、南、徑、清作「嬴」；麗作「羸」。

一　四四二頁上一六行第四字「夂」，諸本作「夂夂」。

一　四四二頁上末行「及解」，資、磧、普、徑作「乃解」。

一 四四二頁中二行「濟之」，資、磧、普、南、徑、清作「總」；麗無。又「紹玄寺」，麗作「昭玄寺」。

一 四四二頁中一四行第八字「師」，諸本作「法師」。

一 四四二頁中一八行「法普」，資、磧、普、南、徑、清作「法音」。

一 四四二頁下二行第八字「輟」，諸本作「輒」。又第一〇字「其」，資、磧、普、南、徑、清無。

一 四四二頁下八行「觀瞻」，諸本作「觀矚」。

一 四四二頁下一三行末字至次行首字「四十」，諸本作「七十」。

一 四四二頁下一五行第四字「莧」，麗作「覔」。

一 四四二頁下一七行「蔬苦」，資、磧、普、南、徑、清作「蔬食苦行」。又末字「德」，資、磧、普、南、徑、清作「德焉」。

一 四四三頁上一行第三字「分」，諸本作「介」。

一 四四三頁上八行「二十」，資、磧、普、南、徑、清作「二日」；麗作「一日」。

一 四四三頁上九行第四字「共」，資、磧、普、南、徑、清作「法」。

一 四四三頁上一二行「小移」，諸本作「小蹉」。又末字「虛」，資、磧、南、徑、清作「空」。

一 四四三頁上一三行「永元」，麗作「永明」。又第一二字「悆」，徑、清作「愈」。

一 四四三頁上一六行第二字「經」，資、磧、普、南、徑、清無。又第一〇字「並」，資、磧、普、南、徑、清無。

一 四四三頁上二〇行末二字至次行首二字「猛虎嘯兕」，資、磧、普、南、徑、清作「虎兕」；麗作「猛虎肅兕」。

一 四四三頁上二二行第八字「捆」，資、磧、普、徑作「栖」。

一 四四三頁中三行「冲讓」，資、磧、普、南、徑、清作「仁讓」。又「喜恒」，諸本作「喜慍」。

一 四四三頁中四行第七字「慍」，諸本作「恒」。

一 四四三頁中五行第一三字「饌」，諸本作「餚饌」。

一 四四三頁中七行「出户」，資、磧、普、南、徑、清作「出山」。

一 四四三頁中一七行第五字「蹈」，資、磧、普、徑、麗作「陷」。又第七字「肩」，資、磧、普、南、徑、清作「胸」。

一 四四三頁中一九行第六字「畢」，諸本作「鋪新帛於床上齋畢」。又「座上」，諸本作「帛上」。

一 四四三頁下四行首字「山」，麗作「中」。

一 四四三頁下五行「外聞」，諸本作「外啓」。

一 四四三頁下六行第一一字「粤」，南作「曰」。

一 四四三頁下八行第六字「道」，資、磧、普作「道」。

一 四四三頁下九行首字「靈」，資、磧、

普、南、徑、清作「顯」，又第一一字「詠」，資、磧、普、南、徑、清無。

一　四四三頁下一三行「比此」，資、磧、普、南、徑、清作「兹此」。

高僧傳卷第十三　興福　經師　導師　内
梁會稽嘉祥寺沙門釋慧皎撰

興福第八　十四人

竺慧達姓劉本名薩阿并州西河離石人少好田獵年三十一忽如暫死經日還蘇備見地獄苦報見道人云是其前世師為其說法訓誨令出家往丹陽會稽吴郡覔阿育王塔像礼拜悔過以懺先罪既醒即出家學道改名慧達精勤福業唯以礼懺為先晉寧康中至京師先是簡文皇帝於長干寺造三層塔塔成之後每夕放光達上越城顧望見此剎稍獨有異色便往拜敬晨夕懇到夜見剎下時有光出乃告人共掘掘入丈許得三石碑中央碑覆中有一鐵函函中又有銀函銀函裏金函金函裏有三舍利又有一爪甲及一髮髮申長數尺卷則成螺光色炫燿乃周敬王時阿育王起八万四千塔即此一也既道俗歎異乃於舊塔之西更竪一剎施安舍利晉太元十六年孝武更加為三層又昔咸和中丹陽尹高悝於張侯橋浦裏掘得一金像無有光趺而製作甚工前有梵書云是育王第四女所造悝載像還至長干巷口牛不復行非人力所御乃任牛所之徑趣長干寺尒後年許有臨海漁人張係世於海口得銅蓮花趺浮在水上即取送縣表上上臺勑使安像足下契然相應後有西域五僧詣悝云昔於天竺得阿育王像至鄴遭乱藏置河邊王路既通尋覔失所近得夢云像已出江東為高悝所得故遠涉山海欲一見礼拜耳悝即引至長干五人見像歔欷涕泣像即放光照于堂內五人云本有圓光今在遠處亦尋當至晉咸安元年交州合浦縣採珠人

董宗之於海底得一佛光刾史表晉簡文帝勑施此像孔穴懸同光色一種凡四十餘年東西祥感光趺方具達以刹像靈異倍加翹厲後東遊吴縣礼拜石像以像晉將末建興元年癸酉之歳浮在吴松江滬瀆口漁人疑為海神延巫祝以迎之於是風濤俱盛駭懼而還時有奉黄老者謂是天師之神復共往接飄浪如初後有奉佛居士吴縣民朱應聞而歎曰將非大覺之垂應乎乃潔齋共東靈寺帛尼及信者數人到滬瀆口稽首盡度歌唄至徳即風潮調静遥見二人浮江而至乃是石像背有銘誌一名惟衛二名迦葉即接還安置通玄寺吴中士庶嗟其靈異歸心者衆矣達停止通玄寺首尾三年晝夜虔礼未嘗暫廢頃之進適會稽礼拜鄮塔此塔亦是育王所造歳久荒蕪示存基蹝達翹心束想乃見神光燄發因是修立龕砌群鳥無敢棲集凡近寺側田漁者必無所獲道俗傳感莫不移信後郡守孟顗復加開拓達東西覲

礼屢表徵驗精勤篤勵終年无改後不知所之

釋慧元河北人為人性善喜愠无色常習禪誦經勸化福事以為恒業晉太元初於武陵平山立寺有二十餘僧飧蔬幽遁永離人途以太元十四年卒卒後有人入武當山下見之神色甚暢寄語寺僧勿使寺業有廢自是寺内常聞空中應時有磬聲依而集衆未嘗差失沙門竺慧直居之直精苦有戒節後絶粒唯餌松栢因登山蟬蛻焉

釋慧力未知何人晉永和中来遊京師常乞食苦頭陁修福至晉興寧中啓乞陶處以為瓦官寺初摽塔基是今塔之西每夕摽輙東移十餘步旦取還已復隨從潜共伺之見一人著朱衣武冠拔摽置東力仍於其處起塔今之塔處也記者云寺立後三十年當為天火所燒至晉孝武太康二十一年七月夜自然火起寺僧數十都无知者明旦見塔已成灰聚帝曰此國不祥之相也即勑楊法尚李

緒等速令修復至九月帝崩有戴安道所製五像及戴顒所治丈六金像昔鑄像初成而面首殊瘦諸工无如之何乃迎顒看之顒曰非面瘦也乃臂胛肥耳既鑢減臂胛而面相自滿諸工無不歎息又有師子國四尺二寸玉像並皆在焉昔師子國王聞晉孝武精於奉法故遣沙門曇摩抑遠獻此佛在道十餘年至義熙中乃達晉司徒王謐嘗入臺見東掖門口有寺人擲摶所著處輙有光出恠令掘之得一金像舍光趺長七尺二寸謐即啓聞宋高祖迎入臺供養宋景平末送出瓦官寺今移龍光寺

釋慧受安樂人晉興寧中来遊京師蔬食苦行常修福業嘗行過王坦之園夜輙夢於園中立寺如此數過受欲就王乞立一間屋處未敢發言且向守園客松期説去王家之園恐非所圖也受曰若令誠感何憂不得即詣王陳之王大喜即以許焉初立一小屋每夕復夢見一青龍從南方来化為刹柱受將沙弥試至新亭江尋

覔乃見一長木隨流來下受日必是吾所見者也於是雇人牽上豎立為刹架以一層道俗競集咸歎神異坦之即捨園為寺以受本鄉為名號曰安樂寺東有丹陽尹王雅宅西有東燕太守劉闞宅南有豫章太守范寗宅並施以成寺後有沙門道靖道敬等更加修飾于今崇麗焉

釋僧慧未知何人少來好修福業晉義熙中共長安人行長生立寺於京師破塢村中始迁域其處起草屋數間便集僧設齋至中夜堂內兩燈忽自然行進前數十步油炷如故无所傾覆大衆驚嗟訪諸耆老咸言燈所移處是昔時外國道人起塔之基於是就共修立以燈移表瑞因號崇明寺焉

釋僧翼本吳興餘杭人少而信悟早有絕塵之操初出家止廬山寺依慧遠修學蔬素苦節見重門人晚適關中復師羅什經律數論並皆參涉又誦法華一部以晉義熙十三年與同志曇學沙門俱遊會稽履訪山水至

秦望西北見五岫駢峯有耆闍之狀乃結草成菴稱曰法華精舍太守孟顗富人陳載並傾心挹德贊助成功翼蔬食澗飲三十餘年以宋元嘉二十七年卒春秋七十立碑山寺旌其遺德會稽孔逭製文翼同遊曇學沙門後移卜秦望之北號曰樂林精舍有韶相灌僧並東岳望僧咸共慼焉時有釋道敬者本瑯琊胄族晉右將軍王羲之曾孫避世出家情愛丘壑棲于若耶山立懸溜精舍敬後為供養衆僧乃捨具足專精十戒云

釋僧洪豫州人止于京師瓦官寺少而修身整潔後率化有緣造丈六金像鎔鑄始畢未及開摸時晉末銅禁甚嚴犯者必死宋武于時為相國洪坐罪繫于相府唯誦觀世音經一心歸命佛像夜夢所鑄像來手摩洪頭問怖不洪言自念必死像曰无憂見像胷方尺許銅色燋沸會當行刑府參軍監煞而牛奔車壞因更尅日續有令從彭城來云未煞僧洪者可原遂獲免還開摸見像胷前果有燋沸洪

後以苦行卒

釋僧亮未知何人少以戒行著名欲造丈六金像用銅不少非細乞能辦聞湘州界銅溪伍子胥廟多有銅器而廟甚威嚴無人敢近亮聞而造焉告刺史張邵借健人百頭大船十艘邵曰廟既靈驗犯者必斃且有蠻人守護詎可得耶亮曰若果福德與檀越共如其有咎躬自當之邵即給人船三日三夜行至廟所亮與手力一時俱進未至廟屋二十許步有兩銅鑊容百餘斛中有巨虵長十餘丈出遮行路亮乃正儀執錫呪願數十忽然而隱俄見一人秉竹笏而出云聞法師道業非凡營福事重今持相隨喜於是令人輦取廟銅既多十分取一而舫已滿唯神床頭有一唾壺中有一蝘蜓長二尺許乍出乍入識者咸云神實愛此物亮遂不取於是而去遇風水甚利比群蠻相報追逐不復能及還都鑄像既成唯餘光未備宋文帝為造金薄圓光安置彭城寺至宋太始中明帝移像湘宮寺今猶在焉

釋法意江左人好營福業起五十三
寺晋義熙中鍾山祭酒朱應子先是
孫恩建義之黨竄居此山分其外地
少許與意為寺號日延賢寺後杯度
去来此寺云此處尋有諸變後時當
好地對天堂易為福業俄為野火所
燒後齊諧及張寅等籍杯度之言語
在處傳乃與意共行山地更欲修立
而無水不可住意惟杯度之言乃竭
誠礼懺乞西方池水經于三日懇惻
弥至忽聞空中有聲撲然者地意恐
是金帛試令人掘入二尺許泫然清
流遂成澗不絶於是立寺意後不知
所終

釋慧敬南海人少遊學荆楚亦博通
經論而常以福業為務故義學不得
全功凡所之造皆興立塔像助成衆
業後還鄉復修理雲峯永安諸寺敬
既精於戒節而志操嚴明故嶺外僧
足咸附諮稟後被勑為僧主訓領有
功敬有一奴子及沙弥忽為鬼所打
後山精見形詣敬員謝愆失云部屬
不解横撓法師眷屬有須悉皆平復

凡興福業皆迴向西方臨終之日室
有奇香經久乃歇

釋法獻廣州人始居北寺寺歳久彫
襄獻率化有緣更加治葺改日延祥
後入藏微山創寺寺成後有兩童子
携手来歌云藏微有道德懽樂方未央言
終忽然不見舉寺驚嗟咸歎神異獻
後入禅忽見一人来云磬繩欲斷何
不治獻驚起往視垂將委地由其手
接得無折損獻出家以来常勸化福
事而捿心禅戒未甞虧節後不知
所終

釋法獻姓徐西海延水人先隨舅至
梁州仍出家至元嘉十六年方下京
師止定林上寺博通經律志業强捍
善能匡拯衆計修葺寺宇先聞猛公
西遊備屬靈異乃誓欲忘身往觀聖
迹以宋元徽三年發踵金陵西遊巴
蜀路出河南道經芮芮到于闐欲度
葱嶺值棧道斷絶遂於于闐而反獲
佛牙一枚舍利十五尊并觀世音滅
罪呪及調達品又得龜茲國金鎚鍱
象於是而還其經途危阻見其別記

佛牙在烏纒國自烏纒来芮芮自来
梁土獻賫牙還京五十有五載密自
礼事餘無知者至文宣感夢方傳道
俗獻律行精純徳為物範瑯瑘王肅
王融吴國張融張綣沙門慧令智藏
等並投身接足崇其誡訓獻以永明
之中被勑與長干玄暢同為僧主分
任南北兩岸暢本秦州人亦律禁清
白文恵太子奉為戒師獻後被勑三
吴使妙簡二衆暢亦東行重申受戒
之法時暢與獻二僧皆習律撿不覚
當世與武帝共語每稱名而不坐後
中興僧鍾於乹和殿見帝帝問鍾如
冝鍾荅貧道比昔氣帝嫌之乃問尚
書王儉先輩沙門與帝王共語何所
稱正殿坐不儉荅漢魏佛法未興不見
記傳自偽國稍盛皆稱貧道亦預坐
及晋初亦然中代有庾氷桓玄等皆
欲使沙門盡敬朝議紛紜事皆休寝
宋之中朝亦頗令致礼而尋竟不行
自尒迄今多預坐而稱貧道帝曰暢
獻二僧道業如此尚自稱名况復餘
者抾拜則太甚稱名亦无嫌自尒沙

門皆稱名於帝主自暢獻始也暢以建武初亡春秋七十有五獻以建武末年卒與暢同窆于鍾山之陽獻弟子僧祐為造碑墓側丹陽尹吳興沈約製文獻於西域所得佛牙及像皆在上定林寺牙以普通三年正月忽有數人並執仗初夜扣門稱臨川殿下奴叛有人告云在佛牙閣上請開撿視寺司即隨語開閣主師至佛牙坐前開函取牙作礼三拜以錦手巾盛牙繞山東而去至今竟不測所在

釋僧護本會稽剡人也少出家便克意常苦節戒行嚴淨後居石城山隱岳寺寺北有青壁直上數十餘丈當中央有如佛燄光之形上有叢樹曲幹垂陰護每經行至壁所輒見光明焕炳聞弦管歌贊之聲於是擎爐發誓願博山鐫造十丈石佛以敬擬弥勒千尺之容使凡厥有緣同覩三會以齊建武中招結道俗初就彫剪疎鑿移年僅成面樸頂之護遘疾而亡臨終誓曰吾之所造本不期一生成辦第二身中其願剋果後有沙門僧

淑慕襲遺功而資力莫由未獲成遂至梁天監六年有始豐令吳郡陸咸罷邑還國夜宿剡溪值風雨晦冥咸危懼假寐忽夢見三道人來告云君識信堅正自然安隱有建安殿下感患未療若能治剡縣僧護所造石像得成就者必獲平預冥理非虛宜相開發也咸還都經年稍忘前夢後出門乃見一僧云聽講寄宿因言去歲剡溪所屬建安王事猶憶此不咸當時懼然荅云不憶道人笑曰宜更思之仍即辭去咸悟其非凡乃倒屣諮訪追及百步忽然不見豁尒意解具憶前夢乃剡溪所見第三僧也咸馳啓建安王王即以上聞勑遣僧祐律師專任像事王乃深信益加喜踊充遍抽捨金貝誓取成畢初僧祐未至一日寺僧慧逞夢見黑衣大神翼從甚壯立于龕所商略分數至明旦而祐師至其神應若此初僧護所創鑿龕過淺乃鏟入五丈更施頂髻及身相克成瑩磨將畢夜忽當万字處色赤而隆起今像胷万字處猶不施金薄

而赤色在焉像以天監十二年春就功至十五年春竟坐軀高五丈立形十丈龕前架三層臺又造門閣殿堂并立衆基業以充供養其四遠士庶並提挾香華万里来集供施往還軏迹冥委自像成之後建安王所苦稍瘳今年已康復王後改封今之南平王是也

釋法悅者戒素沙門也齊末勑為僧主止京正覺寺敦修福業四部所歸悅嘗聞彭城宋王寺有丈八金像乃宋王車騎徐州刺史王仲德所造光相之工江左稱冣州境或應有災祟及僧尼横延疊矦像則流汗汗之多少則禍患之濃淡也宋泰始初彭城北屬群虜共欲遷像引至万夫竟不能致齊初兗州數郡欲起義南附亦駈逼衆僧助守營塹時虜帥蘭陵公攻陷此營獲諸沙門於是盡執二州道人幽縶園裏遣表偽臺誣以助乱像時流汗舉殿皆濕時偽梁王諒鎮在彭城亦多小信向親往像所使人拭之隨出終莫能止王乃燒香礼拜

至心撝曰衆僧无罪弟子自當營護
不使羅禍若幽誠有感願拭汗即爍
王具表其事諸僧皆見原免悅既欣
覩靈異撝願瞻礼而閑禁阻隔莫由
克遂又昔宋明皇帝經造丈八金像
四鑄不成於是改為丈四悅乃與白
馬寺沙門智靖率合同緣欲造丈八
無量壽像以申厥志始鳩集金銅屬
齊末世道陵遲復致推斥至梁初方
以事啓聞降勑聽許并助造光趺材
官工巧隨用資給以梁天監八年五
月三日於小莊嚴寺營鑄匠本量佛
身四万斤銅融寫已竭尚未至胷百
姓送銅不可稱計投諸爐冶隨鑄而
模內不滿猶自如先又馳啓聞勑給
功德銅三千斤臺內始就量送而像
處已見羊車傳詔載銅爐側於是飛
鞴消融一鑄便滿甫尒之閒人車俱
失比臺內銅出方知向之所送信實
靈感工匠喜踊道俗稱贊及至開模
量度乃踊成丈九而光相不差又有
大錢二枚猶見在衣條竟不銷鑠並
莫測其然尋昔量銅四万准用有餘

後益三千計闕未滿而祥瑞冥密出
自心圖故知神理幽通殆非人事初
像素既成比丘道拙常夜中礼懺忽
見素所見然洞明詳視久之乃知神
光之異鑄後三日未及開模有禪師
道度高潔僧也捨其七條袈裟助費
開頂俄而遥見二僧跪開像髻逼就
觀之倏然不見時悅請二僧相次還
化勑以像事委定林僧祐其年九月
二十六日移像光宅寺是月不雨頗
有埃塵及明將遷像邊有光燄上下
如燈如燭并聞稚儀礼拜之聲入户
詳視揜然俱滅防寺蔣孝孫亦所同
見是夜淮中賈客並聞大舩舶下催
督治橋有如數百人聲將知靈器之重
豈人致焉其後更鑄光趺並有風香
之瑞自葱河以左金像之最唯此一耳
論曰昔憂塡初刻栴檀波斯始鑄金
貿皆現寫真容工圖妙相故能流光
動瑞避席施虔爰至鬓爪兩塔衣影
二臺皆是如來在世已見成軌自叔
迹河邊闍維林外八王請分還國起
塔及瓶灰二所於是十剎興焉其生

處得道說法涅槃肉髻頂骨四牙雙
跡鉢杖唾壺泥洹僧等皆樹塔勒銘
標揭神異尒後百有餘年阿育王遣
使浮海壞撤諸塔分取舍利還值風
潮頗有遺落故今海族之中時或遇
者是後八万四千因之而起育王諸
女亦次發淨心並鐫石鎔金圖寫神
狀至能浮江泛海影化東川雖復靈
迹潛通而未彰視聽及蔡愔秦景自
西域還至始傳畫㲲釋迦於是涼臺
壽陵並圖其相自茲厥後形像塔廟與時
競列洎于大梁遺光與盛夫法身无
像因感見有參差故形應有殊別若
乃心路蒼茫則真儀隔化情志慊切
則木石開心故劉殷至孝誠感釜庚
為之生銘丁蘭温凊竭誠木母以之
變色魯陽迴戈而日轉杞婦下泣而
城崩斯皆隱惻入其性情故使徵祥
照乎耳目至如慧達拙光於剎抄慧
力感瑞於塔基慧受申誠於浮木僧
慧顯證於移燈洪亮並忘形於鑄像意獻比畢無命
於伽藍法獻專志於牙骨竟陵為之通感僧護誓
抱於石城南平以之獲應近光宅丈九顯曜京畿宋

帝四鑠而不成梁皇一冶而形倫妙相踊而無虧瑞銅少而更足故知道藉人弘神由物感豈曰虛哉是以祭神如神在則神道交矣敬像如佛身則法身應故入道必以智慧為本智慧必以福德為基譬猶鳥備二翼儵舉千尋車足兩輪一馳千里豈不勤哉豈不勗哉

贊曰真儀捹曜金石傳暉爰有塔像懷戀者依現奇表極顯瑞矜威嚴藏地踊水泛空飛篤矣心路必契無違

經師第九

帛法橋一　支曇籥二
釋法平三　釋僧饒四
釋道慧五　釋智宗六
釋曇遷七　釋曇智八
釋僧辯九　釋曇憑十
釋慧忍十一

帛法橋中山人樂轉讀而乏聲每以不暢為慨於是絕粒懺悔七日七夕稽首觀音以祈現報同學苦諫措而不改至第七日覺喉內豁然即索水洗漱云吾有應矣於是作三契經聲

徹里許遠近驚嗟悉來觀聽尔後誦經數十万言晝夜諷詠哀婉通神至年九十聲猶不變以晉穆帝永和中卒於河北即石虎末也有弟子僧扶亦戒行清高

支曇籥本月支人寓居建業少出家清苦蔬食憩吳虎丘山晉孝武初勑請出都止建初寺孝武從受五戒敬以師礼籥特稟妙聲善於轉讀嘗夢天神授其聲法覺因裁製新聲梵響清靡四飛却轉反折還喉疊弄雖復東阿先變康會後造始終循環未有如籥之妙後進傳寫莫匪其法所製六言梵唄傳響于今後終於所住年八十一

釋法平姓康康居人寓居建業與弟法等俱出家止白馬寺為曇籥弟子共傳師業響韻清雅運轉无方後兄弟同移祇洹弟貌小醜而聲逾於兄宋大將軍於東府齋一往以貌輕之及聞披卷三契便扼腕神服乃歎曰以貌取人失之子羽信矣後東安嚴公發講等作三契經竟嚴徐動麈尾曰如此讀經亦不減發講遂散席明

更開題議者以為相成之道也兄弟並以元嘉末卒

釋僧饒建康人出家止白馬寺善尺牘及雜技偏以音聲著稱擅名於宋武之世響調優游和雅哀亮與道綜齊肩綜善三本起及大拏每清梵一舉輙道俗傾心寺有般若臺饒常遶臺外梵轉以擬供養行路聞者莫不息駕踟蹰彈指稱佛宋大明二年卒年八十六時同寺復有超明明慧少俱為梵唄長齋時轉讀亦有名當世

釋道慧姓張尋陽柴桑人年二十四出家止廬山寺素行清貞博涉經典特稟自然之聲故偏好轉讀發響含奇製無定准條章折句綺麗分明後出都止安樂寺轉讀之名大盛京邑晚移朱方竹林寺誦經數万言每夕諷詠輙聞閤中有彈指唱薩之聲宋大明二年卒年五十一

釋智宗姓周建康人出家止謝寺博學多聞尤長轉讀聲至清而爽快若乃八關長夕中宵之後四衆低昂睡𣨶交至宗則昇座一轉梵響干雲莫

不開神暢體豁然醒悟大明三年卒年三十一時有慧寶道詮雖非同時作法相似甚豐聲而高調製用无取焉宋明忽賞道詮識者謂逢時也

釋曇遷姓支本月支人寓居建康篤好玄儒遊心佛義善談莊老并注十地又工正書常布施題經巧於轉讀有无窮聲韻梵製新奇特拔終古彭城王義康范曄王曇首並皆遊狎還初止祇洹寺後移烏依寺及范曄被誅門有十二喪无敢近者遷抽貨衣物悉營壟送孝武聞而歎賞謂徐爰曰御著宋書勿遺此士王僧虔為湘州及三吳並攜共同遊齊建元四年卒年九十九時有道場寺釋法暢凡官寺釋道琰並富聲哀婉雖不競遷等抑亦次之

釋曇智姓王建康人出家止東安寺性風流善舉止能談莊老經論書史多所綜涉既有高亮之聲雅好轉讀雖依擬前宗而獨拔新異高調清徹寫送有餘宋孝武蕭思話王僧虔等深加識重僧虔臨湘州攜與同行蕭

守吳復招同入齊永明五年卒於吳國年七十九時有道朗法忍智欣慧光並无餘解薄能轉讀道朗捉調小緩法忍好存擊切智欣善能側調慧光喜騁飛聲

釋僧辯姓吳建康人出家止安樂寺少好讀經受業於遷暢二師初雖祖述其風晚更措意斟酌哀婉折衷獨步齊初嘗之在新亭劉紹宅齋辯初夜讀經始得一契忽有群鶴下集階前及辯度卷一時飛去由是聲振天下遠近知名後來學者莫不宗事永明七年二月十九日司徒竟陵文宣王夢於佛前詠維摩一契同聲發而覺即起至佛堂中還如夢中法更詠古維摩一契便覺韻聲流好著工恒日明旦即集京師善聲沙門龍光普智新安道興多寶慧忍天保超勝及僧辯等集第作聲辯傳古維摩一契瑞應七言偈一契㝡是命家之作後人時有傳者並訛漏失其體辯以齊永明十一年卒中興有釋僧恭當時與辯齊名後遂退道

釋曇憑姓楊犍為南安人少遊京師學轉讀止白馬寺音調甚工而過且自任時人未之推也於是專精規矩更加研習晚遂出群翕然改觀誦三本起經尤善其聲後還蜀止龍淵寺巴漢音者皆崇其聲範每梵音一吐輙象馬悲鳴行途住足因製造銅鍾願於未來常有八音四辯庸蜀有銅鍾始於此也後終於所住時蜀中有僧道光亦微善轉讀

釋慧忍姓蕢建康人少出家住北多寶寺無餘行解止是愛好音聲初受業於安樂辯公備得其法而哀婉細妙特欲過之齊文宣感夢之後集諸經師乃共忍斟酌舊聲詮品新異製瑞應四十二契忍所得㝡長妙於是命慧徹僧業僧尚超朗僧期超猷慧旭法曇慧僧胤慧彖法慈等四十餘人皆就忍受學遂傳法于今忍以隆昌元年卒年四十餘

釋法隣　平調牒句殊有宫商

釋曇辯　一往无奇弥久弥勝

釋慧念　少氣調殊有細美

釋曇幹 爽快碎磕傳寫有法
釋曇進 亦入能流爲善還國品
釋慧超 善於三契後不能稱
釋道首 怯於一往長道可觀
釋曇調 寫送清雅恨功夫未足

凡此諸人並齊代知名其浙左江西荊峽庸蜀亦頗有轉讀然止是當時詠歌乃無高譽故不足而傳也

論曰夫篇章之作蓋欲申暢懷抱褒述情志詠歌之作欲使言味流靡辭韻相屬故詩序云情動於中而形於言言之不足故詠歌之也然東國之歌也則結韻以成詠西方之贊也則作偈以和聲雖復歌贊為殊而並以協諧鍾律符靡宮商方乃奧妙故奏歌於金石則謂之以為樂設贊於管弦則稱之以為唄夫聖人制樂其德四焉感天地通神明安万民成性類如聽唄亦其利有五身體不疲不忘所憶不懈倦音聲不壞諸天懽喜是以般遮弦歌於石室請甘露之初門淨居舞頌於雙林奉報一化之恩德

其間隨時贊詠亦在處成音至如億耳細聲於宵夜提婆颺響於梵宮或令无相之旨奏於篪笛之上或使本行之音宣乎竽瑟之下並皆抑揚通感佛所稱贊故咸池韶武无以疋其工激楚梁塵無以較其妙自大教東流乃譯文者衆而傳聲蓋寡良由梵音重複漢語單奇若用梵音以詠漢語則聲繁而偈迫若用漢曲以詠梵文則韻短而辝長是故金言有譯梵響無授始有魏陳思王曹植深愛聲律屬意經音既通般遮之瑞響又感漁山之神製於是刪治瑞應本起以為學者之宗傳聲則三千有餘在契則四十有二其後帛橋支籥亦云祖述陳思而愛好通靈別感神製裁變古聲所存止一十而已至石勒建平中有天神降于安邑廳事諷詠經音七日乃絕時有傳者並皆訛廢建宋齊之間有曇遷僧辯太傅文宣等並殷勤嗟詠曲意音律撰集異同斟酌科例存仿舊法正可三百餘聲自茲厥後聲多散落人人致意補綴不同所

以師師異法家家各製皆由昧乎聲旨莫以裁正夫音樂感動自古而然是以玄師梵唱赤鴈愛而不移比丘流響青鳥悅而忘翥曇憑動韻猶令象馬蹉蹜僧辯折調尚使鴻鶴停飛量人雖復深淺籌感抑亦次焉夫擊石拊石則百獸率舞簫韶九成則鳳皇來儀鳥獸且猶致感況乃人神者哉但轉讀之為懿貴在聲文兩得若唯聲而不文則道心无以得生若唯文而不聲則俗情无以得入故經言以微妙音歌歎佛德斯之謂也而傾世學者裁得首尾餘聲便言擅命當世經文起盡曾不措懷或破句以全聲或分文以足韻豈唯聲之不足亦乃文不成詮聽者唯增恍忽聞之但益睡眠使夫八真明珠未掩而藏曜百味淳乳不澆而自薄哀哉若能精達經旨洞曉音律三位七聲次而无乱五言四句契而莫爽其間起擲盪舉平折放殺游飛却轉反疊嬌弄動韻則流靡弗窮張喉則變態無盡故能炳發八音光揚七善壯而不猛凝而

不滯弱而不野剛而不鋭清而不擾濁而不蔽諒足以起暢微言怡養神性故聽聲可以娛耳聆語可以開襟若然可謂梵音深妙令人樂聞者也然天竺方俗凡是歌詠法言皆稱為唄至於此土詠經則稱為轉讀歌贊則號為梵唄昔諸天贊唄皆以韻入弦管五衆既與俗違故宜以聲曲為妙原夫梵唄之起亦兆自陳思始著太子頌及睒等因為之製聲吐納抑揚並法神授今之皇皇顧惟蓋其風烈也其後居士支謙亦傳梵唄三契皆湮沒不存世有共議一章恐或謙之餘則也唯康僧會所造泥洹梵唄于今尚傳即敬謁一契文出雙卷泥洹唄也爰至晋世有生法師初傳覓歷今之行地印文即其法也籥公所造六言即大慈哀愍一契于今時有作者近有西凉州唄源出關右而流于晋陽今之面如滿月是也凡此諸曲並製出名師後人繼作多所訛漏或時沙弥小兒互相傳校疇昔成規殆无遺一惜哉此既同是聲例故備之

論末

唱導第十

釋道照一　釋曇穎二
釋慧璩三　釋曇宗四
釋曇光五　釋慧芬六
釋道儒七　釋慧重八
釋法願九　釋法鏡十

釋道照姓麴平西人少善尺牘兼博經史十八出家止京師祇洹寺披覽群典以宣唱為業音吐寮亮洗悟塵心指事適時言不孤發獨步於宋代之初宋武帝嘗於内殿齋照初夜略叙百年迭速遷滅俄頃苦樂參差必由因果如來慈應六道陛下撫矜一切帝言善久之齋竟別䞋三万臨川王道規從受五戒奉為門師宋元嘉三十年卒年六十六照弟子慧明姓焦魏郡人神情俊邁祖習師風亦有名當世

釋曇穎會稽人少出家謹於戒行誦經十餘万言止長干寺性恭儉唯以善誘為先故屬意宣唱天然獨絕凡要請者皆貴賤均赴貧富一揆張暢聞而歎曰辞吐流便足騰遠理穎嘗患癖瘡積治不除房内恒供養一觀世音像晨夕礼拜求差此疾異時忽見一虵從像後緣壁上屋須臾有一鼠子從屋墮地涎涶沐身狀如已死穎候之猶似可活即取竹刮除涎涶以傳癖上所傳既遍鼠亦還活信宿之間瘡痍頓盡方悟虵之與鼠皆是祈請所致於是精勤化導厲節弥堅宋太宰江夏王義恭最所知重後卒於所住年八十一

釋慧璩丹陽人出家止瓦官寺讀覽經論涉獵書史衆妓多閑而尤善唱導出語成章動辞製作臨時採博罄無不妙詣宋太祖文皇帝車騎臧質並提携友善雅相崇愛譙王鎮荊要與同行後逆節還朝於梁山設會須之譙王敗璩還京後宋孝武設齋璩唱導帝問璩曰今日之集何如梁山璩曰天道助順況復為逆帝悦之明且別䞋一万後勅為京邑都維那大明末終於寺年七十二

釋曇宗姓虢秣陵人出家止靈味寺少而好學博通衆典唱說之功獨步

當世辯口適時應變无盡昔為孝武
唱導行菩薩五法礼竟帝乃笑謂宗
曰朕有何罪而為懺悔宗曰昔虞舜
至聖猶云予違尒弼湯武亦云万姓
有罪在予一人聖王引咎盖以軌世
陛下德邁往代齊聖虞殷履道思冲
寧得獨異帝大悅殷淑儀薨三七設
會悉請宗宗始歎世道淳偽恩愛必
離嗟殷氏淑德榮幸未暢而滅實當
年叔芳今日發言悽至帝泫愴良久
賞異弥深後終於所住著京師塔寺
記二卷時靈味寺復有釋僧意者亦
善唱說製睽經新聲哀亮有序

釋曇光會稽人隨師止江陵長沙寺
性意嗜五經詩賦及筭數卜筮无不
貫解年將三十喟然歎曰吾從來所
習皆俗事佛法深理未染一毫豈剪
落所宜耶乃屏舊業聽諸經論識悟
過人一聞便達宋衡陽文王義季鎮
荊州求覓意理沙門共談佛法暑境
推光以當鴻任光固辭王自詣房敦
請遂從命焉車服人力月供一万每
設齋會无有導師王謂光曰奘導辟

生唯德之大上人何得為辭願必自
力光乃迴心習唱製造懺文每執爐
處衆輙道俗傾仰後還都止靈味寺
義陽王旭出鎮北徐携光同行及景
和失德義陽起事以光預見乃賷七
曜以決光光杜口無言故事寧獲免
宋明帝於湘宮設會聞光唱導帝稱
善即勑賜三衣瓶鉢後卒於寺中年
六十五

釋慧芬姓李豫州人幼有殊操十二
出家住穀熟縣常山寺學業優深苦
行精峻每赴齋會常為大衆說法梁
楚之間悉奉其化及魏虜毀滅佛法
乃南歸至烏江追騎將及而渚次无
舩芬一心念佛俄見流舩忽至乘之
獲免至都止白馬寺時御史中丞袁
愍孫常謂道人偏執未足與議乃命
左右令候覓沙門試欲語之會得芬
至袁先問三乘四諦之理却辯老莊
儒墨之要芬既素善經書又音吐流
便自旦之夕袁不能窮於是敬以為
師令子弟悉從受戒芬又善神呪所
治必驗後病篤服丸人勸之以酒芬

曰積時持戒寧以將死虧節乃語弟
子云吾其去矣以齊永明三年卒于
興福寺年七十九臨終有訓誡遺文
云云

釋道儒姓石勃海人寓居廣陵少懷
清信慕樂出家遇宋臨川王義慶鎮
南兗儒以事聞之王贊成厥志為啓
度出家之後蔬食讀誦凡所之造皆
勸人改惡修善遠近宗奉遂成導師
言無預撰發嚮成製元嘉末出都止
建初寺長沙王請為戒師盧相伯仲
孫等共買張敬兒故廟為儒立寺今
齊福寺是也儒以齊永明八年卒年
八十一時閑心寺有釋僧喜亦唱說
振譽於宋末齊初

釋慧重姓閔魯國人僑居金陵早懷
信悟有志從道願言未遂巳長齋菜
食每率衆齋會常自為唱導如此累
時乃上聞於宋孝武大明六年勑為
新安寺出家於是專當唱說稟性清
敏識悟深沉言不經營應時若瀉凡
預聞者皆流連信宿增其懇詣後移
止凡官禪房永明五年卒年七十三

時凡官復有釋法覺又敕慧重之業
亦擅名齊代
釋法願本姓鍾名武厲先潁川長社
人祖世避難移居吳興長城願常為
梅根冶監有施慎民遂偏當其負願
乃訴求分罪有旨免慎民死除願為
新道令家本事神身習鼓舞世間雜
妓及蓍爻占相皆備盡其妙嘗以鏡
照面云我不久當見天子於是出都
住沈橋以傭相自業宗愨沈慶微時
經請願相願曰宗君應為三州刺史
沈君當位極三公如是歷相衆人記
其近事所驗非一遂有聞於宋太祖
太祖見之取東冶囚及一奴美顏色
者飾以衣冠令願相之願指囚曰君
多危難下階便應著鏁謂奴曰君是
下人乃甦得免耶帝異之即勅住後
堂知陰陽秘術後少時啓求出家三
啓方遂為上定林遠公弟子及孝武
龍飛宗愨出鎮廣州携願同往奉五
戒之師會譙王構逆羽檄嶺南愨以
諮願願曰隨來誤殺人今太白犯南
斗法應殺大臣宜速改計必得大勳

果如願言愨遷豫州刺史復携同行
及竟陵王誕舉事願諫亦然願後與
刺史共欲減衆僧床脚令依八指之
制時沙門僧導獨步江西謂願濫廛
其士頗有不平之色遂致聞孝武即
勅願還都帝問願何詐菜食願荅菜
食已來十餘年帝勅直閤沈攸之強
逼以肉遂折前兩齒不迴其操帝大
怒勅罷道作廣武將軍直華林佛殿
願雖形同俗人而栖心禪戒未嘗虧
節有頃帝崩照太后令聽還道太始
六年按長生捨宅為寺名曰正勝請
願居之齊高親事幼主恒有不測之
憂每以諮願願曰後七月當定果如其
言及高　帝即位事以師礼武帝嗣
興亦盡師敬永明二年願遭兄喪啓
乞還鄉至鄉少時
勅旨重疊願後出憩在湘宮鑾駕自幸
降寺省慰願云脚疾未消不堪相見
帝乃轉蹕而去文惠太子嘗往寺問訊願
既不命令坐文惠作礼而立乃謂願
曰葆吹清鐃以為供養其福云何願曰
昔菩薩八万妓樂供養佛尚不如至

心令吹竹管子打死牛皮此何足道其
秉德邁時皆此之類其王侯妃主及
四遠士庶並從受戒悉遵師礼願往
必直前無有通白咸致隨喜日盈万
計願隨以修福未嘗蓄聚或雇人礼
佛或借人持齋或糴米穀散飴魚鳥
或貰易飲食賑給囚徒興功立德數
不可紀願又善唱導及依經奉自心
抱無事宮商言語訛雜唯以適機為
要可謂其智可及其愚不可及也後
入定三日不食忽語弟子云汝等失
飯蘿矣俄而寢疾時寺側遣燒寺在
下風煙燄必及弟子欲舉願出寺願
曰佛若被燒我何用活即峕心歸念
於是三面皆焚唯寺不燼齊永元二
年年八十七卒
釋法鏡姓張吳興烏程人幼而樂道
事未獲從值慧益燒身啓帝度二十
人鏡即預其一也事法願為師即得
入道履操氷霜仁施為懷曠拔成務
於是研習唱導有邁終古齊竟陵文
宣王厚相礼待鏡搢心弘道不拘貴
賤有請必行无避寒暑財不蓄私常

興福業建武初以其信施立齊隆寺以居之鏡為性敦美賞接為務故道俗交知莫不愛悅雖義學功淺而領悟自然造次嘲難必有酬酢齊永元二年卒年六十四其後凡官道親彭城寶與耆闍道登並皆祖述宣唱高韻華言非忝前例傾衆動物論者後之令上為長沙宣武王治鏡所住寺因寺改曰宣武也

論曰唱導者蓋以宣唱法理開導衆心也昔佛法初傳于時齊集止宣唱佛名依文致礼至中宵疲極事資啓悟乃別請宿德昇座說法或雜序諸緣或傍引辟喻其後廬山釋慧遠道業貞華風才秀發每至齋集輙自昇高座躬為導首先明三世因果却辯一齋大意後代傳受遂成永則故道照曇穎等十有餘人並駢次相師各擅名當世夫唱導所貴其事四焉謂聲辯才愽非聲則無以驚衆非辯則無以適時非才則言无可採非愽則語无依據至若響韻鍾鼓則四衆驚心聲之為用也辞吐後發適會无差

辯之為用也綺製彫華文藻横逸才之為用也商攉經論採撮書史愽之為用也若能善兹四事而適以人時如為出家五衆則須切語无常苦陳懺悔若為君王長者則須叙引俗典綺綜成辞若為悠悠凡庶則須指事造形直談聞見若為山民野處則須近局言辞陳斥罪目凡此變態與事而興可謂知時衆又能善說雖然故以懇切感人傾誠動物此其上也昔草創高僧本以八科成傳却尋經導二伎雖於道為末而悟俗可崇故加此二條足成十數何者至如八関初夕旋繞周行烟蓋停氣燈帷靖燿四衆專心叉指緘默尒時導師則擎爐慷慨含吐抑揚辯出不窮言應无盡談无常則令心形戰慄話地獄則使怖淚交零徵昔因則如見往業覈當果則已示來報談怡樂則情抱暢悅叙哀慼則灑泣含酸於是闔衆傾心舉堂惻愴五體輸席碎首陳哀各各彈指人人唱佛爰及中宵後夜鍾漏將罷則言星河易轉勝集難留又使

人迫懷抱載盈戀慕當尒之時導師之為用也其間經師轉讀事見前章皆以賞悟適時拔立信有一分可稱故編高僧之末若夫綜習未廣諳究不長既無臨時捷辯必應遵用舊本然才非己出製自他成吐納宮商動見紕謬其中傳寫訛誤亦皆依而唱習致使魚魯淆乱鼠璞相疑或時礼拜中間懺疏忽至既无宿蓄恥欲屈頭臨時抽造蹇棘難辯意慮荒忙心口乖越前言既久後語未就抽衣謦欬示延時節列席寒心觀途啓齒施主失應時之福衆僧乖古佛之教既絕生善之萌祇增戲論之惑始獲濫吹之譏終致代匠之咎若然豈高僧傳之謂耶

高僧傳卷第十三

高僧傳卷第十三

校勘記

一 底本，金藏廣勝寺本。

一 四五〇頁中一行經名，清作「高僧傳卷第十四」。又小字「興福經師導師」，資、磧、普、南、徑作「興福經師唱導」；清無。

一 四五〇頁中四行首字「竺」，磧、普、南、徑、清作「晉竺」；麗作「釋」，一一行首字同。又第五字「釋」，磧、普、南作「晉釋」，五行首字同。又末字「二」下，磧、普、南、徑、清有夾註「竺慧直」。

一 四五〇頁中五行第五字「釋」，磧、普、南、徑、清作「宋釋」。

一 四五〇頁中六行首字「釋」，磧、普、南作「宋釋」，第五字、七行首字及第五字、八行首字同。

一 四五〇頁中八行第五字「釋」，磧、普、南、徑、清作「齊釋」。

一 四五〇頁中九行首字「釋」，磧、普、南作「齊釋」，第六字同。又末字「二」，資、磧、普、南、徑、清作「二」下有夾註「玄暢」。

一 四五〇頁中一〇行首字「釋」，磧、普、南、徑、清作「梁釋」。又第六字「釋」，磧、普、南作「梁釋」。

一 四五〇頁中一三行第一一字「見」，諸本作「見一」。

一 四五〇頁中一九行「長十寺」，諸本作「長干寺」。

一 四五〇頁中二〇行第一一字「稍」，諸本作「杪」。

一 四五〇頁下三行第五字「瓜」，資、磧、普、南、徑、清作「爪」。又第一一字「申」，資作「神」。

一 四五〇頁下四行「敬王」，資、磧、普、南、徑、清作「宣王」。

一 四五〇頁下五行「即此」，麗作「此其」。

一 四五〇頁下八行第五字「咸」，麗作「晉咸」。

一 四五〇頁下一三行第六字「年」，資、磧、普、南、徑、清作「一年」。

一 四五〇頁下一五行首字「收」，麗作「取」。又「表上上」，資、磧、普、南、徑、清作「縣表上」；麗作「縣表上上」。

一 四五一頁上一行第一三字「表」，諸本作「表上」。

一 四五一頁上五行「以像」，資、磧、普、南、徑、清作「此像以」；麗作「以像於」。

一 四五一頁上一一行第一三字「靈」，麗作「雲」。

一 四五一頁上一八行第一二字「鄮」，資、磧、普、南、徑、清作「鄮縣」。

一 四五一頁上二〇行首字「蹶」，磧、普、南、徑、清作「[土厥]」。

一 四五一頁上二二行第七字「獲」，資、磧、普、南、徑、清作「復獲」。

一 四五一頁中一行第七字「勤」，資、磧、普、南、徑、清作「誠」。

一 四五一頁中六行第七字「離」，磧、普、南、徑、清、麗作「絕」。

一四五一頁中一三行「何人」，資、磧、普、南、徑、清作「何許人」，次頁上九行同，次頁下三行，磧、普、南、徑、清同。

一四五一頁中一四行「蔬食」，麗作「食蔬」。又第六字「苦」，資、磧、普、南、徑、清作「苦行」。

一四五一頁中一六行「摽輙」，資作「摽塔基」；磧、普、南、徑、清作「標塔基輙」。

一四五一頁中一七行第七字「従」，諸本作「徙」。

一四五一頁中一八行第一〇字「力」，磧、麗作「方」。

一四五一頁中一九行第七字「也」，麗作「是也」。又「寺立」，資、磧、普、南、徑、清作「立寺」。

一四五一頁中二〇行末字「康」，諸本作「元」。

一四五一頁中二二行首字「十」，資、磧、普、南、徑、清作「十人」。

一四五一頁下二行第一〇字「治」，資、普、南、徑、清作「治」。

一四五一頁下一〇行第一三字「口」，資、磧、普、南、徑、清作「外」。

一四五一頁下一一行第四字「樗」，麗作「樗戲樗」。

一四五一頁下一二行第六字「含」，麗作「合」。

一四五一頁下一九行「松期說」，資作「私期說之斯」；磧、普、南、徑、清作「私期說之期」；麗作「松期說之期」。

一四五一頁下二〇行第六字「若」，普、南作「苦」。

一四五二頁上二行第三字「見」，資、磧、普、南、徑、清作「夢見」。

一四五二頁上九行第八字「少」，資、磧、普、南、徑、清作「自少」。

一四五二頁上一一行第七字「迂」，資、磧、普、南、徑、清作「遷」。

一四五二頁上一八行第二字「僧」，徑、清作「曇」。

一四五二頁中三行第二字「富」，資、磧、普、南、徑、清作「富春」。

一四五二頁中五行第一三字「旌」，資、磧作「矜」。

一四五二頁中六行第一三字「覺」，諸本作「學」。

一四五二頁中一五行第九字「摸」，資、磧、普、南、徑、清作「模」，末行第五字同。

一四五二頁中一六行第九字「于」，資、磧、普、南、徑、清作「帝」。

一四五二頁下一行末字「卒」，麗作「卒矣」。

一四五二頁下六行第五字「邵」，資、磧、普、南、徑、清作「劭」，七行首字、九行第一一字同。

一四五二頁下七行第八字「者」，磧、普、南作「有」。

一四五二頁下一〇行第五字「夜」，資、磧、普、南、徑、清作「夕」。

一四五二頁下一一行「未至」，資、磧、普、南、徑、清作「去」。

一四五二頁下一三行第一二字「十」，

諸本作「十言蛇」。
一 四五二頁下一五行第一一字「持」，諸本作「特」。
一 四五二頁下一六行第一二字「分」，資、磧、普、南、徑、清作「未」；麗作「不」。
一 四五三頁上一八行第九字「峯」，磧、普、南、徑、清作「岑」。
一 四五三頁中一行第二字「興」，麗作「興造」。
一 四五三頁中五行第四字「微」，麗作「徵」。六行第七字同。
一 四五三頁中七行第九字「嗟」，磧作「差」。
一 四五三頁中九行第一三字「其」，資、磧、普作「某」。
一 四五三頁中一四行第三字「仍」，麗作「乃」。
一 四五三頁中一五行末字「捍」，磧、普、南、徑、清作「悍」。
一 四五三頁中一六行第四字「極」，諸本作「拯」。

一 四五三頁中一七行第四字「屬」，磧、普、南、徑、清、麗作「矚」。
一 四五三頁中一九行第一〇字「到」，諸本作「既到」。
一 四五三頁中二一行第九字「尊」，資、磧、普、南、徑、清作「粒」；麗作「身」。
一 四五三頁下一行第三字「在」，麗作「本在」。又第一三字「自」，麗作「自芮芮」。
一 四五三頁下二行第八字「五」，資、磧、普、南、徑、清作「師」。
一 四五三頁下一〇行第三字「妙」，資、磧、普、南、徑、清作「沙」。
一 四五三頁下一一行第一〇字「習」，諸本作「少習」。
一 四五三頁下一三行第七字「和」，資、磧、普、南、徑、清作「弘」。又末字「如」，資、磧、普、南、徑、清作「所」。
一 四五三頁下一六行第二字「正」，資、磧、普、南、徑、清作「預正」。又第一四字「不」，資、磧、普、南、徑、清無。又末字「見」，麗作「見其」。

一 四五四頁上一行「帝主」，麗作「帝王」。
一 四五四頁上三行「未年卒」，資、磧、普、南、徑、清作「未卒年」。
一 四五四頁上八行末字「開」，諸本作「開閣」。
一 四五四頁上九行第一一字「師」，資、磧、普、南、徑、清作「帥」，本頁下一八行第一一字同。
一 四五四頁上一三行第二字「常」，資、磧、普、南、徑、清無。
一 四五四頁上一六行末字「明」，資、磧、普、南、徑、清無。
一 四五四頁上二〇行第二字「齊」，麗作「北齊」。
一 四五四頁中一一行首字「懼」，資、磧、普、南、徑、清作「矍」。
一 四五四頁中一三行第九字「豁」，諸本作「咸豁」。
一 四五四頁中一四行第一三字「馳」，

諸本作「即馳」。
一 四五四頁中二〇行首字「師」，諸本作「律師」。
一 四五四頁中二二行第三字「鎣」，麗作「瑩」。又第七字「夜」，諸本作「夜中」。
一 四五四頁中末行末字「薄」，麗作「鎛」。
一 四五四頁下六行第二字「寘」，諸本作「填」。又第四字「自」，資、磧、普作「目」。
一 四五四頁下七行「今年」，麗作「本卒」。
一 四五四頁下一〇行第三字「京」，諸本作「京師」。
一 四五四頁下一二行「宋王」，麗作「宋」。
一 四五四頁下一三行「工江左」，資、磧、普、南、徑、清作「奇江右」。
一 四五四頁下一六行第九字「引」，資、磧、普、南、徑、清作「遂」。
一 四五四頁下二〇行第五字「圍」，磧、普、南、徑、清作「圍」。
一 四五四頁下二二行第六字「小」，資、磧、普、南、徑、清作「少」。
一 四五四頁下末行第三字「隨」，資、磧、普、南、徑、清作「隨拭隨」。
一 四五五頁上二行第三字「羅」，資、磧、普、南、徑、清作「罹」。
一 四五五頁上二行「即燥」，諸本作「即止於是自手拭之隨拭即燥」。
一 四五五頁上七行第一二字「造」，麗作「改造」。
一 四五五頁上九行第一三字「初」，資、磧、普、南、徑、清無。
一 四五五頁上一五行首字「摸」，資、磧、普、南、徑、清作「模」，二〇行末字、本頁中五行第一一字同。又第六字「自」，資作「目」。
一 四五五頁上二二行第九字「條」，資、磧、普、南、徑、清作「絛」。
一 四五五頁中三行第八字「招」，麗作「昭」。
一 四五五頁中六行「高潔」，資、磧、普、南、徑、清作「梁高」。
一 四五五頁中九行第一〇字「祐」，資、磧、普、南作「於」。
一 四五五頁中一一行第八字「像」，諸本作「像夜有輕雲徧上微雨沾澤僧祐經行像所係念天氣遥見像」。
一 四五五頁中一二行「椎幟」，資、磧、普、南、徑、清作「犍椎」。
一 四五五頁中一三行首字「詳」，麗作「詵」。
一 四五五頁中一六行第一三字「風」，資、磧、普、南、徑、清作「華」。
一 四五五頁下五行第七字「今」，資、磧、普、南、徑、清作「令」。
一 四五五頁下一二行第九字「奥」，諸本作「粤」。
一 四五五頁下一三行第二字「因」，麗作「因感故形」。
一 四五五頁下一九行第一三字「抄」，資、磧、南、徑、清作「杪」。
一 四五五頁下末行第一一字「近」，諸本作「近有」。

一　四五五頁下末行第一四字「文」，諸本作「丈」。

一　四五六頁上四行第一〇字「敬」，麗作「敬佛」。又「佛身」，資、磧、普、南、徑、清作「敬佛」。

一　四五六頁上五行首字「應」，諸本作「應矣」。

一　四五六頁上六行「儻舉千尋」，資、磧、普、南、徑、清作「一舉萬尋」；麗作「倏舉千尋」。

一　四五六頁上一〇行第一一字「矜」，諸本作「旍」。

一　四五六頁上一一行第四字「泛」，資作「沉」。又「無違」，至此，清卷第十四終，卷第十五始。

一　四五六頁上一二行末字「九」，徑、清作「九」下有夾註「十一人」。

一　四五六頁上一三行首字「帛」，磧、普、南、徑、清作「昏帛」。又第五字「支」，磧、普、南作「昏支」。

一　四五六頁上一四行首字「釋」，磧、普、南、徑、清作「宋釋」。又第五字「釋」，磧、普、南作「宋釋」，一五行首字及第五字同。

一　四五六頁上一六行首字「釋」，磧、普、南、徑、清作「齊釋」，又第五字「釋」，磧、普、南作「齊釋」，一七行首字及第五字、一八行首字同。

一　四五六頁上一九行第七字「樂」，諸本作「少樂」。

一　四五六頁中一一行「喉哢」，資、磧、普、南、徑、清無；麗作「喉疊」。

一　四五六頁中一九行第八字「齋」，諸本作「設齋」。

一　四五六頁下二行「无嘉」，諸本作「元嘉」。

一　四五六頁下四行第五字「偏」，麗作「而偏」。

一　四五六頁下五行首字「武」，麗作「武文」。

一　四五六頁下六行「大拏」，磧、普、南作「須夫拏」；徑、清作「須大拏」。

一　四五六頁下七行第一四字「逸」，資、磧、普、南、徑、清無。

一　四五六頁下八行首字「外」，麗無。

一　四五六頁下九行末字「年」，資、磧、普、南、徑、清作「春秋」，一九行第六字同。

一　四五六頁下一三行第七字「素」，資、磧、普、南、徑、清作「志」。

一　四五六頁下一四行末字「含」，資、磧、普、南、徑、清作「合」。

一　四五六頁下一五行第八字「折」，資、磧、普、徑作「析」。

一　四五六頁下一八行第三字「輙」，磧、普、南、徑、清作「轉」。

一　四五六頁下一九行末字「一」，資、磧、普、南、徑、清作「有一」。

一　四五七頁上四行第八字「識」，麗作「議」。

一　四五七頁上一〇行「烏依寺」，資、磧、普、南、徑、清作「烏衣寺」。

一　四五七頁上末行首字「深」，諸本作「並深」。

一　四五七頁中二行第六字至五行末字「時……聲」，磧、普、南、徑、清

無。

一　四五七頁中九行第五字「之」，諸本無。

一　四五七頁中一四行第一一字「同」，磧、南、徑、清作「因」。

一　四五七頁中一六行第一二字「著」，資、磧、普、南、徑、清作「有」。

一　四五七頁中一七行「普智」，資、磧、普、徑作「普知」。

一　四五七頁中二一行第一〇字「體」，諸本作「大體」。

一　四五七頁中二二行第五字「卒」，資作「卒時」。又第六字至末行末字「中……道」，磧、普、南、徑、清無。

一　四五七頁下六行第二字「音」，資、磧、普、南、徑、清作「學」；麗作「懷音」。

一　四五七頁下七行首字「象」，麗作「烏」。次頁下四行末字同。

一　四五七頁下八行第三字「常」，資、磧、普、南、徑、清作「當」。

一　四五七頁下九行第一二字「僧」，麗作「僧令」。

一　四五七頁下一七行首字「命」，諸本作「令」。又第三字「徵」，資、磧、普、南、徑、清作「微」；麗作「滿」。又第九字「朗」，磧、普、南、徑、清作「明」。

一　四五七頁下一八行第二字「法」，麗作「法律」。又第五字「僧」，資、磧、普、南、徑、清作「滿僧」。

一　四五七頁下二〇行第五字「年」，資、磧、普、南、徑、清作「時年」。

一　四五七頁下末行小字「少氣」，資、磧、普、南、徑、清作「少於氣」。

一　四五八頁上一行小字「砰礚」，磧、普、南、徑、清作「砰磕」；麗作「碎礚」。

一　四五八頁上二行小字「亦入」，麗作「亦八」。又第五字「編」，資、磧、普、南、徑、清作「偏」。又第八字「國」，磧、普、南、徑、清無。

一　四五八頁上七行第六字「峽」，資、磧、普、南、徑、清作「陜」。

一　四五八頁上九行末字「也」，資、磧、普、南、徑、清作「也已上八人無傳」。

一　四五八頁上一七行「設贊」，資、磧、普、南、徑、清作「讚法」。

一　四五八頁上二一行第三字「不」，諸本作「心不」。

一　四五八頁上二二行第九字「請」，諸本作「請開」。

一　四五八頁中四行「乎竽」，資、磧、普、南、徑、清作「於竽」；麗作「乎琴」。

一　四五八頁中一二行末字「漁」，麗作「魚」。

一　四五八頁中一六行末字「古」，資、磧、普、南作「有」。

一　四五八頁中一七行「一十」，磧、普、南、徑、清作「一千」。

一　四五八頁中一九行第一二字「建」，諸本作「逮」。

一　四五八頁中二二行第三字「仿」，

資、磧、普、南、徑、清作「於」。
一　四五八頁下三行第八字「鷹」，麗作「鴈」。
一　四五八頁下六行第一三字「亟」，資、磧、普、南、徑、清無。
一　四五八頁下一二行第一三字「傾」，諸本作「頃」。
一　四五八頁下一三行第一二字「命」，資、普、南、徑、清作「名」。
一　四五八頁下一四行第一三字「全」，麗作「合」。
一　四五八頁下二一行第一二字「弄」，磧、普、南、徑、清作「哢」。
一　四五八頁下二二行第二字「流」，磧、普、南、徑、清作「揄」。
一　四五九頁上二行第八字「超」，麗作「起」。
一　四五九頁上七行第五字「唄」，資、磧、普、南、徑、清作「音」。
一　四五九頁上九行第九字「兆」，資、磧、普、南、徑、清作「肇」。
一　四五九頁上一〇行第五字「眹」，諸本作「眹頌」。
一　四五九頁上一三行第四字「不」，麗作「而不」。
一　四五九頁上一五行末字「洹」，諸本作「洹故曰泥洹」。
一　四五九頁上一六行第八字「生」，麗作「高座」。
一　四五九頁上二二行第九字「校」，麗作「授」。
一　四五九頁中二行「第十」，徑、清作「第十」下有夾註「十人」。
一　四五九頁中三行首字「釋」，磧、普、南、徑、清作「宋釋」。又第五字「釋」，磧、普、南作「宋釋」，四行首字及第五字、五行首字同。
一　四五九頁中五行第五字「釋」，磧、普、南、徑、清作「齊釋」。
一　四五九頁中六行首字「釋」，磧、普、南作「齊釋」，第五字、七行首字及第五字同。
一　四五九頁中八行「平西」，磧、普、南、徑、清作「西平」。
一　四五九頁中一三行第六字「遷」，諸本作「遷」。
一　四五九頁中一四行首字「召」，資、磧、普、南、徑、清作「果」。
一　四五九頁中一五行第三字「久」，資、普、南、徑、清作「又」。
一　四五九頁中一六行第一三字「三」，資、磧、普、南、徑、清無。
一　四五九頁下一行「癖瘖」，資、磧、普、南、徑、清作「瘖癖」。
一　四五九頁下五行末字「涶」，麗作「涶又聞蛇所吞鼠能療瘖疾即刮取涎涶」。
一　四五九頁下一一行第一三字「讀」，磧、普、南、徑、清作「該」。
一　四五九頁下一二行第八字「妓」，資、磧、普、徑、清、麗作「技」。
一　四五九頁下一四行第四字「詰」，磧、普、南、徑、清無。
一　四五九頁下二〇行首字「且」，諸本作「旦」。
一　四六〇頁上七行第八字「般」，諸

本作「後殷」。

一　四六〇頁上一三行第五字「眹」，資、磧、普、南、徑、清作「談」。

一　四六〇頁上一五行「意嗜」，資、磧、普、南、徑、清作「喜事」。

一　四六〇頁上一七行第二字「皆」，諸本作「皆是」。

一　四六〇頁上二〇行第一三字「磬」，資、磧、普、南、徑、清作「磬」。

一　四六〇頁上二二行第五字「焉」，資、磧、普、南、徑、清作「給」；麗作「焉給」。

一　四六〇頁中一行第五字「大」，麗作「本」。

一　四六〇頁中一四行第三字「歸」，諸本作「歸京師」。

一　四六〇頁中一八行第一〇字「語」，資、磧、普、南、徑、清作「詰」。

一　四六〇頁中末行第八字「丸」，資、磧、普、南、徑、清作「丸藥」。又第一一字「之」，資、磧、普、南、徑、清作「令之」。又末字「芬」，麗作「荼」。

一　四六〇頁下一行第一〇字「虧」，資、磧、普、南、徑、清作「終難虧」。

一　四六〇頁下八行「出家」，諸本作「出家出家」。

一　四六〇頁下一一行第一二字「相」，諸本作「丞相」。

一　四六〇頁下一二行第九字「庿」，資、磧、普、南、徑、清作「宅」。

一　四六〇頁下一四行第四字至一五行末字「時……初」，磧、普、南、徑、清無。又第一三字「唱」，麗作「善唱」。

一　四六〇頁下二一行第九字「營」，資作「勞」。

一　四六一頁上五行「慎民」，諸本作「慎(「慎」，資、磧、普作「順」)民代(「代」，麗作「來代」)之先時文書未校慎民」。

一　四六一頁上八行第三字「著」，資作「著」。

一　四六一頁上一〇行第一二字「慶」，資、磧、普、南、徑、清作「慶之」。

一　四六一頁上一四行第七字「治」，麗作「治」。

一　四六一頁上一六行第九字「鑠」，資、磧、普、南、徑、清作「鉗鑠」。

一　四六一頁上一七行「下人」，諸本作「下賤人」。

一　四六一頁上二〇行第一三字「奉」，諸本作「奉爲」。

一　四六一頁上二二行第六字「來」，諸本作「君來」。

一　四六一頁上末行末字「黙」，諸本作「勳」。

一　四六一頁中二行第九字「諫」，諸本作「陳諫」。

一　四六一頁中五行第一一字「聞」，資、磧、普、南、徑、清作「聞於」。

一　四六一頁中六行第八字「何」，資、磧、普、南、徑、清作「何致故」。

一　四六一頁中一〇行末字「戲」，諸本作「虧」。

一　四六一頁中一一行第六字「照」，資、磧、普、南、徑、清作「昭」。

一　四六一頁中一二行第三字「挍」，麗作「佼」。
一　四六一頁中一三行第五字「高」，資、磧、普、南、徑、清作「高帝」。
一　四六一頁下四行第八字「戚」，麗作「感」。
一　四六一頁下六行第八字「羅」，麗作「收羅」。又第一二字「飴」，資、磧、普、南、徑、清作「飼」。
一　四六一頁下七行第二字「貨」，諸本作「貿」。
一　四六一頁下八行第一一字「經」，諸本作「經說法」。
一　四六一頁下一二行第二字「蘿」，諸本作「籮」。
一　四六一頁下一三行第五字「必」，資、磧、普、南、徑、清作「將」。
一　四六一頁下一四行末字「念」，諸本作「命」。
一　四六一頁下一九行第一三字「即」，諸本作「既」。
一　四六二頁上二行第九字「賞」，資、磧、普、南、徑、清作「以賞」。
一　四六二頁上六行第三字「與」，麗作「興」。
一　四六二頁上七行末字「後」，磧、普、南、徑、清作「從」。
一　四六二頁上九行第二字「寺」，麗無。
一　四六二頁上一三行末字「諸」，諸本作「因」。
一　四六二頁上一六行「先明」，磧、普、南作「光明」；徑、清作「廣明」。
一　四六二頁上二〇行第一〇字「驚」，諸本作「警」。
一　四六二頁上末行第九字「後」，資、磧、普、南、徑、清作「俊」。
一　四六二頁中二行第六字「攉」，南作「確」；清作「摧」。
一　四六二頁中五行第一一字「叙」，諸本作「兼」。
一　四六二頁中九行第七字「衆」，麗作「知衆」。
一　四六二頁中一四行「周行」，麗作「行周」。又「燈惟」，資、磧、普、徑作「燈帷」。
一　四六二頁中一七行「慓話」，資、磧、普、徑作「慓語」；南、清、麗作「慄語」。
一　四六二頁中二〇行第六字「泣」，麗作「淚」。
一　四六二頁下一行首字「人」，磧、普、南、徑、清作「遑」。
一　四六二頁下三行第一一字「有」，麗作「其有」。
一　四六二頁下七行末字至八行首字「唱習」，磧、普、南、徑、清作「宣唱」。
一　四六二頁下九行末字「屈」，資、磧、普、南、徑、清作「出」。
一　四六二頁下一二行第一一字「途」，南、徑、清作「徒」。
一　四六二頁下一五行第六字「代」，資、磧、普、南、徑、清作「伐」。
一　四六二頁下一六行首字「傳」，麗無。

一　四六二頁下末行「第十三」，清作「第十五」。

高僧傳序録卷第十四

梁會稽嘉祥寺沙門釋慧皎撰

原夫至道沖漠假蹄筌而後彰玄致幽凝籍師保以成用是由聖迹迭興賢能異託辯忠烈孝慈以定君敬之道明詩書礼樂以成風俗之訓或忘功遣事尚彼虚沖或體任榮枯重兹達命而皆教但域中功存近益斯盖漸染之方未奥盡其神性至若能仁之為訓也孝業果幽微則循復三世言至理高妙則貫絶百靈若夫啓十地以辯慧宗顯二諦以詮智府窮神盡性之旨管一樞極之致餘教方之猶群流之歸巨壑衆星之拱北辰悠哉邈矣信難得以言尚至迺教滿三千形遍六道皆所以接引幽昏為大利益而以淨穢異聞昇墜殊見故秋方先覺形聲之奉東國後見聞之益雲麓表於夜明風虎彰乎宵夢鴻風既扇大化斯融自尔西域名僧往往而至或傳度經法或教授禪道或以異迹化人或以神力救物自漢之梁紀

曆弥遠世涉六代年將五百此土桒門含章秀起群英間出迭有其人衆家記録叙載各異沙門法濟偏叙高逸一迹沙門法安但列志節一行沙門僧寶止命遊方一行沙門法進迺通撰傳論而辝事闕略並皆互有繁簡出没成異考之行事未見其歸宋臨川康王義慶宣驗記及幽明録太原王琰冥祥記彭城劉俊益部寺記沙門曇宗京師寺記太原王延秀感應傳朱君台徵應傳陶渊明搜神録並傍出諸僧叙其風素而皆是附見亟多疎闕齊竟陵文宣王三寶記傳或稱佛史或號僧録既三寶共叙辝旨相関混濫難求更為蕪昧瑯瑘王巾所撰僧史意似該綜而文體未足沙門僧祐撰三藏記止有三十餘僧所無甚衆中書郎郄景興東山僧傳治中張孝秀廬山僧傳中書陸明霞沙門傳各竟舉一方不通今古務存一善不及餘行逮于即時亦繼有作者然或褒贊之下過相揄揚或叙事之中空列辝費求之實理無的可稱或復嫌

以繁廣删減其事而抗迹之竒多所遺削謂出家之士處國賓王不應勵然自遠高蹈獨絶尋辭榮棄愛本以異俗為賢若此而不論竟何所紀嘗以暇日遇覽群作輙搜撿雜録數十餘家及晋宋齊梁春秋書史秦趙燕凉荒朝偽曆地理雜篇孤文片記并博諮古老廣訪先達校其有无取其同異始于漢明帝永平十年終至梁天監十八年凡四百五十三載二百五十七人又傍出附見者二百餘人開其德業大為十例一曰譯經二曰義解三曰神異四曰習禪五曰明律六曰遺身七曰誦經八曰興福九曰經師十曰唱導然法流東土蓋由傳譯之勳或踰越沙險或泛漾洪波皆忘形殉道委命弘法震旦開明一焉是賴兹德可崇故列之篇首至若慧解開神則道兼万億通感適化則彊暴以綏靖念安禪則功德森茂弘贊毗尼則禁行清潔忘形遺體則矜吝革心歌誦法言則幽顯含慶樹興福善則遺像可傳凡此八科並以軌迹

不同化洽殊異而皆德效四依功在三業故為群經之所稱美衆聖之所褒述及夫討覈源流商攉取捨皆列諸贊論備之後文而論所著辭微異恒體始標大意類猶前序未辯時人事同後議若間施前後如謂煩雜故揔布一科之末通稱為論其轉讀宣唱雖源出非遠然而應機悟俗實有偏功故齊宋雜記咸條列秀者今之所取必其製用超絶及有一分通感迺編之傳末如或異者非所存焉凡十科所叙皆散在衆記今止删聚一處故述而无作俾夫披覽於一本之内可兼諸要其有繁辭虛贊或德不及稱者一皆省略故述六代賢異止為十三卷并序録合十四軸號曰高僧傳自前代所撰多曰名僧然名者本實之賓也若實行潛光則高而不名寡德適時則名而不高名而不高本非所紀高而不名則備今録故省名音代以高字其間草創或有遺逸今此十四卷備贊論者意以為定如未隱括覽者詳焉

高僧傳卷第十四 第六張 内字号

高僧傳第三卷 譯經下 十三人

高僧傳第四卷 義解一 十四人

高僧傳卷第十四 第七張 内字号

高僧傳第五卷 義解二 十五人

高僧傳卷第十四 第八張 内字号

高僧傳第六卷 義解三 十三人

高僧傳第七卷 義解四 三十二人

宋京師祇洹寺釋僧苞 法和
宋餘杭方顯寺釋僧詮
宋江陵辛寺釋曇鑒 道海 慧龕 慧恭 曇泓 道廣
宋廬山淩雲寺釋慧安
宋淮南中寺釋曇无讖 曇囧
宋京師靈味寺釋僧含 道含
宋江陵琵琶寺釋僧徹 僧莊
宋吳虎丘山釋曇諦
宋壽春石磵寺釋僧導 僧因 僧音 僧成
宋蜀武擔寺釋道汪 普明 道闇
宋山陰天柱山釋慧靜
宋長沙麓山釋法愍 僧宗
宋京師北多寶寺釋道亮 靜林 慧隆
宋丹陽釋梵敏 僧籥
宋京師中興寺釋道溫 僧慶 慧定
宋京師中興寺釋道斌 曇濟 曇宗
宋京師何園寺釋慧亮
宋下定林寺釋僧鏡 曇隆
宋京師靈根寺釋僧瑾 曇度 玄運
宋京師興皇寺釋道猛 道堅 慧鸞 慧敷 慧訓 道明
宋山陰靈嘉寺釋超進 曇機 道憑
宋吳興小山釋法瑤 曇瑤
宋京師新安寺釋道猷 道慈 慧整 覺世

宋京師治城寺釋慧通
高僧傳第八卷 義解五 二十七人
齊偽魏濟州釋僧淵 慧記 道登
齊偽魏釋曇度
齊京師莊嚴寺釋道慧 玄趣 僧達
齊京師中興寺釋僧鍾 曇纖 曇遷 僧表 僧最 敏達 僧寶
齊京師天保寺釋僧盛
齊京師湘宮寺釋弘充 法鮮
齊高昌郡釋智林
齊京師靈根寺釋法瑗 法愛 法常 智興
齊蜀齊后山釋玄暢
齊上林定寺釋僧遠 道憑 法令 慧泰
齊荊州竹林寺釋僧慧 曇慎 慧敬 僧岫
齊上定林寺釋僧柔 弘稱 僧拔 慧熙
齊山陰法花山釋慧基 僧行 慧旭 道恢 慧求 慧深 法洪
齊京師謝寺釋慧次 僧寶 僧智 法珍 僧響 僧猛 法寶 慧調
齊京師何園寺釋慧隆 智誕 僧辯 僧賢 道慧 法度
齊京師太昌寺釋僧宗 曇准 法身 法真 慧令
僧賢 法仙 法寂 僧敬 道文
齊京師中興寺釋法安 慧光 敬遺 光贊 慧福 道宗
齊京師中興寺釋僧印 慧龍
齊瑯瑘嵎山釋法度 法紹 僧朗 慧開 法開 僧紹
梁京師治城寺釋智秀 法整 僧若 僧璿 道乘

梁荊州釋慧球
梁京師靈曜寺釋僧盛 法欣 智敵 法回 僧護 僧韶
梁山陰雲門山寺釋智順
梁京師靈味寺釋寶亮 道明 僧成 僧寶
梁上定林寺釋法通 聖進
梁京師招提寺釋慧集
梁剡法花臺釋曇斐 法藏 明度
高僧傳第九卷 神異上 四人
晉鄴中竺佛圖澄 道進
晉羅浮山單道開
晉常山竺佛調
晉洛陽耆域
高僧傳第十卷 神異下 十六人
晉洛陽盤鵄山犍陀勒
晉洛陽婁至山訶羅竭
晉襄陽竺法慧 花林
晉洛陽大市寺安慧則 慧持
晉長安涉公
晉西平釋曇霍
晉上虞龍山史宗
宋京師杯度
宋偽魏長安釋曇始
宋高昌釋法朗 智紋止

高僧傳卷第十四 廿四三頁

宋岷山通雲寺邵碩
宋江陵琵琶寺釋慧安 僧覽 法衛
齊京師枳園寺沙弥釋法匱 法楷
齊荊州釋僧慧 慧遠
齊壽春釋慧通
梁京師釋保誌 道香 僧朗

高僧傳第十一卷 習禪 明律

習禪 二十一人

晉江左竺僧顯
晉剡隱岳山帛僧光
晉始豐赤城山竺曇猷 慧開 慧真
晉長安釋慧嵬
晉廣漢閻興寺釋賢護
晉始豐赤城山支曇蘭
晉蜀石室山釋法緒
晉偽魏平城釋玄高 慧崇
宋長安寒山釋僧周 僧亮
宋長安太后寺釋慧通
宋餘杭釋淨度
宋始豐瀑布山釋僧從
宋廣漢釋法成
宋京師中興寺釋慧覽
宋荊州長沙寺釋法期 道果

高僧傳卷第十四 第十三張

宋成都釋道法
宋蜀安樂寺釋普恒
齊京師靈鷲寺釋僧審 僧謙 法隱 超 法達 慧勝
齊武昌樊山釋法悟 道濟
齊錢唐靈苑山釋曇超
齊始豐赤城山釋慧明

明律十三人

宋江陵釋慧猷
宋吳閑居寺釋僧業 慧光
宋京師長樂寺釋慧詢
宋京師莊嚴寺釋僧璩 道遠
宋彭城郡釋道儼 慧曜
宋江陵釋僧隱 成具
宋廣漢釋道房
宋京師閑心寺釋道營 慧祐
齊鍾山靈曜寺釋志道 超度
齊京師多寶寺釋法穎 慧文
齊蜀靈建寺釋法琳
齊京師安樂寺釋智稱 聰超
梁京師建初寺釋僧祐

高僧傳第十二卷 亡身 誦經

亡身十一人

晉霍山釋僧群

高僧傳卷第十四 第十四張

宋彭城駕山釋曇稱
宋高昌釋法進 僧遵
宋魏郡廷尉寺僧富
宋偽秦蒲坂釋法羽 慧始
宋臨川招提寺釋慧紹 僧要
宋廬山招隱寺釋僧瑜
宋京師竹林寺釋慧益
宋蜀武擔寺釋僧慶
齊隴西釋法光
齊交阯仙山釋曇弘

誦經二十一人

晉河陰白馬寺釋曇邃
晉越城寺釋法相 曇蓋 僧法
晉山陰顯義寺竺法純
晉蜀三賢寺釋僧生
宋剡法華臺釋法宗
宋京師南澗寺釋道冏
宋廬山釋慧慶
宋臨渭釋普明
宋京師道場寺釋法莊
宋京師凡官寺釋慧果
宋京東安寺釋法恭 僧恭
宋京師彭城寺釋僧覆 僧林

齊京師高座寺釋慧進 僧念
齊永興栢林寺釋弘明
齊京師靈根寺釋慧豫 法音
齊上定林寺釋道崇
齊上定林寺超辯 法明 僧志 法定
齊山陰天柱山釋法慧 曇斐
齊京師後崗釋僧侯 慧溫
梁上定林寺釋慧弥 法仙
梁富陽齊堅寺釋道琳

高僧傳第十三卷 興福 經師 導師

興福十四人
晉并州竺慧達
晉武陵平山釋慧元 竺慧直
晉京師凡官寺釋慧力
晉京師安樂寺釋慧受
宋京師崇明寺釋僧慧
宋山陰法花山釋僧翼
宋豫州釋僧洪
宋京師釋僧亮
宋京師延賢寺釋法意
齊南海雲峯寺釋慧敬
齊南海藏薇釋法獻
齊上定林寺釋法獻 玄暢

梁剡石城山釋僧護
梁京師正覺寺釋法悅

經師十一人
晉中山帛法橋
晉京師建初寺支曇籥
宋京師祇洹寺釋法平
宋京師白馬寺釋僧饒
宋安樂寺釋道慧
宋謝寺釋智宗
齊烏衣寺釋曇遷
齊東安釋曇智
齊安樂寺釋僧辯
齊白馬寺釋曇憑
齊北多寶寺釋慧忍

唱導十人
宋京師祇洹寺釋道照
宋長干寺釋曇潁
宋凡官寺釋慧璩
宋靈味寺釋曇宗
宋中寺釋曇光
齊興福寺釋慧芬
齊興福寺釋道儒
齊凡官寺釋慧重

齊正勝寺釋法願
齊濟隆寺釋法鏡

右十三卷十科凡二百五十七人

弟子孫子曼頴頓首和南一日蒙示所撰高僧傳并使其掎摭力尋始竟但見偉才紙弊墨喻迄未能若迺至法既被名德已興年幾五百時經六代自摩騰法蘭發軔西域安侯支讖荷錫東都雖跡摽出沒行實深淺咸作舟梁大為利益固宜緇素傳美鉛槧定辞照示後昆揄揚往秀而道安羅什間表秦書佛澄道進雜聞趙冊晉史見捨復恨局當時宋典所存頗因其會㷀且𩰚出君台之記糅在元亮之說感應或所商搉幽明不无梗槩泛顯傍文未足光闡間有諸傳又非隱括景興偶揉居山之人僧寶偏綴遊方之士法濟唯張高逸之例法安上命志節之科康泓專紀單開王秀但稱高座僧瑜卓尔獨載玄暢超然孤録唯釋法進所造王巾有著意存該綜可擅一家然進名博而未廣巾體立而不就梁來作者亦有病諸僧

祐成蘭既同法濟之責考秀涂毫復
獲景興之誚其唱公慕集寂實近之
求其鄙意更恨頗宂法師此製始所
謂不刊之筆懸亘古今苞括内外屬
辭比事不文不質謂繁難省云約豈
加以高為名既使弗逮者恥開例成
廣足使有善者勸向之二三諸子前
後撰述豈得絜長量短同年共日而
語之哉信門徒竟无一言可豫市肆
空設千金之賞方入蓬龍函上登驎
閣出内瓊笈卷舒玉笥弟子雖實不
敏少嘗好學頃日延餘觸途多昧且
獲披来帙斯文在斯鑚仰弗暇討論
何所識非子通見元則之論良愧處
道知休弃之書徒深謝安慕竺曠風
流殷浩憚支遁才俊耳不見旬日窮
情已勞扶力此白以代訴盡弟子孫
子王曼穎頓首和南
君白一日以所撰高僧傳相簡意存
箴艾而来告累紙更加拂拭顧惟道
藉人弘理由教顯而弘道釋教莫尚
高僧故漸涂以来照明遺法殊功異
行列代而興敷屬後生理宜綜緝貪

道少之懷書抱筴自課之勤長慕鉛
墨塗青揚善之美故於聽覽餘閒曆
心傳錄實見一尒可稱輒有懷三省
但曆尋衆記繁約不同或編列參差
或行事出没已詳别序兼具来告所
以不可量寸管輕樹十科商攉條流
意言略舉而筆路蒼茫辭語陋拙本
以自備疎遺豈宜濫入高聽檀越既
學兼孔釋解貫玄儒抽文綴藻内外
淹卲披覽餘暇脱助詳閲故忘鄙俚
用簡龍門然事高辭野久懷多愧来
告吹噓更增憋惶今以所著賛十科
重以相簡如有紕謬請備斟酌釋君
日此傳是會稽嘉祥寺慧皎法師所
撰法師學通内外善講經律著涅槃
疏十卷梵網戒等義疏並為世軌又
著此高僧傳十三卷梁末承聖二年太
歲癸酉避侯景難来至湓城少時講
説甲戌年二月捨化時年五十有八
江州僧正慧恭經始葬廬山禪閣寺
墓龍光寺僧果同避難在山遇見時
事聊記之云尒

高僧傳序錄卷第十四

安邑縣攸張村李直妻戚氏同發願心雕
經一卷以此功德奉報宗親父母四恩三友
法界受苦衆生同登彼岸

高僧傳卷第十四(序録)

校勘記

一 底本，金藏廣勝寺本。

一 四七三頁中一行「録卷第十四」，徑無。又末字「四」，清作「六」。

一 四七三頁中五行「君敬」，資、磧、普、南、清作「君父」；徑作「名教」。

一 四七三頁中七行第二字「遣」，諸本(不含石，下同)作「遺」。

一 四七三頁中八行第一〇字「存」，徑作「在」。

一 四七三頁中一〇行第七字「果」，徑作「果之」。

一 四七三頁中一一行第三字「理」，徑作「理之」。

一 四七三頁中一三行第六字「摳」，資、磧、普、南、徑、清作「樞」。又「教方之」，徑作「方亦」。

一 四七三頁中一四行第一〇字「拱」，麗作「共」。又第一三字「悠」，資、磧、普、南、徑、清作「懋」。

一 四七三頁中一七行第一〇字「珠」，諸本作「殊」。

一 四七三頁中一八行第三字「音」，資、磧、普、南、清無。又第五字「聲」，徑無。又第七字「奉」，資、麗作「本」。

一 四七三頁中末行第八字「救」，徑作「拯」。

一 四七三頁下一行第五字「涉」，徑作「踐」。

一 四七三頁下二行第五字「起」，徑作「發」。

一 四七三頁下五行第八字「行」，諸本作「科」。

一 四七三頁下六行「傳論」，資、磧、普、南、徑、清作「論傳」。

一 四七三頁下七行第一三字「宋」，徑作「宗」。

一 四七三頁下九行第九字「俊」，資、磧、普、南、徑、清作「悛」。

一 四七三頁下一五行第二字「灆」，資、磧、普、南、徑、清作「濫」。

一 四七三頁下一八行第四字「郎」，資、磧、普、南、徑、清無。

一 四七三頁下一九行「孝秀」，徑作「孝季」。

一 四七三頁下二一行第五字「于」，麗作「乎」。

一 四七三頁下二二行第七字「榆」，諸本作「揄」。

一 四七三頁下末行首字「列」，徑作「引」。

一 四七四頁上一行第一二字「竒」，徑作「疇」。

一 四七四頁上三行第八字「尋」，徑無。

一 四七四頁上八行第三字「古」，資、磧、普、南、徑、清作「故」。

一 四七四頁上一六行第九字「或」，徑無。

一 四七四頁中四行第一三字「徽」，資作「徵」。

一 四七四頁中五行「類猶」，徑作「猶類」。

一　四七四頁中六行第四字「議」，徑作「儀」。
一　四七四頁中八行「雖源」，徑作「原」。
一　四七四頁中九行第九字「條」，資、磧、南、清無。
一　四七四頁中一〇行第一二字「夰」，磧、南、清作「介」；資、普、徑、麗作「分」。
一　四七四頁中二二行第三字「十」，麗作「一十」。
一　四七四頁下一行「高僧傳」，徑作「高僧傳目録」。
一　四七四頁下三行首字「漢」，徑、清無。四行首字及五行首字同。
一　四七四頁下七行首字「魏」，徑、清無，八行首字同。
一　四七四頁下八行第二字「吴」，徑無。
一　四七四頁下一〇行首字「晋」，徑、清無，下至一六行首字同。
一　四七四頁下一七行「高僧傳」，徑無，以下卷目例同。
一　四七四頁下一九行首字「晋」，徑、清無，下至次頁上一行首字同。
一　四七五頁上四行首字「宋」，徑、清無，下至一四行首字同。
一　四七五頁上八行第四字「釋」，諸本作「山釋」。
一　四七五頁上一三行第七字「曇」，諸本作「曡」。
一　四七五頁上一四行小字左「佐」，資、磧、普、南、清、麗作「低」。
一　四七五頁上一七行第六字「行」，資、磧、普、南、徑、清作「衛」。
一　四七五頁上一八行首字「晋」，徑、清無，下至本頁中七行首字同。又第二字「淮」，資、磧、普、南作「惟」。
一　四七五頁上二一行小字首字「合」，諸本作「令」。
一　四七五頁上末行「仰山」，資、磧、普、南、徑、清作「岇山」。又第七字「法」，資、磧、普、南、徑、清無。又小字右第三字「支」，諸本作「友」，又小字左末字「識」，資、磧、普、南、徑、清作「誠」。
一　四七五頁中一行小字右末字「虔」，麗作「度」。
一　四七五頁中二行小字左首字「王」，諸本作「于」。
一　四七五頁中一〇行首字「晋」，徑、清無，下至一九行首字同。
一　四七五頁中一〇行至一一行之間，徑、清有「太山竺僧朗支僧敦」一行；麗有「晋泰山崑崙巖竺僧朗支僧敦」一行。
一　四七五頁中一二行第七字「先」，資、磧、普、南、徑、清作「光」。
一　四七五頁中一六行第八字「法」，資、磧、普、南作「曇」。
一　四七五頁中一七行末字「微」，諸本作「徽」。
一　四七五頁中二〇行「晋太山竺僧朗」下小字「支僧敦」，徑、清、麗無。
一　四七五頁中二一行第三字「替」，資、磧、普、南、徑、清作「潛」。
一　四七五頁中二二行「東寺」，資、磧、

普、南、徑、清作「東山寺」。

一　四七五頁中末行小字「曇誠」，資、磧、普、南、徑、清作「曇試」。

一　四七五頁下三行首字「昏」，徑、清無，下至一四行首字同。

一　四七五頁下三行小字左「道泇」，磧、普、南、徑、清、麗作「道泓曇蘭」。

一　四七五頁下八行小字右「曇說」，徑、清作「曇詵」。

一　四七五頁下一五行第五字「七」，清作「七」「八」。又小字「三十二人」，清作「三十一人」。

一　四七五頁下一七行首字「宋」，徑、清無，下至次頁上六行首字同。

一　四七六頁上三行小字左「道廣」，磧、普、南、徑、清作「道廣道光」。

一　四七六頁上五行第九字「識」，諸本作「成」。

一　四七六頁上七行首字「宋」，清作小字「八卷」。又「瑟琶寺」，資、磧、普、徑作「琵琶寺」。

一　四七六頁上八行首字「宋」，徑、清無，下至本頁中一行首字同。

一　四七六頁上九行小字右「僧國」，諸本作「僧因」。

一　四七六頁上一五行小字左「慧定」，資、磧、普、南、徑、清作「慧定僧嵩」；麗作「慧定　慧嵩」。

一　四七六頁上一六行「中興寺」，資、磧、普、南、徑、清作「莊嚴寺」。又第八字「道」，諸本作「曇」。

一　四七六頁上二〇行小字左「慧訓」，資作「慧川」；徑、清作「僧訓」。

一　四七六頁上二一行小字「曇機道憑」，資、磧、普、南作「曇慧道慧」；徑、清作「曇慧道憑」。

一　四七六頁中一行第四字「治」，資、普、南、徑、清作「治」。

一　四七六頁中二行第五字「八」，清作「九」。

一　四七六頁中四行首字「齊」，徑、清無，下至二二行首字同。

一　四七六頁中一二行「林定」，諸本作「定林」。

一　四七六頁中一四行小字右「弘講」，諸本作「弘稱」。

一　四七六頁中一五行小字右「慧恢」，資作「通恢」；徑、清作「道恢」。又「道旭」，徑、清作「慧旭」。又小字左「慧求慧深」，資、磧、普、南、徑作「惠深惠永」。

一　四七六頁中一六行小字左「僧檀」，諸本作「僧猛」。

一　四七六頁中一七行小字右「智誕」，資、磧、普、南、徑、清作「僧誕」。

一　四七六頁中一八行小字右「曇淮」，資、磧、普、徑作「曇准」。

一　四七六頁中二〇行第五字「興」，資、磧、普、南、徑、清無。又小字左「慧福」，資、磧、普、南、徑、清作「慧韜」。

一　四七六頁中二二行小字右「慧開」，磧、南作「惠問」。

一　四七六頁中末行第四字「治」，資、磧、麗作「治」。

一　四七六頁下一行首字「梁」，徑、清無，下至七行首字同。又末字「球」，麗作「琳」。

一　四七六頁下七行小字左「明度」，資、磧、普、南、徑、清作「明慶」。

一　四七六頁下八行「九卷」，清作「十卷」。

一　四七六頁下一〇行首字「昏」，徑、清無，下至一二行首字同。

一　四七六頁下一三行「十卷」，清作「十一卷」。

一　四七六頁下一四行第四字「盤」，資、磧、普、南、徑、清作「磐」。

一　四七六頁下一五行首字「昏」，徑、清無，下至二〇行首字同。

一　四七六頁下一六行小字「花林」，磧、普、南、徑、清無；麗作「范材」。

一　四七六頁下二二行首字「宋」，徑、清無，下至次頁上二行首字同。

一　四七六頁下末行小字「智整」，資、麗作「法整」。

一　四七七頁上四行首字「齊」，徑、清無，五行首字同。

一　四七七頁上七行「十一」，清作「十二」。又小字「習禪明律」，清作「習禪二十一人明律十二人」。

一　四七七頁上八行小字「二十一人」，清無。

一　四七七頁上一〇行首字「昏」，徑、清無，下至一五行首字同。

一　四七七頁上一六行首字「昏」，資、磧、普、南、徑、清作「宋」。

一　四七七頁上一七行首字「宋」，徑、清無，下至本頁中二行首字同。

一　四七七頁上二〇行第四字「曝」，諸本作「瀑」。

一　四七七頁中四行首字「齊」，徑、清無，五、六行首字同。

一　四七七頁中五行「靈苑」，諸本作「靈隱」。

一　四七七頁中九行首字「宋」，徑、清無，下至一五行首字同。

一　四七七頁中一五行末字「營」，資、磧、普、南、徑、清作「榮」。

一　四七七頁中一七行首字「齊」，徑、清無，一八、一九行首字同。

一　四七七頁中二〇行首字「梁」，資、磧、普、南作「齊」；徑、清無。

一　四七七頁中二一行「十二」，清作「十三」。又小字「亡身誦經」，清作「忘身十一人誦經二十一人」。

一　四七七頁中二二行「十一人」，清無。

一　四七七頁下二行首字「宋」，徑、清無，下至八行首字同。又小字「僧導」，資、磧、普、南、徑、清作「僧遵」。

一　四七七頁下三行「僧富」，諸本作「釋僧富」。

一　四七七頁下一〇行首字「齊」，徑、清無。

一　四七七頁下一一行「二十一人」，清無。

一　四七七頁下一三行首字「昏」，徑、清無，下至一五行首字同。又小字「曇蓋」，資、磧、普、南、徑、清作

「曇益」。

一　四七七頁下一七行首字「宋」，徑、清無，下至末行首字同。

一　四七七頁下二二行第二字「京」，諸本作「京師」。

一　四七七頁下末行小字「僧林」，資、磧、普、南、徑、清作「慧林」；麗作「慧琳」。

一　四七八頁上二行首字「齊」，徑、清無，下至七行同。

一　四七八頁上四行末字「崇」，資、磧、普、南、徑、清作「嵩」。

一　四七八頁上五行「超辯」，諸本作「釋超辯」。又小字右一「僧志」，資無。

一　四七八頁上九行首字「梁」，徑、清無。

一　四七八頁上一〇行「十三」，清作「十四」、「十五」。又小字「興福經師導師」，資、磧、普、南、徑作「興福經師唱導」；清作「興福十四人經師十一人　唱導十人」。

一　四七八頁上一一行「十四人」，清無。

一　四七八頁上一三行首字「昝」，徑、清無，下至一五行首字同。

一　四七八頁上一七行首字「宋」，徑、清無，下至二〇行首字同。

一　四七八頁上二二行首字「齊」，徑、清無，末行首字同。又第五字「薇」，諸本作「薇山」。

一　四七八頁上末行小字「玄暢」，南作「玄」。

一　四七八頁中二行首字「梁」，徑、清無。

一　四七八頁中三行「十一人」，清作小字「十五卷」。

一　四七八頁中五行首字「昝」，徑、清無。

一　四七八頁中六行首字「宋」，資、磧作「昝」；徑、清無。九行首字同。

一　四七八頁中七行末字「饒」，磧作「鐃」。

一　四七八頁中八行首字「宋」，徑、清無。

一　七四八頁中一一行首字「齊」，徑、清無，下至一四行首字同。

一　四七八頁中一一行「東安」，諸本作「東安寺」。

一　四七八頁中一五行「十人」，清無。

一　四七八頁中一七行首字「宋」，徑、清無，下至二〇行首字同。

一　四七八頁中二二行首字「齊」，徑、清無，下至本頁下二行首字同。

一　四七八頁下二行第二字「濟」，資、磧、普、南、徑、清作「齊」。

一　四七八頁下三行首字至末字「右十三卷十科凡二百五十七人」，徑無。又「十三」，清作「十五」。

一　四七八頁下四行至次頁中末行「弟子……云爾」，徑置在卷第十三末。

一　四七八頁下四行第五字「曼」，資、磧、普、南、徑、清作「王曼」。

一　四七八頁下六行第八字「喻」，諸本作「渝」。又第一一字「能」，諸本作「能罷」。

一　四七八頁下一〇行第一〇字「緇」，

資、普、南、徑、清作「油」。

一 四七八頁下一一行第四字「照」，資、磧、普、南、徑、清作「昭」。

一 四七八頁下一二行第一二字「間」，諸本作「聞」。

一 四七八頁下一三行第四字「捨」，資、磧、普、南、徑、清作「拾」。又第五字「復」，麗無。又第七字「扃」，資、磧、普、徑作「局」。

一 四七八頁下一四行第六字「纔」，諸本作「攙」。

一 四七八頁下一五行第八字「擢」，清作「推」。

一 四七八頁下一六行第一三字「又」，資、磧、普、南、徑、清作「文」。

一 四七八頁下一九行末字「秀」，資、磧、普、南、徑、清作「季」。

一 四七九頁上一行第三字「蘭」，資、磧、普、南、徑、清作「簡」。又第一〇字「考」，諸本作「孝」。

一 四七九頁上三行「頗穴」，資、磧、普、南、清、麗作「煩冗」；徑作「繁冗」。

一 四七九頁上四行第五字「筆」，麗作「鴻筆也」。

一 四七九頁上五行第一二字「云」，資、磧、普、南、徑、清作「玄」。

一 四七九頁上七行第八字「向」，資、磧、普、南作「同」。

一 四七九頁上八行第六字「潔」，資、磧、徑作「絜」；麗作「挈」。

一 四七九頁上一〇行末字「驎」，麗作「麟」。

一 四七九頁上一一行第八字「玉」，麗作「王」。

一 四七九頁上一六行第二字「敀」，資作「般」。

一 四七九頁上一七行第九字「代」，麗作「伐」。

一 四七九頁上二二行「照明」，麗作「昭明」。

一 四七九頁中一行第三字「乏」，資作「之」。又第七字「筴」，資、磧、南作「篋」。

一 四七九頁中三行「實見」，諸本作「每見」。又第七字「夵」，資、磧、普、南、徑、清作「介」；麗作「分」。

一 四七九頁中六行第三字「可」，諸本無。又第七字「輕」，麗作「輙」。

一 四七九頁中九行第一〇字「文」，資、磧、普、南、徑、清作「入」。

一 四七九頁中一〇行第二字「邵」，諸本作「劭」。

一 四七九頁中一二行第一二字「賛」，諸本作「賛論」。

一 四七九頁中一三行「清倄尠酌」，諸本作「請倄酙酌」。又末字至一四行首字「君日」，資、磧、普、南、徑、清作「慧皎白」；麗作「君白」。

一 四七九頁中一四行首字「曰」，與第二字「此」之間，資、磧、普、南有「高僧傳録序卷第十四」；清有「高僧傳録序卷第十六」各一行。又「此傳」，資、磧、普、南、徑、清作「右此傳」。又「慧皎」，資、磧、普、南、徑、清作「釋慧皎」。

一　四七九頁中一五行「善講」，資、磧、普、南、徑、清作「精研」。

一　四七九頁中一七行首字「著」，資、磧、普、南、徑、清作「撰」。又「十三」，資、磧、普、南、徑、清作「及序共十四」。

一　四七九頁中一九行第四字「年」，資、磧、普、南、徑、清作「歲」。又「時年」，資、磧、普、南、徑、清作「春秋」。

一　四七九頁中二〇行「經始塋」，資、磧、普、南、徑、清作「爲首經營葬于」。

一　四七九頁中二一行第二字「龍」，資、磧、普、南、徑、清作「時龍」。又第五字「僧」，資、磧、普、南、徑、清作「釋僧」。

一　四七九頁下卷末經名，資、磧、普、南、徑、清無。

續高僧傳序

大唐西明寺沙門釋道宣撰　左

原夫至道無言非言何以範世言惟
引行即行而成立言是以布五位以
擢聖賢表四依以承人法龍圖成大
易之漸龜章啓彝倫之用逮乎素王
繼轍前修舉其四科班生著詞後進
弘其九等皆所謂化道之恒規言行
之樞致者也惟夫大覺之照臨也化敷
西壤迹紹東川踰中古而彌新歷諸
華而轉盛雖復應移存没法被澆淳
斯乃利見之康莊契有之弘略故使體
道欽風之士激揚影響之賓會正解
而樹言扣玄機而即号並德充宇宙
神冠幽明象設煥乎丹青智則光乎
油素固以詳諸經部誠未續其科條
竊以葱河界於剡洲風俗分於唐梵
華胥撰列非聖不據其篇則二十四
依付法之傳是也神州所紀賢愚雜
其題引則六代所詳群錄是也然則
統斯大抵精會所歸莫不振發蒙心
網羅正理俾夫駘足九達貴蹤望而

可尋徇目四馳高山委而仰止昔梁
沙門金陵釋寶唱撰名僧傳會稽釋
惠皎撰高僧傳創發異部品藻恒流
詳覈可觀華質有據而緝衰吳越叙
略魏燕良以博觀未周故得隨聞成
采加以有梁之盛明德云繁薄傳五
三數非通敏斯則同世相侮事積由
來中原隱括未傳簡錄時無雅贍誰
為譜之致使歷代高風颯焉終古余
青襟之歲有顧斯文祖習乃存經綸
攸闕是用憑諸名器訪對殺青而情
計栖遑各師偏競逖聽成簡載紀相
尋而物忌先鳴藏舟遷徙徒懸積抱
終擲光陰敢以不才輒陳筆記引疎
聞見即事編韋諒得列代因之更為
冠冕自漢明夢日之後梁武光有已前
代別釋門咸流傳史考酌資其故實
刪定節其先聞遂得類續前驅昌言
大寶季世情勢量重聲華至於鳩聚
風猷略無繼緒惟隋初沙門魏郡釋靈
裕儀表綴述有意弘方撰十德記一
卷偏叙昭玄師保未與廣嗣通宗餘
則孤起支文薄言行狀終亦未馳高

觀可為長太息矣故霑預染毫之客
莫不望崖而戾止固其然乎今余所
撰恐墜接前緒故不獲已而陳之或
博諮先達或取訏行人或即目舒之
或討讎集傳南北國史附見徽音郊
郭碑碣旌其懿德皆撮其志行舉其
器略言約繁簡事通野素足使紹胤
前良允師後聽始岠梁之初運終唐
貞觀十有九年一百四十四載包括
岳瀆歷訪華夷正傳三百四十人附
見一百六十人序而伸之大為十例
一曰譯經二曰解義三曰習禪四曰明
律五曰護法六曰感通七曰遺身八
曰讀誦九曰興福十曰雜科凡此十
條世罕兼美今就其尤最者隨篇擬
倫自前傳所叙通例已顯迴于抑揚
寔遵弘撿且夫經道兩術掩映於嘉
苗護法一科綱維於正網必附諸傳
述知何續而非功取其拔滯宏規固
可標於等級餘則隨善立目不競時
須布教攝於物情為要解紛靜節惣
歸于末第區別世務者也至於韜光崇
岳朝宗百靈秀氣逸於山河貞槩銷

續高僧傳卷第一　第四張　左

於柠薄致有聲諠玄谷神遊紫煙高
謝於松喬俯眄於窮轍斯皆具諸別
紀抑可言乎或復匿迹城闉陸沉浮
俗盛業可列而吹噓罕遇故集見勳
風素且樹十科結成三帙号曰續高
僧傳若夫搜擢源派剖析憲章組織
詞令琢磨行業則備于後論更議而
引之必事接恒篇綴成詞費則削同前
傳猶恨逮于末法世挺知名之僧未
覩嘉猷有淪典籍庶将来同好又塵
斯意焉

續高僧傳卷第一

譯經篇初　本傳六人附見二十七人

梁揚都正觀寺扶南沙門僧伽婆
羅傳一　曼陁羅　木道賢　僧法　道命
梁揚都莊嚴寺金陵沙門釋寶
唱傳二　梁武帝　僧朗　梁簡文　僧昭
魏北臺石窟寺恒安沙門釋曇曜
傳三　曇靖
魏南臺永寧寺北天竺沙門菩
提流支傳四　常景　李廓　寶意　覺定
法場　智希　揚衒之　曇顯　智賢　法希　藏稱
陳南海郡西天竺沙門拘那羅

續高僧傳卷第一　第五張

陁傳五　高空　德賢　喜吉
陳揚都金陵沙門釋法泰傳六
智愷　曹毗　智敫　道尼

僧伽婆羅梁言僧養亦云僧鎧扶南
國人也幼而頴悟早附法律學年出
家偏業阿毗曇論聲榮之盛有譽海
南具足已後廣習律藏勇意觀方
樂崇開化聞齊國弘法隨舶至都住
正觀寺為天竺沙門求那跋陁之弟
子也復從跋陁研精方等未盈炎燠
博涉多通乃解數國書語值齊曆亡
墜道教淩夷婆羅靜潔身心外絶交
故擁室栖閑養素資業大梁御寓搜
訪術能以天監五年被勅徵召於揚
都壽光殿華林園正觀寺占雲館扶
南館等五處傳譯訖十七年都合一
十一部四十八卷即大育王經解脫
道論等是也初翻經日於壽光殿武
帝躬臨法座筆受其文然後乃付譯
人盡其經本勅沙門寶唱慧超僧智
法雲及袁曇允等相對疏出華質有
序不墜譯宗天子禮接甚厚引為家
僧所司資給道俗改觀婆羅不畜私

續高僧傳卷第一　第六張　左

財以為嚫施成立住寺太尉臨川王
宏接遇隆重普通五年因疾卒于正
觀寺春秋六十有五梁初又有扶南沙
門曼陁羅者梁言弘弱大齎梵本遠
來貢獻勅與婆羅共譯寶雲法界體
性文殊般若經三部合一十一卷雖事
傳譯未善梁言故所出經文多隱質
時有居士木道賢以天監十五年獻
優婁頻經一卷文既尠具不辯来由
又有大學博士江泌女僧法者小年
出家有時靜坐閉目誦出淨土妙莊
嚴等經始從八歲終於十六揔出二
十五卷天監年中在華光殿親對武
帝誦出異經揚都道俗咸稱神授若
驗佛經斯唯宿習未可餘談竊尋外
典生知者聖學知者次此則局談今身
昧於過往耳若不然者何以辨內外
賢聖淺深之通塞哉如前傳曇諦之
憶書鎮近俗崔子之念金環代有斯
蹤定非外託逮太清中湘東王記室
虞孝敬學周內外撰內典傳要三十
卷該羅經論條貫釋門諸有要事備
皆收錄頗同皇覽類苑之流渚宮陷

續高僧傳卷第一　第七張　左

沒便襲染衣更名道命流離閔輔亦
有著述云云
釋寶唱姓岑氏吳郡人即有吳建國
之舊壤也少懷恢敏清貞自蓄顧惟
隻立勤田為業資養所費終於十畝
至於傭書取濟寓目流略便能
強識文采鋪贍義理有聞年十八投
僧祐律師而出家焉祐江表僧望多
所製述具如前傳紀之唱既始陶津
經律諮稟承風建德有聲宗嗣住莊
嚴寺博採羣言酌其精理又惟開悟
土俗要以通濟為先乃從處士顧道
曠呂僧智等習聽經史莊易略通大
義時以其遊涉世務謂有俗志為訪
家室執固不迴發三十天廕既崩喪事
云畢建武二年擺撥常習出都專聽
涉歷五載又中風疾會齊氏云季遭
亂入東遠至閩越討論舊業天監四
年便還都下乃勅為新安寺主帝以
時會雲雷遠近清晏風雨調暢百穀
年登豈非上資三寶中賴四天下藉
神龍幽靈叶贊方乃福被黔黎歆茲
厚德但文散羣部難可備尋下敕令

第八張

唱總撰集錄以擬時要或建福禳災
或禮懺除障或饗接神鬼或祭祀龍
王部類區分近將百卷八部神名以
為三卷包括幽奧詳略古今故諸所
祈求帝必親覽指事祠禱多感威靈
所以五十許年江表無事兆民荷賴
緣斯力也天監七年帝以法海浩汗
淺識難尋勅莊嚴僧旻於定林上寺
纘眾經要抄八十八卷又勅開善智
藏纘眾經理義號曰義林八十卷又
勅建元僧朗注大般涅槃經七十二
卷並唱奉別勅兼贊其功綸綜終始
緝成部帙及簡文之在春坊尤耽內
教撰法寶聯璧二百餘卷別令寶唱
綴紕區別其類遍略之流帝以佛法
沖奧近識難通自非才學無由造極
又勅唱自大教東流道門俗士有敘
佛理著作弘義並通鳩聚號曰續法
輪論合七十餘卷使夫迷悟之賓見
便歸信深助道法無以加焉又撰法
集一百四十卷並唱獨斷專慮纘結成
部既上親覽流通內外十四年勅安
樂寺僧紹撰華林佛殿經目雖復勒

續高僧傳卷第一　第九張

成未愜帝旨又勅唱重撰乃因紹前
錄注述合離甚有科據一帙四卷雅
愜時望遂勅掌華林園寶雲經藏搜
求遺逸皆令具足備造三本以用供
上緣是又勅撰經律異相五十五卷
飯聖僧法五卷帝又注大品經五十
卷于時佛教隆盛無德稱焉道俗才
筆手陳文理自武帝膺運時三十有
七在位四十九載深以庭蔭早傾常
懷哀感每嘆曰雖有四海之尊無由
得申罔極故留心釋典以八部般若
為心良是諸佛由生又即除災滌累
故収採眾經躬述注解親臨法座講
讀敷弘用此善因崇津靈識頻代二
皇捨身為僧給使洗濯煩穢仰資冥
福每一捨時地為之震相繼齋講不
斷法輪為太祖文皇於鍾山北澗建
大愛敬寺糺紛協日臨睨百丈翠微
峻極流泉灌注鍾鯨遍嶺鈒鳳乘空
創塔包巖壑之奇宴坐盡林泉之邃
結構伽藍同尊園寢經營彫麗奄若
天宮中院之去大門延袤七里廊廡
相架簷霤臨屬旁置三十六院皆設

池臺周宇環遶千有餘僧四事供給
中院正殿有栴檀像舉高丈八匠人
約量晨作夕停每夜恒聞作聲且視
輙覺功大及終成後乃高二丈有二
相好端嚴色相超挺殆由神造屢感
徵迹帝又於寺中龍淵別殿造金銅
像舉高丈八躬伸供養每入頂礼歔
欷哽噎不能自勝預從左右无不下
泣又為獻太后於青溪西岸建陽城
門路東起大智度寺京師甲里爽塏
通博朝市之中途川陸之顯要殿堂
宏壯寶塔七層房廊周接華果間發
正殿亦造丈八金像以申追福五百
諸尼四時講誦寺成之日帝顧謂群
后曰建斯兩寺奉福二皇用表罔極
之情以達追遠之思而不能遣慕我
之哀復於中宮起至敬殿景陽臺立
七廟室崇宇嚴肅欝若卿雲粉壁珠
柱交映相耀設二皇座具脩諸禮冠
服隨時代易新奇芳旨應時日薦帝
溫凊遞舉目興慕晨昏如在衣服輕
又曰雖竭工匠之巧殫世俗之奇水石
周流華樹雜沓限以國務不獲朝夕

侍食惟有朔望親奉饋奠而无所瞻
仰内心崩潰如焚如灼又作聯珠五
十首以明孝道又制孝思賦廣統孝
本至於安上治民移風易俗度越終
古无德而稱故元帝云伏尋我皇之為
孝也四運推移不以榮枯遷貿五德
更用不以貴賤革心臨朝端默過
隟之思弥軫垂拱巖廊風樹之悲逾
切潔齋宗廟虔事郊禋言未發而
涕零容不改而傷慟所謂終身之憂
者是也蓋虞舜夏禹周文梁帝万載
論孝四人而已廣如繹所撰金樓子述
之又以大通元年於臺城北開大通
門立同泰寺樓閣臺殿擬則宸宮九
級浮圖迴張雲表山樹園池沃蕩煩
積其年三月六日帝親臨幸礼懺敬
接以為常准即捨身之地也雖億兆
務殷而卷不輟手披閱内外經論典
墳恒以達曙為則自禮記古文周書
左傳莊老諸子論語孝經往哲所未
詳悉皆為訓釋又以國學負限隔於
貴賤乃更置五館招引寒雋故使孔
釋二門榮茂峙列帝前後集百有餘

卷著通史書苑數千卷唱當斯盛世
頻奉璽書預參翻譯具如別傳初
唱天監九年先疾復動便發二願遍
尋經論使無遺失搜括列代僧錄創
區別之撰為部帙号曰名僧傳三十
一卷至十三年始就條列其序略云
夫深求寂滅者在於視聽之表考乎
心行者諒須丹青之工是万象森羅
立言之不可以已者也大梁之有天
下也威加赤縣功濟蒼生皇上化範
九疇神遊八正頂戴法橋伏膺甘露
竊以外典鴻文布在方冊九品六藝
尺寸罔遺而沙門淨行獨亡紀述玄
宗敏德名絕終古擁嘆長懷靡茲永
歲律師釋僧祐道心貞固高行超邈
著述集記振發宏要寶唱不敏預班
二落礼誦餘日捃拾遺漏文廣不載
初以腳氣連發入東治療去後勅追
因此抗罪謫配越州尋令依律以法
處斷僧正慧超任情乖旨擯徙廣州
先懺京師大僧寺遍方從嶺表永棄
荒裔遂令鳩集為役多闕晝則伏懺
夜便纘錄加又官私催逼惟日弗暇

中甄條流文詞墜落將發之日遂以奏聞有勑停擯令住翻譯而此僧史方將刊定改前宿繁更加甚又定故其傳後自序云豈敢謂僧之董狐庶無曲筆耳然唱之所撰文勝其質後人憑據揣而用之故數陳賞要為時所列不測其終

釋曇曜未詳何許人也少出家攝行堅貞風鑒閑約以元魏和平年住北臺昭玄統綏緝僧眾妙得其心住恒安石窟通樂寺即魏帝之所造也去恒安西北三十里武周山谷北面石崖就而鐫之建立佛寺名曰靈巖龕之大者舉高二十餘丈可受三千許人面別鐫像窮諸巧麗龕別異狀駭動人神櫛比相連三十餘里東頭僧寺恒供千人碑碣見存未卒陳委先是太武皇帝太平真君七年司徒崔皓邪佞諛詞令帝崇重道士寇謙之拜為天師弥敬老氏虔劉釋種焚毀寺塔至庚寅年大武感致癘疾方始開悟兼有白足禪師來相啓發帝既心悔誅夷崔氏事列諸傳至壬辰年

太武云崩子文成立即起塔寺搜訪經典毀法七載三寶還興曜慨前凌廢欣今重復故於北臺石窟集諸德僧對天竺沙門譯付法藏傳并淨土經流通後賢意存無絕時又有沙門曇靖者以創開佛日舊譯諸經並從梵蕩人間誘道憑准無因乃出提謂波利經二卷意在通悟而言多妄習故其文云東方泰山漢言代岳陰陽交代故謂代岳出於魏世乃曰漢言不辯時代斯一妄也太山即此方言乃以代岳譯之兩語相翻不識梵魏斯二妄也其例甚眾具在經文尋之可領舊錄別有提謂經一卷與諸經語同但靖加五方五行用石糅金疑成偽耳並不測其終隋開皇開壤往往民間猶習提謂邑義各持衣鉢月再興齋儀範正律遞相鑒檢甚具翔集云

菩提流支魏言道希北天竺人也遍通三藏妙入總持志在弘法廣流視聽遂挾道宵征遠莅葱左以魏永平

供擬殊華處之永寧大寺四事將給七百梵僧勑以留支為譯經之元匠也其寺本孝明皇帝熙平元年靈太后胡氏所立在宮前閶闔門南御道之東中有九層浮圖架木為之舉高九十餘丈上有金剎復高十丈出地千尺去臺百里已遥見之初營基日掘至黃泉獲金像三十二軀太后以為嘉瑞奉信法之徵也是以飾制瓌奇窮世華美剎表置金寶瓶容二十五斛承露金盤一十一重鐵鏁角張盤及鏁上皆有金鐸如一石甕九級諸角皆懸大鐸上下凡有一百三十枚其塔四面九間六窗三戶皆朱漆扉扇垂諸金鈴層有五千四百枚復施金鐶鋪首佛事精妙殫土木之工繡柱金鋪驚駭心目高風永夜鈴鐸和鳴鏗鏘之音聞十餘里北有正殿形擬太極中諸像設金玉珠繡作工巧奇冠絕當世僧房周接千有餘間臺觀星羅參差間出彫飾朱紫續以丹青栝柏楨松異草叢集院牆周币皆施椽瓦正南三門樓開三道三重

去地二百餘尺狀若天門赫弈華麗夾門列四力士四師子飾以金玉莊嚴煥爛東西兩門例皆如此所可異者雉樓兩重北門通道但路而置其四門外樹以青槐亘以淥水京師行旅多庇其下路斷飛塵不由渰雲之潤清風送涼豈藉合歡之發乃詔中書舍人常景制寺碑景河內人敏學博通知名海內太和十九年高祖擢為脩律博士有詔令刊定條格永成通式景乃商攉今古條貫科猷即魏律二十篇是也歷官中書舍人黃門侍郎秘書監幽州刺史居室貧儉事若農家唯有經史盈車所著文集百餘篇給事中封暐伯作序行世寺既初成明帝及太后共登浮圖視宮中如掌內下臨雲雨上天清朗以見宮內事故禁人不聽登之自西夏東華遊歷諸國者皆曰如此塔廟閻浮所無孝昌二年大風撥屋拔樹剎上寶瓶隨風而墮入地丈餘復命工人更安新者至永熙三年二月為天所震帝登淩雲臺望火遣南陽王寶炬錄

尚書長孫稚將羽林一千來救于斯時也雷雨晦冥霰雪交注第八級中平旦火起有二道人不忍焚燼投火而死其焰相續經餘三月入地剎柱乃至周年猶有煙氣其年五月有人從東萊郡至云見浮圖在於海中光明儼然同覩非一俄而雲霧亂起失其所在至七月平陽王為侍中斛斯椿所挾西奔長安至十月而洛京遷于鄴先時流支奉勅創翻十地宣武皇帝命章一日親對筆受然後方付沙門僧辯等訖盡論文佛法隆盛英俊蔚然相從傳授孜孜如也帝又勅清信士李廓撰衆經錄廓學通玄素條貫經論雅有標擬故其錄云三藏流支自洛及鄴爰至天平二十餘年凡所出經三十九部一百二十七卷即佛名楞伽法集深密等經勝思惟大寶積法華涅槃等論是也並沙門僧朗道湛及侍中崔光等筆受具列唐貞觀內典錄廓又云三藏法師流支房內經論梵本可有萬甲所翻新文筆受藁本滿一間

屋然其慧解與勒那相亞而神悟聰敏洞善方言兼工呪術則無抗衡矣嘗坐井口澡罐內空弟子未來無人汲水流支乃操柳枝聊撝井中密加誦呪纔始數遍泉水上涌平及井欄即以鉢酌用之盥洗傍僧具見莫測其神咸共嘉歎大聖人也流支曰勿妄褒賞斯乃術法外國共行此方不習謂為聖耳懼惑世網遂祕不宣于時又有中天竺僧勒那摩提魏云寶意博贍之富理事兼通誦一億偈偈有三十二字尤明禪法意存遊化以正始五年初屆洛邑譯十地寶積論等大部二十四卷又有北天竺僧佛陁扇多魏言覺定從正光元年至元象二年於洛陽白馬寺及鄴都金華寺譯出金剛上味等經十部當翻經日於洛陽內殿流支傳本餘僧參助其後三德乃徇流言各傳師習不處各翻訖乃參挍其間隱沒互有不同致有文言時兼異綴後人合之共成通部見寶唱等錄初寶意沙門

神理標異領牒魏詞偏盡隅隩帝每
令講華嚴經披釋開悟精義每發一
日正處高座忽有持笏執名者形如
大官云奉天帝命來請法師講華嚴
經意曰今此法席尚未停止待訖經
文當從來命雖然法事所資獨不能
建都講香火維那梵唄咸亦須之可
請令定使者即如所請見講諸僧既
而法事將了又見前使云奉天帝命
故來下迎意乃含笑凞怡告衆辭訣
奄然卒於法座都講等僧亦同時殞
魏境聞見無不嗟美時又有沙門法
場於洛陽譯辯意長者問經一卷雖
關傳對而是正文見法上錄又凞平
元年有南天竺波羅柰城婆羅門
姓瞿曇氏名般若流支魏言智希從
元年至興和末於鄴城譯正法念聖
善住迴諍唯識等經論凡一十四部
八十五卷沙門曇林僧昉等筆受當
時有沙門菩提流支與般若流支前
後出經而衆錄傳寫率多輕略各去
上字但云流支而不知是何流支迄
今群錄譯目相涉難得詳定又與城

郡守楊衒之撰洛陽伽藍記五卷故
其序略云三墳五典之說九流百氏
之言並理在人區而義非天外至如一
乘二諦之言六通三達之旨西域備
詳東土靡記若夫須日感夢滿月流
光陽門飾毫眉之象夜臺圖紺髮
之形尒來奔競其風遂廣至如晉室
永嘉寺惟有四十二皇魏受圖嵩洛
京寺出餘千數皆帝王士庶篤信經
營名僧異瑞紛綸間起今採摘祥異
者具以注之文多不載時西魏文帝
大統中丞相宇文黑泰興隆釋教崇
重大乘雖攝揔万機而恒揚三寶第
內常供百法師尋討經論講摩訶衍
又令沙門曇顯等依大乘經撰菩薩
藏衆經要及百二十法門始從佛性
終盡融門每日開講即恒宣述以代
先舊五時教迹迄今流行香火梵音
礼拜唱導咸承其則雖山東江表乃
稱學海儀表有歸未能逾矣至周文
帝二年有波頭摩國律師攘那跋陀
羅周言智賢共耶舍崛多等譯五明
論謂聲醫工術及符印等並沙門智

僊筆受建武帝天和年有摩勒國沙
門達摩流支周言法希奉勅為大冢
宰晉陽公宇文護譯婆羅門天文二
十卷又令摩伽陀國禪師闍那耶舍
周言藏稱共弟子闍那崛多等於長
安故城四天王寺譯定意天子問經
六部沙門圓明道辯及城陽公蕭吉
等筆受拘那羅陀陳言親依或云
波羅末陀譯云真諦並梵文之名字
也本西天竺優禪尼國人焉景行澄
明器宇清肅風神爽拔悠然自遠群
藏廣部罔不厝懷藝術異能偏素諳
練雖遵融佛理而以通道知名遠涉
艱關無憚夷險歷遊諸國隨機利見
梁武皇帝德加四域盛唱三寶大同
中勅直後張汜等送扶南獻使返國
仍請名德三藏大乘諸論雜花經等
真諦遠聞行化儀軌聖賢搜選名匠
惠益民甿彼國乃屈真諦并賚經論
恭膺帝旨既素蓄在心滲然聞命以
大同十二年八月十五日達于南海
沿路所經乃停兩載以太清二年閏
八月始届京邑武皇面申頂礼於寶

雲殿竭誠供養諦欲傳翻經教不羨
秦時更出新文有逾齊日屬道銷梁
季寇羯凭陵法為時崩不果宣述乃
步入東土又往富春令陸元哲創奉
問津將事傳譯招延英秀沙門寶
瓊等二十餘人翻十七地論適得五
卷而國難未靜側附通傳至天保三
年為侯景請還在臺供養于斯時世
兵飢相接法幾頹焉會元帝啓祚承
聖清夷乃止于金陵正觀寺與願禪
師等二十餘人翻金光明經三年二月
還返豫章又往新吳始興後隋蕭太
保度嶺至于南康並隨方翻譯栖遑
靡託逮陳武永定二年七月還返豫
章又止臨川晉安諸郡真諦雖傳經
論道缺情離本意不申更觀機壤
遂欲汎舶往楞伽修國道俗虔請結
擔留之不免物議遂停南越便與前
梁舊齒重覆所翻其有文旨乖競者
皆鎔治成範始末倫通至文帝天嘉
四年揚都建元寺沙門僧宗法准僧
忍律師等並建業標領欽聞新教故
使遠浮江表親承勞問諦欣其來意

乃為翻攝大乘等論首尾兩載覆疎
宗旨而飄寓投委无心寧寄又汎小
舶至梁安郡更裝大舶欲返西國學
徒追逐相續留連太守王方奢述衆
元情重申邀請諦又且脩人事權止
海隅伺旅束裝未思安堵至三年九
月發自梁安汎舶西引業風賦命飄
還廣州十二月中上南海岸刺史歐
陽穆公頠延住制旨寺請翻新文諦
顧此業緣西還無措乃對沙門慧愷
等翻廣義法門經及唯識論等後穆
公薨没世子紇重為檀越開傳經論
時又許焉而神思幽通量非情測嘗
居別所四絕水洲紇往造之嶺峻濤
涌未敢凌犯諦乃鋪舒坐具在於
水上加坐其內如乘舟焉浮波達岸
既登接對而坐具不濕依常敷置有
時或以荷葉搨水乘之而度如斯神
異其例甚衆至光太二年六月諦猒
世浮雜情弊形骸未若佩理資神早
生勝壤遂入南海北山將捐身命時
智愷正講俱舍聞告馳往道俗奔赴
相繼山川刺史又遣使人伺衛防遏

躬自稽顙致留三日方紆本情因尒
迎還止于王園寺時宗愷諸僧欲延
還建業會楊輦碩望恐奪時榮乃
奏曰嶺表所譯衆部多明無塵唯
識言乖治術有蔽國風不隸諸華可
流荒服帝然之故南海新文有藏陳
世以太建元年遘疾少時遺訣嚴正
勗示因果書傳累紙其文付弟子智
休至正月十一日午時遷化時年七十
有一明日於潮亭焚身起塔十三日
僧宗法准等各齎經論還返匡山自
諦來東夏雖廣出衆經偏宗攝論故
討尋教旨者通覽所譯則彼此相發
綺續鋪顯故隨處翻傳親注疏解依
心勝相後疏並是僧宗所陳躬對本
師重為釋旨增減或異大義無虧宗
公別著行狀廣行於世且諦之梁時
逢衰亂感竭運終道津靜濟流離弘
化隨方卷行至於部帙或分譯人時
別今總歷二代共通數之故始梁武
之末至陳宣即位凡二十三載所出
經論記傳六十四部合二百七十八
卷徽附華飾盛顯隋唐見曹毗別歷

續高僧傳卷第一　第二十五張　左

及唐貞觀內典録餘有未譯梵本書
並多羅樹葉凡有二百四十甲若依
陳紙翻之則列二万餘卷今見譯訖
止是數甲之文並在廣州制旨王園
兩寺是知法寶弘博定在中天識量
琳瑣誠歸東夏何以明之見譯藏經
減三千卷生便棄擲習學全希用此
量情情可知矣初諦傳度攝論宗愷
歸心窮括教源銓題義旨遊心既久
懷敞相承諦又面對闡揚情理無伏
一日氣屬嚴冬衣服單疎忍噤通宵
門人側席愷等終夜靜立奉侍諮詢
言久情諠有時眠寐愷密以衣被覆
之諦潛覺知便曳之于地其節儉知
足如此愷如先奉侍逾久逾親諦以
他日便喟然憤氣衝口者三愷問其
故荅曰君等款誠正法寶副叅傳但
恨弘法非時有阻來意耳愷聞之如
噎良久聲淚俱發跪而啓曰大法絶
塵遠通赤縣群生無感可遂埋耶諦
以手指西北曰此方有大國非近非
遠吾等没後當盛弘之但不覩其興
以為太息耳即驗往隋今统敷揚有

續高僧傳卷第一　第二十六張　左

宗傳者以為神用不同妄生異執惟
識不識其識不無慨然時有中天竺
優禪尼國王子月婆首那陳言高空
遊化東魏生知後朗體悟幽微專學
佛經尤精義理洞曉音韻兼善方言
譯僧伽吒經等三部七卷以魏元象
年中於鄴城司徒公孫騰第出沙門
僧昉筆受屬齊受魏禪蕃客任情那
請還鄉事流慱觀承金陵弘法道聲
遠肅以梁武大同年辭齊南度既達
彼國仍被留住因譯大乘頂王經一
部有勅令那揔監外國往還使命至
太清二年忽遇于闐僧求那跋陀陳
言德賢齎勝天王般若梵本那因期
請乞願弘通嘉其雅操豁然授與那
得保持用為希遇屬侯景作亂未暇
翻傳携負東西諷持供養至陳天嘉
乙酉之嵗始於江州興業寺譯之沙
門智昕筆受陳文凡六十已覆疎陶
練勘閱俱了江州刺史黄法𣃁為檀
越僧正釋惠恭等監掌具經後序那
後不知所終時又有扶南國僧須菩
提陳言善吉於揚都城內至敬寺為

續高僧傳卷第一　第二十七張

陳主譯大乘寶雲經八卷與梁世曼
陁羅所出七卷者同少有差耳並見
隋代三寶録
釋法泰不知何人學達釋宗跨轢淮
海住揚都大寺與慧愷僧宗法忍等
知名梁代並義聲高邈宗匠當時有
天竺沙門真諦挾道孤遊遠化東
鄙會虜寇勍殄僑寓流離一十餘年
全無陳譯將旋舊國途出嶺南為廣
州刺史歐陽頠固留因欲傳授周訪
義侶擬閱新文泰遂與宗愷等不憚
艱辛遠尋三藏於廣州制旨寺筆受
文義垂二十年前後所出五十餘部
并述義記皆此土所無者泰雖博通
教旨偏重行猷至於律儀所及性無
違越諦又與泰譯明了論釋律二十
二大義并疏五卷勒于座右遵奉行
之至陳太建三年泰還建業并賫新
翻經論創開義旨驚異當時其諸部
中有攝大乘俱舍論文詞該富理義
凝玄思越恒情尠能其趣先是梁武
宗崇大論兼翫成實學人聲望從風
歸靡陳武好異前朝廣流大品尤敦

續高僧傳卷第一　第二十八張　右

三論故泰雖屢演道俗無受使夫法座絕嗣闃尓無聞會彭城沙門靜嵩避地金陵學聲早被獨拔千載希斯正理晝談恒講夜請新宗因循荏苒乃經涼燠泰振發玄門明衷弘詣覈其疑義每湊玄極皆隨機接旨披釋無遺事出嵩傳泰博諮真諦傳業嵩公知我者希浮諦斯及不測其終

智愷俗姓曹氏住楊都寺初與法泰等前後異發同往嶺表奉祈真諦愷素積道風詞力殊贍乃對翻攝論躬受其文七月之中文疏並了都合二十五卷後更對翻俱舍論十月便了文疏合數八十三卷諦云吾早值子綴緝經論絓是前翻不應缺少今譯兩論詞理圓備吾無恨矣愷後延諦還廣州顯明寺住本房中請諦重講俱舍纔得一遍至陳光大中僧宗法准慧忍等度嶺就諦求學以未聞攝論更為講之起四月初至臘月八日方訖一遍明年宗等又請愷於智慧寺講俱舍論成名學士七十餘人同欽諮謁講至業品疏第九卷文猶未

續高僧傳卷第一　第二十九張　左　享

盡以八月二十日遘疾自省不救索紙題詩曰千秋本難滿三時理易傾石火無恒焰電光非久明遺文空滿笥徒然昧後生泉路方幽噎寒隴向淒清一朝隨露盡唯有夜松聲因放筆與諸名德握手語別端坐儼思奄然而卒春秋五十有一即光大二年也葬於廣州西陰寺南崗自餘論文真諦續講至惑品第三卷因尓乖豫便廢法事明年肇春三藏又化諦有菩薩戒弟子曹毗者愷之𡦂子明敏深沉雅有遠度少弄芳至南受學攝論諮承諸部皆著功勣太建三年毗請建興寺僧正明勇法師續講攝論成學名僧五十餘人晚住江都綜習前業常於白塔等寺開演諸論冠屨裙襦服同賢士登座談吐每發深致席端學士並是名賓禪定僧榮日嚴法侶等皆資其學時有循州平等寺沙門智敫者弱年聽延祚寺道緣二師成實并往北土沙門法明聽金剛般若論又往希堅二德聽婆沙中論皆洞涉精至研覈宗旨必得本師臨聽

續高僧傳卷第一　第三十張　左　言

言無浮雜義得明暢者方始離之餘例准此及翻攝論乃為廣州刺史安南將軍陽山公頠請宅安居不獲專習後翻俱舍方預其席及愷講此論敫與道尼等二十人並綴拾文疏於堂聽受及愷之亡諦撫膺哀慟遂來法准房中率尼響敫等十有二人共傳香火令弘攝舍兩論誓無斷絕皆共奉旨仰無墜失至三藏崩後法侶彫散宗嗣將虧太建九年敫相續敷弘寂多聯類同聽諦席未有高者太建十一年二月有跋摩利三藏弟子慧智者本住中原值周武滅法避地歸陳晚隨使劉璩至南海獲涅槃論敫曾講斯經欣其本習伏膺請求便為開說止得序分種性分前十三章玄義後返豫章鸖嶺山敫又與璣法師隨從因復為說第三分具得十海十道及進餘文智因遘疾不任傳授乃令敫下都覓海潮法師當窮論旨以十四年至於建業所尋不值乃遇栖玄寺曉禪師賜與曇林解涅槃疏釋經後分文兼論意而不整

續高僧傳卷第一　第三十三張　左　宇

足便還故寺常講新文十三章義近二十遍開皇十二年王仲宣起逆焚燒州境及敎寺房文疏並盡其年授敎令任廣循二州僧任經五載廢闕法事後解僧任方於本州道場寺偏講攝論十有餘遍坐中達解二十五人璣山賊等並堪領匠仁壽元年遘疾終於本寺敎撰諦之翻譯歷始末指訂并卷部時節人世詳備廣有成敘道足住本九江尋宗諦旨興講攝論騰譽京師開皇十年下勑追入既達雍輦開悟弘多自是南中無復講主雖云數說蓋無取矣

續高僧傳卷第一

癸卯歲高麗國分司大藏都監奉
勑彫造

續高僧傳卷第一

校勘記

一　底本，麗藏本。

一　四八七頁上二行撰者，諸本（不含石，下同）作「唐釋道宣撰」。以下各卷同。

一　四八七頁上三行「無言」，諸本作「絕言」。

一　四八七頁上四行「成立」，諸本作「乃極」。

一　四八七頁上八行「九等」，資、磧作「尤等」。

一　四八七頁上一六行「油素」，諸本作「緇素」。

一　四八七頁上末行「貴蹤」，諸本作「遺蹤」。

一　四八七頁中三行「惠晈」，諸本作「惠皎」。

一　四八七頁中四行「縞裒」，資、磧作「揖裒」；普、南、徑、清作「緝裒」。

一　四八七頁中六行末字至次行首字「五三」，諸本作「三五」。

一　四八七頁中九行「譜之」，諸本作「補之」。

一　四八七頁中一八行第一〇字「纘」，諸本作「續」。

一　四八七頁中二二行第九字「奥」，諸本作「粤」。

一　四八七頁下一行第八字「故」，諸本作「故使」。

一　四八七頁下三行第一三字「之」，諸本無。

一　四八七頁下八行第八字「岠」，普、南、徑、清作「距」。

一　四八七頁下一〇行「四十」，諸本作「三十一」。

一　四八七頁下一三行至一七行「感通……寔遵」與一七行至二〇行「弘檢……立目」兩段經文，資、磧前後互置。

一　四八七頁下一七行「經道」，諸本作「經導」。

一　四八七頁下一九行「何績」，諸本

作「何續」。又「宏規」，諸本作「開元」。

一 四八七頁下二二行「末第」，南、清作「未第」。

一 四八八頁上一行「神遊」，諸本作「神凝」。

一 四八八頁上六行第八字「源泝」，諸本作「源派」。又「組織」，諸本作「粗識」。

一 四八八頁上七行「詞令」，資、磧作「今詞」。

一 四八八頁上一四行「扶南」，諸本作「扶南國」。

一 四八八頁上一七行小字「僧昭」，諸本作「僧紹」。

一 四八八頁中三行「智敫」，諸本作「智敷」。又三行與四行之間，諸本有「梁楊都正觀寺沙門僧伽婆羅傳第一」一行。

一 四八八頁中五行「法津」，徑作「法律」。

一 四八八頁中七行第一〇字「勇」，資、磧作「男」。

一 四八八頁中一七行「王經」，普、南作「三經」。

一 四八八頁下一行「以爲」，諸本作「以其」。

一 四八八頁下一九行「金環」，徑作「金環」。

一 四八八頁下二一行「孝敬」，諸本作「孝敬者」。又「傅要」，諸本作「博要」。

一 四八九頁上二行末字「云」，諸本無。又二行與三行之間，諸本有「梁楊都莊嚴寺沙門釋寶唱傳第二」一行。

一 四八九頁上六行「流略」，諸本作「疏略」。

一 四八九頁上九行「製述」，徑作「著述」。

一 四八九頁上一二行「土俗」，諸本作「士俗」。

一 四八九頁中一行「穰灾」，諸本作「禳灾」。

一 四八九頁中七行「浩汗」，普、南、徑、清作「浩瀚」。

一 四八九頁中一五行「綴紕」，諸本作「綴比」。

一 四八九頁中二一行「四十」，諸本作「三十」。又第一〇字「斷」，諸本無。

一 四八九頁中二二行「旣上」，諸本作「上旣」。

一 四八九頁下四行「三本」，諸本作「三卷」。

一 四八九頁下八行首字「筆」，諸本作「華」。又第一一字「時」，諸本作「時年」。

一 四八九頁下一二行第三字「良」，諸本作「良田」。

一 四八九頁下一七行「北澗」，諸本作「竹澗」。

一 四八九頁下一八行第八字「日」，徑、清作「田」。

一 四八九頁下一九行「鍾鯨」，諸本作「鍾龍」。又「鈸鳳」，諸本作「飫

颩」。

一　四八九頁下二○行「林泉」，諸本作「山林」。

一　四九○頁上一○行「甲里」，諸本作「夾里」。

一　四九○頁上一二行「宏壯」，諸本作「宏敞」。

一　四九○頁上一八行末字「珠」，諸本作「朱」。

一　四九○頁中五行「无德」，諸本作「無得」。

一　四九○頁中一二行第九字「繹」，諸本作「譯」。

一　四九○頁中一四行第一○字「擬」，諸本無。

一　四九○頁中一五行第四字「迥」，諸本作「迴」。

一　四九○頁中二二行第一○字「寒」，資、磧作「騫」。

一　四九○頁下八行第一○字「是」，諸本作「是知」。

一　四九○頁下一六行「集記」，諸本作「諸記」。

一　四九一頁上二行「令住」，資、磧、南、清作「令往」。

一　四九一頁上三行「芟定」，諸本作「芟足」。

一　四九一頁上七行與八行之間，諸本有「元魏北臺恒安石窟通樂寺沙門釋曇曜傳第三」一行。

一　四九一頁上九行第一三字「住」，諸本作「任」。

一　四九一頁上一○行「綏緝」，普、南、徑、清作「綏輯」。又「其心」，諸本作「其一」。

一　四九一頁上一九行第三字「倰」，諸本作「佞」。

一　四九一頁上二○行「弥敬」，諸本作「珍敬」。

一　四九一頁中二行末字「淩」，諸本作「陵」。

一　四九一頁中九行「代岳」，諸本作「岱岳」。

一　四九一頁中一五行「靖加」，普、南、徑、清作「增加」。又「用石」，資、磧、普、徑作「同石」。

一　四九一頁中一六行第九字「隋」，諸本作「隋初」。

一　四九一頁中一九行與二○行之間，諸本有「元魏南臺洛下永寧寺天竺沙門菩提流支傳第四」一行。

一　四九一頁中末行「以魏永平」，諸本作「以魏永平之初來遊東夏宣武皇帝下勑引勞」。

一　四九一頁下一六行末字「工」，諸本作「功」。

一　四九一頁下一九行第一○字「珠」，諸本無。

一　四九一頁下二○行首字「奇」，諸本作「綺麗」。

一　四九二頁上四行第一一字「路」，諸本作「露」。

一　四九二頁上一○行「絛格」，諸本作「律格」。

一　四九二頁上二二行「三年」，南、清作「一年」。

一四九二頁中末行「萬甲」，諸本作「萬夾」。

一四九二頁下九行「世網」，諸本作「世人」。又「不宣」，諸本作「不傳」。

一四九二頁下一五行「正光元年」，諸本作「正光年」。

一四九三頁上四行「大官」，普、南、徑、清作「天官」。

一四九三頁上一五行第二字「年」，諸本無。

一四九三頁上一七行「元年」，諸本作「元象元年」。

一四九三頁上一九行「曇林」，諸本作「曇琳」。又第一三字「受」，諸本無。

一四九三頁上末行「期城」，普、南、徑、清作「斯城」。

一四九三頁中一五行「又令」，諸本作「又命」。

一四九三頁下六行「故墟」，資、磧、普、徑作「故城」。

一四九三頁下八行第三字「受」與第四字「拘」之間，諸本有「陳南海群天竺沙門拘那羅陀傳第五」一行。

一四九三頁下一五行「盛唱」，諸本作「盛昌」。

一四九三頁下一九行「民品」，諸本作「泯品」。

一四九四頁上一行第七字「諦」，諸本作「帝」。

一四九四頁上七行「天保」，資、磧、普、南、清作「太寶」；徑作「大寶」。

一四九四頁上一二行第一二字「隋」，諸本作「隨」。

一四九四頁上一四行第三字「逮」，資、磧作「建」。

一四九四頁上一五行第三字「止」，諸本作「上」。

一四九四頁上一九行「重覆」，諸本作「重疊」。

一四九四頁上二〇行「倫通」，諸本作「輪通」。

一四九四頁上末行第八字「劳」，諸本作「芳」。

一四九四頁中五行第一〇字「脩」，諸本作「循」。

一四九四頁中一〇行「無措」，諸本作「無指」。

一四九四頁中一三行末字「嘗」，徑作「常」。

一四九四頁中一五行末字「於」，諸本無。

一四九四頁中一六行「加坐」，諸本作「跏坐」。

一四九四頁中一八行第六字「搨」，資、磧作「𦐇」；普、南、徑、清作「蹋」。

一四九四頁下一三行第五字「者」，諸本無。

一四九四頁下一四行「親注」，諸本作「親流」。

一四九四頁下一五行首字「心」，普、南、徑、清作「止」。

一四九四頁下二一行「即位」，諸本作「初位」。

一四九五頁上二行第一二字「甲」，

諸本作「夾」。

一　四九五頁上一一行「嚴冬」，諸本作「嚴厲」。

一　四九五頁上一四行首字「之」，諸本作「足」。又第一〇字「地」，經、清作「池」。

一　四九五頁上二〇行第一二字「埋」，諸本作「理」。

一　四九五頁上二一行「大國」，諸本作「大大國」。

一　四九五頁中一四行末字「期」，諸本作「祈」。

一　四九五頁中末行「揚都」，諸本作「揚州」。又「城內」，經無。

一　四九五頁下三行「隋代」，諸本作「隋世」。

一　四九五頁下三行與四行之間，諸本有「陳揚都金陵沙門釋法泰傳第六」一行。

一　四九六頁上六行第五字「湊」，諸本作「臻」。

一　四九六頁上一五行第五字「絓」，諸本作「結」。又「缺少」，諸本作「少欠」。

一　四九六頁上末行「諮謁」，諸本作「諮詢」。

一　四九六頁中四行第五字「後」，普、南、經、清作「復」。

一　四九六頁中五行「朝隨」，諸本作「隨朝」。

一　四九六頁中八行「西陰寺」，諸本作「西蔭寺」。

一　四九六頁中一〇行「又化」，經、清作「及化」。

一　四九六頁中一二行第一〇字「南」，諸本作「南中」。

一　四九六頁中一三行「三年」，諸本作「二年」。

一　四九六頁中一六行末字「裙」，諸本作「群」。

一　四九六頁中二〇行第三字「敫」，諸本作「敷」，下同。又第一一字「道」，諸本作「導」。

一　四九六頁下九行「仰無」，諸本作「無敢」。

一　四九六頁下一〇行「宗嗣」，諸本作「末嗣」。

一　四九七頁上三行「並盡」，諸本作「並燼」。

一　四九七頁上四行第一〇字「經」，諸本作「經停」。

一　四九七頁上一〇行「諦旨」，清作「訓旨」。

續高僧傳卷第二　左

大唐西明寺沙門釋道宣撰

譯經篇二　本傳四人　附見八人

那連提黎耶舍隋言尊稱北天竺烏場國人正音應云鄔荼荼音持耶反其王與佛同氏亦姓釋迦刹帝利種隋云土田主也由劫初之時先為分地主因即号焉今所謂國王者是也舍年十七發意出家尋值名師備聞正教二十有一得受具篇聞諸宿老嘆佛景迹或言某國有鉢某國有衣頂骨牙齒神變非一遂即起心願得瞻奉以戒初受須知律相既滿五夏發足遊方所以天梯石臺之迹龍畱寶塔之方廣周諸國並親頂礼僅無遺免曾竹園寺一住十年通履僧坊多值明德有一尊者深識人機見語舍云若能靜修應獲聖果恐汝遊涉終無所成尒日雖聞情無領悟晚來却想悔将何及耶舍北背雪山南窮師子歷覽聖迹仍旋舊壤乃覩烏場國主真大士焉自所經見罕儔其類試略述之安民以理民愛若親後夜五更先礼三寶香花伎樂竭誠供養日出昇殿方覽万機次到辰時香水浴像宮中常設日百僧齋王及夫人手自行食齋後消食習諸武藝日景將昳寫十行經與諸德僧共談法義復與群臣量議治政暝入佛堂自奉燈燭礼拜讀誦各有恒調了其常業乃還退靜三十餘年斯功不替王有百子誠孝居懷釋種餘風胤流此國但以寺接山阜野火所焚各相塋遣四遠投告六人為伴行化雪山之北至于峻頂見有人鬼二路人道荒險鬼道利通行客心迷多尋鬼道漸

入其境便遭𢿘害昔有聖王於其路
首作毗沙門天王石像手指人路同
伴一僧錯入鬼道耶舍覺已口誦觀
音神呪百步追及已被鬼害自以呪
力得免斯厄因復前行又逢山賊專
念前呪便蒙靈衛賊來相對目不
見循路東指到芮芮國值突厥亂西
路不通反鄉意絕乃隨流轉比至泥
海之旁南岸突厥七千餘里彼既不
安遠投齊境天保七年屆於京鄴文
宣皇帝極見殊禮偏異恒倫耶舍時
年四十骨梗雄雅物議攢之緣是文
宣礼遇隆重安置天平寺中請為翻
經三藏殿內梵本千有餘夾勑送於
寺處以上房為建道場供窮珍妙別
立廚庫以表尊崇又　勑昭玄大統
沙門法上等二十餘人監掌翻譯沙
門法智居士万天懿傳語懿元鮮卑
姓万俟氏少出家師婆羅門而聰慧
有志力善梵書語工呪術由是故
名預參傳焉初翻衆經五十餘卷大
興正法弘暢衆心宣帝重法殊異躬
礼梵本顧群臣曰此乃三寶洪基故

我偏敬其奉信推誠為如此也耶舍
每於宣譯之暇時陳神呪冥救顯助
立功多矣未幾授昭玄都俄轉為統
所獲供祿不專自資好起慈惠樂興
福業設供飯僧施諸貧乏獄囚繫畜
咸將濟之市廛吏所多造義井親自
漉水津給衆生又於汲郡西山建立
三寺依泉旁谷制極山美又収養厲
疾男女別坊四事供承務令周給又
往突厥客館勸持六齋羊料放生受
行素食又曾遇病百日不起　天子
皇后躬問起居耶舍歎曰我本外客
德行未隆乘輿今降重法故尓內撫
其心慙懼交集逮德之季周武克齊
佛教與國一時平殄耶舍外假俗服
內襲三衣避地東西不遑寧息五衆
彫窘投厝無所儉餓瀰壑者減食施
之老病扶力者隨緣濟益雖事力匱
薄矩誨行之而神志休强說導無倦
乜負留難便歷四年有隋御寓重隆
三寶開皇之始梵經遝應爰降璽書
請來弘譯二年七月弟子道密等侍送
入京住大興善寺其年季冬草創翻

譯　勑昭玄統沙門曇延等三十餘人
令對翻傳主上礼問殷繁供奉隆渥
年雖朽邁行轉精勤曾依舍利弗
陁羅尼具依修業夢得境界自身作
佛如此靈祥雜沓其例非一後移住
廣濟寺為外國僧主存撫羇客妙得
物心忽一旦告弟子曰吾年老力微
不久去世及今明了誡尓門徒佛法
難逢冝勤修學人身難獲慎勿空
過言訖就枕奄尓而化時滿百歲即
開皇九年八月二十九日也初耶舍
先逢善相者云年必至百亦合登仙
中壽果終其言驗矣登仙冥理猶難
測之然其面首形偉特異常倫頂起
肉髻聳若雲峯目正處中上下量等
耳高且長輪埵成具見人榮相未比
於斯固是傳法之碩德也法主既傾
衰驚道俗紹隆之事將漸墜焉凡前
後所譯經論一十五部八十餘卷即
菩薩見實月藏日藏法勝毗曇等是
也並沙門僧琛明芬給事李道寶等
度語筆受昭玄統沙門曇延昭玄都
沙門靈藏等二十餘僧監護始末至

五年冬勘練俱了並沙門彥琮制序
具見齊周隋三經録尋耶舍遊涉四
十餘年國五十餘里十五万瑞景靈
迹勝寺高僧馱水深林山神海狩無
非奉敬並預徵降事既廣周未追陳
叙沙門彥琮為之本傳具流於世時
又有同國沙門毗尼多流支隋言滅
喜不遠五百由旬來觀威化開皇二
年於大興善譯𧰼頭精舍大乘揔持
經二部給事李道寶傳沙門法纂筆
受沙門彥琮制序
闍那崛多隋言德志北賢豆賢豆本音因陁羅婆陁那此云主處謂天帝所護故也賢豆之音訛國之訛略耳身毒天竺此方之訛稱也而彼國人揔言賢豆而已乃之以為五方也揵陁囉國人也隋言
香行國焉居富留沙富羅城云大夫
宮也剎帝利種姓金俱凡反步此云項也
謂如孔雀之項彼國以為貴姓父名
跋闍邏婆囉此云金剛堅也少懷遠
量長乘清範位居宰輔爕理國政崛
多昆季五人身居寂小宿殖德本早
發道心適在髫齓便願出家二親深
識其度不違其請本國有寺名曰大
林遂往歸投因蒙度脫其郁波弟耶

此云常近受持者今所謂和上此乃
于闐之訛略也名曰嗜那耶舍此云
勝名專修宴坐妙窮定業其阿遮利
耶此云傳授或云正行即所謂阿闍
梨也亦近國之訛略耳名曰闍若那
跋達羅此云智賢遍通三學偏明律
藏崛多自出家後孝敬專誠教誨積
年指歸通觀然以賢豆聖境靈迹尚
存便隨本師具得瞻奉時年二十有
七受戒三夏師徒結志遊方弘法初
有十人同契出境路由迦臂施國淹
留歲序國王敦請其師奉為法主益
利頗周將事巡歷便踰大雪山西足
固是天險之峻極也至猒怛國既初
至止野曠民希所須食飲無人營造
崛多遂捨具戒竭力供待數經時艱
冥靈所祐幸免災横又經渴囉槃陁
及于闐等國屢遭夏雨寒雪暫時停
住既无弘演栖寓非久又達吐谷渾國
便至鄯州于時即西魏後元年也
雖歷艱危心逾猛勵發蹤跋涉三載
于茲十人之中過半亡没所餘四人
僅存至此以周明帝武成年初届長

安止草堂寺師徒遊化已果來心更
登淨壇再受具足精誠從道尤甚由
來稍參京輦漸通華語尋從本師勝
名被明帝詔延入後園共論佛法殊
禮別供充諸禁中思欲通法無由自
展具情上啓即蒙別勑為四天王寺
聽在居住自茲已後乃翻新經既非
弘泰羈縻而已所以接先闕本傳度
梵文即十一面觀音金仙問經等是
也會譙王宇文儉鎮蜀復請同行於
彼三年恒任益州僧主住龍淵寺又
翻觀音偈佛語經建德隳運像教不
弘五衆一期同斯俗服武帝下
勑追入京輦重加爵禄逼從儒礼秉操
鑒然守死無懼帝愍其貞亮哀而放
歸路出甘州北由突厥闍梨智賢還
西滅度崛多及以和上乃為突厥所
留未久之間和上遷化隻影孫寄莫
知所安賴以北狄君民頗弘福利因
斯飄寓隨方利物有齊僧寶暹道邃
僧曇等十人以武平六年相結同行
採經西域往返七載將事東歸凡獲
梵本二百六十部行至突厥俄屬齊

亡亦投彼國因與同處講道相娛所賫新經請翻名題勘舊錄目轉覺巧便有異前人無虛行苦同誓焚香共契宣布大隋受禪佛法即興暹等賫經先來應運開皇元年季冬屆京邑勅付所司訪人令譯二年仲春便就傳述夏中詔曰殷之五遷恐民盡死是則吉凶之土制短長之命謀新去故如農望秋龍首之山川原秀麗卉木滋阜宜建都邑定鼎之基永固無窮之業在茲可城城曰大興城殿曰大興殿門曰大興門縣曰大興縣園苑池沼其號並同寺曰大興善也於此寺中傳度法本時崛多仍住北狄至開皇五年大興善寺沙門曇延等三十餘人以躬當翻譯音義乖越承崛多在北乃奏請還帝乃別勅追延崛多西歸已絕流滯十年深思明世重遇三寶忽蒙遠訪欣願交并即與使乎同來入國于時文帝巡幸洛陽於彼奉謁天子大悅賜問頻仍未還京闕尋勅敷譯新至梵本衆部弥多或經或書且內且外諸有翻傳必以崛

多為主僉以崛多言識異方字曉殊俗故得宜辯自運不勞傳度理會義門句圓詞體文意粗定銓本便成筆受之徒不費其力試比先達抑亦継之尒時耶舍已亡專當元匠於大興善更召婆羅門僧達摩笈多并勅居士高天奴高和仁兄弟等同傳梵語又置十大德沙門僧休法粲法經慧藏洪遵慧遠法纂僧暉明穆曇遷等監掌翻事銓定宗旨沙門明穆彥琮重對梵本再審覆勘整理文義昔支曇羅什等所出大集卷軸多以三十成部及耶舍高齊之世出月藏經一十二卷隋初後出日藏分一十五卷既是大集廣本而前後譯分遂便支離部袠羈散開皇六年有招提寺沙門僧就合之為六十卷就少出家專實坊學雖加宣導恨文相未融乃例括相從附入大部至於詞旨愜當未善精窮比有大興善寺沙門洪慶者識度明達為國監寫藏經更釐改就所合者名題前後甚得理致且今見翻諸經有多是大集餘品略而會

之應滿百卷若依梵本此經凡十万偈檏以隋文可三百卷崛多曾傳于闐東南二千餘里有遮拘迦國彼王純信敬重大乘宮中自有摩訶般若大集華嚴三部王躬受持親執鏁鑰轉讀則開香花供養或以諸餅果誘引小王令其礼拜此國東南可二十餘里山甚巖險有深淨窟置大集花嚴方等寶積楞伽方廣舍利弗華聚二陀羅尼都薩羅藏摩訶般若八部般若大雲經等凡十二部減十万偈國法相傳防衛守護又有入滅定羅漢三人窟中禪寂每至月半諸僧就山為其淨髮此則人法住持有生之所憑賴崛多道性純厚神志剛正愛德無猒求法不懈博聞三藏遠究真宗遍學五明兼閑世論經行得道場之趣捻持通神呪之理三衣一食終固其誠仁濟弘誘非關勸請勤誦佛經老而弥篤强識先古久而逾詣士庶欽重道俗崇敬隋滕王遵仰戒範奉以為師因事塵染流擯東越又在甌閩道聲載路身心兩救為益極多

至開皇二十年便從物故春秋七十
有八自從西眼來至東華循歷翻譯
合三十七部一百七十六卷即佛本
行集法炬威德護念賢護等經是也
並詳括陶冶理教圓通文明義結具
流於世見費長房三寶録初隋高祖
又勅崛多共西域沙門若那竭多開
府高恭恭息都督天奴和仁及婆羅門
毗舍達等於內史內省翻梵古書及
乾文至開皇十二年書度翻訖合二
百餘卷奏聞進內見唐貞觀內典録
時又有優婆塞姓瞿曇氏名達摩般
若隋言法智父名般若流支備詳餘
傳智本中天國人流滯東川遂鄉華
俗而門世相傳祖習傳譯高齊之季
為昭玄都齊國既平佛法同毀智因
僧職轉任俗官再授洋州洋川郡守
隋氏受禪梵牒即來有勅召還使掌
翻譯法智妙善方言執本自傳不勞
度語譯業報差別經等成都沙門釋
智鉉筆受文詞銓序義體曰嚴寺沙
門彥琮制序見隋代經録
達摩笈多隋言法密本　南賢豆羅囉

力加反
國人也剎帝利種姓獎耶伽囉此
云虎氏有第四人身居長子父母留
戀不聽出家然以篤愛法門深顧離
俗年二十三往中賢豆界犍拏究撥
闍城此云耳出於究牟地謂黃色花
園以得名也僧伽囉磨此云衆園舊
云僧伽藍者訛略也笈多於此寺中
方得落髮改名法密年二十五方受
具戒其郁波弟耶佛馱笈多此云學
家阿遮利夜名舊拏達多此云德施
又一阿遮利夜名為普照通大小乘
經論咸能誦說行賓荼夜法謂行乞
食者舊名為分衛入第耶那此云念
修舊為禪那及持訶那並訛僻也恒
入此觀以為常業笈多受具之後仍
住三年就師學問師之所得略窺戶
牖後以普照師為吒迦國王所請從
師至彼經停一載師還本國笈多更
留四年住於提婆鼻何囉此云天遊
也天謂國王遊謂僧處其所王立故
名天遊舊以寺代之寺乃此土公院
之名所謂司也廷也又云招提者亦
訛略也世依字解招謂招引提謂提

携乃並浪語也此乃西言耳正音云招
鬬提奢此云四方謂處所為四方衆
僧之所依住也於是歷諸大小乘國
及以僧寺聞見倍多北路商人頗至
於彼遠傳東域有大支那國焉舊名
真丹振旦者並非正音無義可譯惟
知是此神州之揔名也初雖傳述不
甚明信未作來心但以志在遊方情
無所繫遂往迦臂施國六人為伴仍
留此國停住王寺笈多遂將四伴於
國城中二年停止遍歷諸寺備觀所
學遠遊之心尚未寧處其國乃是北
路之會雪山北陰商侶咸湊其境於
商客所又聞支那大國三寶興盛同
侶一心屬意來此非惟觀其風化願
在利物弘經便踰雪山西足薄佉羅
國波多叉拏國達摩悉鬄多國此諸
國中並不久住足知風土諸寺儀式
又至渴羅槃陁國留停一年未多開
導又至沙勒國同伴一人復還本邑
餘有三人停在王寺謂沙勒王之所
造也經住兩載仍為彼僧講說破論
有二千偈旨明二部多破外道又為

講如實論亦二千偈約其文理乃是世間論義之法又至龜茲國亦停王寺又住二年仍為彼僧講釋前論其王篤好大乘多所開悟留引之心旦夕相造笈多係心東夏無志潛停密將一僧間行至烏耆國在阿爛拏寺講通前論又經二年漸至高昌客遊諸寺其國僧侶多學漢言雖停二年無所宣述又至伊吾便停一載值難避地西南路純砂磧水草俱乏同侶相顧性命莫投乃以所賫經論權置道旁越山求水冀以存濟求既不遂勞弊轉增專誦觀世音呪夜雨忽降身心充悅尋還本途四顧茫然方道迷失踟躕進退乃任前行遂達于瓜州方知委曲取北路之道也笈多遠慕大國跋涉積年初契同徒或留或殁獨顧單影屆斯勝地靜言思之悲喜交集尋蒙帝旨延入京城處之名寺供給豐渥即開皇十年冬十月也至止未淹華言略悉又奉別勅令就翻經移住興善執本對譯允正寔繁所誦大小乘論並是深要至於宣解

大弘微旨此方舊學頻遣積疑然而慈恕立身柔和成性心非道外行在言前誠地夷而靜智水幽而潔經洞字源論窮聲意加以威容詳正勤節高猛誦響繼晨宵法言通內外又性好端居簡絕情務寡薄嗜慾息杜希求無倦誨人有踰利己曾不忤顏於賤品輕心於微類遂使未覩者傾風暫謁者欽敬自居譯人之首惟存傳授所有覆疎務存綱領煬帝定鼎東都敬重隆厚至於佛法弥增崇樹乃下勅於洛水南濱上林園內置翻經館搜舉翹秀永鎮傳法登即下徵笈多并諸學士並預集焉四事供承復恒常度致使譯人不墜其緒成簡無替於時及隋綱云頹郊壘煙構梵本新經一時斯斷笈多蘊其深解遂闕陳弘始於開皇中歲終於大業末年二十八載所翻經論七部合三十二卷即起世緣生藥師本願攝大乘菩提資糧等是也並文義澄潔華質顯暢具唐貞觀內典錄至武德二年終于洛汭初笈多翻普樂經一十五

卷未及練覆值為鄭淪廢不暇重修今卷部在京多明八相等事有沙門彥琮內外通照華梵並閑預參傳譯偏承提誘以笈多遊履具歷名邦見聞陳述事逾前傳因著大隋西國傳一部凡十篇本傳一方物二時候三居處四國政五學教六禮儀七飲食八服章九寶貨十盛列山河國邑人物斯即五天之良史亦乃三聖之宏圖故後漢西域傳云靈聖之所降集賢懿之所挺生者是也詞極綸綜廣如所述初開皇十三年廣州有僧行塔懺法以皮作帖子二枚書為善惡兩字令人擲之得善者吉又行自撲法以為滅罪而男女合雜妄承密行青州居士接響同行官司撿察謂是妖異其云此塔懺法依占察經自撲懺法依諸經中五體投地如大山崩時以奏聞乃勅內史侍郎李元撰就大興善問諸大德有沙門法經彥琮等對云占察經見有兩卷首題菩提登在外國譯文似近代所出衆藏亦有寫而傳者撿勘群錄並無正名及

譯人時處塔懺與衆經復異不可依
行勑因断之時有秀才儒林郎侯白
奉勑撰旌異傳一部二十卷多叙感
應即事亟涉弘演釋門者白字君素
本相鄴人也識敏機對捐崇基省帝
以多聞前古爰引賔王觀國程器終
于此職又有晉府祭酒徐同卿撰通
命論兩卷卿以文學之富鏡達玄儒
等教亦明三世因果但文言隱密先
賢之所未辯故引經史正文會通運
命歸於因果意在顯發儒宗助佛宣
教導達群品咸奔一趣蓋卿博識有
據故能洞此幽求又有翻經學士涇
陽劉馮撰内外旁通比挍數法一卷
馮學通玄素偏工數術每以前代翻
度至於數法比例頗涉不同故演斯
致其序略云世之道藝有淺有深人
之禀學有踈有密故尋筭之用也則
兼該大衍其不思也則致惑三隅然
東夏數法自有三等之差西天所陳
何無異端之例然則先譯諸經並以
大千稱為百億言一由旬為四十里
依諸筭計悉不相符竊疑翻傳之旨

彼此異意指撝之際於斯取失故衆
經筭數之法與東夏相參十十變之
旁通對衍庶擬翻譯之次執而辯惑
既衆隸經誥故即而叙之至開皇十
五年文皇下勑令翻經諸僧撰衆經
法式時有沙門彦琮等准的前録結
而成之一部十卷奏呈入内並見隋
代費氏諸録時有翻經學士成都費
長房本預緇衣周朝從廢因俗傳通
妙精玄理開皇之譯即預搜揚勑召
入京從例修緝以列代經録散落難
収佛法肇興年載蕪没乃撰三寶録
一十五卷始於周莊之初上編甲子
下舒年号并諸代所翻經部卷目軸别
陳叙函多條例然而瓦玉雜糅真偽
難分得在通行闕於甄異録成陳奏
下勑行之所在流傳寂為該富矣
釋彦琮俗縁李氏趙郡栢人人也世
号衣冠門稱甲族少而聡敏才藻清
新識洞幽微情符水鏡遇物斯覽事
罕再詳初投信都僧邊法師因試令
誦須大拏經減七千言一日便了更
誦大方等經數日亦度邊異之也至

于十歳方許出家改名道江以慧聲
洋溢如江河之望也聽十地論榮譽
流振州邑所推十二在巏嵍山誦法
花經不久尋究便遊鄴下因循講席
乃返鄉寺講无量壽經時太原王
邵任趙郡佐寓居寺宇聽而仰之友
敬弥至齊武平之初年十有四西入
晉陽且講且聽當尓道張汾朔名布
通儒尚書敬長瑜及朝秀盧思道元
行恭邢恕等並高齊榮望欽揖風猷
同為建齋講大智論親受披導嘆所
未聞及齊后西幸晉陽延入宣德殿
講仁王經國統僧都用為承奉聽徒
二百並是英髦帝親臨御筵文武咸
侍皇太后及以六宮同昇法會勑侍
中高元海扶琮昇坐接侍上下而神
氣堅朗希世驚嗟析理開神咸遵
景仰十六遭父憂猷辞名問遊歷篇
章爰逮子史頗存通閲右僕射陽休
之與文林館諸賢交共款狎性愛恬
靜延而方造及初進具日次晡時戒
本万言誦試兼了自尓專習律撿進
討行科及周武平齊尋蒙延入共談

玄籍深會帝心勑預通道觀學士時年二十有一與宇文愷等周代朝賢以大易老莊陪侍講論江便外假俗衣內持法服更名彥琮武帝自纘道書號無上秘要于時預霑綸綜特蒙收採至宣帝在位每醮必累日通宵談論之際因潤以正法時漸融泰頗懷嘉賞授禮部等官並不就與朝士王邵辛德源陸開明唐怡等情同琴瑟號為文外玄友大象二年隋文作相佛法稍興便為諸賢講釋般若大定元年正月沙門曇延等同舉奏度方蒙落髮時年二十有五至其年二月十三日高祖受禪改號開皇即位講筵四時相續長安道俗咸拜其塵因即通會佛理邪正沾濡沭道者万計又與陸彥師薛道衡劉善經孫万壽等一代文宗著內典文會集又為諸沙門撰唱導法皆改正舊體繁簡相半即現傳習祖而行之開皇三年隋高祖幸道壇見畫老子化胡像大生怪異勑集諸沙門道士共論其本又勑朝秀蘇威楊素何妥張賓等有參

玄理者詳計奏聞時琮預在此筵當掌言務試舉大綱未及指覈道士自伏陳其矯詐因作辯教論明道教妖妄者有二十五條詞理援據宰輔褒賞其年西域經至即勑翻譯既副生願欣至泰然從駕東巡旋途并部時煬帝在蕃任總河北承風請謁延入高第親論往還允愜懸佇即令住內堂講金光明勝鬘般若等經又奉別教撰修文疏契旨卓陳足為稱首又教住大興國寺尒後王之新詠舊叙恒令和之又遣箋啓諸葛頴等羣賢迭往參問談對名理宗師有歸隋秦王俊作鎮太原又蒙延入安居內第叙問殷篤琮別夜寐夢見黃色大人身長三丈手執玻瓈椀授玄椀內是酒琮於夢中跪受之曰蒙賜寶器非常荷恩但以酒本律禁未敢輒飲寤已莫知其由及後王躬造觀音畫像張設內第身量所執宛同前夢於是私慰素抱悲慶交并至十二年勑召入京復掌翻譯住大興善厚供頻仍時文帝御寓盛弘三寶每設大齋皆陳

懺悔帝親執香鑪琮為宣導暢引國情恢張皇覽御必動容竦顧欣其曲盡深衷其言誠感達如此類也煬帝時為晉王於京師曲池營第林造日嚴寺降礼延請永使住之由是朝貴明哲數增臨謁披會玄旨屢發信然而東夏所貴文頌為先中天師表梵音為本琮乃專尋教典日誦万言故大品法花維摩楞伽攝論十地等皆親傳梵書受持誦讀每日闇閱要周乃止仁壽初年勑令送舍利于并州時漢王諒於所治城隅內造寺仍置寶塔今所謂開義寺是也琮初至塔所累日雲霧晦合及至下晨時正當午雲開日耀天地清朗便下舍利塵而藏之又感瑞雲夾日五色相間仁壽末歲又勑送舍利于復州方樂寺今名龍蓋寺也本基荒毀南齊初立周廢穨減纔有餘址而處所顯敞堪置靈塔令人治翦忽覺頭上痒悶回檢髮中獲舍利一粒形如黍米光色鮮發兩斧試之上下俱陷而舍利不損頻更椎打光色逾盛搖深七尺又

獲塼蔵銅銀諸合香洦宛然但見清水滿合其底蹤迹似有舍利尋覓不見方知錢中所獲乃是銀合所感又覓石造函遍求不獲乃於竟陵縣界感得一石磨治既了忽變為　吾色光潤內徹照見旁人又於石中現衆色象引石向塔又感一鵝飛至函所自然馴狎隨石去住初無相離雖見同群了無顧眄逐去還来首尾十日恒在轝所有人將至餘處便即鳴叫飛翔踰院而入及至埋訖便獨守塔遶旋而巳又感塔所前池有諸魚鸞並舉頭出水北望舍利琮便為說法竟日方隱又感塔所井水十五日間自然湧溢埋後乃止四月八日雲滿上空正午將下欻雲並盡惟餘塔上圓圓如蓋五色間錯映發日輪至蔵舍利其雲乃散琮欣感嘉瑞以狀奏聞帝大悅録以為記蔵諸秘閣仁壽二年下勅更令撰衆經目録乃分為五例謂單譯重翻別生疑為隨卷有位帝世盛行尋又下勅令撰西域傳素所諳練周鏡目前分異訛錯深有徵

舉故京壤名達多尋正焉有王舍城沙門遠来謁帝事如後傳將還本國請舍利瑞圖經及國家祥瑞録勅又令琮翻隋為梵合成十卷賜諸西域琮以洽聞博達素所關心文章騰翥京輦推尚凡所新譯諸經及見講大智釋論等並為之序引又著沙門名義論別集五卷並詞理清簡後學師欽大業二年東都新治與諸沙門詣闕朝賀特被召入内禁敘故累宵談述治體呈示文頌其為時主見知如此因即下勅於洛陽上林園立翻經館以處之供給事隆倍逾關輔新平林邑所獲佛經合五百六十四夾一千三百五十餘部並昆崙書多梨樹葉有勅送館付琮披覽并使編叙目録以次漸翻乃撰為五卷分為七例所謂經律讃論方字雜書七也必用隋言以譯之則成二千二百餘卷勅又令裴矩共琮修纘天竺記文義詳洽條貫有儀凡前後譯經合二十三部一百許卷製序述事備于經首素患虛冷發痢無時因卒于館春秋

五十有四即大業六年七月二十四日也俗緣哀悼歸塟栢人初大漸之晨形羸神爽問弟子曰齋時至未對曰未也還瞑目而卧如此再三乃迴身引頸向門視日曰齋時已至吾其去矣索水盥手焚香迎弥勒畫像合掌諦觀開目閉目乃經三四如入禪定奄尔而終持纊屬之方知巳絶且琮神慧夙成彰於孩稚奉信貞恪松梓其心本師五臺山沙門道最亦風采標映故琮不墜其門凡所遊習潛然獨静雖經物忤曾無言及脚道從俗勅附文館屢逢光價然無會情斯乃立操盧宗遊情靡測譏誦相沿初未休捨會夢入地獄頗見苦緣由念經佛等名蒙得解脫送往山樓之上尋又歷觀諸獄備覩同譏名僧五苦加之具言其狀為說十善良久方覺至後數年更夢前事由稱佛菩薩名又蒙放免高祖具聞勅琮録出賜諸道俗永為警誡自尔專思罪累屏絶人事息意言筌行方等懺供給貧病晚以所誦梵經四千餘偈十三

万言七日一遍用為常業然琮久參
傳譯妙體梵文此土群師皆宗鳥迹
至於音字詁訓罕得相符乃著辯正
論以垂翻譯之式其詞曰弥天釋道
安每稱譯胡為秦有五失本三不易
也一者胡言盡倒而使從秦一失本
也二者胡經尚質秦人好文傳可衆
心非文不合二失本也三者胡經委
悉至於嘆詠丁寧反覆或三或四不
嫌其繁而今裁斥三失本也四者胡
有義說正似乱詞尋撿向語文无以
異或一千或五百今並刈而不存四
失本也五者事以合成將更旁及反
騰前詞已乃後說而悉除此五失本
也然智經三達之心覆面所演聖必
因時時俗有易而删雅古以適今時
一不易也愚智天隔聖人叵階乃欲
以千載之上微言傳使合百王之下
末俗二不易也阿難出經去佛未久
尊大迦葉令五百六通迭察迭書今
雖千年而以近意量截彼阿羅漢乃
兢兢若此此生死人平平若是豈將
不以知法者猛乎斯三不易也涉茲五

失經三不易譯胡為秦詎可不慎乎
正當以不關異言傳令知會通耳何
復嫌於得失乎是乃未所敢知也余
觀道安法師獨稟神慧高振天才領
袖先賢開通後學修經録則法藏逾
闡理衆儀則僧寶弥盛稱印手菩薩
豈虛也哉詳梵典難易詮譯人之得
失可謂洞入幽微能究深隱至於天
竺字體悉曇聲例尋其雅論亦似
閑明舊喚彼方揔名胡國安雖遠識
未變常語胡本雜戎之胤梵惟真聖
之苗根既懸殊理無相濫不善諳悉
多致雷同見有胡貌即云梵種實是
梵人漫云胡族莫分真偽良可哀哉
語梵雖訛比胡猶別改為梵學知非
胡者竊以佛典之興本来西域譯經
之起原自東京歷代轉昌迄茲无墜
久云流變稍疑虧動競逐澆波尠能
迴覺討其故事失在昔人至如五欲
順情信是難棄三衣苦節定非易忍
割遺體之愛入道要門捨天性之親
出家恒務俗有可反之致忽然已反
梵有可學之理何因不學又且發蒙

草創伏膺章簡同鸚鵡之言放邯鄲
之步經營一字為力至多歷覽數年
其道方博乃能包括今古網羅天地
業似山丘文類淵海彼之梵法大聖
規摹略得章本通知體式研若有功
解便无滯匹於此域固不為難難尚
須求況其易也或以内執人我外慙
諮問枉令秘術曠隔神州静言思之
愍而流涕向使法蘭歸漢僧會適吳
士行佛念之儔智嚴寶雲之末繞去
俗衣尋教梵字亦霑僧數先披葉典
則應五天正語充布閻浮三轉妙音
並流震旦人人共解省翻譯之勞代
代咸明除疑網之失於是舌根恒淨
心鏡弥朗藉此聞思永為種性安之
所述大啓玄門其間曲細猶或未盡
更憑正文助光遺迹粗開要例則有
十條字聲一句韻二問荅三名義四
經論五謌頌六呪功七品題八專業
九異本十各疏其相廣文如論安公
又云前人出經支讖世高審得胡本
難繼者也羅叉支越斲鑿之巧者也
窮以得本開質斲巧由文舊以為鑿

今因非審握管之眼試復論之先覺諸賢高名叅聖慧解深發切業弘啓創發玄路早入空門辯不虛起義應雅合但佛教初流方音𠡠會以斯譯彼仍恐難明無廢後生已承前哲梵書漸播真宗稍演其所宣出竊謂分明聊因此言輙銓古譯漢縱守本猶敢遙議魏雖在昔終欲懸討或繁或簡理容未適時野時華例頗不定晉宋尚於談說爭壞其淳秦涼重於文才尤從其質朴非西五高德緝之以道八九大經錄之以正自兹以後迭相祖述舊典成法且可憲章展轉同見因循共寫莫問是非誰窮始末僧鴞惟對面之物乃作花鴞安禪本合掌之名例為禪定如斯等類固亦衆矣留支洛邑義少加新真諦陳時語多飾異若令梵師獨斷則微言罕革筆人參制則餘辭必混意者寧貴樸而近理不用巧而背源儻見淳質請勿嫌恡昔日仰對尊顏瞻尚不等親承妙吼聽之猶別諍論起迷豫昞涅槃之記部黨興執懸著文殊之典雖二

邊之義佛亦許可而兩關之道比丘未允其致雙林早潛一味初損千聖同志九旬共集雜碎之條尋訛本誠水鵠之頌俄殊昔經一聖纔亡法門即減千年已遠人心轉偽既乏寫水之聞寧宜懸河之說欲求冥會詎可得乎且儒學古文變猶紕謬世人今語傳尚參差況凡聖殊倫東西隔域難之又難論莫能盡必慇懃於三覆靡造次於一言歲校則利有餘日計則功不足開大明而布範燭長夜而成務宣譯之業未可加也經不容易理藉名賢常思品藻終慙水鏡兼而取之所備者八誠心愛法志願益人不憚久時其備一也將踐覺場先牢戒足不染譏惡其備二也筌曉三藏義貫兩乘不苦闇滯其備三也旁涉墳史工綴典詞不過魯拙其備四也襟抱平恕器量虛融不好專執其備五也沉於道術澹於名利不欲高衒其備六也要識梵言乃閑正譯不墜彼學其備七也薄閱蒼雅粗諳篆隸不昧此文其備八也八者備矣方是

得人三業必長其風靡絕若復精搜十步應見香草微求一用時遇良材雖往者而難儔庶來者而能繼法橋未斷夫復何言則延鎧之徒不迴隆於魏室護顯之輩豈偏盛于晉朝或曰一音遙說四生各解普被大慈咸蒙遠悟至若開源白馬則語逐洛陽發序赤烏則言隨建業未應強移此韻始符極旨要工披讀乃究玄宗遇本即依真為篤信案常無改世稱仰述誠在一心非關四辯必令存梵詎是通方對曰談而不經旁慙博識學而無友退愧寡聞獨執管錐未談穹壤理絕名想彌難穿鑿在昔圓音之下神力冥加滿字之間利根迥拔然今地殊王舍人異金口即令懸解定知難會經音若圓雅懷應合直餐梵響何待譯言本尚虧圓譯豈純實等非圓實不無疎近本固守音譯疑變意一向能守十例可明緣情判義誠所未敢若夫孝始孝終治家治國足宜至德堪弘要道況復淨名之勸發心善生之歸妙覺奚假落髮翦鬚苦違俗

訓持衣捧盋頓改世儀坐受僧号詳謂是理遏學梵章寧容非法崇佛為主著討佛字之源紹釋為宗耻尋釋語之趣空觀經葉茀興敬仰揔見梵僧例生侮慢退本追末吁可笑乎象運將窮斯法見續用兹紹繼誠可悲夫文多不載琮師尚宗擄深究教源故章抄疏記諸無所及述製書論不叙丘墳著福田論僧官論慈悲論默語論鬼神録通極論辯聖論通學論善知識録等並賦詞弔賭精理通顯初所著通極者破世術諸儒不信因果執於教迹好生異端此論所宗佛理為極言辯聖者明釋教宣真孔教弔俗論老子教不異俗儒靈寶等經則非儒攝言通學者勸引儒流遍師孔釋令知内外倫識俗真言善知識者是大因緣登聖越凡不因善友無人達也門人行矩者即琮兄之子為立行記流之于世矩少隨琮學詁訓葉經東西兩館並叅翻譯為性頗属文翰通覧墳素夙為左僕射房玄齡所知深見禮厚貞觀初奏勑追入既達京

室將事翻傳遂疾而終不果開演鄉族流慟接柩趙州所譯衆經具在餘録

續高僧傳卷第二

續高僧傳卷第二

校勘記

一　底本，金藏廣勝寺本。五〇二頁中原版殘，以麗藏本換。

一　五〇二頁中四行「那連」，資、磧、普、南、徑、清作「那連提黎」。

一　五〇二頁中一四行第一〇字「荼」，資、磧、普、南、徑、清無。

一　五〇二頁中二〇行「或言」，資、磧、普、南、徑、清作「或云」。

一　五〇二頁下三行「遺免」，諸本（不含石，下同）作「遺逸」。

一　五〇二頁下一六行「瞑入」，資、磧、普、南、徑、清作「瞑入」。

一　五〇二頁下一七行「讀誦」，資、磧、普、南、徑、清作「誦讀」。

一　五〇三頁上八行「比至」，諸本作「北至」。

一　五〇三頁上一二行「彈之」，諸本作「憚之」。

一　五〇三頁上二〇行「工呪」，資、磧、

普、南、徑、清作「攻呪」。
一　五〇三頁中一行首字「我」，資、磧、普、南、徑、清作「宜」。
一　五〇三頁中四行「供禄」，資、磧、普、南、徑、清作「兵禄」。
一　五〇三頁中六行第七字「吏」，資、磧、普、南、徑、清作「内」；麗作「閙」。
一　五〇三頁中一九行第二字「矩」，諸本作「拒」。
一　五〇三頁中二〇行首字「乇」，麗作「此」。又第五字「便」，磧、普、南、徑、清作「更」。
一　五〇三頁下一行首字「譯」，資、磧、普、南、徑、清作「業」。
一　五〇三頁下一六行第六字「埵」，資、磧、普、南、徑、清作「睡」。
一　五〇三頁下一七行末字「傾」，資、磧、普、南、徑、清作「喪」。
一　五〇三頁下一八行「紹隆」，麗作「昭隆」。
一　五〇三頁下一九行第一二字「餘」，資、磧、普、南、徑、清作「許」。
一　五〇三頁下二〇行第四字「實」，資作「寶」。
一　五〇三頁下二一行「僧深」，資、磧、普、南、徑、清作「僧琛」。
一　五〇四頁上二行第六字「三」，資、磧、普、南、徑、清作「三代」；麗作「二」。
一　五〇四頁上四行第六字「駃」，諸本作「駛」。
一　五〇四頁上五行第六字「徵」，麗作「懲」。
一　五〇四頁上一〇行第九字「傳」，資、磧、普、南、徑、清作「傳語」。
一　五〇四頁上一一行與一二行之間，資、磧、普、南有「隋西京大興善寺北賢豆沙門闍那崛多傳第八」一行。
一　五〇四頁上一四行小字左首字「乃」，資、磧、普、南、徑、清作「約」。又正文「隋言」，資、磧、普、南、徑、清作「隋云」。
一　五〇四頁上一五行第一二字「云」，資、磧、普、南、徑、清作「此云」。
一　五〇四頁上一八行「趺闍」，諸本作「跋闍」。
一　五〇四頁上一九行第三字「乗」，資、磧、普、南、徑、清作「垂」。
一　五〇四頁中一六行「供待」，資、磧、普、南、徑、清作「供侍」。
一　五〇四頁中一八行第六字「屢」，資、磧、普、南、徑、清作「屬」。
一　五〇四頁中一九行「拪寓」，資、磧、普、南、徑、清作「栖寓」。
一　五〇四頁中二〇行第一〇字「後」，麗作「大統」。
一　五〇四頁下四行「莚入」，諸本作「延入」。
一　五〇四頁下六行第一〇字「爲」，資、磧、普、南、徑、清作「爲造」。
一　五〇四頁下末行第八字「行」，資、磧、普、南、徑、清作「迴」。又第一三字「屬」，徑作「而」。
一　五〇五頁上三行「無虛行苦」，資

一　磧、普、南、徑、清作「暹等内誠各私慶幸獲寶遇匠德無虛行」。

一　五〇五頁上五行「无年」，諸本作「元年」。

一　五〇五頁上八行首字「則」，磧、普、南、徑、清作「則域」；麗作「則居」。

一　五〇五頁上一〇行第一一字「求」，諸本作「永」。

一　五〇五頁上一一行第六字「域」，資無。

一　五〇五頁上一二行末字「苑」，麗作「花」。

一　五〇五頁中一四行「後出」，資、磧、普、南、徑、清作「復出」。

一　五〇五頁中一五行末字「便」，資、磧、普、南、徑、清作「使」。

一　五〇五頁中二一行「更釐」，資、磧、普、南、徑、清作「更整」。

一　五〇六頁上五行「陶冶」，徑作「陶治」。

一　五〇六頁上一七行「再授」，資、磧、普、南、徑、清作「冊授」。

一　五〇六頁中六行首字「園」，資、磧、普、南、徑、清作「因花園」；麗作「因園」。

一　五〇六頁中九行末字「學」，資、磧、普、南、徑、清作「覺」。

一　五〇六頁中一〇行「舊拏」，資、磧、普、南、徑、清作「奮拏」。

一　五〇六頁中一五行「受具之後」，資、磧、普、南、徑、清作「受具足後」。

一　五〇六頁下六行「振旦」，徑、清作「震旦」。

一　五〇六頁下一〇行第四字「停」，資作「高」。

一　五〇六頁下一三行「商侶」，資、磧、普、南、徑、清作「商旅」。

一　五〇六頁下一七行「鬢多國」，資、磧、普、南、徑、清作「鬚多國」。

一　五〇六頁下二二行第一二字「説」，資、磧、普、南、徑、清作「念」。

一　五〇六頁下末行「二部」，資、磧、普、南、徑、清作「三印」。

一　五〇七頁上一六行第四字「委」，資、磧、普、南、徑、清無。

一　五〇七頁上一八行「單影」，資、磧、普、南、徑、清作「單行」。

一　五〇七頁中一行「此方」，資、磧、普、南、徑、清作「此乃」。

一　五〇七頁中一〇行第九字「綱」，資作「網」。中一六行第七字「綱」，資、磧、普同。

一　五〇七頁中一八行「終於」，資、磧、普、南、徑、清作「經至」。

一　五〇七頁中二二行第三字「具」，資、磧、普、南、徑、清作「見」。

一　五〇七頁下一三行第七字「怗」，諸本作「帖」。

一　五〇七頁下一九行首字「時」，資、磧、普、南、徑、清作「特」。又「李元撰」，諸本作「李元操」。

一　五〇八頁上二行「秀士」，諸本作「秀才」。

一　五〇八頁上一五行第三字「通」，資作「士」。

一　五〇八頁上一八行「筭之」，資、磧、普、南、徑、清作「籌之」。

一　五〇八頁上一九行「大衍」，徑、清作「大術」。

一　五〇八頁上二一行「異端」，麗作「兩端」。

一　五〇八頁中一行「異意」，資、磧、普、南、徑、清作「異音」。

一　五〇八頁中九行「傳通」，資、磧、普、南、徑、清作「博通」。

一　五〇八頁中一四行第二字「舒」，資、磧、普、南、徑、清作「録」。

一　五〇八頁下三行「巏嵍山」，資、磧、普、南、徑、清作「巏峛山」。

一　五〇八頁下五行末字至六行首字「王邰」，資、磧、普、南、徑、清作「王劭」。下同。

一　五〇八頁下七行末字「入」，磧、普、南作「人」。

一　五〇八頁下八行「嵩儞道」，磧、普、南、徑、清作「雷儞道」。

一　五〇八頁下一〇行「那恕」，諸本作「邢恕」。

一　五〇八頁下一八行「名問」，徑、清、麗作「名聞」。

一　五〇八頁下一九行末二字「陽休」，資、磧、普、南、徑、清作「楊休」。

一　五〇八頁下二〇行「交共欸狎」，資、磧、普、南、徑、清作「交欸情狎」。

一　五〇九頁上五行「綸綜」，資、磧、普、南、徑、清作「綸綍」。

一　五〇九頁上九行「隆開明」，諸本作「陸開明」。

一　五〇九頁上一二行「元年」，資、磧、普、南、徑、清作「九年」。

一　五〇九頁上一五行「相續」，資、磧、普、南、徑、清作「相繼」。又「咸拜」，資、磧、普、南、徑、清作「咸萃」。

一　五〇九頁上一六行「沽濡」，諸本作「沾濡」。

一　五〇九頁上二一行第三字「祖」，資、磧、普、南、徑、清無。

一　五〇九頁中三行首字「伏」，資、磧、普、南、徑、清作「述」。

一　五〇九頁中一〇行第一〇字「足」，資、磧、普、南、徑、清作「雅」。

一　五〇九頁中一二行「又遺蕭慤」，資、磧、普、南、徑、清作「又遺蕭慤」；麗作「又遺蕭懿」。

一　五〇九頁中一四行首字「俊」，麗作「後」。

一　五〇九頁中一六行第八字及第一一字「捥」，諸本作「椀」。

一　五〇九頁中二二行「復掌」，資、磧、普、南、徑作「後掌」。

一　五〇九頁下二行第一〇字「竦」，資、磧、普、南、徑、清作「靖」。

一　五〇九頁下四行第九字「營」，資、磧、普、南、徑、清作「施營」。

一　五〇九頁下六行「明哲」，資、磧、普、南、徑、清作「賢明」。

一　五〇九頁下八行「梵音」，資、磧、普、南、徑、清作「梵旨」。又「教典」，資、磧、普、南、徑、清作「葉典」。

一　五〇九頁下一〇行「誦讀」，資、磧、

普、南、徑、清作「讀誦」。
一　五〇九頁下一一行末字至次行首字「并州」，麗作「荊州」。
一　五〇九頁下一七行「末歲又」，資、磧、普、南、徑、清作「末年又奉」。
一　五〇九頁下一九行「餘址」，資作「餘趾」。
一　五〇九頁下二一行「桼米」，諸本作「黍米」。
一　五一〇頁上三行末字「又」，資、磧、普、南、徑、清作「末又」。
一　五一〇頁上五行第一一字「爲」，諸本作「爲玉」。
一　五一〇頁上一九行「録以爲記」，資、磧、普、南、徑、清作「録爲別記」。
一　五一〇頁中一五行「昆崘」，資、磧、普、南、徑、清作「崑崙」。
一　五一〇頁下五行第九字「曰」，資、磧、普、南、徑、清無。
一　五一〇頁下六行第二字「去」，資、磧、普、南、徑、清作「終」。

一　五一〇頁下一一行「摽映」，諸本作「標映」。
一　五一〇頁下一五行「休捨」，資、磧、普、南、徑、清作「休舍」。
一　五一一頁上一〇行第五字「今」，清作「令」。
一　五一一頁上二一行首字「雖」，資、磧、普、南、徑、清作「離」。又「量截」，資、磧、普、南、徑、清作「量裁」。
一　五一一頁上二二行「平平」，磧、普、南、徑、清作「而平平」。
一　五一一頁中六行第一〇字「稱」，資、磧、普、南、徑、清作「世稱」。
一　五一一頁中七行「梵典難易詮譯人」，資、磧、普、南、徑、清作「梵典之難易銓譯人」。
一　五一一頁中一八行「夂云」，資、磧、普、南、徑、清作「夂之」。
一　五一一頁下一行第一二字「放」，麗作「倣」。
一　五一一頁下四行第五字「文」，磧、普、南、徑、清作「志」。
一　五一一頁下五行第二字「摹」，資、磧、普、南、徑、清作「謨」。
一　五一一頁下一三行「並流」，資、磧、普、南、徑、清作「普流」。
一　五一一頁下二一行「胡本」，資、磧、普、南、徑、清作「故本」。
一　五一一頁下末行首字「窮」，諸本作「竆」。又第五字「開」，資、磧、普、南、徑、清作「闢」。
一　五一二頁上一行第二字「因」，諸本作「囙」。
一　五一二頁上六行第一二字「窮」，資、磧、普、南、徑、清作「竆」。
一　五一二頁上一〇行「秦梁」，資、磧、普、南、徑、清作「秦涼」。
一　五一二頁上一一行「尤徙其質朴」，諸本作「尤從其質」。
一　五一二頁上一九行第一三字「撲」，磧、南、清作「樸」。
一　五一二頁上二一行第二字「恠」，資、磧、普、南、徑、清作「煩」。

一　五一二頁上二二行「聽之猶別」，資、磧、普、南、徑、清作「聽猶有別」。

一　五一二頁中六行「寮宣」，諸本作「復寡」。

一　五一二頁中七行「紕謬」，諸本作「紕繆」。

一　五一二頁中二〇行第三字「沆」，資、磧、普、南、徑、清作「躭」。

一　五一二頁下二行「良材」，資、磧、普、南、徑、清作「良林」。

一　五一二頁下一四行「名想」，資、磧、普、南、徑、清作「名相」。

一　五一二頁下一五行「之閒」，諸本作「之間」。

一　五一二頁下一七行「經音」，資、磧、普、南、徑、清作「經旨」。

一　五一三頁上四行「經葉」，資、磧、普、南、徑、清作「經業」。又「捴見」，資、磧、普、南、徑、清作「忽見」。

一　五一三頁上五行第二字「例」，資、磧、普、南、徑、清作「倒」。

一　五一三頁上一九行第一一字「之」，資、磧、普、南、徑、清無。

一　五一三頁上二二行第四字「素」，磧、普、南、徑、清作「索」。同行第七字「左」，徑、清作「在」。

一　五一三頁中二行「具在」，資、磧、普、南、徑、清作「具存」。

續高僧傳卷第三　左

大唐西明寺沙門釋道宣撰

譯經篇三　本傳三人

唐京師勝光寺中天竺沙門波頗傳一
唐京師清禪寺沙門釋慧賾傳二
唐京師紀國寺沙門釋慧淨傳三

波羅頗迦羅蜜多羅唐言作明知識或一云波頗此云光智中天竺人也本刹利王種姓刹利帝十歲出家隨師習學誦一洛又大乘經可十万偈受具已後便學律藏薄通戒網心樂禪思又隨勝德修習定業因修不捨經十二年末復南遊摩伽陁國那爛陁寺值戒賢論師盛弘十七地論因復聽採以此論中兼明小教又誦一洛叉偈小乘諸論波頗識度通敏器宇冲邃博通內外研精大小傳燈教授同侶所推承化門人般若因陁羅跋摩等學功樹勳深達義綱令見領徒本國匡化為彼王目之所欽重但以出家釋子不滯一方六月一移任緣

靡定承北狄貪勇未識義方法藉人弘敢欲傳化乃與道俗十人展轉北行達西面可汗葉護衙所以法訓勗曾未浹旬特為戎主深所信伏日給二十人料旦夕祗奉同侶道俗咸被珍遇生福增敬日倍於前武德九年高平王出使入蕃因與相見承此風化將事東歸而葉護君目留戀不許王即奏聞下勅徵入乃與高平同來謁帝以其年十二月達京勅住興善釋門英達莫不脩造自古教傳詞旨有所未踰者皆委其宗緒括其同異內計外執指掌釋然徵問相雠披解無滯乃上簡聞蒙引內見躬傳法理無爽對揚賜綵四十段并宮禁新納一領所將五僧加料供給重頻慰問勞接殊倫至三年三月上以諸有非樂物我皆空眷言真要無過釋典流通之極豈尚翻傳下詔所司捜揚碩德僃經三教者一十九人於大興善創開傳譯沙門慧乘等證義沙門玄謩等譯語沙門慧賾慧淨慧明法琳等綴文又勅上柱國尚書右僕射

房玄齡散騎常侍太子詹事杜正倫參助勘定光祿大夫太府卿蕭璟總知監護百司供送四事豐華初譯寶星經後移勝光又譯般若燈大莊嚴論合三部三十五卷至六年冬勘閱既周繕寫云畢所司詳讀乃上聞奏下勅各寫十部散流海內仍賜頗物百段餘承譯僧有差東帛又勅太子庶子李百藥制序具如論首波頗意在傳法情望若殊而當世盛德自私諸已有人云頗僥倖時譽取馳於後故衆名達廢講經論斯未是可通者時有沙門靈佳卓犖拔群妙通機會對監護使具述事理云頗遠投東夏情乖名利欲使道流千載聲振上古昔符姚兩代翻經學士乃有三千今大唐譯人不過二十意在明德同證信非徒說後代昭奉無疑於今耳識豪議伋同後遂不行時為太子染患衆治無效下勅迎頗入內一百餘日親問承對不虧帝首疾既漸降辞出本寺賜綾帛等六十段并及時服十具頗揞傳法化不憚艱危遠度葱河來

歸震旦經途所亘四万有餘躬賚梵本望並翻盡不言英彥有墜綸言本志頹然雅懷莫訴因而擁疾自知不救分散衣資造諸淨業端坐觀佛遺表施身下勅特聽尋介而卒於勝光寺春秋六十有九東宮下令給二十人轝屍坐送至于山所闍維既了沙門玄謩收拾餘骸為之起塔於勝光寺在乘師塔東即貞觀七年四月六日也有識同嗟法輪輟軫四年之譯三帙厭功掩抑慧燈望照惑累用茲弘道未敢有聞既而人喪法崩歸譽斯及伊我東鄙匪各西賢悲夫

釋慧頤俗姓李荊州江陵人早悟非常神思鋒逸九歲投本邑隱法師出家隱體其精爽異倫即度為沙弥誦授之暇誨以幽奧讀領綜玄理曾不再思執卷誦文紙盈四十荊楚秀望欽而美之初從隱聽涅槃法華後別聽三論皆剖析新奇抗擬標會開皇中年江陵寺大興法席群師雲赴道俗以頤嘉績夙成咸欲觀其器略共請為法主顧惟披導有旨因而踐焉

甫年十二創開涅槃比事吐詞義高常伯論難相継辯吝冷然少長莫不緘心頌聲載路荊州刺史宜龍公元壽聞其幼譽驚挺親駕謁焉素賞前聞大相褒賞以事奏聞云希世卓秀者也登即有詔令本州脩禮所在恭送既達京輦殊蒙慰引賜納僧伽梨并衣一襲仍令住清禪寺從容法侶敦悅玄儒才藻屢揚汲引无竭預有衣冠士族皆来展造門庭莫不讃其洽聞博達機捷之謂也未猒斯獲思濟清神乃從應禪師禀資心學掩關兩載情蹈諸門遂語默於賢聖之間談授於經緯之理值隋氏去喪法事淪亡道閑當年情欣栖靜以大業末歲移卜終南之高冠嶺因巖構室踈素形心會唐運勃興蒼生攸濟頤不滯物我來從帝城講誨暫揚傾都請道武德年內釋侶去繁屢建法筵皆程氣宇時延興寺百座講仁王經王公卿士並從咸集沙門吉藏爰暨論宗聲辯天臨貴賤傾目頤繞施銳貴言清理詞思動幾微神彩驚越四部駭

心百辟蔵顧而嘆曰非惟論辯難縱
抑亦銀鉤罕蹤今上在蕃親覩論府
深相結納擬為師友六使来召令赴
別第饋以生名煞身之累由来有人
退讓餘詞一不聞命及貞觀開譯詔
簡名僧衆以文華知名兼又統詳論
台乃任為翻論之筆譯訖奏聞有
勑賜帛百匹衣服一具饋又著論序
曰般若燈論者一名中論本有五百
偈借燈為名者無分別智有寂照之
功也舉中標目者鑑亡緣觀等離二
邊也然則燈本无心智也亡照法性
平等中義在斯故寄論以明之也若
夫尋詮滞旨執俗迷真顛倒斷常之
間造次有無之内守名喪實攀葉亡
根者豈欲尒哉蓋有由矣請試陳之
若乃攝分別之因招虛妄之果惑累
熏其内識惡友結其外緣致使惕僭
崇山見深滄海恚火難𦊓詞鋒罕當
聞說有而快心聽談空而起謗六種
偏執各謂非偏五百論師諍陳異論
或將邪亂正或以偽齊真識似悟而
翻迷教雖通而更壅可謂捐珠翫石

棄寶負薪覩畫怖龍尋迹怯象夢好
如此良可悲夫龍樹菩薩救世挺生
呵嗜慾而發心閱深經而自鄙蒙獨
尊之懸記煞法炬於閻浮且其地越
初依功超伏位既窮一實且究二能
佩兩印而定百家混三空而齊万物
黜塵劫數歷試諸難悼彼群迷故作
斯論文玄旨妙破巧申工被之鈍根
多生怯退有分別明菩薩者大乘法
將體道居衷遐覽真言為其釋論開
秘密藏賜如意珠略廣相成師資乎
顯至如自乘異執欝起千端外道殊
計紛然万緒驢乘競馳於駑駟螢火
争耀於龍燭莫不摽其品類顯厥師
宗玉石既分玄黄也判西域染翰乃
有數家考實析微此為精詣若含通
本末有六千偈梵文如此翻則減之
我皇帝神道邁於羲皇陶鑄侔於造
化崇本息末無為太平守母存子不
言而治以為聖教東流年淹數百而
億尚所負闕者猶多希見未聞勞
於寤寐中天竺國三藏法師波頗蜜
多羅學兼半滿博綜群詮喪我怡神

捜玄養性遊方在念利物為懷故能
附弋傳身舉煙命伴冒氷霜而越葱
嶺犯風熱而度沙河時積五年途經
四万以大唐貞觀元年頂戴梵文至
止京輦昔秦徵童壽苦用戎兵漢請
摩騰遠勞蕃使詎可方兹感應道
契冥符家國休祥德人爰降有司奏
見殊悅帝心勑住興善勝光即傳新
經之始仍召義學沙門及王公宰輔
對翻此論研覈幽旨去華存實目擊
則欣其會理函杖則究其是非文雖
定而覆詳義乃明而重審歲在壽星
撿勘云畢其為論也觀明中道而存
中失觀空顯第一而得一乖空然司
南之車本示迷者照膽之鏡為鑑邪
人無邪則鏡無所施不迷則車不為
用斯論破申其猶此矣雖復斥内遮
外盡妄窮真而存乎妙存破如可破
蕩蕩焉恢恢焉迎之靡測其源順之
罔知其末信是鎣心神之砥礪越溟
海之舟輿駭昏識之雷霆照幽途之
日月者矣此土先有中論四卷本偈
大同賓頭盧伽為之注解晦其部執

學者眛焉此論既興可為龜鏡庶明
達君子詳而味之序成未即聞上帝
勑秘書監虞世南作序見賾之所製
嘆咽无以加焉因奏聞上仍以序列于
卷首所在傳寫緘于經藏以貞觀十
年四月六日終於所住春秋五十有
七塟于京郊之東列隧立碑頌其芳
德太常博士褚亮為文自賾之知道
倫等崇其辯撥時俗以擬慧乘固為
篤論詞注難窮無施不遂論花嚴大
品涅槃大智度攝大乘及中百諸論
皆筌釋章部决滯有聞又誦涅槃法
華音文淳美時為衆述清囀動神又
抽減什物用寫藏經尋閱纔止便修
虔奉又善導達衆首舒暢物情為諸
文雄之所稱叙特明古迹偏曉書畫
京華士子屢陳真偽皆資其品實定
其人世文章詞體頗預能流草隸筆
功名蹤臺府每有官供勝集必召而
處其中公卿執紙請書填赴賾隨紙
賦筆飛驟如風藻蔚雄態綺華當
世故在所流詠躭玩極多懸諸屏障
或銘座右著集八卷行世

釋慧淨俗姓房氏常山真定人也家
世儒宗鄉邦稱美淨即隋朝國子博
士徽遠之猶子也生知天挺雅懷篇
什風格標峻器宇冲邈年在弱歲早
習丘墳便曉文頌榮冠閭里十四出
家志業弘遠日頌八千餘言摠持詞
義罕有其比遊聽講肆諮質碩疑徵
究幽微每臻玄極聽大智度及餘經
部神采孤拔見聞驚異有志念論師
馳名東夏時号窮小乘之巖穴也乃
從聽習雜心婆沙學周兩遍大義精
通根葉搜求務括清致由是嘉聲遠
布學徒欽屬開皇之末來儀帝城屢
折重關更馳名譽大業初歲因尋古
迹至於槐里遇始平令楊宏集諸道
俗於智藏寺欲令道士先開道經于
時法侶雖設無敢抗者淨聞而謂曰
明府盛結四部銓衡兩教竊有未俞
請諮所疑何者賓主之禮自有常倫
其猶冠屨不可顛倒豈於佛寺而令
道先為主乎明府教義有序請不墜
績令曰有旨哉幾誤諸後即令僧居
九坐得无辱矣有道士于永通頗挾

時譽令懷所重次立義曰有物混成
先天地生吾不知其名字之曰道令
即命言申論仍曰法師必須詞理切
對不得犯平頭上尾于時令冠平帽淨
因戲曰貧道既不冠帽寧犯平頭令
曰若不犯平頭當犯上尾淨曰貧道
脫屣昇牀自可上而無尾明府解巾
冠帽可謂平而無頭令有靦容淨因
問通曰有物混成為體一故混為體
異故混若體一故混正混之時已自
成一則一非道生若體異故混未混
之時已自成二則二非一起先生道
冠餘列請為稽疑於是通遂茫然忸
怩无對淨曰先生既能開關延敵正
當鼓怒餘勇安得事如桃李更生荊
棘仍顧令曰明府既為道助何以救
之令遂赧然介後頻有援救皆應機
偃仆罔非覆軌自介大小雙玩研味
逾深注述之餘尋繹無暇却掃閑室
統略舊宗纘述雜心玄文為三十卷
包括群典籠罩古今四遠英猷皆叅
沈隱末又以俱舍所譯詞旨宏富雖
有陳迹未盡研求乃无師獨悟思擇

名理為之文跡三十餘卷遂使經部
妙義接細明時蜀賔正宗傳芳季緒
學士頴川庾初孫請註金剛般若乃
為釋文舉義嚮為盛作窮真俗之
教原盡大乘之秘要遐迩流布書寫
誦持文學詞林傳諸心口聲績相美
接肩恒聞太常博士褚亮英藻清拔
名譽早聞欽此芳猷為之序引其詞
曰若夫大塊均形役智從物情因習
改性與蘧遷然則達監窮覽皎乎先
覺炳慧炬以出重昏拔愛河而昇彼
岸與夫輪轉万刼盖滐六塵流遁以
徇無涯臻駮而趍捷逕不同日而言
也頴川庾初孫早弘篤信以為般若
所明歸於正道顯大乘之名相標不
住之宗極出乎心慮之表絶於言像
之外是以結髮受持多歷年所雖妙
音演說成誦不虧而靈源邃湛或有
未悟塈迷方之弗遠睠砥途而太息
屬有慧淨法師博通奥義辯同炙輠
理究連環庾生入室研幾伏膺善誘
乘此搶頋仍求註述法師懸鏡忘疲
衡罇自滿上憑神應之道傍盡心機

之用敷暢微言宣揚至理曩日舊疑
渙焉氷釋今茲妙義朗若霞開為僕
法之梁棟變群生之耳目辯峯秀上
映鷲岳而相高言泉激壯赴龍宮而
競遠且夫釋教西興道源東注世閱
賢智才兼優洽精該眘首罕見其人
今則沙門重闡藉甚當世相此玄宗
嚮為稱首歲惟閹茂始創懐油月躔
仲呂受茲絶筆緇俗攸仰軒盖成陰
扣鍾隨其大小鳴劒發其光采一時
學侶專門受業同涉波瀾遞相傳授
方且顧蕺林遠俯視安生獨步髙衢
對揚正法遼東真本墜懸金而不刊
指南所寄藏群玉而無朽豈不盛哉
豈不盛哉武德初歲時為三府官寮
上下咸集延興京城大德覺陳言論
有清禪法師立破空義聲色奮發厲
遂當時相府記室王敬業啓上曰登
座法師義鋒難對非紀國慧淨无以
挫其銳者即令對論淨曰今在英雄
之側廁龍爲之閒奉對上人難為髙
論雖然敢藉鍛秋霜之威布春雨之
澤便惠淨諮質小疑令法師揄揚大

慧豈非佛法之盛哉因問曰未審破
空空有何破荅曰以空破空非以有
破難曰執空為病還以空破是則執
有為病還以有除覆却往還遂無以
解貞觀二年新經既至將事傳譯下
勑所司搜選名德淨當斯集筆受大
莊嚴論詞旨深妙曲盡梵言宗本既
成并纘文疏為三十卷義冠古今英
聲籍甚三藏法師對僕射房玄齡鴻
臚唐儉庶子杜正倫于志寧撫淨背
而嘆曰此乃東方菩薩也自非精爽
天拔何以致斯言之極哉其為異域
見欽如此至貞觀十年本寺開講王
公宰輔才辯有聲者莫不畢集時以
為榮望也京輔停輪盛言陳抗皆稱
機判委綽有餘逸黄巾蔡子晃成世
英道門之秀纔申論擊因遂徵求自
覆義端失其宗緒淨乃安詞調引晃
等飲氣而旋合坐解頥貴識同美尔
後專當法匠結衆敷弘標放明穆聲
懋臺府梁國公房玄齡求為法友義
結俗兄晨夕參謁躬盡虔敬四事供給
備展翹誠淨體斯榮問忘身為法又

撰法華經纘述十卷勝鬘仁王般若溫室盂蘭盆上下生各出要纘感行於世並文義綸綜高彥推之故其每有弘通光揚佛日緇素雲踊慶所洽聞于時大法廣弘充溢天壤頗亦淨之功也然末代所學膚淺者多若不開外則言無所曆如能摧伏異道必以此學為初每以一分之功遊心文史讀引成務兼濟其神而性慕風流情寄仁厚泛愛為心忘已接物舒寫言晤終日無疲故使遠近聞風叅請填委皆應變接叙神悅而歸或筆賦緣情觸興斯舉留連旬日動成文會和琳法師初春法集之作曰鷲嶺光前選祇園表昔恭慈人崇踵武弘道會群龍高座登蓮葉塵尾振霜松塵飛揚雅梵風度引疎鍾靜言澄義海發論上詞鋒心虛道易合跡廣席難重和風動淑氣麗日啓時雍高才挨雅什顧已濫朋從因茲仰積善靈華庶可逢又與英才言聚賦得昇天行詩曰馭風過閬苑控鶴下瀛洲欲採三芝秀先從千仞遊鸞鳳吟虛管鳧棲泛淺流頹齡一已駐方驗大椿秋又和盧贊府遊紀國道場詩曰日光通漢室星彩晦周朝法城從此攝香閣本岧嶢珠盤仰承露剎鳳

俯摩霄落照侵虛牖長虹拖跨橋高才暫騁目雲藻遂飄飄欲追千里驥終是謝連鑣又於冬日普光寺卧疾值雪簡諸舊遊詩曰卧痾苦留滯闢户望遥天寒雲舒復卷落雪斷還連凝華照書閣飛素婉琴弦迴飄洛神賦皎映齊紈篇縈階如鶴舞拂樹似花鮮從賞豐年瑞沉憂終自憐於是帝朝宰貴趙公燕公以下名目和贊將百許首中書舍人李義府文苑之英秀者也美之不已為詩序云由斯聲唱更高玄儒屬目翰林文士推承冠絕競述新製請摘瑕累淨以人之作者差非奇挺乃捜採近代藻鏡者撰詩英華一帙十卷識者懷鉛探其冠冕吳王諮議劉孝孫文才翹拔為之序曰釋教之為義也大矣哉智識所不能名言視聽所不得聞見馬鳴龍樹弘聖旨於前慧遠道安闡微言於後至於紹高蹤而孫引踵逸軌以遐征誰之謂歟慧淨法師即其人矣法師淳和稟氣川岳降精神解內融心機外朗髫年對日卝歲參玄擢本

森梢千雲階乎尺木長瀾淼漫浴日道乎瀁泉而慧炬夙明禪枝早茂臨閱川而軔悲睇定水以怡神慨彼勞生悟茲常樂三乘奧義煥矣冰消二諦法門怡然理順俄而發軔東夏杖錫西秦至於譚肆法筵聆嘉聲而響赴剖疑析滯脈高義而景從明鏡屢照而不疲鴻鍾待扣而斯應窮涯盈量虛往實歸誠佛法之棟梁實僧徒之領袖者也余昔遊京輦得申景慕寂寥淨域披雲而見光景落落閑居入室而生虛白法師導余以實際誘余以真如挹海不知其淺深學山徒仰其峻極嘗以法師敷演之暇商確翰林若乃園柳天揄之篇阿閣綺窗之詠魏王北上陳思南國嗣宗之賦明月彭澤之摛微雨逮乎顏謝掞藻任沈遒文足以理會八音言諧四始咸遁相祖述醬為龜鏡豈獨光於曩代而无繼軌者乎近世文人才華間出周武帝振彼雄圖削平漳滏隋高祖韞茲英略戡定江淮混一車書大闕學校溫邢譽高於東夏徐庾價重

續高僧傳卷第三　第十八張　左字号

於南荊王司空孫秀一時沈恭子摽奇絕代凡此英彥安可闕如自參墟啓祚重光景曜大弘文德道冠前王邁軸之士風趣林整之賓雲集故能抑揚漢徹孕育曹丕文雅鬱興於茲為盛余雖不敏竊有志焉既而舟壑潛移悼陵谷而遷貿居諸易晚惻人世之難常固請法師暫迴清鑒採摭詞什扶剪繁蕪蓋君子不常矜莊刪詩未為斯玷自劉廷尉所撰詩苑之後纂而續焉潁川庾初孫學該墳素行齊顏閔京兆韋山甫耿介有奇節弋獵綜群言與法師周旋情蹈膠漆覩斯盛事咸共讚成生也有涯庾侯長逝永言怛化不覺流襟須觀其遺文久為陳迹今亦次乎汗簡貽諸後艮法師式遵舊章纂斯鴻烈余聊因暇日敬述芳猷俾郢唱楚謠同管絃而播響春華秋實與天地而長存遂使七貴揖其嘉猷五眾欣其慧識凡預能流家藏一本自尒國家盛集必預前驅每入王宮頻登上席簡在帝心群官攸敬皇儲久餐德素乃以貞

續高僧傳卷第三　第十九張　左字号

觀十三年集諸官臣及三教學士於弘文舘延淨開闡法華道士蔡晃講論道好獨秀玄宗下令遣與抗論晃即整容問曰經稱序品第一未審序第何分淨曰如來入定徵瑞放光現奇動地雨花假遠開近為破二之洪基作明一之由漸故為序也第者為居一者為始序審居先故稱第一晃曰第者弟也為弟則不得稱一言一則不得稱弟兩字牟盾何以會通淨曰向不云乎第者為居一者為始先生既不領前宗而謀陳後難便是自難何成難人晃曰言不領者請為重釋淨啓令曰昔有二人一名甦奴道帚忘掃一名身子一聞千解然則甦奴再聞不悟身子一唱便領此非授道不明但是納法非俊晃曰法師言不出脣何所可領淨曰菩薩說法聲振十方道士在坐如迷如醉豈直形體聾瞽其智抑亦有之晃曰野干說法何由可聞淨曰天宮嚴衛理絕狩蹤道士魂迷謂人為畜時有國子祭酒孔穎達心存道黨潛扇蠅言曰佛

續高僧傳卷第三　第二十張　左字号

家無諍法師何以構斯淨啓令曰如來在日已有斯事佛破外道外道不通反謂佛曰汝常自言平等今既以難破我即是不平何謂平等佛為通曰以我不平破汝不平汝若得平即我平也而今亦尒以淨之諍破彼之諍彼得無諍即淨無諍也于時皇儲語祭酒曰君既勦說真為道黨淨啓令曰慧淨常聞君子不黨其知祭酒亦黨乎皇儲怡然大笑合坐歡踊令曰不徒法樂已至於斯故淨之樞機三教發悟一斯類也頻入宮闈與道抗論談柄暫撝四生驚讋蔡晃等既是道門鋒領屢逢屈挫心聲俱靡皇儲目屬淨之神鋒難加也乃請為普光寺任下令曰紀國寺上座慧淨法師名稱高遠行業著聞綱紀伽藍必有弘益請知寺任淨以弘宣為務固辭不蒙允許慨斯恩迫致啓謝曰樂於寂止雖蒙榮告情所未安乃委伏奉恩令以慧淨為普光寺主仍知本寺上座事奉旨驚惶罔知攸措但慧淨不揆庸短少專經論用心過分

因攝沉痾暨犬馬齒隆衰契日甚賴
全生納養僅時敦說磨鈍榮塞溢被
吹嘘至於提頓綱維由來未悟整齊
僧衆素所不閑思遣由此庸襄恕彼
殷務竊悲魚鹿易處失燥濕之宜方
圓改質乖任物之性既情不逮事實
迫於心撫躬驚惕不遑啓處然息言
隆渥罔敢辭讓謹以謝聞伏增戰悚
令答曰忽辱来書甚以傾慰三覆之
後自覺欣然竊聞如来雖跡起人閒
而道籠天外神功妙力不可思議寂
介無為則言語道断湛然常住則心
行處滅但為衆生煩惱漂没愛河不
得不大拯横流令登彼岸故出入三
界昇降六天經營十方良為於此若
夫鹿園福地鷲嶺靈山灑甘露於禪
林轉法輪於淨域付囑菩薩濟拔黔
黎然後放光面門滅影雙樹寶船雖
没遺教猶存即是如来法身無有異
也然人能弘道非道弘人遠有弥勒
文殊親承音旨近則圖澄羅什發明
經教五百一賢信非徒說千里一遇
羌匪虚言法師昔在俗縁門稱通德

飛纓東序鳴玉上庠故得垂裕後昆
傳芳猶子當以經稱三百不離於苦
空曲禮三千未免於生滅故發弘誓
願迴向菩提落彼兩疑披茲三服至
如大乘小乘之偈廣說略說之文十
誦僧祇八部波若天親無著之論法
門句義之談皆剖判胷懷激揚清濁
至於光臨講座開置法筵釋義入神
隨類俱解寫懸河之辯動連環之辭
碧雞譽於漢邑白馬稱於徼吏以今
方古彼復何人所以仰請法師為普
光寺主兼知紀國寺上座事又聞若
獨善之心有限則濟物之理不弘彼
我之意未忘則他自之情不坦且普
光紀國俱是道場舊住新居有何差
別法師来状云魚鹿易處失燥濕之
宜斯乃意在謙虚假稱珎佐昔聞流
水長者遂能救十千之魚曠野獼師
豈得害三歸之鹿但使筌蹄不用則
言象自忘淨又謝曰重蒙令旨恩渥
載隆追深悚怍但慧淨學慙照雪解
愧傳燈濫叨榮幸坐致非望復蒙垂
兹神翰播斯弘誘文麗辰象調諧金

石加以思兼道俗澤惣存亡獎進高
深辭超山海循環百遍悲惹交懷徒
知銘感豈陳螢路頻煩曲降顧多慙
謹以謝聞用增忕惕登又下令與普
光寺衆曰蓋聞正法没於西域像教
被於東華古往今来多歷年所而難
陁迦葉馬鳴龍樹既同瓶寫有若燈
傳故得妙旨微言垂文見意是以三
十二相遍滿人天十二部經敷揚剎
土由其路者則高騁四衢之上迷其
塗者則輪迴六趣之中理窟法門玄
宗秘藏非天下之至賾孰能與於此
乎皇帝以神道設教利益群生故普
建仁祠紹隆正覺卜茲勝地立此伽
藍請赤縣之名僧徵帝城之上首山
林之士擁錫来遊朝廷之賓搖衣趍
座義筵濟濟法侶詵詵寔聚落之福
田黔黎之壽域加以叢楹疊拱寶塔
華臺洪鐘扣而弗諠清梵唱而逾靜
若夫盧舍那佛坐普光法堂靈相巖
莚神變肸響以今方古闇與冥符名
器之閒豈容虚立然僧徒結集須有
綱紀詢諸大衆罕值其人積日搜揚

頒有僉議咸云紀國寺上座慧淨自性清淨本來有之風神秀徹非適今也至於龍宮寶藏象力尊經皆挺自生知無師獨悟苴止四諦一乘之說七處八會之談要其指歸得其真趣而已固亦滌除玄覽老氏之至言潔靜精微宣尼之妙義莫不窮理盡性尋根討源其德行也如彼其學業也如此今　請爲普光寺主仍知本寺法師比者逡巡辭退不肯降重懇懃苦請方始剋從但菩薩之家體尚和合若得無諍三昧自然永離十纏亦願合寺諸師共弘此意其迎請之禮任依僧法又令所司速講設齋幷請法師廣開義理淨以僚案大集光榮一旦非夫經力何以致斯乃創開法華未陳大論英達高勝擁華門進故能接誘玄素撫承學識傳詞馳論大譽嘉猷繼達清言光前絶後太子中舍辛諝學該文史傲誕自矜題章著翰莫敢當擬預有然青諝必裂之于地謂僧中之無人也淨憤斯輕侮乃裁論擬之文云紀國寺釋慧淨敬酬東

宮辛中舍曰披覽高論博究精微旨贍文華驚心眩目辯超炙輠理跨連環幽難勃以縱横撲藻紛其駱驛暎雲霞而比爛叶金石以相諧絢矣丈章沖乎探賾非夫拓士誰其溢心瞻彼上人固難與對輕持不敏敢述朝聞豈曰稽疑寧酬客難也來論云一音衍說各隨類解蠉動衆生皆有佛性然則佛陁之典先覺語從俗異智慧之典般若義本玄同習智覺若非勝因念佛慧豈登妙果荅曰大矣哉斯舉也深固幽遠杳冥難測吾子爲信乎爲疑乎其信也豈不然乎哉其疑也豈不深乎哉然則下士不笑不足以爲道淺智不謗不足以爲深仰度高明固無笑謗矣但其言灌落理涉嫌疑今當爲子略陳梗槩若乃問同荅異文郁郁於孔書名一義乖理堂堂於釋教若名同不許義異則問一不得荅殊此例既㫺彼並自沒如其未喻更爲提撕夫以住无所住万善所以兼修爲無不爲一音所以齊應豈止絶聖棄智抱一守雌泠然獨

善義無藝濟較言優劣其可倫乎二宗既辯百難斯滯來論云必謂彼此名言遂可分别一音各解乃亂空談荅曰誠如來旨亦須分别竊以道邊一也鵬鷃不可齊乎九万榮枯同也椿菌不可齊乎八千而況爝火之侔日月浸灌之方時雨寧以分同明潤而遂均其曜澤哉至若山毫一其小大彭殤均其壽夭莛楹乱其横竪施厲混其妍蚩斯由相待不定相奪可忘在生所以絶其有封非謂未始無物斯則以余分别攻子分别子忘分别即余忘分别矣君子劇談幸無謔論一言易失駟馬難追斯文誠矣深可慎哉來論云諸行無常觸類緣起復心有待資氣涉求然則我淨受於熏修惠定成於繕刻荅曰無常者故吾去也緣起者新吾來也故吾去矣吾豈常乎新吾來矣吾豈斷乎新故相傳假熏修以成淨美惡更代非繕刻而難功是則生滅破於斷常因果顯乎中觀著乎宗也談乎妙也斯實在釋玄同東西理會而吾子去彼取

此得無謬乎來論云續鳧截鶴庸詎真如草化蜂飛何居弱喪沓曰夫自然者報分也熏修者業理也報分已定二鳥無羨於短長業理資緣兩蟲有待而飛化然則事像易疑況冥難曉幽求之士淪惑同息至若道圓四果尚昧衣珠位隆十地猶昏羅縠聖賢固其若此而況庸庸者乎自非鑒鏡三明雄飛七辯安能妙契玄極斅究幽微貧道藉以受業家門朋從是寄脩能擇善敢進芻蕘如或鏗然頗詳金滕矣於是廊廟貴達重仰高風人藏一本緘諸懷袖同聚談宴以為言先辛侯由茲頂戴頓祛邪網帝里榮勝望日披雲各撤金帛樹興來福沙門法琳包括經史摘掞昔聞承破邪疑迺致書曰近覽所報辛中舍折疑論詞義包舉比喻超絕璀璨眩離朱之目鏗鏘駭師曠之耳固以妙盡環中事殫辯囿辟玉衡之齊七政猶溟海之統百川巍巍乎巍巍乎言過視聽之外理出思議之表足可杜諸見之門開得意之路者也至如住無所住

兼修之義在焉為無不為齊應之功弘矣將令守峰顛厚獨善醜容乃理異之顯哉豈玄同之可得失立像以表意得意則象忘若忘其所忘則彼此之情斯泯非忘其不忘小大之殊有異是知日月既出无用爝火之光時雨既降何煩浸灌之澤故去彼此可忘非無此也故吾去也因故去而辯無常新吾來也藉新來以談緣起非新非故熏修之義莫成無繕無封美惡之功孰著蓋以生滅破彼斷常之迷寄因果亦其中觀之路斷常見息則弱喪同歸中觀理融則真如自顯或談業理以明熏習乍開報分以釋自然意出情端旨超文外報分有在鳧鶴自忘其短長業理相因草蜂各任其飛化可謂於無名相中假名相說體真會俗豈不然歟辛中舍天挺之才未等若人盡理之說予期可懃於喪偶頗生有愧其坐忘可以息去取之兩端泯顛沛之一致楚既得之齊亦未為失也法師博物不群智思无限當今獨步即日眾棟既為眾所

知識實亦名稱普聞加以累謁金門頻登上席扇玄風於鶴籥振法鼓於龍樓七貴挹其波瀾五師推其神儁既聳垂天之翼又縱橫海之鱗支遁之匹王何寧堪並駕帛祖之方嵇阮未足連衡用古儔今君有之矣琳謝病南山棲心幽谷非出非處蕩慮於風雲无見無聞寄情於泉石遇觀名作實遺繁憂乍覽瓊章用祛痼疾非佃今諷循環卷舒奉蘊懷袖之中不覺紙勞字故略申片意謹此白書其所著述賦詞為諸道賢稱美如此及貞觀十九年更崇翻譯所司簡約又無聯類下召追赴謝病乃止今春秋六十有八聲問轉高心疾時動或停法雨暫有登臨雲屯學館義侶則擬其冠冕文句則定其短長詞來則揭其菁華音韻則響其諧調神氣高爽足引慵夫牆宇崇深弥開廉士斯並目叙而即筆故不盡其纖隱云

續高僧傳卷第三

續高僧傳卷第三

校勘記

一 底本，金藏廣勝寺本。
一 五一九頁中六行首字「唐」，徑、清無。七行首字同。
一 五一九頁中一二行「薄通」，麗作「博通」。
一 五一九頁中一三行「因修」，資、磧、普、南、徑、清作「因循」。
一 五一九頁中二〇行「義綱」，資、磧、普、南、徑、清作「義網」。
一 五一九頁下一〇行「興善」，資、磧、普、南、徑、清作「興善寺」。
一 五一九頁下一二行「未踰」，磧、普、南、徑、清作「未喻」。
一 五二〇頁上二行「勘定」，資、磧、普、南、徑、清作「銓定」。
一 五二〇頁上九行「李百藥」，磧、普、南、徑、清作「李伯藥」。
一 五二〇頁中一一行第六字「抑」，資作「仰」。
一 五二〇頁中一七行第三字「眼」，諸本（不含石，下同）作「暇」。下同。
一 五二〇頁中二一行「江陵寺」，磧、普、南、徑、清作「住江陵寺」。又「雲赴」，資、磧、普、南、徑、清作「雲起」。
一 五二〇頁下一一行「未猒斯煩」，麗作「未厭煩」。
一 五二〇頁下一五行「栖静」，諸本作「棲静」。
一 五二〇頁下末行「幾微神彩」，資、磧、普、南、徑、清作「幾神」。
一 五二一頁上一行末字「絑」，諸本作「繼」。
一 五二一頁上五行第四字「詞」，資作「飼」。
一 五二一頁上一四行「尋詮」，麗作「尋論」。
一 五二一頁中一五行第八字「也」，資、磧、普、南、徑、清作「亦」。
一 五二一頁中二一行「布見」，資、磧、普、南、徑、清作「希聞」。
一 五二一頁中末行「怡神」，磧、南作「惟神」。
一 五二一頁下四行「頂載」，諸本作「頂戴」。
一 五二一頁下六行第八字「可」，磧、普、南、徑、清作「若」。
一 五二一頁下一一行「函杖」，資作「極文」；磧、普、南、徑、清作「函丈」。
一 五二一頁下一二行「壽星」，磧、普、南、徑、清作「諏背」。
一 五二一頁下二〇行「鑒心」，資、磧、普、南、徑、清作「瑩心」。
一 五二一頁下二一行首字「海」，磧、普、南、徑、清作「險」。
一 五二二頁上四行「嘆咽」，資、磧、普、南、徑、清作「嘆嗟」。
一 五二二頁上九行首字「倫」，磧、普、南作「儉」。
一 五二二頁上一二行「筌釋」，徑、清作「詮釋」。

一 五二二頁上一三行第二字「音」，資、磧、普、南、徑、清作「竟」。
一 五二二頁上一七行「口賓」，諸本作「口實」。
一 五二二頁上一九行「名疏」，資、磧、普、南、徑、清作「名流」。
一 五二二頁上二一行末字至次行首字「當世」，資、磧、普、南、徑、清作「豐富」。
一 五二二頁中四行第五字「峻」，諸本作「峻」。
一 五二二頁中一一行「大義」，資、磧、普、南、徑、清作「文義」。
一 五二二頁中一四行「重開」，諸本作「重關」。
一 五二二頁中一七行「雖設」，諸本作「雖殷」。
一 五二二頁中一八行「未俞」，諸本作「未喻」。
一 五二二頁中二一行首字「道」，麗作「道士」。
一 五二二頁中末行首字「元」，諸本作「先」。
一 五二二頁下七行「昇牀」，資、磧、普、南、徑、清作「昇座」。
一 五二二頁下八行第五字「平」，南、徑、清作「尾」。
一 五二二頁下二〇行首字「統」，資、磧、普、南、徑、清作「總」。
一 五二三頁上二行第四字「紐」，資、磧、普、南作「網」。
一 五二三頁上一三行第五字「駮」，資作「馳」。
一 五二三頁上一八行「不戲」，諸本作「不虧」。
一 五二三頁上一九行「迷方」，徑作「迷林」。
一 五二三頁上二一行「研幾」，徑作「斫幾」。
一 五二三頁上二二行末字「瘦」，諸本作「疲」。
一 五二三頁中七行「沙門」，資、磧、普、南、徑、清作「妙門」。又第一一字「相」，麗作「想」。
一 五二三頁中八行「懷油」，資、磧、普、南、徑、清作「懷袖」。
一 五二三頁下一二行第一一字「其」，資、磧、普、南、徑、清作「甚」。
一 五二三頁下一六行末二字至次行首字「成世英」，徑、清作「秦世英」。
一 五二三頁下一九行第九字「饋」，諸本作「蹟」。
一 五二四頁上二〇行「因兹」，資作「用兹」。
一 五二四頁上二一行小字左末字「榿」，諸本作「槎」。
一 五二四頁上二二行小字右末字「蘆」，諸本作「盧」。又正文「法城」，資、磧、普作「法域」。
一 五二四頁中一行「俯摩宵」，資、磧、普、南、徑、清作「俯摩霄」。
一 五二四頁中六行「浴神」，諸本作「洛神」。
一 五二四頁中八行第三字「従」，資、磧、普、南、徑、清作「徒」。
一 五二四頁中一四行第三字「差」，

資、磧、普、南、徑、清作「嗟」。

一 五二四頁中一五行第一三字「探」，資、磧、普、南、徑、清作「採」。

一 五二四頁中一六行「冠冤」，諸本作「冠冕」。下同。

一 五二四頁下二行「道乎濛泉」，資、磧、普、南、徑、清作「導乎蒙泉」。

一 五二四頁下四行第一〇字「煥」，徑、清作「渙」。

一 五二四頁下七行「折滯」，諸本作「析滯」。

一 五二四頁下九行第一二字「實」，資、磧、普、南、徑、清無。

一 五二四頁下一〇行「領袖」，資作「領神」。

一 五二四頁下一六行「北上」，麗作「北山」。

一 五二四頁下一七行第六字「摛」，資作「摘」。

一 五二五頁上四行首字「邁」，資、磧、普、南、徑、清作「邁」；麗作「邁」。

一 五二五頁上五行第二字「楊」，諸本作「揚」。次頁中七行第一二字同。

一 五二五頁上六行第一三字「舟」，資作「丹」。

一 五二五頁上一五行第一一字「湏」，諸本作「頊」。

一 五二五頁中一行第七字「官」，資、磧、普、南、徑、清作「宮」。

一 五二五頁中二行「弘文舘」，諸本作「弘文殿」。

一 五二五頁中三行「論道」，資、磧、普、南、徑、清作「道論」；麗作「論」。又「玄宗」，資、磧、普、南、徑、清作「高宗」。

一 五二五頁中一〇行「牟盾」，資、磧、普、南、徑、清作「矛盾」。

一 五二五頁中一二行第一二字「便」，磧、普、南、徑、清作「使」。

一 五二五頁下二行「在日」，資、磧、普、南、徑、清作「存日」。

一 五二五頁下四行第一三字「爲」，徑作「謂」。

一 五二五頁下一三行「四生驚讐」，資、磧、普、南、徑、清作「四坐驚懾」；麗作「四坐驚讐」。

一 五二五頁下一四行「屈挫」，資、磧、普、南、徑、清作「挫拉」。

一 五二六頁上一行「犬馬」，資作「大馬」。

一 五二六頁上五行「易處」，徑作「異處」。

一 五二六頁上一三行末字「不」，資、磧、普、徑無。

一 五二六頁上末行首字「羌」，資、磧、普、南、徑、清作「蓋」。

一 五二六頁中二行「當以經」，資、磧、普、南、徑、清作「嘗以詩」；麗作「當以詩」。

一 五二六頁中三行「曲禮」，資、磧、普、南、徑、清作「典禮」。

一 五二六頁中八行「釋義」，資、磧、普、南、徑、清作「精義」。

一 五二六頁下三行「螢路」，諸本作「螢露」。

一五二六頁下四行第三字「謝」，資、磧、普、南、徑、清作「狀」。又第五字「用」，徑作「月」。

一五二六頁下一二行第一二字「與」，資作「興」。

一五二六頁下二一行「肹響」，磧、普、南、徑、清作「肸蠁」。

一五二七頁上九行「本寺」，資、磧、普、南、徑、清作「本寺事」。

一五二七頁上一〇行「諍退」，諸本作「靜退」。

一五二七頁上一七行「末陳」，資、普、南、徑、清作「未陳」。

一五二七頁中八行「衍說」，磧、普、南、徑、清、麗作「演說」。

一五二七頁下一七行「惠定」，諸本作「慧定」。

一五二八頁上一二行「重仰」，資、磧、普、南、徑、清作「咸仰」。

一五二八頁上一七行第一二字「折」，諸本作「析」。

一五二八頁上一九行「環中」，磧、普、南、徑、清作「寰中」。

一五二八頁上二〇行「事殫」，磧、普作「事禪」。

一五二八頁中三行第一一字「失」，資、磧、普、徑、麗作「夫」。

一五二八頁中一八行「辛中」，資、普、南、徑、清作「詳中」。

一五二八頁中一九行「子期」，資作「子斯」。

一五二八頁下八行第一二字「遇」，徑、清作「偶」。

一五二八頁下九行第三字「遺」，諸本作「遣」。

一五二八頁下一〇行「奉薀」，資、磧、普、南、徑、清作「蘊畜」。

一五二八頁下一四行「下召」，徑作「下詔」。

一五二八頁下一五行「聲問」，資、磧、普、徑作「聲聞」。

一五二八頁下二〇行第二字「目」，磧、普、南、徑、清作「自」。又末字「云」，磧、普、南、徑、清作「云也」。

續高僧傳卷第四

大唐西明寺沙門釋道宣撰　左

譯經篇四　本傳二人

京大慈恩寺釋玄奘傳一

京大慈恩寺梵僧那提傳二

釋玄奘本名禕姓陳氏漢太丘仲弓
後也子孫從於河南故又為洛州緱
氏人焉祖康北齊國子博士父慧早
通經術長八尺明眉目拜江陵令解
纓而返即（大業末年識者）以為尅終隱淪
之候故也兄素出家即長捷法師也
容貌堂堂儀局瓌秀講釋經義聯班
群伍住東都淨土寺以奘少罹窮酷
携以將之日授精理旁兼巧論年十
一誦維摩法華東都恒度便預其次
自尒卓然梗正不偶朋流口誦目緣
略無閑缺覩諸沙弥劇談掉戲奘曰
經不云乎夫出家者為無為法豈復
恒為兒戲可謂徒喪百年且思齊之
懷尚鄙而不取拔萃出類故復形在
言前目時東都慧日盛弘法席涅槃
攝論輪馳相係每恒聽受昏明思擇

僧徒異其欣奉美其風素愛敬之至
師友參榮大眾重其學功弘開役務
時年十五（與兄住淨土寺由是專）門受業聲望逾遠
大業餘曆兵飢交貿法食兩緣投庇
无所承沙門道基化開井絡法俗欽
仰乃與兄從之行達長安住莊嚴寺
又非本望西踰劍閣既達蜀都即而
聽受阿毗曇論一聞不忘見稱昔人
隨言鏡理又高倫等至於婆沙廣論
雜心玄義莫不鑿窮巖穴條疏本幹
然此論東被弘唱極繁章鈔異同計
逾數十皆蘊結胸府聞持自然至於
得喪筌旨而能引用無滯時皆訝其
憶念之力終古罕類也基每顧而嘆
曰余少遊講肆多矣未見少年神悟
若斯人也席中聽侶僉号英雄四方
多難總歸綿益相與稱讚逸口傳聲
又僧景攝論道振迦延世号難加人
推精覈皆師承宗據隅隩明銓昔来
攝論十二住義中表銷釋十有二家
講次誦持率多昏漠而奘初聞記錄
片無差舛登座叙引曾不再緣須便
為述狀逾宿構如斯甚眾不可殫言

武德五年二十有一為諸學府雄伯
沙門講揚心論不窺文相而誦注無
窮時目神人不神何能此也晚與兄
俱住益南空慧寺私自惟曰學貴經
遠義重疎通鑽仰一方未成探賾有
沙門道深體悟成實學稱包富控權
敷化振網趙邦憤發內心將捐巴蜀
捷深知其遠量也情顧勤勤每勸勉
之而正意已行誓無返面遂乃假緣
告別間行江峽經途所及荊揚等州
訪逮道鄰莫知歸詣便北達深所委
參勇銳素襲嘉問縱洽無遺終始十
月資承略盡時燕趙學侶相顧逢秋
後發前至抑斯人也沙門慧休道聲
高邈行解相富奪罩古今獨據鄴中
昌言傳授詞鋒所指海內高尚又往
從焉不面生來相逢若舊去師資礼
事等法朋偏為獨講雜心攝論指摘
纖隱曲示綱猷相續八月領酬無厭
休又驚異絕嘆撫掌而嗟曰希世若
人尒其是也沙門道岳宗師俱舍闡
弘有部包籠領袖吞納喉襟揚業帝
城来儀群學乃又從焉創迹京都詮

途義苑沙門法常一時之寂經論教
悟其從如林奘乃一舉十問皆陳幽
奧坐中杞梓拔思未聞由是馳譽道
流擅聲日下沙門僧辯法輪論士機
慧是長命來連坐吾之徒也但為俱
舍一論昔所未聞因尔伏膺曉夕諮
請岳審其殺至慧悟霞明樂說不
窮任其索隱覃思研核眸周究竟沙
門玄會匠剖湼槃删補舊疏更張琴
瑟承斯令問親位席端諮質遲疑爕
然袪滯僕射宋公蕭瑀敬其脫類奏
住莊嚴然非本志情栖物表乃又惟曰
余周流吴蜀爰逮趙魏末及周秦預
有講筵率皆登踐已布之言令雖藴
胷襟未吐之詞宗解籤無地若不輕
生殉命誓往華胥何能具覿成言用
通神解一覩明法了義眞文要返東
華傳揚聖化則先賢高勝豈决疑於
弥勒後進鋒穎寧輟想於瑜伽耶時
年二十九也遂厲然獨舉詣闕陳表
有司不為通引頓迹京皐廣就諸蕃
遍學書語行坐尋授數日便通側席
面西思聞機候會貞觀三年時遭霜

儉下勑道俗逐豐四出幸因斯際徑往
姑臧漸至燉煌路由天塞裹粮弔影
前望悠然但見平沙絶無人徑迴遑
委命任業而前展轉因循達高昌境
初奘在涼州講揚經論華夷士庶盛
集歸崇商客通傳預聞蕃域高昌王
麴文泰特信佛經復承奘告將遊西
鄙恒置郵馹境次相迎忽聞行達通
夕立候王母妃屬執炬殿前見奘苦
辛備言意故合宮下淚驚異希有延
留夏坐長請開弘王命為弟母命為
子殊礼厚供日時恒致乃為講仁王
等經及諸機教道俗係戀並願長留
奘曰本欲通開大化遠被家國不辞
賤命忍死西奔若如来語一滯此方
非唯自虧發足亦恐都為法障乃不
食三日衆見極意無敢措言王母曰
今與法師一遇並是往業因緣脫得
果心東返願重垂誠誥遂與奘手傳
香信誓為母子麴氏流淚執足而別
仍　勑殿中侍郎賫綾帛五百疋書
二十四封并給從騎六十人送至突
厥葉護牙所以大雪山北六十餘國

皆其部統故重遺達奘開前路也初
至牙所信物倍多異於恒度謂是親
弟具以情告終所不信可汗重其賄
賂遣騎前告所部諸國但有名僧勝
地必令奘到於是連騎數十盛若皇
華中途經國道次參候供給頓具倍
勝於初自高昌至於鐵門凡經一十六
國人物優劣奉信淳踈具諸圖傳其
鐵門也即鐵門關漢之西屛入山五
百旁無異路一道南出險絶人物左
右石壁竦立千仞色相如鐵故因号
焉見漢門扇一竪一卧外鐵裹木加
懸諸鈴必擁此關寔惟天固南出斯
門土田溫沃花果榮茂地名覩貨羅
也縱千餘里廣三千餘東拒葱嶺西
接波斯南大雪山北據鐵門縛芻大
河中境西流即經所謂博叉河也其
境自分為二十七國各有君長信重佛
教僧以十二月十六日安居坐其春
分以斯時溫熱雨多故也又前經國凡
度十三至縛喝國土地華博時俗号
為小王舍城國近葉護南牙也突厥
常法夏居北野花草繁茂放牧為勝

第一段

冬處山中用遮寒厲故有兩牙王都
城外西南寺中有佛澡罐可容斗許
及佛掃帚并以佛牙守護莊嚴殆
難瞻覩奘為國使躬事頂戴西北不
遠有提謂波利兩城建塔凌虛即爰
初道成獻麨長者之本邑髮爪塔也
又東南行大雪山中七百餘里至梵
衍國僧有數千學出世部王城北山
有立石像高百五十尺城東卧佛長
千餘尺並精舍重接金寶莊挍晃曜
人目見者稱嘆又有佛齒舍利劫初
緣覺齒長五寸許金輪王齒長三寸
許并商那和修盋及九條衣絳色猶
存又東山行至迦畢試國奉信弥勝
僧有六千多大乘學其王歲造銀像
舉高丈八延請遐迩廣樹名壇國有
如来為菩薩時齒長可寸餘又有其
髮引長尺餘放還螺旋白斯地北民
雜胡戎制服威儀不參大夏名為邊
國蜜利車類唐言譯之垢濁種也又
東南七百至濫波國即印度之北境
矣言印度者即天竺之正名猶身毒
賢豆之訛号耳論其境也北背雪山

第二段

三陲大海地形南狹如月上弦川平
廣衍周九万里七十餘國依止其中
時或乖分略地為國今則盡三海際
同一王命又東雪山至那伽羅曷國即
布髮掩泥之故地也詳諸經相意有
疑焉何則討尋本事乃在賢劫已前
蓮花定光名殊三佛既非同劫頻被
火災何得故處今猶泥濕若以為虛
佛非妄語如彼諸師各陳異解有論
者言此實本地佛非妄也雖經劫壞
本空之處願力莊嚴如因事也並是
如来流化斯迹常在不足怪矣故其
勝地左則標樹諸窣覩波即盂塔之
正名猶偷婆斗藪婆之訛号耳阿育
王者此号無憂恨不覩佛興諸感戀
結是聖迹皆起銘記故於此處為建
石塔高三十餘丈又有石壁佛影蹈
迹衆相皆竪標記並如前也城南不
遠醯羅城中有佛頂骨周尺二寸其
相仰平形如天蓋佛髑髏蓋如荷葉
盤佛眼圓睛狀如柰許澄淨皎然有
佛大衣其色黃赤佛之錫杖以鐵為
環紫檀為笴此五聖迹同在一城國

第三段

守之務如傳國寶北近突厥昔經侵
奪雖至所在還潛本處斯則赴緣隱
顯未在兵威奘奉覲靈相悲淚橫流
手撥末香覩看體狀倍增欣悅即以
和香印其頂骨觀有嘉瑞又增悲慶
近有北狄大月支王欲知来報以香
取相乃示馬形甚非所望加諸布施
積功懺悔又以香取現師子形雖位
狩王終為畜類情倍歸依又加施戒
乃現人天方還本國故其俗法見五
相者相一金錢取其相者酬七金錢
俗利其寶用充福物既非僧掌固守
弥崇無論道俗必先酬價奘被王命
觀視具周旁國諸僧承斯榮望同来
礼謁又東山行至健馱邏國佛寺千
餘民皆雜信城中素有盋廟衆事莊
嚴昔如来盋經於此廟乃數百年今
移波斯王宮供養城東有迦膩王大
塔基周里半佛骨舍利一斛在中舉
高五百餘尺相輪上下二十五重天
火三災今正營搆即世中所謂雀離
浮啚是也元魏靈太后胡氏奉信情
深遣沙門道生等賷大幡長七百餘

尺往彼掛之脚纔及地即斯塔也亦不測雀離名生所由左側諸迹其相極多近則世親如意造論之地遠則捨於千眼賧奉二親檀特名山逹拏本迹仙為女亂佛化鬼毋並在其境皆無憂王為建石塔高者數百餘尺立標記焉自北山行逹烏長那國即世中所謂北天竺烏長國也其境周圍五千餘里果實充備為諸國所重傳云即昔輪王之苑囿也僧有万餘兼大乘學王都四周多諸古迹忍仙佛蹠半偈避鷹折骨書經剖肉代鴿䶊藥護命血飲夜叉如斯等相備列其境各具瞻奉情倍欣欣城之東北減三百里大山龍泉名阿波邏即信度河之本源西南而流經中所謂辛頭河也王都東南越山逆河鐵橋棧道路極懸險千有餘里至極大川即古烏仗之王都也中有木慈氏像高百餘尺即末田地羅漢將諸工人三返上天方得成者身相端嚴特難陳說還返烏仗南至呾叉始羅國具見伊羅鉢龍所住之池月光抉目之地育

王標塔舉高十丈北有石門殊極高大崇竦重山道由中過斯又薩埵捨身處也自此東南山行險阻經一小國度數鐵橋減二千里至迦濕弥羅國即此俗常傳罽賓是也莫委罽賓由何而生覩其圖域同罽賓耳本是龍海羅漢取之引衆而住通三藏也故其國境四面負山周七千餘里門侄狭迮僧徒五千多學小乘國有大德名僧勝匠奘　就學俱舍順正理因明聲明及大毗婆沙王慇遠至給書手十人供給寫之有佛牙長可寸餘光白如雪自濫波至此繞山諸國形體鄙薄俗習胡蕃雖預五方非印度之正境也以住居山谷風雜諸邊自此南下通望无山將及千里至磔迦國土據平川周万餘里兩河分注弁木繁榮于時徒伴二十餘人行至大林中遇賊劫掠纔獲命全入村告乞乃達東境大林有婆羅門年七百歲貌如三十明中百論及外道書云是龍猛弟子乃停一月學之又東至那僕底國就調伏光法師學對法顯宗理門

等論又東詣那伽羅寺就月胄論師學衆事分婆沙又東至祿勒那國就闍那崛多大德學經部婆沙又就蜜多犀那論師學薩婆多部辯真論漸次東南路經六國多有遺迹育王標塔高二十丈者其數不少中有赤菴羅國寂鐃蹤緒城東六里有一山寺昔烏波毱多唐言近護即五師之一也是其本住所建北巖石室高二十餘丈廣三十步其側不遠復有獼猴隨坑處四佛經行處賢聖依住處靈相衆矣又東南行經于七國至劫比他國俗事大自在天其精舍者高百餘尺中有天皃形極偉大謂諸有趣由之而生王民同敬不為鄙恥諸國天祠率置此形大都異道乃有百數中所高者自在為多有一大寺五百僧徒淨人僕隸乃有數万皆宅其寺側中有三道階南北而列即佛為毋忉利安居夏竟下天帝釋之所作也寶階本基淪没並盡後王傚之在其故地猶高七十餘尺育王為建石柱高七丈餘光淨明照隨人罪福影現

其中旁有賢劫四佛經行石基長五
十許步高于七尺足蹈所及皆有蓮
華文生焉國西北不遠二百許里至
羯若鞠闍國唐言曲女城也王都臨
殑伽河即洹河之正名矣源從北来
出大雪山其土邪正雜彩僧徒盈万
多諸聖迹四佛行坐處七日說法處佛
牙髮爪等塔精舍千餘名寺異相多
臨河北奘於此國學佛使日冑二毗
婆沙於毗耶犀郝三藏所經于三月
王号戒日正法治世將五十載言戒
日者謚法之名此方薨後量德以贈
彼土初登即先薦号以滅後美之徒
虛名耳今猶御世統五印度初治邊
陲為小國也先有室商佉王威行海
內酷虐無道剗殘釋種拔菩提樹絕
其根苗選簡名德三百餘人留之餘
者並充奴隸戒日深知樹於禍始也
與諸官屬至菩提坑立大誓曰若我
有福統臨海內必能崇建佛法願菩
提樹從地而生言已尋視見菩提萌
坑中上踊遂迴兵馬往商佉所感福
力故當即除滅所以抱信誠篤倍發

由来還統五方象兵八万軍威所及
並藉其力素不血食化境有羊皆贖
施僧用供乳酪五年一施傾其帑藏
藏盡還蓄時至復行用此為常有犯
王法乃至叛逆罪應死者遠斥邊裔
餘者懲罰蓋不足言故諸國中多行
盜竊非假伴援不可妄進又東南行
二千餘里經于四國順殑伽河側忽
被秋賊須人祭天同舟八十許人悉
被執縛唯選奘公堪充天食因結壇
河上置奘壇中初便生饗將加鼎鑊
當斯時也取救無緣注想慈尊弥勒
如来及東夏住持三寶私發誓曰餘
運未絕會蒙放免必其無遇命也如
何同舟一時悲啼號哭忽惡風四起
賊船而覆沒飛沙折木咸懷恐怖諸
人又告賊曰此人可愍不辭危難專
心為法利益邊陲君若煞之罪莫大
也寧煞我等不得損他衆賊聞之投
刃礼愧受戒悔失放隨所往達憍償
弥外道郭盛王都城中有佛精舍高
六十尺中有檀像即昔優田大王造
之倣在天之影也其側龍窟聖迹多

矣又東北千餘里至室羅伐悉底國
即舍衛舍婆提之正名也周睇荒毀
纔有故基斯匿治宮須達故宅趾墌
存焉城南五里有逝多林即祇陁園
也勝軍王目善施所造全寺頹滅尚
有石柱舉高七丈育王標樹邊有塼
室一區中安如来為母說法像自餘
院宇湮沒蕩盡但有佛洗病比丘處
目連舉身子衣處佛僧常汲故井處
外道陰謗煞婬女處佛異論處身子
擒處瑠璃沒處得眼林處迦葉波佛
本生地諸如上處皆建石塔並無憂
王之所造也寺東不遠三大深坑即
調達瞿波戰遮女人所沒之處坑極
深邃臨望无底自古及今大雨洪注
終無溢滿又東將七百里至劫毗羅
伐窣堵國即迦毗羅衛淨飯王所治
之都也空城十餘無人栖住故宮執
城周十五里荒寺千餘惟宮中一所
在焉王寢殿基上有銘塔即如来降
神之處也彼有說云五月八日神来
降者上座部云十五日者與此方述
徹復不同豈有異耶至如東夏所尚

素王為聖將定年筭前達尚迷況復曆有三代述時紀号梴自差舛顧惟理越情求赴機應感皆乗權道適變為先豈以常人之耳目用通於至極也城之南北有過去二佛生地諸塔育王石柱銘記甚多都城西北數百千塔並是流璃所誅諸釋既是聖者後人為造當斯時也有四釋子忿其見逼不思犯戒出外拒軍流璃遂退後還本國城中不受告曰吾為法種揩不行師汝退彼軍非吾族也既被放斥遠投諸國本是聖胤竟宗樹之今烏仗梵衍等王並其後也城東百里即是如來生地之林今尚存焉或有說者三月八日上座部云十五日也此土諸經咸云四月八日斯非咸見之機異計多耳又東七百里方至拘尸中途諸異略不復紀創達此城不覺五情失守崩踊擗地須之顧眄但見荒城頹褫純陁宅基有標誌耳西北四里河之西岸即娑羅大林周帀輪徑四十餘里中央高竦即涅槃地有一軌室卧像北首旁施塔柱具書銘

記而諸說混淆通列其上有云二月十五日入涅槃者或云九月八日入涅槃者或云自彼至今過千五百年者或云過九百年者城北渡河即焚身地方二里餘深三丈許土尚黃黑狀同焦炭諸國有病服其土者無不除愈故其焚處致有坑耳其側復有現足分身維塵諸塔並具瞻巳又西南行大深林中七百餘里達婆羅痆斯國即常所謂波羅柰也城臨殑伽外道般盛乃出万計天寺百餘多遵自在僧徒三千並小乗正量部也王都東北波羅奈河之西塔柱雙建育王所立影現佛像覩者興歎度河十里即鹿野寺也周閣重閣壁若仙宮僧減二千皆同前部佛事高勝諸國家矣中有轉法輪像狀如言說旁樹石柱高七十餘尺內影外現衆相備矣斯即如來初轉法處其側復有五百獨覺塔三佛行坐處寺中銘塔聖迹極多乃有數百又有佛所浴池浣衣浣器之水皆有龍護縢衣方石處王迎佛之地並建石塔動高三百餘尺相

甚勁偉故略陳耳順河東下減於千里達吠舍釐即毗舍離也露形異術偏所豊足國城舊基周七十里人物寡鮮但為名地其中說淨名經處寶積淨名諸故宅處身子證果處姨母滅度處七百結集處阿難分身處此之五處各建勝塔標示後代自斯東北二千餘里入大雪山至尼波羅國純信於佛僧有二千大小兼學城東有池中有天金光浮水上古老傳云弥勒下生用為首飾或有利其寶者夜往盜之但見火聚騰焰都不可近今則沉深叵窮其底水又極熱難得措足唐國使者試火投之焰便踊起因用煑米便得成飯其境北界即東女國與吐蕃接境彼國命往還率由此地約指為語唐梵相去一万餘里自古迴邅致途遠阻又從茲吠舍南濟殑伽河達摩揭陁國即摩竭提之正号也其國所居是為中印度矣今王祖胤繼接無憂無憂即頻毗娑羅之曾孫也王即戒日之女聟矣今所治城非古所築殑伽南岸有波

續高僧傳卷第四　第十九張　七

吒釐城周七十里即經所謂華氏城也王宮多花故因名焉昔阿育王自離王舍遷都於此左側聖所其量弥繁城之西南四百餘里度尼連禪河至伽耶城人物希少可千餘家又行六里有伽耶山自古諸王所登封也故此一山世稱名地如来應俗就斯成道頂有石塔高百餘尺即寶雲等經所說之處周迴四十里内聖迹充滿山之西南即道成處有金剛座周百餘步其地則今所謂菩提寺是也寺南有菩提樹高五丈許遶樹周垣壘墼為之輪迴五百許步東門對河北門通寺院中靈塔相狀多矣如来得道之日乎說不同或云三月八日及十五日者垣北門外大菩提寺六院三層牆高四丈皆墼為之師子國王買取此處興造斯寺僧徒僅千大乘上座部所住持也有骨舍利狀人指節肉舍利者大如真珠彼土十二月三十日當此方正月十五日世稱大神變月若至其夕必放光瑞天雨香花充滿樹院其初到此不覺悶絕

續高僧傳卷第四　第二十張　右

良久蘇醒歷覩靈相昔聞經說今宛目前恨居邊鄙生在末世不見真容倍復悶絕旁有梵僧就地接撫相與悲慰雖備禮謁恨無光瑞停止安居迄於解坐彼土常法至於此時道俗千万七日七夜競伸供養凡有兩意謂覩光相及希樹葉每年樹葉恰盡末一時飛下通夕新抽與故齊等時有大乘居士為奘開釋瑜伽師地尒夜對講忽失燈明又覩所佩珠瓔珞不見光来但有通明晃朗内外洞然而不測其由也恠斯所以共出草廬望菩提樹乃見有僧手擎舍利大如人指在樹基上遍示大衆所放光明照燭天地于時衆鬧但得遙礼雖目覩瑞心疑其火合掌虔跪乃至明晨心漸萎顇光亦歇滅居士問曰既覩靈瑞心無疑耶奘具陳意居士曰余之昔疑還同此也其瑞既現疑自通耳余見菩提樹葉如此白揚具以問之奘曰相狀略同而狀踈茂盛少有異也於此寺東望屈屈吒播陁山即經所謂鷄足山也直上三峯狀如

續高僧傳卷第四　第二十張　左

雞足因取号焉去菩提寺一百餘里頂樹大塔夜放神炬光明通照即大迦葉波寂定所也路極榛澀多諸林竹師子虎象縱橫騰倚每思登践取進無由奘乃告王請諸防援蒙給兵三百餘人各備鋒刃斬竹通道日行十里尒時彼國聞奘往山士女大小數盈十万奔隨繼至共往鷄足既達山阿壁立無路乃縛竹為梯相連而上達山頂者三千餘人四睇欣然轉增喜踊具覩石[illegible]散花供養自山東北百有餘里至佛陁代郍山有大石室佛曽遊此天帝就石塗香以供行至其處今猶郁烈不遠山室可受千人如来三月於中坐夏壘石為道廣二十步長五里許即頻毗娑羅脩覲上山之所由也又東六十便至矩奢揭羅補羅古城唐言茅城多出香茅故因名也其城即摩揭陁之正中經本所謂王舍城者是矣崇山四周為其外郭上如陴堄皆墼為之西通小徑北闢山門廣長從狹周輪百五十里其中宫城周三十餘里内諸古迹

其量復多宮之東北可十五里有姞栗陁羅矩吒山即經所謂耆闍崛山者是也唐言鷲峯之臺於諸山中最高顯映奪接山之陽佛多居住從下至頂編石為階廣十餘步長六里許佛常往来於斯道也歷觀崖岫備諸古迹不可勝紀廣如圖傳山城北門强一里許即迦蘭陁竹園精舍石基東户軌室今仍現在自園西南行六里許南山之陰大竹林中有石室焉即大迦葉波與千無學結集經教所託之地又西二十餘里即大衆部結集處也山城之北可五里許至曷羅闍姞利呬城唐言新王舍也餘傳所稱者是矣又北三十餘里至那爛陁寺唐言施無厭也贍部洲中寺之最者勿高此矣五王共造供給倍隆故因名焉其寺都有五院同一大門周閣四重高八丈許並用甎壘其最上壁猶厚六尺外郭三重牆亦甎壘高五丈許中間水遶極深池塹備有花畜嚴麗可觀自置已来防衛清肅女人非濫未曾容隱常住僧衆四千餘人

外容道俗通及邪正乃出万數皆周給衣食無有窮竭故復号寺為施無厭也中有佛院備諸聖迹精舍高者二十餘丈佛昔於中四月說法又有精舍高三十餘丈中諸變態不可名恙置立銅像高八丈餘六層閣盛莊嚴綺飾即戒日之兄滿胄王造也又有鍮石精舍高可八丈戒日親造彫裝未備日役千功彼國常法欽敬德望有諸論師智識清遠王給封户乃至十城漸降量賞不減三城其寺現在受封大德三百餘人通經已上不掌僧役重愛學問諮訪異法故烏耆已西被於海内諸出家者皆多義學任國往返都無隔导王雖守國不敢遮障故彼學徒慱聞該贍奘歷諸國風聲久達將造其寺衆差大德四十人至莊迎宿莊即目連之本村也明日食後僧二百餘俗人千餘擧輿幢蓋香花来迎引入都會與衆相慰問說唱令住寺一切共同又差二十人引至正法藏所即戒賢論師也年百六歲衆所重故号正法藏慱聞

强識内外大小一切經書無不通達即昔室商佉王所坑之者為賊擧出潛淪草莽後興法顯道俗所推戒日增邑十城科税以入賢以税物成立寺廟奘礼讃訖並命令坐問從何来荅從支那國来欲學瑜伽等論聞已啼泣召弟子覺賢說已舊事賢曰和上三年前患困如刀刺欲不食而死夢金色人曰汝勿猒身往作國王多害物命當自悔責何得自盡有支那僧来此學問已在道中三年應至以法惠彼彼復流通汝罪自滅吾是曼殊室利故来相勸和上今損正法藏問在路幾時奘曰出三年矣既與夢同悲喜交集礼謝訖寺素立法通三藏者員置十人由来闕一以奘風問便處其位日給上饌二十盤大人米一斗檳榔豆蔲龍腦香乳蘇蜜等淨人四婆羅一行乘為輿三十人從大人米者粳米也大如烏豆飯香百步惟此國有王及知法者預焉故此寺通三藏者給二十盤即二十日漸減通一經者猶給五盤五日過此

巳後便依僧位便請戒賢講瑜伽論聽者數千人十有五月方得一遍重為冊講九月方了自餘順理顯揚對法等並得諮稟然於瑜伽偏所鑽仰經於五年晨夕無輟將事博議未忍東旋賢誡曰吾老矣見子殉命求法經途十年方至今日不辭朽老力為伸明法貴流通豈期獨善更參他部恐失時緣智無涯也惟佛乃窮人命如露非旦則夕即可還也便為裝行調付給經論奘曰敢聞命矣意欲南巡諸國還途北指以高昌昔言不得違也便尒東行大山林中至伊爛拏國見佛坐迹入石寸許長五尺二寸廣二尺一寸旁有瓶迹没石寸許八出花文都以新置有佛立迹長尺八寸闊强六寸又東南行路經五國將四千里至三摩呾吒國濵斥大海四佛曾遊見青玉像舉高八尺自斯東北山海之中凡有六國即達林邑道阻且長兼多瘴癘故不遊踐又從西行將至三千里達揭羅拏國邪正兼事別有三寺不食乳酪謂達部也又西

南行七百餘里至烏荼國東境臨海有發行城多有商侶停於海次南大海中有僧伽羅國謂執師子也相去約指二万餘里每夜南望見彼國中佛牙塔上寶珠光明騰焰暉赫見於天際又西南行具經諸國並有異迹可五千里至憍薩國即南印度之正境也崇信佛法僧徒万許其土寬廣林野相次王都西南三百餘里有黒蜂山昔古大王為龍猛菩薩造立斯寺即龍樹也其寺上下五重鑿石為之引水旋注多諸變異沿波方達令淨人固守罕有登者龕中石像形極偉大寺成之日龍猛就山以藥塗之變成紫金世無等者又有經藏夾縛無數古老相傳盡初結集並現存在雖外佛法屢遭誅殄而此一山住持無改近有僧来於彼夏坐但得讀誦不許持出具陳此事但路幽阻難可尋問又復南行七千餘里路經五國並有靈迹至秣羅矩吒國即贍部東南濵海境也山出龍腦香焉旁有巖頂清流繞旋二十許帀南注大海中有天

宮觀自在菩薩常所住處即觀世音之正名也臨海有城古師子國令入海中可三千餘里非結大伴則不可至故不行也自此西北四千餘里中途經國具諸神異達摩訶剌他國其王杲勇威英自在未賓戒日寺有百餘僧徒五千大小兼學東境山寺羅漢所造有大精舍高百餘尺中安石像長八丈許上施石盖凡有七重虛懸空中相去各三尺許礼謁見者無不嘆訝斯神也自此因循廣尋聖迹至鉢伐多國有數名德學業可遵又停二年學正量部根本論攝正法論成實論等便東南還那爛陀參戒賢已往杖林山勝軍論師居士所其人剎利種學通内外五明數術依林養徒講佛經義道俗歸者日數百人諸國王等亦来觀礼洗足供養封賞城邑奘從學唯識決擇論意義論成無畏論等首尾二年夜夢寺内及外村邑火燒成灰見一金人告曰却後十年戒日王崩印度便亂當如火蕩覺已向勝軍說之奘意方決嚴具東還

及永徽之末戒日果崩今並飢荒如
所夢矣初郍爛陁寺大德師子光等
立中百論宗破瑜伽等義奘曰聖人
作論終不相違但學者有向背耳因
造會宗論三千頌以呈戒賢諸師咸
稱善先有南印度王灌頂師名般若
毱多明正量部造破大乘論七百頌
時戒日王討伐至烏荼國諸小乘師
保重此論以用上王請與大乘師決
勝王作書與郍爛陁寺可差四僧善
大小內外者詣行宮在所擬有論義
戒賢乃差海慧智光師子光及奘為
四應命將往未發間有順世外道來
求論難書四十條義懸於寺門若有
屈者斬首相謝彼計四大為人物因
旨理沉密審難徵覈如此陰陽誰窮
其數此道執計必求捔決彼土常法
論有負者先令乘驢屎瓶澆頂公於
衆中形心折伏然後依投永為皂隸
諸僧同疑恐有殿負默不陳對奘停
既久究達論道告衆請對何得同恥
各立旁證往復數番通解無路神理
俱喪溘然潛伏預是釋門一時騰踊

彼既屈已請依先約奘曰我法弘恕
不在刑科稟受我法如奴事主因將
向房遵正法要彼烏荼論又別訪得
尋擇其中便有謬濫謂所伏外道曰
汝聞烏荼所立義不曰彼義曾聞特
解其趣即令說之備通其要便指纖
芥申大乘義破之名制惡見論千六
百頌以呈戒賢等師咸曰斯論窮天
下之勍寇也何敵當之奘意欲流通
教本乃放任開正法遂往東印度境
迦摩縷多國以彼風俗並信異道故其
部衆乃有數万佛法雖弘未至其土
王事天神愛重教義但聞智人不問
邪正皆一奉敬其人創染佛法將事
弘闡故往開化既達於彼王歎奘勝
度神思清遠童子王聞欣得面款遣
使來請再三乃往既至相見宛若舊
遊言議接對又經晦朔于時異術雲
聚請王決論言辯纔交邪徒草靡王
加崇重初開信門請問諸佛何所功
德奘讚如來三身利物因造三身論
三百頌以贈之王曰未曾有也頂戴
歸依此國東境接蜀西蠻聞其途路

兩月應達于時戒日王旦告曰東蕃
童子王所有支郍大乘天者道德弘
被彼王所重請往致之其大乘天者
即印度諸僧美奘之目也王告我已頻請
辝而不來何因在彼即使語拘摩羅
王可送支郍法師來共會祇羅國童
子王命象軍二万船三万與奘泝殑伽
河以赴戒日戒日與諸官屬百餘万
衆順河東下同集羯朱祇羅國初見
頂礼鳴足盡敬散花設頌無量供已
曰弟子先請何為不來荅以聽法未
了故此延命又曰彼支郍國有秦王
破陣樂歌儛曲秦王何人致此歌詠
奘曰即今正國之天子也是大聖人
撥亂反政恩霑六合故有斯詠王曰
故天縱之為物主也乃延入行宮陳
諸供養乃述制惡見論顧謂門師曰
日光既出熒燭奪明師所寶者他皆
破訖試救取看小乘諸僧无敢言者
王曰此論雖好然未廣聞欲於曲女
城大會命五印度能言之士對衆顯
之使邪從正捨小就大不亦可乎是
日發　勅普告天下揔集沙門婆羅門

一切異道會曲女城自冬初沂流臘
月方到尒時四方翕集乃有万數能
論義者數千人各擅雄辯咸稱克敵
先立行殿各容千人安像陳供香花
音樂請奘昇座即標舉論宗命衆徵
覓十八日無敢問者王大嗟賞施銀
錢三万金錢一万上氎一百具仍令
大臣執奘袈裟巡衆唱言支那法師
論勝十八日来無敢問者並宜知之
于時僧衆大悅曰佛法重興乃令邊
人權智若此便辞東歸王重請住觀
七十五日大施塲相事訖辞還王
勅所部遞送出境并施青為金銀錢
各數万戒日拘摩羅等十八大國王
流淚執别奘便辞而不受以為形大
日常料草四十餘圍餅食所須又三
斛許戒日又勅令諸属國随到供給
諸僧勸受為施皆曰斯勝相也佛
滅度来王雖崇敬種種布施未聞以
為用及釋門為為國寶今既見惠信
之極矣因即納為而反錢寶然其為
也其形圓大高可丈三長二丈許上
容八人并諸什物經為等具並在其

上狀如重都相似空行雖遶奔逸而
安隱不墜至瓶水不側縁國北旋出印
度境戒日威被咸家供侍入阜利國
山川相半渓壤豊熟僧徒數万並學
大乘東北山行過諸城邑上大雪山
及至其頂諸山並下又上三日達㝡
高嶺南北通望但見攢山各有九重
過斯已往皆是平地雖有小山孤断
不續唯斯一嶺㝵延高遠約略為言
贍部一洲山藂斯地何以知耶至如
西境波斯平川眇湯東尋嵬㟧莫有
窮蹤北則撗野蕭條南則印度卑行
即經所謂香山者也達池幽邃未可
尋源四河所從皆由斯出尒雅所謂
崑崙之墟豈非斯耶案諸禹貢河出
磧石蓋局談其潛出處耳張騫尋
之乃遊大夏固是趍步所經猶不言
其發源之始斯可知矣奘引從前後
自勒行衆沿嶺而下三日至地達覩貨
羅諸故都邑山行八百路極艱險寒
風切骨到於活國中途所經皆屬北
狄而此王者突厥之胤統管諸胡揔
御鐵門以南諸小國也自此境東方

入葱嶺嶺攝贍部洲中南接雪山北
至熱海東漸烏鎩西極波斯縱廣結
固各數千里冬夏積雪氷巖崖險過
半已下多出山葱故因名焉昔人云
葱嶺停雪即雪山也今親目驗則知
其非雪山乃居葱嶺已南東西亘海
南望平野北達藂山方名葱嶺又東
山行經於十國二千餘里至達摩悉
鐵帝國境在山間東西千六百里南
北極廣不踰四五里許臨縛芻河從
南而来不測其本僧寺十餘有一石
像上施金銅圓蓋人有旋遶蓋亦随
轉豈由機巧莫測其然又東山行近
有千里達商弥國東至大川廣千餘
里南北百餘里絶无人住川有龍池
東西三百南北五十其池正在大葱
嶺内贍部洲中㝡高地也何以明之
池出二河其西流者至達摩悉鐵國
與縛芻河合自此以西水皆西流其
東流者至佉沙西界與徙多河合自
此已東水皆東流故分二河各注兩
海故知高也河出大鳥卵如缾許案
條支國大卵如甕豈非斯耶又東五

百至朅盤陁國北背徙多河即經所
謂悉陁河也東入鹽澤潛於地中涌
於積石為東夏河矣其國崇信佛法
城之東南三百餘里大崖兩室各一
羅漢現入滅定七百餘年鬚髮漸長
左近諸僧年別為剃又東千餘里方
出葱嶺至烏鎩國城臨徙多西有大
山崖自崩墜中有僧焉瞑目而坐形
甚奇偉鬚髮下垂至於肩面問其
委曲乃迦葉佛時人矣近重崩崖沒
於山內奘至斯國與象別行先度雪
河象晚方至水漸沉漲不悉山道尋
嶺直下牙衝岸樹象性凶獷叉掇却
損因即致死悵恨所經已越山險將
達平壤不果祈願東過疎勒乃至沮
渠可千餘里同伴五百皆共推奘為
大商主處位中營四面防守且自沮
渠一國素來常鎮十部大經各十万
偈如前所傳國寶護之不許分散令
屬突厥南有大山現三羅漢入滅盡
定東行八百達于遁國地惟沙壤寺
有百餘僧徒五千並大乘學城西山
寺佛曾遊踐有大石室羅　漢入定石

門封掩初奘既度葱嶺先遣侍人賫
表陳露達國化也下勅流聞令早相
見行達于遁以象致死所賫經像交
無運致又上表請尋下別勅令于遁
王給其寧乘乘既奉嚴勅馳馬相連至
于沙州又蒙別勅計其行程酬雇價
直自尒乘傳二十許乘以貞觀十九年
正月二十四日屆于京郊之西道俗
相趍屯赴闐闠數十万衆如值下生
將欲入都人物諠擁取進不前遂停
別館通夕禁衛候備遮斷停駐道旁
從故城之西南至京師朱雀街之都
亭驛二十餘里列衆礼謁動不得旋
于時駕幸洛陽奘乃留諸經像送弘
福寺京邑僧衆競列幢帳助運莊嚴
四部諠譁又倍初至當斯時也復感
瑞雲現于日北團圓如蓋紅白相映
當于像上顯發輪光既非遠日同共
嗟仰從午至晡像入弘福方始歇滅
致使京都五日四民廢業七衆歸承
當此一期傾仰之高終古罕類也奘
雖逢榮問獨守館宇坐鎮清閑恐陷
物議故不臨對及至洛濱特蒙慰問

并獻諸國異物以馬䭾之別勅引入
深宮之內殿面奉天顏談敘真俗無
爽帝言從卯至酉不覺時延迄于閉
鼓上即事戎旃問罪遼左明旦將發
下勅同行固辭疾苦兼陳翻譯不違
其請乃勅京師留守梁國公房玄齡
專知監護資備所須一從天府初奘
在印度聲暢五天稱述支那人物為
盛戒日大王并菩提寺僧思聞此國
為日久矣但無信使未可依憑彼土
常傳贍部一洲四王所治東謂脂那
主人王也西謂波斯主寶王也南謂
印度主象王也北謂獫狁主馬王也
皆謂四國藉斯以治即因為言奘既
安達恰述符同戒日及僧各遣中使
賫諸經寶遠獻東夏是則天竺信命
自奘而通宣述皇猷之所致也使既西
返又勅王玄策等二十餘人隨往大
夏并贈綾帛千有餘段王及僧等數
各有差并就菩提寺僧召石蜜匠乃遣
匠二人僧八人俱到東夏尋勅往越
州就甘蔗造之皆得成就先是菩提
寺僧三人送經初至下　勅普請京

城設齋仍於弘福譯大嚴等經不久
續高僧傳卷第四　第三十七張
之間奘信又至乃勅且停待到方譯
主上虛心企仰頻下明勅令奘速至
但為事故留連不早程達既見洛宮
深淺虛想即陳翻譯搜擢賢明上曰
法師唐梵具贍詞理通敏將恐徒揚
仄陋終虧聖典奘曰昔者二秦之譯
門位三千雖復翻傳猶恐後代無聞
懷疑乖信若不搜舉同奉玄規豈以
褊能妄叅朝委頻又固請乃蒙降許
帝曰自法師行後造弘福寺其處雖
小禪院虛靜可為翻譯所須人物吏
力並與玄齡商量務令優給既承明
命返迹京師遂召沙門慧明靈閏等
以為證義沙門行友玄賾等以為綴
緝沙門智證辯機等以為録文沙門
玄模以證梵語沙門玄應以定字僞
其年五月創開翻譯大菩薩藏經二
十卷余為執筆并刪綴詞理其經廣
解六度四攝十力四畏三十七品諸菩
薩行合十二品將四百紙又復旁翻
顯揚聖教論二十卷智證等更迭録
文沙門行友詳理文句奘公於論重加

陶練次又翻大乘對法論一十五卷
續高僧傳卷第四　第三十八張　左
沙門玄賾筆受微有餘隙又出西域
傳一十二卷沙門辯機親受時事連
紕前後兼出佛地六門神咒等經都
合八十許卷自前代已来所譯經教
初從梵語倒寫本文次乃迴之順同
此俗然後筆人亂理文句中間增損
多墜全言今所翻傳都由奘旨意思獨
斷出語成章詞人隨寫即可披翫尚
賢吳魏所譯諸文但為西梵所重貴
於文句鈎鎖聯類重沓布在唐文頗
居繁複故使綴工專司此位所以貫
通詞義加度節之銓本勒成秘書繕
寫于時駕返西京奘乃表上并請序
題尋降手勅曰法師夙標高行早出
塵表泛寶舟而登彼岸搜妙道而闢
法門弘闡大猷蕩滌眾累是以慈雲
欲卷舒之蔭四空慧日將昏朗之照
八極舒朗之者其惟法師乎朕學淺
心拙在物猶迷況佛教幽微豈敢仰
測請為經題非已所聞其新撰西域
傳者當自披覽及西使再返又勅二十
餘人隨往印度前来國命通議中書

勅以異域方言務取符會若非伊人
續高僧傳卷第四　第三十九張　右
將論聲教故諸信命並資於奘乃為
轉唐言依彼西梵文詞輕重令彼讀
者尊崇東夏尋又下勅令翻老子五
千文為梵言以遺西域奘乃召諸黃
巾述其玄奧領疊詞旨方為翻述道
士蔡晃成英等競引釋論中百玄意
用通道經奘曰佛道兩教其致天殊
安用佛言用通道義窮覈言跡本出
無從晃歸情曰自昔相傳祖憑佛教
至於三論晃所師遵准義幽通不無
同會故引解也如僧肇著論盛引老
莊猶自申明不相為佐佛言似道何
爽綸言奘曰佛教初開深文尚擁老
談玄理微附佛言肇論所傳引為聯
類豈以喻詞而成通極今經論繁富
各有司南老但五千論無文解自餘
千卷多是醫方至如此土賢明何晏
王弼周顒蕭繹顧歡之徒動數十家
注解老子何不引用乃復旁通釋氏
不乃推步逸蹤乎既依翻了將欲封
勒道士成英曰老經幽邃非夫序引
何以相通請為翻之奘曰觀老治身

治國之文文詞具矣叩齒咽液之序其言鄙陋將恐西聞異國有愧鄉邦英等以事聞諸宰輔奘又陳露其情中書馬周曰西域有道如老莊不奘曰九十六道並欲超生師承有滯致淪諸有至如順世四大之術冥初六諦之宗東夏所未言也若翻老序則恐彼以為笑林遂不譯之奘以弘讚之極勿尚帝王開化流布自古為重又重表曰伏奉墨勑猥垂獎喻祗奉綸言精守振越玄奘業尚空疎謬忝法侶幸屬九瀛有截四表無虞憑皇靈以遠征恃國威而訪道窮遐冒險雖勵愚誠纂異懷荒寔資朝化所獲經論奉勑翻譯見成卷軸未有詮序伏惟　陛下睿思雲敷天華景爛理包繫象調逸咸英跨千古以飛聲掩百王而騰實竊以神力無方非神思不足詮其理聖教玄遠非聖藻何以序其源故乃冒犯威嚴敢希題目宸睠冲邈不垂矜許撫躬累息相顧失圖玄奘聞日月麗天既分暉於戶牖江河紀地亦流潤於巖涯雲和

廣樂不秘響於聾昧金壁奇珎豈韜彩於愚瞽敢緣斯理重以干祈伏乞雷雨曲垂天文俯照配兩儀而同久與二耀而俱懸然則鷲嶺微言假神筆而弘遠鷄園奧義託英詞而宣暢豈止區區梵衆獨荷恩榮亦使蠢蠢迷生方超塵累而已表奏之日勑遂許焉謂駙馬高履行曰汝前請朕為汝父作碑今氣力不如昔願作功德為法師作序不能作碑汝知之貞觀二十二年幸玉華宮追奘至問翻何經論荅正翻瑜伽上問何聖所作明何等義具荅已令取論自披閱遂下勑新翻經論寫九本頒與雍洛相究荊楊等九大州奘又請經題上乃出之名大唐三藏聖教序於明月殿命弘文舘學士上官儀對群僚讀之其詞曰蓋聞二儀有象顯覆載以含生四時無形潛寒暑以化物是以窺天鑑地庸愚皆識其端明陰洞陽賢哲罕窮其數然而天地包乎陰陽而易識者以其有象也陰陽處乎天地而難窮者以其無形也故知象顯可徵

雖愚不惑形潛莫覩在智猶迷況乎佛道崇虛乘幽控寂弘濟萬品典御十方舉威靈而無上抑神力而無下大之則弥於宇宙細之則攝於毫釐無滅無生歷千劫而不古若隱若顯運百福而長今妙道凝玄遵之莫知其際法流湛寂挹之莫測其源故知蠢蠢凡愚區區庸鄙投其旨趣能無疑惑者哉然則大教之興基乎西土騰漢庭而皎夢照東域而流慈昔者分形分跡之時言未馳而成化當常現常之世民仰德而知遵及乎晦影歸真遷儀越世金容掩色不鏡三千之光麗象開圖空端四八之相於是微言廣被拯含類於三塗遺訓遐宣導群生於十地然而真教難仰莫能一其指歸曲學易遵邪正於焉紛糺所以空有之論或習俗而是非大小之乘乍沿時而隆替有玄奘法師者法門之領袖也幼懷貞敏早悟三空之心長契神情先包四忍之行松風水月未足比其清華仙露明珠詎能方其朗潤故以智通無累神測未形

超六塵而迥出隻千古而無對凝心内境悲正法之凌遲栖慮玄門慨深文之訛謬思欲分條析理廣彼前聞截偽續真開茲後學是以翹心淨土往遊西域乘危遠邁杖策孤征積雪晨飛途閒失地驚砂夕起空外迷天万里山川撥煙霞而進影百重寒暑躡霜雨而前蹤誠重勞輕求深願達周遊西宇十有七年窮歷道邦詢求正教雙林八水味道飡風鹿苑鷲峯瞻奇仰異承至言於先聖受真教於上賢探賾妙門精窮奧業一乘五律之道馳驟於心田八藏三篋之文波濤於口海爰自所歷之國惣將三藏要文凡六百五十七部譯布中夏宣揚勝業引慈雲於西極注法雨於東垂聖教缺而復全蒼生罪而還福濕火宅之乾燄共拔迷塗朗愛水之昏波同臻彼岸是知惡因業隊善以緣昇昇墜之端惟人所託譬夫桂生高嶺雲露方得泫其花蓮出淥波飛塵不能汚其葉非蓮性自潔而桂質本貞良由所附者高則微物不能累

所憑者淨則濁類不能沾夫以卉木無知猶資善而成善況乎人倫有識不緣慶而求慶方冀茲經流施將日月而無窮斯福遐敷與乾坤而永大百僚稱慶奘表謝曰

竊聞六爻探賾局於生滅之場百物正名未涉真如之境猶且遠徵羲冊覩奧不測其神遐想軒圖歷選並歸其美伏惟　皇帝陛下玉毫降質金輪御天廓先王之九州掩百千之日月斥列代之區域納恒沙之法界遂使給園精舍並入提封貝葉靈文咸歸冊府玄奘往因振錫聊謁崛山經途万里恃天威如咫步匪乘千葉詣雙林如食頃搜揚三藏盡龍宮之所儲研究一乘窮鷲嶺之遺旨並已載於白馬還獻紫宸尋蒙下詔賜使翻譯玄奘識乖龍樹謬忝傳燈之榮才異馬鳴深愧寫瓶之敏所譯經論紕舛尤多遂荷天恩留神構序文超象繫之表若聚日之放千光理括衆妙之門同惠雲之濡百草一音演說億劫罕逢忽以微生親承梵響踊躍歡

喜如聞受記表奏之日尋下勑曰朕才謝珪璋言慚博達至於内典尤所未閑昨製序文深為鄙拙惟恐穢翰墨於金簡標瓦礫於珠林忽得来書謬承褒讚循躬省慮弥益厚顔善不足稱空勞致謝又重表謝勑云朕性不讀經兼無才智忽製論序翻汗經文具覽来言枉見褒飾愧逢虛美惟益真慙自介朝宰英達咸申磬讚釋宗弘盛氣接成陰　皇太子述上所作三藏聖教序曰夫顯揚正教非智無以廣其文崇闡微言非賢莫能定其旨蓋真如聖教者諸法之玄宗衆經之軌躅也綜括宏遠奧旨遐深極空有之精微體生滅之機要詞茂道曠尋之者不究其源文顯義幽履之者莫測其際故知聖慈所被業无善而不臻妙化所敷緣無惡而不翦開法網之綱紀弘六度之正教拯群有之塗炭啓三藏之秘扃是以名無翼而長飛道無根而永固道名流慶歷遂古而鎮常赴感應身經塵劫而不朽晨鐘夕梵交二音於鷲峯慧日法流

續高僧傳卷第四　第四十六張　左

轉雙輪於鹿苑排空寶蓋接翔雲而
共飛莊野春林與天花而合彩伏惟
皇帝陛下上玄資福垂拱而治八荒
德被黔黎歛衽而朝万國恩加朽骨
石室歸於貝葉之文澤及昆蟲金匱
流乎梵說之偈遂使阿耨達水通神
甸之八川耆闍崛山接嵩華之翠嶺
竊以法性凝寂靡歸心而不通智地
玄奧感懇誠而遂顯豈謂重昏之夜
燭慧炬之光火宅之朝降法雨之澤
於是百川異流同會於海万區分義
揔成乎實豈與湯武校其優劣堯舜
比其聖德者哉玄奘法師者夙懷聰
令立志夷簡神清齠齓之年體拔浮
華之世凝情定室匿迹幽巖栖息三
禪巡遊十地超六塵之境獨步迦維
會一乘之旨隨機化物以中華之無
質尋印度之真文遠涉恒河終期滿
字頻登雪嶺更獲半珠問道往還十
有七載備通釋典利物為心以貞觀
十九年二月六日奉　勑於弘福寺翻
譯聖教要文凡六百五十七部引大海之法流洗塵勞而不
竭傳智燈之長焰皎幽闇而恒明自

續高僧傳卷第四　第四十七張

非久植勝緣何以顯揚斯旨所謂法
相常住齊三光之明我皇福臻同二
儀之固伏見御製衆經論序照古騰
今理含金石之聲文抱風雲之潤治
輙以輕塵足岳墜露添流略舉大綱
以為斯記自此常參內禁扣問沉隱
翻譯相續不爽法機勑賜雲納一領
妙絕古今又勑天下寺度五人維持
聖種皆其力也冬十月隨駕入京於
北闕造弘法院鎮恒在彼初於曲池
為文德皇后造慈恩寺追奘令住度
三百人有令寺西北造翻經院給新
度弟子一十五人弘福舊處仍給十
人令上嗣籙素所祢敬追入優問札
殊恒扶永徽二年請造梵本經臺蒙
勑賜物尋得成就又追入內於脩文
殿翻發智等論降手詔飛白書慰問
優洽顯慶元年正月為皇太子於慈
恩設大齋朝宋惣至黃門郎薛元超
中書郎李義府曰譯經佛法之大未
知何德以光揚耶奘曰公此之問常
所懷矣譯經雖位在僧光價終憑朝
貴至如姚秦鳩摩羅什則安成侯姚

續高僧傳卷第四　第四十八張　左

嵩筆受元魏菩提流支則侍中崔光
錄文貞觀初波頗初譯則僕射蕭瑀太
府蕭璟庶子杜正倫等監閱詳定今
並無之不足光遠又大慈恩寺聖上
切風樹之哀追造壯麗騰實之美勿
過碑頌若蒙二公為致則不朽之跡
自形於今古矣便許之明旦遣給事
宣勑云所須官人助翻者已處分訖
其碑朕自作尋勑慈恩翻譯文義須
精宜令左僕射于志寧中書令來濟
禮部許敬宗黃門郎薛元超中書郎
李義府等有不安穩隨事潤色若須
學士任追三兩人及碑成請神翰自
書蒙特許克日送寺京寺咸造幢蓋
又勑王公已下太常九部及兩縣伎
樂車徒千餘乘駐弘福寺上居安福
門俯臨將送京邑士女列於道側自
北之南二十餘里充牣衢街光俗興
法無與儔焉又賜山納妙勝前者并
時服玩百有餘件顯慶二年駕幸洛
陽預從安置東都積翠宮召入大內
麗日殿翻觀所緣等論又於明德宮
翻大毗婆沙等論奘少離桒梓白首

言歸訪問親故零落殆盡惟有一姊
迎與相見訪以墳隴旋瓊未還便卜
勝地旋塋改葬其少室山西北緱氏
故縣東北遊仙鄉控鶴里鳳凰谷即
奘之生地也下近有少林寺即魏孝
文所立是翻十地之所意顧栖託為
國翻譯蒙手勅云省表知欲晦迹
巖泉追林遠而架往託慮禪寂軌澄
什以標令仰挹風徽寔所欽尚朕業
空學寡靡究高深然以淺識薄聞未
見其可法師津梁三界汲引四生智
皎心燈定凝意水非情塵之所曀豈
識浪而能驚然以道德可居何必太
華疊嶺空寂可舍豈獨少室重巒幸
戢来言勿復陳請即市朝大隱不獨
貴於昔賢見聞弘益更可珍於即代
遂因寢言顯慶三年下 勅為皇太子
造西明寺成令給上房僧十人以充
侍者有大般若者二十万偈此土八
部咸在其中不久下勅令住玉華翻
經供給一准京寺遂得託靜不爽譯
功以顯慶五年正月元日創翻大本
至龍朔三年十月末了凡四處十六

會說揔六百卷般若空宗此焉周盡
於間又翻成唯識論辯中邊論唯識
二十論品類足論等至十一月表上此
經請製經序於蓬萊宮通事舍人馮
義宣勅許之奘生常以来願生弥勒
及遊西域又聞無著兄弟皆生彼天又
頻祈請咸有顯證懷此專至益增翹
勵後至玉華但有隙次無不發願生
覩史多天見弥勒佛自般若翻了惟
自策勤行道禮懺麟德元年告翻經
僧及門人曰有為之法必歸磨滅泡
幻形質何得久停行年六十五矣必
卒玉華於經論有疑者可速問聞者
驚曰年未耆耄何出此言報曰此事
自知遂往辭佛先造俱胝十億像所
禮懺辭別有門人外行者皆報好去今
與汝別亦不須来来亦不見至正月
九日告寺僧曰奘必當死經云此身
可惡猶如死狗奘既死已勿近宮寺
山靜處埋之因既臥疾開目閉目見
大蓮花鮮白而至又見偉相知生佛
前命僧讀所翻經論名目已揔有七
十三部一千三百三十卷自懷欣悅

揔召門人有緣並集云無常將及急
来相見於嘉壽殿以香木樹菩提像
骨對寺僧門人辭訣并遺表訖便默
念弥勒令傍人稱曰南謨弥勒如来
應正等覺願與含識速奉慈顏南謨
弥勒如来所居內衆願捨命已必生
其中至二月四日右脇累足右手支
頭左手髀上鏗然不動有問何相報
曰勿問妨吾正念至五日中夜弟子
問曰和上定生弥勒前不答曰決定得
生言已氣絕迄今兩月色貌如常又
有冥應略故不述又下勅葬日聽京
城僧尼幢蓋往送於是素蓋素幢浮
空雲合哀笳哀梵氣遏人神四俗以
之悲涼七衆惜其沉沒乃葬於白鹿
原四十里中皂素弥滿其塋與兄捷
公相近苕然白塔近燭帝城尋下別
勅令改葬樊川與州縣相知供給吏
力乃又出之衆咸歎異經久埋瘞色
相如初自非願力所持焉能致此余
以闇昧濫霑斯席與之對晤屢展炎
涼聽言觀行名實相守精厲晨昏計
時分業虔虔不懈專思法務言無名

利行絶虛浮曲識機緣善通物性不倨不諂行藏適時吐味幽深辯開疑議寔季代之英賢乃佛宗之法將矣且其發蒙入法特異常倫聽覧經論用為恒任既周行東夏抱酌諸師披露肝膽盡其精義莫不傾倒林藪更新學府遂能不遠數万諮求勝法誓捨形命必會為期發趾張掖達次龍沙中途艱險身心僅絶既達高昌倍光來價傳國祖送備閱霊儀路出鐵門石門躬乘沙嶺雪嶺歷天險而志逾慷慨遭凶賊而神弥厲勇兼以歸禀正教師承戒賢理遂言揚義非再授廣開異論包藏胸臆致使梵侶傾心不匱其法又以起信一論文出馬鳴彼土諸僧思承其本奘乃譯唐為梵通布五天斯則法化之緣東西互舉又西華餘論深尚聲明奘乃畢心請決隨授隨曉致有七變其勢動發異蹤三循廣論恢張懷抱故得施無猒寺三千學僧皆号智囊護持城壍及覩其脣吻聽其詞義皆彈指讚嘆何斯人也隨其遊歷塞外海東百三

十國道俗邪正承其名者莫不仰德歸依更崇開信可以家國增榮光宅惟遠獻奉歲至咸奘之功若非天挺英霊生知聖授何能振斯鴻緒導達遺蹤前後僧傳往天竺者首自法顯法勇終于道邃道生相継中途一十七返取其通言華梵妙達文筌揚導國風開悟邪正莫高於奘矣恨其經部不翻猶涉過半年未遲暮足得出之無常奄及惜哉

那提三藏唐曰福生具依梵言則云布如烏代邪以言煩多故此但訛略而云那提也本中印度人少出家名師開悟志氣雄遠弘道為懷歷遊諸國務在開物而善達聲明通諸詁訓大夏召為文士擬此土蘭臺著作者性汎愛好奇尚聞有涉悟不憚遠夷曾往執師子國又東南上楞伽山南海諸國隨緣達化善解書語至即敷演度人立寺所在揚翁承脂那東國盛轉大乘佛法崇盛贍洲稱最乃搜集大小乘經律論五百餘夾合一千五百餘部以永徽六年創達京師有

勅令於慈恩安置所司供給時玄奘法師當途翻譯聲華騰蔚無由克彰掩抑蕭條般若是難既不蒙引返充給使顯慶元年勅往崑崙諸國採取異藥既至南海諸王歸敬為別立寺度人授法弘化之廣又倍於前以昔被勅往理須返命慈恩梵本擬重尋研龍朔三年還返舊寺所齎諸經並為奘將北出意欲翻度莫有依憑惟譯八曼荼羅礼佛法阿吒那智等三經要約精審可常行學其年南海真臘國為那提素所化者奉敬無已思見其人合國宗師假途遠請乃云國有好藥惟提識之請自採取下勅聽往返亦未由余自博訪大夏行人云那提三藏乃龍樹之門人也所解無相與奘頗返西梵僧云大師隱後斯人第一深解實相善達方便小乘五部毗尼外道四韋陁論莫不洞達源底通明言義詞出珠聯理暢霞擧所著大乘集義論可有四十餘卷將事譯之被遣返闕夫以抱麟之嘆代有斯蹤知人難哉千齡罕遇那提挾

道遠至投俾北冥既無所待乃三被毒載充南侵崎嶇數万頻歷瘴氣委命斯在嗚呼惜哉

論曰觀夫翻譯之功誠遠大矣前錄所載無德稱焉斯何故耶諒以言傳理詣惑遣道清有由寄也所以列代賢聖祖述弘導之風奉信賢明憲章翻譯之意宗師舊轍頗見詞人埏埴既圓稍功其趣至如梵文天語元開大夏之鄉鳥迹方韻出自神州之俗具如別傳曲盡規猷遂有僥倖時譽叨臨傳述逐轉鋪詞返音列喻繁略科斷比事擬倫語迹雖同校理誠異自非明逾前聖德邁往賢方能隱括殊方用通弘致道安著論五失易窺彥琮屬文八例難涉斯並古今通叙豈妄登臨若夫九代所傳見存簡錄漢魏守本本固去華晉宋傳揚時開義舉文質恢恢諷味餘逸厥斯以降輕靡一期騰實未聞講悟蓋寡皆由詞逐情轉義寫情心共激波瀾永成通式充車溢藏法寶住持得在福流失在訛競故勇猛陳請詞同世華

制本受行不惟文綺至聖殷鑒深有其由群籍所傳滅法故也即事可委況弘識乎然而習俗生常知過難改雖欲從轍終陷前蹤粵自漢明終于唐運翻傳梵本多信譯人事語易明義求罕見昏情獨斷惟任筆功縱有覆疎還遵舊緒梵僧執葉相等情乖音悟莫通是非俱濫至如三學盛典惟詮行言八藏微言宗開詞義前翻後出靡墜風猷古哲今賢德殊恒律豈非方言重阻臆斷是授世轉澆波奄同浮俗昔聞淳風雅暢既在皇唐綺飾訛雜寔鍾季葉不思本實妄接詞鋒竟掇芻蕘鄭聲難偃原夫大覺希言絕世特立八音四辯演暢無垠安得凡懷虛參聖慮用為標擬誠非立言雖復樂說不窮隨類各解理開情外詞逸寰中固當斧藻標奇文高金玉方可聲通天樂韻過恒致近者晉宋顏謝之文世尚企而無比況乖於此安可言乎必踵斯蹤時俗變矣其中蕪亂安足涉言往者西涼法讖世號通人後秦童壽時稱僧傑善披

文意妙顯經心會達言方風骨流便弘衍於世不虧傳述宋有開士慧嚴寶雲世係賢明勅興前作傳度廣部聯輝絕蹤將非面奉華胥親承詁訓得使聲流千載故其然哉餘則事義相傳足開神府寧得如瓶瀉水不妄叨流薄乳之喻復存今日終虧受誦足定澆淳世有奘公獨高聯類往還振動備盡觀方百有餘國君臣謁敬言議接對不待譯人披析幽旨華戎胥悅故唐朝後譯不屑古人執本陳勘頻開前失既闕全乖未遑釐正輒略陳此夫復何言

續高僧傳卷第四

癸卯歲高麗國分司大藏都監奉

勅彫造

續高僧傳卷第四

校勘記

一 底本，麗藏本。

一 五三三頁上一行經名，徑、清作「續高僧傳卷第四上」。

一 五三三頁上四行首字「京」，磧、普、南、徑、清作「唐京師」。

一 五三三頁上五行首字「京」，磧、普、南作「唐京師」；徑、清作「京師」。

一 五三三頁上五行與六行之間，清有「唐京師大慈恩寺釋玄奘傳」一行。

一 五三三頁上七行「後也」，諸本（不含石，下同）作「之後也」。又「又爲」，諸本作「今爲」。

一 五三三頁上一〇行第三字「返」，磧、普、南、徑、清作「而退」。又第七字「末」，諸本無。

一 五三三頁上一二行末字「斑」，諸本作「班」。

一 五三三頁上一六行第九字「朋」，磧、普、南作「明」；徑、清作「時」。

一 五三三頁中二行第一一字「弘」，資作「和」。

一 五三三頁中一九行「精覆」，諸本作「精覈」。

一 五三三頁下二行「誦注」，諸本作「涌注」。

一 五三三頁下三行第三字「目」，諸本作「曰」。

一 五三三頁下一五行「相富」，諸本作「相當」。

一 五三三頁下一九行「無猒」，磧、普、南、徑、清作「無斁」。

一 五三三頁下二〇行第八字「掌」，資、磧、普、南作「常」。

一 五三四頁上一行「經論」，諸本作「經綸」。

一 五三四頁上二行第三字「從」，諸本作「徙」。

一 五三四頁上一〇行末字「㷌」，諸本作「渙」。

一 五三四頁上一一行「脫類」，諸本作「脫穎」。

一 五三四頁上二一行「京皐」，諸本作「京輦」。

一 五三四頁上二二行「便通」，諸本作「傳通」。

一 五三四頁中一行第六字「逐」，諸本作「隨」。

一 五三四頁中七行「特信」，諸本作「得信」。

一 五三四頁中八行第一三字「達」，資無。

一 五三四頁下一行第八字「達」，南、徑、清作「遺」。

一 五三四頁下一二行第五字「扇」，諸本作「扉」。又第一二字「裹」，諸本作「裏」。又末字「加」，資作「如」。

一 五三四頁下一七行第三字「境」，資作「鏡」。

一 五三四頁下二〇行「温熱」，諸本作「濕熱」。

一 五三五頁上五行「凌虛」，諸本作「表靈」。

一　五三五頁上一六行首字「擧」，諸本無。

一　五三五頁上二一行第二字「南」，諸本無。

一　五三五頁中四行第九字「至」，諸本無。

一　五三五頁中五行第八字「也」，諸本無。

一　五三五頁中七行第一三字「頻」，諸本作「類」。

一　五三五頁中一〇行第三字「此」，資作「北」。

一　五三五頁中一二行「常在」，諸本作「常存」。

一　五三五頁中一六行首字「絓」，諸本作「繼」。

一　五三五頁中二一行「圓睛」，諸本作「圓精」。又「皎然」，諸本作「皎然」。

一　五三五頁下三行第八字「覲」，諸本作「覩」。

一　五三五頁下五行第三字「印」，諸本作「抑」。

一　五三五頁下一一行第三字「相」，諸本無。

一　五三五頁下一四行「觀視」，諸本作「觀覩」。

一　五三五頁下二一行「三災」，諸本作「之災」。

一　五三六頁上八行末二字「周圍」，諸本作「周輪」。

一　五三六頁上九行第一二字「所」，諸本無。

一　五三六頁上末行第一〇字「決」，資作「快」；磧、普、南、徑、清作「抉」。

一　五三六頁中六行第八字「圖」，資作「國」。

一　五三六頁中八行第八字「負」，資作「圓」。

一　五三六頁中一〇行第六字「匠」，諸本無。

一　五三六頁中一三行第一〇字「繞」，諸本作「統」。

一　五三六頁中一四行首字「體」，磧、普、徑、清作「禮」。

一　五三六頁中一八行第一三字「至」，諸本無。二二行第一二字同。

一　五三六頁下六行末二字至次行首字「末葂羅」，諸本作「末兔羅」。

一　五三六頁下一四行「天皃」，諸本作「天根」。

一　五三七頁上五行「洹河」，諸本作「恒河」。

一　五三七頁上一三行第四字「登」，磧作「聲」。

一　五三七頁上一七行「留之」，磧、普、南、徑作「坑之」；清作「阬之」。

一　五三七頁中末行「做在天之影也」，諸本作「置在天之景也」。

一　五三七頁下五行「全寺」，諸本作「今寺」。

一　五三七頁下二〇行「在焉」，諸本作「存焉」。

一　五三八頁上一六行第一二字「非」，諸本作「亦」。

一　五三八頁上一七行「七百里」，諸本作「七里」。

一　五三八頁上二〇行「頹褫」，資、磧、普、南作「隤陀」；徑、清作「隤他」。

一　五三八頁上二二行「四十」，諸本作「三十」。又第九字「速」，資作「踈」。

一　五三八頁中二二行首字「洗」，諸本作「浣」。

一　五三八頁下四行第一二字「經」，諸本無。

一　五三八頁下七行「各建勝塔標示後代」，諸本作「後代各建勝塔標示」。

一　五三八頁下一三行第四字「沉」，諸本作「流」。

一　五三八頁下一四行末字「踊」，諸本作「涌」。

一　五三八頁下一九行「濟殑伽河」，諸本作「濟殑河」。

一　五三八頁下二二行「娑羅」，諸本作「婆羅」。

一　五三九頁上三行「離王舍」，諸本作「新王舍」。

一　五三九頁上末行「香花」，諸本作「奇花」。

一　五三九頁中七行第四字「相」，諸本無。

一　五三九頁中一六行第七字「火」，資作「大」。

一　五三九頁中一七行「問曰」，徑作「對曰」。

一　五三九頁中二二行第九字「屈」，諸本無。

一　五三九頁下一〇行第四字「山」，諸本無。

一　五三九頁下一二行「代那」，諸本作「伐那」。

一　五三九頁下一七行「六十」，諸本作「六十里」。

一　五四〇頁中一行「外容」，諸本作「外客」。

一　五四〇頁中九行「千功」，諸本作「千工」。

一　五四〇頁中一五行「往返」，諸本作「追隨」。

一　五四〇頁中一七行「久違」，諸本作「久遠」。

一　五四〇頁中末行「所重」，諸本作「所仰重」。

一　五四〇頁下二行「室商」，資作「生制」。

一　五四〇頁下一七行「其位」，磧作「其傳」。

一　五四〇頁下一八行「一斗」，諸本作「一升」。

一　五四一頁上一一行末字「南」，諸本作「遍」。

一　五四一頁上二二行第三字「至」，諸本無。

一　五四一頁中七行「憍薩國」，諸本作「憍薩羅國」。

一　五四一頁中一二行末字「令」，諸本作「今」。

一　五四一頁中一五行「夾縛」，諸本作「甲縛」。

一　五四一頁下六行第八字「未」，資作「末」。
一　五四一頁下二二行第一〇字「當」，諸本作「下當」。
一　五四二頁上一一行第八字「宮」，諸本無。
一　五四二頁上一六行「沉密」，資作「覕密」。又「如此」，資作「數此」。
一　五四二頁上一九行「皂隸」，資作「卑隸」。
一　五四二頁上二〇行「殿負」，諸本作「敐負」。
一　五四二頁中九行第九字「之」，至此，徑、清卷第四上終，徑卷第五始，清卷第四下始。徑、清有「唐京師大慈恩寺釋玄奘傳之餘」一行。
一　五四二頁中一一行第一四字「故」，諸本無。
一　五四二頁中一五行第一〇字「彼」，諸本無。
一　五四二頁下七行「二万」，諸本作「一萬方」。
一　五四二頁下一二行「又曰」，諸本作「王曰」。
一　五四三頁上七行第九字「氎」，諸本作「氎衣」。
一　五四三頁中一行第五字「都」，諸本作「堵」。
一　五四三頁中三行「咸象供侍」，資、磧、普、南、清作「咸蒙供待」；徑作「咸蒙供侍」。又「阜利國」，諸本作「卑利國」。
一　五四三頁中九行「曼延」，資、徑、清作「蔓延」；磧、普、南作「蔓筵」。
一　五四三頁中一一行「眇漫」，諸本作「渺漫」。
一　五四三頁中一六行「磧石」，磧、普、南、清作「積石」。
一　五四三頁中一八行第六字「斯」，諸本作「斷」。
一　五四三頁下三行「氷巖崖險」，資、磧、普、徑作「氷嚴崖隒」；南、清作「氷巖崖隒」。
一　五四三頁下一四行首字「有」，諸本無。
一　五四三頁下二二行第六字「河」，諸本作「池」。又第一二字「斗」，諸本作「斗」。
一　五四四頁上六行首字「左」，諸本作「互」。又第一三字「里」，諸本無。
一　五四四頁上八行「冥目」，諸本作「瞑目」。
一　五四四頁中五行第一三字「連」，諸本作「運」。
一　五四四頁中一二行「朱雀」，諸本作「朱雀門」。
一　五四四頁下一〇行「伹無」，諸本作「但伹無」。
一　五四五頁上六行「具贍」，諸本作「具瞻」。
一　五四五頁上八行「門位」，諸本作「門徒」。
一　五四五頁上一〇行「褊能」，磧、普、南、徑、清作「偏能」。
一　五四五頁上一四行「霊閏」，磧、普、南、徑、清作「靈潤」。

一　五四五頁上一七行「玄摸」，諸本作「玄模」。

一　五四五頁中七行「亂理」，諸本作「觀理」。

一　五四五頁中二二行第一二字「又」，諸本無。

一　五四五頁下二行第二字「論」，諸本作「淪」。

一　五四五頁下九行「言䟽」，諸本作「言跡」。

一　五四六頁上二行「其言」，徑作「其辭」。

一　五四六頁中一一行「二十二」，諸本作「二十五」。

一　五四七頁上八行第四字「而」，諸本作「以」。

一　五四七頁上一三行第三字「道」，諸本作「教」。

一　五四七頁上二一行第三字「雲」，諸本作「零」。

一　五四七頁中一二行第八字「堤」，磧、南、徑、清作「提」。

一　五四七頁下一行「受記」，磧、普、南、徑、清作「授記」。

一　五四七頁下六行末字「性」，諸本作「往」。

一　五四七頁下一一行「正教」，徑作「聖教」。

一　五四七頁下二一行末字「遂」，諸本作「邃」。

一　五四八頁上五行第四字「於」，諸本無。

一　五四八頁上六行第二字「乎」，諸本無。

一　五四八頁上二二行小字「要文凡六百五十七部」，諸本無。

一　五四八頁中一四行第五字「籙」，諸本作「録」。

一　五四八頁中一五行第三字「袟」，磧、普、徑作「秩」。

一　五四八頁中一九行「黄門郎」，諸本作「黄門侍郎」。本頁下一一行同。

一　五四八頁下二行第五字「初」，諸本無。

一　五四八頁下六行第九字「致」，磧、普、南、徑、清作「致言」。

一　五四八頁下一五行「九部」，諸本作「九卿」。

一　五四八頁下一六行第三字「徒」，諸本作「從」。

一　五四八頁下一九行第八字「山」，諸本作「山水」。

一　五四八頁下二〇行首字「時」，資無；磧、普、南、徑、清作「以」。

一　五四九頁上三行第三字「旋」，諸本作「施」。

一　五四九頁上五行「下近」，諸本作「不遠」。

一　五四九頁中一行「會説」，徑作「會統」。

一　五四九頁中六行「皆生」，資作「入」。

一　五四九頁中一三行第一〇字「可」，諸本作「今可」。

一　五四九頁中一六行第八字「外」，資無。

一　五四九頁中一九行第一一字「勿」，諸本無。

一　五四九頁中二〇行「埋之」，諸本作「藏之」。

一　五四九頁下三行第一〇字「遺」，資作「遣」。

一　五四九頁下一一行「氣絶」，諸本作「氣絶神逝」。

一　五四九頁下一五行「白鹿」，徑、清作「白花」。

一　五四九頁下一八行「改塟」，諸本作「改葬於」。

一　五四九頁下二一行第三字「眛」，諸本作「眛」。又第一一字「晤」，諸本作「晤」。

一　五五〇頁上二行「幽深」，諸本作「幽奇」。又「辯開」，磧作「辯闓」。

一　五五〇頁上一三行第九字「遂」，諸本作「逐」。

一　五五〇頁上一五行「不匱」，諸本作「不遺」。

一　五五〇頁上一八行第一一字「奘」，諸本作「則奘」。

一　五五〇頁上末行「何斯」，磧、普、南、徑、清作「斯何」。

一　五五〇頁中一二行「烏代邪」，諸本作「烏伐邪」。

一　五五〇頁中一六行第三字「召」，諸本作「名」。

一　五五〇頁中一九行「至即」，諸本作「至此」。

一　五五〇頁下三行第一二字「引」，諸本作「引」。

一　五五〇頁下一五行第四字「亦」，諸本作「迹」。

一　五五〇頁下一七行第五字「頗」，磧、普、南、徑、清作「碩」。

一　五五一頁上三行首字「命」，諸本作「命遺命斯人」。

一　五五一頁上五行「無德」，磧、普、南、徑、清作「無得」。

一　五五一頁上六行「寄也」，諸本作「奇也」。

一　五五一頁上一二行第六字「轉」，諸本作「囀」。

一　五五一頁上二〇行第二字「靡」，磧、普、南、徑、清作「扇」。

一　五五一頁中八行第二字「悟」，磧、普、南、徑、清作「語」。

一　五五一頁中一一行第一〇字「授」，諸本作「投」。

一　五五一頁下一一行第三字「故」，諸本無。

一　五五一頁下一二行第七字「全」，諸本作「令」。

一　五五一頁下末行卷末經名，徑作「續高僧傳卷第五」；清作「續高僧傳卷第四下」。

續高僧傳卷第五　左
大唐西明寺沙門釋道宣撰
義解篇初　本傳十二
附見一十九
梁楊都安樂寺沙門釋法申傳一　道達　慧命
梁楊都建元寺沙門釋僧韶傳二
法朗　法亮
梁楊都建元寺沙門釋法護傳三
智遠　僧達
梁鍾山宗熙寺沙門釋智欣傳四
梁吳郡虎丘山沙門釋僧若傳五
僧令　法度　慧梵　慧朗
梁楊都宣武寺沙門釋法寵傳六　智果　僧叔
梁楊都靈根寺沙門釋僧遷傳七
梁楊都莊嚴寺沙門釋僧旻傳八　道超
梁楊都光宅寺沙門釋法雲傳九
梁南海隨喜寺沙門釋慧澄傳十
慧朗　慧略　法生　慧武
梁鍾山上定林寺沙門釋法令傳十一
慧泰　慧棻
梁鍾山開善寺沙門釋智藏傳十二

釋法申本姓呂任城人也祖世寓居

青州申幼出家夙懷儒素廣學經論妙思獨遠弥歷年祀規空晝有日夜惆悵隱士平原明曇聊朔之日三陽在節明辰泭景何不飲美酒賦新詩而終日竟歲瞪視四壁百年俄頃知得成儒素以不答曰蓋是平生鄙好何論得失須之而大明成論譽美州鄉值宋太始之初莊嚴寺法集勅請度江住安樂寺累當師匠道俗欽賞建元之中遭本親遠喪道途迴岨有导北歸因介屏絶人事杜塞講說逮齊竟陵王蕭子良永明之中請二十法師知宣講授苦相徵屈辭不獲免當斯之盛無與友者兼又淳厚仁慧不出厲言安閑守素不狎人世以天監二年卒春秋七十有四時復有道達慧命並以勤學顯名達姓裴河東聞喜人住廣陵永福精舍少以孝行知名拯濟危險道聞江濆永明中為南兗州僧正在職廉潔雅有治才縣任之日唯有紙故五束慧命廣陵人住安樂寺開濟篤素專以成實見知

釋僧韶姓王齊國高安人幼穎拔俗

弱年從志斂服道俗恭敬師宗美姿制善舉止情性溫和韻調清雅好弘經數名顯州壤專以毗曇擅業元徽之初始來皇邑住建元寺寬厚閑澹不妄交遊宋季澆薄體裁無准物覺目前榮枯俄頃韶閉房自守狀若無人及齊氏開泰礼教夙被白黑鑽仰講說頻仍後學知宗前脩改觀毗曇一部化流海內諮聽之徒常有百數齊文惠及竟陵王蕭子良雅相欽礼清河崔慧親從北面諮承餘誨以天監三年卒于住寺春秋五十有八時建元又有法朗兼以慧學知名本姓沈氏吳興武康人家遭世禍因住建業大明七年與兄法亮被勅綰継慧益出家初住藥王寺亮履行高潔經數脩明朗稟性疎率不事威儀聲轉有聞義解傳譽集注涅槃勒成部帙而言謔調笑不擇交遊高人勝己見必齒録並卒于天監中

釋法護姓張東平人初以廉直居性不耐貪叨年始十三而善於草隸其師道邑亦有清風撫其首曰觀汝意

氣必能振發遺法及至受戒仍遭父憂居喪房內經涉四載不預法事禮畢羸瘠不堪隨衆宗孝建中來都遊觀住建元寺雅好博古多講經論常以毗曇命家弗尚流俗言去浮華不求適會趣通文理從其學者百有餘人齊竟陵王揔挍玄釋定其虛實仍於法雲寺建竪義齋以護爲標領解釋腂結每無遺滯物益懷之遠有曠度不交榮俗凡所遊往必皆名輩齊侍中陳留阮韜光祿阮晦中書侍郎汝南周顒並歷心礼待未甞廢也自從天子至于矦伯不與一人遊狎晈然獨坐勗勵門徒無營蒿利惟以經數仁義存懷以天監六年卒于住所春秋六十有九時新安寺智遠天保寺僧達並以勤學有功遠幼懷清静守志不競講說大乘好修福務達平和開拓頗自矜尚

釋智欣姓潘丹陽建康人也稚而聰警稟懷夔躁率尒形儀過無修整年七八歲世間近事經耳不忘曾入栖静寺正值上講聞十二因緣義云生

死輪轉無有窮已便慨然有離俗之志他日即就栖静僧審禪師求出家焉篤好博學多集近事師訓之曰觀汝神明人非率尒所可習學皆非奧遠何耶荅曰欲廣其節目耳及具足後從東安寺道猛聽成實論四遍雖周未曾注記結帙而反亭然獨悟莫與爲羣不交當世無因得叅其門者世及至講說文義精志四衆推服聽者八百餘人陳心序事貴在可解不務才華有異流俗客問未申酬荅已罷皆美其豊贍名重四海齊永明末太子數幸東田蒭諸內侍丞經住寺旅因謝病鍾山居宗凞寺確然自得不興富貴遊往行不苟合交不委親嚫施之物捨改住寺以天監五年卒春秋六十一葬于山墓

釋僧若莊嚴寺僧瓊之兄子也瓊以律行清嚴見之前傳若少而廉静邑里推之十五出家住虎丘東山精舍事師恭孝與人友善性好勤學出都住治城寺二十餘年經數通達道俗器賞太常卿吳郡陸惠曉左氏尚書

陸澄深相待接年三十二志絕風塵末東返虎丘栖身幽室簡出人世披文說古自足雲霞雖復茹菜不充單複不贍隨宜任運罕復經懷瑯琊王斌守吳每延法集還都謂知已曰在郡頼得若公言謔大忘衰老見其比歲放生爲業仁逮魚鳥及飛走講說雖踈津梁不絕何必滅迹巖岫方謂爲道但出處不失其機彌覺其德高也天監八年勅爲彼郡僧正親當元師猶肆意山內故失匡救之美致有貪慢之謗未必加諸已要亦有慙暮齡以普通元年卒春秋七十復有僧令者若之兄也亦以碩學知名少而雋聲長益廉退經律通明不永早世復有法度者住定林寺沉審其性言不率㬥先行而後從焉時莊嚴寺又有慧梵慧朗並以內外通博期標聲譽梵本吳氏剋人對決强斷不事形名朗肌貌霜潔時人目爲白朗屢講衆經頗入能例

釋法寵姓馮氏南陽冠軍人後遭世難寓居海鹽少有絕俗之志二親愛

續高僧傳卷第五　第七張　左

而弗許執志固請乃曰須待為汝婚
竟隨意所欲十八納妻經始半年捨
家服道住光興寺成辦法式習學威
儀其後出都住興皇寺又從道猛曇
濟學成實論二公雅相歎賞日夜辛
勤不以寒暑動意吳郡張融與周顒
書曰古人遺放故留兒女法寵法師絕
塵如棄唾若斯之志大矣遠矣又從
長樂寺僧周學通雜心及法勝毗曇
又從莊嚴曇斌歷聽衆經探玄析奧
妙盡深極高難所指罕不倒戈音吐
蘊藉風神秀舉齊竟陵王子良甚加
礼遇嘗於西邸義集選諸名學事委
治城智秀而覺者尤多秀謂寵曰當
此應對卿何如我荅曰先悅後排我
不及卿詮名定賞卿不及我秀有慙
色年三十八正勝寺法顗道人善通
樊許之術謂寵曰君年滿四十當死
無可避處唯有祈誠諸佛懺悔先愆
逃脫或可與耳寵因引鏡驗之見面
有黑氣於是貨賣衣鉢資餘併市香
供飛舟東逝直至海塩居在光興閉
房礼懺杜絕人物晝忘食息夜不解

續高僧傳卷第五　第八張　左

衣近年四十歲暮之夕忽覺兩耳腫
痛弥生怖懅其夜懺礼已達四更聞
户外有人言曰君死業已盡遽即開
户都無所見明晨借問僉言黑氣都
除兩耳乃是生骨斯實懺蕩之基切
不虛也末又從東夏慧基聽其講導
言論往復旬日之間文疑理滯互啓其
志又鼓棹西歸住道林寺開宇臨磵
敞軒映水解帙尋經每自惆悵而不
能已及東昏在位多請遊於北山因而
移寓天保寺天監七年齊隆寺法鏡
徂殁僧正惠超召寵鎮之勑曰法寵
法師造次舉動不逾律儀不佚性欲
不事形勢慈仁愷悌雅有君子之風
迮政寺廟信得其人矣上每義集以
礼致之略其年臈勑常居坐首不呼
其名号為上座法師請為家僧勑施
車牛人力衣服飲食四時不絕寺本
陿小帝為宣武王修福下勑王人繕
改張飾以待寵焉因立名為宣武寺
也門徒敦厚常百許人普通四年忽
感風疾不能執捉舒經格上晝夜不
休赴諸法事坐輿論說未疾礼佛常

續高僧傳卷第五　第九張　上

以百拜為限後不能起居猶於牀上
依時百過俯仰虔敬所懺所願與本
無異後疾甚中使參候相望於道以
普通五年三月十六日卒春秋七十
四皇上傷悼道俗悲戀勑葬定林寺
墓一切凶事天府供給舍人主書監
視訖事復有沙門智果管氏吳人住
海鹽光興寺清直平簡善諸經術又
剡縣公車寺沙門僧淵招採衆師并
為已任隨問隨荅思慮周廣雖有徵
覈而未盡其要妙

釋僧遷姓樂氏襄陽杜人幼出家進
忠退儉早恊州鄉聽遊都邑住靈根
寺却掃一房淨若仙觀潔整衣服塵
水不染從靈味寺寶亮諮學經論文
理通達藉甚知名性方稜不撓高自
崇遇若非意得罕所賓接武帝以家
僧引之吳平侯蕭昺亦遇之以礼天
監十六年夏帝嘗夜見沙門慧詡他
日因計法會還問詡曰御前夜何所
道詡曰卿何忽問此而言氣甚厲遷
抗聲曰我與卿同出西州俱為沙門
卿一時邀逢天接便欲陵駕儕黨我

惟事佛視鄉輩蔑如也衆人滿坐詡有懟忒其為梗正皆類此也以普通四年卒春秋五十九矣

釋僧旻姓孫氏家于吴郡之富春有吴開國大皇帝其先也旻幼孤養能言而樂道七歲出家住虎丘西山寺為僧回弟子從回受五經一聞能記精神洞出標群獨秀每與同輩言謔及諸典礼未嘗不慨慨然欲為已任宋吏部郎吴郡張辯謂之曰沙弥何姓家在何處旻曰貧道姓釋家于此山辯甚異之特進張緒見而嘆曰松栢雖小已有陵雲之氣由是顯譽年十三隨回出都住白馬寺寺僧多以轉讀唱導為業旻風韻清遠了不厝意年十六而回亡哀容俯仰率由自至喪礼畢移住莊嚴師仰曇景景久居寺任雅有風軌大小和從寺給僧足旻安貧好學與同寺法雲禪崗法開稟學柔次達亮四公經論夕則合帔而卧晝則假衣而行往返諮詢不避炎雪其精力篤課如此大明數論究統經律原始要終望表知裏內鑒諸已旁

啓同志前疑往結靡不氷泮雖命世碩學有是非之辯旻居中振發曾無擁滯光緒既著風猷弥遠齊文惠帝竟陵王子良深相貴敬請遺連接尚書令王儉延請僧宗講涅槃經旻扣問聯環言皆摧敵儉曰昔竺道生入長安姚興於逍遥園見之使難道融義往復百翻言無不切衆皆覩其風神服其英秀今此旻法師超悟天體性極照窮言必典詣能使前無横陣便是過之遠矣文宣嘗請柔次二法師於普弘寺共講成實大致通勝冠蓋成陰旻於末席論議詞旨清新致言宏邈往復神應聽者傾屬次公乃放麈尾而嘆曰老子受業於彭城精思此之五聚有十五番以為難窟每恨不逢勍敵必欲研盡自至金陵累年始見竭於今日矣且試思之晚講當荅及晚上講裁復數交詞義遂擁次公動容顧四坐曰後生可畏斯言信矣年二十六永明十年始於興福寺講成實論先輩法師高視當世排競下筵其會如市山栖邑寺莫不掩扉

畢集衣冠士子四衢輻湊坐皆重膝不謂為迮言雖竟日無起疲倦皆仰之如日月矣希風慕德者不遠万里相造自晉宋相承凡論議者多高談大語競相誇罩及旻為師範稜落秀上機變如神言氣典正座無洪聲之侶重又性多謙讓未常以理勝加人處衆澄眸如入禪定其為道俗所推如此時人稱曰折剖磐隱通古無例條貫始終受者易悟庶方蕩諸異論大同正法矣於是名振日下聽衆千餘孜孜善誘曾無告倦晉安太守彭城劉業嘗謂旻曰法師經論通博何以立義多儒荅曰宋世貴道生開頓悟以通經齊時重僧柔影毗曇以講論貧道謹依經文文玄則玄文儒則儒耳時竟陵王世子蕭昭胄出守會稽要旻共往征虜別之旻曰吾止講席相識未嘗脩詣承其得郡便狼狽遠別意所不欲衆因是亦止永元元年勅僧局請三十僧入華林園夏講僧正擬旻為法主旻止之或曰何故荅曰此乃內潤法師不能外益學士非

謂論者由是譽傳遐迩名動京師瑯
瑯王仲寶吴人張思光學冠當時清
貞獨絶並投分請交申以縞帶年立
之後頻事開解蔚為宗匠九部五時
若指諸掌玄理伏難坦然夷易故緇
素結轍華俗邀延往復毛華矣時有令
聞夙成負先来之風耆年素望懷新
舊之恥設伏者比肩翹開者間出旻
随方領會弘量有餘皆銜璧輿櫬響
然風靡者一人而已值齊曆横流道
属昏詖時寵小人世嫉君子因避地徐
部仍受請入吴法輪継轉勝幢屢建
皆随根獲潤有聲南北皇梁膺運乃
翻然自遠言從帝則以天監五年遊
于都輦天子礼接下莚亟深睠悦勅
僧正慧超銜詔至房欲屈與法寵法
雲汝南周捨等時入華林園講論道義自
茲已後優位日隆六年制注般若經
以通大訓朝貴皆思弘厥典又請京
邑五大法師於五寺首講以旻道居
其右迺眷帝情深見悦可因請為家
僧四事供給又勅於慧輪殿講勝鬘
經帝自臨聽仍選才學道俗釋僧智

僧晃臨川王記室東莞劉勰等三十
人同集上定林寺抄一切經論以類
相從凡八十卷皆令取衷於旻十一
年春忽感風疾後雖小間心猶忘誤
言語蹇塞旻日自登座論説已二十
年如見此病例無平復論事盡矣乃
修飾房内隣立道場日夜礼懺後吴
郡太守張充吴興太守謝覧各遣僚
佐至都表上延請有勅給舩仗資粮
發遣二郡迎候舟檝滿川京師學士
雲随霧合中途守宰莫不郊迎晉陵
太守蔡樽出候門迎之嘆曰昔仲尼
素王於周今旻公又素王於梁矣天
監末年下勅於莊嚴寺建八座法輪
論者五僧以年臈相次旻最處後衆
徒弥盛莊嚴講堂宋世祖所立欒櫨
增映延袤遐遠至於是日不容聴衆
執事啓聞有勅聽停講五日悉移窻
户四出擔霤又進給牀五十張猶為
迫迮桄桯摧折日有十數得人之盛
皆此類焉旻因捨什物嚫施擬立大
堂慮未周用付庫生長傳付後僧又
於簡静寺講十地經堂宇先有五間

慮有迫迮又於堂前權起五間合而
為一及至就講寺内悉滿斯感化之
来殆非意矣少與齊人張融謝朓友
善天下才學通人莫不致礼雖居重
名不嘉榮勢閑處一室簡通豪右
衆人多恨之唯吴郡陸倕博學自居
名位通顯早崇礼敬旻亦密相器重
時為太子中庶候從到房旻稱疾不
見倕欣然曰此誠弟子所望也人皆
推倕之愛名徳也弥重旻之不趣於
世曁普通之後先疾連發弥懐退静
夜還虎丘人無知者時蕭昂出守
吴興欲過山展礼山主智遷先知以
告旻旻曰吾山藪病人無事見貴二
千石昔戴顒隠居北嶺宋江夏王入
山詣之高卧牖下不與相見吾雖徳
薄請附戴公之事矣及蕭至旻從後
門而遁其年皇太子遣通事舍人何
思澄銜命致礼贈以几杖鑪奩褥席
麈尾拂扇等五年下勅延還移住開善
使所在備礼發遣不得循常以稽天
望於路增劇未堪止寺權停莊嚴因
遂弥留以至大漸良醫上藥備于寺

内中使叅候相望馳道以大通八年二月一日清旦卒于寺房春秋六十一天子悲惜儲君嗟惋勅以其月六日窆於鍾山之開善墓所喪事大小隨由備辦隱士陳留阮孝緒為著墓誌弟子智學慧慶等建立三碑其二碑皇太子湘東王並為製文樹于墓側徵士何胤著文立於本寺初旻嘗樂於禪默乃依所立義試遍安心旬日之間遂得入定問諸禪師皆云門戶雖殊造寂不異又嘗於講日謂衆曰昔弥天釋道安每講於定坐後常使都講等為含靈轉經三契此事久廢既是前修勝業欲屈大衆各誦觀世音經一遍於是合坐欣然遠近相習尔後道俗捨物乞講前誦經由此始也時有靈根寺道超比丘勤學自勵頗明解如旻夢有人言僧旻法師毗婆尸佛已能講說君始脩習云何可等但自加功不患不達隨分得解後大領悟旻嘗造弥勒佛并諸供具朝夕礼謁乃夢見弥勒佛遣化菩薩送菩提樹與之菩薩曰菩提樹者梁言

道場樹也弟子頗宣其言旻聞而剬之曰礼有六夢正夢唯一乃是好惡之先徵故周立占夢之官後代廢之正以俗人澆薄亟多假託吾前所夢乃心想耳汝勿傳之以莊嚴寺門及諸牆宇古製不工又昊虎丘山西寺朽壞日久並加繕改事盡弘麗旻所造經像全不封附須者便給放生布施未嘗倦廢弟子諮曰和上所修功德誠多未始建大齋會揔福事未圓旻曰大齋乃有一時發起之益吾寡乏人力難得盡理又且米菜醬酢樵水湯炭踐蹹澆炙信傷害微虫豈有數量慮有此事故不敢為也始復求寄王官官府有勢之家使役雖多弥難盡意近識觀之藉此開悟智者窺人有求名之誚要請法俗侵星早到若不專至有乖素心若現斯言猶涉譏笑故吾不為也旻美言笑善舉止吐納膏油自生顧眄風飆滿室凡所施為不為名利勤注敎勗形於言晤先人後己常若不及常有餘師言弟子不恭者旻呼與相見為設飲食

方便譬喻遂成善士生無左道卜筮不妄同惑凡人又不假託奇怪以誑近識貴人君子皆景慕焉營居負販者亦望風而畏敬聞其名者為夫正鄙夫立所著論疏雜集四聲指歸詩譜决疑等百有餘卷流世

釋法雲姓周氏義興陽羨人晉平西將軍處之七世也母吳氏初產在草見雲氣滿室因以名之七歲出家更名法雲從師住莊嚴寺為僧成玄趣寶亮弟子而雋朗英秀卓絕時世年十三始就受業大昌僧宗莊嚴僧達甚相稱讚寶亮每曰我之神明殊不及也方將必當棟梁大法矣齊永明中僧柔東歸於道林寺發講雲諮决累日詞旨激揚衆所嘆異年小坐遠聲聞難叙命置小牀處於前共盡往復由是顯名與同寺僧旻等年臘齊名譽歷採衆師且經且論四時遊聽寒暑不輟或講前講末初夜後夜覆述文義閑隟遊習於路思義輙不自覺行過所造其勤勵專至類皆如此曾觀長樂寺法調講論出而顧曰振旦

天子之都衣冠之富動靜威儀勿易為也前後法師或有詞無義或有義無詞或俱有詞義而過無威儀今日法坐俱已闕矣皆由習學不優未應講也及年登三十建武四年夏初於妙音寺開法華淨名二經序正條源群分名類學徒海湊四衆盈堂僉謂理因言盡紙卷空存及至為賔搆擊縱橫比類紛綸擬辯若疾風應變如行雨當其鋒者罕不心務賔主咨嗟朋僚胥悅時人呼為作幻法師矣講經之妙獨步當時齊中書周顒瑯琊王融彭城劉繪東莞徐孝嗣等一代名貴並投莫逆之交孝嗣每日見雲公後發自顧欿然而性靈誠孝勞於色養及居母憂毀瘠過礼累日不食殆不勝喪僧旻謂曰聖人制礼賢者俯就不肖者企及且毀不滅性尚出儒宗況佛有至言欲報生恩近則時奉顏儀使物生悅遠則啓發菩提以道神識又亡恩愛重賊不可寬放寬放此者及所親愛墮於惡道唯有智者以方便力善能治制則惠兼存没

入諸善趣矣宜思遠理使有成津何可恣情同於細近耶雲乃割裂哀情微進飲粥永元元年曾受毗陵郡請道俗傾家異端必集弘振風猷道被京城鼓儛知歸巾褐識反及梁氏高臨甚相欽礼天監二年勑使長召出入諸殿影響弘通之端讚揚利益之漸皇高丞延義集未曾不勑令雲先入後下詔令時諸名德各撰成實義疏雲乃經論合撰有四十科為四十二卷俄尋究了又勑於寺三遍敷講廣請義學充諸堂宇勑給傳詔車牛吏力皆備足焉至七年制注大品朝貴請雲講之辭疾不赴帝云弟子既當今日之位法師是後来名德流通元寄不可不自力為講也因從之尋又下詔礼為家僧資給優厚勑為光宅寺主創立僧制雅為後則皇太子留情内外選請十僧入於玄圃經於兩夏不止講經而亦懸談文外雲居上首偏加供施自從王侯逮于榮貴莫不欽敬至於吉凶慶弔不避寒暑時人頗謂之遊俠而動必弘法不以此

言聞懷中書郎順陽范軿著神滅論群僚未詳其理先以奏聞有勑令雲荅之以宣示臣下雲乃遍與朝士書論之文采雖異而理義倫通又與少傅沈約書曰主上令荅神滅論今遣相呈夫神妙寂寥可知而不可說義經丘而未曉理涉旦而猶昏至人凝照有本襲道赴機垂審臣下旨訓周啚孝享之祀既彰禁懷曾史之慕三世之言復闡紂綴波崘之情豫非草木誰不歔欷同挹風猷共加弘贊也約荅曰神本不滅深所伏膺神滅之談良用駭惕近約法師殿内亦蒙勑荅一本歡受頂戴尋覽忘疲豈徒伏斯外道可以永離衆魔孔釋兼弘於是乎在實不刊之弘旨百代之舟航弟子亦即彼論微厝疑叢比展具以呈也雲以天監末年欲報施主之恩於秣陵縣同下里中造寺一所勑以法師建造可仍以法師為名即禪崗之西山也郊郭内地實為爽塏結宇孤巖北面城市懷澗隱嶺窮人野之致終日論談曾無休廢天監將末扶南國獻

經三部勑雲譯之詳決梁梵皆理明
意顯狀若親承帝抄諸方等經撰受
菩薩法攝等覺道場請草堂寺慧約
法師以為智者躬受大戒以自莊嚴
自茲厥後王侯朝士法俗傾都或有
年臘過於智者皆望風奄附啓受戒
法雲曰戒終是一先已同稟今重受
者誠非所異有若趣時於是固執帝
累勸獎每加說喻荅曰當先發願若
得相應然後從受雲欲發起中表菩
提之心捨已身外餉施之物通啓於
華林園光華殿設千僧大會分此諸
物為五種功德上帝隨喜警梵從時
鍮金條旭百和奩奩衆妓繁會觀者
傾城莫不稱嘆普通六年勑為大僧
正於同泰寺設千僧會廣集諸寺知
事及學行名僧羯磨拜授置位羽儀
衆皆見所未聞得未曾有尒後雖遘
疾時序而講說无廢及於扶接登座
弊劇乃止至御幸同泰開大涅槃勑許
乘輿上殿凴几聽講及遭父憂由是
疾篤至于大漸以大通三年三月二
十七日初夜卒于住房春秋六十有

三二宮悲惜為之流慟勑給東園秘
器凡百喪事皆從王府下勑令葬定
林寺側太子中庶瑯瑘王筠為作銘
誌弟子周長胤等有猶子之慕創造
二碑立于墓所湘東王蕭繹各為製
文初雲年在息慈雅尚經術於妙法
花研精累思品酌理義始末照覽乃
往幽巖獨講斯典豎石為人松葉為
拂自唱自導兼通難解所以垂名梁
代誠績有聞而文疏稠疊前後繁映
致依諦誦有阻恒切嘗於一寺講散
此經忽感天花狀如飛雪滿空而下
延于堂內昇空不墜訖講方去有保
誌神僧道超方外罕有得其情者與
雲互相欽愛呼為大林法師每來雲
所輒停住信宿嘗言欲解師子吼請
法師為說即為剖析誌便彈指讚曰
善哉微妙微妙矣儀同陳郡袁昂云
有常供養僧學雲法花日夜發願望
得慧解等之忽夢有異僧曰雲法師
燈明佛時已講此經那可卒敵也每
於講次有送錢物乞誦經者多獲徵
應及得善夢如別記述夷陵縣滇人

於網中得經一卷是涅洹四法品末
題云宋元徽二年王寶勝譔造奉光
宅寺法雲法師以事勘校時雲年始
十歲名未遠布寺無光宅而此品正
則初云引法次斷魚肉驗今意行頗
用相符其有機神變化人莫敢覓其
類者雲得此告弥深引演云尒
釋慧澄姓蘭氏番禺高要人十四出
家依和上道達住隨喜寺而在性貞
苦立素齋戒魚肉葷辛畢世未視當
齊氏之季百工輟業澄閉户礼誦不
修闚達天監初建開闡學校白黑欒
求皆得其志澄深懷願望以日為歲
世始廓清南路猶梗負笈踟躕欲前
未進親舊諫曰何不就饒聚粮貨待
路好通為尒栖栖積生憂苦澄曰榮
華賄貨此何見開日月如電時不待
人耳於是間行寄託遂至京室懸莊
嚴寺仍從僧旻以伸北面勤苦下帷
專攻一事且經且律或數或論十餘
年中鉤深索隱猶晦遜下遊雷闇日
遠桂陽王蕭象聞風欽悅延請入第
頂礼歸依求屈講說親自飡服遂使

遠近投集聞者斐然後桂陽出鎮南
岳請與同行瀟湘道俗重增歸敬法
席継興善誘忘倦澄以違親歲久誓
暫定省而番禺四衆向風欽德迎請
重疊年年轉倍以普通四年隨使南
返中途危阻素情無憚食值飢客合
盤施之舩人更辨不肯復受又見單
薄解衣賑之及至南海復停隨喜七
衆乞結其會如林讃請法施頻仍累
迹理喻精微淺深無隱新舊學望如
草偃焉於斯五載法利無限未及旋
都遇疾而卒春秋五十有二即大通
元年也時復有慧朗慧略法生慧武
等皆從僧旻受學雖復廣綜諸部並
以成實擅名朗居貧好學博達多通
久當師匠巧於傳述略聦明隽警宣
講有則品别支條分擿甚有嘉譽生
尋訪異聞博迹經論銓次秘奧物益
奇之武振揚文義省約不繁宣流未
廣蘭摧中葉年三十餘卒
釋法令姓董氏未詳何人家遭世禍
因寓建康少出家住定林上寺立操
貞堅庶和寡欲博覽經論多所通達

善涅槃大小品尤精法花阿毗曇心
登師子座發無畏辯先標綱要却泝
條流言約旨遠馳名京學兼好禪寂
以息攀緣但多痳瘵亟為廢替自責
先身執相分别起諸違害今受殃咎
因誦大品一部用袪封滯清淨調和
隨從梵行足不下山三十三載葷辛
不食弊衣畢世以天監五年卒春秋
六十有九時寺復有慧泰慧纂並
以學聞泰剋己修身篤勤禪智偏能
談授纂心性清率不務形骸貞實抱
素雅有國士之器
釋智藏姓顧氏本名淨藏吳郡吳人
吳少傅曜之八世也高祖彭年司農
卿曾祖淳錢唐令祖瑶之員外郎父
映奉朝請早亡其母嘗夢出繞吳城一匝
窓雲四布而天中開朗衆星隆地取
而吞之因而有娠焉及生藏也少而
聦敏常懷退讓果食衣服爰及威儀
皆新華先讓而處下末由此擊譽鄉
閭弱而尚重年十六代宋明帝出家
以泰初六年勑住興皇寺事師上定
林寺僧遠僧祐天安寺弘宗此諸名

德傳如前述藏稟依訓範敬義弘隆
甞遇師疾甚不食多日藏亦從之待
師進飲藏還進飲乃至平復方從師
好自是戒德堅明學業通奧衆所知
識超於夷等當時柔次二公玄宗盖
世初從受學挹酌經論統辯精理及
其開關延敵莫能涉其津者藏洞曉
若神微言每吐預有比蹤罔不折伏於
是二僧歎揖自以弗及之也齊太尉
文憲王公深懷欽悅爰請安居常歎
相知之晚太宰文宣王建立正典紹
隆釋教將講淨名選窮上首乃招集
精解二十餘僧探授符策乃得於藏
年臘最小獨居末坐敷述義理罔或
抗衡道俗翕然彌崇高譽先是會稽
慎法師志欲宣通妙法乃請文宣方
求講匠以藏名稱普聞允當僉屬遂
流連會響多歷年祀伏膺鼓篋寔繁
有徒但以律部未精重遊京輦信同
瓶瀉有似燈傳俄而十誦明了諸部
薄究未還吳郡道流生地學人裹
糧隨之不少永元二年重遊禹穴居
法花山結衆弘業及齊德將謝王室

大騷天地既閇經籍道廢遂翻然高
舉欲終焉禹穴逮有梁革命大弘正
法皇華繼至方遊京輦天子下礼承
修榮貴莫不竦敬聖僧寶誌遷神窀
穸于鍾阜於墓前建塔寺名開善勅
藏居之初藏未受具戒遇誌於定林
上寺遂推令居前垂示崇敬之迹識
知德望有歸告之先見矣時梁武崇
信釋門宮闕恣其遊踐主者以負扆
南面域中一人議以御坐之法唯天
子所升沙門一不霑預藏聞之勃然
厲色即入金門上正殿踞法座抗聲曰
貧道昔為吳中顧郎尚不慙御搨況
復迺祖定光金輪釋子也檀越若殺
貧道即殺不慮無受生之處若付在
尚方獄中不妨行道即拂衣而起帝
遂罷勅任從前法斯跨略天子高岸
釋門皆此類也有塈姥者二相人也
為記吉凶百不失一謂藏曰法師聰
辯蓋世天下流名但恨年命不長可
至三十一矣時年二十有九聞斯促
報講解頓息竭精修道發大誓願足
不出門遂探經藏得金剛般若受持

讀誦畢命奉之至所尼暮年香湯洗
浴淨室誦經以待死至夜而聞空中
聲曰善男子汝往年三十一者是報
盡期由般若經力得倍壽矣藏後出
山試過前相者乃大驚起曰何因尚
在世也前見短壽之相今了一無沙
門誠不可相矣藏問今得至幾答云
色相骨法年六十餘藏曰五十為命
已不為夭況復過也乃以由緣告之
相者欣服章以畢年辤世終如相言
於是江左道俗競誦此經多有徵應
乃至于今日有光大感通屢結逮梁
大同中敬重三寶利動昏心澆波之
儔肆情下達僧正憲網無施於過門
帝欲自御僧官維任法侶勅主書遍
令許者署名于時盛哲無敢抗者匿
然投筆後以疏聞藏藏筆橫轢之告
曰佛法大海非俗人所知帝覽之不以
介意斯亦拒懷略万乘季代一人而
帝意弥盛事將施行於世雖藏後未
同而勅已先被晚於華光殿設會衆
僧大集後藏方至帝曰比見僧尼多
未誦習白衣僧正不解科條俗法治

之傷於過重弟子暇日欲自為白衣
僧正亦依律立法此雖是法師之事
然佛亦復付囑國王向來與諸僧共
論咸言不異法師意旨如何藏曰陛
下欲自臨僧事實先顯正法但僧尼
多不如律所願垂慈矜恕此事為後
帝曰弟子此意豈欲苦衆僧耶正謂
俗愚過重自可依律定之法師乃令
矜恕此意何在答曰陛下誠欲降重
從輕但末代衆僧難皆如律故敢乞
矜恕帝曰請問諸僧犯罪佛法應治
之不答曰竊以佛理深遠教有出沒
意謂亦治不治帝曰惟見付囑國王
治之何處有不治之說答曰調達親
是其事如來置之不治帝曰法師意
謂調達何人答曰調達乃誠不可測
夫示迹正欲顯教若不可不治聖人
何容示此若一向治之則衆僧不立
一向不治亦復不立帝動容追停前
勅諸僧震懼相率啓請帝曰藏法師
是大丈夫心謂是則道是言非則道
非致詞宏大不以形命相累諸法師
非大丈夫意實不同言則不異弟子

向與藏法師碩諍而諸法師默然無見助者豈非意在不同耳事遂獲寢藏出告諸徒屬曰國王欲以佛法為已任乃是大士用心然衣冠一家子弟十數未必稱意況復衆僧五方混雜未易辯明正須去其甚泰耳且如來戒律布在世間若能遵用足相綱理僧正非但无益為損弘多常欲勸令罷之豈容贊成此事或曰理極如此當万乘之怒何能夷然藏笑曰此實可畏但吾年老縱復荷旨附會終不長生然死本所不惜故安之耳後法雲謂衆曰帝於義理之中未能相謝一日之事真可愧服不久勅於彭城寺講成實聽侶千餘皆一時翹秀學觀帶之又勅於慧輪殿講波若經別勅大德三十人預座藏開釋發趣各有清拔皆著私記擬後傳習天監末年春捨身大懺招集道俗并自講金剛般若以為極悔惟留衣鉢餘者傾盡一無遺餘陳郡謝幾卿指掛衣竹戲曰猶留此物尚有意耶藏曰身猶未滅意何由盡而尚懷請處託意山

林還居開善因不履世時或勅會乃上啓辭曰夙昔顧省心惑不調欲依佛一語於空閑自制而從緣流二十餘載在乎少壯故可推斥今既老病身心俱減若復退一毫便不堪自課故顧言靜處少自營衛非敢傲世求名非欲從閑自誕是常人近情懼前延之已迫耳帝手勅喻曰求空自閑依空入慧高蹈養神實是勝樂不違三乘亦以隨喜惟別之際能无悵然岐路贈言古人所重猶勸法師行无导心大悲為首方便利益隨時用舍不宜頓杜以隔导心行菩薩道無有是處勅往反頻仍久之然持操不改帝將受菩薩戒勅僧正牒老宿德望時超正略牒法深慧約智藏三人而帝意在於智者仍取之矣皇太子尤相欽接將致北面之礼肅恭虔往朱輪徐動鳴笳啓路降尊下礼就而諮之從遵戒範永為師傅又請於寺講大涅槃親臨幄坐爰命諮質朝賢時彥道俗盈堂法筵之盛未之前聞又於北閣更延談論皆嘆曰陪預勝席

未曾有也藏任吹虛舟真行平等毀譽不動榮利未干宴坐空閑毅然山立雖神寓凝隔風韻清高其應物也汲汲然如有不足可謂望儼即溫君子之變者矣自現處巖岫晦形人世又於寺外山曲別立頭陀之舍六所並是茅茨容膝而已皇太子聞而遊覽各賦詩而返其後章云非曰樂逸遊意欲識箕潁藏結心世表常行懺悔每於六時翹仰靈相口云理味深玄淺思斟酌自抱疑导恐乖聖意多僻因而懇惻詞淚俱發嘗宿靈曜寺夜行暫用心見有金光照曜一室洞明人問其故答曰此中奇妙未可得言是旦遘疾至于大漸帝及儲君中使相望四部白黑日夜參候勅為建齋手製願文并継以醫藥而夭子不慭唯增不降臨終詞色詳正遺言唯在弘法以普通三年九月十日卒于寺房春秋六十有五勅葬獨龍之山赴送盈道同為建碑墳所寺內各一新安太守蕭機製文湘東王繹製銘太子中庶子陳郡殷鈞為立墓誌

初藏常夢見金粟如來入室共談執二麈尾其一寶裝其一者素留素者與藏又徵士廬江何胤居吳郡虎丘遇一神僧捉一函書云有人來寄語須臾之及開函視全不識其文詞後訪魏僧云是大莊嚴論中間兩紙也時人咸謂藏之所致又彭城劉混之罪當從戮藏時處役堂為帝述四等義外奏聞之帝曰今為國事不得道四等義如何藏曰言行乘機也令撰發而不中失在何人四等之舉義非徒設帝遂捨而不問竟以獲免劉氏終亦不委斯由其潛濟益被率多如此凡諸大小品涅槃般若法華十地金光明成實百論阿毗曇心等各著義疏行世

續高僧傳卷第五

癸卯歲高麗國大藏都監奉
勅彫造

續高僧傳卷第五
校勘記

一　底本，麗藏本。
一　五五八頁上三行「十二」，諸本（不含[石]，下同）作「十二人」。
一　五五八頁上四行「一十九」，諸本作「一十九人」。
一　五五八頁上六行首字「梁」，[徑]、[清]無。下至二一行首字同。
一　五五八頁上一一行第六字「山」，諸本無。
一　五五八頁中二行第一一字「畫」，[資]作「晝」。
一　五五八頁中一九行「道閏」，諸本作「道潤」。
一　五五八頁下三行「經數」，諸本作「經教」。
一　五五八頁下一九行末字至次行首字「見必」，諸本作「少見」。
一　五五九頁上一三行末字「晈」，諸本作「皎」。
一　五五九頁上一七行「清静」，諸本作「清淨」。
一　五五九頁中八行第八字「無」，諸本作「無有」。
一　五五九頁中一三行「住寺」，諸本作「進寺」。
一　五五九頁中一五行「委親」，[資]作「忘親」；[磧]、[普]、[南]、[清]作「妄親」。
一　五五九頁中二二行「治城寺」，[磧]、[普]、[南]、[清]作「治城寺」。
一　五五九頁中末行「太常鄉」，諸本作「太常卿」。
一　五五九頁下一一行首字「師」，諸本作「帥」。
一　五五九頁下一二行第四字「誇」，諸本作「詣」。
一　五五九頁下一八行至一九行「內外通慱期標聲譽」，諸本作「內外廣學一期標譽」。
一　五六〇頁上七行「遺放」，諸本作「遺族」。
一　五六〇頁上一〇行「探玄」，諸本

作「採玄」。

一　五六〇頁上一三行第一〇字「諸」，諸本作「請」。

一　五六〇頁上一四行「治城」，普、南、徑、清作「治城」。

一　五六〇頁上一六行「定賞」，諸本作「定實」。

一　五六〇頁上一七行「善通」，諸本作「善達」。

一　五六〇頁上二〇行「趒脱」，諸本作「挑脱」。

一　五六〇頁上二二行末字「閇」，徑、清作「閉」。

一　五六〇頁中二行「礼已」，諸本無。

一　五六〇頁中一九行「陋小」，諸本作「陋小」。又「王人」，諸本作「工人」。

一　五六〇頁中二〇行「立名」，諸本作「改名」。

一　五六〇頁中二二行「格上」，諸本作「格上」。

一　五六〇頁下一一行「要妙」，諸本作「要妙也」。

一　五六〇頁下一二行「幼出家」，諸本作「少出家」。

一　五六〇頁下二〇行第三字「計」，諸本作「赴」。

一　五六一頁上二行第五字「爲」，諸本作「之」。

一　五六一頁上九行第八字「慨」，諸本無。

一　五六一頁上一八行第二字「任」，諸本作「住」。

一　五六一頁上一九行第一三字「開」，磧、普、南、徑、清作「關」。

一　五六一頁上二〇行第四字「達」，諸本作「遠」。又第一三字「帔」，徑、清作「被」。

一　五六一頁中六行第一〇字「昔」，磧、普、南作「若」。

一　五六一頁中一五行「老子」，諸本作「老夫」。

一　五六一頁下七行第三字「又」，諸本作「以」，又「未常」，諸本作「未甞」。

一　五六一頁下九行「折剖」，諸本作「析剖」。

一　五六一頁下一四行第一三字「開」，諸本無。

一　五六一頁下一八行首字「要」，諸本作「有要」。

一　五六一頁下一九行第七字「承」，諸本作「聞」。

一　五六二頁上六行第五字「俗」，諸本作「鄙」。又第八字「往」，諸本無。

一　五六二頁上八行第一〇字「開」，諸本作「開」。

一　五六二頁上一三行第七字「聲」，諸本作「聞」。

一　五六二頁上一六行「至房」，諸本作「到房」。

一　五六二頁上一七行「時入華林園講論」，資、磧、普、南作「入華園林」；徑、清作「入華林園」。

一　五六二頁中一八行「五日」，諸本

作「五十日」。
一　五六二頁中二二行「付庫」，磧、普、南、徑、清作「待庫」。
一　五六二頁下二行「感化」，資、磧、普、南作「盛化」。
一　五六二頁下四行「天下」，諸本作「天人」。
一　五六二頁下二二行「止寺」，諸本作「山寺」。
一　五六三頁上一三行第六字「含」，清作「舍」。
一　五六三頁上二〇行第一〇字「達」，諸本無。
一　五六三頁中四行第六字「薄」，諸本作「僞」。
一　五六三頁中一三行「灰踐踰澆炙信」，諸本作「炭踐踰洗炙」。
一　五六三頁中一四行第一三字「始」，諸本作「如」。
一　五六三頁中一五行「王官」，諸本作「王宮」。
一　五六三頁中一七行第二字「人」，諸本作「之」。
一　五六三頁中一九行「旻美言笑」，諸本作「旻笑言美」。
一　五六三頁中二〇行「膏油」，諸本作「膏腴」。
一　五六三頁中二二行「常有」，諸本作「甞有」。
一　五六三頁下二行「同惑」，諸本作「罔惑」。
一　五六三頁下八行「在草」，磧、普、南、徑、清作「坐草」。
一　五六三頁下一七行第二字「聞」，諸本作「問」。
一　五六四頁上八行「理因」，諸本作「理由」。
一　五六四頁上一〇行「心務」，諸本作「心膂」。
一　五六四頁中二行第一二字「裂」，諸本無。
一　五六四頁下一行第二字「閞」，諸本作「間」。
一　五六四頁下五行「令荅」，資、磧、普、南作「令審」；徑、清作「今審」。
一　五六四頁下一〇行「紂綴波崙」，諸本作「惙彼論」。
一　五六四頁下一二行第六字「深」，諸本作「久」。
一　五六四頁下一四行「歡受」，諸本作「懼受」。
一　五六四頁下二二行第五字「澗」，諸本作「潤」。
一　五六四頁下末行「論談」，諸本作「談論」。
一　五六五頁上三行「菩薩」，諸本作「菩薩戒」。又「慧約」，磧、普、南、徑、清作「慧納」。
一　五六五頁上七行第一二字「今」，徑作「令」。
一　五六五頁上一〇行「相應」，諸本作「應相」。
一　五六五頁上二一行「凴几」，資、磧、普作「凭几」。
一　五六五頁中八行第一一字「人」，資作「入」。

一　五六五頁中二〇行「有異僧」，諸本作「見一僧」。

一　五六五頁下一行「四法品」，磧、普、南、徑、清作「四相品」。

一　五六五頁下一六行「捿栖」，諸本作「棲栖」。

一　五六五頁下一八行第六字「行」，諸本作「闕」。

一　五六五頁下二一行第八字「晦」，資作「悔」。

一　五六六頁上三行末字「誓」，諸本作「逝」。

一　五六六頁上七行「又見」，諸本作「若見」。

一　五六六頁中四行第七字「疨」，諸本作「疾」。

一　五六六頁中七行第一二字「載」，諸本作「歲」。

一　五六六頁中一一行「不務」，諸本作「不事」。

一　五六六頁中一四行首字「吴」，諸本無。

一　五六六頁中一六行第一一字「出」，諸本無。

一　五六六頁下四行第四字「戒」，資作「我」。

一　五六六頁下七行第三字「開」，諸本作「闢」。

一　五六六頁下一八行「會稽」，諸本作「會計」。

一　五六六頁下二一行「未還」，徑、清作「末還」。又「生地」，諸本作「生地也」。

一　五六六頁下末行第四字「結」，諸本作「繼」。

一　五六七頁上四行第六字「涑」，諸本作「來」。

一　五六七頁上一六行「尚方」，諸本作「上方」。

一　五六七頁上一八行「二相人」，諸本作「工相人」。

一　五六七頁上二二行末字至次行首三字「足不出門」，諸本作「不出寺門」。

一　五六七頁中八行「爲命」，諸本作「知命」。

一　五六七頁中一六行末字「匿」，諸本作「皆匿」。

一　五六七頁中一九行第六字「懷」，諸本無。又末字「而」，諸本作「而已」。

一　五六七頁中末行「誦習」，諸本作「調習」。又「科絛」，諸本作「律科以」。

一　五六七頁下二行第一一字「法」，諸本無。

一　五六七頁下一三行「不治」，諸本作「亦不治」。

一　五六八頁上一一行第九字「荷」，諸本作「阿」。

一　五六八頁上一三行第五字「帝」，諸本作「常」。

一　五六八頁上一五行「千餘」，諸本作「百餘」。

一　五六八頁上一七行第一三字「趣」，諸本作「暢」。

一　五六八頁中六行「營衛」，諸本作「榮衛」。

一　五六八頁中七行第八字「是」，諸本作「特是」。

一　五六八頁中八行首字「逕」，諸本作「途」。

一　五六八頁中一〇行第一三字「悵」，諸本作「恨」。

一　五六八頁中一四行第一〇字「然」，諸本作「藏」。

一　五六八頁中一七行「智者」，諸本作「智藏」。

一　五六八頁中末行「勝席」，徑作「盛席」。

一　五六八頁下一行「吹虛舟」，諸本作「吹嘘」。

一　五六八頁下二行第一二字「毅」，資作「匿」；磧、普、南、徑、清作「疑」。

一　五六八頁下八行首字「覽」，諸本作「覽焉」。

一　五六八頁下一三行「夜行暫」，諸本作「夜漸」。

一　五六八頁下一七行首字「齊」，諸本作「齋」。又「天子」，資、普、南、徑作「天乎」；磧作「天呼」。

一　五六八頁下一八行首字「憖」，普作「愁」。

一　五六八頁下一九行「十日」，諸本作「十五日」。

一　五六九頁上一行第三字「常」，諸本作「嘗」。

一　五六九頁上三行「虒丘」，諸本作「虎丘山」。

一　五六九頁上五行首字「頃」，諸本作「須臾」。

一　五六九頁上末行經名，資、磧、普作「續高僧傳卷第五義解初」。

續高僧傳卷第六　　左

大唐西明寺沙門釋道宣撰

義解篇二　正傳二十一

附見一十六

釋慧超，姓廉氏，趙郡陽平人。中原喪亂，避難於鍾離之朝哥縣焉。初生之夕，神光照室，幼而簡靜，寡欲，已有成人之符也。八歲出家，從臨番縣建安寺沙門惠通。通素无業術，立行尊樸，超直心祇順，奉敬無怠，而外聽諸講，勤精學業，時遇風雨，艱辛泥路擁塞，不以為辭。嘗寓坐有胡僧，蓋不測之人也，一見嗟異曰：斯人若不為五衆之傑，則為八州刺史。兼叙神光之瑞，如符契焉。遂廣採經部，及以數論，並盡其深義，朗若貫珠，名僧勝集，稠人廣坐，紛綸飛伏，雍容摸揩，故早為息帛挹其高軌。後南遊江左，住南澗寺。僧宗見而善之，受涅槃等經，開拓條緒，略通幽致，歷閱衆師，多所參涉，偏以無量壽命家。吏部謝籥每稱之曰：君子哉若人也。又善用俳諧，尤能草隸，兼習朱許，又工占相。齊曆告終，梁

祚伊始超現疾新林情存拯溺信次之間聲馳日下尋有別勅乃授僧正戒德内脩威儀外潔凡在緇侶咸稟成訓天子給傳詔羊車局足健步衣服等供自聲教所被五部憑章咸稟風則帝以般若之義眞諦所宗偏令化導故諮質鋒起懸辯若流又經聚徒都治講菩提心義論談之暇夜分未寢忽見大力善神形甚都麗既而言曰當率集同緣共來飡受不言姓字於此告辭及就講之辰倏然滿坐容貌瓌異莫有識者竟席便散其感迹徵異爲若此也加以性好山水亟果幽尋而翼從之聲聞于數里山人恠視推見超身射獵之徒莫不自息天監年中帝請爲家僧礼問殊積初戒典東流人各傳受所見偏執妙法猶漏皇明御寓綴撰群經圓壇更造文義斯攝事類因果於此載明有詔令超受菩薩戒恭惟頂礼如法勤脩上復齋居宣室夢其動行戒品面申讚悅時共延美而超鳴謙蹈礼好靜蕙學從之遊處未覩愠喜之儀加以

形過八尺腰帶十圍雍容高步當時譽顯帝又請於惠輪殿講淨名經上臨聽覽未啓荘嚴寺園接連南澗因攝起重房若鱗相及飛閣穹隆高籠雲霧通碧池以養魚蓮搆青山以栖羽族列植竹果四面成陰木禽石狩交橫入出又羅列童侍雅勝王侯剖決衆情一時高望在位二十餘年晚以陵谷平遷世相難恃因自解免閑房養素以普通七年五月十六日遷神於寺房行路殞涕學徒奔赴凡厥喪事出皆天府門人追思德澤乃爲立碑湘東王繹陳郡謝幾卿各爲製文俱鐫墓所

釋慧約字德素姓婁東陽烏傷人也祖世蟬聯東南冠族有占其塋墓者云後世當有苦行得道者爲帝王師焉母留氏夢長人擎金像令吞之又見紫光繞身因而有孕便覺精神爽發思理明悟及誕載之日光香充滿身白如雪時俗因名爲靈璨故風鑒貞簡神志凝靜撫塵之歲有異凡童惟聚沙爲佛塔疊石爲高座七歲便

求入學即誦孝經論語乃至史傳披文見意宅南有果園隣童競採常以爲患乃捨已所得空拳而返鄉土以蠶桑爲業常懷悲惘由是不服繡纊季父憙畋獵化終不改常嘆曰飛走之類去人甚遠好生惡死此情何別乃絶羶腥対父遂避於他里恣行勤戮夢赤衣使者手持矛戟謂曰汝終日煞生菩薩教化又不能止促來就死驚覺汗流詰旦便毀諸獵具深改前各約復至常所獵處見麋鹿數十頭騰倚隨之若有愧謝者所居僻左不甞見寺世崇黃老未聞佛法而宿習冥感心存離俗忽值一僧訪以至教彼乃舉手東指云剡中佛事甚盛因乃不見方悟神人至年十二始遊于剡徧礼塔廟肆意山川遠會素心多究經典故東境謠曰少達妙理婁居士宋泰始四年於上虞東山寺辞親翦落時年十七事南林寺沙門慧靜靜於宋代僧望之首律行揔持爲特進顏延年司空何尚之所重又隨靜住剡之梵居寺服勤誠養年踰一

紀及靜之云亡盡心喪之礼眠闋之

後却粒巖栖餌以松术錙疾延華深
有成益齊竟陵王作鎮禹穴聞約風
德雅相欽屬時有釋智秀曇纖慧次
等並名重當鋒同集王坐約既後至
年夏未隆王便斂躬盡敬眾咸懷不
悅之色王曰此上人方為釋門領袖
豈今日而相待耶故其少為貴勝所
崇也如此齊中書郎汝南周顒為剡
令欽服道素側席加礼於鍾嶺次宗
舊館造草堂寺亦号山茨屈知寺任
此寺結宇山樹𨂐壞幽岫雖邑居非
遠而蕭條物外既冥賞素誠便有終
焉之託顒歎曰山茨約主清虛滿世
齊太宰文簡公褚淵太尉文憲公王
儉佐命一期功高百代欽風味道共
弘法教淵嘗請講淨名勝鬘儉亦請
開法花大品淵遇疾晝寢見胡僧云
菩薩當至尋有道人来者是也俄而
約造焉遂豁然病愈即請受五戒齊
給事中婁幼瑜少有學術約之族祖
也每見輒趣為礼或問此乃君族下
班何乃恭耶瑜曰菩薩出世方師於

天下豈老夫敬致而已時人未喻此

旨惟王文憲深以為然且約孝通宜
感思歸遄返而二親喪亡並及臨訣
痛慕嬰號不交人世積時停鄉以開
慈道後還都又住草堂少傅沈約隆
昌中外任携與同行在郡惟以靜漠
自娛禪誦為樂異香入室猛狩馴階
常入金華山採桔或傳赤松澗遊止
時逢宿火乍飆神光程異不思故略
其事有道士丁德靜於館暴亡傳云
山精所斃乃要大治祭酒居之姒猶
克斥長山令徐伯超立議請約移居
曾未浹旬而神魅弭息後晝覽一青
衣女子從澗水出礼悔云夙障深重
墮此水精晝夜煩惱即求授戒自尒
災怯永絕及沈侯罷郡相携出都還
住本寺恭事勤肅礼敬弥隆文章往
復相繼晷漏以沈詞藻之盛秀出當
時臨宮蒞職必同居府舍率意往来
嘗以朱門蓬户為隔齊建武中謂沈
曰貧道昔為王褚二公供養遂居令
僕之省檀越為之當復入地矣天監
元年沈為尚書僕射啓勑請入省住

十一年臨丹陽尹無何而歎有憂生

之嗟報曰檀越福報已盡貧道未得
滅度詞旨悽然俄而沈殞故其預鑒
未然皆此類也既而留心方等研精
九部皆蘊匱胸襟陶鎔懷抱顯說
弘通當仁不讓劬勞汲引㕓蓋群品
皇帝斷彫反樸信無為道發菩提心
搆重雲殿以戒業精微功德淵廣既
為万善之本實亦眾行所先譬巨海
百川之長若須弥羣山之冣三界四
向緣此以成十力三明因茲而立帝
乃博採經教撰立戒品條章畢舉儀
式具陳制造圓壇用明果極以為道
資人弘理无虛授事藉躬親民信乃
立且帝皇師臣大聖師友逆古以来
斯道無墜農軒周孔憲章仁義况
理越天人之外義超名器之表以約
德高人世道被幽冥允膺闍梨之尊
屬當智者之号遂巡退讓情在固執
懇懃勸請辭不獲命天監十一年始
勑引見事協心期道存目擊自尒去
来禁省礼供優給至十八年己亥四
月八日天子發弘誓心受菩薩戒乃

聿等覺殿降彫玉輦屈万乘之尊申
在三之敬暫屏袞服恭受田衣宣度
淨儀曲躬誠肅于時日月貞華天地
融朗大赦天下率土同慶自是入見
別施漆搨上先作礼然後就坐皇儲
以下爰至王姬道俗士庶咸希度脫
弟子著籍者凡四万八千人嘗授戒
時有一乾鵲歷階而昇狀若奢受至
說戒畢然後飛騰又嘗述戒有二孔
雀驅斥不去勑乃聽上徐行至壇俛
頸聽法上曰此鳥必欲滅度別受餘
果矜其至誠更為說法後數日二鳥
無何同化又勑授戒夜夢徙草堂寺
以綿冪席路直至臺門自坐禪牀去
地數丈天人圍遶為衆說法以事而
詳等黃帝之夢徃華胥同目連之神
登兜率至人行止孰難議之而愛悅
閑靜祥華盧室寺側依棲咸生慈道
故使麏麚群於兕虎鳧鴛狎於鷹鸇
飛走騰伏自相馴擾非夫仁澤潛化
孰能如此者乎後靜居閑室忽有野
媪賫書數卷置經案上無言而出并
持異樹自植於庭云青庭樹也約曰

此書美也不俟看如其惡也亦不勞
視經七日又見一吏請書而退此樹
葉綠花紅狀疏尚在又感異鳥身赤
尾長形如翡翠相隨棲息出入樹間
中大通四年夢見舊宅白壁朱門赫
然壯麗仍發願造寺詔乃号為本生
焉大同二年又勑改所居竹山里為
智者里縉雲舊壤傳芳圖諜山川靈
異擅奇函夏福地仙鄉此焉攸立而
約飯餌松朮三十餘年布艾為衣過
七十載鳴謙操擅望當時乃以大同
元年八月使人伐門外樹枝曰鑾駕
當來勿令妨路人未之測至九月六
日現疾北首右脇而卧神識恬愉了
無痛惱謂弟子曰我夢四部大衆幡
花羅列空中迎我凌虛而去福報當
訖至十六日勑遣舍人徐儼參疾荅
云今夜當去至五更二唱異香滿室
左右肅然乃曰夫生有死自然恒數
勤修念慧勿起亂想言畢合掌便入
涅槃春秋八十有四六十三夏天子
臨訣悲慟僚宰輟聽覽者二旬有一
其月二十九日於獨龍山寶誌墓左

墳之初約卧疾見一老公執錫來入
及遷化日諸僧咸卜寺之東巖帝乃
改塟獨龍抑其前見之吏則誌公相
迎者乎又臨終夜所乘青牛忽然鳴
吼淚下交流至墓日勑使牽從部伍
發寺至山乳淚不息又建塔之始白
鶴一雙繞墳鳴唳聲其哀惋塟後
三日欻然永逝下勑竪碑墓左詔王
筠為文

釋曇鸞或為巒未詳其氏鴈門人家
近五臺山神迹靈恠逸于民聽時未
志學便徃尋焉備覩遺蹤心神歡悅
便即出家内外經籍具陶文理而於
四論佛性弥所窮研讀大集經恨其
詞義深密難以開悟因而注解文言
過半便感氣疾權停筆功周行醫療
行至汾川秦陵故墟入城東門上望
青霄忽見天門洞開六欲階位上下
重複歷然齊覩由斯疾瘉欲繼前作
顧而言曰命惟危脆不定其常本草
諸經具明正治長年神仙徃徃閒出
心願所指修習斯法果剋既已方崇
佛教不亦善乎承江南陶隱居者方

術所歸廣博弘贍海內宗重遂往從
之既達梁朝時大通中也乃通名云
北國虜僧曇鸞故來奉謁時所司疑
為細作推勘無有異詞以事奏聞帝
曰斯非覘國者可引入重雲殿仍從
千迷道帝先於殿隅却坐繩牀衣以
袈裟覆以納帽鸞至殿前顧望無承
對者見有施張高座上安几拂正在
殿中旁无餘座徑往昇之豎佛性義
三命帝曰大檀越佛性義深略已標
敘有疑賜問帝却納帽便以數關往
復因曰今日向晚明須相見鸞從座
下仍前直出詰曲重沓二十餘門一
無錯誤帝極嘆訝曰此千迷道從来
舊侍往還疑阻如何一度遂乃無迷
明旦引入太極殿帝降階礼接問所
由来鸞曰欲學佛法限年命促減故
来遠造陶隱居求諸仙術帝曰此傲
世遁隱者比屢徵不就任往造之鸞
尋致書通問陶乃苔曰去月耳聞音
聲茲辰明受文字將由頂礼歲積故
使真應来儀正尒整拂藤蒲具陳花
水端襟斂思佇聆警錫也及届山所

接對欣然便以仙經十卷用酬遠意
還至浙江有鮑郎子神者一鼓涌浪
七日便止正值波初無由得度鸞便
往廟所以情祈告必如所請當為起
廟須臾神即見形狀如二十來告鸞
曰若欲度者明旦當得願不食言及
至明晨濤猶鼓怒纔入船裏帖然安
靜依期達帝具述由緣有勅為江神
更起靈廟因即辝還魏境欲往名山
依方脩治行至洛下逢中國三藏菩
提留支鸞往啓曰佛法中頗有長生
不死法勝此土仙經者乎留支唾地
曰是何言歟非相比也此方何處有
長生法縱得長年少時不死終更輪
迴三有耳即以觀經授之曰此大仙
方依之修行當得解脫生死鸞尋頂
受所賫仙方並火焚之自行化他流
靡弘廣魏主重之号為神鸞焉下勅
令住并州大寺晚復移住汾州北山
石壁玄中寺時往介山之陰聚徒蒸
業今号鸞公巖是也以魏興和四年
因疾卒于平遥山寺春秋六十有七
臨至終日幡花幢蓋高映院宇香氣

蓬勃音聲繁鬧預登寺者並同矚之
以事上聞勅乃葬于汾西泰陵文谷
營建塼塔并為立碑今並存焉然鸞
神宇高遠機變無方言晤不思動與
事會調心練氣對病識緣名滿魏都
用為方軌因出調氣論又著作王仰
隨文注之又撰礼淨土十二偈續龍
樹偈後又撰安樂集兩卷等廣流於
世仍自号為有魏玄簡大士　六
釋慧韶姓陳氏本潁川太丘之後避
亂居于丹陽之田里焉性恬虛寡嗜
慾沉毅少言童幼早孤依兄而長悌
友之至聞於閭閻十二猒世出家具
戒便遊京楊聽莊嚴旻公講釋成論
纔得兩遍記注略盡謂同學慧峯曰
吾沭道日少便知旨趣斯何故耶將
非所聞義淺為是善教使然乎乃試
聽開善藏法師論遂覺理與言玄便
盡心鑽仰當夕感夢往開善寺採得
李子數斛擬欲敢之先得枝葉覺而
悟曰吾正應從學必戢深極矣尋尒
藏公遷化有龍光寺綽公継踵傳業
便迴聽焉既闕論本制不許住惟有

一帙又屬嚴冬便撤之用充寫論忍寒連噤方得預聽文義兼善獨見之明卓高衆表辯滅諦為本有用麁細而折心時以為穿鑿有神思也梁武陵王出鎮庸蜀聞彼多參義學必須碩解卯望方可開宣衆議薦舉皆不合意王曰憶往年法集有僞僧韶法師者乃堪此選耳若得同行想能振起邊服便邀之至蜀於諸寺講論開道如川流當於龍淵寺披講將訖靜坐房中感見一神青衣恰服致敬曰願法師常在此卯法當相擁衛言訖而隱遂接席數逾清悟繫結昔在楊都嘗蓋氣疾綴慮恒動及至蜀講衆病皆除識者以為寺神之所護矣于時成都法席恒並置三四法鼓齊振競敞玄門而韶聽徒濟濟莫斯為盛又率諸聽侶諷誦涅槃大品人各一卷合而成部年恒數集倫次誦之如有謬忘及講聽眠失者皆代受罰對衆謝曰斯則訓導不明耳故身令弊物其勤至若武陵布政於蜀每述大乘及三藏等論沙門寶彖保該智空等

並後進峯岫參預撰集勒卷既成王賜錢十万即於龍淵寺分贍學徒頻教令掌僧都苦辭不受性不乘騎雖貴勝請講逢值泥雨輒自策杖戴笠屐芒屩而赴會焉少而齋潔不涉珎羞後遇時患藥雜豬脂拒而不服非時漿飲故絕生常候病者仰觀顏色怡悅礼誦不替當似微羞乃告曰吾今無處不痛如壞車行路常欲摧折但自強耳恨所營尊像未就吾將去矣遺屬道俗憑為莊嚴便洗浴剃髮剪爪礼拜嗽口坐于龍淵寺摩訶堂中奄然而卒春秋五十有四即天監七年七月三日也時成都民應始豊者因病氣絕而心上煴五日方醒云被攝至閻王所聞處分云迎韶法師須臾便至王下殿合掌頂礼更無言說唯畫文書作大政之字韶便出外坐於曠路樹下見一少童以漆柳箕擎生袈裟令韶著之有數十僧來迎豊唯識智慈二禪師幡花列道騰飛而去又當終夕有安浦寺尼久病悶絕及後醒云送韶法師及五百僧登

七寶樹到天宮殿講堂中其地如水精牀席華整亦有麈尾几案蓮華滿地韶就座談說少時便起送別者令歸其生滅冥祥感見類此

釋慧皎未詳氏族會稽上虞人學通內外博訓經律住嘉祥寺春夏弘法秋冬著述撰涅槃義疏十卷及梵網經疏行世又以唱公所撰名僧頗多浮沉因遂開例成廣著高僧傳一十四卷其序略云前之作者或嫌以繁廣刪減其事而抗迹之奇多所遺削謂出家之士處國賓王不應勵然自遠高蹈獨絕尋辭榮棄愛本以異俗為賢若此而不論竟何所紀又云自前代所撰多曰名僧然名者本實之賓也若實行潛光則高而不名若寡德適時則名而不高名而不高本非所紀高而不名則備今錄故省名音代以高字傳成通國傳之實為龜鏡文義明約即世崇重後不知所終江表多有裴子野高僧傳一帙十卷文極省約未極通鑒故其差少

釋道辯姓田氏范陽人有別記云著

納擎錫入於母胎因而生焉天性踈朗才術高世雖曰耳聾及對孝文不爽帝旨由是榮觀顧美遠近欽敬剖定邪正開釋封滞是所長也初住北臺後隨南遷道光河洛魏國有經号大法尊王八十餘卷盛行於世辯執讀知爲集而焚之將欲廣注衆經用通釋典筆置屦架鳥遂銜飛見此異徵便寢斯作但注維摩勝鬘金剛般若小乘義章六卷大乘義五十章及申玄照等行世有弟子曇永亡名二人永潛遁自守隱黃龍山採捜神論隱士儀式名丈筆雄健負才傲俗辯扶之而徙於黃龍初無恨想而晨夕遥礼云

釋道登姓芮東莞人聡磐異倫殊有信力聞徐州有僧藥者雅明經論挾榮從之研綜涅槃法花勝鬘後從僧㓨學究成論年造知命譽動魏都北主宗之累信徵請登問同學法度曰此請可乎度曰此國道學如林師匠百數何世无行藏何時無通塞十方含靈皆應度脫何容盡期南國相

勸行矣如慧遠拂衣廬阜曇諦絶迹昆山彭城劉遺民辞事就閑斯並自是一方何必盡命虛想巖穴遠追巢許縱復如此終不離小乘之撥豈欲使人在我先道不益世者哉隨方適化爲物津梁不亦快乎登即受請度亦隨行及到洛陽君目僧尼莫不賓礼魏主邀登昆季榮授榮爵以其本姓不華改芮爲耐講說之盛四時不輟末趣恒岳以息浮競學侶追隨相仍山舍不免談授遂終于報德寺焉春秋八十有五即魏景明年也

釋僧密未詳氏族樂安人曾未勝衣便從剪落幼而易悟情解過人年至十六學友如林更相開導有聞鄉黨將欲廣聞親聽師弗之許也因尒潛遁出寺從道明沙門受業一二年中聲華負海秦始之初濟江住莊嚴寺器望凝練風儀峻雅五衆宗推七貴敬異深沉詳正不以利害嬰心雖復同居衆内未有測其量者時人以方法汰頗謂確言累居南面徒衆甚盛無經不講尊以成實繕奇負氣高論

少所推下下才在事未能賞重潛相說搆於竟陵王密不敘濁清任其書罪乃啓擯淮南學士隨者三十餘人相仍講化天監四年卒于江北春秋七十三矣

釋曇准姓弘魏郡湯陰人住昌樂王寺出家從智誕法師受業鑽研之勤衆有弗及處靜味道無風塵之志善涅槃法華聞諸伊洛閑居遊思不交世務承齊竟陵王廣延勝道盛興講說遂南度止湘宮寺處處採聽隨席談論雖逢塗阻未曾告勞次公嘆曰此北道人非直美容止善言笑列亮恢廓雅有器度至於言論深有情致齊臨川王蕭映長沙王蕭晃厚相欽礼廬江何點彭城劉繒並到房接足伸其戒誥講揚相継成其業者二百餘人以天監十四年卒春秋七十有七時寺復有智深比丘聡慧博識経論有功天子王侯多所賓接性好直言無所推屑每商略撿洗物不有平由是坎壈弘宣阻少

釋道超姓陸吳郡吳人吳丞相敬風

之六世也祖昭尚書金部父遵散騎侍郎超少以勤篤知名與同縣慧安早投莫逆俱遊上京共契請業時旻法師住靈基寺值旻東講因共聽沙門法琳成論至滅諦初聞三心滅無先後超曰斯之言悟非吾師也見旻解冠一方海內諮仰輟寢忘味以夜係晝但性褊躁鋭不顧切少願望已多每打髀嘆曰為尒漠漠生肇笑人又聞龍光寺僧整始就講說弥復勇數曰乃可無七尺何事在於人後惆悵疢心累日廢業因自懺悔求諸佛菩薩乞加威神令其慧悟如僧旻也事在旻傳遂勤劬苦至有項洞瀫終日淵怡獨語獨笑每言無價寶珠我今已得雍容高步負氣陵俗白黑敀觀名架當時及至講說解析疑伏每無遺隱若復為賓雅伏意氣求相擊抗若遇機臨無不應躡同寺僧道貴年齒小大亦徵向學方而性多怠惰未能剋已擯相陵罵超亦肝衡囂嗷末之數也他日責曰我之與卿誰相優劣超曰若論年臘請以相寄智聽

之量未論先後時為直言自超處獨房屏絶賓倖內外墳典常攤膝前而手不釋卷加以塵埃滿屋蟋蟀鳴壁中書郎吳郡張率謂曰蛩鳴聒耳塵土埋膝安能對此而無忤耶荅曰時聞此聲足代簫管塵隨風來我未暇掃致忤名賓為愧多矣時人高其放達年三十六以天監初卒有慧安道人住湘宮寺探玄析奧甚有精理年三十二卒于住寺時以威年俱卒楊輦同哀

釋僧喬姓華氏吳興東遷人出家住龍光寺聞僧旻說前脩立義有諸同異則忘寢息志欲稟受又聽其語論轉捷則撫掌累嘆思與偕也隆昌之世法筵轉少仍與同寺僧整寶淵慧濟慧紹等請旻移住於是終晨竟夜一心諮求布被禦冬單蔣藉體饘粥糊口茹菜充飢而未曾以貧寒變節但自勤勵維日不足研精奧粹理悟深明三四年間經論通達後旻還莊嚴龍光慧生問曰諸少相攜並得成器其間勝負可得聞耶旻曰喬公儘

雅清虛履今用古卷舒文義優遊教理鈎深致遠善能攤挍廉而未講莫與爭先此乃遺法之所寄也整公精勤經論博綜有叙同其業者重其情性淵公不無神明而心性偏激亟違礼度久從異集無以測其多少濟公神識清審經素有功論文未熟由其體羸不堪辛苦故耳且於義理足以明道志行足以厲俗紹公情性和理篤有志行貧而有累學不得恒向無妨㝵不患不成美器自高學之成也不脩世務不附名聞閑門靜處坐無雜客澄懷潛悟獨得而已年三十六天監初卒生本住湘州學明經數頻御法座少康高操慕安汰之風覘而獎衣蔬食終身不改美風姿善草隸整住襄陽未遊夏首道化大行濟番禺人未還嶺表德被南越交義風宣有廣被焉並天監中卒

釋慧開姓袁氏吳郡海鹽人初出家為宣武寺寵公弟子仍從學阿毗曇及成實論建武之中遊學止京住道林寺歷聽藏旻二公經論後移住彭

娀學兼時習經耳不忘多從酒讌博
弈自娛而值遊次之機關無對辯人
間席上訥其詞也後忽剖略前習專
攻名教雾衆演散咸慶新聞及至解
名析理應　變无窮雖逢勍敵巧談
罕有折其角者講席基連學人影赴
遂使名稱普聞衆所知識陳郡謝惠
雅相欽賞出守豫章迎請講說厚加
嚫遺還未達都分散已盡彭城劉業
出守晉安知居處屢空餉錢一万即
聯寒餒不煞一日關立性虛蕩不畜
貲財皆此之類也而情在疎率不事
形儀衣裳塵滓未曾擧意洗濯周旋
有不耐者皆代其解滌寒則披絮待
成夏則隱席至燥以天監六年卒春秋
三十有九同寺有曇雋者以遊學顯
名通貫衆經兼勤礼誦風素一槩寒
暑弥勵侍中王慈昆季司徒長史江
革友于並與之明遊焉
釋明徹姓夏吴郡錢塘人六歲喪父
仍頓出家住上虞王園寺學無師友
從心自斷每見勝事未曾不留心諦
視遇客讀釋道安傳云聞安少孤為

外兄所養便歔欷嗚咽良久乃止他
日借傳究尋見安弘法之美因撫膝嘆
曰人生居世復那可不企乎自是專務
道學功不棄日當與同學數輩住師
後房房本朽故忽遭飄風吹屋欹斜
欲倒師行不在無物支持衆人皆走
徹習業如故會稽孔廣聞之嘆曰[illegible]
子風素殊佳當成名器時倫因事推
伏馳名東越齊永明十年竟陵王請
沙門僧祐三吴講律中塗相遇雖則
年齒懸殊情同莫逆徹因從祐受學
十誦隨出楊都住建初寺自謂律為
繩墨憲章儀體仍逼研四部校其興
廢當時律辯莫有能折建武之中移
業經論歷採衆師備嘗深義以是法
師標正經論妙會撥神譚思通徹易
鈎深奧乃從其成業齊太傅蕭穎深
相欽屬及領荆州携遊七澤請於内
第開講淨名每日諸經文句既是應
撥所誡或有委曲深微或復但拘名
字先來英舊人各曆情謙當今日望
此玄宗遠無蹤躡深懷愧惻時咸重
其謙退及蕭氏將薨則別麈尾軟几

徹以遺命所留悉撫以盡其壽天監
之初始还都邑又從旻受業少長衿
請常為覆述究博深文洞明與旨盤
根交結了無遺滯遠樹名聞徵岳重
疊乍經乍論四時不輟聽受之衆不
遠雲集武帝欽待不次長召進于内
殿家僧資給歲序無爽帝以律明八
万條章冝博頡撮聚簡要以類相從
專功抄撰辭不獲免每侍御筵對揚
奧密皇儲賞接特加恒礼故使二宫
周供寒暑優洽當時名輩並蒙殊致
未有恩渥如此之隆以其鳩聚將成忽
遘疾沆積於壽光殿移還本寺天子
親自怡色温言躬臨慰喻知當不振
退而流涕中使參候晨宵不絶徹自
惟將卒奉啓告辞皇心載軫於万壽
殿時内外樞揆一時慟絶以呈徹表
故也其文曰因果深明倚伏寄遑明
徹雖復愚短忝竊至籍將謝之間豈
復遺恡但知恩知慶輒欲言之明徹
本出東荒賤民而已微有善識得廁
釋門契闊少年綢繆玄覺雖未能體

道微得善性運來不輒遇會昌時遂親奉御筵提携法席且仁且訓脩沐恩獎恒願舒慕丹誠奉揚慈化豈意報窮便歸塵土仰戀聖世何可亟言特願陛下永劫永任益蔭無涯具足莊嚴道場訓物天垂海外同為淨土勝果遐流雍容遠集明徹以奉值之慶論道之善脫億代還生猶異奉覲惟生惟死俱希濟拔臨盡之間忽忽如夢雖欲申心心何肯盡不勝悲哀之誠謹遣表以聞勑荅省疏增其憂耿人誰不病何以遽終過甚法師至性堅明道行絕倫往來淨土去留安養方除四魔理無五畏唯應正念諸佛不捨大願與般若相應直至種智發菩提心彼我相攝方結來緣敬如所及菩薩行業非千百年善思至理勿起亂想覽筆悽滿不復多云帝因於寺為設三百僧會令徹懺悔自運神筆製懺願文事竟遂卒寺房即普通三年十二月七日也窆于定林寺之舊墓勑給東園秘器凶事所資隨由備辦主者監護有崇敬焉

釋法開姓俞吳興餘杭人稚年出家住北倉寺為曇貞弟子貞清素澄嚴殊有解行開少聰敏家業貧寠身服不充食敢麤澀同學僧流曇誕家有盈財服翫奢麗並從貞受業屢有年勞及鉤深造微未有逮開者也而流誕恃自優饒甚相輕忽開懷怏然遂負笈西遊住樺罡寺仍從柔次二公學成實論衣不蔽形食趣支命而不避寒風暑雨以晝係夜歷業既優精解無晷終日遊談未嘗憩息心性躁銳不　敵　不　攻　有時竊發潛登以掩不備當其鋒者罕不結舌由是顯名吏部尚書瑯瑘王峻永嘉太守吳興丘墀皆攝敬推賞頗永昂誠後還餘杭止于西寺先相陵駕之者望風飲氣永相隱避以至于死開因尒講筵相接道俗嘆服沙門智藏後遊禹穴講化成論開往觀之輒難累日賓僚僉悅藏曰開法師語論已多自可去矣吾欲入文開曰釋迦說法多寶踊現法師指南命衆而遣客何耶藏有慚色以普通四年卒春秋六十五矣

釋道宗未知氏族荊州江陵人早年離俗住瓦官寺情性貞直不務馳覽耳不妄屬口不狂言修身潔已動靜有度歷學經論了無常師終日寢處卷軸而已清談高論聽者忘疲衣裳麤弊飲食踈儉遭值年飢入里不給南遊嶺表其道大行以死自誓誘化不息年五十餘卒於彼土復有法敞住延賢寺少研經數長多講說齊末歲儉固窮守操清貧馳務不覺貪積天監初西遊陸海東歸全楚弘宣有功焉

釋法貞不測氏族渤海東光人九歲出家雋秀之聲不齊凡類住魏洛下之居廣德寺為沙門道記弟子年十一通誦法華意所不解隨迷造問記謂曰後來総持者其在尒乎及至年長善成實論深得其趣備講之業卓犖摽奇在於伊洛無所推下與僧建齊名時人目建為文句無前目貞為入微獨步貞乃與建為義會之友道俗斯附聽衆千人隨得嚫施造像千軀分布供養魏清河王元懌汝南王

元悅並折腰頂礼諮奉戒訓會魏德
襄陵女人居上覡論曰興猜忌逾積
嫉德過常難免今世貞謂建曰大梁正
朝礼義之國又有菩薩應行風教宣
流道法相與去乎今年過六十朝聞
夕死吾无恨矣建曰時不可失亦先
有此懷以梁普通二年相率南邁貞
為追騎所及禍滅其身春秋六十一矣
僧建清河人沙弥之時慧俊出類及
長成人好談名理與慧聪道嵙法貞
等同師道記少長相携窮研數論遂
明五聚解冠一方常日講衆恒溢千
人碩學通方悅其新致造蹉談賞以
継晝夜雖乃志誨成入里施化魏
高陽王元邕丞相延請累宵言散用
祛鄙恡或清晨嘉會一無逮者郵云
深恨不同其叙故聞風傾渴者遥服
法味矣後南遊帝室達于江陰住何
園寺武帝好論義肓勅集學僧於樂
受殿以次立義於每寺講成濟後業
有逾於前慧聪立心閑豫解行逺聞
道嵙博習多通雅傳師業並終于
魏土

釋寶淵姓陳巴西閬中人也年二十三於
成都出家居羅天宮寺欲學成實論為
弘通之主州鄉術淺不愜憑懷齊建武元
年下都住龍光寺從僧旻法師稟受五
聚經涉數載義頗淼神旻曰此君任性
儁警智慮過人但恨迴忽不倫動靜險
蹀若值通人優接儻成一世名士若不遇
時不得其死必當損辱大法矣淵酷好
蒱樸使酒挾氣煞曰狼荒无所推下旻
累諫曉喻返以為讎因介改塗復從智
藏採聽先業自建講筵貨財周贍勇勵
辛勤有倍恒日每言大丈夫當使人侍
我何能久侍人乃廣寫義疏貴市
王征南尚書緘封一簏有意西歸同寺
慧濟譴之曰昔謝氏青箱不至不得作文
章今卿白簏未來判无講理淵曰然然
此乃打狗杖耳因帶挾西返還住舊寺
摽定義府道俗懷欽於是論筵頻建聽
衆數百自重名行少賓知已沙門智訓
遊學京華數論通敏同還本壤投分與
交淵弗許也後寺庫犯官淵自恃名高
一州為物所讓以身代當強悍不弭至
於事成知當必敗因介出郭於路以刃自

刎則年六十一矣即普通七年也彭門
介時復有法文法度法護道興等並
以廣學達名文貞廉好尚雅有風采度通
解大乘方嚴有則護剛直履信不交世務
興秉素懷正好仁奉義並下都住寺不墜
學宗為諸雄辯所見推仰
釋僧詢姓明太子中庶山賓之兄子也
年始入禮曾聽山賓共客談論追領往
復了無漏失賓撫其首曰令使吾門不
墜者其在介乎父奉伯篤信大法知其
聰儁可期神幽宜長濟愛海年十二勑
令出家為奉誠寺僧辯律師弟子辯性
廉直戒品氷嚴好仁履信精進勇勵常
講十誦詢後住治城寺持操高尚勤辛
好學從光宅寺法雲諮稟經論散處伽
藍不營雜事當時名德皆稱善焉歷耳
不忘經目必憶常能覆述有如瓶寫時
人嘉其清辯白黒重其無倦凡所聽聞
悉為注記雖无大才而弥綸深極同學
門友莫不傳寫以天監十六年卒春秋
三十有五時復有道遂道標同海陵人
並從法雲受業經論洽聞博綜有序
釋惠超姓王太原人永嘉之亂寓居襄陽

七歲出家住檀溪寺為惠景弟子景清恒平簡雅有器局普通之初揔州僧正以節儉聞之超幼而清悟容止詳美進趣合度事景一年以衆大誼雜乞移禪房依止僧崇禪師習學定業年十二又從同寺僧受學通三玄永明中竟陵王請智秀法師與諸學士隨方講授西至樊鄧超因憑受學同時合席皆共服其領會隨秀還都住靈根寺仍從法常乞受具足誦戒不盈二日聽律未周兩遍皆識文知義鑽其纖密禀承師言無相忝也及師亡後又從智藏採習經論藏曰此子秀發當成美器藏之出處多與同遊備通諸部名動京邑後從慧集飡聽毗尼裁得數遍集乃嘆曰不謂始學已冰寒於水矣後還鄉定省合境懷之武帝勑還為壽光學士又勑學觀寺僧伽婆羅傳譯阿育王經使超筆受以為十卷而晦德進人不專矜伐故有要請多推舊德藏後使其代講讓不肯當或逢群賢博論未曾不預辯通塞及抗擊前敵知理將窮而必下或遇機隟便亦應躡而默然斯亦稟識同所不安而超能謙降若此衣食趣濟榮貴未邀樸無資蓄安成康王蕭雅秀欽敬戒德出蕃要請相攜於

鎮講發風被遠近服歎康王薨後吳平侯蕭昺西遊夏口復屈俱行法筵又鋪學者冊詠還都續講聽侶相趨二百餘僧四時習業於普通七年卒時年五十有二

釋真玉姓董氏青州益都人生而无目其母哀其及年至七歲教彈琵琶以為窮乏之計而天情俊悟聆察若經不盈旬日便洞音曲後鄉邑大集盛興齋講母攜玉赴會一聞欣領曰若恒預聽終作法師不憂匱餒矣母聞之欲成斯大業也乃棄其家務專將赴講無問風雨艱關必期相續玉包略詞旨氣攝當鋒年將壯室振名海岱後遭母憂捨法還家廬於墓側哀毀過礼茹菜奉齋伏凶持操五年野宿鄉黨重之後服闋附道修楚前業覽卷便講無所疑滯預聞徒侶相次歸焉齊天保年中文宣皇帝盛弘講席海內髦彥咸聚天平於時義學星羅跨轢相架玉獨標稱首登座談叙罔不歸宗盡諦窮神煥然開發耆年前達稽首崇仰遂使道俗奔隨酌儶

鎮而不竭矣一曾往復者別經十年聞聲即憶其名義斯揔持之功莫與尚也常徒學士幾百千人耳對行往了知心性誠勗之勤彌隆餘哲生來結擔頹終安養常令侍者讀經玉必跣坐合掌而聽忽聞東方有淨蓮華佛國莊嚴世界與彼不殊乃深惟曰諸佛淨土豈限方隅人並西奔一無東慕用此執心難成迴向便願生蓮華佛國曉夕勤到措不久留身無疹瘵便行後事受請弟子衣服几杖麈尾如意分部遺誥各有差降衆初不悟之也並共驚之玉曰願與運同世非可樂汝等助念蓮華佛令我得至彼岸也布薩之後便卧疾於鄴城北王家神氣無昧聲相如常動京大德並就問疾午後忽見煙雲相糺從東而來異香繽遶充塞庭宇空中出聲有如讚唄之響清亮宛然當介之時足漸向冷口猶誦念少時而卆卒後十日香氣乃絕大衆哀仰如臨雙樹王氏昆季俱割纏經與諸門人収其屍而葬焉

續高僧傳卷第六　第五十六張　左字号

後梁荆大僧正釋僧遷傳二十一

釋僧遷姓嚴吳郡吳人孝敬夙彰侍中玉錫見而異焉一面定交師事鍾山靈曜道則法師則亦推行外彰深相推重後遊談論肆継辯天垂曾難招提慧琰禅品義精思閒出中座嗟揚招提因改舊致更新章句梁高有勅善言殿義集登即鋭辯如流帝有嘉之仍降家僧之礼帝制勝鬘義疏班壽光殿諸僧咸懐自恧遷深窮理窟特詔敷述皇儲尚書令何敬容以並請論擊道俗欣洽時論題之中興荆鄴正位僧端職任朞月道風飈舉恂七衆不齊而成昔晋氏始置僧司迄茲四代求之倫業罕有斯焉自後探索幽求經誥盤結皆鍼盲起癈怡然從政以天監十二年四月十七日移神大寶精舍春秋七十有九二十日葬於江陵之中華北山初年少孝禀自然家貧親老珎養或闕後名德旣立供嚫腴盲進饋饌及處艱憂毀幾致滅年方弱冠便誦法華數溢六千坐而若寐親見普賢香光照燭仍降摩頂書而不傳大漸惟默方陳同志凡諸涅槃大品十八部經各數十遍皆製義疏流于後學等觀即梁明帝之法名也自去北面歸依時移三紀摧經問道十有三年終識苦空功由善導況乎福田五世師資兩葉仁旣厚矣義寔深焉遂刊碑墳隴述德如左

續高僧傳卷第六　第三十七張　右字号

續高僧傳卷第六

續高僧傳卷第六

校勘記

一　底本，金藏廣勝寺本。五七四頁中原版殘，以麗藏本換。

一　五七四頁中一行經名，[徑]作「續高僧傳卷第七」；[清]作「續高僧傳卷第六上」。

一　五七四頁中三行「二十一」，[徑]作「二十一人」。

一　五七四頁中四行「二十六」，[資]、[磧]、[普]、[南]、[清]作「一十八」；[徑]作「一十六人」。

一　五七四頁中六行首字「梁」，[徑]、[清]無。九行首字、一三行至一九行各行首字、本頁下一、二行首字同。

一　五七四頁中九行「慧晈」，[資]、[磧]、[普]、[南]、[徑]、[清]作「慧皎」。下同。

一　五七四頁中一一行首字「魏」，[徑]、[清]無。

一　五七四頁中一二行末字「八」下，[徑]、[清]有夾註「見下卷」。

一　五七四頁中一五行小字「慧生僧整慧濟」，[資]、[磧]、[普]、[南]、[徑]、[清]作「僧整寶淵慧濟慧紹」。

一　五七四頁中末行「本闕」，[資]、[磧]、[普]、[南]、[徑]、[清]作「道興」。

一　五七四頁下一行「治城寺」，[普]、[南]、[徑]、[清]作「治城寺」。又「本闕」，[資]、[磧]、[普]、[南]、[徑]、[清]無，二行同。

一　五七四頁下四行第三字「荆」，諸本（不含[石]，下同）作「荆州」。

一　五七四頁下八行「臨番縣」，資、磧、普、南、徑、清作「臨菑縣」。
一　五七四頁下一一行「勤精」，資、磧、普、南、徑、清作「内精」。
一　五七四頁下一五行「及以」，資、磧、普、南、徑、清作「兼明」。
一　五七四頁下一七行「摸揩」，資、磧、普、南、徑、清作「模楷」。
一　五七四頁下一八行首字「帛」，諸本作「白」。
一　五七四頁下末行「齊歷」，資、磧、普、南、徑、清作「自齊曆」。
一　五七五頁上一行第六字「疾」，資、磧、普、南、徑、清作「病」。
一　五七五頁上一〇行第六字「同」，普、徑、清作「問」。
一　五七五頁上一二行第五字「有」，資、普、徑作「有此」。
一　五七五頁上一三行末字「果」，資、磧、普、南、徑、清作「異」。
一　五七五頁上一五行第六字「射」，資、磧、普、南、徑、清作「麝」。
一　五七五頁上二一行第五字「宣」，資、磧、普、南、徑、清作「空」。
一　五七五頁中三行第四字「未」，資作「末」。
一　五七五頁中一八行「留氏」，麗作「劉氏」。
一　五七五頁中二〇行「誕載」，麗作「載誕」。
一　五七五頁中末行「疊石」，資、磧、普、南、徑、清作「壘石」。
一　五七五頁下九行第一二字「促」，資、磧、普、南、徑、清作「捉」。
一　五七五頁下一〇行第六字「詰」，資、磧、普、南、徑、清無。
一　五七五頁下一二行「隨之」，資、磧、普、南、徑、清作「隨船」。
一　五七五頁下一六行第二字「乃」，資、磧、普、南、徑、清作「仍」。
一　五七六頁上一四行第一〇字「主」，資、磧、普、南、徑、清作「至」。
一　五七六頁上二二行第五字「趣」，資、磧、普、南、徑、清作「起」。
一　五七六頁中一行「敬致」，磧、普、南、徑、清作「致敬」。
一　五七六頁中二行末字「宜」，諸本作「冥」。
一　五七六頁中四行「孺慕嬰」，資、磧、普、南、徑、清作「孺慕嬰」。
一　五七六頁中一一行第四字「獎」，資、磧、普、南、徑、清作「斃」。
一　五七六頁中一五行「即求授戒」，資、磧、普、南、徑、清作「即授以歸戒」。
一　五七六頁中一九行第三字「宮」，諸本作「官」。
一　五七六頁中二〇行首字「嘗」，麗作「未嘗」。
一　五七六頁下六行「廕蓋」，資、磧、普作「廕益」；南、徑、清作「蔭益」；麗作「隆益」。
一　五七六頁下七行「反樸」，麗作「文璞」。
一　五七六頁下一五行「遂古」，資作「邃古」。

一五七六頁下二二行第七字「給」，磧、普、南、徑、清作「洽」。

一五七七頁上一行「玉輦」，資、磧、普、南、徑、清作「玉轝」。

一五七七頁上二行「在三」，南作「再三」。

一五七七頁上三行第四字「躬」，資、磧、普、南、徑、清作「盡」。

一五七七頁上五行「漆搨」，資、磧、普、南、徑、清作「漆榻」。

一五七七頁上七行「著籍」，資、磧、普、南、徑、清作「著籙」。

一五七七頁上一三行第六字「勑」，諸本作「初」。

一五七七頁上一七行「孰難」，諸本作「孰能」。

一五七七頁上一八行第四字「華」，資、磧、普、南、徑、清作「萃」。

一五七七頁上一九行第四字「麙」，資、磧、普、南、徑、清作「麚」。

一五七七頁中一行「不俟看」，資、磧、普、南、徑、清作「不俟看之」；麗作「不我俟看」。

一五七七頁中七行「二年」，麗作「一年」。

一五七七頁中九行第四字「函」，資作「亟」。

一五七七頁中一一行「操擅望」，資、磧、普、南、徑、清作「立操標望」；麗作「立操擅望」。

一五七七頁中一六行「淩靈」，諸本作「淩雲」。

一五七七頁下一行「璌之」，資、磧、普、南、徑、清作「殯之」。

一五七七頁下七行第九字「其」，資、磧、普、南、徑、清作「甚」。

一五七七頁下一〇行第一三字「人」，資、磧、南、清作「人也」。

一五七七頁下一七行「汾川」，資、磧、普、南、徑、清作「汾州」。

一五七七頁下一八行「青宵」，資、磧、普、南、徑、清作「青霄」。

一五七八頁上八行第一一字「几」，資作「座几」。

一五七八頁上一五行「舊侍」，徑作「舊時」。

一五七八頁上一七行第九字「限」，資、磧、普、南、徑、清作「恨」。

一五七八頁上二一行第四字「明」，諸本作「眼」。

一五七八頁上二二行「真應」，麗作「應真」。

一五七八頁中一行「仙經」，資、磧、普、南、徑、清作「仙方」。

一五七八頁中七行「帖然」，資、磧、普、南、徑、清作「怗然」。

一五七八頁中一四行「長生法」，資、磧、普、南、徑、清作「長生不死法」。

一五七八頁中一六行「生死」，資、磧、普、南、徑、清作「生死也」。

一五七八頁中一七行「焚之」，資、磧、普、南、徑、清作「燒之」。又第一三字「他」，資、磧、普、南、徑、清作「他郡」。

一五七八頁中一八行「神鸞」，資作「神變」。

一五七八頁中末行第一〇字「胅」，諸本作「映」。

一五七八頁下六行「王仰」，諸本作「王邵」。

一五七九頁上一行「一怶」，資、磧、普、南、麗作「一帔」；徑、清作「一被」。

一五七九頁上六行「開宣」，徑作「聞宣」。

一五七九頁上一〇行首字「道」，資、磧、普、南、徑、清作「導」。又第五字「當」，資、磧、普、南、徑、清作「甞」。

一五七九頁上一四行第二字「甞」，資、磧、普、南、徑、清無。又第九字「勤」，徑作「勸」。

一五七九頁上二二行「至若」，資作「至此」；磧、普、南、徑、清、麗作「至若此」。

一五七九頁中二一行第四字「智」，資、磧、普、南、徑、清作「和」。

一五七九頁中二二行第六字「夕」，資、磧、普、南、徑、清作「之夕」。

一五七九頁下三行首字「地」，資、磧、普、南、徑、清作「池」。

一五七九頁下一九行第一二字「寶」，資、磧、普、徑、麗作「實」。

一五八〇頁上三行末字「割」，磧、普、南、徑、清、麗作「剖」。

一五八〇頁上一六行第五字「芮」，麗作「苪」。本頁中九行第五字同。

一五八〇頁中一二行末字「也」，至此，徑卷第七終，卷第八始；清卷第六上終，卷第六下始。

一五八〇頁中一六行「廣聞」，麗作「廣開」。

一五八〇頁中一八行「秦始」，資、磧、普、南、徑、清作「泰始」。

一五八〇頁下二行末字「書」，資、磧、普、南、徑、清作「晝」。

一五八〇頁下八行第二字「有」，麗作「皆」。

一五八〇頁下一三行第一三字「列」，諸本作「烈」。

一五八〇頁下一六行「何點」，資、磧、普、南、徑、清作「何默」。又「劉繒」，資、磧、普、南、徑、清作「劉繪」。

一五八〇頁下二一行「撿洗物不有平」，資作「獫狁物不有平」；磧、普、南、徑、清作「獫狁物有不平」。

一五八一頁上六行第八字「悟」，磧、普、南、徑、清作「悞」。

一五八一頁上八行首字「係」，麗作「繼」。又第五字「徧」，麗作「偏」。

一五八一頁上一〇行末字「勇」，資、磧、普、南、徑、清作「勇鋭」。

一五八一頁上一二行「疚心」，磧、普、南作「疾心」。

一五八一頁上一七行「名架」，磧、普、南、徑、清作「名駕」。

一五八一頁上一九行首字「杭」，資、磧、普、南、徑、清作「抗」。又第五字「臨」，資、磧、普、南、徑、清作「臨敵」。

一五八一頁上二一行「未能」，磧、普、南、徑、清作「不能」。又第一一字

「盱」，麗作「盻」。又末字「噭」，資、磧、普、南、徑、清作「憿」。

一　五八一頁中二行第五字「倖」，資、磧、普、南、徑、清作「伴」。

一　五八一頁中六行第四字「足」，磧、普、南、徑、清作「是」。

一　五八一頁下二行第一〇字「廡」，資、磧、普、南、徑、清作「謙」。

一　五八一頁下五行首字「性」，資、磧、普、南、徑、清作「懷」。

一　五八一頁下九行「和理」，資、磧、普、南、徑、清作「知理」。

一　五八一頁下一四行第七字「住」，麗作「任」。

一　五八一頁下一五行第五字「康」，諸本作「秉」。

一　五八一頁下一七行第五字「未」，資、磧、普、南、徑、清作「末」。

一　五八一頁下一八行第三字「未」，磧、普、南、清作「末」。又「交義」，諸本作「文義」。

一　五八一頁下二二行「止京」，諸本作「上京」。

一　五八二頁上三行第一〇字「割」，資、磧、普、南、徑、清作「剖」。

一　五八二頁上四行第七字「散」，磧、普、南、徑、清作「教」。

一　五八二頁上五行「折理」，資、磧、普、南、徑、清作「析理」。

一　五八二頁上六行第九字「基」，磧、普作「綦」。

一　五八二頁上七行末二字至次行首字「謝惠雅」，資、磧、普、南、徑、清作「謝譓雅」。

一　五八二頁上一二行「貲財」，資、磧、普、南、徑、清作「資財」。

一　五八二頁上一三行「洗濯周旋」，資、磧、普、南、徑、清作「浣濯同旅」。

一　五八二頁上一八行「長史」，資、磧、普、南、徑、清作「長吏」。

一　五八二頁上一九行第七字「明」，諸本作「朋」。

一　五八二頁上二〇行「錢塘」，諸本作「錢唐」。

一　五八二頁中四行「當與」，諸本作「嘗與」。

一　五八二頁中一六行「譚思」，資、磧、普、南、徑、清作「覃思」。

一　五八二頁中一七行「蕭穎」，資、磧、普、南、徑、清作「蕭穎胄」。

一　五八二頁中二二行第一二字「時」，資作「則」。

一　五八二頁中末行「則別」，諸本作「贈別」。

一　五八二頁下六行第一一字「召」，諸本作「名」。

一　五八二頁下七行末字至次行首字「八万」，資、磧、普、南、徑、清作「萬緒」；麗作「萬行」。

一　五八二頁下八行第六字「願」，資、磧、普、南、徑、清作「欲」。

一　五八二頁下一五行「不振」，資、磧、普、南、徑、清作「不救」。

一　五八二頁下一九行第一二字「寄」，麗作「何」。

一 五八三頁上三行「舒慕」，資、磧、普、南、徑、清作「舒展」。

一 五八三頁上九行「忽忽」，資、磧、普、南、徑、清作「怱怱」。

一 五八三頁上一三行「絶偹」，諸本作「純備」。

一 五八三頁上一八行第七字「満」，諸本作「濍」。

一 五八三頁中七行「恃自」，麗作「自特」。

一 五八三頁中一二行「不敵不攻」，資、磧、普、南、徑、清作「無悶剋敵揖而不攻」；麗作「無敵不攻」。

一 五八三頁中一五行「攝敬」，諸本作「揖敬」。又「願永」，資、磧、普、南、徑、清作「願求」。

一 五八三頁中末行第一〇字「卒」，資、磧、普無。又「六十五」，徑作「六十有五」。

一 五八三頁下三行「狂言」，資、磧、普、南、徑、清作「誑言」。

一 五八三頁下一一行「全楚」，磧、普、南、徑、清作「令楚」。

一 五八三頁下一三行「東光」，資、磧、普、南、徑、清作「東莞」。

一 五八三頁下一八行「偹講」，磧、普、南、徑、清作「修講」。

一 五八四頁上二〇行「於每」，諸本作「每於」。

一 五八四頁上二二行「多通」，徑、清作「多聞」。

一 五八四頁中五行第一四字「任」，資作「在」。

一 五八四頁中六行第九字「迥」，南、徑、清作「迴」。又第一〇字「忽」，資作「怱」。

一 五八四頁中七行第八字「儻」，諸本作「當」。

一 五八四頁中九行「狼𤠣」，資、磧、普、南、徑、清作「狼忙」。

一 五八四頁中一一行「採聽」，資、磧、普、南、徑、清作「採孺」。又「勇勵」，資、磧、普、南、徑、清作「篤勵」。

一 五八四頁中一二行末字「侍」，資、磧、普、南、徑、清作「事」。

一 五八四頁中一四行第四字「尚」，資、磧、普、南、徑、清無。

一 五八四頁中一七行第九字「抉」，資、磧、普、南、徑、清作「怏」。

一 五八四頁下一行第二字「則」，諸本作「時」。

一 五八四頁下二行第二字「時」，資、磧、普、南、徑、清作「前」。

一 五八四頁下三行第九字「好」，資作「能」。

一 五八四頁下四行「履信」，資、磧、普、南、徑、清作「敦信」。

一 五八四頁下九行第一一字「令」，諸本作「今」。

一 五八四頁下一一行第九字「濟」，資、磧、普、南、徑、清作「堪濟」。

一 五八四頁下一四行「治成寺」，磧、普、南、徑、清作「治成寺」。

一 五八四頁下一五行「散處」，資、磧、普、南、徑、清作「散帶」。

一 五八五頁上一行末字「恒」，磧、普、

南、徑、清作「坦」。

一　五八五頁上五行第一三字「受」，資、磧、普、南、徑、清作「授」。

一　五八五頁上六行「永明」，資、磧、普、南、徑、清作「齊永明」。

一　五八五頁上一〇行末字至次行首字「及師」，資作「師及」。

一　五八五頁上一六行「學觀寺」，資、磧、普、南、徑、清作「與正觀寺」；麗作「與觀寺」。

一　五八五頁上一八行第四字「德」，資無。

一　五八五頁上一九行「末曾」，諸本作「未曾」。又第一三字「至」，麗無。

一　五八五頁上二一行第八字「所」，資作「安」。

一　五八五頁中二行第五字「西」，諸本無。

一　五八五頁中七行第六字「不」，麗無。

一　五八五頁中一四行第五字「懾」，麗作「攝」。

一　五八五頁中一六行「伏凶」，資、磧、普、南、徑、清作「伏凶」；麗作「伏塊」。又「五年」，麗作「三年」。

一　五八五頁下一一行第五字「事」，資無。又第六字「受」，諸本作「授」。

一　五八五頁下一三行第一二字「同」，磧、普、南、徑、清作「周」。

一　五八五頁下二一行末字「王」，麗作「玉」。

一　五八六頁上一行「後梁荊大僧正釋僧遷傳二十一」，資、磧、普、南、徑、清無。

一　五八六頁上三行「玉錫」，資、磧、普、南、徑、清作「王錫」。

一　五八六頁上八行「善言殿」，資、磧、普、南、徑、清作「與善殿」。

一　五八六頁上一二行「題之」，磧、普、南、徑、清作「韙之」。

一　五八六頁上一三行第九字「朞」，麗作「基」。

一　五八六頁上一四行首字「恂」，諸本作「恂恂」。又「不齊」，資、磧、普、南、徑、清作「不肅」。

一　五八六頁上一七行「天監」，資、磧、普、南、徑、清作「天保」。

一　五八六頁上二一行第七字「饋」，資、磧、普、南、徑、清無。

一　五八六頁中五行首字「擢」，資、磧、普、南、徑、清作「擁」。

一　五八六頁中六行「善導」，資、磧、普、南、徑、清作「道」。

一　五八六頁中卷末經名，徑作「續高僧傳卷第八」；清作「續高僧傳卷第六下」。

續高僧傳卷第七

大唐西明寺沙門釋道宣撰

義解篇三　正紀十

附見四

釋洪偃，俗姓謝氏，會稽山陰人。祖茂恭和凝慎，不交世俗。父藏慱綜經史，善屬文藻，梁衡陽王聞而器之，引為僚友。偃風神穎秀，弱齡悟道，晝讀經論，夜諷詩書，良辰華景，未嘗廢學。自尓幼而聰敏，州里稱焉。及長，遊聽京邑，遍聞數論。後值龍光寺綽法師，便委心受業，特加賞接，以為絕倫。由是

學侶改觀，轉相推伏。二三年中，便盡幽奧。乃開筵聚衆，闡揚成實，舉厝閑雅，詞吐抑揚。後學舊齒，稽疑了義，横經荷笈，虛往實歸。由此仰齊法輪，摠持諸部，勇氣無前，任其披解。宿望弘量，因循舊章，偃屬思雲霄，曾無接對。見忤前達，不能降情。自是來學有隔，聽者踈焉。遂閉志閑房，高尚其道，閒以尋緗閱史，廣求多見，秋水春臺，清文迥出，壯思雲飛，英詞錦爛。又善草隸，見稱時俗，纖過芝葉，婟極銀鈎。故貌、義、詩、書，号為四絕。當時英傑，皆推賞之。梁太宗之在東朝，愛其雋秀，欲令還俗，引為學士。偃執志不迴，故弗能致。會武帝發講重雲，延德肆問，而年非宿老，座第甚遠。抗言高論，精理入神。帝賞嘆久之，莫不矚目。偃形止自若，神守如初，僉服其高亮也。及引進後堂，加優其礼。屬戎羯陵踐，兵飢相繼，因避地于縉雲，眄泉石，又寢斥山侶，遂越嶺避難。落泊馳滯，曾無安堵。梁長沙王韶鎮郢，聞風叙造，俄而渚宮陷覆，上流阻亂，便事東歸，因懷

自靜有顧林泉乃杖策若耶雲門精舍歷覽山水美其栖遲登吴昇平亭賦詩曰藹藹物候晩肅肅天望清捺人聊杖策登高蕩客情川源多舊迹墟里或新名宿煙浮始旦朝日照初晴獨遊之徒侶徐步寡逢迎信矣非吾託賞心何易并遂汎浪巖峯有終焉之志首脩寺宇結衆礪業逮陳武廓定革命惟新京輔舊僧累相延請乃顧山衆曰吾勤苦積學五十餘年事故流離未遑敷說今時來不遂何謂為法亡身乎以天嘉之初出都講于宣武寺學徒又聚莫不肅焉雖樂說不疲而幽心恒結每因講隟遊鍾山之開善定林息心宴坐時又引筆賦詩曰杖策步前嶺褰裳出外扉輕蘿轉蒙密幽逕復紆威樹高枝影細山晝鳥聲希石苔時滑屣蟲網乍粘衣澗旁紫芝曄巖上白雲霏松子排煙去常生穽不歸窮谷无還往攀桂獨依依會齊使通和舟車相接崔子武等擅出境之才議其瞻對衆莫能舉世祖文皇以優內外優敏可與抗

言勅令繞接賓禮極攜溫雅容止方稜敷述皇猷光宣帝德才詞宏逸辯論旁馳潤以真文引之慈寄子武等頂受誥命銜佩北蕃帝嗟賞厚惠更倍恒度皆推以還公一無所納是歲舊疾連發聽者復疎止於小室許有諮問懷不能已情有斐然乃著成論疏數十卷剖發精理擒思深劇疾轉沉篤功不剋就以天嘉五年九月二十一日至于大漸神氣不昧命弟子曰衆生為貪心之所暗也貪我則惜落一毛貪他則永無猒足至於身死之後使高其墳重其瘞必謂九泉之下還結四隣一何可笑而皇甫謐揚王孫微得我意雖知會歸丘壤而未知初度之心今冥日之後以此脯腊鄙形布施上飛下走一切衆生若前身相負乃以相償如無相對則生我檀善此之微心亦趣菩提物莫不共矣言畢合掌終於宣武寺焉春秋六十有一知與不知咸懷惻愴即以其月二十二日尸陁於鍾山開善寺之東崗焉然優始離俗迄于遷化雖學是

務儉節掃衣弗事華廣每緣情觸興輒敘其致而文彩灑落罕有嗣者綴述篇章隨手散失後人掇聚集之成二十餘卷值亂零失猶存八軸陳太建年學士何儁上之封于秘閣

釋法朗俗姓周氏徐州沛郡沛人也祖奉叔齊給事黃門侍郎青州刺史父神歸梁員外散騎常侍沛郡太守朗託生之始母曰劉氏夢見神人乘樓殿入懷夢中如言身與空等既而覺寤四體輕虛有異恒日五辛雜味因此悉斷爰在齠齔卓出凡童孝敬純備志操貞立家雄六郡氣蓋三邊少習軍旅早經行陣儉約治身寵辱无能移也俄而假節寧遠將軍徐子彥北伐門設長戟坐休大樹惟曰兵者凶器身曰苦因欲海邪林安能覺者年二十一以梁大通二年二月二日於青州入道遊學楊都就大明寺寶誌禪師受諸禪法兼聽此寺彖律師講律本文又受業南澗寺仙師成論竹澗寺靖公毗曇當時譽動京畿神高學衆所以天口之侶藏耳之賓心計

目覽莫不奔競但以鷲山妙法群唱罕弘龍樹道風宗師不輟前傳所紀攝山朗公解玄測微世所嘉尚人代長往嗣續猶存乃於此山止觀寺僧詮法師資受智度中百十二門論并花嚴大品等經於即弥綸藏部探賾幽微義吐精新詞含華冠專門强學課篤形心可謂師逸功倍於斯為證永定二年十一月奉勑入京住興皇寺鎮講相續所以花嚴大品四論文言往拓所未談後進所損略朗皆指摘義理微發詞致故能言氣挺暢清穆易曉常衆千餘福慧孫廣所以聽侶雲會揮汗屈膝法衣千領積散恒結每一上座輙易一衣闡前經論各二十餘遍二十五載流潤不絕其間興樹四部兩宮法輪之華當時莫偶以太建十三年歲在辛丑九月二十五日中夜遷神寺坊春秋七十有五即以其月二十八日窆于江乘縣羅落里攝山之西嶺初攝山僧詮受業朗公玄旨所明惟存中觀自非心會析理何能契此清言而頓迹幽林禪味

相得及後四公往赴三業資承爰初擔不涉言及久乃為敷演故詮公命曰此法精妙識者能行無使出房輙有開示故經云計我見者莫說此經深樂法者不為多說良由藥病有以不可徒行朗等奉旨無敢言厝及詮化往四公放言各擅威容俱稟神略勇居禪衆辯住長干朗在興皇布仍攝領福門宏敞慧聲遐討皆莫高於朗焉然辯公勝業清明定慧兩舉故其講唱無存禪衆抑亦詮公之篤厲也然其義體時與朗違故使興皇座中排斥中假之誚布勇兩公見千別紀昔梁天監十年六月七日神僧寶誌記興皇寺云此寺當有青衣開士廣弘大乘及朗遊學之時初服青納及登元席乃與符同又南陌居士杜法榮年踰八十頗識歸心旨夢寺內有幡花天伎側塞殿堂緇素法衆充伊莛席洎朗來儀創會公私齋講又盛符焉又十二年五月七日帳下淨人解齋失曉朗夜扣閤催之而洪鐘自響良久不絕故其禎祥早著其例此

也東朝於長春殿義集副君親搖玉柄述朗所竪諸師假名義以此榮稱豈惟釋氏宗匠抑亦天人儀表故其所獲檀嚫充造經像修治寺塔濟給窮厄所以房内畜養鵝鴨鷄犬其類繁多所行見者無不收養至朗寢息之始皆寂無聲遊觀之時鳴吠喧亂斯亦懷感之致矣侍中領軍盧陵王聲摠權衡資承戒約遂仰奏承華為之銘頌其墓誌文太子詹事濟陽江捴故陳主叔寶時為東宮為之頌曰洪源遠來傳芳馥蕙君子指人英芬是継朱旃既杖青組仍曳紱厲戎卭珥貂狄制功可冠軍業非出世損彼聲色超此津濟津濟伊何裂斷網羅忍衣早記乘樓夜過航斯苦海涸此愛河非此智士孰寄宣揚法雲廣被慧日舒光既權衡擅自闢金湯夢齊鼓說應異鍾霜識機知命同彼現病凡心栖遁度脫難貢化緣已矣乃宅丘穽智炬寂滅頹巖遠夐遼夐六亡今搖落遠墅弦餘月暗霧暖松深香滅窮壟幡擴宿林切切管清遥遥鼓聲野煙四合孤禽一鳴風

悽唄斷流急寒生神之淨土形沉終
古勒此方墳用旌蘭杜

釋慧勇厥姓桓氏其先譙國龍亢人
也祖法式尚書外兵錢唐令因此遁
迹于虎丘山後仍寓居吳郡吳縣東
鄉桓里父獻弱齡早世母張氏嘗夢
身登佛塔獲二金菩薩俄育二男並
幼而入道長則慧聰勇其次也初出
楊都依止靈曜寺則法師為和上銳志
禪誦治身蔬菲隨方受業不事專門
豈非啟金成寶方資銑鏤瑄玉有美
必待刮摩誠有由矣年登具戒從靜
衆寺峯律師遊學十誦有龍光寺
僧綽建元寺法寵並道秀域中聲高
梵表乃服膺坐右稟宗成實刻情砥
礪寢食忘疲苦思沉淪坑岸斯墜弥
曆寒暑博習大成至年三十法輪便
轉自此遠致學徒咸開講肆高視上
京聲為翹采專講論文將十許遍俄
而梁季傾覆人百沸騰每思遁世莫
知其所于時攝山詮尚直轡一乘横
行山世隨機引悟有顧遵焉嘗行報
恩寺前忽見人云從攝山來授竹如
意俄失謂勇曰尋當如意俄失蹤迹

信宿之間又有滌函藏三論一部置
房前於上尋究莫知来也欣茲嘉瑞
銳勇難任回此拂衣里閈篤言泉石
期神宜冥非企琴臺之侶脩空習慧
寔追林遠之風便停止觀寺朝夕侶
侶如也詮師忘以年期義兼師友抑
亦宮羽相諧氷藍待益之志也自此
言刈章句採擷希微凡厥釋經莫不
包舉大法獲傳於焉是賴天嘉五年
世祖文皇請講於太極殿百辟具陳
七衆咸革景仰之輩觀風繼踵遊息
之伍附影成群自此聲名籍甚矣住
大禪衆寺十有八載及造講堂也門
人聽侶經營不日接霤飛軒製置弘
敞題曰般若之堂也以至德元年五
月二十八日遘疾少時平旦神逝春
秋六十有九然其大漸之時神容不
變經宿頂煖衆皆異之至六月六日
窆于攝山西嶺自始至終講花嚴涅
槃方等大集大品各二十遍智論中
百十二門論各三十五遍餘有法花
思益等數部不記又早捨親愛弱而
貞苦文章聲辯時所高之爰至啓手

啓足不淄不涅寔象教之棟梁精義
之林藪弟子等追深北面之禮鐫石
碑之其文侍中尚書令濟陽江摠制
釋寶瓊姓徐氏本惟東莞避難辭莒
後居毗陵曲阿縣焉祖邕齊右軍父
僧達梁臨川王諮議並高器局崇遵
儒素瓊潔潤山水峯瀾早被身長七
尺五寸背胛龍文口三十九齒異相
奇挺故能踈秀風采藴籍威容少
鄙錦裳便欣毳服綺年出俗師事
沙門法通通初見而嗟重深為道器
也不使服勤年過志學欲稟光宅寺
雲法師義但以經藏飈拔聲實沸騰
無礙奔涌談吐横逸竊疑詞富兼駭
唱高乃移聽南澗仙師研精數論名
解映徹洞殫義窟仙嘗覽瓊私記三
復嗟賞後於高座普勸寫之自介門
徒傳寫此䟽初受具年已能覆述末
登五歲便為法主仍與仙公抗衡敷
化梁高祖三教妙音罔不踈通還揚
名德分寄弘道瓊之高義簡在帝心
爰降綸綍入壽光殿言重茂林更輕

雲閣便辭還鄉之建安寺上黃侯蕭分竹此邦每深尊敬情兼師友彼郡一旦老少相喧競云建安伽藍白龍出現奔排到寺惟見瓊講有識之士異而目之為白瓊焉素與簡子周弘正早申莫逆彼驟噫曰夫有希世之才而不在京華開道秉捋之冀令人太息乃為學侶復請還都發成實題僧正慧令切難聯環瓊乃徐拂麈尾從容而對令乃引遠公舊責曰不疾而速杼軸何為答曰不思造業安得精固令聞舉止雅音調賓主相悅殊加稱賞梁祖年暮惟事薰修臣下偃風清言扇俗搢紳學者必兼文義所以屢開理教維摩涅槃道被下莚惠飛上席解頤利齒木舌鋒牙旻塞駢羅煙隨霧涌亦有明王豊貂紆青拖紫車馬溢於寺衢衣簪滿於法座斯感物之盛罕有如也到茂蘿民譽之重任孝恭詞筆之富皆執卷諮疑伏膺請業恭息世譽疏菲好學後進英華隨父共聽偏深玄義遂講涅槃傳瓶不失于茲乃驗末仍入道奄至

無常頂暖信宿手屈三指復與諸天飛下住宅對父談話宛若平生襃讚出家稱揚法利俄將翼從淩虛而沒留香在室經日不消故知彼此異人躬為學衆誠難測其本量也逮梁室版蕩有陳建業武帝尊法嗅味特深數引金言頻開玉諫降狎言笑詢訪名理永定三年夏於重雲殿閣正卯大品夢朱衣神礼而諫曰波若多難仰祈疾講頻尒數轉詞逾懇到至七月十日乃白僧曰昨夜神人見催經餘一卷午前取訖講竟出宮殿雷雹已響還纔至寺驟雨便零震動雲雷一時都盡豈非勝人宣法幽冥敬重陳祖昇遐方知前告文帝纂曆礼異弥深欝下絲綸為京邑大僧正辞讓雖切敦諭更隆乃顧當仁俾膺範物遂之斯任然以金陵都會朝宗所依剎寺如林義莚如市五部六郡果含苗雜惟調水乳罕和塩梅多没象湼終枯鳥樹乃鎮之以清淨馭之以無為篇禁不煩遮罰每省故僧尼仰之自肅道俗稱之益敬七衆日用而不知

四遠欽風而不足故得法位久司瀛謗無玷屢陳表退去而復忝始終惟令於是乎在自梁僧之於此任熏灼威儀翼衛亞於王公服玩陳於鄭楚故使流水照於衢路吏卒喧於堂廡瓊臨已來頓祛前政自營壺壽惟從息慈壞色蔽身且壇容膝蕭然寧尒有位若無朝野嘉其貞素同侶美其如法海東諸國圖像還蕃頂礼遙敬古人有言匪馳令譽孰動殊方其見賢如此以至德二年甲辰之歲二月二十三日纔覺不豫建初寺寶瓊法師當時之偶對也少而共學齊德齊揚尒夕神人忽來報曰彭城僧正令先無常自夢上天有跡請講暨三月二十日正念告終遺誡擯坎不須銘誌春秋八十一有詔慰焉喪事所須隨由資給仍以天子鹵簿仗借為榮飾終古所希幸也以四月五日空于鍾山之陽名僧舊墓尒時填逵咽陌哀慟相奔皂素驚嗟郊埇失色初瓊入京將臨法席既无人識不許房居乃求僧正慧超寄南澗住超聞未許

見而駭曰此少俊當紹吾今位法門所託何慮無房即命寺綱析然處置及孝宣請講太子常迎屢見神人形甚長偉密来翼從末為大將軍章照達講通感亦然又非則也然其厚德容衆鳴謙儉約出處無忤言行無擇剋壯不休摯摯講道吐音遥弈發義昭彰或遇勍手時逢命的薄麾萬翦灌已氷消故寔繁有徒服而無斁及晚僧望益重居處逾輕惟屏冈設飾用不置臘歲絫謁黑白摩肩方便他行避斯榮供斯可謂狎人世而空閑綰司存而無事也又聖人至理開士微言月落絫横清誦無遂及燭然香馥熾礼方宵迹息心勤外和内秘宣揚之暇綽有餘閑兼採女儒每竊子史敭垂萬餘體物摛玄並入性靈善能談洽又可謂不撓大猷無遺小道也凡講成實九十一遍撰玄義二十卷講文二十遍文疏十六卷講涅槃三十遍製疏十七卷講大品五遍製疏十三卷餘有大乘義十卷法花維摩等經並著文疏故不備載布在州

邑兄孫普光承藉風訓立履貞確思慕平昔追攀日永與同學道莊明解樹碑于金陵之舊墟其文慧日道場釋法論莊入室馳聲見于別紀解昇堂流譽王領江都隋末尚存安危未測

釋警韶姓顧氏會稽上虞人學年入道事对僧廣以為師範廣律行貞嚴當時領袖初韶遊都聽講便能清論年登冠肇還鄉受戒護持奉信如擊油鉢有沙門道林請留鄉土乃夢韶舌相廣長而欲將斷既寤深惟留戀斯成墜失愧悔前請便勸出都於即大弘法化傳燈不絶即莊嚴旻公之遺緒也次稟龍光僧綽乃是開善瓊支末又採習三藏廣綜衆家年二十三講大品經味法當時摩肩溢道後還建元晉陵等寺敷演經論解冠群宗韶乃頠年四十長就講説而學侶相顧不勝欽尚時年三十有九為建元寺講主臨終遺令傳法韶導崇餘烈即坐演之受業之賓有逾師保梁簡文邵陵及岳陽等大相欽重歸承

訓誨從范難後世改情浮乃住豫章將通道務時途豫州黄司空等素情所仰請為戒師會外國三藏真諦法師解該大小行攝自他一遇欣然與共談論諦嘆曰吾遊國多矣罕值斯人仍停豫都為翻新金光明并唯識論及涅槃中百句長解脱十四音等朝授晚傳夜聞晨説世説漏泄重出知十再生者也梁樂陽王於荆立位遣信遠迎楚都弘法韶念報地之重来勑遂乖陳武定天文皇嗣業並弘尚正道勑請還都戒範承仰優礼殊隆天嘉四年有會稽慧藻同泰道倫等二百餘人連署請韶長講於白馬寺廣弘傳化十有餘年既登耳順便令慧藻續講躬往瓦官宴坐少時法門深妙時沙門智顗定慧難踰人神頗測静嘆精利事等夙成共諸前學頻請重講留意綿久以疾辭之又為新安殿下黄司空等共僧三請不免勤注又於王府略説維摩龍光寺中廣敷成實亦得數年成諸學肆末辞朽老歸志山林乃入幽巖自靖

十有餘載至德元年十月十一日中時右脇而卧神慮澄然終於開善寺春秋七十有六其月十六日窆於鍾嶺獨龍之山所講成實論五十餘遍涅槃三十遍大品十遍新金光明二十餘遍維摩天王仁王等經遍數繁乱不紀

廣敘

釋安廩姓秦氏晉中書令靖之第七世也寓居江陰之利成縣焉孝正妙思淊玄怡心匿祢乃製入神書一首洞曆三卷青烏之道莫不傳芳廩幼而聦頴獨悟不群十三偏艱孝知遠近斷水骨立聞者涕零古人有言知子父也乃攝以典教業遂多通而性好老莊早達經史又善太一之能并解孫吳之術是以才藝有功文武清播仍欲披榛問隱華門珪竇而虛懷機發體悟真權年二十五啓勑出家乃遊方尋道北詣魏國於司州光融寺容公所採習經論容律訓嚴凝肅成濟器并聽嵩高少林寺光公十地一聞領解頓盡言前深味名象並畢中意又受禪法恙究玄門請業之徒屢申弘益在魏十有二年講四分律近二十遍大乘經論並得相仍梁泰清元年始發彭沛門人攜從還屆楊都武帝敬供相接勑住天安講花嚴經標致宏綱妙指機會值梁運既終法輪傳轉洎大陳御寓永定元年春乃請入內殿手傳香火授足盡虔長承戒範有勑住耆闍寺給講連續既會夙心遂欣久處世祖文皇又請入昭德殿開講大集樂說不窮重進莫擬孝宣御曆又於華林園內北面受道闡化涉勞因以遘疾至德元年建寅之月遷化于房皇心惻悼賵贈有嘉即以其月窆於開善之西山春秋七十有七門人痛其安放士庶失其歸依矣

釋慧布姓郝氏廣陵人也少懷遠操性度虛梗年十五處于江陽家門軍將時有戎役因類領五千人為將清平冦塞豈不果耶衆俾其言十六遭兄亡悟世非常思解俗網親眷知有武略咸不許之二十有一方從本願既蒙剃落便入楊都從建初寺瓊法師學成實論通假實之旨物議所歸而布恨斯至理未盡懷抱承攝山止觀寺僧詮法師大乘海嶽聲譽遠聞乃往從之聽聞三論學徒數百翹楚一期至於洞達清玄妙知論旨者皆無典尚時号之為得意布或去思玄布也故詮之解難聽者似解而領悟猶迷及依言領通而攝難踈略致使談論之際每有客問必待布而為答時人為之語曰詮公四友所謂四句朗領語辯文章勇得意布布稱得意寔為高也後於大品善達章中悟解大乘煩惱調順攝心奉律威儀無玷常樂坐禪遠離囂擾誓不講說護持為務末遊北鄴更涉未聞於可禪師所暫通名見便以言忤其意可曰法師所述可謂破我除見莫過此也乃縱心諸席備見宗領周覽文義並具胸襟又寫章疏六馱負還江表並遺朗公令其講說因有遺漏重往齊國廣寫所闕賷還付朗自無一畜衣鉢而已專修念慧獨止松林蕭然世表學者欣慕曾造思禪師與論大義連徹日夜不覺食息理致弥密言勢不止思

以鐵如意打案曰万里空矣無此
智者坐中千餘人同聲嘆悅又與邈
禪師論義即命公之師也聯綿往還
三日不絕邈止之嘆其慧悟遐舉而
甲身節行不顯其美梁太清末侯景
作亂荒饉累年三日失食至第四日
有人遺布飯而微以猪肉覆之雖腹
如火然結心不食故得遣斯困厄不
履非濫又曾患脚氣醫令服雞自此
至終常陳此罪或見諸人樂生西方
者告云方土乃淨非吾願也如今所
願化度衆生如何在蓮花中十劫受
樂未若三途處苦救濟也陳至德中
邀引恭禪師建立攝山栖霞寺結淨
練衆江表所推名德遠投稟承論首
時為開滯識理思幽微不為僧師不
役下位常自縫浣六時無闕纔扣揵
搥已居衆首端坐如木見者懍然名
聞光遠請謁如市陳主諸王並受其戒
奉之如佛末以年暮不參衆食勅給
其乳牛而布迴充入衆㷀㷀謹攝實
高僧焉年七十與衆別云布命更至
三五年在但老困不能行道住世何

孟常願生邊地無三寶處為作佛事
去也幸各好住願努其力於是絕穀
不食命將欲斷下勅令豎許之縮髀
不許沈皇后欲傳香信又亦不許臨
終遺訣曰長生不喜夕死無憂以生
無所生滅無所滅故也諸有學士徒
衆並委恭禪師吾無慮矣以陳禎明
元年十一月二十三日卒于栖霞終
後手屈三指將之雖伸還屈乃至林
中一月猶尓未終前大地連動七日
便卒移屍就林山地又動太史奏云
得道人星滅矣時以當之初將逝告
衆前云昨夜二菩薩見迎一是生身
一是法身吾已許之尋有諸天又來
迎接以不願生故不許耳流光照於
偘禪師户偘佐光威出户見二人向
布房中不知是聖也旦往述之恰然
符合言已端坐而化有見鬼者望見
幡花滿寺光明騰焰不測其故入山
視之乃布公去世
釋亡名俗姓宗氏南郡人本名闕殆
世襲衣冠稱為望族弱齡遁世永絕
妻孥吟嘯丘壑任懷遊處凡所憑准

必映美阮嗣宗之為人也長富才華
鄉人馳舉事梁元帝深見礼待有敕
新文帝多稱述而恭慎慈敬謙靜為
心每從容御筵賜問優異及梁曆不
緒潛志玄門遠寄汶蜀脫落塵累初
投兌禪師兌亦定慧澄明聲流開鄴
名乃三業依憑四儀恭仰慼絖假於
禪誦興慮著於篇什預有學徒問道
無倦會周氏跨有井絡少保蜀國公
宇文儁鎮之性愛賢才重其德素礼供
殊倫聲聞基省後齊王續部伏敬日
增任滿還雍遂物歸謁帝勞遣既深
處為夏州三藏朝省以名文翰可觀
元非玄侶而實德沒世將徵拔之測
其器宇有經國之量朝省揔議或以
威恩加之或以情異轉之然名雅亮
卓然曾無易節天和二年五月大冢
宰宇文護遺書曰言念欽屬未叙企
積道體休愈無虧慮耶蓋能仁處世
志存匡救非先輪迴獨尚茲善既道
㞐生知才高七步豈虛緇染沈流當
塗但靈廓妙理三業同臻奧思莫二
息白非感可怖解偏執讚我時朝匪

惟真俗俱柚亦是彼我一貫故令往旨
念報雅懷名荅去辱告深具懷抱寒
暑異域苦樂殊心輙略常談且陳事
實貧道稟質醜陋恒嬰疾惱因偃放
恭惟道是務不曾棲息五十二年自
捨俗緣十有五載万人歸國皆停都
邑羸病一僧獨流荒裔無罪可罰無
能可使百慮九思是所未喻文多不
載又列六不可十嘆息援據事叙綸
貫始終書略結云沙門持戒心口相
應所列六條若有一誑生則蒼天厭之
死則鐵鉗拔之洋銅灌之仰戴三光
行年六十不欺闇室況乃明世且鄉
國弥喪宗戚衰亡貪道何人獨堪長
久誠得収迹巖中攝心塵外支養殘
命敦修慧業此本志也寄骸精舍乞
食王城任力行道隨緣化物斯次願
也如其不介獨處丘壑安能憒憒久
住閻浮地乎護得書體其難拔乃與
書迎還云法師秉心弥固栖遊世表
玄圭啓運不屈伯夷之節蒼精御曆
豈捐嘉遁之志今遣徃迎名達咸陽
貴遊奉謁隆礼厚味弥增常限以稱

謂廣流藏景難伏揩當栖玄後德便開
放無累乃著寶人銘曰余十五而尚文
三十而重勢位值京都喪亂冠冕淪沒
海內知識零落殆盡乃喟然嘆曰夫以
迴天倒日之力一旦早凋岱山磐石之
固忽焉爐滅定知世相無常浮生虛僞
譬如朝露其停幾何大丈夫生當降魔
死當飴虎如其不尔修禪足以養志讀
經足以自娛富貴名譽徒勞人耳乃弃
其簪弁剃其鬚鬆衣納杖錫聽講談玄
戰國未寧安身无地自猒形骸甚於桎
梏思絕苦本莫知其津大乘經曰如說
行者乃名聖不但口之所言小乘偈曰
能行說爲正不行何所說若說不能行
不名爲智者至於顔回好學勤改前非季
路未脩懼聞後語切勞智擾役神傷命
爲道曰損何用多知揩欲枯木其形死
灰其慮降此患累以求虛寂乃作絕學
箴文名息心贊擬夫周廟其銘曰法界
有如意寶人焉九緘其身銘其膺曰古之
攝心人也誡之哉誡之哉无多慮无多知
多知多事不如息意多慮多失不如守
一慮多志散知多心亂心亂生惱志散妨

道勿謂何傷其苦悠長勿言何畏其禍鼎
沸滴水不停四海將盈纖塵不拂五岳將
成防末在本雖小不輕閉尒七竅閉尒六
情莫視於色莫聽於聲聞聲者聾見色者
盲一文一藝空中小蚋一伎一能日下孤燈
英賢才藝是爲愚弊捨弃淳樸耽溺淫
麗識馬易奔心猨難制神既勞役形必損
斃邪逕終迷修塗永泥莫貴才能是曰
惛懵誇拙羨巧其德不弘名厚行薄其
高速崩隆舒汙卷其用不恒內懷憍伐
外致怨憎或談於口或書於手邀人令譽
亦孔之醜凡謂之吉聖以之咎賞悅暫時悲
憂長久畏影畏迹逾走逾劇端坐樹陰迹
滅影沉猒生患老隨思隨造心想若滅生死
長絕不死不生无相無名一道虛寂万物齊平
何勝何重何劣何輕何賤何辱何貴何榮澄
天愧淨皦日慙明安夫岱嶺固彼金城敬
詒賢哲斯道利貞又著至道論淳德論遺
執論去是非論影喻論修空論不殺論等
並文多清素語恒勸善存質去華不存
粉黛有集十卷盛重於世不知所終有
弟子僧琨性沉審善音調爲隋二十五
衆讀經法主搜括群籍採摭賢聖所撰

不盡鄴云定不二不盡一字為異通
共驚美若奉聖心寵承斯問便詣流
支訪所深極乃授十地典教三冬隨
聞出疏即而開學聲唱高廣鄴下榮
推時朝宰文雄魏収邢子才楊休之等
昔經寵席官學由成自遺世納形名
靡寄相從来聽皆莫曉焉寵默識之
乃曰公等諸賢既稱榮國頗曾受業
有所来耶皆曰本資張氏猒俗出家
寵曰師資有由今見若此乃曰罪極
深矣初聆聲相寔等昔師容儀頊跂
致此無悟於是同敦三大蹵此一心
悲慶相循遂以聞奏以德溢時命義
在旌隆日賜黃金三兩盡於身世匠
成學士堪可傳道千有餘人其中高
者僧休法繼誕礼牢宜儒果等是也
一說云初勒鄴三藏教示三人房定
二士授其心法慧光一人偏教法律
菩提三藏惟教於寵寵在道北教牢
宜四人光在道南教憑範十人故使
洛下有南北二途當現兩說自斯始
也四宗五宗亦仍此起今則闕矣輙
不繁云

齊彭城沙門釋慧嵩傳

釋慧嵩未詳氏族高昌國人其國本
沮渠涼王避地之所故其宗族皆通
華夏之文軌焉嵩少出家聰悟敏捷
開卷輙尋傳了中義潛蘊玄肆尤翫
雜心時為彼國所重嵩兄為博士王
族推崇雅重儒林未欽佛理覩嵩
英監勸令反俗教以義方嵩曰腐儒
小智未足歸賞固當同諸糟粕餘何
可論兄頗遮礙乃以易林秘隱問之
嵩初不讀俗典執卷開剖挺出前聞
兄雖異之殊不信佛法之博要也嵩
以毗曇一偈化令解之停滯兩月妄
釋紛紜乃有其言全乖理義嵩揔非
所述耶為一開冷然神悟便大崇信
佛法博通玄奧乃恣其遊涉于時元
魏末齡大演經教高昌王欲使釋門
更闢乃獻嵩并弟隨使入朝高氏作
相深相器重時智遊論師世稱英傑
嵩乃從之聽毗曇成實領牒文旨信
重當時而位處沙弥更搖聲略及進
具後便登元坐開判經誥雅會機緣
乃使鋒銳剋敵歸依接足既學成望

遠本國請還嵩曰以吾之博達義非
邊鄙之所資也旋環鄴洛弘道為宗
後又重徵嵩固執如舊高昌乃夷其
三族嵩聞之告其屬曰經不云乎三
界無常諸有非樂況復三途八苦由
来所經何足恠乎及高齊天保革
命惟新上統榮望見重宣帝嵩以慧
學騰譽頻以法義淩之乃從於徐州
為長年僧統仍居彭沛大闡玄猷江
表河南率遵聲教即隋初志念論
師之祖承也以天保年卒於徐部

續高僧傳卷第七

諸論集為一部稱曰論場有三十卷披褒一關俱覽百家亦新學之宗匠者矣後於曲池造靜覺寺每臨水映竹體物賦詩有篇什云

魏鄴下沙門釋道寵傳

釋道寵姓張俗名為賓高齊元魏之際國學大儒雄安生者連邦所重時有李範張賓齊鑣安席才藝所指莫不歸宗後俱任安下為副年將壯室領徒千餘至趙州元氏縣堰角寺側即今所謂應覺是也從寺索水沙弥持與問其幾歷方可飲之素不內涉罔然無對乃以水澆面賓大恧謂徒屬曰非為以水辱我直顯佛法難思吾今投心此道宜各散矣即日於寺出家寺法入道三年歷試以賓聰明大傳不可拘於常制即日便與具戒遂入西山廣尋藏部神用深拔慨嘆晚知魏宣武帝崇尚佛法天竺梵僧菩提留支初翻十地在紫極殿勒那摩提在大極殿各有禁衛不許通言校其所譯恐有浮濫始於永平元年至四年方訖及勘讎之惟云有不二

續高僧傳卷第七

校勘記

一 底本，金藏廣勝寺本。五九三頁中至五九七頁下原版十四版殘，以麗藏本換。

一 五九三頁中一行經名，[徑]作「續高僧傳卷第九」。卷末經名同。

一 五九三頁中三行第四字「三」，[資]、[磧]、[普]、[南]、[清]無。又第七字「十」，[徑]作「十人」。

一 五九三頁中四行第三字「四」，[徑]作「四人」。

一 五九三頁中六行首字「陳」，[徑]、[清]無。七至一一行各行首字同。

一 五九三頁中七行「慧勇」，[資]、[磧]、[普]、[南]、[徑]、[清]作「法勇」。

一 五九三頁中九行「警韶」，[資]作「警詔」。

一 五九三頁下六行「屬思」，[資]作「厲愍」；[磧]、[普]、[南]、[徑]、[清]作「厲思」。

一 五九三頁下七行第八字「自」，[資]作「目」。

一 五九三頁下一六行第六字「甚」，[資]作「其」。

一 五九四頁上一八行末字「粘」，[徑]作「沾」。

一 五九四頁上二〇行「常生」，[磧]、[普]、[南]、[徑]、[清]作「堂生」。

一 五九四頁上二一行第八字「和」，[資]作「知」。

一 五九四頁上末行末字「杭」，[資]、[磧]、[普]、[南]、[徑]、[清]作「抗」。

一 五九四頁中一行第一三字「止」，[資]作「正」。

一 五九四頁中四行首字「頂」，[資]、[磧]、[普]、[南]、[徑]、[清]作「頃」。

一 五九四頁中一三行第九字「墎」，[資]、[磧]、[普]、[南]、[徑]、[清]作「槨」。

一 五九四頁中一四行「可笑」，[資]、[磧]、[普]、[南]、[徑]、[清]作「可嘆」。

一 五九四頁中末行第四字「始」，[資]、[磧]、[普]、[南]、[徑]、[清]作「始自」。

一 五九四頁下一行「華廣」，[資]、[磧]、

普、南、徑、清作「華纘」。

一五九四頁下五行「上之」，資、磧、普、南、徑、清作「尚之」。

一五九四頁下一二行「齠亂」，資、磧、普、南、徑、清作「髫亂」。

一五九五頁上二行「道風」，資、磧、普、南、徑、清作「遺風」。

一五九五頁上一二行第三字「徵」，資、磧、普、南作「微」；徑、清作「徽」。

一五九五頁中九行「福門」，資、磧、普、南、徑、清作「禪門」。

一五九五頁中一四行「十年」，資、磧、普、南、徑、清作「十六年」。

一五九五頁中一九行「側塞」，徑、清作「堋塞」。

一五九五頁下一行「副君」，資、磧、普、南、徑、清作「嗣君」。

一五九五頁下一〇行第一二字「陽」，資作「湯」。

一五九五頁下一一行小字左「頌曰」，資、磧、普、南、徑、清作「銘曰」。

又「遠來」，資、磧、普、南、徑、清作「遠采」。

一五九五頁下一三行「戎印珥貂」，資、磧、普、南、徑、清作「戎卸貳貂」。

一五九五頁下一六行「非此」，資、磧、普、南、徑、清作「若非」。

一五九五頁下一七行第一一字「擢」，資作「摧」；磧、南作「推」；普、徑、清作「椎」。

一五九五頁下二一行「遠墅」，資作「寒浸」；磧、普、南、徑、清作「寒侵」。

一五九五頁下二二行首字「畯」，資、磧、普、南、徑、清作「下」。

一五九六頁上二行「方墳」，徑作「芳墳」。又「蘭杜」，徑作「蘭社」。

一五九六頁上五行第七字「仍」，資、磧、普、南作「刻」；徑、清作「客」。

一五九六頁上六行「早世」，資、磧、普、南、徑、清作「早亡」。

一五九六頁上九行第九字「法」，資、磧、普、南、徑、清無。

一五九六頁上一一行「銑鏤瑄玉」，資作「乃鏤宣玉」；磧、普、南、徑、清作「刻鏤宣玉」。

一五九六頁上一七行首字「曆」，資、磧、普、南、徑、清作「歷」。

一五九六頁上二二行「山世」，磧、普、南、徑、清作「出世」。

一五九六頁中一行「俄失」，資、磧、普、南、徑、清無。

一五九六頁中五行「官賓」，資、磧、普、南、徑、清作「杳冥」。又「琴臺」，資、磧、普、南、徑、清作「禽臺」。

一五九六頁下一行第八字「所」，資、磧、普、南、徑、清作「世」。

一五九六頁下二行「不淄」，資、磧、普、南、徑、清作「不緇」。

一五九六頁下四行「摠制」，磧、南作「扙製」。

一五九六頁下八行「潔潤」，資、磧、普、南、徑、清作「潔清」。

一五九六頁下一一行第二字「錦」，

資、磧、普、南作「嶲」；徑、清作「觽」。又「綺年」，資、磧、普、南、徑、清作「幼年」。

一　五九六頁下二〇行「杭衡」，資、磧、普、南、徑、清作「抗衡」。

一　五九六頁下末行「綸既」，磧、普、南、徑、清作「綸綍」。

一　五九七頁上七行第一〇字「捋」，資、磧、普、南、徑、清作「桴」。

一　五九七頁上八行「乃爲」，資、磧、普、南、徑、清作「乃有」。

一　五九七頁上一二行「音調」，資、磧、普、南、徑、清作「音韻」。

一　五九七頁上一七行「明王」，資、磧、普、南、徑、清作「明玉」。

一　五九七頁上一九行「如也」，資、磧、普、南、徑、清作「加也」。

一　五九七頁中五行末字「版」，資、磧、普、南作「叛」。

一　五九七頁中七行「玉誺」，資、磧、普、南、徑、清作「玉牒」。

一　五九七頁中一〇行「數轉」，資、磧、普、南、徑、清作「轉數」。

一　五九七頁中一二行「宮殿」，磧、普、南、徑、清作「宮殷」。又第一三字「雹」，資、磧、普、南、徑、清無。

一　五九七頁中一三行「震動雲雷」，磧、普、南、徑、清作「重雲殿」。

一　五九七頁中一九行「六郡」，磧、普、徑、清作「六群」。

一　五九七頁下一二行「不豫」，資、磧、普、南、徑、清作「不悆」。

一　五九七頁下一五行第四字「自」，磧、普、南、徑、清作「日」。

一　五九七頁下二一行第一〇字「垧」，資、磧、普、南作「坰」；徑、清作「坰」。

一　五九八頁上七行「謫道」，磧、普、南、徑、清作「講導」。

一　五九八頁上八行「命的」，資、磧、普、南、徑、清作「的匠」。

一　五九八頁上九行首字「灌」，磧、普、南、徑、清作「潅」。

一　五九八頁上一〇行「惟屏」，徑、清、麗作「帷屏」。

一　五九八頁上一六行「揚之暇」，諸本（不含石，下同）作「揚之暇」。又「每窮」，資、磧、普、南、徑、清作「每窺」。

一　五九八頁中三行首字「解」，資、磧、普、南、徑、清作「解等」。

一　五九八頁中末行「歸承」，資、磧、普、南、徑、清作「師承」。

一　五九八頁下二行第六字「途」，資、磧、普、南、徑、清作「余」；麗作「逢」。

一　五九八頁下八行「世説」，諸本作「世謗」。

一　五九八頁下九行「樂陽」，徑、清作「岳陽」。

一　五九八頁下一二行末字「珎」，諸本作「彌」。

一　五九八頁下二二行末字「末」，諸本作「未」。

一　五九九頁上一行第一三字「日」，資、磧、普、南、徑、清作「日日」。

一　五九九頁上二行「終於」，資、磧、普、南、徑、清作「崩於」。
一　五九九頁上五行「大品四十遍」，資、磧、普、南、徑、清無。
一　五九九頁上一四行第一〇字「遂」，資作「逐」。
一　五九九頁中一三行「賵贈有嘉」，磧、普、南、徑、清作「賻贈有加」。
一　五九九頁中一九行第九字「偉」，磧、普、南、徑、清作「韙」。
一　五九九頁下三行第五字「閒」，資、磧、普、南、徑、清作「開」。
一　五九九頁下七行第五字「領」，資、磧、普、南、徑、清作「願」。
一　五九九頁下一五行第七字「忤」，磧、普、南、徑、清作「悟」。
一　五九九頁下一七行首字「諸」，資、磧、普、南、徑、清作「講」。
一　五九九頁下一八行第三字「章」，磧、普作「意」；南作「義」。
一　五九九頁下二〇行「無一」，麗作「無所」。

一　六〇〇頁上六行第四字「餧」，諸本作「餒」。又第一二字「第」，資、磧、普、南、徑、清無。
一　六〇〇頁上七行「以猪肉覆之」，資、磧、普、南、徑、清作「似猪肉之氣」。
一　六〇〇頁上一四行首字「邀」，資、磧、普、南、徑、清作「邈」。
一　六〇〇頁上一六行第五字「識」，諸本無。
一　六〇〇頁上二二行「年七十」，磧、普、南、徑、清作「年至七十」。
一　六〇〇頁中八行「拪霞」，資、磧、普、南、徑、清作「栖霞」。
一　六〇〇頁中九行「將之」，諸本作「捋之」。
一　六〇〇頁中二一行「宗氏」，資、磧、普、南、徑、清作「宋氏」。
一　六〇〇頁下二行第四字「舉」，資、磧、普、南、徑、清作「譽」。
一　六〇〇頁下五行「汶蜀」，磧、普、南、徑、清作「岷蜀」。

一　六〇〇頁下一〇行第一一字「其」，資、磧、普、南、徑、清無。
一　六〇〇頁下一二行第一二字「遣」，麗作「遺」。
一　六〇〇頁下一九行「休愈」，麗作「休豫」。
一　六〇〇頁下末行第六字「怖」，磧、普、徑作「悕」。
一　六〇一頁上五行「捿息」，磧、普、南、徑、清作「妻息」。
一　六〇一頁上七行第九字「商」，諸本作「裔」。
一　六〇一頁上一三行「闇室」，諸本作「闇室」。
一　六〇一頁上一六行「慧荸」，諸本作「慧業」。
一　六〇一頁上二〇行第二字「迎」，資作「近」。
一　六〇一頁上二二行第二字「捐」，資、磧、普、南、徑、清作「損」。
一　六〇一頁中二行末字「文」，麗作「屬文」。

一六〇一頁中八行「飴虎」，諸本作「飼虎」。

一六〇一頁中二二行第二字「知」，麗作「智」。

一六〇一頁下三行第三字「未」，諸本作「末」。

一六〇一頁下六行「淳樸」，資、磧、普、南、徑、清作「浮樸」。

一六〇一頁下九行「誇拙」，麗作「洿拙」。

一六〇一頁下一〇行「隆舒汗卷」，資作「塗舒翰卷」；磧、普、南、徑、清作「徒舒翰卷」；麗作「隆舒汙卷」。

一六〇一頁下一四行「生死」，資、磧、普、南、徑、清作「長死」。

一六〇一頁下一六行「何重何劣」，麗作「何劣何重」。

一六〇一頁下二〇行首字「並」，資、磧、普、南、徑、清無。

一六〇一頁下二一行「粉黛」，諸本作「粉墨」。

一六〇一頁下末行末字「撰」下，諸本有大段經文，今據麗藏本附於卷末（即「諸論集……有不二」）並校以資、磧、普、南、徑、清。

一六〇二頁上三行第一〇字「典」，資、磧、普、南、徑、清作「曲」。

一六〇二頁上一六行「牢宜」，磧、普、南、徑、清作「窂宜」。下同。

一六〇二頁中一行「齊彭城沙門釋慧嵩傳」，資、磧、普、南、徑、清無。

一六〇二頁中四行「敏捷」，磧作「敏建」。

一六〇二頁中五行第五字「傳」，諸本作「便」。

一六〇二頁下二行「弘道」，磧、普、南、徑、清作「弘導」。

一六〇二頁下一一行「徐部」，資、磧、普、南、徑、清作「徐州」。

一六〇三頁上二行「披裹」，資、磧、普、南、徑、清作「披卷」。

一六〇三頁上四行「賦詩有篇什」，資、磧、普、南、徑、清作「賦詩頗有篇什」。

一六〇三頁上五行「魏鄴下沙門釋道寵傳」，資、磧、普、南、徑、清無。

一六〇三頁上八行「齊鏕」，資、磧、普、南、徑、清作「齊鑣」。

一六〇三頁上九行第一〇字「副」，資、磧、普、南、徑、清作「嗣」。

一六〇三頁上末行第七字「勘」，資作「堪」。

續高僧傳卷第八　　左

大唐西明寺沙門釋道宣撰

義解篇四　正紀十四

附見二

釋僧範姓李氏平鄉人也幼遊學羣書年二十三備通流略至於七曜九章天竺呪術諳無再悟徒侶方千掯掌解頤誇矜折角時人語曰相州李洪範解徹深義鄴下張賓生領悟无遺斯言誠有旨矣兼以年華色美都无伉儷之心思附法門燒指而修供養年二十九栖遲下邑聞講涅槃輙試一聽開悟神府理思兼通乃知佛經之秘極也遂投鄴城僧始而出家焉初學涅槃經頓盡其致又栖心林慮靜其浮情復向洛下從猷公聽法華華嚴宗匠前修是非衢術後從暉光師而受道焉翫味虛宗歲紀遷貿既窮筌相學志无雜乃出遊開化利安齊魏每法筵一舉聽衆千餘逮旋趾鄴都可謂當時明匠遂使崔覲注易諮之取長宗景造曆求而捨短大儒徐遵明李寶頂等一對信於言前授以菩薩戒法五衆歸之如市講華嚴十地地持維摩勝鬘各有䟽記復變䟽引經製成為論故涅槃大品等並稱論焉地持一部獨名述也然屬詞繁壯不偶世情亦是一家之作故可觀採而言行相輔祥徵屢降甞有膠州刺史杜弼於鄴顯義寺請範冬講至華嚴六地忽有一鴈飛下從

浮啚東順行入堂正對高座伏地聽法講散徐出還順塔西尒乃翔遊又於此寺夏講雀来在坐西南伏聽終於九旬又曾處濟州亦有一鴉飛来入聽訖講便去斯諸祥感衆矣自非道洽冥符何能與此嘗講花嚴輒有一僧加毀云是乃伽斗竟何所解當夜有神加打死而復蘇其見聞者皆深敬異嘗宿他寺意欲聞式有僧昇坐將發義乃曰竪論法相深會聖言何勞布薩僧常聞耳忽見一神形高丈餘貌甚雄峻来到坐前問竪義者今是何日荅曰是布薩日神即以手搨之曳于座下委頓垂死次問上座搨曳同前由是自勵至終僧事私緣竟无說欲乃至疾重舉而就僧將終之日延像入房下牀跪地惟悔宿觸而已時當正午遺識而卒於鄴東大覺寺時春秋八十即天保六年三月二日也初範背儒入釋崇信日增寂想空門不緣世務口无流略之語身絕非法之遊隨得財賄即施門人衣食有无未曾宣述安忍善惡喜怒不形洗襯奉禁終始如一而留意華嚴為来報之業夜礼千佛為一世常資未歲年事既隆身力不濟猶依六時叩頭枕上自有英悟之量罕能纘纂感通靈異則事全難准六

釋曇遵姓程氏河北人少猒世網投法出家而容色盛美堂堂然也恐染淨戒還返俗焉貧學既明允當時寄有魏擢為員外郎二十有三情背朝官復請光公以為師保光以舊事捨而不度遵跪啓曰今沒命歸依遠崇至道如不允副必從邪見壞及三寶光審其情至即度而授戒因從稟學功踰一紀大乘頻教法界心原並披析義理挺超時匠手无異筆而變他成已故談述有續而章疏闕焉初出化行洛下流演齊楚晉魏乃至燕趙通傳道務攝治相襲丞相淮陰王肱深器之德動貴重傾心奉礼年餘七十舉為國都尋轉為統後少覺有疾便坐誦維摩勝鬘卷了命終卒於鄴下時年八十有五承化門人罕繼其後初遵賦志清高无為立性褰帷開

戶摽樹方遠形无妄涉口不俗談動靜自嚴不假方便而敬愛宗師罕階儔緒光師終日遵在齊州初聞哀問不覺從牀而墜口中流血其誠孝動人如此之類也多遊念惠有得攜緣溫講而終業矣

釋慧順姓崔齊人侍中崔光之弟也少愛儒宗統知雅趣長猒塵網為居士焉初聽涅槃略无遺義因講而聽聞有言曰此解乃明猶未為極心遂遲疑伺決其病承都下有光律師者廣涉大乘文无不曉因往洛陽時年二十有五即投光而出家焉寓於門下篡修地首倦无終食歲紀相尋證教兩途銳鏡於心內三持三聚影現於神外博見融治陶然有餘講十地地持華嚴維摩並立疏記年將知命欲以大法弘利本鄉即傳歸戒情无不愜隨有講會衆必千餘精誠之響廣流東夏故齊趙瀛冀有奉信者咸稟其風焉僕射祖孝徵欽尚厥德奏為國都年七十有二終於鄴下之摠持寺當終之日身心清卓專念平等

而為心印然順族曽菁華言成世範
慧解騰譽事義深沈而志存順法不
局一方衣略鮮華食无兼味受施尋
散情閑愛憎形寄任縁未依夏臘
進止在益不顧已損言行適時不輿
物諍故傳者具書不敢遺其事行矣
釋道憑姓韓平恩人十二出家投貴
鄉部寺初誦維摩經自惟歷覽日計
四千四百言一聞无忘乃通數部後
學涅槃略觀遠節復尋成實初聽舉
文便竪大義聡明之譽无羨昔人致
使遐迩聞風咸思頂謁七夏欲講涅
槃惟日文一釋異情理難資恐兼盧
課謗法誡重八夏既登遂行禪境漳
滏伊洛遍討嘉猷後於少林寺攝心
夏坐問道之僧披榛而至聞光師弘
揚戒本因往聽之渉悟大乘深副情
願經停十載聲聞漸高乃辝光通法
弘化趙魏傳燈之美罕有斯焉講地
論涅槃花嚴四分皆覧卷便講自不
尋文章疏本无手不舉筆而開塞任
情吐納清爽洞會筌旨有若證焉故
京師語曰憑師法相上公文句一代

希寳斯言信矣時人以其口辯方於
身子也以齊天保十年三月七日卆
於鄴城西南寳山寺春秋七十有二
將終之前大鍾兩口小觸而破康存
之日頴生安養故使臨終光尋滿堂
憑獨見之異香充庭大衆同美初憑
之處道弘護居心經律遷講福智雙
習骨族血親往来頓絶勢貴豪家全
无遊止而乞食自資少所恒習 祖肩
洗浄老而弥固脛髀无服生死齊焉
兼以心縁口授杜於文相者古今
絶矣
釋靈詢姓傅氏漁陽人也少年入道
學成實論并涅槃經窮其幽府又於
論中删要兩卷注而釋之盛行於世
後棄小道崇仰光公曉夕研尋十有
餘載纖旨秘教備知通塞雖博知羣
籍而擅出維摩兼有疏記至遷京漳
鄴遊歷燕趙化霑四衆邪正分焉而
書畫有工頗愛篇什文筆之華時所
推舉美容貌善風儀詞辯雅浄聽者
無撓初為國都魏末為并州僧統齊
初卆於晉陽時年六十九矣

釋法上姓劉氏朝歌人也五歳入學
七日通章六歳隨姊寺中觀戲情無
鼓儛但礼佛讀經而聲氣爽拔衆人
奇逹傾渇觀聽年登八歳略覧經誥
薄盡其理九歳得涅槃經披而誦之
即生猒世至于十二投禪師道藥而
出家焉因遊相土尋還汲鄉又往東
都栖遑務道神氣高爽照曉詞論所
在推之咸謂聖沙弥也後潛林慮上
胡山寺誦維摩法花纔淶二旬兩部
俱度因誦求解還入洛陽博洞清玄
名聞伊滏年暨學歳創講法花酬抗
疑難无不嘆伏善撥問好徵覈決通
非據邑言勝負而形色非美故時人
諺曰黑沙弥若来高座逢灾也後值時
儉衣食俱乏專意涅槃无心飢凍故
一粒之米加之以菜一衣為服兼之以
草練形將盡而精神日進乃投光師
受具焉性戒夙成不勞師導勤勤諦
理无失寸陰忽聞父病尋往覲之既
至即殂一宿同止明旦赴洛度毋及
姊將入鄴都時屬大荒投寄无指聽
法心猛委而南旋夏聽少林秋還漳

岸毋子相見不覺潸然既慧業有聞衆皆陳請乃講十地地持楞伽涅槃等部輪次相續並著文疏又偏洞算數明了機調綱紀法化難繼其塵故時人語曰京師極望道場法上斯言允矣年階四十遊化懷衛為魏大將軍高澄奏入在鄴微言一敵衆侶雲屯但上戒山峻峙慧海澄深德可軌人威能肅物故魏齊二代歷為統師昭玄一曹純掌僧錄令史員置五十許人所部僧尼二百餘万而上綱領將四十年道俗歡愉朝庭胥悅所以四方諸寺咸稟成風崇護之基罕有繼釆既道光遐燭乃下詔為戒師文宣常布髮於地令上踐焉天保二年又下詔曰仰惟慈明緝寧四海欲報之德正覺是憑諸鷙鳥傷生之類宜放于山林即以此地為太皇太后經營寶塔廢鷹師曹為報德寺斯即碎蕩邪霧載清佛海當時昌盛自古推焉上揔揩荷並得緝諧内外闡揚皂白咸允非斯柱石孰此棟梁哉且而景行既宣逸響遐被致有高勾麗

國大丞相王高德乃深懷正法崇重大乘欲播此釋風被于海曲然莫測法教始末緣由西徂東壤年世帝代故具錄事條遣僧向鄴啓所未聞事叙略云釋迦文佛入涅槃來至今幾年又於天竺幾年方到漢地初到何帝年号是何又齊陳佛法誰先傳告從介至今歷幾年帝遠請具注并問十地智論等人法所傳上荅略云佛以姬周昭王二十四年甲寅歲生十九出家三十成道當穆王二十四年癸未之歲穆王聞西方有化人出便即西入而竟不還以此為驗四十九年在世滅度已来至今齊代武平七年丙申凡經一千四百六十五年後漢明帝永平十年經法初来魏晉相傳至今流布上廣荅緣緒文極指訂今略舉梗槩以示所傳末勑住相州定國寺而容德顯著感供繁多所得世利造一山寺本名合水即鄴之西山今所謂脩定寺是也山之極頂造弥勒堂衆所莊嚴備殫華麗四事供養百五十僧及齊破法湮僧不及山寺

上私隱俗服習業如常願若終後覲覲慈尊如有殘年願見隆法更一頂礼慈氏如來而業行精專幽明感遂屬隋運將動佛日潛輝深果宿心喜遍心府羸瘦纔篤設轝坐之袈裟覆頭弟子扛舉往昇山寺合掌三礼右遶三周便還山舍誦維摩勝鬘卷訖而卒於合水故房春秋八十有六即周大象二年七月十八日也上形量過人茗然衆表百千衆中孤起頸現衣服率素納補為宗五條衹支由来以布法衣瓶盂以外更无餘財生不乘步以畢命門人成匠任情所學不私已業偏用訓人言常含笑罪不加杖自上未任已前儀服通混一知綱統制揔別行使夫道俗兩異上有功焉制寺立淨亦始於此故釋門東敞䏶扇清風莫與先矣初天保之中國置十統有司聞奏事須甄異文宣乃手注狀云上法師可為大統餘為通統故帝之待遇事之如佛凡所吐言无不承用又遵重戒禁頗常宣說晝報行之每至布薩晨且致厚供設礼

請僧及年高聲變恐煩於衆歲暮之夕猶遵此法其奉信也如此撰增一數法四十卷並略諸經論所有名教始從一法十百千万有若數林寔傳持之要術也又著佛性論二卷大乘義章六卷文理沖洽詳略有聞又撰衆經録一卷包舉品類耳並行於世有弟子法存者本是李老監齋天保屏除歸于釋種明解時事分略有據上乃擢為合水寺都維那當有齋之歲每年三駕皆往山寺有所覲礼六軍既至供出僧厨存隨事指撝前後給濟三官並足後終於隨初靈裕法師資學有承為之本傳

釋道慎姓史高陽人十四出家誦聽依業受具已後入洛從光師學於地論後稟上統而志涅槃性度夷簡風量陶然綱罔門徒維攝大法而為己任每參說戒跪聽至訖講悟皆情詞无繁長智者恐甚少愚者慮其不多五衆愛重故宣帝請為國都綏撫遺法得无戲緒禪匠僧達論士法靈皆伏其辯對至於洎洎風流大觀時

俗則慎過之遠矣末乘車送帝迴返本寺兩轅併折不日而終於鄴城定國寺春秋六十有五

釋僧妙一名道妙本住冀州後居河東蒲坂禁行精苦聰慧夙成遍覽群籍尤通講論而稟性謙退喜慍不干其抱故每講下座必合掌懺悔云佛意難知豈凡夫所測今所說者傳受先師未敢專輒乞大衆於斯法義若是若非布施歡喜時以解冠前彥行隆端達睹其虛已皆服其德義衆益從之後住本鄉常念寺即仁壽寺也聚徒集業以弘法樹功聲嚮周齊甚高名望周太祖特加尊敬大統年時西域獻佛舍利太祖以妙弘讚著績遂送令供養因奉以頂戴曉夜旋仰經于一年忽於中宵放光滿室螺旋出窓漸延于外須臾光照四遠騰翕其焰照屬天地當有見者謂寺家失火竟來救之及覩神光乃從金瓶而出皆嘆未曾有也妙仰瞻靈相涕泗交橫乃燒香跪而啓曰法界衆生已覩聖迹伏願韜秘靈景反寂歸空於是光還螺

旋卷入瓶內介夜州治士女燒香讚歎之聲聞于數十里寺有一僧瞻居房內衆共喚之惛惛不覺竟不見光相未幾便遇癘疾咸言宿業所致遂有感見之差自妙之去亡光不復現其本佛骨今仍在焉昔齊武平末鄴古城中白馬寺此是石趙時浮圖澄所造本為木塔年增朽壞勅遣修之掘得舍利三粒一赤一白一青實瓶盛之京邑貴賤共晉心至者颷然上涌不信戲慢者到傾亦不出時俗迴邪者衆齊王舅廣武王胡長邕曾染佛宗勅令還俗雖居貴望不捨具戒置舍利於水鉢請乞行道即見三枚相逐上水旋器右行七遍既滿一時沉下邕與子弟更加深信而妙講解涅槃以為恒業叙略綱致久學者深會其源分剖文句皆臨機約截遍遍皆異所以學侶罕成而為英傑者所美化行河表重敬莫高延及之鄉酒肉皆絕現生葱韮以土掩覆並非由教令而下民自從其惡矣有學士曇延承著宗本更廣其致具見別傳

釋慧善幼出家善法勝毗曇住揚都棲玄寺徵聲論道四座驚神會有梁末序遊難江陵承聖季年因俘秦壤住長安崇華寺義學之美為周冢宰見知別脩供養敷導終老以天和年卒於長安時年六十善以大智度論每引小乘相證成義故依文次第散釋精理辭諸星月助朗太陽猶如衆花繽紛而散乱故著斯文名為散花論也其序略云著述之體貴言約而理豊余頗恚諸作而今覩纘者正由斯轍罕人請練是以觸義懇懃逢文掐掌有詳覽者想鑒茲焉夫多不盡

釋寶彖姓趙氏本安漢人後居綿州昌隆之蘇溪焉天性仁讓慧心俊朗嬰孩有異二親欲試其度以諸綵帛花果弓矢書疏羅置其前彖便撥除餅果止取書疏衆共嘆異咸知必有成濟也及年七歲有緣至巴西郡太守揚眺問云承兒大讀書因何名為老子彖曰始生頭白故也眺寄異之十六事梁平西王初為道士童子未學佛法平西識其機鑒使知營功德

事因見佛經欣其文名重其義旨就撿讀誦迷悟轉分恒求佛法用祛昏漠年二十有四方得出家即受具戒先聽律典首尾數年略通持犯迴聽成實傳授忘倦不恪私記須便輙給研心所指科科別致末又聽韶法師論徧窮旨趣武陵王門師大集摩訶堂令講請觀音初未綴心本无文疏始役情慧抽怗句理詞義洞合聽者盈席私記其言因成疏本廣行於世後還涪川開化道俗外典佛經相續訓導引邪歸正十室而九又鈔集醫方療諸疾苦或報以金帛者一无所受便有銜義懷德者捨俗出家或緣障未諧者盡形八戒彖雖道張井絡風播岷峨而志意頹然唯在通於正法誠心摽樹不競人物見大集一經未弘蜀境欲為之疏記使後學有歸乃付著經律就山脩纘而衆復尋之致有煩擾再稔方就一无留難初至虛空藏品於義不達閉目思之不覺身上空中離牀三四尺許欻然大悟竟文慧發寫不供宣擾此為言志力

難擬矣時益州武擔寺僧寶願最初請講大衆雲集聞所未聞莫不歡悅又備僧崖菩薩出世為造經本因尒傳持至今不絕故寶坊一學曲被劍南後制涅槃法花等疏皆省繁易解聽无遺閬州境皂素生難遭想每言吾命不長唯當自勵身心節約衣食望引殘運耳故廣弊接報弘誘為心護生安衆以為恒務忽感風疾不言久之命將欲絕私心發誓願諸佛護念得分付諸物作是念已欻然能語顧命子弟誨示禍福吾即當去催作遺疏分處衣資倍奉三寶下筆署訖還不能言侍人逼以漿飲閉口拒之疾甚為喚佛名便合掌在額奄然而卒於潼州光興寺今所謂綿州大振響寺也春秋五十即周之保定元年十一月二十三日矣初未終之前本所住山於五月內无故自崩塵霧闇天舉衆驚駭莫測其恠至于八月中山北村人並見尊像從山寺來乘空北逝幡花列前僧衆從後往問寺中都无知者當尒之時彖赴光興寺講因以白

之彔曰此我之徵相不務他也及終於此寺果如所圖云

釋曇衍姓夏侯氏南兗州人初生之時牙齒具焉世俗異之七歲從學聡敏絶倫十五擢為州都公事有隙便聽釋講十八舉秀才貢上鄴都過聽光公法席即禀歸戒棄捨俗務専功佛理學流三載績鄰前達年二十三投光出家即為受戒聽涉无暇乃指食息然於蔵旨有疑通諮碩學並辞冈逺遂開拓衆宇置立殑猷顧諸徒曰吾從師積年心悟未決賴因遊意累思豁然有據其猶伍目面牆則冥无所解延頸出户則逺近斯見由是講事无廢眦讃玄理聲辯雄亮言會時機自齊鄭燕趙皆履神化雖遭緣阻安苦无倦常隨義學千僧有餘出家居士近於五百並恢廓道志戒禁居心趙郡王高叡上洛王高元海滕州刺史杜弼並齊朝懿戚重自留情敬奉僕射祖孝徵奏為國都緝諧道政不墜玄網而披散詞理言尚實要故經文繁富者則掐摘一句用攝廣

文時人貴其通贍鎔裁而簡衷矣常於暇日私恨日昔在俗流尊不見遂令世人无知汙我淨戒若不介者應有所得以開皇元年三月十八日忽告侍人无常至矣便誦念弥勒佛聲氣俱盡於時正中旁僧同覩顔色怡悦時年七十有九卆於洺州盧氏宅自衍之生也殊相感人而立操貞直心用散約情及濟世故積散所拯貧病為初法利所被如行先授但見經像必奉礼迎送道遇貧陋必悲憐垂泣其謹質深信為若此也又恒樂聽戒生來兩闕維摩勝鬘曰緣一遍辛醒臭物曾不臨矚下氣逼流身出户外以清淨僧房不為熏勃故也未終之前有夢見衍朱衣螺髮須垂於背二童侍之昇空而西北高逝尋介便終時共以為天道者矣

釋慧榮姓顧氏會稽山陰人也梁高祖大通年辞親出聽時建初彭城盛弘成實素未陳略即盡清辯一衆同嗟便開令坐而禀性虛廓不掐世務惟以法事餘全无叙鄉邑二親哀其

弱喪數因行李寄以書信榮得而焚之顧諸友曰余豈不懷乎廢余業也書中但二字耳復何開乎人問是何荅吉凶也如此積功三十餘載不另義龍揩无返迹自是専業勇鎧聲稱弥遠即而講悟學者歸之年至五十門人亦介乃大弘法席廣延緇素時梁儲在坐素不識之令問講者何名乃抗聲曰禹穴慧榮江東獨步太子不識何謂儲君一坐掩耳以為彭亨之太甚也榮從容如舊旁若无人後與諸徒還歸故邑其母尚在餘並物故乃喟然嘆曰十五辞隣故五十還故隣少年不識我長老無一人本邑道俗欲光其價而忌其言令也大集諸衆令其竪義榮曰余學廣矣輒竪恐致餘詞任衆舉其義門然後標撮衆以其博達矜尚乃令竪八十種好謂必不能誦持榮曰舉衆无人也斯乃文繁義可知耳即部分上下以法繩持須臾條數列名出體僉雖難激蓋无成濟晚又出都相仍講授至德末年卆於揚都

釋曇延俗緣王氏蒲州桑泉人也世家豪族官歷齊周而性協書籍鄉邦稱叙年十六因遊寺聽妙法師講涅槃探悟其旨遂捨俗服膺幽討深致出言清越厲然不群時在弱冠便就講說詞辯優贍弘裕方雅每去佛性妙理為涅槃宗極足為心神之遊翫也延形長九尺五寸手垂過膝目光外發長可尺餘容止邕肅慈誘汎博可謂堂堂然也視前直進顧必轉身風骨陶融時共傳德及進具後器度日新機鑒俊拔遐迩屬目雖大觀輿典而恐理在膚寸乃更聽華嚴大論十地地持佛性實性等諸部皆超略前導統津准的自顧影而言曰輿尒沉淪日久飄泊何歸今可挾道潛形精思出要遂隱於南部太行山百梯寺即所謂中朝山是也時山中有薛居士者學總玄儒多所該覽聞延年少知道夙悟超倫遂從而謁焉言謔相高未之揖謝薛乃戲題四字謂方圓動靜命延體之延應聲曰方如方等城圓如智慧日動則識波浪靜類涅

槃室薛驚異絕嘆曰由来所未見希世挺生即斯人也尒後恒来尋造質疑請義延幽居靜志欲著涅槃大疏恐有滯凡情每祈誠寤寐夜夢有人彼於白服乘於白馬騣尾拂地而談授經旨延手執馬騣輿之清論覺後惟曰此必馬鳴大士授我義端執騣知其宗旨語事則可知矣便述疏說偈曰歸命如来藏不可思議法等續撰既訖猶恐不合正理遂持經及疏陳於州治仁壽寺舍利塔前燒香誓曰延以凡度仰測聖心銓釋已了具如別卷若幽微深達願示明靈如無所感誓不傳授言訖涅槃卷軸並放光明通夜呈祥道俗稱慶塔中舍利又放神光三日三夜輝耀不絕上屬天漢下照山河合境望光皆来謁拜其光相所照與妙法師大同則師資通感也乃表以聞帝大悅勑延就講既感徵瑞便長弘演所著文疏詳之于世時諸英達僉議用比遠公所製遠乃文句愜當世實罕加而標舉宏綱通鏡長騖則延過之久矣周太祖素

揖道聲尤相欽敬躬事講主親聽清言遠近馳萃觀採如市而獲供事曾不預懷性好恬虛冈干時政太祖以百梯太遠諮省路艱遂於中朝西嶺形勝之所為之立寺名曰雲居國俸給之通於聽衆有陳躬使周弘正者博考經籍辯逸懸河遊說三國抗叙无擬以周建德中年銜命入秦帝詶其機捷舉朝悆采勑境内能言之士不限道俗及搜採巖穴遁逸高世者可與弘正對論不得墜於國風時蒲州刺史中山公宇文氏夙承令軌乃表上曰曇延法師器識弘偉風神爽拔年雖未立而英辯難繼者也帝乃總集賢能期日釋奠躬御礼延朝宰畢至時周國僧望二人倫次登座發言將訖尋被正難徵據重疊投解莫通帝及群僚一朝失色延座居末弟未忍斯慙便不次而起帝曰位未至何事輙起延曰若是他方大士可藉大德相臨今乃遠國微目小僧足堪支敵延徑昇高座帝又曰何為不礼三寶荅曰自力蕪擬未假聖賢加助

帝大悅正遂攄情陳難延乃引義
開關而正頗挟撥調用前殿後延乗
勢挫拉事等摧枯因即頂拜伏膺慨
知歸之晚自陳云弟子三國履歷訪
可師之師不言今日乃遇於此矣即
請奉而受戒晝夜諮問永用宗之及返
陳之時延所著義門并其儀顡並録
以歸國每夕北礼以為曇延菩薩焉
初正辝延日預搆風雲山海詩四十
首並抽拔奇思用上於延以留後别
及一經目竟不重尋命筆和之題如
宿誦酬同本韻意寔弘通正大眼焉
更無陳對乃睌而啓曰願示一言緘
諸胷臆延曰為賔設席賔不坐離人
極遠熱如火覩炬之用皮中裹正曰
此則常存意矣帝以延悟發天真五
衆傾則便授為國統使夫周壤導達
延又有功至武帝將廢二教極諫不
從便隱於太行山屏迹人世後帝召
延出輔中使屢達而確乎履操更深
巖豪累徵不獲逮天元遘疾追悔昔
愆開立尊像且度百二十人為菩薩
僧延預在上班仍恨猶同俗相還蔵

林藪隨文剗葉未展度僧延初聞改
政即事剃落法服執錫来至王庭面
伸弘理未及勑慰便先陳曰敬問皇
帝四海為務无乃勞神帝曰弟子久
思此意所恨不周延曰貧道昔聞堯
世今日始逢云云帝奉聞雅度欣泰
本懐共論開法之摸孚化之本延以
寺宇未廣教法方隆奏請度僧以應
千二百五十比丘五百童子之數勑遂
總度一千餘人以副延請此皇隋釋
化之開業也尒後遂多凡前後别請
度者應有四千餘僧周廢伽藍並請
興復三寶再弘功兼初運者又延之
力矣移都龍首有勑於廣恩坊給地
立延法師衆開皇四年下勑改延衆
可為延興寺面對通衢京城之東西
二門亦可取延名以為延興延平也
然其名為世重道為帝師而欽承若
此終古罕儔昔中天佛履之門遂曰
瞿曇之号今國城奉延所諱豈是其
倫又改本住雲居以為栖巖寺勑大
樂令齊樹提造中朝山佛曲見傳供
養延安其寺宇結衆成業勑賫臘燭

未及將爇而自然發焰延奇之以事
聞帝因改住寺可為光明也延曰弘
化須廣未可自專以顯重奏别立一
所帝然之今光明寺是也其幽顯呈
祥例率如此至六年亢旱朝野荒然
勑請三百僧於正殿祈雨累日无應
帝曰天不降雨有何所由延曰事由
一二帝退與僚宰議之不達意故勑
京兆太守蘓威問延一二所由荅曰
陛下万機之主群臣毗讃之官並通
治術俱愆玄化故雨與不雨事由一
二耳帝遂躬事祈雨請延於大興殿
登御座南面授法帝及朝宰五品已
上咸席地北面而受八戒戒授纔訖
日正中 時天有片雲須臾遍布便降甘
雨遠近咸感帝悅之賜絹三百段而
延虛懷物我不滞客主為心凡有資
財散給悲敬故四遠飄寓投告偏多
一時粮粒將盡寺主道睦告云僧料
可支兩食意欲散衆延曰當使都盡
方散耳明旦文帝果送米二十車大
衆由是安堵惑者謂延有先見之明
故停衆待供未幾帝又遺米五百石

于時年屬飢荐頼此僧侶无改帝既禀為師父之重又勑齋戚懿親咸受歸戒至於食息之際帝躬奉飲食手御衣裳用敦弟子之儀加敬情不能已其為時君礼重又此類也勑又拜為平等沙門有犯刑網者皆對之泣淚令彼折伏從化或投迹山林不敢容世者以隋開皇八年八月十三日終於所住春秋七十有三矣臨終遺啓文帝曰延逢法王御世偏荷深恩往緣葉淺早相乖背仰願至尊護持三寶始終莫貳但末代凡僧雖不如法簡善度之自招勝福帝聞之哀慟勑王公已下並往臨吊并罷朝三日贈物五百段設千僧齋初延康日告門人曰吾亡後以我此身且施禽狩餘體依法焚揚无留殘骨以累看守弟子沙門童真洪義通幽覺朗道遜玄琬法常等一代名流并文武職僚如勝王等例咸被縗徒跣而從喪至于林所登又下勑於終南焚地設三千僧齋齋訖焚之天色清朗无雲而降細雨若闇畊如来之狀也大衆驚嗟得未曾有也又隨文學呂琳挺美其哀榮碑其景行文如別集然延恒以西方為正任語默之際注想不移侍人覩之若在深定屬大漸之始寺側有任金寶者父子信向去見空中幡蓋列於柩前兩行而引從延興寺南達于山西斯亦幽冥叶讚諒非徒擬自延之莅道勢揔權衡而卑牧自居克念成治解冤群術行動物情故為七衆心師豈止東帛加敬及聞薨背无不涕零各修銘誄讚揚盛業時内史薛道衡白吊去延法師弱齡捨俗高蹈塵表志度恢弘理識精悟靈臺神寓可仰而不可窺智海法源可涉而不可測同夫明鏡瞩照不疲辟彼洪鍾有来斯應徃逢道喪玄維落紐栖志幽巖確乎不拔高位厚礼不能迴其慮嚴威峻法未足懼其心經行宴坐夷險莫二戒德律儀始終如一聖皇啓運像法再興卓介緇衣欝為稱首屈宸極之重伸師資之義三寶由其弘護二諦藉以宣揚信足追蹤澄什超邁安遠不意法柱忽傾仁舟遽没匪直悲纏四部固亦酸感一人師等杖錫挈瓶承風訓導昇堂入室具體而微在三之情理百恒慟往矣柰何其為時賢所敬如此所著涅槃義疏十五卷寶性勝鬘仁王等疏各有差其門人弟子紹緒厥風具見別傳

釋慧遠姓李氏燉煌人也後居上黨之高都焉天縱疎朗儀止冲和局度通簡崇覆高邈幼喪其父与叔同居偏蒙提誘示以仁孝年止三歲心樂出家每見沙門愛重崇敬七歲在學功踰常百神志峻爽見稱明智十三辤叔往澤州東山古賢谷寺時有華陰沙門僧思禪師見而度之思練行高世衆所宗仰語遠云汝有出家之相善自愛之初令誦經隨事訓誨六時之勤未勞呼策登為虎暴不安彝以南詣懷州北山丹谷每以經中大義問師皆是玄隱深知長有成器也年十六師乃令隨闍梨湛律師往鄴大小經論普皆博涉隨聽深隱特蒙賞異而偏重大乘以為道本年滿進

具又依上統為和上順都為闍梨光
師十大弟子並為證戒時以為聲榮
之極者也便就大隱律師聽四分律
流離請誨五夏席端濤蘭精塵荃分
軌轍滅諍揵度前後起紛自古相傳
莫曉來意遠乃剖析約斷位以單重
耒鏡始終判之即離皆理會文合今
行誦之末專師上綫綿篤七年迴洞
至理奧拔微與芨負之徒相誼亘道
講悟繼接不略三餘沐道成器量非
可竿乃携諸學侶返就高都之清化
寺焉衆緣歡慶嘆所未聞各出金帛
為之興會講堂寺宇一時崇敞韓魏
士庶通共榮之及承光二年春周氏
剋齊便行廢教勑前修大德並赴殿
集武帝自昇高座序廢立義命章云
朕受天命養育兆民然世弘三教其
風弥遠考定至理多皆愆化並令廢
之然其六經儒教文弘治術禮義忠
孝於世有宜故須存立且自真佛无
像則在太虛遥敬表心佛經廣嘆而
有圖塔崇麗造之致福此實无情何
能恩惠愚民嚮信傾竭珎財廣興寺

塔既虛引費不足以留凡是經像盡
皆廢滅父母恩重沙門不敬勃逆之
甚國法豈容並退還家用崇孝始朕
意如此諸大德謂理何如于時沙門
大統法上等五百餘人咸以帝為王
力决諫難從僉各默然下勑頻催荅
詔而相看失色都无荅者遠顧以佛
法之寄四衆是依豈以杜言情謂理
伏乃出衆荅曰陛下統臨大域得一
居尊隨俗致詞憲章三教詔云真佛
无像信如誠旨但耳目生靈頼經聞
佛藉像表真若使廢之无以興敬帝
曰虛空真佛咸自知之未假經像遠
曰漢明已前經像未至此土衆生何
故不知虛空真佛帝時无荅遠曰若
不藉經教自知有法三皇已前未有
文字人應自知五常等法尒時諸人
何為但識其母不識其父同於禽狩
帝亦无荅遠又曰若以形像无情事
之无福故須廢者國家七廟之像豈
是有情而妄相尊事武帝不荅此難
詭通後言乃言佛經外國之法此國不須廢而
不用七廟上代所立朕亦不以為是

將同廢之遠曰若以外國之經非此
用者仲尼所說出自魯國秦晉之地
亦應廢而不行又以七廟為非將欲
廢者則是不尊祖考祖考不尊則昭
穆失序昭穆失序則五經無用前存
儒教其義安在若尒則三教同廢將
何治國帝曰魯邦之與秦晉雖封域乃
殊莫非王者一化故不類佛經七廟
之難帝无以通遠曰若以秦魯同遵
一化經教通行者震旦之與天竺國
界雖殊莫不同在閻浮四海之內輪
王一化何不同遵佛經而令獨廢帝
又无荅遠曰詔云退僧還家崇孝養
者孔經亦云立身行道以顯父母即
是孝行何必還家方名為孝帝曰父母恩重交
資色養棄親向踈未成至孝遠曰若
如來言陛下左右皆有二親何不放
之乃使長役五年不見父母帝曰朕
亦依番上下得歸侍奉遠曰佛亦聽
僧冬夏隨緣修道春秋歸家侍養故
目連乞食餉母如來擔棺臨葬此理
大通未可獨廢帝又无荅遠抗聲曰
陛下今恃王力自在破滅三寶是邪

見人阿鼻地獄不揀貴賤
陛下何得不怖　帝勃然大怒面
有瞋相直視於遠曰但令百姓得樂
朕何辭地獄諸苦遠曰
陛下以邪法化人現種苦業當共
陛下同趣阿鼻何處有樂可得
帝理屈言前所規意盛更無所荅乃
下　勑云僧等且還後當更集
有司錄取論僧姓名當斯時也齊國
初殄周兵雷震見遠抗詔莫不流汗
咸謂粉其身骨煑以鼎鑊而遠神氣
嵬然辭色無撓上統衍法師等執遠
手泣而謝曰　天子之威如龍火也
難以犯觸汝能窮之大經所云護法
菩薩應當如是彼不悛革非汝咎也
遠云正理須申豈惟顧此形命即辭
諸德日時遲如此聖不能遣恨不奉
侍目下以為大恨法實不滅大德解
之願不以憂惱遂潛於汲郡西勤道
無倦三年之間誦法華維摩等各一
千遍用通遺法既而山栖谷飲禪誦
無歇理窟更深浮囊不捨大象二年
天元微開　佛化東西兩京各

立陟岵大寺置菩薩僧頒告前德詔
令安置遂尒長講少林大隋受禪天
步廓清
開皇之始蒙預落綵舊齒相趨翔於
雒邑法門初開遠近歸奔望氣成律
奄同學市所以名馳帝闕　皇上聞焉
下
勑授洛州沙門都庄任佛法遠辭不
獲免即而位之而立性質直荣辱任
緣不可威畏不可利樂正氣孤雄道風
齊肅愛敬調柔不吝非濫至治犯斷
約不避強
禦講導所之皆科道具或致資助有
虧或不漉水護淨或分衛作法或威
儀失常並不預聽徒自餘墮眠失時
或後及法席並依衆式有罰無赦
故徒侶肅穆容止可觀
開皇五年為澤州刺史千金公請赴
本鄉此則像法再弘棄梓重集覩
陳合慶何以加之
七年春往定州途由上黨留連夏講
遂闕東傳尋下璽書慇懃重請辭
又不免便達西京於時

勑召大德六人遠其一矣仍與常隨
學士二百餘人創達帝室親臨御筵
敷述聖化通孚家國上大悅
勑住興善勞問豐華供事隆倍又以
興善盛集法會是繁雖有揚化終為
事約乃選
天門之南大街之右東西衢要遊聽
不疲因置寺焉名為淨影常居講說
弘敘玄奧辯暢奔流吐納自深宜談
曲盡於是四方投學
七百餘人皆海內英華法輪所轍望
京趣寺為法
道場但以堂宇未成同居空露遂蘇
廬舍卷分州部日夜祖習成器相尋
雖復
興善諸德英名一期至於歸學師尋
千里繼接者莫高於遠矣形長八尺
腰有九圍十三幅裙可為常服登
座
震吼雷動聾驚充幅群望斯為盛矣
開皇十二年　春下
勑令知翻譯
刊定辭義其年卒於淨影寺春秋

七十矣冤旒哀慼為之罷朝帝呼嗟曰國失二寶也時遠與李德林同月而喪故動帝心自遠括髮尋師本圖傳授周曆兩代化滿八方著疏屬詞詮綜終始承習開悟揔比塵連同軌時朝得稱方駕初見病數日講堂上脊無故自折相顧颱然必知不損及大漸之日端坐正神相如入定侍人不覺其卒忽聞室有異香咸生疑怪屬之以纊方悟氣盡主先於本鄉清化先養一鵝每常隨衆昇堂聽講後疏主入京留在本寺鵝遂晝夜遶庭鳴呼不止衆僧送之入京至淨影寺門其鵝自然知疏主房入內馴狎每聞將講集衆聲鍾即昇堂伏聽若聞泛說他語即鳴翔而出如是經于六年忽於一日哀鳴庭院不肯昇堂自此兩旬疏主果逝即開皇十二年六月二十四日矣俗年七十僧臘五十又當終之日澤州本寺講堂衆柱及高座四脚一時同陷僉議以感通幽顯將遷化時索香水洗浴即在外宿坐倚繩牀門徒衆曰早曉巻去今可外時乃曰吾今覺冷氣至臍去死可二三寸在可除倚牀自加其足正身斂目不許扶持未言其

卒驗方知化香若栴檀久而歇滅後乃卧之手足柔軟身分並冷唯頂上煖焉兩寺勒碑薛道衡製文虞世基書丁氏鐫之時号為三絶初遠周聽大乘可六七載洞達深義神解更新每於鄴京法集竪難罕敵由此名冠遠近異論所推既而勤業曉夕用心大苦遂成勞疾十五日內覺觀相續不得眠睡氣上心痛狀如刀切食弱形羸殆將欲絶憶昔林慮巡歷名山見諸禪府備蒙傳法遂學數息止心於境剋意尋繹經于半月便覺漸差少得眠息方知對治之良驗也因一夏學定甚得靜樂身心怡悅即以己證用問僧稠稠云此心住利根之境界也若善調攝堪為觀行遠每於講際至於定宗未甞不讚美禪那緜桓累句信慮求之可得也自恨徊於衆務无暇調心以為失耳七夏在鄴創講十地一舉榮門衆傾餘席自是長在講肆伏聽千餘意存弘奬隨講出疏地持疏五卷十地疏七卷華嚴疏七卷涅槃疏十卷維摩勝鬘壽觀温

室等並勒為卷部四字成句綱目備舉文旨允當罕用擬倫又撰大乘義章十四卷合二百四十九科分為五聚謂教法義法染淨雜也並陳綜義差始近終遠則佛法綱要盡於此焉學者定宗不可不知也自遠之通法也情趣慈心至於深文隱義每丁寧頻復提撕其耳唯恨學者受之不速覽者聽之不盡一无所惜也是以自於齊朝至于關輔及畿外要荒所流章疏五十餘卷二千三百餘紙紙別九百四十五言四十年間曾无痾疥傳持教導所在弘宣並皆成誦在心于今未絶本住清化祖習涅槃寺衆百餘領徒者三十並大唐之稱首也而遠勇於法義慈於救生戒乘不緩偏行極溺所得利養並供學徒衣盋之外片无留惜甞製地持疏訖夢登須弥山頂四顧周望但唯海水又見一佛像身色紫金在寶樹下北首而卧體有塵埃遠初則礼敬後以衣拂周遍光淨覺罷謂所撰文疏頗有順化之益故為此徵耳又自說云初作

涅槃跡訖未敢依講發願乞相夢見
自手造素七佛八菩薩像形並端峙
還自績飾所畫既竟像皆次第起行
末後一像彩畫將了旁有一人來從
索筆代遂成之覺後思曰此相有流
末世之境也乃廣開敷之信如夢矣
又末終一年夢見淨影長䇿自倒燈
燿自滅便至歲日所使淨人小兒二
人手放從良分處什物並為功德又
勑二時講前令大衆誦般若波羅蜜
呪限五十遍以報四恩初不中怡又
傷學衆不能課力每因講曰如此正
義須臾不聞識者以為遠宿命也及
覺輕䐗於房外香湯洗浴即在外宿
至曉入房食粥倚牀而卧問曰早晩
荅云今可卯時乃曰吾今覺冷氣至
臍去死可二三寸在可除倚牀自加
其足正身斂目不許扶侍未言其卒
驗方知化香若栴檀久而歇滅後乃
卧之手足柔輕身分並冷唯頂上暖
焉有沙門智猛者相人也伏佩法教
每蒙延及故疏為行狀擬學者所承
猛談說有倫撥會稱善振名東夏云

續高僧傳卷八　第三十八張

續高僧傳卷第八

續高僧傳卷第八　第三十九張

續高僧傳卷第八

校勘記

一　底本，金藏廣勝寺本。

一　六〇八頁中一行經名，徑作「續高僧傳卷第十」。

一　六〇八頁中三行「十四」，徑、清作「十四人」。

一　六〇八頁中四行末字「二」，徑、清作「二人」。

一　六〇八頁中六行首字「齊」，徑、清無。七至一一行各行首字同。

一　六〇八頁中九行第四字「僧」，磧、南、徑、清作「傳」。

一　六〇八頁中一三行首字「周」，徑、清無。一四行首字同。

一　六〇八頁中一八行首字「隋」，徑、清無。

一　六〇八頁中二〇行「流略」，南、徑、清作「疏略」。

一　六〇八頁中二一行「天竺呪術」，資、磧、普、南、徑、清作「天文筮

衎」。又「方千」，資、磧、普、南、徑、清作「萬千」。又末字「指」，資、磧、普、南、徑、清作「抵」。

一 六〇八頁下一一行「无雜」，資、磧、普、南、徑、清作「無新」。

一 六〇八頁下一四行「宋景」，資、磧、普、南、徑、清作「宗景」。

一 六〇八頁下一五行第一〇字「對」，資、磧、普、南、徑、清作「見」。

一 六〇八頁下一九行「一部」，磧、普、南、徑、清作「十部」。

一 六〇九頁上二行「翔遊」，資、磧、普、南、徑、清作「翔逝」。

一 六〇九頁上四行「一鵄」，磧、普、南、徑、清作「一鳥」。

一 六〇九頁上六行第七字「與」，麗作「致」。

一 六〇九頁上一四行首字「搨」，資、磧、普、南、徑、清作「搭」。一五行首字同。

一 六〇九頁上一六行第九字「舉」，資、磧、普、南、徑、清作「與」；麗作「昇」。

一 六〇九頁中七行首字「法」，資、磧、普、南、徑、清作「法光」。

一 六〇九頁中八行「淨戒」，資、磧、普、南、徑、清作「戒淨」。

一 六〇九頁中一七行「流演」，資、磧、普、南、徑、清作「流行」。

一 六〇九頁下二二行末字「愢」，諸本(不含石，下同)作「總」。

一 六一〇頁上一行第一二字「成」，資、磧、普、南、徑、清作「誠」。

一 六一〇頁上六行「具書」，資、磧、普、南、徑、清作「具舒」。

一 六一〇頁上一〇行「初聽」，資、磧、普、南、徑、清作「初得」。

一 六一〇頁上二〇行「自不」，諸本作「目不」。

一 六一〇頁上二二行「筌旨」，資、磧、普、南、徑、清作「詮旨」。

一 六一〇頁中六行「同美」，資、普、南、徑、清作「皆美」；磧作「皆笑」。

一 六一〇頁中七行第一〇字「遮」，資、磧、普、南、徑、清作「遞」。

一 六一〇頁中二〇行「有工」，資、磧、普、南、徑、清作「有功」。

一 六一〇頁下三行「讀經」，資、磧、普、南、徑、清作「讃經」。

一 六一〇頁下五行首字「薄」，資、磧、普、南、徑、清作「博」。

一 六一〇頁下一二行「伊湰」，資、磧、普、南、徑、清作「伊洛」。

一 六一〇頁下一七行「一粒」，資、磧、普、南作「一粗」。

一 六一〇頁下二一行第一〇字「赴」，徑、清作「起」。

一 六一〇頁下二二行「无指」，資、磧、普、南、徑、清作「無措」。

一 六一一頁上一三行「四方諸寺咸稟成風」，資、磧、普、南、徑、清作「四萬餘寺咸稟其風」。

一 六一一頁上一五行第二字「常」，資、磧、普、南、徑、清作「帝」。

一 六一一頁上一九行首字「營」，資、磧、普、南、徑、清作「始」。

一　六一一頁中三行第一二字「世」，資、磧、普、南、徑、清作「三十」。

一　六一一頁中二〇行「世利」，資、磧、普、南、徑、清作「施利」。

一　六一一頁中二二行「衆所」，資、磧、普、南、徑、清作「衆事」。

一　六一一頁中末行第一一字「僧」，資、磧、普、南、徑、清無。

一　六一一頁下五行「羸瘦」，資、磧、普、南、徑、清作「形羸」。

一　六一一頁下一〇行「苕然」，磧、普、南、徑、清作「岧然」。又「孤起」，資、磧、普、南、徑、清作「孤超」。

一　六一一頁下一四行第四字「偏」，資、磧、普、南、徑、清作「遍」。

一　六一一頁下二一行第五字「待」，資、磧、普、南、徑、清作「特」。

一　六一一頁下末行「晨且」，資、磧、普、南、徑、清作「晨旦」。

一　六一二頁上一三行「三宮」，資、磧、普、南、徑、清作「三官」。又「隨初」，諸本作「隋初」。

一　六一二頁上一四行「爲之」，資、磧、普、南、徑、清作「具之」。

一　六一二頁上一七行「夷簡」，資、磧、普、南、徑、清作「虛簡」。

一　六一二頁上一九行「至訖」，資、磧、普、徑作「訖文」。

一　六一二頁上二〇行第一〇字「少」，諸本無。

一　六一二頁中一行第八字「末」，麗作「未」。

一　六一二頁中一二行「本鄉」，麗作「蒲鄉」。

一　六一二頁下二行「數十里」，資、磧、普、南、徑、清作「數十餘里」。

一　六一二頁下一〇行末字至次行首字「上涌」，資、磧、普、南、徑、清作「涌上」。

一　六一二頁下一一行「者到」，資、磧、普、南、徑、清作「者倒」；麗作「之傳」。

一　六一二頁下一五行第八字「右」，資、磧、普、南作「有」。

一　六一二頁下一八行「分剖」，資、磧、普、南、徑、清作「分部」。

一　六一三頁上六行第一一字「大」，資、磧、普、南、徑、清無。

一　六一三頁上九行第六字「乱」，資、磧、普、南、徑、清無。

一　六一三頁上一八行「止取」，資、磧、普、南、徑、清作「上取」。

一　六一三頁中七行第二字「偏」，諸本作「偏」。又「王門」，麗作「王問」。

一　六一三頁中九行「始役情慧抽帖句理」，資、磧、普、南、徑、清作「始役情思抽怗句理」。

一　六一三頁中一四行第八字「者」，資、磧、普、南作「智」。

一　六一三頁下一行「武檐寺」，麗作「武誓寺」。

一　六一三頁下六行「閼州」，資、磧、普、南、徑、清作「悶州」。

一　六一三頁下一四行第四字「逼」，資、磧、普、南、徑、清作「通」。

一　六一三頁下末行第七字「赴」，資、

磧、普、南、徑、清作「正赴」。

一六一四頁上八行第七字「績」，資作「繢」。

一六一四頁上一三行「累思」，麗作「累日」。

一六一四頁上二二行第五字「絅」，磧、普、南、徑、清、麗作「綱」。

一六一四頁上末行「指擿」，諸本作「指摘」。

一六一四頁中一行末字「常」，資、磧、普、南、徑、清作「甞」。

一六一四頁中二行「尊不見」，麗作「尊戒不見」。

一六一四頁中三行首字「令」，資、磧、普、南、徑、清作「今」。

一六一四頁中一三行末字「醒」，諸本作「腥」。

一六一四頁中二〇行首字「祖」，資、磧、普、南、徑、清無。

一六一四頁中二二行「不捐」，諸本作「不指」。

一六一五頁上二行第四字「宦」，資、磧、南、清作「官」。

一六一五頁上四行「探悟」，資、磧、普、南、徑、清作「深悟」。

一六一五頁上九行「邕肅」，資、磧、普、南、徑、清作「肅邕」。

一六一五頁上一二行「屬目」，資、磧、普、南、徑、清作「矚目」。

一六一五頁上一五行第一三字「與」，資、磧、普、南、徑、清作「余與」。

一六一五頁上一九行「年少」，資、磧、普、南、徑、清作「少年」。

一六一五頁上二〇行第三字「夙」，資、磧、普、南、徑、清作「風」。

一六一五頁中五行第九字「駿」，磧、普作「鬆」。中七行第一四字資、磧、普同。

一六一五頁中六行「馬瑷」，資、磧、普作「馬鬆」；清作「駿」；麗作「馬駿」。

一六一五頁中七行第二字「日」，諸本作「曰」。

一六一五頁中一三行「微深」，資、磧、南、清作「致微」。

一六一五頁中一八行「光相」，資、磧、普、南、徑、清作「光明」。

一六一五頁下二行第五字「芊」，資、磧、普、南、徑、清作「華」。又第一一字「獲」，磧、普、南、徑、清作「所獲」。

一六一五頁下三行第九字「干」，資、磧、普、南、徑、清作「忓」。

一六一五頁下六行「騁使」，資、磧、普、南、徑、清作「躬使」。

一六一五頁下八行「无擬」，資、磧、普、南、徑、清作「無礙」。

一六一五頁下一〇行第五字「及」，資、磧、普、南、徑、清作「乃」。

一六一五頁下一五行「躬御礼延」，資、磧、普、南、徑、清作「帝躬御法筵」。

一六一五頁下一六行「倫次」，資、磧、普、南、徑、清作「輪次」。

一六一五頁下一七行第一二字「投」，資、磧、普、南、徑、清作「救」。

一六一六頁上一行第七字「情」，資、磧、普、南、徑、清作「責」。

一六一六頁上一七行「傾則」，資、磧、普、南、徑、清作「法則」。

一六一六頁上一九行第二字「便」，徑作「遂」。

一六一六頁中一行「隨文」，諸本作「隋文」。

一六一六頁中三行「敬問」，資、磧、普、南、徑、清作「敬聞」。

一六一六頁中七行第八字「摸」，諸本作「模」。

一六一六頁中末行「臘燭」，資、磧、普、南、徑、清作「蠟燭」。

一六一六頁下六行「三百」，資、磧、普、南、徑、清作「二百」。

一六一六頁下七行「延曰」，資、磧、普、南、徑、清作「延白」。

一六一六頁下一〇行末字「通」，資、磧、普、南、徑、清作「達」。

一六一六頁下一一行第九字「與」，資、磧、普、南、徑、清作「而」。

一六一六頁下一二行「大興殿」，資、磧、普、南、徑、清作「大殿」。

一六一六頁下一六行「遠迩咸感」，資、磧、普、南、徑、清作「遠近咸足」。

一六一六頁下一七行末字「資」，資、磧、普、南、徑、清作「貲」。

一六一六頁下一八行「投告偏多」，資作「投造偏多」；磧、普、南、徑、清作「投造徧多」。

一六一六頁下二二行「惑者」，資、磧、普、南、徑、清作「或者」。

一六一七頁上七行「從化」，資、磧、普、南、徑、清作「從此」。

一六一七頁上八行第五字「隋」，資、磧、普、南、徑、清無。

一六一七頁上一二行「末代」，資、磧、普、南、徑、清作「末世」。

一六一七頁上一七行「餘體」，諸本作「餘骸」。

一六一七頁上末行末字至本頁中一行首字「驚嗟」，資、磧、普、南、徑、清作「驚駭嗟歎」。

一六一七頁中一行「也又」，資、磧、普、南、徑、清無。又「隨文學」，諸本作「隋文學」。

一六一七頁中一五行「矚照」，資、磧、普、南、徑、清作「屢照」。

一六一七頁下二行「承風」，資、磧、普、南、徑、清作「夙承」。

一六一七頁下三行「而微」，資、磧、普、南、徑、清作「幽微」。又第一三字「慟」，資、磧、普、南、徑、清作「動」。

一六一七頁下六行「具見」，資、磧、普、南、徑、清作「具如」。

一六一七頁下八行第一〇字「也」，資、磧、普、南、徑、清無。

一六一七頁下九行「踈朗」，資、磧、普、南、徑、清作「殊朗」。

一六一七頁下一八行「虎暴」，諸本作「虐暴」。

一六一七頁下二二行「隨聽深隱持蒙」，資、磧、普、南、徑、清作「隨聽

妙深隱特蒙」。

一　六一八頁上四行「濤簡」，徑、清、麗作「淘簡」。

一　六一八頁上六行「剖圻」，諸本作「剖枅」。

一　六一八頁上八行第一〇字「篤」，資、磧、普、南、徑、清作「貿」。又「迥洞」，資、磧、普作「迴洞」。

一　六一八頁上九行「笈負」，諸本作「負笈」。

一　六一八頁上一八行第一三字「令」，資、普、南、徑、清作「今」。

一　六一八頁中六行「難從」，資、磧、普、南、徑、清作「不從」。

一　六一八頁中二一行「此難」，資、磧、普、南、徑、清作「前難」。

一　六一八頁中二二行「詭通後言」，麗無。又「乃言」，諸本作「乃云」。又「不須廢而」，資、磧、普、南、徑、清無。

一　六一八頁下一行「非此」，資、磧、普、南、徑、清作「廢而不」。

一　六一八頁下三行「廢而不行又以」，資、磧、普、南、徑、清作「廢而不學又若以」。

一　六一八頁下四行第一三字「則」，資、磧、普、南、徑、清無。

一　六一八頁下六行第七字「若」，資、磧、普、南、徑、清無。

一　六一八頁下一二行「而令」，資、普、南、徑、清作「而今」。

一　六一八頁下一三行「无荅遠曰詔云」，資、磧、普、南、徑、清作「不答遠曰陛下向云」。

一　六一八頁下一八行「帝曰」，資、磧、普、南、徑、清作「武帝云」。

一　六一九頁上二行至三行「大怒面有瞋相」，麗作「作色大怒」。

一　六一九頁上四行「何辝」，麗作「亦不辭」。

一　六一九頁上七行第七字「覩」，麗作「圖」。又末字至次行首三字「乃下勑云」，麗作「但云」。

一　六一九頁上九行「姓名」，資、磧、普、南、徑、清作「姓字」。

一　六一九頁上一六行「豈惟頋此」，磧、南、清作「豈顧」。

一　六一九頁上一七行「不能遣」，資、磧、普、南、徑、清作「不能違」。

一　六一九頁上一八行第一三字「德」，資、磧、普、南、徑、清無。

一　六一九頁上一九行「汲郡西」，諸本作「汲郡西山」。

一　六一九頁中四行「落綵」，資、普、徑、清作「落槩」；磧、南作「落髮」。

一　六一九頁中五行「雒邑」，諸本作「雒邑」。又「初開」，資、磧、普、南、徑、清作「初闢」。

一　六一九頁中一〇行「利染」，資、磧、普、南、徑、清作「利動」。又「孤雄」，資、磧、普、南、徑、清作「雄逸」。

一　六一九頁中一一行第一一字「至」，資、磧、普、南、徑、清作「至於」。

一　六一九頁中一三行「所之」，資、磧、普、南、徑、清作「之所」。

一　六一九頁中一四行「作法」，諸本

作「乘法」。

一 六一九頁中一七行首字「故」，資、磧、普、南、徑、清作「欲」。

一 六一九頁中二〇行「合慶」，麗作「含慶」。

一 六一九頁中二二行「璽書」，諸本作「璽書」。

一 六一九頁下四行「興善」，資、磧、普、南、徑、清作「興善寺」。

一 六一九頁下五行第七字「是」，磧、南、徑、清作「寔」。

一 六一九頁下一六行「興善」，資、磧、普、南、徑、清作「與」。

一 六一九頁下一七行「八尺」，資、普、徑、清作「八尺五寸眼長三寸」；磧、南作「八尺五寸眼長二寸」。

一 六一九頁下二〇行「充愜」，資、磧、普、南、徑、清作「允愜」；麗作「充愜」。

一 六一九頁下末行「刊定」，資、磧、普、南、徑、清作「刊之」。又「淨影寺」，麗作「静影寺」。

一 六二〇頁上一行「呼嗟」，磧、普、南、徑、清作「吁嗟」。

一 六二〇頁上二行「而喪」，資、磧、普、南、徑、清作「喪而」。又「栝髮」，諸本作「括髮」。

一 六二〇頁上三行「詮綜」，資、磧、普、南、徑、清作「彌綸」。

一 六二〇頁上四行「開悞」，資、磧、普、南、徑、清作「開悟」。

一 六二〇頁上五行第七字「脊」，資、磧、普、南、徑、清作「棟脊」；麗作「脊」。又「必知」，資、磧、普、南、徑、清作「知必」。

一 六二〇頁上七行「方悞」，諸本作「方悟」。

一 六二〇頁上八行「主先於本鄉」，諸本作「昔在」。又第一二字至一五行第一三字「每……逝」，諸本作「聽講爲務頻經寒暑遠入關後鵠在本寺棲宿廊廡晝夜鳴呼(「鳴呼」，資、磧、普作「嗚呼」)衆僧患之附使達京至淨影(「淨影」，麗作「静影」)大門放之徑即鳴叫騰躍入遠房内爾後如(「如」，麗作「依」)前馴聽但聞法集鍾聲不問旦夕覆講竪義皆入堂伏聽僧徒梵散出戶翔鳴若值白黑布薩雖聞鍾召終不入聽時共異之若遠常途講解依法潛聽中間(「間」，麗作「聞」)汎及餘語便鳴翔而出如斯又經六載樂聽一時不虧後忽哀叫庭院不肯入堂自爾二旬遠便棄世」。

一 六二〇頁上一五行末字至一七行「即……五十」，資、磧、普、南、徑、清無。

一 六二〇頁上一九行第七字至本頁中三行第二字「將……焉」，諸本無。

一 六二〇頁中三行「兩寺」，麗無。

一 六二〇頁中四行「周聽」，麗作「同聽」。

一 六二〇頁中一八行「累句」，徑、清作「累旬」。

一 六二〇頁中二〇行第七字「門」，

諸本作「問」。

一　六二〇頁中二二行「七卷」，資、磧、普、南、徑、清作「十卷」。

一　六二〇頁下一行「綱目」，資、磧、普、徑、清作「經目」。

一　六二〇頁下二〇行首字「一」，資、磧、普、南、徑、清無。

一　六二一頁上二行「造素」，資、磧、普、南、徑、清作「造塑」。

一　六二一頁上五行「此相」，徑作「此像」。

一　六二一頁上一一行第一三字「怡」，諸本作「怠」。

一　六二一頁上一九行「歇滅」，資、磧、普、南、徑、清作「尋滅」。

一　六二一頁上二〇行「柔輕」，諸本作「柔軟」。

一　六二一頁上末行「振名」，徑作「名振」。

一　六二一頁中卷末經名，資、磧、普、南、麗作「續高僧傳卷第八義解四」；徑作「續高僧傳卷第十」。

續高僧傳卷第九　　　　達

大唐西明寺沙門釋道宣撰

義解篇五　正紀十四　附見六

釋寶海姓龔巴西閬中人少出家有遠志承揚都佛法崇盛便決搶下峽旣至金陵依雲法師聽習成實旁經

諸席亟發清譽乃引衆別講徒屬兼多于時梁高重去自講涅槃命海論佛性義便昇論榻雖往返言晤而執鍮石香爐帝曰法師雖斷慳貪香爐非鍮不執海應聲曰陛下位居宸極帽簪非纛不戴帝大悅衆咸驚歎及後還蜀住謝鎮寺大弘講肆武陵王紀作鎮井絡敬愛無已每就海宿清談玄理乃忘晝夜至旦王將灌手日影初出王曰日暉粉壁狀似城中風動剎鈴方知寺裏其晨車蓋迎王馬復嘶鳴海曰還看蓋動喜遇陳思忽聽馬鳴慶逢龍樹相與欣笑而出王昇車謂御從曰聽海法師言詞令我盤桓而不能去其辯給無方為此例也周氏跨踞梁益庸公鎮方弥加深敬越於恒伍時年八十謂門人法明曰吾死至矣一無前慮但悲去後圖塔湮滅耳當露屍以遺鳥狩及建武之年果被除屏今院宇荒蕪惟餘一堂容像存焉

釋智方蜀川資中人其先東吳遠祖宦於西蜀遂乃家焉童稚出家止州

郭龍淵寺輪法師所早與寶海周旋同往揚都雲法師講下而機辯爽利播名揚越每講商略詞義清雅泉飛故使士俗執紙抄掠者常數百人初講法華至寶塔品高妙遂序王釋義了乃曰何必昔佛國土有此高妙即揚都福地亦甚莊嚴至如弥天七級共日月爭光同泰九層與煙霞競色方井則倒垂荷菓圓桶則側布蓮華似安住之居南類尼佉之鎮北耳聞目見庶可聯衡錄得者秘以賫歸益部吁嗟歎為驚絶故其語出成章狀如宿構寶海頻来擊難發其聲彩故海問曰三變此方改穢成淨亦能變凡成聖不荅曰化佛甚多狹故須廣凡聖自尒何勞改變又難若尒則六十小刧謂如食頃但是聖覩凡不能覩凡聖俱覩凡聖俱聖方笑曰高坐何曾道此乃是自道自難耳海覺言失乃調曰三隅木升何謂智方尋聲報曰瓦礫洿池郁稱寶海衆大笑而散及疾甚海恒来看慰乃謝曰智方不能攝養致此沉痾仰勞仁者數来

垂問願生善處常與同遊俄而異香滿室中夜卒於益部年九十餘

釋羅雲姓邢氏南郡松滋人初從上明東寺出家志操所懷附糸成德承金陵道王索隱者若林遂軽千里遠追勝侶會揚都道朗盛業興皇乃傾首法筵鑽仰徽烈一乘四論大剖津途于時常令學徒括究幽隱雲年十六甫在幼沖銳志前驅問常無常義而容色无撓賓主綽然衆咸嘉賞朗乃以所服袈裟衆贈之自此名稱踰遠所在傳之而樂法不窮如愚莫滯自朗遷後廣訪所聞又從福緣寺亘法師採酌遺逸亘縱解无遺任其鑽仰雲以三論奧義未被荊南二障多阻誓當弘演有栖禪寺陟禪師定慧兼修注心開剖于時六合混壹三楚全盛衆若稻麻人多杞梓雲創還鄉寺乘此應機居端座為請益之師吐清言為住法之首総管宜陽公王世積詔使舍人蕭子寶躬臨法席咸誦德音有龍泉寺地隣囂塵心存閑曠乃居之五十餘年修緝棟宇常坐不

卧領徒五百時呈翹楚煬帝承名有勅追入避迹鑿坏以病而退昔釋道安於上州東寺造堂七間曇翼後造五間連甍接棟擴列十二雲此堂中講四経三論各數十遍不於文外别有撰述皆心思口演氷釋理順故得空有兩忘教義雙舉時松滋有道士姓俞抽祐反者學冠李宗業該儒史常講莊老私用内經雲命門人慧成道勝曰彼道士蜂飛蟻聚掠牛盗法情實難容尒傳吾旨摧彼邪蹤成等詣彼而坐道士曰人天交接兩得相見成曰脫祢御服著弊垢衣習近窮迷將開漸化時以為名荅成前呼俞為先生俞瞋曰我非俗士郁詺我為先生成曰汝既諱喚先生請除先字還依舊姓名曰俞生所以句句之中常銜俞生于時大衆欣笑無已道士負慙折角雲奉執高尚雅鎮時俗迎送慶吊一無預焉或負榮傲道者聞而往造及見糸礼汗流心戰生緣在神山之下一夏居止靜處思玄毋日自賫登上供設有問其故荅曰即此為報毋

之劬勞也昔朱粲殘擾荆南寺多焚毀惟雲所造龍泉獨存以賊中揔管雲曾授戒所以尊師重法寺獲存焉雲兄弟五人皆為法師而雲最小神彩特達入室弟子十人椿詵澄懿等傳道開化岷蜀江淮故未叙歷以隋大業十二年四月二十三日端坐遷於寺房春秋七十五中書令岑文本製碑沙門道顒即雲之兄也學通大小名聞道俗於上明東寺起重閣在安公驢廟北傳云安公乘赤驢從上明往襄州檀溪一夕返覆撿挍兩寺并四層三所人今重之名為驢廟此廟即繫驢處也

釋法安姓田枝江人神彩俊越見稱僮幼年十八遊學金陵初聽成實後學中觀於興皇座下十有餘年庶乎屢空智乎特秀三千學侶獨標三絕之名形長八尺風儀挺特一也解義窮深二也精進絜已三也時聽涅槃每立異義令衆難之人雖巨衆無能屈者由是聲聞楚越一時朗公知其穎拔令論義應命搆擊問領如嚮往復既

久便止朗曰尒義窮乎對曰義若恒沙何可盡也時學門名安者多目之為沙安三論四經皆講制廣初章及鹿角章等理致宏遠流傳江漢年過不惑迴情在定更不談說時往成禪師所共論定道琢磨心性動經晨夕而不噉僧食不飲濁漿春秋六十五終於等界寺寺在秋洲之上西望沙洲即劉虬注法華之地今經臺餘基尚在

釋慧哲姓趙氏襄陽人識度弘朗業操清遠出家已後南趣楊都會陳國文昌載隆三寶僧正瓊公精理入神淨行純備徽衛紫相世号烏瓊帝尚重焉奉為大僧正也監護法城為物依止陳氏王族歸戒所投自餘槐棘無敢造者住建初寺禎明元年忽然坐逝葬樓湖之山天子哀之以黃麾諸仗衛送墓所初未終須所住寺塔三日光現因而告終道俗異焉時彭城寺寶瓊者善講說有風釆形相奇白世号白瓊事見別傳哲初叅聽其講大開今業聚徒講說屢發新聲以

慧悟自矜頗懷傲誕承興皇道朗神辯若劍罕有當鋒因而從其言晤往復移時荅對適遠哲大異之即從伏聽沉隱徵密自然通解而威容自矜動止懷法曾於行路忽遇雷雨霈注哲從容如常不失規矩時屬靴水安行達寺行步詳序視瞻不盼轉身徐顧无妄乖越時人呼為象王哲也又善護根門節量口腹便利澡沐罕有延濫所以台請俗舍信宿經時皆不覩其流穢歎美增感及講三論雋朗之嚮重光先價引衆洊流屆于本邑住城西望楚山光福禪房下龍泉寺常以弘法為務涅槃三論迭互相續學士三百餘人成器傳燈可有五十即惠品法槃智嵩法同慧璿慧楞等是也各領徒屬所在通化開皇十七年四月卒于龍泉時年五十有九葬于四望山寺弟子惠嵩等竪碑于本住沙門惠嚮製文嚮有奇才思力遒壯為揔管薛道衡所重嵩有學聲多所遊貫今住京都頻揚講說時同邑有洪哲者統開大小每開法肆以達解

之望徵延慧曰故西楚傳号為前後兩梏云

釋慧暅姓周氏其先家本汝南漢末分崩避地江左小震是宅多歷年世今為義興陽羡人也祖韶齊殿中將軍父霞梁長水校尉並偃仰衡門不求聞達優遊卒歲易農而仕暅頴悟冥來挺操童幼鑽求六經略通大義蓋家教之常習非其好也年十八乃喟然歎曰服膺周孔以仁義為先歸心黄老以虛无為貴而往來生死出入塵勞乃域中之累業非出世之要道也既發希有之志仍感非常之應夢見一塔累級五層畫采莊嚴迢然峻峙因而礼拜願昇此塔少選之須俄上相輪當時身心快樂未曾有也於是將遊京邑途次朱方遇竹林寺詡法師雅相嗟賞乃依止出家為十戒和上尋出都住甘露鼓寺進具已後從靜衆峰師受十誦律又聽龍光綽禪師成實自綽化往更採衆師屬意瞰曇并八犍度將欲並遊祕奧盡撥菁華還從龍光學士大僧都舒法師

研精成論及舒物故親受遺囑值梁室版蕩京寺荒殘乃裂裳杖錫来止南徐寔報地恩兼修法事陳武在田朱方歷試夙承高譽雅相欽重司空侯公次牧此州虛心頂戴永定三年侯公入輔乃請出都於白馬寺講涅槃經及成實論學徒雲結不遠千里揮汗鼓袂風雨生焉法筵之盛莫或斯擬天嘉二年學士寳持等二百七十人請講於湘宮寺太建四年宣帝勑請從講東安後主昔在春坊亟經義集曾屬才辯雄遠特所溢心及嗣寳位深惟敬仰至德元年下詔為京邑大僧都四年轉大僧正及天下混一来止徐方緣會敷弘無替時序以開皇九年七月十日遷於中寺春秋七十有五其月二十八日窆於鍾山之巖惟暅行業清高靈祇嚮應神通感召不可思也昔在陳朝每年夏中常請於樂遊苑為陳氏七祖及揚都六廟諸神發涅槃大品經並延神坐俱在講筵所以翠旌孔盖羽服霓裳交乱人物驚神眩目而往来迎送必

降雲雨冥期無爽十有餘載常於食後講前假寐偃息及講時將至輙見朱衣人喚曰法師好起也陳領軍將軍任忠少為將師雅好畋遊然宿植勝因善機將發庖廚臛饌悉放奇光覩而恠之竊懷憂懼夜夢異人来謂已曰如請東安講則所見必當無憂既而覺悟歡喜踊躍宜罦矰繳一時焚爐仍屈兩夏於府講說因此懺悔承持二經受不煞戒故靈迹寔繁未陳万一凡講成實玄義六十三遍論文十五遍涅槃大品各二十餘遍五十許年法事相接自餘衆部略而不載菩薩藏擘司空吳明徹等公侯將相貴遊朝士數千餘人難以勝記弟子智瑜等以音儀永謝餘論將空非彼豊碑無陳聲實乃勒銘于寺中菩薩戒弟子著作郎瑯瑘王胄製文

釋慧弼姓蔣氏常州義興人也祖玄略以忠孝登朝父元貺以才華待詔咸佩印綬並奏弦歌季父元舉陳世公臣庭列鼓鍾路擁驂駟車馬之客塡階琴嘯之賓盈席見弼青襟之年

神襲咸異嗟曰此子若逢鳳德終為
王佐之才既挺龍頭必有封侯之應
弼情存出俗因而荅曰無為之貴可
以娛情有待之煩徒勞人耳於即蔬
素栖遲便思脫躧陳武龍飛大興元
福永定二年躬行冢冕為剪周羅三
衣什物一時通給乃伏業於惠殿寺
領法師為弟子領東南竹箭震澤風
聲王族望僧塗香是屬弼親承雅訓
聽受成實年登弱冠握錐淮海值實
梁明上盛弘新實天宮晃公又敷心
論遂窮神退討務盡教源所以六足
八揵四真五聚明若指掌因或有遺
天嘉元年遊諸講肆旁求俊烈備見
百梁悟茅茨之陋頻涉三休恨玉階
之鄙乃去小從大從轍舊章聽紹隆
拖公弘持四論纔經一悟切倍常徒
研味數句精通玄極是知大智本行
與日月而齊明名稱普聞將風雲而
共遠然其神思沉鬱詞吐抑揚剪方
古之盤根朗百年之闇室漸左欽德
更甚江東太建十年下勅於長城報
德寺講涅槃法華瓶錫盈堂簪裾滿

席質疑請道接踵成林稟戒承歸排
肩如市莫不謂百步之香草或千年
之聖人爰至拖公將乎大漸仍遣使
者召還京室寧几塵尾經書義疏頓
是講儀一皆付囑欲令法輪不斷佛
種相仍弼頂受遺令時滿六年敷演
論經各盈十遍傳授之美復見伊人
隨師伐罪陳運受終思報地恩言旋
故里安國寺者陳武所營基趾仍存
房廡彫壞弼蒙犯霜露振錫揚煙賡
率良朋願言修理故得寺宇光華門
房儼麗髮真觀法師製寺碑曰花塼錦
石更累平階夏藻秋蓮還莊疎塔月
臨月殿粉壁照於金波雲映雲臺畫
梁承於玉葉是也至於經像繕修鍾
磬鎔範其為法利胡可勝言以開皇
十九年正月忽抱氣疾便覺弥留至
三月半午時從化春秋六十有三窆
于華陽之山學士慧方陪隨歲久義
解鈎深堪任傳燈咸以付囑乃立碑
於寺六

釋靈裕俗姓趙定州鉅鹿曲陽人也
年居童幼異行感人每見儀像沙門
必形心隨敬聞屠煞聲相亦切倫曾
懷致使鄉黨傳芳親緣為之止煞年
登六歲便知受戒父母強之誓心無
毀尋授章本及以千文不盈晦朔書
誦俱了至於孝經論語纔讀文詞兼
明注解由是二親偏愛望嗣門風年
七歲啓父出家父以慧解夙成意宗
繼世决誓不許唯令俗學專尋世務
礙之道法裕私欝不得七歲出家一
生壞矣遂通覽羣籍資於父兄並包
括異同深契幽賾唯老莊及易未預
承傳年十五潛欲逃世會丁父艱便
從世疾苦凶禁轉杖而能起服畢歇
俗心猛不敢辭母默往趙郡應覺寺
投明寶二禪師而出家焉其人亦東
川之標領也既初染大法勅令誦經
裕執卷而誓曰我今將學必先要心
三藏微言定當窮旨終無處中下之
流暨於儒釋兩教遍須通曉也年始
弱冠聞慧光律師英猷鄴下即往歸
稟會已殁世纔經七日獨嗟無遇戒
約何依乃迴投憑師聽於地論莅華
法席終于三年二十有二方進具戒

還從明寶二德求為本師乃皆辭曰吾為汝緣吾非汝師可往勝上所也遂赴定州而受大戒即誦四分僧祇二戒自寫其文八日之中書誦俱了有定州刺史侯景訪裕道行奏請度之錄入公名甚相器重後南遊漳滏於隱公所偏學四分隨聞尋記五卷行之又以地論初興惠光開悟之元匠流行弘導道沸即光師之所親承沸光並有別傳裕依沸法席晨夜幽通發奇剖新者皆共推揖有齊宣帝盛弘釋典大統法上勢覆羣英學者望風嚮附用津僥倖唯裕仗節專貞卓然不偶倫類但慮未聞所聞用為翹結耳後上統深委高亮欽而敬之自此專業華嚴涅槃地論律部皆博尋舊解穿鑿新異唯大集般若觀經遺教等疏拔思胸襟非師講授又從安遊榮等三師聽雜心義嵩林二師學成實論功將一紀解貫二乘經領有存皆備科舉而精爽弘贍理相兼通曾與諸僧共談儒教旁有講席參涉間聞兩聽同散竟以相聞覆述句義

並無一遺由此鄴下擅名邇迹馳譽且而對梗嚴毅守節自專至於都講覆述勵懷非任世供道望銷聲避隱有事不獲已者讓而受之夏居十二鄴京創講名節既著言令若新預聽歸依遂号為裕菩薩也皆從受戒三聚大法自此廣焉因以導物為恒務矣意存經領不在章句致有前後重解言義不同亡筌者會其宗歸循文者失其宏趣會齊后染患願講華嚴昭玄諸統舉裕以當法主四方一會雅為稱先時有雄雞一頭常隨眾聽逮于講散乃大鳴高飛西南樹上經夜而終俄尒疾遂有瘳斯亦通感之明應也內宮由是施袈裟三百領裕受而散之文宣之世立寺非一勅召德望並處其中國俸所資隆重相架裕時辭為稱首令住官寺乃固讓曰國意深重德非其人幸以此利授堪受者其高謝榮時為類若此有善生法供則受而無憚其攝引陶化又若此也故其所行蔵不為世情之所同測矣年四十有七將隣知命便即澄

一心想禪慮巖阿未盈炎涉范陽盧氏聞風遠請裕秉時弘濟不滯行理便往赴焉至止講供常溢千人聽徒嘉慶前後重疊後還鄴下與諸法師連座談說齊安東王婁叡致敬諸僧次至裕前不覺怖而流汗退問知其異度即奉為戒師寶山一寺裕之經始叡為施主傾撤金貝其潛德感人又此類也周氏滅齊二教淪沒乃潛形世壤衣以斬縗三升之布頭絰麻帶如喪考妣誓得佛法更始方襲舊儀引同侶二十餘人居于聚落夜談正理晝讀俗書學既搜幽隨覽綴述各有部類名如後列時屬儉歲粮粒無路造卜書一卷令占之取價日米二升以為恒調既而言若知來疑者囊內得米遂多裕曰先民有言舐蜜刃傷驗於今矣索取卜書對眾焚之日別自往須臾獲價卷席而歸所得食調及時將返用供同厄遂逢看矣隋運興載昌釋教裕德光先彥即預搜揚開皇三年相州刺史樊叔略創弘講會延請諸僧並立節前摽遺法明

寄一期影響千計盈門裕當充帝允
副主望有勑令立僧官略乃舉為都
統因語略曰統都之德裕德非其德
統都之用裕用非其用既其德用非
器事理難從僉謂捨於此人則薦失
經要後更伸請乃潛遊燕趙五年行
化道振兩河開皇十年在洺州靈通
寺夜於庭中得書一牒言述命報尼
在咸陽初莫測其然也至于明年文
帝崇仰釋門遠訪疑彦皆去裕德覆
時望矣因下詔曰敬問相州大慈寺
靈裕法師朕遵崇三寶歸向情深恒
願闡揚大乘護持正法法師梵行精
淳理義淵遠弘通玄教開導蒭瞽道
俗欽仰思作福田京師天下具瞻四
方輻湊故遠召法師共營功業宜知
朕意早入京也裕得書惟曰咸陽之
厄驗於斯矣然命有隨遭可辭以疾
又曰業緣至矣聖亦難違乃步入長
安不乘官乘時年七十有四勑遣勞
待令住興善仍詔所司咸集僧望評
立國統衆議咸屬莫有異詞裕笑曰
當相通委何用去去遂表辭請還置

言詳覈帝覽表究情依即聽返僕射
高頴等意存統重又表請留帝即下
勑令且住此裕曰一國之主義無二
言今復重留情所未可告門人曰王
臣親附久有擯言近則侮人輕法退
則不無還敬故吾斟酌向背耳尋復
三勑固邀裕較執如上帝語蘇威曰
朕知裕師經正是自在人誠不可屈
節乃勑左僕射高頴右僕射蘇威納
言虞慶則總管賀若弼等諸公詣寺
宣旨代帝受戒懺罪并送綾錦衣服
絹三百段助營山寺御自注額可号
靈泉資送優給有逾常準力步而
歸達于本邑顧而言曰往返之弊厄
不亡乎由是勑問屢馳驛錫重沓稽
疑請決者不遠而至食風沐道者復
結了前矣裕末又住演空寺相州治
西秉操弥堅履行逾肅帝聞之又下
詔曰敬問演空寺大德靈裕法師朕
遵仰聖教重興三寶欲使生靈咸蒙
福力法師捨離塵俗投百法門精誠
若此深副朕懷其為國主思問如此
類也及仁壽中年分布舍利諸州起

塔多有變瑞時人咸嘉為吉徵也裕
聞而歎曰此相禍福兼表矣由雜白
花白樹白塔白雲相現吉緣所為凶
兆衆初不信之也俄而獻后文帝相
次昇遐一國素衣斯言有據相州刺
史內陽公薛曹所住堂礎忽變為玉
曹謂為善徵也設齋慶之裕曰斯琉
璃耳宜慎之戒之可懷之以福曹不
從其言後揚諒起逆事有相緣乃流
之邊裔追悔昔言不慎之晚矣又於
寒陵山所造九級浮圖仁壽末歲止
營四層裕一旦急催曰一切無常事
有障絕通夜累搆將結八重命令斷
作僅得施座安橙值晋陽事故生民
無措其手足裕命復懸於後載其先
見之明皆若此也於時鄴下昌言裕
師將過世矣道俗雲合同稟歸戒訪
傳音之無從裕亦信福命之云盡乃
示誨善惡勵諸門人從覺不食至第
七日援筆制詩二首初篇哀速終曰
今日坐高堂明朝卧長棘一生聊已
竟來報將何息　其二　悲永殯曰
命断辭人路骸送鬼門前從今一別

後更會幾何年至夜告侍者曰痛今在背吾將去矣至于三更忽覺異香滿室內外驚之裕靜慮口緣念佛相繼達于明相奄終于演空寺焉春秋八十有八即大業元年正月二十二日也哀動山世即殯於寶山靈泉寺側起塔崇焉初裕清貞潔己正氣雲霄器識堅明抗迹塵表師資傳授斯寄得人身佩白光映照幽晦盱睞高視瞻見遠近而奉禁自守杜絕世煩處處附道克念齊聖母病綿篤追赴已終中路聞之竟不親對嗟曰我來看母今何所看宜歸鄴寺為生來福耳剖略親愛如此之類至於弘法軌摸万代宗轄志存遠大不局偏授故有單講雙時雅為恒度略文對講生常不經必有傳講要須延請供承顒仰方登法座嘗有一處敷演將半因行遊觀乃近菲園問其本緣云是講主所有裕曰弘法之始為遣過原惡業未傾清通焉在此講不可再也宜即散之便執錫持衣徑辭而出講主曰法師但講此業易除耳復未足憂之

便借倩村民犁具一時耕然四十畝韮擬種穀田斯道俗相依言行無越一人而已其講悟也始微終著聲氣雄遠辯對無滯言罕重宣或一字盤桓動移數日或一上之中便銷數卷及至後講更改前科增減出沒乘機顯晦致學者疑焉裕曰此大士之宏規也豈可以恒情而斷之故十夏初登而為領袖傾敬或大德同集閒以謔情及裕之臨席無不肅然自持諠冗依靜所以下座尼衆莫敢面參而性罡威奕服章麁弊貴達之與廝下承對一焉去來自彼曾無迎送故通儒開士積疑請决藝術異能抱策呈解皆頂受絕歎言不寫情可謂坐鎮雅俗於斯人矣故鄴下諺曰衍法師伏道不伏俗裕法師道俗俱伏誠其應對無思發言成論故也又營諸福業寺宇靈儀後於寶山造石龕一所名為金剛性力住持那羅延窟面別鐫法滅之相山幽林竦言切事彰每春遊山之僧皆往尋其文理讀者莫不歔欷而持操矣其遺迹感人如此自前

後行施悲敬兼之製浆為惠出過千領疾苦所及醫療繁多但得厚味先必奉僧身預倫伍片無貯納講授之隙正面西方凡所涕唾返而咽之一報無棄形不妄涉口不浮詞人畜訓誨絕於呵撻乃至責問童稚誡約門人自述已名彼号仁者苦言切斷聞者淚流自有師資希附斯軌年登耳順養衆兩堂簡以未具異室將撫言行有濫即令出衆非律所許寺法不停女人尼衆誓不授戒及所住房由來禁約不令登踐斯又裕勵後代之弘略也沙弥受具和上德難故盡報不行自餘師證至時臨衆若授以三聚則七衆倫傳故使弘法之時方聽女衆入寺並後入先出直往無留致有法席清嚴響傳寓內侍者供給不預沙弥僧制澄正無論主客內惟護法外肅德過身服清修不御綾綺番裙踝上四指衫袖僅與肘齊祇支極長至脛而已設見衣制過度則處衆割之故方裙正背大氈被褥皮革上色錢寶等物並不入房何況身履而為

貧具斯又屢儉之從數矣常服五縧由來以布縱有繒帛成施終以惠人秖支亦介餘則弊納而已世有激判頗用以為邀名者時或達之裕曰吾聞君子爭名小人爭利復何辞乎或曰名本利緣耳裕曰吾得利便失名矣又曰此乃詐為善相荅曰猶勝真心為罪也時人以為佳言其志行之儀可垂世範故傳者不漏其節焉
自年三十即存著述初造十地疏四卷地持維摩波若疏各兩卷華嚴疏及旨歸合九卷涅槃疏六卷大集疏八卷四分律疏五卷大乗義章四卷勝鬘央掘壽觀仁王毗尼母往生論上下生遺教等諸經各為疏記成實毗曇智論各抄五卷聖迹記兩卷佛法東行記衆經宗要譯經體式受菩薩戒法并戒本首尾注華嚴等經論序大小乗同異論舍利目連傳御衆法等各有聚類宗要可傳又製安民論陶神論各十卷勸信釋宗論辯卯成煞論字本七卷疰紀老經式経兆緯相錄醫决符禁法文断水蟲序齊世三寶記滅法記光師弟子十德記僧制寺誥十惡十志頌齊亡消日頌觸事申情頌寺破報應記孝経義記三行四去頌詩評并雜集等五十餘卷久行於世言無華侈徵涉古製略情取理者久而味之又凡授法意專行用有返斯趣者告曰原聖人垂教教被行人人既不行還同不學有違者駈出斯又重法成人者也觀裕安民陶神二論意在傳燈惠流民品篤識高行此焉攸屬有黄龍沙門鄴中同聽經論禪律因不吞委行解相貫學者傳之將返燕郡故來别裕乃致請曰願垂示一言要法所謂即解即行而能長益沙門道行者裕曰必如來言臨别相告後將首路裕曰経誥禪律恐雜聖心高僧一傳即凡景行輙以相酬可為神用耳其人欣戴賫傳還鄉斯寔般鑒物表機悟有宗也又生常處衆必先端首說戒羯磨無傳欲法諷諫之術聞者如流當於京輦入淨影寺正值布薩徑坐堂中見遠公說欲裕抗聲曰慧遠讀疏而云法事因緣衆僧聽戒可是魔說合座驚起怪斥其言識者告遠遠趍而詣堂裕曰闇仁弘法身令易傳凡習尚欣聖典寧准遠頂礼自誠銜泣受之由是至終遠常赴集其生物信順皆若此焉自東夏法流化儀異等至於立教施行取信千載者裕其一矣

釋慧藏姓郝氏趙國平棘人十一出家即流聽視未登冠具屢講涅槃剖析深奇衍暢文旨及律儀圓備更業毗尼行等明珠解逾前達末聽智論十地華嚴般若等経論傳見之舉人誰肯推但深窮性體義難抑伏皆仰謝高斷罕不師焉年登不惑乃潛于鵲山木食泉漿澄心玄奧研詳雖廣而以華嚴為本宗洞盡幽微未測邪正仰說聖助希示是非登即夜降靈感空中聲言是既聞斯告因撰義疏躬自傳揚結預學流普皆飡揖齊主武成降書邀請於太極殿開闡華嚴法侶雲繁士族咸集時共榮之為大觀之盛也自介專弘此部傳習弥布屬周毁経道剗迹人間栖息煙霞

保護承綱隨初開法即預出家講散
幽旨歸途開悟化自東川風行草偃
行成達義德以誘仁冰玉方心松筠
等質故法雨常流仁風普扇致使道
俗變其來蘇蒙心重其開弊開皇七
年文帝承敬德音遠遣徵請蒲輪既
降無爽綸言藏秉撥立教利見大人
杖錫京輦仍即謁帝承明歷陳奥旨
凡所陶誘允副天心即六大德之一
也有勑加之殊礼故二紀之內四時
不墜後以般若釋論羣唱者多至於
弊賞皆無興尚時有沙門智穩僧朗
法彥等並京室德望神慧峯起祖承
舊習希奉新文乃請開講金剛般若
論藏氣幹雲霞智隆時烈將欲救拯
焚溺即而賔之于時年屬秋方思力
虛廓但控舉經致標異新理統結詞
義言無浮汎故稟益之徒恐其聲止
皆崇而敬焉以大業元年十一月二
十九日遘疾卒於空觀寺春秋八十
有四臨終誡心曠濟累屬露骸弟子
奉謹遺訣陳屍林麓掩骸修塔樹于
終南山至相寺之前峯焉立銘表德

鐫于塔後沙門明則為製碑文見之
別集
釋智脫俗姓蔡氏其先濟陽考城人
也後因流宦故復為江都郡人焉祖
平齊新昌太守父逵琢梁北兗州司
馬脫初誕之夕神光照室旬日之間
枯泉自涌斯蓋智炬欲明法流將導之
徵也然其幼而風儀穎秀氣調清遠
七歲出家為鄴下穎法師弟子穎法
侶鴛鴻釋門龍象華嚴十地冠絕漳
流乃專經請道分陰無棄宮牆重仞
咸得其門久之又覲強師成實及毗
曇論分流異派濫觴必盡盤根錯節
遊刃有餘即於大衆便事覆講寫瓶
珠貫驗在於茲緇素嗟服咸高神略
時丹陽莊嚴寺嚼法師成論之美名
實騰涌遠近朝宗獨步江表脫乃服義
下風思飡法味既適金陵研幾幽旨
精統詞理馳譽兩都每宴居避席請
談玄論嚼師深加賞讚稱為重器及
高座云亡三千咸在爰命門徒以相
付囑乃續敷義席常轉法輪莊嚴之
部於斯榮盛既捐論主之知人又歎

傳燈之弘教故彫琢門侶無輟於時
衆侶百餘一期俊乂成其器者九十
許人據此敷揚之功今古罕類也陳
至德中帝請入內講說開悟歷動神
機自鄱陽王伯山兄弟僕射王克中
書王固等欽仰惟深並伸北面隋祖
留心法寶闡揚至教於岐陽宮建齋
發講有詔於脫先昇寶座乃遣舍人
崔君德宣旨曰昔獨步一方未足為
貴今為四海論主始見英才豈聆發
言抗論剖斷如流莫不緘口卷舌迴
車復路冕旒清耳屢動晬容群辟解
頤日仄忘倦煬帝作牧邗江初建慧
日盛搜異藝海岳搜揚脫以慧業超
悟晏始露預既處齊衡功倍厲業日
夕相係通盱諸部而標勇無前出言
成論鼓激支派深有會宗故道場英
賢學門崇仰而脫雅為論士衆所推
焉後隨帝入京住日嚴寺遣學士諸
葛頴賷教書請講於即奉命成化宣
譽天朝自江南成實並述義章至於
論文曾無顧涉脫憤激先達創開其
論命筆制疏消散有闡更使德溢由

來重新其美自帝居望苑大緝玄猷以脫譽動物情下令使修論疏素巳條貫卷袠將成乃結為四十卷尋用奏聞及獻后既崩福事宏顯乃召日嚴英達五十許人承明内殿連時行道尋又下令講淨名經儲后親臨時為盛集沙門吉藏命章元坐詞鋒奮發掩蓋玄儒道俗翕然莫不傾首脫以同法相讓未得盡言藏乃顯德自矜微相指斥文至三解脫門脫問曰三解脫門以何箭射藏曰未解彎弧何論放箭脫即引據徵勘超拔新奇遂使投解莫從履坐緘默殿下乃分品量德依位演之既即席端便盡智臆仍令與道莊法師遞昇高座共談玄理賓主無竭貴達咸欣嗣后嗟味載形音旨頻遣庶子張衡殷勤稱叙曰法師才學鈎深古今罕例仰觀談說稱實不虛覽所撰論疏光溢心目可更造淨名疏及大小名教便給書吏尋録勒成釋二乘名教四卷淨名疏十卷常自披翫又遣畫工圖其形於寶臺供養每彫輦來儀未嘗不鞠

躬致敬瞻仰遺塵有若真對初梁代琰法師撰成論玄義十七卷文詞繁冨難於尋閲學者相傳莫敢刪正脫乃研詳領要演暢惟新理在忘筌義深功倍卷軸因舊宗旨不殊當世盛行無不欣慶斯可謂懸鏡拂而逾明寶珠鎣而加彩是也仁壽末年龍飛之始以脫夙昔敦厚情在深衷賜帛四百段用隆厥德也大業元年隨駕雒邑二年暮冬見身有疾自強不息猶事法筵三年正月九日弟子智翔智傳侍疾忽有異香滿室赤光照牖即夜香水盥漱遺跡周悉端坐正念以至無常時年六十有七乘轝震悼賻贈優厚勅施物三百段喪事所須隨由供給又勅黃門侍郎張衡監護自脫之傳道也聲辯清徹衆莫之諠摽宗控引咸有聯類章疏雖古陳解若新每至隱括必重疊研覈預在講肆永袪昏漠求文檢義功不虛筵自見弘誘而成清範者罕繼斯塵矣初脫每開講題必夢與優填瑞像齊立豈非住持三寶功用均也又諸有疑

義昔所未了輙見梵僧隨方解釋未亡之前夢一童子手執蓮華去天帝釋遣來請講臨終之日又見此相觀其睿思通微名高宇内妙感靈應夫豈徒然凡講大品涅槃淨名思益各三十許遍成論文玄各五十遍傳業學士慧詮道灌詮聲德雙揚灌復立貞揀各踵敷弘知名當世又以其年二月二十五日式建方墳於雒陽縣金谷里之北邙山樹碑于側其文隋秘書郎會稽虞世南撰（大業中年脫之亡後昔与藏公素情不狎乃託形於病僧惠旻具述前緣藏聞而見之與共論議傾心盡礼願說舊情故幽明不墜其緒云）

釋法澄吳郡人少機警善談論文章書史頗皆綜涉初從興皇朗公講釋三論至於教旨乖競者皆條理而通暢焉末聚徒立講於江都開善寺常聽二百餘僧化洽吳楚傳譽淮海負褰相趍日增位席晉王置四道場澄被召入安時悟物弘導無絕仁壽三年奉令開壞居于日嚴廣流視聽憲章新致披講智論聲望弥重京師碩學咸謁問之煬帝從駕東都定鼎伊雒

從出淯右因疾而終時年七十餘矣
釋道莊揚州建業人遊践經史聽習
玄論皆會其標詣而儀止弘雅立性
滔然故少為同倫所尚初聽彭城寺
瓊法師稟受成實宗匠師表門學所
推瓊後年疾相侵將欲傳緒通召學
徒宗猷顧命衆咸揖謝於莊允當遺
寄瓊曰莊公學業優典誠如弘選理
副諸望用光於後然其首大足小終
無後成恐其從轍餘宗耳遂不行衆
議莊後果鄙小乘歸崇大法從興皇
朗法師聽酌四論一聞神悟挺惠孤
起後入内道塲時聲法鼓一寺榮望
无不預筵諮謁前疑披解無滯年德
既富皆敬而推焉帝昔處蕃致書礼
問詩論嘉篇每令扣擊詞釆豊逸屢
動人心末又追入京師住日嚴寺頻
蒙謁見酬杭新叙引處宮闈令其講
授言悟清華玄儒揔萃皆歎其博要
也晚出曲池日嚴本室又講法花直
叙經致不存文句著疏三卷皆風骨
雅趣師者衆焉煬帝初臨以莊留連
風雅道味所流賜帛五百段氈四十

領隨駕東指因疾而卒於洛陽時年
八十一矣即大業之初也有集數十
卷多在淮南少流北壤
釋法論姓孟氏南郡人初住荊州天
皇寺博通内外詞理鋒挺隠淪青溪
之覆舟山味重成實研洞文釆談叙
之暇命筆題篇梁明帝重其雅素厚
礼徵召而性在虛閑不流世供葛屨
蒲服用卒生年隋煬在蕃遠聞令
德召入道塲晨夕賞對王有新文頌
集皆共詢謀處俗傳揚至移歲序後
入京輦住日嚴寺文帝時幸仁壽論
往謁見特蒙接對躬事展礼帝美其
清悟為設淨饌於大寶殿登即在坐
上詩叙談帝德宮觀宏麗今古高祖
重加歎賞及晉王之處春坊優礼弥
厚中使慰沃啓疏相尋大業元年將
移東闕下勑賜（千秋衲皮袈裟一領帛五百段氈四十領皇后賜紬被皮坐褥及法服）等
物故其道望帝后咸供之隆重為類
此也因隨駕至洛不久而終時年七
十八矣皇上哀悼賻贈有嘉仍勑所
在傳送葬于荊楚自論受初莅法崇
尚文府雖外涉玄儒而内弘佛教所

以綴釆篇什皆叙釋風當即纉叙名
僧將成卷褰未就而卒本遂不行顧
惟高德有墜者衆矣有別集八卷行世
釋僧粲姓孫氏汴州陳留人也㓜年
尚道遊學為務河北江南東西開朧
閩地皆履靡不通經故渉歷三國備
齊陳周諸有法肆無有虛踐工難問
善博尋調逸古今風徽遐迩自号為
三國論師機論動人是所長也開皇
十年迎入帝里勑住興善頻經寺任
緝諧法衆治績著聲十七年下勑補
為二十五衆第一摩訶衍匠故著十
種大乘論一通二平三逆四順五接
六挫七迷八夢九相即十中道並據
量経論大開軌轍亦初學之巧便也
仍於捴化寺敷通此論以攝學衆又
著十地論兩卷窮討幽致散決積疑
仁壽二年文帝下勑置塔諸州所司
量遣大德多非耆齒粲欲開闡佛種
廣布皇風躬率同倫洪遵律師等条
預使任及將發京輦面別帝庭天子
親授靈骨慰問優渥粲曰陛下屬當
佛寄弘演聖蹤粲等仰會慈明不勝

欣幸豈以朽老用辞朝望帝大悅曰法師等豈又不以欲還鄉壤親事弘化宜令所司備礼各送本州粲因奉勑送舍利于汴州福廣寺初達公館異香滿院充塞如煙及將下塔還動香氣如前蓬勑又放青光映覆寶帳寺有舍利亦放青光與令送者光色相亂又現赤光當佛殿上可高五尺復現青赤雜光在寺門上三色交映良久乃沒粲具表聞詳于別傳仁壽年末又勑置塔於滑州修德寺初停館宇夜放黃光遍滿一室千人同見後放五色食頃方滅自尒求者輒現不可殫言及至塔寺夜別放光乃照一寺與晝無別有趙威德者患目積年蒙照平復當下塔日又放光明塔上空雲五色間錯或如賢聖仙人龍鳳林樹等象峙于雲內數万士女嗟詠成音前後往使皆感靈瑞文帝歎重更加敬仰時李宗有道士褚揉者鄉本江表陳破入京既處玄都道左之望探微辯折妙擬三玄學尠宗師情無推尚每講莊老粲必聽臨或以義

求或以機責隨揉聲相即勢沉浮注辯若懸泉起囀如風卷故王公大人莫不解頤撫髀訝斯權變常下勑令揉講老經公卿畢至惟沙門不許預坐粲聞之不忍其術乃率其門人十餘携以行狀徑至館所防衛嚴設都無畏憚直入講會人不敢遮揉序王將了都無命及粲因其不命抗言激刺詞若俳謔義寔張詮既無以通講席因散羣僚以事聞上帝曰斯朕之福也得與之同時隋齊王暕見礼下筵欽兹歎咽常欲見其談說故致於法會有沙門吉藏者神辯飛玄望重當世王每懷摧削將傾折之以大業五年於西京本第盛引論士三十餘人令藏登座咸承羣難時衆以為榮會也皆參預焉粲為論士英華命章標問義筵聽者謂藏無以酬及踪難接解謂粲無以嗣往還抗叙四十餘翻藏猶關折不滯王止之更令次座接難義聲繞卷粲又續前難勢更延累問還得二三十翻終于下座莫不齊介時人異藏通贍坐制勍敵重粲繼接他詞慧發鋒挺從午至夕無何而退王起執粲手而謝曰名不虛稱見之今日矣躬奉麈尾什物用顯其辯功焉而行攝專貞不貪華望及禪定欝起名德待之道行既隆寵初勑命粲以高位厚味況累者多苦辞不就以大業九年卒於興善春秋八十有五弟子僧鸞僧鳳並以繼軌馳名鸞本姓王名為大業八歲通禮十歲講傳於江都夙有驚俗之譽及投督佛種經論有聞隋末返俗唐初在士位至給事中鳳有別傳自光徽績

續高僧傳卷第九

續高僧傳卷第九

校勘記

一　底本，金藏廣勝寺本。六二九頁上至六三一頁上原版缺六三八頁中原版殘，以麗藏本補換。

一　六二九頁上一行經名，徑作「續高僧傳卷第一一」。卷末經名同。

一　六二九頁中三行「十四」，徑、清作「十四人」。又末字「六」，徑、清作「六人」。

一　六二九頁中四行「謝鎮寺」，資、磧、普、南、徑、清作「謝西寺」。

一　六二九頁中六行首字「隋」，徑、清無。下至一八行首字同。

一　六二九頁下四行「鍮石」，資、磧、普、南、徑、清作「鍮鉐」。

一　六二九頁下七行第七字「鎮」，資、磧、普、南、徑、清無。

一　六二九頁下八行「清談」，資、磧、普、南、徑、清作「請談」。

一　六二九頁下九行「灌手」，資、磧、普、南、徑、清作「盥水」。

一　六二九頁下一九行「建武」，資、磧、普、南、徑、清作「建德」。

一　六二九頁下二〇行「令院宇荒蕪」，資、磧、普、南、徑、清作「今院宇荒毀」。

一　六二九頁下末行首字「宜」，資、磧、普、徑、清作「宦」。

一　六三〇頁上五行第五字「寶」，資、磧、普、南、徑、清無。

一　六三〇頁上九行「圓梠」，資、磧、普、南、徑、清作「圓桷」。

一　六三〇頁上一二行首字「吁」，資、磧、普、南、徑、清作「嗚呼」。

一　六三〇頁上二〇行「木升」，資、磧、普、南、徑、清作「木斗」。

一　六三〇頁中八行「常令」，資、磧、普、南、徑、清作「眘命」。

一　六三〇頁中一三行第六字「訐」，資作「評」；磧、普、南、徑作「誶」。

一　六三〇頁中一四行「採酌」，資、磧、普、南、徑、清作「將酌」。

一　六三〇頁中一五行「二障」，資、磧、普、南、徑、清作「二漳」。

一　六三〇頁中二一行「咸誦」，資、磧、普、南、徑、清作「成誦」。

一　六三〇頁中二二行「心存」，資、磧、普、南、徑、清作「心在」。

一　六三〇頁中末行「修緝」，磧、普、南、徑、清作「修葺」。

一　六三〇頁下三行「上州」，資、磧、普、南、徑、清作「上明」。

一　六三〇頁下一一行「容爾」，資、磧、普、南、徑、清作「容可」。

一　六三〇頁下二二行「居止」，資、磧、普、南、徑、清作「居上」。

一　六三一頁上一一行「驢廟」，資、磧、普、南作「驢廟邊」；徑、清作「驢廟臺」。

一　六三一頁中二行第八字「門」，資、磧、普、南、徑、清作「聞」。

一　六三一頁中六行第五字「定」，資、磧、普、南、徑、清作「之」。

一　六三一頁中八行「私洲」，資、磧、

普、南、徑、清作「斯州」。

一 六三一頁中一〇行「尚在」，磧、普、南、徑、清作「尚在焉」。

一 六三一頁中一九行「仗衛」，南作「侍」。

一 六三一頁下五行「霈注」，資、磧、普、南、徑、清作「霖注」。

一 六三一頁下六行「時寫」，資、磧、普、南、徑、清作「時雨瀉」。

一 六三一頁下一九行「四望山寺」，資、磧、普、南、徑、清作「西望山寺」。又「竪碑」，資、磧、普、徑、清作「樹碑」。

一 六三一頁下二二行「今住」，資、磧、普、南、徑、清作「令住」。又「同邑」，麗作「周邑」。

一 六三二頁上一行「徵延」，資、磧、普、南、徑、清作「徵近」。

一 六三二頁上一四行「迢然」，資、磧、普、南、徑、清作「岧然」。

一 六三二頁上二一行第二字「禪」，諸本（不含石，下同）無。

一 六三二頁中一行第七字「物」，資、磧、普、南、徑、清作「没」。

一 六三二頁中六行第四字「輔」，資、磧、普、南、徑、清作「輒」。

一 六三二頁中八行末字「或」，資、磧、普、南、徑、清作「惑」。

一 六三二頁中一二行第三字「曾」，磧、南、徑、清作「僧」。又「溢心」，資、磧、普、南、徑、清作「濫心」。

一 六三二頁中一六行第九字「遷」，資、磧、普、南、徑、清作「遷神」。

一 六三二頁下三行第四字「喚」，資、磧、普、南、徑、清無。

一 六三二頁下四行「將師」，資、磧、普、南、徑、清作「將帥」。

一 六三二頁下一八行「製文」，磧、普、南、徑、清作「製文云」。

一 六三二頁下二〇行「元旣」，資、磧、普、南、徑作「元晛」，清作「元睍」。

一 六三二頁下二二行「公臣」，資、磧、普、南、徑、清作「功臣」；麗作「公功」。

一 六三三頁上五行「脱躧」，資、磧、普、南、徑、清作「脱屣」。又「大興」，資、磧、普作「天興」。

一 六三三頁上六行「躬行」，資、磧、普、南、徑、清作「躬紆」。

一 六三三頁上一五行「百梁」，資、磧、普、南、徑、清作「栢梁」。又「頻涉」，資、磧、普、南、徑、清作「上」。

一 六三三頁上二一行「飲德」，資、磧、普、南、徑、清作「欽德」。

一 六三三頁中三行「大漸」，磧、普、徑作「大慚」。

一 六三三頁中四行「彎几」，麗作「鸞几」。

一 六三三頁中七行「復見」，資、磧、普、南、徑、清作「後見」。

一 六三三頁中八行「隨師」，諸本作「隋」。

一 六三三頁中九行「基趾仍存」，資、磧、普、南、徑、清作「基址乃存」。

一 六三三頁中一〇行「蒙犯」，資作「遂犯」。

一 六三三頁中一三行「還莊」，資、磧、普、南、徑、清作「環莊」。

一 六三三頁中一六行「胡可」，資、磧、普、南、徑、清作「吁可」。

一 六三三頁中一八行「六十有三」，資、磧、普、南、徑、清作「六十有二」。

一 六三三頁下九行第六字「私」，麗無。

一 六三三頁下一三行「世疚」，資、磧、普、麗作「世疾」；南、徑、清作「世次」。又「縈轉」，南、徑、清作「縈縛」。

一 六三三頁下二〇行「弱冠」，資、磧、普、南、徑、清作「登冠」。

一 六三四頁上七行「五卷」，資、磧、普、南、徑、清作「五夏」。

一 六三四頁上八行「初興」，資、磧、普、南、徑、清作「初與」。

一 六三四頁上九行「弭導」，資、磧、普、南、徑、清作「弘道」。

一 六三四頁中六行末字「三」，資、磧、普、南、徑、清作「之三」。

一 六三四頁中九行「亡筌」，資、磧、普、徑、清作「忘筌」。

一 六三四頁中末行「如命」，諸本作「知命」。

一 六三四頁下二行「行理」，資、磧、普、南、徑、清作「行李」。

一 六三四頁下五行「婁藪」，資、磧、普、南、徑、清作「樓藪」。

一 六三五頁上一四行「玄教」，資、磧、普、南、徑、清作「聖教」。

一 六三五頁上二一行「咸集」，資、磧、普、南、徑、清作「盛集」。

一 六三五頁中七行第六字「較」，資、磧、普、南、徑、清作「礭」。

一 六三五頁中八行「綱正」，資、磧、普、南、徑、清作「剛正」。

一 六三五頁中一三行第六字「給」，磧、普、南、徑、清作「洽」。

一 六三五頁中一七行第二字「了」，資、磧、普、南、徑、清作「于」；麗作「於」。

一 六三五頁下一三行第六字「累」，資、磧、普、南、徑、清作「壘」。

一 六三五頁下一九行「不食」，資、磧、普、南、徑、清作「不悆」；麗作「不愈」。

一 六三五頁下二〇行「七日」，資、磧、普、南、徑、清作「七日旦」。

一 六三五頁下二二行「永殯」，麗作「永殞」。

一 六三六頁上六行「山世」，南、徑、清作「山寺」。

一 六三六頁上一三行「生來」，資、磧、普、南、徑、清作「來生」。

一 六三六頁上一四行首字「割」，資、磧、普、南、徑、清作「其割」。又末字「摸」，諸本作「模」。

一 六三六頁上一五行第一〇字「局」，磧、普、南、徑、清作「扃」。

一 六三六頁上一九行第七字「問」，資、普作「顧問」；磧、南、徑、清作「顧向」。

一 六三六頁中五行「上之」，南、徑、

一　清作「止之」。
一　六三六頁中一一行「面条」，資、磧、普、南、徑、清作「而参」。
一　六三六頁中一四行「請決」，資、磧、普、清作「情決」。
一　六三六頁下五行第一二字「人」，徑作「又」。
一　六三六頁下一二行「又裕勵」，資、磧、普、南、徑、清作「勵格」；麗作「勵俗」。
一　六三七頁上一行第八字「從」，麗作「後」。
一　六三七頁中六行「凡授」，資、磧、普、南、徑、清作「凡所授」。
一　六三七頁中一〇行「民品」，資、磧、普、南、徑、清作「氓品」。
一　六三七頁中一一行末字「同」，資、磧、普、南、徑、清作「周」。
一　六三七頁中一四行「所謂」，南作「所誚」。
一　六三七頁中二一行「當於」，資、磧、普、南、徑、清作「嘗於」。

一　六三七頁下四行「聖典」，諸本作「聖禁」。
一　六三七頁下八行「十一」，磧、普、南、徑、清作「十一歲」。
一　六三七頁下一一行第一〇字「達」，清作「建」。又第一一字「末」，麗作「未」。
一　六三七頁下一五行「泉漿」，資、磧、普、南、徑、清作「山漿」。
一　六三七頁下一九行第六字「絓」，資、磧、普、南、徑、清作「經」。
一　六三八頁上一行「隨初」，諸本作「隋初」。
一　六三八頁上一五行「時烈」，資、磧、普、南、徑、清作「時列」。
一　六三八頁上一六行「賓之」，諸本作「演之」。
一　六三八頁上二二行「掩骸」，資、磧、普、南、徑、清作「掩骼」。
一　六三八頁中一一行「分陰」，資、磧、普、南、徑、清作「寸陰」。
一　六三八頁中一二行「又覩」，資、磧、普、南、徑、清作「又聽江都」。
一　六三八頁中一六行「莊嚴寺」，資、磧、普作「興嚴寺」。又第七字「瞬」，資、磧、普、南、徑、清作「嬭」，二〇行第四字同。
一　六三八頁中一九行末三字至次行首字「避席請談」，資、磧、普、南、徑、清作「避喧清談」。
一　六三八頁中二二行第三字「乃」，資、磧、普、南、徑、清作「及」。又「莊嚴」，資、磧、普、南、徑、清作「興嚴」。
一　六三八頁下四行第四字「帝」，資、磧、普、南、徑、清作「常」。
一　六三八頁下一〇行「云云脱」，資、磧、普、南、徑、清作「於」。
一　六三八頁下一三行「日仄」，資、磧、普、南、徑、清作「日夜」。
一　六三八頁下一九行「隨帝」，資、磧、普、徑、清作「隋帝」。
一　六三八頁下二二行「創開」，麗作「創問」。

一 六三九頁上一四行第九字「即」，資、磧、普、南、徑、清作「預」。

一 六三九頁上一五行「遞昇」，資、磧、普、南、徑、清作「遽昇」。

一 六三九頁上一六行「嗣后」，資、磧、普、南、徑、清作「副后」。

一 六三九頁上一八行「才學」，資、磧、普、南、徑、清作「碩學」。

一 六三九頁中七行第三字「鎣」，資、磧、普、南、徑、清作「瑩」。

一 六三九頁中一六行第二字「由」，資、磧、普、南、徑、清作「用」。

一 六三九頁中一九行「研覈」，資、磧、普、南、徑、清作「研覆」。

一 六三九頁中二〇行「虛筵」，資、磧、普、南、徑、清作「虛延」。

一 六三九頁中二一行「清範」，資、磧、普、南、徑、清作「濟」。

一 六三九頁下六行「文玄」，資、磧、普、南、徑、清作「玄文」。

一 六三九頁下七行「復立」，資、磧、普、南、徑、清作「立履」。

一 六三九頁下一二行夾註左「顧託」，資、磧、普、南、徑、清作「領託」；麗作「願託」。

一 六三九頁下二〇行「弘導」，資、磧、普、南、徑、清作「弘道」。

一 六三九頁下二一行「奉令」，資、磧、普、南、徑、清作「奉命」。

一 六三九頁下二二行「新致」，徑作「新製」。

一 六四〇頁上七行「揖謝」，南、徑、清作「揖讓」。

一 六四〇頁上一六行「扣擊」，資、磧、普、南、徑、清作「和繼」。

一 六四〇頁上一八行「酬杭」，資、磧、普、南、徑、清作「詶抗」。

一 六四〇頁上末行「風雅」，資、磧、普、南、徑、清作「夙願」。又「四十」，資、磧、普、南、徑、清作「三十」。

一 六四〇頁中一一行第三字「共」，資、磧、普作「昔」。

一 六四〇頁中一四行第一一字「登」，資、磧、普、南、徑、清作「論」。

一 六四〇頁中一八行小字右「一領」，麗作「十領」。

一 六四〇頁中一九行「咸供之隆重」，資、磧、普、南、徑、清作「感供之隆」。

一 六四〇頁中二一行「有嘉」，麗作「有加」。

一 六四〇頁下一行第二字「綴」，資、磧、普作「絶」。又「纘敘」，資、磧、普、南、徑、清作「續敘」。

一 六四〇頁下三行第八字「矣」，磧、普、南、徑、清無。

一 六四〇頁下一一行「十七年」，資、磧、普、南、徑作「至十七年」。

一 六四一頁上二行第五字「又」，資、磧、普、南、徑、清無。

一 六四一頁上二二行「辯折妙擬」，資、磧、普、南、清作「辯析妙擬」；徑作「辨析妙擬」；麗作「辯妙擬闕」。

一 六四一頁中三行第一一字「常」，資、磧、普、南、徑、清作「嘗」。

一　六四一頁中六行「行狀」，諸本作「行牀」。

一　六四一頁中一〇行第一三字「斯」，資、磧、普、南、徑、清無。

一　六四一頁中末行「剋敵」，諸本作「勊敵」。

一　六四一頁下一一行末字至次行首字「在士」，諸本作「出仕」。

續高僧傳卷第十　達

大唐西明寺沙門釋道宣撰

義解篇六　正傳十七　附見五

釋靖嵩俗姓張涿郡固安人幼抱貞幹在物不羣迫以俗塵期之道務十五出家有同學靖融早達經論通詼小大尤究雜心每以佛宗深要曲流委亦嵩神氣俊越聰悟天機隨覽義門覆疎陶練重以心計不測返以問融融无以對也乃告曰卿稚齒末學徹悟若斯可往京鄴必成濟器及登冠受具南遊漳輦屬高齊之盛佛教中興都下大寺略計四千見住僧尼僅將八万講席相距二百有餘在衆常聽出過一万故宇内英傑咸歸厥邦有大學寺融智法師大齊國統法上之神足也解貫衆師道光二歲學徒五百負袠摩肩常講涅槃及地論嵩聞之乃投誠焉北面從範攻研數載隨聞覆述每擊奇致於即學徒舉目相與推師又以行要肇基必先戒約乃詣雲暉二律師所博求明誨涉問二載薄鏡宗條唯有小乘未遑詳閱遂從道猷法誕二大論主面受成雜兩宗諸諏幽奧纂習餘烈數百僧徒各啓龍門人分鳳翼及嵩之位席上經五遍旁採婆沙迦延舍利弗等妙通文理屢動恒神便又博觀衆經

續高僧傳卷第十　第三張　遶字號

師摸論道勢傾八位詞号四飛獨步
河山舟艇三藏憑附叅請智光時傑
齊琅耶王深相器重弘扇風猷每於
肇春廣延學侶大集鄴都特開法座
奉嵩為法主進勵學徒因介導悟成
津弥逢涼燠傳芳接武嚮譽東河俄
屬周武屛除釋門離潰遂與同學法
貴靈侃等三百餘僧自北徂南達于
江左陳宣帝遠揖德音承風迎引令
侍中袁憲至京口城禮接登岸帝又
使駙馬蔡凝宣勑云至人為法以身
許道法師等善明治乱歸寄有叙可
謂懷道正士深可嘉之宜於都郭大
寺安置所司供給務令周洽仍令推
薦義學長者即弘象教時建業僧正
令嵩貴二人對弘小論神理疏暢贍
勇當時學侶相近數過五百畧漏分
業茂續　新奇有天竺三藏厥号親依
賫攝舍二論遠化邊服初歸梁季終
歷陳朝二十餘年通傳無地雖玄譯
布講授無聞唯嵩獨拔玄心翫味玆
典纔有講隙便詣沙門法泰諮决疑
議數年之中精融二部自佛性中邊

續高僧傳卷第十　第四張　遶字號

無相唯識異執等論四十餘部皆揔
其綱要剖會區分隋高廓清百越文
軌大同開皇十年勑僚庶等有樂出
家者並聽時新度之僧乃有五十餘
万叟初沐化未日知津嵩與靈侃等
二百許僧闡揚乗濟俱還江北行達
餘方盛開講肆上柱國徐州揔管乞
符令和率其所部同延住前京地王
寺具狀聞奏有勑給額為崇聖寺焉
於是常轉法輪江淮通潤遂使化移
河北相継趍途望氣相奔俱諮攝論
嵩學資真諦義寔天親思逸言前韻
高傳後大乗極旨於是乎通自此領
匠九州垂章四海撰攝論疏六卷雜
心疏五卷又撰九識三藏三聚戒二
生死等玄義並流于世為時所宗隋
文封禪岱宗鑾駕齊魯關中義學
因從過于徐邦詣嵩法肆伏膺受業
由此門徒推盛章疏大行隋煬昔鎮
揚越立四道場教旨載馳嵩終謝遣
及登紫極又有勑徵召固辝乃止門人
問其故荅曰王城有限動止嚴難雖
内道場不如物外沙門名為解脫如

續高僧傳卷第十　第五張　遶字號

何遐以事業累乎吾曾遊兩都屢逢
播蕩弊此勞役耳恒每清素自潔私
立道場日加礼誦修諸淨業講道相
續策衆六時精苦已來垂三十載然
其扣頭手膝投地之所悉成坑跡狀
若人摸其景行徽明為若此也自有
論師多迷行旨而嵩奉遵法度初不
墜倫常遇天雨渫鑵在庭恐傷他性
令淨人知舉方自從用周諸學士咸
欽憚其知量焉加以性愛文藻時摛
詩頌重復嘉尚林泉每登跋陟子史
篆隸摸楷于今世論劇謙頗有承緒
忽以大業十年遘疾卒于本寺春秋
七十有八光祿大夫彭城道留守順
政公董純與部内道俗殯于神阜之
原益州道基昔預末筵飡風飲德悼
流瑰之安放悲墳壠之荒侵為之行
狀廣於世矣

釋靖玄姓趙氏天水人也識度淹弘
清鑒懸遠七歲任郡學生勤閱三冬
藝該六典皇隋肇運便業李張名預
黃巾身同觀宇呼吸沆瀣吐納陰沉
每思五千道德良非造真七誡超昇

本為浮詭乃捨其巾褐服此伽梨澄練一心專宗經部時年在息慈頻登法匠華夷欽仰緇素屬目受具已後聲勢轉高遂使化靡隴西扇榮河洛以秦涼荒要佛法澆侈將欲結其頹綱布此遺僧具列正法要務奏上文皇蒙勑允述論言與拔登下河右須篠依用元德太子籍甚芳猷翹想欽揖爰降令旨遠召京華玄遂恭承嘉惠來翔帝宇有令於大興善道場感弘法會飛軒鳴玉杖錫挈瓶揔萃觀風德音通被縱達論體舒散疑蹤能使難者由門解宣盡力時參法師居坐謂曰自河涼義侶則道朗擅其名泌歷至今介其接轍代奇削斯人在斯由此顯譽京師綽然高步會高祖昇遐讚興禪定遂應詔住焉常轉梵輪弘匠非少大業七年正月二十九日無疾而化春秋四十有三初玄生平言論慈悲為主每許遺骸弃之林野有天水同侶沙門慧嚴追想昔言送屍山麓肌肉已盡便鳩聚遺身擳茲塼塔於終南龍池寺之西岑樹銘塔

所用旌厥德沙門明則為文則本冀人通玄儒有才慧訥言敏行尤所承統文藻雖馳時未之賞乃制覺觀寺碑物亦不悟僕射楊素見而奇之由斯一顧方高聲問奏住仁壽宮三善寺東都譯經又召入館專知綴緝隋末卒於所住有集行世薛道衡每曰則公之文屢發新釆英英獨照其為時賢所尚也如此矣

釋智閏不詳姓氏襄陽人也無師獨悟自然猒世周章邑野借訪出道承鄴下盛宗佛法十統讚興今嚮滂流洋溢天壤閏不勝其喜踊躍不安年始二十便趍遠詣會遵統開弘十地即從服業經未越序頻參覆論河北夙少望塵許焉晚學華嚴涅槃咸增榮顯又聽光統四分領受文言兼習小論具辯通塞時号博瞻勘有加之又聞江表大弘三論既是本願不遠而歸正值長干辯公當塗首唱預從聽受一悟欣然文義重深遂多時載後還漢陰鎮常講導化行江涘善生道俗大業初建延住慧日談富之量

更溢由來會征遼左求功岳瀆勑閏岷蜀祭禱江神還至西京因疾而化卒于禪定寺時年七十有五即大業十年矣

釋智聚姓朱氏住蘇州虎丘東山寺神氣清遠彰於襁褓深猒籠樊樂希寥廓初投武丘胤法師胤道藝之重羽儀當世聚分陰无怠請益深肓有同郡顧希憑會稽謝峻岳義府經肆東南之美並欽高德同揖清風由是儒墨通弘真俗具舉宮牆重仞允得其門繞踰弱冠便弘講說莊嚴瞻師新實一家鷹揚万代遂伏膺諮質百舍非遠悱發既精疑滯咸析汝南周弘正博通內外鑒賞人倫常歎嘉之以為釋門之瑚璉也陳鄱陽王伯山新安王伯周新蔡王叔齊並降貴慕道延請敷說至德二年奉勑於太極殿講金光明天子親臨法席具僚咸在故能寫此懸河振斯木鐸亹亹奇韻超超入神或有捷徑小道乖持邪論莫不迴車杜口改心易業人主歎賞稱善久之至德三年丁外憂泣血

銜哀殆將毀滅因此言歸舊里止於
東山精舍善說不休法輪常轉開皇
十一年爰降勑書郡勤勞問法師栖
身淨土援志法門普為衆生宣揚正
教勤脩功德率勵法徒專心講誦曠
濟羣品欽承德業甚以嘉之尚書令
楚公素左僕射邳國公蘇威並躬到道場
接足頂礼咸捨淨財資莊形命十三
年勑置僧官道俗稽請居平等之任
聚以雅道期人直心應物和合之衆
清風穆如也時郡將宗成劉公夙仰
高名常欽威德及部臨鎮請為菩薩
戒師齊王暕以帝子之貴作牧淮海
乃降教書至山延曰弟子下車舊楚
亟改炎涼遊聽清規其來有日敬承
幽栖山谷多歷年所道風勝氣獨擅
當今故以德冠林遠道超生什炳斯
慧炬以悟羣迷獨步江東何甚之美
未獲稽疑下筵飡承高義抒軸之勞
載盈懷抱擾虎之岫川途不遥翔鷺
之濤風烟相接心願振忍辱之衣赴
翹勤之望乃固辭以疾事不獲從引
藉平臺深加敬礼頻遣使人請弘大

教聚惟志違人世心逸江湖詞翰懇
惻固求東返王弥以度外得遂宿心
資給所須將送甚重於是接淅晨征
還居山寺現疾浹旬而神用無爽以
大業五年十一月二十四日終於本
住容皃若存頂暖身柔皆如平日聞
諸前記乃感果之徵也春秋七十有
二即以其年十二月窆于山之南嶺
惟聚性託夷遠矜情閑澹等懷過
物弘量居心楚越拘情得喪蕭遣方
寸之地悠然罕測美風姿善談笑流
連賞悟見者忘返加以樂說忘疲捴
持無失講大品涅槃法華等各二十
遍單經適務者罕得記焉又居身清
儉不在飾玩衣盋已外隨用檀捨方
丈之內虛至蕭然几榻之間文跡而
已故能道盛一時名重當世其所造
丈八盧舍那無量壽荆州瑞像於寺
供養并起澗西佛殿二所迴廊周遍
具二莊嚴弟子道恭猶子道順德惟
上首業盛傳燈敢樹高碑用旌景行
秘書虞世南為文
釋慧曠俗姓曹氏譙國人也其後別

泒今為襄陽人焉祖亮宗梁給事黃
門侍郎衛尉卿父諧直閣將軍曠秀
氣標於弱歲天然孝敬率性高廉十
二出家事江陵寶光寺澄法師祇勤
儀訓肅奉帷筵發明幽旨頗超群輩
後辭朋帝渚問道王圻居律行寺聽
彭城講玄開斯關大義已通將事隨
方轉相弘教乃與宗愷准韻諸師俱
值真諦受攝大乘唯識等論金皷光
明等經俄而真諦涅槃法朋彫徙乃
共同學僧宗俱栖匡岫分時敷說法
化弥隆州宰鄱陽長沙二王俱敦師
資之敬後於湘郢二州累載弘道雖
親覺久忘而地恩待報以陳至德元年
言旋舊邑即隋開皇之三年也於遍
學道場傳經引化曠既律行嚴精義
門綜博道俗具瞻經維是寄統掌八
載攝是烏迴後又奉勑移居興國寺住依
委然綸冊降香蘇屢錫秦孝王帝子
之尊建麾襄沔聞風佇德親奉歸戒
煬帝纂曆當符尊賢味道爰降王人
延居藩邸道次江陽辭疾不見蒙勑
丹陽栖霞山寺以事治養又素恊性

松筠輔神泉石賞狎翫并纏痾用弭於栖霞法堂更敷大論新聞舊學各談勝衍且歸善禪房本栖玄精舍竟陵文宣之餘迹禪師慧曉之遺風鏡潭月樹之奇雲閣山堂之妙曾事遊處遂有終焉之志後攜子弟徙而憩之崖谷泯人世之心烟霞賞高蹈之域其有懷真慕義者復萃於斯矣以大業九年五月十六日終于寺房春秋八十頂煖淹時手屈二指斯又上生得道之符也以其月二十日窆于寺之西山弟子等樹碑紀德常州沙門法宣為文

釋智琳姓閭丘氏高平防輿人也祖儼閑居傲世考曇玠梁國常侍琳弱齡淵問棄于鄉黨處士卞詮擅名當世年在幼學服膺請業礼易莊老悉窮幽致詮嘉其早慧命曰希世神童也逮于德壯超然離俗即事仁孝寺沙門法敷遵就養之儀稟息慈之戒蔬食苦節篤志熏脩法花維摩受持成誦屬以敦公告逝戒品未圓乃高步上京更崇師轍依止東安寺大僧

正暅法師既其力生有奉尸羅乃具爰稟成論兼習毗尼既洽聞持將弘傳授贍言鄉縣思報地恩以陳太建十年旋于舊里南徐州刺史蕭摩訶深加礼異爰請敷說於是欝居宗匠盛轉法輪受業求聞寔繁有衆至十一年下勅為曲阿僧正至德二年勅補徐州僧都稱首攸歸諒由德舉開皇十六年閏州刺史李海游屈為斷事經維是寄允當僉屬所居仁孝寺者梁故征西諮議鄭僧紹捨宅所造殿堂肇搆乱離盪及琳乃嗣興梓匠爰加藻飾輪煥弘敞實有力焉前後造中人像五區夾紵像一區神儀顯曜相好嚴挺又於育王山頂造五層塼塔擬夫八万同時一期高妙講大品法花淨名金鼓各有其遍所度弟子千有餘人常想趣道津要莫尚禪那以招隱伽藍俗外塵表山房閑寂茂林幽邃終焉之所有志栖焉迫以緣礙弗之果也然其溫嚴自持誨引無倦財翫靡積隨行給濟威容感物信為道門之傑矣以大業九年五月

六日加趺合掌終於仁孝之東房春秋七十先是五月初有清信士劉正勤請講弥勒琳諭以無常初未之許至是果終信哉知命及將大漸誡諸弟子尸陁林者常所願言吾謝世後無違此志沙門智鏗等謹遵遺言以其月十一日遷于育王之山時屬流金林多鷙獸始乎仲夏暨是抄秋膚體儼然曾無損異道俗嗟賞嘆未曾有又以其年閏九月八日於招隱東山式搆方墳言遵卜兆全身舍利即窆山龕方俗並臻同門畢至洒泣撫心山盈谿谷乃樹碑於寺之門右其文江陽介生蔡瓌所製

釋淨願未詳其氏代州人也三十出家慱聞強記推覈經論夙有成規遠為諸學之所先仰創進大戒專師律部既越立年弥隆盛業以旦達曙翹精固習觀採五遍便就講說初以其壯室入道人多輕侮試聽其談說屬其文理清洞開散片無擁滯各投心位席莫不致敬願連講四分接承十遍又聽十地華嚴及諸小論末師唯

攝論經細章句並通了談對課篤形
有鐵法聖言依解製節廣流章疏晚
入京輔採略未聞雖經懷抱無一新
術時未測其通照也住于寶刹寺中
潛其容藝後因法集願欲詮其名釆
次當竪義意存五陰便登坐而立衆
以其非倫皆寂無言論良久緘默願
俯視衆曰竪義已久如何不有問乎
衆曰竪何等義乃邀問耶願曰名相
久矣衆自不知諸德坐席口傳余則
色心俱立便安然處坐氣勇如雲自
述曰計未勞止此且脩人事耳時以
為矯異露潔也及難擊往還對答雲
雨皆先定其畨數後隨數盡言開塞
言於當時邪正由其通滯或重疑積
難由來不決者而能詮達其理釋然
新暢於即預是聰慧歸蹤者多遂移
就寶昌四序恒接草堂土埵以此敷
引正時攝論晚夜雜心或統解涅槃
或判銷四分無擇餘暇軌範後賢凡
所開言並乖舊解制疏出後更不重
看臨講呼喚皆衷規矩其洽聞不忘
世罕加焉至如舍利毗曇文旨重隱

讀者猶難況通其義願執卷披文泠
然洞盡乃造疏十卷文極該贍會文
帝造塔勅遣送舍利于潭州之麓山
寺初至州治度湘西岸將及山所忽
有奇鳥數万為羣五色相翻飛浮水
上行次向舡似相迎引及至舍利還
飛向前住還迎速衆莫不怪及登岸
上鳥便行望相從飛空同至塔所識
者以為山神眷屬之湏以象故也願以
瑞聞帝大嗟賞而教授為務六時礼
悔初儀不怠敬慎法律如聞奉用自
見法匠多略戒宗並由虧信而重所
學故也今願兼而美之獨覺澆世可
謂明人護戒於是乎得矣京邑擅名
初皆欽羨及見其談講經術並憲章
先達改正文議封言者衆不勝品藻
皆滯其恒習聽者不滿十人又以言
令卓絶非造心者所覬故不為晚進
所入及大業初歲辯相法師追入慧日
見徒一百並識知律皆委於願自此
如常開悟衆倍前聞更相擊贊令譽
弥遠四方因造日就義筵皆聞所未
聞欣至難義至於分暢深伏標舉經

門坐者不覺離席膝前皆美其義釆
之英拔也相仍一歲奄就無常春秋
六十有餘即大業五年五月也然願
有博見之長而寡於福業驗乎從學
乇盛便喪豈不然耶既而舍利毗曇
竟未披講疏又失落後代絶通又可
悲之深矣

釋智凝不詳姓族豫州人年小出家
積傳師習經目不忘並貫懷抱所誦
衆經數十万言湏臾便引誦未嘗温
故及進具後日聲情望羣宗遲指恐
無後成凝聞之歎曰俗尚朝聞不懷
夕死出世道要何累厚生遂往彭城
嵩公仰諮攝論幽神外動正義斯臨
心若舊聞再無重請初講財訖第二勝
相顧諸徒曰攝論經旨都可見矣餘
文無暇更聽便欲制疏往辞於嵩嵩
曰後生標領亦並驅邪恨功未後通
恐乖僻耳凝曰蒙法師開明大照舉
列可知失在支詐故無所慮便拜首
別焉時以為誇誕未之欣尚也及著
疏既了剖決詞宗依而講解聲望轉
盛後赴京輦居于辯才引衆常講亟

傳徽緒隋文法盛屢興殿會名達之
僧多彔勝集唯凝一人領徒弘法至
於世利曾不顧眄所以學侶成德實
異同倫後住禪定猶宗舊習大業年
中卒於住寺春秋四十有八初凝傳
法關東無心京講有明及法師者攝
論嘉名宗績相師凝當其緒年事衰
頽仍令學士延凝既達相見一無餘
述但問玄黎耶識滅不凝曰滅矣及
乃勇身起坐撫掌大慶不久而卒凝
因承及緒故學者不移其宗兼行絜
清嚴風霜不變六時自課福智無歇故
辯才一寺船事修營汲灌樹植平坦
僧院初無有闕長打將了便就元席
說法既竟還依福事章疏之務手不
執文隨時扣宷對至鍾鼓或一宿施
會賚及百千或一時外食襯兼金帛
皆曾無別念志存授法故所在傳嗣
矣有學士靈覺道卓並蜀土名僧依
承慧解擅迹京室晚還益部弘贊厥
宗故岷洛攝論由之而長矣
釋法彥姓張寓居洺州早歲出家志
隆大法而聰明振嚮冠遠儕倫雖三

藏並通偏以大論馳美遊涉法會莫
敢抗言故齊周及隋京國通懼皆畏
其神爽英拔也故得彥所造言賓主
兼善使夫妙義精致出言傳旨齊公
高頴訪道遐方知彥聲績乃迎至京
邑雖復智亮冒於當時而識素形于
聲色所以新故挾情有增陵勃者彥
奉而敬之不以年齒相顧由此識者
弥愛而珎重焉有法侃法師本住江
表被召入開彼方大德淵法師者正
法高深義學所推語侃曰天地雖廣
識達者希晚學之秀法彥一人可與
論理餘則云云從他取悟耳及侃至
京相見方知淵之遠鑒也開皇十六
年下勅以彥為大論衆主住真寂寺
鎮長引化仁壽造塔復召送舍利于
汝州四年又勅送于沂州善應寺掘
基深丈乃得金沙濤汰成純凡二外
許光耀奪目又感黄牛自至塔前屈
膝前足兩拜而止迴身又礼文帝比
景象一拜及入石函三万許人並見
天雲五色長十餘丈闊三四丈四遶
白雲狀如羅綺正當基上空中自午

及未方乃歇滅滅後復降五色雲從
四方來狀同前瑞又感玄鶴五頭從
西北來迴旋塔上乃經四度去復還
來復感白鶴於上徘徊久之乃逝又
感五色虵屈盤函外長可三尺頭向
舍利驚終不怖如此數度刺史鄭善
果表曰臣聞敬天育物則乾象著其
能順地養民則坤元表其德是以陶
唐砥躬弗懈伏氣呈祥夏后水土成
功玄珪告錫方知天時人事影響若
神伏惟　陛下秉圖揖讓受命君臨
區宇無塵聲教盡一含弘光大慈愍
無邊天佛垂鑒降茲禜瑞塔基六處
並得異砂炫燿相輝俱同金寶牛為
礼拜太古未經雲騰五色於今方見
又感虵形雜采盤旋塔基鶴飄玄素
徘徊空際雖軒皇景瑞空傳舊章漢
帝慶徵徒書簡冊自非德隆三寶道
冠百王豈能感斯美慶致招靈異帝
悅之著于別記彥傳業真寂道俗承
音左僕射高頴奉以戒法合門取信
於余頃並彥之開濟以大業三年卒
于所住春秋六十餘矣

釋法揔姓貶氏并州太原人也少以誦涅槃為業既通全部志在文言未遑聽涉十餘年中初不替廢後聽玄義便即傳講前後二紀領悟非一而寛厚遜仰為物歸投開皇中年勅出為涅槃衆主居于海覺聚結四方常數至理無捨炎燠仁壽歲初勅送舍利于隋州之智門寺掘基三尺獲神龜一枚色黃且綠狀如彩繡頭有八字云上大王八万七千年腹下有王興二字馳步往来都無所食及舍利所由令人治道於隋侯橋側柳樹又雨甘露狀如雨下香甜濃潤衆共飲之揔乃表聞帝敬謁靈祥恒以此龜置於御座與臣下觀之有經年月帝遊北苑放之清池雖沉泳少時還出遶池隨逐帝躬前後非一陪衛咸覩共欣徵感及四年春又勅送舍利于遼州下生寺放光分粒其相極多石函變為錦文及童子之象函之北面現於雙樹下有卧佛又於函南現金剛捉杵擬山之相又於函東現二佛俱立并一騏驎又於函西現一菩薩并

一神尼曲身合掌向於菩薩更有諸相略不述之又放大光聊乱而起動眩人目從冥達曉諸燈雖滅而光續照不異日月之明尒夕陰雨佛堂鴟吻放於黃光飛移東南三百餘步外人謂火走赴知非尋光所發乃從堂中舍利處出衆皆通見大發道心八日將下五色雲蓋覆于塔上又感奇鳥素身烏尾赤嘴口銜片雲狀如華蓋亦現塔上斯瑞之感五万餘人一時同見及壙下訖雲鳥皆滅四月九日基上放光分為五道直西而去色如乘畫數百里引之見者非一揔躬臨此瑞喜發内心具圖上聞勅封秘閣後因故業講誦不疲大業年中卒於海覺春秋七十矣門人行等玄會嗣續擅名見于别傳

釋僧曇姓張住洺州少小出家通諸經論慨佛法未興發憤求之以高齊之季結友西行前達葱山會諸梗澀路既不通乃旋京輦梵言音字並通詁訓開皇十年勅召翻譯事如别傳住大興善後勅送舍利於蒲州之栖

巖寺即古雲居寺也山日中朝西臨河涘世稱形勝莫尚於斯初送達州治而栖巖佛殿内有鐘皷之音響振一寺迫而就撿一無所見靈輿至寺是夜於浮圖上放大光明流照堂内通朗無翳如是前後頻放神光或似香爐乘空而上或飛紫焰如花如菓乍散乍聚或如佛象光趺宛具或如虹氣環遶塔帳累日連宵昰光難准又州治仁壽寺僧夜望栖巖光如樓闕照於山谷又去山寺八十里住者見光如火皆謂野火燒寺及来尋覓乃知靈相其祥瑞之感如此也至仁壽末年又勅於殺州智度寺置塔初至州治見佛像垂手正坐在于瓶内迄至入函常不變異又地生羅文屋上見青蓮華及菩薩像大衆同覩又見龍盤虵屈之象并大人足跡及牛馬鳥豺等迹又置塔處有小虵二枚停住不去因即構基入地四尺飛泉上涌癘疾已下六根壞人服者通損既值斯緣乃移北置以避於泉故二虵之住深有由矣曇以傳譯之美繼

業終寺即大業初年矣時有慧重沙門姓郭雍州人練道少年綜尋内外志力方梗不憚威侮攝論十地户牖由開勅請造塔於泰州岱岳寺初停公舘舍利金瓶自然開現放光流外道俗咸覩送至寺塔將入石函又放光明晃耀人目岳表白氣三道下流直向塔基良久乃歇又岳神廟户由来封閉舍利止至三度自開識者以神来敬礼故耳後不委其終

釋靈璨懷州人遠公之門人也稟志淳直寛柔著稱遊學相鄴研藴正理深明十地涅槃偹經講授隨遠入關十數之一也住大興善後為遠公去世衆侶無依開皇十七年下勅補為衆主於淨影寺傳揚故業積經年稔仁壽興塔降勅令送舍利于懷州之長壽寺初建塔將下感一雄雉集慈上載飛載止曾無驚懼與受三歸便近人馴擾似如聽受迴頭鼓儛欣躍自娱覆勘其形實非雉也身具五采羽毛希世以狀奏聞勅勘瑞圖云彩鸞也璨令寺僧執之放于北山飛鳥

羣迎鳴唳而去又感異迹三十餘步直来塔所不見還跡及四月八日將入石函又放光明旋環隱没道俗崩踊無不發心仁壽末年又勅送於澤州古賢谷景淨寺起塔即遠公之生地也初至州治半月之間十八種相前後迭起或如星光遶旋或如丹氣碧雲紫霞白霧羅布上空照燭城郭及映闤闠數万道俗同時一見送至基所光如列宿大小交錯數亦無量更有諸相具如别傳璨後住大禪定如舊所傳武德之初卒於本寺春秋七十矣

釋法瓚齊州人也安心寂定樂居巖穴頭陁苦行是所經懐隱於泰岳之阜開蒙訓接善知方便兼以達解諦義時揚清論致有覆喪坐无輟講待移之誚興世瓚初聞之深自赧怍曰問非切並不欲因人謂言彼解何言致斃因遂杜口不事言論閑謌尋閑披翫而已開皇十四年文帝省方招訪名徳人有述其清曠者乃下勅延之與帝同歸達于京邑住勝光寺肅

肅禪侶擁篤門庭以身範世復見斯日仁壽置塔勅令送舍利于齊州泰山神通寺即南燕主慕容德為僧朗禪師之所立也事見前傳燕主以三縣民調用給於朗並散營寺上下諸院十有餘所長廊延袤千有餘間三度廢教人無敢撤欲有犯者朗輙現形以錫杖擣之病困垂死求悔先過還差如初井深五尺由来不減女人臨之即為枯竭燒香懺求還復如故寺立已来四百餘載佛象鮮榮色如新造衆禽不踐于今儼然古号為朗公寺以其感靈即目故天下崇焉開皇三年文帝以通徵屢感改曰神通也初至寺内即放圓光乍赤乍白時沉時舉或如流星人衆同見泉涌溢酌而用之下後還復又感群鹿自然至塔雖鼓吹衆鬧馴附無恐又感鵝一雙從四月三日終于八日恒来與前立聽梵賛恰至埋訖迹絶不来斯之感致罕聞於古瓚具以聞後導以禪定時揚法化言無嚴切而密附懐抱遂終没於所住

釋寶儒幽州人也童子出家遊博諸
講居無常唯道是務後至鄴下依
止遠公十地微言頗知綱領值周喪
法寶南歸有陳逢命清通亟振名
譽自隋氏戡定文軌大同便歸洛汭
還師於遠聽大涅槃首尾三載通鏡
其旨即蒙覆述遠自處坐印可其言
慕義相從還居淨影慧心更舉遐討
前英立破之間深鑒弥審仁壽建塔
鄧州乃勑令往寺名大興國也帝昔
龍潛所基既至求石訪無美者乃取
寺內搩石劈斲為函石本麁惡磨飾
將了乃變成馬瑙細膩異倫復有餘
字三枚云正國得也形設正直巧類
神工名筆之人未可加點又見種種
林木麒麟鳳等像儒與官人圖以表奏
返寺之後閇門修業時因食次方見
其面不久卒於本寺

釋慧最瀛州人也初聽涅槃遊學鄴
下因聞即講曾未經遍而言議論綜
綽介舒閑故為同席諸賢之所歎仰
周滅齊日南奔江表復習慧門頗通
餘論且自北僧在陳多乖時俗惟寂

機權內動不墜風流多為南方周旋
賒漆隋室定天中原安泰便觀化鞏
掖条聽異聞後住光明時傳雅導而
好居靜退非賢不友神志宏標氣調
高遠不妄受辱必清瑕累其立志也
如此仁壽年中勑遣送舍利于荊州
大興國寺龍潛道場昔者隋高作相
因過此寺遇一沙門深相結納當時
器重不測其言及龍飛之後追憶舊
言下詔徵之其身已逝勑乃營其住
寺彫其舊房故有興國龍潛之美号
也並出自綸言帝之別意又道場前
面步廊自崩僧欲治護控引未就及
舍利既至將安塔基巡行顯敞惟斯
壞處商度廣狹恰束塔形有識者云
豫毀其廊用待安塔及四月八日舍
利院內忽然霧起齋後便歇日光朗
照有雲如蓋正處塔空仍下細雨不
濕餘處又感烏鸛衆鳥塔上飛旋又
見雲間紫色狀如花炬又雨天花如
雪紛紛而下竟不至地後又送舍利
於吉州發蒙寺掘深八尺獲豫章板
一條古塼六枚銀瓶二口得舍利一

枚浮水順轉又得一寶體含九釆人
不識之具以聞奏寺有瑞像宋大明
五年寺僧法均夢見金容希世梵音
清遠因行達于三曲江見像深潭光
浮水上與太守周湛等接出計有千
斤而輕同數兩身長六尺四寸金銅
所成後長沙郡送光趺達都文帝勑
遣還安像所宛然符合揔高九尺餘
佛衣緣下有梵書十餘字人初不識
後有西僧讀云此迦維羅衛國育王
第四女所造也忽尒失去乃在此耶
梁天監末屢放光明照于一室武帝
將請入京因事遂止大同七年佛身
流汗其年劉敬宣為賊燒郡及寺並
盡惟佛堂不及至于十年像又通汗
湘東王乃迎至江陵祈福放光十二
年還返發像至寺放光三日乃止陳
天嘉六年更加莊飾故世傳其靈異
屢屢摸寫寂躬事頂礼圖于光明而
骨氣雄幹誠為調御之相今時所軌
略故也後卒于住寺

釋僧朗恒州人少而出俗希崇正化
附從聽衆尋繹大論及以雜心談唱

相接歸學同市入關住空觀寺復揚講席隨方利安而仁恕在懷言笑溫雅有在其席無悶神心宏博見知衆所推尚時有異聞素非所覧者便合掌荅云僧朗學所未通解惟至此故英聲大德咸美其識分不敢蔑其高行也仁壽置塔下勑令送舍利於番州今所謂廣州靈鷲山果實寺寳塔是也初至州治廵行處所至果實寺便可安之寺西對水枕山蓁榛之下掘深六尺獲石函三枚二函之內各有銅函感二銀像并二銀仙其一函內有金銀瓶大小相感中無舍利銘云宋元徽元年建塔又寺中舊碑云宋永初元年天竺沙門僧律嘗行此處聞鍾磬聲天花滿山因建伽藍其後有梵僧來鄉跋摩來居此寺曰此山將來必逢菩薩聖主大弘寳塔遂同銘之今朗覩度山勢惟此堪置暗合昔言諒非徒作事了還京住禪定寺講習為務大業末年終於所住春秋七十有餘矣

釋慧暢姓許氏萊州人也偏學雜心

志存名實拘滯壃界局約文義初不信大乘以言无宗當事同虛誕也後聞遠公播迹洛陽學聲遐討門人山峙時号通明暢乃疑焉試往尋造觀其神略乃見談述高邃冒罔天地返顧小道狀等遊塵便折挫形神伏聽三載達解涅槃慨其晚悟又至京邑仍住淨影陶思前經師任成業仁壽置塔勑送舍利於牟州拒神山寺帝為山出黃銀別勑以塔鎮之用酬恩惠山在州東五里昔始皇取石為橋此山拒而不去因遂名焉山南四里有黃銀穴塔基之處名溫公埳傳云昔高齊初有沙門僧溫行年七十道行難測遊化為任曾受梁高供養一十二年後辞北還行住此埳創立寺宇因山為号而虎狼鳥狩遶寺鳴吼似若怖溫溫出户語曰汝是畜生十惡所感吾是人道十善所招罪福天懸何勞于我汝宜速去既聞斯及於是鳥狩永絶此山而溫身長七尺威儀怯人眉長尺餘垂蔽其面欲有所覩以手褰之故至于今雖有寺号而俗

猶呼為溫公埳焉暢安處事了還返京寺綜習前業終世不出言問慶吊亦所不行預知其亡清浴其體端坐待卒至期奄逝春秋七十有餘矣

續高僧傳卷第十

續高僧傳卷第十

校勘記

一　底本，金藏廣勝寺本。

一　六四八頁中一行經名，徑作「續高僧傳卷第十二」。卷末經名同。

一　六四八頁中三行「十七」，徑、清作「十七人」。又末字「五」，徑、清作「五人」。

一　六四八頁中五行首字「隋」，徑、清無，下至二〇行首字同。又小字「明則」，資、磧、普、南、徑、清作「弟子明則」。

一　六四八頁中六行「智閏」，徑、清作「智潤」。

一　六四八頁中八行「聶山」，資、磧、普、南、徑、清作「攝山」。

一　六四八頁下五行「末學」，南作「未學」。

一　六四八頁下九行「相岠」，資、磧、普、南、徑、清作「相拒」；麗作「相距」。

一　六四八頁下一三行「地論」，資、磧、普、南、徑、清作「十地論」。

一　六四八頁下一八行首字「問」，資、磧、普、南、徑、清作「門」。

一　六四九頁上一六行「踈暢」，資、磧、普、南、徑、清作「流暢」。

一　六四九頁上一七行「相近」，資、磧、普、南、徑、清作「相延」。

一　六四九頁中二行「剖會」，資、磧、普、南、徑、清作「部會」。

一　六四九頁中七行首二字「餘方」，清、麗作「徐方」。

一　六四九頁中一八行「徐邦」，麗作「徐部」。

一　六四九頁中一九行第五字「推」，資、磧、普、南、徑、清作「擁」。

一　六四九頁中二一行第六字「有」，資、磧、普、南、徑、清無。又第九字「召」，麗無。又第一一字「詒」，諸本作「辭」。

一　六四九頁下五行「垗跡」，磧、普、南、徑、清作「軌跡」。

一　六四九頁下八行「墜倫」，磧、普、南、徑、清作「墜淪」。又「他性」，資、磧、普、麗作「地性」。

一　六四九頁下一九行「靖玄」，資、磧、普、南、徑、清作「靜玄」。

一　六四九頁下二二行末字「沈」，麗作「沉」。

一　六五〇頁上一行「伽梨」，資、磧、普、南、徑、清作「伽藍」。

一　六五〇頁上五行「澆侈」，資、磧、普、南、徑、清作「澆移」。

一　六五〇頁上一二行「縱達」，資、磧、普、南、徑、清作「縱遠」。

一　六五〇頁上一三行第一一字「粲」，麗作「璨」。

一　六五〇頁中七行首字「未」，諸本作「末」。

一　六五〇頁中一〇行第三字「閏」，磧、普、南、徑、清作「潤」；中一三行第五字及本頁下一行末字，南、徑、清同。

一　六五〇頁中二二行「江渼」，資、磧、

普、南、徑、清作「江漢」。
一六五〇頁下一一行「儒墨」，磧、普、南、徑、清作「儒釋」。
一六五〇頁下一三行「一家」，資、磧、普、南、徑、清作「一宗」。
一六五〇頁下一四行第四字「悱」，資、磧、普、南、徑、麗作「斐」；清作「裴」。
一六五〇頁下末行第一一字「外」，麗作「外母」。
一六五一頁上七行「邳國公蘇威」，資、磧、普、南、徑、清作「邳公威」。
一六五一頁上八行「十三」，資、磧、普、南、徑、清作「十二」。
一六五一頁上一〇行「雅道期人」，資、磧、普、南、徑、清作「服道斯人」；麗作「雅道斯人」。
一六五一頁上一二行「及部」，資作「及部符」；磧、普、南、徑、清作「及剖符」。
一六五一頁上二一行「心願」，資、磧、普、徑作「必願」。

一六五一頁中一行「聚惟」，資、磧、普、南、徑、清作「惟聚」。
一六五一頁中二行「度外」，資、磧、普、南、徑、清作「塵外」。
一六五一頁中三行「接淅」，資、磧、普、南、徑、清作「接淅」。
一六五一頁中一六行「虛至」，資、磧、普、南、徑、清作「虛空」；麗作「虛室」。
一六五一頁中二一行第七字「敢」，資、磧、普、南、徑、清作「感」。
一六五一頁下五行第五字「帷」，資、磧、普作「惟」。
一六五一頁下六行「朋帝渚」，資、磧、普、南、徑、清作「明帝渚宮」。又「王圻」，磧、普作「王行」。
一六五一頁下一六行首字「學」，資、磧、普、南、徑、清作「覺」。
一六五一頁下一八行「鳥迴」，資、磧、普、南、徑、清作「馬迴」又「寺住」，諸本作「寺任」。
一六五一頁下二二行「延居」，麗作「近居」。

一六五二頁上一六行第三字「問」，資、磧、普、南、徑、清作「聞」。
一六五二頁中三行第三字「贍」，磧、普、南、徑、清、麗作「瞻」。
一六五二頁中八行「稱首」，資、磧、普、南、徑、清作「稱道」。
一六五二頁中九行「閏州」，磧、普、南、徑、清作「潤州」。
一六五二頁中一九行「閑𡧃」，諸本作「閑寂」。
一六五二頁中二〇行第一三字「迫」，徑作「迥」。
一六五二頁中二二行「無倦」，徑作「無法」。
一六五二頁中末行「道門之傑」，徑作「道明英傑」。
一六五二頁下八行「抄秋」，清作「杪秋」。
一六五二頁下一二行「洒泣」，資、磧、普、南、徑、清作「涕泣」。
一六五二頁下一三行「山盈」，資、磧、

普、南、徑、清作「盈山」。

一　六五二頁下一四行「介生」，資、磧、普、南、徑、清作「介士」。

一　六五二頁下二〇行末字「屬」，磧、普、南、徑、清作「矚」。

一　六五三頁上一行第一二字「課」，磧、普、南、徑、清作「課以」。

一　六五三頁上二行「鑽注」，徑作「纘注」。

一　六五三頁上五行第一一字「詮」，諸本作「矜」。

一　六五三頁上一五行首字「言」，諸本作「任」。

一　六五三頁中六行「似相」，資、磧、普、南、徑、清作「似如」。

一　六五三頁下九行第六字「目」，磧、南作「自」。

一　六五三頁下一一行「情望」，資、磧、普、南、徑、清作「請望」。

一　六五三頁下一五行「初講」，資、磧、普、南、徑、清作「初筵」。

一　六五三頁下一八行第一二字「未」，資、普、南、徑、清作「末」。

一　六五三頁下二〇行首字「列」，資、磧、普、南、徑、清作「例」。又第七字「詐」，資、磧、普、南、徑、清作「許」。

一　六五四頁上九行首字「述」，南、徑、清作「迷」。

一　六五四頁上一七行第一一字「腼」，諸本作「覥」。

一　六五四頁上一九行「學士」，徑、清作「道士」。

一　六五四頁上二一行第四字「洛」，資、磧、普、南、徑、清作「絡」。

一　六五四頁上二二行「洺州」，資、南、徑、清作「洛州」。

一　六五四頁上末行第一〇字「遠」，資、磧、普、南、徑、清作「達」。

一　六五四頁下九行「砥躬」，磧、普、南、徑、清作「祇躬」。又「伏氣」，徑、清、麗作「休氣」。

一　六五四頁下一三行「塔基」，資、磧、普、南、徑、清作「掘基」。

一　六五五頁上五行「中年」，資、磧、普、南、徑、清作「年中」。

一　六五五頁上一六行「沇泳」，資、磧、普、南、徑、清作「沉泳」。

一　六五五頁上一七行第二字「隨」，資、磧、普、南、徑、清作「循」。

一　六五五頁中二行「聊乱」，徑、清作「撩亂」。

一　六五五頁中一一行第五字「墳」，資、磧、普、南、徑、清作「填」。

一　六五五頁中一八行「姓張」，資、磧、普、徑、清作「姓張氏」。又「洺州」，徑、清作「洛州」。

一　六五五頁下九行「昱光」，資、磧、普、徑、清作「昱耀」。

一　六五五頁下一六行「羅文」，資、磧、普、南、徑、清作「羅紋」。

一　六五五頁下二一行「癘疾」，磧、南、清作「癘疫」。

一　六五五頁下二二行第一二字「泉」，南作「衆」。

一　六五六頁上四行「泰州」，資、磧、

普、南、徑、清作「泰州」。

一　六五六頁上九行「止至」，資、磧、普、南、徑、清作「至止」。

一　六五六頁上一一行「稟志」，南、徑、清作「稟性」。

一　六五六頁上二〇行「馴擾」，資、磧、普、南、徑、清作「馴遶」。

一　六五六頁中一五行第八字「纏」，磧、普、南、徑、清作「經」。

一　六五六頁中一七行第一二字「元」，諸本作「無」。

一　六五六頁中一九行第七字「因」，磧、普、南、徑、清、麗作「困」。

一　六五六頁下五行第三字「調」，資作「瞯」。

一　六五六頁下一一行「鮮榮」，麗作「鮮瑩」。

一　六五六頁下末行第四字「沒」，資、磧、普、南、徑、清無。

一　六五七頁上四行「有陳」，麗作「在陳」。

一　六五七頁上八行末字「討」，資、磧、普、南、徑、清作「計」。

一　六五七頁上一〇行第六字「往」，資、磧、普、南、徑、清作「住」。

一　六五七頁上一二行「撲石」，諸本作「璞石」。

一　六五七頁上二〇行第一三字「論」，諸本作「綸」。

一　六五七頁下一〇行第三字「西」，磧、清作「西方」。

一　六五七頁下一一行「所造」，資、磧、普、南、徑、清作「之所造」。

一　六五七頁下一七行第五字「像」，麗作「蒙」。

一　六五八頁上九行第六字「治」，資、磧、普、南、徑、清作「始」。

一　六五八頁中二〇行「干我」，麗作「于我」。

一　六五八頁中二二行「怯人」，磧、普、南、徑、清作「懍人」。

續高僧傳卷第十一　達

大唐西明寺沙門釋道宣撰

義解篇七　正紀十二　附見五

釋志念俗緣陳氏冀州信都人其先潁川寔蕃之後亂也因官而居河朔焉念氷清表志岳峙澄神俊朗絕倫覲方在髫受至受具問道鄴都有道長法師精通智論為學者之宗乃荷箱從聽經于數載便與當席擅名所謂誕礼休継等一期俊列連衡齊徳

意謂解非滿抱終于盖棺乃遊諸講肆備探冲奧務盡幽蹟又詣道寵法師學十地論聽始知終聞同先覺於即道王河北流聞西秦有高昌國慧嵩法師統解小乘世号毗曇孔子學徒天下衆侶塵隨沙門道猷智洪晃覺散魏等並稱席中杞梓慧莞琳琅念顧眄從之成名猷上皆博通玄極堪為物依乃旋踵本鄉將弘法澤時刺史任城王彥帝之介弟情附虛宗既屬念還為張法會與僧瓚法師對揚道化盛啓本情雙演二論前開智度後發雜心咀對剋鋒無非喪膽時州都沙門法継者兩河俊士燕魏高僧居坐謂念曰觀弟幼年慧悟超邁若斯必大教由興名垂不朽也於即頻弘二論一十餘年學觀霞開談林霧結齊運移曆周毀釋經遂乃逃迸海隅同塵素服重尋小論亟動天機疑處廓銷竝聆明運值隋國創興佛日還復勅訪之始即預出家而包韞迦延未遑敷述至開皇四年謂弟沙門志湛曰吾窮冠小乘自揣與羅漢

齊鑣也但時未至故且觳翮耳湛夙飡法味欣其告及以事達明彥法師彥成實元緒素重念名與門人洪該等三百餘人躬事邀延闡開心論遂騁垂天之翼弘盖世之功俯仰應機披圖廣論名味之聚緣重之識卷舒會古之下立廢終窮之前大義千有餘條並為軌導至如迦延本經傳譯来久業捷度中脫落四希諸師講解曾無異尋念推測上下懸續其文理會詞聯皆符前作初未之悟也後江左傳本取勘遺蹤校念所作片無增減時為不測之人焉撰迦延雜心論疏及廣鈔各九卷盛行於世受學者數百人如汲郡洪該趙郡法懿漳濱懷正襄國道深魏郡慧休河間圓粲俊儀善住汝南慧凝高城道照洛壽明儒海岱圓常上谷慧藏並蘭菊齊芳踵武傳業開河濟洽二十餘年隋漢王諒作鎮晉陽班條衛冀搜選名德預有弘宣念與門學四百餘人奉札西并將承王供諒乃於宮城之內更築子城安置靈塔別造精舍名為內

城寺引念居之開義寺是也勞問殷至特加尤礼又令上開府諮議參軍王顒宣教云寡人倫是帝子民父莅政此蕃召請法師等遠来降趾道不虛運必藉人弘正欲闡揚佛教使慧日清朗地庶蒙賴法之力也宜銓舉業長者可於大興國寺宣揚正法當即大衆還推念焉既預經綸即弘敷訓先舉大論末演小乘辯注若飛流聲暢如天鼓三乘並騖四部塡堙其知名者則慧達法景法楞十力圓經法達智起僧鸞僧藏靜觀寶超神素道傺等五百餘人並九土揚名五乘馳德精窮內外御化一方銷鄙悋於筵中斷封疑於理際仁壽二年獻后背世有詔追王入輔王乃集僧曰令須法師一人神解高第者可共寡人入朝擬抗論京華傳風道俗衆皆相顧未之有對王曰如令所觀念法師堪臨此選遂與同行既達京師禪林創講王自為檀越經營法祀念登座震吼四答氷消清論徐轉群疑潛遣由是門人慕義千計盈堂遂使義窟

經笥九衢同軌百有餘日感啓未聞王又與念同還并部晉陽學衆詣想来儀王又出教令於寶基寺開授方面千里法座輟音執卷承旨相趍階位會隋高晏駕中外相疑漢王列境舉兵鯨鯢海陸念秉畳還里與沙門明空等講宣二論紹業滄溟望風捴集大業之始載蕩妖氛招引義學充諸慧日屢詔徃徵頻辝不赴以大業四年卒於滄土時年七十有四勅海太守金紫光祿大夫歷陽公宋元亮及諸緇素若喪厥親為之建塔並州福成寺道基法師慧解通徹祖習有所乃為之行狀援引今古文質存焉

釋智矩姓吳氏吳郡人性矜莊善機會美容貌雅為衆表又善草隸偏愛文章每值名賓輙屬興綴采鋪詞横錦勇思霏霜而儀軌憲司末洽流俗初聽興皇朗公講討窮深致學冠時雄而神氣高標在物峯出威儀庠序容止端隆雖寢處虛閑立操無改有人私覘兩月徒行空野攝衣無見抄及放其謹慎故重叙之講四論大品

洞開幽府鏡識宗歸披釋金陵望風頓怯吐納機辯適對當時弘匠淅東砥礪前學致使禹穴西鶩成器極繁末於故都建初寺又講三論常聽百人蔣州刺史武山公郭演隋之良宰創莅南蕃奉敬諮謁降情歸禁隋煬徃鎮揚越採扶英靈矩既譽洽東甌名流西楚徵居慧日屢以異倫而執志出羣言成世則欲使道張帝里學潤秦川開皇十九年更移關壤勅住京都之日嚴寺供由晉國教問隆繁置以華房朋以明德一期雋傑並是四海搜揚矩特立清秀不偶群侶覃思幽尋無微不討外辯以疾內寔旁通業競六時研精九部纔有昏昧覽興賦詩時暫閑餘便觀流略製衷中論跡止解倡文青目所銷鄙而輕削每講談叙清權宗致雅涉曇影之風義窟文鋒頗懷洪偃之量時有同師沙門吉藏者學本興皇威名相架文藻横逸矩實過之所以每講叙王皆制新序詞各不同京華德望飡附味道者殷矣而性罕外狎課力逞詞自非衆

集未曾聽覩以大業二年正月卒于寺房春秋七十有二葬京郊之南門人慧感慧蹟親承嘉誨詢處有歸後於江之左右所在通化各領門侶衆出百人傳嗣宗勳不爽遺緒

釋慧海姓張氏河東虞鄉人久積聞熏早成慧力年在童亂德類老成所以涉獵儒門歷覽玄肆雖未窮其章句略以得其指歸乃曰可以栖心養志者其惟佛法乎年至十四遂落髮染衣為沙門大聡玄統曇延法師弟子也流心宗匠觀化羣師十八便講涅槃至於五行十德二淨三點文旨洞曉詞采豐贍既受具戒轉猷弘煩屏迹山林專崇禪業居于弘農之伏讀山會周武肆勃仁祠廢毀乃竄身避難奔齊入陳戒品無虧法衣不捨又採聽攝論研窮至趣大隋御宇方踐京邑帝姊城安長公主有知人之鑒欽其德望為立伽藍遂受以居之今之靜法寺是也課業四部三學兼弘門徒濟濟于今傳美末受重定行不好講說緘默自修唯道是務而無

恃聲望不言加飾直心道場於斯人矣仁壽已前文帝頒璽書分布舍利每感異祥恒有延譽之美故感應傳云初海造塔于定州恒岳寺塔基之左有塋名曰龍淵其水不流深湛懸岸及將安置即揚濤沸涌激注通于川陸父老傳云此水流竭不定但有善事相投必即泄流奔注其徵感如此類也後又送舍利于熊州十善寺有人聾躄及瘖疾者積數十年聞舍利初到舉來礼懺心既努至忽便老損輕健而歸久值亢旱飛塵天塞又感甘澤地如油塗日朗空清來蘊數万大業二年五月二十七日卒于本寺春秋五十有七初病極命諸徒曰吾聞上棟下宇生民之偓齪外擲內棺世界之縈羈既累形骸於桎梏亦礙生世於大患豈揖礼義於顯塵卜宅葬於煩飾者也宜宗薄葬用嗣先塵貽諸有類矣弟子欽崇德範収骨而建塔于終南之峯即至相之前嶺也刻石立銘樹于塔所自海之立寺情務護持勤攝僧倫延迎賓客

凶年拯及振名京邑云尔

釋辯義姓馬氏貝州清河人也少出家沉靜寡世事志懷恢厚善與人交久而萬敬言无勃怒滔然遠量初歸獻論師學雜心貫通文義年始登冠便就講說擾法傳道疑難縱橫隨問分排曾無遺緒有沙門曇散者解超遂古名重當時聞義開論即來讎擬往返十番更無後嗣義曰理勢未窮何不盡論散曰余之難人問不過十卿今答勢不盡知復何陳當即驚譽兩河甫為稱首屬齊曆云季周喪道津乃南逵建業傳弘小論屢移聲價更隆中土隋煬搜選名德令住日嚴以義學功顯著遂之開輔諮義決疑日不虛席京師俊德曇恭道撫及蹟淨等皆執文諮議窮其深隱並未盡其懷也後以世會明時寺多高達一處五講常條法輪義皆周歷觀詳折中弘理而晦景消聲不各前失必應機墜緒者並從容辭讓無何而退不欲顯黜於前故英雄敬其卑牧傳芳又甚於昔仁壽二年隋漢王諒遠迎

志念法師来華京室王欲銜其智術
也乃於禪林寺創建法集致使三輔
高搯咸廢講而同師焉義廁其莚肆
聆其雅致乃以情之所滯封而問之
前後三日皆杜詞莫對念處座命曰
向所問者乃同疑焉請在下座返詢
其志義潜隱容德世罕共宗及見慧
發不思合京竦神傳聽其為顯晦皆
此類也煬帝昔位春宮獻后云背召
日嚴大德四十餘人皆四海宗師一
時翹楚及義對揚玄理允塞天心沙
門道岳命宗俱舍既無師受投解莫
從凡有疑議皆賷而取决岳每歎曰
余之廣揚對法非義執振其經哉故
洽聞之美見稱英達時有沙門智矩
吉藏慧乘等三十餘人並煬帝所欽
日嚴同止請義開演雜心顧惟不競
即就元席既對前達不事附文提舉
經綱摽會幽體談述玄極不覺時延
其為時賢所重如此以大業二年遘
疾卒于住寺春秋六十有六葬京郊
之南東宮舍人鄭頲為之碑頌初義
仁壽二年奉勑送舍利於本州寶融

寺既達州治忽放光明寺僧智耀先
有舍利九分將入道塲數之加得十
二分又放光明隨人緣念色相不同
青紅紫白同時異見或佛像僧形重
沓而出前後放光日流數度將入塔
夕復於基上氣發黃紫去地四尺填
平後夜又放大光上屬星漢下遍城
邑合境頂戴欣其嘉瑞四年春末又
奉勑於廬州獨山梁靜寺起塔初與
官人案行置地行至此山忽有大鹿
從山走下来迎於義騰踊往還都无
所畏處既高敞而恨水少僧衆汲難
本有一泉乃是僧粲禪師燒香求水
因即奔注至粲亡後泉涸積年及將
擬置一夜之間枯泉還涌道俗欣慶
乃至打刹起基數放大光如火如電
旋遶道塲遍照城郭官民同見共嗟
希有

釋明舜姓張青州人少在佛宗學周
經籍偏以智論著名次第誦文六十
餘卷明統大旨馳譽海濱解惠達環
世稱雄傑值法滅南投届于建業栖
止無定周流講席後過江北住安樂

寺時弘論府肆意經王大小諸乘並
因准的盛為時俊所採時沙門慧乘
辯抗淮陽義歸有叙從舜指摘大論
定其宗領遂尒弘道累稔栖意未終
夕經入夢昊見冥官徵責福業舜荅
講智度論并誦本文六十餘卷冥官
云講解浮虛誦經是實餘齡未盡且
放令還既寤便止談論專私自業末
為晉王召入京輦住日嚴寺傳燈事
絕終宴其心時叙玄義頻傾品藻仁
壽四年下勑造塔令送舍利于鄭州
福田寺寺是州北三里皷吹山上每
天雨晦冥便增皷角之響因以名焉
竹林蒙密層巘重疊唯有一路繞可
通車寺處深林極為閑坦是南齊高
帝所立也三院相接最頂別院名曰
禪居趙州沙門法進之所立也下瞻
雲霧至於平旦日晚望見横雲之上
乃有仙寺每日如此實為希有之勝
地也舜案行山勢唯此為佳乃於次
院之内安置靈塔掘基三尺得一小
虵可長尺餘五色僃飾乃祝曰若為
善相可止香奩依言即入遣去復来

經停三日便失所在又深一丈獲方
續高僧傳卷第十一　第十三張　違
石一段縱廣徑丈五彩如錦楞側曳
然如人所造即以石函置上而架塔
焉以大業二年卒于京寺春秋六十
矣門人慧相者惠聲有據崇嗣厥業
扇美江都
釋智梵姓封氏渤海條人後因祖父
剖符遂居涿郡之良鄉焉岐嶷彰美
早悟歸信年十二屆河間郡值靈簡
禪師求而剃落遂遊學鄴都師承大
論十地等文並甞味留旨溫習真性
俊響退逸同侶歸宗二十有三躬當
師導後策錫崤函通化京壤綿歷二
紀利益弘多結衆法筵星羅帝里開
皇十六年天水狀風二方勝壤聞梵
道務競申奏請有勅許焉梵任吹噓
舟態翼天水大行道化信靡如風仁
壽末年重還魏闕法輪重轉學侶雲
隨開帙剖文皆傳義旨其年季春奉
勅置塔於鄆州寶香寺仍於塔東流
水獲毛龜八枚寺內基東池內又獲
八枚皆大小相似與世無異但毛色
青綠可長三寸背上横行五節而起

光相起異出水便靡但見綠甲入水
續高僧傳卷第十一　第十四張　違
毛起歷然上疎具以奏聞由是騰實
楚都知名帝闕大業五年又應詔旨
令住禪定靜緣攝想无替暄寒九年
二月四日卒于寺房春秋七十有五
遺屬施身門徒遵旨乃送終南山鳩
集餘骸緘于塔內外施銘文于今傳
尚矣
釋彭淵姓趙氏京兆武功人也家世
榮茂冠蓋相承猒此浮假希聞貞素
十三出家道務宏舉定慧攸遠屬周
武凌法而戒足無毀慨佛日潛淪擬
抉目餘烈乃剜眼奉養用表慧燈之
光華也然幽情感通遂果心願暨隋
文重開正法即預緇衣而慧業遐舉
聞持莫類自華嚴地持涅槃十地皆
一聞無墜歷耳便講既釋衆疑時皆
歎伏行必直視動靜咸安住則安禪
緣諸止觀一盋之與百納始習至終
常坐之與山居報傾便止譏疑有涉
穀足不行尼寺市闠由來不往斯誠
節動後昆屬清末法兼以是非長短
罕附胷懷供給僧儔身先執物承靈

裕法師擅步東夏乃從而問焉居履
續高僧傳卷第十一　第十五張　違
法堂亟經晦朔身服麁素摧景末筵
目不尋文口無談義門人以為蒙類
也初未齒之裕居座數覩異其器宇
而未悉其恵解乃召入私室與論名
理而神氣運擊思緒鋒遊對荅如影
響身心如鐵石裕因大嗟賞以為吾
之徒也遂不許住堂同居宴寢論道
說義終日竟夜兩情相得頡寫幽深
淵謂理出不期更流神府博觀威集
全無可師還返裕所具陳性欲後整
操關壤屛迹終南置寺結徒分時程
業三輔令達歸者充焉今之至相寺
是也裕後勅召入朝繞有間隙徑投
淵寺欣暢意得傾陰屢改又以帝之
信施為移山路本居迮隘兼近川谷
將延法衆未日經遠裕卜西南坡阜
是稱福地非唯山衆相續亦使供擬
無虧淵即從焉今之寺墺是也自尒
迄今五十餘載凶年或及而寺供無
絕如裕所示斯亦預見之明也因疾
卒于至相之本房春秋六十有八即
大業七年四月八日也初淵奉持瓦

鉢一受至終行住隨身未曾他洗終
續高僧傳卷第十一　第十六張　達
前十日破為五段因執而歎曰鉢吾
命也命緣已謝五裂散矣因而遘疾
此則先現滅相後遂符焉及正捨壽
之時鍾聲無故嘶破三年之後更復
如本此皆德感幽顯呈斯徵應率如
此類也弟子法琳夙奉遺蹤崇微
緒於散骸之地為建佛舍利塔一所
用津靈德立銘表志云
釋道宗俗姓孫氏萊州即墨人少從
青州道藏寺道奘法師學通經論奘
明達識慧標舉河海名播南北立四
種黎耶闡熏解性佛果等義廣如
別傳宗受業智論十地地持成實毗
曇大小該博晚住州中遊德寺寺即
宗之所造房堂園圃悉是經論聲名
雄遠玄素攸仰及講大論天雨衆花
旋遶講堂飛流戶內既不委地久之
還去合衆驚嗟希有瑞也宗雖目對
初不恡之行講如初後不重述時共
伏其遠度晚住慧日英彥同聚該富
是推常講成實弘匠後學爲鄭欽敬
礼問優繁上清東夏又欽德素召入

西京住勝光寺復延入弘義宮通霄
續高僧傳卷第十一　第十七張　達
法集羣后百辟咸從伏聽披闡新異
振發時心自尒周輪隨講無替雖無
成濟而學者推焉以武德六年卒于
所住春秋六十一泰府下教贈物二
百段収葬于終南山至相寺之南巖
釋普曠俗姓樊氏扶風郿人也七歲
出家依止圓禪師而為沙弥居山飼
栢一十五載誦讀經教日夕相連及
進大戒便行頭陁乞食人間栖投林
冢二十餘載剛梗嚴毅卓犖不群言
議酬捷孤然天挺後遊聚落採拾遺
文因過講席聽其餘論素未開解聞
即憲章便攝心曲陳論高座發言新
奇卒難解釋皆歎其俊鋭莫肯前驅
每與周武對揚三寶析理開神有聲
朝典佛法正隆未勞聽解遂往禁山
頭陁自靜夜宿寒林人有索其首者
曠引刀將刎乞者止之又從索耳便
刵而惠之建德之年將壞二教關中
五衆騷擾不安曠聞之躬往帝庭廣
陳至理不納其言退而私業于斯時
也寺塔湮廢投命莫從遠造則力竭

難通近從則心輕易從遂因其俗位
續高僧傳卷第十一　第十八張　達　金言
消息其中武帝雖滅二教意存李術
便更置通道觀學士三百人並選佛
道兩宗奇才俊邁者充之曠理義精
通時共僉舉任居學正剖斷時秀為
諸生先不久廢觀聽士隨才賦任曠
力怯躬耕糇粒無委寄祿登庸復任
岐山從事奉遵舊約不黷情深衣故
氈裝倨傲臨官剃髮留鬚頭戴紗帽
纓其咽領用為常軌有事判約筆斷
如流務涉繁擁者便去我本 道人不
閑俗綱周國上下咸委其儀度也頎
曠通博任其處世隋氏將興善薩僧
立相如朝服不同剃剪貟置百二十
人並括前法牙角不涅塵俗者曠識
悟聞達當其一焉尋復廢之大法昌
顯並預出家同居興善果敢雄敏衆
所先之隋文以通道觀鍾賜玄都觀
黃巾一族同共移來將達前所曠率
其法屬徑往爭之立理既平便又刵
耳道士望風索然自散乃懸于國寺
聲震百里隋高晏駕禪定欝興乃召
居之大業末年又登經任大唐啓運

别奉詔書曇積芳猷日别相見武德三年三月卒於慈門寺春秋七十三遺告捨身山路不須塋壠弟子捃萃餘骨起塔於終南龍池之峯樹銘旌德于今存焉

釋保恭姓崔青州人也晉永嘉南遷止于建業父超道本州刺史十一投炅法師將欲試其神采乃以觀音誦之初夜一時須臾便度自謂聞之如經月須即度出家會炅亡没夢見兩䖝從師脚出入恭脚中忽尒驚覺自覺心志弘雅身相安恬便往開善徹法師所聽採成論義䟽極細狀如蠅頭一領八紙不遺一字衆齊五百莫不推先受具巳後隨惠曉禪師綜習定業深明觀行頻蒙印可又聽成實謂有餘悟反求所明翻成疑阻即以問諸講匠皆無通者逢高昌嵩公開揚地持十地因從受學不逾年稔大義皆明於前疑中又削其半乃行依地持偏講法花控引宗歸得其奥旨陳至德初攝山慧布北鄴初還欲開禪府苦相邀請建立清徒恭揖布慧

聲便之此任樹立經位引接禪宗故得栖霞一寺道風不墜至今稱之詠詞不絶恭又從布聽採三論善會玄言於前諸疑都並消釋及布之亡委以徒衆既承付屬率誘如初而德素尊嚴見者皆憚整理僧務切在護持仁壽末年獻后崩背帝造佛寺綜御須人僉委聲實以狀聞奏下勑徵入為禪定道場主經正僧綱清肅有聞迄于隋代常莅斯任隋齊王暕奉其道德礼以為師既受戒巳施衣五百領一無所受乃從餘散唐運初興歸心泉石遂避官於藍田悟真寺栖息林岫將事終焉而御衆攝持聲光帝里武德二年下勑召還依舊撿挍仍改禪定為大莊嚴及舉十德統攝僧尼京輦諸僧懾憚威嚴遂不登及高祖聞之曰恭禪師志行清澄可為經統朕獨舉之既位斯任諸無與對遂居大德之右專當剖斷平恕衷詣衆無怨焉以武德四年十二月十九日卒于大莊嚴寺春秋八十初恭弱年入道志力兼常不以利傾不以威動

敦肅嚴毅深有大猷曾經山行虎伏前道從邊直過情無顧及大業中年梟感起逆僧有競者言與同謀于時正在堂中登坐竪義兵衛奄至圍遶階庭合衆驚惶將散其席恭曰自省無事待論義訖當自辯之從容談叙都無異色斯例甚衆略陳一二由兹風問陳隋唐代三國天子之所隆焉葬于京郊之西南其碑唐秘書監蕭德言製文

釋法侃姓鄭氏榮陽人也弱年從道志力堅明體理方廣常流心府聞泰山靈巖行徒清肅瑞迹屢陳遠揚榮澤年未登冠遂往從焉會彼衆心自欣嘉運及進具後勵節弘規預在清訓務機登踐後周流講席博覧群宗隨聞戢㦸有倫前達有渕法師道播當時雄傑推栢妙通十地尤明地持侃又從焉聽其開釋皆周涉正理遵循章采屬齊歷不緒周湮法教南度江陰栖遅建業聽採新異鍪飾心神攝慮緣求擬諸漆木陳平之後北止江都安樂寺有曹毗者清信士也明

解攝論真諦親承侃乃三業歸從玄
義請決即開融勝相覆叙所聞䀢自
聽之恐有遺逸侃每於隱義發明鋪
示既允愜當䀢皆合掌稱善隋煬晉
蕃昔鎮揚越搜擧名器入住日嚴以
侃道洽江濱將欲英華京都乃召而
隆遣既達本寺厚供礼之盛業弘被
匠益惰學亟動物心仁壽二年文帝
栖心止觀時復開道唯識味德礼𢥠
感瑞廣召名僧用增像化勑侃往宣
州安置舍利既奉往至統叙國風陶
引道俗華化歸法者數亦夥矣初孟
春下詔之日宣州城內官倉之地夜
放光明紅赤洞發擧焰五丈廣一丈
許官人軍防千有餘人一時奔赴謂
是火起及至倉所乃是光相古老傳
云此倉本是永安舊寺也至于明日
永安寺擬置塔處又放光明如前
無異衆並不委其然也季春三月侃
到宣州權止公館案行置所通皆下
濕一州之上不過永安既預光待因
構塔焉又令掘倉光之處果得石函
恰同棺㨾不須繕造因藏舍利又降

甘露疑於樹枝香甘過世又感紫芝
一枚生於舍利堂辟九枚盤曲光色
殊異遂令以表聞奏又造塔梨州還
令侃往初至館停聞空中天樂繁會
聒耳道俗慶之又感異香𢘅來充鼻
掘地四尺獲一古瓦銘云千秋万歲
樂未央侃奉福弘業亟發徵祥抑是
冥通豈唯人事旋還京邑講授相尋
大唐受禪情存護法置十大德用清
朝寄時大集僧衆標名序位侃儀止
肅然挺超莫擬既德充僧望遂之斯
任恂恂善誘弘悟繁焉晚移興善講
導無替武德六年十一月卒於所住
春秋七十三矣殯於東郊馬頭穴內侃
學專攝論躡足親依披析幽旨渙然
標詣解義釋名見稱清澈諸赴聽者
伙其指况有道撫法師者後頴標首
京城所貴本住捴持宗師異解用通
攝論及臨侃席數扣重開束心展礼
飡承音訓遂捨其本習從歸真諦且
侃形相英偉庠序端隆折旋俯仰皆
符古聖所以隋朝盛德行業乃殊至
於容服可觀引命徵召必以侃為言

首其威儀之選為如此也及其少服
紫石老遂苦之醫診云須以腊肉用
厭藥勢侃曰終須一謝豈得噉他因
綴疾取終其翹誠重物又若於此侃初立名立人安品後值內惠日道場沙門智騫曰侃之為字人口為信又從川字言信的也因從之
釋吉藏俗姓安本安息人也祖世避
仇移居南海因遂家于交廣之間後
遷金陵而生藏焉年在孩童父引之
見於真諦仍乞詺之諦問其所懷可
為吉藏因遂名也歷世奉佛門無兩
事父後出家名為道諒精勤自拔苦
節少倫乞食聽法以為常業每日持
盋將還跣足入塔遍獻佛像然後分
施方始進之乃至涕湮便利皆先以
手承取施應食衆生然後遠棄其篤
謹之行初無中失諒恒將藏聽興皇
寺道朗法師講隨聞領解悟若天真
年至七歲投朗出家採涉玄猷日新幽
致凡所諮禀妙達指歸論難所標獨
高倫次詞吐贍逸弘裕多奇至年十
九處衆覆述精辯鋒遊酬接時彥緈
有餘美進譽揚邑有光學衆具戒之
後聲問轉高陳桂陽王欽其風采吐

納義旨欽味奉之隋定百越遂東遊
秦望止泊嘉祥如常敷引禹穴成市
問道千餘志存傳燈法輪相繼開皇
末歲煬帝晉蕃置四道場國司供給
釋李兩部各盡搜揚以藏名解著功
召入慧日礼事豐華優賞倫異王又
於京師置日嚴寺别教延藏往彼居
之欲使道振中原行高帝壤既初登
京輦道俗雲奔見其狀則傲岸出群
聽其言則鍾鼓雷動藏乃遊諸名肆
薄示言蹤皆掩口杜辞尠能其對然
京師欣尚妙重法華乃因其利即而
開剖時有曇獻禪師禪門鉦鼓樹業
光明道俗陳迹創首屈請敷演會宗
七衆聞風造者万計隘溢堂宇外流
四面乃露縵廣筵猶自繁擁豪族貴
遊皆傾其金貝清信道俗俱慕其芳
風藏法化不窮財施填積隨散建諸
福田用既有餘乃充十無盡藏委付
曇獻資於悲敬逮仁壽年中曲池大
像舉高百尺繕脩乃久身猶未成仍
就而居之誓當满立抽捨六物并託
四縁旬日之間施物連續即用莊嚴

峙然高映故藏之福力能動物心凡
有所營無非成就隋齊王暕夙奉音
猷一見欣至而未知其神府也乃屈
臨第并延論士京輦英彦相從前後
六十餘人並已陷折前鋒令名自著
者皆来揔集藏為論主命章陳曰以
有怯之心登無畏之座用木訥之口
釋解頤之談如此數百句王頣學士
傅德充曰曾未延鋒御寂止如向述
恐罕追斯蹤充曰動言成論驗之今
日王及僚友同歎稱美時沙門僧粲
自号三國論師雄辯河傾吐言折角
宼先徵問往還四十餘番藏對引飛
激注贍滔然無之間施體貌詞采鋪
發合席變情赧然而退於是芳譽更
舉頻爽由来王謂未得盡言更延兩
日探取義科重令竪對皆莫之抗也
王稽首礼謝永歸師傅并䞣吉祥麈
尾及諸衣物晚以大業初歲寫二千
部法花隋曆告終造二十五尊像捨
房安置自處卑室昏曉相仍竭誠礼
懺又别置普賢菩薩像帳設如前躬
對坐禪觀實相理鎮累年紀不替於

茲及大唐義舉初届京師武皇親召
釋宗謁于虔化門下衆以藏機悟有
聞乃推而叙對曰惟四民塗炭乘時
拯溺道俗慶頼仰澤穹旻武皇欣然
勞問勤勤不覺影移語久别勑優矜
更殊恒礼武德之初僧過繁結置十
大德綱維法務宛從初議居其一焉
實際定水欽仰道宗兩寺連請延而
住止遂通受雙願兩以居之齊王元
吉久揖風猷親承師範又屈住延興
異供交獻藏任物而赴不滯行藏年
氣漸衰屢增疾苦勑賜良藥中使
相尋自揣勢極難瘵懸露非久乃遺
表於帝曰藏年高病積德薄人微曲
蒙神散尋得除愈但風氣暴增命在
旦夕悲戀之至遺表奉辞伏願久住
世間緝寧家國慈濟四生興隆三寶
諸后諸王並具遺啓累以大法至于
清旦索湯沐浴著新淨衣侍者燒香
令稱佛号藏加坐儼思如有喜色齊
時將及奄然而化春秋七十有五即
武德六年五月也遺命露骸而色逾
鮮白有勑慰賻令於南山覓石龕安

續高僧傳卷第十一　第二十八張　遠　啓

置東宫以下諸王公等並致書慰問并贈錢帛令上初為秦王偏所崇礼乃通慰曰諸行無常藏法師道濟三乘名高十地惟懷弘於般若辯囿包於解脫方當樹德淨土闡教禪林豈意湛露晞晨業風飄世長辞奈苑遽掩松門兼以情切緒言見存遺旨迹留人往弥用悽傷乃送於南山至相寺時屬炎熱坐于繩牀尸不催臭加趺不散弟子慧遠樹續風聲収其餘骨鑿石瘞于北巖就而裨德初藏年位息慈英名馳譽冠成之後榮扇逾態天挺剖斷飛流殆非積學對晤帝王遠負象西梵言寔東華含嚼珠玉變神理增其恒習決滯疑議聽衆忘其久疲然而受狎風流不拘撿約貞素之識或所譏焉加又縱達論宗頗懷簡略御衆之德非其所長在昔陳隋廢興江陰凌亂道俗波迸各棄城邑乃率其所屬往諸寺中但是文跡並皆収聚置于三間堂內及平定後方洮簡之故目學之長勿過於藏注引宏廣咸由此焉講三論一百餘遍法

續高僧傳卷第十一　第二十九張　遠　启

華三百餘遍大品智論華嚴維摩等各數十遍並著玄疏盛流於世及將終日制死不怖論落筆而卒詞云略舉十門以為自慰夫含齒戴髮无不愛生而畏死者不體之故也夫死由生来宜畏於生吾若不生何由有死見其初生即知終死宜應泣生不應怖死文多不載慧遠依承侍奉俊悟當時敷傳法化光嗣餘景末投迹于藍田之悟真寺時講京邑亟動衆心人世即目故不廣叙

續高僧傳卷第十一

癸卯歲高麗國分司大藏都監奉
勑彫造

續高僧傳卷第十一

校勘記

一　底本，麗藏本。

一　六六三頁上一行經名，徑作「續高僧傳卷第十三」。

一　六六三頁上三行「十二」，徑、清作「十二人」。又末字「五」，徑、清作「五人」。

一　六六三頁上五行首字「隋」，徑、清無。下至一〇行首字同。又「智矩」，磧、普、南、徑、清作「智炬」，下同。

一　六六三頁上一二行首字「唐」，徑、清無，下至一五行首字同。

一　六六三頁上一八行「澄神」，諸本作（不含石，下同）作「登神」。

一　六六三頁上末行「誕礼」，諸本作「誕札」。

一　六六三頁中四行第七字「聞」，資作「問」。

一　六六三頁中一三行「岠對」，諸本作「岠對」。又「喪膽」，諸本作「喪

律」。
一　六六三頁中一五行「幼年」，諸本作「功行」。
一　六六三頁中末行第六字「窮」，資、徑、清作「躬」。
一　六六三頁下一行第一〇字「斂」，諸本作「歛」。
一　六六三頁下三行「素重」，諸本作「素襲」。
一　六六三頁下五行第五字「弘」，磧、南、徑、清作「引」。
一　六六三頁下一二行「所作」，諸本作「所住」。
一　六六三頁下一六行末字至次行首字「俊儀」，資、磧、普、徑作「浚儀」。
一　六六三頁下末行「霊塔」，徑、清作「露塔」。
一　六六四頁上一行「開義寺」，諸本作「今之開義寺」。
一　六六四頁上二行「特加」，磧、南作「持加」。
一　六六四頁上三行「王頗」，磧、南作「王頍」。
一　六六四頁上一〇行「填堙」，資、磧、普、南、徑作「填煙」。
一　六六四頁中八行「妖氛」，資作「妖氣」。
一　六六四頁中九行首字「充」，磧、普、南、徑、清作「光」。
一　六六四頁中一三行「通徵」，諸本作「通微」。
一　六六四頁中一八行第一一字「末」，諸本作「未」。
一　六六四頁下二行「頓怯」，磧、普、南、徑、清作「頓帙」。
一　六六四頁下七行第九字「矩」，磧、普、南、徑、清作「炬」，二一行第二字同。
一　六六四頁下一三行第五字「矩」，諸本作「規矩」。
一　六六四頁下一六行「流略」，磧、南、徑、清作「統略」。
一　六六四頁下一七行「青目」，資、磧、普作「責目」；南、徑、清作「責自」。
一　六六五頁上六行第四字「姓」，諸本無。
一　六六五頁上九行第一二字「捿」，諸本作「栖」。下同。
一　六六五頁中二行「頻頒」，諸本作「頻顧」。
一　六六五頁中一〇行「𨇤躄」，諸本作「攣躄」。
一　六六五頁中一六行「偓齪」，諸本作「齷齪」。
一　六六五頁中一九行「薄葬」，磧、普、南作「林葬」；徑、清作「焚葬」。
一　六六五頁下一行第三字「拯」，磧、南作「亟」。
一　六六五頁下六行第八字「道」，磧、南、清作「導」，次頁下四行第八字同。又末字「問」，資、磧、普作「門」。
一　六六五頁下一一行第一三字「鶩」，南、徑、清作「騖」。
一　六六六頁上一行第六字「華」，諸本作「萃」。
一　六六六頁上八行「不思」，諸本作

「不期」。

一　六六六頁上九行「云背」，諸本作「崩背」。

一　六六六頁中一六行「如電」，諸本作「如雷」。

一　六六六頁中一七行「旋遶」，南、清作「旋達」。

一　六六六頁下七行「誦經」，諸本作「誦文」。

一　六六六頁下一二行第五字「是」，諸本作「在」。

一　六六七頁上一六行第一二字「任」，磧、南、徑作「住」。

一　六六七頁中一九行「一益」，諸本作「一盞」。

一　六六七頁中二一行「市閭」，諸本作「市鄽」。

一　六六八頁上一行「行住」，諸本作「行往」。

一　六六八頁上五行「嘶破」，磧、普、南、徑、清作「⿱斯瓦破」。

一　六六八頁上一六行「經論」，諸本作「經綸」。

一　六六八頁上二二行第一一字「僞」，諸本作「爲」。

一　六六八頁中七行第一〇字「鄙」，諸本作「郡」。

一　六六八頁中九行「相連」，資、普作「相諠」；磧作「相喧」；南、徑、清作「相繼」。

一　六六八頁下一行末字「位」，諸本作「住」。

一　六六八頁下九行「留鬚」，諸本作「留鬢」。

一　六六八頁下一七行「雄敏」，資、磧、普、徑、清作「雄憨」。

一　六六八頁下二〇行末字「耴」，資、磧、普作「刖」。

一　六六九頁上一二行「安怗」，諸本作「安怡」。

一　六六九頁上二二行末字「開」，諸本作「問」。

一　六六九頁上末行「布慧」，諸本作「慧布」。

一　六六九頁中九行「僧網」，磧、普、南、徑、清作「僧綱」。

一　六六九頁中一三行「避官」，資、磧、普作「避宮」。

一　六六九頁中一九行「經統」，諸本作「綱紀」。

一　六六九頁下八行「風問」，諸本作「風聞」。

一　六六九頁下一一行第四字「姓」，諸本無。

一　六六九頁下一八行「椎指」，諸本作「推指」。

一　六七〇頁上一行末字「玄」，諸本作「文」。

一　六七〇頁上一一行「既奉」，諸本作「既奉勑」。

一　六七〇頁上一八行「永安寺」，諸本作「永安今寺」。

一　六七〇頁上末行「棺樣」，資、磧、普、南、徑作「官樣」。

一　六七〇頁中一行「疑於」，諸本作「凝於」。

一六七〇頁中二行「九枚」，資、磧、普、徑作「九枝」。

一六七〇頁中一三行首字「導」，諸本作「道」。

一六七〇頁中一四行第一三字「穴」，諸本作「空」。

一六七〇頁中一五行「渙然」，諸本作「煥然」。

一六七〇頁下三行首字「厭」，諸本作「壓」。

一六七〇頁下五行小字左「川字言信的也」，諸本作「川者言信的的也」。

一六七〇頁下一七行「道朗」，磧、普作「道明」。

一六七〇頁下末行「聲問」，諸本作「聲聞」。

一六七一頁上二行「止泊」，資、磧、普作「上泊」。

一六七一頁上三行「志存」，諸本作「志在」。又「相繼」，資作「相繼轉」；磧、普、南、徑、清作「繼轉」。

一六七一頁上九行「見其狀」，諸本作「觀其狀」。

一六七一頁上一一行「其對」，諸本作「具對」。

一六七一頁上一三行「禪門」，諸本作「福門」。

一六七一頁中九行「延鋒御殺」，磧、普、南、徑、清作「近鋒禦寇」。

一六七一頁下一行首字「茲」，諸本作「終」。

一六七一頁下七行「初議」，諸本作「物議」。

一六七一頁下一八行「諸后」，諸本作「儲后」。

一六七一頁下二〇行「加坐」，諸本作「跏坐」。

一六七一頁下末行「慰賻」，諸本作「慰贈」。

一六七二頁上一〇行「慧遠」，徑作「慧朗」。又第九字「續」，諸本作「績」。

一六七二頁上一一行第一〇字「禪」，磧、普、南、徑、清作「碑」。

一六七二頁上二二行第五字「目」，南、徑、清作「自」。

一六七二頁中一行「三百」，磧、普、南、徑、清作「三十」。

一六七二頁中一二行「卷第十一」，資、磧、普作「卷第十一」並夾註「義解七」；徑作「卷第十三」。

續高僧傳卷第十二　達

大唐西明寺沙門釋道宣撰

義解篇八　本傳十五　附見四

釋慧隆俗姓何氏丹陽句容人也祖前羽梁武陵王長史父嶷梁散騎常侍隆十一出家師於宣武寺僧都沙門慧舒舒道業遐暢風標清舉學堪物軌德允人師烏迴當職秉持攸寄隆恭撝恪慎備盡師資年届十三志存聽學纔欲聞道即感靈瑞有人自稱姓蔣名規授法花一部便曰將來佛法寔用相寄發言適竟莫知所之以義推之若非四依齊位九師均德豈能當斯負荷剋感聖言遂聽法雲寺曜法師成論一遍未周已究深隱習業數載獨稱標拔及登具戒更采毗尼故得五聚一河殊製異飲備皆斷覈洞盡銓衡及梁運蕩覆避世順時雖屬厭荒學功靡棄彭城寺內引化如流陳氏御曆重闡玄蹤僧正晅公道門德望於茲寺內結肆開筵義侶玄徒四方雲萃隆當入室獨冠羣英既解慧超挺命令敷述及晅將化遺旨在斯法筵是繼誠當嘉旨然其識用淹華言辯清富每至商搉玄理頻徙遲疑雖復談柄屢撝言鋒時礪而碩難自撤簡綽澄遠隋氏馭宇九有同朝上德高人咸紆延請隆志存栖晦以老疾致辭居舊敷弘仍以卒歲仁壽元年十一月十六日卧疾二十日遷化介時冬至告節氣序祁寒雲布彌天雪飛遍野及中霄之涅日也天色開霽星漢澄明豈非神靈哀感天龍感悼之明瑞矣然隆慈濟成性不尚華飾柔順知足無貪為寶凡講成論三十遍涅槃大品各十餘遍餘則有老故不具叙未終前領弟子於高座寺南山頂聚土築壇語曰我若捨形不煩棺槨可於此處以施禽蟲壇竟便遷誠哉知命後依遺命仍樹高碑寺沙門法宣為文

釋慧海姓張氏清河武城人少年入道師事鄴都廣國寺冏法師聽涅槃楞伽始通再遍便能覆述上首加賞又經五稔學徒推服更從青州大業寺道猷法師受摩訶衍毗曇等然猷慧解無礙開智難思海以穎脫之才當斯榮寄以周大象二年來儀濤浦創居安樂修葺伽藍莊嚴佛事建造重閣躬自經始咸資率化竭筋力而忘倦蒙寒暑而載馳常以淨土為期專精致感忽有齊州僧道詮齎畫無量壽像來云是天竺雞頭摩寺五通

菩薩乘空往彼安樂世界圖寫尊儀得之
既冥會素情深懷礼懺乃覩神光焰
爍慶所希幸於是摸寫懇苦願生彼
土沒齒為念以大業五年五月旦疾
患增甚語弟子曰我當滅矣伸手五
指用表殁期氣息綿微屬纊斯待至
五日夜欻然而起依常面西礼竟加
坐至曉方逝春秋六十有九顏色恬
和儼如神在道俗悲涼競申接足花
香如雨下金寶若山頹充委階墀福
惠之力矣然其自少精苦老而逾篤
般舟密行之法蘭若思惟之儀亟展
脩行瑞相常擾兼以慈仁救護有劇
諸己誘勸慱約必竭其才宰官居士
之流老病貧窮之侶並情遺重輕德
施平等斯固器宇該含末代之通人
也講涅槃三十遍誦法花經一部講
五十遍即以其月九日琢石於寺鑴
為巨室而移坐焉江都縣令辛孝凱
崇信是投內外通捨解衣撤膳躬自
指撝弟子慧昞以全身處乃架塔築
基增其華麗仍建碑旌德於寺之門
秘書學士琅耶王眘為文

釋慧覺姓孫氏其先太原晉陽人也
江右喪乱遷居丹陽之秣陵焉覺之
在孕梁代誌公不測人也遊宅俳佪
顧而言曰此處當出神童俄而載誕
有若符契幼而風神特達氣調不群
雖則青襟便有奇心遠識於五蔭六
塵深知泡電誓求離俗二親弗能違
也年八歲出家研精法相其初伏業
即興皇朗法師也學門擁盛咸暢玄
風入室之徒莫非人傑覺稟承宏論
脩觀幽旨領略津會鑴求幽賾騁馳
衆妙得自匈襟宗匠加賞相聲稱為
法器加以遊心九部脩觀數論詭說
異門並尋枝葉既而歎曰搶榆豈冲
天之舉小道乖適遠之津聊以忘憂
非吾徒也夫澄神入慧莫尚五門攝
山泉石致美息心勝地乃摳衣獨往
止于栖霞寺焉有慧布法師空解第
一深明方等或有未悟韞櫝于懷佇
知音者及見欣然便即開授又以大
智度論江左少弘布脩宗緒將陳請
訖乃垂覃思申暢幽微布公披襟歎
美即命開講於是舊文新意兩以通

之遠近飡服聞所未聞釋論廣興於
斯盛矣陳晉安王伯恭為湘州刺史
深加礼異并請講衆南行弘演吏部
尚書毛喜護軍將軍孫瑒並鞠躬頂
礼度仰殊常左衛將軍傅縡學通內
外氣調甚高緇素之間元所推敬每
見覺來必心形俱肅劇談高論流連
無已天嚮服人皆如此類隋朝剋定
江表慝令惟新一洲之內止置佛寺
二所數外伽藍皆從屏廢覺懼金剛
之地淪毀者多乃百舍兼行上聞天
聽有勑霈然從其所請啓沃神衿弘
護像法信有力焉煬帝昔居藩屏化
牧淮甸欽佇勝人義踰庂席乃賜書
曰法師安善涼暑惟宜承栖遑龜山
之域闡揚龍樹之旨其義端雄辯獨
演暢於稽陰談柄微言偏引級於鏡
水弟子欽風籍甚味道尤深今於城
內建慧日道場延屈龍象大弘佛事
盛轉法輪上人名稱普聞衆所知識
今遣迎候遲能光拂也於即賁然來
儀膺此嘉命法濟上人者靈智難思
於永福道場請開大論主上親臨法

席稱善久之後止白塔恒事敷說大品湼槃華嚴四論等二十餘部遍數甚多學徒滿席法輪之盛莫是過也先是江都舊邸立寶臺經藏五時妙典大備於斯及踐位東朝令盲允屬掌知藏事僉曰得人大業二年從駕入京於路見疾而神色怡然法言无廢及至將漸明悟如常咸見金對大神前後園遶外國梵僧燒香供養初有智覺禪師爰感靈應乃見覺名題於金錄固其所得位地義量難測至三月二十二日遷化於泗州之宿預縣春秋五十有三惟覺美詞令善容止身長八尺風表絕倫攝齋昇堂俯仰可則覿其威儀莫不改容易觀寓目忘倦至於吐納玄言宣揚妙義雄辯清論雲飛泉涌真可謂日月入懐風飆滿室雖復徧忘滯情亦頓忘鄙吝然其芝蘭所化陶誘之功日就月將固亦弘矣兼通外典妙善尺牘屬詞染翰造次可觀析簡所至皆為摸揩加以風度淹遠雅量弘深談絕是非心夷彼我峻矣重仞人莫之窺信

施相積隨用檀捨二翼之外纖芥罔畜止有論文談疏盈於几篋而已豈非拔俗之奇才通方之正士也有詔喪事所須隨由備辦恩礼周給務從優厚并具舟檝王人將送其年五月十三日還窆於江陽縣之茱萸里傳業學士數甚滋多門人智果稟承遺訓情深追遠乃與同學紀諸景行碑于寺門秘書詔誥舍人虞世南為文金紫光祿大夫內史侍郎虞世基為銘見於別集

釋道判姓郭氏曹州承氏人也三歲喪親十五遊學般涉史籍略綜儒道十九發心出家投于外兄而剃落焉具戒已後歷求善友深猒俗累絕心再往每閱像教東傳慨面不睹靈迹委根歸柰未之或聞遂勇心佛境揞尚膽勁以齊乾明元年結伴二十一人發趾鄴都將經周塞開邏嚴設又照月光踟躕迴乎義無踰越忽值雲奔月隱秉暗度棧遇逢遊兵特蒙釋放以周保定二年達于京邑武帝賞接崇重仍令於大乘寺厚供享之經

逾兩載上表乞循先志又蒙開許勑給國書并資行調西度砂磧千五百里四顧茫然絕无水草乘飢急行止經七夕便至高昌國是小蕃附甬突厥又請國書至西面可汗所（此云天子治也）彼土不識衆僧將欲加害增人防衛不給糧食又不許出拾掇薪菜但令餓死有周國使人諫云此佛弟子也本國天子大臣敬重供養所行之處能令羊馬孳多可汗歡喜日給羊四口以充恒食判等放之而自煮菜進噉既見不煞衆生不食酒肉所行既殊不令西過乃給其馬乘遣人送還達于長安住乾宗寺判以先在窮險無人造食遂捨具戒令返京室後乃更受之停止五年逢靜藹法師諮詢道務慧業冲邃淹歷五周朝夕聞問方登階漸會武帝滅法與藹西奔于太白山同侶二十六人逃難巖居不忘講授中百四論日夜研尋恂恂奉誨雖有國誅靡顧其死東引尋山岾于華岳凡所遊遁者望日參焉遂離考山室二十餘所依承藹德為入室

之元宗始末一十五年隨逐不捨後翦捨身窮谷用陳護法判舍酸茹毒奉接遺骸建塔樹銘勒于巖壁天元嗣曆尋改邪風創立百二十人為菩薩僧判當其數初住陟岵寺大隋受命廣開佛法改為大興善焉判道穆僧徒歷揔綱任部攝彝倫有光先範開皇之肇於終南山交谷東嶺池号野睹逈出雲端俯臨原陸船自業行可為栖心之場也結草為庵集衆說法開皇七年勑遣度支侍郎李世師將天竺監工就造院舍常擬供奉知判道業修曠給額為龍池寺焉大將軍雲定興以為檀越四事供給無爽二時侍郎獨孤機飡奉音猷於宅後園別立齋宇請来栖息終日將事禀其法戒薛國公及夫人鄭氏夙奉清訓年別至此諮承戒誥決通疑議以大業十一年五月四日平旦卒於山寺春秋八十有四初判釋蒙啓法性狎林泉少欲無競樂居儉攝行慈濟乏偏所留心履苦登危弥其本意故每至粟麦二熟行乞貯之至厚雪弥

山則遺諸飛走所以山侶遊僧蒙其拯濟者夥矣又食不擇味生無恚苦僧事鞅掌身先令之而弘道終朝虔虔無怠雖暫遊世恒歸山室斯亦巖岫之學觀矣

釋淨業俗姓史氏漢東隨人也年登小學即露緇服閭里嘉之号稱賢者專經之歲剖愛出家淨養威儀霜厲氷潔受戒以後遊刃河内精研律部博綜異聞時有論師慧遠樹德漳河傳芳伊洛一遇清耳便伸北面學涅槃等經皆品酌其致弘宣大旨而恨文廣功略章句未離及遠膺詔入關業亦負帙陪從首尾食承盡其幽理晚就曇遷禪師學於攝論遷器宇崇廓牆仞重深遂舉知人同揚樂說嘉業鑽仰誠至乃傾襟導引隨聞頂受緘勒寸心開皇中年高步於藍田之覆車山班荊採薇有終焉之志諸清信士敬揖戒舟為築山房竭誠奉養架險乘懸製通山美今之悟真寺是也業確乎内湛令譽外馳仁壽二年被舉送舍利于安州之景藏寺初通

行諸基欲於十力寺置之行至景藏忽感異香滿院衆共嗟怪因而樹立將下舍利赤光挺出照于人物寺重閣上聞衆人行聲及往掩捕扃閉如初一人不見塔北有池沙門淨範為諸道俗受菩薩戒乃有群魚游躍首皆南向似受歸相範即乘舟入水為魚授法魚皆迴頭遶船如有聽受都無有懼業慶其所遇乃以舍利置於佛堂先有塐菩薩一軀不可移轉至明乃見迴身面於舍利狀類天然一无損處屢興別瑞傳言不盡大業四年召入鴻臚館教授蕃僧九年復召住禪定寺聯翩荏苒微塵清曠後欲返於幽谷告同學曰此叚一行便為不返而別未淹旬巳聞殂化春秋五十有三遠生知命斯亦至哉即大業十二年二月十八日也露骸松下初業神岸温審儀止雍容敦仁尚德有古賢才調篤愛方術却粒練形氷玉雲珠資神養氣而卒非其所治徒載聲芳潔巳清貞老為傳德矣

釋童真姓李氏遠祖隴西寓居河東

之蒲坂焉少猒生死希心常住投曇
延法師為其師範綜掇玄儒英猷秀
舉受具已後歸宗律句晚涉經論通
明大小尤善涅槃議其詞理恒處延
興敷化不絕聽徒千數各標令望詳
真高譽繼迹於師開皇十二年勅召
於大興善對翻梵本十六年別詔以
為涅槃衆主披解文義允愜衆心而
性度方正善御大衆不交非類唯德
是欽仁壽元年下勅率土之內普建
靈塔前後諸州一百一十一所皆送舍
利打剎勸課繕構精妙真以德王當
時下勅令住雍州創置靈塔遂送舍
利於終南山仙遊寺即古傳玄泰穆
公女名弄玉習仙昇雲之所也初真
以十月內從京至寺路逢雨雪飛奔
滂注掩漬人物唯舍利輿上獨不霑
潤同共異之寺居衡谷日夕風振自
靈骨初臨迄于藏瘞恬然恬靜燈耀
山谷兼以陰雲四塞雨雪俱零莫得
清霽見日有符程限真乃手執薰爐
興發大願恰至下期冬日垂照時正
在午道俗同慶及安覆訖還復雲合

大衆共歎真心冥感之所至也大業
元年營大禪定下勅召真為道場主
辭讓累載不免登之存撫上下有聲
僧網又以涅槃本務常事弘奬言令
之設多附斯文大業九年因疾卒于
寺住春秋七十有一真抱操懷亮明
附高流廝下之徒性非傾徙寺既初
立宰輔交參隆重居懷未始迎送情
槩天表卒難變節當正臨食衆將四
百大堂正梁忽然爆裂聲駭震霆一
衆驚散咸言摧破徒跣而出者非一
唯真端坐依常執匙而食容氣不改
若無所聞兼以偏悲貧病撤衣拯濟
躬事扶視時所共嘉剛柔兼美焉
釋靈幹姓李氏金城狄道人祖相封
於上黨遂隨封而還焉年始十歲樂
聞法要遊寺觀看情欣背俗親弗違
之年十四投鄴京大莊嚴寺衍法師
為弟子晝夜遵奉無怠寸陰每入講
堂想處天宮无異也十八覆講華嚴
十地初開宗本披會精求僉共恠焉
又酬抗群鋒無所躓礙衆益欣美冠
年受具專志毗尼而立性翹仰恭攝

成節三業護持均持遮性周武滅法
通廢仁祠居家奉戒儀體无失隋開
佛日有勅簡入菩薩數中官給衣盋
少林置館雖蒙厚供而形同俗侶開
皇三年於洛州淨土寺方得落采出
家標相自此繁興有海玉法師講華
嚴衆四方追結用興此典幹即於此
衆講釋華嚴東夏衆首咸共褒美開
皇七年因修起居道業夙聞遂蒙別
勅令住興善為譯經證義沙門至十
七年遇疾悶絕惟心不冷未敢藏殯
後醒述云初見兩人手把文書戶前
而立曰官須見師俛仰之間乃與俱
往狀如乘空足無所涉到一大園七
寶樹林端嚴如畫二人送達便辭而
退幹獨入園東西極目但見林地山
池无非珎寶焜煌亂目不得正視樹
下花座或有人坐或无坐者忽聞人
喚云靈幹汝來此耶尋聲就之乃慧
遠法師也礼訊問曰此為何所荅是
兜率陁天吾與僧休同生於此次吾
南座上者是休法師也遠與休形並
非本身頂戴天冠衣以朱紫光偉絕

世但語聲似舊依然可識又謂幹曰
汝與我諸弟子後皆生此矣因介覺
悟重增故業端然觀行絕交人物仁
壽三年舉當寺任素非情望因復脩
從其年奉勅送舍利於洛州便置塔
於漢王寺初建塔所屢放神光風起
燈滅而通夕明亮不須燈照又感異
香從風而至道俗通見四月八日下
舍利時寺院之內樹葉皆萎烏鳥悲
叫及塡平滿還如常日時漢王諒作
鎮晉陽承幹起塔王之本寺遠遣中
使醲賜什物然其善於世數機捷樞
要辯注難加嘗為獻后述懺帝心增
感歎欵連洏乃賜帛二百段用旌隆
敬大業三年置大禪定有勅擢為道
場上座僧徒一盛匡救有叙至八年
正月二十九日卒於寺房春秋七十
有八幢蓋道俗相與奔隨乃火葬於
終南之陰初幹志奉花嚴常依經本
作蓮華藏世界海觀及弥勒天宮觀
至于疾甚目精上視不與人對久之
乃垂顩如常日沙門童真問疾因見
是相幹謂真曰向見青衣童子二人

来召相逐而去至兜率天城外未得
入宮若翹足舉望則見城中寶樹花
蓋若平立則無所見也旁侍疾者曰
向舉目者是其相矣真曰若即往彼
大遂本願幹曰天樂非久終墜輪迴
蓮華藏世界是所圖也不久氣絕湏
史復還真問何所見耶幹曰見大水
遍滿華如車輪幹坐其上所願足矣
尋介便卒沙門靈辯即幹之猶子也
少小鞠育誨以義方携在道位還通
大典今住勝光寺衆議業行擢知經
任揚導華嚴擅名帝里云

釋欲脫不詳姓氏汲郡人也童少出
家以孝行清直知名雖談覈小大偏
明成實講解周鏡不舒聲問開張衢
術章疏惟新為後學宗仰又善聲韻
兼通字體著雅林統識其科蹤文章
篇什頗豫倫伍同住房院罕見餘談
手不輟卷專師廣瞻威儀修整未曾
反顧身極長大充滿圓成時共目之
以為僧傑人有達於帝者乃追住慧
日四海齊架又無與競志節堅正寂
為稱首帝欲試諸大德誰為剛亮通

命引入允武殿勅監門郎將段文操拔
刀逐之令走諸大德並趍步速往唯
脫緩步如常語操曰御何事以此相
逼及上殿坐語論佛理帝徐顧操曰
衆僧素不知俗法監門何得催耶私
異脫之大志也勅賜大竹扇面闊三
尺即令執用并賜松抱高屧令著於
宮中而出帝自送之曰誠僧傑矣介
後常弘成實無替時序以大業十三
年卒于東都鴻臚寺春秋六十三自
脫之聽學也常施荷擔母置一頭經
書及笔又置一頭若至食時留母樹
下入村乞食用以充繼其筆絕大麁
管如辟可長三尺方丈一字莫不高
推人有乞書者希但一字耳風力道
逸觀之不猒皆施諸壁上来往觀省
東都門額皆脫所題隨一賦笔更不
修飾時慧日有沙門法楞者偏弘地
論著述疏記聲名相副見重道場及
于終世以事聞奏帝哀之殯殮所資
皆從天府

釋善冑俗姓淮氏瀛州人少出家通
敏易悟機達為心預涉講會樂詳玄

極大論涅槃是所鑽注齊破投陳奔
造非數年屢荐餒告乞是難日濟
一餅纔充延命形極羸悴衆不齒錄
行至一寺聞講涅槃因入論義止得
三番高座無解低頭飲氣徒衆千餘
停偃講席於是扶舉而下既至房中
奄然而卒曾時論訖即出竟不知之
後日更造乃見造諸喪具因問其故
乃云法師昨為北僧所難乃因即致
死衆不識曾不之擒捉聞告自審退
而潛焉經于數日後得陳僧將挾復
往他講所論義者無不致屈斃者三
人由此發名振績大光吳越隋初度
北依遠法師止于京邑住淨影寺聽
徒千數並鋒銳一期而曾覆述堅義
神采秀發偏師論難妙通解語遠制
涅槃文疏而曾意所未弘乃命筆改
張剖成卷軸鑿深義窟利寶同遺遠
聞告曰知子思力無前如何對吾改
作想更別圖可耶曾曰若待法師即
世方有修定則曾之虛名終無實錄
遠乃從之跡既究成分宗匠世亟有
陳異遠亡之後勅令於淨影寺為涅

槃衆主開皇將末蜀王秀鎮部梁益
携與同行岷嶓望德日歸成務遠仁
壽末歲退返關中處蜀道財悉營尊
像光坐嚴飾絕世名士雖途經危險
而步運並達在京供養以為模範會
文帝置塔勅送舍利于梓州牛頭山
華林寺嚴輿將達感猪八頭突到輿
下從行至舘駈逐乃走還來如故漸
至城治黑蜂四枚形甚壯偉隨輿旋
遶數匝便去既至州舘夜放大光明
徹屋上如火焰發食頃方滅又掘塔
基入深丈餘正當函處得古瓷瓶無
蓋有水清澄香美乃用盛於函內寺
有九層浮圖從西南角第二級放光
上照相輪如五石瓮許黃赤如火良
久方隱又堂內弥勒像亦放眉間紫
光并二菩薩亦放赤光通照寺院前
後七度衆人同見除不來者及大業
造寺廣召德僧曾應高選又住禪定
屢開法席傳嚮相尋因感風疾脣口
喎偏時人謂改張遠跡之所及也初
遠以涅槃為五分末為闍維分曾尋
之揣義改為七分無有闍維第七云

結化歸宗分自風疾多載而問難尋
常為諸學者所共驚憚後忽患損口
如恒日曾曰吾患既老命必終矣此
不可怪理數然也大業十三年欲返本
寺衆不許之乃以土塞口欲自取死
寺衆見其志決方復開許以武德三
年八月內終於淨影寺春秋七十有
一初患篤謂門人曰吾一生正信在
心於佛理教無心輕略不慮淨土不
生即令拂拭房宇燒香嚴待病來多
日委臥不起忽尒自坐合掌語侍人
曰安置世尊令坐口去世尊來也曾
今懺悔慚愧如是良久曰世尊去矣
侹身似送因臥曰向者阿弥陁佛來
汝等不見耶不久吾當去耳語頃便
卒葬于城南韋曲之北崖遵遺令也
弟子慧威住大揔持講尋宗迹著名
京室

釋辯相姓史瀛州人也性愛虛靜遊
聽有聲業綜經術齊趙之方備聞芳
績後旋洛下涉諸法席又往少林依
止遠公學於十地大小三藏遍窺其
陳隅而於涅槃一部詳覈有聞末南

投徐部更採攝論及以毗曇皆披盡精諳傳名東壤光問師資衆所歸向開皇七年隨遠入輔創住淨影對講弘通仁孝居心崇仰師轍仁壽置塔勑令送舍利於越州大禹寺民庶歡躍欣見遺身未及出間光自涌現青黃赤白四色昭彰流溢于外七衆嗟慶勝心屢動又於山側獲紫芝一枝長二尺三寸四支三蓋光色鮮綺還返京都大弘法席常聽學士二百餘人並得領袖當時親承音詣大業之始召入東都於内道場敷散如故為鄭擁逼同固洛濱武德初年蒙勑延勞還歸京室重弘經論更啓蒙心令上昔在弘義欽崇相德延入宮中通宵法論亟動天顧賜錫豊美乃令住勝光此寺即秦國之供養也故以居焉晩以素業所資慧門初闢追崇淨影仍就講説又捨所遺圖遠形相常存敬礼用光先範以貞觀初年因疾纏身無由取逆乃隱避侍人自縊而卒在于住寺春秋七十餘矣相為人敦素形色鮮白眉目濃朗儀止閑泰

商摧名理接頓詞義有神采矣

釋寶襲貝州人雍州三藏僧休法師之弟子休聡達明解神理超逸齊末馳聲廣於東土周平齊日隱淪本州天元嗣立創開佛法休初應詔為菩薩僧與遵遠等同居陟岵開皇七年召入京輦住興善寺襲長十八歸依誦經為業後聽經論偏以智度為宗布響關東高問時傑從休入京訓勗為任開皇十六年勑補為大論衆主於通法寺四時講化方遠揔集遠仁壽造塔又勑送舍利於嵩州嵩岳寺初雲霧暗合七日蒙昧襲乃攀爐發誓願將限滿下舍利時得見日采儀而所期既至天開光耀日當正午既到情望遂即藏瘞末又送于邢州汎愛寺忽於函上見諸佛菩薩等像及以光明周滿四面不可殫言迄於二日光始潛没而諸相猶存又當下時又見卧像一軀赤光踴起襲欣其所感圖而奉敬至文帝昇遐起大禪定以名稱普聞召而供養武德末年卒於住寺春秋八十矣有弟子曇恭明洪皆

善大論恭少而機辯見解有名屢講經論京室稱善護法匡弼頗存聖言貞觀初年勑徵為濟法上座經維僧務傳芳季緒後召入弘福又令知普光寺任徳為時須故輪轉无定㔫於任所洪亦以禁望當時紹宗師業召入普光時復弘法而專營浴供月再洗僧徐蹬安公歸心慈氏六

釋慧遷瀛州人也好學尋問受誦地論以為心賞之極負錫馳騁求慕鄴匠雖研精一部而横洞百家每至難理則群師具叙有齊之時早象名實又從遠公重流前業義不再緣周經一紀併通涅槃地持並得講授齊亡法毀南奔陳國大隋革運又歸鄉壤行經洛下還附遠焉故業新聞恪填胷臆及遠入關從而來至住大興善弘敷為任開皇十七年勑立五衆請遷為十地衆主處寶光寺相續講説聲類攸陳仁壽二年勑令送舍利於本鄉弘博寺既至掘基入地六尺感發紫光散衝塔上其相如焰似金像所佩者又土上成字黒文分明去轉

輪王佛塔也見此霊相咸慶希逢仁
壽四年又於海州安和寺起塔掘深
五尺便獲白土色逾於粉遍滿坑中
復深八尺於白土内得白玉一枚方
餘促尺光潤難比及將下旦放大光
明通照城郭色如紅火舍利出瓶分
為六粒現希有事衆皆歎訝遷後頻
開十地京邑乃多无與比肩者及大
禪定興召入處之武德初年卒於所
住春秋七十有九矣自遷之末後十
地一部絶聞開壞道由人弘於斯驗
矣有心之寄誠可勵諸
釋慧覺俗姓范氏齊人也達量通鑒
罕附其倫而儀形秀峙眉目峯映衣
服鮮潔身長七尺容止温弘顧步淹
融鏘鏘然也執持行路莫不駐步迎
睇而目送者其威儀感人如此明華
嚴十地講席相継流軌齊岱榮名遠
著門學成風大隋受禪闡隆像法以
文皇在周既捴元戎躬履鋒刃兵機
失捷逃難于并城南澤後飛龍之日
追惟舊壤開皇元年乃於幽憂之所
置武德寺焉地惟泥濕遍以石鋪然

始增基通於寺院周閭千計廊廡九
重霊塔雲張景臺星布以覺識解騰
譽召而處之弘闡法門多以華嚴為
首受悟請益宏略遵於四宗後被請
高陽允當講匠聽衆千餘堂宇充溢
而来者不絶遂停法肆待有堂宇方
可弘導爰有施主即為造千人講堂
締搆斯須不月便就既登法座衆引
充滿覺威容宏雅其状若神談吐抑
揚汲引玄隠披釋冲洽聽徒竦戴誠
博義之弘量也著華嚴十地維摩等
疏并纘義章一十三卷文質恢愜條
貫倫約齊魏明德咸誦行之至武德
三年會稽胡南侵覺少有恙遍告門
人曰吾其去矣侍者曰今寇賊臨城
人路阻絶知何處去荅曰生死道長
去留无日明當别矣乃勅出身資為
僧設食與衆取訣通夜正念精爽泠
然明相纔出奄然從化春秋九十矣
初覺慧解之性素蓄胷襟福業攝生
隨喜者衆凡有營理身助修治故寺
之基趾咸由勸勉又聞往生淨土園
施為功不遠千里青州取棗於并城

開義寺種之行列千株供通五衆日
呈茂美斯業弘矣時寺有二僧俱名
智達遠公門人善解當世武德之初
京邑呈美又有明幹者亦亞其倫相
與傳燈流芳不絶
釋智琚新安壽昌人俗姓李氏原其
世系出自高陽末曽任為理官仍以
為姓時代音變遂以理為李因而氏
焉其本冀州趙郡曲阿東遷徙居江
左父禕仕梁員外散騎侍郎琚年十
九便自出塵聽坦師釋論未淹炭管
頻聞精義坦即隋齊王暕之門師也
次聽雅公般若論又聽譽公三論此
三法匠名價尤重琚欲絜操秉心偏
窮法性諸高座主多無兼術古人有
言學无常師斯言有旨廣尋遠討
曲盡幽求年二十七即就敷講无凝
辯才衆所知識説經待問亟動恒倫
及坦將逝以五部大經一時付屬既
蒙遺累即而演之聲價載隆玄素攸
仰然其口不言人眼无妄色牢醞弗
嘗葷辛无犯入室弟子明衍受業由
来便事之為和上亡前謂曰吾以花

續高僧傳卷第十二　第二十八張　達　丸中

嚴大品涅槃釋論此之文言吾常吐
納今以四部義疏付屬於汝乃三握
手忽然而終殯於常州之建安寺即
武德二年六月十日也窆於毗壇之
南寺之舊垗衍姓丘氏晉陵名族客
止可觀精釆卓異歆崇芳績樹此高
碑于寺之門前陳西陽王記室譙國
曹憲為文
釋道慶姓戴其先廣陵後進度江家
于無錫年十一出家事吳郡建善寺
藏闍梨服勤盡礼同侶所推十七出
都聽彭城寺講成實論大義餘論皆
莫之遺所以時匠目曰懸日月於懷
中注江河於口內者誠歸於慶矣既
荷嘉問倍志兼常利齒聞於既往高
座屬於茲日及陳祚云亡法朋彫散
東歸无錫居鳳光寺學徒載萃誨誘
如初後止毗壇弘業寺專事闡弘元
棄凉暑然其義登善言笑淡名利淳
交遊毫翰奔涌琴詩婉妙風神閑縱
韻宇虛凝應物有方履機无忤以武
德九年八月終於寺房春秋六十一
即以其月二十三日窆於扶塘之山

續高僧傳卷第十二　第二十九張　達　丸

津也穿壙之日鍬鍤纔施感白鶴一
羣自天而下逕曳翻翔摧藏哀唳自
非道光遠被何由致此異祥同寺沙
門法宣曰余與伊人言忘道狎京輦
少年已欣共被他鄉衰暮更喜同袍
月席風筵接腕晤語吾子經堂論室
促膝非異人豈意玄穹殲我良友于
行徒洒百身寧贖未能抑筆聊書短
銘其曰十力潛景四依匡世踵德連
暉伊人是継宮牆戒忍燈炬禪慧並
驅生林分庭安教論堂振玉義室芬
蘭坐威師子衆遠栴檀道潔塵外理
析談端四儀式序三業惟安穢土機
窮勝人現滅帳留餘影車迴去轍隴
月孤照墳泉幽冽竹露暫團松風長
切氣運有終德音无絕

續高僧傳卷第十二

癸卯歲高麗國
勑彫造

續高僧傳卷第十二
校勘記

一　底本，麗藏本。
一　六七六頁上一行經名，徑作「續高僧傳卷第十四」。
一　六七六頁上三行「十五」，徑、清作「十五人」。又末字「四」，磧、普、南、徑、清作「七人」。
一　六七六頁上五行首字「隋」，清無。下至一一行首字同。
一　六七六頁上一二行首字「唐」，清無。下至一八行首字同。
一　六七六頁上一六行「十三」下，磧、普、南、徑、清有夾註「慧達慧達明幹」。
一　六七六頁中二一行末字「栖」，諸本作「栖」。下同。
一　六七六頁下二行「泥曰」，清作「泥洹」。
一　六七六頁下一三行「囧法師」，諸本作「冏法師」。

一　六七六頁下一七行「慧解」，諸本作「慧辯」。

一　六七七頁上三行「摸寫」，諸本作「模寫」。

一　六七七頁中一二行「匈襟」，諸本作「胸襟」。又「相擊」，諸本作「相繫」。

一　六七七頁中一四行「槍揄」，資、普、南、徑、清作「枌揄」；磧作「粉揄」。

一　六七七頁下七行「流連」，諸本作「留連」。

一　六七七頁下一七行「引級」，諸本作「引汲」。

一　六七八頁上五行「允属」，資、磧、普作「元屬」。

一　六七八頁上八行「明悟」，磧、徑、清作「明語」。

一　六七八頁上一四行第一一字「癠」，諸本作「齊」。

一　六七八頁上二一行末字至次行首字「摸揩」，諸本作「模楷」。

一　六七八頁中二行首字「畜」，資作「遣」；磧、普、南、徑、清作「遺」。

一　六七八頁中五行「舟檝」，徑、清作「舟楫」。

一　六七八頁中一八行首字「尚」，諸本作「當」。

一　六七八頁中一九行「周塞」，磧、普、南、徑、清作「關塞」。

一　六七八頁中二〇行「迴手」，諸本作「迴首」。

一　六七八頁下二行「砂磧」，諸本作「石磧」。

一　六七八頁下八行「諫云」，磧、普、南、徑、清作「諫可寒云」。

一　六七九頁上七行「部攝」，磧、普、南、徑、清作「敦攝」。

一　六七九頁上一〇行末字至次行首字「説法」，諸本作「講説」。

一　六七九頁上一二行「監工」，諸本作「醫工」。又「院舍」，磧、普、南、徑、清作「精舍」。又「供奉」，資作「供養」。

一　六七九頁上一三行首字「判」，諸本作「判」。

一　六七九頁上一八行「至此」，諸本作「至山」。

一　六七九頁下四行第一二字「扃」，諸本作「局」。

一　六七九頁下一六行「殂化」，磧、南作「恒化」；普、徑、清作「怛化」。

一　六七九頁下二〇行第一三字「氷」，資、磧、普、南作「水」。

一　六八〇頁上一七行「掩漬」，諸本作「淹漬」。

一　六八〇頁上一九行「怗然」，諸本作「怡然」。

一　六八〇頁中四行「僧綱」，徑作「僧綱」。

一　六八〇頁中六行「寺住」，諸本作「住寺」。

一　六八〇頁中一四行「状視」，磧作「伏視」。

一　六八〇頁中一七行「觀看」，南作「觀者」。

一　六八〇頁下四行「置館」，諸本作

「安置」。

一　六八〇頁下五行「落采」，諸本作「落綵」。

一　六八〇頁下六行第一三字「講」，資、磧、普、南、清作「搆」；徑作「構」。

一　六八〇頁下一一行「藏殯」，資、磧、普作「藏擯」。

一　六八一頁上四行第五字「當」，諸本作「掌」。

一　六八一頁上一四行「連洏」，諸本作「連濡」。

一　六八一頁上二一行「目精」，諸本作「目睛」。

一　六八一頁中一行「相逐」，徑、清作「相遂」。

一　六八一頁中四行「往彼」，諸本作「住彼」。

一　六八一頁中五行「本願」，資、磧、普、南、徑作「本願矣」。

一　六八一頁中七行「復還」，諸本作「復通」。

一　六八一頁中一一行第三字「今」，磧、南、徑作「令」。

一　六八一頁中一三行「童少」，諸本作「年少」。

一　六八一頁下一行「允武殿」，資作「元武殿」。

一　六八一頁下八行「自送之」，普、徑作「目送之」。

一　六八一頁下末行「機達」，諸本作「機悟」。

一　六八二頁上一行「鑽注」，徑、清作「纘注」。

一　六八二頁上二行第五字「屢」，諸本作「屬」。

一　六八二頁上六行「講席」，諸本作「講唱」。又「扶舉」，諸本作「扶轝」。

一　六八二頁上一三行「振績」，資、磧、普、南、清作「振續」；徑作「振俗」。

一　六八二頁中二行第一〇字「歸」，諸本作「歸道」。

一　六八二頁中五行「摸範」，諸本作「模範」。

一　六八二頁下一五行「不見耶」，資、普、南、徑、清作「還見不」；磧作「還見否」。

一　六八三頁上二行第八字「問」，諸本作「聞」。本頁中九行第五字同。

一　六八三頁上九行「鮮綺」，諸本作「鮮奇」。

一　六八三頁上一二行末字「爲」，諸本作「僞」。

一　六八三頁上一五行「相德」，諸本作「明德」。

一　六八三頁上一六行「天頋」，徑、清作「天顔」。又「覼錫」，徑、清作「覼賜」。

一　六八三頁上二〇行「先範」，諸本作「師範」。

一　六八三頁上二二行「七十餘」，諸本作「七十有餘」。

一　六八三頁中八行第七字「論」，諸本無。

一　六八三頁中一〇行「衆主」，清作「衆生」。

一　六八三頁中一八行「殫言」，資作「彈言」。

一　六八三頁下八行第三字「係」，磧、普、南、徑、清作「繼」。

一　六八三頁下二〇行第二字「類」，資作「續」；磧、普、南、徑、清作「績」。

一　六八三頁下二二行「塔上」，資、普、徑、清作「塔土」。又「金像」，諸本作「今像」。

一　六八四頁上一〇行「末後」，磧、普、南、徑、清作「歿後」。

一　六八四頁中二二行「基趾」，磧、普、南、徑、清作「基址」。

一　六八四頁下三行「智達」，磧、普、南、徑、清作「慧達」。

一　六八四頁下七行「末曺」，諸本作「末曹」。

一　六八四頁下二〇行「聲價」，諸本作「聲駕」。

一　六八四頁下末行第八字「亡」，諸本作「云」。

一　六八五頁上九行第一一字「進」，諸本作「遁」。

一　六八五頁上一九行第六字「美」，諸本無。

一　六八五頁中一行首字「津」，諸本作「律」。

一　六八五頁中九行「其曰」，諸本作「其詞曰」。

一　六八五頁中九行至一六行「十力……无絶」，諸本作四言偈。

一　六八五頁中一一行「振玉」，資、磧、普、南、徑作「搗玉」；清作「搗王」。

一　六八五頁中末行「卷第十二」，資、磧、普、南作「卷第十二」並夾註「義解篇八」；徑作「卷第十四」。

續高僧傳卷第十三　達

大唐西明寺沙門釋道宣撰

義解篇九　本傳十七　附見七

釋慧因俗姓于氏吳郡海塩人也晉太常寶之後胤祖朴梁散騎常侍父

元顯梁中書舍人並碩學英才世濟其美因稟靈溫裕清鑒儉通微音深靡緇素欽屬十二出家事開善寺慧熙法師志學之年聽建初瓊法師成實曾未具戒便齊入室慧聲廣被道衆相推而欣味靜心未指章句乃詣鍾山慧曉智瓘二禪師請授調心觀法定水既清道思逾肅師襲宏略曲盡幽微而悟言神解獨酌標致又造長干辯法師稟學三論窮實相之微言弘滿字之幽旨寫水一器青更逾藍辯後歸靜山林便以學徒相委受業弟子五百餘人踵武傳燈將三十載陳太建八年安居之始忽感幽使云王請法師部從相諠絲竹交響當即氣同捨壽體如平日時經七夕若起深定學徒請問乃云試看箱內見有何物尋撿有絹兩束因曰此為䞋遺耳重問其故曰妄想顛倒知何不為吾被閻羅王召夏坐講大品般若於冥道中謂經三月又見地獄衆相五苦次第非夫慈該幽顯行極感通豈能赴彼冥祈神遊異域陳僕射徐

陵高才通學尚書毛喜探幽洞微雖号知仁咸歸導首隋仁壽三年起禪定寺搜揚寓內遠招名德因是法門龍象乃應斯會既德隆物議大衆宗歸遂奉　為知事上座訓肅禪學柔順誘附清穆僧倫事等咸權同思啓旦又寺初勝集四海一期名德相亞通濟斯美因又寔兼之矣頻講三論并製文疏要約標控學者高奉大唐弘運重興佛日舉十大德當其一焉以身御法不令而行讓以得之屈已成務故京寺宿望心敬遵承咸崇菩薩戒師後進具戒者無不依而羯磨左僕射蕭瑀器局貞亮玄風凝遠刑部尚書沈叔安溫彝弘雅達信通神並崇仰欽承于兹二紀因定慧兩明空有兼照弘法四代常顯一乘而莫競物情喜怒無色故遊其道者莫測其位以貞觀元年二月十二日卒于大莊嚴寺春秋八十有九未終初夜告弟子法仁曰各如法住善修三業無令一生空過當順佛語勿變服揚哀隨吾喪後事不可矣乃整容如常潛思

入定於後夜分正坐而終咸聞異香滿室遂遷坐于南山至相寺于時攀轅状轂道俗千餘送至城南又聞天樂鳴空弟子等為建支提塼塔勒銘封樹蘭陵蕭鈞製文仁是鄉人少所供奉清淨身心修行念定卑弱著性有名門學

釋慧暠安陸人幼入道門即懷遠量汲覽經義弘導居心初踐染玄經希崇大品博聞略究而情阻未申承苞山明法師興皇遺屬世稱郢匠通國瞻仰因往從之諮奉無倦脩清遐道遂得廣流部袠恢裕興焉年方登立即昇法座談搊一指衆侶諠譁受業傳燈分風從化然以法流楚服成濟已聞岷絡三巴尚昏時網便以法弘導遠化未聞隋大業年泝流江硤雖遭風浪厲志無前既達成都大弘法務或就綿梓隨方開訓自玉壘僧侶因此開明衝煙揔萃傾味正法而成恵郵焉無憚遊涉故使來晚去思詠歌滿路又以衆斯夥雜枯折由生暠據法徵治情無猜隱時或不可其懷

者計奏及之云結徒日感道俗毛擁非是異術何能動世武徳初年下勑窮討事本不實誣者罪之暠惟道在人弘義須知返乃旋途南指道出荆門隨學之賔又倍於前既達故鄉丞仍前業重張頒綜更叙開鍵神望弥高衆聚弥結弊其諠競避地西山之陰屏退尋閑陶練中觀經逾五載四衆思之又造山迎接還邑傳化暠隨宜利益意引行蔵還返安州方等寺講說相續以貞觀七年卒于所住春秋八十有七自暠一位僧伍精勵在先日止一飡七十餘載隨得便噉無待營求不限朝中趣得便止所以蜀部豊都芬著兼列每旦塡供常充寺門暠並命入僧自無一受旦講若下食惟一捥自餘餅菓還送入僧有學士導勤見其羸弱恐法事稽留為告外衆令辦厚供暠怪異常推問食所由即令勤出衆永不相襲告曰邪命之食不可御也汝聞吾言而不解教意其守節稟法也如此

釋法祥同州人童稚出家清貧寡慾

周勤訪道栖止無定冠具已後遵奉憲章刻意鞭後潛心玄賾二教周廢便從俗吏而抱德懐經礼誦無輟僚佐班列同共嘉尚將欲進位貢入臺府而正性慕道不思榮問乃恣其習業露負而已隨興法現即預出家住大興國寺志操俊爽言必簡衷立身擬肅不居幽屏常處大房開通前後三十餘年當風而住虛廓其處門未曾掩坐卧一牀讀經為業道俗問訊者自非讀盡復卷中無涉言故知其客節卷未叙者咸私覘已後而奉對祥潛思玄籍博綜多持開蒙引喻言不加飾因染傷寒有勸藥療者皆無所受但苦邀心隨務量擬或患痢病有加藥者乃曰痢者水也不進自除便噉乾飯數日便差其執節堅固率皆類此兼又持信標儀不交華薄申令衆範出言歸敬故衆有諸罰祥必先致其詞聞過伏引更不怨及其德耀人神為若此矣以武德七年沉痾累月素氣綿弱侍者叅立乃微言佛像佛像聲既沉隱初聞未了後思乃

悟迴顧看之瞥見尊儀峙然西辟光相宛具須臾漸隱又聞香樂競至悟讚盈房道俗驚嗟又見一羣白鸖從西方來遶房三匝翔傳還復來處而去於後少時而卒乃葬于城之東隅傾邑充衢幢蓋綿亘哀慟之聲流聞遠近

釋靜藏俗姓張澤州高都人九歲出家投清化寺詮禪師而為師主訓誨之至極附大猷進戒已後樂思定業通徹盡相宗徒有歸年二十三發引撿曰丈夫出俗紹釋為氏豈不欲義流天下名貫玄樞者乎承鄉壤大德遠法師勑召在京引化為務便往從之未至值還果非本遂乃遍諸法席聽採經論攝論十地是所偏求還住淨影弘揚所習大業九年召入鴻臚教授東蕃三國僧義九夷狼戾初染規猷賴籍乘機接誘並從法訓武德初歲太僕卿宇文明達宿昔承奉禁戒是投合門請業用比昭穆勑使達為河之南北軌節招撫綸言既出將事首塗藏送曰世界無常佛有誠誥

別易會難先民遺語願常存此奉信在心達以藏夙有預聞曾經事驗拜辭曰弟子銜命於不返願師冥道照助及至相州果為賊王德仁所害其子世壽奏曰臣父奉勑安撫竭誠奉國為賊所害思報皇恩藍田散谷見有故寺望得為父修立并度僧二十人帝問欲作何寺壽以事諮藏曰此山上有閭玉下有流泉可名玉泉耶壽具奏聞帝依所請仍延藏往住堂宇廊廟並指撝焉遠近道俗造山修覲皆遺之法藥安時處順遂復其性以武德九年十二月因事入京遇染時患限終京室春秋五十有六弟子道刪祖習風範地持一部敷化在心今住終南至相有名於世

釋圓光俗姓朴本住三韓卞韓馬韓辰韓光即辰韓新羅人也家世海東祖習綿遠而神器恢廓愛染篇章校獵玄儒討讎子史文華騰翥於韓服博贍猶愧於中原遂割略親朋發憤溟渤年二十五乘舶造于金陵有陳之世号稱文國故得諮考先疑詢猷

了義初聽莊嚴旻公弟子講素霑世典謂理窮神及聞釋宗反同腐芥虛尋名教實懼生涯乃上啓陳主請歸道法有勑許焉既爰初落采即稟具戒遊歷講肆具盡嘉謀領牒微言不謝光景故得成實涅槃薀括心府三藏數論徧所披尋末又投吳之虎丘山念定相沿無忘覺觀息心之眾雲結林泉並以綜涉四含功流八定明善易擬筒直難虧深副夙心遂有終焉之慮於即頓絕人事盤遊聖蹤攝想青霄緬謝終古時有信士宅居山下請光出講固辭不許苦事邀延遂從其志創通成論末講般若皆思解俊徹嘉問飛移兼糅以絢采織綜詞義聽者欣欣會其心府從此因循舊章開化成任每法輪一動輒傾注江湖雖是異域通傳而沐道頓除嫌郄故名望橫流播于嶺表披榛負橐而至者相接如鱗會隋后御宇威加南國曆窮其數軍入楊都遂被乱兵將加刑戮有大主將望見寺塔火燒走赴救之了無火狀但見光在塔前

被縛將殺旣恠其異即解而放之斯臨危達感如此也光學通吳越便欲觀化周秦開皇九年来遊帝宇值佛法初會攝論肇興奉佩文言振績微緒又馳慧解宣譽京臯勤業旣成道東須継本國遠聞上啓頻請有勑厚加勞問放歸桒梓光往還累紀老幼相欣新羅王金氏面申虔敬仰若聖人光性在虛閑情多汎愛言常含笑慍結不形而牋表啓書往還國命並出自胸襟一隅傾奉皆委以治方詢之道化事異錦衣請同觀國秉機敷訓垂範于今年齒旣高乘輿入内衣服藥食並王手自營不許佐助用希專福其感敬為此類也將終之前王親執慰囑累遺法兼濟民斯為說徵祥被于海曲以彼建福五十八年少覺不悆經于七日遺誡清切端坐終于所住皇隆寺中春秋九十有九即唐貞觀四年也當終之時寺東北虛中音樂滿空異香充院道俗悲慶知其靈感遂葬于郊外國給羽儀葬具同於王礼後有俗人兒胎死者彼土

諺云當於有福人墓埋之種胤不絶乃私瘞於墳側當日震此胎瓦擲于塋外由此不懷敬者率崇仰焉有弟子圓安神志機穎性希歷覽慕仰幽求遂北趣九都東觀不耐又西燕魏後展帝京備通方俗尋諸經論跨轢大經洞清纖旨晚歸心學高軌光塵初住京寺以道素有聞特進蕭瑀奏請住於藍田所造津梁寺四事供給無替六時矣安嘗叙光云本國王染患醫治不損請光入宮別省安置夜別二時為說深法受戒懺悔王大信奉一時初夜王見光首金色晃然有象日輪隨身而至王后宮女同共覩之由是重發勝心克留疾所不久遂差光於卞韓馬韓之間盛通正法每歲再講匠成後學䞋施之資並充營寺餘惟衣盋而已

釋海順姓任氏河東蒲坂人容貞方偉音韻圓亮長面目少鬚髯儀服不羣於衆有異少覆寒素生於田野早喪慈父與母孤居孝愛之情靡由師傅廉直之性獨拔懷抱每恨家貧無

貧受業故年在志學尚未有聞乃慷慨辞親脫落求道出家依于沙門道遜道光玄曾名扇儒宗具見後傳順躬事學礼晝夜誦經初無暫替文不再覽日殆三千歲登具受履操逾遠志業尤勇念守所持誓無點累仍以威儀麁著身過可防語笑易為口非難護乃因他患緘默不言却掃遂扉事心而已方以學行之始慧解為先遂閱討衆經伏膺玄宰方等諸部咸稟厥師皆探賾研幾貴言領意有栖巖寺沙門神素者性好幽栖尤專二論順遠承寄調思扣沖開乃荷帙登峯諮參講肆徒屬旣衆鑽仰殊多有所詢求但舉經要順頻時屬請徵以為繁雖慍色不形而勞心可驗順遂巡退席曰昔陳亢問一得三今者請一蒙二亦何遽乎曰何謂耶荅曰一則見忤一則聞義素旣悟其所述因斯自革於是無疑不斷有滯必申至於雜心隱括備在婆沙研精專一始終該統或下山分衛而執卷披文或企足接明假照尋讀莫不洞開樞要

妙鑒幽源順嘗以餘席言於衆曰海順曠刼深尤不逢賢聖周旋五趣莫能自免致生茲穢土對此凡緣未能出有欲河登無為岸將不由心駒失轡而晦沉埦掐者乎因涕泣濡襟歔欷哽塞又曰每念二輪交轍息駕何門六道長駈思歸無路言及斯事戴懷惶悚且生得為人啓期亡憂於貧賤出家卯道僧度不易於公侯順今兼之一何可慶又以大寘之室仰屬傳燈雖不面奉如来而幸遇法師耳不量短綆輙揆深源願得賜以明珠投之渾浪如此則一生有獲千載無恨也遂即言笑如常容儀自若素曰敢聞君子志矣恐不副雅懷素後累居僧任界停講席順以法輪罕遇遂依禪味有沙門道傑者頴秀定慧希慕風景乃致書曰敢稽首大師門下每欲理靜攝心山泉畢志但以無明大夜非慧炬不輝故栖寄法筵聽覽玄旨至於人物聚集頗勞俯仰況乃大限百年小期一念儵從風燭前路奚憑所以策駑駘之疲想千里之

遶定門玄妙輙希趣入逆其不逮益用盤桓伏願開舍養之懐退人以礼傑得書美其銳情玄暢也乃報曰促路非騏驥之逸纔灌木豈是鸞鳳之栖息故當引水而沐枯魚戢翼而朋衆鶴耳脫其不尒幸無略光陰順得書會疾遂不果行而為人高簡雅素自歸清衆絕交垠俗嘗有說種性高尚祖袮榮貴者以誇於順順莞尒而笑曰我釋種餘暉法王之子尚須謙讓自下不敢傲誕欺人豈期庸庸之徒翺欲恃鬼陵物遂振手而去故趍時之士皆不及其門反俗之賓頗入其室而道行純絜性好追蹤曾刺血洒塵供養舍利兼以血和墨書七佛戒經莊己研心類皆如此嘗尋付法藏傳說如来涅槃法付承繼迄於師子㓙賔囑累斯書詞事既顯若覿面焉因斯悽感涕零如雨曰恨不及彼聖人拔茲沉俗也又常於霄分歸命三尊同住隣居無得聞者或解納覆彼寒夫或減食而充餧者志好恬愉無求知足有贈衣帛者終不以介意

曾縱容曰自任則樂而未曾制物從我隨物則苦而未曾以我違物且鳥不栖淵魚不巢樹未必解隨和讓之道而各得其所宜者亦猶我不奪物榮物不妨我辱矣又作三不為篇其一曰我欲偃文脩武身死名存研石通道祈井流泉君昕在內我身處邊荊軻拔劒毛遂捧盤不為則已為則不然將恐兩虎共闘勢不俱全永存令好長縱来慾是以反跡荒遐息景柴門其二曰我欲刺股錐刃懸頭屋梁書臨雪釆牖映螢光一朝鵬舉万里鶱翔縱任才辯遊說君王高車反邑衣錦還鄉將恐鳥殘以羽蘭折由芳籠食詐貴鉤餌難嘗是以高巢林藪深穴池塘其三曰我欲衒才鬻德入市趍朝四衆瞻仰三槐附交標形引勢身達名超箱盈綺服厨冨甘肴飄揚弦管詠美謌謠將恐塵栖弱草露宿危條無過日旦靡越風朝是以還傷樂淺非惟苦遥順神晤駿羣出言成録著集數卷于時真法陵遲俗尚諛諂訥言敏行者為愚巧詞令色

者為智廉潔正性果或致識故順履

貞直之心居危不乱涅而不緇可謂
懷素風焉有沙門行友者志行嚴正
才慧英悟與順素交因疾衆候順曰
先民有言曰古之學者為己今之學
者為人三覆斯言一何可信世人強
求知解而不欲修行每思此言良用
悽咽吾謂衷煩殄惑豈直專在說經
以法度人何必要登高座授非其器
則虛失其功學不當機則坐生自惱
友遂製息心論以對之文甚宏冠順
曰觀第此作理如未盡友曰息心之
論應有數篇謂顯觀述宗釋疑成義
但以理玄詞密非當世之所聞故容
與於靈津戢鱗而未進慨時哉之不
遇始絕絃於此耳順乃重說遺教悲
歎無已先有沙門慧本者逸亮高世
僧也思與順結山林之操會順方學
問未暇允之本獨謝時世罔測所往
後每思之言輙凄泫曰本公若乘龍
之遊濯足雲表吾雖攣戀自恨縈身
蹈俗昇沉相異徒為悲矣且忘懷去
來者朝市亦江湖耆情生死者幽栖

猶桎梏苟其性之不失不無居而不

安其得志慕情為如此也于時卧病
連稔自知不差遺文累紙呈諸師友
而形同骨立精爽逾健旁問後事順
曰患身為穢器蹔捨欣然魚鳥無偏
水陸何簡然顧惟老母宿緣業重今
想不得親別矣若棄骸餘處儻來無
所見有致煎惱但死不傷生古言可
録順雖不孝豈敢以身害母耶既報
不自由可側柩相待遂令遯法師說
法領悟欣然須臾卒於住寺春秋三
十即唐武德元年八月十五日也沙
門行友著已知沙門傳致序其事友
今被召弘福充翻譯之選建名時俗
云
釋曇藏姓楊氏弘農華陰人家世望
門清心自遠年十五占者謂為壽短
二親哀之即為姻媾既本非情慮有
推逼遂逃亡山澤惟念誰度行至外
野少非遊踐莫知投告但念觀音久
值一人貌黑而駈二牛因問所從可
得宿不便告藏曰西行有寺不遠當
至尋聞鐘聲忽見僧寺因求剃落便

遂本心即遣出門可行百步迴望不

見久乃天明西奔隴上求法為務晚
還京邑於旌善寺行道受戒聽諸經
律意有所昧又往山東彼岸諸師競
留對講地持十地名稱普聞故東漸
海濱南窮淮服聽涉之寂無與為儔
及返京師住光明寺詮發新異檀聲
日下獻后既崩召入禪定性度弘裕
風範肅成故使道俗推崇經維領袖
恒為接對之役也賓客席上之美談
叙曠世之能見之今矣大唐御世造
寺會昌又召以為上座撫接長幼殊
有奇功貞觀譯經又召為證義時以
藏威烈氣遠容止清肅可為興善寺
主藏深懷禮讓用開賢路乃薦藍田
化感寺閏法師焉即依其言舉稱斯
目及皇儲失御便召入宫受菩薩戒
翌日便瘳勑賜絹數百段衣對亦尒
度人三千并造普光寺焉尋又下勑
得遥受戒不藏曰地持論云若無戒
師發弘誓願得菩薩戒因進論文勑
乃以藏詞令藏披讀至皇后示疾又
請入宫素患胥脚勑令轝至寢殿受

戒施物極多並充功德至貞觀九年三月十八日終於會昌寺春秋六十有九哀動兩宮吊贈相次詔葬郊西嚴村起塔圖形東宮詹事黎陽公于志寧為碑文見于塔所

釋神迥姓田氏馮翊臨晉人弱齡挺悟辭恩出俗遠懷匠碩備歷艱虞問道海西包括幽奧博采三藏研尋百氏年未及冠聲為鴻彩雖廣融經論而以大衍著名至於所撰序引注解羣經篇章銘論合四十餘卷每於春初三月放浪巖阿迄於夏首方還京邑漁獵子史諷味名篇逸調橫馳頗以此而懷簡傲也兼以嘲謔豪傑辯調中外陵轢倫右誇尚矜莊京邑所推侯王揖仰又以旬暇餘隙遊歷省臺預是文雄通名謁對或談叙儒史或開悟玄宗優遊自任亦季世縱達之高僧也故華壤英儁謂之諺曰大論主釋迦迥法界多羅一時領以其竪論之時必令五三人別難後乃捴領通之故懷斯目矣大業十年召入禪定尋又應詔請入鴻臚為敷大論

訓開三韓諸方士也貞觀三年以正道所歸通務為則遂擁錫庸蜀流化岷峨道俗虔虔靡若風草法流亹亹所至汪濊以四年七月一日遷神於法聚寺春秋六十五矣四衆哀慟悲其為法来儀未幾而終素懷莫展益州官庶士俗及以同舟列道爭趍奔于葬所素幢責野香煙蔽空方計哀號聲動天地於昇遷橋南焚之遵遺令也弟子玄詧収其餘柩以約秦中與同學玄究等於終南山仙遊寺北而繕塔焉究為其文銘于塔所究情貞抱素　志樂林泉頗工篇什時會精越學文驚其藻銳也未立而終哀傷才府

釋僧鳳姓蕭氏梁高其族祖也曾祖懿梁侍中宣武王大父軌梁明威將軍番禺侯顯考長陳招遠將軍新昌守鳳以族胄菁華風望高遠置情恢廓立履標峻昔在志學聰慧夙成文翰曾映聲辯超挺所製雜文百有餘首冠出儒林識者咸誦固得早登延譽令逸京皐開皇之始僧粲法師名

重五都學周八歲乃委心請道歸宗師傅粲鑒其精爽美其器略授以真乗開十等之老導以玄辯踈八勢之位鳳雅有幽度領覧無遺勝氣邁於比肩賦命懷於前達時倫相顧曰師逸功倍聞之昔人氷涼清厚驗之今日會隋煬負圖歷試黄道大業中歲駐蹕南郊文物一盛千年罕及欲以軍威帝業激動鬼神乃高飾黄麾盛陳白羽霜戈曜日武帳弥川皂素列於朝堂下勑曰軍國有容華夷不革尊主崇上遠存名體資生通運理數有儀三大懸於老宗兩教立於釋府條格久頒如何抗礼黄老士女承聲下拜惟佛一宗相顧峙立沙門明贍率先荅詔具如別傳然勑頻催何為不礼鳳為崇敬寺主依例被追乃擺撥直進援引經論明不敬之理僉詳贍鳳抗詔之儀可謂蘭菊各擅其英華竹栢禾陳其貞節不可削也獻后去崩禪定斯搆下詔辟召来莘道場相從講解迄於暮齒善綜引安機要難問失緒顯論攸歸貞觀中年釋

門重闈青田有穢白首斯興非夫領括無由弘護中書舍人杜正倫下勑監掌統詳管轄奏召以為普集寺任尋更右遷定水上座綏緝二寺無越六和妙達衆心欣其仰止年及從心更新誠致縶維塵境放曠山林言晤相誼終事畢矣有岐州西山龍宮寺遠來請講深幸素心承彼北背曽巖南臨清渭石鏡耀日松蘿冒空暢悦幽情即而依赴大開法觀導引慧蹤遂使道俗來蘇聞所未有既而厚夜悽感常志前言悲谷增慨弥隆遐想以其年暮月二十三日因疾終於彼寺春秋七十有七初以疾極委卧猶存弘法精爽不移乃力疾而起曰妙法華經寂後言别終須一釋用通累念遂對衆開之下坐恬然奄尒神逝於岐州陳倉縣之龍宮寺士俗官庶痛心疾首喪我所天悲夫陳迹昭穆安覩乃遷靈於縣郭之北原鑿窟處之仍施白塔苕然望表遠近瞻屬無不涕零有弟子法位學聲早被言晤清遠以終天難補英聲易塵匪假陳

揚於何取則乃於定水寺為建一碑程器万古其文左僕射燕公為製惟鳳立性矜莊氣厲羣伯吐言爽朗晤涉奔隨以般若為心田以涅槃為意得講法華經百有餘遍製疏命的亦是一家餘諸經論待時而舉初鳳之往西山便留遺跡述其遠度累以餘緣恰達彼寺因而不返樂天知命何以加之故其遺文後偈云

苦哉黑闇女　樂矣功德天　智者俱不受
愚夫納二邊　我奉能仁教　歸依弥勒前
願聞摩訶衍　成就那羅延

釋道岳姓孟氏河南洛陽人也家世儒學專門守業九歲讀詩易孝經聰敏強識卓異倫伍父暠仕隋為臨淄令治聲遠肅有隱士西門義者博物踈通肥遁巖谷前後令召莫能致之至是步自山阿來儀府舍謂鈴下吏曰西門義故謁邊為吾白即以事聞令素仰高風駭其萃止延席曰先生道扇三古德重四民何能輕舉義曰吾自弱歲隱淪于兹暮齒誠不欲干遊人世抱誠弃智須者吠聲既静則

良政字民五袴興謡兩歧成詠有欣美化故不以韜隱自私敢叙斯事令述其不逮問其治術對荅若神情兼明舉乃命諸子紹續續曠岳略等列於義前令其顧指義曰府君六子誠偉器也自長而三州縣之職保家自若也巳下之三其志遠其德高業心神道求解言外固非世局之所常談也曠年十七遂得出家操行貞固志懷明約善大論及僧祇深鏡空有學徒百數禪觀著績物務所高即洛陽淨土明曠法師是也岳十五出家依僧粲法師為弟子少樂學問經論是欣及具篇禁更宗律部指途持犯性不議非而體皃魁美風操高厲容止儼然不妄交於道俗後習成論雜心於志念智通二師備窮根葉辞義斯盡有九江道尼者創弘攝論海内知名以開皇十年至自揚都來化京輦親承真諦業寄傳芳岳因從受法日登深解以衆聚事擁惟其廢習將欲栖形太白服業倫貫時太白寺慧安者倜儻多知世數闊達方丈一字方

寸千文醫術有工經道偏練日行四百相同夸父世俗所謂長足安是也岳友而親之便往投造告所懷曰毗曇成實學知非好攝大乘論誠乃精微而傳自尼公聽受又勘今從物化請益無從中路俳佪伊何取適昔天親菩薩作俱舍論真諦譯之初傳此土情寄於此耳安曰願聞其志岳曰余前學群部悉是古德所傳流味廣周未盡於後惟以俱舍無解遂豈結於當來耶安曰志之不奪斯業成矣後住京師明覺寺閑門靜故尋撿論文自讀其詞仍洞其義一習五載不出住房惟除食息初無閑暇遂得釋然開發了通弘旨至於外義伏文非疏莫了承三藏本義並錄在南方思見其言載勞夢寐乃重賂遺南道商旅既憑顧是重所在追求果於廣州顯明寺獲俱舍疏本并十八部記並是凱師筆迹親承真諦口傳顯明即凱公所住寺也得此疏本欣戴仰懷諷讀沉思忘於寢食乃重就太白本其先志於即慶弔絕緒尋繹追功口腹

之累惟安供給時穀食不豐菜色相顧安庶事經營令無匱乏綿歷歲序厥志弥隆內慙諸已乃謝安曰岳今至愚為累獨學成識輙不量力欲悕非分一不可也食為民本名作實賔苟求虛譽遂勞同志二不可也斯過弘矣誠可退迹浮浮更勞重累則不可也安曰功業將成幸無異志嘉會難再無思別慮復延兩載方始出山乃以已所尋知將開慧業遊諸講肆清論莫窮大業八年被召住大禪定道場今所謂大總持寺是也時年三十有四少齒登器莫匪先之此時僧眾三百餘人令聽風規手相推謝岳以後至名重學不從師雖欲推揚未之有許時有同德沙門法常智首僧辯慧明等並名稱普聞眾所知識相為引重割為請主岳撝讓藏器退辭師授徒累清言終慙疎略慧明等越席揚言曰法師何辭耶吾等情均水乳義結相成掩德移機恐爽靈鑒又人世飄寄時不再來幸不相累岳頤諸意正乃首登焉遂以三藏本疏判

通俱舍先學後進潛心異論皆曰斯文詞旨宏密學爽師資縱達一朝誠自誣耳當伺其談敘得喪斯及矣岳自顧請主虛宗初無怯憚舉經頻絅大義斯通雖諍論鋒臨而響應隨遣眾咸不識其戶牖故無理頻聯辞由是名振學宗法筵繼席歲舉賢良推師有守武德初年從業藍谷化感寺側巖垂乳水岳往承之可得二升懸滯便絕乃曰吾無感也故水輟流遂以殘水寫滯下瑩中一心念誦日取一升經六十日患損方復又至二年以三藏本疏文句繁多學人研究難用詳覽遂以真諦為本餘則錯綜成篇十有餘年方勒成部合二十二卷減於本疏三分之二並使周統文旨字去意留兼著十八部論疏通行於世以為口實又初平鄭國有宗法師者神辯英出時所異之皇上延入內宮立三宗義岳問以八正通局聖賢後責繞施無言以對坐見其屈乃告曰京室學士談衒寔希三宗之大於何自指及高祖之世欲使李道東

續高僧傳卷第十三　第二十八張　達

移被于烏服度人授法盛演老宗會
貞觀中廣延兩教時黄巾劉進喜劉
開老子通諸論道岳乃問以道生一
二徵擾前後遂杜嘿焉岳曰先生高
視前彦豈謂目擊取通乎坐衆大笑
而退故岳之深解法相傳譽京國矣
至六年秋八月岳兄曠公從化悲痛
纒懐徒屬慰曰人皆有死惟自裁抑
岳捫涙曰同居火宅共溺愛流生死
未斷何得不悲聞者議之以為善居
道俗之間也貞觀初年有梵僧波頗
在京傳譯岳為衆舉預其同例頗聞
善於俱舍未始重之謂人曰此論本
國學者之英華浮情不敢措意今言
善者不有謬耶因問以大義并諸異
論岳隨其慧解應荅如流頗曰智慧
人智慧人不言此慧吾與尒矣自尒
情敦道術厚客加恒八年秋皇太子
召諸碩德集弘文館講義岳廣開衢
術延對諸賓酬接覆却神旨摽被太
子顧曰何法師若此之辯也左庶子
杜正倫曰大揔持寺道岳法師也法
門軌躅學觀所宗太子曰皇帝為索

續高僧傳卷第十三　第二十九張　達

人造寺廣占名德而此上人猶未受
請何耶倫曰虞舜存許由之節夏禹
順伯成之志彼乃俗流猶從矯逸況
方外之士弃名之人臣輙從其所好
耳乃下令曰今可屈知寺任允副虚
襟岳動容辭曰皇帝深惟固本歸誠
種覺所以考茲福地建此仁祠廣占
無諍之僧用樹無疆之業貧道識量
未弘德行無紀令蒙知寺任誠所不
安願垂含恕敢違恩旨屢辭不免遂
住普光以貞觀十年春二月搆疾弥
留諸治無効春坊中使相望於路遂
卒于住寺春秋六十九皇太子令曰
普光寺上座喪事所資取給家令庶
使豊厚無致匱約仍贈帛及時服衣
等俄而有勑復公給葬儀送於郊南
杜城之西隅岳弟明略身長七尺三
寸十九出家志懐遠悟容儀清肅特
善涅槃學人從集有聲京洛住東洛
天宮寺貞觀九年入朝奉慰時四海
令達揔集帝京惟岳及略連支比躍
時共美之及事緣將了言歸東夏岳
恫然曰吾同氣四人並先即世唯余

續高僧傳卷第十三　第三十張　達

與尒相顧猶影自曠師没後心常怏
怏恐藤鼠交侵欻然長逝異生難會
可不思耶吾行年耄矣其能久乎
集會又難尒其且止因斯便住恰至
明春岳便辭世略之銜哀痛鍾纒結
帶疾還寺以十二年卒于所住春秋六十七矣
釋功迥姓邉汴州浚儀人年六歲便思出家
慈親口授觀音經累月而度自此專訓經法
九歲而送在寺年十六捨俗服志願山居因
入泰岳苦心忘惓年二十五便事弘法師私
自惟曰拱默山林乃是一途獨善至於道達
蒙晢維持餘寄非化誘不弘住汴州慧福寺
昔在山中十地勝鬘已曾講解及遊城邑人
有知者勸而說之遂因闡揚諸經論等亦備
敷說晚以法花特為時要便撰疏五卷鎮常
弘演前後五十餘徧每至藥草品天必降雨故
其幽誠徵感為若此也其佛地般若制疏并
講津濟後學聲滿東川又撰無性攝論疏厥
功始成奄然長往本寺年六十六余聞之行
人曰其人少欲自節衣布坐茅所獲利禄
隨時散盡房無櫃篋四壁廓然未終之前異
香靈光至所住室三夜四至自覩嘉相門人同美
迴曰願秉此瑞往生樂土因不食二十日而

終所飲井水終旦泉竭殯經數日水方復舊道俗悲涼通感若此

釋神照姓淳于汴州中牟人年九歲隋亂眷屬凋亡惟母及身莽流無託未幾母崩投造無諂朝求末實多宿屍所行往見之莫不下泣年十二投尉氏明智律師而出家焉于時載揚律藏學徒雲集宇內初定糇粒未充照巡村邑負糧周給年經六祀勞而無倦供衆之暇夜講法華勝鬘經雖久人無知者受其聽律每發奇思前學之流驚其迥悟又往鄴下休法師聽攝大乘論一徧無遺講散辭還休送出寺學門怪異休顧曰斯是河南一徧照也後生領袖尒其知之又往許州空法師所聽雜心論纔始八卷爲師疾而返後因遂講之初後通冠時人語曰河南一徧照英聲不徒召尒後涅槃華嚴成實雜心隨機便講曾不辭退又造像數百鋪寫經數千卷任緣便給不爲藏蓄新譯能斷金剛般若初至披讀尋括詞義似少一行遂以情測注及後其本果與符同時咸訝其思力也貞觀中遘疾逾文而戒行無玷卒於安業本寺春秋五十

有九初平素曰一狗將養所住栢隨及隣大漸長號哀厲通宵向本出家寺往返二百餘里達寺號呼以告彼衆素不知也凶問後至方委狗徵及曙還返安業捹坎之後長眠流淚不食而殂

釋道傑姓揚其先弘農漢太尉震之後也苗裔復居河東安邑之鳴條焉天懷頴發廓然物表年纔小學便就外傳教以書計典籍粗知大略然以宿植德本情猒俗塵父母留戀抑奪不許開皇十一年歲將冠肇垂翼東飛投聞喜横水寘真瑩法師瑩鍳其高拔即而剃落尋與受具令學涅槃等經性淨脩明聞持鏡曉後往峴頭山誦法華經月便度深自惟曰經不云乎寧願少聞多解義味欲得通要必俟博遊開皇十四年往青州何記論師所聽採成實纔涉二年功高四載記顧曰吾子形良傀偉請對有方學淺而思遠吾論其興矣儻子存於始卒吾當誨而不倦無幾而記遷化遂尒周流齊土時有裝寂安藝並

号拓人從之受道多識前令又往會冀魏念二論師所聽毗曇論又於清河道向汲郡洪該所俱聽成實始末四載傾窮五聚乃上下搜求以問法主每令該公延頸長息嘗定該義曰論云惟一苦受而有三差此文非謂以一行苦名爲苦受而隨情說三受正以於一苦受而隨情說三受此是經部師計而拔摩述以爲宗可不尒耶該曰然傑曰若使果起酬因說苦受爲樂受亦可因成感果說惡業爲善業若言善業感樂果善業非惡業亦可樂受酬善因樂受非苦受若言樂受酬善因而體即苦受亦可善業感樂果而體即惡業若言惟是一苦受隨情說妄樂亦可惟是一惡業隨情說妄善此中多向終是一妨遂取伏意覆却例決該于時茫然曰此中須解聽後私室便曰子有拔羣之亮難與言也吾老矣弘興論道其在子乎由是門人高伏開皇十九年自衛適鄴聽休法師攝論又於洪律師所聽四分略知戶牖意在小論將事東行屬

續高僧傳卷第十三　第三十四張　達　字

隨漢王㕣滄州志念河間法楞長弘
并部忽遇斯際即往從之聽仰迦延
讀婆沙論首尾三載頗極窮通曾難
念論師曰若觸空非觸入處者亦應
識空非識住處若以識非分是識住
處者亦應觸非分是觸入處于時念
公但含笑直視竟不通之其論道迅
猛皆此類也然以先功小學意為弘
顯大乘仁壽二年又依楞法師聽十
地等論尒時法門大敞宗師雲結智
景大論十力攝乘兩達涅槃舜龕律
部一期揔萃并晉中興乃歷遊講肆
觀略同異凡經六載咸陳難擊故并
州語曰大頭傑難人煞然其例並雖
少而一徵一責能令流汗文帝崩晉
陽逆節便還故里講阿毗曇心又講
地持各五六遍自惟曰徒事言說心
路蒼茫至於起慧非定不發遂停講
往麻谷依真慧禪師學坐思擇念慧
深入緣起慧歎曰常為法師等一從
名教難偃乱流如何始習便能住想
豈非宿習所致耶後依成實安般念
處兩夕專想觀解大明便謂神素法

續高僧傳卷第十三　第三十五張　達

師曰昨試依論文安般念觀境界極
明而氣逼上心坐不安席欲除此患
終須教遣請撰諸經安般同異編為
次第將依遣滞素乃取婆沙成實龍
樹蘭若諸部明十六特勝六種安般
之相以示之即依修習更逾明淨又
往麻谷以呈所證慧曰善哉大利根
者淋落泉中諸學坐者未至此處武
德元年請弘十地傑笑曰息駕修禪
侶名自利凡法講揚化誠為利他至於
俱利事須商度今當晝語夜默庶得
小大通洽不亦可乎遂即長弘三十
餘遍常隨門學百有餘人堪外化者
數盈二十斯人也對決中恕少欲希
言擇交選士疎財薄食苦樂不言喜
慍無撓栖巖一衆舉為僧主辤不獲
免着淨雲焉以貞觀元年七月二十
八日因疾卒山春秋五十五三十六
夏初有桑泉樊綽者前周廢教僧也
雖為白衣常忝法字傑以國士遇之
綽已前亡二女同夢其父乘虛而至
曰吾生西方極樂土矣知傑師將逝
故来迎接因往栖巖其日傑患停講

續高僧傳卷第十三　第三十六張　達

乃至壽終常見樊綽在傍合衆又聞
空中伎樂異香故其去處雖遠不負
弘導之功焉門人依西域闍維起塔
供養

釋神素姓王字紹則其先太原遠祖
勇從宦虞州遂徙居安邑鳴條之野
焉氏族英望無煩述作少與道傑結
張范之好相携問道儒學之富礼易
是長至於篇什繼美英采故其遊學
講肆周流國境必與相隨若比人矣
所習詞義博覽俊悟則難兄難弟也
至於誦經學定當探索隱則後於傑
文理會通素則先之為傑出安般念
觀令其從滞如彼傳述大業四年傑
公停講學門清素接斬相尋遂從
命專講毗曇四十餘遍續講成實將
二十遍自餘小部不足述之其為講
也片言契理少語釋多學者玄悟聽
覽不倦則傑高於素若多陳同異廣
定是非鄭重挍角開生覺意則素賢
於傑所匠成者則盖裕隆深英泰之
徒是也故晉川稱謂素傑二公秋菊
春蘭各擅其美然素溫恭退讓慈愛

矜恕侍士慕賢不伐諸己貞觀二年栖巖大衆請知寺任辭以法事相繼有阻僧網衆又固請依傑師故事乃許之性寬厚善物性故得上下和睦風塵攸靜以貞觀十七年二月二十三日卒於栖巖春秋七十二自一生行業屬想西方於臨終日普召門人大衆爰逮家目與之别已自加結坐正威容已令讀觀經兩遍一心靜聽自稱南無阿彌陁佛如是五六又令一人唱餘人和迄於中夜端坐儼然不覺久逝依即坐墳肌肉雖盡骨坐如初又感祥瑞略故不述初終之夕仁壽寺志寬法師夜坐如悶夢素來過同牀止息勤勤告别曰如來大悲爲諸衆生曠劫苦行勤求大法流布人天欲使不絕我等雖居下流然佛遺寄未能發輝道業遂有季位在前素雖不肖深懷辜負每欲推命竭愚上于天聽今大運忽臨長思永别好住努力寬送目極忽然而覺及明莫知凶問須臾信至方知昨逝寬致書述懷與諸門人如彼

釋法護姓趙本趙郡人祖康爲濟陰大守子孫遂家焉隋初有趙恒者與清河崔儦以秀才擢第時号四聦即其父也家門清儉禮素自居護時沖幼戲則圍坐登講採花列供其父知爲法器十二遭父憂未幾又丁母艱哀慟氣絶者數四服闋造河北衛部欲學儒術忽逢勝縁提誘誨以三界牢獄不以四大毒虵如不早悟輪迴未已便依而落髮時年十五也留誦淨名七日便度自是廣誦經誥訪無遠近遂往志念所聽毗曇法彦所聽成實縱横累稔參預前蹤又聽律部薄閑持犯又往彭城嵩論師所以是攝論命家海内摽仰伏膺請益無所辭焉指授幽明曲盡玄致大業三年勑遠召藝能住内道場時年三十有二既居慧日高彦成群常講中觀涅槃攝論偽鄭既降大宗初入別請名德五人護居其列自此按角攝論去取兩端或者多以新本确削未足依任而護獨得於心及唐論新出奄然符會以為默識之有人焉貞觀十二年勑召入龍潛宅天宮寺仍知寺任勉人以得衆稱如也十七年七月二十一日曛時不預因卒于房春秋六十有八護善外書好道術約已薄食解衣贍寒結帶終歳不飾容皃而貴勝所重通才咸萃先服石散大發數日悶亂門人之見欺當自責取然陷師於非道是何理耶遂不與言其確固例如此也然好施忘倦房無圭勺之儲但一牀一蹬而已撰攝論指歸等二十餘篇初亡嵩山沙門智大者年九十餘傲然恬素不出三十餘年聞哀扶策而至盡哀曰經論之士精苦之倫代有人矣至於純直自然識量通雅者斯人殁後因絶蹤矣中書杜正倫來吊而銘略之曰伊昔承恩誨深提耳及茲展覲慟興牀几頽泣可援沉痾靡已庶在遐齡永陪高軌

釋玄續姓苗蜀郡成都人出家既久經綸道業涅槃成實所學之宗常講法華導引蒙曉然風彩高峻容止方複言談之際機俊變通達外書工草

鎵時吐篇什繼美前修又能折節下
人僮少道俗有才調者命来與語愛
而狎之至於侯王雄伯名儒大德便
傲然特立不以介意而神爽更高辯
給電疾有幷州東曹掾蕭平仲者梁
高之孫也博學機關當時絶偶往參
談叙文集相示平仲尚之從容曰仰
永高懷儼略諸貴等令蒙礼顧深媿
非人續曰諸貴驕蹇須以驕蹇對之
明公汎愛故以汎愛相荅仲曰法師
從来不尒今日忽然疑是虚談恐非
實錄荅曰貧道待公之虚實亦如公
遇續之實虚耳相與驩笑背為寶園
寺製碑銘中有彈老荘曰老稱聖者
荘号拓人持螢比日用岳方塵屬有
祭江道士馮善英過寺礼拜見而悪
之謂續曰文章各談其美若相誹毀
来識所懷若不除改我是勑使當即
奏聞續曰文之體勢非尒所知若稱
勑使欲相威愶者我寺内年别差人
當荘此是勑許亦是勑使御欲奏我
我當荘人亦能奏御英雖大恨無如
之何寺僧五十雖並遑暮皆順伏之

嘗見人述荘子鵬鷃之喻便歎曰荘
蒙以小大極於此矣豈知須弥不
容金翅世界入於隣虚井鼃之智織人
耳目後疾甚召僧集已罄捨都盡曰
生死常耳願各早爲津濟其夜命終
貞觀中矣
釋慧壁姓弘蘇州嘉興人爰初胎孕
母絶辛鯹及誕育後生嫌臭味故始
自孩嬰至于七歳菜蔬飽腹諸絶希
求出家依法流水寺巖師明教隨順
修奉冠肇巳後周遊訪道無擇夷險
四論三經諮詢賞要學既明達還延
舊居四遠承風咸来請謁門人来去
常數百人曉夕誨誘樂説無惓背不
着席四十餘年老無久力時撫攣几
貞觀之末年七十餘伊人不逺詞狀
罕傳四逺稱揚但云不可思議大德
也至於登機對晤述作憲章高軌莫
聞恐埋諸古惜哉

續高僧傳卷第十三

癸卯歳高麗國分司大藏都監奉
勑彫造

續高僧傳卷第十三

校勘記

一　底本，麗藏本。
一　六八九頁上一行經名，徑作「續高僧傳卷第十五」。卷末經名同。
一　六八九頁上三行「十七」，徑、清作「十七人」。又「附見七」，資、磧、普、南作「附見八」；徑作「附見九人」；清作「附見八人」。
一　六八九頁上四行末字「一」下，諸本（不含石，下同）有小字「法仁」。
一　六八九頁上五行首字「唐」，徑、清無。下至二〇行首字同。
一　六八九頁上九行「行友」，諸本作「行友慧本」。
一　六八九頁上一九行「蜀都寺」，諸本作「蜀都寶園寺」。
一　六八九頁上二〇行「慧壁」，諸本作「慧壁」。下同。
一　六八九頁中二行「儉通」，諸本作「倫通」。

一六八九頁中七行「智瓘」，諸本作「智璀」。
一六八九頁中一一行「引滿」，南作「泓滿」。
一六八九頁中一二行「便以」，經作「便似」。
一六八九頁中一五行首字「云」，清作「示」。
一六八九頁下一五行「温彝」，諸本作「温柔」。
一六九〇頁上三行「千餘」，諸本作「千餘人」。
一六九〇頁上五行「掣文」，諸本作「製文」。
一六九〇頁上六行「供奉」，諸本作「恭奉」。
一六九〇頁上七行「門學」，諸本作「聞學」。
一六九〇頁上一二行「遐道」，諸本作「遐儞」。
一六九〇頁上一五行「徒化」，諸本作「從化」。

一六九〇頁上一六行「岷絡」，諸本作「岷洛」。又「時網」，諸本作「時罔」。
一六九〇頁上一九行「玉壘」，諸本作「玉疊」。
一六九〇頁上二〇行「衝煙」，諸本作「銜煙」。
一六九〇頁中五行「於前」，諸本作「前集」。又末字「亟」，諸本作「荐」。
一六九〇頁中一五行第四字「芬」，諸本作「芳」。
一六九〇頁中一八行「導勤」，諸本作「道勤」。
一六九〇頁下六行第二字「霑」，資作「露」。又第六字「隨」，諸本作「隋」。
一六九〇頁下一二行首字「客」，諸本作「容」。又第四字「未」，經、清作「末」。
一六九〇頁下一八行末字「申」，諸本作「身」。
一六九一頁上二行首字「相」，諸本作「明」。

一六九一頁上四行「翔傳還復」，諸本作「翔轉還從」。
一六九一頁中一行「存此」，諸本作「在此」。
一六九一頁中七行「二十」，諸本作「二七」。
一六九一頁中八行「諮藏曰」，諸本作「諮藏藏曰」。
一六九一頁中九行「閏玉」，諸本作「潤玉」。
一六九一頁中一四行「限終」，諸本作「恨終」。
一六九一頁中一七行末至次行首二字「卞韓馬韓辰韓」，諸本作「秦韓辰韓馬韓」。
一六九一頁下二行「反同」，諸本作「乃同」。
一六九一頁下四行「落采」，諸本作「落髮」。
一六九一頁下七行第五字「偏」，資作「遍」。

一六九一頁下八行「無忘」，資作「無亡」。

一六九一頁下九行第六字「以」，諸本無。

一六九一頁下一〇行「明善」，諸本作「朋善」。

一六九一頁下一二行「青宵」，諸本作「青霄」。

一六九一頁下一四行「末講」，磧、普、南、徑、清作「未講」。

一六九一頁下二〇行「御宇」，諸本作「御宸」。

一六九二頁上四行「振績」，諸本作「振續」。

一六九二頁上一一行第九字「皆」，資、普、南、徑、清作「昔」。

一六九二頁上一二行「請同觀國」，諸本作「情同散國」。

一六九二頁上一四行「王手」，諸本作「王后」。

一六九二頁中三行「不懷」，諸本作「下壞」。

一六九二頁中六行「尋諸」，諸本作「預尋」。

一六九二頁中一二行第一二字「王」，清作「主」。

一六九二頁中一六行「卞韓」，諸本作「秦韓」。

一六九二頁下三行首字「遜」，諸本作「孫愻孫愻」。

一六九二頁下六行「念守」，諸本作「念定」。

一六九二頁下一一行「貴言」，諸本作「遺言」。

一六九二頁下一二行末字「二」，諸本作「大」。

一六九二頁下一三行「承寄」，諸本作「承奇」。

一六九二頁下一五行「屬請」，諸本作「屢請」。

一六九二頁下一八行「遽乎」，清作「遂乎」。

一六九三頁上五行「坑埳」，徑作「坑焰」。

一六九三頁上六行「每念」，資作「毋念」。

一六九三頁上七行首字「門」，諸本作「由」。

一六九三頁中九行「莌尒」，資、磧、普、南作「晚爾」；清作「睆爾」。

一六九三頁中一八行第七字「書」，諸本作「晝」。

一六九三頁中二二行「充餧」，諸本作「充餒」。

一六九三頁下一行「縱容」，諸本作「從容」。

一六九三頁下三行第一一字「隨」，諸本作「修」。

一六九三頁下五行「不妨」，諸本作「不好」。

一六九三頁下七行第八字「盱」，諸本作「肝」。

一六九三頁下一〇行第四字「縱」，諸本作「絶」。

一六九三頁下一一行「銼刃」，諸本作「錐刃」。

一　六九三頁下一九行「飄揚」，諸本作「颻揚」。
一　六九三頁下二一行「神晤」，資作「神晧」。
一　六九三頁下二二行「成録」，諸本作「可録」。
一　六九四頁上一行末字「履」，諸本作「理」。
一　六九四頁上五行第五字「曰」，諸本無。
一　六九四頁中二行「卧病」，諸本作「卧疾」。
一　六九四頁中三行「不痊」，諸本作「不全」。
一　六九四頁中四行「精爽」，諸本作「情爽」。
一　六九四頁中一三行「著己知」，諸本作「者知已」。又「致序」，諸本作「致廣」。
一　六九四頁中二〇行「投告」，磧、普、南、徑、清作「投造」。
一　六九四頁下三行「旌善寺」，資作「旗善寺」。
一　六九四頁下七行「詮發」，諸本作「論發」。
一　六九四頁下一六行「閏法師」，諸本作「潤法師」。
一　六九五頁上三行「哀動」，諸本作「哀慟」。又「詔葬」，諸本作「諮葬」。
一　六九五頁上七行「匠碩」，諸本作「匠石」。
一、六九五頁上一五行「中外」，諸本作「内外」。
一　六九五頁上一九行「謂之」，諸本作「爲之」。
一　六九五頁中四行第一三字「神」，諸本無。
一　六九五頁中七行第五字「及」，諸本無。
一　六九五頁中一二行「究情」，諸本作「究清」。
一　六九五頁中二一行「雜文」，諸本作「新文」。
一　六九五頁中二二行「早登」，諸本作「早發」。
一　六九五頁下五行第一〇字「倫」，磧、普、南作「淪」。
一　六九五頁下六行「清厚」，諸本作「青厚」。
一　六九五頁下一二行「通運」，諸本作「運通」。
一　六九五頁下一三行「兩教」，磧、普、南、徑、清作「兩敬」。
一　六九五頁下一四行「士女」，諸本作「子女」。
一　六九五頁下一七行第四字「爲」，諸本作「時爲」。
一　六九五頁下一八行第九字「不」，諸本作「不可」。
一　六九六頁上三行末字「任」，磧、南、徑、清作「住」。
一　六九六頁上五行「從心」，諸本作「縱心」。
一　六九六頁上一二行「前言」，諸本作「言前」。又「悲谷」，諸本作「悲各」。

一　六九六頁上一四行「疾極」，資、磧、普、南、清作「疾殛」；徑作「疾亟」。

一　六九六頁上一八行第七字「之」，諸本無。

一　六九六頁上一九行「悲夫」，諸本作「非夫」。

一　六九六頁上二一行「瞻屬」，諸本作「瞻矚」。

一　六九六頁上二二行「言晤」，諸本作「言悟」。

一　六九六頁中二行「燕公」，諸本作「燕國公」。

一　六九六頁中一七行「肥遁」，諸本作「伏遁」。

一　六九六頁中一八行「謂鈴」，諸本作「謂銓」。

一　六九六頁中一九行第六字「謁」，諸本無。

一　六九六頁下一二行「淨土」，諸本作「淨土寺」。

一　六九六頁下一三行「經論」，徑、清作「經綸」。

一　六九六頁下二〇行「業寄」，南作「業奇」。

一　六九七頁上一三行「自讀」，諸本作「日讀」。

一　六九七頁上一六行第一二字「方」，諸本無。

一　六九七頁上一九行第三字「獲」，諸本作「得」。又第一二字「記」，諸本作「論記」。

一　六九七頁上二一行「欣戴仰懷」，諸本作「欣戴御懷」。

一　六九七頁中二行「營令」，諸本作「勞始」。

一　六九七頁中七行「浮浮」，諸本作「沉浮」。

一　六九七頁中一二行末字「三」，諸本作「四」。

一　六九七頁中一四行「令聽」，諸本作「令德」。又「推謝」，南、徑、清作「推讓」。

一　六九七頁下四行「請主」，磧、普、南、徑、清作「情王」。

一　六九七頁下一〇行「故水」，諸本作「故使」。

一　六九七頁下二二行「學士談衒」，諸本作「學市談衍」。

一　六九八頁上五行「取通」，徑、清作「耳通」。

一　六九八頁上一二行「同例」，諸本作「同列」。

一　六九八頁上一九行「引文館」，諸本作「引文館殿」。

一　六九八頁上二一行第四字「何」，諸本作「何處」。

一　六九八頁中一行「猶未」，資、磧、普、南、徑作「猶非」。

一　六九八頁中一一行「搆疾」，諸本作「遘疾」。

一　六九八頁中一三行「六十九」，諸本作「六十有九」。

一　六九八頁中一五行「匱約」，諸本作「遺約」。又末字「衣」，諸本作「法衣」。

一　六九八頁中一六行「公給」，諸本

作「官給」。

一　六九八頁下三行「行年」，諸本作「将」。

一　六九八頁下五行「疚痛」，磧、普、南、徑、清作「疼痛」。

一　六九八頁下八行「累月」，諸本作「累目」。

一　六九八頁下一八行第二字「津」，磧、南作「律」。

一　六九八頁下一九行「長往」，諸本作「長往於」。

一　六九八頁下二一行「植篋」，諸本作「遺篋」。

一　六九九頁上五行「無詣」，諸本作「無指」。

一　六九九頁上九行「夜講」，諸本作「夜誦」。

一　六九九頁上一〇行第六字及上二一行第一〇字「其」，諸本作「具」。

一　六九九頁上一一行「法師」，諸本作「法師所」。

一　六九九頁上二一行第六字「測」，諸本作「側」。

一　六九九頁中一行「所住」，資、磧、普、徑作「所往」。又「恆隨」，諸本作「恒隨」。

一　六九九頁中二〇行「請對」，諸本作「清對」。

一　六九九頁中末行「奘寂」，諸本作「裝寂」。

一　六九九頁下一行末字「倉」，諸本作「滄」。

一　六九九頁下三行第三字「向」，諸本作「尚」。

一　六九九頁下一八行第一四字「須」，諸本作「頃」。

一　六九九頁下一九行第七字「子」，諸本作「此子」。

一　六九九頁下二二行「休法師」，諸本作「林法師」。

一　七〇〇頁上一行「隨」，資、磧、普、徑作「隋」。

一　七〇〇頁上八行「先切」，諸本作「先攻」。

一　七〇〇頁上二〇行第九字「爲」，諸本作「謂」。

一　七〇〇頁中一〇行第五字「凡」，諸本作「已」。

一　七〇〇頁下三行「引導」，諸本作「引道」。

一　七〇〇頁下一〇行「比人」，諸本作「此人」。

一　七〇〇頁下一五行第六字「清」，諸本作「請」。

一　七〇〇頁下二二行第八字「謂」，諸本作「爲」。

一　七〇一頁上一行「侍士」，諸本作「待士」。

一　七〇一頁上三行「僧綱」，諸本作「僧網」。

一　七〇一頁上七行第一一字「普」，諸本無。

一　七〇一頁上八行「加結」，資、磧、南作「加趺」；徑、清作「跏趺」。

一　七〇一頁上九行「觀經」，諸本作「觀音經」。

一七〇一頁上一二行「坐塡」，諸本作「坐殯」。
一七〇一頁上一四行「仁壽寺」，諸本作「如仁壽寺」。
一七〇一頁上一七行「下流」，磧、南作「一流」。
一七〇一頁上一八行「末能」，諸本作「未能」。又「發輝」，徑作「發揮」。
一七〇一頁上二〇行第二字「于」，磧、南、徑、清作「干」。又「長思」，諸本作「長辭」。
一七〇一頁中二行首字「大」，諸本無。
一七〇一頁中五行「圍坐」，諸本作「圓坐」。
一七〇一頁中六行「毋艱」，諸本作「毋難」。
一七〇一頁中九行「不以」，諸本作「示以」。
一七〇一頁中一〇行「落髮」，諸本作「落鬓」。
一七〇一頁中二一行「其列」，諸本作「其例」。
一七〇一頁下三行「以得」，諸本作「以德」。
一七〇一頁下七行「通才」，諸本作「通方」。
一七〇一頁下八行「門人」，諸本作「慞惶夜投餅滓詭言他藥後聞正色曰吾」。又「自責取」，諸本作「自責耳」。
一七〇一頁下一一行「一蹬」，資、磧、普、南作「一橙」；徑、清作「二櫈」。
一七〇一頁下一四行首字「哀」，諸本作「著」。
一七〇一頁下一六行第六字「因」，諸本作「固」。
一七〇一頁下末行第七字「俊」，諸本作「候」。
一七〇二頁上五行首字「給」，諸本作「洽」。
一七〇二頁上一九行「文之」，徑、清作「文章」。
一七〇二頁中三行「井鼃」，諸本作「井蛙」。
一七〇二頁中一〇行「巖師」，資、磧、普、徑作「嚴師」。
一七〇二頁中一二行末字「延」，諸本作「返」。

達

續高僧傳卷第十四

大唐西明寺沙門釋道宣撰

義解篇十　本紀十四　附見五

釋智琰，字明璨，俗姓朱氏，吴郡吴人。祖獻，梁員外散騎侍郎。父珉，陳奉朝請。琰託質華宗，應生觀德，母氏張夫人初懷孕日，夢外通玄寺塔登相輪而坐，遠視臨虛，曾無懼色，斯乃得道

超生之勝兆，人師無上之奇徵。是知二曜入懷，雙龍枕膝，弗能及也。誕育之後，取異儕童，秀氣貞心，早形瞻視。八歲出家，事通玄璩法師為弟子。提㩦持衣，恭侍弗怠，瀉瓶執杓，受道弥勤。年十二，妙法華經通誦一部，明悟聽察，咸謂神童。乃自惟曰：翼翼京邑，四方是則，何得久拘坎井乎。時年十六，即日出都，聽報恩持法師講成實論。聰慧夙成，深智開發，故得倏振頴披，後來莫二。屬持公南上，法筵用輟，因還故里，覲省二親。仍於本寺開弘經法，峯構峻峙，辯對如流。時年十九，莫不嗟其少秀。逾年，返京，從泰皇寺延法師進具。德瓶儀缽，深護戒根。大莊嚴寺嚼法師，惠重中原，名高日下，乃依而請道，重研新實，意得情欵，功倍由來，誠驥足之逢善馭也。陳至德三年，建仁王齋，集百師百坐，競流天口之辯，千燈七夜，爭折動神之徵。時年二十有二，以英少之質，叅請耆德，通情則高衡折機，縱難亦大車抗軸，皇上欣賞，百辟嗟稱，莫不愛其閑典

服其敏捷每以人世躢雜幽栖清曠屬陳氏喪鼎便事東歸削迹武丘將三十載憑巖面壑任三業而閑安酌澗披松隨四儀而宴處雖形隱而名揚亦道潛而化洽於是八方歸仰四部虔心尚書令楚國公楊素經文緯武王佐國均乘貴負才未甞許物行軍淮海聞琰道勝栖山鳴鐃赴隴傾蓋承顏五體投誠恨接足之晚左僕射邳國公蘇威重道愛仁弥賞閑放奉使吳越躬造山楹覩貌飡音虔拜欣躍煬帝居蕃惟揚作鎮大招英彥遠集賢明琰既道威名高教書爰及扆使乎之負罪㖃以已之累人於是披衣出谷蒙敬厚礼因以辞疾得返舊山隋文遠欽爰降書問屬炎曆肴終鋒鏑騰沸四海同弊三吳益甚檀越子弟迎出毗壇首尾十載化行帝部大唐統宇咸返舊居武德七年蘇州揔管武陽公李世嘉與內外公私同共奉迎還歸山寺於是禪賓慧侶更復曩時龍沼鳳林信為懐喜然琰自他兩化得離俱修講念之餘常行

法華金光明普賢等懺又誦法花三千餘遍感應冥祥神瑞非一霄爐未爇自起烟芬夕灌纔空潛加溢水又願生淨土造弥陁像行三種淨業修十六妙觀與州內檀越五百餘人每月一集建齋講觀勝輪相踵將逾十載與夫般若臺內廬山陰共揩同期何以異也後見疾決旬大漸斯及誡訓慈切衆侶哀凉以貞觀八年十月十一日旦還神武丘之東寺春秋七十一其月二十二日窆于寺之南嶺遠近奔馳皂素通集花香亂空野哀慟若雲雷自有送終奚復過也惟琰幼小矜莊立性端儼精誠在操苦節弥勤口辭雜味日无再飯非義理而不履非法言而不談美皃奇姿乃超衆表牆岸勢肅氷雪凜懷陳臨海王弟道安法師猒世出家內外通博沙門遍知學優業淨交遊二子時号三英及屏志林泉永絕人世芳風令德蹊逕成規莫不迴旗造山覩傳香法信法海之朝宗釋門之棟幹矣講涅槃法華維摩各三十遍講觀經一

百一十遍常州弘業寺沙門法宮余與法師昔同京縣狎道華年今接善隣敦交暮齒雖攀桂之歡或殊而折麻之贈不遺想清顏之如在悲德音之已寂愧披文於色絲終寄言於貞石乃與寺主智峯等共樹高碑在于寺宇

釋道基俗姓呂氏河南東平人也素挺生知譽標岐嶷年甫十四負褰遊于彭城博聽衆師隨聞成德討論與旨則解悟言前披析新奇則思超文外故徐許騰其明略河海重其義方致使儕等高推前脩仰止隋太尉尚書令楊素負材經國任揔權衡甞奉清猷躬申礼敬叙言命理噎歎而旋顧諸宰伯曰基法師佛法之後寄也自見名僧罕儔其疋即請於東都講揚心論既夙承風駕體預當衢遊刃衆部玄機秀舉遂能談寫河傾嚮對雷動于時大業初歲隋運會昌義學高於風雲搢紳峙於山岳皆擁經講肆問道知歸踵武相趨遐迹鱗萃乃纘雜心玄章并抄八卷大小兩帙由

來共傳成得諸門自昔相導皆經緯剖裂詞飛戾天控叙抑揚範趣前古自尒四海摽領咸結慧日道塲皆望氣相師指途知返以基榮冠望表韻逸寰中大業五年勑召來止遂即對揚玄論允塞天心隋后解統玄儒將觀釋府揔集義學躬臨論塲鑾駕徐移鳴笳滿於馳道御筵暫止駐驆清于教門自大法東流斯席為壯觀也時伏辯之徒俱開令譽及將登法座各擅英雄而解有所歸並揖基而為玄宰既居衆望經綸乃心便剏舉宏綱次光帝德百辟卿士咸異嚮而共嗟焉有隋墜曆寇蕩中原求礼四夷宣尼有旨乃鼓錫南鄭張教西岷於是巴蜀奔飛望煙來萃莫不廓清遊霧邪正分焉敦閱大乘弘揚攝論釐改先轍緝續亡遺道邁往初名高宇內以聽徒難襲承業易迷乃又綴大乘章抄八卷並詞致清遠風教倫通故覽卷履軾若登龍門焉信鴻漸之有日矣敍貞觀帝里寓內知名之僧傳寫流輝實為符契但以世接無常

生涯有寄將修論疏遂尒而終以貞觀十一年二月卒於益部福成寺春秋六十有餘矣時彭門蜀壘復有慧景寶暹者並明攝論譽騰京國景清慧獨舉詮暢玄津文疏抽引亟發英采暹神志包揔高岸倫儔談論倚伏態出新異數術方藝無學不長自預比肩莫有淪溺末年耽滯偏駮遂掩徽猷故不為時匠之所班列

釋道愻姓張氏河東虞鄉人也神氣高邈器度虛簡善通機會鑒達治方子史流略嘗頗遊處護法御衆誠其本據雖大通羣籍偏以涅槃攝論為栖神之宅也與弟道謙發蒙相化俱趣曇延法師延正法城塹道俗宗歸觀屬天倫可為法嗣乃度為弟子荷擔陪隨遊栖宮闕講悟談述皆筵下筵欣叙玄奧每思擊節故聽涉乃多而特覽其經要登預講釋屢結炎凉三晉英髦望風騰集晚住蒲州仁壽寺聚徒御化樹業當衢然以地居方會賓旅湊從季俗情蕪多縱凡度既行向背增愛由生愻道會晉川行光

河表日延主客資給法財皆委僧儲通濟成軌或有所匱者便課力經始周告有緣德洽民庶為無不遂所以方遠傳譽更振由來自蕃王府宰臺省羣僚並紆駕造展諮謁餘訓或忿遷不過者心愧悚戰如謂有所失矣斯固德動物情為若此也愻癃道自資坐鎮時俗雖復貴賤參請曾無迎送加以言笑溫雅談謔任時接晤緣機並稱詞令而奉禁守節不妄虧盈頻致祥感時所重敬大業末歲妖氣雲奔因事返京夜停關首所投主人家有五男又勾外盜見愻馬壯欲共私之夜往其所乃見十人圍遶其馬形並雄慜操甲執兵衆盜同怖因之退縮細尋不見又往趣之還見如初無敢近者進退至五遂達天明既不見人知是神感乃合面歸懺焉其冥通顯益如此例也又以仁讓之性出自天心預見危苦哀憐拯濟無擇怨憎通情盡一唐初鄜定未拔蒲州愻與寺僧被擁城內時有一僧恒欲危害非類加謗乃形言色愻雖聞此曾

不輟憲既覲不遂乃欲翻城事發將
戮並無救者慈涕流辭謝於執事曰
此僧為過事屬慈身教導未通故為
罪疊此則過由慈起宜當見戮苦復
設諫執事知是其敵而不忍見慈之
云云遂即釋放自此已後更發仁風
攝事引之達量之列者矣逮貞觀中
年冬有請講涅槃者預知將終告不
受請前人不測意故鄭重延之乃告
曰所以固辭者不終此席耳不免來
意且後相煩遂往王城谷中道俗齊
集慈登座主題已告四眾曰世界法
尒不久當終敢辭大眾云何偶後請
寄來生遂依文敘釋恰至偈初即覺
失念經纔三宿卒于山所春秋七十
有五即其年十二月二十五日也闔
境同嗟若喪考妣當夜雪降周三四
里乃掃路通行陳屍山嶺經夕忽有
異花遶屍周迊披地踊出莖長一二
尺許上發鮮榮似欲冬色而形相全
異七眾驚奉悲慶誼山有折將入城
示諸耆宿乃內水瓶中者至明年五
月猶不萎悴後拔之於地方始枯矣

其冥祥所感希世如此晉州有人性
愛遊獵初不奉信有傳慈之祥兆達
其耳者乃造山覓之花滅屍亡唯覩
空處仍大哭曰生不蒙開信死不蒙
花瑞一何無感必神道有徵願重靈
相言訖地踊奇花還長尺許欣慰嘉
應遂折取而歸通告鄉川由斯起信
並近年目信可妄傳乎慈弟道謙學
行之美少劣於兄而講解十地有聞
關表以仁壽住寺既濱關路每因此
嚻塵地接京都亟勞人事乃頹言幽
遁曆觀山水谷号王城因而栖處時
復登高臨遠摛體風雲具引名篇高
調清逸道俗賓會又聚山門談謔引
心未曾虛老以貞觀元年卒于山舍
春秋六十七慈撫之洒淚與弟子道
基寺閣眺遺陰収其餘塵散之風府
追惟恩悌為造釋迦塼塔一區勒碑
樹德沙門行友為文
和上諱慧顒俗姓張氏清河人也有
晉永嘉避地居于建業焉天性通簡
風神詳正洽聞博達砥礪後賢昔在
志學早經庠塾業貫儒宗藝能多

異父正見有陳文國英彥所高自有
別集嘉其欣奉釋門悟其神宇將欲
繼世其業故有所志請並抑奪之和
上識真曰積情陳切至若不出家誓當
去世乃恐其畢命且錄李宗既處靜
觀權持巾褐遂授三五祕要符籙真
文并筭數式易禁劾等法神慧開
明指掌通曉又旁詢莊老三洞三清
楊子太玄葛生內款莫不鏡識根源
究尋支泒末乃思其真際崇尚自然
駐采練形終期羽化討尋至理若嚮
難追即密誦法花意歸佛種未經時
序文言並竟會陳帝度僧便預比挍
太建年中便蒙勑度令住同泰剃落
之後親覲乃知既是官許即便播慶
由附緇侶稟聽眾經後至前達日增
榮唱隋降陳國北度江都又止華林
栖遑問法有解法師成論名匠因從
累載聽談玄義稽洽先聞更弘神略
以道行成著緇素攸歸開皇末年被
召京寺于時晉王開信嚴延大德同
至日嚴並海內杞梓遐采相師每日
講乘五輪方駕遂得通觀異部遍覽

衆傳雖討舊聞考定新軌陶津玄理
慧悟弥新深鑒訶梨漏文小道乃歸
宗龍樹弘揚大乘故得中百般若唯
識等論皆飲沐神化披閱文言講導
相仍用為已任時開屏退成處研思
所誦法華通持猶昔并講文義以為
來習貞懇守正不妄紊迎沙門智首
道岳等並學窮稽古架業重霄飲德
欽風留連信宿詳議法律刪定憲章
歡笑而旋尋復造展武德之始皇姊
桂陽長公主造崇義寺久崇戒範義
而居之世屬休明物情望重律師玄
琬道張朝市行感紫宸氣結風雲遊
從龍為每事邀延叙言友敬而謙虛
成治時復栖焉琬深戢機神弥隆致
接故有出罪受戒常懷抱固有無得
之道大弘遺名之情斯著乃旋軫舊
壤幽居於武丘山焉燒指烘心痛惱
之情頓遺櫓禽庭狩長往之志弥存
開皇中年州將劉權政成吳土心遊
釋教乃嚴駕山庭屈還城邑住迴向
寺既迫茲固請翻然迴慮以為體道
由心道存則喪於彼我立教在迹教

行則混其顯晦乃遊洛傳法通流廿
靈揔河仰岳均美前竒大唐闡化弥
崇弘演貞觀十一年下勑赴洛常州
法宣同時被召亦既來儀深降恩禮
對揚惟扆辯說紛綸明像教之興滅
證遺法之囑付入侍講筵既摛雅什
田衣作詠仍即賜繡有感聖衷深見
顏色特詔留住傳送京師四事資給
務令優厚雍州牧魏王遥加欽請以
為戒師親降蹤曰昔道安晦迹襄陽
聲馳秦闕慧遠栖心廬岳名振晉京
故知善言之應非徒千里明月所照
不隔九重法師坐澤上仁震維高德
律行淨於青眼威儀整於赤髭傳燈
之智不窮法施之財無盡弟子攝此
心馬每渴仰於調御墾以身田常載
懷於法雨若得師資有託冀以祛此
六塵善尊啓行庶無迷於八正謹遣
諮祈佇承慈誘既應斯請供施特隆
自介朝野明達淄素清高聞風延佇
望室奔湊者厥罕書矣然其廣植德
本遐舉勝幢寶殿臨雲金容照日講
筵初闢負笈相趨談跡纔成名都紙

貴加以博通内外學海截其波濤鴻
筆彫章文囿開其林藪貞觀十二年
夏末風疾屢增召門人曰形勢不久
將畢大辞宜各敦自愛不宜後悔恨
福業未就以為處耳乃割其多服並
用成之又曰若識神自課可有常規
恐脫昏昧非時索食一無与法後將
大漸時過索粥荅曰齋時過矣便默
然不言其臨終奉正為如此也至其
年七月二十六日卒於所住春秋七
十有四葬于高陽原之西鑿穴處之
後又遷南山豊德寺東巖斲石為龕
就銘表德余學年奉侍歲盈二紀慈
誥溫洽喜怒不形誨以行經曲示纖
塞蒸嘗御涉炎涼不倦初受具後性
愛定門啓陳所請乃曰戒淨定明道
之次矣宜先學律持犯照融然後可
也一聽律筵十有餘載因循章句遂
欣祖習貞觀初年拔思開表廣流聞
見乃跪陳行意便累余曰出家為道
任從觀化必事世善不可離吾因而
流涕余勇意聞道暫往便歸不謂風
樹易喧逝川難靜往還十載遂隱終

天悲哉
釋道宗姓衛氏馮翊人也行性虛融
寬仁篤愛優洽成濟有名當世弱年
遺俗敦務釋門專志大論講散文旨
周武廢道隱形俗壞內蘊明禁外附
世塵隋朝開教便預剃落住同州大
興國寺寺即文祖之生地也房宇堂
塔前後增榮背城臨水重輪疊映寺
立四碑峙列方面宗於其中敷弘連
席悟物既廣開洗塵心而形解雄遂
聽徒崇重四方賓客日別經過周給
供擬著名道俗大業季曆荐餞相尋
丘壑填藏人民相食惟宗偏廣四恩
開化泯綠施物所及並充其供故蒲
州道慾同州道宗住隣開河途經即
日情同拯濟騰實廣焉衆以德望攸
歸舉知寺任統馭僧侶慈育弘被以
法寄人弘成濟在律僧衆餘學彝倫
斯乱乃到京室延請沙門智首中夏
講說宗率其部屬三百餘人横經承
旨初不覺倦立寺極久淨地全無雖
未執觸終染宿責釋文至此宗乃知
非衛慨晚學未成護法乃停講翻譏

方進後文又常徒布薩物貴新聞衆
多說欲不赴斯集及聞欲之為教誠
為悕求本是猒怠不成聖法自介
盡報躬臨說戒諸有不來量事方許
每至累約言涉勤繁者皆為之流淚
沾巾歔欷不已其欽敬正法為若此
也以貞觀十二年遘疾卒于所住春
秋八十有五門徒弟子五百餘人奉
佩法訓無因景仰乃竭情厚葬故轜
駕連陰幢蓋相接數里之間皂白斯
滿墳於城東立碑表德
釋三慧妻煩人崇履涅槃以為正業
行流河朔名振伊瀍大業初年以學
功成采下勑徵入慧日道場東都晚
進玄津通涉慧有功矣而神氣清嚴
顧眄成則鼓言動論衆所憚焉帝以
通道明機務須揚選乃勑往巴蜀捜
舉藝能屬隋運告終寓居邛僰流離
從物因事引生而性絕煩囂屏居弘
業鄭國公竇軌作鎮庸蜀偏所諮崇
服其處靜自虛致斯隆敬異等慧觀
時制用故无虛影武德九年遠朝京
闕勑見勞問任處黃圖工部尚書段

綸宿樹善因造靈化寺欽慧道素上
奏住之時復聞弘重移榮釆頗傳筆
記後學稱尋貞觀年中召入參譯綴
文證義倫次可崇製翻經館序控情
罝列贍勇豊矣以其年卒於本寺
春秋七十矣慧昔在絳州獨處別院
感見神童形質希世致敬於慧去屈
法師誡勗知事勿耕墓所言已便隱
初未之為述後復重來還述前事若
不為語當打彼僧必至死也登為聞
之乃正耕田中故塚遂令止之由是
僧侶清晏卒无後患自非立正處懷
焉使非人投告故慧之垂訓不許觸
犯幽顯如所引去
釋慧顗姓李氏江夏人本寔隴西世
載輝冕遷派合於天潢遠條連於若
木十一世祖西晉都亭侯重避難徂
南亭于夏汭因遂家焉十歲出家師
事舅氏光嚴寺明智法師智即建初
之入室蒙命說以開筵乃竭志依承
義門斯啓于斯時也南國令主雅重
仁王每歲肆筵高選名德年纔弱冠
預擬斯倫高第既臨聲唱逾遠天子

目覩天人仰贊光寵國恩恭先是立及天厭陳德隋運克昌金陵講席掃土俱盡乃杖策遊吳大乘頻響要整其旅廣開學市遠招八埏之士以扇一極之風燕州刺史劉權果達三德才著九能又於蘭易時務依影法筵悦飲河之滿腹欣負山而無倦自有陳淪沒物我分崩或漏網以東歸或入籠而北上谷風以恩相棄伐木以德相高積佇朋從咸來謁敬大業之始曲降皇華竟以疾辭逸情山水吳之高人為之胥附咸請處於通玄依瑞象而弘演有隨昏逸作梗妖氛乃避地毗陵沉默宴處而顯靈瑞相二寺僧徒翹請弘法寺有沙門智碧智往風猷警邁不乏精神既遇通人傾心北面勤則不匱敏而有功並繼數揚俱馳東箭于時刑新輕典世涉屯蒙長淮巳南猶稱吳國杜威專制端委君臨崇尚佛理欽茲歸戒大唐高祖掃舊布新起師臨洛徵威謁帝俛首應詔不悦于躬顯為說宿因釋威憂憤達頂生之非固曉吳濞之失圖威乃

接足烏咽由斯而別有餘杭沙門道頵法濟等先稟成論義同門戶不遠千里請道金陵乃欝相然諾既而數暢至理藥木滋繁爰逮施奉並無輕費於遠行龍泉二寺造金銅弥勒像各一區坐高一丈五尺用結来生之緣也貞觀元年通玄上德惠儀法師道心精粹量包山海修己安人非幾不踐東晉之日吳有白屋至誠感神无遠弗屆天竺石像雙濟滄波照燭神光融曜滬瀆白尼迎接因止通玄自晉距陳多顯靈瑞隋末軍飆玉石俱盡二像尊儀蒙犯霜露儀師獨苦心行切情昏曉以佛無殿僧何得安乃跋涉山谷外景掄材不逾一年浮汎千丈嚴深冒險還到大吳廣開月殿指畫斯立顯以風雨相感席卷而還無替兩時功兼二事有吳縣令陳士緯者排繁從義傾仰法音請講法華涅槃文軸纔竟疲役增勞即以塵尾付囑學士智奘曰強學待問無憚恵風師逸功倍不慭屢照撍言既止怡然瞑目以貞觀四年十月終于通

玄春秋六十有七其年十一月壙于白虎之南嶺學士弟子等千餘人哀泗傷心恐芳儀之有絕乃樹高碑江王學士諸麟為文貞觀五年弟子法韶等孝情殷至攀號靡及謹於墳前建塼塔五層禪師慧儀鄉拜勝德香火情軟無事経綸故使瞰迥遐高當衢向術生平子弟仰瓊級而霑襟宿昔得朋望玉輪而屑涕常州沙門法宣曰余與上人情均道黝君終我疾枕淚眠號素車不馳玄壤長隔欲伸悲緒聊書短銘方墳在列靈塔斯布爰屬勝人允茲崇樹於惟法主人勝德全愛河早越心燈幼傳巖嶽一簣嘒吼三年青蒲應舉紫極聞天名邦佇化利物攸往衢罇日斟懸鏡常朗義海傍溢談峯直上誰謂明珠忽潛幽壤神丘掩穴素塔標墳瓊龕宿霧玉掌排雲澗松送響巖桂呈芬山飛海運遷貿相踵火入秦陵書開汲冢惟茲通力巍巍長竦

釋法恭姓顧氏吳郡吳人也正信天發成德自然妙識悟道高情拔俗故

知為道者貴其精力通方者歸其至當立
朝者宗其蔫誠招隱者味其閑放詳之於
恭諒法侶之羽儀人倫之雉的矣初生之夕
室有異光爰洎撫塵便能捨俗事武丘聚
法師為弟子也受具之後聽餘杭寵公成實
吧公眦曇遠寵將亡乃以麈尾付囑凡斯先
達皆人傑也恭既受法寄相續弘持三吳九
泒之流爭趍問道而勞謙終日應對不疲行
高而挾如愚學廣而陳面壁後言遊建業歷
詢宗匠深疑碩難每袪懷抱固有无得之道
大弘遺名之情斯著乃旋軫舊壤幽居於武
丘山焉燒指供心痛惱之情頓遣擔禽庭獸
長往之志弥存開皇中年州將劉權政成吳
土心遊釋教乃嚴駕山庭屈還城邑法迴向
寺既迫兹固請翻然迴慮以為體道由心道
存則喪於彼我立教在迹教行則混其顯晦
乃遊洛轉法通流甘露提河仰岳均美前奇
大唐闡化弥崇弘演貞觀十一年下勑赴洛常
州法宣同時被召亦既來儀深降恩礼對揚
帷扆辯說紛綸明像教之興滅諮遺法之囑付
入侍讌筵既摛雅什田衣作詠仍即賜縑有
感聖衷深見顏色特詔留住傳送京師四事資
給務令優厚雍州牧魏王選加欽請以為戒師

親降蹤曰昔道安晦迹襄陽聲馳秦闕慧遠栖
心廬岳名振晉京故知善言之應非徒千里明
月所照不隔九重法師笠澤上仁震維高德律
行淨於青眼威儀整於赤髭傳燈之智不窮法
施之財无盡弟子攝此心馬每渴仰於調御壓
此身田常載懷於法兩若得師資有託冀以袪
此六塵善導啓行庶无迷於八正謹遣諮祈佇
承慈誘既膺斯請供施特隆自尒朝野明達緇
素清高聞風延佇望室奔湊者厥䇿書矣然其
廣植德本遐舉勝幢寶殿臨雲金容照日講筵
初闢負笈相趍談蹤纔成名都紙貴加以博通
内外學海截其波濤鴻筆彫章文囿開其林藪
以貞觀十四年十月六日遷神于西京大莊嚴寺
春秋七十有三冕旒興悼有識含悲降勑加
以賻贈并造靈轝遞給傳乘付弟子慧襲送
柩還鄉以十五年二月十五日窆於武丘之南
嶺道俗奔赴望途悼泣門人等師資增感歲
序易馳悲夫琬琰孰陳不朽乃共竪豊碑式
陳偈頌中書令江陵公岑文本制序朝散大
夫著作郎劉子翼制銘兩叙風聲各其志矣
釋智正姓白氏定州安喜人也家傳
信奉夙著弘通纔預有知便辭世網
識見弘舉不群蒙稚年十一將欲落

釆父毋諸戚對之泣淚而顏色无改
師知其遠度也日授未聞隨得緣記
錄為譜諜有所遺忘尋問相續身无
戲掉口不妄傳奉戒精勤昏曉自策
和上同師私共歎異年雖弱冠曾无
驅役供瞻所須恣其學問不盈數載
慧聲遂遠開皇十年文皇廣訪英賢
遂與曇遷禪師同入魏闕奉勑慰問
令住勝光寺壽光年左僕射虞慶則
欽正高行為奏寺額造仁覺寺延而
住之厚礼設御正乃深惟苦本將捐
此務歸靜幽林承終南至相有淵法
師者解行相高京城推仰遂往從焉
道味江湖不期而會因留同住二十
八年靜恭无事不涉人世有請便講
詳論正理无請便止安心止觀世情
言晤不附其口貞梗自課六時无懸
以貞觀十三年二月二十八日卒於
本住春秋八十有一弟子智現等追
惟永往感息難顧鳩拾餘身於寺之
西北鑿巖龕之銘記如在現少出家
諮承法教正之箴誡略无乖緒致所
著諸蹤並現筆受故正之制裂作也端

坐思微現執爺筆承顏立侍隨出隨書終于畢部乃經累載初不賜坐也或足疼心悶不覺倒仆正呵責曰昔人翹足七日尚有傳揚今介纔立顛墜心輕致也其翹仰之極復何得而加焉正凡講華嚴攝論楞伽勝鬘唯識等不紀其遍製華嚴疏十卷餘並為抄記具行於世

釋慧稜姓申屠氏西隆人胎中父亡惟母鞠育三歲懆慧思願聞法母氏憐其孤苦相從来聽襄陽閏法師三論文義之開深有領覽年至八歲其母又終無師自發獨詣邑西檀溪寺誕律師而出家十六乃往荆州茅山明法師下依位伏聽問經大意深有奇理召入房中三年曲教惟陳不有有也稜於此義深會其旨隋末還襄覆述吐言質樸談理入微時人同号得意稜也及暠下獄稜亦同繩身被桎梏於成都縣一獄囚徒請講三論周於五遍勑遂釋放便逐暠還既達安州粮粒勇貴且往隨州巡里告索

暮達暠所如常採聽往還三百深有足功然其報力雄猛生无一患門學所推及暠力微四大退贬令代講涅槃咸怪其言謂違暠義時席端俊異者三十餘人將往副水百有餘日惟講三論後暠患愈還返安州常於暠房叙經大意外有側聽皆為潟語白暠曰稜於初章全若不解明日上講請為定之及時告曰欲定初章者出来時門侶盖衆者二十五人一一誦呈皆云不是稜寂後述句句雖異皆云得意由是靡伏莫敢輕者暠之將終告曰稜公来吾今付囑寂後續種自吾講来惟汝一人得經旨趣乃握稜手曰夫講說者應如履劍不貪利養不憚劬勞欲得燈傳多於山寺讀經法事並為物軌如為一人衆多亦然如此可名報佛恩也又曰共公同涉苦辛年載不少惟以無相為本然後言笑語已而終初未囑前稜夢神人失兩眼又見一人著青衣執寶鏡放光来印稜心既受訣已百日懷戀後還襄州紫金寺講論五年衆有

三百貞觀八年又還須弥講涅槃大品惟度等經至十二年三月夢鷹入寺羣鳥飛去因即散衆及司功搜訪一無所獲蔣王臨襄佛法昌顯請於梵雲相續齋講道俗翕習又復騰涌至十四年正月半有感通寺昶法師曰夢見閻王請稜公講三論掖公講法華如何稜曰善哉慧稜發願常處地獄教化衆生講大乘經既有此徵斯願畢矣至九月末蔣王見稜氣弱送韶州乳二兩遍令服之其夕夢見一衣冠者曰勿服此乳閻羅王莊嚴道場已竟大有乳藥至十月半黃昏時遂覺不悆告弟子曰吾五藏已崩無有痛所四更起坐告寺主寶度曰憶年八歲往龍泉寺借觀音未至晝闇已講三遍皎如目前言未訖外有大聲告曰法師早起燒香使人即到度曰何人荅曰閻羅王使迎稜即起燒香洗浴懺悔礼佛訖還房中與度別食粥未了便取一生私記焚之曰此私記於他讀之不得其致矣至小食時異香忽来稜斂容便卒即十四

年十月十六日也春秋六十有五合
境僧衆七日七夜法集功德蔣王贈
絹五十疋送於鳳林山玄素同集五
千餘人開講設齋終日方退云
釋智拔姓張襄陽人幼年清悟雅好
道法六歲出家初為閏師弟子閏顧
有濟器乃携付哲法師哲亦襄川
僧望具之别傳初誦法華日通五紙
經中理路略有規度惟曰斯經諸佛
出世之大意也一人一道非弘不通
揩畢依持開悟蒙俗周聽乃洽承帝
京上德吉藏法師四海標領三乘明
匠尋詣奉旨欣擊素心首尾兩遍命
令覆述英俊鼓言無非乱轍藏親臨
坐拔問衆曰一乘為兩遂分為三亦
可一乘為兩分為三兩衆無敢荅藏
曰拔公此問深得旨矣乃羯累大法
必在機緣於是還襄會賊徒擾壤無
由講悟晝藏夜伏秘藴文義後值清
平住者闍寺恒在常濟講法花經年
别五遍門人法長後生穎萃見住梵
雲領徒承業貞觀十四年九月十七
日於清信士張英家宿集竪義開法

華題或問今昔開覈三一之旨者荅
對如風嚮解悟啓時忩便告稜法師
曰智拔荅畢須弥来難盡皆神俊詣
八方鄉里大德檀越等相别時不測
其言也遂即潜然迫而察之已遷化
矣合境玄素嗟惋驚慟顏狀如生加
坐堅正蔣王躬臨燒香供養贈物百
餘叚墓所設五千僧齋春秋六十八矣
釋慧瑜姓岑氏少孤窘三歲二親俱
喪養於舅氏五歲隨外祖往長沙寺
聽見佛啼泣戀慕不肯還家遂住之
為寺救苦法師弟子令誦大品五十
日中一部通利晚聽三論大品鏡其
宗領隨有行丈觀用明的逄難入玉
泉山寺側有泉旁作草庵於中宴坐
二十三年初無暫離觀心純淨未可
言覩泉神供奉時或見聞黒虵一頭
長二丈許隱顯現身如守護相羣賊
雖来無敢近者有老賊張赫伽者勇
悍無前携引十賊身挾兩刀欲煞此
虵去二百步虵乃張目出光賊徒皆
倒經兩日間瑜覺往救七人已死虵
隨瑜行為誦大品大明呪訖三人方

活於是四遠聞風往造供施委積貞
觀十年荆州道俗請出勝覺寺講三
論大品開化未聞佛法由感十四年
七月二十三日合寺同見羣星入井
不測其故至八月十七日講大品至
往生文未訖手執如意於座而卒春
秋七十有九
釋慧持姓周汝南人也開皇初年父
任豫章太守因而生焉少機警美姿
制栖遊之方欣其言晤屢歷名邦將
挹道化初達丹陽開善寺投滿法師
而為息慈令誦大品日通五紙斯經
易誦難持而能文句無爽時共美之
年登冠具身長七尺色相光偉執持
威容不妄迴視故俗又目曰烏王持
也乃聽東安莊法師又聽高麗實法
師三論鈎探幽極門學所高兼善老
莊易史談玄之次寄言洗理越公揚
素治兵淮海聞風造展歎其清悟曰
斯寔絶倫之僧也隋末避難往越州
住弘道寺常講三論大品涅槃花嚴
莊老累年不絶立志堅白書翰有聞
不出寺門將三十載加坐不臥勤苦

至終以貞觀十六年八月二十三日旦告弟子曰吾欲往他方教化急作食及時至三下前食還房加坐繩牀斂容而逝弟子謂言入定三日任之會稽丞杜伏護者蔬素長齋依常条拜聞有異香方知久化加結鏗然伸而不得乃坐送大禹山都督已下玄素万餘人悲歎相嗟至于瘞所春秋六十八矣

釋智凱姓馮氏丹陽人父早亡六年聽吉藏法師法華火宅品夜告母曰經明火宅者只我身耳若我是火宅我應燒人既其不燒明知無我終夜達朝詣藏出家身相黑色故号烏凱年十三覆藏經論繼達論並不拘撿約隨藏會稽嘉祥等寺門人英達無敢右之及藏入京即還靜林聚徒常講武德七年剡縣立講聽徒五百貞觀元年往餘姚縣小龍泉寺常講三論大品等經撍不出寺脇不親席不受供施自僧而已佛殿之後忽生一池便日只飲此池可以卒耳為性慈仁言極獷厲時越常俗多棄狗子凱

聞憐之乃令拾聚三十五十常事養育氈被卧寢不辭汙染至十九年齊都督請出嘉祥令講三論四方義學八百餘人上下僚庶依時翔集用為興顯也百有餘日日論十人荅對冷然消散無滯初發龍泉小池即竭凱聞歎曰池竭食亡吾無返矣至二十年七月二十八日依常登座手執如意默然不言就撿已終乃加坐送大禹山七日供養常有異香州宰自撿深發堅信乃起搭七層以旌厥德云

續高僧傳卷第十四

續高僧傳卷第十四

校勘記

一　底本，金藏廣勝寺本。

一　七〇九頁中一行經名，徑作「續高僧傳卷第十六」。

一　七〇九頁中三行「本紀十四」，資、普、徑、清作「本傳十四人」；磧、南作「本傳十四」。又「附見五」，資、磧、普、南作「附見四」；徑、清作「附見四人」。

一　七〇九頁中四行「唐……一」，資、磧、普、南、徑、清作「唐益州福感寺釋道基傳一」並小字「慧景寶暹」。

一　七〇九頁中五行「唐……二」並小字「慧景寶暹」，資、磧、普、南作「唐蘇州武丘山釋智琰傳二」；徑、清作「蘇州武丘山釋智琰傳二」。

一　七〇九頁中六行首字「唐」，徑、清無。下至一七行首字同。

一　七〇九頁中一二行「智現」，資、磧、普、南、清作「智一」。

一七〇九頁中一五行「唐……十二」，資、磧、普、南作「唐越州弘道寺釋慧持傳十二」；徑、清作「越州弘道寺釋慧持傳十二」。

一七〇九頁中一六行「唐……十三」，資、磧、普、南作「唐荊州玉泉寺釋慧瑜傳十三」；徑、清作「荊州玉泉寺釋慧瑜傳十三」。

一七〇九頁中一八行至次頁下七行「釋智琰……寺宇」，與頁下八行至七一一頁中九行「釋道基……班列」，資、磧、普、南、徑、清互置。

一七〇九頁下三行「取異」，資、磧、普、南、徑、清作「輒異」。又「早形」，南、徑、清作「昂形」。

一七〇九頁下五行首字「屣」，麗作「屨」。

一七〇九頁下一一行首字「拔」，資、磧、普、南、徑、清作「拔」。

一七〇九頁下一四行「泰皇寺」，資、磧、普、南、徑、清作「秦皇寺」。

一七〇九頁下一六行「嚼法師惠重」，資、磧、普、南、徑、清作「嚼法師德重」。

一七〇九頁下一九行「齋集」，麗作「齊集」。

一七〇九頁下二〇行「之徵」，資作「足徵」；磧、普、南、徑、清作「之徵」。

一七〇九頁下二一行「条請」，麗作「参諸」。

一七〇九頁下二二行「杌軸」，資、普作「抒軸」；磧、南、徑、清作「杼軸」；麗作「柅軸」。

一七一〇頁上一四行「於是」，資、磧、普、南、徑、清作「乃」。

一七一〇頁上一八行末字「帝」，資、磧、普、南、徑、清作「常」。

一七一〇頁中一行第九字「懺」，資、磧、普、南、徑、清作「懺悔」。

一七一〇頁中三行「夕灌」，資、普、徑、麗作「夕鑵」；磧、南、清作「夕罐」。

一七一〇頁中九行「哀涼」，資、磧、普、南、徑、清作「哀泣」。

一七一〇頁中一三行「自有」，資、磧、普、南、徑、清作「自古」。

一七一〇頁下四行「德音」，資、普、徑作「仁德」。

一七一〇頁下一一行「披折新奇」，資、磧、普、南、徑、清作「披析新奇」；麗作「披折新寄」。

一七一一頁上二行「剖裂」，麗作「部裂」。

一七一一頁上一〇行第二字「伏」，資、磧、普、南、徑、清作「拔」；麗作「仗」。

一七一一頁上一七行「敦閲」，磧、普、南、徑、清作「教閲」。

一七一一頁上一八行「先輙」，資、磧、普、南、徑、清作「先徹」；麗作「先轍」。

一七一一頁上二一行「履軾」，資、磧、普、南、徑、清作「履軾者」。

一七一一頁中二行「福成寺」，資、磧、普、南、徑、清作「福感寺」。

一七一一頁中一七行「皆篋」，資、磧、

普、南、徑、清作「皆造」。

一　七一一頁中一九行第二字「特」，磧、普、南、徑、清作「持」。

一　七一一頁中二一行「樹業」，資、磧、普、南、徑、清作「衆樹業」。

一　七一一頁中末行「增愛」，諸本（不含石，下同）作「憎愛」。

一　七一一頁下二行「所匱」，資、磧、普、南、徑、清作「所遺」。

一　七一一頁下三行「民庶」，資、磧、普、南、徑、清作「氓庶」。

一　七一一頁下六行「不過」，資、磧、普、南、徑、清作「不遇」。

一　七一一頁下九行「任時」，資、磧、普、南、徑、清作「賦詩」。

一　七一一頁下一五行「形並」，資、磧、普、南、徑、清作「形狀」。

一　七一一頁下二一行「蒱州」，資、磧、普、南、徑、清作「蒲州」。

一　七一二頁上四行第七字「遜」，資、磧、普、南、徑、清作「遜身」。

一　七一二頁上五行「知是」，清作「如是」。又末字「之」，資、磧、普、南、徑、清無。

一　七一二頁上一一行「且後」，資、普、徑作「且復」；磧、南、清作「旦復」。

一　七一二頁上一二行「主題」，資、磧、普、南、徑、清作「正題」。

一　七一二頁上一五行「失念」，資、磧、普作「失悆」。

一　七一二頁上二〇行「似欵」，南、清作「似疑」。

一　七一二頁上二二行第一〇字「者」，資、磧、普、南、徑、清無。

一　七一二頁中五行「願重」，資、磧、普、徑、清作「願重垂」；南作「願重乘」。

一　七一二頁中一五行「虛老」，磧、普、南、徑、清作「虛左」。

一　七一二頁中一七行第二字「寺」，諸本作「等」。

一　七一二頁中一八行「恩悌」，資、磧、普、徑作「思悌」。又「一區」，麗作「一軀」。

一　七一二頁中二〇行「和上諱」，南、徑、清作「釋」。

一　七一二頁下四行「情陳」，資、磧、普、南、徑、清作「陳情」。

一　七一二頁下一〇行第五字「末」，清作「未」。

一　七一二頁下一五行「即使」，資、磧、普、南、徑、清作「便印」。

一　七一三頁上四行「飲沐」，資、磧、普、南、徑、清作「欽沐」。

一　七一三頁上一六行第九字至本頁下二行第九字「懷抱……林藪」，資、磧、普、南、徑、清作「居無席矣」；麗作「居元席矣」。

一　七一三頁下四行「將畢」，資作「將異」。

一　七一三頁下一二行「又逶」，資、磧、普、南、徑、清作「又於」。

一　七一三頁下一七行「照融」，資、磧、普、南、徑、清作「昭融」。

一　七一三頁下一八行「因循」，資、磧、普、南、徑、清作「因修」。

一　七一四頁上七行「文祖」，資、磧、普、南、徑、清作「父祖」。又「房宇」，資、磧、普、南、徑、清作「房室」。

一　七一四頁中五行「每至」，資、磧、普、南、徑、清作「無至」。

一　七一四頁中七行第二字「以」，諸本無。

一　七一四頁下二行「住之」，麗作「任之」。又「榮采」，資、磧、普、南、徑、清作「榮彩」。

一　七一四頁下四行末字「情」，資、磧、普、南、徑、清作「清」。

一　七一四頁下九行第二字「未」，資、磧、普、南、徑、清作「來」。

一　七一五頁上一三行「有隨」，諸本作「有隋」。

一　七一五頁上一八行「于時」，資、磧、普、南、徑、清作「于時也」。

一　七一五頁上二〇行第六字「欽」，資、磧、普、南、徑、清作「飲」。

一　七一五頁中六行「一區」，徑、清、麗作「一軀」。

一　七一五頁中一二行「軍颯」，徑作「揮颯」。

一　七一五頁中一九行「從義」，磧、普、南、徑、清作「徙義」。

一　七一五頁下六行「鄉拜」，資、磧、普、南、徑、清作「鄉邦」。

一　七一五頁下九行「得朋」，麗作「德朋」。

一　七一五頁下二一行「通力」，諸本作「道力」。

一　七一五頁下二二行第九字「吴」，徑、清無。

一　七一六頁上五行「受具之後」，資、磧、普、南、徑、清作「受具戒後」。

一　七一六頁上一三行「政成」，資、磧、普、徑、清作「政城」。

一　七一六頁上一四行第一五字「法」，諸本作「住」。

一　七一六頁上二一行「入侍」，清作「入待」。

一　七一六頁中三行「笠澤」，諸本作「笠澤」。

一　七一六頁中六行「載懷」，資、磧、普、南、徑、清作「戴懷」。

一　七一六頁中七行「善導」，麗作「善尊」。

一　七一六頁中一五行「慧襲」，資、磧、普、南、徑、清作「慧驡」。

一　七一六頁中一八行「悲夫」，諸本作「非夫」。

一　七一六頁中一九行「偈頌」，資、磧、普、南、徑、清作「碣頌」。

一　七一六頁下一行首字「采」，資、磧、普、南、徑、清作「[illegible]」。

一　七一六頁下九行第五字「寺」，諸本無。

一　七一六頁下二〇行「感息難顧鳩拾」，資、磧、普、南、徑、清作「感恩難顧鳩拾」。

一　七一六頁下二二行「乖緒」，資作「乖鎧」；磧、普、南、徑、清作「乖錯」。

一　七一七頁上一行「思微」，資、磧、普、南、徑、清作「思惟」。

一　七一七頁上四行「今尒」，資、磧、普、南、徑、清作「爾今」。

一　七一七頁上一〇行「懷慧」，資、磧、普、南、徑、清作「儇慧」。

一　七一七頁上一一行第一一字「閏」，資、磧、普、南、徑、清作「潤」。下同。

一　七一七頁上一七行末字「襄」，資、磧、普、南、徑、清作「襄陽」。

一　七一七頁上二二行第六字「遂」，資、磧、普、南、徑、清作「還」。

一　七一七頁中一〇行「門侶」，麗作「問侶」。

一　七一七頁中一三行「吾今」，清作「吾令」。

一　七一七頁下一行「須弥」，資、磧、普作「彌須」。

一　七一七頁下七行「拨公」，磧、普、南、徑、清作「袒公」。

一　七一八頁上一四行「乱轍」，徑作「亂輙」。

一　七一八頁上一五行「爲雨」，資作「爲雲」；磧、普、南、徑、清作「爲實」。

一　七一八頁上一六行「爲雨」，資作「爲雨」。又「三雨」，資、磧、普、南、徑、清作「三不」。

一　七一八頁上一八行「擾壞」，磧、南、徑、清、麗作「擾攘」。

一　七一八頁上一九行「講悟」，徑作「講晤」。

一　七一八頁中三行「須弥」，資、磧、普、南、徑、清作「須臾」。又「神俊詣」，資作「神諳」；磧、普、南、徑、清作「神詣」。

一　七一八頁中四行「八方」，資、磧、普、南、徑、清作「今與」。

一　七一八頁中五行「潛然」，磧、南、清作「潛然」。

一　七一八頁中六行「驚慟」，資、磧、普、南、徑、清作「驚異」。

一　七一八頁中八行「五千僧」，資、磧、普、南、徑、清作「五千人」。

一　七一八頁中九行至本頁下七行「釋慧瑜……七十有九」與本頁下八行至次頁上九行「釋慧持……六十八矣」，磧、普、南、徑、清前後互置。

一　七一八頁中一一行首字「聽」，資、磧、普、南、徑、清作「聽講」。又「住之」，磧、普、南、徑、清作「任之」。

一　七一八頁下二行「勝覺寺」，資、磧、普、南、徑、清作「昇覺寺」。

一　七一八頁下一四行首字「年」，資、磧、普、南、徑、清作「本年」。又第四字「具」，資、磧、普、南、徑、清作「其」。

一　七一八頁下一五行「迴視」，資、磧、普、南、徑、清作「迴眄」。

一　七一八頁下一八行「洗理」，資、磧、普、南、徑、清作「法理」。

一　七一九頁上末行「猜厲」，磧、普、南、徑、清作「懫厲」。

一　七一九頁中五行第三字「也」，資、磧、普、南、徑、清無。

一　七一九頁中九行第七字「撿」，磧、普、南、徑、清作「歛」。一〇行末字

同。

一　七一九頁中一一行末字「云」，資、磧、普、南、徑、清作「云爾」。

一　七一九頁中卷末經名，資、磧、普、南作「續高僧傳卷第十四」並夾註「義解篇七」；徑作「續高僧傳卷第十六」。

續高僧傳卷第十五　　達

大唐西明寺沙門釋道宣撰

義解篇十一　正紀十五　附見四

釋法敏姓孫氏丹陽人也八歲出家事英禪師為弟子入茅山聽明法師三論明即興皇之遺屬也初朗公將化通召門人言在後事令自舉處皆不衷意以所舉者並門學有聲言令

自屬朗曰如吾所舉乃明公乎徒侶將千名明非一皆曰義旨所擬未知何者明耶朗曰吾坐之東柱下明也明居此席不移八載口無談述身無妄涉衆目癡明既有此告莫不迴惑私議法師他力扶矣朗曰吾舉明公必駭衆意法教無私不容瑕隱命就法座對衆叙之明性謙退泣涕固讓朗曰明公來吾意決矣為靜衆口聊舉其致命少年捧就傳座告曰大衆聽令問論中十科深義初未曾言而明已解可一一叙之既叙之後大衆愜伏皆慙謝於輕蔑矣即日辭朗領門人入茅山終身不出常弘此論故興皇之宗或舉山門之致者是也敏採摘精理出聽東安言同意異更張部別年二十三又聽高麗實公講大乘經論躬為南坐結軵三周及實公後高麗印師上蜀講論法席彫散陳氏亡國敏乃反俗三年潛隱還襲染衣避難入越住餘姚梁安寺領十沙弥講法華三論相續不絕貞觀元年出還丹陽講花嚴涅槃二年越州田都

督追還一音寺相續法輪于時衆集義學沙門七十餘州八百餘人當境僧千二百人尼衆三百士俗之集不可復紀時為法慶之嘉會也至十九年會稽士俗請住靜林講花嚴經至六月末正講有虵懸半身在敏頂上長七尺許作黃金色吐五色光終講方隱至夏訖還一音寺夜有赤衣二人礼敏曰法師講四部大經功德難量須往他方教化故從東方來迎法師弟子數十人同見此相至八月十七日尒前三日三夜無故闇冥（恰至十三日）將逝忽放大光夜明如日地為震動因尒遷化春秋六十有七身長七尺六寸停喪七日異香不滅莫不恠歎道俗莊嚴送於隆安之山焉

釋慧璿姓董氏少出家在襄川周滅法後南往陳朝入茅山聽明師三論又入栖霞聽懸布法師四論大品涅槃等晚於安州大林寺聽圓法師釋論凡所遊刃並契幽極又返鄉梓住光福寺會乱入城盧捴管等請在官舍講花嚴經僧徒擁聚千五百人既屬

續高僧傳卷第十五　第四張　遠

賊圍各懷翹欲不久退散深惟法力
唐運斯泰又住龍泉三論大經鎮常
弘闡蕭達莊老史子談笑動人公私
榮達參問繁結蔣紀諸王來臨襄部
躬申欽奉坐鎮如初王出門顧曰迎
送不行佛法之望也由此聲譽又逸
漢南貞觀二十三年講涅槃經四月
八日夜山神告曰法師疾作房宇不
久當生西方至七月十四日講盂蘭盆經
音敍手曰生常信施令須通散一毫
以上捨入十方衆僧及窮獨乞人并
諸異道言已而終於法座矣春秋七
十有九惟璿立性虛靜不言人非賓
客相投欣若朋友面常含笑慈育在
懷涉獵玄儒通冠文采襄荊士素咸
傾仰之聞其長往無不墮淚初住光
福寺居山頂引汲為勞將移他寺夜
見神人身長一丈衣以紫袍頂礼璿
曰奉請住此常講大乘勿以小乘為
慮其小乘者亦如高山无水不能利
人大乘經者猶如大海自上此山多
佛出世一人讀誦講説大乘能令所
住珎寶光明眷屬榮勝飲食豊饒若

續高僧傳卷第十五　第五張　遠

有小乘前事並失惟願弘持勿孤所
望法師須水此易得耳來月八日定
當得之自往劒南慈母山大泉請一
龍王去也言已不見恰至來期七日
初夜大風卒起從西南來雷震雨注
在寺北漢高廟下佛堂後百步許通
夜相續至明方住惟見清泉香而且
美合衆同幸及至龍泉漸便乾竭據
斯以言亦感通之奇致矣
釋慧眺姓莊氏少出家以小乘為業
遊學齊徐青海諸州數論之精馳譽
江漢開皇末年還住鄉壤之報善寺
承為王拈公在下龍泉講開三論心
生不忍曰三論明空講者著空當發
言訖舌出三尺鼻眼兩耳並皆流血
七日不語有汰律師聞其撥略大乘
舌即挺出告曰汝大癡也一言毀經罪
過五逆可信大乘方可免耳乃令燒
香發願懺悔前言舌還収入便舉往
拈所捨心敍迹惟聽大乘拈之去亡
為設大齋於墓又建七處八會廣請
道俗百日既滿即往香山神足寺足
不踰閫常習大乘每勸諸村年別四

續高僧傳卷第十五　第六張　遠

時講花嚴等經用陳懺謝常於衆中
顯陳前失獨處一房常坐常念貞觀
十一年四月三日在寺後松林坐禪
見有三人形皃都雅赤服礼拜請受
菩薩戒訖白曰禪師大利根若不改
心信大乘者千佛出世猶在地獄聞
此重囑涕泗交流大哭還寺在講者
房前宛轉嗚咽不能得言以水洒醒
乃更大哭繞佛懺悔用此為恒又勸
化士俗造花嚴大品法花維摩思益
佛藏三論等各一百部至十三年三
月九日中時佛前礼懺因此而終春
秋八十餘矣自終七日林樹變白大
泉渾濁過此方復斯亦知過能改无
過者同誠可嘉矣寺去城邑將五十
里從受歸戒者七千餘人填赴山河
為建大齋於墓所三十法師各開一
經用津靈造
釋靈睿姓陳本惟潁川流寓蜀部益
昌之陳鄉人也祖宗信於李氏其母
以二月八日道觀設齋因乞有子還
家夢見在松林下坐有七寶鉢於樹顛
飛來入口便覺有娠即不喜五辛諸

續高僧傳卷第十五　第七張　達　惠

味及其誕已設或食者毋子頭痛於
是遂斷八歲二親將至道士所令誦
步虛詞便面孔血出遂不得誦還家
入田遇見智勝法師便曰家門奉道
自欲奉佛隨師出家即將往益州勝
業寺為沙弥一夏之中大品暗通開
皇之始高麗印公入蜀講三論又為
印之弟子常業大乘後隨入京流聽
諸法大業之末又返蜀部住法聚寺
武德二年安州暠公上蜀在大建昌
寺講開大乘眘止法延三年後還蜀本
住常弘此部經二年許寺有異學成
實朋流嫉此空論常破吾心將興害
意眘在房中北壁而止初夜還牀栖
遑不定身毛自竪移往南牀坐至三
更忽聞北壁外有物撞度達於卧處
就而看之乃漆竹笋槊長二丈許向
若在牀身即穿度既害不果又以銀
挺雇賊入房眘坐案邊覓慾不獲但
有一領甲在常坐處眘知相害之為
惡也即移貫還綿州益昌之隆寂寺
身相黑短止長五尺言令所及通悟
為先常講大乘以為正業貞觀元年

續高僧傳卷第十五　第八張　達　惠

通州騫禪師作檀越盡形供給三百
聽衆至七年八月二十五日夜眘夢
有衣冠者来迎騫往西方去徒衆餘
中皆空無物至三十日寺鍾大小七
口銅磬十餘一時皆鳴至三更擾繩
牀加坐而終眘自此後周流講唱傳
化不絶至二十年八月二十一日四
更大風忽起高聲言曰靈眘法師来
年十月往南海大國光明山西阿觀
世音菩薩所受生也至期十月三日
合寺長幼道俗見幡花菩薩滿寺而
下晚講入房看疏讀經外有僧告幡
花異香充寺及房眘聞捉經出看毅
容立終堅持不倒扶卧房中三更忽
起加坐如生刺史以下躬手付香供
養其屍道俗相送歸東度山設大會
八千人時年八十三矣然其潔清童
稚過中不飲葷辛莫履具盡報云
釋僧辯俗姓張南陽人也渚宮陷沒
入關住於馮翊焉年甫七歲日誦千
言時以奇之聲于鄉壤十歲欣仰道法
思欲出家局以公憲未蒙剃落乃聽
維摩仁王二經文義俱敘昇座覆述

續高僧傳卷第十五　第九張　達　キ

宣吐教理有稱於時先學大德相顧
曰吾等沒後不足憂也此人出家紹
隆遺法矣開皇初年勅遣蘇威簡取
三千人用充度限辯年幼小最在末
行輕其行業召令口誦言詞清囀章
句契斷神明朗正見者屬目由是大
蒙嗟賞餘並不試同得出家受具已
後專尋經論時有智凝法師學望京
華德隆岳表辯從問知津乃經累載
承席覆述允合同倫遂使旁蹤異解
曲有正量識者僉悟擊其大節大業
初歲召入大禪定道場衆復屯之欣
其開解武德之始步出關東蒲虞陝
虢大弘法化四遠馳造倍勝初聞眘
處芮城將開攝論露繚而聽李釋同
奔序王將了黃巾致問酬答乃竟終
誦前關辯曰正法自明邪風致翳雖
重廣誦不異前通黃巾高問轉增愚
叟謂其義壯忽旋風勃起徑趣李宗
繚倒掩抑身首煩擾冠幘交横衣裳
紊亂風至僧倫恬然自滅大衆笑異
其相一時便散明旦入文赫然莫集
辯雖乘此勝而言色不改時共服其

弃度也貞觀翻經被徵證義弘福寺
立又召居之雖屢處以英華而情不
存得喪約時講說不替寒温異學名
賓皆欣預席故使海之内外僧雜華
夷不遠万里承風条謁俱舍一論振
古未開道岳法師命章攡釋辯正講
論廢而聽之隨聞出鈔三百餘紙或
聞初開法肆或中途少閑但有法坐
無論勝負咸預位席横經而聽斯渇
法之深良未儔矣而謙讓知足不重
榮勢名滿天下公卿咸委而不識其
形也皆来覓之辯如常威儀不變其
節任其来去曾無迎送時儕倫諸德
以此懷尚而不能行也以貞觀十六
年六月十三日卒於弘福寺春秋七
十有五于時炎曦赫盛停屍二旬而
相等生存形色不變迄至于葬日亦
不腐朽于時元旱積久埃塵漲天明
當將送夜降微雨故得幢盖引列俱
得外濟七衆導從不疲形苦墳於郊
西龍首之原鑿土為龕處之于内門
通行路道俗同觀至今四年鮮明如
在自辯置懷慈濟受法為功路見貧

苦不簡人畜皆盡其身命濟其危厄
講聽之務惟其恒習其攝論中邊唯
識思塵佛性無論並具出章疏在世
流布

釋法常俗姓張氏南陽白水人也高
祖隆仕魏因移于河北郡焉少践儒
林頗知梗概而猒其諠雜情欣出家
奉戒自守不羣非類霜懷摽舉為
衆所推年十九投曇延法師登蒙剃
落既預聽限大闡玄猷學不踰歲即
講涅槃道俗聽者咸奇理趣自尒專
親侍奉曉夕諮謀每擊幽致延欣其
情理深當乃摩頂曰觀子所涉必住
持正法矣於即研精覃思無釋寸陰
時年二十二攝論初興隨聞新法仰
其弘義于時論門初闢師學多途封
守舊章鮮能迴覺常乃博聽衆鋒挍
其銛鋭泰齊趙魏靡不周行時積五
年鑽覈名理至於成實毗曇華嚴地
論博考同異皆為軌轍末旋踵上京
慨茲異叙隨講出跡示顯羣迷隋齊
王暕召結時望盛演釋經登預法座
敷陳至理詞義弘遠罕得其門僉共

美之嘉歎成俗遂有胥徒歸湊相續
依承四時講解以為恒任大業之始
榮唱轉高爰下勅旨入大禪定相尋
講肆成濟極多唐運初興遐迩清晏
四遠投造增倍於前每席傳燈播揚
非一貞觀之譯證義所資下勅徵召
恒知翻任後造普光宏壯華敞又召
居之衣服供給四時隨改又下勅令
為皇儲受菩薩戒礼敬之極衆所傾
心貞觀九年又奉勅召入為皇后戒
師因即勅補蕭知空觀寺上座撫接
客舊妙識物心弘導法化長鎮不絶
前後預聽者數千東蕃西鄙難可勝
述及學成返國皆為法匠傳通正教
于今轉盛新羅王子金慈藏輕忽貴
位棄俗出家遠聞虔仰思覲言令遂
架山航海遠造京師乃於舩中夢矚
顏色及覩形狀宛若夢中悲涕交流
欣其會遇因從受菩薩戒盡礼事焉
十四年有僧犯過下勅普責京寺大
德綱維因集於玄武門召常上殿論
及僧過常曰僧等蒙荷恩惠得預法
門不能躬奉教網致有上聞夫聽特

由常等寡於訓誨恥愧難陳遂引涅槃付屬之旨上然之因宥大理獄囚百有餘人又延設供食訖而退及李道居先不勝此位率僧邀駕隨鞅表上既不蒙遂因染餘疾的無痛所右脇而終于住寺春秋七十有九即貞觀十九年六月二十六日也至七月二日葬於南郊高陽之原時炎景陵天遊塵翳日逮至發引之前夜降微雨及於明旦天地清朗雲霧四除纖塵不飛道路無擁京寺僧侶門人子弟等各建脩幢三十餘車前後威儀四十餘里信心士女執素幡花列侍左右乃盈數万卿相脩從僉以榮之初常涉詣義門妙崇行解故衆所推美歸於攝論而志之所尚慕涅槃恒欲披講未之欣悟遂依衆請專弘此論陶治理味精貫匈懷依時赴講全無讀誦繞有餘暇課業行道六時自勵片無違缺有大神王冠服皆素率其部從隨其旋遶道俗時見密以高之又曾宵夜至佛堂中辟盡樂天一時起儛後於中夜又在佛堂觀音菩

薩從外入户上住空中身相瓌奇佩服瓔珞晃發希有良久便滅後經五年天將欲曙又感普賢菩薩從東而来去地五六丈許常之專精徵應為如此也故立志清峻逾久逾劇所獲法利多造經像但務奇妙不言其價歲建檀會終盡京師悲敬兩田无遴供養自所服用麁弊而已講揚別供一不受之還布衆中持操无改著攝論義疏八卷玄章五卷涅槃維摩勝鬘等各垂疏記廣行於世弟子德遴等為立碑于普光之門宗正卿李百藥為文

釋智徽俗姓焦澤州高平人也年十三志樂出家不希世累住本州清化寺依隨遠法師聽涉経論於大涅槃偏洞幽極故齒年學稔為諸沙弥之卓秀者也立性勤恪樂理僧務每有執役不憚形苦晝供養僧夜讀章疏衣不解帶研精无怠受具已後神思高正戒行明潔然平恕儉約見者欽屬歆慕弘道歲常講涅槃十地地持維摩勝鬘用為恒業聲務廣被遠近

追風提褋裹粮尋造非一隋煬御曆珎敬弥隆大業七年下詔延請入於東都内道場禮異恒倫日增榮供徽立操自昔一不受之盈尺之財不附箱囊率性超然不妄傾涅但專講誦宣導為先偽鄭之初洛城恒閉徽以兵戈方始開悟未因乃杖錫出城思濟鄉壤于時守衛嚴防捷澀難通而徽安行限閾守當不覺斯固善神之所送也既達高平道俗欣赴世接屯難飢餒相委乃遺以粮粒拯濟寔多早素賴之皆資法味便即四時長講屢有升堂外施衣帛悉供講衆頻值儉歲米食不豊異客㬥来兩倍過舊徽以聽侶不安為營别院四方學士同萃其中財法兩施無時寧舍懷州都督鄖國公張亮欽挹德教遠延講說道俗屯赴又結河陽乃請為菩薩戒師珎敬道風指為善友夏講涅槃解恣便訖覺少不悆衆咸怪之還房靜念俄頃便逝春秋七十九即貞觀十二年三月二十日也懷州道俗哀若至親送塋歸于本邑自徽之在遠

門也敬法尊人誠孝第一每登法席講棑幽通皆云大法師意如此因即聲淚俱下常謂諸徒曰父母生吾肉身法師生吾法身思報此恩何由可逮惟有弘教利物薄展余懷耳所以每歲常講不敢告勞以惟斯故也兼以課已行業無虧六時手執熏爐約數承礼夜不解衣一生恒尒清素寡欲不樂交遊敷化之餘便營僧事故澤部長幼詠仰于今

釋玄鑒俗姓焦澤州高平人也天性仁慈志樂清潔酒肉葷辛自然猒離十九發心投誠釋種愛重松林終日庇其下忘遺食息後住清化寺依止遠公聽採經論於大涅槃深得其趣隋運末齡賊徒交乱佛寺僧坊並隨灰燼衆侶分散顛仆溝壑鑒守心戒禁曽無毀犯食唯蔬菜衣則藴麻屢經歲序情無嚬戚及至年穀豊熟還返故鄉招集緇素崇建法席勸諸信識但故伽藍皆得營復有故塔廟並令塗掃遂使合境莊嚴赫然榮麗奉信歸向十室其九兼以正性敦直言

行相高行值飲噉非法無不面諫訶毀極言過狀不避強禦或與語不受者便碎之酒器不酬其費故諸俗士聚集醼飲聞鑒来至並即奔散由是七衆尊虔敬其嚴厲重其清貞數有繕造工匠繁多豪族之人或遺酒食鑒云吾今所營必令如法乍可不造理無飲酒遂即止之時清化寺修營佛殿合境民庶同共崇建澤州官長長孫義素頗奉信聞役工匠其數甚衆乃送酒兩轝以致之鑒時撿挍營造見有此事又破酒器狼藉地上告云吾之功德乍可不成終不用此非法物也義聞大怒明欲加惱夜夢有人以刀臨之既忽驚寤即事歸懺又遇疫氣死亡非一皆投心乞命鑒為之懺悔令斷酒肉病者痊復時大重之有鄉人李遷者性偏嗜酒既遇時氣無由自濟遂悔酒過用為死調俄尒鑒至無何便去遷遂除差因尒猒離飲酒永不涉言縱忽聞氣如逢毒勢告其友曰自見鑒師已来尚不喜聞況當見也故戒節冥感皆此之類

于今神志貞亮每講涅槃十地維摩四時不輟春秋八十有三初鑒以傳法之務職司其憂衆侶乖儀則糺彈驅擯時俗僉訝其梗直也及武德六年當部濩澤縣李録事者死經七日隱身謂妻曰吾是李録事也計吾猶得六年在世但為司命枉来取我生埋冢中已訴閻王蒙放在人中浮遊六年今在鬼道未然之事皆預知也鄉家負窶但為他卜無不必中因可獲財以利大小便尒賣卜鬼為通疑方遠皆詣謂為大聖後謂妻曰人命無常何不修福可往鑒師所聽法遂相將入講堂中安置壁角以物自障共人言議應變迅速乃經晦朔或有問者何不現形耶荅曰今在鬼趣受身極陋自不忍見況復他也又往景業寺聽維摩經有餘法師謂曰今講此經感何人聽荅曰自人頭已上便是鬼神上及諸天重級充滿然都講唱文諸天神等皆斂容傾耳恐其聲絕法師解釋皆散乱縱恣無心聽受願如法講說勿妄飲噉也何以知然

見天神等聞法師酒氣皆迴面而聽
因即悔過令廢飲之鬼曰此定須斷
天神不許寧一不講也非惟此會獨感
諸天但有法事無不來降不可輕矣
鑒聞異寺有此聲告倍復信奉兢兢
異常
釋玄會字懷默俗姓席氏其先豳土
安定人也遠祖因官故又居京兆樊
川之秘坂焉年十二精苦絕倫欣志
捐俗而儀相秀挺有異神童隋漢王
諒見而奇之奏度出家仍住海覺寺
為揔法師弟子自落采之後即預講
席專志涅槃勤至之功倫等推尚揔
深會之解也舉為覆述所以槃節拘
致由來擁慮者皆剖決通釋渙然可見
時大賞之以為涅槃之後胤也因尒
改前舊章更新戶牖穿鑿之功難與
讎抗造涅槃義章四卷義源文本時
文釋抄部各四卷自延遠輟斤之後
作者祖述前言惟會一人獨稱孤拔
武德之始學觀大張沙門曇獻道開
國望造慈悲寺奏會以為寺主綱始
惟新法務連續引接後昆講揚此部

將四十遍于時同侶同業相推元席
而讓以成治雅為學宗性慕人法不
濫尊嚴但有法座皆通諮聽縱已舊
聞傾如新渴斯敬重之極末象罕遇
也揔法師曰吾非聖人何得此子入
吾室乎相法師曰經云後五百歲有
福智者此子謂乎法之大將豈不然
乎岳法師曰此公就我學俱舍者同
事攝也願以妙莊嚴世值善知識矣
振法師曰此公就我學迦延者乃贊
成吾學耳以我小術不恥下問乃迴
龍象於兎徑也吾何言哉貞觀八年
又勅住弘福寺講事都廢專修定業
夢登佛手号無量壽遂造彌陁像一
座常擬繫心作身同觀欲入山林寺
衆勸住請講涅槃至藤蛇喻忽有異
虵從栿而下顧視四方尋即不見講
至諍論常有魔事因茲遘疾還返慈
悲見佛來迎因而氣盡春秋五十有
九即十四年五月二十七日也合邑
聞知悲涼相及葬于高陽原晚又收
其遺骸於故城西南隅起塼塔供養
自會之弘道也溫柔在性弘贍為心

遠近流寓投造非一而能推心接誘
惟法是務晚又常坐乃終身世
釋行等姓吉氏馮翊人十二出家與
會公同事揔師為弟子服章麁素
立性鏗卓登聽淨影遠公涅槃伏讀
文義時以榮之相從講說一百一十遍
中途阻難必預先知或聞異香或感
佐夢幢折蓋翻以為摽據即令大衆
同念般若所有魔事無何而退故每
講後常礼佛名及讀花嚴以為消障
之本也又與玄會同住慈悲弘法之
時等必先登會隨後赴時以為相成
之道也故常講時感鷄伏聽從受戒
者死而還活冥曹所放云傳等教斯
亦駭動幽顯非言厝也以貞觀十六
年三月六日因疾而終春秋七十有
三初臨終累日護戒之語吾何重及
但少欲知足可為永誡吾今死後勿
作威儀惟以一椽轝送山所願食吾
身早成正覺有乘此願非吾門人弟
子等營辦幢轝盛設威儀將欲塋送
其夜列宿大明地方欲了大雨洪注
道俗同擁一不得往還依遺訣單轝

至山雨即通霽収葬于京南神和原

起塔樹松立銘搖所
釋志寬姓姚氏蒲州河東人也祖宗
仕族不交羣小父任隋青州刺史寬
自幼及長清約知名歷聽諸經以涅
槃地論為心要也東西訪道無擇寸
陰業成登器遊講為務生常履信言
行不乖望似専正而懐抱虚蕩嘗以
遊學長安詣市買絹有人曰可見付
直明當送絹於此便付直還寺為諸
僧所笑寬曰自憶不負於人豈有人
而乖信至期果獲以事陳之彼人去
兵食可亡信不可廢弟子俗人奉之
豈意擇門綴斯慮也寬常誦維摩及
戒本所居住房每夜必有振動介胄
之響竊而觀者咸見非常神人遶房
而行又一時夜中房重閣上有打物
聲同學寶通聞之驚迷不安其席寬
就而慰之猶打物如故至旦看之乃
舍梁將折即令拄之得免其命其為
幽靈所衛如此而性好瞻病無憚遠
近及以道俗知無人治者皆舉迎房
中躬運經理或患腹癰不可膿出者

乃口就唼之遂至於差往往非一其

慈惠之懐信難繼也後於中夜室内
大明及觀房外與晝無異乃自縫綻
衣帛不謂神光所照後召諸徒方知
半夜此相數現後遂不恡加以開務
誘引弘濟為業道俗骨悅慶其幸遇
屬煬帝弘道海内搜揚以寬行解同
推膺斯榮命既處慧日講悟相仍會
鼻感作逆齋事拘纒寬便下獄待罪
有來餉遺一不自資通給囚僧歡笑
如昔後並配徒隸役於天路常令負
土使裝滿籠盡力輦送初不懈息役
僧曰此無監撿當可小停寬曰業報
如此何能自欺違心行事誠未安耳
末又配流西蜀行達陝州有送財帛
祖餞之者並即散而不遺唯留一驢
負經而已路次潼關流僧寶暹者高
解碩德足破不進寬見卧于道側泣
而哀焉即捨驢與乘自擔經論徒行
至蜀雖有事勞而口不告倦其仁恕
之性登苦知其人矣既達蜀境大發
物情所在利安咸興敬悅時川邑虎
暴行人斷路或數百為羣經歷村郭

傷損人畜中有獸王其頭最大五色

紕備威伏諸狩遂州都督張遜遠聞
慈德遣人往迎寬乃令州縣立齋行
道各受八戒當夕虎災銷散莫知所
往時人感之奉為神聖然寬因名立
行弘裕有儀凡所宣化如風之靡每
至散席礼覲相仍或至十万二十万
者皆即坐散盡了無資㠯告施者曰
財猶種子聚則難繁故為散之令從
用有在耳其虛懐應物為若此也兼
又輕生踈素弊服尋常一經御形動
經累稔愛護之甚有過身肉時逢儉
歲躬煮糜粥親恵飢餧銜泣説化令
誦佛名又以所服衣之與氈或割或
減用充貧乏每年冬首預積坐氈履
替觀諸沙門少者便給以此為常貞
觀之初還反蒲壤緇素慶幸歡詠如
雲曼建法筵重揚利涉時州部遇旱
諸祈不遂官民素承嘉績乃同請焉
寬為置壇場以身自誓不降雨者不
處室房曝形兩日密雲垂布三日已
後合境滂流民頼来蘇有年斯在昔
在蜀土亦以此致譽故使徧洽時諺

号為一代佛日有沙門神素者架業相隣尤所欽友以先卒於栖巖寬住州寺先絶凶問忽降形歡叙欣若生平明晚來告乃知其死寬致書慰曰等同幻境俱禀泡形不意之情非復言象素法師俗風清美道器沖深包捴義門研幾至實但正業久成必之淨土此方薄運頓失所歸老病之僧早應先去罪重福微猶守餘報耳法師不遺故舊昨二十五日夜降神共聚同卧一床通夕言議至曉方别情猶今昔事即存亡冥感之誠未可陳述素以貞觀十七年春二月二十四日卒素見别傳寬以其年夏五月十六日卒於仁壽寺春秋七十有八初未終之前右脅而卧枕於右臂告門徒曰生死長遠有待者皆尒汝等但自觀身如幻便無愛結自纏吾命亦斷當取椽兩根蘧篨一領裹縛轝送無得隨俗紛紜為不益事也言訖而卒時蒲虞等州道俗奔赴號慟川野屯於壙側七里人滿自寬從釋種靜攝居形不卧全氈不畜疋絹檀篋之

事由來絶心騎乘勞且以身不涉口不及利手不執錢或有施之便掩口私默不行讚毀於人物也曾用錢一千五百買驢負經既至東京值卒科運大貴或頭至數万者同侶欲為賣之寬不許曰已勞負荷豈復過本乎便詣市自出之但取元價此雖小事廉恥本矣

釋慧休姓樂氏瀛州人也世居海濱以蠶漁為業而生知離悪深惟罪報常思出濟無緣拔足或累歎通宵晨或忘飡近逾信宿雖憤氣塡胷無免斯厄十六遇相州沙門巡里行化談三世之循擾述八苦之交侵雅會夙懷背世情決乃違親背俗投曷律師而出家焉曷導以義方礼逾天属又聞靈裕法師震名西壤行解所歸現居鄴下命休從學休天機秀舉惟道居心乃背負華嚴遠遊京鄴一聞裕講鍳動身心不略昏明幽求體性而章句無昧至理未融晨轉陶埏五十餘遍研諷文理轉加昏漠試以所解遍問諸師皆慮涉重關返啓其致

紿曰斯固上聖之至理也豈下凡而御度哉且博聽衆師沐心法海耳猶徃渤海從明彥法師聽成實論屯出章抄品藻異同慧滿沖情解律法支以彥公化世受染餘流從志念法師受學小論加雜婆沙各聞數遍窮其本支曉其固執解既清迥行寔貞嚴念曰余講小乘歲序多矣今乃值子諒不虛延休即著雜心玄章抄疏各區别部類條貫攸歸文教繞出初尋重敬頻當元宰講授相續幽致既舉慧燭天懸故使馳名冀都擊（擊鄉音）河渭抱衣擯經肩排日謁結疑懷籤踵接登堂皆捴為書紳永開冥府故於立破諸教探隱洞明雖學冠空宗而棲情塵境欲通惟識之旨取悟无方會裕師入関因便預從遇曇遷禪師及尼論師等講揚攝論每舉一會餘駕停輪詞吐既新領拔弥悉周涉三遍即造疏章神會幽陳廣疏聽視自大小諸藏並統関鍵惟有律部未違精閱昔以戒禁隨事可用緣求索讀即了未勞師授曾披一卷持犯茫然

方悔先議更引神府乃負律提瓶從洪律師聽採四分一經講肆三十餘遍日漸其致終未極言顧諸學徒曰余聽涉多矣至於經論一遍入神今遊律部逾增逾闇豈非理可虛求事難通會乎而勤慎三業懍課六時纖塵或阻即申懺洗目見大小講匠知名者多奉法自修實罕聯類嘗聽礪公講律礪曰法師大德暮年如何猶勤律部休曰余憶出家之始從虎口中來即奉投戒法豈以老朽而可斯須離耶恨吾不得常聞耳其清慎之高率此例也又屢經寇蕩荒荐相仍寺衆僧㕑亟經宿乏故從隋末終至唐初四度翻穢獲資淨供致使四方嘉會休有功焉暨武德年內劉闥賊興魏相諸州並遭殘戮忽一日警急官民小大棄城逃隱休在雲門聞有斯事乃率學士二十餘人東赴相州了无人物便牢城自固四遠道俗承休城內方來歸附當斯時也人各藏身而休挺節存國守城引衆可謂乱世知人者矣其年不久天策陳兵

遠臨賊境軍實無委並出嘗機休既屢曾端預明利害集衆告曰官軍靜乱須有逢迎僧食衆物義當先送弗和大衆並無從者休懼被後罰必可乘權獨詣軍門具陳來意于時曹公徐世勣引勞賞悅仍令部從隨休至寺任付粮粒及平殄後曹公為奏具述休功登即下勅入賊諸州見有僧尼止留三十相州一境特宜依定以事驗人休量難准又荒乱之後律法不行並用銅盂身御俗服同諸流俗休恐法滅於事躬自經營立樣造坏依法施熏遂成好盋遍送受持今大行用並是休功緝遺緒也又僧庫火起時當中夜忽有人告走往觀之賴始發焰救而獲免退問告由了無知者良以道通幽顯屢動禎祥貞觀九年頻勅徵召令入京師並固辭以疾无預榮問至今十九年中春秋九十有八見住慈潤爽健如前四衆懷蒲柳之慕猶執卷諮諏乃力倦而告曰吾學功多矣每有經律雖聽二三十遍文言乃鏡猶恨少功欲兼異部末

遑多涉耳今之後學則不同之薄知文句宗致眇然即預師範更無通觀所以終夜長慨有耿于懷致有窮括教源莫知由序此法滅在人矣今暮年開道意在成器斯猶砥礪合其刃耳安能鑪錘其撲耶所以引化席端直陳經要而奉禁守道抑在天然挫拉形心逾褁逾篤衣服率然趣便盖體襆懸辟上尺絹不居所得外利即迴講衆補綻衣服不勞人助見著麻鞋經今三十餘年雖有斷壞綴而蹈涉暫有泥雨徒跣而行有問其故荅云泥軟易履不損信施耳又寒不加火熱不依涼瓶水若凍褁之草束受具已來盋無他洗入夏已去不噉菜蔬旋遶往還執帚先掃存護物命寧有過之凡斯衆行前後一揆余以親展徽音奉茲景行猶恨標其大拉事略文繁以為輕約耳弟子曇元高潔僧也經論及律並曾披導偏重清行不妄衣食寺雖結淨猶懷塵點常乞食自資今託靜林處實山志道辭世門人靈範學通休涉慧悟少之勅召

弘福時揚攝論令居宗樹業振名京
邑又休以年學高遠令上重之因事遂左親幸其室叙故陳道弥會帝心故又續其績
釋靈潤俗姓梁河東虞鄉人也家世
衣冠鄉閭望族而風格弘毅統擬大
方少戢清猷長承餘烈故能正行倫
據不肅而成是季十人秀美時譽中
閒三者齊慕出家父告子曰但誦觀
音先度即當許也潤執卷便誦一坐
不起從旦至中文言遂徹便預公度
依止靈粲法師住興善寺粲有正行
倫于別傳年十三初聽涅槃妙通文
旨將及志學銷會前聞括悟新理便
登講座宣釋教意部分科宗英秀諸
僧咸欣其德加又欽重行禁動靜惟
安不妄遊從常資規矩所以興善大
德海內名僧咸相顧而言曰此沙弥
發蹤能尒堪住持矣於後深心至道
通贍群師預在見聞包蘊神府當即
斧藻人法珪璋解行皆統其本支該
其成敗仁壽感瑞懷州造塔有勑令
往官供驛乘隨師東赴乞食徒行獨
無受給既達河內道俗服其精通敬
其行範所有歸戒並從於潤當即名

厲河北譽滿京師聞泰岳靈巖寺僧
德肅清四方是則乃杖策尋焉既覲
副師遂從諮訓乃習般舟行定無替
晨昏初經三七情事略洩自斯已後
頓忘眠倦身心精勵遂經夏末于時
同侶五百餘人各奉行之求相敦勵
至於解坐同行無幾惟潤獨節秀出
情事莫移皆不謀同詞敬稱徽績時
父任青州益都令外祖吴超任懷州
懷令堂祖吴同任齊州山茌令姨夫
侯援任曹州金鄉令並潤之宗族內
外親姻雖經還講肆遊其所部事逾
行路一無過造及生緣昔喪或有悲
慕邀延者潤情若風傳不往登踐斯
割愛從道皆此類也有道奘法師擅
名海岱講攝大乘又往尋焉時未具
戒早飛聲采周流法席文義圓通問
難深微稱傳允塞預是同席心共揖
之既承師有本即奉奘以為和上大
戒已後方詢律司十地諸經略觀文
體年二十三還返京室值志念法師
正弘小論將欲博觀智海預在聽徒
有辯相法師學兼大小聲聞于天播

論初興盛其麟角在淨影寺創演宗
門造疏五卷即登敷述京華聽衆五
百餘僧竪義之者數登二百潤初從
闢表創預講筵祖習異聞遂奮奇論
一座驚異側目嘉之登有辯行法師
機論難擬處衆高謝而敬憚焉雖則
頁譽帝京而神氣自得或譏毀達其
耳者曾若不聞以道鎮心情無喜怒
末法攸寄誠可嘉焉大業初歲風疾
暴增後復本心更精新業又恐報傾
旦夕不守本懷講導世流往還煩雜
遂脫略人事猒俗歸閑遂往南山之
北西極澧鄠東漸玉山依寒林頭陁
為業時與沙門空藏慧璡智信智光
等京邑貞幹同修出離既處叢塚鬼
神斯惱或被推盪偃仆或揚聲震吼
者潤獨體其空寂宴坐如空諸被嬈
者皆來依附或於深林曠野狼虎行
處試心安止都無有畏當遵此務盡
報傳持屬大業末年不許僧出遂廢
此行乃還興善託於西院獨靜資業
一食入淨常講涅槃衆經有慧定禪
師等歸依受業相率修課不出院宇

續高僧傳卷第十五　第三十四張　遠

經于三年結侶漸多行清動衆時僧粲法師一寺頂蓋銳辯無前抗衡京國乃率諸翹望五十餘僧来至法會詳其神略人並投問玄隱之義潤領宗酬荅位判泠然咸共欣賞妙符經旨尒後譽傳光價衆聚相從既懿業內傳將流法味大業十年被占入鴻臚教授三韓并在本寺翻新經本並宗轄有承不虧風釆會隋氏亂倫道光難緝乃隱潛于藍田之化感寺首尾一十五載足不垂世離經専業衆請便講以示未聞春秋入定還遵靜操沙門志超抗節禪府聞風造展遂等宿交相師念定欣從語嘿時天步飢饉道俗同霑化感一寺獨延賔侶磨穀為飯麩麦等均晝夜策勤弘道為任故四方慕義歸者雲屯周贍精麁無乖僧法共食菜果遂逹有年斯誠至德冥符兼濟有日矣潤以化洽外流道聲載路與善本寺欽奉芳塵上陳勑使請充寺任便不守専志就而維之貞觀八年勑造弘福復被徵召即現翻譯證義須明衆所詳准又

續高僧傳卷第十五　第三十五張　遠

當斯任至於詞理有礙格言正之同倫糺位斯人最上京邑釋門寔惟僧傑初潤隋末在興善院感魔相嬈定志不移冥致善神捉去經宿告曰昨日魔子依法嚴繩深知累重自感而死若此徵應其量難紀武德七年時住化感寺主智信為人所告勑使團寺大顯威權潤曰山居行道心不負物賢聖所知計非所告使人逾怒忽有大風雷震山崩樹折吹其巾帽坐席飄落異處人衆喪膽遂求悔過潤曰擅越有福能感幽靈斯之祥徵昔来未有使者深愧釋然事解貞觀年中與諸法侶登山遊觀野燒四合衆並奔散惟潤安行如常顧陟語諸屬曰心外無火火實自心謂火可逃無由免火及火至潤燔餘自殺攝事以量知人難矣後住弘福有僧因事奉勑還俗復經恩蕩情願出家大德連名同舉得度上聞天聽下勑深責投諸南裔驩州行道于時諸僧創別帝里無非慟絶潤獨安然容儀自若顧曰三界往還由来恒理勑令脩道何

續高僧傳卷第十五　第三十六張　遠

有悲泣拂衣東舉忻然而趣道俗聞見莫不歎服尋尒勑追洛東安置化行鄭魏負袠排筵弘闡涅槃十有餘遍輿義泉飛惠流河洛乃報京邑門人踪曰吾今東行略有三益一酬往譴二順猷生三成大行吾有宿累蒙天慈責今得見酬則業累轉滅惟加心悅何所憂也愚夫癡愛隨處興著正智不尒猷不重生夫淨穢兩境同号大空凡聖有情咸惟覺性覺空平等何所着也自度度人俱利之道舉人出家依道利物願在三有普濟四生常無退轉三益如是汝等宜知各調諍根業與善而住吾無慮矣僕射房玄齡遇之稱歎累息曰大德樹言詞理俱至名實之副誠所望也不久勑追還住弘福居宗揚化涅槃正義推此一人然其爰初入道奉節不虧持操攝儀匙質雄雅形器八尺動静溫和挺超聡類十三離俗更不重臨二親既崩弟兄哀訴情守自若曾無動容但為修冥福設會千僧乖度盡京施悲田食而已至於世情得喪浮豔

彫華既不附心口亦無述時俗往還直知敍對皆絶供給隨言將遣前後所講涅槃七十餘遍攝大乘論三十餘遍并各造義疏一十三卷玄章三卷自餘維摩勝鬘起信論等隨緣便講各有疏部而玄義脩通頗異恒執至如攝論黎耶義該真俗真即无念性淨諸位不改俗即不守一性通具諸義轉依已後真諦義邊即成法身俗諦義邊成應化體如未轉依作果報體據於真性無滅義矣俗諦自相有滅不滅以體從能染分義滅分能異體處知不滅及資粮章中衆師並謂有三重觀無相無生及無性性也潤揣文尋旨無第三重也故論文上下惟有兩重捨得如文第一前七處捨外塵邪執得意言分別第八處內捨唯識想得真法界前觀無相捨外塵想後觀無生捨唯識想第二剎那即入初地故無第三筌約三性說三無性觀據遣執惟有兩重至如本識三相自相受熏依他性中說有總別三滅又四涅槃離合義異兩處三種熏

習體無有別諸如此等有異諸師存廢之旨陳具章疏弟子淨元神眷卓越慱要之舉振績京畿講釋經論亟經載紀銓辯名理響逸學門加以性愛林泉捐諸名利弊衣麁食談玄為本元以潤之立義建志尋求轉解傳風被于當世有僧法御道定人也夢見淨元兩手極大執印凭案若有所通寤以告之正披此義即因而遂廣乃成王路矣沙門智衍即潤之猶子也幼携乃入道朂以教宗承明詞義深有會擊講攝論涅槃近住藍田之法池寺統律成匠亟動時譽然有法以來師資傳道其宗罕接惟潤之緒継美前修乎迹安遠斯塵難濟見於今日矣

釋道洪姓尹氏河東人也父曜仕隋歷任江陵令有子五人洪其第三矣聰敏易悟深猒形有年在十三以開皇六年出家事京邑大德曇延法師慱通内外馳譽門序雖廣流衆部偏以涅槃為業教之極也故敷演之所以師資傳道聲績逾遠近亦於法衆親喩覆述後於願法師所學窮地論

傍通經數德器崇振及隋祖升遐禪定搆立乃召處之自尒專事弘經周輪無輟貞觀伊始弘護道張凡寺經維無非令達乃勅為律藏寺上座緝諧理事允副朝委立性清慤無競榮辱故使厚供殊礼鱗接邀延致令二宫樹福妙資捜舉物議所及莫不推先尋又下勅任大総持本居寺主春宫異供隨時薦及以追受戒之礼也貞觀十四年寶昌寺衆請講涅槃時感白鷄隨人聽法集散馴狎終于講會相從傳授迄于暮齒凡講涅槃八十七遍依承宗旨罕墜彝倫及弘福譯經選充證義慈恩創起又勅徵臨以貞觀末年微覺輕貶繞經一旬奄尒長逝春秋七十有九初染疾之始全無別痛少食不語用乖常候而數以手捣撥於空侍問其故荅曰有二衣冠者數來礼拜故以止之又曰紅花渌池鮮榮可翫尋尒合掌目送於空曰大德羅侯羅来辭去也因尒潛逝殊香滿院洪形器端偉七尺有餘沉簡仁愛慈濟存没喜愠莫顯操節不

形傳者目其梗概要妙固多略耳
續高僧傳卷第十三　第四十張　達
釋義褒姓薛常州晉陵人蓋齊相
孟嘗君之後吳名臣綜瑩之胤也
天體高遠履性明朗出家已後遊
談在務周流會計統御法筵初從
蘇州永定寺小明法師稟學華嚴
大品其即有陳興皇朗公之後嗣
也專經強對亦當時之僧傑矣褒
優柔教義屢啓請之談將事通覽
辭往縉雲山婺州永安寺曠法師
所曠在陳朝興皇盛集時當法選
亟動神幾法主既崩遍流視聽長
干禪衆栖霞布公並具式瞻親霑
餘令所以四經三論江表高推褒
歆竭義筵縱思披擇諸方後銳將
事別輪曠亦勸褒行傳燈禮乃從
之傳經述論三十餘年光問五湖
馳名三輔每以大乘至教元出渭
陰中原播蕩乃興揚越嗟乎淳味
不無流靡後住東陽金華法幢寺
弘道不倦終日坐忘會慈恩申請
搜揚髦彥京邑承風以事聞奏下
勑徵延便符昔願即而入朝時翻

經三藏玄奘法師感覿權衡當陽
續高僧傳卷第十五　第四十二張　達
弘演承思遠問用寫繁蕪亦既至
止共許幽致乃詰大乘經論無所
不通唐朝後學多尚名體馳逐成
性膠柱守株如何解網以開玄照請
所學宗頓講十遍勒諸門位並往
歸依時在慈恩創開宏旨有空雙
遣藥病齊亡乃有負氣盱衡傲然
亂舉褒爲提綱解玦疎刷神襟責
以三關徵研五句詳括文義統略
悟迷經難論易棹時俗之反昏論
釋深經誨令聞之異昔所以每日
在座前唱聖經半講已後方明賢
論于時英彥皆預席端歎其疎拔
之神奇伏其辯給之銛利宰輔冠
蓋傾仰德音留連言晤寫送無絕
顯慶三年冬雩祈雪候内設福場
勑召入宫令與東明觀道士論義
有道士李榮立本際義褒問曰既
義標本際爲道本於際爲際本於
道耶答曰互得又問道本於際際
爲道本亦可際本於道道爲際原
答亦通又並曰若使道將本際互

得相反亦可自然與道互得相法答
續高僧傳卷第十五　第四十三張　達
曰道法自然自然不法道又並若
道法於自然自然不法道亦可道
本於本際本際不本道榮既被難
不能報浪嘲云既唤我爲先生汝
便成我弟子褒曰對聖言論申明
邪正用簡帝心芻蕘嘲謔塵黷天
聽雖然無言不酬聊以相答我爲佛
之弟子由以事佛爲師汝既稱爲
先生即應先道而生汝則斯爲道
祖于時忸怩無對便下座又令褒
豎義便立大智度義李徒雖難隨
言即遣于時天子欣然内宮嗟賞
李榮不勝其憤曰如此解義何須
遠從吴來褒答曰三吳之地本出英
賢横目狗身舊無人物介後諸寺
連講多以法華淨名中百經論等
以開時俗龍朔元年駕往東都別
召追往頻入宮禁義論横馳乃於
淨土講解經論七衆載驅羣公畢
至英聲逾盛不久遘疾卒於淨土
春秋五十有一道俗悲涼恨法門之
早擯皇上悼傷久之遂勑送柩返

金華山舊寺賻贈之榮光閒遠近

論曰自佛教東傳年代惟遠條暢銓府開衜精靈可略言矣昔者漢明入夢滕蘭赴雒通悟道俗抑引邪正故使時俗一期翕然改觀非夫辯慧何以明哉然則教本通揚宗歸義舉談吐誠易識敏攸難不輕被錯授之儔淨名垂失機之責並為沉淪典誥以解齊緣藥病相翻斯迷斯覺況復教流千載情纏五濁控詞談理能無糺紛得在傳揚失於熏習晉有道安獨興論旨准的前聖商權義方廣疎注述首開衢路遠持退蹤於遂古顧轂振藻而傳芳故著序云安和上鑿荒塗以開轍標玄旨於性空削格義於既往啓神理於來世至如道生孤拔擅奇思於當年道林遠識標新理而改旦自斯厥後祖習餘風雖云較異蓋可知矣梁高端拱御曆膺奉護持天監初年捨邪歸正遊心佛理陶思幽微於重雲殿千僧講衆月建義筵法化通洽制五時論轉四方等注解涅槃情用未愜重申大品發明奥義

當斯時也天下無事家國會昌風化所覃被于荒服鍾山帝里寶刹相臨都邑名寺七百餘所諮質文理往往而繁時有三大法師雲旻藏者方駕當途復稱僧傑挹酌成論齊鶩先驅考定昔人非無臧否何以然耶至如講解傳授經教本宗摘文揣義情猶有失何得背本追末意言引用每日敷化但豎玄章不覩論文經于晧首如斯處位未曰紹隆若夫立文本宗誠遊義苑指月之況不爽先模隨文五失又開弘識然則教為理依理隨教顯附教通理弘之在人准此承導居然多惑寧乖此喻安得相符是使梁氏三師平指為謬審文紕亂可有致言義在情求情安倚伏其中縱達論宗肅成風素榮冠道俗行業相兼者則開善智藏抑其人乎餘則慧解是長儀範多雜非無十數翹楚遵修細行然定學攝心未聞於俗故略言也太宗簡文在昔東府悉心妙法遍覽玄章志歸般若判心血而書十部又撰法集聯璧各二百餘卷然以晚

從容藝故使擇侶無閒中宗孝元體悟幽鍵更崇深信法華成論常自敷揚沙門道侃德隆時彥業冠通賢綴述新奇帝偏鄭重奉為僧正盛開學府廣召義僧還遵舊轍戶牖為異宣明已下福事雖弘至於教理頗翳微緒陳氏五政世屬虔劉京邑僧寺誅焚略盡及初臨統普備修治接棟連甍復基梁日弘福慧門世稱難紀名德勝行故是可傳雖獲五三蓋失多矣恨闕餘傳與時俱喪對此可悲至如琰謂騰光於五湖榮朗飛盖於三楚二瓊以匡救而傳世兩等以護法而相嗣盛德弘矣逮于北鄴冣稱光大移都茲始基構極繁而兼創道場殄絕魔網故使英俊林蒸業正雲會每法筵一建聽侶千餘慧光道憑躡跡通軌法融慧遠顧視爭衡然而開剖章途解散詞義並推光統以為言先豈非唱高和寡獨振今古即當鋒之領袖乃万葉之師摸然光初學律宗晚通理教郁郁兼美能振其芳觀其成樹骨梗分布毛目意存行猷護

法為本所以華嚴地論咸位經摸被　續高僧傳卷第十五　第四十六張　達
及當今成誦無墜蓋有由矣且夫佛
教道東世稱弘播論其榮茂勿盛梁
齊故武帝撫期師承護法戒定慧品
莫匪陶甄受持十善無缺六時永絕
辛膻長齋卒歲言行相撿識可尊嚴
自有帝王罕能相擬于時釋侶顧視
思齊篤學翹誠多陳濟器齊宣受禪
權用不思或出或處非小節之所量
乍智乍愚信大人之壯觀至於宗敬
佛理師承戒護每布髮於地令上統
踐之又能率土之內禁斷酒肉放捨
鷹犬畋漁屠殺普國不行年三月六
勸民齋戒公私葷菜悉滅除之又置
昭玄十統肅清正法使夫二百万衆
綏緝無塵法上一人誠有功矣周武
定業秦川大開釋府沙門道安復稱
弘量降礼宸極展敬華夷導龍樹之
江河嚮弥天之輿蓋地維武服道寄
文弘開蒙博施之功是其經略但以
運屬道消中年毀廢雖陳顯論莫表
深衷蜯病成珠亨于身世末有亡名
復接斯咎坎壈貧病陷遭我俗孝宣

即位政異前朝經像漸開齋福稍起　續高僧傳卷第十五　第四十七張　達
而厥化草創義學猶微隋高荷負在
躬專弘佛教開皇伊始廣樹仁祠有
僧行處皆為立寺召諸學徒普會京
輦其中高第自為等級故二十五衆
峙列帝城隨慕學方任其披化每日
登殿坐列七僧轉讀衆經及開理義
帝目覽万機而耳飡正法于時釋門
重稱高敞雖滅梁齊亦後之寄沙門
慧遠齊餘開士隋運高僧首達帝城
即陳講議服勤請益七百餘人道化
天下三分其二自餘明勝聯鑣等驅
僧粲以論士馳名慧藏以知微取号
僧休洞精於大論法經妙體於教源
餘則琳璸羣英拯訶龍爲者復巨知
矣其中尤最沙門曇延復是高傑至
如坐鎮御牀口敷聲教致令万乘頂
足其德弘矣煬帝嗣籙重飛聲實道
在顧言於內外法論礼御於始終相
顯光揚於兩部裴脫振藻於周魯厚
德懷仁又難加也自爰初晉邸即位
道場慧日法雲廣陳釋侶玉清金洞
備引李宗一藝有稱三徵別館法輪

長轉慧炬恒明風靡之化曇延復遠　續高僧傳卷第十五　第四十八張　達
當時諸部雖復具揚而涅槃攝論最
為繁富世近易照無勞廣顯及皇唐御
曆道務是崇義學之明方為弘遠伊
人之風豈易披述輙託攸聞故略其
致然暠辭抗聲於金陵基景標宗於
玉壘常辯弘揚於三輔深懿馳譽於
兩河并晉則二達開摸齊魯則密才
程略閏會剖符日下敬其名教徵空
位席嵩澤仰其義門本紀時或漏之
其德不無光叙統明衆師注述通以
章鈔為工課文引義仰順前軌徒盛
改張卷無弘誘或接綴前篇或糅雜
時見或虛控胷臆詞理相非或旁竊
他文意義蹇塞皆勒成命氏騰譽一
時言行之間河漢遼阻本寔邪求妄
承傳教審夫意本焉可強乎且自經
誥所被允在受持大集顯法行之文
涅槃明知時之說今則婆娑章句流
演澆浮翻種諸有未為靜業超生之
教豈意然耶貴如說行斯誠旨也故
今當坐講客寫送文義其隙復廣何
以明耶且如聖行諸漏由來杜言惟

識雜念競陳攅想受學毗曇行悉戒者奉為聰慧聽習楞伽樂飲噉者用為通極李罕蒙俗陵轢往賢眆視天漢率輕蔡綱謂邪慧為真解以乱識為圓智不深悛悟枉喪餘齡故使説法天屬被于念處盤特庸叟具列賢愚辯俊異之前生顯頑嚚之後報冷然釋相可不誡歟原夫論義之設其本四焉或擊揚以明其道幽旨由斯得開或影響以扇其風慧業由斯弘樹或抱疑以諮明決斯要正是當機或矜伐以冒時賢安詞以拔愚箭託緣乃四通在無嫌必事相陵還符畜狩故世中論士鮮會清柔初事含容終成陷黷名聞誰賞境界非凡徒盛排輪畢歸磨臆故有王斌論竝明琛勉勢會空屋予宗統語工聽其論道惟聞煞死之言觀其容色但見紛披之相及後業之作也或生充虵報或舌爛喉中或僧獄接其來生或猛火焚其住各彦琮山樓之驗又可誡哉是知道寄人弘非人未可言道豈言義府並若斯耶故智藏遺塵慧光後

嗣宗仰徽烈豈有玷耶沙門靈裕行解相高内外通贍亦當時之難偶也然而立性剛毅峭急不倫侍人流汗非可師範世或譏論以此為先斯亦不比德而觀也語俗而談滔滔風流、愛心綿密未覿其短多容瑕累見心機動禍福相隣若不先知何成懲艾致使裕公虚沾此及若能返求諸已斯言自亡故宣尼流無偹之詞居士設未輕之論誠有由矣世有慧休即承裕緒學雜心而懼陵小犯受師礼而親執瓶衣遭難而更立淨厨臨危而深誨禁約人法斯具慧解通徹章疏所行誦為珠辟猶悵不係於先業餘則故略言也

續高僧傳卷第十五

癸卯歲高麗國分司大藏都監奉

勅彫造

續高僧傳卷第十五

校勘記

一　底本，麗藏本。

一　七二五頁上一行經名，資、磧、普作「續高僧傳第十五」；徑作「續高僧傳卷第十七」；清作「續高僧傳卷第十五上」。

一　七二五頁上三行「正紀十五　附見四」，徑、清作「正紀十五人附見四人」。

一　七二五頁上五行首字「唐」，徑、清無。六行至一三行、一五行至一八行首字同。

一　七二五頁上一四行至一七行傳目，徑、清置於七三二頁上三行前（即徑卷第十八、清卷第十五下正文前）。

一　七二五頁上一五行「慈閏寺」，諸本（不含石，下同）作「慈潤寺」。

一　七二五頁上一六行「釋靈閏」，諸本作「釋靈潤」。

— 七二五頁中一行首字「自」，諸本作「目」。

— 七二五頁中二行第三字「名」，諸本作「召」。

— 七二五頁中一一行「未曾」，諸本作「未嘗」。

— 七二五頁中二〇行「反俗」，諸本作「歸俗」。

— 七二五頁下五行「請往」，諸本作「請住」。

— 七二五頁下八行「亦衣」，諸本作「赤衣」。

— 七二五頁下一三行「地爲震動」，諸本無。

— 七二五頁下一五行「七日」，諸本作「七日塔表放光地爲震動」。

— 七二五頁下二〇行第三字「於」，諸本作「往」。

— 七二五頁下二二行「官舍」，資、磧、普作「官倉」。

— 七二六頁上三行「史子」，諸本作「子史」。

— 七二六頁中四行「來期」，諸本作「來月」。

— 七二六頁中八行第七字「亡」，資、磧、普、南作「止」。

— 七二六頁中九行「感通」，諸本作「通感」。

— 七二六頁中一六行「汰律師」，諸本作「伏律師」。

— 七二六頁下七行「涕泗」，諸本作「涕淚」。

— 七二六頁下九行「爲恒」，諸本作「爲常」。

— 七二六頁下一六行「山河」，諸本作「山阿」。

— 七二七頁上三行「虛詞」，磧作「虛調」。

— 七二七頁上一一行「法延」，諸本作「法筵」。又第一四字「蜀」，諸本無。

— 七二七頁上一九行首字「挺」，磧、普、南、徑、清作「鋌」。

— 七二七頁中七行至八行「二十一日四更」，諸本作「二十四日三更」。

— 七二七頁中一四行「堅持」，諸本作「堅住」。

— 七二七頁下六行「朗正」，諸本作「堅正」。又「屬目」，諸本作「矚目」。

— 七二七頁下一〇行「允合」，磧、普、南、徑、清作「允益」。又「遂使」，諸本作「遂復」。

— 七二七頁下一一行第九字「擊」，資作「繫」。

— 七二七頁下一六行「序王」，諸本作「序玄」。

— 七二八頁上四行第八字「海」，諸本作「大海」。

— 七二八頁上六行「未開」，資、磧、普、徑作「未聞」。

— 七二八頁上一七行第一〇字「至」，諸本無。

— 七二八頁上二〇行「壙於」，諸本作「殯於」。

— 七二八頁上二二行「鮮明」，諸本作「鮮肌」。

一七二八頁中三行「無論」，諸本作「無性論」。

一七二八頁中一二行「延欣」，諸本作「延仰」。

一七二八頁下一七行「夢矚」，諸本作「夢想」。

一七二九頁上四行「隨頬」，諸本作「隨類」。

一七二九頁上八行至九行「炎景陵天遊」，諸本作「炎旱既久埃」。

一七二九頁上一一行「不飛」，南、徑、清作「不作」。

一七二九頁上一六行第一一字「慕」，諸本作「宗慕」。

一七二九頁中一行「瓌奇」，諸本作「瓌琦」。

一七二九頁中一二行至一三行「李百藥」，諸本作「李伯藥」。

一七二九頁中一九行「供養僧」，諸本作「供衆僧」。

一七二九頁中二一行第七字「然」，諸本無。

一七二九頁下一〇行末字「屯」，諸本作「此」。

一七二九頁下一七行「欽抱」，諸本作「欽挹」。又「遠延」，諸本作「遠近」。

一七二九頁下末行「之在」，諸本作「之至」。

一七三〇頁上七行「熏爐」，諸本作「香爐」。

一七三〇頁上一八行「藴麻」，磧、普、南、徑、清作「緼麻」。

一七三〇頁中一行「面諫」，磧、普、南、徑、清作「面陳」。

一七三〇頁中八行「理無」，諸本作「無容」。

一七三〇頁中九行「官長」，諸本作「名」。

一七三〇頁中一七行首字「之」，諸本無。

一七三〇頁下一一行「大小」，資、磧、普作「大大」；南、徑、清作「小大」。

一七三〇頁下一五行「晦朔」，諸本作「旬朔」。

一七三〇頁下末行「知然」，諸本作「知之然」。

一七三一頁上一行「天神」，諸本作「諸天神」。

一七三一頁上八行「因官」，諸本作「因宦」。

一七三一頁上一二行「落采」，資、普作「落[髟采]」；磧、南、徑、清作「落髮」。

一七三一頁中一行「元席」，磧、普、南、徑、清作「先席」。

一七三一頁中三行「縱已」，諸本作「縱有」。

一七三一頁中五行「揔法師」，諸本作「故總法師」。

一七三一頁中九行「顧以」，諸本作「願比」。

一七三一頁下八行「盖翻」，資作「蓋幡」。

一七三二頁上二行末字「所」，至次，徑卷第十七終，卷第十八始；清

卷第十五上終，卷第十五下始。

一　七三二頁上五行「清約」，諸本作「以清約」。

一　七三二頁中八行第二字「膺」，諸本作「應」。

一　七三二頁中一二行末字「役」，諸本作「同役」。

一　七三二頁下一行「獸王」，諸本作「王獸」。

一　七三二頁下六行「如風之靡」，諸本作「風之靡草」。

一　七三二頁下一一行第一一字「經」，諸本作「經履」。

一　七三二頁下一七行「蒲壞」，諸本作「蒲暜」。

一　七三二頁下二一行「室房」，諸本作「堂房」。

一　七三三頁上一三行第二字「素」，諸本作「素見別傳」。

一　七三三頁上一四行「素見別傳」，諸本無。

一　七三三頁上一九行「篪篨」，諸本作「籧篨」。

一　七三三頁上末行「櫃篋」，諸本作「籄篋」。

一　七三三頁中五行「至數」，諸本作「數至」。

一　七三三頁中一二行「近逾」，南、徑、清作「延逾」。

一　七三三頁中一五行「情決」，諸本作「情訣」。

一　七三三頁中二一行「無昧」，諸本作「蕪昧」。

一　七三三頁中二二行「研諷」，諸本作「研詞」。

一　七三三頁下四行「解律」，諸本作「解津」。

一　七三三頁下五行「受染」，諸本作「更染」。

一　七三三頁下一五行第一〇字「學」，諸本作「府學」。

一　七三三頁下二〇行「廣疏」，諸本作「廣流」。

一　七三四頁上一七行「一日警」，諸本作「一旦驚」。

一　七三四頁中七行第三字「任」，磧、南作「住」。

一　七三四頁中一〇行末字至次行首字「律法」，諸本作「法律」。

一　七三四頁中一三行至一四行「今大行用」，諸本作「於今大行」。

一　七三四頁中二〇行「見住」，磧作「見任」。又二〇行至二一行「懷蒲柳之慕」，資作「懷仰之暮」；磧、普、南、徑、清作「懷仰蒲柳之暮」。

一　七三四頁中末行末字「末」，諸本作「未」。

一　七三四頁下五行「開道」，諸本作「開導」。又「意在」，資、磧、普、徑作「意存」。

一　七三四頁下一一行首字「鞋」，諸本作「履」。

一　七三四頁下一六行「旋遶」，諸本作「於道」。

一　七三四頁下一九行第六字「輕」，諸本無。

— 七三五頁上四行「鄉閭」，諸本作「邦閭」。
— 七三五頁上一九行「斧藻」，磧、普、南、徑、清作「黼藻」。
— 七三五頁中六行「行之」，諸本作「行定」。
— 七三五頁中八行第八字「同」，資作「周」。
— 七三五頁中一〇行「山荐」，磧、普、南、徑、清作「山茌」。
— 七三五頁中一二行「經還」，諸本作「往還」。
— 七三五頁下一三行第一〇字「依」，諸本作「依止」。
— 七三五頁下一九行「試心」，資作「誠心」。又「此務」，諸本作「此行」。
— 七三六頁上五行「位判」，諸本作「剖判」。
— 七三六頁上六行第六字「光」，磧、普、南、徑、清作「先」。
— 七三六頁上一八行「無乖」，徑作「無垂」。又「菜果」，諸本作「業果」。
— 七三六頁中六行「七年」，磧、南作「十年」。
— 七三六頁中七行首字「住」，磧、普、南、徑、清作「任」。
— 七三六頁中九行「所告」，諸本作「所害」。
— 七三六頁中末行「由來」，諸本作「去來」。
— 七三六頁下一行「悲泣」，磧、普、南、徑、清作「悲涼」。
— 七三六頁下一四行「諍根」，諸本作「淨根」。又「與善」，諸本作「興善」。
— 七三六頁下一八行「一人」，諸本作「一人也」。
— 七三七頁上六行「玄義倫通」，諸本作「立義倫通」。
— 七三七頁上一〇行「如未」，諸本作「如來」。
— 七三七頁中五行「麁食」，諸本作「糲食」。
— 七三七頁中一二行首字「擊」，諸本作「繫」。
— 七三七頁中一三行「統律」，諸本作「統津」。
— 七三七頁中二一行「爲業」，磧、普、南、徑、清作「爲累」。
— 七三七頁中二二行第八字「逾」，磧、普、南、徑、清無。
— 七三七頁下五行「立性」，諸本作「立情」。
— 七三七頁下一一行「白鷄」，諸本作「白雉」。
— 七三七頁下一五行「繞經」，諸本作「纔及」。
— 七三七頁下一八行末字「二」，諸本作「三」。
— 七三七頁下二二行第五字「洪」，諸本作「然洪」。
— 七三八頁上五行「會計」，諸本作「會稽」。
— 七三八頁上九行第七字「請」，資、徑、清作「清涼」；磧、普、南作「責」。
— 七三八頁上一二行「神幾」，諸本

作「神機」。

一　七三八頁上一五行「拔擇」，諸本作「拔釋」。又「後鋭」，諸本作「俊鋭」。

一　七三八頁上一七行「光問」，諸本作「光聞」。

一　七三八頁上二一行第五字「終」，諸本無。又「忘會」，【南】、【徑】、【清】作「忘食」。

一　七三八頁中三行「共許」，諸本作「共詳」。

一　七三八頁中九行「提紉解抉」，諸本作「提紐解決」。

一　七三八頁中一五行「辯給」，諸本作「辯洽」。

一　七三八頁中一七行「雩祈」，【磧】作「雲祈」。

一　七三八頁下一七行「連講」，諸本作「連請」。

一　七三八頁下末行末字「返」，【資】、【磧】、【普】、【徑】作「返於」。

一　七三九頁上二行「惟遠」，諸本作「雖遠」。

一　七三九頁上一三行「遂古」，【資】作「邃古」。

一　七三九頁上二〇行「捨邪」，【磧】、【普】、【南】作「捨那」。

一　七三九頁中六行首字「考」，【磧】、【南】作「者」。

一　七三九頁中九行「經于晧首」，諸本作「終于晧首」。

一　七三九頁中一四行「此喻」，【徑】作「比喻」。

一　七三九頁下三行「業冠通賢」，【南】作「業冠通會」；【徑】、【清】作「業貫通賢」。

一　七三九頁下四行「鄭重」，諸本作「猷重」。

一　七三九頁下一二行「琰爝」，諸本作「燄爝」。又「榮朗」，諸本作「瑩朗」。

一　七四〇頁上三行「道東」，諸本作「東傳」。

一　七四〇頁上一八行第一一字「亭」，諸本作「遵」。

一　七四〇頁中九行「亦後」，【資】作「亦復」。

一　七四〇頁中一〇行「隋運」，【磧】、【普】、【南】、【徑】、【清】作「隨運」。

一　七四〇頁中一一行「服勤」，諸本作「伏勤」。

一　七四〇頁中一二行「聯驄」，諸本作「聯鑣」。

一　七四〇頁中一五行「抵訶」，諸本作「詆訶」。

一　七四〇頁中末行「三徵」，【磧】、【普】、【南】、【徑】、【清】作「三微」。

一　七四〇頁下一行「長轉」，【徑】作「常轉」。又「罣延」，諸本作「覃延」。

一　七四〇頁下三行「易照」，諸本作「易昭」。又「廣顯」，諸本作「顯述」。

一　七四〇頁下六行「曷辟」，諸本作「曷壁」。

一　七四〇頁下七行「玉壘」，諸本作「玉疊」。

一　七四〇頁下九行「閭會」，諸本作

「潤會」。

一　七四一頁上六行「庸叜」，諸本作「庸叟」。

一　七四一頁上一六行「畢歸」，資、磧、普、徑作「必歸」。

一　七四一頁中四行首字「非」，諸本無。

一　七四一頁中卷末經名，資、磧、普、南作「續高僧傳卷第十五」並夾註「義解篇終」；徑作「續高僧傳卷第十八」；清作「續高僧傳卷第十五下」。

續高僧傳卷第十六　達

大唐西明寺沙門釋道宣撰

習禪初　正傳二十三　附見十五

釋僧副姓王氏太原祁縣人也弱而

不弄鑒徹絕羣年過小學識成景行鄉黨稱奇不仁者遠矣而性愛定靜遊無遠近裹粮尋師訪所不逮有達摩禪師善明觀行循擾巖穴言問深博遂從而出家義無再問一貫懷抱尋端極緒為定學宗焉後乃周歷講座偹嘗經論並知學唯為已聖人無言齊建武年南遊揚輦止於鍾山定林下寺副美其林藪得栖心之勝壤也行逾冰霜言而有信三衣六物外無盈長應時入里道俗式瞻加以王侯請道頹然不作咫尺宮闈未嘗謁覲既行為物覽道俗攸屬梁高素仰清風雅為嘆貴乃命匠人考其室宇於開善寺以待之恐有山林之思故也副每逍遙於門負杖而歎曰環堵之室蓬戶甕牖匡坐其間尚足為樂寧貴廣廈而賤茅茨乎且安而能遷古人所尚何必滯此用賞耳目之好耶乃有心岷嶺觀彼峨眉會西昌侯蕭淵藻出鎮蜀部於即拂衣附之委至井絡雖途經九折無忘三念又以少好經籍執卷緘默動移晨晷遂使

庸蜀禪法自此大行久之還返金陵復住開善先是胡翼之山有神人現以慧印三昧授與野人何規曰可以此經與南平王觀為病行齋三七日也若不曉此法問之於副時以訪之果是其曾所行法南平遂行齋祀疾便康復豈非内因外攝更相起予不久卒於開善寺春秋六十有一即普通五年也窆於下定林之都門外天子哀焉下勑流贈初疾亟之時有勸脩福者副力疾而起厲聲曰貨財延命去道遠矣房中什物並施招提僧身死之後但棄山谷飽於鳥獸不亦善乎勿營棺隴以乖我意門徒涕淚不忍從之將為勒碑旌德而永興公主素有歸信進啓東宮請著其文有令遣湘東王繹為之樹碑寺所

釋慧勝交阯人住仙洲山寺栖遁林澤閑放物表誦法華日計一遍亟淹年序衣食節約隨身遊任從外國禪師達摩提婆學諸觀行一入寂定周晨乃起彭城劉續出守南海聞風遣請携與同歸因住幽栖寺韜明秘采

常示如愚久處者重之禪學者敬美幽栖寺中絶無食調唯資分衛大遵清儉永明五年移憩鍾山延賢精舍自少及老心貞正焉以天監年中卒春秋七十時淨名寺有慧初禪師者魏天水人在孕七月而生纔有所識好習禪念嘗閑居空宇不覺雹擊大震斯固住心深寂未可量也而志高清遠淡然物外晚遊梁國住興皇寺閑房攝靜珽璋外映白黑諸訪有聲皇邑武帝為立禪房於淨名寺以處之四時資給禪學道俗雲趣請法素懐恢廓守志淳重貴勝王公曾不迎候普通五年卒春秋六十八葬鍾山之陰弟子智顯樹碑墓側御史中丞吳郡陸倕製文

釋道珎未詳何人梁初住廬山中恒作弥陁業觀夢有人乘船處大海中云向阿弥陁國珎欲隨去船人云未作淨土業謂須經營浴室并誦阿弥陁經既覺即如夢所作年歲綿遠乃於房中小池降白銀臺時人不知獨記其事安經函底及命過時當夕半

山巳上如列數千炬火近村人見謂是諸王觀礼旦就山尋乃云珎卒方委冥祥外應也後因撿經中方知往生本事遂封記焉用示後學時此山峯頂寺有法歸禪師者本住襄陽漢陰出家味靜為務感夢有神来請遂往廬山遊歷諸處忽然驚覺乃尋夢而往但廬山者生来不到及至彼處樹石寺塔宛如前夢方知為廬山神之所請也依而結宇晨夕繼業遂終山舍時又有慧景禪師者清卓出類不偶道俗孤行林阜禪慧在宗及其終後乃返握兩指人有捋者雖伸還屈如前故傳所紀獲二果矣當景卒旦山峯松樹並雨甘露今名甘露峯是也生常感二鳥依時乞食及其沒後絶迹此山斯之三德道扇梁朝樹銘山阿各題芳績矣

佛陁禪師此云覺者本天竺人學務靜攝志在觀方結友六人相隨業道五僧證果惟佛陁無獲遂勤苦勵節如救身衣進退惟谷莫知投厝時得道友曰脩道藉機時来便尅非可斯

須徒為虛死鄉於振旦特是別緣度二弟子深有大益也因從之遊歷諸國遂至魏北臺之恒安焉時值孝文敬隆誠至別設禪林鑿石為龕結徒定念國家資供倍架餘部而徵應潛著皆異之非常人也恒安城內康家貲財百萬崇重佛法為佛陁造別院常居室內自靜遵業有小兒見門隙內炎火赫然驚告院主合家捴萃覩無所見其通徵玄觀斯例衆也識者驗以為得道矣後隋帝南遷定都伊洛復設靜院勑以處之而性愛幽栖林谷是託屢往嵩岳高謝人世有勑就少室山為之造寺今之少林是也帝用居處四海息心之儔聞風響會者衆恒數百篤課出要成濟極焉時或告衆曰此少林精舍別有靈祇衛護一立已後終無事乏由使造者弥山而僧廩豐溢汔彼至今將二百載雖荒荐頻繁而寺業充實遠用比之佛陁無謀傳矣時又入洛將度有緣沙門慧光年立十二在天　街井欄上反蹋蹀堵一連五百衆人諠競異

而觀之佛陁因見惟日此小兒世戲有工道業亦應無昧意欲引度擢以杖打頭聲響清徹既善聲論知堪法器乃問能出家不光曰固其本懷耳遂度之解冠終古具如別傳又令弟子道房度沙門僧稠教其定業自化行東夏惟此兩賢得道記之諒有深擬年漸遲暮不預僧倫委諸學徒自相成業躬移寺外別處零房感一善神常隨影護亦令設食而祠饗之後報欲終在房門之壁手畫神像于今尚存

菩提達摩南天竺婆羅門種神慧疎朗聞皆曉悟志存大乘冥心虛寂通微徹數定學高之悲此邊隅以法相導初達宋境南越末又北度至魏隨其所止誨以禪教于時合國盛弘講授乍聞定法多生譏謗有道育慧可此二沙門年雖在後而銳志高遠初逢法將知道有歸尋親事之經四五載給供諮接感其精誠誨以真法如是安心謂壁觀也如是發行謂四法也如是順物教護譏嫌如是方便教

令不著然則入道多途要唯二種謂理行也藉教悟宗深信含生同一真性客塵障故令捨偽歸真凝住壁觀無自無他凡聖等一堅住不移不隨他教與道冥符寂然無為名理入也行入四行万行同攝初報怨行者脩道苦至當念往劫捨本逐末多起愛憎今雖無犯是我宿作甘心受之都無怨對經云逢苦不憂識達故也此心生時與道無違體怨進道故也二隨緣行者衆生無我苦樂隨緣縱得榮譽等事宿因所構今方得之緣盡還無何喜之有得失隨緣心無增減違順風靜冥順於法也三名無所求行世人長迷處處貪著名之為求道士悟真理與俗反安心無為形隨運轉三界皆苦誰而得安經曰有求皆苦無求乃樂也四名稱法行即性淨之理也摩以此法開化魏土識真之士從奉歸悟錄其言誥卷流于世自言年一百五十餘歲遊化為務不測于終

釋僧可一名慧可俗姓姬氏虎牢人外覽墳素內通藏典末懷道京輦默

觀時尚獨蘊大照解悟絶羣雖成道
非新而物貴師受一時令望咸共非
之但攉道無謀顧會非遠自結斯要
誰能繫之年登四十遇天竺沙門菩
提達摩遊化嵩洛可懷寶知道一見
悅之奉以為師畢命承旨從學六載
精究一乘理事兼融苦樂無滯而解
非方便慧出神心可乃就境陶研淨
穢埏埴方知力用堅固不為緣陵達
摩滅化洛濱可亦埋形河涘而昔懷
嘉譽傳檄邦畿使夫道俗來儀請從
師範可乃奪其奇辯呈其心要故得
言滿天下意非建立玄籍遐覽未始
經心後以天平之初北就新鄴盛開
祕苑滯文之徒是非紛舉時有道恒
禪師先有定學王宗鄴下徒侶千計
承可說法情事無寄謂是魔語乃遣
衆中通明者來殄可門既至聞法泰
然心服悲感盈懷無心返告恒又重
喚亦不聞命相從多使皆無返者他
日遇恒恒曰我用尒許功夫開汝眼
目何因致此諸使荅曰眼本自正因
師故邪耳恒遂深恨謗惱於可貨賕

俗府非理屠害初無一恨幾其至死
恒衆慶快遂使了本者絶學浮華謗
黷者操刀自擬始悟一音所演欣怖
交懷海迹蹄滏淺深斯在可乃縱容
順俗時惠清猷乍託吟謠或因情事
澄汰恒抱寫剖煩蕪故正道遠而難
希封滯近而易結斯有由矣遂流離
鄴衛亟展寒溫道竟幽而且玄故末
緒卒無榮嗣有皇者幽遁林野木
食於天保之初道味相師致書通好
曰影由形起響逐聲來弄影勞形不
知形之是影揚聲止響不識聲是響
根除煩惱而求涅槃者喻去形而覓
影離衆生而求佛喻默聲而尋響故
迷悟一途愚智非別無名作名因其
名則是非生矣無理作理因其理則
諍論起矣幻化非真誰是誰非虛妄
無實何空何有將知得無所得失無
所失未及造談聊伸此意想為荅之
可命筆述意曰說此真法皆如實與
真理幽竟不殊本迷摩尼謂瓦礫豁
然自覺是真珠無明智慧等無異當
知万法即皆如愍此二見之徒輩申

詞措筆作斯書觀身與佛不差別何
須更覓彼無餘其發言入理未加鉛
墨時或纘之乃成部類具如別卷時
復有化公廉公和禪師等各通冠玄
奧吐言清迥託事寄懷聞諸口實而
人世非遠碑記罕聞微言不傳清德
誰序深可痛矣時有林法師在鄴盛
講勝鬘并制文義每講人聚乃選通
三部經者得七百人預在其席及周
滅法與可同學共護經像初達摩禪
師以四卷楞伽授可曰我觀漢地惟
有此經仁者依行自得度世可專附
玄理如前所陳遭賊斫臂以法御心
不覺痛苦火燒斫處血斷帛裹乞食
如故曾不告人後林又被賊斫其臂
叫號通夕可為治裹乞食供林林怪
可手不便怒之可曰餅食在前何不
自裹林曰我無臂也可不知耶可曰
我亦無臂復何可怒因相委問方知
有功故世云無臂林矣每可說法竟
曰此經四世之後變成名相一何可
悲有那禪師者俗姓馬氏年二十一
居東海講礼易行學四百南至相州

遇可說法乃與學士十人出家受道

諸門人於相州東設齋辭別哭聲動
邑那自出俗手不執筆及俗書惟服
一衣一盋一坐一食以可常行兼奉
頭陁故其所往不參邑落有慧滿者
滎陽人姓張舊住相州隆化寺遇那
說法便受其道專務無著一衣一食
但畜二針冬則乞補夏便通捨覆赤
而已自述一生無有怯怖身無蚤虱
睡而不夢住無再宿到寺則破柴造
履常行乞食貞觀十六年於洛州南
會善寺側宿栢墓中遇雪深三尺其
旦入寺見曇曠法師怪所從來滿曰
法友來耶遣尋坐處四邊五尺許雪
自積聚不可測也故其聞有括訪諸
僧逃隱滿便持衣盋周行聚落無可
滯礙隨施隨散索尒虛閑有請宿齋
者告云天下無人方受尒請故滿每
說法云諸佛說心令知心相是虛妄
法今乃重加心相深違佛意又增論
議殊乖大理故使那滿等師常賫四
卷楞伽以為心要隨說隨行不爽遺
委後於洛陶中無疾坐化年可七十

斯徒並可之宗系故可別敘

釋僧達俗姓李上谷人十五出家遊
學北代聽習為業及受具後宗軌毗
足進止沉審非先祖習年登二夏為
魏孝文所重邀延廟寺闡弘四分而
形器異倫見者驚奉虎頭長耳雙齒
過寸機論適變時其高美與徐州龍
達各題稱謂尋復振錫洛都因遇勒
那三藏奉其新誨不久值那遷化覆
述地論聲駭伊穀令望歸信相次稱
謂後聽光師十地發明幽旨遂從受
菩薩戒焉因從請業有名學衆又南
會徐部隨通地論梁武皇帝撥亂弘
道銜聞欣然遂即濟江造宮請見勑
駙馬殷均引入重雲殿自晝通夜傳
所未聞連席七宵帝歎嘉瑞因從受
戒誓為弟子下勑住同泰寺隆礼供
奉旬別入殿開示弘理年移一紀道
懷有據請辭還魏乃經七啓方許背
梁時兗州行臺侯景為造二寺山名
天觀治曰丈六達念身為苦器難可
維持乃試履栽約餌苓斷粒自此終
報資用通生末為魏廢帝中王勑僕

射高隆之召入鄴都受菩薩戒暨齊

文宣特加殊礼前後六度歸崇十善
達性愛林泉居閑濟業帝為達於林
慮山黃華嶺下立洪谷寺又捨神武
舊廟造定寇寺兩以居之初達經營
山寺將入谷口虎踞其前乃祝曰欲
造一寺福被幽靈若相許者可為避
道言訖尋去及造寺竟安衆綜業達
又鄴京夜有神現身被黃服拜而跪
曰弟子是載山神也王及三谷正俗
供養願不須還達曰在山利少在京
利多貧道觀機而動幸無遮止又經
靜夜有推戶者稱曰山神之妻白日
無暇今故參拜并奉米餻一筐進
而重曰僧無偏為礼佛之時請兼弟
子名也達荅餻可將還後當為礼因
令通為之時一拜兼唱其舍幽識明
皆此類也達遣弟子道爽為山神讀
金光明經月餘有虎來將狗去達聞
之曰此必小道人懈怠不為檀越讀
經具問之果云三日來別誦維摩耳
乃燒香礼佛告曰昨雖誦餘經其福
亦屬檀越若有靈鑒放狗還也至曉

狗還看於項上有銜嚙處斯又接統
神明殆不可測講華嚴四分十地地
持雖無蹤記而敷揚有據特善論議
知名南北禪法一門開世殊廣曾遊
梁境誌公遇而告曰達禪師是大福
德人也帝亦深敬常顧侍臣去北方
鸞法師達禪師肉身菩薩恒向北遥
礼其為時君所重無有加焉一時少
覺微疾端坐繩床口誦波若形氣調
靜遂終於洪谷山寺春秋八十有二
即齊天保七年六月七日也宣帝聞
之崩騰驚赴舉聲大哭六軍同號山
林為動葬於谷中巖下立碑於後余
以貞觀九年親往礼謁骸骨猶存寺
宇遺迹宛然如在自達奉心玄道情
無閒然有識同親無聞嫌隙承先私
憾倍加事之榮勝高流弥所謙退自
季世佛法崇尚官榮僥倖之夫妄生
朋翼而達為國都眇然無顧昭玄曹
局曾不經臨斯乃聖達之所輕寔世
福之嘉相矣
釋僧稠姓孫元出昌黎末居鉅鹿之
癭陶焉性度純懿孝信知名而勤學

世典備通經史徵為太學博士講解
墳素聲蓋朝廷將處器觀國羽儀廊
廟而道機潛扣欻厭世煩一覽佛經
渙然神解時年二十有八投鉅鹿景
明寺僧寔法師而出家落髮甫尒便
尋經論悲慶交并識神厲勇因發五
願所謂財法通辯及以四大常敬三
寶普福四恩初從道房禪師受行止
觀房即跋陀之神足也既受禪法北
遊定州嘉魚山斂念久之全無攝證
便欲出山誦涅槃經忽遇一僧言從
泰岳来稠以情告彼遂苦勸脩禪慎
無他志由一切含靈皆有初地味禪
要必繫緣無求不遂乃從之旬日攝
心果然得定常依涅槃聖行四念處
法乃至眠夢覺見都無欲想歲居五
夏又詣趙州障洪山道明禪師受十
六特勝法鑽仰積序節食鞭心九旬
一食米惟四升單敷石上不覺晨宵
布縷入肉挽而不脫或煑食未熟攝
心入定動移晷漏前食並為禽獸所
噉又常脩死想遭賊怖之了無畏色
方為說諸業行皆摧其弓矢受戒而

返當於鵲山靜處感神来嬈抱肩築腰氣噓項
上誠有圖矣故使中原定苑剖開經領唯此二
賢接踵傳燈流化靡歇而復委辭林野歸宴
天門斯則狹大隱之前蹤捨無緣之高志耳終
復宅身龍岫故是行藏有儀邪屬有菩提達
摩者神化居宗闡導江洛大乘壁觀功業最高
在世學流歸仰如市然而誦語難窮厲精蓋
少審其慕則遣蕩之志存焉覩其言則罪福
之宗兩捨詳夫真俗雙翼空有二輪帝網之所
不拘愛見莫之能引靜慮傳此故絕言乎然
而觀彼兩宗即乘之二軌也稠懷念處清範可崇
摩法虛宗玄旨幽賾可崇則情事易顯幽賾則
理性難通所以物得其筌初同披洗至於心用
壅滯唯繁云云之傳寵難述矣義當經遠陶
治方可會期十住羅縠抑當其位偏淺之識
隨墮之流朝入禪門夕弘其術相與傳說謂合
窮源神道冥昧孰明通塞是知慮之所及智
之所函無非妄境惑心斯是不能返照其識浪
執境緣心靜波驚多生定障即謂功用之力
所知外彰其說逞慢程惑此則未闕治障我到
常行他力所持宗爲正業真妄相迷卒難通曉
若知唯心妄境不結返執前境非心所行如此
胥徒安可論道有陳智璀師仰慧思寔深

解玄微行德難測璀亦頗懷雜定聲聞于天
致使陳氏帝宗咸承歸戒圖象榮供逸聽南
都然而得在開弘失在對治宗仰之㝡世莫有
加會謁衡岳方陳過隙未及斷除遂終身世
隋祖創業偏宗定門下詔述之具廣如傳京
邑西南置禪定寺稠以死要心因證深定九
日不起後從定覺情想澄然究略世間全無
樂者便詣少林寺祖師三藏呈已所證跋陁曰自
葱嶺已東禪學之㝡汝其人矣乃更授深要即
住嵩岳寺僧有百人泉水纔足忽見婦人弊衣
挾帚却坐階上聽僧誦經衆不測為神人也
便訶遣之婦有愠色以足蹋泉立竭身亦不現
衆以告稠稠呼優婆夷三呼乃出便謂神曰
衆僧行道宜加擁護婦人以足撥於故泉水
即上涌時共深異感如此後詣懷州西王
屋山脩習前法聞兩虎交鬪咆響振巖乃以
錫杖中解各散而去一時忽有仙經兩卷在于
牀上稠曰我本脩佛道豈拘域中長生者乎
言已須臾自失其感致幽顯皆此類也後移
止青羅山受諸厲疾供養情不憚其臭潰
甘之如薺坐久疲頓舒脚牀前有神輙扶之
還令加坐因屢入定每以七日為期又移懷
州馬頭山魏孝明帝夙承令德前後三召

乃辭去普天之下莫非王土乞在山
行道不爽大通帝遂許焉乃就山送
供魏孝武永熈元年既召不出亦於
尚書谷中為立禪室集徒供養又北
轉常山定州刺史婁叡彭城王高攸
等請至又默之大冥山創開歸戒奉
信者夥焉燕趙之境道未通被略無
血食衆侶奔赴礼既填充時或名利
所纏者稠為說偈止之聞者慙色而
止便為陳脩善偈預在息心之儔更
新其器既道張山世望重天心齊文
宣天保二年下詔曰久聞風德常思
言遇今勑定州令師赴鄴教化羣生
義無獨善希即荷錫暫遊承明思欲
弘宣至道濟斯苦壞至此之日脫須
還山當任東西無所留縶稠居山積
稔業濟一生聞有勑召絕無承命苦
相敦喻方遂元請即日拂衣將出山
闕兩岫忽然驚震響聲悲切駭擾人
畜禽獸飛走如是三日稠顧曰慕道
懷仁觸類斯在豈非愛情易守放蕩
難持耶乃不約事留杖策漳滏帝躬
舉大駕出郊迎之稠年過七十神宇

清曠動發人心敬揖情物乘機無墜
帝扶接入內為論正理因說三界本
空國土亦尒榮華世相不可常保廣
說四念處法帝聞之毛竪流汗即受
禪道學周不久便證深定尒後弥承
清誨篤敬殷重因從受菩薩戒法斷
酒禁肉放捨鷹鷂去官畋漁鬱成仁
國又斷天下屠殺月六年三勑民齋
戒官園私菜葷辛悉除帝以他日告
曰道由人弘誠不虛應願師安心道念
弟子敢為外護檀越何如稠曰菩薩
弘誓護法為心陛下應天順俗居宗
設化棟梁三寶導引四民康濟既臨
義無推寄即停止禁中四十餘日日
垂明誨帝奉之無失後以道化須布
思序山林便辭還本住帝以陵阜迴
互諮謁或難天保三年下勑於鄴城
西南八十里龍山之陽為搆精舍名
雲門寺請以居之兼為石窟大寺主
兩任綱位練衆將千供事繁委充諸
鮮念慧者就而教授時揚講誦事事
豐厚帝曰佛法大宗靜心為本諸法

續高僧傳卷第十六　第十一張　坒字

師等徒傳法化猶接踵頻末曰闡揚可並除廢稠諫曰諸法師並紹繼四依弘通三藏使夫羣有識邪正達幽微若非此人將何開導皆禪業之初宗趣理之弘教歸信之漸發蒙斯人帝大喜焉因曰今以國儲分為三分謂供國自用及以三寶自尒徹情歸向通古無倫佛化東流此焉盛矣具如別紀即勑送錢絹被褥接軫登山令於寺中置庫貯之以供常費稠以佛法要務志在脩心財利動俗事乖道化乃致書返之帝深器其量也勑依前受納別置異庫須便依給未經王府尒後詔書手勑月別頻至寸尺小緣必親言及又勑侍御徐之才崔思和等送諸藥餌觀僧疾苦帝常率其羽衛故幸參覲稠處小房宴坐都不迎送弟子諫曰皇帝降駕今據道不迎眾情或阻稠曰昔賓頭盧迎王七步致七年失國吾誠德之不逮未敢自欺形相莫獲福於帝耳時亦美其敦慎大法得信於人黃門侍郎李奘與諸大德請出禪要因為撰止觀

續高僧傳卷第十六　第十二張　坒字

法兩卷味定之賓家藏一本據以齊乾明元年四月十三日辰時絕無患惱端坐卒於山寺春秋八十有一五十夏矣當終之時異香滿寺聞者悚神勑遣襄樂王宣慰曰故大禪師志力精苦感果必然栖心寂默虛來實返妙業玄風事高緇素運往神遷寔深嗟惘資崇有嘉弔申悽敬可施物五百段送千僧供於雲門以崇追福至皇建二年五月弟子曇詢等奏請為起塔下詔曰故大禪師德業高迥三寶棟梁滅盡化終神遊物外可依中國之法闍毗起塔建千僧齋贈物千段標樹芳迹亦諸後代勑右僕射魏收為製碑文其為時君所重前後皆此類也既而尅日准勑四部弥山人兼數万香柴千計日正中時焚之以火莫不哀慟斷絕哭響流川登有白鳥數百徘徊煙上悲鳴相切移時乃逝仍於寺之西北建以塼塔每有靈景異香應于道俗初稠奉信出家知奇齊魏克志禪業冠絕後塵而歷覆大行往還朝野鳴謙抱素能扇清

續高僧傳卷第十六　第十三張　坒字

風加又威稜羣賊勢懾山魑解撫虎之鬪情禁利養之深毒大儒皇氏躬為負粮青羅獵客執刀剪髮或德感上玄澤流奉敬之苗幽誠所致粟滿信心之室樹神遠道隨器欲而法流文豹淨房銜纖幞而還棄或猛虎馴狎即背乘衣類山將陟召出存命若斯靈相振古罕儔具如雲門象圖所紀又初勑造寺而方十里令息心之士問道經行稠曰十里太廣損妨居民恐非遠濟請半減之勑乃以方五里為定使將作大匠紀伯邕締構伊始邕集諸鄉邑問此地名忽聞空中大聲荅曰山林幽靜此處本号雲門重問所由了無一人知者帝聞異之因從空響焉今名光嚴寺是也又嘗有客僧負錫初至將欲處問其本夏荅云吾見此中三為伽藍言終而隱既而搔地為井果得鵝吻二焉又所住禪龕前有深淵見被毛之人偉而胡皃置釜燃火水將沸涌俄有大蟒從水中出欲入釜內稠以足撥之蟒遂入水毛人亦隱其夜因致男子神

来頂拜稠云弟子有兒歲歲為惡神所噉兒子等惜命不敢當弟子褱老將死故自供食蒙師護故得免斯難稠索水潠之奄成雲霧時或譏稠於宣帝以倨傲無敬者帝大怒自来加害稠冥知之生来不至僧厨忽無何而到云明有大客至多作供設至夜五更先備牛轝獨往谷口去寺二十餘里孤立道側須臾帝至恠問其故稠曰恐身血不淨穢汙伽藍在此候耳帝下馬拜伏愧悔無已謂尚書令揚遵彥曰如此真人何可毀謗也乃躬負稠身往寺稠辭折不受帝曰弟子負師遍天下未足謝愆云云因謂曰弟子前身曾作何等荅曰作羅剎王是以今猶好煞即咒盆水令帝自視見其影如羅剎像焉每年元日常問一歲吉凶後至天保十年云今年不能好文宣不悅帝問師復何如荅云貧道亦不久至十月帝崩明年夏首稠喪驗之果矣甞以暇日帝謂曰弟子未見佛之靈異頗得覩不稠曰此非沙門所宜帝強之乃投袈裟于地

帝使數十人舉之不能動稠命沙弥取之初無重焉因尒篤信兼常寺宇僧供勞賜優渥齊滅周廢以寺賜大夫柳務文文又令其親辛儉守當將家入住有神怒曰何敢陵犯須臾䧟寺而儉未幾便卒隋初興復奄同初搆六時禪懺著聲稟富大業之末賊所盤營房宇子遺餘皆焚蕩余以貞觀初年陟玆勝地山林乃舊情事惟新觸處荒涼屢興生滅之歎周睇焚燼頻壹黍離之悲傳者覩閱行圖故直叙之于後耳

釋法聰姓梅南陽新野人八歲出家卓然神正性貞潔身形如玉蔬藿是甘無求滋饌及長成立風操逾厲淨施厚利相從歸給並迴造經藏三千餘卷備窮記論有助弘贊者無不繕集年二十五東遊嵩岳西涉武當所在通道惟居宴默因至襄陽傘蓋山白馬泉築室方丈以為栖心之宅入谷兩所置蘭若舍今巡山者尚識故基焉初梁晉安王来部襄雍承風来問將至禪室馬騎將從無故却退王慙

而返夜感惡夢後更再往馬退如故王乃潔齋躬盡虔敬方得進見初至寺側但覩一谷猛火洞燃良久竚望忽變為水經停傾仰水滅堂現以事相詢乃知尒時入水火定也堂內所坐繩牀兩邊各有一虎王不敢進聰乃以手按頭著地閉其兩目召王令前方得展礼因告境內多弊虎災請求救援聰即入定須臾有十七大虎来至便與受三歸戒勑勿犯暴百姓又命弟子以布繫諸虎頸滿七日已當来於此王至期日設齋衆集諸虎亦至便與食解布遂尒無害其日將王臨白馬泉內有白龜就聰手中取食謂王曰此是雄龍又臨靈泉有五色鯉亦就手食云此雌龍王與群吏嗟賞其事大施而旋有黨左右數十人夜來劫所施之物遇虎哮吼遮遏其道又見大人倚立禪室傍有松樹止至其膝執金剛杵將有守護竟夜迴遑日午方返王恠其来方以事首遂表奏聞下勑為造禪居寺聰不往住度人安之又勑徐擒就所住處造

靈泉寺周朝改為靜林隋又改為景空大唐仍於隋号初聡住禪堂每有白鹿白雀馴伏栖止行往所及慈救為先因見屠者驅猪百餘頭聡三告曰解脫首楞嚴猪遂繩解散去諸屠大怒將事加手並佗然不動便歸過悔罪因斷煞業又於漢水漁人牽網如前三告引網不得方復歸心空網而返又荊州苦旱長沙寺遣僧至聡所請雨使還大降陂池皆滿高祖遣廬陵王迎出都有事不遂及湘東王作牧荊峽於江陵造天宮寺迎以處之遂終此寺即梁太清年也其寺見有碑記廣叙徵異景空今寺猶有禪堂存焉

釋智遠姓王族本太原寓居陝服幼而聡穎早悟非常居荊州長沙寺禪坊為法京沙門之弟子也卓然獨立靖記玄心至於戒年清潔逾厲而慧業未深遥想揚輦遂負褰泝波達于建業龍光僧綽一代英雄乃肆心仰旨專門受教學逾一紀解通三藏梁建安侯蕭正立務兼內外倫弘孔釋

造普明寺請遠居之以伸供養之志也有慧湛禪師定品惟深曉學宗領遂具受祕法諮質玄觀定水既澄慧門宜敞及研習大乘洞其根葉又歷名山養志弘道與沙門道會同集龍盤夙昔素心一期開決因住開善畢志山泉城闕不窺世華無涉守靜自怡年老無捨以陳太建三年十二月一日旦終于此寺禪坊時年七十有七遺旨不令哭奄如入定乃窆於獨龍之山新安寺沙門慧暠曰吾與伊人早同法門久稟戒道歎法橋之忽壞痛寶舟之已沉乃率庸才仰傳實德五兵尚書蕭濟鴻才碩學行業名高為之銘頌

釋法常高齊時人領徒講律有聲漳鄴後講涅槃并授禪數齊主崇為國師以處衆嚚雜枯折由生無俱利功捨而至楚後聞追之變形草服一舉千里又達衡岳多處林野布衣乞食又之荊硤有僧法隱者久住覆船山東嶺誦法花維摩思益以為常業而未開心觀後至松滋見常異操乃歸而問

津遂默而不對乃經一夏涕泗滂沲方示心要如說行者方知其趣隱駐心自久繫念曰新深悟寂定不思議也與故人胡君義別不值題壁剋月日當遠行至期果卒後當將終語諸僧曰吾今日作一覺長眠便入室右脅而卧明日恠眠不覺看之久終方悟長眠語矣

釋法京姓孫太原人寓居江陵母將懷孕夢入蓮池捧一童子端正可喜因而有娠將誕又夢乘白師子遊戲虛空京七歲出家十三與同學智淵咸昇高座說法無滯寺內長少俱夢聖僧告云京是寺元檀越願力生此方為棟梁所以凡所投造風從水漸財利山積楅門大弘殿宇小大千五百間並京脩造僧衆湊集千有餘人長沙大寺聖像所居天下稱最東華第一由是道力所致幽明被之後梁二主聞便敬重奉為僧正綱紀遺法晚抱危疾諸僧像前七日行道沙門法泰夢像至於京房淨人遠志親覩像從京房返於大殿尒日即愈是知育王瑞像或

降在人事注析求無往不應不久卒於
寺春秋七十六矣
釋法懔姓嚴枝江人十五出家玉泉山
寺衆侶清淨懔依味道積有年載禪
念爲本依閑誦經法華維摩及大論
鈔普皆無昧不著繒纊大布爲衣不
食僧糧分衛一食不卧常坐勤勵莫儔
荷錫遠遊言追勝友廬峯台嶺衡羅
恒岱無遠不届氣調清邈故山僧見
者莫不挹高節而仰其奇趣也榛林
猛獸之宅幽深魑魅之巖栖息無爲如
在邑里昔從岱岳路出徐州遇一縣令
問以公驗懔常賫法華一函乃答云此
函中有行文檢覔不見令怒曰本無行
文何言有邪答曰此經是諸佛所行之
跡貧道履而行之還源返本即我之行
文也令瞋不歇閉之七日不食誦經聲
不輟令感惡夢便頂祀悔過後棲嘿
山以禪静爲正業遂坐卒巖中年六
十二異香紛紛旬日乃歇時陽山僧
景者不詳何人晦迹塵外以道自處
陽山中泉石松竹秀踈清曠嶺接桃
源古稱名地卜居寂照感通鬼物有

懷惡念不得進前或值虎虵驚怖
失道若有問法安步無他曾有人求
欵起惡念忽見大虵繞床而出將欲
吐毒懺謝得免時枝江惠璀禪師南
岳思公之神足也聞而造之杜口不荅
璀便雨淚啓請通夕翹立固請確然
乃經多日方爲披説璀出曰余遊名
山上德多矣善友高尚者十有八人分
得其門頗經趣入而牆仞高遠奇唱
難階者斯人在斯至於年紀人所
不測璀去曾問荅云吾年三百歲不
知所終
釋惠成姓段澧陽人出家住十住寺
誦法華維摩勝天王等大乘經二十
餘卷進具後爲荆南佛法希鮮承都
下大弘法席有心遠慕遂因賫舡往
造建業正值成實雲講學者肩聯一
聽十年文理略盡將旋本邑至庄山
寺顗師相見承南岳思禪師庄化山中
引衆波動試往看之既見欣仰欲學定
業思曰卿一生學問與吾久手猶不得
暖虚喪功夫惜哉成素憑文跡依他生
解忽令自撿茫若霧遊慨恨之甚不

可得也乃唯曰承大師善知来
意令試驗之見犀如意及手巾
綫履欲得之思命令送與成遂
忽燒却章抄捐擲筆硯專志攻
擊以必達爲期當時造禪門者
數十人皆先達者成以後至恐
不相及乃以夜達晝開眼坐禪
經十有五年思令入方等觀音
法華般舟道場歷銷障三年依行
魔業禪鬼頗因散絶乃示以正法
專思玄寂久遂解衆生語言三
昧精思通爽静亂齊焉彼閉目
者觀道雖明開眼便失與成比校
天地懸殊思去智顗先發三昧後
證於持法成及之二子寂照行解
齊矣大師化往上至枝江造禪惠
寺所營土木咸依俗有德行所招
栖遁之地眺上明弥天立寺之所
湘東王承風延請爲建禪衆仍搆
大殿闕梁不成六月江漲於一夜中
成曰有木中梁可往江接尋語
往看果如所示有清信士段弘

者為精舍主忽然氣絶家人召
成至宅弘乃穌曰初執至王所
見禪師上殿曰與此人立功德未
了願救之王起礼足如言被放
陳主聞而往召卓然不往又令
江揔等往迎若不允心不勞返也
王人雨淚強引入舡成乃奮身
入水立於江上又請若不蒙下
揔等粉身無地從之至都受戒
而返乃賜所住名禪慧寺不久
市朝遷革有常律師者欲往南
岳遇成同宿夜中投風於地而寤
知之及明告别成曰昨夜一檀越
被凍困苦常軫之永誡將終語
門人曰急砌殿基吾當講涅盤
也聞皆給手恰竟而智者玉泉
寺至冥相符會共談玄理良久氣
絶以年月坐亡於禪衆禪師在
道場年七十三矣湘東王宫內立
碑今見在城中
釋法忍江陵人初投天皇寺出
家受具已後受持法華維摩日
常再遍衆聚多諠枯折由生西

往覆舟巖下頭陁自靜觀理三
十餘年木食麻衣破納而已自
得幽林無求外護外粒若盡継
以水果終不馳求或一食七日
跏坐求志曾於一夏費米三升
必限自恣猶盈五升雖獨宿非
入戒科而儉約一隅别行所止
龕室纔容膝頭伏夏嚴冬形不
出户故寒不加絮熱不減衣安
然守道無為而已忽有一象無
事至龕經于數日忍便現疾於
寺北窟右脇而終春秋六十有
七衣鉢塵朽衆無預焉評其估
價不至於十云
釋僧實俗姓程氏咸陽靈武人
也幼懷雅亮清卓不倫甞與諸
僮共遊狡戲或擿藂獻香或聚砂
成塔鄉閭敬焉知將能信奉之漸
也親眷愛結不許出家喻以極
言久而方遂年二十六乃得剃落
有道原法師擅名魏代實乃歸
焉隋見孝文便蒙降礼大和末從
京至洛因遇勒那三藏授以禪

法每處皇宫諮問禪祕那奇之曰自
道流東夏味靜乃斯人乎於是尋師
問道備經循涉雖三學通覽偏以九
次調心故得定水清澄禪林榮蔚性
少人事退迹為功所以高蓋駟馬未
曾流目清流林竹頋便亡返加又口
繞黒子歆若外形目有重瞳光明外
射腋懷鳳卯七處俱平奇相超倫有
聲京洛兼又道契生知化通闓壞聽
業未廣而無問不明能勤整四儀靜
脩三法可憲彰於風俗足師表於天
人周太祖文皇以魏大統中下詔曰
師目麗重瞳偏同虞舜背隆傴僂分
似周公徳宇純懿軌量難模可昭玄
三藏言為世寶萬志任持故有法相
之宜興俗務之宜廢發談奏議事無
不行至保定年太祖又曰師才深徳
大冝庭道俗以隆礼典乃窮致祈請
為國三藏實當仁不讓默而受之是
使棟梁斯在儀形攸寄周氏有國重
仰玄風礼異前朝受於歸戒逮太祖
平梁荆後益州大徳五十餘人各懷
經部送像至京以真諦妙宗條以問

實既而慧心潛運南北疎通即為拔
決洞出情外並神而服之於是陶化
京華久而逾盛忽一旦告僧曰急脩
香火脩理法事誦觀世音以救江南
某寺堂崩厄也當尒之時揚都講堂
正論法集數百道俗充滿其中聞西
北異香及空中妓樂合堂驚出同共
聞聽堂欻摧壞大衆無損奏聞梁主
乃移以問周果知實祐大送珍寶賜
遺相續而實但取三衣什物而已餘
隨散之由尒名振二國事叅至聖以
保定三年七月十八日卒於大追遠
寺春秋八十有八朝野驚嗟人天變
色帝哀慟泣之有勑圖寫形像仍置
大福田寺即以其日窆於東郊門外
滕公鄭食共塚南碑石尚存弟子曇
相等傳燈不窮弥隆華實以業有從
爰於墓所立寺還名福田用崇冥福
并建碑于寺野二所大中興寺釋道
安及義城公庾信製文今在菀內
釋僧瑋姓潘汝南平輿人也器量沉
深風神詳雅十三出家仍服以弊衣
資以菜食致使口腹之累漸以石帆

水松寒暑之資稍以荷衣蕙帶故得
結操貞於玉石清風拂於烟霞初誦
金光明經進受具後下揚都於帝釋
寺聽曇瑗律師講十誦淹于五載齋
鏡持犯仍入聶山栖霞寺從鳳禪師
所學觀息想味此情空究撿因緣乗
持念慧類蒙印指傳芳暢業遠承申
息之國山名霧露巖洞幽深川沓水
美遂命撤西浮銷聲林藪終焉之志
結此山焉眷問光徹披于周壤天子
遵賢待德下車問道召至京師親奉
清誨乃勑公卿近臣妃后外戚咸受
十善因奉三歸天和五年以葬毋東
歸勑使為安州三藏綏理四衆脩盡
六和在任之日經始壽山梵雲二寺
南望楚水東指隋城度軌程功輪奐
成美僧瑋德播江淮帝王隆重爰有
別勑於王城之內起天寶寺用以居
之既被徵召身範僧倫納衣壞味任
報資給靜緣潔操齊志林朝以建德
二年九月十日遘疾少時終於所住
春秋六十有一門人慟感士女驚奔
即以三年二月歸葬於安陸之山僧

瑋容止恭莊威儀整勑遊之者肅然
清規見之者自生敬仰新野庾信載
奉芳塵勒碑現集
釋曇相姓梁氏雍州藍田人與僧實
同房素非師保而敦敬之重礼逾和
上相聰敏易悟目覧七行禪誦為心
周給成務而慈悲誘接偏所留心因
有行往見人弋繳網羅禽獸窮困者
必以身代贖得脫方捨其仁濟之誠
出于天性實每美玄曇相福德人我
不及也斯見礼如此實嘗夜詣相房
恒預設座擬之相對無言自陳道合
私有聽者了無音問常以為軌乃經
積載有時大癘横流或旱澇凶險人
来問者相皆略提綱目教其治斷三
時必有神効人並異之或問李順興
練何人耶相曰順興胎龍多慾强練
遊行俗仙助佛揚化耳其幽記之明
諒不可測也住大福田寺京華七衆
師仰如神以周季末曆正法頹毀潛
隱山中開皇之初率先出俗二年四
月八日卒於渭陰故都圖像傳焉今
在京師禪林寺其承緒禪學遺囑

端具見別傳

釋道正滄州渤海人稟質高亮言志清遠居無常處學非師授樂習禪行宗蘭若法無問冬夏栖息深林乞食於村餘惟常坐繫想繩床下帳獨靜道俗參評略示經猷令其住心緣向所授故使四遠造者各務靜緣衆聚雖多而外無踰撓正任性行藏都無名貫經論講會莫不登踐皆聽其深隱略其繁長周流兩河言議超邈偏以成實知名幽冀時有餘公貫者引正住寺為上簿書而志駭風雲曾無顧眄還返林薄嗣業相尋綜述憲法流之於世名為六行凡聖脩法也包舉一化融接万衢初曰凡夫罪行二曰凡夫福行三小乘人行四小菩薩行五大菩薩行六佛果證行都合六部極略一卷廣二十卷前半序分後半行體言非文質字爽詞費開皇七年賷来謁帝意以東夏釋種多沉名教歸宗罕附流滯忘返普欲捨筌撿理抱一知守道行禪通濟神爽具狀奏聞左僕射高熲奉承道訓乃於禪

林寺大集名德述上所奏時坐中有僧曰帝京無人豈使海隅傳法正聞對曰本意伸明邪正不欲簡定中邊夫道在通方固須略於祖述衆無以拯也而其著詞言行衆又不顧遵之於是僧徒無為而散正知澆季之難化也遂以行法並留京輦方禪師處即返東川不恙終所今驪山諸衆多承厥緒繫業傳云

釋曇詢揚氏弘農華陰人後遷宅于河東郡焉弱年樂道久滯樊籠年二十二方捨俗事遠訪巖隱遊至白鹿山北霖落泉寺逢曇准禪師而蒙剃髮又經一載進受具戒謹攝自脩宗稟心學而專志決烈同侶先之圓備戒律又誦法華初夏既登還師定業承僧稠據于蒼谷遂往問津稠亦定山郢匠前傳所叙詢以聲光所被遁相推敬住既異林精融理極思展言造每因致隔但為路罕人蹤罝饒野獸栖幽既久性不狎塵来往質疑未由樵逕直望蒼谷以為行表荆棘砂礫披跨不難嚴谿幽阻攀緣登陟志

存正觀也故不以邪道自通又以旁垂利道由曲前而通滯吾今摽指雖艱必直進以程業用斯微意隨境附心不亦善乎每去與其失道而幸通寧合道不幸而窮耳故履踐重阻不難塗窮後經三夏移住鹿土谷脩禪屬枯泉重出麋鹿繞院故得美水馴獸日濟道鄰從學之徒相慶茲瑞時因請法蹔往雲門值徑陰霧昏便成失道賴山神示路方會本途此乃化感幽冥神明翊衛時有盜者来竊蔬菜將欲出園乃為羣蜂所螫詢聞来救慈心將治得全餘命嘗有趙人遠至殷勤致礼陳云因病死酥故蒙恩澤往見閻王詰問罪當就獄賴有曇詢禪師来為請命王因放免生来未委訪尋方究又山行值二虎相鬭累時不歇詢乃執錫分之以身為翳語云同居林藪計無大乖幸各分路虎低頭受命便飲氣而散屢逢熊虎交諍事略同此而或廓居榛梗唯詢一蹤入鳥不亂獸見如偶斯又陰德感物顯用成仁何以嘉焉每入禪定七

白為期白虎入房仍為窟宅獨處靜院不出十年自有禪蹤斯人罕擬自尒化流河朔感聞禪門杖策裹粮鱗歸霧結隋文重其德音致誠虔敬勑儀同三司元壽親送璽書兼以香供以開皇末年風疾忽增卒於栢尖山寺春秋八十五五十夏矣初遘疾弥留忽有神光照燭香風拂扇又感異鳥白頸赤身遶院空飛聲喉哀切氣至大漸鳥住堂基自然狎附不畏人物或在房門至于卧席悲叫逾甚血沸眼中既尒徙化鳥便飛出外空旋轉奄然翔逝又感猛虎遶院悲吼兩宵雲昏三日天地結慘又加山崩石墜林摧澗塞驚發人畜栖遑失據其哀感靈祥未可殫記（後以武德五年十二月弟子靜林道熾等方乃闍毗餘質）建塔立碑沙門明則為文見于別集

釋法充姓畢氏九江人常誦法華并讀大品其遍難紀兼繕造寺宇情在住持末住廬山半頂化城寺脩定自非僧事未嘗妄履每勸僧衆無以女人入寺上損佛化下墜俗謡然世以基業事重有不從者充嘆曰生不值

佛已是罪緣正教不行義須早死何慮方土不奉戒乎遂於此山香爐峯上自投而下誓粉身骨用生淨土便於中虛頭忽倒上冊冊而下處于深谷不損一毛寺衆初不知也後有人上峯頂路望下千有餘仞聞人語聲就而尋之乃是充也身命猶存口誦如故迎還至寺僧感其死諫為斷女人經于六年方乃卒世時屬隆暑而尸不臭爛香如爛瓜即隋開皇之末年矣

釋信行姓王氏魏郡人其母久而無子就佛祇誠夢神擎兒告去我今持以相與寤已覺異常日因即有娠及行之生也性殊恒准至年四歲路見牛車没泥牽引因悲泣不止要轉乃離或值犢母分離或有侵欺之事生知平分不憙愛憎八歲既臨摽擬清敏㒒慧奇拔嘗有書生問曰尒今何姓外家何姓荅曰此王彼孫生因調曰何不氏飯乃姓孫行應聲曰飯能除飢不除渴孫能飢渴兩相除故氏孫而非飯也其隨機諝對皆此之類

及履道弘誐識悟倫通博涉経論情理遐舉以時勘教以病驗人藴獨見之明顯高蹈之跡先舊解義翻對不同未全聲聞兼捐菩薩而履涉言教附行為功且如據佛之宗敬無過習由見起慢怠即懷賤難便為邊地下賤之因今雖聞真告心無奉敬自知藥輕病重理加勤苦竭力治之所以隨遠近處凡有影塔皆周行礼拜遠旋翹仰因為来世敬佛之習用斯一行通例餘業其克嚴詳據率如此也後於相州法藏寺捨具足戒親執勞役供諸悲敬礼通道俗單衣節食挺出時倫多夏所擬偏過恒習故四遠英達者皆造門而諮問之行隨事直陳曾無曲指諸聞信者莫不頂受其言通捨章疏從其化及禀為父師之礼也未拘之以法歲開皇之初被召入京僕射高熲邀延住真寂寺立院處之乃撰對根起行三階集錄及山東所制衆事諸法合四十餘卷援引文據類叙顯然前後望風翕成其聚又於京師置寺五所即化度光明慈

門慧曰弘善等是也自余餘寺贊承
其度焉莫不六時礼旋乞食為業度
慕禦誠如不及也末病甚勉力佛堂
日別觀像氣出羸弱請像入房卧視
至卒春秋五十有四即十四年正月
四日也其月七日於化度寺送屍終
南山鵄鳴之埠道俗號泣聲動京邑
捨身収骨兩耳通焉樹塔立碑在于
山足有居士逸民河東裴玄證製文
證本出家住於化度信行至止囙又
師之凡所著述皆委證筆末從俗服
尚絶驕豪自結徒侶更立科綱返道
之賓同所擊賛生自製碑具陳已德
死方鐫勒樹于塔所即至相寺北巖
之前三碑峙列是也初信行勒興異
迹時成致譏通論所詳未須甄別但
奉行魁峭偏薄不倫至於佛宗亦万
衢之一術耳所著集記並引正文然其
表題立名無定准的雖曰對根起行
幽隱指體標榜語事潛淪来哲儻詳
幸知有據開皇末歳勑斷不行想同
箴勗之也別有本傳流世見費節三
寶録

釋慧意姓李臨原人聽大乘經論專
習定行宇文廢法南投於梁與仙城
山慧命同師尋討心要後住景空於
聡師舊堂綜業常住不事燈燭晝夜
常明有鄉人德廣郡守抑静殊不信
法乃請意於宅別立禪室百日行道
靜息抑禀等四人每夜潛往擧家同
見禪室大明意坐卓然方生信向鄉
邑道俗率受歸戒開皇初卒將逝謂
弟子慧興曰今日有多客来可多辦
齋食及中意果端坐而化時襄陽開
皇有法永禪師者南鄉人梁明帝常
供養預知遷絶苦辭還襄欲終七日
七夜聞音樂異香滿寺因而坐終送
傘蓋山上露坐有同寺全律師臨永
尸曰願留神相待至七日滿至期全
亡送尸永側永尸飈然摧變時衆聞
製者姓揚臨原人於寺西傘蓋山南
泉立誦經常誦金光明感四天王来
聽後讀藏經皆不忘計誦三千餘卷
服布乞食鉢中之餘飼房内鼠百餘
頭皆馴擾爭来就人鼠有病者衆以
手摩捋之而不拘事撿或揩坩洒食

或羣小同戲呵叱僧侶或誦經書歌
詠逆述来事晝則散亂夜則礼誦禪
思與同衆沙門智曉交顧招集禪徒
自行化俗供給定學自知終日急喚
拔禪師付囑上佛殿礼辭徧寺衆僧
咸乞歡喜於禪居寺大齋將散謂衆
曰往兜率天聽般若去衆曰弟前去
我七日即来其夜三更坐亡至四更
識神往徧學寺寺相去十里至洑法
師床前明如晝云曉欲遠逝故来相
別不得久住洑送出三重門外別訖
来入房中踞床忽然還暗呼弟子問
云聞師與人語聲取火通照三門並
閉方悟曉之神力出入無閡即遣往
問果云已逝衆後七日無何坐終其
二髏骨全成無縫又有炅純等禪師
多有靈異相從坐化略不叙之

續高僧傳卷第十六

重請下
都確乎不許後至廬阜驃騎威王因從受戒勸請還臺聰志存虛靜潛泝西上遁隱荆部神山湘東王承聞馳駕山門伸師襄之禮頻請下都固辭不許乃遣親故陳旻必令請得如不允者未足相見旻以事請聰不免意暫赴所期又至青溪江陵令江禄至山爲起重閣三間湘東王以太清三年高祖崩捨宫造天宫寺邀延永住不守本志入之故里統御禪衆有扇清規禪講相叅無虧晷漏所獲檀捨通造藏經凡所至處靈瑞難述初太常劉之大具以聞高祖遂每西禮弁送供養武陵上蜀從受歸戒巴峽守晉鴻上湘東王栢木爲寢殿及感放光旬日不歇王於傍造浮圖僧房講堂弁王服玩作露盤立爲寶光寺請聰居之王述般若義每明日將竪義殿則夜放光明照數里不假燈燭議者以般若大慧智光幽燭所致及宣帝末臨亦同前敬聰每入道場必涕泗翹仰普賢授記天花異香音樂寅發不可議也以梁大定五年九月無疾而化端坐如生形柔頂暖手屈二指異香不歇年九十二矣其靈泉周改爲靜林隋改爲景空大唐因而不改即故地猶有所坐禪堂存焉

續高僧傳卷第十六

校勘記

一　底本，金藏廣勝寺本。

一　七四八頁中一行經名，徑作「續高僧傳卷第十九」；清作「續高僧傳卷第十六上」。

一　七四八頁中三行「二十三」，徑、清作「二十三人」。又「十五」，徑、清作「十五人」。

一　七四八頁中五行首字「梁」，徑、清無。六行首字同。

一　七四八頁中八行末字「五」下，諸本（不含石，下同）有小字「道育」。

一　七四八頁中九行首字「齊」，徑、清無。一〇行、一一行首字同。

一　七四八頁中一二行至二六行傳目，徑、清置於七五六頁中一三行前（即徑卷第二〇、清卷第十六下正文前）。

一　七四八頁中一三行「陳鍾山開善寺釋智遠傳十一」，徑、清作「陳鍾山開善寺釋智遠傳十五」，並置於一八行與一九行之間。

一　七四八頁中一四行「後梁」，徑、清無。一五至一八行同。

一　七四八頁中一四行至一八行「十一」、「十二」、「十三」、「十四」、「十五」，徑、清分別作「十」、「十一」、「十二」、「十三」、「十四」。

一　七四八頁中二〇行首字「周」，徑、清無。二一行首字同。

一　七四八頁中二三行首字「隋」，徑、清無。二四至二六行首字同。

一　七四八頁中二五行小字「裴玄證」，資作「裴玄談」。

一　七四八頁下一行「景行」，資、磧、普、南、徑、清作「大量」。

一　七四八頁下二行「定靜」，資、磧、普、南、徑、清作「之靜」。

一　七四八頁下一二行「不作」，資、磧、普、南、徑、清作「不怍」。

一　七四八頁下一四行「嗟貴」，資、磧、普、南、徑、清作「嗟賞」。

一七四九頁上一〇行「疾殛」，資、磧、普、南、徑、清作「疾亟」。

一七四九頁上二〇行「遊任」，麗作「遊狂」。

一七四九頁上二二行「劉續」，磧、普、南、徑、清作「劉績」。

一七四九頁中九行「物外」，資、磧、普、南、徑、清作「人外」。

一七四九頁中一〇行「閉房」，南、徑、清作「閑房」。

一七四九頁中二二行「小池」，資、磧、普、南、徑、清作「山池」。

一七四九頁下二行「觀礼」，資、磧、普、南、徑、清作「觀禮」。

一七四九頁下一三行第六字「握」，麗作「掘」。

一七四九頁下一四行第五字「故」，資、磧、普、南、徑、清無。

一七四九頁下一六行「二烏」，資、磧、普、南、徑、清作「二鳥」。

一七四九頁下二二行「惟谷」，資、徑、清作「惟咎」。

一七五〇頁上一行「振旦」，徑、清、麗作「震旦」。

一七五〇頁上五行「倍架」，資、磧、普、南、徑、清作「倍加」。

一七五〇頁上九行末字「覩」，諸本作「都」。

一七五〇頁上一〇行「徽玄」，資、磧、普、南、徑、清作「微玄」。

一七五〇頁上一一行「隋帝」，資、磧、普、南、徑、清作「隨帝」。

一七五〇頁上二二行「天街」，麗作「天門街」。

一七五〇頁上末行「反蹋」，磧、普、南、徑、清作「反踢」。又「蹀堷」，諸本作「蹀鐠」。

一七五〇頁中一行「惟曰」，資、磧、普、南、徑、清作「怪曰」。

一七五〇頁中八行首字「擬」，資、磧、普、南、徑、清作「疑」。

一七五〇頁中一〇行「祠響」，諸本作「饗」。

一七五〇頁中一六行「未父」，諸本作「末又」。

一七五〇頁下三行「凝住」，麗作「疑住」。

一七五〇頁下九行首字「對」，資、磧、普、南、徑、清作「訴」。

一七五〇頁下二〇行「言詰」，南、徑、清作「言語」。

一七五〇頁下末行「墳素」，清作「墳索」。又「懷道」，資、磧、普、南、徑、清作「懷其道」。

一七五一頁上四行「繫之」，資、磧、普、南、徑、清作「擊之」。

一七五一頁上一一行「嘉譽」，磧作「語譽」。

一七五一頁上一二行第五字「奪」，諸本作「奮」。

一七五一頁上一四行「北就新鄴」，資作「比就新鄴」；磧、普、南、徑、清作「比就觀鄴」。

一七五一頁上一六行「王宗」，南、徑、清作「匡宗」。

一七五一頁上一八行第七字「㳘」，

磧、普作「珍」。

一 七五一頁上末行「貨賕」，資、磧、普、南、徑、清作「貨財」。

一 七五一頁中四行「縱容」，資、磧、普、南、徑、清作「從容」。

一 七五一頁中六行「澄汱」，資、磧、普、南、徑、清作「澄伏」。又「寫割」，磧、普、南、徑、清作「寫剖」。

一 七五一頁中二一行「理幽」，諸本作「幽理」。又末字「壑」，諸本作「豁」。

一 七五一頁下一八行首字「自」，磧、普、南、徑、清作「可」。又第九字「可」，資無。

一 七五二頁上六行「滎陽」，資、磧、普、南、徑、清作「榮陽」。又「相州」，資、磧、普、南、徑、清作「餘州」。

一 七五二頁上九行「蚤風」，諸本作「蚤虱」。

一 七五二頁上一〇行第五字「住」，徑作「往」。

一 七五二頁上一五行「聞有」，資、磧、普、南、徑、清作「間有」。

一 七五二頁上末行「洛陶中」，資、磧、普、南、徑、清作「洛陽」。

一 七五二頁中一行第九字「可」，資、磧、普、南、徑、清作「不」。

一 七五二頁中七行第八字「其」，資、磧、普、南、徑、清作「共」。

一 七五二頁中一七行「同奉寺」，諸本作「同泰寺」。

一 七五二頁中一九行末字「背」，資、磧、普、南、徑、清作「皆」。

一 七五二頁中二一行「治曰丈六」，磧、普、南、徑、清作「詔曰丈夫」。

一 七五二頁中末行「中王」，資、磧、普、南、徑、清作「中山王」。

一 七五二頁下一〇行「截山神」，資、磧、普、南、徑、清作「戴山胡」。

一 七五二頁下一一行「不須」，清作「不煩」。

一 七五二頁下一三行第一三字「白」，磧、普、南、徑、清作「曰」。

一 七五二頁下二一行「三日」，磧、普、南作「年日」。又「誦維摩」，資、磧、普、南、徑、清作「讀維摩」。

一 七五三頁上一六行「無間」，資、磧、普、南、徑、清作「都無」。

一 七五三頁上一七行「倍加」，磧、普、南、徑、清作「倚加」。

一 七五三頁中二行「墳素」，磧、普、南、徑、清、麗作「墳索」。

一 七五三頁中四行「鉅虒」，磧、普、南、徑、清作「鉅鹿」。

一 七五三頁中一七行「障洪山道明」，資、磧、普、南、徑、清作「漳洪山道朋」；麗作「障供山道明」。

一 七五三頁中一八行「鞭心」，資、磧、普、南、徑、清作「鞕心」。

一 七五三頁中一九行「四升」，資、磧、普、南、徑、清作「四斗」。

一 七五三頁下一行「常於」，諸本作「嘗於」。

一 七五三頁下二行第二字至次頁上六行「識有……禪定寺」，諸本無。

一 七五四頁上一二行「踊泉立竭」。

資、磧、普、南、徑、清作「踴泉水立枯竭」。

一　七五四頁上一七行「而卷」，諸本作「兩卷」。

一　七五四頁上一九行「幽顯」，麗作「幽現」。

一　七五四頁上二二行「加坐」，徑、清作「跏坐」。

一　七五四頁中三行「孝武」，資、磧、普、南、徑、清作「孝武帝」。

一　七五四頁中六行「又默」，資、磧、普、南、徑、清作「文墨」。

一　七五四頁中七行「道未」，資、磧、普、南、徑、清作「道味」。又「略無」，麗作「略言」。

一　七五四頁中一八行「元請」，資、磧、普、南、徑、清作「允請」。

一　七五四頁下一七行「下勑」，磧、普、南、徑、清作「又勑」。

一　七五四頁下二二行第六字「而」，資、磧、普、南、徑、清作「爲」。又末字「事」，資、磧、普、南、徑、清無。

一　七五五頁中一行第一〇字「一」，麗無。

一　七五五頁中七行「妙業」，麗作「業暢」。

一　七五五頁下一行「勢慴」，資作「勢摺」。

一　七五五頁下七行「存命」，資、磧、普、南、徑、清作「在命」。

一　七五五頁下九行「而方」，諸本作「面方」。

一　七五五頁下一七行第一〇字「處」，諸本作「安處」。

一　七五六頁上一三行「磬折」，資作「慤折」；徑作「磐折」。

一　七五六頁中八行「所盤」，資、磧、普、南、徑、清作「所停」。

一　七五六頁中一二行末字「耳」，至此，徑卷第十九終，卷第二十始；清卷第十六上終，卷第十六下始。

一　七五六頁中二二行「來部」，資、磧、普、南、徑、清作「來都」。

一　七五六頁下八行「多弊」，徑、清作「多被」。又末字「讀」，諸本作「請」。

一　七五六頁下一一行「以布」，資、磧、普、南、徑、清作「以布故衣」。

一　七五六頁下一四行首字「王」，磧、普、南作「主」。

一　七五六頁下二一行「恠其來」，資、磧、普、南、徑、清作「怪其來晚」。

一　七五七頁上四行「因見」，資、磧、普、南、徑、清作「忽遇」。

一　七五七頁上七行末字「綱」，資、磧、普、南、徑、清作「綱所」。

一　七五七頁上一一行第四字至一五行第三字「迎出都……存焉」，資、磧、普、南、徑、清作「重請下都……所坐禪堂存焉」，今據清藏本附於卷後。

一　七五七頁上一六行至本頁中一五行釋智遠傳文，徑、清置於七五九頁中一五行釋僧實傳文前。

一　七五七頁中一六行「講律」，資、磧、普、南、徑、清作「講肆」。

一　七五七頁中一七行「齋主」，資、磧、

普、南、徑、清作「齊王」。

七五七頁中二一行「荊硤」，資、磧、普、南、徑、清作「荊峽」。

七五七頁下四行第一二字「剋」，資、磧、普、南、徑、清作「剋某」。

七五七頁下七行第一一字「久」，資、磧、普、南、徑、清作「已」。

七五七頁下二一行「諸僧」，資、磧、普、南、徑、清作「請僧」。

七五八頁上一行末字「於」，資、磧、普、南、徑、清無。

七五八頁上一八行「頂祀」，諸本作「頂禮」。

七五八頁上二二行「秀踈」，資、磧、普、南、徑、清作「秀竦」。

七五八頁中一行第八字「前」，資、磧、普、南、徑、清無。

七五八頁中二行末字「求」，資、磧、普、南、徑、清作「來」。

七五八頁中三行「繞床」，資、磧、普、南、徑、清作「繩床」。

七五八頁中一一行「三百歲」，磧、南、徑、清作「三百歲矣」。

七五八頁中一六行首字「下」，資、磧、普、南、徑、清無。

七五八頁中一七行「雲講」，資、磧、普、南、徑、清作「靈講」。

七五八頁中一八行「將旋」，麗作「將施」。

七五八頁中一九行首字「寺」，資、磧、普、南、徑、清作「與」。

七五八頁中末行第三字「今」，資、磧、普、清作「令」。

七五八頁下四行首字「忽」，資、磧、普、南、徑、清作「總」。又末字至次行首字「攻擊」，磧、普、南、徑、清、作「正擊」。

七五八頁下五行「必達」，資、磧、普、南、徑、清作「必遠」。

七五八頁下六行第八字「成」，資、磧、普、南、徑、清作「或」。

七五八頁下九行第七字「歷」，資、磧、普、南、徑、清作「歷試」。

七五八頁下一一行第五字「久」，資、磧、普、南、徑、清作「久久」。

七五八頁下一五行「於持法成反之」，資、磧、普、南、徑、清作「總持慧成及之」。

七五八頁下一八行第四字「說」，資、磧、普、南、徑、清作「就」。

七五八頁下一九行第五字「眺」，資、磧、普、南、徑、清作「東眺」。

七五八頁下二二行「可往江接」，資、磧、普、南、徑、清作「往江接取」。

七五九頁上一二行「投風」，諸本作「投蝨」。

七五九頁上一六行「給手」，資、磧、普、南、徑、清作「急手」。又「玉泉」，麗作「王泉」。

七五九頁上一七行第三字「寘」，清作「宣」。

七五九頁上一八行「禪師在」，資、磧、普、南、徑、清無。

七五九頁上末行「枯折由生」，資、磧、普、南、徑、清作「朽折由出」。

七五九頁中七行「儉約一隅」，資、

磧、普、南、徑、清作「倫約一偶」。

一　七五九頁中二二行「隋見」，諸本作「隨見」。

一　七五九頁中末行首字「京」，諸本作「原」。

一　七五九頁下四行「調心」，資、磧、普、南、徑、清作「彫心」。

一　七五九頁下七行「外形」，資、磧、普、南、徑、清作「斗形」。

一　七五九頁下八行「俱平」，徑、清作「皆平」。

一　七五九頁下一〇行「無問」，資、磧、普、南、徑、清作「無門」。又第九字「能」，磧、普、南、徑、清作「而能」。

一　七五九頁下一一行「憲彰」，諸本作「憲章」。

一　七五九頁下一八行「窮致」，諸本作「躬致」。

一　七六〇頁上九行「果知」，資、磧、普、南、徑、清作「果如」。又末字「賜」，資、磧、普、徑作「錫」。

一　七六〇頁上一一行「二國」，麗作「三國」。

一　七六〇頁上一六行第六字「塚」，諸本作「塜」。

一　七六〇頁中四行末字「齋」，資、磧、普、南、徑、清作「齊」。

一　七六〇頁中五行「聶山」，諸本作「攝山」。

一　七六〇頁中一〇行「聲問光微」，資、磧、普、南、徑、清作「聲聞先微」。

一　七六〇頁下一行「整勅」，資、磧、普、南、徑、清作「整飾」。

一　七六〇頁下一二行「自陳」，資、磧、普、南、徑、清作「目陳」。

一　七六〇頁下末行「禪林寺」，資、磧、普、南、徑、清作「禪林寺終時遺言生蜀慧寬故靈相如後所述又」。

一　七六一頁上四行「冬夏」，資、磧、普、南、徑、清作「寒夏」。

一　七六一頁上八行「正任」，磧、普、南作「正住」。

一　七六一頁上二二行第四字「知」，資、磧、普、南、徑、清作「知宗」。

一　七六一頁中一行「述上」，資、磧、普、南、徑、清作「述正」。

一　七六一頁中一七行「問津」，資、磧、普、南、徑、清作「問律」。

一　七六一頁中末行「嚴谿」，麗作「巖壑」。

一　七六一頁下三行「微意」，資、麗作「徵意」。

一　七六一頁下七行「麤麋」，資、磧、普、南、徑、清作「鹿麋」。

一　七六二頁上一行首字「白」，諸本作「日」。

一　七六二頁上六行「末年風疾」，資、磧、普、南、徑、清作「十九年風疹」。

一　七六二頁上七行「五十夏」，資、磧、普、南、徑、清作「十五夏」。

一　七六二頁上九行「哀功」，諸本作「哀切」。

一　七六二頁上一〇行「自然」，資、磧、普、南、徑、清作「自後」。

一　七六二頁上一六行小字左「静林道」，資、磧、普、南、徑、清作「静休

道願」。
一　七六二頁中三行首字「上」，資、磧、普、南、徑、清無。
一　七六二頁中一三行「祇誠」，諸本作「祈誠」。
一　七六二頁中一五行「恒准」，磧、普、南、徑、清作「恒唯」。
一　七六二頁中一九行「懁慧」，資、磧、普、南、徑、清作「儇慧」。
一　七六二頁中二〇行末字「調」，資、磧、普、南、徑、清作「謂」。
一　七六二頁中二一行第二字「何」，資、磧、普、南、徑、清作「何因」。
一　七六二頁下一行「引謕」，資、磧、普、南、徑、清作「弘護」。
一　七六三頁上一行「引善等」，資、磧、普、南、徑、清作「引善寺」。
一　七六三頁上四行「氣出」，諸本作「氣漸」。
一　七六三頁上七行「之塠」，資、磧、普、南、徑、清作「之阜」。
一　七六三頁上一一行「未從」，諸本作「末從」。
一　七六三頁上一二行「科網」，資、磧、普、南、徑、清作「科綱」。
一　七六三頁上一三行第五字「擊」，資、磧、普、南、徑、清作「繫」。
一　七六三頁上一六行第三字「成」，資、磧、普、南、徑、清作「或」。
一　七六三頁中三行「景空」，資作「景室」。
一　七六三頁中四行末二字至次行首二字「晝夜常明」，磧、普、南、徑、清作「夜常大明」。
一　七六三頁中五行「抑靜」，資、磧、普、南、徑、清作「柳靜」。
一　七六三頁中一八行首字「棃」，諸本作「梨」。
一　七六三頁中一九行第六字「常」，資、磧、普、南、徑、清無。
一　七六三頁下五行「付囑」，資、磧、普、南、徑、清作「付囑訖」。
一　七六三頁下九行第一三字「汏」，資、磧、普、南、徑、清作「汰」。下同。
一　七六三頁下一〇行第四字「明」，資、磧、普、南、徑、清作「其明」。
一　七六三頁下一六行「髏骨」，麗作「體骨」。又「昊純」，南、徑、清作「吴純」。
一　七六三頁下卷末經名，資、磧、普、南作「續高僧傳卷第十六習禪初」；徑作「續高僧傳卷第二十」；清作「續高僧傳卷第十六下」。

承

續高僧傳卷第十七

大唐西明寺沙門釋道宣撰

習禪篇之二　本傳十二人附見九人

釋慧命，姓郭，太原晉陽人，晉徵士郭琦之後也。以梁大通五年辛亥之歲生于湘州長沙郡。天挺英姿，秀拔羣表，雖居綺年，人多傾異。覺夢之際，光瞷其身，明悟條序，深有殊致。時湘部名僧相謂曰：「珎闍梨位地難測，然入如來室者，即慧命矣。」故自結髮，日新開裕八歲能詩書體貞凝遠識者知非常，嚣然而鋭，精聽習妙，入深義，故使理超文外，照出㴱前，智不驚愚，貞無絶俗，道親物踈。州閭賛重，年十五誦法華經，兩旬有半一部都了。尋事剃落，學無常師，專行方等、普賢等懺，討擿華嚴，以致明道。行自襄沔，聞恩光、先路二大禪師千里來儀，授心者衆，乃往從之。後遊傳城山，即古松仙之本地也。先有道士孟壽者幽栖積歲，祈心返正，必果所願，捨所居館充建寺塔。及命未至，山夕壽忽悅焉如夢，大見神祇嚴衛，館側至覺驚喜，登嚴悵望，遂覩梵旐盈林，乃命至也。趍而礼謁，即捨所住為善光寺，焉供事駢羅，衆侶咸會。晚於州治講維摩經、大乘驚御之津，入道乘玄之迹。禪智所指，同弗倒戈，既滿九旬，便辭四部，衣鉢隨從，還反故林。有法音禪師者，同郡祁人，本姓王氏，不言知已，兩遂德明，同就長沙果願寺能禪師偺學心定，未結數旬，法門開發，諮質遲疑，乃惟反啓，懼失正理，通訪德人，故首自江南，終于河北，遇思邈兩師，方袪所滯，後俱還仙城，僅得五稔，預知云

續高僧傳卷第十七　第二張　承

日乃携音手於松林相顧笑曰即斯兩處便可終焉侍者初聞未之悟也不盈旬望同時遇疾命以周天和三年十一月五日精爽不謬正坐加趺面西念佛咸覩佛来合掌而卒同衆有夢天人下地幢幡照曰又聞房宇唱善哉者奇香異樂聞熏非一音冀月十七日亦坐本處所現瑞相頗亦同倫然命音兩賢俱年三十有八矣即於樹下攢甓成墳有弟子清信士鄭子文立碑于寺門人慧朗祖傳命業不墜禪風化行安汚道明隨世初命为慧思定業是同賛激衡楚詞采高挍命寔過之深味禪心慧聲遐被著大品義章融心論還原鏡行路難詳玄賦通述佛理識者成誦文或隱逸未喻於時有注解者世宗為貴自居山舍學徒騰聚名溢南北有菩薩戒弟子濟北戴逵學聲早被名高列國乃貽書於命曰竊以渭清涇濁共混朝宗之源松長箭短同秉堅貞之質幸預含靈五常理宜範圍三教是以闕里儒童闡禮經於洙濟苦縣迦

葉遷妙道於流沙雖牢籠二儀蓋限於一世豈如興法輪於鹿苑蕩忘想於鷲山半滿既陳權實斯顯誠教有淺深人無內外禪師德聲遠振行高物表攝受四依因牧羊而成誦負笈千里歷龍宮而包括故能內貫九部稷雪山之秘藏外該七略探辟水之典墳支遁天台之銘笠真羅浮之記曇賦七嶺汰詠三河寶師妙拆莊生壃公著論表集若吞雲夢如指諸掌加以妙持淨戒如護明珠善執律儀辟臨玄鏡稟羅云之密行種賓頭之福田撫拖定水便登覺觀高蔭禪支將逾喜捨是以不遠瀟湘来儀河陸植杖龍泉乃為精舍迴車鴛首即創伽藍鑿嶺安龕詎假聚砂成塔因山攢苑無勞布金買地開士雲會秩似華陰法侶朋衛衆齊稷下禪室晨興時芳杜若支提暮啓動足入桃源香山梵響将阮嘯而相發日殿妙音与孫琴而高韻紫蓋貞松仍攜上辯洪崖神井即鑿高心故以才堪買山德邁同輩崇峯景行墻仞懸絶弟子業風

鼓慮欲海汎形泊渚宮淪覆將歷二紀晝倦坐馳夜悲愕夢未能忌懷彼我歸軌一乘遣蕩胥衿朗開三達既念鼠藤弥傷鳥繫昔在志學家傳賜書五禮優柔三玄饕餮頗絶韋編攤述餘緒爰登弱冠揖摭百家及乎從仕留連文翰雖未能探龍門而捬會稽賦鷦鷯而詠鸚鵡若求其一分亦髣髴古人但深悟聚泡情悲交臂常欲蟬蛻俗解貪味真如一日郎城許修隗館屈膝情欣係機遇同進履未盡開衿還嗟飄忽尋拂衣世網脫屣牽絲滄波濯纓漢陰抱甕行飡九轉用遣幽憂漸悟三空將登若忍仙梁觀玉不廢從師深潤折桃無妨請益所希弥天勝氣乍酬鑿齒厲門高論時荅嘉賓冬暖如春願弥清軌室迩人遐弥勤襟帶餘辞淺簡望無金玉幽林沙門釋慧命酬書濟北戴先生夫一真常湛徽妙於是同玄万聖乘機違順以之殊迹是以西闕明道東野談仁彫朴改工有無異軌今若括此二門原茲兩教豈不歸宗三轉會

入五乘藉淺之深資權顯實斯若池分四水始則殊名海控八河終無別味櫃越幼挺奇才夙懷茂緒華辭卓世雅致叅玄智涉五明學兼三教益矣能忌蹈頳生之逸軌損之為道綦李氏之玄蹤雖復六經談廣百家繁啚聖賢異準儒墨分流或事曠而文殽或言高而旨遠莫不納如瓶受說似河傾明鏡匪疲洪鍾任扣子建挹以奇文長卿慙其高趣故雖秦楚分墟周梁改俗白眉青蓋龜玉之價弗渝栖鳳卧龍魚水之交莫異加以識鍪苦空志排塵俗形雖廊廟器乃江湖是以屬歎牽絲興言世網辭同鷹陸調合張嚴嗟失火之遷傳懸清波之速逝方應濯足從道洗耳辭榮九轉充盧四扇排疾然後尋八正以味一真解十纏而遣三患斯之德也寧不至哉貧道識鏡難清心塵易擁定懃花水戒非草繫才侔撤燭學謝傳燈內有愧於德充外無聊於人世是以淹滯一丘寓形蓮抑端居千仞託志筠松測四序於風霜倦三旬於眺

覽至乃夜聞山鳥仍代九成晝覩遊魚聊追二子華户弊衿既在原非病朱門結駟亦於我如雲所歎藤晁易侵樹獲難靜勞想鷲頭倦思雞足至於林彫秋葉曾無獨覺之明谷響春鸎終切哀聞之歎忽承來問曲見光譽幽氣若蘭清音如玉誠復溢目致懽而實撫膺多愧雖識謝天池未辯北溟之說而事同泥井懃聞東海之談所冀伊人於焉好我黃石匪遥結期明旦白駒可縶用永今朝善敬清猷時因素札言不洗意報此何伸時或以遠即晉代譙國戴逵令考挍行事非也晉書云太元十二年徵隱士戴逵不久尋卒至梁大通三年經一百四十三載命公方生計不相見又非濟北明矣時又有沙門慧曉（敘姓傳氏稱以）禪績歎公文才亞於慧命比遊齊壤居止靈巖數十年間幽閑精素家初不異之也及鄉民有任山荏令者曉去鄉歲久思問親親行至縣門使人通令令正對客未許進之踟躕之間又催通引客猶未散令且更延曉悟

曰非令之為進退乃吾之愛憎耳豈鄉壤之可懷耶命省事取紙援筆而裁釋子賦紙盡辭窮告曰若令問覓可以此文示之吾其去矣於是潛遁故賦云咄哉失念欻尒還覺是也及後追靈巖窮討不見出賦示僧方知曉之才也於是人藏一本用祛鄙悋曉後尋諸名岳養素栖心時復淚目人世而還晦形幽阜卒不測其所終

釋慧思俗姓李氏武津人也少以弘恕慈育知名閭里稱言頌逸恒問嘗夢梵僧勸令出俗驟悟斯瑞辭親入道所投之寺非是練若數感神僧訓令齋戒奉持守素梵行清慎及稟具足道志弥隆迥栖幽靜常坐綜業日惟一食不受別供周旋迎送都皆杜絕誦法華等經三十餘卷數年之間千遍便滿所止菴舍野人所焚遂顯癘疾求誠乞懺仍即許焉既受草室持經如故其人不久所患平復又夢梵僧數百形服瓌異上坐命曰汝先受戒律儀非勝安能開發於正道也既遇清衆宜更翻壇祈請仰僧三十二

人加羯磨法具足成就後忽驚寤方知夢受自斯已後勤務更深剋念翹專無棄昏曉坐誦相尋用為恒業由此苦行得見三生所行道事又夢彌勒彌陁說法開悟故造二像並同供養又夢隨從彌勒與諸眷屬同會龍華心自惟曰我於釋迦末法受持法華今值慈尊感傷悲泣豁然覺悟轉復精進靈瑞重沓瓶水常滿供事嚴備若有天童侍衛之者因讀妙勝定經歎禪功德便尒發心修尋定友時禪師慧文聚徒數百衆法清肅道俗高尚乃往歸依從受正法性樂苦節營僧為業冬夏供養不憚勞苦晝夜攝心理事籌度訖此兩時未有所證又於來夏束身長坐繫念在前始三七日發少靜觀見一生來善惡業相因此驚嗟倍復勇猛遂動八觸發本初禪自此禪障忽起四肢緩弱不勝行步身不隨心即自觀察我今病者皆從業生業由心起本無外境反見心源業非可得身如雲影相有體空如是觀已顛倒想滅心性清淨所

苦消除又發空定心境廓然夏竟受歲慨無所獲自傷昏沉生為空過深懷慚愧放身倚壁背未至間霍尒開悟法華三昧大乘法門一念明達十六特勝背捨除入便自通徹不由他悟後往鑒最等師述已所證皆蒙隨喜研練逾久前觀轉增名行遠聞四方欽德學徒日盛機悟寔繁乃以大小乘中定慧等法敷揚引喻用攝自他衆雜精麁是非由起怨嫉鴆毒毒所不傷異道興謀謀不為害乃顧徒屬曰大聖在世不免流言況吾無德豈逃此責責是宿作時來須受此私事也然我佛法不久應滅當往何方以避此難時冥空有聲曰若欲修定可往武當南岳此入道山也以齊武平之初背此嵩陽領徒南逝高騖前賢以希栖隱初至光州值梁孝元傾覆國亂前路梗塞權止大蘇山數年之間歸從如市其地陳齊邊境兵刃所衝佛法云崩五衆離潰其中英挺者皆輕其生重其法忽夕死慶朝聞相從跨險而到者塡聚山林思供以事

資誨以理味又以道俗福施造金字般若二十七卷金字法華琉璃寶函莊嚴炫曜功德傑異大發衆心又請講二經即而叙構隨文造盡莫非幽賾後命學士江陵智顗代講金經至一心具万行處顗有疑焉思為釋曰汝向所疑此乃大品次第意耳未是法華圓頓旨也吾昔夏中苦節思此後夜一念頓發諸法吾既身證不勞致疑顗即諮受法華行法三七境界難卒載叙又諮師位即是十地思曰非也吾是十信鐵輪位耳時以事驗解行高明根識清淨相同初依能知密藏又如仁王十善發心長別苦海然其謙退言難見實故本迹叵詳後在大蘇弊於烽警山侶栖遑不安其地又將四十餘僧經趣南岳即陳光大年六月二十二日也既至告曰吾寄此山正當十載過此已後必事遠遊又曰吾前世時曾履此處巡至衡陽值一佳所林泉竦淨見者悅心思曰此古寺也吾昔曾住依言掘之果獲之房殿基墟僧用器皿又往巖下吾此

坐禪賊斬吾首由此命終有今身也僉共尋覓乃得枯骸一聚又下細尋便獲髏骨思得而頂之為起勝塔報昔恩也故其往往傳事驗如合契其類非一自陳世心學莫不歸宗大乘經論鎮長講悟故使山門告集日積高名致有異道懷嫉密告陳主誣思北僧受齊國募掘破南岳勅使至山見兩虎咆憤驚駭而退數日更進乃有小蜂来螫思額尋有大蜂齧煞小者銜首思前飛揚而去陳主具問不以誠意不久謀冈一人暴死二為猘狗嚙死蜂相所徵於是驗矣勅承靈應乃迎下都止栖玄寺嘗往瓦官遇雨不濕履泥不汙僧正慧暠與諸學徒相逢於路曰此神異人如何至此舉朝矚目道俗傾仰大都督吳明徹敬重之至奉以犀枕别將夏侯孝威往寺礼覲在道念言吳儀同所奉枕者如何可見比至思所將行致敬便語威曰欲見犀枕可往視之又於一日忽有聲告洒掃庭宇聖人尋至即如其語須臾思到威懷仰之言於道

俗故貴賤皂素不敢延留人舩供給送别江渚思云寄於南岳止十年耳年滿當移不識其旨及還山舍每年陳主三信參勞供填衆積榮盛莫加說法倍常神異難測或現形小大或寂尒藏身或異香奇色祥瑞乱舉臨將終時從山頂下半山道場大集門學連日說法苦切呵責聞者寒心告衆人曰若有十人不惜身命常修法華般舟念佛三昧方等懺悔常坐苦行者隨有所須吾自供給必相利益如無此人吾當遠去苦行事難竟无荅者因屏衆斂念泯然命終小僧雲辯見氣乃絶號吼大叫思便開目曰汝是惡魔我將欲去衆聖畟然相迎極多論受生處何意驚動妨乱吾耶癡人出去因更攝心諦坐至盡咸聞異香滿於室内頂煖身軟顏色如常即陳太建九年六月二十二日也取驗十年宛同符矣春秋六十有四自江東佛法弘重義門至於禪法盖蔑如也而思慨斯南服定慧雙開晝談理義夜便思擇故所發言無非致遠

便驗因定發慧此旨不虚南北禪宗罕不承緒然而身相挺特能自勝持不倚不斜牛行象視頂有肉髻異相莊嚴見者廻心不覺傾伏又善識人心鑒照冥伏訥於言過方便誨引行大慈悲奉菩薩戒至如繒纊皮革多由損生故其徒屬服章率加以布寒則艾納用犯風霜自佛法東流幾六百載惟斯南岳慈行可歸余嘗參傳譯屢覩梵經討問所被法衣至今都無蚕服縱加受法不云得成故知若乞若得蚕綿作衣准律結科斬捨定矣約情貪附何由縱之思所獨斷高導聖撿凡所著作口授成章無所删改造四十二字門兩卷無諍行門兩卷釋論玄隨自意安樂行次第禪要三智觀門等五部各一卷並行於世

釋智顗字德安姓陳氏潁川人也有晉遷都寓居荊州之華容焉即梁散騎孟陽公起祖之第二子也母徐氏夢香煙五采縈廻在懷欲拂去之聞人語曰宿世因緣寄託王道福德自至何以去之又夢吞白鼠如是冊三

恠而卜之師曰白龍之地也及誕育
之夜室内洞明信宿之間其光乃止
内外骨悅慼陳鼎俎相慶乃火滅湯
冷為事不成忽有二僧扣門曰善哉
兒德所熏必出家矣言訖而隐賔客
異焉隣室憶先靈瑞呼為王道兼用
後相復名光道故小立二名字叅乎稱
之眼有重瞳二親藏掩而人已知兼
以卧便合掌坐必面西年一紀来口
不妄噉見像便礼逢僧必敬七歲喜
往伽藍諸僧訝其情志口授普門品
初契一遍即得二親遏絶不許更誦
而情懷惆悵奄忽自然通餘文句豈
非夙植德本業延于今志學之年士
梁承聖屬元帝淪沒北度硤州依乎
舅氏而後朗通悟儀止温恭尋討名
師冀依出有年十有八投湘州果願
寺沙門法緒而出家焉緒授以十戒
導以律儀仍攝以北度詣慧曠律師
地面攢經具蒙指誨因潛大賢山誦
法華經及無量義普賢觀等二旬未
淹三部究竟又詣光州大蘇山慧思
禪師受業心觀思又從道於就師就

又受法於㝡師此三人者皆不測其
位也思每歎曰昔在靈山同聽法華
宿縁所追今復来矣即示普賢道場
為說四安樂行顗乃於此山行法華
三昧始經三夕誦至藥王品心縁苦
行至是真精進句解悟便發見共思
師處靈鷲山七寶淨土聽佛說法故
思云非尒弗感非我莫識此法華三
昧前方便也又入熈州白砂山如前
入觀於經有疑輙見思来冥為披釋
尒後常令代講聞者伏之惟於三三
昧三觀智用以諮審自餘並任裁解
曽不留意思躬執如意在坐觀聽語
學徒曰此吾之義兒恨其定力少耳
於是師資改觀名聞遐介及學成往
辞思曰汝於陳國有縁往必利益思
既遊南岳顗便詣金陵與法喜等三
十餘人在凡官寺創弘禪法僕射徐
陵尚書毛喜等明時貴望學統釋
儒並稟禪慧俱傳香法欣重頂戴時
所榮仰長干寺大德智辯延入宋熈天
宮寺僧晃請居佛窟斯由道弘行感
故為時彥齊迎顗任機便動即而開

悟白馬警韶奉誠智文禪衆慧命及
梁代宿德大忍法師等一代高流江
表聲望皆捨其先講欲啓禪門率其
學徒問津取濟禹穴慧榮住莊嚴寺
道跨吴會世稱義窟辯号懸流聞顗
講法故来設問數關徵覈莫非深隐
輕誕自矜揚眉舞扇扇便墮地顗應
對事理渙然清顯榮曰禪定之力不
可難也時沙門法歲撫榮背曰從来
義龍今成伏鹿扇既墮地何以遮羞
榮曰輕敵失勢未可欺也綿歷八周
講智度論肅諸来學次說禪門用清
心海語嘿之際每思林澤乃夢巖崖
万重雲日半垂其側滄海無畔泓澄
在于其下又見一僧摇手申臂至于
岐麓挽顗上山云云顗以夢中所見通
告門人咸曰此乃會稽之天台山也
聖賢之所託矣昔僧光道猷法蘭曇
密晉宋英達無不栖焉因與慧辯等
二十餘人挾道南征隐淪斯岳先有
青州僧定光久居此山積四十載定
慧兼習盖神人也顗未至二年預告
山民曰有大善知識當來相就宜種

豆造醬編蒲為席更起屋舍用以待
之會陳始興王出鎮洞庭公卿餞送
迴車凡官與顗談論幽極既唱貴位
傾心捨散山積虔拜殷重因歎曰吾
昨夢逢强盜今乃表諸軟賊毛繩截
骨則億曳尾泥中仍遣謝門人曰吾
聞闇射則應於弦何以知之無明是
暗也脣舌是弓也心慮如弦音聲如
箭長夜虛發無所覺知又法門如鏡
方圓任象初凡官寺四十人坐半入
法門今者二百坐禪十人得法尒後
歸宗轉倍而據法無幾斯何故耶亦
可知矣吾自行化導可各隨所安吾
從吾志也即往天台既達彼山與光
相見即陳賞要光曰大善知識憶吾
早年山上摇手相喚不乎顗驚異焉
知通夢之有在也時以陳太建七年
秋九月矣又聞鍾聲蒲谷衆咸怪異
光曰鍾是呂集有緣尒得住也顗乃
卜居勝地是光所住之北佛壟山南
螺溪之源處既閑敞易得尋真地平
泉清徘徊止宿俄見三人皂帽絳衣
執疏請云可於此行道於是聿創草

庵樹以松果數年之間造展相從復
成衢會光日且隨宜安堵至國清時
三方惣一當有貴人為禪師立寺堂
宇滿山矣時莫測其言也顗後於寺
北華頂峯獨靜頭陁大風拔木雷霆
震吼魑魅千群一形百狀吐火聲叫
駭畏難陳乃抑心安忍湛然自失
又患身心煩痛如被火燒又見亡沒
二親枕顗膝上陳苦求哀顗又依止
法忍不動如山故使强耎兩緣所感
便滅忽致西域神僧告曰制敵勝怨
乃可為勇文多不載陳宣帝下詔曰
禪師佛法雄傑時匠所宗訓兼道俗
國之望也宜割始豊縣調以充衆費
蠲兩户民用供薪水天台山縣名為
安樂令陳郡袁子雄崇信正法每夏
常講淨名忽見三道寶階從空而降
有數十梵僧乘階而下入堂礼拜手
擎香爐遶顗三帀久之乃滅雄與大衆同
見驚歎山喧共行達靈感皆如此也
永陽王伯智出撫吳興与其眷屬就
山請戒又建七夜方等懺法王晝別
理治夜便習觀顗謂門人智越吾欲

勸王更修福禳禍可乎越對云府僚
無舊必應寒熱顗曰息世譏嫌亦復
為善俄而王因出獵墮馬將絕時乃
悟意躬自率衆作觀音懺法不久王
覺小醒憑几而坐見梵僧一人擎爐
直進問王所苦王流汗無荅乃遶王
一帀坦然痛止仍躬著願文曰仰惟
天台闍梨德侔安遠道邁光猷遐迩
傾渴振錫雲聚紹像法之墜緒以救
昏蒙顯慧日之重光用拯澆俗加以
遊浪法門貫通禪苑有為之結已離
無生之忍見前弟子飄蕩業風沉淪
愛水雖飡法喜弗袪蒙弊之心徒仰
禪悅終懷散動之慮日輪馳騖羲和
之轡不停月鏡迴斡恒娥之景難駐
有離有會歎息何言愛法敬法瀉湲
無已願生生世世值天台闍梨恒修
供養如智積奉智勝如来若藥王覲
雷音正覺安養兠率俱蕩一乘云云其
為天王信敬為邑類也於即化移海岸
法政歐閩陳疑請道曰昇山席陳帝
意欲面礼將申謁敬顧問羣臣釋門
誰為名勝陳暄奏曰瓦官禪師德邁

風霜禪鏡淵海昔在京邑羣賢所宗
今高步天台法雲東藹願陛下詔之
還都使道俗咸荷因降璽書重沓徵
入顗以重法之務不賤其身及辞之
後為永陽苦諫因又降勑前後七使
並帝手疏顗以道通惟人王為法寄
遂出都馬延入太極殿之東堂請講
智論有詔羊車童子列導於前主書
舍人翊從登陛札法一如國師璀闍梨
故事陳主既降法筵百僚盡敬希聞
未聞奉法承道因即下勑立禪衆於靈
曜寺學徒又結望衆森然頻降勑於
太極殿講仁王經天子親臨僧正慧
暅僧都慧曠京師大德皆設巨難顗
接問承對盛啓法門暅執爐賀曰國
十餘齋身當四講分文析義謂得其
歸今日出星扠見巧知陋矣其為榮
望未可加之然則江表法會由来諍
競不足及顗之御法即坐蕭務有餘
遂使千支花錠七夜恬曜舉事驗心
顗之力也晚出住光曜禪慧雙弘動
郭奔隨傾意清耳陳主於廣德殿
下勑謝云今以佛法　仰委亦願示諸

不逮于時撿括僧尼無貫者万計朝
議云策經落第者並合休道顗表諫
曰調達誦六万象經不免地獄槃特
誦一行偈獲羅漢果篤論道也豈関
多誦陳主大悅即停搜簡是則万人
出家由顗一諫矣末為靈曜褊隘更
求閑靜忽夢一人翼從嚴正自稱名
云余冠達也請住三橋顗曰冠達梁
武法名三橋豈非光宅耶乃移居之
其年四月陳主幸寺修行大施又講
仁王帝於衆中起拜殷勤儲后已下
並崇戒範故受其法文云仰惟化導
無方隨機濟物衛護國王汲引天人
照燭光暉託迹師友比丘入夢符契
之象久彰和上来儀高座之德斯炳
是以翹心十地渇仰四依大小二乘
内外兩教尊師重道由来尚矣伏希
俯提所請世世結縁遂其本願日日
增長今奉請為菩薩戒師便傳香在
手而瞼下垂淚斯亦徳動人主屈幸
從之及金陵敗覆策杖荊湘路次盆
城夢老僧曰陶侃瑞象敬屈護持於
即往憩匡山見遠圖繢驗其靈也宛

如其夢不久尋陽反叛寺宇焚燒獨
有玆山全無侵擾信護象之力矣未
剋迹雲峯終焉其致會太蕭在蕃任
揔淮海承風佩德欽注相仍欲遵一
戒法奉以為師乃致書累請顗初陳
寡德次讓名僧後舉同學三辞不免
乃求四願其辞曰一雖好學禪行不
稱法年既西夕遠守繩牀撫臆循心
假名而已吹噓在彼惡聞過實願勿
以禪法見期二生在邊表長途離乱
身闇庠序口拙暄涼方外虛玄久非
其分域間儁節無一可取雖欲自慎
樸直忤人願不責其規矩三微欲傳
燈以報法恩若身當戒範應重去就
去就若重傳燈則闕去就若輕則来
嫌誚避嫌安身未若通法而命願許
其為法勿嫌輕動四三十餘年水石
之間因以成性今王途既一佛法再
興謬課庸虛沐此恩化内竭朽力仰
酬外護若丘壑念起願隨心飲啄以
卒殘年許此四心乃赴優旨晉王方
希淨戒如願唯諾故躬制請戒文云
弟子基承積善生在皇家庭訓早趨

貽教風漸福履攸臻妙機須悟恥埒
岠於小逕希優遊於大乘笑息止於
化城揩舟航於彼岸開士万行戒善
為先菩薩十受專持最上喻宮甍
基趾徒架虛空終不能成孔老釋門
咸資鎔鑄不有軌儀孰將安仰誠復
能仁奉為和上文殊冥作闍梨而必
藉人師顯傳聖授自近之遠感而遂
通波崙罄髓於無竭善才亡身於法
界經有明文非徒臆說深信佛語幸
遵時導禪師佛法龍象戒珠圓淨定
水潤澄因靜發慧安無爭辯先物後
已謙挹成風名稱遠聞衆所知識弟
子所以虔誠遙注命檝遠迎每慮緣
差值諸留難師亦既至心路豁然及
披雲霧即銷煩惱今開皇十一年十
一月二十三日於揚州總管寺誠設
千僧會敬屈授菩薩戒戒名為孝亦
名制止方便智度歸宗奉極作大莊
嚴同如來慈普諸佛愛等視四生猶
如一子云云即於內第躬傳戒香授律儀
法名曰大士為度遠濟為宗名實相
符義非輕約今可法名為總持也用

攝相魚之道也王頂受其旨教曰大
師禪慧內融導之法澤輒奉名為智
者自是專師率誘曰進幽玄所獲施
物六十餘事一時迴施悲敬兩田願
使福德增繁用昌家國便欲返故林
王仍固請顗曰先有明約事無兩遂
即拂衣而起王不敢重邀合掌尋送
至于城門顧曰國鎮不輕道務致隔
幸觀佛化弘護在懷王禮望目極銜
泣而返便泝流上江重尋匡嶺結徒
行道頗感休徵百越遐僧聞風至者
累迹相造又上渚宮鄉壤以荅生地
恩也道俗延頸老幼相攜戒場講坐
衆及万遂於當陽縣王泉山立精舍
勑給寺額名為一音其地昔惟荒嶮
神獸蛇暴創寺之後快無憂患是春
亢旱百姓咸謂神怒顗到泉源師衆
轉經便感雲興霔虛謗自滅總管宜
陽公王積到山禮拜戰汗不安出曰
積屢經軍陣臨危更勇未嘗怖懼
頓如今日其年晉王又遣手疏請還
辭云弟子多幸謬稟師資無量劫來
悲遇開悟色心無作昔年虔受身雖

疎漏心護明珠定水禪支屏散歸靜
荷國鎮蕃為臣為子豈寂四緣能入
三昧電光斷結其類甚多慧解說人
厥朋不少即日欲伏膺智斷率先名
教永汎法流兼用治國未知厥滯可
開化不師嚴導尊可降意不宿世根
淺可發萌不菩薩應機可逗時不書
云民生在三事之如一況覃釋典而不
從師今之懷言倫瀝素款成就事重
請棄飾詞顗荅書云謙承云云擬迹
師資顧此庸微以非時許況隆今命
弥匪克當徒欲況吟必乖深寄王重
請云學貴承師事推物論歷求法界
厝心有在仰惟久殖善根非一生得
初乃由學俄逕聖境南岳記莂說法
第一無以仰過照禪師來具述此事
于時心喜以域寸誠智者昔入陳朝
彼國明試凡官大集衆論鋒起榮公
強口先被折角兩瓊繼軌纔獲交綏
忍師讃歎嗟唱希有弟子仰延之始
屈登無畏釋難如流親所聞見衆咸
瞻仰承前荊楚莫不歸伏非禪不智
驗乎金口比釋所談智者融會甚有

階位辟若群流歸乎大海此之包舉
始得佛意惟願未得令得未度令度
樂說不窮法施無盡乃從之重現令
造淨名疏河東柳顧言東海徐儀並
才華胄績應奉文義緘封寶藏王躬
受持後蕭妃疾苦醫治無術王遣開
府柳顧言等致書請命願救所疾顗
又率侶建齋七日行金光明懺至第
六夕忽降異鳥飛入齋壇宛轉而死
須臾飛去又聞豕吟之聲衆並同矚
顗曰此相現者妃當愈矣鳥死復穌
表盡棺還起豕幽鳴顯示齋福相乘
至于翌日患果遂瘳王大嘉慶時遇
入朝旋歸台岳躬率禪門更行前懺
仍立誓云若於三寶有益者當限此
餘年若其徒生願速從化不久告衆
曰吾當卒此地矣所以每欲歸山今
奉冥告勢當將盡死後安措西南峯
上累石周屍植松覆坎仍立白塔使
見者發心又云商客寄金醫去留藥
吾雖不敢狂子可悲仍口授觀心論
隨略疏成不加點潤命學士智越往
石城寺掃灑於彼佛前命終施床東

壁面向西方稱阿弥陁佛波若觀音
又遣多然香火索三衣鉢杖以近身
自餘道具分為二分一奉弥勒一擬
羯磨有欲進藥者荅曰藥能遣病留
殘年乎病不與身合藥何所遣年不
與心合藥何所留智晞往曰復何所
聞觀心論內復何所道紛紜醫藥累
擾於他又請進齋飯荅曰非但步影
而為齋也能無觀無緣即真齋矣吾
生勞毒器死悅休歸世相如是不足
多歎又出所制淨名疏并犀角如意
蓮花香爐與晉王別遺書七紙文極
該綜詞采風標屬以大法末乃手注
疏曰如意香爐是大王者還用仰別
使永布德香長保如意也便令唱法
華經題顗贊引曰法門父母慧解由
生本迹弥大微妙難測輟斤絕絃於
今日矣又聽無量壽竟仍贊曰四十
二願莊嚴淨土華池寶樹易往無人
云云又索香湯漱口說十如四不生十
法界三觀四教四無量六度等有問
其位者荅曰汝等嬾種善根問他功
德如盲問乳蹶者訪路云云吾不領衆

必淨六根為他損己只是五品內位耳
吾諸師友從觀音勢至皆來迎我
波羅提木叉是汝宗仰四種三昧是
汝明導又勅維那人命將終聞鍾磬
聲增其正念唯長唯久氣盡為期
云何身冷方復響磬世間哭泣著服
皆不應作且各默然吾將去矣言已
端坐如定而卒於天台山大石像前
春秋六十有七即開皇十七年十一
月二十二日也滅後依有遺教而殯
焉至仁壽末年已前忽振錫披衣猶
如平昔凡經七現重降山寺一還佛
壟語弟子曰案行故業各安隱耶舉
衆皆見悲敬言問良久而隱自顗降
雲龍象育神江漢懸積善而託生
資德本而化世身過七尺目佩異光
解統釋門行開僧位往還山世不染
俗塵屢感幽祥殆非可測初帝於蕃
日遣信入山迎之因散什物標域寺
院殿堂廚宇以為圖樣告弟子曰此
非小緣所能締搆當有皇太子為吾
造寺可依此作汝等見之後果如言
事見別傳往居臨海民以滬魚為業

罟網相連四百餘里江滬溪梁六十餘所顗測隱觀心彼此相害勸捨罪業教化福緣所得金帛乃成山聚即以買斯海曲為放生之池又遣沙門慧拔表聞于上陳宣下勑嚴禁此池不得採捕國為立碑詔國子祭酒徐孝克為文樹于海濵詞甚悲楚覽者不覺墮淚時還佛壟如常習定忽有黃雀滿空翱翔相慶鳴呼山寺三日乃散顗曰此乃魚來報吾恩也至今貞觀猶無敢犯下勑禁之猶同陳世此慈濟博大仁惠難加又居山有輩觸樹皆垂隨採隨出供僧常調顗若他涉葷即不生因斯以談誠道感矣所著法華疏止觀門修禪法等各數十卷又著淨名疏至佛道品有三十七卷皆出口成章侍人抄略而自不畜一字自餘隨事流卷不可殫言皆幽指奧徹擿思開天煬帝奉以周旋重猶符命及臨大寶便藏諸麟閣所以聲光溢于宇宙威相被于當今矣而枯骸特立端坐如生瘞以石門閟以金鑰所有事由一聞別勑每年諱日

帝必廢朝預遣中使就山設供尚書令楊素性度虛簡事必臨信乃陳其意云何枯骨特坐如生勑授以戶鑰令自尋視既如前告得信而歸顗東西垂範化通万里所造大寺三十五所手度僧衆四千餘人寫經一十五藏金檀畫像十万許軀五十餘州道俗受菩薩戒者不可稱紀傳業學士三十二人習禪學士散流江漢莫限其數沙門灌頂侍奉多年歷其景行可二十餘紙又終南山龍田寺沙門法琳夙預宗門親傳戒法以德音遷遠拱木俄森為之行傳廣流於世隋煬末嵗巡幸江都夢感智者言及遺寄帝自製碑文極宏麗未及鐫勒值乱便失

釋曇崇姓孟氏咸陽人生知正見幼解信奉七歲入道博誦法言勤注無絶後循聽講肆雄辯無前乃以慧燈欲全本資攝念聖果將克必固定想因從開禪師而從依止逮乎受戒志逾清厲遂學僧祇十有餘遍依而講解聽徒三百京輔律要此而為宗後

弊於言說更崇前觀領上鼻端是所存想山間樹下為其居處既而光明內發色相外除形木若枯心灰猶死偏精六行冠達五門開公處衆稱為第一遂得同學齊敬又号為無上士也及師亡遺囑令攝後徒于時五衆二百餘人依崇習靜聲馳隴塞化滿關河尋路追風千里相屬填門盈室坐誨門人或初修不淨或終學人空念彼慈悲弘斯正則周武皇帝特所欽承乃下勑去崇禪師徳行無玷精悟獨絶所預學徒未聞有犯當是尊以德義故則衆絶形清可為周國三藏并任陟岵寺主即從而教導僧尼有序響名稱焉每為僧職滯蹤未詳遊涉乃假以他緣遂蒙放免末遺法淪蕩便從流俗外順王威內持道素又授金紫光祿等銜並不依就雖況厄運無廢利人大象之初皇隋肇命法炬還炤即預百二十僧勑住興善尋復別勑令宰寺任重勤辭遜又不受之而道冠僧羣王公戒範昔以佛法頹毀私願早隆謹造一寺用光末法

因以奏上帝乃立九寺以副崇願皆
國家供給終于文世高唐公素稟行
門偏所歸信遂割宅為寺引衆居之
勑以虛靜所歸禪徒有譽賜額可為
清禪會之清明門內寺是也隋氏晉
王欽敬禪林降威為寺檀越前後送
户七十有餘水碓及磑上下六具永
充基業傳利于今天子昔所承名令
親正業開皇之初勑送絹一万四千
疋布五千端綿一千乇綾二百疋錦被
二十張五色上米前後千石皇后又
下令送錢五十貫氈五十片剃刀五
十具崇福感於今願流於後望建浮
圖一區用酬國俸帝聞大悅內送舍
利六粒以同弘業于時釋教初開圖
象全闕崇興此塔深會帝心勑為追
匠杜崇令其繕績料錢三千餘貫計
塼八十万帝以切業引費恐有匱竭
又送身所著衣及皇后所服者搃一
千三百對以助隨喜開皇十一年晉
王鎮搃揚越為造露盤并諸莊飾十
四年內方始成就舉高一十一級竦
曜太虛京邑稱最尒後驟遺相接衆

具繁委王又造佛堂僧院并送五行
調度種植樹林等事並委僧衆監撿
助成崇既令重當朝往還無壅宮閣
之禁門籍未安須有所論執鈔便進
時夏大內為述淨業文帝礼接自稱
師兒獻后延德又稱師女及在于本
寺則勑令載馳問以起居無晨不至
自所獲外利盡施伽藍緣身資蓄衣
鉢而已開皇十四年十月三十日遷
化寺房春秋八十矣皇情哀悼下勑
塟為所須壹事有司供給皂白弟子
五千餘人送于終南至相寺之右為
建白塔勒銘存令初崇未終七日寺
內幡竿無故自折門外汲井忽尒便
枯衆怯其由也及至晦夜崇遺告曰
吾有去處今須付囑即以衣資施於
三寶及至後夜覺有異相就而觀之
方知氣絕無疾而逝形色如生因以
奏聞莫不懷慟

釋慧越嶺南人住羅浮山中聚衆業
禪有聞南越性多汎愛慈救蒼生梱
頊幽阻虎豹無擾曾有羣獸来前因
為說法虎遂以頭枕膝越便捋其鬚

面情無所畏衆咸覩之以為異倫也
化行五嶺聲流三楚隋煬在蕃搜選
英異開皇末年遣舍人王延壽往召
追入晉府慧日道場并隨王至京在
所通化末還楊州路中感疾而卒停
屍舩上有若生焉夜見焰光從足而
出入于頂上還從頂出而從足入竟
夕不斷道俗殊歎未曾有也王教歸
塟本山以旌誠敬

釋慧實俗姓許氏潁川人少出家志
敦幽尚遍履名山罙末遊步天台綜
習禪業入房閉户出即蕩門衣鉢隨
身惟留床席寔輕清之丈夫也陳祚
伊始負錫龍盤絕跡人世五十餘年
貴尚投陁恒居宴默自少及終脅不
親物雖形衰年積而精節之志老而
弥厲以仁壽四年八月二十三日遷
于蔣州履道寺之房春秋九十有六
遺旨令尸陁北嶺後取灰於山南奉
造三層塼塔就而紀德

釋僧善姓席氏絳郡正平人童少出
家便從定業與汲郡林落泉方公齊
名各聚其類依巖服道往還絡驛白

續高僧傳卷第十七　第三十六張　承字號

虔太行抱犢林慮等山振名四遠歸宗㲉滿有弟子僧襲者慇斯汾曲往延通化善以山衆常業恐有乘雜雖經頻請曾未之許襲曰前後邀迎三十餘度元元之情情無已已磨踵有盡捨心難捨善乃從焉居住馬頭山中大行禪道蒱虞晉絳荷襆相諠衆聚繁多遂分為四部即東西二林杯盤大黃等處是也皆零房別室星散林巖宴坐所指十一切入而為標據徒屬五百肅然靜謐仁壽之歲其道弥隆及疾篤將極告弟子曰吾患腹中冷結者昔在少年山居服業粮粒既斷嬾往追求敢小石子用充日給因覺為病耳死後可破腸看之果如所言又累日各勤修業不勞化俗發尒正務若吾終後不須焚燎外損物命可坐于瓮中埋之以大業初年三月十一日加坐如生卒于大黃巖中道俗依言而殯僧襲本住絳州結心定業承習善公不虧其化晚住晉州寶嚴寺充僧直歲監當稻田見煞水陸諸虫不勝其酷因擲棄公名退崇

續高僧傳卷第十七　第三十七張　承字號

故業以善師終曰他行不在借訪時人又並終沒遂賫諸供度就山設會悲慟光迹顧奉無由尋其遺骸莫知所在忽聞爆聲振裂響發林谷見地分涌瓮出于外骸骨如雪唯舌存焉紅鮮映逾於生日因取骨舌兩以為塔襲以貞觀十五年正月九日卒於山舍春秋六十有四臨終神思安隱稱念而逝時晉州西小榆山有沙門僧集者苦節山林聚徒禪業養虵畜鼠馴附可以手持常現左右恥遂不去有俗人来輒便自隐

釋玄景姓石氏滄州人十八被舉秀才至鄴都為和王省事讀書一遍便究文義須便輒引曾無所遺五載之中無書可讀晚從和禪師所聽大品維摩景既後来門側立聽深鑒超拔將歸受學和以定業之望參問繁廣令依止慧法師授以大乘祕奧之極既汲乃心便志存捨俗二十有七與諸妻子執別告云自臨漳已南屬吾所遊名涅槃境臨漳已北是生死分尒之行往也吾捨非聖更不重涉還

續高僧傳卷第十七　第三十八張　承字號

從和公剃落授以正法景晨宵思擇統解玄微遭周滅法逃潛林薄又以禪道內外相融開皇初年就緣講導儀設華約事事翹心故二時法會必香湯洒地熏爐引導前經後景初無一絕洗穢護淨欽若戒科常讀開經行不過五尋訖更展其例如前故奇振法鼓動即千人乇赴供施為儔罕匹所以景之房內黃紫緇衣上下之服各百餘副一時一撥為生物善經身一著便以施僧其感利之殺為如此也後因卧疾三日告侍人曰玄覺吾欲見弥勒佛云何乃作夜摩天主又云賓客極多事須看視有問其故答云凡夫識想何可撿挍向有天衆邀迎耳尒後異香充户衆共聞之又曰吾欲去矣當願生世為善知識遂終於所住即大業二年六月也自生常立願沉骸水中及其沒後遵用前旨墜于紫陌河深瀅之中三日往親所沉之處返成沙墳極高峻而水分兩派道俗異其雅瑞傳迹于今玄覺孝慈居性祖學先謨後住京師綠莊

嚴寺純講大乘於文殊般若偏為意
得榮觀帝壞譽顯當鋒
釋智舜俗姓孟趙州大陸人少為書
生博通丘索工書善説庠序附馬年
二十餘猒世出家事雲門稠公居于
白鹿始末十載常樂幽隱不事鄙雜
纔有昏情便有靈祇相誡或動身衣
或有聲相又現白服形量丈餘遶院相
警往往非一嘗與沙門曇詢同脩念
定經于四年後北遊賛皇許亭山依
倚結業聲績及遠有資其道供者便
權避之遂經紀載不須資待又獵者
逐雉飛入舜房苦加勸勉終不肯止
遂將雉去情不忍此因割耳遺之感
舜苦諫便投弓解鷹從舜請道漸
學經義於是課篤數村捨其獵業斯
則仁濟之誠也後專習道觀不務有
緣妄心卒起不可禁者即刺股流血
或抱石巡塔須臾不逸其慮也故髀
上刺處班駁如鋪錦馬其翹勵之操
同伍誠不共矣處山積歳剪剃無人
便以火燒鬚髮服遺食屢結寒炎疲
景分切無慝遂次性少貪惱手不執財

每見貧餒涙垂盈面或解衣以給或
割口以施由此内撤外化所親之中
見其弥敬十人出家並依舜行練心
節量踵武揚風後年疾既侵身力斯
盡常令人稱念繫想淨方遂終于老
末感氣疾忽增十有五日勵念如初
卒于尤氏縣屈嶺禪坊時年七十
有二即仁壽四年正月二十日也初
葬于終所山側後房子縣界嶂洪山
民素重舜道夜偷尸柩瘞于巖中又
往退覓皆藏其所三年之後開示焚
之起白塔于崖上自舜之入道精厲
其誠昔處儒宗頗自矜伐忽日旬假
得不淨觀膓膸流外驚猒叵陳所見
餘人例皆不淨内溢乃就稠師具蒙
印旨為雲門官供當擬是難因就靜
山曉夕通業不絲公名不行公寺而
内德潛運遠聞帝闕開皇十年下詔
曰皇帝敬問趙州房子界嶂洪山南
谷舊禪房寺智舜禪師冬日極寒禪
師道體清勝教導蒼生使早成就朕
甚嘉焉朕統在地民之上弘護正法
夙夜無怠今遣上開府盧元壽指宣

往意并送香物如别時趙州刺史揚
達以舜無公貫素絶名問依勑散下
方始知之乃為繫名同果寺用承詔
旨而舜亦不臨赴山民為之起寺三
處交絡四方聞造於斯念定而莫堪
其精到不久還返斯勇猛之誠不可
例也每於冬初化諸縁集多辦複貯
之衣就施獄囚春秋二時方等行道
餘則加坐幽林塊然不寐及登耳順
心用力疲轉讀藏經凡得四遍左手
執卷右手執燭十宿五宿目不曾睒
佛名賛德誦閲如流昏晝六時礼懺
終化有弟子智賛幼奉清誨長悟玄
理攝論涅槃是所綜博今住藍田化
感寺承習禪慧榮其光緒比多徵引
終遁林泉
釋智鍇姓夏侯豫章人少出家在揚
州興皇寺聽朗公講三論善受玄文
有名當日開皇十五年遇天台顗公
修習禪法特有念力顗歎重之晚講
涅槃法華及十誦律弘敷之盛見重
於時又善外學文筆史籍弥是所長
晚住廬山造大林精舍締　搆伊始並

是營綜末又始西林寺兩處監護皆
終其事然守志大林二十餘載足不
下山常修定業隋文重之下勅追出
稱疾不赴後豫章請講苦違不往云
吾意終山舍豈死城邑道俗皮請不
獲志而臨之未幾遂卒于州治之寺
時以為知命也春秋七十有八即大
業六年六月也氣屬炎熱而加坐如
生接還廬阜形不摧變都無臭腐迄
有異香道俗歎訝遂緘于石室至今
如初焉

釋智越姓鄭氏南陽人也少懷離塵
之志父為求婚方便祈止長則勇幹
清美于時樂陽殿下統御荊州徵任
甚高非其所欲惟以情願出家王感
彼誠素因遂夙心剪落已後隨方問
道仍到金陵便值智者北面請業授
以禪法便深達五門窮通六妙戒行
清白律儀淳粹又誦法華万有餘遍
瓶水自盈經之力也學徒雖衆其最
居稱首有臨海露山精舍梵僧所造
巨有靈異智者每臨命越令影響之
晦迹巳後合嶺山衆一焉是囑二十

年閒詢詢善誘無違遺寄便為二衆
依止四部歸崇姿容瓌偉德感物情
頗存汲引毎於師忌勅設千僧官齋
越以衣盔之餘以充大施隨文皇帝
獻后崩日設齋呪願毎獲百段曽不
固謫括州刺史鄭係伯臨海鎮將揚
神貴師友義重待遇不輕大業十二
年十一月二十三日寢疾經旬右脇
而卧卒于國清舊房春秋七十有四
臨終之時山崩地動境内道俗咸所
見聞合山又有沙門波若者俗姓高
句麗人也陳世歸國在金陵聽講深
解義味開皇併陳遊方學業十六入
天台北面智者求授禪法其人利根
上智即有所證謂曰汝於此有縁宜
須閑居靜處成脩妙行今天台山最
高峯名為華頂去寺將六七十里是
吾昔頭陁之所彼山祇是大乘根性
汝可往彼學道進行必有深益不須
愁慮衣食其即遵旨以開皇十八年
往彼山所曉夜行道不敢睡卧影不
出山十有六載大業九年二月忽然
自下初到佛壟上寺淨人見三白衣

擔衣鉢從須臾不見至於國清下寺
仍密向善友同意云波若自知壽命
將盡非久今故出與大衆别耳不盈
數日無疾端坐正念而卒于國清春
秋五十有二送龕山所出寺大門迴
轝示别眼即便開至山仍閉是時也
莫問官私道俗咸皆歎仰俱發道心
外觀靈瑞若此餘則山中神異人所
罕見固難詳矣時天台又有釋法彦
者姓張氏清河人周朝廢教之時避
難投陳於金陵奉遇智者以太建七
年陪從入天台伏膺請業授以禪鄣
既蒙訓誨不停房舍毎處山閒林樹
之下專修禪寂三十年中常坐不卧
或時入定七日方起具向師說所證
法相有人聽聞曰如汝所說是背捨
觀中第二觀相亦有山祇數相嬈試
宴坐怡然不于嗔慮大業七年二月
三十日卒于國清春秋六十六智者
門徒極多故叙其三數耳

續高僧傳卷第十七

續高僧傳卷第十七

校勘記

一 底本，金藏廣勝寺本。七八四頁中原版缺，以麗藏本補。

一 七七一頁中一行經名，徑作「續高僧傳卷第二十一」。

一 七七一頁中三行「十一人」，資、磧、普、南、徑、清作「十四人」。

一 七七一頁中四行「涵陽」，資、磧、普、南、徑、清作「河陽」。

一 七七一頁中五行首字「陳」，資、磧、普、南、徑、清作「隋」。

一 七七一頁中六行首字「隋」，徑、清無。以下傳目例同。

一 七七一頁中六行與七行之間，資、磧、普、南、徑、清有(隋(「隋」，徑、清無)南岳衡州衡岳寺釋大善傳四」一行，且徑於行末有夾註「闕文」。

一 七七一頁中七行至一一行末字(含八行右左末字)「四」、「五」、「六」，「七」、「八」、「九」，資、磧、普、南、徑、清分別作「五」、「六」、「七」、「八」、「九」、「十」。

一 七七一頁中一一行「障洪山」，資、磧、普、南、徑、清作「漳洪山」。

一 七七一頁中一一行與一二行之間，資、磧、普、南、徑、清有「隋(「隋」，徑、清無)南岳衡州衡山寺釋慧照傳十一」一行，且南、徑、清於行末有夾註「闕文」。

一 七七一頁中一二行末字「十」，資、磧、普、南、徑、清作「十二」。

一 七七一頁中一二行與一三行之間，資、磧、普、南、徑、清有「隋(「隋」，徑、清無)荊州景元山善集寺釋法詠傳十三」一行，且南、徑、清於行末有夾註「闕文」。

一 七七一頁中一三行「十一」，資、磧、普、南、徑、清作「十四」。又小字「波若又法彥」，資、磧、普、南、徑、清作「法彥波若」；麗作「波若法彥」。

一 七七一頁中一五行「五年」，資、普、南、徑、清作「二年」；磧作「三年」。又第一三字「之」，資、磧、普、南、徑、清無。

一 七七一頁下一行「汚前」，諸本(不含石，下同)作「機前」。

一 七七一頁下五行首字「討」，資、磧、普、南、徑、清作「謝」。

一 七七一頁下八行第一三字「捿」，資、磧、普、南、徑、清作「栖」。下同。

一 七七一頁下一二行「梵旅」，資、磧、普、南、徑、清作「梵侶」。

一 七七一頁下一九行「德明」，資、磧、普、南、徑、清作「德朋」。

一 七七一頁下二〇行「未結」，資、磧、普、南、徑、清作「未經」。

一 七七二頁上一二行「隨世」，資、磧、普、南、徑、清作「隋世」。

一 七七二頁上一六行「成誦」，麗作「咸誦」。

一 七七二頁上一九行末字「列」，資、磧、普、南、徑、清作「諸」。

一 七七二頁中二行「忌想」，諸本作「忘想」。

一 七七二頁中七行首字「樓」，資、磧、普、南、徑、清作「總」。又「探辟水」，資、磧、普、南、徑、清作「備壁水」；麗作「探壁水」。

一 七七二頁中九行「妙析」，資、磧、普、南、徑、清作「析」。

一 七七二頁中一〇行首字「墟」，諸本作「墟」。又第五字「表」，資、磧、普、南、徑、清作「衰」。

一 七七二頁中一二行「玄鏡」，資、磧、普、南、徑、清作「懸鏡」。

一 七七二頁中一五行「乃爲」，資、磧、普、南、徑、清作「仍爲」。又「篤首」，麗作「馬首」。

一 七七二頁中二一行「高韻」、「貞松」、「上辯」，資、磧、普、南、徑、清分別作「齊韻」、「負松」、「二辯」。

一 七七二頁下八行「一分」，資、磧、普、南、徑、清作「一介」。

一 七七二頁下一〇行末字「許」，資、磧、普、南、徑、清作「訊」。

一 七七二頁下一一行第四字「屈」，資、磧、普、南、徑、清作「出」。

一 七七二頁下一二行第九字「尋」，資、磧、普、南、徑、清作「尋望」。

一 七七二頁下一三行「滄波」，資、磧、普、南、徑、清作「滄浪」。

一 七七二頁下一七行「冬暖」，普、南、徑、清、麗作「冬暖」。

一 七七二頁下一八行「淺簡望無」，資、磧、普、南、徑、清作「殘簡望回」。

一 七七三頁上一行末字「池」，資、磧、普、南、徑、清作「地」。

一 七七三頁上一二行「卧龍」，資、磧、普、南、徑、清作「虬龍」。

一 七七三頁上一三行首字「鍳」，資、磧、普、南、徑、清作「鑒」。

一 七七三頁上一五行「失火」，資、磧、普、南、徑、清作「朱火」。

一 七七三頁上末行「三句」，麗作「二句」。又末字「眺」，資、磧、普、南、徑、清作「眺」。

一 七七三頁中一行第九字「代」，資、磧、普、南、徑、清作「伐」。

一 七七三頁中六行首字「罵」，資、磧、普、南、徑、清作「罵」；麗作「罵」。

一 七七三頁中一三行「考投」，資、磧、普、南、徑、清作「考據」。

一 七七三頁中一七行小字左「所以」，麗作「亦以」。

一 七七三頁中一八行「猷公」，資、磧、普、徑作「功」。又「比遊」，諸本作「北遊」。

一 七七三頁中一九行「精業」，資、磧、普、南、徑、清作「積業」。

一 七七三頁中二〇行「山荏」，資、磧、普、南、徑、清作「山荏」；麗作「山荐」。

一 七七三頁下六行第二字「追」，資、磧、普、南、徑、清作「追至」。

一 七七三頁下九行末字「終」，資、磧、普、南、徑、清無。

一 七七三頁下末行「仰僧」，諸本作「師僧」。又「三十二」，資、磧、普、

南、徑、清作「四十二」。

一七七四頁上九行「供事」，資、磧、普、南、徑、清作「供養」。

一七七四頁上一一行末字「友」，資、磧、普、南、徑、清作「支」。

一七七四頁中五行「除入」，資、磧作「徐入」；徑、清作「陰入」。

一七七四頁下一七行「經趣」，資、磧、普、南、徑、清作「徑趣」。

一七七四頁下一八行首字「年」，徑、清作「二年」。又「既至」，資、磧、普、南、徑、清作「即至」。

一七七四頁下二二行末字「之」，資、磧、普、南、徑、清無。

一七七五頁上一行「今身」，普、南、徑、清、麗作「全身」。

一七七五頁上二行「枯骸」，資、磧、普、南、徑、清作「枯體」。

一七七五頁上一〇行第一二字「齧」，麗作「喫」。

一七七五頁上一一行「具問」，麗作「具聞」。

一七七五頁上一二行「誠意」，資、磧、普、南、徑、清作「介意」。

一七七五頁上一七行「囑目」，諸本作「屬目」。

一七七五頁中一三行「命終」，資、磧、普、南、徑、清作「命盡」。又末字至次行首字「雲辯」，資、磧、普、南、徑、清作「靈辯」。

一七七五頁中一八行「身軟」，徑、清作「身煗」。

一七七五頁中二〇行「同苻」，資、磧、普、南、徑、清作「同符」。

一七七五頁下三行「牛行象視」，資、磧、普、南、徑、清作「牛象行視」。

一七七五頁下一四行首字「導」，諸本作「遵」。

一七七五頁下一九行「華容」，諸本作「華容」。

一七七五頁下二〇行「孟陽公」，普、南、徑、清作「益陽公」。

一七七六頁上三行第一一字「乃」，資、磧、普、南、徑、清無。

一七七六頁上五行「所熏」，資、磧、普、南、徑、清作「所重」。

一七七六頁上七行「二名字」，資、磧、普、南、徑、清作「二字」。

一七七六頁上九行「一紀」，資、磧、普、南、徑、清作「大已」。

一七七六頁上一九行「導以」，資、磧、普、南、徑、清作「道品」。

一七七六頁上二〇行「地面」，資、磧、普、南、徑、清作「北面」。

一七七六頁中一二行「並住」，諸本作「並任」。

一七七六頁中一五行「遐介」，諸本作「遐邇」。

一七七六頁中二一行「宋熙」，普、南、徑、清作「宗熙」。

一七七六頁下一行「慧命」，資、磧、普、南、徑、清作「慧令」。

一七七六頁下五行「義窟」，資、磧、普、南、徑、清作「義虎」。

一七七六頁下六行第八字「閑」，資、磧作「開」。

一　七七六頁下八行第七字「顯」，麗無。又第八字「遣」，資、磧、普、南、徑、清作「譴」。

一　七七六頁下一四行「海滄」，諸本作「滄海」。

一　七七六頁下一六行「岥麓」，資、磧、普、南、徑、清作「岐麓」。

一　七七七頁上六行第三字「億」，諸本作「憶」。

一　七七七頁上一三行「自行化導」，資、磧、普、南、徑、清作「自化行道」。又末字「吾」，資、磧、普、南、徑、清作「吾欲」；麗作「當」。

一　七七七頁上二〇行「之北」，資、磧作「之地」。

一　七七七頁上二二行「皂帽」，資、磧、普、南、徑、清作「皂幘」。

一　七七七頁中九行第四字「顛」，資、磧、普、南、徑、清作「頭」。

一　七七七頁中一六行「安樂」，資、磧、普、南、徑、清作「樂安」。

一　七七七頁中二一行「王伯智」，資、磧作「王百智」。

一　七七七頁中二二行末字「別」，諸本作「則」。

一　七七七頁下五行「凴凡」，資、普、南、徑、清、麗作「凴几」。

一　七七七頁下七行「坦然」，資、磧、普、南、徑、清作「翕然」。

一　七七七頁下九行「傾渴」，資、磧、普、南、徑、清作「傾心」。

一　七七七頁下一三行「蒙弊」，諸本作「蒙蔽」。

一　七七七頁下一四行「馳驚」，資、磧、「馳騖」。

一　七七七頁下一五行第二字「轡」，資、磧、普、南、徑、清作「轡」；麗作「轡」。又「軐恒」，資、磧、普、南、徑、清作「幹烜」。

一　七七八頁上四行第一二字「及」，諸本作「乃」。

一　七七八頁上七行「延入」，諸本作「迎入」。

一　七七八頁上八行「列導」，資、磧、普、南、徑、清作「引導」。

一　七七八頁上九行「登陛」，資、磧、普、南、徑、清作「登階」。又「瓘闍梨」，資、磧、普、南、徑、清作「璀闍梨」。

一　七七八頁上二〇行「花錠」，資、磧、普、南、徑、清作「花綻」。

一　七七八頁上二一行「光曜」，資、磧、普、南、徑、清作「光耀」；麗作「光曜」。

一　七七八頁上二二行第五字「意」，資、磧、普、南、徑、清作「音」。

一　七七八頁中一二行「故受其法」，資、磧、普、南、徑、清作「故其受法」。

一　七七八頁中一三行「國王」，資、磧、普、南、徑、清作「國土」。

一　七七八頁中一八行「所請」，資、磧、普、南、徑、清作「所謂」。

一　七七八頁中一九行第一一字「便」，資、磧、普、南、徑、清無。

一　七七八頁中二〇行「瞼下」，徑、清作「臉下」。

一　七七八頁下二行首字「有」，徑作「在」。又末字「未」，諸本作「末」。

一　七七八頁下三行「太業」，諸本作「大業」。

一　七七八頁下八行第七字「遠」，麗作「遂」。

一　七七八頁下一〇行「長逢」，資、磧、普、南、徑、清作「頻經」。

一　七七八頁下一二行「傳節」，諸本作「搏節」。

一　七七八頁下一三行「微欲」，麗作「徵欲」。

一　七七八頁下一七行第九字「三」，資、磧、普、南、徑、清無。

一　七七八頁下二二行「如願唯諾」，資、磧、普、南、徑、清作「妙願唯諾」。

一　七七九頁上一行「貽教」，麗作「胎教」。又「須悟」，磧、普、南、徑、清作「湏悟」。

一　七七九頁上四行第一一字「喻」，資、磧、普、南、徑、清作「喻爲」。又第一四字「必」，麗無。

一　七七九頁上五行「基趾」，普、南、徑、清作「基址」。

一　七七九頁上九行「善才」，普、南、徑、清作「善財」。

一　七七九頁上一〇行末字至次行首三字「幸導時導」；資、磧、普、南、徑、清作「幸願遵持」。

一　七七九頁上一七行「寺誠」，資、磧、普、南、徑、清作「金城」。

一　七七九頁上二二行「大士」，南、徑、清作「大王」。

一　七七九頁中二行第六字「導」，資、磧、普、南、徑、清作「道」。本頁下六行第六字同。

一　七七九頁中六行第二字「仍」，資、磧、普、南、徑、清作「乃」。

一　七七九頁中八行末字「隔」，資、磧、普、南、徑、清作「停」。

一　七七九頁中一四行首字「衆」，磧、南、清、麗作「衆將」。又「王泉山」，諸本作「玉泉山」。

一　七七九頁中一七行「師衆」，諸本作「帥衆」。

一　七七九頁中一八行「虛諠」，資、磧、普、南、徑、清作「虛謠」。

一　七七九頁中二一行「又遺」，資、磧、普、南、徑、清作「又遣」。

一　七七九頁中末行「虔受」，資、磧、普、南、徑、清作「虔奉」。

一　七七九頁下四行「智斷」，資、磧、普、南、徑、清作「智類」。

一　七七九頁下一〇行「云云」，資、磧作「人主」；普、南、徑、清、麗作「人乏」。

一　七七九頁下一一行「況隆今命」，南、徑、資、磧、普作「況降今命」；清作「況降令命」。

一　七七九頁下一四行「仰惟久殖」，資、磧、普、南、徑、清作「仰推久植」。

一　七七九頁下一八行「凡官」，諸本作「瓦官」。

一　七七九頁下一九行「兩瓊」，諸本作「兩瓊」。又「交綏」，資、磧作「交彩」。

一七七九頁下末行「比釋」，資、磧、普作「比釋侶」；南、徑、清作「此釋侶」。

一七八○頁上四行首字「造」，資、磧、普、南、徑、清作「著」。

一七八○頁上末行第六字「於」，資、磧、普、南、徑、清作「吾於」。

一七八○頁中一行「波若」，清作「勢至」。

一七八○頁中八行「齋飯」，資、普、南、徑、清作「齋飲」。

一七八○頁中九行「即真」，磧作「而其」。

一七八○頁中一一行「所制」，資、磧、普、南、徑、清作「所製」。

一七八○頁中一七行「弥大」，資、磧、普、南、徑、清作「弘大」。

一七八○頁中一九行首字「二」，資、磧、普、南、徑、清作「八」。

一七八○頁中末行第五字「乳」，資、磧作「孔」。

一七八○頁下一○行「二十二」，資、磧、普、南、徑、清作「二十四」。又「依有」，資、磧、普、南、徑、清作「依於」。

一七八○頁下一五行首字「雲」，諸本作「靈」。

一七八○頁下一七行「解統」，資、磧、普、南、徑、清作「學統」。

一七八○頁下一八行「帝於」，資、磧、普、南、徑、清作「帝在」。

一七八一頁上二行「測隐觀心」，資、磧、普、南、徑、清作「惻隱貫心」；麗作「惻隱觀心」。

一七八一頁上六行「國爲」，資、磧、普、南、徑、清作「因爲」。

一七八一頁上一八行「流卷」，南、徑、清作「疏卷」。

一七八一頁上二○行「苻命」，資、磧、普、南、徑、清作「符命」。

一七八一頁上二二行「特立」，清作「持立」。又「閑以」，資、磧、普、南、徑、清作「閉以」。

一七八一頁上末行「諱曰」，諸本作「諱日」。

一七八一頁中二行「揚素」，諸本作「楊素」。

一七八一頁中六行「寫經」，資、磧、普、南、徑、清作「寫一切經」。

一七八一頁中七行第九字「軀」，資、磧、普、南、徑、清作「區」。

一七八一頁中一三行「栱木」，諸本作「拱木」。

一七八一頁中二一行「因從」，資、磧、普、南、徑、清作「遂從」。

一七八一頁下三行「色相」，資、磧、普、南、徑、清作「色想」。

一七八一頁下一二行末字「尊」，資、磧、普、南、徑、清作「導」。

一七八一頁下一五行「未詳」，諸本作「未許」。

一七八一頁下一八行「等銜」，資、磧、普、南、徑、清作「等官」。

一七八二頁上二行「高唐公」，資、磧、普、南、徑、清作「高祖唐公」。

一七八二頁上五行第三字「會」，諸

本作「今」。
一 七八二頁上六行「禪林」，資、磧、普、南、徑、清作「定林」。又「檀越」，清作「檀超」。
一 七八二頁上一〇行末字「祓」，諸本無。
一 七八二頁上一二行「五十貫」，資、磧、普、南、徑、清作「五千貫」。又「五十片」，諸本作「五十領」。
一 七八二頁上一五行第四字「以」，資、磧、普、南、徑、清作「用」。
一 七八二頁上一八行「八十万」，資、磧、普、南、徑、清作「八十萬口」。又「引貰」，資、磧、普、南、徑、清作「別貰」。
一 七八二頁中二行「樹林」，資、磧、普、南、徑、清作「樹木」。
一 七八二頁中一一行第二字「爲」，諸本作「焉」。
一 七八二頁中一二行「終南」，資、磧、普、南、徑、清作「終南山」。
一 七八二頁中一三行第七字「令」，諸本作「今」。
一 七八二頁下四行「隨王」，資、磧、普、南、徑、清作「隋王」。
一 七八二頁下一四行「龍盤」，普、南、徑、清作「龍蟠」。
一 七八二頁下一五行「投陁」，諸本作「頭陀」。
一 七八二頁下一九行「取窆」，諸本作「收窆」。
一 七八三頁上七行第六字「蒱」，諸本作「蒲」。
一 七八三頁上一二行第七字「拯」，資、磧、普、南作「殛」；徑、清作「亟」。又末字「腹」，資、磧、普、南、徑、清作「腸」。
一 七八三頁上一四行末字「給」，資、磧、普、南、徑、清作「夕」。
一 七八三頁上二五行「破腸」，資、磧、普、南、徑、清作「破腹」。
一 七八三頁上一九行「加坐」，徑、清作「跏坐」。下同。
一 七八三頁中三行「光迹」，諸本作「先迹」。
一 七八三頁中一五行「湏使」，資、磧、普、南、徑、清作「須便」。
一 七八三頁中二〇行「志存」，資、磧、普、南、徑、清作「志在」。
一 七八三頁中末行「重涉」，資、磧、普、南、徑、清作「重陟」。
一 七八三頁下一行「晨霄」，資、磧、普、南、徑、清作「晨宵」。
一 七八三頁下一〇行「物善」，麗作「初善」。
一 七八三頁下一二行「曰玄覺」，資、磧、普、南、徑、清作「玄覺曰」。
一 七八三頁下一五行「天衆」，資、磧、普、南、徑、清作「天衆欲來」。
一 七八三頁下二〇行末字「親」，諸本作「觀」。
一 七八四頁上四行「丘索」，資、磧作「憤素」；普、南、徑作「墳素」；清作「墳索」。
一 七八四頁上八行「形量文餘」，資、磧、普、南、徑、清作「形影文餘」；

麗作「形笛文餘」。

一　七八四頁上一二行「資待」，資、磧、普、南、徑、清作「資給」。

一　七八四頁上一六行「課篤」，徑、清作「諫篤」。

一　七八四頁上二二行「燒髮」，資、磧、普、南、徑、清作「淨髮」。又「遺食」，資、磧、普、南、徑、清作「忘食」。又「屢結」，南、徑、清作「屢經」。

一　七八四頁上末行「逸次」，諸本作「造次」。

一　七八四頁中二行「内撤」，資、磧、普、南、徑、清作「内徹」。

一　七八四頁中三行「弥敬」，資、磧、普、南、徑、清作「弘敬」。

一　七八四頁中一四行「腸腑」，資、磧、普、南、徑、清作「腹府」。

一　七八四頁中末行第七字「上」，資、磧、普、南、徑、清無。

一　七八四頁下一行末字至次行首字「揚達」，諸本作「楊達」。

一　七八四頁下四行第二字「而」，資、磧、普、南、徑、清無。

一　七八四頁下七行第二字「也」，資、磧、普、南、徑、清無。次頁上一二行第一〇字同。

一　七八四頁下一七行「夏侯」，資、磧、普、南、徑、清作「夏侯氏」。

一　七八五頁上一四行「樂陽」，資、磧、普、南、徑、清作「岳陽」。

一　七八五頁上一九行「淳粹」，資、磧、普、南、徑、清作「純粹」。

一　七八五頁中一行「詢詢」，資、磧、普、南、徑、清作「恂恂」。

一　七八五頁中四行「隨文」，資、磧、普、南、徑、清作「隋文」。

一　七八五頁中六行「固流」，麗作「固留」。

一　七八五頁中九行第一三字「有」，資、磧、普、南、徑、清無。

一　七八五頁中一三行「十六」，資、磧、普、南、徑、清作「十六年」。

一　七八五頁下九行「罕見」，諸本作「不見」。

一　七八五頁下一〇行「姓張氏清河人」，資、磧、普、南、徑、清作「俗姓張氏清河人也」。

一　七八五頁下一二行「請業」，資、磧作「諸業」。

一　七八五頁下一八行「不于」，徑、麗作「不干」。又「嗔慮」，諸本作「其慮」。

一　七八五頁下一九行「六十六」，資、磧、普、南、徑、清作「六十」。

一　七八五頁下二〇行「三數」，資、磧、普、南、徑、清作「聞見」。

一　七八五頁下卷末經名，資、磧、普作「續高僧傳卷第十七」並夾註「習禪二」；徑作「續高僧傳卷第二十一」。

續高僧傳卷第十八　承

大唐西明寺沙門釋道宣撰

習禪三　本傳十三　附見四

釋曇遷俗姓王氏博陵饒陽人近祖太原歷宦而後居焉少而俊朗爽異常倫年十三父母嘉其遠悟令舅氏傳授即齊中散大夫國子祭酒博士權會也會偘練六經偏究易道剖卦析爻妙窮象繫奇邃精采乃先授以

周易初受八卦相生隨言即曉始學文半餘半自通了非師受悟超詞理會深異也曾有一嫗失物就會決之得於兌卦會告遷曰汝試辯之應聲荅曰若如卦判定失金釵嫗驚喜曰實如所辯遷曰兌是金位字腳兩垂似於釵象耳舅曰更依卦審甚盜者為誰對曰失者西家白色女子奉口髭角可年十四五者將去尋可得之後如言果獲有問其故遷曰兌是西方少女之位五色分方為白也兌字上點表髭角之象內有尖形表奉口而歎曰吾於卜筮頗工至於取斷依俙而已豈如汝之明耶老舅實顧多慙方驗宣尼之言後生可畏也乃更授以禮傳詩尚莊老等書但經一覽義無重問于時據宗儒學獨擅英聲每言大小兩雅當時之諷刺左右二史君王之事言禮序人倫樂移風俗無非耳目之翫其勢亦可知之未若李莊論大道周易辯陰陽可以悟幽微可以怡情性究而味之乃玄儒之

本也當時先達頗義其幼年致或抗言褒貶者遷辯對縱橫詞旨明爛無不挹謝其聲實自尒留心莊易歸意佛經頗預染衣得通幽極二親愛之弗許懇誠歲久乃蒙放遣初投饒陽曲李寺沙門慧榮榮頗解占相知有濟器告遷曰有心慕道理應相度觀子骨法當類弥天自揣澄公有慙德義可訪高世者以副雅懷遷雖屬伸勤請而固遮弗許又從定州賈和寺曇靜律師而出家焉時年二十有一本圖既遂襟期坦然猛勵精勤昏曉無倦初誦勝鬘不日便了恠而撿覆未差一字當夜問經中深疑莫非妙義既知神思大成乃與受具恣其問道從師五臺山此山靈迹極多傜見神異後歸鄴下歷諸講肆棄小專大不以經句涉懷偏就曇遵法師禀求佛法經要當有齊之盛釋教大興至於宮觀法祀皆鋒芒馳騖遷性不預涉高謝世利衆咸推焉窓謂人曰學為知法法為修行豈以榮利即名為道泰世道恒削迹巖藪誠有由矣遂

寘形林慮山黄花谷中淨國寺蘇素嵩思委身以道有来請問乍為弘宣
乙亟
嚴十地維摩楞伽地持起信等咸究其深賾嘗尋唯識論遂感心熱病専憑三寶不以醫術纒情夜夢月落入懐乃擘而食之脆如氷片甚訝香美覺罷所苦痊復一旬有餘流味在口因其聖助食月成德遂私改名以為月德也尒後每授人戒常云於我月德前三說受菩薩戒逮周武平齊佛法頽毀將欲保道存戒逃迹金陵結侶霄征間行假道多被刦掠進達壽陽曲水寺願法属曰吾等薄運所鍾屢逢群盗若怨結不解来報莫窮衆可哀彼愚迷自責往業各捨什物為賊營儭僎於来世為法知識既而南濟大江安然利渉由斯以推誠齋福之助也初達楊都栖道場寺掃衣分衛攝念無為時與同侶談唯識義彼有沙門慧曉智璀等並陳朝道軸江表僧望曉學兼孔釋妙善定門璀禪慧兩深帝王師表又有高麗沙門智晃善薩婆多部名扇當塗為

法城壍並一見而結友于冊叙而高沖奥有欲以聞天子者遷預知情事謂之曰余以本朝淪覆正法湊夷所以冒死浮江得衆梵侶生平果志遂得有餘結援時榮幸願緘默惟有國子博士張機每申盡礼請法餘景時論莊易竊傳其義用訓庠序因至桂州刺史蔣君之宅擭攝大乘論以為全如意珠雖先講唯識薄究通宗至於思攝幽微有所流滯今大部斯洞文旨宛然將欲弘演未聞彼之家國承周道失御隋歷告興遂與同侶俱辞建業緇素知友相道新林去留哀感各題篇什曉禪師命章賦詩曰生平本胡越閔吴各異津聯翩一傾蓋便作法城親清談解煩累愁眉始得申今朝忽分手恨失眼中人子向涇河道慧業日當新我住邗江側終為松下塵沉浮從此隔無復更来因此別終天別迸淚忽沾巾餘之名德並有綴詞久失其文各執手辞袂登石頭岸入舟動檝忽風浪騰涌衆人無計遑獨正想不移捧持攝論告

江神曰今欲以大法開彼未悟若北土無運命也如何必應闇大教請停風浪冀傳法之功冥寄有属言訖須臾恬静安流達岸時人以為此論譯於南國護國之神不許他境事同迦延之出罽賓為羅刹之稽留也進達彭城新舊交集遠近欣赴欝為大衆有一檀越捨宅栖之遂目所住為慕聖寺始弘攝論又講楞伽起信如實等論相継不絶攝論北土創開自此為始也徐州揔管穀城公萬緒率諸僚佐擁篲諮承盡弟子之礼遷弘化自周毀正法遺形充野乃勸捋有緣於慕聖寺多搆堂閣隨有扠聚莊嚴供養上柱國宋公賀若弼長史張坦出鎮楊州承風思展結為良導及諸道俗佇願德音坦乃手疏邀延遷亦虛舟待吹遠到廣陵擧郭迎望歌梵過雲霞香花翳日月棄門一感榮莫加斯宋公名重位高頗以學能傲誕遷應擁授法不覺心醉形摧乃勢其家屬從受歸戒初傳開善建弘攝論

請益千計不久徐方官庚思渴法言
江都纔了復迎還北威轉法輪聲名
遐布屬開皇七年秋下詔曰皇帝敬
問徐州曇遷法師承修叙妙因勤精
道教護持正法利益無邊誠釋氏之
棟梁即人倫之龍象也深願巡歷析
在承風飡德限以朝務實懷虛想當
即来儀以沃勞望弟子之内閑解法
相能轉梵音者十人並將入京當與
師崇建正法刊定經典且道法初興
觸途草創弘獎建立終藉通人京邑
之間遠近所湊宣揚法事為恵殊廣
想振錫拂衣勿辞勞也尋望見師不
復多及時洛陽慧遠魏郡慧藏清河
僧休濟陰寶鎮汲郡洪遵各奉明詔
同集帝輦遷乃率其門人行途所資
皆出天府與五大德謁帝於大興殿
特蒙禮接勞以優言又勅所司並於
大興善寺安置供給王公宰輔冠盖
相望雖各將門徒十人而慕義沙門
勅亦延及遂得萬里尋師於焉可想
于斯時也宇内大通京室學僧多傳
荒遠衆以攝論初闢投誠請祈即為

敎弘受業千數沙門慧遠領袖法門
躬處坐端擴經稟義自是傳燈不絶
于今多矣雖則稟寓穿鑿時有異端
原其解起莫非祖習故真諦傳云不
久有大國不近不遠大根性人能弘
斯論求今望古豈非斯人乎十年春
帝幸晉陽勅遷隨駕既達并部又詔
令僧御殿行道至夜追遷入内與御
同榻帝曰弟子行幸至此承大有私度
山僧欲求公貫意願度之如何遷曰
昔周武御圖殄滅三寶衆僧等或剗
迹幽巖或逃竄異境陛下統臨大運
更闡法門無不歌詠有歸来投聖德
北雖屢蒙招引度脱而来有先後致
差際會且自天地覆載莫匪王民至
尊汲引萬方寧止一郭蒙慶帝沉慮
少時方乃允焉因下勅曰自十年四
月已前諸有僧尼私度者並聽出家
故率土蒙度數十萬人遷之力矣尋
下勅為第四皇子蜀王秀於京城置
勝光寺即以王為檀越勅請遷之徒
衆六十餘人住此寺中受王供養左
僕射高熲右衛將軍虞慶則右僕射

蘇威光祿王端等朝務之暇執卷承
旨四門博士國子助教劉子平孔門
雋乂屈膝飡奉魏郡道士仇岳洞曉
莊老文皇欽重入京造展共談玄理
遷既為帝王挹㪨侯伯邀延抗行之
徒是非紛起或謂滯於榮寵者乃著
亡是非論以示諸己其詞曰夫自是
非彼美己惡人物莫不然以皆然故
舉世紛紛無自正者也斯由未達是
非之患乃致於此言至患者有十不
可一是非無主二自性不定三彼我
俱有四更互為因五迭不相及六隱
顯有無七性自相違八執者偏著九
是非差別十無是無非初明無適主
者此云我是彼云我是彼此競取乃
令是非無定從彼云此非此云彼非
彼此競興遂使非無適趣或者必欲
以是自歸以非屬彼者此有何理而
可然耶理不然故强為之者莫不致
敗耳物豈知其然哉文多不委十三
年帝幸岐州遷時隨彼乃勅蜀王
布圍南山行春蒐之事也王逐一獸
入故窯中既失蹤跡但見滿窯破落

佛像王遂羅獵具以事聞遷因奏曰比經周代毀道靈塔聖儀墳委壃埜者多蒙陛下興建已得修營至於碎身遺影尚遍原野貧道觸目增慟有心無事帝聞惘然曰弟子庸朽垂拱巖廊乃使尊儀冒犯霜露如師所說朕之咎也又下詔曰諸有破故佛像仰所在官司精加撿括運送隨近寺內率土蒼生口施一文委州縣官人撿挍莊飾故一化嚴麗遷寔有功十四年巡燎岱宗遷又上諸廢山寺并無貫逃僧請並安堵帝又許焉尋勅率土之内但有山寺一僧已上皆聽給額私度附貫遷又其功焉又勅河南王為泰岳神通道場檀越即舊朗公寺也齊主為神寶檀越舊靜默寺也華陽王為寶山檀越舊靈巖寺也又委遷簡齊魯名僧来住京輦其為世重誠無以加文帝昔在龍潛有天竺沙門以一顆舍利授之云此大覺遺身也檀越當盛興顯則来福無壃言訖莫知所之後龍飛之後迫以萬機未遑興盛仁壽元年追惟昔言將欲建

立乃出本所舍利與遷交手數之雖各專意而前後不能定數帝問所由遷曰如来法身過於數量今此舍利即法身遺質以事量之誠恐徒設耳帝意悟即請大德三十人安置寶塔為三十道建軌制度一准育王帝以遷為蜀王門師王鎮梁益意欲令往蜀塔撿挍為功宰輔咸以劒道危懸塗徑盤折高年宿齒難冒艱阻更改奏之乃令詣岐州鳳泉寺起塔晨夕祥瑞以沃帝心將造石函於寺東北二十里許忽見文石四段光潤如玉大小平正取為重函其內自變作雙樹之形高三尺餘異色相宣或有鳥獸龍象之狀花葉旋轉之形以事上聞帝大悅二年春下勅於五十餘州分布起廟具感祥瑞如別傳叙之四年又下勅於三十州造廟遂使宇內大州一百餘所皆起靈塔勸物崇善遷寔有功及獻后云崩於京邑西南置禪定寺架塔七層駭臨雲際殿堂高竦房宇重深周閭等宮闕林圃如天苑舉國崇盛莫有高者仍下勅曰

自稠師滅後禪門不開雖戒慧乃弘而行儀攸闕今所立寺既名禪定望嗣前塵宜於海內召名德禪師百二十人各二侍者並委遷禪師搜揚有司具札即以遷為寺主既恩勅爰降不免臨之綏撫法衆接悟賢明皆會素心振聲帝世時大興善有像放光道俗同見以事聞上勅問遷曰宮中尊像並是靈儀比来脩敬光何不見遷曰但有佛像皆放光明感機既別有見不見帝曰朕有何罪生不遇耶遷曰世有三尊各有光明其用異也帝曰何者是耶荅曰佛為世尊道為天尊帝為至尊尊有恒政不可並治所以佛道弘教開示來業故放神光除其罪障陛下光明充于四海律令法式禁止罪源即大光也帝大悅遷美容儀善風韻故臨機荅對如此又器宇恢雅含垢藏疾妙於定門練精戒品天性仁慈恵於貪競雖帝王贈捨遠近獻餉一無自給並資僧衆或濟接貧薄退崇圖塔又不重厚味不飾華綺內有關籥外屏名利顯助弘

道真心幽隱立志清簡不雜交遊時俗頗以跡傲為論深鑒國士而體其虛心應物也凡有言述理無不當皆能遣滯顯旨深矣故遠公每云遷禪師破執入理此長勝我斯言合也而詞旨典正有文章焉雖才人沉欝舍豪未能加也夙感風痿之疾運盡重增卒於禪定春秋六十有六即大業三年十二月六日也葬於終南北麓勝光寺之山園鑿石刻銘樹于墳所當停柩之日有一白犬不知何來俓至喪所雖遣遮約終不肯去見人哀哭犬亦號叫見人止哭犬亦無聲與食不噉常於靈所右縈而卧既舉柩隨行犬便前後奔走似如監護之使及下葬訖便失所在識者以犬為防畜將非真備所加乎初未終之前有夢禪定佛殿東傾數人扶之還正惟東北一柱陷地拔之不出遷房屬於陷角故有先驗之徵既卒之後有沙門專誠祈請欲知生處乃夢見淨土嚴麗故倍常傳寶樹宮闕欝然相峙道俗徒侶有數千人遷獨處金臺

為衆說法雖夢通虛實而靈感猶希況隨請而知故當降靈非謬矣所撰攝論疏十卷年別再敷每舉法輪諸講停務皆傾渴奔注有若不足也又撰楞伽起信唯識如實等疏九識四月等章華嚴明難品玄解揔二十餘卷並行於世有沙門明則為之行狀覼縷終始見重京師

釋僧淵姓李廣漢郪人家本巨富為巴蜀所稱及淵初誕天雨銅錢於庭家內合運處處皆滿父運疲久口噓唱之錢不復下倉內貯米但及於半忽滿溢出親姻外內莫不歎其福報也自少至長志幹殊人行則安而徐動坐則儼而加趺眼光外射焰焰發越容色玉潤狀若赤銅聲若洪鍾響發林動兩足輪相十角分明二手九井文理如畫年十八身長七尺其父異之命令出家即而剃落住城西康興寺今所謂福緣是也博尋人法訪無遠迩經耳不忘藴括懷抱奉戒守素大布為衣瓶盋之外無所蓄積與同寺毅法師交遊二人即蜀郡僧中

英傑者也相隨入京博採新異有陟岵寺沙門僧實者禪道幽深帝王所重便依學定諮示知津經涉炎涼詳覈詞義淵研精定道毅博通經術丘索草隸靡不留心周氏廢教便還故寺剖東行房以為私宅餘者供官隨氏運開更新締搆領匠伐木連雨兩月淵執爐祈請隨語便晴造塔須金盤又請地府隨言即掘應命藏開用足餘金還歸本窟詳斯福力今古未聞常給孤獨不逆人意遠近隨助泉布若流又以錦水江波浸溺者衆便於南路欲架飛橋則扣此機衆事咸集昔諸葛武侯指二江內造七星橋造三鐵鎖長八九尺徑三尺許人号鐵鎗擬杅橋柱用訖投江須便祈禱方為出水淵造新橋將行竪柱其鐵自然浮水来至橋津及橋成也又自投水道俗歌謡于今逸耳淵毅二師並為物軌晨夕問法無虧遺寄毅以仁壽二年十二月十一日寅時告弟子曰三界無常吾其化矣言終神謝福緣本住春秋六十有九淵聞之惆

然曰毅師已往我豈獨留俄而遘疾遺語同塵即以其月十四日又化春秋八十有四至十七日竝窆於九里堂焉刊石紀之于寺堂陳子良為文

釋真慧陝州河北人姓陳氏河北諸陳代稱冠族遠稱漢右相陳平中云魏向侯陳陟乃至江表陳代並出此鄉真早猒身城父母留礙逼納妻室不免外情玉潔之志涅而逾淨開皇十二年年財及冠二親俱往既將出俗猶縈妻累先勸喻已便為解髮資給道具送往居寺真往陝州大通寺清禪師所出家受具清示以學方次第有本日尸羅不淨三昧無由令往鄴下靜洪律師所因循兩載偷採幽致又詣衛州林落泉詢禪師所朝授夕悟經歷歲餘於詢所得略貫終始禪侶三百嗟詠聲馳詢摩其頂堪傳燈法令往山西啓諸未悟真以學日既少恐有差分更往陶研乃經兩載一一呈示去取無疑開皇十八年承命西歸路經白鹿百家巖時号幽絕山勢窮美因登遊觀又為留連夏坐

栖之又陳禪道至秋擇地無越晉川遂之蒲坂首山麻谷創築禪宇四衆爭趍端居引學蔚成定市十有八載成就極多栖巖傑昂寂稱深入仁壽四年召與僧名住栖巖寺其為人也諒直剛決清儉退讓安苦忍樂容止可觀獨處樂靜不希華靡大業元年餌黃精絕粒百日撿校教授坐禪礼懺不減生平後覺肥充恐有學者便休服餌於閑田原北抔盤谷夏坐虎窟虎為之移及秋虎還返窟常有山神節度時分如有遲延必來警覺以大業十一年十月七日因疾卒麻谷禪坊春秋四十有七初將終夕神彩若常曰吾將生淨土見蓮花相候又聞異鍾聲幽淨異香充蔚斯相既至潛然而絕門人道俗依而闍維收骨起塔於麻谷

釋慧瓚俗姓王氏滄州人壯室出家清貞自遠承稟玄奧學慕經細受具已後偏業毗尼隨方聽略不存文句時在定州居于律席講至寶戒法師曰此事即目卒難制斷如何瓚聞之

私賤其說時襟中有錢三百乃擲棄之由是卒世言不及利周武誅翦避地南陳流聽群師咸加芟改開皇弘法返迹東川於趙州西封龍山引攝學徒安居結業大小經律手談文義宗重行科以戒為主心用所指法依為基道聞遠流歸向如市故其所開悟以離著為先身則依附頭陁行蘭若法心則思尋念慧識妄知詮徒侶相依數盈二百繩牀道具齊肅有儀展轉西遊路經馬邑朔代并晉名行師尋譽滿二河道俗傾望秦王俊作鎮并部弘尚釋門於太原蒙山置開化寺承斯道行延請居之僧衆邕熙聲榮逸口至於黑白布薩要簡行淨之人知有小愆便止法事重過則依方等輕罪約律治之必須以教驗緣片缺則經律俱捨沙弥信行重斯正業從受十戒瓚不許之乃歸瓚之弟子明胤禪師遵崇行法晚還鄴相方立部衆及獻后云崩禪定初構下勅追召入京傳化自并至雍千里欽風道次逢迎礼謁倏歘帝里上德又邀

住于終南山之龍池寺曰衣請誨聞所未聞因而卒於山舍春秋七十有二即大業三年九月也弟子志超追崇先範立像晉川見別傳

釋法純俗姓祝氏扶風始平人也初出家曰在于周世偽闡正教親奉明師意在定林情兼拯溺住帝京陟岵天宮二寺往来居止通應為先逢於廢教退僧潛匿城市内持道服外假俗衣皇隋之興厥初度首即百二十人之一也住大興善鞭勤形心有逾前稔文帝聞純懷素請為戒師自辝德薄不敢聞命帝勤注不已遂處禁中為傳戒法四事厚礼不勝其供辝還本寺歎曰危身脆命無常不久終曰保養何見牢固上供難銷遂行方等懺法四十五年常處淨場宗經撿失除食便利餘無闕廢嘗於道場然燈遂感燈明續焰經于七夜不添油炷而光耀倍常私密異之為滅累之嘉相也又油瓮所止在佛堂内忽然不見乃經再宿還来本處而油滿如故每於夜靜聞有說法教授之聲異香

尋隟氣衝於外就而視之一無所見識者以為幽祇所集故也而謙弱成治趣務造功不累形骸用清心海至於三秋霖滯民苦者多純乃屏除法服微行市里或代人庸作事訖私去有與作價反乞貧人或見道俗衣服破壞塵垢皆密為洗補跪而復處及巾屨替藉穢汙臭處皆縫洗鮮全其例甚衆或於靜時擅廁擔糞有密見者告云若情事欣泰願共同作或為僧苦役破薪運水或王路艱岨躬事填治因而勸俗相助平坦有来覼縷皆慘然不樂口云愛賊既来獄王潛至打縛不久矣故所獲財物並施大衆不造經像人問其意云行道者所乏耳因以趣入也故王公等施曰盈門首皆迴與僧而自著糞掃袈裟内以布裙又無腰襻以繩収束如中國法寺僧服其行也或有不敢受者以為勝人所奉稍異常徒自叙云余初出家依于山侶晝則給供清衆暮則聚薪自照因而誦經得二十五卷謂十地經論金剛般若論金光明諸法無

行等并講習通利故其所宣導皆引用斯文焉開皇十五年文帝又請入内為皇后受戒施物出宮隨散並盡故貧窶之士聞純之入内也要必有賜並聚集街首待施而還仁壽三年遂覺不悆閑室靜坐而無痛所有白衣童子手捧光明立侍於右弟子慧進入問此是何人荅曰第六欲天頻来命我但以諸天著樂竟不許之由妨修道故也常願生無佛法處教化衆生慎勿彰言死後任說至五月内弟子為建大齋堅崇玄福道俗湊集並在純前有雙鴿飛来入純房内在衣裄上注目看純雖人觸捉都無有懼純云任之勿捉至暮方逝及其疾甚人有問者必誡以法行不久得自纘擊云我不覺忽乗白鳥也此乃妄業耳何由可任因設齋食與諸舊別所有衣資雜物施同行者任取一事用結良緣而神志明悟不覺餘想卒于淨住寺春秋八十有五即仁壽三年五月十二日也塋於白鹿原南鑿龕處之外開門穴以施飛走後更往

觀身肉皆盡而骸骨不乱弟子慧昂等率諸檀越追慕先範乃圖其儀貌飾以丹青見在淨住沙門彥琮褒美厥德為叙贊云昂少所慈育親供上行為之碑文廣陳感事兼以立性閑穆識悟清爽文藻攢被聞于京室著集十卷頗共傳之

釋法進不知氏族住益州綿竹縣響應山玉女寺為輝禪師弟子後於定法師所受十戒恭謹精誠護悋為務惟業坐禪寺後竹林常於彼坐有四老虎遶於左右師語勿泄其相也後教水觀家人取柴見繩牀上有好清水拾兩白石安著水中進暮還寺弥覺背痛具問家人云安石子語令明往可除此石及旦進禪家人還見如初清水即除石子所苦便愈因尒習定不出此山開皇中蜀王秀臨益州妃患心腹諸治不損有綿州昌隆白崖山道士文普善者能升刀禁火鴟鳴山有二道士能呼策鬼神符印章刕入水不溺並来同治都無有効乃使長史張英等往山請出為妃治病

報曰吾在山住向八十年與木同姓餘更苦邀進答曰盡命於此可自早還信返具報王使六司官人轒車四乘將從百人重往迎請進曰王雖貴勝命有所屬執志如初信還王大怒自入山將手加罪既至山寺礼佛見進不覺身戰汗流王曰奉請禪師為妃治病禪師慈悲願救此苦答曰殺羊食心豈不苦痛一切衆生皆是佛子何因於妃偏生此愛王慙愧懺悔仍請出乃曰王命既重不可不行王自先行貧道生不乘騎當可後去王曰弟子步從與師同行報曰出家人與俗異但前行應同到王行兩日方至進一旦便達徑入妃堂見進流汗因尒除差施絹五百段納衣袈裟什物等進令王妃以水盥手執物呪願捻用迴入法聚寺基業即辭還山王與妃見進足離地可四五寸以大業十三年正月八日終此山中龍吟猨叫諠寺三日矣

釋靜端一名慧端本武威人後住雍州年十四投僧實禪師受治心法深

所印可經魏周隋崇挹佛化闡弘不絕以靜操知名後歸于曇相禪師習行定業周滅法時乃竭力藏舉諸經像等百有餘所終始護持具後法開用為承緒及隋開化並捴發之經籍廣被端之力也重預出家還宗本習擁徒結道綽有餘勳而謙損儉退无與時爭服御三衣應法杖鉢一牀一食用平生報獲利即散餘無貲畜名行既著貴賤是崇隋漢王諒重其戒德數受弘訓文帝獻后延進入宮從受正法稟其歸護遂留宮宿端曰出家之人情操離俗宮中非宿寢之所數引宮禁常弘戒約勑以牙像檀龕及諸金貨前後奉賜令興福力故今寺宇高廣皆端之餘緒焉所以財事增榮日懸寺宇一無所受並歸僧庫而常掩室下惟靜退人物仁壽年中有勑送舍利於豫州屢放白光變為五彩旋轉魏側見者發心鑿石為銘文至皇帝鐫治將訖乃變為金字分明外徹時以為嘉瑞也屬高祖升遐隋儲嗣曆造大禪定上福文皇召海内靜

業者居之以端道悟群心勑捴經任辭不獲免創臨僧首于時四方義聚人百其心法令未揚或懲靈化而端躬事軌勉咸欽而揖之使夫饕惰之士悛勵而從訓勗者穀矣以大業二年冬十二月二十七日終于禪林本寺春秋六十有四瘞于京之東郊故禪林寺廟猶陳五色牙席千秋樹皮袈裟存焉由物希故覩者衆矣

釋道舜未詳何人靜處林泉庇道自隱言常含笑談述清遠嘗止澤州羊頭山神農定藥之所結宇茅茨餘無蓄積日惟一食常坐卒歲斯亦清素之沙門也德豐內溢聲流泒俗能感虵鼠同居在繩床下各孚產育不相危惱又致虎來蹲踞其側便為說法有人還往告虎令去或語之云明日人來汝不須至便如舜言虎便不現其通感深識為若此也給侍之人與虎同住視如家犬曾莫之畏身著弊納略無可採跣行林野不擇晨夕開皇之初忽遊聚落說法化諸村民皆感集受法獨不為一女人授戒告云

汝當生牛中其相已現戒不救汝也業不定者尒乃濟耳時有不信其言以為惑衆咸有疑者舜欲決於衆議告衆曰必不信者試蹋汝牛尾業影必當不起即以足躡女裙後空地云是尾影其女依言趣起不得時衆驚信請舜曰如何除此業報其女家積粟數萬石既懼惡業一時頓捨舜並為營福令其懺悔如此累作業惡便傾方為受戒由斯以談能見業影之存云將鄰聖之極矣或醫諸癘村受於癘供見有膿潰外流者皆口就而唼之情無餘念或浣其衣服或淨其心業用為已任情向欣然初無頻蹙後遊於林慮洪谷北詣晉盤亭等諸山隱寺綜禪定業不測終所

釋慧歡俗姓管氏京兆雲陽人也弱齡猒俗深慕出家迫以恒日取拔無路歷任僚署頻經涼暑年逾壯齒方蒙本遂三十有七被緇在道依清禪寺崇公諮受定法攝心儀體存息短長覩覺安立泠然祛寫急以志得林泉銷形人世損略塵欲山學推先嘗

經行山頂俣墮高巖乃石上端居不忘禪念其感靈如此逮隋文晏駕建大伽藍以歡志德潛被召而供養大業六年二月卒大禪定道場春秋六十有九遺令施形寒林之下弟子等敢從德義送於終南梗梓谷中率諸道俗立銘樹塔矣

釋智通姓程氏河東猗氏人也生知信慤樂崇道慧將習書計逐欲出家父母異而許之十歲已從剃落敦肅恭孝執履謙沖師長友朋接事無怠修持戒行謌詠法言晝夜不輟誦諸經中讚佛要偈三千餘章五十許年初無告倦自未德不覺立喪仮在釋門淪廢法侶無歸方從俊律師延法師服膺受業不以艱危涅志隋祖冊興奄還蒲坂慈濟所及乃立孤老寺於城治等心賑贍以時周給授戒說法乘機閒起食堪懷音日有千計仁壽創塔締構栖巖翻然脫屣就閑修業親事香華躬運掃洒口恒稱讚目常瞻睹善由已積道為含生財雖有屬並充功德以大業七年十月二十

四日以疾而卒於山寺春秋六十有四初未終前數日不悆維那鳴鍾而杵自折識者以為不越振矣通聞之命侍者稱弥陁佛名迴心攝念願生彼土有入室門人頂盖者夙夜枉奉忽問盖曰廚中作何食耶盖曰為何所須曰有達官諸貴来耳盖曰昔聞生人道者見諸貴勝師本修德所詣豈在人耶至晚乃開目正視良久不眴狀有所覩旁侍加香寂然立欹炊須方止乃彈指云不可思議也有問其故云見寶幢花盖塔廟莊嚴初夜又迴首盻云始見明珠今何所在又云有何緣務大然燈燭遂奄燈令闇須臾復云火明何為轉盛盖曰室令暗昧是師淨相不可怯也乃合掌達旦曰吾生淨土矣因而氣靜山地動搖門窓振裂群雉驚雊非恒所聞寺僧道慧未曉假寐至是驚覺出倚廊下曰禪師若終必生淨土何以知然向於眠中見西嶺上並是樓閣殿堂乘空而去言畢方知通已終逝又盖母王氏久懷篤信讀誦衆經礼懺

發心以往生為務貞觀十一年二月臨將捨命弥加勤至目見牀前有赤蓮花大如五斛甕許又見青蓮花滿宅阿弥陁佛觀音勢至一時俱到盖與姪薛大興共親聞所述而興見有佛色形甚大并二菩薩久而自隐斯並近事故傳實録沙門行友蒲晉名僧為之本傳因著論曰夫法本不生今則無滅如身實相觀佛亦然因斯以談則三界與一識冥歸生死共涅槃同體又何容淨穢彼此於其間哉然則凡夫學人妄情未盡不能齊彼我均苦樂遺欣猒亡是非故須迴向願求標心所詣然後往生耳其實則不然辟猶明鏡現形空谷應聲影響之来豈云遠乎而惑者以暗識生疑謂淨土越度三有超過九定絶域寥廓經途夐遠自非三乘極位及十地聖人積行累功安能生彼何其謬歟觀斯上人雖禀性温柔為人清潔其所修習則福德偏長定慧之功盖不足紀直以一生之散善臨命之虛心遂能目覩光明親見幢相動搖坤象夢

感旁人是知九品之業有徵十念之功無爽凡我同志可不勗哉若夫尋近大乘修行正觀察微塵之本際信一念之初源便可荊棘播無常之音梟鏡說甚深之法十方淨國未必過此如其眷戀妻孥槃桓弊執營生未猒逐物已疲推有齡於蒼卒之間畢一世於遑忙之際內無所措外無所恃則長劫冥沒亦奚能自返悲夫

釋本濟宋氏西河介休人也父祖不事王侯遁世無悶逼以僚省挂冠而返濟年爰童丱智若成人齒胄之初横經就業故於六經三史皆所留心雖云小道略通大義故庠塾倫侶重席請言後披析既淹豁然大悟乃曰斯寔宇宙之糟粕也何累人之清識乎乃歸仰釋氏辭親出家開皇元年時登十八戒定逾淨正業弥隆不服新華除其愛染躬行忍辱慇增上慢慱覽經論成誦在心講解推則僠環相屬時共觀風榮斯袖舉會信行禪師創開異部包括先達啓則後賢濟聞欽詠欣然北面承部寫瓶非喻合

契無差以信行初達集録山東既無本文口為濟述皆究達玄奥及行之云後集録方到濟覧文即講曾無滯託雖未見後詞而前傳冥會時五衆別部敬之重之著十種一不敢斟量論六卷首文清靡頗或傳之自是専弘異集響高別衆以大業十一年九月十二日卒於所住之慈門寺春秋五十有四弟子道訓道樹式奉尸随退建白塔於終南山下立銘表德有弟善智天縱玄機高步世表祖師信行伏膺請業酌深辯味妙簡緇銖入室隣幾精窮理窟嘗以四分之一用資形累通夏翹足攝慮觀佛誠榮勤之上達也信行敬揖風猷雅相標致時衆咸悦可謂以德伏人者焉撰頓教一乘二十卷因時制儀共遵流世以大業三年卒弟子等附葬于信行墓之右馬訓有分略之能樹豊導引之説當令敷化宗首莫與儔之時轝舉蓮道俗雲合聲榮感敬後恐難尋迹矣

釋僧照京兆人不詳氏族幼年入道

師于静藹遊履感化毎居幽隠頻感徵異乃高恒度恐致驚俗故罕聞之俗遭周滅法不偶塵踟獨處秦嶺高步松苑顧影與心相娯自得乃曰吾今居此安泰寧有樂過斯者乎彼城邑遺僧波波順俗用斯優給一何傾附及隋初弘教遂於鄠縣南山田谷立神田寺養徒継業名振渭川道俗崇仰立信弥積遠文帝末紀栖隠岐山以照道德遠聞意延相見令左僕射楊素就宣勅旨船迎謁見照預知之告侍人曰當有貴客來至可辦諸食明日果達山寺素威英自若勇悍無前及到照之住籬不覺愜然喪膽下乗將進欲步不前乃通信達照照端拱如初命素前進而通身沐汗情智失守纔得傳詔餘無厝言久時少解乃以情告照日山林幽静計無非異擅越善意相尋理無虚結食訖辭退照曰蒙天子優及遠延仁壽但道在幽通未假面奉又以老疾相継接對莫因素具事聞述其情懼帝曰戒神之威也以卿雄武故致斯憚耳乃重勅

素賫香油再申景仰下詔曰禪師德居物議道映遂初躬處巖阿養素崇業朕甚嘉焉令送供奉用展翹敬素以前虚仰景行重謁山門卑處身心方陳對晤為説正教深副本懐乃欲捨其金帛開廣寺塔照曰巖泉林野即可勵心搭寺禪坊莊嚴城邑凡所送者一不受之又請受戒法照以戒行輕毀沉渾難清乃為説慈悲仁育陳理喩遣竟不授戒斯亦體達機候之明匠矣以大業七年終於山寺春秋八十有三初照一受具後儀奉憲章六十餘夏三衣不改雖重補緝而受持無離惟自將奉而侍者莫沾或有接持舉者而重若太山初無離席及照之捧接輕若鴻毛因事以詳斯亦大德之清風矣

釋洪林未詳氏族太原人也少履釋門稟受清化率志都雅言晤精穆住并州大興國寺履操栖静退屏人物而住房連迊與衆比居墊埿㚇貞嚴希言寡涉高衆咸德皆欽而奉之遊至林房莫不捻履潜步肅然趣越也其

為世重如此獨居一室積五十年宿客送迎足不踰閾至於僧法制度道俗二食身先座首勤力行奉不以道德用虧時衆餘則端坐房中儼然卓立瓶衣什物周正方所故登其門者不覺毛竪有問其故則從容談論詞義審當而不測其心造也故興國大寺百有餘僧欽異崇仰有如天岸以武德年中終于所住春秋八十餘矣

續高僧傳卷第十八

癸卯歲高麗國分司大藏都監奉
勅彫造

續高僧傳卷第十八

校勘記

一　底本，麗藏本。

一　七九四頁上一行經名，[徑]作「續高僧傳卷第二十二」。卷末經名同。

一　七九四頁上三行「十三」，[徑]、[清]作「十三人」。又末字「四」，[徑]、[清]作「四人」。

一　七九四頁上五行首字「隋」，[徑]、[清]無，下至一五行首字同。又「蜀郡」，諸本（不含[石]，下同）作「西蜀郡」。

一　七九四頁上六行「河東」，諸本作「蒲州」。

一　七九四頁上一六行首字「唐」，[資]、[磧]、[普]、[南]作「隋」；[徑]、[清]無。又第七字「寺」，諸本作「道場」。

一　七九四頁上一八行第四字「宦」，[南]、[徑]、[清]作「官」。

一　七九四頁中六行「邊曰」，[磧]、[普]、[徑]、[清]作「邊白」。

一　七九四頁中一一行第一〇字「爲」，諸本作「西爲」。

一　七九四頁下八行「澄公」，諸本作「非澄公」。

一　七九四頁下九行第一三字「属」，諸本作「屢」。

一　七九四頁下一一行第一三字「有」，諸本無。

一　七九五頁上四行第七字「嵤」，諸本作「當」。

一　七九五頁上八行第四字「因」，諸本作「固」。

一　七九五頁上一二行「霄征」，諸本作「宵征」。又「假導」，諸本作「假道」。

一　七九五頁上二〇行第一〇字「瓘」，諸本作「璀」。二二行第二字同。

一　七九五頁上二一行「道軸」，[資]、[磧]、[普]、[南]、[清]作「領袖」；[徑]作「領神」。又「僧望」，[資]作「增望」。

一　七九五頁中五行「結援」，諸本作「結構」。

一　七九五頁中一一行「彼之」，[磧]、[普]、

南、徑、清作「祓之」。
一七九五頁中一八行「涇河道」，諸本作「徑何道」。
一七九五頁中二一行「辟袂」，磧、普、南、徑、清作「辭訣」。
一七九五頁下一一行第三字「也」，諸本無。
一七九五頁下一五行「慕聖寺」，磧作「慕望寺」。
一七九五頁下一九行「遠到」，諸本作「還到」。
一七九六頁上一二行「爲恖」，諸本作「爲慧」。
一七九六頁上一五行「濟陰」，諸本作「濟陽」。
一七九六頁中四行第四字「起」，諸本作「趣」。
一七九六頁中末行「高頬」，磧、普、徑作「高頬」；南作「高頬」；清作「高頬」。
一七九六頁下七行首字「亡」，諸本作「已」。
一七九六頁下二一行「隨彼」，諸本作「隨從」。
一七九六頁下末行第三字及第一二字「窯」，諸本作「窰」。
一七九七頁上五行「悃然」，諸本作「悵然」。
一七九七頁上一二行第一二字「尋」，諸本作「因」。
一七九七頁上一六行「齊主」，諸本作「齊王」。
一七九七頁上二〇行「一顆」，諸本作「一裹」。
一七九七頁中七行第八字「鎮」，諸本作「置鎮」。
一七九七頁中八行「撿挍」，諸本作「所撿校」。
一七九七頁中九行「塗徑」，諸本作「塗經」。
一七九七頁中一一行首字「祥」，諸本作「請」。又第一一字「於」，諸本作「時」。
一七九七頁下七行「大興善」，諸本作「大興善寺」。
一七九七頁下一五行第一〇字「業」，諸本作「葉」。
一七九七頁下一八行第四字「善」，諸本無。
一七九八頁上五行末字「而」，諸本無。
一七九八頁上七行首字「豪」，諸本作「毫」。又第九字「瘘」，諸本作「瘻」。
一七九八頁中四行第八字「注」，諸本作「往」。
一七八九頁中六行首字「月」，磧、普、南、徑、清作「明」。
一七九八頁中八行「京師」，諸本作「京師矣」。
一七九八頁中一二行第二字「之」，磧、普、南、徑、清作「乏」。
一七九八頁中一九行第八字「而」，徑、清作「時」。
一七九八頁中二一行「遠迩」，諸本作「遠近」。

一七九八頁下二行「僧實」，諸本作「僧寶」。

一七九八頁下三行第七字「示」，諸本作「爾」。

一七九八頁下六行末字「隨」，諸本作「隋」。

一七九八頁下一三行第八字「則」，諸本作「繩」。

一七九八頁下一六行「頊便祈禱」，磧、普、南、徑、清作「湏便祈祠」。

一七九八頁下一七行「方爲」，諸本作「方可」。

一七九八頁下二一行「十一日」，諸本作「十二日」。

一七九八頁下二二行「化矣」，諸本作「死矣」。

一七九九頁上二行「遺語」，徑作「遺與」。

一七九九頁上七行「陳陟」，諸本作「陳涉」。

一七九九頁上八行第二字「真」，諸本作「慧」。一二行第八字、一九行第一一字同。

一七九九頁上一六行「淋落泉」，諸本作「林落泉」。又末字「授」，諸本作「投」。

一七九九頁上一八行第六字「詠」，諸本作「試」。

一七九九頁上一九行「燈法」，諸本作「法燈」。又「啓諸」，諸本作「啓請」。

一七九九頁中六行「忍樂」，資作「恐樂」。

一七九九頁中八行「黃精」，諸本作「黃菁」。

一七九九頁中九行「肥充」，資作「肌充」。

一七九九頁中一〇行「抔盤」，諸本作「杯盤」。

一七九九頁中一六行第四字「聲」，諸本作「磬聲」。又第八字「香」，諸本作「香花」。

一七九九頁中二〇行「綎細」，資、普、南、徑、清作「絅紐」。

一八〇〇頁上四行「立像」，諸本作「見立衆」。又「見別傳」，諸本作「見于別傳」。

一八〇〇頁上八行末字「於」，諸本無。

一八〇〇頁上九行「退僧」，諸本作「道僧」。

一八〇〇頁上一一行末字「逾」，諸本作「途」。

一八〇〇頁上一三行末字「禁」，諸本作「林」。

一八〇〇頁上二〇行第一二字「滅」，諸本作「減」。

一八〇〇頁中六行「反乞」，諸本作「還乞」。

一八〇〇頁中八行第三字「替」，諸本作「屧」。

一八〇〇頁中一二行「因而」，諸本作「因以」。

一八〇〇頁中一七行「袈娑」，諸本作「袈裟」。

一八〇〇頁下五行「街首」，諸本作

「街道」。

一　八〇〇頁下一三行第一〇字「入」，諸本無。

一　八〇〇頁下一六行第一二字「久」，諸本無。

一　八〇一頁上七行首字「集」，【徑】、【清】作「述」。

一　八〇一頁上一五行「具問」，諸本作「問其」。

一　八〇一頁上一二行首字「剢」，諸本作「醮」。

一　八〇一頁中一行「同姓」，諸本作「同性」。

一　八〇一頁中二行首字「餘」，諸本作「徐」。

一　八〇一頁中三行「轒車」，諸本作「犢車」。

一　八〇一頁中六行「將手」，諸本作「捋手」。

一　八〇一頁中一一行第二字「出」，諸本作「出山」。

一　八〇一頁下一二行第六字「護」，諸本作「戒」。

一　八〇一頁下一四行「牙像」，諸本作「牙席」。

一　八〇一頁下一五行第一三字「今」，【南】、【徑】、【清】作「令」。

一　八〇一頁下二二行「升遐」，【資】作「昇霞」。

一　八〇二頁上四行「饕惰」，諸本作「饕惰」。

一　八〇二頁上七行第一三字「郊」，諸本無。

一　八〇二頁上九行「存焉」，諸本作「在焉」。

一　八〇二頁上一四行第一三字「能」，諸本作「態」。

一　八〇二頁上二〇行「視如」，諸本作「覩如」。

一　八〇二頁上末行第一〇字「人」，諸本無。又「授戒」，【徑】、【清】作「受戒」。

一　八〇二頁中二行「濟耳」，諸本作「相濟耳」。

一　八〇二頁中九行「業惡」，諸本作「惡業」。

一　八〇二頁中一一行第一〇字「醫」，諸本作「依」。

一　八〇二頁中一三行「餘念」，諸本作「惡念」。

一　八〇二頁中一四行「頻蹙」，【徑】作「顰感」。

一　八〇二頁中一六行「定業」，【資】、【普】作「空業」；【磧】作「空之業」。

一　八〇二頁中一八行第一一字「日」，諸本作「綢」。

一　八〇二頁中末行「捎略」，諸本作「捐略」。

一　八〇二頁下一行第九字「乃」，諸本作「乃在」。

一　八〇二頁下六行「梗梓谷」，諸本作「挭梓谷」。

一　八〇二頁下一〇行「已從」，諸本作「已後」。

一　八〇二頁下一三行第一〇字「章」，諸本作「首」。

- 八〇二頁下一六行「涅志」，諸本作「阻志」。
- 八〇二頁下二二行第八字「道」，諸本作「通」。
- 八〇二頁下末行首字「屬」，諸本作「餘」。
- 八〇三頁上一四行「奄燈」，諸本作「掩燈」。
- 八〇三頁上一五行「火明」，諸本作「大明」。
- 八〇三頁上二〇行「淨土」，諸本作「淨土矣」。
- 八〇三頁上末行第一〇字「誦」，諸本無。
- 八〇三頁中二行「目見」，諸本作「自見」。
- 八〇三頁中五行第六字「共」，諸本作「供侍」。
- 八〇三頁中一二行首字「然」，諸本無。
- 八〇三頁中一六行「豈云」，諸本作「豈足」。
- 八〇三頁中末行「目覩」，諸本作「自覩」，又「坤象」，資、磧、普、南作「神象」；徑、清作「神像」。
- 八〇三頁下三行「正觀」，諸本作「止觀」。又末字「信」，諸本作「訊」。
- 八〇三頁下七行「推有齡於蒼平」，諸本作「推百齡於倉卒」。
- 八〇三頁下九行「悲夫」，諸本作「良可悲矣」。
- 八〇三頁下一二行「齒胄」，諸本作「齠齓」。
- 八〇三頁下一四行「庠熟」，諸本作「庠塾」。
- 八〇三頁下一九行「忍辱」，諸本作「卑辱」。
- 八〇三頁下二〇行「成誦」，資作「咸誦」。
- 八〇三頁下二一行「袖舉」，諸本作「神舉」。
- 八〇三頁下末行「欽詠」，諸本作「歌詠」。
- 八〇四頁上一行「初違」，資、磧、普、南作「初建」。
- 八〇四頁上三行首字「亡」，資作「已」。
- 八〇四頁上一二行「緇銖」，諸本作「錙銖」。
- 八〇四頁上一七行「制儀」，諸本作「判儀」。
- 八〇四頁上二〇行「當令」，諸本作「當今」。
- 八〇四頁上二一行「聲策」，諸本作「聲榮」。
- 八〇四頁中二行末字「俗」，諸本無。
- 八〇四頁中六行「優給」，諸本作「優洽」。
- 八〇四頁中一一行「船迎」，諸本作「躬延」。
- 八〇四頁中一二行「諸食」，諸本作「諸食具」。
- 八〇四頁中一五行「進欲」，諸本作「欲進」。
- 八〇四頁中一九行「虛結」，磧、普、

南、徑、清作「虛垢」。

一 八〇四頁中二〇行「遠延」，諸本作「遠近」。又「但道在」，磧、普、南、徑、清作「俱道在」。

一 八〇四頁中二二行「戒神」，諸本作「戒師」。

一 八〇四頁下二行「躬處」，諸本作「窮處」。

一 八〇四頁下四行「重謁」，諸本作「重接」。

一 八〇四頁下一〇行「喻遣」，諸本作「喻達」。

一 八〇四頁下一五行首字「沾」，諸本作「持」。又第四字「接」，諸本作「妄」。

一 八〇四頁下一九行「精穆」，諸本作「清穆」。

一 八〇四頁下末行「盡然」，資作「來然」；徑、清作「歘然」。

續高僧傳卷第十九　承

大唐西明寺沙門釋道宣撰

習禪四　本傳十四　附見二

釋僧定，丹陽人，本學成實，博綜有功。討擊既繁，便感風癘，乃惟曰：形異同倫，學當從轍。遂屏絕還顧，歸宗禪府。初栖鍾山林阜，獨靜空齋，侍者道遊供給左右，唯以粳米白粥，日進一杯。餘則繫念相續，不愧空景。經于數年，不涉村邑，遊〔仍〕定心，更增幽績。故使門牖重隱，吐納自新，墻宇崇峻，違順斯薄，微誠獲應，故所苦忽銷，致令身首面目，一時圓淨，鬚眉並生，有逾恒日。雖福感所〈八〉，儀貌倍常，而雙眉寂濃，可長數寸，蒼赤通顏，乃成奇異。定既屬斯靈瑞，翹厲晨夕，山中多虎，蹤跡成蹊，本性仁慈，來入于室，牀前庭下，惟繁虎迹。或禪想乍浮，未能安靜，便通夜山行，無問榛梗，猛獸鷙鳥，見等同羣，而定安之若遊城市。其含育之感，不可類也。隋文於西京造寺，遠召處之，業定之心，無庸世務。至於受戒師礼，畢志岨違，預在尊嚴，聞便避隱。嘗遇傷寒，通身蒸熱，遂如常跏坐斷食，三日，沙門保恭道塲上首，定之徒也，親諭令食，荅曰：疾勢將陵，命非可保，應以法援，何用食為？便閇口靜坐，七日既滿，所苦頓痊。其立操要心為此類也。大業末歲，栖南山大和寺，羣盜來刼，定初不怖。盜曰：豈不聞世間有奴賊耶？定曰：縱有郎賊，吾尚不

怖況奴賊耶因剝其衣服曾無怯色至於坐氈將欲挽掣定捉之曰吾仰此度冬卿今將去命必不濟乍斷吾命於此氈不可離吾命也羣賊相看便止之以武德七年六月因有少疾跏坐如常不覺已逝春秋八十餘矣

釋道林姓李同州郃陽人也年二十五發心出家入太白山結宇深巖路絕登陟木食濟形惟法撿心更無營拯隋開皇之始創啓玄宗勑度七人選窮翹楚有司加訪搜得林焉文皇親命出家苦辭不可乃啓曰貧道聞山林之士往而不返皓然之氣獨結林泉望得連蹤既往故應義絕凡貫陛下大敞法門載清海陸乞以此名遺虛仰者帝曰名實相副其來久矣禪師但隸公府身任山栖林不從乃進還大白仍宗前業後以事聞奏乃更搜揚仄陋窮巖倒穴方始捉獲而履節無虧勑勞鄭重崇敬弥異乃賜香爐等物仍令住馮翊大興國寺經少時又進于梁山之陽河崖迴曲地稱天固鑿山為窟凝道其中武德七

年七月微覺有疾遺誡門侍無越律儀又聞笳吹響空道俗歆會又降異香大如桃棗衆皆拾而供養莫知名目燒發美暢聞者驚心經於三日精氣爽朗跏坐而終停屍七日色相無改即於山栖鑿龕處之衆聚如煙數盈万計皷舞而送生死榮焉自林之在道隱括為先從生至終儉約為務女人生染之本偏所誡期故林一生常不親面不為說法不從取食不上房基致使臨終之前有來問疾者林隔障潛知遙止之不令面對斯行絜通幽故也而慈濟生靈深護物性蚤虱之屬任其遊行每徐徐舉衣恐其驚走斯仁育之量殆難嗣矣

釋法應姓王氏東越會稽人生自孩孺性度沉嘿隨住緣想幽思難移弱冠出家事沙門曇崇學宗禪業見于別傳時值周初定門初闢奉法履行亘道相超應於門學殊為稱首後遭周禍避迹終南飯衣松蘿潛形六載專修念慧用袪夙罪精厲所及法門弥淨心用攸厝妄境斯澄屢感虎狼蹲

踞廬側或入門內似有相因應素體生緣又閑禪病對猶家犬為受三歸自尔馴狎更繁其類隋開入度還事崇公定業既深偏蒙印可徒衆五百並委維持教授奬擢允開衆望開皇十二年有勑令搜簡三學業長者海內通化崇於禪府選得二十五人其中行解高者應為其長勑城內別置五衆各使一人曉夜教習應領徒三百於實際寺相續傳業四事供養並出有司聲聞惟遠下勑賜帛三百段仍用造經一藏親躬受持以武德初年素無所患云吾今將逝已有香花見迎言已卒於清禪寺春秋八十矣

釋智周字圓朗姓趙氏其先徐州下邳人有晉過江居于婁縣之曲阜也然其神用超邈彰於青綺小學年中違親許道師事法流水寺瑫法師為力生也瑫乃吴國冠冕釋門梁棟周服勤左右分陰請業受具之後志在博聞時大莊嚴爝法師者義府經笥道映雄伯負袠淹留專功一紀究盡端涯更同寒水自金陵失御安步東

歸本住伽藍開弘四實學侶同華言晤成羣但久猒城傍早狎丘壑遂赴然高舉晦迹於馬鞍山慧聚寺仁智斯合終焉不渝而止水致鑒問道弥結舊齒晚秀咸請出山濟益道俗不拘小節乃又從之擯經者溢坐杖氣者涅首炎德既銷僧徒莫聚乃翻飛舊谷又遭土崩瓜剖順時違難汎然無繫寂動斯亡武德五年七月五日遘疾終於大業城南武州刺史薛仕通舍春秋六十有七其年十一月二十日賊退途静弟子法度等奉迎神柩歸于本山當時人物凋踈塋隧未理以貞觀四年二月十五日弟子慧滿等於寺之西嶺改設圓墳惟周風情閑澹識悟淹遠容止可觀進退可度量包山海調逸烟霞得喜一心慈惻万類窮通不易其慼喜慍不形于色崇尚先達提奬後進道俗聞望咸取則焉加以篤愛玉篆尤工草隷傍觀圖史大善篇什與兄寶愛俱沐法流陳氏二方俱馳聲績講成論小招提玄章涅槃大品等各十餘遍兼造殿

閣門廊周匝壯麗當陽弥勒丈六夾紵并諸侍衛又晉司空何充所造七龕泥象年代綿遠聖儀毀落乃迎還流水漆布丹青彫續綺華允開信表法迴向寺釋道恭曰余以擁腫拳曲不中規繩而匠石輟斤忽垂顧盻賞激流連殆逾三紀披雲對月賦曹陸之詩敀石斑荊辯肇融之論故人安在仰孤帳而荒涼景行不追望長松而咽絶懼陵谷易遷竹素難久記徽猷於貞紺揚清塵於不朽其銘曰五蔭城壍六賊丘陵緊固愛綱縈迴業繩雄猛調御慈悲勃興危塗倏静穢海俄澄八樹潛暉五師係軌慕此遺訓克應開士晈潔戒珠波瀾定水有道有德知足知止學揔羣經思深言外樂説河寫飡風雲會七衆閑揵四部襟帶振綱頽綱緊其是賴世途淪喪適化江湄去來任物隐顯從時坏瓶何愛淨土為期有生有滅何喜何悲窀閑昔遂封興舊隴春郊草平故山松拱林昏鳥思徑深寒擁妙識歸真玄埛虚奉

釋法藏姓荀氏潁川潁陰人三歲喪父共母偏居十歲又亡隻身而立因斯禍苦深悟無常投庇三寶用希福祐年二十二即周天和二年四月八日明帝度僧便從出俗天和四年誕育皇子詔選名德至醴泉宮時當此數武帝躬趍殿下口号鮮卑問訊衆僧兀然無人對者藏在末行挺出衆立作鮮卑語荅殿庭僚衆咸喜斯酬勅語百官道人身小心大獨超羣友報朕此言可非健道人耶有勅施錢二百一十貫由是面洽每蒙慰問雖身居寺内心念幽林古聖今賢皆依山静建德二年二月刷心蕩志挾鉢擎函投於紫蓋山山即終南之一峯也乃獨立禪房高巖之下衣以百納飡以术松面青天而沷心吸白雲而塡志三年正月八日遊步山頂忽遇甘杏七枚即而噉之流味濃美周行更索全無來處即荷冥資但勤勵業其年四月二十三日毀像焚經僧令還俗給優二年惟藏山居依道自隐綿歷八載常思開法至宣帝大象元年

九月下山謁帝意崇三寶到城南門以不許入進退論理武候府上大夫柘王猛次大夫乙婁謙問從何而来朋侶何在施主是誰藏報曰建德二年棄寺入山三年四月方禁僧侶椎藏在山餘並還俗乃以俗法抑出徒侶藏只一身在山林谷為家居鳥獸為徒侶草木為粮粒然自惟忖豈天之下莫非王土既居紫蓋噉食山粮准此供給則至尊所施猛等報奏下勅曰朕欲為菩薩治化此僧既從紫蓋山来正合朕意宜令長髮著菩薩衣冠為陟岵寺主遣內史沛國公宇文繹撿按施行內史次大夫唐怡元行恭覆奏曰天下衆僧並令還俗獨度一人違先帝詔至十月於城東面別見宣帝問三教名朕欲菩薩治化或現天身或從地出或作鹿馬用斯化道以攝衆生如何藏引妙莊嚴王子諫父之事又曰陛下昔為臣子不能匡諫遂令先帝焚燒聖典靈像鑄錢擄斯逆害與秦始何異帝怒曰違朕先皇明詔可令處盡藏曰仰觸聖

顏乞刑都市幽顯同見誠其本心尒時命若懸藤而詞氣無駭頻經九奏安詞弥厲十奏既達帝曰道人怖不藏公曰人生所重无過於命處身極刑之地何能不怖帝聞愀然改色乃曰真人護法祐我羣生此則護鵝比丘朕不煞無事人也宜捨其刑一不須問賜菩薩衣冠依前為陟岵寺主頻降寵命得継釋門既獲再生便辝帝往林泉山澤請欲幽潛御史鮑宏奉勅萬年長安藍田盩厔鄠杜五縣任藏遊行朕須見日不可沉隱雖蒙恩勅終未開卯快結心靈思懷聖道周德云謝隋祚將興大象二年五月二十五日隋祖作相於虎門學六月藏又下山與大丞相對論三寶經宿即蒙剃落賜法服一具雜綵十五段青州棗一石尋又還山至七月初追藏下山更詳開化至十五日令遣藏共音陵公撿挍度僧百二十人並賜法服各還所止藏獨宿相第夜論教始大定元年二月十三日丞相龍飛即改為開皇之元焉十五日奉勅追前度

者置大興善寺為國行道自此漸開方流海內豈非藏戒行貞明禪心欝茂何能累入朱門頻登御榻尒後每有恩勅別加慰勞并勅王公咸知朕意開皇二年內史舍人趙偉宣勅月給茯苓棗杏蘇油米炭以為恒料而性在虛靜不畜榮利十四年自奏停料隨施供給武候將軍索和業者清信在懷延至宅中異礼奉養積善所熏遂捨所住以為佛寺藏率俗課勵設万僧齋右僕射蘇威每来參謁并建大殿尊儀舍人裴矩宣勅藏禪師落髮僧首又設大齋弘法之感熟不可等其所住處可為濟法令之隆政坊北門僧寺是也嘗以慈仁攝慮有施禽畜依而養之鵝則知時旋遶狗亦過中不食斯類法律不可具紀煬帝晉蕃時臨太尉第三子綿疾殁殂瘞于斯寺乃勒銘曰世途若幻生死如浮殤子何短彭祖何脩嗚呼余子有逝無留永為法種長依法儔教因施藏靈壽杖日每榮此杖時賜相憶荅曰王殤幼子長就法門藏榮靈壽何敢忘

德十六年隋祖幸齊州失豫王公已下奉造觀音並勑安濟法供養仁壽元年文帝造等身釋迦六軀勑令置於蔵師住寺大業二年元德太子薨凡營福業經像佛殿皆委於蔵大業末歲下勑九宮並為寺宇度僧綱管相續維持以蔵名稱洽聞乃補充太平宮寺上座綏緝少達無替所臨及大唐建議人百一心淮安王創繕兵旗于斯寺宇因受王請終身奉養貞觀之始情奉弥隆思報冈極畢由造寺伺隙未展王便物故本祈不果蔵亦終焉以貞觀三年終於鄠縣觀臺因殮武子埏南雲際寺沙門孝才夙素知德為銘貞石在於龕側矣

釋慧超俗姓申屠上黨潞城人也體道懷貞氷霜其志初拂衣捨俗北趣晉陽居大興國寺禪念為業雖略觀名教偹委邪正而偏據行途不沿言說乃別建道場威羅儀象旙花交列衆具清鮮又鳩集異香多陳品族每以燒香供養烟氣相尋超恒躬處其中淨衣端坐詳其覺觀擬其志業故有

異香滿室靈骨充瓶隨用福流還填欠數而莫知其所以然也至仁壽中年獻后崩立禪定寺以超名望徵入京師嚴淨形衣有踰恒日感瑞陳供無替由來至武德元年以并部舊壤懷信者多化道赴緣義難限約乃返還興國道俗欣慶奉礼交并及七年冬微疾不悆即告無常合寺齊赴竚聆遺訣超端坐如常精神更爽告衆曰同住多年凡情易隔脫有相惱希願開懷然人道難遂善心易失及今自任勿悮後身言訖斂手在心不覺其絕見無接對謂其未終取纊屬之乃知無氣時年七十餘坐若神景色貞逾潔異香縈繞滿室充庭音樂聞空莫知來處門人大衆驚心駭目遂使士女奔赴悲咽寒雲闐塞寺院香花獻積至十二月中剋期將殯四遠白黑列道爭前從寺至山十有餘里人馬輻湊事等市闉轝以繩牀坐如入定路既交擁卒制難加乃迴道西城破荒就塋衆又塡逼頻等天崩便殮於龍阜之山開化寺側作窟處焉

經停一年儼然不散日別常有供礼香花無絕後遂塞其窟户置塔於上勒銘於右用旌厚德矣

釋智晞俗姓陳氏潁川人先世因官流寓家於閩越晞童稚不羣幼懷物外見老病死達世浮危自省昏沉愍諸淪溺深加猒離如為怨逐搘出塵勞訪尋勝境伏聞智者抗志台山安禪佛隴警訓迷途為世津導丹誠馳仰遠泛滄波年登二十始獲從顗一得奉值即定師資律儀具足稟受禪決加修寂定如救頭然心馬稍調散動辞憲受命遺旨常居佛隴修禪道場樂三昧者咸共師仰宴坐之暇時復指撝創造伽藍殿堂房舍悉皆嚴整惟經臺未搆始欲就工有香鑪峯山巖峻嶮林木秀異然彼神祇巨有靈驗自古已來無敢視其峯崖況有登踐而採伐者時衆議曰今既營經臺供養法寶惟尚精華豈可率尒而已其香鑪峯檉栢木中精勝可共取之以充供養論詳既訖往諮於晞具陳上事良久荅云山神護惜不可造

次無敢重言各還所在尒夜夢人送疏云香鑪峯檉栢樹盡皆捨給經臺既感冥示即便撝略營辦食具分部人工入山採伐侍者諮曰昨日不許令鄣取之荅曰昨由他今由我但取無苦必不相悞從旨往取檉栢之樹椎嶮而生並皆取得一無留難先師智者陳日勸化百姓從天台渚次訖於海際所有江溪並捨為放生之池永斷採捕隋世亦尒事並經勅隋國既亡後生百姓為惡者多覓立梁滬滿於江溪忒傷水族告訴無所乃共頂礼禪師往先師龕房燒香呪願當有魚人見僧在滬上立意謂墮水將舩往救僅到便無因尒梁滬皆不得魚乎相報示改惡從善仍停採捕時有僧法雲欲往香鑪峯頭陏晞諫曰彼山神剛强鄉道力微弱向彼必不得安慎勿往也雲不納旨遂往到山不盈二宿神即現形駈雲令還自陳其事方憶前旨深生歎仰有弟子道亘在房誦經自往喚云今晚當有僧来言覔仍向門下即見一僧純著納

衣執錫持鉢形神爽俊有異常人從外而来相去二十餘步繞入路東隠而不現俄頃之間即聞東山有銅鍾聲大振山谷便云意喚吾也未終數日語弟子云吾命無幾可作香湯洗浴適竟山中鳥狩異色殊形常所不見者並皆来集房側履地騰空悲鳴噭呼經日方散十二月十七日夜跏趺端坐仍執如意說法辞理深邃既竟告弟子曰將汝等造次相值今當永別會遇靡期言已寂然無聲良久諸弟子哭泣便更開眼誡曰人生有死物調始必終世相如是寧足可悲今去勿尒鬧乱於吾也又云吾習禪已来至於今日四十九年背不著牀吾不負信施不負香火汝等欲得將吾相見可自懃策行道力不負人弟子因諮启未審和上當生何所荅云如吾見夢報在兜率宮殿青色居天西北見智者大師左右有諸天人皆坐寶座唯一座獨空吾問所以荅云灌頂却後六年當来昇此說法十八日朝語諸弟子汝等並早須齋吾命須

臾尒日村人登山參疾食竟辞還又曰既苦遠来更停少時待食道前去其人不解苦辞不住當尒之時皎日麗天全無雲翳謂參人曰既已不住可疾去雨尋落去者少時驟雨如瀉春秋七十有二以貞觀元年十二月十八日午時結跏安坐端直儼然氣息綿微如入禪定因而不返時虚空中有絃管聲合衆皆聞良久乃息經停數日方入石龕顏色敷悅手足柔軟不異生平所空之龕墳在先師智者龕前二百餘步

釋智滿姓賈氏太原人立意矜特不羣凡小七歲出家隨師請業凡所受道如說修行年登冠肇進受具戒律儀成範資訓弥弘又聽涅槃等經盡其大旨名教略圓味靜終業遂往上黨石墨山聚徒行道門徒肅穆緇素歸依礼供駢羅積而能散時屬隋初創弘大法智滿萃仍國化引而廣之故使聞風造者負笈奔注衆雜精麁時兼久近初則設儀礼懺用攝恒情後便隨其樂欲靜思宴坐滿躬事衆

法身預僧倫形止方雅威嚴猛肅眉
目濃朗白黑交臨預有參拜莫不神
駭而毛動咸加欽仰為菩薩戒師而
滿不重身名不輕正法雖苦邀請未
即傳授乃親為竭誠方等行道要取
明證夢佛摩頂并為說法宛如經相
方為授法故道俗思戒者相趍不絕
而專意靜觀猒此諠浮乃從居梨城
之東山南流泉精舍息心之士又結如
林禪懺兼修止觀齊捨志弘經遠隨
務或乖又往鷹門川依瓚禪師涉緣念
慧瓚僧中藻鏡定室羽儀言行清澄具
如別傳滿嗟遇後展欣附有餘從瓚
歷遊所在宗習又依住開化結慮修
心俄為文帝追瓚入京定門斯壞衆
侶乖張滿乃録其同志五十餘人西
入嵐州土安山內如前綜業大感學徒
隋季道消賊徒蜂起生民墜於溝壑
而滿衆宛然不散斯亦道感之會也
大唐建義四衆歸奔乃率侶入城就
人弘道初住晉陽貞智寺以化聲廣
被歸宗如市武皇別勑引勞令止許
公宅中供事所須並出義府躬往礼

問覩而懼之顧語裴寂曰孤見此禪
師衣毛驚起何耶荅曰計無餘相應
是戒神所護耳重施日修覲曰弟子
濟拔蒼生今義興大造願往還無障
當為立寺既登京輦天下略平武德
元年乃詔滿所住宅為義興寺四事
供養一出國家至三年以滿德為物
歸道聲更遠帝欲處之京室下勑徵
之又以北蕃南侵百姓情駭都督弘
農公劉讓啓留滿住用鎮衆心有勑
特聽同安朝寄武德五年玁狁孔熾
戎車載飾以馬邑沙門雄情果敢烽
燿屢舉冈弗因之太原地本武鄉兵
戎是習乃勑選二千餘僧充兵兩府
登又下勑滿師一寺行業清隆可非
簡例由是重流景行光問遐迩晉川
髦彥沙汰之餘覩滿坐受嘉慶皆來
稱美或拜伏戒範者或依承習住者
常數貳百餘人而滿恒業無怠精厲
其誠時或臨學親召別誡變引聖量
誘化凡心預在聞命莫不泧流而身
伏嗟歎良久並由承法行已感發前
入故得機教不妄弘矣貞觀二年四

月初因動散微覺不悆遂淹灰管本
性無擾門人同集曰遺誡勸有沙門
道綽者夙有弘揩支而敬奉因喻滿
曰法有生滅道在機緣觀相易入其
門涉空頗限其位願隨所說進道有
期滿乃盱衡而告曰積年誠業莫此
弘持緣虛無相可緣引實有何所引
豈以一期要法累劫埋乎幸早相辞
勿塵妄識綽乃退焉其堅白持微為
若此也既而氣將漸弱而志力猶强
侍人圍遶觀者充室滿端坐舉面徐
視學徒時次旻吾溘然而卒春秋七
十有八即貞觀二年六月九日也當終
前夕大地振動寺樹摧技合衆悲驚
哀相現矣泰山其頹法人斯逝聯類
如此舉邑酸切若喪其心即以其月十
二日旋殯於龍山童子谷中立塔碑
德自滿捨俗從道六十餘年潔已清
貞氷霜取喻弊衣節食纔止飢寒頻
經斷穀用約貪染目不邪視言不浮
華淨色子女未嘗瞻對弱年登戒者
不宿房中受具多夏者方令近侍約
時臨衆誡以行科餘則靜處小房睟

朝方出室中唯一繩牀盔袋挂于壁上隨道資具坐外更無致使見者懍然改容不覺發敬矣又偏重供僧勤加基業慈接貧苦脩諸藥療羌羌遑遑意存利物矣

釋僧邕郭氏太原介休人祖憲荊州剌史父韶博陵太守邕神識沉靜寘符上德世傳儒業齒曾上庠年有十三違親入道於鄴西雲門寺依止僧稠而出家焉稠公禪慧通靈戒行標異即授禪法數日便詣稠撫邕謂諸門人曰五停四念將盡此生矣仍往林慮山中栖託定門遊逸心計屬周武平齊像法隳壞又入白鹿山深林之下避時削迹餌飯松木三逕斯絕百卉為羣麏麚伏其前山禽集其手初未之異也後乃梵音展礼焚香讀誦輒有奇鳥異獸攢聚庭宇貞如慕敬心疑聽受自非行感所及何以致斯自尓屢降幽靈勝言叵載開皇之始弘闡釋門重敘玄宗更聯榮問有魏州信行禪師深明佛法命世異人以道隱之晨當根之業知邕遯世

幽居遣人造曰修道立行宜以濟度為先獨善其身非所聞也宜盡弘益之方照示流俗乃出山與行相遇同修正節開皇九年行被召入京乃與邕同來至止帝城道俗莫匪遵奉及行之歿世綱揔徒衆甚有住持之功以貞觀五年十一月十六日終於化度寺院春秋八十有九主上崇敬情深贈帛為其追福以其月二十二日奉靈骸於終南山遵邕之遺令也門徒收其舍利起塔於行之塔左邕風範凝正行業精嚴卑辭屈己體道藏用及委質寒林悲纏朝野僉以身死名滅世有斯人敢樹玄石用陳令範左庶子李百藥製文率更令歐陽詢書文筆新華多增傳本故累誦野外矣

釋灌頂字法雲俗姓吳氏常州義興人也祖世避地東甌因而不返今為臨海之章安焉父天早亡母親鞠養生甫三月孩而欲名思審物類未知所目母夜稱佛法僧名頂仍口動音句清辯同共驚異因告稱靜寺慧拯法師聞而歎曰此子非凡即以非凡

為字及年七歲還為拯公弟子日進文詞玄儒並騖清藻才綺即譽當時年登二十進具奉儀德瓶油鉢弥所留思泊拯師厭世沐道天台承習定絹同有戲緒陳至德元年從智顗禪主出居光宅研繹觀門頻蒙印可逮陳氏失馭隨師上江勝地名山盡皆遊憩三宮廬阜九向衡峯無不揖迹依迎訪問遺逸後届荊部停玉泉寺傳法轉化教敷西楚開皇十一年晉王作鎮揚州陪從智者戾止邗溝居禪衆寺為法上將日討幽求俄隨智者東旋止于台岳晚出稱心精舍開講法華跨朗籠基超於雲印方集奔隨負篋屯涌有吉藏法師興皇入室嘉祥結肆獨擅浙東聞稱心道勝意之未許求借義記尋閱淺深乃知體解心醉有所從矣因廢講散衆投足天台飡禀法華發撸弘演至十七年智者現疾瞻侍曉夕艱劬盡心爰及滅度親承遺旨乃奉留書并諸信物哀泣跪授晉王五體投地悲淚頂受事遵賓礼情敦法親尋遣揚州揔管

府司馬王弘送頂還山為智者設千僧齋置國清寺即昔有晋曇光道猷之故迹也前峯佛隴寺号修禪在陳之日智者初建隴南十里地日丹丘經行平正瞻望顯博智者摽基刋木欲建道場未果心期故遺囑斯在王工入谷即事修營置梟引繩一依舊旨仁壽元年晋王入嗣東巡本國万里川途人野畢慶頂以檀越昇位寺宇初成出山叅賀遂蒙引見慰問重疊酬對如響言無失厝皀主禁歎又遺貟外散騎侍郎張乹威送還山寺施物三千段氈三百領又設千僧齋寺廟臺殿更加修緝故丹青之飾乱發朝霞松竹之嶺奄同被錦斯寔海西之壯觀也逺符智者之言具如彼傳仁壽二年下令延請云夏序炎赫道體休宜禪悅資神故多佳致近令慧日道塲莊論二師講淨名經全用智者義䟽判釋經文禪師既是大師高足法門委寄令遣延屈必希霈然并法華經䟽隨使入京也佇遲来儀書不盡意頂持衣貟錫高步入宫三

夏闡弘副君欣載每至深契無不伸請並隨問接對周統玄籍後遣信送還覲遺隆倍大業七年治兵涿野親揔元戎將欲蕩一東夷開清文軌因問左右侑叙軒皇先壯阪泉之戮暴後歎峒山之問道追思智者感慕動容下勑迎頂遠至行所引見天眷叙以同學之歡又遣侍郎吴旻送還台寺尒後王人継至房無虚月頂継懷立堅絶迹世累定慧兩修語嘿雙化乃有名僧大德近城遠方希覲三觀十如及以心塵使性並拜首投身請祈天皷皆跡淪情性澡雪智襟三業屢增二嚴無盡忽以貞觀六年八月七日終於國清寺房春秋七十有二初薄示輕疾無論藥療而室有異香臨終命弟子曰弥勒經說佛入城日香煙若雲汝多焼香吾將去矣因伸遺誡詞理妙切門人衆侶瞻仰涕零忽自起合掌如有所敬發口三稱阿弥陁佛低身就卧累手當心色貟歡愉奄然而逝舉體柔耎頂暖經日皆有同學智晞顗之親度清亮有名先以貞

觀元年卒臨終云吾生兜率矣見先師智者寶坐行列皆悉有人惟一座獨空云却後六年灌頂法師昇此說法焚香驗旨即慈尊降迎計歲論期審晞不謬矣以其月九日空于寺之南山遠近奔赴喧震林谷初頂化流鄮俗神用弘方村人於龍去山三十餘里染患將絶衆治不愈其子奔馳入山祈求救頂為轉法華經焚祷檀香病者雖遠乃聞檀香入鼻應時痊復又樂安南嶺地曰安洲碧樹青溪泉流伏溺人逕不通頂留連愛翫顧而指曰若使斯地夷坦當来此講經曽未浹旬白砂遍涌平如玉鏡頂以感通相顯不違前願仍講法華金光明二部用酬靈意嘗於章安攝靜寺講涅槃經值海賊上抄道俗奔委頂方擿鍾就講顏無慑懼賊徒麾旛詣寺忽見兵旗曜日持弓執戟人皆丈餘雄悍奮發羣覩驚懾一時退散嘗於佛隴講暇携引學徒累石為塔別須二片用擗塔門弟子光英先以車運一石咸疑厚大更欲旁求復勞人力頂舉

扶聊擣前所運石颯然驚裂遂析為
兩段厚薄等均用施塔户宛如舊契
若斯靈應其相寔多自頂受業天台
又稟道衡岳思顗三世宗歸莫二若
觀若講常依法華又講涅槃金光明
淨名等經及說圓頓止觀四念等法
門其遍不少且智者辯才雲行雨施
或同天網乍擬瓔珞能持能領唯頂
一人其私記智者詞旨及自製義記
并雜文等題目並勒于碑陰弟子光
英後生標儁優柔教義與國清寺衆僉共
紀其行樹其碑于寺之門常州弘善
寺沙門法宣為文其詞甚麗見于別集
釋智璪俗姓張氏清河人晉室播
遷寓居臨海祖尤秀梁倉部侍郎任
臨海内史父文懷陳中兵將軍璪
受經之歲言無虛發行不聽人親里
鄉隣深加敬愛年登十七二親俱逝
慘服纔釋便染疾病頻經歲月醫藥
無効仍於静夜策杖曳疾出到中庭
向月而卧至心專念月光菩薩惟願
大悲濟我沉痾如是繫念遂經旬朔
於中夜間夢見一人形色非常從東

方来謂璪曰我今故来為汝治病即
以口就璪身次第吸噉三夜如此因
尒稍痊深知三寶是我依救遂求離
俗便投安寧寺慧憑法師以為弟子
逖聞智者軌行超羣為世良導即泛
舸豐流直栢合岫伏膺受道乃遣行
法華懺悔第二七日初夜懺訖還就
禪床始欲安坐乃見九頭龍從地涌
出上昇虛空明旦諮白云此是表九
道衆生聞法華經將来之世破無明
地入法性空耳又陳至德四年永陽
王伯智作牧仙都延屈智者来于鎮
所璪隨師受請同赴稽山九旬坐訖
仍即辭王往寶林山寺行法華三昧
初日初夜如有人来摇動户扇璪即
問之汝是何人夜来摇户即長聲荅
云我来看燈耳頻經數過問荅如前
其寺内先有大德慧成禪師夜具聞
之謂弟子曰彼堂内從来有大惡鬼
今聞此聲必是鬼来取一人也天將
欲曉成師扣户而喚璪未暇得應便
繞堂唱云苦哉苦哉其人了矣璪即
開户問意荅云汝猶在耶尋謂昨夜

鬼已害汝故此嗟耳成師以事諮王
王遣數十人執仗防護璪謂防人曰
命由業也豈是防護之所加乎願諸
仁者將領還城啓王云尒防人去後
第二日夜鬼入堂内抯辟打槅遍東
西堂内六燈璪即滅五留一行道坐
禪誦經坦然無懼於三七日中事恒
如此行法將訖見一青衣童子稱讚
善哉言已不現雖值此二縁心無憂
喜璪又因事出往會稽路由剡縣孝
行村乞食主人誤煑毒椹設璪食竟
進趣前途主人於後噉此餘殘並皆
吐痢若死等苦隣人見之即持藥追
璪十里方及見璪快行無恙問曰何
故見尋具陳上事便笑而荅曰貧道
無他可棄藥反蹤不須見逐驗之道
力所薰故毒不能傷也又隋大業元
年駕幸江都璪銜僧命出參引見内
殿御遥見璪即便避席命令前坐種
種顧問便遣通事舍人盧正方送璪
還山為智者設一千僧齋度四十九
人出家施寺物二千叚米三千石并
香藾等又為寺造四周土墻大業六

年又往楊州叅見仍遣給事侍郎許
善心送還山又為智者設一千僧齋
度一百人出家施寺物一千段䞋齋
僧人絹一疋七年又往涿郡叅勞謝
遠来施寺物五百段遣五十人執仗
防援還山凡經八迴叅見天子並蒙
喜悦供給豊厚以貞觀十二年卒於
寺春秋八十三矣
釋普明本名法京俗姓朱氏會稽人
少小志操有異恒童口常稱佛聚砂
以為福事蒿芠以為殿塔不俗談戲
惟志崇法有僧乞食因即勸云郎子
既有善性可向天台山出家其中有
初依菩薩在彼說法遂以陳太建十
四年踰山越澗来入天台正值智者
處坐說法下講竟頂礼歸依願盡此
生以為弟子智者笑云宿誓願力令
得相遇曉夕左右伏膺無懈專求禪
法兼行方等般舟觀音懴悔誦法華
經一部至禎明元年陳主勅迎智者
出都從往金陵居光宅寺專以禪思
為業同堂坐者奉命撿校俄而陳國
云亡智者即上江州廬山東林寺明於

陶侶瑞像閣內行觀音懴法冬十一
月身不衣絮苦節行道見一僧云所
名法京未為嘉稱可改為普明此名
曉朗照了三世懴訖啓智者述之便
云此眞中所示宜即改舊從新又隨
智者往荊州玉泉寺每於泉側練若
專思智者反路台峯令造大鍾天台
供養江陵道俗覔為經營當欲鑄時
盲人来看明懸鑒機知相不吉果尒
開摸鍾破缺仍即倍工脩造約語衆
中支不具者勿来看鑄遂得了亮鎗
鏗聲七十里鍾今見在佛隴上寺後
還國清所住之房去水懸遠房頭空
地純是礓石乃懷念曰若令此石出
水豈不快乎言竟數日石中泉溜周
給東西國清精舍隨高置立明以講
堂狹小欲毀廣之共頂禪師商量頂
勸勿改有括州都督周孝節遥聞此
事即施杉柱泛海送来頂向赤城感
見明身長一十餘丈高出松林之上
翼從數十許人語頂曰兄勿苦諫事
願尅成頂知神異合掌對云不敢更
諫一依仁者竪堂之日感動山王晨

朝隱軟狀若雷震摧樹傾枝闊百步
許自佛壟下直到於寺至乎日沒還
返舊蹤砰砰磕磕勢若初至又願共
道俗造當殿金銅盧舍那像坐身丈
六時有一人稱從漕溪村来施金十
一兩用入像身問其姓名終不肯說
礼拜辞退周訪彼村無人識者又比
房侍者恒聞房內共人語話陰伺察
視不見別形所聽言音唯勸修善既
而化緣就畢大漸時至清旦呼諸弟
子夫人壽命不可常保汝等宜知便
自脫新淨之衣著故破者攬衣纔竟
奄然就滅春秋八十有六經二宿左
手仍內掘三指當於其時有房內弟
子榮泰難提二人剃頭沐浴見如此
事即報寺主慧䌹合衆驚集倍慟于
懷然其為性不畜私財浙南諸州男
女黒白歸向者數不可紀所得布施
隨緣喜捨每叅隨帝悉蒙命坐賜絹
一百二十段用充六物不留寸尺悉
造經像有勅施僧基業見於寺錄造
金銅尊像小大千躯悉人中已上十
迴作僧施讀藏經二遍其外書寫經

論彤畫殿堂修諸寺宇傍為利益及
諸靈驗功德費用運心應念即自送
来充其支度不可具載
釋智藏姓魏氏華州鄭縣人也十三
出家事鵠法師當西魏之世住長安
陟岵寺值周滅法權處俗中為諸信
心之所藏隱雖王禁尅切不懼刑憲
剃髮法服曾無變俗迄至隋初乃經
六載晦迹人間不虧道禁自有同塵
莫敢聯類矣移都龍首住大興善開
皇三年乃卜終南豊谷之東阜以為
終世之所也即昔隱淪之故地矣山
水交映邑野相望接叙皂素日隆化
範後文帝勑左衛大將軍晉王廣就
山引見藏曰山世乃異適道不殊貧
道居山日積意未移想陛下國主之
體不奪物情為宗王具聞帝帝歎訝
久之乃遣内史舍人虞世基宣勑慰
問并施香油熏爐及三衣什物等仍
詔所住為豊德寺焉每至三長之月
藏感開道化以智論為言先凡所登
踐者皆理事齊稟京邑士女傳響相
趍雲結山阿就聞法要逮武德初歲

爰置僧官衆以積善所歸乃處負
内道開物悟深有望焉雖預僧僚而
身非世撿時復臨叙終安豊德以武
德八年四月十五日遘疾少時終於
所住春秋八十五然藏青襟入道自
撿形神不資奢靡不欣榮泰時居興
善官供頻繁願存乞食盡形全德繼
任居僧務夏雨冬水而此志不移終
不妄啜僧食晚居西郊栢林墓所頭
陁自靜文帝出遊遇而結歎與諸官
人等各捨所著之衣百有餘聚藏令
村人車運用充寺宇故使福殿輪奐
逈拔林端靈塔架峯迢然雲表致有
京郊立望得傳遥欽矣又爰初受具
以布大衣重補厚重可齊四斗六十
五夏初無一離受日說欲由来未傳
常坐一食終乎大漸而狀形超挺唐
量八尺二分質貟魁梧峙然峯崿之
相常居寺之南岫四十餘年面臨深
谷目極天際徑途四里幽梗盤岨不
易登昇而藏手執澡瓶足躡木履每
至食時乘崖而至午後還上初無顛
墮因斯以談亦雄隱之高明者故圓

寫象供于茲存焉京師慈門寺沙門
小曇欽藏素業為建碑于寺門之右
頴川沙門法琳製文
釋法喜俗姓李襄陽人也七歲出家
顯禪師為其保傅顯道素温賠有聞
同侶後住禪定將終前夕所居房壁
自然外崩顯曰依報已乖吾將即世
於是端坐閇目如有所緣奄然而卒
初不覺也自喜恭恪奉侍積經載紀
而顯專修定業略於言誨便以觀量
知人審喜機度事逾先習不肅而成
鑽仰景行惟德是輔荆州青溪山寺
四十餘僧喜為沙弥親所供奉晝則
炊煑薪蒸夜便誦習經典山居無炬燃
柴取明每夕自課誦通一紙如是累
時所緣通利雖學諸經部類而偏以
法華為宗常假食息中間無誦一
卷餘則專以禪業繫念在前纔有惛
心便又温故仁壽年内文帝勑召追
入京師住禪定寺供礼隆異儉行為
先接撫同倫讓虛成德爰有佛牙舍
利帝里所珎藥以案寶處之上室瓆
寳溢目非德不知大衆以喜行解潛

通幽微屢隆便以道場相委任其監護喜遂網維供養日夕承仰又以顯師去世意欲冥祓靈爽願誦千遍法華因即不處舊房但用巡遶寺塔行坐二儀揞窮本願數滿八百精厲晨宵繫心不散覺轉休健同寺僧者見有白牛駕以寶車入喜房内追而觀之了無蹤緒方知幽通之感有遂教門而卑弱自守營衛在初諸有疾苦無論客舊皆周給瞻問親為將療至於屎尿膿吐皆就而㗖之然則患疾之苦世所同輕而喜都無汙賤情倍欣懌以為常業也致有遠近道俗帶疾相投皆悅慰其心終其報類或有外来問疾並為病者陳苦有問其故喜云病人經惱来問致增故耳武德四年右僕射蕭瑀於藍田造寺名津梁夙奉徽風嘉其弘度召而居之時屬運開猶承飢荐四方慕義相次山門便減撤衣資用充繼乏稟歸行務衆所宗焉凡有遲疑每為銷釋並會通旨理暢顯神心高為行況審卒難備紀傳者嘗同遊處故略而述之後乃屏退自資

趣居衆五曬山南阜鄉号盧陵即九紀之故墟也北負露臺之嶺南對赫胥之陵夾澗深林仙賢是集即卜而宅之乃有終焉之志篤勵子弟誘導山民福始罪終十盈八九貞觀初年夜涉其半見有焰火數炬從南而来正趣山舍僧俗驚散處是賊徒以事告喜喜曰此應無苦但自修業及至尋顧不知所由其居處降靈皆此類也六年春創染微疾自知非久强加醫療終無進服至十月十二日乃告門人無常至矣勿事謟擾當嘿然静處津吾去識勿使異人輙入房也時時唱告三界虚妄但是一心大衆忽聞林北有音樂車振之聲因以告之喜曰世間果報久已捨之如何更生樂處終是纒累乃又入定湏臾聲止香至充滿達五更初端坐而卒春秋六十有一形色鮮潔如常在定初平素之日歷巡山嶮行見一處幽隠可為栖骸之所命弟子亦之及其終後寺僧屬其儀貌端峙不忍行之鑿山為龕將欲藏塞尒多暴雪忽零有餘

一尺周迴二里蔽於山路遂開行送中道降神於弟子曰吾欲露屍山野給施衆生如何埋藏違吾本志雪平荒逕可且停行衆不從之乃安龕内經久儼然都無摧腐宗國公親往觀之神色如在歎善而歸尒後佐無損遂舉其納衣方見為物所噉頭項已下枯骨鮮明詳斯以論寔本願之所致耳且喜學年據道事仰名師青溪禪衆天下稱最而親見奉養故得景行成明日光聲采加以敬慎戒約聞即依行計業分功步影而食時少覺老必虚齋而過晦望懺洗清心布薩安鄮貧病固是常宜衣弊食麤誠其恒志輕清拯濟見美東郊矣

續高僧傳卷第十九　習禪四

續高僧傳卷第十九

校勘記

一　底本，金藏廣勝寺本。八一一頁中至八一七頁上原版殘缺，以麗藏本補換。

一　八一一頁中一行經名，經作「續高僧傳卷第二十三」。

一　八一一頁中三行「本傳十四　附見二」，經、清作「本傳十四人　附見二人」。

一　八一一頁中五行首字「唐」，經、清無。下至一七行首字同。

一　八一一頁下二行「遊仞」，諸本（即資、磧、普、南、經、清，下至八一七頁上末行同）作「遊刃」。又「幽績」，諸本作「幽賾」。

一　八一一頁下五行「鬢眉」，諸本作「鬚眉」。

一　八一一頁下九行「來入于室」，資、磧、普、南作「感來入室」；經、清作「咸來入室」。

一　八一一頁下一〇行「未能」，諸本作「不能」。

一　八一一頁下一一行「無問」，諸本作「無間」。

一　八一一頁下一二行第一二字「其」，諸本無。

一　八一一頁下一五行「岠違」，諸本作「拒違」。

一　八一一頁下一六行第一〇字「遂」，諸本無。

一　八一一頁下一九行末字「静」，諸本作「静室」。

一　八一一頁下二一行「栖南山大和寺」，諸本作「栖心南山太和寺」。

一　八一一頁下末行首字「閒」，諸本無。

一　八一二頁上四行第四字「氈」，諸本作「而氈」。又「羣賊」，諸本作「群盗」。

一　八一二頁上七行至八行「年二十五」，諸本作「年三十五」。

一　八一二頁上一三行「晧然」，普、南、經、清作「浩然」。

一　八一二頁上一八行「大白」，諸本作「太白」。

一　八一二頁上二二行第一〇字「河」，諸本作「阿」。

一　八一二頁中六行「山栖」，諸本作「山西」。

一　八一二頁中一九行「周初」，諸本作「周之初」。

一　八一二頁中二〇行第三字「趍」，諸本作「趣」。

一　八一二頁中末行首字「淨」，諸本作「隆」。

一　八一二頁下三行第九字「隋」，諸本作「隨」。

一　八一二頁下一〇行「實際寺」，諸本作「實塔寺」。

一　八一二頁下一九行「吴國」，諸本作「吴越」。

一　八一二頁下二〇行「分陰」，諸本作「寸陰」。

一　八一二頁下二一行第七字「瞬」，

諸本作「爝」。
一八一三頁上一行「本住」，諸本作「大住」。又「四實」，諸本作「三寶」。
一八一三頁上四行末字「弥」，諸本作「弘」。
一八一三頁上六行第一三字「扙」，諸本作「杖」。
一八一三頁上一〇行「大莱」，諸本作「大策」。
一八一三頁上一〇行至一一行「薛仕通」，諸本作「薛士通」。
一八一三頁上一三行「未理」，諸本作「未埋」。
一八一三頁中一二行「城墎」，諸本作「城郭」。
一八一三頁中一四行「係軌」，諸本作「繼軌」。
一八一三頁中一七行「閑揵」，諸本作「閑鍵」。
一八一三頁中一八行「振綱頹綱」，諸本作「振紐頹綱」。
一八一三頁中二一行「窀閑昔遂」，諸本作「窀開昔隧」。
一八一三頁下三行第三字「苦」，諸本作「酷」。
一八一三頁下六行「名德」，徑、清作「明德」。
一八一三頁下八行「挺出衆立」，諸本作「出衆獨立」。
一八一三頁下一八行首字「志」，諸本作「聽」。
一八一三頁下一九行「七枚」，磧、普、南、徑、清作「十枚」。
一八一三頁下二〇行第六字「即」，諸本作「既」。
一八一四頁上三行首字「柘」，諸本作「拓」。
一八一四頁上七行第三字「只」，諸本作「曰」。
一八一四頁上九行「王王」，諸本作「王土」。
一八一四頁上一〇行第一二字「報」，諸本作「執」。
一八一四頁上一五行第一〇字「並」，諸本作「普」。
一八一四頁上二〇行首字「子」，諸本作「二子」。
一八一四頁上末行第八字「處」，諸本作「遽」。
一八一四頁中四行首字「藏」，諸本作「沛」。
一八一四頁中一七行「剃落」，諸本作「剃髮」。
一八一四頁中二〇行「亭陵公」，諸本作「景陵公」。
一八一四頁中二二行「十三日」，諸本作「十二日」。
一八一四頁下三行「累入」，諸本作「數入」。
一八一四頁下八行「索和業」，諸本作「素和業」。
一八一四頁下九行「異礼」，諸本作「冀禮」。
一八一四頁下一三行第一〇字「熟」，諸本作「孰」。
一八一四頁下一五行第五字「昝」，

諸本作「當」。
一八一四頁下一七行「法律」，資、磧、普、徑作「法津」。
一八一四頁下一八行「塵于」，諸本作「瘞于」。
一八一四頁下末行末字至次頁上一行首字「忘德」，諸本作「輒忘」。
一八一五頁上九行第一二字「繕」，諸本作「結」。
一八一五頁上一一行「思報」，諸本作「恩報」。
一八一五頁上一三行「三年」，磧、普、南、徑、清作「二年」。
一八一五頁上一四行「子塊南」，諸本作「于阜南」。
一八一五頁上一六行「申屠」，磧、普、南作「甲屠」。
一八一五頁上末行第一一字「志」，諸本作「妄」。
一八一五頁中八行「微疾不愈」，諸本作「微痁不愈」。又「齊赴」，諸本作「齊趍」。
一八一五頁中一五行第二字「逾」，諸本作「通」。
一八一五頁中二〇行「市闓」，徑、清作「市鄽」。
一八一五頁中二一行「迴道」，諸本作「迴首」。
一八一五頁中二二行第五字「塋」，諸本作「墓」。
一八一五頁下一行「供礼」，諸本作「供養禮拜」。
一八一五頁下三行「於右」，諸本作「其右」。又「厚德」，諸本作「後德」。
一八一五頁下一二行首字「决」，南、徑、清作「訣」。
一八一五頁下一四行「師仰」，諸本作「歸仰」。
一八一六頁上一一行末字「滬」，諸本作「篦」。下同。
一八一六頁上一三行第二字「礼」，諸本無。
一八一六頁上二〇行「令還」，資作「不還」。
一八一六頁中四行「大振山谷便云意」，諸本作「大音震谷便云噫」。
一八一六頁中一〇行第六字「將」，資、磧、普、徑作「吾將」。
一八一六頁中一二行第七字「更」，諸本無。
一八一六頁中一三行第三字「調」，諸本無。
一八一六頁中一八行首字「因」，諸本作「因即」。
一八一六頁下二行第三字「苦」，諸本作「辛苦」。
一八一六頁下一三行「矜特」，諸本作「矜持」。
一八一六頁下一五行第八字「冠」，諸本作「冠冕」。
一八一六頁下一六行第二字「成」，諸本無。
一八一六頁下二二行第一三字「恒」，諸本作「疎」。
一八一七頁上三行「敬仰」，諸本作「景仰」。

一八一七頁上四行「雖苦邀請」，諸本作「雖有緣苦請」。

一八一七頁上九行第四字「南」，清作「雨」。

一八一七頁上一五行第六字「迈」，諸本作「追」。

一八一七頁上一八行「蜂起」，諸本作「鋒起」。

一八一七頁中一〇行「劉讓」，資、磧、普、南、徑、清作「劉護」。

一八一七頁中一一行第三字「同」，資、磧、普、徑作「用」。

一八一七頁中一三行首字「燿」，資、磧、普、南、徑、清作「爅」。又「因之」，資、磧、普、南、徑、清作「因以」。又「地本」，諸本(即資、磧、普、南、徑、清、麗，下同)作「接」。

一八一七頁下一行「不念」，資、磧、普、南、徑、清作「愈」。

一八一七頁下四行第七字「在」，資、磧、普、徑、清作「悟」。

一八一七頁下六行「乃眄衡」，資作「仍眄衒」；磧、普、南、徑、清作「仍眄衡」。

一八一七頁下七行第一〇字「實」，資、磧、普、南、徑、清作「有」。

一八一七頁下九行第一一字「白」，資、磧、普、南、徑、清作「自」。

一八一七頁下一四行「摧技」，諸本作「摧枝」。又「悲驚」，諸本作「悲敬」。

一八一七頁下二一行「子女」，資、磧、普、徑作「子女來」。

一八一八頁上四行「茕茕」，資、磧、普、南、徑、清作「惸惸」。

一八一八頁上六行「郭氏」，麗作「姓郭氏」。

一八一八頁上八行「有十」，資、磧、普、南、徑、清作「十有」。

一八一八頁上一五行第九字「木」，資、普、徑、清、麗作「术」。

一八一八頁上一八行末字「慕」，資、磧、普、南、徑、清作「恭」。

一八一八頁上一九行第三字「疑」，徑、清作「凝」。

一八一八頁上二一行「釋門」，資、磧、普、南、徑、清作「禪門」。

一八一八頁上末行第五字「晨」，資、磧、普、南、徑、清作「辰」。

一八一八頁中一行「造日」，諸本作「告曰」。

一八一八頁中三行「照示」，資、磧、普、南、徑、清作「昭示」。

一八一八頁中五行第四字「至」，資、磧、普、南、徑、清無。

一八一八頁中六行「之殁」，資、磧、普、南、徑、清作「亡殁」。又「世綱」，諸本作「世網」。又第六字「捴」，資、磧、普、南、徑、清作「總領」。

一八一八頁中九行第三字「帛」，資、磧、普、南、徑、清作「絲帛」。

一八一八頁中一二行第二字「凝」，磧、普、南作「疑」。

一八一八頁中一五行「李百藥」，資、磧、普、南、徑、清作「李伯藥」。

一八一八頁中一六行第一二字「誦」，

資、磧、普、南、徑、清作「諠」。

一八一八頁中一七行第一○字「氏」，資、磧、普、南、徑、清無。

一八一八頁中二一行「口勦」，諸本作「口數」。

一八一八頁下五行「網冈」，諸本作「網罔」。

一八一八頁下八行第一三字「揖」，南、徑、清作「躡」。

一八一八頁下一六行第一○字「稱」，磧、普、南、徑、清無。

一八一八頁下二二行「晉王」，資、磧、普、南、徑、清作「晉王乃」。

一八一九頁上四行「初建」，資、磧、普、南、徑、清作「初達」。

一八一九頁上七行首字「工」，資、磧、普、南、徑、清作「人」。

一八一九頁上八行「東巡」，資、磧、普、南、徑、清作「來巡」。

一八一九頁上一五行第一○字「被」，資、磧、普、南、徑、清作「畫」。

一八一九頁上二一行第七字「令」，資、磧、普、南、徑、清作「今」。

一八一九頁上末行「入宮三」，磧、普作「入宮王」；南、徑、清作「入京至」。

一八一九頁中二行第九字「玄」，資、磧、普、南、徑、清作「云」。

一八一九頁中三行第五字「倍」下，磧、普、南、徑、清有夾註「國清百録云大業元年勅江陽名僧云昔爲智者創寺因山爲稱號曰天台今須立名經論之内有何勝目可各述所懷朕自詳擇僧智璪（「璪」，徑、清作「操」）奏天台大師懸記云寺若成國則清勅云此是我師之靈瑞合扁云國清勑取大牙殿牓塡以雌黄書以大篆遣内使通事舍人盧政方送安寺門又爲寺造四周土墻及給廢寺水田又勸王弘施肥田良地以充基（「基」，南作「其」）業」。

一八一九頁中一一行「近城」，資、磧、普、南、徑、清作「近域」。

一八一九頁中一七行「入城」，南、徑、清作「入滅」。

一八一九頁下一行「兆率」，資、磧、普、南、徑、清作「兆率天」。

一八一九頁下五行第二字「睎」，諸本作「晞」。

一八一九頁下九行第四字「求」，諸本無。

一八一九頁下一○行首字「病」，資、磧、普、南、徑、清作「疾」。

一八一九頁下一五行首字「通」，資、磧、普、南、徑、清無。

一八一九頁下二○行「驚愫」，資、磧、普、南、徑、清作「驚遽」。又「嘗於」，資、磧、普、南、徑、清作「常於」。

一八一九頁下二一行第四字「睱」，諸本作「暇」。次頁中二一行第一一字同。

一八二○頁上一行首字「扙」，諸本作「杖」。又第一三字「析」，諸本作「折」。

一八二○頁上三行「天台」，資、磧、普、南、徑、清作「天台台」。

一　八二〇頁中四行「安寧寺」，資、磧、普、南、徑、清作「安静寺」。

一　八〇二頁中六行第五字「指」，諸本作「指」。

一　八二〇頁中八行第三字「始」，資、磧、普、徑、清作「如」。又第七字「乃」，資、磧、普、南、徑、清作「仍」。

一　八二〇頁中九行第九字「白」，資、磧、普、南作「白曰」；徑、清作「白者」。

一　八二〇頁中一二行第八字「延」，麗作「迎」。

一　八二〇頁中一三行「稽山」，資、磧、普、南、徑、清作「會稽山」。

一　八二〇頁中一四行第五字「往」，資、磧、普、南、徑、清作「住」。

一　八二〇頁中二〇行第一〇字「一」，資、磧、普、南、徑、清無。

一　八二〇頁下一一行第一〇字「椹」，資、磧、普、南、徑、清作「葚」。

一　八二一頁上一行第二字「又」，資、磧、普、南、徑、清無。二行第六字同。

一　八二一頁上五行第一三字「執」，資、磧、普、南、徑、清無。

一　八二一頁上一一行「蒿艾」，諸本作「蒿艾」。

一　八二一頁上一四行首字「初」，麗作「四」。

一　八二一頁中三行「嘉稱」，資、磧、普、南、徑、清作「善稱」。

一　八二一頁中八行「經營」，資、磧、普、南、徑、清作「營造」。

一　八二一頁中一〇行第二字「摸」，諸本作「模」。又第四字「破」，資、磧、普、南、徑、清作「便破」。

一　八二一頁中一一行末字至次行第二字「錚鏿聲」，資、磧、普、南、徑、清作「峥嶸聲聞」。

一　八二一頁中一四行第六字「乃」，資、磧、普、南、徑、清作「仍」。

一　八二一頁中一六行「隨高」，資、磧、普、南、徑、清作「隋高」。

一　八二一頁中一七行「商量」，諸本作「商量」。

一　八二一頁中一八行「栝州」，諸本作「括州」。

一　八二一頁中二二行「對云」，資、磧、普、南、徑、清作「對曰」。

一　八二一頁下二行「至乎」，資、磧、普、南、徑、清作「至于」。

一　八二一頁下四行「當殿」，資、磧、普、南、徑、清作「堂殿」。

一　八二一頁下五行「槽溪村」，資、磧、普、南、徑、清作「漕溪村」。

一　八二一頁下一〇行「清旦」，資、磧、普、南、徑、清作「清晨」。

一　八二一頁下一一行首字「子」，資、磧、普、南、徑、清作「子曰」。

一　八二一頁下一四行「内掘」，諸本作「内屈」。

一　八二一頁下一六行「慧綱」，資、磧、普、南、徑、清作「慧網」。

一　八二一頁下一九行「隨帝」，諸本作「隋帝」。

一　八二一頁下二二行「千舡」，諸本

作「十軀」。又「人中」，資、磧、普、南、徑、清作「中人」。

一八二二頁上一〇行「大興善」，徑、清作「大興善寺」。

一八二二頁上二一行「道化」，資、磧、普、南、徑、清作「導化」。

一八二二頁中二行「僧像」，資、磧、普、南、徑、清作「曹像」。

一八二二頁中八行「冬水」，諸本作「冬冰」。又「不移」，資、磧、普、南、徑、清作「罔移」。

一八二二頁中一〇行末字「官」，資、磧、普、南、徑、清作「宮」。

一八二二頁中一四行第一一字「爰」，資、磧、普、南、徑、清無。

一八二二頁中一五行「四斗」，資、磧、普、南、徑、清作「四斤」。

一八二二頁中一七行「狀形」，資、磧、普、南、徑、清作「形狀」。

一八二二頁中二〇行「徑途」，資、磧、普、南、徑、清作「經途」。

一八二二頁中末行「高明」，資、磧、普、南、徑、清作「高朗」。又末字「圓」，諸本作「圖」。

一八二二頁下一八行首字「卷」，徑、清作「遍」。又末字「惛」，南、清作「昏」。

一八二二頁下二〇行首字「入」，資、磧、普、南、徑、清作「隸」。

一八二二頁下二二行「槃以案寶」，資、磧、普、南、徑、清作「擎以寶臺」；麗作「槃以寶臺」。

一八二二頁下末行「不知」，資、磧、普、南、徑、清作「不弘」。

一八二三頁上一行「幽微屢隆」，資、磧、普、南、徑、清作「幽微屢降」；麗作「幽微屢降」。

一八二三頁上二行「網維」，諸本作「綱維」。

一八二三頁上五行第一二字「精」，資、磧、普、南、徑、清作「情」。

一八二三頁上一五行「病者」，資、磧、普、南、徑、清作「痛者」。

一八二三頁上一六行「喜云」，資、磧、普、南、徑、清作「答云」。

一八二三頁上一七行第一三字「名」，資、磧、普、南、徑、清作「名曰」。

一八二三頁中一行「衆五」，諸本作「衆伍」。又「曬山」，諸本作「驪山」。又「盧陵」，資、磧、普、南、徑、清作「廬陵」。

一八二三頁中五行「山民」，資、磧、普、南、徑、清作「山人」。

一八二三頁中八行「及至」，資、磧、普、南、徑、清作「至明」。

一八二三頁中九行第七字「其」，資、磧、普、南、徑、清無。

一八二三頁中一二行「至矣」，資、磧、普、南、徑、清作「已及」。

一八二三頁中末行「尒多」，資、磧、普、徑作「爾一夕」；南、清作「一夕」，麗作「爾夕」。

一八二三頁下一行「遂開行送」，資、磧、普、南、徑、清作「遂行開道」。

一八二三頁下五行「宗國公」，資、磧、普、南、徑、清作「宋國公」。

一　八二三頁下六行末字「捐」，諸本作「捐壞」。

一　八二三頁下八行末字「所」，資、磧、普、南、徑、清無。

一　八二三頁下末行「習禪四」，資、磧、普、南、徑、清無。

續高僧傳卷第二十　　承

大唐西明寺沙門釋道宣撰

習禪五　本傳十四　附見五

釋道昂未詳其氏魏郡人履信標宗風神清徹獨懷異操高尚世表慧解夙成殆非開悟初投于靈裕法師而出家焉裕神識剛簡氣岸雲霄審量觀能授其明訓昂欽沐清化愛敬親承歲積炎涼齊蹤上伍常於寒陵山寺陶勵初教網領玄宗日照高山咄焉攸屬講華嚴地論稽洽博詣才辯天垂扣問連環思徹恒理而混斯聲迹撝謙藏用幽賛之功諒擬前傑化物餘景志結西方常願生安養屢接成務故道扇漳河咸蒙惠澤後自知命極預告有緣至八月初當來取別時未測其言也期月既臨一無所患問齋時至未景次旵吾即昇高座身含奇相爐發異香援引四衆受菩薩戒詞理切要聽者寒心于時七衆圍遶飡承遺味昂舉目高視及見天衆繽紛絃管繁會中有清音遠亮告於衆曰兠率陁天樂音下迎昂曰天道乃生死根本由来非願常祈心淨土如何此誠不從遂耶言訖便覩天樂上騰須臾遠滅便見西方香花伎樂充塞如團雲飛涌而来旋環頂上舉衆皆見昂曰大衆好住今西方靈相来迎事須願往言訖但見香爐墜手便於高座端坐而終卒于報應寺中春秋六十有九即貞觀七年八月

也道俗崩慟觀者如山接捧將壙撿足下有普光堂等文字生焉自非道會靈章行符鄰聖者何能現斯嘉應哉于斯時也遐迩嗟詠氣結成陰坐既加趺掌文仰現預覩相迹悲慶相臨還送寒陵之山鑿龕處之經春不朽儼然如初自昂道素之聲被于東夏慈潤溫柔德光攸屬嘗養犬一頭兩耳患聾每將自逐減食而施及昂終後便失所在又登講之夜時屬陰暗素無燈燭昂舉掌高示便發異光朗照堂宇大衆覩瑞怪所從來昂曰此光手中恒有耳何可怪耶其栖業隆深幽明感應誠不可度也故是道勝高世之人矣時相州有靈智沙門亦裕公弟子也機務亮敏著名當世常為裕之都講辯唱明衷允愜望情加以明解經論每晃元席文義弘遠妙思霜霏難問鋭指擅步漳鄴故使四海望塵俱敦聲教後便忽覺智涯難極法行須依徒設舟航終須艤棹即屏絕章疏更修定業步暴守心懷虛成務乞食頭陁用清蠲湛瑩行物範光德生焉貞觀八年終於鄴下春秋七十有五後諸學徒儉約附其塵者衆焉

釋道指姓唐齊郡臨邑人初投類川明及法師學十地地持為同聽者所揖具戒已後正奉行門又從魏郡希律師稟承四分希亦指南一時昕衛五衆受教博曉將經六載輕重筌宗究其文體但為戒慧雖通未懷定業有河内詢禪師衆推不測匠首當今嘉指至誠傾襟為説一悟真諦霍然大通禪侶相謝解齊登室聞京邑道感乃步從焉初至住仁覺寺沙門曇遷有知人之舉敬僑師礼從受攝論研味至理曉悟其文摽擬有方豈惟聲教遂厭辞人世潛于終南之駱谷也山粒難接授受須淨既闕使人遂虛腹累宵欣茲味定有清信士張暉陪從多年請益供奉因暫下山忽逢重雪懸路既擁七日方到指以雖對食具為無人授守死正念暉披雪至庵彈指覺悟方從定起斯寔謹慎貫持為此例矣京師大莊嚴寺以指素有道聲延住華舘初從衆意退居小室一食分衛不受僧利衆益重之盩厔縣民昔以隱居駱谷得信者多相率迎請乃往赴焉營搆禪宇立徒策業山俗道侶相從乞赴教以正法訓以律儀野逸是憑聞諸京輔忽一旦謂門人曰無常及矣大衆難見冥目既至長恨何言遂東歸莊嚴評問名德奄然卒於故房春秋七十二矣即貞觀九年正月也至于京之西郊長城故人慕仰聲範遂發冢迎柩還歸盩厔行道設齋以從火葬收其餘燼為起塔於城西二里端正樹側龍岸鄉中列植楊栢行往揖拜然指迥發天才學不師古撰百識觀門十卷智照自體論六卷大乘闇思論等行世弟子靜安道誠並承習厥宗庄務有叙安掩迹林泉念定存業誠行感玄解讓穆自修包括律部講道時接初住大莊嚴寺以傳業高今徵入瑤臺庄化於彼餘波潛被感績京師

釋曇榮俗緣張氏定州九門人源南鄧而分派因封而居高陽焉年十九時

為書生刻意玄理寄心無地因靈裕
法師講華嚴經試往聽之便悟宏範
略其詮致乃投裕爲裕神厲氣清觀
榮勤攝遂即度之及受具後專業律
宗經餘六載崇履禁科條暢開結乃
更循講肆備閱異部偏行大業故以
地持為學先屬周廢二教韜形俗壤
雖外同其塵而内服道味及隋再弘
佛教不務公名隨緣通化曾無執著年
登四十務道西遊行至上黨潞城梨
城諸山依巖經宇即衆潛遁既懿德
是充緇素歸仰便開拓厰障廣樹禪
坊四遠聞風一期翕至榮形解雄邃
稱病設方諸有食飲咸歆至澤礼供
日隆投告塡委以隋末淩乱人百從
軍預踐兵飢希全戒德榮欲澄汰先
淶要假明猷事在護持船當法主每
年春夏立方等般舟秋冬各興坐禪
念誦僧尼别院故處有四焉致使五
衆煙隨百供鱗集日增慶泰歡躍成
誼自晋魏韓趙周鄭等邦釋種更新
其戒者榮寔其功矣嘗往韓州鄉縣
延聖寺立懺悔法刺史風同仁素奉

釋門家傳供養送舍利三粒遺行道
衆榮年垂八十親率道俗三千人步
出野迎路由二十餘里傾從之感譽
滿當時既達寺中乃告衆曰舍利之
德挺變無方若累葉有銷請祈可遂
乃人人前别置水鉢加以香爐通夜苦
求至明鉢内総獲舍利四百餘粒聲
名達于鄉邑縣令懼其聚衆有陰條
章怖侍其事嘗夕佐獸鳴其廳宇官
民竟夜不安明且陳悔方從榮法斯
德被聖凡皆此之例武德九年夏於
潞城交漳村立法行道所住堂舍忽
自崩壞龕像舍利宛然挺出布在庭
中一無所損又貞觀七年清信士常
凝保等請榮於州治法住寺行方等
悔法至七月十四日有本寺沙門僧
定者戒行精固於道場内見大光明
五色間起從上而下中有七佛相好
非常語僧定云我是毗婆尸如來無
所著至真等正覺以汝罪銷故來為
證然非本師不與授記如是六佛皆
同此詞最後一佛云我是汝本師釋
迦牟尼也為汝罪銷故来授記曇榮

是汝滅罪良緣於賢刼中名普寧佛
汝身器清淨後當作佛名為普明善
斯之應現感靈祥信難圖矣後卧疾
於床眼中流淚弟子圓宗曰和上生
来念慧必無不意何事悲泣答曰吾
死將逼恨更不得為諸七衆洗濯罪
累耳宗曰何必至此答曰吾雖不死
亦是無用自佛法再興巳来未省一
度不聽說戒今既病困誐欲斯必死
矣以貞觀十三年十二月終於法住
寺春秋八十有五旋墳于野外後門
徒出其遺骨塟于寺南建塔表之自
榮履歷重難而崇尚釋風形器瓌偉
過於八尺詞吐温贍風格遒遠年登
不惑斷粒練形常餌守中用省煩累
而奉教結淨希見斯人日到僧厨問
其監膳必有事淶親看翻繖並使食
具清淨方始還房自覩名德罕聞斯
類又於寺内諸房多結淨地用擬四
藥温煑之所故預沾門序散在諸方
咸承風素免諸宿觸又每歲懺法必
具兩儀二篇巳下依律清之先使持
衣說淨終形立誓然後羯磨隨治成

人初聚正罪雅依大乘仍令心用理事無著有空身口威儀歸承律撿故自從訓勗奉法無虧皆終諸命報余因訪道藝行達潞城奉謁清儀具知明略故不敢墜其芳緒云

釋靜琳俗姓張氏本族南陽後居京兆之華原馬幼齡背世清附緇門初誕之日有外國道人曰此兒當貴若出家者大弘佛法七歲投僧出家促以田疇無垂道訓不果本望深惟非法也自顧而言曰此而未捨與俗何殊更從一師服膺正化遭周滅法且附俗緣年在弱冠希期無怠會隋氏啓運即投曇猛法師乃以二事相攝經于五年猶事沙弥未敢受具慶豪開法欲廣見聞辭其本師南遊樊鄧便於彼部奉進大戒既受初受法未曉清規遠赴青齊聽於律禁後發前至為諸聽先又於覺法師所聽受十地迴趾鄴都炬法師所採聽華嚴楞伽思益皆通貫精理妙思英拔舊傳新解往往程器時即推令敷化講散幽旨並驚所未聞而曾臆所憶猶

謂不足展轉周聽博遍東川蓄解弄師又至蒲晉有沙門道遜道順者聲名大德也留講十地經于涼燠雖復聽徒欣泰而志逾煩梗下坐覆房撫膺審曰法本治病而今慯法更增且道貴虛通而今觝著弥固此不可也即捨講業專習禪門初學不淨念處等法又嫌其瑣小煩稽人慮乃學大乘諸无得觀離念唯識弥所開宗每習一解陶練十年精其昔知更新後習而弊食麁衣情欲斯絕後入白鹿山山粮罕繼便試以却粒之法孤放窮巖又經累載山中葉定昏睡惑心乃臨峭絕懸崖下望千仞旁生一樹纔得勝人以草藉之加坐其上於中繫念動逾宵日怖死既重專深弘觀後聞泰岳特多靈異便往尋之既達彼山夜見火炬周環高曜峯巖即事追求累日方至乃見五六尺衆匡坐論道琳初通訊問共議唯識等理未盡言間忽然不見惆悵久悟法誠介也後入関中遇曇遷禪師講開攝論一聞如舊慧不新聞仁壽四年下勑

送舍利於華原石門山之神德寺琳即於此住居靜課業行解之盛名布京師大業三年有沙門還原等延請帝城在明輪妙象諸寺講揚攝論識者歸焉尋即降勑召入道場既達東都禪門更擁齊王暕情深理定每就諮款請至本第從奉歸戒鴻臚穫蔓舉高前古舉朝冠蓋稟宗師訓為舟為梁高陽道雄道體趙郡道獻明則等並釋門威鳳智海明珠咸承理味酌以華實襄陽洪哲德高楚望風力俊駿聞琳聲穆時彥故來相架乃致問云懷道者多專意何葉琳見其詞骨難覓聊以事微告云山谷高深意定何在哲云山高谷深由來自尒琳曰若如來言餘處取土填谷齊山為定高不哲悟此一言致詞歎伏由是秀類附津稽疑重沓故令譽風宣弥繁賞會琳以象教東漸法網雖嚴至於僧儀正度猶未光闡欲遍遊閻浮備彈靈迹以十三年內具表聞帝當蒙恩詔令使巡方并給使人傳國書信行達襄土方趣海南屬殺賊交侵中

國背叛途路梗澀還返南陽義寧二年被召入京住大總持如常弘演光陰既積學者成林武德三年正平公李安遠奏造弘法寺奉崇信別令召之琳立意離緣攝應資道會隋末壅閉唐運開弘皂白歸依光隆是慶乃削繁就簡惟敷中論為宗餘則維摩起信權機屢展夜則勗以念慧每事徵研並使解出自心不從他授玄琬律師道王閑河躬承令則自餘法侶歲獻奇倫任城王及太妃楚國太妃安平公主等皇家帝葉請戒第宅隆禮頻繁國子祭酒蕭璟工部尚書張亮荅事杜正倫司農李道裕等並搢為弟子偹諸法物恒令服御又以徒侶義學要缺律宗乃躬請智首律師敷弘四分一舉十遍身令衆先故使教法住持京輦稱最乃至沙弥淨人咸明律相誠其功矣忽以貞觀十四年秋初染疾至十月二十六日平旦疾甚有沙門法常者威名帝宇素與周旋故來執別琳曰不聽此生未會來報緣集則有緣散則無而神氣澄

湛由來不亂曾病有問疾者荅云以巳之疾愍於彼疾因而流淚想諸苦趣故也便總集僧衆并諸門人告曰生死道長有心日促各宜自敬無累尒神即右脅而卧尋卒於本寺春秋七十有六餘處通冷惟頂極熱迄於焚日方始神散而形色鮮軟特異常比送於終南至相寺燒惟舌獨存再取燒之逾更明淨斯即正言之力矣弟子等四十餘人奉跪慈顏无由欽仰百日之內通告有緣共轉大乘總四萬餘卷并造千粒舍利木塔舉高五丈彫飾之美見發中天廣布檀那用酬靈澤初琳居世化以實録著名每述至理玄凝無不垂泣歎奉言無非涉事不徒行有通事舍人李好德者曾於雒邑受業於琳後歷官天門獎於俗務逃流山藪使弟子度之若准正勑罪當大辟後有嫉於德者因以擬刑及下獄徵琳初無拒諱監獄者深知情量取救無由事從處遣釋然放免識者以實語天拂至死知量是莫加焉自受初問法無憚夷險衣

服壞則以紙補之床席暖則坐於簣上節之又節量力强羸名利不緣語默沉靜修攝威儀有異名稱漭瀁莫顯於口鼻飲食未言於美惡敬慎之極夫又何加兼以行位難測蚤虱不歷於身縱輒投者尋便走散斯負既拉故所報類希焉嘗居山谷須粒有待患繁乃合守中丸一齊可有斗許得支一周琳眼延之乃經三載便利之際叔洗重服故能業定堅明專注難救時值儉歲緣村投告隨得隨施安樂貧苦常在講會俗士三人謀害一然兩人往煞其一中悔從琳受戒歲紀經久並從物故而受戒者忽死心煖後從醒寤備見昔怨及同謀者論告煞事其受戒人稱枉不伏引琳為證王即召追證便有告琳生他方金粟世界王既感證因放此人又琳一生所至伽藍犒議自牧遠至名高福重嚫錫日增並委侍人口無冊問人後為福方恨無財出以示之琳曰都不憶有此物也斯寔攝道為務情無世涉可書季代足為師鏡自住弘

法敷化四方學侶客僧来如闤闠招慰安撫隨事憂承而度雜公私悤章有叙故使外雖棊固内實通流山林望而有歸軌道立而垂則逮于殁後此法弥崇所以京室僧寺五十有餘至於叙接賓礼僧儀邑稱者莫高於弘法矣又寺居古墟惟一佛堂僧衆創停仄陋而已琳薰勵法侶共經始之今則堂房環合厨庫殷積客主混同去留隨意裕法師云以道通物物由道感惠由道来還供道衆故僧實由客深有冥功裕語有由琳近之矣

釋慧斌姓和氏兖州人也博覽經藝又義洞開偏曉字源尤明章曜年十九鄉黨所崇為州助教而情猒煩梗懐慕出世年二十三方預剪落尋即歷聽經律相沿兩載覲講席誼挠惟論聲勢便入臺山修諸靜慮一入八載備行觀法乃往泰山靈巖諸寺以行道為務先年三十四方隸官名住泰州梁父甑山存道寺更尋律部博聽經論而性狎禪林譽彰遐迩及獻后云背禪定攸興下勅徵延乃旋京

邑于時名望威德八表一期各擅英髦人程鱗異而斌夏第寂小聲播弥隆衣鉢之外更無箱襆容貌清素挺異恒倫緇素目囑莫不迴向斯亦象季清厲之僧也兼以布行純粹言無品藻每聞評論輒即默然防護戒儀慈救為慮每夏行履執帚先掃恐傷垂蟻故也隨得利養寄行檀濟或造漉囊或施道俗惟急者方乃行之仍復累囑勿泄人世及帝造寺前訪緇雄京室同美勿高斌也乃下詔徵為弘福寺主緝諧上下無敢乖猷貞觀十九年十月六日遘疾終寺時年七十有二自斌之入道生常恒務多以行道呪業為心或誦釋迦觀音或行文殊悔法歲中八十一日六時行業前後通數八十道場身心悅懌所得法利未可知也至於教誡門學惟論煩惱須斷每有出罪露過無不為之流涕喜怒不形誦持無忌故羯磨之匠通僧仰屬道俗歸戒其徒弘矣故使魏王以下内外懿親及梁宋諸公皆承戒素初斌父朗有子七人家世

儒宗斌第二也仁壽徵入愛敬無因朗齒迫期頹鍾鳴漏盡今古意絶生死路分乃於汶水之陰九逵之會建義井一區仍樹豐碑用裨其德其銘略云哀哀父母載生載育亦既弄璋我履我復一朝棄予山川滿目雲掩重關風驚大谷愛敬之道天倫在兹殷憂蓄齒見子無期鑿井通給託事興詞百年幾日對此長悲玉檢之南嶧陽之北獲麟之野秉礼之國君有美政俗多儒默玉井洞開高碑斯勒

釋志超俗姓田同州馮翊人也遠祖流寓遂居并部之榆次焉少在童丱智量過人精厲不群雅度標遠猒世從道貫徹蔵俞而二親恃超更無兄弟雖述其志常用抑之望嗣宗族遂從儒流遍覽流略年垂壯室秋為娉妻超聞之避斯塵染乃逃竄林野親姻周覓藏影無方既被執身抑從伉儷初則合巹為蹤終亦同掩私室冥行昬礼也惟置一牀超乃抽氈席地令妻坐上躬自屬牀儼思加坐勤為説法詞極明據妻便流涙礼謝辞以

相累頻經霄夕事等金形屢被誅勸

誠逾玉質既確乎難拔親乃捐而放
之年二十有七投并州開化寺慧瓚
禪師瓚志德澄明行成衆範末屢度
限歷試諸難志超稟正身心勤屬衆
務僧徒百數供難五行兩食恒備六
時无缺每有吉役必事身先瓚覩閑
驗其情守節度令受具自進戒品專
修行儀即往定州尋採律藏括其精
要刪其繁雜五夏不滿三教略圓乃
返故鄉依巖綜習初入太原之西比
干山栖引其秀創立禪林曉夕勤修
定慧雙習四儀託於戒節二行憑於
法依學觀說說无威而肅致使聞風
不遠而至大業初歲政網嚴明擁結
寺門不許僧出超聞之慨而上諫被
衣舉錫出詣郡城望有執送將陳所
諫而官私拂顧乃達江都即以事聞
内史以事非要害不為通引遂遣并
部至隋季多難寇賊交横民流溝壑
死者太半而超結徒勸衆餘粮不窮
但恐盜竊相陵便欲奔散乃以法誠
勸無變介情鏡業既寫進響何地衆

感其言心期遂爽准式禪礼課時無

輒嘗夜坐禪忽有羣賊排門直進炬
火乱舉白刃交臨合坐端然相同儀
象賊乃投仗於地拜伏歸依超因隨
宜誘引量權授法咸發心敬合掌而
退其剛略攝御皆此類也高祖建義
太原四遠咸萃超惟道在生靈義居
乘福即率侶晉陽住凝定寺禪學數
百清肅成規道俗欽承貴賤恭仰及
皇旗南指三輔無塵義寧二年超率
子弟二十餘人奉慶京邑武皇夙承
嘉望待之若仙引登太極叙之殊礼
左僕射魏國公裴寂挺生不世器璉
宏深第中別院置僧住所邀延一衆
用以居焉亟歷寒暑葉新弥厲但為
貴遊諠雜外進無因必附林薄方程
慕達時藍田化感寺沙門靈閏智信
智光等義解鈎玄妙崇心學同氣相
求宛然若舊遂延住彼山栖志得矣
攝緣聚結其赴如雲賢聖語默乎相
敦重而寺非幽阻繇以公途晦迹之
賓卒難承葉乃徇物閑表意在度人
還返晉川選求名地武德五年入于

介山創聚禪侶巖名抱腹四方有澗

下望百尋上臨千仞泉石結韻於仙
室風雨飄清於林端遂使觀者至止
陶鑄塵心自强誨人無倦請益又於
汾州介休縣治立光嚴寺殿宇房廊
躬親締構赫然宏壯有類神宮故行
深者巖居道淺者城隱師資肅穆競
業其誠聆音察色惟若不足忽因遘
疾便知不久誠累般勤示以禍福以
貞觀十五年三月十一日卒於城寺
春秋七十有一山世同哭賓主齊慟
德仁既往學肆斯分塋於城南山阜
自服膺釋種意在住持晝夜剋勤
攝諸後學所以日別分功礼佛五百
禪結四時身誡衆侶有虧殿罰而自
執熏爐隨唱屈礼未嘗置地及以虧
拜及坐禪衆也乎相懲誡繞有昏睡
親行勵率有來投造無不即度授以
戒範進止威儀攝養將迎礼逾天屬
時遭嚴勑度者極刑而曾無介懷如
常剃落致陸海慕義避世逸僧憑若
大山依而修道時講攝論維摩起信
等並詳而後說深致適機嘗以武德

七年止於枹腹僧徒近百偏賁大齋麦唯六石同置一倉日磨五斗用供常調從春至夏計費極多恠而撿覆止磨兩斛擾量此事幽致可思又數感異僧乘虛來往雖無音問儀形可驗繞若惰者便蒙神警至於召衆鍾聲隨時自響石泉上涌隨人少多靈瑞屢興如此者非一而奉敬戒法罕見其儔護愼威儀終始無替自隋唐兩代親度出家者近一千人範師遺訓在所聞見傳者昔預未筵蒙諸惠誥旣親承其續故即而敘焉

釋曇韻不詳氏族高陽人初猒世出家誦法華經有餘兩卷時年十九仍投恒岳側蒲吾山就彼虛靜訖此經部值栖隱禪師日誦經非不遵緣常誦未即至道要在觀心離念方契正道耳韻初承此告謹即受而行之專精念慧深具舉捨又聞五臺山者即華嚴經清涼山也世傳文殊師利常所住處古來諸僧多入祈請有感見者具蒙示教昔元魏孝文嘗於中臺置大布寺帝曾遊止具奉聖儀前種華園地方二頃夏中發艷狀同鋪錦光彩昱爍亂人心目如是嘉聞數發蕩神悅耳遂舉足栖焉遍遊臺岳備見靈相初停北臺木瓜寺二十餘歲單身弔影處以瓦窯形覆弊衣地布草蓐食唯一受咊不兼餘然此山寒厲林生澗谷自外峯嶺坦然遐淨韻夜行晝坐思罟昏情慶其晚逢也前所誦經心口不緣三十餘載會隋歷試一字無遺乃更誦殘文成其部袟至仁壽年內有瓚禪師者結集定學皆負繩牀在鴈門川中蘭若為業韻居山日久思展往懷聞風附道便從瓚衆一沐清化載仰光猷隨依善友所謂全梵行也屬隋高造寺偏重禪門延瓚入京衆失其主人各其誠散歸林谷韻遂投於比千山又遊南部離石龍泉文成等郡七衆希向夷夏大同十善聿脩猶素適幸原此河濱無受戒法獄有志奉皆往太原夷夏情乖人皆怯往致有沙弥三十其歲者及韻化行即傳斯教山城兩衆皆蒙具足唐運伊始兵接定陽屬逢屯寔本業無毀以夜係晝攝心乘逸幽栖積久衣服故弊蚤虱聚結曾不棄捐任其唼嗽寄以調伏曾以夏坐山饒土蚤既不屛除氊如血凝但自各責願以相酬情無恡結如此行施四十餘年歲居耳順忽無蚤虱韻猶深自責曰計業未應即盡當履苦趣受其報耳又告門人曰吾見超禪師寄他房住素有壁虱不敢起公乃兩道流出向餘房內又見在蠱家食飯匙接蠱精置于疊下而快食如故又不為患蠱主懼焉吾德不及超何為致此每年於春秋二時依佛名法冬夏正業則減食坐禪嘗願寫法花揩須絜淨數年已來不能可辦忽感書生無何而至告云善解抄經韻邀以法據並謂堪能遂乃安于石室立淨書之旦入暮出深恬其行未盈一旬七軸俱了將以礼覿目前不見及遭賊抄藏經巖窟世靜往取乃委于林下箱襆久爛而卷色如初斯感驗奇異率此類也又常居別室自勤修業餘有衆侶難嗣其蹤每云吾年事如此

何可放捨若坐昏悶即起礼佛嘗業
四儀以道量據自見勝達勘倫其德
以貞觀十六年端坐終於西河之平
遥山春秋八十餘矣自韻十九入山
六十餘載不希名利不畜侍人不綵
公籍不行已任凡有所述職皆推寄
於他焉
釋慧思姓郭氏汾州介休人也少學
儒史宗尚虛玄文章書疏有聲鄉曲
年二十五在并傳授初不知佛乘之
深奥也會沙門道畢德威當鋒處宗
講揚攝大乘論試往潛聽冥漠難追
累日詳受簿知希向因求度脫傳聞
出家德業勿高禪定即而習焉三十
許載師承靡絕又聞念慧相須辟諸
輪翅遂周尋聖教備嘗弘旨冬夏業
定春秋博採單衣節食見者發心道
志之倫往往乞赴因而結衆於冀山之
陰晝則鍛容嘿念中夜昏塞為衆說
法六時篤課不墜清猷時說死觀各
言其志有云省約有云泰甚思曰出
家之人生已從緣死當自任豈勞人
事送此枯骸余必一期當自運耳　時

以為未經疾苦故得虛置其言後覺
不悆財經兩日尋告衆日余其死矣
便起躡屐策行空窟除屏殘屍入中
加坐發遣徒侶累以正命屢既森竦
世号寒林衆不忍離經夜旁守至明
往觀端拱如故就觸其身方知已卒
春秋五十有五即貞觀十六年五月
矣因即而瘞焉
釋道綽姓衛并州汶水人弱齡處俗
閭里以恭讓知名十四出家宗師遺
誥大涅槃部偏所弘傳講二十四遍
晚事瓚禪師修涉空理亟沾微績
清約雅素慧悟開天道振朔方升名
晉土綽稟服神味弥積歲時承昔鸞
師淨土諸業便甄簡權實搜酌經論
會之通衢布以成化克念緣數想觀
幽明故得靈相潛儀有情欣敬恒在
汶水石壁谷玄中寺寺即齊時曇鸞
法師之所立也中有鸞碑具陳嘉瑞
事如別傳綽般舟方等歲序常弘九
品十觀分時紹務當於行道際有僧
念定之中見綽緣佛珠數相量如七
寶大山又覩西方靈相繁縟難陳由

此感德日增榮譽遠及道俗子女赴
者弥山恒講無量壽觀將二百遍導
悟自他用為資神之宅也詞既明詣
說其適緣比事引喻聽無遺抱人各
掐珠口同佛号每時散席響弥林谷
或邪見不信欲相抗毀者及覩綽之
相善飲氣而歸其道感物情為若此
也曾以貞觀二年四月八日綽知命
將盡通告事相聞而赴者滿于山寺
咸見鸞師在七寶船上告綽云汝淨
土堂成但餘報未盡耳并見化佛住
空天花下散男女等以裠襟承得薄
滑可愛又以蓮花乾地而揷者七日
乃萎及餘善相不可殫紀自非行感
倫通詎能會此乎年登七十忽然齔
齒新生如本全無歷異加以報力休
健容色盛發談述淨業理味奔流詞
吐包蘊氣霑醇醴并勸人念弥陀佛
名或用麻豆等物而為數量每一稱
名便度一粒如是率之乃積數百萬
斛者並以事邀結令攝慮靜緣道俗
響其綏導望風而成習矣又年常自
業穿諸木欒子以為數法遺諸四衆

教其稱念屢呈禎瑞具叙行圖著淨土論兩卷統談龍樹天親迩及僧鸞慧遠並遵崇淨土明示昌言文旨該要詳諸化範傳燈寓縣歲積弥新傳者重其陶鎣風神研精學觀故又述其行相自綽宗淨業坐常面西晨宵一服鮮潔為體儀貞充偉并部推焉頋瞬風生舒顏引接六時篤敬初不缺行接唱承拜生来弗絕纔有餘暇口誦佛名日以七萬為限聲聲相注弘於淨業故得銘鑄有識師訓觀門西行廣流斯其人矣沙門道撫名勝之僧京寺弘福逃名往赴既達玄中同其行業宣通淨土所在弥增今有惰夫口傳攝論惟心不念緣境又乖用此招生恐難繼相綽今年八十有四而神氣明爽宗紹存焉

釋明淨密州人少出家味定為業絜志忠恪謹厚澄肅嘗居海畔蒙山宴坐經數十載人莫測之也後南遊東越天台諸山禪觀在懷无緣世習而衣服鑑縷動止適時同侶釋徒未之弘仰山粒致絕日至村中每從乞食

賚還中路值於羣虎皆張口開目若有飢相淨曰吾經行山澤多矣虎光無心畏之今列于路旁豈非為食耶乃以匕抄飯内其口中餘者對而歎盡告曰知来食少輙濟自他殊不副懷深用多愧明日乞食虎又如前頻有此緣同伴乃異其度晩為山幽地濕形報告之還返海隅住蒙山側内遵道觀外感潛通令聞遠流靈祇叶應嘗值亢旱苗稼並枯淫祀之流妄祈邀請雖加懇惻終不能致淨曰可罷諸邪禱吾獨能降遂結齋靜室七日平旦雲布雨施高下滂注百姓利焉戴之若聖貞觀三年從去冬至来夏六月迥然無雨天子下詔釋李兩門岳瀆諸廟爰及淫祀普令雩祭於時万里赫然全無有應朝野相顧慘愴无賴有潘侍郎者曾任密州知淨能感以狀奏聞勑召至京令住祈雨告以所須一無損費惟願靜念三寶慈濟四生七日之後必降甘澤若欲酬德可國内空寺并私度僧並施其名得弘聖道有勑許焉雖無供給而

別賜香油於莊嚴寺靜房禪默至七日向曉開守衛者曰天之西北應有白虹可試觀之尋聲便見淨曰雨必至矣須臾雲合驟雨忽零比至日晡海内通洽百官表奏皇上之功淨之陰德全無稱述新雨初晴農作並務苗雖出隴更無雨嗣萎仆將死設計無所左僕射房玄齡躬造淨所請重祈雨淨曰雨之昇降出自帝目淨有何德敢當誠寄前許無報幽顯同憂若循素請雨亦應致以事聞奏帝又許焉乃勑權停俗務合朝受齋淨乃依前靜坐七日之末又降前澤四民懽泰遂以有年勑乃總度三千僧用酬淨德其徵應難思厥相叵測也但以京輦諠雜性不狎之請還本鄉之茂勝寺山居係業竟不測其存没玄同寺僧慧融亦以禪業見稱山居服食呪水治病勑召入京亦住普光寺二官敬重礼遺相接云

釋慧洪益州成都人童稚出家善萌篇韻文筆所趣宛而成章與綿州震響寺榮智齊名俱為沙弥卓異翹秀

後與成都大石寺沙弥道微運韻賦詩微有言隙因即屏絕人事栖心禪業年登受具周聞經律摘採英華用為賞要攝論雜心精捜至理尤䏼三論(是所觀門筆難基法師塵識義初問以小乘基以大乘通之漲笑曰大無不攝但失小宗晚住州南空慧寺立性)孤貞不羣諸偶弊於食息專想虛妄一坐掩關二十餘日衆以不食既久恐損身命假以餘詞曰國家捜訪藝能甚急今不食閉門世人謂聖類息流言可時處衆漼懼矯飾便開門進食由是迄今將(三十載一身獨立不畜侍人一食而止不受人施有請便赴夜)宿本房但坐牀心兩頭塵合自餘房地惟有一蹤餘並蕪苔青絮衣服弊悉僅免遮蓋冬則加納夏則布衣以冬破納懸置梁上有聞漼名就房參拜迎送接候累日方見時發幽閒吐言高遠預有亢席皆共憚(之年九十卒)今見在具諸聞覩

釋世瑜姓陳氏住台州父母早亡庸作取濟身形偉壯長八尺三寸希向佛理無由自達大業十二年往綿州震響寺倫法師所出家一食頭陁勤苦相續又往利州入籍住寺後入益

州綿竹縣響應山獨住多年四徠供給山果等食有信士毋家生者負粮来送驚訝深山常燒熏陸沉水香等既還山半路見兩人形甚青色狀貞希世負蓮花蘒芋而上云我供給禪師去也然其山居三年之中食米一石七斗六時行道以猿鳴為候初惟一泉後有三泉又出流下貞觀九年要有四龍来入心眼既覺大悟三論宗旨遂往靈眷法師講下所聞詞理究若舊尋即而覆述便往綿州住大施寺至十九年四月八日往崇樂寺言話欲遊方去或有喻曰只此寺者是諸方也因還大施本房香氣滿室坐處之地涌三金錢合衆尋香從瑜房而出乃見加坐手尚執鑪刺史劉德威慶所未聞作龕坐之三年不倒春秋六十三矣

釋智聡未詳何人昔住揚都白馬寺後住止觀專聽三論陳平後度江住揚州安樂寺大業既崩思歸無計隱江荻中誦法華經七日不飢恒有四虎遶之而已不食已来經今十日聡

曰吾命須臾卿須可食虎曰造天立地無有此理忽有一公年可八十掖下挾舩曰師欲度江栖霞住者可即上舩四虎一時目中淚出聡曰救危拔難正在今日可迎四虎於是利涉往達南岸舩及老人不知何在聡領四虎同至栖霞舍利塔西經行坐禪撍不寢卧衆徒八十咸不出院若有凶事一虎入寺大聲告衆由此驚悟每以為式聡以山林幽遠粮粒艱阻乃合率揚州三百清信以為米社人別一石年一送之由此山粮供給道俗乃至禽獸通皆濟給至貞觀二十二年四月八日小食訖往止觀寺礼大師影像執鑪遍礼又往興皇基所礼拜還歸本房安坐而卒異香充溢丹陽一郭受戒道俗三千餘人奔走山服哀慟林野時年九十九矣

釋僧徹姓靳河東万泉人性戒肅成專思出俗慈親鞠養未始遂之既丁荼蓼乃遵前志樂行蘭若索居蒲坂習平等觀行實言法四俗歸向承化連邑有孤山者一日介山即介子

推之故地也其山陽介村是也遂依
而結葉蔭以石巖汲以下隰積歲崇
道物莫不高之各捨財力共營圖搆
地本高險古絶源泉念矜勞倦中宵
斬結晨行巖險見如潤濕以刃導之
應手泉涌道俗聞此驚歎歸依更廣
其居重增簷宇秦州刺史房仁裕表
陳其事請立伽藍下勅許之今之陷
泉寺是也公私榮慶請徹以為寺主
俯從物議遂乃從之四方慕義相顧
依投門庭充闐及徐王部絳寺又屬
焉軒蓋來尋請居州邑傾心盡礼享
供弥隆俄復還山却崇前業性在慈
仁弘濟成務所以羣鳥食於掌上宿
鸞翔於廡下年踰杖國未嘗痾瘵忽
告衆曰吾將去矣食畢収衣結加趺
坐顧命徒屬誡以清言並令出户惟
留一侍告曰夫識神託形寄之煖氣
命盡身冷方可觸吾告已冥目若禪
久而尋視方知已絶春秋七十有七
初未終之前三朝山樹通變白色撗
雲如帶絶望東西道俗奔赴制以心
喪礼也遷靈山窟還依坐之府縣官

庶子來咸會是日風清景亮降以白
花六出淨榮如雪如氷衣以承之不
久便散三載之後猶存初坐門人為
之易簀而衣服一無霑汙乃就加漆
布弟子等懷雙林右脇之教抱兩楹
負手之哥以為相好儼設開含識之
尊嚴法慧聲光寔起生之津濟遂勒
京邑奉建高碑高一丈五尺刻像書
經兼叙言行引還本寺聚衆立之度
支尚書唐臨昔任万泉贊承俗務性
行專信素奉歸依後任華省常修供
養顧惟德本便勒銘云

論曰經不云乎禪智相遵念慧從發
神遊覺觀惑使交馳何以知其然耶
但由欲界乱善性極六天色有定業
體封八地通為世結愛味不殊莫非
諦集重輕故得報居苦樂終是輪迴
諸界未曰缺有超生且據乱靜二緣
故略分斯兩位然則三乘賢聖及以
六邪諸道將欲猒煩栖慮莫不依乎
初定良以心殊蠢妙慧開通扃遂有
摠斯一地得延邪正之機自釋教道
東心學惟尠逮于晉世方聞睿公故

其序云慧理雖少足以開神達命禪
法未傳至於攝緣繫想寄心無地時
翻大論有涉禪門因以情求廣其行
務童壽弘其博施乃為出禪法要解
等經自斯厥後祖習逾繁曇影道融
厲精於淮北智嚴慧觀勤志於江東
山栖結衆則慧遠標宗獨往孤征則
僧羣顯異雖復攝心之傳時或漏言
而茂績芳儀更開正級不可怪也逮
于梁祖廣闢定門搜揚寓内有心學
者摠集揚都校量深淺自為部類又
於鍾陽上下雙建定林使夫息心之
侶栖閑綜業于時佛化雖隆多遊辯
慧詞鋒所指波涌相凌至於徵引蓋
無所弄可謂徒有揚舉之名終虧直
心之實信矣或有問曰大聖垂教正
象為初禪法廣行義當修習今非斯
時固絶條緒其次不倫方稱末法乃
遵戒之行斯為極也請為陳之因為
叙曰原夫正象東設被在機緣至於
務道無時不契然教中廣叙信法兩
徒誠由利鈍等機所以就時分位若
能返源體道深猒諸有學與佛世其

德齊焉故初千年為正法也即謂會正成聖機悟不殊第二千年依教修學情投漸鈍會理逗階攝靜住持微通性言然於慧釋未甚修明相似道流為象法也第三千年後末法初基乃至万年定慧道離但弘世戒威儀攝護相等禪蹤而心用浮動全乖正受故並目之為末法也善見所述法住萬年護持紹世斯蹤可録若依魔邪時度千年不修靜觀非通論也約相兩叙矛盾乖蹤就緣判教各有其致至如世情煩掉人顯鋒奇纔毀攝持皆貺昏漠良由習熏既遠宗匠難常即目易觀未遑誠教善見万載亦是明規准法具修義無不獲故論叙云初五千年得三達智後五千但導戒法前據道法理觀住持故云入聖諒有從也後在事乱相法住持何能入道故言是也若乃心水鼓浪則世業難成想寄離緣則理自清顯涅槃叙定豈不然哉故使衆落宴坐神仙致讖空林聽卧羣聖同美誠以託靜求心則散心易攝由攝心故得解脫也

成論明詰斯可師之世有定學妄傳風教同經俗淶混輕儀迹即色明空既談之於心口體乱為靜固形之於有累神用没於詞令定相腐於脣吻排小捨大獨建一家攝濟住持居然乖僻智論所叙前傳具彰頃世已來宗斯者衆豈不以力劣兼忘之道神頃絶慮之鄉乎所以託靜栖心羣籍皆傳其靈異處喧攝慮今古未章其感通信可依矣高齊河北獨盛僧稠周氏關中尊登僧實重之冠方駕澄安神道所通制伏强禦致令宣帝擔負傾府藏於雲門冢宰降階展歸心於福寺誠有圖矣故使中原定苑剖開綱領惟此二賢接踵傳燈流化靡歇而復委辭林野歸宴天門斯則挾大隱之前蹤捨無緣之高志耳終復宅身龍岫故是行藏有儀雅屬有菩提達摩者神化居宗闡導江洛大乘壁觀功業最高在世學流歸仰如市然而誦語難窮厲精蓋少審其慕則遣蕩之志存焉觀其立言則罪福之宗兩捨詳夫真俗雙翼空有二輪

帝網之所不拘愛見莫之能引靜慮籌此故絶言乎然而觀彼兩宗即乘之二軌也稠懷念處清範可崇摩法虚宗玄旨幽賾可崇則情事易顯幽賾則理性難通所以物得其筌初同披洗至於心用壅滯惟繁去之儔羌難述矣義當經遠陶治方可會期十住羅縠抑當其位褊淺之識隨墮之流朝入禪門夕弘其術相與傳說謂各窮源神道冥昧孰明通塞是知慮之所及智之所圖無非妄境惑心斯是不能返照其識浪執境緣心靜波驚多生定障即謂功用定力所知外彰其説遑惕程惑此則未閑治障我倒常行他力所持宗為正業真妄相迷率難通曉若知惟心妄境不結返執前境非心所行如此胥徒安可論道有陳智璀師仰慧思思寔深解玄微行德難測璀亦頗懷雜定聲聞于天致使陳氏帝宗咸承歸戒圖像榮供逸聽南都然而得在開弘失在對治宗仰之寂世莫有加會謁衡岳方陳過隙未及斷除遂終身世隋祖創

葉偏宗定門下詺述之具廣如傳京邑西南置禪定寺四海徵引百司供給來儀名德咸悉暮年有終世者無非坐化具以聞奏帝倍歸依二世續曆又同置寺初雖詔募終雜講徒故無取矣當朝智顗亦時禪望鋒辯所指靡不倒戈師匠天庭榮冠朝列不可輕矣至如慧越之將虎驍道舜之觀牛影智通之感奇相僧定之制强賊節操如鐵石志槩等雲霄備彰後傳略為盡美又如慧瓚禪主嘉尚頭陁行化晉趙門庭擁盛威儀所擬無越律宗神解所通法依為詣故得理事符允有契常規道有窊隆固為時喪致延帝里沒齒亡歸頃有志超即承瓚湔迮讚之德乃跨先摸引訓之規有淪其緒故使赴亡其風頹矣觀夫慧定兩級各程其器皆同佛日无興抗衡然於祥瑞重沓預覩未然即世恬愉天仙叶衛誠歸定學蓋難奪矣項世定士多削義門隨聞道聽即而依學未曾思擇息背了經每緣撿盲多闇聲望言來誚往往繁焉或復耽

着世定謂習真空誦念西方志圖滅惑肩頸掛珠乱掐而稱禪數納衣乞食綜計以為心道又有倚託堂殿遠旋竭誠邪仰安形苟存曲計執以為是餘學並非氷想鏗然我倒誰識斯並戒見二取正使現行封附不除用增愚曾向若纔割世網始預法門博聽論經明閑慧戒然後歸神攝慮憑准聖言動則隨戒策修靜則不忘前智固當人法兩鏡真俗四依達智未知寧存妄識如斯習定非智不禪則衡嶺台崖扇其風也復有相迷同好聚結山門持犯蒙然動掛形網運斤揮刃無避種生炊爨飲噉寧慚宿觸或有立性剛猛志尚下流善友莫尋正經罕讀瞥聞一句即謂司南昌言五住久傾十地將滿法性早見佛智已明此並約境住心妄為靜還緣心住附相轉心不覺心移故懷虛託生心念淨豈得會真故經陳心相飄鼓不停蛇舌燈焰住山流水念念生滅變變常新不識乱念翻懷見網相命禪宗未閑禪字如斯般輩其量甚多

致使講徒例輕此類故世諺曰無知之叟義指禪師乱識之夫共歸明德返迷皆有大照隨妄普翳真科不思此言乎談名實考夫定慧之務諒在觀門諸論所陳良為明證通斯致也則離乱定學之功見或慧明之業若雙輪之遠涉等真俗之同遊所以思遠振於清風稠實標於華望貽厥後寄其源可尋斯並古人之所同錄豈虛也哉

續高僧傳卷第二十　習禪終五

續高僧傳卷第二十一上　封五

唐　釋　道　宣　撰

習禪六 本傳十三人 附見一人

釋惠祥姓周十五出家頭陀乞食默自禪誦不與衆同人不知其道觀淺深而高其遠度聽三論聞提婆護法之功莫辯開腹之患有心慕焉遊諸法肆見威儀不整者謂人曰祥受戒後住持此寺令入律行年十九染患三月救療無徵夜中宴坐歎曰大丈夫本欲以身從道於末法中摧伏非法如何此志未從爲病所困將曉有一人長丈餘謂曰但誦涅槃無愁不差至旦即誦三日便瘳當年誦通卒其所望進具聽律鏡其文理住寧國寺常講四分及涅槃經所以護法維持不惜身命諸有虧違望風整肅大業末夏中因食口中得舍利不辯棄地輒還在口如是數四疑是異身砧槌不碎遂聲鐘告衆白黑咸集祥涕泣焚香願降威力須臾放五色光異香遍郭衆觀希有屠獵改業乃使市無肉肆因與四衆起浮圖九級高百餘尺令見在然其所食日止一餐不問多少頓受不益體貌肥白可長八尺有餘行路不識莫不怪仰刺史李昇明至寺怪異謂群官曰此道人膚容若此日可應噉一羊語訖覺手足不隨乘馬失御諸官以實告之便悔謝還復大使權茂行至鄜州又怪昇明曰此大德非凡具說往緣茂不信請將七日試以麤食而膚色更悅茂愧伏悔先不信之罪將終手執經胡跪謂弟子曰吾今逝矣汝好住持無令絕滅又感異香盈郭以大業末年八月卒春秋七十氣命雖絕而胡跪執經如初遠近奔赴見其卓然無不歎訝

釋曇倫姓孫氏汴州浚儀人十三出家住修福寺依端禪師然端學次第觀便誡倫曰汝繫心鼻端可得靜也倫曰若見有心可繫鼻端本來不見心相不知何所繫也咸怪其言嗟其近學如何遠悟故在衆末禮悔之時隨即入定大衆彈指心恒加敬後送鉢上堂未至中路卓然入定持鉢不傾師大深賞異時告曰令汝學坐先淨昏情猶如剥葱一一重重剥却然後得淨倫曰若見有葱可有剥削本來無葱何所剥也師曰此大根大莖非吾所及不敢役使進具已後讀經禮佛都所不爲但閉房不出行住坐卧唯離念心以終其志次知直歲守護僧物約勤家人曰犬有別食莫與僧粥家人以爲常事不用倫言犬乃於前嘔出僧粥倫默不及之後又語令莫以

僧粥與犬家人還妄答云不與群犬相將於
僧前吐出粥以示之於時道俗咸伏其敬慎
又有義學論士諍來問者隨言即遣無所壅
礙仁壽二年獻后亡背興造禪室召而處之
還即擁關依舊習業時人目之為臥倫也有
興善粲法師者三國論首無學不長怪倫臥
禪言問清遠遂入房與語探究是非倫笑曰
隨意相審遂三日三夕法樂不眠倫述般若
無底空華燄水無依無主不立正邪本性清
淨繫乃投地敬之讚歎心路無滯不思議乃
如此也倫在京師道俗請者相續而機緣不
一悟迷亦多雖善巧方便令其醒悟然各自
執見見我為是故此妙理罕得廣流有玄琬
律師靜琳法師率門人僧伽淨等往來受法
如此眾矣如魚子焉武德末年疾甚於莊嚴
寺傍看寂然有問往生何處答無盡世界又
便寂然僧伽以手尋其冷觸私報人曰冷觸
到膝四大分離亦應生苦倫曰此苦亦空問
曰捨報云何報曰我主四大鬪在已到屈膝
死後遠篠裹棄之莫作餘事又曰打五更鐘

未報曰未少時維那打鍾看之已絕年八十
餘矣諸門學等依言送於南山露骸散於中
野有鮑居士者名慈氏弱年背俗愛樂禪觀
生不妻娶形無飾華親承德音調心養氣守
閑抱素承倫餘業五十餘年七十五矣
釋普明姓衛氏蒲州安邑人十三出家事外
兄道愻法師愻道會晉川備如別傳又以明
付延興寺沙門童真為弟子明抗志住持以
大法為己任性聰敏解冠儕流講聽相仍無
法不學周遊肆席曾無住房固使勤而有功
經論滿抱十八講勝鬘起信夙素聽之知成
大器進具已後專師涅槃四分攝論年二十
四講涅槃三十解攝論凡所造言賓主兼善
使夫妙義積散出言傳旨聲流遠近大業六
年召入大禪定道場止十八夏名預上班學
功所位四事既備不闕二嚴武德元年桑梓
傾音欣其道洽以事聞上有旨令住蒲州仁
壽寺鎮長弘道無貽寒暄晝談夜坐語默依
教心神爽迅應對雲雨曾未聞經一披若誦
斯則宿習博聞故能若此不可比擬也日常

自勵戒本一遍般若金剛二十遍六時禮懺
所有善根迴向淨土至終常爾凡造刻檀像
數十龕寫金剛般若千餘部請他轉五千餘
遍講涅槃八十餘遍攝論勝鬘諸經論等遍
數難紀以年月終于住寺春秋八十有六有
弟子義淹戒潔清嚴見知可領乃遷葬蒲坂
東原鑿穴處之樹碑其側
釋曇獻姓張京兆始平人少事昌律師昌虞
鄉賈氏淨行無玷精誠有聞股肱之地咸所
宗仰所居谷口素有伽藍因此谷名遂題寺
目為靜林寺也昌師攝念經行常志斯所周
武道喪隳壞仁祠昌與俗推移而律儀無缺
隋文御寓重啓法筵百二十僧釋門創首昌
膺此選也仍僧別度侍者一人獻預其位住
大興善昌後言歸故里悲瘞靈儀掘出莊嚴
一佛興世慱修院宇延緝殿堂緇素翹誠始
欣有奉彫造未畢而昌遷逝族人百數仰慨
尊容以為法儀雖殁神足猶在祈請續功便
從來意遂移仁壽而經營之故得棟宇高華
不日而就兩寺圍遶四部歸依州司以靜林

仁壽巳偃慈風栢梯淨土未霑甘露遂屈知
栢梯寺任俯從物議又之斯位釋網斯張萬
目咸舉仁洽開務有漏天舟衆侶弘之大小
齊美以貞觀十五年正月微疾至十五日旦
便曰須向靜林至夘時乃有非常雲霧遺形
於栢梯山東南山頂其夜大放光明形如華
蓋四照遠近迄于三夕經旬其屍爲靜林寺
側諸信士潛竊神柩寘于靜林南山之頂栢
梯初不知也於彼山頂兩夜續放神光始祥
其故兩處交競九載于茲緣州歷縣紛贖不
息豈非通幽洞理致茲靈感深慈博惠戀結
衆情者乎弟子等勒銘山阿敢告惟遠
釋無礙姓陳氏有晉永嘉中原喪亂南移建
業父曠梁元帝徵蕃學士以承聖元年礙生
成都神姿特異知有濟器九歲便能應對十
歲入學隨聞不忘入長安遇姚泰道安法師
安與語怪其意致勸令出家即依言欣喜令
誦太子瑞應經思擧聖跡哀泣無巳天和三
年周武皇后入朝投名出家先蒙得度雖在
弱冠戒操逾嚴建德三年法門大壞隨緣陸
沉乃值泥塗情逾氷玉開皇闡法即預搜揚
便住永寧於齊大德超法師所聽智度論一
聞教義神思豁然財食頓清形心俱遣又入
長安學十地阿毗曇等時休法師於興善寺
命講大論辯析分明義端無擁然於文句頗
滯弘通因誦本文獲六十卷因抱心疾獎衆
斯睽便還秦隴開皇十年總管河間王特屈
寺任統御遺法大業二年召入洛陽於四方
館刊定佛法後還永寧依前綱理大業五年
煬帝西征躬受勞問賜絲二百段十三年州
破入京住莊嚴寺衆以素知寺任識達機緣
還欲請之任非所好以武德八年還返故寺
以無相觀而自調伏貞觀十九年二月二十
八日無疾而終春秋九十四道俗哀慟若喪
厥親焉
釋道雅姓周汝南人幼而精確希志尚聞古
迹勝人心願齊之負笈金陵居高座寺聽阿
毗曇心妙達關鍵非其好也欽匡山遺軌每
逸言前隋開皇十二年依大將軍周羅侯遠
屆廬岳止東林精舍心願匿迹無事音塵山
寺法擁勸引非一遂不拒命弘道度人修建
僧坊四時無絶隋季寇擾華戎荐臻奬撫門
徒如初不替貞觀二年九月身示有疾曾未
浹旬忽有大星天墮正在西閣大水池中照
朗山谷逾千炬火二十三日僧正中食謂弟
子曰僧食訖未答曰未竟又曰且喚上座來
依言既至委以後事跏坐而卒諸殿閣門一
時自開異香滿寺七日便歇年八十二矣
釋法顯姓丁氏南郡江陵人十二出家四層
寺寶冥法師服勤累載諮詢經旨有聞欲界
亂地素非道緣既巳生中如何解網冥曰衆
生並有初地味禪時來則發雖藏心種歷劫
不亡有顗禪師者荆楚禪宗可往師學會顗
隋煬徵下迴返上流於四層寺大開禪府徒
侶四百蔚爾成林遂依座筵聞所未悟但夙
有成悳通冠玄蹤霜鐘暫扣巳傳秋駕顗師
去後更求明智成彦習皓等諸師皆升堂覩
奧盡斲磨之思及將冠具歸依皓師誨以出
要之方示以降心之術因而返谷靜處閑居
二翼之外一無受畜屬炎靈標季荐羅戎火

餧殘相望衆侶波奔顯獨守大殿確乎卑爾旦資蔬水中後絕漿賊每搜求莫之能獲自非久入慈室巳抽毒箭焉能忍茲疲苦滿此山感自爾宴坐道安梅梁殿中三十餘載貞觀之末乃出別房斯則追善吉之息嫌蹈空生之祕行也此堂有彌勒像并光趺高四十尺八部圍遶彌天之所造也其寶冠華帳供具經臺並顯所管堂中五燈晝夜不絕忽一燈獨熾餤高丈餘又一夜著五色衣人持一金瓶來奉又夢見一僧威容出類曰可往蘄州見信禪師依言即往雙峯更清定水矣而一生染疾並信往業受而不治衣食節量柔順强識所住之寺五十餘年足不出戶永徽三年十二月八日夢身坐寶殿授四衆戒因覺漸疾至四年正月十一日午時遷化時年七十有七顯以昨日申時自能起止神彩了亮踞禪牀盥浴剃髮就牀跏坐儼然便絕其月十七日葬于大明寺之北原未終之前門人見室西壁大開白光遍滿夜有白雲亘屋南北二道堂中佛事並搖動明日方絕自終及葬巋然匡坐合境道俗奔湊淒零荊州都督紀王風傳歸戒欽仰清暉命右記室郭瑜銘之于彼

釋玄爽姓劉南陽人早修聰行見稱鄉邑弱冠成婚妻少而美然爽貞誠清拔志高蹈視如華囊情逾厭離既無所偶棄而入道遊習肆道有空俱涉末聽龍泉寺璇法師欣然自得覃思遠詣頗震時譽又往蘄州信禪師所伏開請道亟發幽微後返本鄉唯存攝念長坐不卧繫念在前時本邑沙門諶明稜法等並禪府名宗往結投分以永徽三年十月九日遷神山谷時襄部法門寺沙門惠普者亦漢陰之僧傑也研精律藏二十餘年依而振績風霜屢結七衆齊肅屬城挹歸晚專入定門廓銷事惱紀王作鎮將修追聖廢寺綱總須人衆舉於普王深賞會又楚俗信巫殺爲淫祀普因乎化比屋崇仁又修明因道場凡三十所皆盡輪奐之工仍彫金碧之飾以顯慶三年終於本寺春秋八十

釋惠仙姓趙河東蒲坂人幼懷出俗緣故淹留年登不惑方果前願既出家後隨方問津雖多涉獵然以華嚴涅槃二部爲始卒之極教也迄於暮齒躭味逾深謂人曰斯之二寶全如意珠無忽忘而暫捨也所以執卷自隨有若雙翼或有言晤披而廣之住處衝要九衢都會百疾相投萬禍憑救而仙慈善根力無假多方但令念佛無往不濟由是蒙祐遐邇傾心寺有大像製過十丈年載既久埃壓是生棟宇頹落珠璣披散遂控告士俗更締構之雖淹星律大造云就爾後年漸遲暮夢僧告曰卿次冬間必當遷化可早運行應得延期便如常業不以爲慮至九月中微覺不愈知終在近告侍人曰吾出家有年屢受菩薩戒今者更欲受之召諸大德並不赴命乃曰大德但自調耳何名度人又曰但取戒本讀誦訖自慶潸然而止入夜有異天仙星布前後高談廣述乍隱乍顯合寺聞見或見佛像來入房者日次將午忽起坐合掌召衆人曰大限雖多小期一念並好住願與諸衆爲歷劫因緣遂卧氣絕年七十五即永徽六年

十一月十七日也道俗哀之雲布原野寺有亘禪師頴脫當時有聲京洛行彌勤頴生在四天覩仙行業感徵告衆曰必見慈氏矣若乘斯者何能禎應若是乎

釋慧寬姓楊氏益州綿竹孝水人父名瑋元是三洞先生五經博士崇信道法無敦釋教所以綿梓益三州諸俗每歲率送租米投於瑋令保一年安吉皆與章符而去而車馬擁門如市初時瑋妻懷孕心性改異辛鯹惡猒乃生一女名爲信相性好閑靜無緣嗜慾後又懷妊身極安隱恒有異相及其生也毋都不覺忽然自出都無惡露然有異香又不啼叫乃至有識未曾糞穢淋席父母抱持方乃便利即寬身也而臂垂過膝性恒香潔不近腥臊年五六歲與姊信相於靜處坐禪二親怪問答曰佛來爲說般若聖智界入等法門共姊評論法相父是異道不解其言附口録得二百餘紙有龍懷寺會師聞有奇相至其所父以示之會曰並合佛經無所僢錯有異禪師不知何來於淨慧寺入火光三昧召彼女來及至不入云是火聚禪師曰何不以水滅之女即作水觀滅火而入禪師驗知深入諸定勸令出家父母受娉及婿家不許諸道俗官人爲出財贖之因有度次姊與寬身俱時出家時隨蜀王秀在益請入城內妃爲造精舍鎮恒供養嘗出於路人有疑者尼召來曰莫於三寶所生異心自受罪苦彼人悔過有造功德須物者燒香祈請掘地獲金無不充足斯事非一至於食飲欲食便食不食乃經歲序時人目之聖尼即今本寺猶號聖尼寺也寬年十三常樂獨坐面無怒相言常謙下依空慧寺胤禪師龍懷寺會闍梨所隨聞經律一覽無遺未聞之經嘗不知義有難問者皆爲通之初造龍懷寺會有徒屬二百餘人並令在役唯放於寬有慾及者會曰斯人是吾本師何得使作昔周滅法依相禪師隱于南山及隋興教辯師還蜀嘗受屬云汝還蜀土大有徒衆有名惠寬可將攝也我憶此事計師死日當寬受生無得致怪自爾在山依閑業定年三十還綿竹教化四遠聞名見形並捨邪歸正其俗信道父母皆道歸佛捨宅爲寺于今見在綿竹諸村皆爲立寺堂殿院宇百有餘所修營至今年常大齋道俗咸會正月令節成都等七十縣競迎供待有大功德須得經營但請寬至施物山積貞觀中有僧名策持呪有驗於洛縣忽死見閻王曰比獄中罪人多應爲誦呪弁請寬師講地獄經從此得穌經月不作復更悶絶閻王大怒命牛頭使打鐘子百下我令誦呪講經爲衆生故何不作策穌已即從洛縣往綿竹三十里未至疲卧忽有異旋風吹起須臾至寬所正集轉經告策曰昨所往處大爲勞苦爲衆生者不得辭苦即令策登坐誦呪大衆聞皆流汗寬仍集衆講地獄經貞觀二十年綿竹宋尉云我不信佛唯信周孔然我兩度得佛力一爲人在門側小便置佛便止一爲冬月落水燒木佛自炙寬聞之致書曉喻宋曰此道人徼異者當試有靈不取曹名處用拭大便當即糞門裂脚起不得自唱我死即召寬來雖悔過造經像盈月便卒什邡縣陳家捨

邪信佛以竹園爲寺寬指授分齊爾許可爲僧院中間一分堪立佛堂即斷一竹上竪標云此分齊處欲造佛寺當時生竹自乾佛堂斷竹泉水上涌尋掘數尺獲大石石下金瓶舍利七粒寬禮拜更請遂放光乃盛滿合四遠又集寺今見在永徽四年夏六月二十五日春秋七十卒於淨慧寺未終一月有五百神人長丈餘服天衣持華香及紫金華臺從西方來迎寬辭不堪發遣令去又於終日放羊從市向房悲數十聲至夜索水沐浴新衣跏坐執爐巳命打無常鐘聲遍郭閫合郭咸集曰闍梨涅槃去空中哭聲寺內光明莫測其來道士等謂言燒寺驚走來寺乃知其非自此入定氣盡乃知永逝寺內三橋一當寬房堂夜梁折聲震寺內明旦官人道士咸來慟哭寺中蓮池池水忽乾紅蓮變白寺中大豫樟樹三四人圍忽自流血血流入澗澗水皆赤月餘方息又十七級塼浮圖高數十丈裂開數寸又有雙鵝不知何來向靈鳴叫伏地不去葬時隨送出郭失之往無爲山去寺二十里黑雲圍空隨行注雨草木隨靡至山方散葬後縣內道俗七歲巳上著服泣臨如是三年爾後至今凡設會家皆設兩座一擬聖僧一擬寬也今猶獲供送本寺靈相在山端坐如在自初至今竟無蟲血汚穢朽腐之相斯則豈非不退菩薩身無萬戶蟲耶不然何以若此

釋僧倫姓呂氏衛州汲人祖宗諸州刺史父詢隋初穆陵太守未孕之初二親對坐忽有梵僧秀眉皓首二侍持旛在其左右曰願爲毋子未審如何即禮拜之揮忽失所因爾有娠四月八日四更後生還見二旛翊其左右兼有異香產訖不見五歲巳後迄於終亡恒自目見白光滿屋齊武平九年與父至雲門寺僧賢統師珉禪師所受法出家時年九歲二師問其相狀答以白光流臉二旛夾之歎曰子眞可度因而剃落周武平齊時年十六與賢統等流離西東學四念處誦法華經至開皇初方興佛法雲門受具時年二十三又於武陽理律師所聽始半夏見五色光如車輪照倫心上衆並同見即於光中禮五十三佛猶未滅更禮二十五佛光乃收隱又與方願二師入黑山太行諸山行蘭若二十餘年大業末賊徒起領門人至衛州隆善寺仍爲僞夏竇建德齊善行等請知僧事武德五年大統天下入太行抱犢山教徒學念處法由是四方負笈山路成蹊貞觀四年衛州刺史裴萬頃與諸官人請令下山日日受戒大有弘利以貞觀二十三年五月十三日四更忽告門人吾夜中於諸法得解脫謂成無學不謂天帝等迎言巳而絕將殯於山而哀慟不止天極清朗無雲而降細雨衆咸異焉時年八十五矣

釋靜之姓趙雍州高陵人父毋念善絕無息胤祈求遍至而無所果遂念觀音旬內有娠能令毋氏厭惡欲除辛腥永絕誕育之後年七八歲樂阿彌陀觀依文修學隨位並成行見美境胥觀明淨性樂出家既有一子誓而不許隨父任蜀不久崩亡意欲爲父焚身報德有一賢人引金剛般若云捨身不如持經

乃迴心剃剪用伸罔極一入法門翹誠逾厲隨聽經律而意在定門後從江禪師習觀而威容端雅見者發心貞觀初隱盎部道江彭門山光化寺一十餘載常坐茅宇不居僧房四方集者二百餘人六時三業不負光景又別深隱入靈巖山大虫爲偶無所驚擾利州道禪師素交既久請入劒閣北窮腹山徒侶十餘賫米四石恰至夏竟一石未盡小時鼻患肉塞百方無驗有僧令誦般若多心萬遍恰至五千肉鈴便落行至秦州被毒蛇螫苦楚叵言以觀行力便見善境自然除滅後遇疾苦依前得差乃撰諸家觀門以爲一卷要約精最後學重之顯慶三年召入西明別立禪府利州本寺桂樹忽凋胡桃自拔佛殿無故北面仰地尊儀不損斯亦德動幽靈爲若此也以顯慶五年春三月二十七日右脅而終於西明春秋五十七矣

釋智巖丹陽曲阿人姓華氏在童丱日謂人曰世間但競耳目之前寧知死生之際鄉里異之知有遠度也及弱冠雄威武畧智勇過人大業季年豺狼競逐大將軍黄國公張鎮州揖其聲節屈掌軍戎奏策爲虎賁中郎將雖身任軍帥而慈弘在慮每於弓首挂漉囊所往之處漉水養蟲以爲常事及僞鄭之在東都黄公龔行征伐相陣鬬將應募者多黄公曰非華郎將[封五]無以御之僞鄭大將[十六]人馬具全按轡揚鞭以槍劖地厲聲曰若能拔得方共決焉巖時跨馬徐來以腋挾槍而去次巖以槍劖地彼揺再三不動乃下馬交刃遂生擒之巖反刀截其頸曰吾誓不斷命且施君頸乃放之武德四年從鎮州南定淮海時年四十審榮官之若雲遂棄入舒州皖公山從寶月禪師披緇入道黄公眷戀追徵答曰以身訊道誓至薩雲願特捨恕無相撓擾既山藪幽隱蘭若而居豺虎交横馴狎無恐忽見異僧身長丈餘姿容都雅言音清朗謂曰卿已八十一生出家宜加精進言訖不見蒙此幽屬精勵晨昏一切世間如幻如夢一時坐定正在谷中山水暴長形將欲没熙怡端坐巋然便退獵者問曰身命可重何不避耶答曰吾本無生安能避死獵者悟之所獲並放故山中飛走依託附爲昔同軍戎有睦州刺史嚴撰衢州刺史張綽麗州刺史閭丘胤威州刺史李詢聞巖出家在山修道乃尋之既矚山崖竦峻鳥獸鳴叫謂巖曰郎將癲邪何爲住此答曰[封五]我癲欲醒君癲正[十七]發何由可救汝若不癲何爲追逐聲已規度榮位至於清爽都不商量一旦死至荒忙何計此而不悟非癲如何唯佛不癡自除階漸貞觀十七年還歸建業依山結草性度果決不以形骸爲累出處隨機請法僧衆百有餘人所在施化多以現事責覈究之心周通故俗聞者毛竪零淚多在白馬寺後往石頭城癘人坊住爲其說法吮膿洗濯無所不爲永徽五年二月二十七日終於癘所顏色不變伸屈如恒室有異香經旬年七十八矣

續高僧傳卷第二十一　上

續高僧傳卷第二十一下　封六

唐　釋　道　宣　撰

習禪六之餘　本傳七人 附見二人

釋善伏一名等照姓蔣常州義興人生即白首性知遠離五歲於安國寺兄才法師邊出家布衣蔬食日誦經卷目覩七行一聞不忘貞觀三年竇刺史聞其聰敏追充州學因爾日聽俗講夕思佛義博士責之對曰豈不聞乎行有餘力所以博觀如不見信請問前聞乃試之一無所滯重爲聯類佛教兩用踈通於是學館傾首何斯人之若斯也後逃隱出家志樂佛法欲罷不能忽逢山水淹留忘返斯因宿習非近學也至蘇州流水寺璧法師所聽四經三論又往越州敏法師所周流經教頗涉幽求至天台超禪師所示以西方淨土觀行因爾廣行交桂廣循諸州遇綜會諸名僧諮疑請決又上荊襄蘄部見信禪師示以入道方便又往廬山見遠公淨土觀堂還到潤州巖禪師所示以無生觀後共暉才二師入桑梓山行慈悲觀又爲鬼神受戒莫噉肉神又降巫者令召伏受戒巫者殺生祀神神打之次死降語曰吾已於伏闍梨受戒誓不食肉如何爲吾殺生愍爾愚癡且恕汝命後更爾者必加至死自後諸祀永絕羶腥常婺州二人同載績麻爲貨至江神所一以蔬祭一欲殺生而未行其麻並濕前蔬祭麻並乾燥於是行人忌憚無敢肉祭故其授戒功驗人神敬仰有陵犯者立見禍害江淮閒屠販魚肉鵝鴨雞猪之屬受法開放市無行肆官人怪之有義興令素不信嫌伏動衆將加私度之罪伏昆季賂之其人忽即徇登繩牀衆蛇惱患不久除名往常州筮之卦云由犯賢聖罪不可救其人得急就伏求免永徽二年被括還家然志好出俗見家如獄復往山居苦節翹勤人不堪其憂也衆又屯聚因爲說法讚令行慈不殺者佛教之都門也不能行之若講禮而爲倨傲耳又勸行六道供以先祖諸七者無越此途又曰山有玉則草木潤泉有龍則水不竭住處有三寶則善根增長常在伏牛山以虎豹爲同侶食蚊蝱爲私行視前六尺未曾顧眄經中要偈口無輟音大約十五觀四明論以爲崖准顯慶五年行至衡岳意欲求靜返更屯結說法既久忽告曰一切無常氣息難保夜深各散緣盡當離時不測其言也便返閉而坐爾夜衡州諸寺鐘及笙管鳴聲徹曉道俗咸怪至房闢掩乃破而開之見伏端坐久終便以奏聞

釋解脫姓邢臺山夾川人七歲出家依投名匠志在出道唯在禪思遠近訪法無師不詣復住五臺縣照果寺隱五臺南佛光山寺四十餘年今猶故堂十餘見在山如佛光華彩甚盛至夏大發昱人眼目其側不遠有清涼山山下清涼即文殊師利遊處之地也有高

行沙門曜者年百六歲自云我年五十時與解脫上人至中臺東南下三十里大孚靈鷲寺請見文殊行至花園北遇一大德形神慈遠徐行東去解脫頂禮發願我時精神欣喜不暇諮請解脫云已曾三度親見文殊誠語云汝自悔責若切至必悟道也便依言自咎晝夜尅責心便安靜又感諸佛見身說偈曰

諸佛寂滅甚深法　曠劫修行今乃得
若能開明此法明　一切諸佛皆隨喜

因問寂滅法何者是若爲教人令解之諸佛即隱空中聲曰方便智爲燈照見心境界欲究真實法一切無所見遂依此法化導有緣在山學者來往七八百人四遠欽風資給弘護四十餘年常在佛光永徽中卒今靈軀尚在巖然坐定在山窟中又五臺南娑婆寺南五六里普明禪師獨靜坐禪求見文殊意欲請法有神人空中告曰汝無神智止可長生龕前取藥服之可得延壽明懷疑不決後又告曰藥名長松汝何不服此藥無毒明便依言服之又告同行諸僧已騰空而去厥處見在去恒岳目矚相接又有僧砏禪師者住欣州秀容建國寺恒於定襄來望人山南坐禪餌藥年將八十道俗尊仰不知志入何法而興歎者號不可思議人其山靈泉望迹石上見在祈福者衆永徽中有人無目不知何來彈琵琶誦法華一部向望人山手彈口誦以娛此山亦不測其然

釋法融姓韋潤州延陵人年十九翰林墳典探索將盡而姿質都雅偉秀一期喟然歎曰儒道俗文信同糠粃般若止觀實可舟航遂入茅山依炅法師剃除周羅服勤請道炅譽動江海德誘幾神妙理真筌無所遺隱融縱神挹酌情有所緣以爲慧發亂縱定開心府如不凝想妄慮難摧乃凝心宴默於空靜林二十年中專精匪懈遂大入妙門百八總持樂說無盡趣言三一懸河不窮貞觀十七年於牛頭山幽栖寺北巖下別立茅茨禪室日夕思擇無缺寸陰數年之中息心之衆百有餘人初構禪室四壁未周弟子道綦道憑於中攝念夜有一獸如羊而入騰倚揚聲脚蹴二人心見其無擾出庭宛轉而遊山有石室深可十步融於中坐忽有神蛇長丈餘目如星火舉頭揚威於室口經宿見融不動遂去因居百日山素多虎樵蘇絕人自融入後往還無阻又感群鹿依室聽伏曾無懼容有二大鹿直入通僧聽法三年而去故慈善根力禽獸來馴乃至集于手上而食都無驚恐所住食廚基臨大壑至於激水不可環階乃顧步徘徊指東嶺曰昔遠公拄錫則朽壤驚泉耿將整冠則枯甃還滿誠感所及豈虛言哉若此可居會當清泉自溢經宿東嶺忽涌飛泉清白甘美冬溫夏冷即激引登峯趣釜經廊此水一斗輕餘將半又二十一年十一月巖下講法華經于時素雪滿階法流不絕於凝冰內獲花二莖狀如芙蓉燦同金色經于七日忽然失之衆咸歎仰永徽三年邑宰請出建初講揚大品僧衆千人至滅諍品融乃縱其天辯商推理義地忽大動聽侶驚波鐘磬香牀並皆搖蕩寺外道俗安然不覺顧慶元年司功蕭元善再三邀請出在建初融謂

諸僧曰從今一去再践無期離合之道此常規耳辭而不免遂出山門禽獸哀號逾月不止山澗泉池擊石涌砂一時塡滿房前大桐四株五月繁茂一朝凋盡至二年閏正月二十三日終於建初春秋六十四道俗哀慕官僚軫結二十七日窆於雞籠山幢蓋笳簫雲浮震野會送者萬有餘人傳者重又聞之故又重緝初融以門族五百爲延陵之望家爲娉婚乃逃隱茅山岫炅師三論之匠依志而業又往丹陽南牛頭山佛窟寺現有辟支佛窟因得名焉有七藏經書一佛經二道書三佛經史四俗經史五醫方圖符昔宋初有劉司空造寺其家巨富用訪寫之永鎭山寺相傳守護達於貞觀十九年夏旱失火延燒五十餘里二十餘寺幷此七藏並同煨燼嗟乎回祿事等建章道俗悼傷深懷惻愴初融住幽栖寺去佛窟十五里將事尋討值執藏顯法師者稽留日夕諮請經久許之乃問融所學幷採材術遂寄詩達情方開藏給於即內外尋閱不謝昏曉因循八年抄略粗畢還隱幽栖閉關自靜房宇虛廓惟一坐敷自餘蔓草苫蓋擁結坐牀塵高二寸寒不加絮暑絕追涼藉草思微用畢形有然而吐言包富文藻綺錯須便引用動若珠聯無不對以宮商玄儒兼冠初出幽栖寺開講大集言詞博遠道俗咸欣永徽中江寧令李修本即右僕射靜之猶子生知信向崇重至乘欽融嘉德與諸士俗步往幽栖請出州講融不許乃至三返方遂之舊齒未之許後鋭所商摧及登元座有光前傑答對若雲雨寫送等懸河皆曰聞所未聞可謂中興大法於斯人也聽衆道俗三千餘人講解大集時稱榮觀爾後乘茲雅聞相續法輪邑野相趍庭宇充闔時有前修負氣望日旰衡乍聞高價驚惶府俞來至席端昌言徵責融辭以寡薄不偶至人隨問答遣然猶謙挹告大衆曰昔如來說法其理猶存人雖凡聖義無二准何爲一時一席受道之衆塵沙今雖開演領悟之賓絕滅豈非如行如說心無累於八風如說如行情有滯於三毒不然將何自拔耶聞者撫心推側涯極故使聽衆傾耳莫不解形情醉初武德七年輔公託跨有江表未從王政王師薄伐吳越廓清僧衆五千安然安堵左僕射房玄齡奏稱入賊諸州僧尼極廣可依關東舊格州別一寺置三十人餘者遣歸編戶融不勝枉酷入京陳理御史韋挺備覽表辭文理卓明詞彩英贍百有餘日韋挺經停房公伏其高致固執前迷告融云非謂事理不無但是曾經自奏何勞法衣出俗將可返道賓王五品之位俯若拾遺四千餘僧未勞傍及融確乎不拔知命運之有窮旋于本邑後方在度又弘護之誠喪形爲本略出一兩示其化迹永徽之中睦州妖女陳碩眞邪術惑人傍誤良善四方遠僧都會建業州縣搜討無一延之融時居在幽巖室猶懸磬寺衆貧煎相顧無聊日漸來奔數出三百舊侶將散新至無依雖欲歸投計無所往縣官下責不許停之融乃告曰諸來法侶無問舊新山寺蕭條自足依庇有無必失勿事羈離望刹知歸退飛何往並安伏業禍福同之何以然耶並是捨俗出

家遠希正法業命必然安能避也近則五賊常逐遠則三獄恒纒心無離於倒迷事有障於塵境斯爲巨蠹志異驅除安得瑣瑣公途繫懷封著並隨本志無得遠於幽林融以僧衆口給日別經須躬往丹陽四告士俗聞者割减不爽祈求融報力輕强無辭擔負一石八斗往送復來日或二三莫不勞倦百有餘日事方寧靜山衆恬然無何而散于時局情寡見者被官考責窮刻妖徒不能支任或有自縊而死者而融立志滔然風塵不涉客主相顧諧會瑟琴遂得釋然理通情洽豈非命代開士難摧知人寒木死灰英英間出實斯人矣時有高座寺亘法師陳朝名德年過八十金陵僧望法事攸屬開悟當塗融在幽栖聞風造往以所疑義封而問曰經中明佛說法言下受悟無生論中分別名句文相不明獲益法師受佛遺寄敷轉法輪如融之徒未聞靜慼爲是機器覆塞爲是陶化無緣明昧迴遑用增虛仰必願開剖盤結伏志導承亘良人憮然告曰吾昔在前陳年未冠肇有璀禪師王臣歸敬登座控引與子同之吾何人哉敢當遺寄遂爾而散融還建初寺滑結同倫亘重其道志策杖往尋旣達建初寺有德善禪師者名稱之士喜亘遠來歡愉談謔而善與融同寺初未齒之亘曰吾爲融來忽輕東魯乃召而問之令叙玄致即坐控舉文理具揚三百餘對言無浮釆於是二德嗟詠滿懷仍於山寺爲立齋講然融儀表瓌異相越常人頭顱巨大五岳隆起眉目長廣頷頰濃張竈行鵝視聲氣深遠如從地出立雖等倫坐則超衆衣服單素纔得充軀肩肘絶綿動逾累紀嘗有遺者返而還之而心用柔輭慈悲爲懷童稚之與耆艾敬齊如一屢經輕惱而情忘瑕不顧曾有同友聞人私慼加謗融身詈以非類乃就山說之融曰向之所傳總是風氣出口即滅不可追尋何爲負此虛談遠傳山藪無住爲本願不干心故其安忍刀劒情靈若此或登座罵辱對衆誹毀事等風行無思緣顧而顏貌熙怡倍增悅懌是知斥者故來呈拙光飾融德者乎傳者抑又聞之昔如來說化加謗沸騰或殺身以來誚或繫杇以生誹滅迹內以死蟲反說面欺大聖斯徒衆矣而佛府而隱之任其訕誹及後過咎還露或生投地穴或死入泥犂天人之所共輕幽顯爲之悲慟而如來光明益顯金德彌昌垂範以示將來布教陳於陸海融嘗二十許載備覽群經仰習正覺之威容俯眄喋喋之聲說陀那之風審七觸之安有剎那之想達四選之無停固得體解時機信五滓之交貿覽其指要聊一觀之都融融實斯融斯言得矣

釋慧方姓趙冀州信都來强人七八歲便思出俗年九歲投蘇門淋落泉寺居然靜志衆侶怪其特高遂授以九次十想隨聞斂念仍受此法亟涉炎涼隋文后崩西京立寺遠徵入住厚禮供馬而雅志不渝山林綴想雖遇匠石無緣運斤舊所禪徒虛懷鶴望大業六年辭還本寺門侶雲結請道如山隋季不靜巖穴丘陵移居汲郡之隆善寺及皇運大昌天下無事又與門人修緝舊所遂使松門石

棟嚴室風寔並得經綸更新雲構曾於廊下言及幽微沙彌伏階容聽空中聲曰何忽沙彌在此伏聽懼驚起又被打擊經宿乃甦其感靈祥如此例也以貞觀二十一年冬初終於所止春秋九十有三初未終前忽有異香縈於巖室氛氳三日衆不惻恰終香歇以其月十七日葬州北十里圓岡之陽

釋法嚮姓李揚州海陵葛岡人形長八尺儀貌魁傑眉目秀異立性威嚴言不妄發足下有黒子圓淨分明相者曰長爲軍將仍有重名於天下也年十六辭親出家即事精苦與人卓異尼遍条禮未嘗與言戒行清淨誦法華通攝山栖霞寺恭禪師住法後賢衆所歸仰承名延致於寺側立法華堂行智者法華懺嚮依法行三七專注大獲瑞應知而不言恭既入京嚮還江北海陵寧海二縣各延供養隋末海陵大寧寺僧智喜開房延入於中靜坐晝卧驚起曰火發喜四出顧視了無嚮曰吾患耳妄聞耶明日晝驚如此三度遂東還寧海去後李子通賊破縣燒寺如所告焉大蟲傷害日數十人乃設禳災大齋忽有一虎入堂搏一人將去嚮逐後喚住何造次今爲檀越設齋可放此人依言即放諸虎大集以杖扣頭爲說法於是相隨遠去又欲往天台尋智者古迹謂弟子曰吾雖欲至天台而不達在江南一山中西北望見一城及過江至江陰縣道俗留連於縣東南山起寺號曰定山便經年稔後天下漸安又還海陵韮亭百姓留之有小孤山出地百仞四面無草木於前立寺名爲正見處之貞觀四年冬初謂門人曰吾與汝別近夢惡將不起矣遂卧二十日忽起索湯盥浴剃髮自辰至酉面西而終年七十八將終謂弟子曰吾願以身施諸鳥獸此無林木食若不盡穢人眼目可埋山西南及依往埋掘便値石盤薄無由又更試掘遂得一處凹陷石上恰得容身因厝中置塔其上嚮生常日投陀林野馴伏猛獸觀想西方口唱南無佛不多説法隨緣一兩句有災祥者令避託以夢想所見貞觀二年有常州人往幽州見一女人問海陵嚮禪師健不又問識耶答不識女人以烏絲布頭巾用寄嚮師此人遇患經年不至嚮預知之每歎息那不至耶人至江陰附頭巾與海陵人將至其處乃令弟子逆之恰至門首相値以巾付還嚮得巾執玩浴嗟裂破付弟子人得一片有不得者貞觀三年天下大括義寧私度不出者斬聞此咸畏得頭巾者並依還俗其不得者現今出家其年大雪深數尺告弟子曰吾須新菜弟子曰雪深叵得曰上山求之可有如言上山數里至一樹下皆是青菜取之而返預知皆如此也

釋道信姓司馬未詳何人初七歲時經事一師戒行不純信每陳諫以不見從密懷齋檢經於五載而師不知又有二僧莫知何來入舒州皖公山靜修禪業聞而往赴便蒙授法隨逐依學遂經十年師往羅浮不許相逐但於後住必大弘益國訪賢良許度出家因此附名住吉州寺被賊圍城七十餘日城中乏水人皆困弊信從外入井水還復刺史叩頭賊何時散信曰但念般若乃令合城同時合

聲須臾外賊見城四角大人力士威猛絶倫思欲得見刺史告曰欲見大人可自入城羣賊即散既見平定欲往衡岳路次江州道俗留止廬山大林寺雖經賊盜又經十年蘄州道俗請度江北黄梅縣衆造寺依然山行遂見雙峯有好泉石即住終志當夜大有猛獸來遶並爲授歸戒授已令去自入山來三十餘載諸州學道無遠不至刺史崔義玄聞而就禮臨終語弟子弘忍可爲吾造塔命將不久又催急成又問中未答欲至中衆人曰和尚可不付囑耶曰生來付囑不少此語纔了奄爾便絶于時山中五百餘人並諸州道俗忽見天地闇冥遶住三里樹木葉白房側梧桐樹曲枝向房至今曲處皆枯即永徽二年閏九月四日也春秋七十有二至三年弟子弘忍等至塔開看端坐如舊即移往本處于今若存

釋惠明姓王杭州人少出家遊道無定所時越州敏法師聚徒揚化遠近奔隨明於法席二十五年衆侶千僧解玄第一持衣大布二十餘載時共目之青布明也翹勇果敢策勤無偶後至蔣州巖禪師所一經十年諮請禪法在山禪念經雪路塞七日不食念言吾聞不食七日便死今明知業也若業自在可試知之以繩自懸於高崖怳怳如人割斷因落崖底如人擎置一無所損復至荊州四望山頭陀二虎交鬭自往分解冬夏一服行止形俱所去無戀即經所謂如鳥淩空踰斯人矣誦思益經依經作業近龍朔年從南山出至京遊觀與其言論無得爲先不久旋返云往江曲依閑修道莫知定所

此論元遺在二十卷内今竹堂校證合在此卷之後

續高僧傳卷第二十

校勘記

一　底本，金藏廣勝寺本。八三二頁中一行至八行原版漫漶，以麗藏本換。

一　八三二頁中一行經名，徑作「續高僧傳卷第二十四」。

一　八三二頁中三行「習禪五本傳十四　附見五」，徑、清作「習禪篇第五　本傳十四人　附見五人」。

一　八三二頁中五行首字「唐」，徑、清無，下至一七行首字同。又小字「道成」，資、磧、普、南、徑、清作「道誠」。

一　八三二頁中一一行「箕山」，資、磧、普、南、徑、清作「箕山寺」。

一　八三二頁中一六行「閏州」，資、磧、普、南、徑、清作「潤州」。又「栖霞寺」，諸本（不含石，下同）作「棲霞寺」，下同。

一　八三二頁下一三行「及見」，資、磧、

普、南、徑、清作「乃見」。

一　八三二頁下一八行「遠滅」，資、磧、普、南、徑、清作「還滅」。

一　八三二頁下二二行「卒于」，徑作「卒終」。

一　八三三頁上一行「墳撿」，資、磧、普、南、徑、清作「殯殮」。

一　八三三頁上三行「靈章」，資、磧、普、南、徑、清作「靈彰」。

一　八三三頁上四行「嗟詠」，資、磧、普、南、徑、清作「嗟歎」。

一　八三三頁上一二行「朗照」，資、磧、普、南、徑、清作「明照」。

一　八三三頁上一三行末字「拪」，資、磧、普、南、徑、清作「栖」。下同。

一　八三三頁上一八行第九字「晃」，資、磧、普、南、徑、清作「即」；麗作「昇」。

一　八三三頁上二二行「更修」，資、磧、普、南、徑、清作「便修」。

一　八三三頁上末行「露湛」，諸本作「靈爽」。

一　八三三頁中二行「學徒儉約」，資、麗作「學行儉約」；磧、普、南、徑、清作「學行倫巧」。

一　八三三頁中六行第六字「正」，資、磧、普、南、徑、清作「止」。

一　八三三頁中一四行「之舉」，麗作「之譽」。

一　八三三頁下一一行「慕仰」，資、磧、普、南、徑、清作「仰慕」。又「迎抵」，諸本作「迎柩」。

一　八三三頁下一三行第三字「塔」，資、磧、普、南、徑、清作「磚塔」。又「二里」，磧、普、南作「二重」。

一　八三三頁下一七行「匡務」，徑、清作「匡輔」。

一　八三三頁下一八行「念定存業」，資、磧、普作「念定在業」；南、徑、清作「念趣在業」。

一　八三三頁下一九行「講道」，資、磧、普、南、徑、清作「講導」。

一　八三三頁下二〇行第二字「大」，資、磧、普、南、徑、清無。又第一〇字「今」，資、磧、普、南、徑、清作「令」。

一　八三三頁下二二行「俗緣」，麗作「俗姓」。

一　八三四頁上二行「便悟宏範」，資、磧、普、南、徑、清作「便徹悟玄範」。

一　八三四頁上三行「投裕焉」，資、磧、普、南、徑、清作「投裕爲師」。

一　八三四頁上五行「絛暢」，麗作「滌暢」。

一　八三四頁上六行「偏行」，南、清作「徧行」。

一　八三四頁上八行至九行「及隋再弘佛教」，資、磧、普、南、徑、清作「及隋初再教」。

一　八三四頁上一一行「經字」，諸本作「結字」。又「即承」，資、磧、普、南、麗作「即永」；徑、清作「即求」。

一　八三四頁上一五行「投告」，資、磧、普、南、徑、清作「投造」。

一　八三四頁上一六行首字「軍」，資、磧、普、南、徑、清作「運」。

一 八三四頁上二二行「鄉縣」，資、磧、普、南、徑、清作「鄉邑縣」。

一 八三四頁中三行首字「出」，資、磧、普、南、徑、清無。

一 八三四頁中五行第一二字「祈」，資、磧、普、南、徑、清作「所」。

一 八三四頁中九行第二字「怖」，資、磧、普、南、徑、清作「悕」。又「沓夕」，諸本作「當夕」。

一 八三四頁中一二行「交漳村」，資、磧、普、南、徑、清作「交障村」。

一 八三四頁中一三行第一三字「在」，磧作「往」。

一 八三四頁中一四行至一五行「常凝保」，資、磧、普、南、徑、清作「常疑保」。

一 八三四頁下六行首字「死」，資、磧、普、南、徑、清作「死日」。

一 八三五頁上五行末字「云」，資、磧、普、南、徑、清無。

一 八三五頁上七行第一〇字「清」，資、磧、普、南、徑、清作「情」。

一 八三五頁上九行末字至一〇行首字「投以」，資、磧、普、南、徑、清作「以役」。

一 八三五頁上一〇行第五字「垂」，麗作「乖」。

一 八三五頁上一四行「乃以」，資、磧、普、南、徑、清作「猛」。

一 八三五頁上末行「所憶」，資、磧、普、南、徑、清作「所懷」。

一 八三五頁中一行「展轉」，諸本作「展轉」。又第八字「愽」，資、磧、普、南、徑、清作「溥」。

一 八三五頁中一二行「試以」，資、磧、普、南、徑、清作「誠以」。

一 八三五頁下三行「還原」，資、磧、普、南、徑、清作「還源」。

一 八三五頁下六行第七字「暕」，諸本作「暕」。

一 八三五頁下七行首字「欵」，資、磧、普、南、徑、清作「疑」。又第一三字「蕿」，南、清作「薆」。

一 八三五頁下一二行首字「駭」，諸本作「駭」。又末字「間」，諸本作「問」。

一 八三五頁下一七行第二字「不」，南、徑、清作「下」。

一 八三五頁下二一行首字「彈」，諸本作「殫」。

一 八三六頁上二行第六字「住」，磧作「在」。

一 八三六頁上三行「成林」，資、磧、普、南、徑、清作「成宗」。

一 八三六頁上一一行第五字「任」，資、磧、普、南、徑、清作「住」。

一 八三六頁上一五行第一二字「又」，麗作「久」。

一 八三六頁上一九行首字「咸」，資、磧、普、南、徑、清作「盛」。

一 八三六頁中一行第七字「病」，資、磧、普、南、徑、清無。

一 八三六頁中八行第九字「燒」，資、磧、普、南、徑、清作「燒之」。又「獨存」，資、磧、普、南、徑、清作「在」。

一 八三六頁中九行「斯即正言」，資、

磧、普、南、徑、清作「斯亦弘法」；麗作「斯即正言法」。

一　八三六頁中二二行「天挮」，諸本作「天梯」。

一　八三六頁下四行「美惡」，磧、徑作「善惡」。

一　八三六頁下六行「投者」，資、磧、普、南、徑、清作「捉者」。又「斯負」，資、磧、普、南、徑、清作「斯債負」。

一　八三六頁下八行第一三字「斗」，資、磧、普、南、徑、清作「升」。

一　八三六頁下一四行「歲紀」，資、磧、普、南、徑、清作「歲祀」。

一　八三六頁下一五行第三字「後」，資、磧、普、南、徑、清作「及」。

一　八三六頁下一九行「攜讓自牧」，資、磧、普、南、徑、清作「曾不渧唾」。

一　八三六頁下二一行首字「人」，諸本作「及」。

一　八三七頁上二行「憂承」，資、磧、普、南、徑、清作「優承」。

一　八三七頁上三行「通流」，資、磧、普、南、徑、清作「通留」。

一　八三七頁上四行「軌道」，資、磧、普、南、徑、清作「軌導」。

一　八三七頁上五行「僧寺」，資、磧、普、南、徑、清作「都寺」。

一　八三七頁上七行「古墟」，資、磧、普、南、徑、清作「古廢」。

一　八三七頁上一二行第一〇字「由」，麗無。

一　八三七頁上一五行末字「挭」，諸本作「梗」。

一　八三七頁上末行「攸興」，資、磧、普、南、徑、清作「厥興」。

一　八三七頁中五行「清厲」，資、磧、普、南、徑、清作「清嚴」。

一　八三七頁中九行「急者」，資、磧、普、南、徑、清作「急要者」。

一　八三七頁中一六行「八十一」，磧、南、徑、清作「八十二」。

一　八三七頁中二二行「梁宋」，資作「梁宗」。

一　八三七頁下二行「意絶」，資、磧、普、南、徑、清作「斯絶」。

一　八三七頁下四行「一區」，資作「一切」。

一　八三七頁下六行「我履」，資、磧、普、南、徑、清作「我顧」。

一　八三七頁下九行「玉撿」，磧、普、南、徑、清作「王檢」。

一　八三七頁下一〇行「君有」，資、磧、普、南、徑、清作「居有」。

一　八三七頁下一一行「儒默」，諸本作「儒墨」。

一　八三七頁下一三行「揄次」，諸本作「榆次」。

一　八三七頁下二〇行「合⿱丞邑」，諸本作「合巹」。

一　八三八頁上二行末字「放」，資、磧、普、南、徑、清作「任」。

一　八三八頁上八行「其情守節」，資、磧、普、南、徑、清作「之便」。

一　八三八頁上一一行末二字至次行首二字「西比千山」，資、磧、普、南作「西北于山」。

一　八三八頁上二一行「勸聚」，資、磧、普、南、徑、清作「歡聚」。

一　八三八頁中二行首字「輙」，諸本作「輟」。

一　八三八頁中四行「投仗」，資、磧、普、南、徑、清作「投伏」。

一　八三八頁中五行「量攉」，資作「置權」。

一　八三八頁中一一行「子弟」，麗作「弟子」。

一　八三八頁中一七行「慕達」，諸本作「慕遠」。又「靈閏」，資、磧、普、南、徑、清作「靈潤」。

一　八三八頁下一行「有潤」，資、磧、普、南、徑、清作「有閏」。

一　八三八頁下三行第五字「清」，資、磧、普、南、徑、清作「漬」。

一　八三八頁下八行第四字「聆」，資、磧、普、南、徑、清作「驗」。

一　八三八頁下九行「不久」，資、磧、普、南、徑、清作「不住」。

一　八三八頁下一四行「礼佛」，磧、普、南、徑、清作「佛禮」。

一　八三八頁下一六行「熏爐」，資、磧、普、南、徑、清作「香爐」。

一　八三九頁上一行「枹腹」，諸本作「抱腹」。又「近百」，諸本作「僅百」。

一　八三九頁上六行「惰者」，諸本作「墮者」。

一　八三九頁上一一行「未筵」，諸本作「末筵」。

一　八三九頁上一三行「不詳」，資、磧、普、南、徑、清作「不知」。

一　八三九頁上二二行「中臺」，資、磧、普、南、徑、清作「中臺東南下三十里大孚靈鷲」。

一　八三九頁中二行末字「發」，資、磧、普、南、徑、清無。

一　八三九頁中三行「蕩神」，資、磧、普、南、徑、清作「澄神」。

一　八三九頁中一二行「皆負」，諸本作「背負」。

一　八三九頁中末行「屬逢」，諸本作「屢逢」。

一　八三九頁下一行「乖逸」，資、磧、普、南、徑、清作「無逸」。

一　八三九頁下三行「竦嗽」，資、磧、普、南、徑、清作「味嗽」。

一　八三九頁下四行「血凝」，資、磧、普、南、徑、清作「凝血」。

一　八三九頁下六行末字「深」，資、磧、普、南、徑、清無。

一　八三九頁下一四行第九字「嘗」，資、磧、普、南、徑、清作「常」。次頁上一行第一三字同。

一　八三九頁下一五行首字「湏」，資、磧、普、南、徑、清作「願」。

一　八三九頁下一六行「無何」，資、磧、普、南、徑、清作「無爲」。

一　八四〇頁上六行「述軄」，徑作「述識」。

一　八四〇頁上一三行「簿知」，諸本作「薄知」。又「希向」，磧、普、南、徑、清作「希何」。

一　八四〇頁上一四行「德業」，資、磧、普、南、徑、清作「要業」。

一　八四〇頁上一七行第四字「博」，磧、普、南、徑、清作「傅」。

一　八四〇頁上一九行「昏塞」，徑作「昏寒」。

一　八四〇頁上二一行第九字「云」，麗作「志」。

一　八四〇頁中二行「不悆」，諸本作「不愈」。

一　八四〇頁中四行末字「竦」，資、磧、普、南、徑、清作「聳」。

一　八四〇頁中八行第三字「即」，資、磧、普、徑無。

一　八四〇頁中一〇行末字「遺」，資、磧、普、南、徑、清作「經」。

一　八四〇頁中一五行首字「師」，資、磧、普、南、徑、清作「法師」。本頁下一〇行第四字同。

一　八四〇頁下二行末字「導」，資、磧、普、南、徑、清作「道」。

一　八四〇頁下四行「說其適緣」，磧、普、南、徑、清作「說甚適緣」。又「遺抱」，南、徑、清作「遺拘」。

一　八四〇頁下一〇行第一二字「云」，資、磧、普、南、徑、清作「曰」。

一　八四〇頁下一三行「又以蓮花乾地而插者」，資、磧、普、南、徑、清作「又以乾地插蓮花不萎者」。

一　八四〇頁下一四行「乃萎」，資、磧、普、南、徑、清無。

一　八四〇頁下一五行「倫通」，麗作「偹通」。又「會此乎」，資、磧、普、南、徑、清作「會此者乎」。

一　八四〇頁下二二行「綏導」，資作「綏導」。

一　八四一頁上八行「頋瞬」，資、磧、普、南、徑、清作「顧眄」。

一　八四一頁上一三行第一二字「達」，資、磧、普、南、徑、清作「逵」。

一　八四一頁上一六行「繼相」，資、磧、普、南、徑、清作「繼想」。

一　八四一頁上一八行「密州」，資、磧、普、南、徑、清作「高密」。

一　八四一頁中四行第三字「匕」，磧、南、清作「匙」。

一　八四一頁中八行「報告」，諸本作「報苦」。

一　八四一頁中九行末字「叶」，資、磧、普、南、清作「呌」。

一　八四一頁中一四行「戴之」，資、磧、普、南、徑、清作「頂戴」。

一　八四一頁中一五行「迴然」，諸本作「迥然」。

一　八四一頁下七行「設計」，資、磧、普、南、徑、清作「投計」。

一　八四一頁下一一行第三字「循」，資、磧、普、南、徑、清作「修」。

一　八四一頁下一五行末字「也」，資、磧、普、南、徑、清無。

一　八四一頁下一七行「茂勝寺」，資、磧、普、南、徑、清作「義勝寺」。又「係業」，資、磧、普、南、徑、清作「繼業」。

一　八四一頁下二〇行「二官」，諸本作「二宮」。

一　八四一頁下二一行「成都人」，資、磧、普、南、徑、清作「郫人姓趙」。

一　八四二頁上一三行「青絜」，諸本作「青絮」。又末字「嫳」，諸本作「弊」。

一　八四二頁上一四行「遮羞」，資、磧、普、南、徑、清作「風寒」。

一　八四二頁上一七行「高遠」，資、磧、普、南、徑、清作「高逈」。

一　八四二頁上一八行首字「在」，資、磧、普、南、徑、清作「在者」。

一　八四二頁上一九行「台州」，麗作「始州」。

一　八四二頁中五行第二字「負」，資、磧、普、南、徑、清作「各負」。

一　八四二頁中七行「七斗」，資、磧、普、南、徑、清作「七升」。又「以猿鳴爲候」，資、磧、普、南、徑、清作「以猿鳥爲侶」。

一　八四二頁中八行「又出流下」，資、磧、普、南、徑、清作「流出于下」。

一　八四二頁中一二行「言話」，資、磧、普、南、徑、清作「言語」。

一　八四二頁中一九行「揚都」，資、磧、普、南、徑、清作「揚州」。

一　八四二頁中二〇行「止觀」，資、磧、普、南、徑、清作「止觀寺」。

一　八四二頁下三行「栖霞」，諸本作「栖霞」。下同。

一　八四二頁下五行末字「涉」，南作「步」。

一　八四二頁下九行「驚悟」，資、磧、普、南、徑、清作「警悟」。

一　八四二頁下一〇行「艱阻」，資、磧、普、南、徑、清作「難供」。

一　八四二頁下一二行第五字「一」，資、磧、普、南、徑、清作「别」。

一　八四二頁下一四行首字「二」，資、磧、普、南、徑、清作「三」。

一　八四三頁上一行第一〇字「村」，資、磧、普、南、徑、清作「村者」。

一　八四三頁上四行第一〇字「矜」，資、磧、普、南、徑、清作「務」。

一　八四三頁上五行「巖險」，資、磧、普、南、徑、清作「巖嫌」。

一　八四三頁上七行「秦州」，資、磧、普、南、徑、清作「泰州」。

一　八四三頁上一一行第一一字「絳」，資、磧、普、南、徑、清作「降」。

一　八四三頁上一三行「却崇」，資、磧、普、南、徑、清作「固崇」。

一　八四三頁上一五行首字「鷹」，資、磧、普、南、徑、清作「獸」；麗作「鴈」。

一　八四三頁中二行「淨榮如雪如水」。資、磧、普、南、徑、清作「淨瑩如氷如雪」。

一　八四三頁中四行「易簀」，麗作「易簀」。又「加滌」，資、磧、普、南、徑、清作「加染」。

一　八四三頁中六行第四字「哥」，諸本作「歌」。

一　八四三頁中九行「引還」，資、磧、普、南、徑、清作「引送」。

一　八四三頁中一〇行「昔住」，資、磧、普、南、徑、清作「昔在」。

一　八四三頁中一二行第八字「銘」，資、磧、普、南、徑、清作「碑銘」。又

末字「云」，至此，磧、普、南、清卷第二十終；徑卷第二十四終。

一　八四三頁中一二行與一三行之間，磧、普、南有卷第二十一一卷傳文；徑有卷第二十五、二十六兩卷傳文；清有卷第二十一上下兩卷傳文。雖卷次分卷不同，而內容相同。這部分傳記爲金藏本缺，玆據清藏本補錄於卷後（並校以資、磧、普、南、徑）。

一　八四三頁中一四行第五字「惑」，資、磧、普、南、徑、清作「感」。

一　八四三頁中一七行「重輕」，清作「重量」。

一　八四三頁中一八行第五字「缺」，資、磧、普、南、徑、清作「決」。

一　八四三頁下六行「勤志」，資、磧、普、南、徑、清作「勤心」。

一　八四三頁下一五行「所算」，資、磧、普、南、徑、清作「所籌」。

一　八四四頁上五行第九字「年」，資、磧、普、南、徑、清無。

一　八四四頁上七行第一二字「乖」，清作「未」。

一　八四四頁上一一行「牟盾」，諸本作「矛盾」。

一　八四四頁上一六行「後五千」，資、磧、普、南、徑、清作「後五千年」。

一　八四四頁中六行「頎世」，諸本作「頃世」。

一　八四四頁中一三行「檐負」，諸本作「擔負」。

一　八四四頁中一八行第一二字「雅」，麗作「耶」。

一　八四四頁下六行末字「羗」，諸本作「羌」。

一　八四四頁下八行「猵淺」，諸本作「褊淺」。又「隳墮」，資、磧、普、南、徑、清作「隨墮」；麗作「隳惰」。

一　八四四頁下一一行第一二字「惑」，資、磧、普、南、徑、清作「域」。

一　八四四頁下一四行「程惑」，資、磧、普、南、徑、清作「逞惑」；麗作「程惑」。

一　八四四頁下一九行「雜定」，諸本作「親定」。

一　八四四頁下二〇行末字「榮」，資、磧、普、南、徑、清作「營」。

一　八四五頁上七行「天庭榮冠」，資、磧、普、南、徑、清作「天廷勞冠」。

一　八四五頁上八行「慧越」，徑、清作「慧超」。

一　八四五頁上一四行「穴隆」，資、磧、普、南、徑、清作「衰隆」。

一　八四五頁上一五行「帝里」，資、磧、普、南、徑、清作「皇帝」。

一　八四五頁上一六行第一一字「摸」，資、磧、普、南、徑、清作「模」。

一　八四五頁中四行第九字「存」，資、磧、普、南、徑、清作「在」。

一　八四五頁中一二行第一二字「迷」，資、磧、普、南、徑、清作「述」。

一　八四五頁中一三行第一一字「形」，資、磧、普、南、徑、清作「刑」。

一　八四五頁中一八行「澄靜」，資、磧、普、南、徑、清作「澄淨」。

一　八四五頁下六行「見或」，諸本作

「見惑」。

一 八四五頁下七行「遠涉」，資、磧、普、南、徑、清作「迷涉」。

一 八四五頁下末行「續高僧傳卷第二十」，磧、普、南作「續高僧傳卷第二十一」；徑作「續高僧傳卷第二十六」；清作「續高僧傳卷第二十一下」。又「習禪終五」，磧、普、南、徑、清無。又末行後，資、磧、普有「又大唐西明寺沙門釋道宣撰見內典録保唐寺藏經」二十一字。

一 八四六頁上一行經名，資、磧、普、南作「續高僧傳卷第二十一」；徑作「續高僧傳卷第二十五」。

一 八四六頁上三行夾註「本傳十三人附見一人」，資、磧、普、南作「本傳二十人附見三人」。

一 八四六頁上五行至一六行傳目，資、磧、普、南冠以「唐」字。

一 八四六頁上一六行與一七行之間，資、磧、普、南有傳目「唐衡岳沙門釋善伏傳十四　唐代州照果寺釋解脱傳十五普明僧天明　唐潤州牛頭沙門釋法融傳十六　唐衡州霖落泉釋惠方傳十七　唐楊州海洛（「海洛」，普作「海陵」）正見寺釋法嚮傳十八　唐蘄州雙峯山釋道信傳十九　唐江漢沙門釋（「釋」，磧無。）惠明傳二十」。

一 八四六頁中九行「數四」，資作「數回」。

一 八四七頁中七行第八字「會」，資、磧、普、南作「王」。又末字「明」，資、普作「什」。

一 八四七頁下九行第一一字「闌」，資、磧、普、徑作「聞」。

一 八四七頁下一〇行第一六字「題」，磧、普、南作「顧」。

一 八四八頁上一行第一一字「未」，資、磧、普作「末」。

一 八四八頁上九行末字「祥」，徑作「詳」。

一 八四八頁上一九行末字「在」，徑作「有」。

一 八四八頁中一行「氷玉」，徑作「氷王」。

一 八四九頁下一八行第五字「者」，磧、南作「首」。

一 八五〇頁下一行第一三字「皆」，資作「背」。

一 八五〇頁下四行第八字「等」，徑作「寺」。

一 八五一頁中一六行第一二字「臉」，資作「瞼」。

一 八五一頁下二行「二十五」，徑作「三十五」。

一 八五一頁下九行末字「忽」，資、普作「怱」。

一 八五二頁中三行「軍帥」，資、磧作「軍師」。

一 八五二頁中七行第二字「按」，資、磧、普作「桉」。

一 八五二頁中一六行末字「鄉」，資、普作「鄕」。

一 八五二頁下七行第一〇字「巳」，磧、普作「色」。

一八五二頁下九行第一〇字「除」，資、普、南作「餘」。
一八五二頁下一二行第一〇字「周」，資、普、南作「用」。
一八五二頁下卷末經名，資、磧、普、南無（末換卷）；徑作「續高僧傳卷第二十五」。
一八五三頁上一行經名，資、磧、普、南無（末換卷）；徑作「續高僧傳卷第二十六」。
一八五三頁上一三行「經卷」，資、普、南作「卷經」。
一八五三頁中一一行末字「常」，資作「嘗」。
一八五三頁中一八行第一二字「忽」，資、磧、普作「忽」。
一八五四頁上一七行第一二字「神」，資、磧、普、南作「禪」。
一八五四頁中一行末字至次行首字「欣州」，資、磧、普、南作「忻州」。
一八五四頁中一八行「思擇」，徑作「思想」。
一八五四頁中末行第一三字「倚」，磧、普作「荷」。
一八五四頁下九行第一一字「拄」，資作「振」。
一八五四頁下一五行第六字「三」，資、磧、普、南、徑作「二」。又第一二字「燦」，資、磧、普、徑作「璨」。
一八五五頁上五行末字「官」，磧、南、徑作「宮」。
一八五五頁上一三行第八字「用」，資作「周」。
一八五五頁中一四行「盱衡」，資作「眄衡」；普、南、徑作「盱衡」。
一八五五頁中一五行第四字「徵」，資作「微」。
一八五五頁中一七行末字「道」，徑作「身」。
一八五五頁中末行「推側」，資、磧、普、南、徑作「推測」。
一八五五頁下一四行「州縣搜討」，徑作「州搜縣討」。又「延之」，資作「近之」。
一八五五頁下一五行第一五字「願」，資、磧、普、南、徑作「顧」。
一八五六頁上七行第一二字「不」，資、磧、普、徑作「有」。
一八五六頁上九行第九字「刻」，資作「劾」。
一八五六頁上一一行「瑟琴」，徑作「琴瑟」。
一八五六頁上一一行「英英」，資作「明英英」。
一八五六頁上末行「良人」，資、磧、普、南、徑作「良久」。
一八五六頁中一七行「不干心」，磧、普作「不于心」。
一八五七頁上六行「不惻」，徑作「不測」。
一八五七頁下末行第一二字「令」，磧、普作「今」。
一八五八頁上六行第五字「如」，資、磧、普、南、徑作「好」。
一八五八頁上七行第五字及第八字「授」，資、磧、普、南作「受」。

一

八五八頁中一二行夾註「此論元遺在二十卷内今竹堂校證合在此卷之後」，資無。又「合在」，普作「合入」。

續高僧傳卷第二十一　　承

大唐西明寺沙門釋道宣撰

釋法超姓孟氏晉陵無錫人也十一出家住靈根寺幼而聰穎篤學無倦從同寺僧護循習經論而雅有深思幽求討擊學論歸仰貧无衣食乞匃自資心性柔軟勞苦非慮晚從安樂寺智稱專攻十誦致名命家語其折衆者數過二百自稱公歿後獨步京邑中歲廢業頗失鴻緒後復綴講衆重般矣帝謂律教乃是象運攸憑覺慧階漸治身滅罪之要三聖由之而歸必不得門如閉目夜行常懼蹈諸坑塹欲使僧尼於五篇七聚導意奬心以超律學之秀勅為都邑僧正廣其弘扇有徒儀表斯立武帝又以律部繁廣臨事難究聽覽餘隙遍尋戒撿附世結文撰為一十四卷号曰出要律儀以少許之詞網羅衆部通下梁境並依詳用普通六年遍集知事及於名解於平等殿勅超講律帝親臨座聽受成規以衆通道俗恐陷於隱且但略舉剛要宜示宏旨三旬將滿文言便竟所以導揚秘部弘悟當機遂得四衆移心朝宰胥悅至七年冬卒於天竺住寺春秋七十有一天子下勅流慰并令有司葬鍾山開善寺墓釋道禪交阯人早出世網立性方嚴修身守戒氷霜例德鄉族道俗咸貴其尅己而重其篤行仙洲山等舊多虎穿禪住居之此災遂遠聞齊竟陵

續高僧傳卷第二十一　第二張　承字号

王大開禪律威張講肆千里引駕同造金陵皆是四海標領人雄道傑禪傳芳藉甚通夜不寐思絫勝集遂奉眞詮乃以永明之初遊歷京室住鍾山雲居下寺聽擬衆部偏以十誦知名經略道化僧尼信奉故有稜威振發以見聲名恬愉誘悟議于風釆都邑受其戒範者數越千人常聽之徒衆不盈百無樂滅覺觀亟留幽谷動踰宵景方尋顧步加復蔬食弊衣華无布口有濟芳美者便隨給貧病知足之富豈得過焉末居于寺舍屏迹山林不交榮世安苦立行人以為憂而禪不改其樂也以大通九年卒于山寺春秋七十矣

釋慧光姓楊氏定州盧人也年十三隨父入洛四月八日往佛陁禪師所從受三歸陁異其眼光外射如焰深惟必有奇操也苦邀留之且令誦經光執卷覽文曾若昔習旁通博義窮諸幽理兼以劇談謠諺態新奇變動物情時談逸口至夏末度而出家所習經誥便為人說辤既清靡理亦高華

時人号之聖沙弥也因獲利養受而還施師為掌之尋用復盡佛陁曰此誠大士之行也便縱而不禁諮請教誡敬而異之然其雅量弘方不拘小節讚毀得失聲色不渝衆益器之而美其遠度陁曰此沙弥非常人也若受大戒宜先聽律律是慧基非智不奉若初依經論必輕戒網邪見滅法障道之元由是因循多授律檢先是四分未廣宣通有道覆律師創開此部製疏六卷但是科文至於提舉宏宗無聞於世故光之所學惟據口傳及年登冠肇學行略周嘗聞言不通華發戒便阻乃往本鄉進受具足博聽律部隨文奉行四夏將登講僧祇律初以唱高和寡詞理精玄漸染津流未遂聽徒雲合光知學功之所致也義須廣周群部乃從辯公采學經論聽說之美聲颺趙都後入洛京搜揚新異南北音字通貫幽微忠為心計之勞事須文記乃方事紙筆綴述所聞兼以意量參互銷釋陁以他日密覩文言乃呼而告曰吾之度子望

傳果向於心耳何乃區區方事世語乎今觀神器已成可為高明法師矣道務非子分也如何自累因而流涕會佛陁任少林寺主勒那初譯十地至後合翻事在別傳光時預霑其席以素習方言通其兩諍取捨由悟經領存焉自此地論流傳命章開釋四分一部草創基茲其華嚴涅槃維摩十地地持等並疏其奧旨而弘演導然文存風骨頗略章句故千載仰其清規衆師奉為宗轄矣司徒高傲曹僕射高隆之及朝臣司馬令狐子儒等齊代名賢重之如聖嘗遇亢旱衆以聞光乃就嵩岳池邊燒香請雨尋即流霪原隰民皆利之又尒朱氏舉兵北伐徵税僧尼用充軍實先立嚴刑敢諫者斬時光任僧官顧五衆乜塞以命直往語世隆曰若當行此税國事不存言既克明事亦遂免其感致幽顯為若此也初在京洛任國僧都後召入鄴綏緝有功轉為國統將終前日乗車向曹行出寺門屋脊自裂既坐判事塊落筆前尋視無從知及

終相因斯乖愈四旬有餘奄化於鄴城大覺寺春秋七十矣光常願生佛境而不定方隅及氣將欲絕大見天宮來下遂乃投誠安養溘從斯卒自光立志貞靜堅存戒業動止安詳衣裳附怙晝夜存道財無盈尺之貯瀞除便織搢以報盡為期偏重行宗四儀無妄其法潔已獨立七衆深崇其操自正道東指弘匠於世則以道安為言初緇素草風廣位聲教則慧光抑其次矣凡所撰勝鬘遺教溫室仁王波若等皆有注釋又再造四分律疏百二十紙後代引之為義節并羯磨戒本咸加刪定被於法侶今咸誦之又著玄宗論大乘義律義章仁王七誡及僧制十八條並文旨清肅見重時世學士道雲早依師稟奉光遺令專弘律部造疏九卷為衆所先成匠極多流衍弥遠加以威容嚴肅動止有儀談吐慈和言行相撿又光門人道暉者連衡雲席情智傲岸不守方偶略雲所製以為七卷間以意會捷度推焉故諺云雲公頭暉公尾洪理

中間著所以是也並存亡失緒嘉績莫尋可為悲哉時光諸學士翹穎如林衆所推仰者十人揀選行解入室惟九有儒生馮袞光乃將入數中袞本冀人通解經史被貢入臺用擬觀國私自惟曰玄素兩教頗曾懷抱至於釋宗生未信重試往候光欲論名理正值上講因而就聽矚其威容聆其清辯文句所指遣滯為先即坐盡虔傷聞其晚頓足稽顙畢命歸依然攻擊病源深明要害我為有本偏所長驅每有名勝道俗来資法藥袞隨病立治信者銜泣故其言曰諸行者不得信此无明昏心覔長覔短聽經學問嚴飾我心須識詐賊覔他道惡不求其長則吾我漸歇特須分踈勿迷自他我過常起熾然法界他道少過便即瞋他常須看心自見多過若思量者雖在世間無有滋味終無數心以未曾我何由有樂此心將我上至非想還下地獄常誘誑我如怨家如愛奴豈可學問長養賊心巧作細作使覔名利造疽妬也故經云當為

心師不師於心八歲能誦百歲不行不救急也時有私寫其言者世号捧心論焉亦有懷本於曾逢境終忘者无勤勵故耳袞在光門伍頭鍛氣常供厨隸曰營飯粥奉僧既了蕩滌凝澱溫煮自資微有香美便留後供夜宿竈前取蒿一束半以藉背半以坐之明相纔動粥便以熟無問陰晴此事常尒午後擔食送彼獄囚往還所經識者開路或至綱人廣衆率先供給若水若火若掃若帚隨其要務莫不預焉口隨說法初不告倦遂卒光門

釋曇隱姓史河内人少猒塵俗早遊佛寺崇奉戒約誦習群經凡三十万言日夜通准以為常業及年滿受具歸宗道覆而聽律部精勵弥久穿鑿逾深後從光公更採精要陶染變通遂為光部之大弟子也乃起步京鄴比悟燕趙定州刺史侯景敬若神仙為之造寺延住供給未還漳濱闡揚斯教僕射高隆之加礼榮異行臺侯景又於鄴東為造大衍寺重引處之弘播戒宗五衆師仰隨問判決文義

雅正時有持律沙門道樂者行解相兼物望同美氣調宏逸或擬連衡故鄴中語曰律宗明略唯有隱樂其為世重如此而隐性樂獨遊不畜弟子財無尺貯祖肯終身衣鉢恒隨誠均鳥翼願旋身轉取辟象迴通律持律時惟一人而已年六十有三終於鄴城大覺寺著鈔四卷門人成器者十餘皆宗其軌轍時有律師洪理者精氣獨架詞釆嚴正預在論擊罕不窀輪著鈔兩卷時共同祕後為沙門智首開散詞義更張經目合成四卷所在咸誦云

釋曇瑗未詳氏族金陵人也才術縱攢子史周綜自幼及長以聽涉馳名數論時宗普經陶述而威嚴羣小不妄登臨矜持有功頗以文華自處時或規諫之者瑗因擺撥前習專征鄙倍弦韋所誥驗于耳目由是名重京邑同例欽焉以戒律處世住持為要乃從諸講席專師十誦功績既著學觀斯張自介恒當元宰鎮講相續有陳之世無與為隣使夫五眾挹其風猷

七貴從其津濟瑗其有之矣常徒講眾二百餘人宣帝下詔國內初受戒者夏未滿五皆參律肆可於都邑大寺廣置聽場仍勑瑗總知監撿明示科舉有司准給衣食勿使經營形累致勸功績瑗既蒙恩詔通誨國僧四遠被徵万里相屬時即搜擢明解詞義者二十餘人一時敷訓眾齊三百于斯時也京邑屯闐行誦相諠國供豐華學人无弊不踰數載道器大增其有學成將還本邑瑗皆聚徒對問理事無疑者方乃遣之由是律學更新上聞天聽帝又下勑榮慰以瑗為國之僧正令住光宅苦辝以任勑特許之而捿託不覺閉門自撿非夫眾集不妄經行慶弔齋會了無通預山泉林竹見便忘反每上鍾阜諸寺偱造道賢觸興賦詩覽物懷古洪偃法師傲岸泉石偏見朋從把臂郊坰同遊故死瑗題樹為詩曰丹陵粉蕣少白水桑苗多浸淫下客淚哀怨動人哥春蹊度猿蔦秋浦浸長莎靡麼自騰倚車騎絕經過蕭條肆野望惆悵

將如何僾續題曰龍田留故死汾水結餘波悵望傷遊目辛酸思緒多涼煙慘高樹濃露變輕蘿澤葵猶帶井池竹下浸荷秋風徒自急無復白雲哥瑗以太建年中卒于住寺春秋八十有二初微疾將現便告眾曰生死對法凡聖俱纏自非極位有心誰免今將就後世力不相由願生來講誨分有宜功彼我齊修用為來習不命與世況浮未成通濟幸諸梵行同思此言終事任量可依成教言訖端坐如定欻然已逝道俗悲泣歎其神志明正不偶緣業有勑依法焚之為音塔建碑于寺著十誦疏十卷戒本羯磨疏各兩卷僧家書儀四卷別集八卷見行於世

釋智文姓陶丹陽人毋齊中書院韜女也懷文之始夢覩梵僧杷松技而授曰介後誕男與為麈尾及文生也卓異恒倫志學之年依寶田智成以為師傅既受具後專搆玄津以戒足分為五乘律撿開成七眾豈止通儞生死亦乃組響道場義須先精方符

佛意值奉誠僧辯威德冠衆解行高
物傳業之盛獨步江表推其領袖則
大明承公文初依辯學後歸承下十
誦諸部因弗通練以梁太同七年靈
味凡官諸寺啓勑請文於光業寺首
開律藏陳群彥均為之檀越故使相
趍常聽二百許人屬梁末禍難乃避
地于閩下復光嶺表時僧宗法准知
名後進皆執卷請益又與真諦同止
晉安故得講譯都會交映法門邊俗
信心於斯風草酒家毀其柞器漁者
焚其罟網僧尼什物於是偹焉有陳
馭寓江海廓清講授門徒弥繁梁季
宣帝命旅剋有淮肥一戰不刃千金
日塵轉輪運力遂倩衆僧文深護正
法不懼嚴誅乃抗詞曰聖上誠異宇
文廢滅三寶君子為國必在礼義豈
宜以勝福田為胥下之役非止延歆
輕漢亦恐致罪尤深有勑許焉事即
停寢尒後凡所詳奏莫非允愜理衆
擯罰咸符時要尚書令濟陽江摠崚
道造房無爽旬月是知學而有祿德
必有鄰法位宜昇衆望悅矣大階草

運別降綸言既屏僧司憲章律府大
軍之後荆棘攸生十濫六群滋彰江
表文又紊法澄翦尋得無聲深可謂
少壯免白髮之賊穢蕪絶青田之藏
矣前後州將南及下車皆專仰年德
罕不修敬柱國武山公郭衍祗敬倍
常躬携妻子到寺檀捨咸設法齋請數
律題抑揚剖析有克壯之姿聽侶千
餘同不睠服以開皇十九年二月二
十日遷于住寺春秋九十有一即定
寺之南山東龍與辯律師墓相望自
文之據道也器宇對物風範肅人戒
品圓淨屢斷明白然剖析章句詞旨
義富衆家修撰罕有能出其右者又
金陵軍火遺燼莫留乃捨志肯治惟
新舊疏論十誦八十五遍大小乘戒
心羯磨等二十餘遍金光遺教等各
有卷焉著律義疏十二卷羯磨疏四
卷菩薩戒疏兩卷學門傳貴以為口
實僧尼從受戒者三千餘人學士分
講者則寶定慧峙慧曒智昇慧覺等
惟道志法成雙美竹箭擁從建業文
昔夢泛舟海釣獲二大魚心甚異之

及於東安寺講麈尾纔振兩岸俱落
深怯其事以詢建初瓊上乃曰斯吉
之先見必有二龍傳公講者其言果
矣志名解寂優太尉晉王家僧礼異
以仁壽之歲志為樹碑内慧日道場
釋法論為文

釋法願姓任西河人也性警達頗自
高上而拔致窮玄不偶儕侶東觀道化
遂達鄴都形廁白衣言揚緇服齊昭
玄大統法上嘉其神慧與語終朝深
通志梗因攝而剃落日賜幽奥擯勵
時倫乃恣其遊博願勇思風馳周行
講席求法無怠問道新奇後乃仰蹤
波離專經律部網羅佛治舟廷僧猷
自東夏所傳四部律本並製義疏妙
會異同當有齊之盛律徒飈舉法正
一部各競前驅雲公創敘綱摸暉上
刪其纖芥法願霜情啓旦孤映羣篇
挫拉言初流威滅後所以屢歷談對
衆皆杜詞故得立破衆家百有餘計
並莫敢當其鋒鋭也時以其彭亨罕
敵号之為律虎焉至於斷處事途多
從文相商度結正僉義攸歸迺下勑

巳為大莊嚴石窟二寺上座皇隋受
命又勅任并州大興國寺主頻登經
管善御大衆化移前政實濟濟焉以
開皇七年六月二十一日終於所住春
秋六十有四葬于弁城之西建塔崇
範所製律跡惟四分一本十卷是非
鈔兩卷見存餘並零失有弟子道行
者器局淹和親傳師授善撥悟明控
引談述蹤旨不墜厥宗每至講散身
導學徒遠於願塔致敬覈叐春秋至
節此例恒修今年八十有餘猶鋪跡
指撝示諸測隱時又有沙門道龕資
學於願執教赴行學望審優成進初
心弘持晚秀為時歎美而素尚兢肅
遵若文宗繞有違忤即不叅籙故説
戒序引有言唱白之者既無正制号
為非法雖初從衆侶後必重張乃出
郭結界更說新本斯亦貞梗之嚴令
也太為尅峭未是倫通至今此部猶
多滯結云
釋靈藏俗姓王氏雍州新豐人也年
未登學志慕情遠依隨和上頴律師
而出家焉藏承遵出要善達持犯僧

祇一部世稱冠冕於智度論講解无
遺妙尚冲虛兼崇經務時屬周初佛
法全滅國家年别大度僧尼以藏識
解淹明銓品行業若講若誦卷部衆
多隨有文義莫不周鏡時共測量通
經了意最為第一藏之本師素鍾
華望為太祖隋公所重道義斯洽得
喆相符藏與高祖布衣知友情欵綢
狎及龍飛兹始弥結深衷礼讓崇敦
光價朝宰移都南阜任選形勝而置
國寺藏以朝宰惟重佛法攸憑乃擇
京都中會路均近遠於遵善坊天衢
之左而置寺焉今之大興善是也自
斯已後中使重沓礼遇轉隆厚味嘉
肴客舉封送王人繼至接軫相趍又
勑左右僕射兩日一条坐以鎮之與
語而退時教綱初張名德雲擁皆陳
聲望莫與爭雄宮闈嚴衛来往難阻
帝卒須見頻闕朝謁乃勅諸門不須
安籍任藏往返及處内禁與帝等倫
坐必同榻行必同轝經綸國務雅會
天覽有時住宿即迹寢殿賜之費
蓋无竟矣開皇四年関輔亢旱帝引

民衆就給洛州勑藏同行共通聖化
既達所在歸投極多帝聞之告曰弟
子是俗人天子律師為道人天子有
樂離俗者任師度之遂依而度前後
數萬晚以事聞帝大悅曰律師度人
為善弟子禁人為惡言雖有異意則
不殊至於隋運譯經勝緣貴集身先
衆範言會時望未知寺任經正有聲
開皇六年卒於所住春秋六十有八
葬于南郊
釋道成字明範俗姓陶氏丹陽人也
祖誕齊拓遠將軍永嘉太守父僉梁
貞威將軍上虞令成少而入道住永
嘉崇玄寺事式法師為弟子儀貞環
美奇姿拔衆羣伍目日神童具戒之
後學超儕輩大同之初挿遊京輦受
業奉誠寺大律都沙門智文十誦纔
經兩遍年逾未立别肆開筵數論毗
曇涤神便悟无繁工倍聞一十知是
以京邑耆老咸稱後生可畏講十誦
律菩薩戒大品法華諸經律等一百
四十遍又講觀音一日三遍著律大
本羯磨諸經疏三十六卷至於意樹

心化增暉旦曜折理質疑聽者忘倦
學士慧藏法祥等並遊方講說法輪
常轉傳茲後焰利益弘多咸疏素絜
已殊戒居心神解嚴明深禪在念兼
六時虔懺三餘暇日戲獵文史欲令
知無不為也然其性用安庠威儀合
度天人摸楷罕有其儔軟語受言不
常忤物後現疾旬餘猶牽講演以開
皇十九年五月五日遷神於興嚴寺
春秋六十有八大漸之際惟稱念佛
肢節軟暖合掌分明即以其月八日
窆於奉誠寺之南山墓誌高坐寺僧
慧瑳所作
釋通幽姓趙氏河東蒲坂人幼齡遺
世早慕玄風弱冠加年遂霑僧伍而
貞心苦節寒暑不虧尋師訪道夷嶮
無變遇周齊淩亂遠涉江皐棄架金
陵素氣攸遠及大隋開運還歸渭陰
味法泰其生平操竹分其容止至於
弘宣示教則以毗尼唱首調御心神
仍用三昧遊適故戒定兩藏惣萃胷
襟學門爯敬遠近斯赴曉貫籍延興
時當草創土木凡石工匠同舉而事

歸天造形命未淪隨所運為无非損
壹幽戒約内結仁洽外弘立四大井
各施瀝具凡有強用躬自詳觀馳赴
百工曉夜無猒皆將送蟲豸得存性
命故延興一寺獨免刑殘自餘締搆
馬難復叙而絜己自勵罕附斯倫每
欲開經必盥手及腕齊肘已後猶從
常淨舉經對目辟不下垂房宇覆處
未嘗漯漱涕唾反咽不棄寺中便利
洗淨乃終其報又自生常不用巾幞
手濕則任其自乾三衣則重被其體
自外道具僅支時要每自嘆曰生不
切一片之善死不酬一豪之累虛負
靈神何期悞也遂誡弟子曰吾變常
之後幸以殘身遺諸禽獸儻蒙少福
冀滅餘殃忽以大業元年正月十五
日端坐卒於延興寺房春秋五十有
七弟子等徒其先志林葬於終南之
山至相前峯火燎餘骸立塔存矣
釋洪遵姓時氏相州人也八歲出家
從師請業屢高聲駕及受具後專學
律部心生重敬内自惟曰出家基趾
其存戒乎住持万載被于遺教諒非

虛矣更辞師友遊方聽習履涉相京
諮訪深義有所未喻決問罕通三夏
將滿遂知大旨初住嵩高少林寺依
資雲公開胷律要并及華嚴大論前
後參聽並扣其關户渙然大明承鄴
下暉公盛弘四分因往從焉聽徒五
百多以巧媚自通覆講堅論了無命
及暉寔律學名匠而智或先圖遵固
解冠時倫全不以曲私在慮後因盛
集異學充堂遵乃東暉製疏捧入堂
中日伏膺有日都未見知是則師資
兩云敢以文疏仰及便置之坐上往
覆雲所既屬捨見來降即命登座覆
述吐納纖隱衆仰如山自後專預正
時結徒畢業以戒律旁義有會他部
者乃重聽大論毗曇開發津輿又以
心使未静就諸禪林學調順法年踰
十臘方歸律宗四遠望風堂盈千計
時為榮大也齊主既敬教門言承付
屬五衆有墜憲網者皆據内律治之
以遵學聲早舉榮授為斷事沙門時
青齊諸衆連諍經久乃徹天聽无由
息訟下勑令往遵以法和喻以律科

懲曲感物情繁諍自弭由是更增時美法侶欣之及齊曆將季擅名逾遠而非類不交惟道同輸名儒大德見輙暮從常與慧遠等名僧通宵造晝周平齊日隠于白鹿巖中及宣政搜揚被舉住於嵩岳德不孤峙衆復乇歸大隋廓定招賢四海開皇七年下勑追詣京闕與五大德同時奉見特蒙勞引令住興善并十弟子四事供養十一年中又勑與天竺僧共譯梵文至十六年復勑請為講律衆主於崇敬寺聚徒成業先是関内素奉僧祇習俗生常忞聞異學乍講四分人聽全稀還是東川讃擊成務遵欲廣流法味理任權機乃旦剖法華晚揚法正來為開經説為通律屢停炎澳漸致附宗開導四分一人而已迄至于今僧祇絶唱遵為人形儀儒推動據規猷而神辯如泉聲相鍾皷頂昇法位罕有昏睡開悟之勳寔難嗣焉仁壽二年勑送舍利于衛州之福聚寺將出示衆乃放紅赤二光晃發遠近照灼人目道俗同覩大生慶悅

仁壽四年下詔曰朕祗受肇命撫育生民遵奉聖教重興象法而如來大慈覆護群品感見舍利開導含生朕已分布遠近皆起靈塔其間諸州猶有未遍今更請大德奉送舍利各往諸州依前造塔所請之僧必須德行可尊善解法相使能宣揚佛教感悟愚迷宜集諸寺三綱詳共推擇録以奏聞當與一切蒼生同斯福業遵乃搜舉名解者用承上命登又下勑三十餘州一時同送遵又蒙使於博州起塔初至州西有白鵲數十頭當於轝上旋遶數匝久之而逝及至城東隆聖寺置塔之所夜有白光數十道道如車軸住于基上邊有鳥巢樹上及光之洞明衆鳥驚散又雨銀花委地光耀如雪掘基五尺獲栗半升夜降神仙八十四人持華遶塔久乃方隠又婦人李氏患目二十餘年及來礼拜兩目齊見後行道之夕又放赤光照寺東房見卧佛及坐佛説法之像復見梵僧對架讀經經查十四字皆是梵書時人不識及四月八日當下塔

時感黑蜂無數銜香遶塔氣蔚且熏不同人世又見白蓮花在塔四角高數百丈花葉分布下垂於空時間五彩蓮花廁填其內又見天人燒香而左轉者於是揔集而觀歎未曾有屬目不見者非無一二及下覆訖諸相皆止遵於京邑盛開律儀名駭昔人而傳叙玄宗其後盖闕又著大純鈔五卷用通律典尋又下勑令知寺任弼諧僧衆亟光徽績以大業四年五月十九日卒於興善春秋七十有九隋初又有道洪法勝洪淵等並以律學著名洪據相州紹通雲肅容止沉正宣解有儀學門七百亟程弘量故諸經論之士將欲導世者皆停洪講席觀其風略採為軌躅勝博涉有功而言行無副神志高卓時共潛推但身令未廣故聽徒簡略淵學承遵統化被中山經維正象有聲幽冀年代非遠並不測其終

釋覺朗俗姓未詳河東人住大興善寺明四分律及大涅槃而氣骨陵人形聲動物遊諸街巷罕不顧之仁壽

四年下勅令送舍利于絳州覺成寺初達治所出示道俗勇瑩瓶分為七分光照徹外穿基二丈得粟半升又感黃雀一頭飛迫於人全無怖懼馴擾佛堂久便自失又石函蓋上見二菩薩踞坐寶座前有一尼歛手曲敬或見飛仙及三黃雀并及雙樹鱗鳳等象將下三日常放光明乃迷晝夜朗過燈燿有掩堂滅炬者而光色逾盛溢于幽障玄素通感榮慶相誼朗具表聞廣如別傳大業之末有勅令知大禪定道場主鎮壓豪横怗然向風漸潤道化頗懷欽重不久卒於所住時又有沙門海藏識信堅正宗仰律司屢講四分少有傳嗣唐運置十大德藏其一焉又有法鏘律師本住靜法寺猒煩梗南栖太和幽居養志不塵僧衆孤行巖岫偃息松林服餌守中賞心唯識亦搔索之開士也及終沒後露骸山側至夜有燈照之道俗往觀失燈所在遠望還見動經兩月光照逾明

釋慧主俗姓賈氏始州永歸縣人六

歲出家為斌法師弟子後令誦遺教一夕便度以經驗師多有乖越便捨之而往姜律師所誦法華經寺東房中講於俗律試聽一遍性若曾聞乃問十関無能解者刺史以下合州白黑皆往諮問莫不歸伏始州一部祖宗道衆即為州内律主受菩薩戒既尒約束以佛為師尚不敬天况礼神道於是佛法方得開弘於黃安縣造寺七所梓潼縣造十寺武連縣造三寺從彼至今方將威矣初主登冠欲受具足當境無人乃入京選德於甘露寺受戒惟聽四分餘義傍通夢見三日二夜天地闇冥衆生無眼過此忽明眼還明淨覺已汗流一百日後周毀經道方知徵應即返故鄉南山藏伏惟食松葉異類禽獸同集無聲或有山神送伏苓甘松香來獲此供養六時行道禽獸隨行礼佛誦經似如聽者仍為幽顯受菩薩戒後有獼猴羣共治道主曰汝性躁擾作此何為曰時君異也佛曰通也深怙此言尋尒更有異祥龍飛獸集香氣充山

其類衆矣後有八人採弓材者甚大驚駭便慰主曰聖君出世時号開皇矣即將出山以事奏聞蒙預出家大業中勅還本州香林寺常弘四分為業武德之始陵陽公臨益州素少信心將百餘馱物行至始州令於寺内講堂佛殿僧房安置無敢違者主從衣出歎曰死活今日矣舉觜諸驢騾疰還見斯穢雜即入房中取錫杖三一時倒仆如死兩手各擎一馱擲棄坑中州縣官人驚怖執主狀申陵陽大笑一死所怙書曰弟子數病不逢害鬼蒙得律師破慳貪袋深為大利令附沉香十斤紬綾十段仰贈後還京日從受菩薩戒焉貞觀三年寺有明禪師者清卓不羣白日獨坐見無半身向衆述曰吾與律師建立此寺兩人同心忽失半身將不律師先去不者明其死矣明日食時俗人驚云寺家設會耶見有四路客僧數千人入寺令何所在尋尒午時主便無疾而逝春秋八十九矣

釋智保河東人弱齡入道清慎居心

而在性剛謇不軌流俗進受具後正
業禁司擁節專制挺超羣侶博聽異
解貫練心神發立文言大觀掌內所
以律部遐被寔賴斯人故能維攝自
他言行相守至於流略墳素頗獲其
宗談對玄儒不後其術筆記之工時
揚大義緣情流采嗣接英華初住勝
光末居禪定國供豊積受用多虧所
以名僧大德日陳形器憑准神解可
以言傳至於衣食資求未能清潔僧
衆四百同食一堂新菜果瓜多選香
美保任日仰手依法受之任得甘苦
隨便進噉皆留子實恐傷種相由知
法者少疑未詳撿其知量敬護皆若
此也後返勝光屬業弥峻園蔬溉灌
水雜細蟲直歲高視但論事辦保念
此無辜交被刑害躬執漉具達送方
還寺有草物堪為僧用者必拾掇鳩
聚身送厨帳其雜行紛綸誠難備舉
以武德末年遘疾將漸而正氣明爽
告友人慧滿曰余其死矣而精神不
得超勝如何有問意故荅云覩其来
蔭似作守寺之神耳而止于西院佛

殿余類以法遣之率不能離言訖便
絶自余所陳殿宇人罕獨登時須開
入無不毒然毛動及後百日嘗有老
姥內懷酒食將遣諸僧行至寺門忽
被神害身死委地器物流離斯亦嚴
厲之所致也故僧侶懾其風威有涉
鄙悋者皆懾而悛正矣自保之據道
卓秀出羣一食充軀雖經病重不變
前節不宿俗舍常止僧坊雖曾遠涉
必栖林野三衣常被瓶鉢自隨不執
俗器不觀音樂五兵六法揩不身經
俗器不觀音樂五兵六法揩不身經
理會高僧聞便起仰故每日再講必
瓶鉢自隨肅然成風無累於教處衆
而食曾無盈長殘水餘膩並以餅拭
而噉之一滴無遺恐損施福故也嘗
遇重病每食有餘一兩匕者停貯多
日可得并許親看温煑命淨人食之
有問其故荅曰僧食難棄不可妄輕
業耳傳者目驗生常景行故直筆書
其弘護之相焉又嘗患瘧寒則水淋
熱則火炙渴則急塩塞其口瘌則絶
食取差斯徒衆矣

釋智詵字慧成姓徐本徐州人炫法
師之弟也少聰敏有志節在蜀遊
學務勤律肆會周陵法因事入關
不果所期遂隱南嶺終南太白形
影相吊有隋革命光啓正法招賢
碩德率先僧首即於長安敷揚律
藏益州揔管蜀王秀奏請還蜀王
自出迎住法聚寺道俗歸崇寺設
大齋無不来赴將食挺笏問炫法
師曰此處護淨不荅曰初還未得
撿挍承道不護淨乃擲笏而起曰
寧噉屠兒食此洋銅何得噉也諸
僧數千一時都散其嚴忌若此故其
在衆屏氣寂然性不受施不妄干
物有僧道恢為人兇險遥見走避
人曰卿從来不畏一人何故畏詵律
師耶荅曰此佛法中王那得不畏人
曰以恢公膂力可敵律師百人耶
荅曰縱敵千人適見百脉已沉四支
不舉何敵之有乎後以人請戒禁行
將諠擾乃辭入龍居山寺幽栖深阻
軌迹不通延出辟疾意欲登劍閣
廓清井絡與詵書令歸國化使略

續高僧傳卷第二十一　第三十張　承字号

答云辱使至止并以誠言披閱循環一言三復文清淥水理破秋毫貧道戎行多闕化術無方宅身荒谷四十餘載狎魚鳥以雅歌習禪那思般若以此卒歲分填溝壑不謂耆年有幸運屬休明伏惟相王殿下德隆三古道振百王公攘辭而歸舊里衣錦而旋本邑百姓有再生之期万物起息肩之望搢紳君子捧玉帛而来儀慷慨丈夫委干戈而伏道昔長卿返蜀徒擅清文鄧艾前来未能偃武公華陽甲族井絡名家捧日登朝懷金問道劍南長幼並俟来蘇豈藉嶽風自然草靡當勸諸首領越境參迎秀得書示軍衆先作礼曰人物争歸律師之力也以武德元年十月一日平居而逝年八十矣

續高僧傳卷第二十一

續高僧傳卷第二十一

校勘記

一　底本，金藏廣勝寺本。八六九頁中一行至七行原版漫漶，以麗藏本換。

一　八六九頁中一行經名，資、磧、普、南、清作「續高僧傳卷第二十二」；徑作「續高僧傳卷第二十七」，卷末經名同。

一　八六九頁中三行「正傳十五附見十二」，徑、清作「正傳十五人附見十二人」。

一　八六九頁中五行首字「梁」，徑、清無。

一　八六九頁中六行小字「道暉馮居士」，磧作「道馮居士」。

一　八六九頁中七行首字「齊」，徑、清無。又「曇隱」，普、南、徑、清作「雲隱」。

一　八六九頁中九行首字「陳」，徑、清無。

一　八六九頁中一〇行「大興國寺」，資、磧、普、南、徑、清作「并州大興國寺」。

一　八六九頁中一一行首字「隋」，徑、清無。下至一五行首字同。

一　八六九頁中一二行「通幽傳」，徑、清作「道成傳」。

一　八六九頁中一三行「道成傳」，徑、清作「通幽傳」。

一　八六九頁中一六行小字右首字「唐」，徑、清無。又小字左首字同。

一　八六九頁中二〇行「歸仰」，資、磧、普、南、徑、清作「歸鄉」。

一　八六九頁中末行「致名」，資、磧、普、南、徑、清作「致召」。

一　八六九頁下三行「覺慧」，資、磧、普、南、徑、清作「學慧」。

一　八六九頁下五行第三字「門」，資、磧、普、南、徑、清作「闕」。

一　八六九頁下一四行末字「且」，諸本（不含石，下同）作「目」。

一　八六九頁下一五行「剛要」，資、磧、

普、南、徑、清作「綱要」。

一　八六九頁下一九行「流慰」，資、磧、普、南、徑、清作「疏慰」。

一　八六九頁下二二行「仙洲山等」，諸本作「仙洲山寺」。

一　八七〇頁上一六行「盧人」，資、磧、普、南、徑、清作「長盧人」。

一　八七〇頁上二〇行第九字「通」，資、磧、普、南作「樂」。

一　八七〇頁上二一行第九字「態」，資、磧、普、南、徑、清作「態出」。

一　八七〇頁上二二行第六字「至」，資、磧、普、南、徑、清作「至于」。

一　八七〇頁中三行第一三字「請」，資、磧、普、南、徑、清無。

一　八七〇頁中四行「異之」，資、磧、普、南、徑、清作「異焉」。

一　八七〇頁中九行第四字「元」，資、磧、普、南、徑、清作「源」。

一　八七〇頁中一〇行「四分」，徑作「四方」。

一　八七〇頁中一三行第一〇字「沓」，資、磧、普、南作「當」；徑、清作「常」。

一　八七〇頁中一四行第二字「發」，資、磧、普、南、徑、清作「登」。

一　八七〇頁中一五行「隨文」，資、磧、普、南、徑、清作「隨聞」。

一　八七〇頁中一九行「趙都」，資、磧、普、南、徑、清作「趙郡」。

一　八七〇頁中二〇行第一二字「患」，麗作「悉」。

一　八七〇頁下一三行「沓遇」，資、磧、普、南、徑、清作「常遇」。

一　八七〇頁下一九行「不存」，資、磧、普、南、徑、清作「不在」。

一　八七〇頁下末行末字「及」，資、磧、普、南、徑、清作「乃」。

一　八七一頁上一行第六字「愈」，諸本作「念」。

一　八七一頁上六行第三字「怙」，諸本作「怙」。

一　八七一頁上一三行第一〇字「爲」，資、磧、普、南、徑、清作「以爲」。

一　八七一頁上一五行「義律義章」，資、磧、普、南、徑、清作「儀律章」。

一　八七一頁上二二行首字「偶」，諸本作「隅」。又「間以」，資、磧、普、南、徑、清作「聞以」。

一　八七一頁中一行「失緒」，麗作「有緒」。

一　八七一頁中三行「揀選」，資、磧、普、南、徑、清作「投選」。

一　八七一頁中一〇行末字「然」，資、磧、普、南、徑、清作「然其」。

一　八七一頁中一五行「道惡」，資、磧、普、南、徑、清作「過惡」。

一　八七一頁中一八行「自臣」，資、磧、普、南、徑、清作「自己」。

一　八七一頁中二〇行第三字「未」，資、磧、普、南、徑、清作「味」。

一　八七一頁中末行「當爲」，資、磧、普、南、徑、清作「常爲」。

一　八七一頁下一〇行「綢人」，資、磧、普、南、徑、清作「稠人」。

一　八七一頁下一三行「河內人」，資、磧、普、南、徑、清作「河內人也」。

一八七一頁下二〇行「未還」，諸本作「末還」。
一八七二頁上四行「弟子」，資、磧、普、南、徑、清作「子弟」。
一八七二頁上一二行第六字「更」，資、磧、普、南、徑、清作「雅」。
一八七二頁上一六行第五字「普」，資、磧、普、南、徑、清作「並」。
一八七二頁中一行第八字「其」，資、磧、普、南、徑、清無。
一八七二頁中四行第八字「瑗」，資、磧、普、南、徑、清作「瑗公」。
一八七二頁中一五行「閑門」，資、磧、普、南、徑、清作「閑房」。
一八七二頁中一六行「不妄」，資、磧、普、南、徑、清作「不忘」。
一八七二頁中一七行末字「脩」，資、磧、普、南、徑、清作「修」。
一八七二頁中二〇行「丹陵粉葉少」，資、磧、普、南、徑、清作「丹陽松葉少」。
一八七二頁中二一行末字至次行首字「人哥」，資、磧、普、南、徑、清作「民歌」；麗作「人歌」。
一八七二頁中二二行第五字「𢪃」，資、磧、普、南、徑、清作「短」。
一八七二頁下三行首字「煙」，資、磧、普、南、徑、清作「飈」。
一八七二頁下六行第六字「疾」，資、磧、普、南、徑、清作「疫」。
一八七二頁下一二行「悲泣」，資、磧、普、南、徑、清作「悲涼」。
一八七二頁下一六行末字「世」，徑、清作「世間」。
一八七二頁下一七行第一三字「院」，資作「阮」；麗作「完」。
一八七二頁下二一行第九字「搆」，麗作「講」。
一八七三頁上二行首字「物」，資、磧、普、南、徑、清作「物外」。又第五字「盛」，資、磧、普、南、徑、清作「感」。
一八七三頁上五行第二字「凡」，資、磧、普、南、徑、清作「瓦」。
一八七三頁上六行「陳群」，諸本作「陳郡」。又「般均」，磧、普、南、徑、清作「殷鈞」。
一八七三頁上一一行「柞器」，資、磧、普、南、徑、清作「笮器」。
一八七三頁上一三行「廓清」，資、磧、普、南、徑、清作「清宴」。又「梁季」，資、磧、普、南、徑、清作「季代」。
一八七三頁上一四行「淮肥」，諸本作「淮淝」。
一八七三頁上一八行第三字「勝」，資、磧、普、南、徑、清作「勝上」。
一八七三頁上二一行末字「嵦」，資、磧、普、南、徑、清作「踵」。
一八七三頁中八行第九字「壯」，資、磧、普、南、徑、清作「拔」。
一八七三頁中一〇行「還于住寺」，資、磧、普、南、徑、清作「還神于寺房」。
一八七三頁中一四行第九字「能」，資、磧、普、南、徑、清無。
一八七三頁中一九行「學門」，資、磧、普、南、徑、清作「門人」。

一八七三頁下二行第一〇字「上」，資、磧、普、南、徑、清作「上人」。又末字「吉」，麗作「告」。

一八七三頁下四行「礼異」，麗作「礼待」。

一八七三頁下五行第一〇字「內」，資、磧、普、南、徑、清作「寺內」。

一八七三頁下一一行第三字「梗」，資、磧、普、南、徑、清作「便」。又「搆勵」，資、磧、普、南、徑、清作「横厲」。

一八七三頁下一四行「佛治」，資、磧、普、南、徑、清作「佛法」。

一八七三頁下一六行「飈舉」，資、磧、普、南、徑、清作「雲舉」。

一八七三頁下一九行「言初」，資、磧、普、南、徑、清作「言前」。

一八七三頁下二一行「彭亨」，磧、普、南、徑、清作「憉悙」。

一八七四頁上四行「二十一日」，諸本作「二十二日」。

一八七四頁上一二行首字「指」，資、磧、普、徑、麗作「旨」。又第五字「測」，資、磧、普、南、徑、清作「側」。

一八七四頁上一四行第四字「晚」，麗作「獨」。又第七字「時」，資、磧、普、南、徑、清作「時人」。

一八七四頁上一九行「剋峭」，資、磧、普、南、徑、清作「剋削」。

一八七四頁上二二行「情遠」，資、磧、普、南、徑、清作「清遠」。

一八七四頁中一一行第六字「宰」，資、磧、普、南、徑、清作「寄」。

一八七四頁中一八行「難阻」，資、磧、普、南、徑、清作「艱阻」。

一八七四頁中二二行「天覧」，麗作「天鑒」。

一八七四頁下一九行「聞一十知」，諸本作「聞一知十」。

一八七四頁下二二行「一日三遍」，資、磧、普、南、徑、清作「一百二遍」。

一八七五頁上一行「旦曜」，資、磧、普、南、徑、清作「且曜」。又「折理」，諸本作「析理」。

一八七五頁上五行第九字「獻」，資、磧、普、南、徑、清作「漁」。

一八七五頁上七行第四字「摸」，資、磧、普、南、徑、清作「模」。又第一二字「受」，諸本作「愛」。

一八七五頁上八行「忤物」，諸本作「忤物」。又「講演」，資、磧、普、南、徑、清作「講說」。

一八七五頁上一五行「僧件」，資、磧、普、南、徑、清作「僧伍」。

一八七五頁上一九行「操竹」，磧、普、南、徑、清、麗作「操行」。

一八七五頁上末行「凡石」，諸本作「瓦石」。

一八七五頁中二行第八字「浴」，諸本作「洽」。

一八七五頁中三行第七字「弛」，諸本作「施」。

一八七五頁中五行「刑殘」，磧、普、南、徑、清作「形殘」。

一八七五頁中一四行第四字「期」，資、磧、普、南、徑、清作「斯」。

一八七五頁中末行第二字「存」，資、磧、普、南、徑、清作「在」。

一八七五頁下七行「堅論」，資、磧、普、徑作「竪論」。

一八七五頁下末行「恚訟」，資、磧、普、徑、麗作「息訟」。

一八七六頁上四行「暮徒」，諸本作「慕從」。

一八七六頁上五行首字「晝」，諸本作「盡」。

一八七六頁上一六行「開經」，資、磧、普、南、徑、清作「聞經」。

一八七六頁上一七行首字「澳」，資、磧、普、南、徑、清作「燠」。

一八七六頁上二〇行「昏睡」，諸本作「昏漢」。

一八七六頁中二〇行「之夕」，普作「之久」。

一八七六頁中二二行第八字「經」，麗無。

一八七六頁下五行末字「屬」，資、磧、普、南、徑、清作「矚」。

一八七六頁下七行「律儀」，資、磧、普、南、徑、清作「律種」。

一八七六頁下一八行「學承」，資、磧、普、南、徑、清作「學業」。

一八七七頁上二行「勇出」，諸本作「涌出」。

一八七七頁上三行「粟半升」，資、磧、普、南、徑、清作「粟米一升」。

一八七七頁上五行首字「擾」，資、磧、普、南、徑、清作「遶」。

一八七七頁上一二行末字「向」，資、磧、普、南、徑、清作「回」。

一八七七頁上一八行「不塵」，磧、普、南、徑、清作「不厠」。

一八七七頁中七行第九字「主」，資、磧、普、南、徑、清作「生」。

一八七七頁中八行第一三字「礼」，資、磧、普、南、徑、清作「復」。

一八七七頁中二〇行「聽者」，資、磧、普、南、徑、清作「聽仰」。

一八七七頁中二二行「此言」，資、磧、普、南、徑、清作「其言」。

一八七七頁下九行第一一字「牧」，諸本作「杖」。

一八七七頁下一二行「大笑」，資、磧、普、南、徑、清作「大喜」。

一八七七頁下一九行「驚云」，磧、普、南、徑、清作「驚去」。

一八七八頁上五行「墳素」，資、磧、普、南、徑、清作「墳索」。

一八七八頁上一〇行「清滌」，資、磧、普、南、徑、清作「清洗」。

一八七八頁上一七行「達送」，資、磧、普、南、徑、清作「送達」。

一八七八頁中一行第三字「類」，資、磧、普、徑作「頻」。又「遣之」，資、磧、普、南、徑、清作「遺之」。

一八七八頁中二行第三字「余」，諸本作「爾」。

一八七八頁中三行「盡然」，資、磧、普、南、徑、清作「歘然」。

一八七八頁中四行首字「姥」，資、磧、普、南、徑、清作「嫗」。

一八七八頁中五行「器物」，資、磧、

普、南、徑、清作「酒器」。

一　八七八頁中八行「病重」，資、磧、普、南、徑、清作「疾重」。

一　八七八頁中九行第五字「悋」，諸本作「俗」。

一　八七八頁中一一行「不觀音樂五兵六法」，資、磧、普、南、徑、清作「不親音樂五岳六府」。

一　八七八頁中一二行首字至末字，「俗……經」，諸本無。

一　八七八頁中一三行「起仰」，諸本作「赴仰」。

一　八七八頁中一五行「盈長」，資、磧、普、南、清作「羸長」。又「餘膩」，資、磧、普作「餘賊」；南作「餘瀝」；徑清作「餘濺」。

一　八七八頁中一六行末字「嘗」，資、磧、普、南、徑、清作「常」。

一　八七八頁中一七行「每食有餘」，資、磧、普、南、徑、清作「每有食食餘」。

一　八七八頁中二〇行首字「業」，清作「棄」。又末字「書」，資、磧、普、徑作「舒」。

一　八七八頁中二二行第六字「則」，資、磧、普、南、徑、清無。

一　八七八頁中末行首字「食」，資、磧、普、南、徑、清作「其食」。

一　八七八頁下一七行第一〇字「鄅」，諸本作「那」。

一　八七八頁下一八行「可敵」，資、磧、普、南、徑、清作「可不敵」。

一　八七八頁下末行第一二字「使」，資、磧、普、南、徑、清作「便」。

一　八七九頁上六行首字「耆」，諸本作「者」。

一　八七九頁上一三行第二字「井」，麗作「未」。

一　八七九頁上一五行末字「秀」，資、磧、普、南、徑、清作「擕」。

一　八七九頁上一八行首字「平」，資、磧、普、南、徑、清作「卒」。

續高僧傳卷第二十二　　承

大唐西明寺沙門釋道宣撰

明律下　正傳九　附見七

釋智首姓皇甫氏其源即安定玄晏先生之後也家世丘園索居物表隨官流寓徙宅漳濱而幼抱貞亮夙標雄傑齠年離俗馳譽鄉邦初投相州雲門寺智旻而出家焉旻亦禪府龍驤心學翹望即稠公之神足也以首歲居學稚且略禁科摧示五門擁其三業而神慧所指不慕下流覽屬遺教戒為師本定慧衆善自此而繁義理相符敢違先誥所以每值律徒潛聲諮問隨聞弘範如說修行由是五衆分驗莫不就而請謁俄而毋氏辭世復入道門名為法施住於官寺深脩八敬遵重五儀志欲預有制門擔願奉而承則然层衆在道深附情深戒約是投率多輕毀而施剖受從道須正栖心威服层流聲高魏土自玄化東被未有斯蹤以首膝下相親素鍾華望施欲早服道味濡沫戒宗乃啓旻授其具足而未之許也便内惟正撿外評儕章恭附遵於緝諧倫伍旻察其儀軌默而識之知其風骨堅深乃許其受戒首以緣成之法事假明賢恐薄墜行門便有淪道器乃周訪鄭衛感德勝人不累年期必邀登計時過三載方遂素懷二十有二方稟大戒雖從師授而得否未知乃於古佛塔前請祈顯證蒙降佛摩頂身心安泰方知感戒有實自尒旦夕諮訪挺出恒標雖教所未聞而行儀先備及尋律部多會其文明若夙知更闡神府其有事義乖滯者皆決澮相融冥適合契後聽道洪律席同侶七

續高僧傳卷第二十二　第二張　承字号

百鋒頴如林至於尋文比義自言逈
拔及玄思勵勇通冠羣宗剛正嚴
明風飈遺緒者莫尚於首矣故未至
立年頻開律府懿德敏行咸共器之
靈裕法師道振雄伯範超倫等親督
緇屬預在下莚時共美之重增榮觀
會隋高造寺遠召禪宗將欲廣振律
詮流暉帝壤若不附定通戒行學無
歸遂隨師入關止于禪定解既冥通
聲光三輔初達天邑具覽篇章便更
博觀新解潤以前聞有識悟其玄規
更開講肆既副本願登即然之每日
處衆敷弘餘時却歸尋閱於是三
藏衆經四年考定其有詞旨與律
相關者並對疏條會其前失自律
部東闡六百許年傳度歸戒多迷體
相五部混而未分二見紛其交雜海
內受戒並誦法正之文至於行護隨
相多委師資相襲緩急任其去取輕
重乖而裁斷首乃衡慨披括往往發
蒙商略古今具陳人世著五部區分
鈔三十一卷所謂高墉崇映天網遐
張冊敞殊文統疏異術羣律見翻

四百餘卷因循講解由來一乱今並
括其同異定其廢立本跡雲師所撰
令纘兩倍過之故得諸部方駕於唐
備七衆周睇於貞觀者首之力矣但
關中專尚素奉僧祇洪遵律師創開
四分而兼經通誨道俗奔隨至於傳
文律儀蓋蔑如也首乃播此幽求便
即對開兩設沉文伏義亘通古而未
弘碩難巨疑抑衆師之不解皆摽宗
控會擇然大觀是由理思淹融故能
統詳決矣使夫持律之賓日填堂宇
遵亦親於法座命衆師之相成之道
不忘弘讚之功靡替遂得知歸奉上
莫不宗猷法鏡始於隋文末紀終於
大漸之前三十餘載獨步京輦無敢
抗衡敷演所被成亞非一所以見迹
行徒知名唐世者皆是首之汲引寔
由逵弼之功而復每昇法宇規誡學
徒微涉濫非者為停講坐或有隨學
者皆召而誨喻聞者垂泣無不懲革
大業之始又追住大禪定道場今所
謂大總持寺是也供事轉厚弥所遺
削頤以道穆帝里化移關表舊土彫

亶流神靡依乃抽撤什物百有餘叚
於相州雲門故墟今名光嚴山寺於
出家受戒二所雙建兩塔鎣以珠寶
飾以丹青為列代之儀表亦行學之
資據各銘景行樹于塔右貞觀九年
有天竺三藏大賫梵本擬譯唐文乃
詔所司搜揚英達僉議所及遂處翻
傳其有義涉律宗皆諮而取正至于
八年上以聖善早喪遠感難陳雖化
滿天下而罔極之情未展奉為太穆
皇后於宮城之西造弘福寺廣延德
望咸萃其中恐僥倖時譽妄登位
席以首道素嚴正不濫邀延百辟上
聞乃為弘福上座即揔綱任揉擢僧
倫其有預在徽迎莫不諧而趣舍使
夫衆侶雲會等艘如蘭不肅成規
流芳不絕自爰初開講揩窮百遍必
得果心夕死可矣始於漳表終至渭
濱隨方陶誘恰窮本願慶本所念未
幾而終詳諸物議可為知命以貞觀
九年四月二十二日宿疾弥加卒于
所住春秋六十有九皇上哀悼下勅
令百司供給亶事所須務令周備自

隋至唐僧无國藍創開摸揩時莊董之僕射房玄齡啓事杜正倫并諸公卿並親尽哀訴崇戒範也至二十九日奘辨方具時惟炎夏而屍不腐臭衆共嗟之斯持戒力也諸寺門學覺引素幢充諸街衢官給地十畝於京城西郊之龍首原縣夫三百築土墳之種栢千株于今茂矣慕義門學共立高碑勒於弘福寺門許敬宗為文初律師弘化終始有聞傳見之希通古罕例自講士交覺救習昔傳雖勘群宗多乖名實非夫積因往世故得情啓天垂數百年來收宗始定兼勤於聽說重於行事隨務造儀皆施幟艾每於晦望說戒先具法物花香交飾鏊蓛堂中預在聽徒合掌跪坐一衆兢竦終於前事說欲陳淨偏所誡期每講出罪濯諸況累故持律之士多往參焉自終世之後此事便絶余嘗覊末座向經十載具觀盛化不覺謂之生常初未之欽遇也乃發憤開表具覿異徒溢目者希將還京輔忽承即世行相自崩返望當時有逾天岸嗚

呼可悲之深矣

釋慧璡姓吳揚州江都人也母懷之時即祛嗜欲辛腥俗味眇然不顧識者以為兒之所致同身子矣及年七歲心慕緇徒道見沙門尋而忘返親欣其信仰也遂放依榮法師而出家焉孝謹天然因由師訓隨從奉敬初无乖越每從榮遊履諸寺一無敢出離便於榮所卧床下席地而伏斯例非一聽榮攝論大悟時倫即而講說塈賞者衆談吐清雅妙會物情於仁壽年中從榮被召入於禪定及具戒後専精律儀聽遵律師講凡二十遍又聽首律師數亦相及譔弱成冶竪論不言講揚攝論方敷律相時以其寄大乘而弘行範也大業末曆郊壘多虞禪定一衆雅推璡善能御敵乃揔集諸處人畜普在昆池一莊多設戰樓用以防擬璡獨號令莫敢當鋒時司竹羣賊皷行郊野所至摧殄無抗拒者兵臨莊次意在誅蕩璡登樓一望但見張旗十里乃収束弓刀叉縛奴僕大設餚饍廣開倉廩身先人

陣勞問軍主引至莊中命令就坐既見感設相與開顏各執璡手健道人也飽飫而旋惟取牛十頭擬勞軍士牽至中道璡復從乞以衛前顧皆用還之所以義寧之初通莊並潰惟有禪定如舊無損即深明機要善達開遮一人而已加又偏工巧性無施不可或莊嚴彩飾或丹青輪奐或裁縫服翫或驅策人物衆萬四百通用推賢至於誦說戒經清音流靡由來息慬者聞璡說戒皆来坐聽竦耳峻坐畏其聲止貞觀之初任雲花寺上座常弘攝論化開律部晩又下令徵入普光經理僧倫大小清穆以八年冬終於此寺春秋五十餘矣時又有沙門滿德善智真懿並道者同璡所學慕義朋從德慧悟天開談說弘暢智博解深奧情欣護法懿導說有功化行多阻道抱素自資性存經史多從物故懿獨存焉揚敷京輦

釋法礪俗姓李氏趙人也因官遂家于相焉生而牙齒全具迄于終老中無虧毀堅白逾常登年學位便欣大

法初歸靈裕法師即度為弟子風素翔郁威容都雅言議博達欣尚玄奥受具已後敦慎戒科從静洪律師諮學四分括摀刑網有歷年所振績徽猷馨騰時類功業既著更師異軌又從恒州矧公聽集大義乃周兩載統略支葉窮討根源當即薄引所聞開講律要詞吐簡詣攻難弥堅故得隣幾獨絶允稱今古末又往江南遊覽十誦而咸專師授討擊未資還返鄴中適緣開導屬隋煬道銷岳瀆塵擾聽徒擁戢諮遠無因唐運初基法門重闡會臨漳令裴師遠夙承清訓預展法筵請礪在縣敷弘相續綿積累載開悟極多四方懷道胥興命駕解契昇堂行教入室礪以初學舊習委訪莫歸若不流于文記是則通心無路乃開拓素業更委異聞旁詳經論為之本疏時慧休法師道聲遠被見重世猷讃擊神理文義相接故得符来相照律觀高邀休有功焉以貞觀九年十月卒于故鄴日光住寺春秋六十有七前後講律四十餘遍製四

分疏十卷羯磨疏三卷捨懺儀軽重叙等各施卷部見重於時時衛州道爍律學所崇業駕於礪為時所重矣

釋玄琬俗姓揚弘農華州人也遠祖因從令居雍州之新豐焉青襟悟道履操冲明志在學年方遊法苑事沙門曇延法師延震嶺宏標遺教法主隋文欽重立寺處之具見別傳而琬位居入室恭恪擬懷及進具後便隨洪遵律師伏膺四分冠冕遮性鎔汰持犯涉律三載便事敷演使於後進樂推前英歎美乃旋踵本師涅槃真體捃摭新異妙寫幽微又欲欽佩唯識包舉理性於曇遷禪師稟學攝論并尋閱衆鋒窮其心計法華大集楞伽勝鬘地論中百等並資承茂實研覈新聞環循弥討其際搜會權其玄理然顧福智相導有若輪馳慧業略剖於終標樹創開於始永惟延師存日願造丈六釋迦經略未圓奄便物故揩志營復克遂先撲於仁壽二年提洽有緣便事鑪鑄寺乃京阜衝要峙望歸心故使至感冥通控引咸遂

當時空色清朗杲日流輝上天雨花狀如雲毋滿空飄灑終墜像前條虒嘉其罕逢法屬慶斯榮瑞及開摸之後雅相逾圓即為闢輔揀梁金像之大有未過也今在本寺毎於静夜清朝飛流八音之響而不測其來至又造經四藏備盡莊嚴諸有繕寫皆資本據又以二月八日大聖誕沐之晨追惟舊緒敬崇浴具每年此旦建講設齋通召四衆供舍悲敬辦羅七物普及僧儔又常慨運峠 象末有翻歸禁至於授受遮難滋郭乃鎣飾道場尋諸懺法每春於受戒之首依二十五佛及千轉神呪潔齋行道使彼毀禁之流澄源返淨登壇納法明白無疑並傳嗣于今住持不絶從此而求可謂護法菩薩也而重法尊行晨夕相仍若值上德異人必揖對欣振諮承餘令雖闊同昔習而翹仰如新斯後已謙光罕有跡矣逮貞觀初年以琬戒素成治朝野具瞻有勑召為皇太子及諸王等受菩薩戒故儲宮以下師禮崇焉有令造普光寺召而

居之供事豊華廣需會響又別勅延
入爲皇后六宮并妃主等受戒㭊掖
問德禁中授納法財日逾填委而欽
若自守不顧有餘𩐘施所資恚營功
德尋有別勅於苑内德業寺爲皇后
寫現在藏經當即下令於延興寺更
造藏經並委其監護琬以二宮所寄
惟谷其誠祗奉不難義須弘選自周
季滅法隋朝再興傳度法本但存卷
袠至於尋撿文理取會多乖乃結義
學沙門𩕳勘正則其有詞盲不通者
並諮而取決故得法寶無濫於疑爲
迷悟有分於本末經領貞明自琬始
也昔育王再集於周時今琬定宗於
唐世彼此誠異厥致齊焉然其匠訓
於世三藏舍之偏以苦節自脩德以
律儀馳譽言爲世範緇素依歸華夷
諸國僧尼從受具戒者三千餘人王
公僚佐爰及皁隸從受歸戒者二十
餘万左僕射蕭瑀兄弟人倫藻鏡久
猒時煩每諮法華會三之旨龍樹明
中之教沉吟移景奉佩而旋右僕射
杜如晦臨終委命𠕇爲歷劫師資大

将軍薛万徹昆季并及母氏並欽崇
戒約蔬素形終普光道岳法師解洞
幽關辯開慧府敬奉戒香行菩薩道
而汲引亡疲敦務𥁞因之莘勵恒習
者計非恒准故京輔士庶繼踵煙隨
礼供相尋日盈厨庫時有至覩者去
每至授戒說法異類鬼神諸方乇聚
如承受相自非至切冥被孰能致乎
琬以戒勸之至物我同欽義等風行
事符草偃乃致書皇太子曰尢正告
始景福惟新伏惟殿下膺時納祐聲
無不宜但琬夙縈沉痾不獲奉變蒙
降逮問無任荷戢感顧恩隆同知攸
厝今略經中要務即可詳行者四條
留意尋撿永綏寶祚初勸行慈引涅
槃梵行之文令起含養之心存兼濟
之救也二減煞者引佛礼无故不煞
牛羊者皆重其生去其濫逆也又言
王者脩其教不易其俗齊其政不易
其宜見其生不忍其死聞其聲不食
其肉此即上帝悼損害之失樹止煞
之漸也故佛經有恕己之喻誠之煞
打諸事也琬聞東宫常膳日多烹宰

審如所承誠有大損殿下以一身之
料遍擬羣僚及至断命所由莫不皆
推殿下所以長懐夕惕𦛗崇慈恕自
今以往請少煞生東宫内外咸減肉
料則曆長命久仁育斯隆三順氣
者如經不煞曰仁仁主肝肝者木也
春陽之時万物盡生宜育羣品用荅
冥造如其有煞是不順氣殿下位處
少陽福居春月行慈以和正氣施惠
以保天齡請年別春季断肉停煞賍
彼含育順此陽和四奉齋者如經年
三月六能絜六根便資五福伏願遵
行受持齋戒何者今享此重位咸資
往因復能進德崇善用成其美則善
知識者是大因緣玄琬道德踈微曲
蒙顧眄謹率聞見敢塵聽覽登即荅
曰辱師所示妙法四科循覽周環用
深銘佩法師早袪塵累遊神物表闡
鷲嶺之微言探龍宫之秘藏洞開靈
府凝照玄門固以高步弥天鄰幾初
地遂能留情博施開導蒙心理實義
周詞華致遠包括今古網羅内外訓
誘之至審諭之方縱聖達立言師傅

弘道亦未足騁歸要律擬儀高論但
行慈藏斂煞順氣奉齋斯乃仁人之心
以成大慈之行謹當緘諸心府奉以
周旋永籍勝因用期冥祐餘文不載
其言令之行化及此類九年下詔斷
煞起於三月盡於五日琬以仁育兼
濟乃上啓更延帝又特聽盡于歲暮
貞觀十年秒冬遘疾知歸後世又致
啓東宮累以大法又上遺封表於帝曰
玄琬闇真容晦迹像教淩遲无不假
緇素以住持設內外而為護遂得法
雲再潤慧日重輝光叶万乘紹隆千
載竊尋住持之理義有多門弘護之
方教乃非一若不依佛取捨仍恐賞
罰爭宗如其准教驗時是則簡敬當
理伏以僧尼等不依戒律致犯刑章
聞徹闕庭塵勞聽覽琬等僧徒無任
慚懼但恐餘年昏朽疾苦相仍弱命
不存洪恩未荅遂於經中撰佛教後
代國王賞罰三寶法及安養蒼生論
并三德論各一卷伏願聖躬親降披
覽陛下廣開上書之路異納芻蕘之
言謹獻秘要之經請詳金口之教但

琬忝當傳法庶無匿教之堡旹狀劣署
封以酬終後之事不勝戀仰謹奉經
以聞又遺誡門人在於道撿言極詳
切讀者垂淚又云餘骸施諸衆生餘
骸依古焚棄衛服喪臨一無預懷遂
以臘月七日卒於延興寺房春秋七
十有五道俗失依皇儲哀慟天子下
詔曰玄琬律師戒行貞固學業清通
方寄弘宣正法利益羣品不幸没世
情深惻悼賜物如別齋壙所須事由
天府春宮懿戚卿相重自並捨金貝
榮嘉賵贈營助追福暨于百日特進
蕭瑀太府蕭璟宗正李百藥詹事杜
正倫等並親奉戒約躬盡哀礼後旋
壙山寺幢蓋相映香花亂空從者如
雲衆盈數万前儐達于終南後塵猶
継于城闕四十里間皂素充道皆云
我師斯亡戒業誰保故為時宗如此
也弟子等五百餘人奉遵遺旨尒時
雲高風靜木淨油香七衆弥山一心
悲結乃命下火依法闍維薪盡灰飛
廓然歸本仍於焚所建佛塔一區用
津靈識儀像存焉東宮洗馬蘭陵蕭

鈞制銘宗正卿李伯藥製碑立于塔
所時為冠絕初琬自始及終意存弘
濟生善福智無不綴心武德之初時
經剥喪粒食勇貴客僧無託乃自竭
餘力行化魁豪隨得貨賄並充供給
日到寺厨親問豐約故主客同慶焉
又像季澆瀉多輕戒律乃以身軌物
引諸法屬親執經文依時附聽乃經
十遍遠嗣先塵智首律師德光榮問
於帝京者寔資成讃能翕芳風自見
令達罕能推挹如此人矣故使唐運
搜擧歲拔賢良多是律宗實由琬之
篤課也而容範端肅聲氣朗峻預睹
敬者莫不懍然故圖象厥相猶令人
畏者弟子僧伽俗姓允氏清悟京嗜
欲常隨琬導物而立志貞正機諫變
適不犯顏色以味靜為宗又不希人
世依附業道是所諆焉臨終清歎餕
容明誨而卒豈非師資讓德能世其
塵而恨其早卒清規未遠

釋慧蕭俗姓劉本彭城人世家從于
許州之長葛故又為縣人焉弈葉以
衣纓稱士大夫十八為書生聡悟敏

達善說詩禮州郡以明經舉之非其
所好遂入嵩高山求師出家強識前
聞而以戒行見稱者舊明達相謂曰
眷人如此必今代之優波離也開皇
初遊學鄴城博綜經律乃貫練衆部
偏宗四分聞泰山靈巖寺幽栖潔行
之宅也乃往從焉後以和上年衰復
還中嶽于時隋祖創業四海為家故
得縱任往還無所拘礙時龍門沙門
明朗河東持律之家承蕭道聲韜甚
不遠從之朗雖年齒隆蕭而卑身礼
事並深相悅服道合欣然淹留歲序
請歸河曲蕭亦不滯物我相與同行
住于龍門之定林寺歷緣山水居隨
所好尋訪同志不憚危險馬頭山有
僧善禪師聚徒結業從而習定時還
朗寺引暢毗尼仁壽中頻向黃頰山
依巖夏坐有亡命者因事投焉不忍
遣之留匿經久後以事發引蕭為侶
所在督課追徵赴獄會朗善俱亡又兼
匿罪便振錫祖南路經蒲坂時沙門
道積神素道傑等晉川英彥素與周
旋留連累載屬隋煬墜歷法令滋彰

藏匿嚴科殊為峻刻蕭以許身為道
隨務東西名貫久除栖遁幽阻自中
條王屋巨壑深林無險不登若遊庭
户逮中原版蕩妖氛一亂河東郡丞
丁榮欽服德音招住仁壽長弘律藏
學者肩隨義寧中被擁西城不斷講
業及後安靜弥崇法會蒲陝晉絳五
衆師焉以貞觀十四年終于仁壽春
秋七十有三自蕭服心戒業演導為
宗友接朋勝時無與貳每念朗善遊
好不覺涕之無從不能裁止便登眺
而慟斯重交慕善為如此也曾講涅
槃僅十許遍猶恨大乘無功遂亂讀
華嚴於數年間口不輟音文不釋手
有請蕭為方廣講主乃止之曰吾尚
未解經意安可講乎時以為貞而且
諒又懼悞諸後學云
釋慧滿姓梁氏雍州長安人也父粲
歷仕隋唐為海豐諸州刺史滿生年
素潔履正標宗慈濟含育殆非修學
世俗餚饍見便寒慄僧儀道具覩即
欣仰年甫七歲即樂出家二親素奉
佛宗不違其志父臨海州有勑聽度

便蒙剃髮隨父還京住大興善為仙
法師弟子仙名望京邑識悟有從既
道俗洽聞故父親付屬後攜住仁壽
宮之三善寺及大業之始又住大禪
定焉進戒奉業於智首律師明慎威
儀學門推揖思擇理味以達曙為恒
而勤於政事樂行勸勉每值立界施
則唱白科舉身先衆侶諮考疑議至
於受戒緣集難遮多少教授獨斷成
不眇然滿乃預令識相提撕抵掌致
有臨機志逸往往徵正時共重其詳
審敬其成進也遊講四方不拘世累
貞觀三年嘗於鄜城魏兵曹家別院
講羯磨法所居草室忽為火燒風焰俱
盛將延西及滿索水潠之因即風迴
火滅得無燒爇斯戒德之威頗難登
繼至七年令造新寺通選大德以滿
行績前聞引之令住其年奉勑令任
弘濟寺上座專弘律訓獎導僧徒丞
有成規旁流他寺有集仙寺尼素無
慧解妄有師習鑄老子真人等像私
自供養并廣召黃巾在堂慶度滿與
諸僧同預齋集既屬此事公呵止之

連告大德顯行擯罰又追取道像入
太原寺改成佛相用誡餘習昔周趙
王治蜀有道士造老君像而以菩薩
侠侍僧以事聞王乃判曰菩薩已成
不可壞天尊宜進一階官乃迎于寺
中改同佛相例相似也又尼慧尚者
僥倖一時宮禁還往會高祖昇遐離
宮京置乃以尚之住寺擬設皇靈尚
即取僧寺為尼所住事違正勑莫敢
致詞滿遂擲集京室三經大德等二
百餘人行於擯默去自佛法流世未
有尼衆倚官勢力奪僧寺者既是非
法宜出衆外不預四衆還往及諸法
事若有與尚衆言論者亦同此罰制
令既行是非自顯慧尚不勝其責連
訴東宮并諸朝宰有令遣詹事杜正
倫解其擯事僧衆既集多從情議滿
曰殿下住持正法慧滿據法情理今
則違理附情此則規摸一亂擯本治
罪罪仍未悛據此而詳未敢聞旨便
捉坐具逡巡而退時衆懼加威權便
同解擯滿聞之嘆曰余伴既少難可
重治且不同解示知乖相耳尚後謝

過滿終不顧及駕巡東部下勑李衆
在前滿集京僧二百人詣闕陳諫各
脫袈裟置於頂上擬調達之行五法
舉朝目矚不敢通表乃至闕首重勑
方迴常安弘濟集徒講說成匠曉秀
有鄴晉采又碩生安養洛僧為業勒
安公之芳緒也梵梵惻惻兢兢自厲
以貞觀十六年四月二十日遘疾知
當後世勑出什物並屬三寶正坐繩
牀自加其膝召諸寺衆人各執別氣
從下上漸至于心言晤荅對初無昏
昧煖氣至口奄尒而終春秋五十有
四焚于終南龍池寺側餘骸並化惟
舌不灰更足薪火經于累宿色逾鮮
赤遂塺于山隅京師淨住寺惠昂為
之銘頌見于別集製四分律䟽二十
卷講四十餘遍

釋慧進姓鮑氏潞州上黨人弱歲辭
親慕從緇侶修習戒撿擮用偏功將
欲剪削父母留戀遂停俗里以仁孝
見知年至三十鄉閭覩其精苦絜身
斷愛無恩妻累乃共白其所親委其
允度方任出家住州治梵境寺既受

具已聞說受淨衣毛盡然重問持犯
又闕諮悟承鄴下講律徒侶僅千於
喜滿懷以律假緣求非文不合因即
閉關自讀八十餘遍行要耳目頗亦具
瞻而義理由蹤必從師受便往相州
洪律師所一坐伏聽不移其席乃經
八遍中靜緣務相續而聽又經八年
介後棲遑隨師南北或山或世遊採
經論用裨律宗略計前後四分一宗
百二十遍并覆尋讀强三百遍自有
同塵專志累功罕儔其足隋文末曆
有同寺僧奬進學業叵難齊竟陰而
嫉之進日相與出家同遵律業潛加
蠅扇豈不以身名致嫌乎昔聞無諍
行者惟在空生聖立芳規義非自結
余雖不敏請從雅喻即日往謝擲棄
公名揭樸而出衆有止之進曰余不
滯於去留也為緣故耳因遊聽諸方
勝徒名地五臺泰岳東川北部常山
鴈門隨逐禪蹤無遠必屆沙門慧瓚
道王朔川又往投焉定宗師傅及瓚
入關遂往箕山訪蹤巢許巖名便剎
有古寺焉掃以居之足不下溪三十

餘載言行成範緇素尋焉舊本幽阻
由之喧泰故其法屬常以禪律繼業
以貞觀十九年正月十五日因疾加
坐終于山舍春秋八十有六時同鄉
沙門道瓚者善宗四分心眼清亮講
解相仍具傳章鈔而形氣弘偉少共
齊倫在法住寺御衆揚化韓潞沁澤
四州從範末齡風疾頓增相乘儀節
雖衣服頹陊而藥食無瑕余聞往焉
欣然若舊叙悟猶正年八十餘矣

釋道亮姓趙氏趙州欒城人十五猒於
世網投州界莎坦禪坊僑禪師出家
焉僑傳達洽聞兩河稱德偏弘大論
神見清遠十六登座至于八十聲相
動物詞味無變亮奉敬諮展塋預聽
徒乃令往飛龍山誦經為業山侶三
十並是禪跡素少淨人惟亮一已既
當下位衆務同臻日別自課舂五斗
粟將及六載一時不懈徒既三年六時
隨衆屢蒙放遣素心不從積至七年
昔勸方遂聞并部瓚禪師結徒開
化咸宣佛法行達其山便進具戒漸
次太原歸依慧瓚念定為務旁慕律

宗有嚴律師者德範可歸便從受業
因居無量壽寺焉即嚴之所住也自尒
專攻四分無忘日夕又從嚴往石州
聽地持論經停既久文旨大通覆述
前解增其名實有貞秀才者居幽綜
習儒教有功從亮學於廷信遂為披
拼開發慧悟抱信不捄承龕律師引
徒咸講攝論吕州又往從焉聽溫本
習石返住寺依時弘演唐運初開勑
為滿師立義興寺以亮律行清顯延
而止之因常講說鎮移世績貞觀之
始出至本州欒城僑公猶自在世於
亮遠覲為建律道轉展相翕聲被東
夏聽徒八百請益日隆尒後頻開律
府計不在數成講學士四十餘人并
部法興出自此矣至今貞觀十九年
春秋七十有七見處義興當途御法
有學士道胄者生自上黨僧貫太原
聽涉有功偏能持忘披覽章疏即就
敷揚今住京寺時時揚化

釋慧旻字玄素河東人志用方直操
行不羣仁愛汎洽禀自天性道振三
吳名流七澤情好幽居多處巖壑九

歲出家勤精槩業誦法華經朞月便
度十五聽法迴向寺新羅光法師成
論率先問對秀逸玄賓命覆幽宗者
宿同悅年十七赴請還鄉海鹽之光
興寺講法華經聽衆雲翔咸陳嘉瑞
異香彈指屢結空中受具之後從竹
園寺志律師禀承十誦文理精通傍
訊諸部志公將漸學徒用委旹事玄
畢東入會稽至剡礼石佛天台遊講
肆數年還吳止通玄寺結徒厲業一
十七年不出寺門無寬別請尤始要
終布衣蔬食慶弔既絶談謔斯亡屬
隋末崩離吳中飢饉道俗逃難避地
東西乃守死不移禪誦無輟鳥集無
擾獸羣不亂蘇州揔管聞嗣安迎請
出山固辭不往重使再請不獲而赴
時刺史李廣薛通王榮等深相器重
永崇供覲而懷志栖隱終日慼慼聞
公通鑒不可奪也乃送入華亭谷幹
山立寺行道數年地惟下濕蚊蚋甚
多恐致損傷將事移止大唐開化法
事廣流更入海虞山隱居二十餘載
遠方請業常百餘人地宜梓樹勸勵

我植數十万株通給將來三寶功德
中年別於南澗止一草菴兩兎一鹿
相親同止內外盤遊無相淩惱至於
禽獸神祇請受歸戒敘其事績未可
具也蘇州都督武陽公李世嘉遣書
降使頻請不赴貞觀十九年刺史江
王因國度人行道之次請令出山王
欲受戒施衣傳諸香供並固讓諸德
不授不納辭退山泉逍遙自翫凡講
經律菩薩戒成實論數各有差古律
舊疏有陋失者皆刪正而通暢焉著
十誦私記十三卷僧尼行事二卷尼
衆羯磨兩卷道俗菩薩戒義疏四卷
受業學士傳化者二十餘人以貞觀
末年八月十一日旦終於所遁春秋七
十有七未終三日異香滿寺舉衆怪
問曰吾後日當去矣生死人之常也
寄世本若行雲愼無哭泣各念無常
早求自度曾事殯葬律有恒儀碑誌
飾詞一不須作能依此訣吾何言哉
斯固臨終不撓可謂堅貞者矣
試為論曰自法王之利見色將欲清
澄二死翦除三障所以張大教網布

諸有流雖復惑累增繁起惟三業隨
業設教三學興焉戒本防非諒符身
口定惟靜乱誡約心原惠取閑邪信
明弥惑三法相假義刑聖量是故論
云戒如挺賊定是縛賊慧如煞賊賊
謂煩惑不可卒除功由漸降故立斯
盲莫非戒具定修深知障惑明智觀
察了見使纒我倒既銷諸業不集推
其本也則淨戒為功舉其治也則正
慧為德經羨能生豈不然矣是使五
乘方駕於戒道衆聖肩隨於行衢
福祐於四生廣紹隆於万載非夫戒
德何以懋哉粵自金河累言爰始靈
山集法時遵厚味道被淳源雖復設
教不倫乎裁輕重奉者無乖會聖體
意兩不相非然夫上座大衆創分結
集之場五部十八流宗百載之後備
列前傳部執等陳自律藏久分初通
東夏則薩婆多部十誦一本寂廣弘
持寔由青目律師敷揚晉世廬山慧
遠讃擊成宗尒後璩頴分驟而命路
祐瑗波騰於釋門澄一江淮無二奉
矣而根受遵四分隨依十誦可為商

之其次傳本則曇無德部四分一律
雖翻在姚秦而創敷元魏是由赤髭
論主初乃誦傳未展談授尋還異域
此方學侶竟絕維持逮及覆聡方闡
學肆有宋文世弥沙塞部五分一本
開譯揚都覺壽所傳生嚴其筆文
揆鋪要深可弘通郢匠輟斤流味無
日可為悲夫雖聞海濱披述汾碩剖
詞登往搜求名實乖爽可惜華典虛
度神州迦葉遺部解脫一本梵葉久
傳無人翻度惟出戒本在世流通等
聚餘宗更無異轍世誤妄習偏修愚
薩婆麁羅部律本末傳藏中見列僧
祇部者乃是根本大衆所傳非是百
載五宗生也統叙五部支分此方已
獲其四若據攝末從本則二部是其
所宗此方已獲其一自餘羣部多是
西域賢聖纘述行事其中聚類自分
區別緣叙難裁略言之矣惟夫慧日
已沉法流方被衆行之重無越斯經
諒由附相東情心事易准動靜科攝
真契咸容凡愚妄習覩相弘善故律
緣制斯致罕乖試詳講導開士持奉

明人見想紛馳乎程神略部別廢立取捨雜恒學觀未張易為開舉何以明耶至如受具一法三聖尤基部各陳要具舒隨相異宗會受事類星張當受明隨同猶合契考夫行事之士則鄉壤部分窮其受戒之源宗歸四分今則隨學陳相不祖先摸抑斷是投妄情斯託可謂師資訓訣教授無功亦是顛行道殊機見乎僻斯之糅雜二百餘年豈不以傳通失人故使頌聲派鄭今則混一唐統普行四分之宗故得終始受隨義難乘隅攝護雖廣其源可尋自初開律釋師号法聰元魏孝文北臺揚緒口以傳授時所榮之沙門道覆即紹聰緒續䟽六卷但是長科至於義舉未聞于世斯時釋侶道味猶淳言行相承隨聞奉用專務栖德不暇旁求魏末齊初慧光宅世宗匠跋陁師表弘理再造文䟽廣分衢術學聲望連布若雲峯行光德光榮曜齊日月每一披闡坐列千僧競鼓清言人分異辯勒成卷表通号命家然光初稟定宗後師法

律軌儀大聖徵猷具焉所以世美斯人行解相冠誠有徒矣有雲暉願三宗律師躡踵傳燈各題聲教雲則命初作䟽九卷被時流演門人倫高東夏暉次出䟽略雲二軸要約誠美蹊徑少乖得在略文失於開授然雲勇於義宗談叙誠博暉則覈切詞相法聚推焉世談首尾信探風骨汾陽法願明視兩家更開堯冗製作抄䟽不減於前彈紏覈於律文是非格於事相存乎專附頗滯幽通化行并塞故其然也其餘律匠理洪隱隱樂遵深誕等或陶冶鄭魏或開壇燕趙或導達周秦或揚塵齊魯莫不同師雲術齊駕當時雖出鈔記略可言矣而導開業關中感宗帝里經律雙授其功可高于時世尚僧祇而能闡行四分登座引決其從如流勍敵每臨銜箭而返然遵一其神志聲色不渝由是人法歸焉可謂行之及也智首律師承斯講授宗係感廣探索弥深時屬雲雷接統傳化學門遂被製述全布豈非博贍百家共師一軌雖欲厝筆無

詞可通屬有礪亮行判爍勝藏興或傳道於東川或稱言於南服其中高第無越魏都制䟽乃行其緒誠少餘則名擅一方蓋無筆記而復化行難阻多翳時心豈不以制在篇初故陷者惡聞其失嗚呼律為法命弘則命全今不欲不弘正法斯滅又可悲之深矣觀夫定慧兩藏理在通明戒律宗中情纏事局事則紛披雜集前後異條開制適緣舉例寧准論餘兩藏義在潛通達解知微名為會正所以天仙小聖逗機明道乎說精理開明慧務俱稱至教印定成經若據律宗惟遵佛誨大小諸聖不妄傳揚斯何故耶良由教限內衆軌躅常儀僧寶可欽非餘訓勗自非位極至聖誰敢厝心是以文云吾尚不以衆僧付於身子況餘人乎故所制重輕皆遵成教縱有疑問還委佛通雖著論詳述而不作是使遺言四命戒為大師三集法輪先弘斯典論稱法壽豈虛也哉昔鵠樹已前持律者衆其中高者牛王最初往葉末或徙居天室

其次接緒号優波離五百獻功奉持為上致使四十餘載七衆思章隨犯科要多因面結至於持犯通塞徵舉治儀皆命顯揚委其監護雖復二十四依通傳正軌揩摸後葉必祖斯文暨乃東川創開戒業曹魏嘉平方聞具戒尒前法衆同号息慈師弟乃聞纔移俗耳行羯磨也憑准法護之宗隨得宗之奉可怯也西晉務法稍漸論布薩也翻誦僧祇之戒教網初啓經猷中原寧亂干戈覽接雒邑彫殘渭陰荒爐笙護青門之衆可卷而懷康會黃武之徒未足取採重以孫晧苛虐元壽不仁擁寺列兵虔劉釋種平城之側高尚覆屍黃河之涘梵僧捐寶投骸靡厝法律寧通時會弥天恢張儀範僧衆常則皆約戒科兵飢交貿綱御嚴密廣如前傳所叙故安舉三章且救時要攝緣成濟得其務焉但教缺未聞必假傳授鼻奈耶律初是安通文極疎略粗知大旨審其正則誠所未聞聞在人乎安當斯寄其後遠皆頗異咸習門風秦晉

兩邦昌明法化誠其力矣自斯厥後南北兩分住持位別各程經目千舉清徒故有嵩嶺栖霞聞明淨地泰山靈隱建立戒壇應供列膺行之僧叙戒聞重受之夏即其事也若夫人法交映則行解相扶有昧則絕紐當時無得遂埋神於地故世中迷學其流四焉試略舉之想當迷責樂大乘者志尚浮虛情專貪附故有排委戒網捐縱威儀見奉律者輕為小乘毀淨戒者重為大道便引黃葉是真金之喻木馬非致遠之能訶折排拉如捐草土皆由行缺於身塵涂經領恥已不逮於清達慢已有累於嚴制遂即迴情學大開展心胸陵轢聲聞褒揚菩薩通情則恐投於坑穽取解則曲媚於門侶如斯懷挾未曰倫通以此求心心可知矣何不廣讀大乘開張慧路徵延聖意有附塵焉是以勝鬘所談女人之起行也猶知毗尼即大乘學也時所明初心之具脩也尚識律儀即菩薩藏何況諸達理教體化知神解不謝於上賢行寧虧於

下衆必行有爭解非解也得語而不詳義棄智而從諸識生死無崖之儔固難述矣流俗常事三省而加九思出世所詮四依之與八正降斯以往未足言哉是以大小兩教随相攝脩並在離著豈惟封執若存此計與外不殊半滿經論皆陳此過戒之受也但啓虛額之門戒之隨也須遵實行之務知受而不明隨脩額而無其行可謂隻輪無轉於地折翮有墜於空信哉世有鄙斯戒者皆為煩累形神弊其持犯故同輕削指為小道小可捐也宜即捨之矜重情多緘言無報誠以攝御門學非戒不知相善任持非戒不立其猶行必涉戶言必有由故名利將及爭位夏而斂容師授尊摸趁壇場而整帶豈非貪決情勇攬戒奉以為師行絕經猷委戒填諸滿鑿專志在於本毒去取正於方寸用斯知濟誠未敢聞此則愛大憎小為迷一也若能閑鍵身口附相攝持虛蕩慮知體道懷德則安遠先溺斯其人矣世學諸論詞數匪今傍大乘而

通小徑委本筌而尋章句時連界繫作別色心一行六歷之相攝名教頻繁之包富聖列為存道行凡學止在聲譽於是讎討終身博綜詞義輕蔑戒諧陵犯色聲邪說冨於脣吻邪求滿於胷臆謂捧鉢為鈍丁号持瓶為竪子半月說戒惟列虛言衣鉢受持擬成煩碎遂即顛倒形服雷鼓言聲侮弄尊儀斟酌經律故使依藥受淨永絕其身戒約佳持生緘其口斯豈不聞於本業也知業則不然乎但騰焰於舌端曾未圖為心約此則尊高矜伐賤委本基為迷二也若能深討使性妙識治能念動惟見我人事對但明壓識則未患何賢當斯目也慧休論士樹以風聲然其專大探以騰實復光其美又有行稱未凡稟素跡野廣讀多誦情見特隆偏略戒科謂講生例不如常飲淳乳飽我心神靜處幽閑何過相及斯皆靡聞教行動事疑遲不學無知隨念交集所以每講聽採坐列舉僧就務鑽研其人無衆、學猶不解況不學乎牛毛麟角頗為

近實又有成樹塔寺繕造田園舉函牽材未思物命燎原漑隰豈避生靈惟恐福業不成實未懷諸慈惻是則不聞大聖之明誡也十誦三相正在斯人或謂為福行罪功過相補是又不聞律緣之初禁也緣修佛堂方制地戒意在隨念附相策心不惟事業無益之各故世思徹務靜之士招引寔希蹤擾經營之夫騰擲者衆塵法易滓妙理難弘為迷三也若能依准全如欲寺九百神道映於趙都遠林教行不越常刑賢聖所同寔當弘護不刊戒德流於晉世可龜鏡矣專門奉律之客立志貞梗之夫薄誦戒緣粗知文句時登丸坐引衆闡揚傷水覆心更無依學是則不聞明律之清誡也法身成具方免師資今乃易從止足未思弘贈魚睍雲漢翻躍僧倫惟我律師餘皆師律顧諸經論章等石田斜睞高名約同稊稗知法世宗誰辯薰猷任縱斟治是非一亂輕重由其量處禍福自其心神出語成形曽無再覆傳而不習孔門所輕習而

不經釋宗所誡何異讀礼而存倨傲誦易而忽陰陽曷哉斯言令終宜始但以時遭像季法就澆漓律部邪緣宗仰繁矣並由本尋學語義指誦文指紙葉行題鞭記掌有則依述閑則絕言縱有異徵取通無路便言律無正斷故是前聖開聽遂即冒世輕生漫行章句飲杏湯者為清齋畜錢寶者為小犯坐具無勞截淨鉢量未必那周斯皆强於鉸刃易取恩齊其迷四也若能廣尋羣典備閱行藏挹酌四印照融三制臨機剖斷則文理相循隱括舉例則物我同曉如斯御衆世有人哉尋夫戒律之筌筌於持犯定慧之學務在治能治則亂惑可銷能則神機清遠餘外浮遊章句等捐月而執指端矜誕教相同詠藥而迷愈疾論者試開四學終墜兩迷非言何以致詞列域心寧盡故經陳曰種種法爾咸存離著律又述云常尒一心念除諸蓋固復懷斯試叙徵有箴銘將用體鏡如流且復照彰于後耳

續高僧傳卷第二十二

釋道冑姓蒲京兆始平人祖任上黨太守遂
号長子焉性聰敏樂遠離行年十四遭母憂
興慕莪志報恩難極為母出家志教孝始年
二十住并州請印法師為和上得尒也可年
八十五歲也令送至城門見多人著赤衣多
騎來迎云是綿竹所放生者因即蘇自此廣
化立放生池諸州凡造一百餘所今並見在
又益州甘亭神威力嚴惡殃福立應祈禱血
食牛羊難紀忽下巫語欲還受戒乃將佛像
在神下座于時神影自移本處向佛下坐還
為受戒自尒祀日齋食而已又往劉備先主
受戒神亦隨從所以蜀川神所還行至者皆
為受戒至今不捨由此道俗歸依發言風靡
又於綿竹郫縣造三百尺大像今並成就故
所祈求為無不遂以顯慶四年終于本寺春
秋八十五道俗哀慕迭往放生池於路三度
大雨雨皆白色恰至葬所天地清明

釋道興姓劉本住秦州八九歲時常念出家
私詣僧寺不肯還二親恐失年十九決意定
諸大光寺求出家僧衆愍之二親苦求隱避
不失衆為解喻便許剃落時天下大亂賊寇
交橫死者山積興為沙彌語諸徒曰人身難
得持戒第一母為賊掠將去離城六十里興
沒命尋逐至已被傷未絕賊見曰此僧誠為
至孝遂母至此便不盡命乃背負母還城城
中咸怪賊路兇險何因得返避難投蜀至河
池縣逢賛皇公蒙被安慰送至梁州興與一
老僧相隨彼有金十兩謂興曰吾有金可為
負至蜀共分興曰此危身物佛又不許不可
將行若不信者善惡應驗遂捨而獨往彼持
金者至三泉縣逢賊致死既至蜀川年滿進
具常行蘭若頭陀乞食智舜律師當衢講匠
依聽五遍便能覆述每有異見舜深奇之後
至京師首律師下伸大義如別所引後還蜀
川廣聽經論不爽光陰又於江禪師下稟受
禪道以為徵心要術也自舜沒後接搆律筵
每年講席極為稽引三十二十度來請者方
許開宗每歎云佛法漸替輕慢日增余不敢
輕所以為重法故爾即以慇懃鄭重為善法
種子若無此種何由可遇所以每講律部及
發菩提心以此勵衆聽者垂泣恩誨興待衆
涕泣靜已久久方令唱文如此非一四遠來
投無客主興知都維那于時官府急切不許
客住諸寺無停者咸來即安撫寺主曰依官
制不許何得停之興曰官不許容針私容車
馬寺主豈不聞耶寺主大怒曰年少不用我
語興曰此三寶也敬則見善嫌則感惡寺主
憤恚還房眼看袈裟不見又往三門王家會
受飯謂言是血食人喻之竟不食返寺向興
懺悔尋終行蘭若時鬼來惱亂興出繩牀鬼
退為受三歸已為禮佛名鬼亦隨禮貞觀中
青城戴令來慕欲與興同房宿夜中眠驚走
出房外云見一赤衣僧執杖打背云何因在
此宿以火照背如三指大隱軫赤色因求悔
過興遇疾甚聞室中音樂聲自念我所求者
本在佛果不願人天所願不虛諸有魔亂自
應消滅言已聲滅自此便差常禮千佛日別
一遍永徽三年玄奘法師送舍利令供養與

獲已於房內立道場發正願曰若一生傳法弁禮賢劫千佛如契聖心請放光明如語一室並爲金色弟子咸見以顯慶四年月日終於福勝春秋六十有七與自在道行節在懷晝夜恒坐曾不偃亞未常詣市不受別利乞食之外不出寺門不乘畜生不服非法益部五衆敬而重之

釋明導姓姚氏本吳興人因官敘州遂家于彼幼叶雅調與衆不羣隋末喪亂二親崩殞發心出家意存護法所在尋遂彌勤戒檢以貞觀初行達陳州逢勑簡僧唯留世導以德聲久被遂應斯舉雖蒙榮閒意所遺之乃歎曰出家弘濟務存許道豈以名貫拘滯一方乃翻然遠征棄擲寺宇至樂礪二師座下鑿覈幽奧未盈涼暑聲聞超挺因令覆述縱達無遺學門義侶莫不推挹自諸寺結憾訟及道俗牽連不決皆請通之及導面往吐言愜伏皆歎其善達無諍權導不思之力也龍朔二年道行夙彰奉勑別住東都天宮寺麟德元年今上造老子像勑送芒山仍令洛下文物備列時長吏韓孝威妄託天威黃巾扇惑私竊僧尼普令同送威遂勒州部二十二縣五衆通集洛州各事幢旛剋日齊舉導出衆對曰佛道二門由來天絕邪正位殊本自碩異如何合雜霤同將引既無別勑不敢聞命威大怒曰是何道人輒拒國命乃使人脫導袈裟將行禁劾導曰袈裟勑度所著非勑不可妄除無勑令僧送道所以不違國命威怒曰道人有不送天尊者出導即挺身獨立預是僧尼同時總往導所威怒曰道人欲反導應聲語六曹官人曰長吏總召僧尼唱反此則長吏自反衆僧不反須告御史導等一時崩出威大忙懼降階屈節慙謝而止以斯抗禦季代少之因倡大集簡試度人天宮偏食過中乃至僧有不量時景者取而進嗽導曰諸大德竝佛法遺寄天下楷模非時之食對俗而嗽公違法律現法滅緣冒罔聖凡一至於此衆竝愧之因索水清漱月餘不食悲慨正法凋淪相及道俗苦勸方乃進餅以斯量之故以護法之士不顧形有者代有人焉今年六十餘東夏英髦一期咸集導於清衆有高稱焉

釋曇光姓張氏汴州人自幼及長潔志清範諸有勝徒莫不登踐於礪爍兩師聽受成教遠至立年盛明律藏命宗章義是所推崇礪歎曰使吾道流河右誠此人乎又往玉法師所聽法華地論高達勝乘玄理權實坦然又往嵩岳相禪師學修止觀因屛絕塵惱不羈名利會東都盛德須有住持以光有素德景行難擁遂勑召住天宮寺又以教受新成衆徒胥集綱管之任非人不傳因又召爲寺之上座綏撫清衆不肅而成然而汎愛之誠終古罕類四方律學莫不諮詢故其房宇門人肩聯踵接成就所舉遠近遵承西明寺律師君度奕奕標舉一時俊烈亦光之所進也今麟德二年東都講說師資導達彌所欽羨焉

續高僧傳卷第二十二

校勘記

一　底本，金藏廣勝寺本。八八七頁下原版缺，以麗藏本補。

一　八八五頁中一行經名，資、磧、普、南作「續高僧傳卷第二十三」；徑、清作「續高僧傳卷第二十三上」。

一　八八五頁中三行「正傳九」，資、磧、普、南作「正傳十四」；徑、清作「正傳六人」。又「附見七」，徑、清作「附見五人」。

一　八八五頁中五行首字「唐」，徑、清無，下至九行首字同。又小字「滿德善智」，諸本（不含石，下同）作「滿德真懿善智敬道」。

一　八八五頁中一〇行至一二行傳目，資、磧、普、南作「唐箕山沙門釋慧進傳七明瓚　唐并州義興寺釋道亮傳八　唐京師延興寺釋道冑傳九下文欠後　唐益州福興寺釋道興（「道興」，資、普作「智興」）傳十一　唐蘇州通玄寺釋惠旻傳十二　唐洛州天宮寺釋明導傳十三　唐洛州敬愛寺釋曇光傳十四」；徑、清無（因分卷不同）。

一　八八五頁中一〇行小字「道瓚」，麗無。

一　八八五頁中一四行「索居」，麗作「素居」。

一　八八五頁中一五行首字「宦」，諸本作「官」。

一　八八五頁中一八行第一三字「以」，資、磧、普、南、徑、清無。

一　八八五頁中末行「相符」，徑、清作「相得」。又末字「潛」，資、磧、普、南、徑、清作「諧」。

一　八八五頁下二行「分騼」，資、磧、普、南、徑、清作「分騼」。

一　八八五頁下三行首字「世」，資、磧、普、南、徑、清作「俗」。

一　八八五頁下五行「尼衆」，資、磧、普、南、徑、清作「居衆」。

一　八八五頁下七行第三字「拪」，諸本作「栖」。下同。

一　八八五頁下一二行「默而」，資、磧、普、南、徑、清作「然而」。

一　八八五頁下一六行首字「訃」，資、磧、普、南、徑、清作「計」。

一　八八六頁上六行第六字「莚」，資、磧、普、南、徑、清作「筵」。下同。

一　八八六頁上九行第一二字「既」，資、磧、普、南、徑、清作「脫」。

一　八八六頁上一一行「新解潤以」，資、磧、普、南、徑、清作「親解開以」。

一　八八六頁上一三行第八字「歸」，諸本作「掃」。

一　八八六頁上一九行「去取」，資、磧、普、南、徑、清作「取捨」。

一　八八六頁上二〇行第一一字「栝」，磧、南、清作「括」。

一　八八六頁上二二行「三十一卷」，諸本作「二十一卷」。

一　八八六頁中四行第四字「周」，資、磧、普、南、徑、清作「同」。

一　八八六頁中一四行「隨文」，資、磧、普、南、徑、清作「隋文」。

一　八八六頁下一〇行第一〇字「展」，諸本作「展」。

一　八八六頁下一七行「開講」，資、磧、普、南、徑、清作「問講」。

一　八八六頁下二一行「宿疢」，資、磧、普、南、徑、清作「宿疾」。

一　八八七頁上一行「摸揩」，諸本作「楷模」。

一　八八七頁上六行「街衕」，資、磧、普、南作「街術」；徑、清作「街衢」。又「十斂」，諸本作「十畝」。

一　八八七頁上八行首字「栢」，資、磧、普、南、徑、清作「松」。

一　八八七頁上一〇行第一二字「夆」，資、磧、普、南、徑、清作「譽」；麗作「舉」。

一　八八七頁上一一行第八字「救」，資、磧、普、南、徑、清作「投」。

一　八八七頁上一三行第三字「垂」，麗作「乘」。

一　八八七頁上一八行第六字「況」，諸本作「沉」。

一　八八七頁上一九行第六字「之」，諸本無。又第一三字「眘」，資作「常」。

一　八八七頁上二〇行「末座」，資、磧、普、南、徑、清作「末塵」。

一　八八七頁中八行第一一字「一」，資、磧、普、南、徑、清無。

一　八八七頁中一一行第一三字「於」，資、磧、普、南、徑、清無。

一　八八七頁中一三行第八字「律」，資、磧、普、南、徑、清無。

一　八八七頁中二一行「意在」，資、磧、普、南、徑、清作「意存」。

一　八八七頁中末行第七字「饍」，磧、南、清作「饌」。

一　八八七頁下四行第六字「復」，資、磧、普、南、徑、清作「後」。

一　八八七頁下二一行第一二字「宦」，資、磧、普、南、徑、清作「官」。

一　八八八頁上一行「靈裕」，資、磧、普、南、徑、清作「靈祐」。

一　八八八頁上三行末字「學」，資、磧、普、南、徑、清作「考」。

一　八八八頁上四行第六字「絅」，資、磧、普、南、徑、清作「罔」。

一　八八八頁上五行第四字「頴」，諸本作「類」。

一　八八八頁上七行第九字「薄」，麗作「簿」。

一　八八八頁上一〇行第三字「盛」，磧、南、徑、清作「感」。

一　八八八頁上二一行首字「來」，資、磧、普、南、徑、清作「彩」；麗作「采」。

一　八八八頁中三行第五字「崇」，資、磧、普、南、徑、清作「宗」。本頁下九行第六字同。

一　八八八頁中四行「姓揚」，資、磧、普、南、徑、清作「姓楊」。又「華州」，資、磧、普、南、徑、清作「華陰」。

一　八八八頁中六行「志在」，資、磧、普、南、徑、清作「在志」。

一八八八頁中七行「延震嶺宏摽」，資、磧、普、南、徑、清作「振領宏標」。
一八八八頁中一〇行「冠冤」，諸本作「冠冕」。
一八八八頁中一一行「涉律」，資、磧、普、南、徑、清作「涉津」。
一八八八頁中一二行「樂推」，資、磧、普、南、徑、清作「樂擁」。
一八八八頁中一九行首字「剖」，資、磧、普、南、徑、清作「割」。
一八八八頁中二一行第九字「摸」，資、磧、普、南、徑、清作「模」。下同。
一八八八頁下四行第一〇字「揀」，諸本作「楝」。
一八八八頁下九行「建講」，資、磧、普、南、徑、清作「開講」。
一八八八頁下一一行第九字「岠」，磧、普、南、徑、清作「距」。
一八八八頁下一二行第九字「鄣」，諸本作「彰」。
一八八九頁上一行「廣霑」，資、磧、普、南、徑、清作「廣沾」。

一八八九頁上八行第二字「谷」，資、磧、普、南、徑、清作「各」。
一八八九頁上一〇行首字「袠」，麗作「秩」。
一八八九頁上一三行「貞明」，資、磧、普、南、徑、清作「卓明」。
一八八九頁中四行「亡疲」，資、磧、普、南、徑、清作「忘疲」。又「恒習」，麗作「修習」。
一八八九頁中一八行「又言」，資、磧、普、南、徑、清作「又云」。
一八八九頁中二二行末字「煞」，資、磧、普、南、徑、清作「以殺」。
一八八九頁下七行末字「答」，磧作「啟」。
一八八九頁下一二行第三字「六」，資、磧、普、南、徑、清作「六齋」。
一八九〇頁上一行第一一字「儀」，磧、普、南、徑、清作「議」。
一八九〇頁上二行「滅煞」，諸本作「滅殺」。
一八九〇頁上四行「用期」，資、磧、普、南、徑、清作「用斯」。
一八九〇頁上一二行第九字「叶」，資、磧、普、南、徑、清作「協」。
一八九〇頁上一三行「住持」，諸本作「住持」。
一八九〇頁上一五行「簡敬」，資、磧、普、南、徑、清作「簡徑」。
一八九〇頁上一七行「塵勞」，資、磧、普、南、徑、清作「塵黷」。
一八九〇頁上一九行「洪恩」，諸本作「洪恩」。
一八九〇頁中一行「之譬扶劣」，資、磧、普、南、徑、清作「之愍扶劣」。
一八九〇頁中一一行「春宮」，徑、清作「春官」。
一八九〇頁中一三行「李百藥」，磧、南、徑、清作「李伯藥」。
一八九〇頁中一五行第一〇字「亂」，諸本作「亂」。
一八九〇頁中一六行「達于」，磧、普、南、徑、清作「逵達于」。
一八九〇頁中二〇行「木淨」，麗作

「水淨」。

一八九〇頁中末行「存焉」，資、磧、普、南、徑、清作「在焉」。

一八九〇頁下七行「澆漓」，資、磧、普、南、徑、清作「澆雜」。

一八九〇頁下一四行第七字「故」，資、磧、普、南、徑、清無。

一八九〇頁下一五行第二字「者」，資、磧、普、南、徑、清作「有」。

一八九〇頁下一六行第一二字「⿰扌幾」，磧、南、清作「譏」。

一八九一頁上二行「强識」，資、磧、普、南、徑、清作「雖强識」。

一八九一頁上六行第二字「宗」，徑作「示」。又第一三字「潔」，徑作「結」。

一八九一頁上一四行第五字「之」，資、磧、普、南、徑、清無。

一八九一頁上末行第九字「墜」，資、磧、普、南、徑、清作「嗣」。

一八九一頁中六行「不⿰缶亏」，諸本作「不虧」。

一八九一頁中七行第三字「後」，資、磧、普、南、徑、清作「得」。

一八九一頁中一二行「慕善爲如此也」，資、磧、普、南、徑、清作「慕善爲如此」。

一八九一頁中一九行首字「曆」，資、磧、普、南、徑、清作「歷」。

一八九一頁下一一行第三字「⿰扌幾」，諸本作「機」。下同。

一八九一頁下一三行第五字「甞」，資、磧、普、南、徑、清作「常」。

一八九一頁下一八行第二字「績」，資、磧、普、南、徑、清作「續」。又末字「任」，磧、南、徑、清作「住」。

一八九一頁下二二行「在堂慶度」，資、磧、普、南、徑、清作「處堂慶會」。

一八九二頁上六行第一〇字「又」，資、磧、普、南、徑、清作「又證果寺」。

一八九二頁上七行「僥倖一時」，資、磧、普、南、徑、清作「一時僥倖」。

一八九二頁上九行「事達」，資、磧、普、南、徑、清作「事連」。

一八九二頁上一六行「東官」，諸本作「東宮」。

一八九二頁上一九行「規摸」，諸本作「規模」。

一八九二頁中四行「目矚」，資、磧、普、南、徑、清作「目屬」。又「闕首」諸本作「關首」。

一八九二頁中五行「常安」，清作「長安」。

一八九二頁中七行「梵梵」，資、磧、普、南、徑、清作「悍悍」。

一八九二頁中八行「遘疾」，資、磧、普、南、徑、清作「遘於微疾」。

一八九二頁中一一行第九字「晤」，諸本作「晤」。

一八九二頁中一五行第三字「痤」，諸本作「痤」。又「惠昂」，資、磧、普、南、徑、清作「惠昇」。

一八九二頁中一六行第八字「製」，資、磧、普、南、徑、清作「手製」。

一八九二頁中一七行「四十」，資、磧、普、南、徑、清作「三十」。又末字

「遍」，至此，經卷第二十八終，卷第二十九始；清卷第二十三上終，卷第二十三下始。

一八九二頁中一七行與一八行之間，經、清有傳目如下：「明律下之餘正傳六人　附見一人　無傳二人　唐箕山沙門釋慧進傳七明瓚　并州義興寺釋道亮傳八　益州福勝寺釋道興傳九　蘇州通玄寺釋惠旻傳十　洛州天宮寺釋明導傳十一　洛州敬愛寺釋曇光傳十二　京師延興寺釋道胄十三無傳　益州福緣寺釋曇逞十四無傳」。

一八九二頁下一行「畜然」，磧、普、南、經、清作「歘然」。

一八九二頁下三行首字「喜」，資、磧、普、南、經、清作「嘉」。

一八九二頁下一〇行第六字「覆」，資、磧、普、南、經、清作「重」。

一八九二頁下一二行「叵難」，麗作「匹難」。

一八九二頁下一七行第三字「揭」，磧、普、南、經、清作「褐」。

一八九二頁下二一行「宗師」，麗作「師宗」。

一八九二頁下二二行第一二字「名」，資、磧、普、南、經、清作「石」。

一八九三頁上四行「終于」，資、磧、普、南、經、清作「而卒於」。

一八九三頁上五行「道瓚」，資、磧、普、南、經、清作「明瓚」。又「心眼」，麗作「心明」。

一八九三頁上六行「弘偉」，資作「弘律」。

一八九三頁上九行「藥食無瑕」，資、磧、普、南、經、清作「飲食無暇」。

一八九三頁上一二行「出家」，資、磧、普、南、經、清作「而出家」。

一八九三頁上一六行「飛龍山」，資、磧、普、南、經、清作「封龍山」。

一八九三頁中九行第二字「石」，諸本作「後」。

一八九三頁中一一行「世績」，麗作「世續」。

一八九三頁中一六行「出自」，資、磧、普、南、經、清作「自出」。

一八九三頁中一七行「七十有七」，資、磧、普、南、經、清作「七十有七矣」。又第七字至二〇行末字「見處……楊化」，資、磧、普、南、經、清無。

一八九三頁中二〇行與二一行之間，資、磧、普、南有釋道胄、道興兩傳，而經、清只有道興傳。今道胄傳據磧砂藏本、道興傳據清藏本補録於卷後。

一八九三頁中二一行「志用」，資、磧、普、南、經、清作「志性」。

一八九三頁中末行第一三字「壑」，諸本作「壑」。

一八九三頁下五行「嘉瑞」，資、磧、普、南、經、清作「喜瑞」。

一八九三頁下二二行「廣流」，資、磧、普、南、經、清作「通流」。

一八九四頁上一一行「陋失」，麗作「漏失」。

一　八九四頁上一三行「四卷」，資、磧、普、南、徑、清作「四本」。

一　八九四頁上一九行「㐭事」，磧、南、清作「畏事」。

一　八九四頁上二〇行末字「㦲」，資、磧、普、南、徑、清作「矣」。

一　八九四頁上二一行與二二行之間，資、磧、普、南、徑、清有釋明導與釋曇光兩傳，今據清藏本補録於卷後。

一　八九四頁中三行「心原患取」，諸本作「心源慧取」。

一　八九四頁中四行「相假」，諸本作「相假」，又第九字「刑」，資、磧、普、南、徑、清作「形」。

一　八九四頁中五行「定是」，資、磧、普、南、徑、清作「定如」。又「縛賊」，資作「縛賤」。

一　八九四頁中一一行末字「垂」，麗作「乘」。

一　八九四頁中一二行「福祐」，諸本作「福祐」。

一　八九四頁中一四行第五字「遵」，資、磧、普、南、徑、清作「尊」。

一　八九四頁中一八行第八字「自」，資、磧、普、南、徑、清作「且自」。

一　八九四頁中二一行「分驪」，資、麗作「分騼」；磧、普、南、徑、清作「分鑣」。

一　八九四頁中末行末字「啇」，諸本作「商」。

一　八九四頁下二行「无魏」，諸本作「元魏」。

一　八九四頁下四行「逮及覆聡」，資作「遞及覆聰」；磧、普、南、徑、清作「遞及覆聽」。

一　八九四頁下一二行「世謗」，資、磧、普、南、徑、清作「世該」。

一　八九四頁下一三行「末傳」，諸本作「未傳」。

一　八九四頁下一八行「聚類」，資、磧、普、南、徑、清作「類聚」。

一　八九四頁下二二行首字「真」，資、磧、普、南、徑、清作「有」。

一　八九四頁下末行第一三字「持」，資、磧、普、南、徑、清作「特」。

一　八九五頁上五行末字「士」，磧、普、南、徑、清作「土」。

一　八九五頁上七行第四字「随」，資、磧、普、南、徑、清作「隋」。

一　八九五頁上八行第五字「託」，資、磧、普、南、徑、清作「記」。

一　八九五頁上一八行「栖德」，磧、南、清作「栖隱」。

一　八九五頁上末行首字「表」，諸本作「衰」。

一　八九五頁中二行「有徒」，南、徑、清作「有從」。

一　八九五頁中八行「世該」，麗作「世謗」。

一　八九五頁中一〇行第一二字「挌」，諸本作「格」。

一　八九五頁中一二行「隱隐」，諸本作「隠」。

一　八九五頁中一三行「陶冶」，磧作「陶治」。

一　八九五頁中一四行第三字「戎」，資、磧、普、南、徑、清無。

一　八九五頁中一五行第一三字「導」，資、磧、普、南、徑、清作「遵」。

一　八九五頁中一八行「勍敔」，諸本作「剋敵」。

一　八九五頁中二〇行「歸馬」，諸本作「歸焉」。

一　八九五頁中二一行第六字「盛」，資、磧、普、南、徑、清作「誠」。

一　八九五頁中二二行第一三字「布」，諸本作「希」。

一　八九五頁中末行「一軌」，資、磧、普、南、徑、清作「一軫」。

一　八九五頁下四行「名櫃」，諸本作「名擅」。又末字「難」，資、磧、普、南、徑、清作「艱」。

一　八九五頁下七行第五字「不」，資、磧、普、南、徑、清無。又「可悲」，磧、南作「可非」。

一　八九五頁下九行「宗中情」，資作「一宗中情」；磧、普、南、徑、清作「一宗申情」。

一　八九六頁上一〇行「随得宗之奉可怯也」，資、磧、普、南、徑、清作「随得奉之未可怪也」。

一　八九六頁上末行「咸習」，資、磧、普、南、徑、清作「成習」。

一　八九六頁中三行「㠍嶺」，資、磧、普、南、徑、清作「攝嶺」。又「秦山」，資、磧、普、南、徑、清作「泰山」；麗作「秦川」。

一　八九六頁中一二行「排拉」，資、磧、普、南、徑、清作「排抵」。

一　八九六頁中一七行「門侣」，磧、普、南、徑、清作「門閭」。

一　八九六頁中二一行「也時」，資、磧、普、南、徑、清作「地持」。

一　八九六頁下五行「是以」，資、磧、普、南、徑、清作「是知」。

一　八九六頁下一四行「任持」，麗作「住持」。

一　八九六頁下一七行末字「攬」，資、磧、普、南、徑、清作「覽」。

一　八九七頁上三行第六字「列」，資、磧、普、南、徑、清作「別」。

一　八九七頁上四行「聲警」，資、磧、普、南、徑、清作「名譽」。

一　八九七頁上九行「依藥」，資、磧、普、南、徑、清作「衣藥」。

一　八九七頁上一二行第六字「圖」，麗作「圓」。

一　八九七頁上一四行「惟見」，麗作「惟是」。

一　八九七頁上一六行「探以」，資、磧、普、南、徑、清作「探小」；麗作「深小」。

一　八九七頁上一九行第二字「例」，資、磧、普、南、徑、清作「倒」。

一　八九七頁中一行「舉函」，麗作「舉鍤」。

一　八九七頁中二行「未思」，資、磧、普、南、徑、清作「未由」。

一　八九七頁中一二行「坔如斂寺」，諸本作「至如澄寺」。

一　八九七頁中一四行第八字「捷」，

諸本作「梗」。

一 八九七頁中一五行「元坐」，資、磧、普、南、徑、清作「九座」。

一 八九七頁中一六行第一二字「律」，資、磧、普、南、徑、清作「律師」。

一 八九七頁中二〇行「斜睞」，資、磧、普、南、徑、清作「針膝」。

一 八九七頁中二一行「薰猷」，諸本作「薰猶」。

一 八九七頁中末行「孔門」，資、磧、普、南、徑、清作「禮門」。

一 八九七頁下五行第五字「行」，磧、普、南、徑、清作「述」。又第九字「掌」，徑、清作「賞」。又第一三字「述」，資、磧、普、南、徑、清無。

一 八九七頁下一三行第三字「隱」，資、磧、普、南、徑、清無。

一 八九七頁下一五行第六字「務」，資、磧、普、南、徑、清作「恒務」。

一 八九七頁下一六行第二字「能」，資作「能定」；磧、普、南、徑、清作「能持」。

一 八九七頁下一九行「詞列域心」，資、磧、普、南、徑、清作「詞詞列惑心」。

一 八九七頁下二一行第一一字「試」，資、磧、普、南、徑、清作「誡」。

一 八九八頁上一行「續高僧傳卷第二十二」，資、磧、普、南作「續高僧傳卷第二十三」；徑作「續高僧傳卷第二十九」；清作「續高僧傳卷第二十三下」。

續高僧傳卷第二十三　承

大唐西明寺沙門釋道宣撰

護法上　本傳六　附見四

魏洛都融覺寺釋曇無最傳一

齊逸沙門釋曇顯傳二

周終南山避世峯釋靜藹傳三 慧宣

周京師大中興寺釋道安傳四 慧影 寶貴

周新州願果寺釋僧勔傳五

隋京師雲花寺釋僧猛傳六

釋曇無最姓董氏武安人也靈悟洞微飡寢玄秘少稟道化名垂朝野為三寶之良將即像法之金湯諷誦經論堅持律部偏愛禪那心虛靜謐時行汲引咸所推宗兼博貫玄儒尤明論道故使七衆望塵奄有繁劇冣猷世情重將捐四部行施獎誨多以戒禁為先亟動物機信用雲布曾於鄴鄴崇尊寺說戒徒衆千餘並是常隨門學至四月三十日布薩行籌依位棖受常計之外乃長六十冣居坐端深佐其異既无外衆通夕懷疑明旦東推有人見從鄴鄴城西而來者並異倫大德衣服正帖翔步閑雅亦有見從鼓山東面而來或於中路逢者皆云往赴崇尊聽僧說戒如是數般節級勘其年齒相狀人數多少恰滿六十焉故知道會聖心是幽靈遐降竹林群隱明非妄承冣德洽釋宗屢當時望後勅住洛都融覺寺寺即清河文獻懌所立廊宇充溢周于三里冣善弘敷導妙達涅槃華嚴僧徒千人常業元怠天竺沙門菩提留支見而礼之另為東土菩薩嘗讀冣之所撰大乘義章每彈指唱善翻為梵字寄傳大夏彼方讀者皆東向礼之為聖人矣然其常以弘法為任元魏正光元年明帝加朝服大赦請釋李兩宗上殿齋訖侍中劉騰宣勅請諸法師等與道士論義時清道館道士姜斌與冣對論帝問佛與老子同時不姜斌曰老子西入化胡佛時以為侍者文出老子開天經據此明是同時冣問曰老子周何王而生何年西入斌曰當周定王三年在楚國陳苦縣厲鄉曲人里九月十四日夜生簡王四

續高僧傳卷第二十三　第二張

年為守藏吏敬王元年年八十五見
周德陵遲遂與散關令尹喜西入化
胡約斯明矣寂曰佛當周昭王二十
四年四月八日生穆王五十二年二月
十五日滅度計入涅槃經三百四十
五年始到定王三年老子方生生已
年八十五至敬王元年凡經四百三
十年乃與尹喜西遁此乃年載懸殊
无乃謬乎斌曰若如来言出何文紀
寂曰周書異記漢法本內傳並有明
文斌曰孔子制法聖人當時於佛迴
无文志何耶寂曰孔氏三備卜經佛
之文言出在中備仁者識同管覘覽
不弘遠何能自達帝遣尚書令元乂
宣勑道士姜斌論無宗旨宜令下席
又議開天經是誰所說中書侍郎魏
收尚書郎祖瑩就觀取經太尉蕭綜
太傅李寔衛尉許伯桃吏部尚書邢
欒散騎常侍溫子昇等一百七十人
讀訖奏云老子止著五千文餘無言
說臣等所議姜斌罪當惑衆帝時加
斌極刑西國三藏法師菩提留支苦
諫乃止配徙馬邑寂學優程舉継乎

魏史籍甚騰聲移肆通國遂使達
儒朝士降階設敬接足歸依佛法中
興惟其開務後不測其終
釋曇顯不知何人元魏季序遊止鄴
中栖泊僧寺的無定所每有法會必
涉其塵皆通諳了義隱文自餘長唱
散說便捨而就餘講及後解至窮理
顯便輒已在聽時以此奇之而覩其
儀服猥濫名相非潔頻復輕削故初
並不顧錄惟上統法師深知其遠識
也私惠其財賄以資飲啖之調或因
昏醉卧于道邊時復清卓趍其神器
及文宣受禪齊祚大興天保年中釋
李二門交競優劣屬道士陸修靜妄
加穿鑿廣制齋儀糜費極繁意在王
者遵奉會梁武啓運天監三年下勑
捨道帝手制疏文極周盡修靜不勝
其憤遂與門人及邊境亡命叛入北
齊又傾散金玉贈諸貴遊託以襟期
冀興道法帝惑之也乃出勑召諸沙
門與道士對校道術尒時道士祝諸
沙門衣鉢或舉或轉或祝諸方梁擴
竪於地者沙門曾不學方術默無一

對士女擁內貴賤移心並以靜徒為
勝也靜迺高談自伐矜衒道術唱言
曰神通擁設抑挫強侮沙門現一我
當現二今薄示微術並辟屈退事亦
可見帝命上統令與靜捔試上曰方
術小伎俗儒恥之況出世也雖然天
命相拒豈得無言可令寂下座僧對
之時顯位居末席酒醉酣臧扶舉登
座因立而笑衆皆憚焉而是上統所
遣不敢有諫顯語李宗云向誇現術
一之與二者深有致矣即於座上翹
足而立曰吾已現一矣卿可現二各
無言對顯曰向祝諸衣物飛舉者試
卿術耳命取稠禪師衣鉢祝之皆無
動搖帝勑十人舉之不動如故乃以
衣置諸梁木帖然無驗諸道士等相
顧無顔猶以言辯為勝乃曰佛家自
号為內內則小也諮道家為外外則
大也顯應聲曰若然則天子處內定
小庶人矣靜與其衆緘口無言文宣
處座目驗咸否其徒尒日皆捨邪從
正求哀濟度未發心者勑令染剃故
斬首者非一自号神仙者並上三爵

臺令其投身飛逝恙委尸于地爲妄
斯伏乃下詔曰法門不二真宗在一
求之正路寄泊爲本祭酒道者世中
假妄俗人未悟仍有祗崇麴蘖是味
清虛焉在膻脯斯甜慈悲永隔上異
仁祠下乖祭典宜皆禁絶不復遵事
頒勒遠近咸使知聞其道士歸伏者
並付昭玄大統上法師度聽出家廣
如別傳所載于時齊境一心奉佛國
無兩事迄于隋運方漸開宗至東
川此裒猶少傳者曰達化護持融尚
馳名秦世小以致遠顯公著績高齊
知人難哉上繞揣其骨則千里駿足
異世同駕以良取人失之自古則徒
飾玄黄矣復何能抗衡之哉顯竟以
放達流俗潛遁人世不知所之
釋靜藹姓鄭氏滎陽人也夙標俗譽
以温閏知名而神器夷簡卓然物表
甫爲書生博志經史諸鄭悦岸者咸
賞異之謂興宗黨其此兒矣與同伍
遊寺觀地獄圖變顧諸生曰異哉審
業理之必然誰有免斯酷者便强違
切諫二親不能奪志鄭宗固留藹决

烈愛縛情分若石遂獨往百官寺依
和禪師而出家時年十七具戒已後
承仰律儀護持明練時所戴重又從
景法師聽大智度論一聞神悟謂敞
重幽更習先解便知濫述周行齊境
顧問知津講席論堂亟陳往復詞令
詳雅理趣清新皆略無承導終于世
累乃撫心曰余生年不幸會五濁交
亂失於物議得在可鄙進退惟谷高
蹈可乎遂心口相吊擯影嵩岳尋括
經論用忘寤寐然於大智中百十二
門等四論家爲投心所崇餘則旁纘
異宗成其通照言必藻繢珠連書亦
草行相貫高爲世重罕不華之後自
悟曰綺文奕理華寔亂真豈流宕忘
返不思懲艾乎自尒擯而斷之惟以
釋道東騖並味前聞恐涉邪津悔於
晩學又入白鹿山遯觀黄老廣攝受
之途莊惠詭駁標寓言之論未之尚
也聞有天竺梵僧碩學高行世之不
測西達咸陽藹求道情猛欣所聞見
私度關塞載離寒暑既至渭陰未及
洗足即申謁敬昔聞今見見累於聞

大鼓徒揚貧訪無指乃潛形倫伍陶
甄舊解蕪没遜遁知我者希掩抑十
年達窮通之數體因緣之理附節終
南有終焉之志煙霞風月用袪亡反
峯名避世依而味靜惟一繩牀廓无
庵屋露火調食絶諸所營白彼癘徒
誨示至理令其致供日就斁之雖屬
膿潰横流對泣而無猒惡由是息心
之衆往結林中授以義方嚮爲學市
山本無水須便飲澗嘗於昏夕學人
侍立忽降虎來前掊地而去及明觀
之漸見潤濕乃使掏掘飛泉通注從
是遂省下澗須便挹酌令錫谷避世
堡虎掊泉是也藹立身嚴恪達解超
倫據林引衆講前四論意之所傳纅
相弘利其說法之覩尊而乃演必令
學侶袒立合掌慇懃鄭重經時方遂
乃勑取繩牀周繞安設致敬坐訖藹徐
取論文手自指撝一偈一句披釋取
悟顧問聽者所解云何令其傳意方
進後偈旁有未喻者更重述之每日
再講此法無怠常自陳曰余猒法惕
法生不值佛世繼聞遺教心無信奉

恒懷怏怏終須練此身心有時試縱
惟欲誠心造惡有時攝念惟願假脩
相善如此不名安身如此不名清心
故約已制他誠非正撿然末世根緣
多相似耳必猒煩惱者須住不辞具
儀者離此其開蒙敦勵皆此類也有
沙門智藏者身相雄勇智達有名負
粮二石造山問道因見擴枝格樹戲
舉身過為譪見初不可止三日已後
方召責去腹中他食何得輙戲如此
自養名為兩足狗也藏銜泣謝過終
不再納遂遣出山沙門曇延道安者
世号玄門二傑當時頂蓋名德相勝
及論教體紛諍由生諮譪取決讓謝
良久方為開散兩情通悅不覺致礼
各嗚一足跪而啓曰太師解達天鑒
應變世攝道今則獨善其身衰德泉
石未見其可譪曰導貴行用不即在
言余觀時進退故且隱居求志耳余
後事故入城還歸林野屬周武之世
道士張賓譎詐罔上冒增榮寵潛進
李氏欲廢釋宗既縱倖粃宸蠅飛黄
屋與前僧衛元嵩脣齒相副帝精悟

朗鑒内烈外温呂僧入内七霄礼懺欲
親覩僁佗冀申殷懃時既密知各加
懇到帝亦七夕同僧不眠為僧讃唄
并諸法事經聲七轉莫不清靡事
訖設會公陳本意有猛法師者氣調
高拔躬抗帝旨言頗激切衆恐禍及
其身帝但述懷曾無赧退譪聞之嘆
曰朱紫雜糅狂悖交侵至矣可使五
衆流離四民倒惑哉又曰飡周之粟
飲周之水食椹懷音寧無酬德又為
佛弟子豈可見此淪滑坐此形骸晏
然自靜寧大造於像末分俎醢於盜
跖耳徑詣闕上表理訴引見登殿舉
手唱言曰來意有二所謂報三寶慈
恩酬檀越厚德援引經論子史傳記
談叙正義據證顯然從旦至午言無
不詣明不可滅之理交言支任抗對
如流梗詞厲色鏗然無撓百僚近臣
代之戰慄而神氣自若不阻素風帝
雖愜其詞理而滅毀之情已决既不
納諫又不見遣譪又進曰釋李邪正
人法混并即可事求未煩聖慮陛下
必情無私隱涇渭須分請索油鑊殷

涯取兩宗人法俱盡之不害者立可
知矣帝怯其言乃遣引出時宜州沙
門道積者次又出諫俱不用言乃與
同友七人於弥勒像前礼懺七日既
不食已一時同逝譪知大法必滅不
勝其虛乃携其門人三十有餘入終
南山東西造二十七寺依巖附險使
逃逸之僧得存深信及法滅之後帝
遂破前代關山東西數百年來官私佛
法掃地並盡融刮聖容焚燒經典禹
貢八州見成寺廟出四十千並賜王公
充為第宅三方釋子減三百万皆復
軍民還歸編户三寶福財其貲無數
簿録入官登即賞費分散蕩盡初於
建德三年五月行虐關中其禍既畢
至六月十五日罷朝有金城公任氏
部於所治府與諸若彷徉天望忽見
五六段物飛騰虚空在於鳥路大者
上摩青霄大如十斛囷許漸漸微没
自餘數段小復伍下其色黄白卷舒
空際類幡無脚介曰天清氣靜纖塵
不動但增炎曦而已因往冬官府道
經園土北見重牆上有黄書擴拖棘

上及往取之乃是摩訶般若經第十九卷問其所由荅云從天而下飛揚墜此于時三寶初滅刑法嚴峻略示連席之官乃藏諸衣袖還緘莒笥屬隋興運轉牧冀州爰命所部從事趙絢叙之日有清信大士具官身嬰俗累怨崇法理精感明靈神化斯應遂使羣經騰翥等狀搖之上昇隼卷飄返若丹烏之下降其去也明悪世之不居其來也知善人之可集應瑞乎如彼聖著乎如此我皇出震乘乾更張琴瑟親臨九服躬揔八荒知三寶之可崇體四生之不固遂頒海內脩淨伽藍是使像法氤氲同諸舍衛僧尼隱軫還類提河持以此經像明靈著自非積善焉能致斯敢事旌表傳芳後葉初武帝知藹志烈欣欲見之乃勑三衛二十餘人巡山訪覓氈衣道人朕將位以上卿共治天下藹居山幽隱追蹤不獲後於太一山錫谷潛遁觀大法淪廢道俗無依身被執纏無力毗讚告弟子曰吾無益於世即事捨身故先相告衆初不許慕從聞

法便開覧大小諸乘撰三寶集二十卷假興賓主會遣疑情抑揚飛伏廣羅文義弘讚大乘光揚像代并録見事指掌可尋異藏諸巖洞庇後代之冊興耳自藹入法行大慈門縉纊皮革一無踐服惟順毛布終于報盡後猒身情迫獨據別巖勑侍者下山明當早至藹加坐盤石留一内衣自條身肉臠段布於石上引腸掛于松枝五藏都皆外見自餘𦟌肉手足頭面剮㧗都盡並惟骨現以刀割心捧之而卒侍人心驚通夜失寐明晨走赴猶見合掌捧心身面西向加坐如初所傷餘骸一無遺血但見白乳滂流凝于石上遂累石封外就而殯焉即周宣政元年七月十六日也春秋四十有五弟子等有聞當世具諸別傳親侍沙門慧宣者内外博通竒有志力痛山頹之莫仰悲梁壞之無依爰述芳猷樹碑塔所後有訪道思賢者入山礼敬循諸崖險乃見藹書遺偈在于石壁題云初欲血書本意不謂變為白色即是魔業不遂所

以墨書其文曰諸有緣者在家出家若男若女皆悉好住於佛法中莫生退轉若退轉者即失善利吾以三因緣捨此身命一見身多過二不能護法三欲速見佛輙同古聖列偈叙之

無益之身　悪煩人功　解形窮石
散體巖松　天人脩羅　山神樹神
有求道者　觀我捨身　願令衆生
見我骸骨　煩惱大船　皆為覆没
願令衆生　聞我捨命　天耳成就
菩提究竟　願令衆生　憶念我時
具足念力　多聞揔持　此報一罷
四大彫零　泉林逐絶　巖室無聲
普施禽獸　乃至蜫蟲　食肉飲血
善根内充　願我未來　速成善逝
身心自在　要相拔濟　此身不淨
底下屎囊　九孔常流　如漏隄塘
此身可悪　不可瞻觀　薄皮裹血
垢汙塗湯　此身臭穢　猶如死狗
六六合成　不從花有　觀此臭身
無常所因　進退無免　會遭蟻螻
此身難保　有命必輸　狐狼所噉
終成蟲蛆　天人男女　好醜貴賤

死火所燒　慗見如電　死法侵人
怨中之怨　吾以為讎　捨斷根源
此身无樂　毒虵之篋　四大圍遶
百病交涉　有名苦聚　老病死藪
身心熱惱　多諸過咎　此身无我
以不自在　無實撗計　凡夫所宰
久遠迷惑　妄倒所使　宦失善根
畜生同死　棄捨百千　血乳成海
骨積大山　當来兼倍　未曾為利
虛受勤苦　衆生無益　於法無補
忍痛捨施　切用無邊　捨不退轉
出離四流　捨此穢形　願生淨土
一念花開　弥陁佛所　速見十方
諸佛賢聖　長辭三塗　正道決定
報得五通　自在飛行　寶樹飡法
證大無生　法身自在　不斷三有
殄除魔道　護法為首　十地滿足
神化無方　德備四勝　号稱法王
願捨此身已　早令身自在　法身自在已
在在諸趣中　隨有利益處　護法救衆生
又復業應盡　有為法皆然　三界皆无常
時来不自在　他殺及自死　終歸如是處
智者所不樂　應當如是思　衆緣旣運湊

業盡於今日

釋道安俗姓姚馮翊胡城人也識悟玄理早附法門性無常師聞道而至兼以恬虛靜泊凝心勝境謙齋為用動止施度凡厥禪侶莫不推服後隱于太白山栖遁林泉擁志經論思拔深定慧業斯舉旁觀子史粗涉大經而神氣高朗挾操清遠進具已後崇尚涅槃以為遺訣之教博通智論用資弘道之基故周世渭濱盛揚二部更互談誨無替四時住大陟岵寺常以弘法為任京師士子咸附清塵安內外既明特善文藻動言命筆並會才華而風韻疎通雅調翔簡執禮居尊仁被朝貴故榮達儒宰知名道士日来請論咸發信心故得義流天下草偃從之周武廓清天步中外禔福頻御殿輦躬禮安焉安道為物宗坐鎮崇敬令帝席地而止安則如常敷化高談正法詞無涉世公卿側目觀者榮慶時及中食安命供設帝將舉筯曰弟子聞俗人不合僧食法師如何以罪累人安曰佛教權實律制開

遮王賊惡日並通供給貧道據法相擬理非徒尒帝曰審如來言非佛意也但恐損道衆耳又與賊目同席誠無預焉即勑將去更論餘法曾不以介意斯即季代之高量也後勑住大中興寺別加殊禮帝往南郊文物大備勑諸道俗同覩通儁勑別及安令觀天子鹵簿儀具安荅曰陛下為民故出貧道為法不出帝聞彈指嘆善久之安鑒悟絕倫德風遠扇立形平淮守道自遵皆此類也與同學慧雋知名周壤雋姓朱氏京兆三原人生不學書而耳飡取悟一聞不忘藏諸胷臆流略儒釋談如泉涌攻擊關責鋒鍔叢萃曾於一日安公正講涅槃雋命章設問遂往還迄暮竟不消文明旦又問講難精拔安雖隨言即遣而聽者謂無繼難雋終援引文理徵並相訓遂連三日止論一義後兩捨其致方事解文故使驚唱前脩預聞高揖雋後歷尋華土縱學名師凡所霑耳皆義通旨得安與同室三十餘年言晤飛玄誠逾目擊因疾而卒安

撫扆慟哭曰宜居有言信不虛矣至
天和四年歲在己丑三月十五日勅
召有德衆僧名儒道士文武百官二
千餘人於正殿帝昇御坐親量三教
優劣廢立衆議紛紜各隨情見較
其大抵無與相據者至其月二十日
又依前集衆論爭各是非滋生並莫
簡帝心索然而退至四月初勅又廣
召道俗令極言陳理又勅司隸大夫
甄鸞詳佛道二教定其先後淺深同
異鸞乃上笑道論三卷合三十六條
用笑三洞之名及笑經稱三十六部
文極詳據事多揚激至五月十日帝
又大集羣臣詳鸞上論以為傷蠹道
士即於殿庭焚之道安慨時俗之混
并悼史籍之沉網乃作二教論取擬
武帝詳三教之極文成一卷篇分十
二初歸宗顯本篇有客問曰僕聞風
流傾墜六經所以緝修誇尚滋彰二
篇所以述作故優柔弘潤於物必濟
日儒用之不匱於物必通曰道斯皆
孔老之神功可得而詳矣近覽釋教
文博義豐觀其汲引則恂恂善誘要

其旨趣則臺臺兹始良然三教雖殊
勸善一途教迹誠異理會則同至一
如老嗟身患孔嘆逝川固欲後外以
致存生感往以知物化何异釋典之
猒身無常之說哉但拘滯之流采馳
高觀不能齊天地於一指均是非於
一氣致令談論之際每有不同此所
謂匿摩尼於胎鷇掩大明於重夜傷
莫二之淳風塞洞一之玄旨析之弥
劫奚可值哉主人荅曰子之窮辯未
盡理也夫万化本於生生三才兆於
始始然則無生無始物之性也有化
有生人之聚也聚雖一體而形神兩
異散雖質別而心數弗亡故救形之
教教稱為外濟神之教教稱為內是
以智論有內外兩經仁王辯內外兩
論方等明內外兩律百論言內外二
道若通論內外則該彼華夷若局命
此方則可云儒釋釋教為內儒教為
外備彰聖典非為誕謀詳覽載籍尋
討源流教惟有二寧得有三何者昔
玄古樸素墳典之誥未弘淳風稍離
丘索之文乃著故包論七典統括九

流咸為治國之謨並是修身之術若
派而別之則應為九教搃而合之則
同為儒宗論其官也各王朝之一職
談其籍也普皇家之一書子欲於一
化之內合九流爭川大道之世使小
成覺辯豈不上傷皇極莫二之風下
開拘放鄙蕩之弊真所謂巨蠹鴻猷
眩曜朝野矣佛教者窮理盡性之格
言出世入真之正轍論其文則部分
十二語其旨則四種悉檀理妙域中
固非名号所及化擅繫表又非情智
所尋至於遣累落筌陶神盡照近超
生死遠證泥洹播闡五乘接羣機之
深淺該明六道辯善惡之昇沉貿期
出世而理無不周迹昧王化而事無
不盡能博能要不質不文自非天下
之至慮孰能與斯教哉雖復儒道千
家農黔百氏取捨驅馳未及其度者
也惟釋氏之教理富權實有餘不了
稱之曰權無餘了義号之為實通言
善誘何名妙賞子謂三教雖殊勸善
義一余謂善有精麁優劣宜異精者
超百化而高昇麁者循九居而未息

安可同年而語其勝負哉又云教迹誠異理會則同爰引世訓以符玄教此蓋悠悠之所昧未豎其本矣教者何耶筌理之謂理者何耶教之所詮教若果異理豈得同理若必同教寧得異筌不期魚蹄不為兎將為名乎理同安在夫厚生情篤身患之誠遂興不悟遷流逝川之歎乃作並是域內之至談非踰方之巨唱何者推色盡於極微老氏之所未辨究心窮於生滅宣尼又所未言可謂瞻之似盡而察之未極者也經曰分別色心有無量相非諸二乘所知且二乘之與大行俱越妄想之鄉菩薩則慧兼九道聲聞則獨善一身其猶露潤之比巨壑微塵之比須弥況凡夫識想何得齊乎故經曰無以日光等彼螢火若夫以齊而齊不齊者未齊矣以齊而齊於齊者未齊焉余聞善齊天下者以不齊而齊天下者也何須夷岳實渕然後方平續鳧截鶴於焉始等此蓋猶夫之野議豈達士之貞觀乎故顗曰然實昧朱狂斯濫哲讀癈其

類上至天子下至庶人莫不資色心以成軀稟陰陽而化體不可以色心是等而便混以智愚陰陽義齊則同之於貴賤此之不可至理皎然雖強齊之其義安在帝為張賓攡譖意遣釋宗初覽安論通問僚寀文據卓然莫敢排斥當時廢立遂寢誠有所推至建德三年歲在甲午五月十七日乃普滅佛道二宗別置通道觀簡釋李有名者並著衣冠為學士焉事在別傳安削迹潛聲逃于林澤帝下勑搜訪執詣王庭親致勞接賜牙笏絲帛并位以朝列竟並不就卒于周世初安之住中興攜母相近每旦出覲手為煮食然後上講雖是侍人不許兼助乃至折薪汲水必自運其身手告人曰母能生養於我非我不名供養卒于母世初無一息斯准大聖擔棺之像布化澆夫矣及其即世也乃作遺誡九章以訓門人其詞曰敬謝諸弟子夫出家為道至重至難不可自輕不可自易所謂重者荷道佩德縈仁負義奉持淨戒死而有已所謂

難者絕世離俗永割親愛迴情易性不同於眾行人所不能行割人所不能割忍苦受辱捐棄軀命謂之難者名曰道人道人者行道人也行必可履言必可法被服出家動為法則不貪不諍不讒不匿學問高遠志存玄默是為名稱參位三尊出賢入聖滌除精塊故得君王不望其報父母不望其力普天之人莫不歸揖捐妻減養供奉衣食屈身俯仰不辭勞恨者以其志行清潔通於神明淡泊虛白可奇可貴故自須荒流道法遂替新學之人未體法則棄正著邪忘其真實以小黠為智以小供為足飽食終日無所用心退自推觀良亦可悲計今出家或有年歲經業未通文字不決徒喪一世無所成名如此之事不可深思無常之限非旦則夕三塗苦痛無強無弱師徒義深故以申示有情之流可為永誡其一曰卿已出家永違所生剃髮毀容法服加形辭親之日上下涕零割愛崇道意陵太清當遵此志經道修明如何無心故在

色聲悠悠竟日經業不成德行日損
穢迹遂盈師友慚耻凡俗所輕如是
出家徒自辱名今故誨勵宜當專精
其二曰卿已出家棄俗辤君應自誨
勵志果清雲財色不顧與世不羣金
王不貴惟道為珍約己守節甘苦樂
貧進德自度又能度人如何改操趍
走風塵坐不暖席馳務東西劇如傴
役縣官所牽經道不通戒德不全朋
友虫弄同學棄捐如是出家徒喪天
年今故誨勵宜各自憐其三曰卿已
出家永辤宗族無親無踈清淨無欲
吉則不歡凶則不慼超然從容豁然
離俗志在玄妙軌真守撲得度廣濟
普蒙福祿如何無心仍著染濁空爭
長短銖兩升斛與世同利何異僮僕
經道不明德行不足如是出家徒自
毀辱今故誨示宜自洗沐其四曰
卿已出家号曰道人父母不敬世帝
不臣普天同奉事之如神稽首致
敬不計富貴尚其清脩自利利人減
割之重一米七斤如何怠慢不能報
恩倚縱遊逸身意慮煩無戒食施

死入太山燒鐵為食融銅灌咽如
斯之痛法句所陳今故誨約宜改自
新其五曰卿已出家号曰息心穢雜
不著惟道是欽志絜清潔如玉如
氷當脩經戒以濟精神眾生蒙祐并
度所親如何無心隨俗浮沈縱其四
大恣其五根道德遂淺世事更深如
是出家與世同塵今故誡約幸自開
神其六曰卿已出家捐世形軀當務
竭情泥洹合符如何擾動不樂閑居
經道損耗世事有餘清白不展反入
泥塗過影之命或在須臾地獄之痛
難可具書今故誡勵宜崇典謨其
七曰卿已出家不可自寬形雖鄙陋
使行可觀衣服雖麁坐起令端飲食
雖踈出言可飡夏則忍飢冬則忍寒
能自守節不飲盜泉不肖之供足不妄
前父處私室如臨至尊學雖不多可
齊上賢如是出家足報二親宗族知
識一切蒙恩今故誡汝各宜自敦其
八曰卿已出家性有昏明學無多少
要在脩精上士坐禪中士誦經下士
堪能塔寺經營豈可終日一無所成

立身無聞可謂徒生今故誨汝宜自
端情其九曰卿已出家永違二親道
法革性俗服離身辤親之日乍悲乍
欣邈尒絕俗超出埃塵當脩經道制
己屬真如何無心更染俗因經道已
薄行無毛分言非可貴德非可珍師
友致累恚恨日彰如是出家損法辱
身思之念之好自將身安有弟子慧
影寶貴並列名隋世影傳燈大論繼
踵法輪汎迹人間情多野外著傷學
存廢賦脩等三論傷學除謗法之愆
存廢防姧求之意賦脩令改過眼道
並藻逸霞爛燦然可遵後卒開皇
末歲貴翫閱群典講律為務見晉世
支敏度合五家首楞嚴為一本八卷
又合三家維摩經為一本五卷隋沙
門僧就合四家大集為一本六十卷
貴乃合三家金光明為一本八卷復
請崛多三藏譯銀主陀羅尼及屬累
品以之成部沙門彥琮重覆梵本品
部斯具焉
釋僧勔未詳氏族住新州願果寺周
武季世將喪釋門崇上老氏愛其符

錄凡有大醮帝必具其巾褐同其拜
伏而道經誕妄言無本據國雖奉事
未詳讎挍遂不遠鄉閑躬聞帝闕面
陳至理以邪正相參澆情趍覺來辨
真偽更遞毀譽乃著論十有八條難
道本宗又以三科釋其前執賢聖既
序凡位皎然其詞略去動以世之濫
述云老子尹喜西度化胡出家老子
為說經戒令尹喜作佛教化胡又稱是鬼谷
先生撰南山四皓注未善尋者莫不
信從以為口實異哉此傳君子尚不
可誷況貶大聖者乎今具陳此說非
真人世差錯假託名字亦乃言不及
義翻辱老子意者勝人達士不出此
言將是無識異道誇覺佛法假託鬼
谷四皓之名附尹喜傳後作此異論
用迷昏俗竊聞傳而不習夫子不許
妄作者凶老君所誡此之巨患增長
三途宜應糺正救其此失然教有內
外用生疑假人有賢聖多述本迹故
班固漢書品人九等孔丘之徒為上
上類例皆是聖李老之儔為中上類
列皆是賢何晏王弼云老未及聖此

則賢聖天分優劣自顯故魏文之博
悟也黃初三年下勑云告豫州刺史老
聃賢人未宜先孔子不知魯郡為孔
子立廟成未漢桓帝不師聖法正以
嬖臣而事老子欲以求福良足笑也
此祠之興由桓帝武皇帝以老子賢人
不毀其屋朕亦以此亭當路行來者
輒往瞻視而樓屋傾頹儻能壓人故
令修整昨過視之殊未整頓恐小人
謂此為神妄往禱祀違犯常禁宜宣
告吏民咸使知聞據斯以言程露久
矣世多愚人不尋前達故有此弊耳
今考據年月畢達誠言區別人世并
內經外典並對條例覽詳卷首邪正
自顯雖復著論周世垂名朝野通人
罕遇終以事迷竟不行用及後法毀
逃難不測所終

釋僧猛俗姓段氏京兆涇陽人姿蔭
都雅神情俊拔童稚出家素知希奉
聰慧利根幽思通遠數十年間躬事
講說凡有解悟靡不通練昔魏文西
位勑猛在右寢殿闡揚般若貴宰咸
仰味其道訓周明嗣曆詔下屈住天

宮永弘十地又勑於紫極文昌二殿更
互說法當時宣延問對酬荅無窮黃
中之徒紛然擁聚猛乃徐揺談柄引
敵深渦方就邪宗一一窮破故使三生
四見之語並屈當時元始真文之經
粉碎曩日天師徒侶凡解乖張道俗
肅然更新耳目初帝始齊三教猛分
為九十五門後退一乘更進三十有
生之善詞甚崇粹學觀所歸既不
預帝覽遂淪俗侶猛退屏人事幽栖
待旦隨文作相佛日將明以猛年
德俱重玄儒湊集追訪至京令崇法
宇於大象二年勑住大興善寺講揚
十地寺即前陟岵寺也聲望尤著殊
悅天心尋振為隋國大統三藏法師
委以佛法令其弘護未足以長威權
固亦光輝釋種移都南頓寺亦同遷
於遵善里今之興善是也名雖居殊
而恒住雲花勗徒課業以開皇八年
二月四日卒于住寺春秋八十有二
初將大漸深照苦空話言盈耳翕然
欲絕語衆曰吾其去也遂即神遷時
貴其置心不亂塋于城東馬頭穴刻

石立銘于雲花寺今猶存矣

續高僧傳卷第二十三　護法篇上

釋道臻姓牛氏長安城南人出家清貞不群
非類謙虛寡交顧唯讀經博聞爲業諸法師
於經義有所迷忘者皆往問之西魏文帝聞
而敬重尊爲師傅遂於京師立大中興寺尊
爲魏國大統于時東西初亂宇文太祖始纂
帝圖挾魏西奔萬途草創僧徒相聚綴旒而
已旣位僧統大立科條佛法載興誠其人矣
爾後大乘陟岵相次而立並由淘漸德化所
流又於昆池之南置中興寺莊池之內外稻
田百頃並以給之梨棗雜果望若雲合及卒
帝哀之廢朝喪事所資並歸天府送於園南
爲立高墳塋封之地一頃今所謂統師墓是
也近貞觀中猶存古樹

釋智炫者益州城都人也俗姓徐氏初生室
有異光少小出家入京聽學數年遂擅名京
洛學衆推崇請令覆講若瀉瓶無遺會周武
帝廢佛法欲存道教乃下詔集諸僧道士試
取優長者留庸淺者廢於是詔華野高僧方
岳道士千里外有妖術者大集京師於太極
殿陳設高座帝自躬臨勑道士先登時有道
士張賓最爲首長登高唱言曰原夫大道清
虛淳一無雜祈恩請福上通天曹白日昇仙
壽與天地同畢風教先被中夏無始無終含
生賴之以得長生洪恩厚利不可校量豈如
佛法虛幻言過其實不容本土客寓中華百
姓無知信其詭說今日欲定臧否可出頭來
看襄城公何妥自行如意座首少林寺等行
禪師發憤而起諸僧止之曰今日事大天帝
在此不可造次知禪師爲佛法大海然應對
之間復須機辯衆共謀議若非蜀炫無以對
揚共推如意以將付炫炫既爲衆所推又忿

張賓浪語安庠而起徐昇論座坐定執如意
謂張賓曰先生向者所陳大道清虛淳一無
雜又云風教先被中夏者未知風教之起起
自何時所說之教於何處說又言佛法不容
本土客寓中華可辯道是何時生佛是何時
出賓曰聖人出世有何定時說教興行有何
定處道教舊來本有佛法近自西來炫曰若
言無時亦應無出若無定處亦應無說舊來
本有非復清虛上請天曹豈得無雜壽與天
地同畢豈得無始無終賓曰道人浪語爲前
王無識留汝等輩得至于今今日聖帝盡須
殺却帝惡其理屈令舍人謂之曰賓師且下
賓旣退帝自昇高座言曰佛法中有三種不
淨納耶輸陀羅生羅睺羅此主不淨一也經
律中許僧受食三種淨肉此教不淨二也僧
多造罪過好行婬泆佛在世時徒衆不和遞
相攻伐此衆不淨三也主法衆俱不淨朕意
將除之以息虛幻道法中無此事朕將留之
以助國化顧謂炫法師曰能解此三難眞是
好人炫應聲謂曰陛下所陳並引經論誠非

謬言但見道法之中三種不淨又甚於此案天尊處紫微宮恒侍五百童女此主不淨甚於耶輸陀羅之一人道士教中章醮請福之時必須鹿脯百柈清酒十斛此教不淨又甚於三種淨肉道士罪過代代皆有千古亂常姜斌犯法此又甚於衆僧僧衆自造罪過乃言佛法可除猶如至尊享國嚴設科條不妨逆子叛臣相繼而出豈以臣逆子叛遂欲空於大寶之位耶大寶之位固不可以臣子叛逆而空佛法正眞豈得以衆僧犯罪而廢炫雅調抑揚言音朗潤雖處大節曾無懼顏帝愕然良久謂炫曰所言天尊侍五百童女出何經炫曰出道三皇經帝曰三皇經何曾有此語炫曰陛下自不見非是經上無文今欲廢佛存道猶如以庶代嫡帝動色而下因入內群臣僧衆皆驚曰語觸天帝何以自保（以周武非嫡故）炫曰主辱臣死就戮如歸有何可懼作可早亡遊神淨土豈與無道之君同生於世乎衆皆壯其言明旦出勅二教俱廢仍相器重許以婚姻期以共政法師志操逾厲與同學三人走赴齊都時周齊之界皆被槍布棘彼有富姥姓張鋪氈三十里令炫得過至齊盛爲三藏名振東國武帝破鄴先遣追求帝弟越王宿與法師厚善恐帝肆怒橫加異責乃鞭背成痕俗服將見越王先爲言曰臣恨其逃命已杖六十令脫衣見帝帝變色曰恐其懷慚遠逝以至死亡所以急追元無害意責越王曰大丈夫何得以杖捶相辱待遇彌厚與還京師武帝崩隋文作相大弘佛法兩都歸趣一人而已歲景將秋懷土興念又以蜀川迥遠與義未宣援首西歸心存敷暢蜀王秀未之知也時長史周宣明入朝赴考隋文帝謂之曰炫法師安和耶宣明驚惶莫知所對文帝曰一國名僧卿遂不識何成檢校宣明稽首陳謝死罪及還先往寺㕘禮寺舊在東逼於苑囿又是鄱陽王葬母之所王既至孝故名孝愛寺宣明移就今處供養無闕至大鄴改爲福勝寺法師宣揚覺倦入隱三學山觸目多感遂遊山詩曰

封十　三十六

秀嶺接重煙　嶔岑上半天　絶巖低更舉
危峯斷復連　側石傾斜澗　迴流瀉曲泉
野紅知草凍　春來鳥自傳　樹錦無機織
猨鳴詎假弦　葉密風難度　枝疎影易穿
抱表依閑沼　策杖戲荒田　遊心淸漢表
置想白雲邊　榮名非我顧　息意且蕭然

年一百二歲不病而卒

續高僧傳卷第二十三

校勘記

一 底本，金藏廣勝寺本。

一 九〇八頁中一行經名，資、磧、普、南、清作「續高僧傳卷第二十四」；徑作「續高僧傳卷第三十」。

一 九〇八頁中三行「本傳六附見四」，資、磧、普、南作「本傳八附見四」；徑、清作「本傳八人附見四人」。

一 九〇八頁中四行首字「魏」，資、磧、普、南、徑、清作「東魏」。

一 九〇八頁中四行與五行之間，資、磧、普、南、徑、清有「西魏京師大僧統中興寺釋道臻傳二」一行。

一 九〇八頁中五行至九行傳目序次「二」、「三」、「四」、「五」、「六」，資、磧、普、南、徑、清分別作「三」、「四」、「五」、「六」、「七」。

一 九〇八頁中六行「避世峯」，資、磧、普、南、徑、清作「避世蓬」。

一 九〇八頁中九行首字「隋」，資作「陳」。

一 九〇八頁中九行與一〇行之間，資、磧、普、南、徑、清有「隋（徑、清無）益州孝愛寺智炫傳八」一行。

一 九〇八頁中二〇行第七字「乃」，普、徑作「及」。

一 九〇八頁下五行第一〇字「是」，資、磧、普、南、徑、清作「是使」。

一 九〇八頁下八行第四字「懌」，資、磧、普、南、徑、清作「王懌」。

一 九〇八頁下一六行「劉滕」，麗作「劉騰」。

一 九〇八頁下一七行「清道舘」，資、磧、普、南、徑、清作「清通觀」。

一 九〇八頁下一九行「佛時」，資、磧、普、南、徑、清作「成佛佛」。

一 九〇八頁下二一行第六字「周」，資、磧、普、南、徑、清作「同」。

一 九〇八頁下二二行第一二字「陳」，資、磧、普、南、徑、清作「陳州」；麗作「陳郡」。

一 九〇九頁上一一行第一一字「時」，資、磧、普、南、徑、清作「明」。

一 九〇九頁上一二行「卜經」，資作「十經」。

一 九〇九頁上一三行「管規」，諸本（不含石，下同）作「管窺」。

一 九〇九頁上一四行「引遠」，徑作「弘遠」。

一 九〇九頁上末行第一二字「舉」，資、磧、普、南、徑、清作「譽」。

一 九〇九頁中三行與四行之間，資、磧、普、南、徑、清有釋道臻傳一篇，今據清藏本補錄，附於卷後，即九一八頁上。

一 九〇九頁中四行「何人」，資、磧、普、南、徑、清作「何許人」。

一 九〇九頁中九行第九字「頻」，資、磧、普、南、徑、清作「頗」。

一 九〇九頁中二一行第一三字「祝」，諸本作「呪」。本頁下一四行第一一字同。

一 九〇九頁下五行第九字「静」，資、磧、普、南、徑、清作「修静」。

一九〇九頁下八行「扶舉」，資、磧、普、南、徑、清作「扶輿」。

一九〇九頁下一一行第七字「有」，資、磧、普、南、徑、清作「有其」。

一九〇九頁下一三行第六字「向」，磧、普、南、作「白」。

一九〇九頁下二〇行「小庻人」，資、磧、普、南、徑、清作「小群小庻人」。

一九〇九頁下二一行「目驗」，資、磧、普、南、徑、清作「自驗」。

一九一〇頁上一行「飛逝」，資、磧、普、南、徑、清作「飛遊」。

一九一〇頁上四行「仍有」，資、磧、普、南、徑、清作「乃有」。

一九一〇頁上五行「瞿脯斯甜」，資、磧、普、南、徑、清作「朐脯斯甘」。

一九一〇頁上七行「須勒」，南、徑、清作「須勑」。

一九一〇頁上一八行「温閏」，諸本作「温潤」。

一九一〇頁中一行首字「烈」，資、磧、普、徑作「裂」。又「百官寺」，資、磧、普、南、徑作「瓦官寺」；清作「瓦棺寺」。

一九一〇頁中六行第二字「問」，磧作「門」。又「知津」，資、磧、普、南、徑、清作「知律」。

一九一〇頁中一五行第七字「華」，資、磧、普、南、徑、清作「草」。

一九一〇頁中二二行「松度」，諸本作「私度」。

一九一〇頁下六行「癘徒」，資作「厲從」。

一九一〇頁下八行「對泣」，磧、普、南、徑、清作「對位」。

一九一〇頁下一一行第八字「棓」，資、磧、普、南、徑、清作「跑」。一四行第三字同。

一九一〇頁下一二行「掏掘」，資、磧、普、南、徑、清作「挑掘」。

一九一〇頁下一八行「周繞」，資、磧、普、南、徑、清作「圍繞」。

一九一〇頁下二〇行「傳意」，麗作「得意」。

一九一〇頁下二二行「再講」，麗作「垂講」。

一九一一頁上二行首字「惟」，資、磧、普、南、徑、清作「情」。

一九一一頁上一七行第五字及次行第八字「導」，資、磧、普、南、徑、清作「道」。

一九一一頁中一行「七霄」，資、磧、普、南、徑、清作「七宵」。

一九一一頁中三行「讃唄」，資作「讀唄」。

一九一一頁中七行第九字「赦」，資、磧、普、南、徑、清作「赦」。

一九一一頁中八行第七字「哲」，資作「誓」。

一九一一頁中一二行第九字「末」，磧、南作「未」。

一九一一頁中一八行「鏗然」，資、磧、普、南、徑、清作「鏘然」。

一九一一頁下六行「三十」，資、磧、普、南、徑、清作「四十」。

一九一一頁下一〇行首字「法」，徑

作「寺」。

一 九一一頁下一六行末字「氏」，資、磧、普、南、徑、清作「民」。

一 九一一頁下一七行第七字「諸」，資、磧、普、南、徑、清無。

一 九一一頁下一九行「因許」，麗作「困許」。

一 九一一頁下二二行「冬官」，資、磧、普、南、徑、清作「東宮」。

一 九一一頁下末行「圓土」，南作「圜土」。

一 九一二頁上三行首字「墜」，資、磧、普、南、徑、清作「墬」。

一 九一二頁上八行第一二字「隻」，資作「候」。

一 九一二頁上一五行第八字「持」，諸本作「特」。

一 九一二頁上二一行「執緪」，資作「報緪」；磧、普、南作「斬纀」；徑、清作「斬緵」。

一 九一二頁中一行第三字「開」，資、磧、普、南、徑作「關」；清作「閒」。

一 九一二頁中八行「加坐」，資、磧、普、南作「乃加坐」；徑、清作「乃跏坐」。

一 九一二頁中一一行第三字「剮」，資、磧、普、南、徑、清作「鬻」。

一 九一二頁中二一行「崖險」，資、磧、普、南、徑、清作「崖隒」。

一 九一二頁下九行「霞没」，諸本作「覆没」。

一 九一二頁下二〇行「花有」，資、磧、普、南、徑、清作「化有」。又「㚖身」，諸本作「臭身」。

一 九一三頁上末行末字「湊」，麗作「凑」。

一 九一三頁中一八行第一三字「宗」，資、磧、普、南、徑、清作「宗師」。

一 九一三頁中一九行第四字「今」，諸本作「令」。

一 九一三頁中二二行首字「筯」，資、磧、普、南、清、麗作「筋」；徑作「箸」。

一 九一三頁下七行第二字「勑」，資、磧、普、南、徑、清無。

一 九一三頁下一二行「朱民」，諸本作「朱氏」。

一 九一三頁下一三行「取悟」，資作「耳悟」。

一 九一三頁下一六行首字「儁」，資、磧、普、南、徑、清作「後」。

一 九一三頁下一七行「講難」，資、磧、普、南、徑、清作「構難」。

一 九一三頁下一八行末字「徵」，資、磧、普、南、徑、清作「微」。

一 九一三頁下一九行「相訓」，資、磧、普、南、徑、清作「相讎」。

一 九一四頁上六行「相指」，資、磧、普、徑、清、麗作「相抗」；南作「相抵」。又「二十」，資作「三十」。

一 九一四頁上七行「乖咎」，磧、普、南、徑、清作「乖各」。

一 九一四頁上一一行「三十六」，磧、普、南、徑、清作「二十六」。

一 九一四頁上一六行「沆綱」，磧、普、南、徑、清作「沉罔」。

一　九一四頁中一行「亹亹」，諸本作「亹亹」。又第八字「始」，資、磧、普、南、徑、清無。

一　九一四頁中二行「勸善一途」，資、磧、普、南、徑、清作「勸善義一途」。又第五字「教」，資、磧、普、南、徑、清無。又末字「一」，諸本無。

一　九一四頁中九行末字「弥」，資、磧、普、南、徑、清作「於彌」。

一　九一四頁中一一行「生生」，資、磧、普、南、徑、清作「生生而生生者無生」。

一　九一四頁中一二行「始始」，資、磧、普、南、徑、清作「始始而始始者無始」。

一　九一四頁中一七行「方等」，麗作「大等」。

一　九一四頁中二二行「撲素」，諸本作「樸素」。

一　九一四頁下五行第四字「合」，南、徑、清作「含」，麗作「令」。

一　九一四頁下一四行末字「期」，資、磧、普、南、徑、清作「祈」。

一　九一四頁下一五行第九字「毗」，資、磧、普、南、徑、清作「及」。

一　九一四頁下一七行「至慮」，資、磧、普、南、徑、清作「至靈」。又「能與」，資、磧、普、南、徑、清作「能興」。

一　九一四頁下一八行「農黔」，南、麗作「農墨」。

一　九一四頁下末行第九字「脩」，資、磧、普、南、徑、清作「修」。

一　九一五頁上六行第七字「蹄」，資、磧、普、南、徑、清作「罤」。

一　九一五頁上末行第一二字「讀」，諸本作「請」。

一　九一五頁中一〇行第五字「並」，資、磧、普、南、徑、清作「普」。

一　九一五頁中一六行「折薪」，磧、南作「析薪」。

一　九一五頁中一八行「大聖」，資、磧、普、南、徑、清作「天聖」。

一　九一五頁中一九行「及其」，資、磧、普、南、徑、清作「及其知將」。

一　九一五頁下八行「君王」，資、磧、普、南、徑、清作「君主」。

一　九一五頁下九行第一一字「揖」，諸本作「揖」。

一　九一五頁下一〇行「屈身」，磧、南、清作「屈伸」。又「劳恨」，諸本作「劳役」。

一　九一五頁下末行末字「在」，磧、普、南、徑、清作「存」。

一　九一六頁上五行「清雲」，資、磧、普、南、徑、清作「青雲」。

一　九一六頁上六行首字「王」，諸本作「玉」。

一　九一六頁上八行第九字「務」，諸本作「務」。

一　九一六頁上一三行「不慼」，諸本作「不感」。又「豎然」，諸本作「豁然」。

一　九一六頁上一四行「志在」，資、磧、普、南、徑、清作「志存」。

一　九一六頁上一六行「斗斛」，資、磧、普、南、徑、清作「升斛」。又「同利」，

磧、普、南、徑、清作「爭利」。

一　九一六頁上二一行「清修」，資、磧、普、南、徑、清作「清淨」。

一　九一六頁上二二行「割之」，資、磧、普、南、徑、清作「之所」。

一　九一六頁中一六行「忍飢」，磧、普、南、徑、清作「忍熱」。

一　九一六頁中二〇行「識汝」，資、磧、普、南、徑、清作「誡汝」；麗作「戒汝」。

一　九一六頁中末行「煞日」，諸本作「終日」。

一　九一六頁下二〇行「以之」，資、磧、普、徑、清作「足以」；南作「以」。

一　九一七頁上一行首字「録」，資、磧、普、南、徑、清作「籙」。

一　九一七頁上四行第九字「澆」，資、磧、普、南、徑、清作「僥」。

一　九一七頁上六行第四字「又」，資、磧、普、南、徑、清作「文」。

一　九一七頁上九行第五字「令」，資、磧、普、南、徑、清無。

一　九一七頁上一二行第二字「誷」，磧、南、清作「罔」。

一　九一七頁上末行首字「列」，諸本作「例」。

一　九一七頁中四行第五字「未」，資、磧、普、徑、清作「末」。

一　九一七頁中五行「蘡臣」，諸本作「嬖臣」。

一　九一七頁中八行「傾頹」，資、普作「傾頓」。

一　九一七頁中九行第九字「未」，資、磧、普、南、徑、清無。

一　九一七頁中一〇行「禱祀」，資、磧、普、南、徑、清作「禱祝」。

一　九一七頁中一九行「俊拔」，資、磧、普、南、徑、清作「迥拔」；麗作「俊拔」。

一　九一七頁中二二行首字「位」，資、磧、普、南、徑、清作「征」。又第五字「右」，資、磧、普、南、徑、清無。

一　九一七頁中末行首字「仰」，諸本作「仰」。又第七字「明」，資作「時」。

一　九一七頁下三行首字「中」，諸本作「巾」。又第一三字「抦」，諸本作「柄」。

一　九一七頁下五行第一三字「之」，資、磧、普、南、徑、清作「字」。

一　九一七頁下九行第一二字「既」，磧、南、清作「即」。

一　九一七頁下一一行「隨文」，資、磧、普、南、徑、清作「隋文」。又末字至次行第三字「年德俱重」，資、磧、普、南、徑、清作「年俱德重」。

一　九一七頁下一二行「湊集」，資、磧、普、南、徑、清作「湊進」。

一　九一七頁下一五行「振爲」，磧、普、南、徑、清作「授爲」。

一　九一七頁下二〇行「二月」，麗作「四月」。

一　九一八頁上一行正文與二行經名間，資、磧、普、南、徑、清有智炫傳一篇，今據清藏本補録，附於卷後，即本頁中至次頁下。

一　九一八頁上二行卷末經名，資、磧、

普、南、清作「續高僧傳卷第二十四」；徑作「續高僧傳卷第三十」。又夾註「護法篇上」，磧、普、南、徑、清無。

續高僧傳卷第二十四

大唐西明寺沙門釋道宣撰　明

護法下　正傳五　附見五

釋明贍姓杜氏恒州石邑人也少有異操所任龍貴村二千餘家同共高之傳于口實十四通經十七明史州縣乃舉為俊士性慕超方不從辟命投飛龍山應覺寺而出家焉師密異其度乃致書與鄴下大集寺道場法師令其依攝事學大論尋值法滅潛形東郡隋初出法追住相州法藏寺而立志貞明不干非類正業之暇了無他涉內通大小外綜丘墳子史書素情所欣狎將事觀國移步上京開皇三年勑召翻譯任大興善衆覩德望可宗舉知寺任辭而不免便綱管之大業二年帝還京室在於南郊盛陳軍旅時有濫僧染朝憲者事以聞上帝大怒召諸僧徒並列御前峙然抗禮下勑責曰條制久頒義須致敬于時黃老士女初聞即拜惟釋一門儼然莫屈時以贍為道望衆所推宗乃荅曰陛下必欲遵崇佛教僧等義無設敬若准制返道則法服不合敬俗勑云若以法服不合宋武為何致拜贍曰宋氏無道之君不拜交招顯戮陛下有治存正不陷無罪故不敢拜帝屈其言直遣舍人語僧何為不拜如此者五黃巾之族連拜不已惟贍及僧長揖如故兼抗聲對叙曾無惲懾帝乃問向荅勑僧是誰錄名奏聞便令視彼戮諸僧合衆安然而退明旦有司募敢死者至闕陳謝贍又先登雖達申遜之詞帝夷然不述但下勑於兩禪定各設盡京僧齋再遣束帛特隆常准後迴蹕西郊顧京邑語朝宰曰我謂國內無僧今驗一人可矣自尒頻衆元選僉議斯屬下勑令住禪定用崇上德故也衆以贍正色執斷不避强禦又舉為知事上座

整理僧務僧列當時大唐御世爰置僧官銓擬明哲允折無滯貞觀之初以贍善識治方有聞朝府召入內殿躬昇御牀食訖對詔廣列自古以來明君昏主制御之術兼陳釋門大拯以慈救為宗帝大悅因即下勑年三月六普斷屠殺行陣之所皆置佛寺登即一時七處同建如豳州昭仁晉州慈雲呂州普濟汾州弘濟洺州昭福鄭州等慈洛州昭覺並官給匠石京送奴隸皆因贍之開發也又私以每年施物常餝千僧大乘經論須者為寫歲恒不絕為報母恩及暮齒將臨山栖是造遂入太一山智炬寺而隱焉京輦歸信遠趣於林問道奉戒又繁常昔乃自惟曰攝心歸靜猶自煩乎試縱餘齡更還京邑少時遇疾猶堪療治乃曰吾命極矣可懸一月枯骸累人乃延諸大德就興善寺設齋辭訣房杜僕射舉朝畢集具賷助供覲錫山積贍通大捨懺辭告別即日力疾出京逐于智炬竭誠勤注想觀西方心通明利告侍者曰阿彌陀

佛來也須臾又云二大菩薩亦至吾於觀經成就十二餘者不了既具諸善相顏貌怡然奄尒而逝春秋七十即貞觀二年十月二十七日也時以預記之驗知命存乎初未終前遺令焚身及闍維訖乃見骸骨圓全都無縫道當其頂上紫色曄然遂塵于巖下

釋慧乘俗姓劉氏徐州彭城人也其先炎漢之緒祖欣梁直前將軍瑯琊太守父雅陳兵部郎中外祖智強少出家陳任廣陵大僧正善閑成論及大涅槃乘年十二發心入道仍事強為師服膺論席備探精理十六啓強曰離家千里猶名在家沙門也請廣遊都郡流諸耳目強從之便下楊都聽莊嚴寺智瞬法師成實爰始具戒即預陳武帝仁王齋席對御論義詞辯絕倫數千人中獨迴天睠至四月八日陳主於莊嚴寺揔令義集乘當時竪佛果出二諦外義有一法師英俠自居擅名江左舊住開泰後入祇洹乃問曰為佛果出二諦外二諦出佛果外乘質云為法師出開泰為開泰出法師彼曰如鴛鴦鳥不住清廁乘應聲曰釋提桓因不與鬼住彼曰鳩翅羅鳥不栖枯樹乘折云辟如大海不宿死屍于時瞻公處座嘆曰辯才無㝵其鋒難當者也躬於帝前賞天柱納袈裟由是令譽通振鄴國斯傳陳桂陽王尚書毛喜僕射江揔等並申久敬咸慕德音屬陳季道離隋風遠扇太尉晉王於江都建慧日道場遍詢碩德乘奉旨延住仍号家僧後從王入朝頻蒙內見時淨影慧遠道聲楊播由來不面因過值講即申言論義高詞麗聲駭聽徒遠顧曰何處吳僧脣舌陵人復豈逾此王聞之彌敬其詞辯時慧日創立搜揚一化並号龍象咸問義門既爰初臧集法輪輦駕王乃請乘盡心言論不有見尊致結既承資蓄縱辯無前折閑陳款皆傾巢穴甚稱王望別賞帛百段暨高祖東巡岱宗鑾駕伊洛勑遣江南吳僧與關東大德昇殿竪義乘應旨首登命章對論巧問勃興切並紛

集縱搆駱驛罔弗喪律亡圖高祖目屬稱揚羣英嘆異開皇十七年於楊州永福寺建香臺一所莊飾金玉絶世罕儔及晉王即位弥相崇重隨駕行幸無處不經大業六年有勅郡別簡三大德入東都於四方館仁王行道別勅乘為大講主三日三夜興諸論道皆為析暢靡不泠然從駕張掖蕃王畢至奉勅為高昌王麴氏講金光明吐言清奇聞者嘆咽麴布髮於地屈乘踐焉至八年帝在東都於西京奉為二皇雙建兩塔七層木浮圖又勅乘送舍利瘞于塔所時四方道俗百辟諸侯各出名珍於興善寺北天門道南樹列勝場三十餘所高幢華蓋接影浮空寶樹香煙望同雲霧迎延靈骨至于禪定僉共請乘開仁王經華俗士庶正道日登咸嘉賞讃十二年於東都圖寫龜茲國檀像舉高丈六即是後秦羅什所負來者屢感禎瑞故用傳持今在洛州淨土寺會隋室分崩唐皇御曆武德四年掃定東夏有勅僞亂地僧是非難識州

別一寺留三十僧餘者從俗上以洛陽大集名望者多奏請二百許僧住同華寺乘等五人勅住京室于時乘從偽鄭詞被牽連主上素承風問偏所顧屬特蒙慰撫命住勝光秦國功德咸歸此寺武德八年歲居協洽駕辛國學將行釋奠堂置三坐擬叙三宗衆復樂推乘為導首時五都才學三教通人星布義筵雲羅綺席天子下詔曰老教孔教此土先宗釋教後興宜崇客礼令老先次孔末後釋宗當介之時相顧無色乘雖登坐情慮莫安今上時為秦王躬臨位席直視乘面目未曾廻頻降中使十數教云但述佛宗光敷帝德一無所慮既㝡末陳唱諦徹前通乃命宗云上天下地榮貴所資緣業有由必宗佛聖令將叙大致理具礼儀並合掌虔跪使師資有據聲告纔竟皇儲以下爰逮群僚各下席踟跪竚聆逸辯乘前宣帝德云陛下巍巍堂堂若星中之月云云次述釋宗後以二難雙徵兩教玄梯廣布義綱高張莫不躡嚮尚風馳

應機雲涌既而天子廻光歎美其道羣公拜手請從弘業黃巾李仲卿結舌無報博士祭酒等束體轅門慧日更明法雲還布當又下詔問乘曰道士潘誕奏悉達太子不能得佛六年求道方得成佛是則道能生佛佛由道成道是佛之父師佛乃道之子弟故佛經云求於無上正真之道又云體解大道發無上意外國語云阿耨菩提晉音翻之無上大道若以此驗道大佛小於事可知乘報略云震旦之與天竺猶環海之比麟洲聃乃周末始興佛是周初前出計其相去二十許王論其所經三百餘載豈有昭王世佛而退求敬王時道乎勾虛驗實足可知也仲卿向叙道者有太上大道先天地生蔚勃洞虛之中煒燁玉清之上是佛之師不言周時之老聃也且五帝之前未聞有道三王之季始有聃名漢景已來方興道學窮今討古道者為誰案七藉九流經國之典宗師周易五運相生既闢兩儀陰陽是判故曰一陰一陽之謂道陰

陽不測謂之神天地於事可明陰陽在生有驗此理數然也不云有道先天地生道既莫　從何能生佛故車胤云在已為德及物為道郄仲文云德者得也道者由也言得孝在心由之而成也論衡云立身之謂德成名之謂道道德也者為若此矣卿所言道寧異是乎若異斯者不足歸信豈有頭戴金冠身被黄褐鬚垂素髮手把玉璋別号天尊居大羅之上獨名大道治玉京之中山海之所未詳經史之所不載大羅既焉有之說玉京夲亡是之談言畢下座舉朝屬目此時獨擅詞宗餘術無為而退一席楊扇万代舟航可尚可師立功立事近假叨幸之力遠庭護念之恩也貞觀九年乘以衡商特命義須崇善奉為聖上於勝光寺起舍利寶塔像設莊嚴備諸神變并建方等道場日夜六時行坐三業以貞觀四年十月二十日終于舊房春秋七十有六門人道璋先奉遺言於南山谷口焚之秘鍛餘灰還於勝光起塔沙門法琳為製

碑文見于別集惟乘釋篆擾道護法為心撫物卹窮弥留情曲而詞辯無滯文義俱揚寫注若流有逾宿誦此之一術歿後絕蹤而身歷三朝政移六帝頻昇中殿面對天顏神氣消散映徹墻仞自見英德莫不推焉又卿士王公妃嬪庶族皆稟塗香申明供礼所講涅槃般若金鼓維摩地持成實等各數十遍璋即乘之猶子也少所恭奉立性誠慤偏能唄讚清囀婉約有勢於時每為都講亦稔倫則京邑後附多嚮其塵云

釋智實俗姓邵氏雍州万年人也童稚見蘩譎詭超異預有談論必以佛理為言先十一出家住大捴持寺聽叙玄奥登共器之隨以小緣而能通暢宏遠自涅槃攝論俱舍毗曇皆鏡其深義開其閫鑰兼以思力堅明才氣雄雅武德之歲初平鄭國三大法師慧乘道宗辯相等西赴京師主上時為秦王威明寓内志奉釋門乃請前三德并京邑能論之士二十餘僧在弘義宮通宵法集實年十三寂居

下座上命令對論發言清卓驚絕前聞新至諸僧無敢繼響上及諸王異聲同嘆曰此小師寂俊烈後必紹降三寶矣實眉間白毫可數寸光暎顏類沙門吉藏摩其頂捋其毫曰子有異相當躡跡能仁恨吾老矣不見成德武德七年獫狁孔熾屢舉烽燧前届北地官軍相拒有僧法雅夙昔見知武皇通重給其妻媵任其愆濫僧衆惘然無敢陳者奏請京寺驍捍千僧用充軍伍有勅可之雅即通聚簡練別立團隊既迫王威寂無抗拒實時年二十有一深究雅懷恐興異度事或彰陳必累大法乃致書於雅曰與子同生像季共屬陵遲悲六道之紛然愍四生之未悟子每遊鳳闕恒遇龍顏理應洒甘露於帝心廕慈雲於含識何乃起善星之勃見鼓調達之惡心令善響没於當時醜迹楊於後代豈不以朝舍安忍省納芻蕘恣此愚情述斯預見嗟乎可悲寔傷其類且自多羅既斷終不更生拼石已分義無還合急持衣鉢早出伽藍使

清濁異流蘭艾殊別使群目息於譏論梵志霂於謗聲定水噎而更通慧燈晦而還照此言至矣想見如流雅得書逾怒科督轉切備辦軍器剋日將發實騰入其衆大哭述斯乖逆壞大法輪即是魔事預是千僧同時號叫聽者寒心下淚實遂擒撤法雅毆擊數拳告云我今降魔使邪正有據雅以事聞帝云此道人大麁付法推劾即被枷禁初無怖色將欲加罪僕射蕭瑀等奏稱精進有聞勅乃罷令還俗所選千人並停復寺實雖處俗壞而兵役得停欣泰其心曾無憾結貞觀元年勅遣治書侍御史杜正倫撿挍佛法清肅非濫實恐法雅猶乘先計濫及清徒乃致書於使曰沉俗僧智實白實懷橘之歲陟清信之名採李之年忝息慈之位雖淺智褊能然感希先達竊見化度寺僧法雅善因曩世受果今生如安上之遊泰似遠公之入晉理應守護鵝之行持結草之心思報皇王之恩奉酬覆載之德乃於支提靜院恒為宰殺之坊精

舍林中鎮作妻孥之室脫千僧之服四海愴動地之悲謗七佛之經万國嗟訴天之怨自漢明感夢摩滕入洛已来無所名人頗曾聞也皇帝受禪撫育万方欲使王道惟清法海無穢公策名奉節許道士身除甘蔗之灾拔空腹之樹使禪林欝暎慧苑扶疎慕實嘉聲振于邦國寧可忍斯邪佞仍捧鉢於祇桓棄我貞廉絕經行於靈塔龍門深潛奉見無由天意高懸流問何日惟公鑒同水鏡智察幽微仰願拯驚翼於華箱濟涸鱗於窮轍輕以忓陳但增悚懼後法雅竟以狂狷被誅倫以事聞乃下勅云智實往經論告法雅預知麁勃自還俗已来又不虧戒行宜依舊出家因返寺房綜括前業招討幽致有譽京室十一年駕往洛州下詔云老君垂範義在清虛釋迦貽則理存因果求其教也汲引之迹殊塗求其宗也弘益之風齊致然大道之行肇於遂古源出無名之始事高有形之外邁兩儀而運行包万物而亭育故能經邦致治反

樸還淳至如佛教之興基於西域逮於後漢方被中土神變之理多方報應之緣匪一洎乎近世崇信滋深人冀當年之福家懼來生之禍由是滯俗者聞玄宗而大笑好異者望真諦而爭歸始波涌於閭里終風靡於朝廷遂使殊俗之典欝為衆妙之先諸華之教翻居一乘之後流遁忘返于茲累代今鼎祚克昌既憑上德之慶天下大定亦賴無為之功宜有解張闡茲玄化自今已後齋供行立至於稱謂道士女道士可在僧尼之前庶敦反本之俗暢於九有貽諸万葉時京邑僧徒各陳極諫語在別紀實惟像運湮沉闇明是屬乃携大德法常等十人隨駕至關上表曰法常等言法常等年迫桑榆始逢太平之世貌同蒲柳方值聖明之君竊聞父有諍子君有諍臣法常等雖預出家仍在臣子之例有犯無隱敢不陳之伏見詔書國家本系出自柱下尊祖之風形于前典頒告天下無德而稱令道士等處僧之上奉 以周旋豈敢拒詔

尋老君垂範治國治家所佩服章亦無改異不立觀宇不領門徒處柱下以真全隱龍德而養性智者見之謂之智愚者見之謂之愚非曾司稷莫之能識今之道士不遵其法所著衣服並是黃巾之餘本非老君之裔行三張之穢術棄五千之妙門反同張禹湯行章句從漢魏已來常以鬼道化於浮俗妄託老君之後實是左道之苗若位在僧之上誠恐真偽同流有損國化如不陳奏何以表臣子之情謹錄道經及漢魏諸史佛先道後之事如前伏願天慈曲垂聽覽勑遣中書侍郎岑文本宣勑語僧等明詔久行不伏者與杖諸大德等咸思命難飲氣吞聲實乃勇身先見口云不伏此理万刃之下甘心受罪遂杖之放還抱思旋京晦迹華邑處于渭陽之三原焉信心之侶敬奉如雲情計莫申遂感氣疾知命非久欲與故人相別而生不騎乘乃令弟子四人各執牀角舉至本寺精爽不雜召諸知友執手訣云實以虛薄妄廁僧儔一

期既至知復何述但恨此身虛死未曾為法以為慨然近夢阿私陁仙見及云常得出家想非徒說少時卒於大捴持寺春秋三十有八即貞觀十二年正月也實自生能不入市鄽不執錢寶不求利涉三衣瓶鉢常不離身雖當日往還而始無輟離志行嚴肅殊有軌度攝誘多方故四遠道俗迸放之僧多依附之親侍沙門七人皆供承有叙通共嘉焉捴持故塔修奉者希實香燈供養以為己業病轉就篤滴水不通已經旬日侍人非時進漿實曰大聖垂誡其可欺乎吾見臨終犯戒者多矣豈使累劫之誠而陷於一咽者哉遂閉氣而止又問以終事答云辟如彎弓放矢隨處即落觀于山水未有親疎之心任時量處省事為要乃葬南郊僧墓中斯亦達性之一方矣終後三原信士方三十餘里皆為立靈廗夜別四五百人聚臨如喪厥親迄于百日衆方分散

初捴持寺有僧普應者亦烈亮之士也通涅槃攝論有涯略之致以傳弈

上事群僧蒙然無敢諫者應乃入秘書太史局公集郎監命弈對論無言酬賞但云秃丁妓語不勞叙接應曰妓孽之作有國同誅如何賢聖俱崇卿獨侮慢弈不荅應退造破邪論兩卷皆負蘧篨侫諂朝堂以陳所述時執事者以聖上開治通諫蒭蕘雖納弈表未將理當不為程達應乃多寫論本日往朝省卿相郎署鼓言弈表牽挽弈手與談正理素本淺學假詞於人拄口不對斯亦彭亨强捍僧傑不可抑也應之所師法行者亦貞素之僧也俱任捴持衆首之冣立操孤拔與物不群每日六時常立絫像自問自荅入進殿中乃至勞遣應聲如在精懃特立衆難加焉故又目之為高行也行見塔廟必加治護飾以朱粉摇動物蔚京寺諸殿有未畫者皆圖繪之銘其相氏即勝光褒義等寺是也武德之始猶未有年諸寺飢餒烟火不續捴持名勝普應為先結會僧倫誓開粮路人料一勺主客咸然時來投者日恒僅百夙少欣欣曾不

告俙而行微念起猒怠懷即悔告人
大開鬼業如何自累惜他食乎每旦
出門延頸客掾歡笑先言顧問將接
多辦鉡履安處布置乃違時豈初不
休舍後住楚國講遺教論以畢終矣
釋法琳姓陳氏潁川人遠祖隨宦寓
居襄陽少出家遊獵儒釋博綜詞義
金陵楚郢從道問津自文苑才林靡
不尋造而意存綱梗不營浮綺野栖
木食於青溪等山晝則承誨佛經夜
則吟覽俗典故於内外詞旨經緯遺
文精會所歸咸肆其抱而風韻閑雅
韜德潛形氣楊采飛方陳神略隋季
承乱入關觀化流離八水顧步三秦
每以槐里仙宗互陳名實昔在荊楚
梗概其文而秘法奇章猶未探括自
非同其形服塵其本情方可體彼宗
師靜彼紛結乃權捨法服長髮多年
外統儒門内希聃術遂以義寧初歲
假被巾褐從其居館琳素通莊老談
吐清奇道侶服其精華膜拜而從遊
處情契莫二共敘金蘭故彼所禁文
詞並用諮琳取覽致令李宗奉釋之

典包舉具舒張偽葛妄之言銓題品
錄武德初運還莅釋宗權帙延光栖
惶問道以帝壞同歸名教是則鼓言
鄭衛易可箴規乃住京師濟法寺至
武德四年有太史令傅奕先是黃巾
深忌佛法上廢佛法事十有一條云
釋經誕妄言妖事隱損國破家未聞
益世請胡佛邪教退還天竺凡是沙
門放歸桑梓則家國昌大李孔之教
行焉武皇容其小辯朝輔未能抗也
時謂遵其邪逕通廢宗衛莫不懼焉
乃下詔問曰棄父母之鬚髮去君臣
之章服利在何門之中益在何情之
外損益二宜請動妙適琳憤激傳詞
側聽明勅承有斯問即陳對曰琳聞
至道絕言豈九流能辯法身無象非
十翼所詮但四趣滔滔漂淪欲海三
界蠢蠢顛墜邪山諸子迷以自焚凡
夫溺而不出大聖為之興世至人所
以降靈遂開解脫之門示以安隱之
路於是中天王種辭恩愛而出家東
夏貴遊猒榮華而入道擕出二種生
死志求一妙涅槃弘善以報四恩立

德以資三有此其利益也毀形以成
其志故棄鬚髮美容變俗以會其道
故去君臣華服雖形闕奉親而内懷
其孝禮乖事主而心戢其恩澤被怨
親以成大順祐祜幽顯豈拘小違上
智之人依佛語故為益下凡之類虧
聖教故為損懲惡則濫者自新進善
則通人感化此其大略也而傅氏所
奏在司猶未施行奕乃多寫表狀遠
近公然流布京室閭里咸傳禿丁之
誚劇談酒席昌言胡鬼之謠佛日翳
而不明僧威阻而無勢于時達量道
俗動毫成論者非一各騁佛理具引
梵文委示業緣曲垂邪正但經是奕
之所廢豈有引廢證成雖曰破邪終
歸邪破琳情正玄機獨覺千載器局
天授博悟生知睹作者之無功信乘
權之有據乃著破邪論其詞曰莊周
云六合之内聖人論而不議六合之
外聖人存而不論老子云域中有四
大而道居其一孝詩書禮樂之致忠
烈孝慈之先但欲攸序彝倫意存敬
事君父至德惟是安上治民要道不

出移風易俗自衛返魯詎述解脫之言六府九疇未宣究竟之旨藁前漢藝文志所紀衆書一万三千二百六十九卷莫不功在近益俱未暢遠途誠自局於一生之内非逈拔於三世之表者矣遂使當見因果理涉旦而猶昏業報吉凶義經丘而未曉斯並六合之寰塊五常之俗譽詎免四流浩汗爲煩惱之場六趣諠譁造塵勞之業者也原夫實相杳冥逾要道之道法身凝寂出玄之又玄惟我大師體斯妙覺二邊頓遣萬德斯融不可以境智求不可以形名取故能量法界而興悲揆虚空而立捨所以見生穢土誕聖王宮亦金色之身吐玉毫之相布慈雲於鷲嶺則火宅焰銷扇惠風於雞峯則幽途霧卷行則金蓮捧足坐則寶座承軀出則天主導前入則梵王從後聲聞菩薩儼若朝儀八部萬神森然翊衛演涅槃則地現六動說般若則天雨四花百福莊嚴狀滿月之臨滄海千光照曜如聚日之映寶山師子一吼則外道摧鋒法

鼓暫鳴則天魔稽首是故号佛爲法王也豈與夷周李耳比德爭衡末世孔丘輒相聯類者矣是以天上天下獨稱調御之尊三千大千咸仰慈悲之澤然而理深趣遠假筌蹄而後悟教門善巧憑師友而方通統其教也則八万四千之藏二諦十地之文海殿龍宮之旨古謀今書之量莫不流甘露於万葉垂至道於百王近則安國利民遠則超凡證聖但以時運未融致令漢梵殊感故西方先音形之奉東國後見聞之益及慈雲卷潤慧日收光迺夢金人於永平之年覩靈骨於赤烏之歲於是漢魏齊梁之政像教勃興燕秦晉宋已來名僧間出或神力救世或異迹發人或慧解開神或通感適化及白足臨刃不傷遺法爲之更始志上分身負戶帝王以之加信具諸史籍其可詳乎並使功被將來傳燈永劫議者僉曰僧惟紹隆佛種佛則冥衛國家福廕皇基必無廢退之理我大唐之有天下也應四七之辰安九五之位方欲與上皇

之風開正覺之道治致太平永隆淳化但傅氏所述酷毒穢詞並天地之所不容人倫之所同棄恐塵黷聖覽不可具觀伏惟陛下布含弘之恩垂鞠育之惠審其逆順議以真虚佛以正法遠委國王陛下君臨斯當付囑謹上破邪論一卷用擬傅詞文有三十餘紙自琳之綴采貫絶羣篇野無遁賢朝無遺士家藏一本咸誦在心並流略之菁華文章之冠冕茂譽於是乎騰賡昏情由之而開尚矣琳又以論卷初出意在弘通自非廣露其情則皂隸不塵其道乃上啓儲后諸王及公卿侯伯等並文理弘被賡續咸嘉其博詣焉故弃奏狀因之致寢虞世南詳琳著論乃爲之序亂而傅氏不愜其情重施密譖擁扇黄巾用爲黨類各造邪論貶量佛聖昏冒生靈衒曜朝野薰猶既雜時所疑焉武德九年春下詔京置三寺惟立千僧餘寺給賜王公僧等並放還桑梓嚴勅既下莫敢致詞五衆哀號於槀街

四民顧嘆於城市于時道俗蒙然投散無措賴由震方出帝氛祲廓清素襲啓聞範究宗領登即大赦還返神居故佛日重朗於唐世又由琳矣琳頻逢黜陟擔結維持道挫世情良資宗學乃探索典籍隱括玄奧撰辯正論一部八卷頴川陳子良注之并製序曰昔宣尼入夢十翼之理克彰伯陽出關二篇之義爰著或鈎深系象或探賾希夷名言之所不宜陰陽之所不測猶能弥綸天地包括鬼神道無洽於大千言未超於域内况乎法身圓寂妙出有無至理凝玄迹泯真俗體絶三相累盡七生無心即心非色為色筌蹄之外豈可言乎若夫西伯拘羑遂顯精微子長蠶室丕成先志故易曰古之作易者其有憂乎論之興焉良有以矣道士李仲卿劉進喜等並作庸文謗毀正法在俗人士或生邪信法師愍其冒瞽遂著斯論可謂皷兹法海振彼詞鋒碧鷄之銳覽馳黄馬之峻爭騖莫不葉墜柯摧雲銷霧卷但此論窮釋老之教源極

品藻之名理恐好事後生意有未喻弟子近申頂礼從而問津爛然溢目若日月之入懷寂乎應機辟寶珠之燭物既悟四衢之幻便息百城之遊於是啓所未聞為之注解良文學雄伯群儒奉戴誘勸成則其從如雲貞觀初年帝於南山大和宮舊宅置龍田寺琳性欣幽靜就而住之衆所推美舉知寺任從容山服詠歌林野至十三年冬有黄巾秦世英者挾方術以邀榮遂程器於儲貳素嫉釋種陰陳琳論謗訕皇宗罪當誷上帝勃然下勑沙汰僧尼見有衆侶乃依遺教仍訪琳身據法推勘琳扼腕奮發不待追徵獨詣公庭輕生徇理乃縶以縲紲下詔問曰周之宗盟異姓為後尊祖重親寔由先古何為追逐其短首鼠兩端廣引形似之言備陳不遜之喻巴毀我祖禰謗黷我先人如此要君罪有不恕琳荅曰文王大聖周公大賢追遠慎終昊天靡荅孝悌之至通於神明雖有宗周義不爭長何者皇天無親竟由輔德古人黨理而

不黨親不自我先不自我後雖親有罪必罰雖讎有功必賞賞罰理當故天下和平老子習訓道宗德教加於百姓怨巳讓光仁風形于四海又云吾師名佛佛者覺一切人也乾竺古皇西昇逝矣討尋老教始末可追曰授中經示誨子弟言吾師者善入泥洹綿綿常存吾今逝矣今劉李所述謗滅老氏之師世莫能知著兹辯正論有八卷略對道士六十餘條並陳史籍前言實非謗毀家國自後辯對二十餘列並據琳詞具狀聞奏勑云所著辯正論信毀交報篇曰有念觀音者臨刃不傷且赦七日令尒自念試及刑決能無傷不琳外纏桎梏内迫刑期水火交懐訴仰無路乃緣生来所聞經教及三聖尊名銘誦心府擬為顯應至于限滿忽神思飄勇擴逸留懐歡慶相尋頓忘死畏立待對問須臾勑至云今赦期巳滿當至臨刑有何所念念有靈不琳援筆荅曰自隋季擾攘四海沸騰役毒流行干戈竟起興師相伐各憤兵威臣佞君

荒不為正治遏絕王路固執一隅自
皇王吊伐載清陸海斯寔觀音之力
咸資勢至之因比德連蹤道齊上聖
披攢死於帝庭免淫刑於都市琳於
七日已來不念觀音惟念陛下勑治
書侍御史韋悰問琳有詔令念觀音何
因不念乃云惟念陛下琳荅伏承觀
音聖鑒塵形六道上天下地皆為師
範然大唐光宅四海九夷奉職八表
刑清君聖臣賢不為枉濫今陛下子
育恒品如經即是觀音既其靈鑒相
符所以惟念陛下但琳所著正論爰
與書史倫同一句參差任從斧鉞陛
下若順忠順正琳則不損一毛陛下
若刑濫無辜琳則有伏屍之痛具以
事聞遂不加罪有勑徙于益部僧寺
行至百牢關菩提寺因疾而卒時年
六十九沙門慧序經理所苦情結斷
金曉夕同衾慰撫承接及命將盡在
序膝上序慟哭崩摧淚如駛雨乃召
諸關旁道俗瘞於東山之頂高樹白
塔勒銘誌之行路望者知便下淚序
本雍州武功人善經籍通佛理明攝

論以為數化之訓體道開俗言無品
藻將護遊僧用為常操本住京華後
移梁益以百牢衝會四方所歸道俗
栖投往還莫寄序乃宅寺關口用接
遠賓故行侶賴之詠歌盈耳于時治
書侍御史韋悰審英飾詐乃奏彈曰
竊以大道鬱興冲虛之迹斯闡玄風
既播無為之教寔隆未有身預黃冠
志同凡素者也道士秦英頗學醫方
薄閑呪禁親戚寄命羸疾投身奸婬
其妻禽狩不若情違正教心類豺狼
逞貪覓之懷恣邪穢之行家藏妻子
門有姬童乘肥衣輕出入衢路揚眉
奮袂無彈惡網健羨未忘觀徼在慮
斯原不殄至教式虧請寘嚴科以懲
婬後乃入大理竟以狂匿被誅公私
恠其死晚琳所著詩賦啓頌碑表章
誄大乘教法并諸論記傳合三十餘
卷並金石擊其風韻縟錦續其文思
流靡雅便騰焰弥穆又善應機說導
即事騁詞言會宮商義符玄籍斯亦
希世罕嗣矣
釋慈藏姓金氏新羅國人其先三

韓之後也中古之時辰韓馬韓秦韓
率其部屬各有魁長粲梁貢職圖其
新羅國魏曰斯盧宋曰新羅本東夷
辰韓之國矣藏父名武林官至蘇判
異（以本王族比唐一品）既嚮高位籌議攸歸而
絕無後嗣幽憂每積素仰佛理乃求
加護廣請大捨祈心佛法并造千部
觀音希生一息後若成長願發道心
度諸生類寔祥顯應夢星墜入懷因
即有娠以四月八日誕載良晨道俗
銜慶希有瑞也年過小學神眷澄簡
獨拔恒心而於世數史籍略皆周覽
情意漠漠無心染趣會二親俱喪轉
猒世華深體無常終歸空寂乃捐捨
妻子弟宅田園隨須便給行悲敬業
子尒隻身投於林壑麤服草屩用卒
餘報遂登陗隳獨靜行禪不避虎兕
常思難施時或斃瞴心行將微遂居
小室周障棘刺露身直坐動便刺肉
懸髮在梁用袪昏漠修白骨觀轉向
明利而寔行顯被物望所歸位當宰
相頻徵不就王大怒勑往山所將加
手刃藏曰吾寧持戒一日而死不願

一生破戒而生使者見之不敢加刃以事上聞王媿服焉放令出家任修道業即又深隱外絶来往粮粒固窮以死為命便感異鳥各銜諸果就手送與鳥於藏手就而共食時至必介初無乖候斯行感玄徵罕有聯者而常懷慼慼慈哀含識作何方便令免生死遂於眠寐見二丈夫曰𦨶在幽隱欲為何利藏曰惟為利益衆生乃授藏五戒訖曰可將此五戒利益衆生又告藏曰吾從忉利天来故授汝戒因騰空滅於是出山一月之間國中士女咸受五戒又深惟曰生在邊壤佛法未弘自非目驗無由承奉乃啓本王西觀大化以貞觀十二年將領門人僧實等十有餘人東辭至京蒙勅慰撫勝光別院厚礼殊供人物繁擁財事既積便来外盜賊者將取心戰自驚返来露過便授其戒有患生盲詣藏陳懺後還得眼由斯祥應從受戒者日有千計性樂栖靜啓勅入山於終南雲際寺東懸崿之上架室居焉且夕人神歸戒又集時染少

疹見受戒神為摩所苦尋即除愈往還三夏常在此山將事東蕃辭下雲際見大鬼神其衆無數帶甲持仗云將此金轝迎取慈藏後見大神與之共鬪拒不許迎藏聞臭氣塞谷蓬勃即就繩牀通告訣別其一弟子又被鬼打躃死乃穌藏即捨諸衣財行僧德施又聞香氣遍滿身心神語藏曰今者不死八十餘矣既而入京蒙勅慰問賜絹二百疋用充衣服貞觀十七年本國請還啓勅蒙許引藏入宮賜納一領雜綵五百段東宮賜二百段仍於弘福寺為國設大齋大德法集并度八人又勅太常九部供養藏以本朝經像彫落未全遂得藏經一部并諸妙像幡花蓋具堪為福利者賫還本國既達鄉壤傾國来迎一代佛法於斯興顯王以藏景仰大國弘持正教非夫網理無以肅清乃勅藏為大國統住王芬寺寺即王之所造又別築精院別度十人恒充給侍又請入宮一夏講攝大乘論晚又於皇龍寺講菩薩戒本七日七夜天降甘露

雲霧奄藹覆所講堂四部興嗟聲望彌遠及散席日從受戒者其量雲從因之革厲十室而九藏屬斯嘉運勇銳由来所有衣資並充檀捨惟事頭陀蘭若綜業正以青丘佛法東漸百齡至於住持修奉蓋闕乃與諸宰伯詳評紀正時王目上下僉議攸歸一切佛法須有規猷並委僧統藏令僧足五部各增舊習更置綱管監察維持半月說戒依律懺除春冬總試令知持犯又置巡使遍歷諸寺誡勵說法嚴飾佛像營理衆業鎮以為常據斯以言護法菩薩即斯人矣又別造寺塔十有餘所每一興建合國俱崇藏乃發願曰若所造有靈希現異相便感舍利在諸巾鉢大衆悲慶積施如山便為受戒行善遂廣又以習俗服章中華有革藏惟歸崇正朔義豈貳心以事商量舉國咸遂通改邊服一准唐儀所以每年朝集位在上蕃任官遊踐並同華夏據事以量通古難例（音器字弥吐言成撰諸經戒疏十餘）卷出觀行法卷流彼國有沙門圓勝者本族辰

韓清愼僧也以貞觀初年來儀京輦
遍陶法肆聞持鏡曉志存定攝護法
為心與藏齊襟秉維城壍及同返國
大敞行途講開律部惟其光肇自昔
東蕃有來西學經術雖聞無行戒撿
緣構既重今則三學偹焉是知通法
護法代有斯人中濁邊清於斯驗矣
論曰觀夫至人之降時也或三輪御
世或六通導物人依法依本護法而陳
教適權適道寔兼濟而成津是以三
藏設位拯溺喪於未然護法一科樹
已崩之正綱然弘誘之相條緒稍多
時顯知微乍楊神武騁奇辯於邪衆
暢決蒙心顯大義於當時昌明玄理
假威權而助道有德獨擅其聲藉傳
授而潛通遍告常行其務遂有撾揵
搥於靈岳聲告但為任持重結法於
剡洲教旨惟尊弘理入大乘論則九
億無學住法万年經律所詮賓頭羅
睺末取洹日斯皆助揚道化通悟未
聞靜倒惑於即生紹正法于來世故
使湮殘屢涂尋復還興豈惟凡謀蓋
其力矣況乎迦葉尊者凝神雞足之

峯堅慧菩薩端拱修羅之窟斯並引
生趣善為物持身致及慈氏降靈遁
相弘扇或摧裂愛網或傾覆慢幢或
通決深疑或開揚道務為義應接若
雲雨之相投為功惟重等大地之弘
博所以身子榮名顯法輪之大將趣
多徵号摽無相之後佛五百門學通
号任持行德相高皆稱第一至於乘
時御化通法開宗弘救之極勿高身
子良由闢樹園之福地蕩邪穢之高
鋒偃目連之神力覆富那之辯慧山
即護法之緣蓋惟斯矣自道風東扇
爰始滕蘭前傳重於開宗故入譯經
之目然則傳譯在乎歸信未信不可
弘文護持存乎正邪邪正方開信本
經陳如是豈虛也哉道元德母信其
實矣所以發蒙啓化應接時心重空
顯其德明大衆駭其耳目致使拜首
受道飲沭法流不虛設也費才感終
於壇側褚信剃頂於場中顯宗悟理
知歸侍中捐俗入道一期感事万代
舟航佛日於是流暉法雲由斯不絕
茲德可紀茲言可詳而閻越隱其高

例附譯稱述竊比則事業懸殊達化
則乘權難擬計功編次宜先譯傳稍
非經務故後三學及姚秦迷外道融
折其是非元魏重邪曇始制其强禦
前傳顯然其宗可録施乎齊周兩治
厥政殊風齊高獨感釋門周武偏弘
李衆然其邪遁匿正邪偽而正通妄
作乱真澄而妄隱故使齊氏一統民
無兩情釋侶閻邪寺塔充國二百万
衆綱猷上統之言四十千寺咸列釋
門之剎約指剡洲化境通括像正任
持拂舩之大未可相擬豈法之力惟
人謂乎弘斯在人則顯公據其首也
掩抑華飾楊耀塵埃衆皆輕而不思
可謂激通其道及法上引衣之赴難
也則醒醉相兼醒則領上之累詞醉
則示虛於邪敵雖復金櫃玉韜之秘
術未可與言孫武吳起之奇謀曾何
足道所以登席之始摇動物心異衆
等山丘鼓論同雲物致使繞擒刃辯
載戢姣氣定方術於面前樹微言於
即世故有談仙者投散於臺檻宗虛
者深剃於王庭明詔遂頒國無兩信

雖稠公標於定道賢上統於義門一時之慶固不同年而語矣周氏秦壤世号武鄉狦狼之誇想不虛託懷文斯寡習勇弥隆酌緯候之讖詞納讒誑之佞術衛嵩本我之流張賓乃彼之餘異嚮同心胥齒相副競列封表曲引遊言冒詷帝心覆絕仁祀時未思其禍始也禍作萌漸百辟之所不知及望夷之福終也潰發滂流天元方政前政呼嗟何及僧傑道安名殊衛氏風格峻逸比景弥天二論既陳異見將弭而狙詐蠅巧終墜前修靜藹上賢當斯頹運奮發拒諫守素窮巖慨正道之遂荒誠護法之無力也乃解形松石殉命西方于時同軌遺形亦有十數自非懷大濟於末俗覩法滅而增哀何能捨所重於幽林為依救而終世誠可美矣誠可悲夫詳觀列代數賢則紹隆之迹可見藻鏡則日月同仰清範則高山是欽具彰本紀其續昌矣有隋御寓深信釋門兼陳李館為权恒俗二世纘曆同政前朝悼像化之徼襲宋桓之致敬于

時緇素相望慘然明賭法師屈起臨對夙夫强術衆或渴言及覩其厲色格詞挹揚嚴詔皆謂禍碎其身首也助慄不安其足而賭逞怡頹色欣勇綽然帝後乃述釋門之有人焉衆乃悟其脫頴也知人其難人實難知知其難者千載其一乎信不虛矣皇唐啓運代有斯人普應佩席於天門慧滿載衣於朝伍智實對烈投訶於時重法琳慷慨極言於明詔異世同風不屑古也莫不言行同時死生齊日故得名流万代紹先聖之宏猷乎惟夫經論道業務在清心弘護法綱寔敦遐志志遠則不思患厚心清則夙懼嚴誅達三相之若馳識九有之非宅未曾為法徒喪餘齡豈惟徃生乃窮來陰於是挾福智而面諸佛覩形骸若委遺壓騰神略而直前皷通傳之撗辯但令法住投鼎鑊其如歸既屬慧明處濁世其如夢故能不負遺寄斯傳之有蹤乎已矣夫誰有見斯而不勉厲志於重霄哉

續高僧傳卷第二十四

護法篇下

釋曇選姓崔高陽人神慧詭不偶時俗雖博通經術而以涅槃著名不存文句護法為慮本晚住并部興國寺川邑奉之以為師傅每有衆集居于座元酬問往還以繫節為要吐言開令宏放終古僧侶乃多莫敢摧挫時人目為豹選者也及楊諒逆節中外相叛招募軍兵繕造牟甲以興國寺為甲坊以武德寺為食坊後於武南置陣楊素敗之官軍入郭搜求逆黨總集諸僧責供反者僧等辭曰王力嚴切不敢違約素曰有幾僧諫王被殺而云王力嚴切此並同反不勞分疎可依軍法選時在衆不忍斯禍乃出對曰比佛法陵遲特由僧無有德可以動俗致有亂階結聚不能誨以忠信此誠如公所教今被理責陷身無地素乃舒顏曰僧等且還留向對僧擬論機務自爾晝參軍將開散僧誅晚還寺宿不久煬帝下勑通被放免故合衆獲安誠其

功也及大業末歲兵饑交接四方僧遊寄食無地興國雖富儉啇者多每食時禁門自守容僧擁結終不之前選不勝滅法憤激身心每日拄杖在門驅逐防者捣引羇僧供給鉢器送至食堂衆多是其子弟不敢違逆由是衆聞僧制許選停客自餘不得然其慈濟之深感激府俞房內廓然財什不積唯置大鉢一口每日引諸乞兒所得食調總鉢中選請食分亦和其內雜爲饘粥便行坐乞人手自斟酌見其繿縷皴錯形容癯瘦流淚盈臉不能自勝選亦依行受粥而食日別如此遂及有年皇運伊始人情安泰義興新寺法網大張沙門智滿當塗衆主一川鄉望王臣傾重創開諸宇嚴位道場三百餘僧受其制約夏中方等清衆肅然風聲洋溢流潤遐邇選聞之乃詣其寺庭滿徒聞來崩騰下赴告曰鄉等結聚作何物在依何經誥不有冒罔後生手滿曰依方等經行方等懺選曰經在何處將來對讀遂將一卷來選曰經有四卷何不一時讀之沙門道綽曰經文次第識不俱聞選曰吾識可共爾識同耶但四卷齊讀文言未了便曰依呪滅罪耳可罷之又曰自佛法東流矯詐非少前代大乘之賊近時彌勒之妖詿誤無識其徒不一聞爾結衆恐壞吾法故力疾來問雖爾手把梳子倚傍猶可遂杖策而返武德八年遘疾淹積問疾者充牣房宇乃尸卧引衣申脚曰吾命將盡何處生乎名行僧道綽曰阿闍梨西方樂土名爲安養可願生彼選曰咄爲身求樂吾非爾儔綽曰若爾可無生耶答曰須見我者而爲生乎乃潛息久之不覺已逝時年九十有五道俗哀慘送于西山之陰傳者親往其寺不及其人觀其行事遺績庶可澡雪形心頓袪鄙悋叔緒護法開士抑斯人乎

釋法通龍泉石樓人初在隰鄉未染正法衆僧行往不達村閭如有造者以灰洒面通雖處俗情厭恒俗以開皇末年獨懷異槩超出意表剃二男二女并妻之髮被以法衣陟道詣州委僧尼寺時有問者通便答曰我捨枷鎖志欲通法既達州寺如前付囑便求通化寺明法師度出家於即遊化稽湖南自龍門北至勝部嵐石汾隰無不從化多置邑義月別建齋但有沙門皆延村邑或有住宿明旦解齋家別一槃以爲通供此儀不絶至今流行河右諸州聞風服義有僧投造直詣堂中承接顏色譬若親識故通之率導其德難倫曾行本邑縣令逄之問是何僧答云山客令乃禁守不許遊從通即絶粒竭誠遶獄行道其夜聽事野狐鳴叫怪相既集通夕不安及明放遣通曰我遶獄行道正得道理如何見放經日不食夜又狐鳴官庶以下莫不震懼苦勸引挽方從其請爾後巡行無時寧舍曾投人宿犬吠其脛尋被霹死風聲逾顯後卒於龍泉余以貞觀初年承其素迹遂往尋之息名僧網住隰州寺親說往行高聞可觀欣其餘論試後披叙夫以高世之量隨務不倫統其大歸莫非通道所以九十六部兼邪正之津途一十七羣現機緣之化迹故能光開佛日弘導塵蒙攝迷没之鄙夫接戒濁之澆首並得開智清悟通聖華凡弘道利生於是乎在今有不達之者同世相輕覩其家業叢雜閲其形骸塵弊遂則雷同輕毀曾不大覩由之自陷備于成教故文云不觀法師種姓形有但受其法開我精靈斯言可歸通有之矣

釋弘智姓萬氏始平槐里鄉人隋大業十一
年德盛鄉閭權爲道士因入終南山絶粒服
氣期神羽化形骸枯悴心用飛動乃入京至
静法寺遇惠法師問以喻道之方惠曰有生
之本以食爲命假粮粒以資形託津通以適
道所以古有繫風捕影之論仙虚藥誤之談
語事信然幸無惑也乃示以安心之要遣累
之方義寧元年委擲黄冠入山修業武德之
始天下大同佛道二門峙然雙列智乃詣省
申訴請隷釋門并陳理例朝宰咸穆遂得貫
入緇伍隨情住寺而性樂幽栖乃於南山至
相寺而居焉周歷講會亟經炎燠神用通簡
莫不精詣然而性立虚融懸矜在務陶甄士
俗延納山賓巖隱匱乏之流飛走飢虚之類
咸贍資糇粒錫以貝泉雖公格嚴斷寺制深
約而能擕引房宇同之窟穴泰斯亦叔代臣
護之開士也滅後遂絶此蹤惜哉故其所獲
法利積散不窮弘誘博愛爲而不恃加之以
忍邪行事音聲厥初開務通識非斯莫曉故
凡有福會必以簫鼓爲先致令其從如雲真
俗不爽於緣悟矣講華嚴攝論等以永徽六
年五月九日終於山寺春秋六十有一露骸
林下收骨焚散遵餘令也門人散住諸寺者
咸謹卓正行不墜遺風重誨誘之劬勞顧復
之永没乃共寫八部般若用崇岵屺之恩又
建碑一區陳於至相寺山外二丈四尺實德
寺莊所

釋道會姓史𨓾爲武陽人初出家住益州嚴
遠寺器宇高簡雅調逸羣四方道俗旦夕恭
候猶以蜀門小陋聞見非廣乃入京詢訪經
十餘年經論史籍博究宗領還蜀欲大開釋
教導引後銳時屬亂離不果心術會皇運初
興率先招撫睿俊李袞首途巴蜀會上疏曰
會弟性不肖家風失墜封爵雖除詔勑猶在
門生故吏子孫成列並奮臂切齒思效力用
即日剱門雖啓巫峽負固會請躬率徒隷振
錫啓途析簡宣威開懷納欵軍無矢石之勞
主有待成之逸此亦一時之利也惟公圖之
爲使淹留遂不行于時國初僧尼道士所在
多度有道士宋襄是彼梁棟於隆山縣下新
立道觀屋宇成就置三十人會經總管段綸
陳牒改觀爲寺其郭内住者並是道宗不伏
移改屬安撫大使李襲譽巡察州縣會以事
達乃引兵過城四面爲鼓一時驅出舉宗怨
訴譟喈街衢會曰未能令天下改觀爲寺此
之一所終不可奪遂依立寺至今不毁武皇
登遐入京朝覲因與琳師同修辨正有安州
嵩師在蜀弘講人有嫉者表奏云反又述法
會俔候消息遂被拘執身雖在獄言笑如常
爲諸在獄講釋經論經春至冬諸僧十數衣
服繼縷不勝寒酷京師有無盡藏恒施爲事
會致書曰自如來潛影西國千有餘年正法
東流五百許載雖復赤髭青眼大開方便之
門白脚漆身廣示歸依之路猶未出於苦海
尚陸沉於險道況五衆名僧四禪教首頭陀
聚落雅事一餐宴坐林中但披三納加以無
緣之慈想升錘以代鴿履不輕之行思振錫
以避蟲今有精勤法子清淨沙門横被囚拘
實非其罪遂使重關早落覩獄吏而魂飛清
室晩開見刑官而思盡嚴風旦灑穿襟與中
露俱飄繁霜夜零寒心與死灰同殞若竟不
免溝壑抑亦仁者所恥書達即送衣鞋給之
及事釋還鄉三輔名僧送出郭門會與諸遠

僧別詩曰去住俱爲客分悲損性情共作無期別時能訪死生道俗聞者皆墮淚時益州法曹裴希仁自矜門學會與相見輕有譏誚會曰蜀川雖小賢德如林漢朝八俊同出雅張綱埋輪東雒難曰豺狼當路安問狐狸奏誅梁冀威攝四海者捷爲武陽人也漢時有問楊子雲曰李仲甚何如人答曰隱不違親貞不絕俗天子不臣諸侯不友者資中人也巴西閬中百王之仰戢益州郫縣名振於華夷明公庶可虛心待國士豈得以土地拘於人哉言訖而出希仁媿謝既返謂人曰江漢多靈其斯人也以貞觀末卒年七十矣

釋智勤俗姓朱隋仁壽因舍利州別置大興國寺度少小以匡護爲心每處衆發言無不允睦精誠勇猛事皆冥祐初母患委頓爲念觀音宅中樹葉之上皆現化佛合家並見母疾遂除又屬隋末荒亂諸賊競起勤獨守此寺賊不敢凌故得寺宇經像一無所損諸寺湮滅不可目見又一時權著俗衣以避兵刃被賊圍遶而欲殺之忽聞空中聲告師可去俗衣遂除外服賊見頂禮請將供養經於數月後投於蜀聽嵩法師講衆至三千法師皆委令檢校遂得安怗內外無事一人力也又至唐初還歸郪州講維摩三論十餘遍後隱於北山倚立十餘年所居三所即今見存恒聞谷中鍾聲後尋巖崩忽見一寺宛麗奇常入中禮拜似有人住如是數度後更尋見莫知所在又居山內粮食將盡其行道之處土自發起遂除棄之明日復爾如是再三遂有穀現因即深掘得粟二十餘碩其粟粒大色赤稍異凡穀時郪州佛法陵遲合州道俗就山禮請願出住持遂感夢而出其夢不詳子細後時負像出山中途忽闇莫知其路不得前進俄有異火兩炬照路極明因得見道送至村中火方迴滅村人並見無不驚異因出住大興國前後諸王刺史並就寺頂禮請受歸戒恒以僧尼之事委令撿校佛法光顯吳蜀遠聞又至永徽年初以見時事繁雜守房不出向淹三載讀一切經兩遍每讀經時恒見有神來聽初中後夜常聞彈指聲欬之聲至顯慶四年省符召入慈恩不就至其年五月欲終之前所有功德不周之處曉夜經構使卑人問何故如此忽速答曰無常之法何可保耶至十五日寺中樹木枝葉萎悴自然分析禽鳥悲鳴遍於寺內僧各驚問莫知所由至十六日旦忽見昔聽經神來禮拜而語云莫禮傍人無有見者於是剃髮披衣在繩牀內手執香鑪跏趺而坐告諸弟子汝可取大品經讀誦至往生品訖遂合掌坐而卒停經數日顏色如舊恒有異香聞於寺內合州道俗悲慟難勝州縣官人並送至野春秋七十四矣

續高僧傳卷第二十四

校勘記

一 底本，金藏廣勝寺本。

一 九二六頁中一行經名，資、磧、普、南作「續高僧傳卷第二十五」；徑作「續高僧傳卷第三十一」；清作「續高僧傳卷第二十五上」。

一 九二六頁中三行「正傳五附見五」，資、磧、普、南、清作「正傳十附見五」；徑作「正傳十人附見五人」。

一 九二六頁中三行與四行之間，資、磧、普、南、徑、清有「唐并州大興國寺釋曇選傳一」、「唐（徑、清無）隰州沙門釋法通傳二」各一行。

一 九二六頁中四行首字「唐」，徑、清無，下至八行首字同。又第一〇字「贍」，資、磧、普、南、徑、清作「瞻」，下同。

一 九二六頁中四行至六行傳目序次「一」、「二」、「三」，資、磧、普、南、徑、清作「三」、「四」、「五」。

一 九二六頁中六行與七行之間，資、磧、普、南、徑、清有「唐（徑、清無）終南山至相寺釋弘智傳六」一行。

一 九二六頁中七行「傳四」，資、磧、普、南、徑、清作「傳七」。

一 九二六頁中七行與八行之間，資、磧、普、南、徑、清有「唐（徑、清無）眉州聖種寺釋道會傳八」、「唐（徑、清無）鄧州興國寺釋智勤傳九」各一行。

一 九二六頁中八行「傳五」，資、磧、普、南、徑、清作「傳十」。

一 九二六頁中八行與九行之間，資、磧、普、南、徑、清有釋曇選傳、釋法通傳兩篇，今據明永樂北藏本補錄，附於卷末，即九三八頁下三行至次頁下末行。

一 九二六頁中一二行「俊士」，徑、清作「進士」。

一 九二六頁中一五行末字「潛」，資、磧、普、南、徑、清作「藏」。

一 九二六頁下七行「設敎」，資作「設教」。

一 九二六頁下一二行「黃巾」，徑作「黃中」。

一 九二六頁下一五行「令視被戮」，資、磧、普、南、徑、清作「即視擬戮」。

一 九二七頁上二行「允折」，資、磧、普、南、徑、清作「允圻」。

一 九二七頁上五行「昏主」，資、磧、普、南、徑、清作「民主」。又「大拯」，資、磧、普、南、徑、清作「大極」。

一 九二七頁上九行「洺州」，資作「治州」。

一 九二七頁上一六行第八字「日」，諸本（不含石，下同）作「曰」。

一 九二七頁上二二行第三字「扙」，諸本作「杖」。又第一三字「注」，資、磧、普、南、徑、清作「住」。

一 九二七頁上末行「心通」，資、磧、普、南、徑、清作「心道」。

一 九二七頁中七行「頂上」，資作「項上」。

一 九二七頁中一〇行第九字「直」，

麗作「真」。
一　九二七頁中一五行第一三字「請」，南作「謂」。
一　九二七頁中一六行「都郡流諸」，資、磧、普、南、徑、清作「都鄙流諸」；麗作「都郡疏諸」。
一　九二七頁中一七行「智瞬」，資、磧、普、南、徑、清作「智爝」。
一　九二七頁中末行第一二、一三字「二諦」，資、磧、普、南、徑、清作「爲二諦」。
一　九二七頁下二行「清廁」，資、磧、普、南、徑、清作「圊廁」。
一　九二七頁下五行「瞬公」，磧、普、南、徑、清作「爝公」。
一　九二七頁下一三行第三字「楊」，諸本作「揚」。下同。
一　九二七頁下一四行「聽徒」，資、磧、普、南、徑、清作「德徒」。
一　九二七頁下一五行「逾此」，資、磧、普、南、徑、清作「愈此」。
一　九二七頁下一七行「咸問」，磧、普、南、徑、清作「咸開」。
一　九二八頁上一八行「華俗」，資、磧、普、南、徑、清作「化洽」。又「日登」，資、磧、普、南、徑、清作「自登」。
一　九二八頁中四行第四字「詞」，資、磧、普、南、徑、清作「謂」。
一　九二八頁中七行首字「辛」，諸本作「幸」。
一　九二八頁中一五行「光數」，資、磧、普、南、徑、清作「先數」。又「一無」，資、磧、普、南、徑、清作「餘一無」。
一　九二八頁下一二行「麟洲」，資、磧、普、南、徑、清作「隣州」。
一　九二八頁下二一行「七藉」，資、磧、普、南、徑、清作「七籍」。
一　九二八頁下二二行第二字「典」，磧、普作「興」。
一　九二九頁上三行第六字「莫」，諸本作「莫測」。
一　九二九頁上四行「在巳」，諸本作「在己」。
一　九二九頁上八行「歸信」，諸本作「歸信」。
一　九二九頁上一二行「焉有」，資、磧、普、南、徑、清作「烏有」。
一　九二九頁上一七行「特命」，資、磧、普、南、徑、清作「持命」。
一　九二九頁上二二行「遺旨」，資、磧、普、南、徑、清作「遺告」。
一　九二九頁中三行「寫注」，諸本作「寫送」。
一　九二九頁中五行「消散」，資、磧、普、南、徑、清作「蕭散」。
一　九二九頁中七行「塗香」，清作「淮香」。
一　九二九頁中一四行第三字「菆」，資、磧、普、南、徑、清作「聚」。
一　九二九頁中一九行「雄雅」，資、磧、普、南、徑、清作「雄毅」。又「武德」，磧、南、清作「政德」。
一　九二九頁中末行「通霄」，資、磧、普、南、徑、清作「通宵」。
一　九二九頁下三行「紹降」，諸本作「紹隆」。

一　九二九頁下四行第九字「可」，資、磧、普、南、徑、清作「可長」。又末字「顏」，磧、普、南、徑、清作「頦」。

一　九二九頁下一〇行第一三字「捍」，資、磧、普、南、徑、清作「悍」。

一　九二九頁下一二行「抗拒」，資、磧、普、南、徑、清作「抗抵」。

一　九二九頁下一九行第一三字「楊」，資、磧、普、南、徑、清作「播揚」。

一　九二九頁下二一行「嗟乎」，資、磧、普、南、徑、清作「殊列則使群臣」。

一　九三〇頁上二行第一〇字「嗟」，資、磧、普、南、徑、清作「嗑」。

一　九三〇頁上七行末字「歐」，諸本作「毆」。

一　九三〇頁上一三行「其心」，資、磧、普、南、徑、清作「其懷」。

一　九三〇頁上一六行第一〇字「於」，資、磧、普、南、徑、清作「於杜」。

一　九三〇頁上一七行第一〇字「陟」，資、磧、普、南、徑、清作「涉」。

一　九三〇頁上一九行「感布」，資、磧、普、徑作「敢希」。

一　九三〇頁中四行「無所」，麗作「無數」。

一　九三〇頁中七行「慧菀扶蔬」，諸本作「慧苑扶疎」。

一　九三〇頁中八行首字「慕」，麗作「茂」。又「邪倿」，諸本作「邪佞」。

一　九三〇頁中一三行第三字「忏」，磧、普、南、徑、清作「干」。

一　九三〇頁下一七行「法常等」，磧、普、南、徑、清無。

一　九三一頁上三行「真全」，資、磧、普、南、徑、清作「全真」。

一　九三一頁上四行「謂之」，資、磧、普、南、徑、清作「謂其」。

一　九三一頁上一〇行「在僧之上」，資、磧、普、南、徑、清作「在僧尼之上者」。

一　九三一頁上一二行首字「情」，資、磧、普、南、徑、清作「忠情」。

一　九三一頁上一五行「感思」，諸本作「咸思」。

一　九三一頁上二〇行「莫申」，諸本作「莫因」。

一　九三一頁上二二行第四字「舉」，諸本作「舁」。

一　九三一頁上末行首字「反」，諸本作「友」。

一　九三一頁中七行「當日」，資、磧、普、南、徑、清作「常日」。

一　九三一頁中九行「逃放」，資、磧、普、南、徑、清作「而放」。

一　九三一頁中一一行「香燈」，資、磧、普、南、徑、清作「每香燈」。

一　九三一頁下一行末字「移」，諸本作「秘」。

一　九三一頁下三行「酬賞」，磧、普、南、徑、清作「酬償」。

一　九三一頁下六行「徑詣」，資、磧、普作「勁詣」。

一　九三一頁下八行「程達」，磧、普、南、徑、清作「呈達」。

一　九三一頁下九行「郎暑」，資、磧、普、南、徑、清作「郎署」。

一　九三一頁下一〇行第九字「素」，資、磧、普、南、徑、清作「弃素」。
一　九三一頁下一一行「彭亨」，資作「彭悙」；
一　九三一頁下一九行「圖繪」，資、磧、普、南、徑、清作「圖績」。
一　九三一頁下二一行第六字「持」，資、磧、普、南、徑、清作「斷持」。
一　九三二頁上五行「後住」，資、磧、普、南、徑、清作「後往」。又末字「矣」，至此，徑卷第三十一終，清卷第二十五上終。
一　九三二頁上五行與六行之間，徑、清換卷，徑卷第三十二始；清卷第二十五始，且資、磧、普、南、徑、清有釋弘智傳一篇，茲據明永樂北藏本補録附於卷後，即九四〇頁上一行至本頁中五行。
一　九三二頁上二一行「道侶」，資、磧、普、南、徑、清作「道俗」。
一　九三二頁上末行「取决」，資、磧、普、南、徑、清作「取定」。
一　九三二頁中六行第九字「事」，資、磧、普、南、徑、清作「事者」。
一　九三二頁中一一行「邪逕」，南、徑、清作「邪徑」。
一　九三二頁中一三行「何閒」，麗作「何門」。
一　九三二頁中一四行第九字「適」，資、磧、普、南、徑、清作「釋」。
一　九三二頁下五行「祐怙」，資作「祐沾」；磧、普、南、徑、清作「福沾」。
一　九三二頁下一〇行第一一字「傅」，諸本作「傳」。
一　九三二頁下一三行「動豪」，資、磧、普、南、徑、清作「動毫」；麗作「勳豪」。又「各踈」，資、磧、普、南、徑、清作「各陳」；麗作「各跡」。
一　九三二頁下一四行「但經是」，資、磧、普、南、徑、清作「但並是」；麗作「但經是」。
一　九三二頁下一六行第六字「正」，資、磧、普、南、徑、清作「主」。
一　九三三頁上一〇行「要道之」，磧、普、南、徑、清作「道之要」。
一　九三三頁上一五行第七字「亦」，諸本作「示」。
一　九三三頁上二〇行第九字「演」，資、磧、普、南、徑、清作「宣」。
一　九三三頁中一八行第六字「志」，磧、普、南、徑、清作「誌」。
一　九三三頁中一九行第一一字「平」，諸本作「乎」。
一　九三三頁中二一行「福廕」，資、磧、普、南、徑、清作「福隆」。
一　九三三頁下一五行第二字「嘉」，資、磧、普、南、徑、清作「熈」。
一　九三三頁下二一行「九年」，資、磧、普、南、徑、清作「元年」。
一　九三四頁上三行第四字「範」，資、磧、普、南、徑、清作「薄」。
一　九三四頁上九行第一三字「糸」，諸本作「繫」。
一　九三四頁上一八行「道士」，資、磧、普、徑作「有道士」。
一　九三四頁上二二行「葉墜」，資、磧、

普、南、徑、清作「葉墮」。
一 九三四頁中四行「爥物」，資、磧、普、南、徑、清作「燭物」。
一 九三四頁中五行第一一字「良」，麗作「良以」。
一 九三四頁中一二行「詷上」，資、磧、普、南、徑、清作「周上」。
一 九三四頁中一三行「乃依」，資、磧、普、南、徑、清作「宜依」。
一 九三四頁中一九行「巴毀」，資、磧、普、南、徑、清作「犯毀」；麗作「把毀」。
一 九三四頁下二行第五字「讎」，資、磧、普、南、徑、清作「怨」。
一 九三四頁下一二行第四字「列」，資、磧、普、南、徑、清作「例」。
一 九三四頁下一四行第一一字「令」，清作「今」。
一 九三四頁下一八行「彰勇」，資、磧、普、南、徑、清作「飄湧」。
一 九三四頁下二二行「役毒」，磧、普、南、徑、清作「疫毒」。
一 九三四頁下末行「臣佞」，資、磧、普、南、徑、清作「臣佞」。
一 九三五頁上三行第六字「因」，資、磧、普、南、徑、清作「恩」。
一 九三五頁上八行「塵形」，南作「應形」。
一 九三五頁上一二行第八字「但」，資、磧、普、南、徑、清作「且」。
一 九三五頁上一五行「無𡴘」，資、磧、普、南、徑、清作「無辜」。
一 九三五頁上一六行第七字「有」，資、磧、普、南、徑、清作「有下」。
一 九三五頁中二行第八字「常」，諸本作「家」。
一 九三五頁中一一行第五字「不」，麗作「不異」。
一 九三五頁中一三行第三字「姖」，資、磧、普、南、徑、清作「姬」。
一 九三五頁中一四行第四字「彈」，諸本作「憚」。 又第六字「網」，資、普、徑作「綱」。
一 九三五頁中一五行第一〇字「寘」，諸本作「寘」。
一 九三五頁中一六行「狂匿」，資、磧、普、南、徑、清作「狂猾」。
一 九三五頁中一八行首字「詸」，資、磧、普、南、徑、清作「議」。
一 九三五頁中二二行與末行之間，資、磧、普、南、徑、清有釋道會、釋智勤二傳，茲據清藏本補錄，附於卷後，即九四〇頁中六行至次頁下末行。
一 九三五頁下一行「秦韓」，麗作「卞韓」。
一 九三五頁下一〇行「良晨」，徑、清作「良辰」。
一 九三五頁下一一行「澄蔺」，麗作「澄蘭」。
一 九三六頁上一行「見之」，資、磧、普、南作「具之」；徑、清作「懼之」。
一 九三六頁中六行「其二」，諸本作「其一」。
一 九三六頁中七行第三字「𨅔」，資、磧、普、徑、麗作「蹡」。

一 九三六頁中二二行第七字「攝」，資、磧、普、南、徑、清無。
一 九三六頁下一行「奄藹」，資、磧、普、南、徑、清作「霮靄」。
一 九三六頁下一一行「誡勵」，資、磧、普、南、徑、清作「試厲」。
一 九三六頁下一八行第四字「華」，資、磧、普、南、徑、清作「華夷」。
一 九三六頁下二二行「立器宇弘峻吐言成」，資、磧、普、南、徑、清作「一撰也今春秋將立器宇弘峻吐言成政行立懷德」。
一 九三六頁下末行第二字「卷」，諸本作「一卷」。又第三字「流」，麗作「盛流」。
一 九三七頁上九行第一一字「本」，資、磧、普、南、徑、清作「本法」。
一 九三七頁上一一行「溺喪」，資、磧、普、南、徑、清作「弱喪」。
一 九三七頁上一六行第六字「告」，資、磧、普、南、徑、清作「吉」。
一 九三七頁上二〇行首字「睽」，資、磧、普、南、徑、清作「漢」。
一 九三七頁中三行「引扇」，麗作「弘育」。
一 九三七頁中一九行「飲沐」，資、磧、普、南、徑、清作「欽沐」。
一 九三七頁中二一行「知歸」，資、磧、普、南、徑、清作「如歸」。
一 九三七頁下四行「曇始」，資作「量始」；磧、普、南、徑、清作「量如」。
一 九三七頁下七行「邪逼匿正」，資、磧、普、南、徑、清作「邪辯逼正」。
一 九三七頁下八行第三字「真」，諸本作「真真」。
一 九三七頁下一二行第二字「挮」，資、磧、普、南、徑、清作「梯」。
一 九三七頁下一九行「登席」，麗作「登席」。
一 九三八頁上五行第三字「倭」，諸本作「倭」。
一 九三八頁上九行末字「元」，麗作「無」。
一 九三八頁上一二行「前修」，資、磧、普、南、徑、清作「前條」。
一 九三八頁上一八行「悲夫」，資、磧、普、南、徑、清作「悲矣」。
一 九三八頁上末行「徵行」，麗作「徽猷」。
一 九三八頁中一行「慘然」，資、磧、普、南、徑、清作「愕然」。
一 九三八頁中二行第四字「強」，磧、普、南、徑、清作「程」。
一 九三八頁中四行第二字「慄」，資作「慓」。
一 九三八頁中九行「載衣」，磧、南、徑作「戴衣」。又「抵訶」，資、磧、普、南、徑、清作「詆呵」。
一 九三八頁中末行「不勉」，資作「不免」。
一 九三八頁下一行經名，資、磧、普、南作「續高僧傳卷第二十五」，徑作「續高僧傳卷第三十二」；清作「續高僧傳卷第二十五下」。

一　九三八頁下二行「護法篇下」，磧、南、徑、清無。

續高僧傳卷第二十五　　明

大唐西明寺沙門釋道宣撰

感通上　正傳三十三　附見三

勒那漫提天竺僧也住元魏洛京永寧寺善五明工道術時信州刺史綦母懷文巧思多知天情博諳每國家營宮室器械無所不關利益公私一時之冠又勅令修理永寧寺見提有異術常送餉槟承奠有閒見而提視

之平平初無叙接文心恨之時洛南玄武館有一蠕蠕客曾與提西域舊交乘馬衣皮時来造寺二人相得言笑抵掌弥日不懈文旁見夷言不曉往復乃謂提曰弟子好事人也比来供承望師降意而全不賜一言此北狄耳歎心人面煞生血食何足可尚不期對面遂成彼此提曰尔勿輕他縱使讀万卷書用未必相過也懷文曰此所知當與角伎賭馬提曰尔有何耶曰筭術之能無間望山臨水懸測高深圍圖踰窖不舛升合提笑而言曰此小兒戲耳庭前有一棗樹極大子實繁滿時七月初悉已成就提仰視樹曰尔知其上可有幾許子乎文怯而笑曰筭者所知必依鉤股標候則天文地理亦可推測草木繁耗有何形兆計斯寔謾言也提指蠕蠕曰此即知之文憤氣不信即立契賭馬寺僧老宿咸来同看具立旁證提具告蠕蠕彼笑而承之文復要云必能知者幾許成核幾許菸死無核斷許既了蠕蠕臂闇皮袋裹出一物似

今稱衡穿五色綫綫別貫白珠以此約樹或上或下或旁或側抽綫眣眼周廻良久向提撼頭而笑述其數焉乃遣人撲子實下盡一一看閱疑者文自剖看校量子數成不卒無欠賸因獲馬而歸提每見洛下人遠向嵩高少室取薪者自云百姓如許地擔負辛苦我欲暫牽取二山枕洛水頭待人伐足乃還放去不以為難此但數術耳但無知者誣我為聖所以不敢提臨欲終語弟子曰我更停五三日往一處行汝等念修正道勿懷眷戀便寢疾閉戶卧弟子竊於門隙視之見提身不著牀在虛仰卧相告同視一僧忽欬提還牀如舊遥謂曰門外是誰何不来入我以牀熱故取涼尔勿怯也是後數日便捨命矣

釋超達未詳其氏元魏中行業僧也多學問有知解帝禁圖讖尤急所在搜訪有人誣達有之乃收付滎陽獄時魏博陵公檢勘窮劾達以實告大怒以車輪繫頸嚴防衛之自知無活路專念觀世音至夜四更忽不見車

輪所在見守防者皆大昏睡因走出外將欲遠避以久繫獄脚遂躄急不能及遠行至天曉虜騎四出追之達惟逃必不免因伏草中騎来蹋草並靡雖從邊過對而不見仰看虜面悉以牛皮障目達一心服死至誠稱念夜中虜去尋即得脫又僧明道人為北臺石窟寺主魏氏之王天下也每疑沙門為賊收數百僧五繫縛之僧明為魁首以繩急纏從頭至足剋明斬決明大怖一心念觀音至半夜覺纏小寬私心欣幸精到弥切及曉索然都斷既因得脫逃逸奔山明旦獄監来覓不見惟有斷繩在地知為神力所加也即以奏聞帝信道人不返遂一時釋放

釋慧達姓劉名窣蘇骨反和本咸陽東北三城定陽稽胡也先不事佛目不識字為人兇頑勇健多力樂行獵射為梁城突騎守於襄陽父母兄弟三人並存居家大富豪侈鄉閭縱橫不理後因酒會遇疾命終備覩地獄衆苦之相廣有別傳具詳聖迹達後出

家住于文成郡今慈州東南高平原
即其生地矣見有廟像戎夏礼敬處
于治下安民寺中曾往吴越備如前
傳至元魏太武大延元年流化將訖
便事西返行及涼州番禾郡東北望
御谷而遥礼之人莫有曉者乃問其
故達云此崖當有像現若靈相圓備
則世樂時康如其有闕則世乱民苦
達行至肅州酒泉縣城西七里石澗
中死其骨並碎如葵子大可穿之今
在城西古寺中素像手上寺有碑云
吾非大聖遊化為業文不具矣尔後
八十七年至正光初忽大風雨雷震
山裂挺出石像舉身丈八形相端嚴
惟無有首登即選石命工雕鐫別頭
安訖還落因遂任之魏道陵遲其言
驗矣逮周元年治涼州城東七里澗
忽有光現徹照幽顯觀者異之乃像
首也便奉至山巖安之宛然符會儀
容彫缺四十餘年身首異所二百餘
里相好還備太平斯在保定元年置
為瑞像寺焉乃有燈光流照鐘聲飛
嚮相續不斷莫測其由建德初年像

首頻落大冢宰及齊王躬往看之乃
令安處夜落如故乃經數十更以餘
物為頭終墜於地後周滅佛法僅得
四年鄴國殄喪識者察之方知先鑒
雖遭廢除像猶特立開皇之始經像
大弘庄飾尊儀更崇寺宇大業五年
煬帝躬往礼敬厚施重增榮麗因改
舊額為感通寺焉故今摸寫傳形量
不可測約指丈八臨度終異致令發
信弥增日新余以貞觀之初歷遊關
表故謁達之本廟圖像儼肅日有隆
敬自石隱慈丹延綏威嵐等州並圖
寫其形所在供養号為劉師佛焉因
之懲革胡性奉行戒約者殷矣見姚
道安制像碑

釋道泰元魏末人住常山衡唐精舍
夢人謂曰若至某年當終於四十二
矣泰弥惡之及至期年遇重病甚憂
悲以身資為福友人曰余聞供養六
十二億菩薩與一稱觀世音同君何
不至心歸依可必增壽泰乃感悟遂
於四日四夜專精不絕所坐帷下忽
見光明從户外而入見觀音足趺踝

間金色朗照語泰曰念觀世音耶比
泰寤帷須便不復見悲喜流汗便覺
輕所患遂愈年四十四方為同意說
之泰後終於天命更有一僧其緣同
泰故不疏耳

釋僧融梁初人住九江東林寺篤志
汎博遊化已任曽於江陵勸一家受
戒奉佛為業先有神廟不復宗事悉
用給施融便撤取送寺因留設福至
七日後主人母見一鬼持赤索欲縛
之母甚遑懼乃更請僧讀經行道鬼
怯遂息融晚還廬山獨宿逆旅時天
雨雪中夜始眠見有鬼兵其類甚衆
中有鬼將帶甲挾刃形奇壯偉有持
胡牀者乃對融前踞之便厲色揚聲
曰君何謂鬼神無靈耶速曳下地諸
鬼將欲加手融嘿稱觀世音聲未絕
即見所住牀後有一天將可長丈餘
著黄皮袴褶手捉金剛杵擬之鬼便
驚散甲冑之屬碎為塵粉融嘗於江
陵勸夫妻二人俱受五戒後為劫引
夫遂逃走執妻繫獄遇融於路求哀
請救融曰惟至心念觀世音更無言

餘道婦入獄後稱念不輟因夢沙門
立其前足蹴令去忽覺身貫三木自
然解脫見門猶閉閽司數重守之計
無出理還更眠夢見向僧曰何不早
出門自開也既聞即起重門洞開便
越席而出東南數里將值民村天夜
闇冥其夫先逃夜行晝伏二忽相遇
皆大驚駭草間審問乃其夫也遂共
投商者遠避竟得免難
釋法力未詳何人精苦有志德欲於
魯郡立精舍而財不足與沙弥明琛
往上谷乞麻一載將事返寺行空澤
中忽遇野火車在下風無得免理于
時法力倦眠比覺而火勢已及因舉
聲稱觀未逮世音應聲風轉火焰尋
滅安隱而還又沙門法智者本為白
衣獨行大澤猛火四面一時同至自
知必死乃合面於地稱觀世音怗無
火燒舉頭看之一澤之草纖毫並盡
惟智所伏僅容身耳因此感悟出家
為道厲精翹勇衆所先之又沙門道
集於壽陽西山遊行為二劫所得縛
繫於樹將欲煞之惟念觀世音守死

而已刧引刀屢斫皆無傷損自怖而
走集因得脫廣傳此事又沙門法禪
等山行逢賊惟念觀音挽弓射之欲
放不得賊遂歸誠投弓於地又不能
得知是神人捨而逃走禪等免脫所
在通傳並魏末人別有觀音感應傳
文事包廣不具叙之
釋植相姓郝氏梓橦涪人甞任巴西
郡吏太守鄭貞令相賚獻物下揚都
見梁祖王公崇敬三寶便願出家及
還上蜀決捨家屬并其妻子既同相
志一時剪落自出家後梁大同中專
習苦行一食常坐正心佛理以命自
期時南武都令孝水縣有法愛道人
高衒道術相往觀之愛於夕中自以
呪力現一大神身著衣冠容相瓌偉
來舉繩牀離地四五尺相便誦戒神即
馳去斯須復來舉牀僅動一角如前復去俄尔
又來在相前立相正意貞白初無微
動尋尔復去於屋頭現面舍棟破裂
其聲甚大相亦無懼神見不動便來
礼拜求哀懺謝至旦語愛曰汝所重
者此是邪術非正法也可捨之相後

往益聽講以生在邊鄙玄頗涉俗雖
遭輕誚亡懷在道都不忤意又因行
路寄宿道館道士有素聞相名恐化
徒屬拒不延之其夜群虎遶院相吼
道士等通夕不安及明追之從受菩
薩戒焉又曾行弘農水側見人垂釣
相勸止之不從其言即唾水中忽有
大虵擎頭四顧來趣釣者因即歸命
投相出家時梁道漸衰而涪土軍動
與彖法師分飛異域彖入靜林山相
入青城山聚徒集業梁王蕭撝素相
欽重供給獠民以為營理未暇經始
便感重疾知命不救謂弟子曰常願
生淨土而無勝業雖不生三途亦不
生天當還生淨土作沙門也汝等努
力行道方與吾會加坐儼然奄便遷
化時年四十有四其山四面獠民見
其坐亡皆來嘆異礼拜供養改俗行
善弟子銜命露屍松下初相置足於
綿州城西栢林寺院成就於堂頭植
梧桐一株極為繁茂忽以四月十五
日無故葉落又雖那此日打鐘初不
發聲大小疑怪不測所以上坐僧超

謂有大變執錫逃避須臾信報相巳終卒樹枯鍾嗟表其遷化之晨也此寺去青城四百餘里而潛運之感殆非人謀梁初又有道香僧朗並有神異其迹略同誌公之類矣

釋僧林吴人深有德素行能動物梁大同中上蜀至潼州城西北百四十里有豆圌山上有神祠土民敬之每往祭謁林往居之禪嘿累日忽有大蟒縈繩牀前舉頭如揖讓者林為授三歸受巳便去因尒安怗卒無災異其山北涪水之陽素來無猿自林栖託巳来便有兩頭依林而住有初見者云度水来及後林出山門猿還迴度如此非一年月淹久乎乳產生生乃有數十有時送林至龍門口竚望而返後往赤水巖故寺中屋宇並摧止有蘩林便即露坐有虎蹲於林前伍目視林乃為說法良久便去尒後孤遊雄悍不避悪狩常行仁濟感化極多末卒于潼部

釋慧簡不知何許人梁初在道戒業弘峻殊奇膽勇荆州廳事東先有三

閙别齋由来屢多鬼怪時王建武臨治猶無有能住者惟簡是王君門師專住居之自住一閤餘安經像俄見一人黑衣無目從壁中出便倚簡門上時簡目開心了但口不得語意念觀世音良久鬼曰承君精進故来相試令神色不動豈復逼耶欻然還入壁中簡徐起澡漱礼誦訖還如常眠寐夢向人曰僕以漢末居此數百年為性剛直多所不堪君誠淨行好人特相容耳於此遂絶簡住積載安隱如初若經他行猶無有人能住之者

釋僧朗涼州人魏虜攻涼城民素少乃逼斥道人用充軍旅隊别兼之及轒轀所擬舉城同陷収登城僧三千人至轟見魏主所謂曰道人當坐禪行道乃復作賊深當顯戮明日斬之至期食時赤氣數丈貫日直度天師寇謙之為帝所信奏曰上天降異正為道人實非本心願不須煞帝弟赤堅王亦同謙請乃下勑止之猶虜掠散配役徒惟朗等數僧别付帳下及魏軍東還朗與同學中路共叛陣防

嚴設更無走處東西絶壁莫測淺深上有大樹旁垂崖側遂以皷旗竿繩繫樹懸下時夜大闇崖底純棘無安足處欲上岸頭復恐軍覺投計悽遑捉繩懸住勢非支久共相謂曰今厄至矣惟念觀世音耳便以頭扣石一心專注須臾光明從日處出通照天地乃見棘中有得下處因光至地還忽暗冥知是神也相慶感遇便就以眠良久方曉始聞軍衆警覺將發而山谷万重不知出路惟望日行值一大虎出在其前相謂曰雖脱虜難復入虎口朗曰不如君言正以我等有感所以現光今遇此虎將非聖人示路也於是二人俓詣虎即前行若朗小遅虎亦暫住至曉遂得出路而失虎所在便隨道自進七日達于仇池又至梁漢出于荆州不測其終

釋僧意不知何人貞確有思力每登座講說輙天花下散在于法座元魏中住太山朗公谷山寺聚徒教授迄於暮齒精誠不倦寺有高驪像相國像胡國像安國像吴國像崐崘像岱

京像如此七像並是金銅倶陳寺堂堂門常開而鳥狩無敢入者至今猶尔故靈裕像讚云應感而來誠無指屬豈神通冥著理隔尋常之議乎意奉法自資東躬供養將終前夕有一沙彌死來已久見拜云違奉已來常為天帝驅使捶撻無暇癈修道業不久天帝請師講經願因一言得免形苦意便洗浴燒香端坐靜室候待時至及期果有天來入寺及房儀服羽從偉麗殊特衆僧初見但謂是何世貴入山參謁不生驚異及意尔曰無疾而逝方知靈感其都講住在光州自餘香火唄匿散在他邑後試撿勘皆同日而終焉有說云僧意志湛即朗公同侶前傳闕之故今緝綴湛得初果其塔見存在泰山靈巖寺側見別傳

釋僧照未詳氏族住泰山丹嶺寺性虛放喜追奇每聞靈迹譎詭無不登踐承瀑布之下多諸洞穴仙聖攸止以魏普泰年行至滎山見飛流下有穴因穴隨入行可五六里便出穴外

逐微逕東北上數里得石渠闊兩三步水西流清而且徹帶渠藥草延蔓委地渠北有瓦舍三口形甚古陋庭前穀穗縱横鳥雀殘食東頭屋裏有數架黃帙中間有鐵臼兩具亦有釜器並附遊塵都無炊爨之迹西頭屋內有一沙門端坐儼然飛塵沒膝四望惟見茂林懸澗非復人居須臾逢一神僧年可六十眉長丈餘踈掛耳上相見欣然如舊問所從來自云我同學三人來此避世一人外行未返一人死來極久似入滅定今在西屋內汝見之未今日何姓為主答是魏家僧云魏家享國已久不姓曹耶照云姓元僧曰我不知遂取穀穗擣之作粥又往林中葉下取梨棗與之令噉僧云汝但食我不敢此又問誦何經照云誦法華神僧頷頭曰大好精進業今東屋格上如許經並自誦之欲得聞不照合掌曰惟敢聞命彼遂部別誦之聲氣朗徹乃至通夜照苦睡僧曰但睡我自恒業耳達日不眠更為造食照謝曰幸得奉謁今且

暫歸尋來接事僧亦不留但言我同學行去汝若值者大有開悟恨不見之既言須歸好去照尋路得還結侶重往瀑布與穴莫測其處今終南諸山亦有斯事既多餘涉不無其理云

釋道豐未詳氏族世稱得道之流與弟子三人居相州鼓山中不求利養或云練丹黃白醫療占相世之術藝無所不解齊高往來幷鄴常遇問之應對不思隨事摽舉帝曾命酒并蒸肫勑置豐前令遣食之豐聊無辭讓極意飽噉帝大笑亦不與言駕去後謂弟子曰除却牀頭物及發撤牀見向者蒸肫猶在都不似噉嚼處時石窟寺有一坐禪僧每日至西則東望山巔有丈八金像現此僧私喜謂觀靈瑞日日礼拜如此可經兩月後在房卧忽聞枕間有語謂之曰天下更何處有佛汝今道成即是佛也尔當好作佛身莫自輕脫此僧聞已便起特重旁視羣僧猶如草芥於大衆前側手指胷云你華頗識真佛不泥龕畫像語不能出脣智慮何如你見真

佛不知礼敬猶作本日期我志墮阿
鼻又眼精已赤叫呼無常合寺知是
驚禪及未發前與詣豊所徑即謂曰
汝兩月已來常見東山上現金像耶
荅曰實見又曰汝聞枕間遣作佛耶
荅曰實然豊曰此風動失心耳若不
早治或狂走難制便以針針三處因
即不發及豊臨終謂弟子曰吾在山
久令汝等有谷汲之勞今去無以相
遺當留一泉與汝既無陟降辛苦努
力勤脩道業便指竈旁去一方石遂
有玄泉澄映不盈不減於今見存
釋圓通不知氏族少出家沉愛通博
以溫敏見稱住鄴都大莊嚴寺研諷
涅槃文旨詳覈以高齊武平四年夏
中講下有一客僧形服踈素履操弘
雅因疾乃投諸寺中僧侶以其所患
經附臭氣熏勃皆惡之無敢停者通
觀其量識宏遠深異其度乃延之房
中雖有穢汙初無輕憚日積情款薄
通其意問何所學荅曰涅槃通以素
業相沿宛然若舊乃以經中深要及
先德積迷未曾解者並敘而談之客

僧亦同其所引更為章句判釋泠然
雅有其致通欣於道合更倍由來經
理湯藥曉夕相守曾於夜中持春酒
一盞去客人寄患服此為佳客遂頻
眉飲之一咽便止夏了病愈便辞通
去通曰令授衣將逼官寺例得衣賜
可待三五日間當贈一襲寒服客去
藉乱不少何容更煩通固留之作衣
遺已臨别執通手誡曰脩道不欺暗
室法師前以酒見及恐傷來意非正
理也從今已往此事宜斷頗曾往鼓
山石窟寺不小僧住下舍小寺正在
石窟北五里當繞澗驛東有一小谷
東即竹林寺有緣之次念相訪也通
敬謝前誡當必往展於是而别至明
年夏初以石窟山寺僧徃者希遂減
莊嚴定國興聖摠持等官寺百餘僧
為一番通時尔夏預居石窟意訪竹
林乃大集客主問寺所在衆皆大笑
誡通勿傳此妖言竹林竟無適莫乃
流俗之恒傳耳通惟客僧見投非常
款遇言及斯事計非虛指衆亦異焉
乃各賫香花與通俱行至寺北五里

小谷東出少通人逕行可五里昇于
山阜見一老公手巾抹額布裙短褐
執钁鬧荒二十餘畝遥見羣僧放馬
而前曰何處道人不依徑路僧云任
在石窟欲向竹林公大怒曰去年官
寺放馬噉我生苗我兒遮護被打幾
死今復將此面目來耶曳钁來逐群
僧十餘望谷馳走獨不逐通語通曰
是你干健不返放使入山餧虎通即
東出數里值一曲澗淺而森茂尋澗
又東但聞南嶺上有諷詠之聲通問
竹林所在應聲荅曰從何處來豈非
圓通法師乎通曰是矣遂披林踰險
就通略叙離闊喜滿言情日下山小
寺僧徒馬合心性動止多不稱身瞻
雖然已能降重終須到寺相進數里
忽見雙闕高門長廊複院脩竹干雲
青松蔽日門外黒漆槽長百餘尺凡
有十行皆鋪首銜環金銅綺飾貯以
粟豆旁有馬跡而掃洒清淨乃立通
門左告云須前諮大和上須臾引入
至講堂西軒廊下和上坐高牀侍列
童吏五六十人和上年可九十許眉

面峯秀狀類梵僧遷巢理文書旁有過事者通礼謁却立和上命曰既任官寺厚供難捨何能自屈此寺誠無可觀通具述意故乃令安置將通巡房礼訖見兩房僧各坐寶帳交絡衆飾映奪目光語引僧云彼是何人輙敢來入振手遣去僧有慙色顧謂通日情意不同令人阻望且就小僧住房可以消息乃將入室具叙昔緣并設中食食如鄴中常味食後引觀圖像莊嚴園池臺閣周遊歷覧不可得遍通因自陳曰儻得廁迹風塵常供掃洒生願畢矣僧曰相逢即以為意但須諮和上未知果不夜與通宿曉為諮白和上曰甚知來意不惜一房凡受官請為報不淺依如僧法不得兩處生名今且還去除官名訖來必相容勿以為恨即遣送出至馬槽側顧慕流淚自傷罪重不蒙留住執僧手別西行百步迴望猶見門閣儼然步步返望更行數里許欵見峯嵒巉巖非復寺宇悵望尋路行達開荒之地了無蹤緒但有榛木耳識者評云前

者舉鐶駈僧假為神佐令通獨進亦現有緣耳言大和上者將不是賓頭盧耶入大乘論尊者賓頭盧羅睺羅等十六諸大聲聞散在諸山渚中又於餘經亦說九十九億大阿羅漢皆於佛前取籌住壽於世並在三方諸山海中守護正法今石窟寺僧每聞異鍾唄響洞發山林故知神宮仙寺不無其實余往相部尋鼓山馬在故鄴之西北也望見橫石狀若鼓形俗諺云石鼓若鳴則方隅不靜隋末屢聞其聲四海沸騰斯固非妄左思魏都云神鉦迢遞於高巒靈響時警於四表是也自神武遷鄴之後因山上下並建伽藍或樵採陵夷工匠窮鑿神人猒其諠擾捐捨者多故近代登臨罕逢靈跡而傳說竹林往往殊異良由業有精浮故感見多釆近有從鼓山東面而上遥見山巔大道列樹青松尋路達宮綺華難紀珎木美女相次歡娛問其丈夫皆云適往少室逼暮當還更進數里並是竹林尋徑西行乃得其寺衆僧見客歡遇承迎

供給食飲指其歸路乃從山西北下去武安縣不過十數里也曁周武平齊例無僧服鄴東夏坊有給事郭弥者謝病歸家養素閭巷給閑內外慈濟在懷先廢老僧志通收養宅居讀誦忽聞有扣門者令婢看之見一沙門執錫擎鉢云貧道住鼓山竹林寺逼時乞食弥近門聲接乃遥應曰衆僧但言乞食何須詐聖身自往觀四尋不見方知非常人也悔以輕肆其口故致聖者潜馬近武德初年介山抱腹巖有沙門慧休者高潔僧也獨靜修禪忽見神僧三人在佛堂側休怯之謂尋山僧也入房取坐具將往礼謁及後往詣神僧中小者抱函在前大者在後乘虚冉冉南趣高嶺白雲北迎電邁不見後經少時又見一僧東趣巖壁休追作礼遂入石中此巖數有鍾鳴依時而扣雖蒙聲相不及言令斯亦感見參差不可一准大略為言巖穴靈異要惟虚靜必事諠雜希聞奇相矣

釋慧寶氏族未詳誦經二百餘卷德

優先達時共知名以齊武平三年從并向鄴行達艾陵川失道尋俓入山暮宿巖下室似人居迥無所見寶端坐室前上觀松樹見有擴支懸甆去地丈餘夜至二更有人身服草衣自外而至四去此中何為有俗氣寶即具述設欲與共言議問寶即令何姓統國答曰姓高氏号齊國寶問曰尊師山居早晚曰後漢時来長老得何經業寶恃已誦博頗以自矜山僧曰修道者未應如此欲聞何經為誦之寶曰樂聞華嚴僧即少時誦之便度聲韻諧暢非世所聞更令誦餘率皆如此寶驚嘆曰何因大部經文倏然即度報曰汝是有作心我是無作心夫忘懷於万物者彼我自得矣寶知為神異也求哀乞住山僧曰國中利養召汝何能自安且汝情累未遣住亦無補至曉便捨去寶遂返尋行迹達鄴叙之

釋僧雲不知何人也辯聡詞令備明大小崇附齊講恒以常住齊鄴盛昌三寶雲著名馬住寶明寺襟帶衆理

以四月十五日臨説戒時僧並集堂雲居上首乃白衆曰戒本防非人人誦得何勞煩衆數數聞之可令一僧竪義令後生開悟雲氣格當時無敢抗者咸從之訖於夏末常廢説戒至七月十五日旦將昇草坐失雲所在大衆以新歳未受交廢自恣一時崩騰四出追覓乃於寺側三里許於古塜内得之遍體血流如刀割處借問其故云有一丈夫執三尺大刀厲色瞋云改變布薩妄充竪義刀膾身形痛毒難忍因接還寺竭情懺悔乃經十載説戒布薩讀誦衆經以為常業臨終之日異香迎之神色無乱欣然而卒時感嘉其即世懲革不墜彝倫云

釋僧遠不知何人住梁州薛寺為性誕不修細行好追隨流蕩歡醼為任以齊武平三年夢見大人切齒責之曰汝是出家人面目如此猶縱造悪何不取鏡自照遠忽覺悸流汗至曉以盆水自映乃見眼邊烏黦謂是垢汗便洗拭之眉毛一時隨手落盡因自咎責奈遣此譴遂改革常習反

形易性弊衣破履一食長齋遵奉律儀昏曉行悔悲淚交注經一月餘日又夢前人含笑謂曰知過能改是謂智乎赦汝前愆勿復相續忽驚喜而覺流汗遍身面目津潤眉毛漸出遠頻感兩報信知三世自後竭精奉法中不暫怠卒為練行僧也鄉川所歸終於本土

釋慧瑱上黨人奉律齊真貞確難拔住郡内元開府寺獨静一房禪懺為業會周建德六年國滅三寶瑱抱持經像隠于深山遇賊欲刼之初未覺也忽見一人形長丈餘美鬚面著沙帽衣青袍九環金帶吉莫皮靴乗白馬朱鬉自山頂俓至瑱前下馬而謂今夜賊至師可急避瑱居懸崖之下絶無餘道疑是山神乃曰今佛法毀滅貧道容身無地故来依投檀越今有賊来正可於此取死更何逃竄神曰師既遠投弟子弟子亦能護師正尓住此遂失所在當夜忽降大雪可深丈許遂免賊難後群賊更往神遂告山下諸村曰賊欲刼瑱師急往共

救乃各持器仗入山路中相遇非擊驚
散從此每日瑱恒溤之柰葉岀草不測
其卒
釋洪獻鄴人少履道門早明律撿聽
涉勞心遂兩目俱暗住相州大慈寺
既無前導常處房中礼誦為先不輟
晨夕開皇十四年忽感一神自稱般
若檀越來從受戒數致談話同房僧
綱禪師上堂中食般若乃將綱一襟
衣來覲獻云勞陳法事利益不少輒
奉衣物願必受之獻納于櫃中後綱
食還恡失衣襟搜求寺內乃於獻所
得之具以告語綱終不信神遂發撤
綱房衣物被業狼藉滿庭芉扇衵尺
摧折數段神於空中語曰僧綱不好
設齋會供養三寶我會禍汝未央獻
雖目冥乃與般若言及事同目覩神
語獻曰伴衆極多恚在紫陌河上惟
三十人相隨可令寺家設食衆僧便
於西院會之神曰大好飲食勞費師
等雖然僧綱不赴齋供後會使知綱
無柰之何恐迫不已便私費財物營
諸齋福般若乃曰既能行福今相放

矣仍以絹兩疋付獻云當以一疋施
大衆一疋贈綱師獻對衆受得具皆
聞見仍依付領於後弥勤本業遂卒
於所住
釋慧雲范陽人十二出家遊聽為務
年十八乘驢止于叔家叔覩其驢快
將規害之適持刀往見東牆下黃衣
人楊拳逆叱曰此道人方為通法大
士何敢害也叔懼告婦婦曰君心無
剛正眼花所致耳聞已復往又見西
牆下黃衣人云勿煞道人若煞大禍
交及叔怖乃止明且辤往姊家叔又
持刀送之告雲曰此路幽險故送度
難雲在前行正在深阻叔在其後揮
刀欲斫忽見姊夫在旁竟免加害雲
都不知也開皇中周流飡挹具贍經
論名高東夏榮冠一時後領徒五百
來過叔氏叔見當衢闡化深惟昔疊
乃奉絹十疋夫妻發露雲始知之乃
為說法治斷安然無恨常以此事戒
諸門人曰吾昔不乘好物何事累人
自預學徒必無華飾且得支身成誦
於口也後不測其終陳宣帝時東陽

郡烏傷縣雙林大士傅弘者體權應
道踊嗣維摩時或分身濟度為任依
止雙林導化法俗或金色表於胷臆
異香流於掌內或見身長丈餘辟過
於勝腳長二尺指長六寸兩目明亮
重瞳外耀色貌端峙有大人之相梁
高揆乱弘道偏意釋門貞心感被来
儀賢聖沙門寶誌發迹金陵然斯傅
公雙林明導時俗㫖言莫知其位乃
遣使賚書贈梁武曰雙林樹下當来
解脫善慧大士敬白國主救世菩薩
今條上中下善希能受持其上善者
略以虛懷為本不著為宗亡相為因
涅槃為果其中善略以持身為本治
國為宗天上人間果報安樂其下善
略以護養衆生帝聞之延住建業乃
居鍾山下定林寺坐蔭高松卧依盤
石四澈六旬天花甘露恒流於地帝
後於華林園重雲殿開般若題獨設
一榻擬與天盲對揚及玉輦昇殿而
公晏然箕坐憲司譏問但云法地無
動若動則一切不安且知梁運將盡
救愍兵灾乃然辟為炬冀攘来禍至

陳太建元年夏中於本州右脇而卧奄就昇遐于時隆暑赫曦而身體溫暖色貌敷愉光釆鮮絜香氣充滿屆申如恒觀者發心莫不驚嘆遂合殮於巖中數旬之閒香花散積後忽失其所在往者不見𨂂慕轉深悲戀之聲慟噎山谷陳儀射徐陵為碑銘具類文

釋僧朗一名法朗俗姓許氏南陽人年二十餘欣欲出家尋預剃落栖止無定多任鄂州形貌與世而殊有奇相飲敢同俗為時共輕常養一猴一犬其狀偉大皆黃赤色不狎餘人惟附於朗日夕相隨未曾捨離若至食時以大盂受食朗敢飽已餘者用餧同器食訖猴便取盂戴之騎犬背上先朗而行人有奪者輒為所咋朗任犬盤遊略無常度陳末隋初行於江嶺之表章服麁弊威儀越序扶策徒行護養生命時復讀誦諸經偏以法花為志素乏聲弄清靡不豐乃潔誓誦之一坐七遍如是不久聲如雷動知福力之可階也其誦必以七數為期乃至七十七百七千逮于七万聲

韻諧暢任縱而起其類箏笛隨發明了故所誦經時旁人觀者視聽皆失朗脣吻不動而轉起咽喉遠近亮澈因以著名然僻脚及手申縮任懷有若龜藏時同肉聚或往酒席同諸醟飲而嚼噍豬肉不測其來故世語曰法華朗五處俱時縮豬肉滿口頰或復巡江洄泝拱手舟中猴犬在旁都無艤艄隨意所往雖淩犯風波眴息之閒便達所在有比丘尼為鬼所著超悟玄解統辯經文居宗講導聽採雲合皆不測也莫不讚其聰悟朗聞曰此邪鬼所加何有正理須後撿挍他日清旦猴犬前行徑至尼寺朗隨往到禮佛遶塔至講堂前尼猶講說朗乃厲聲呵曰小婢吾今既來何不下座此尼承聲崩下走出堂前立對於朗從卯至申卓不移處通汗流地默無言說問其慧解奄若醬癡百日已後方服本性其降行通感皆此類也大業末歲猶未塵飛而朗口惟唱賊朝夕不息官人懼以惑衆遂幽而煞之襄陽法琳素與交遊奉其遠度

因事而述故即而敘之

釋道仙一名僧仙本康居國人以遊賈為業往來吳蜀江海上下集積珠寶故其所獲貲貨乃滿兩船時或計者云直錢數十万貫既懷寶填委貪附弥深惟恨不多取驗吞海行賈達于梓州新城郡牛頭山值僧達禪師說法曰生死長久無愛不離自身尚尒况復財物仙初聞之欣勇內發深思惟曰吾在生多貪志慕積聚向聞正法此說極乎若離要必當尒不如沉寶江中出家離着索然無擾豈不樂哉即沉一船深江之中又欲更沉衆共止之令修福業仙曰終為紛擾勞苦自他即又沉之便辭妻子又見達房凝水滉瀁知入水定信心更重投灌口山竹林寺而出家焉初落髮日對衆誓曰不得道者終不出山即迥絕人蹤結宇巖曲禪學之侶相次屯焉每覽經卷始開見佛在其處無不哽咽我何不值但見遺文而仙挺卓不群野栖禽狩或有造問學方者皆答對善權冥符正則自初入定一坐則以四五日為恒准客到其門㵼然即覺起共接語若無人往端坐靜室寂若虛空有時預告當有客至或及百

千皆如其説曽無欠長梁始興王澹褰帷三蜀礼以師敬携至陝服沮曲以天監十六年至青溪山有終焉志也便薙草止容繩床于時道館崇敞巾褐紛盛屢相呵斥甚奇憂心焉仙乃宴如曽無屑意一夕道士忽見東崗火發恐野火焚害仙也各執水器来救見仙方坐大火猛焰洞然咸歎火光神德道士李學祖等捨田造像寺塔欻成遠近帰信十室而九州刺史鄱陽王恢躬礼受法天監末始興王冥感於梁泰寺造四天王每六齋辰常設淨供仙後赴會四王頂上放五色光仙所執爐自然煙發太尉陸法和昔微賤日數載在山供仙給使僧有肆責者仙曰此乃三合貴公何縁罵辱時不測其後貴也和果遂昇袞服仙或勞疾見縹衣童子從青溪水出梡盛妙藥跪而進服无幾便愈居山二十八年復遊井絡化道大行時遭酷旱百姓請祈仙即往龍穴以杖扣門數曰衆生何為嗜曬如此語已登即玄雲四合大雨滂注民頼斯澤咸来禱賽欽若天神有須舍利即為祈請應念即至如其所須隋蜀王秀

作鎮岷絡有聞王者尋遣追召全不承命王勃然動色親領兵仗往彼擒之必若固蹤可即加刃仙聞兵至都無畏懼索僧伽梨被已端坐念佛王達山足忽雲雨雜流雹雪崩下水涌滿川藏軍無計事既窘迫乃遥歸懺礼因又天明兩霽山路清夷得至仙所王躬盡敬便為説法重發信心乃邀還成都之静衆寺厚礼崇仰舉郭恭敬号為仙闍梨焉開皇年中返于山寺道路自淨山神前掃一夜客僧止房仙往曳出房因即倒年百餘歳端坐而卒仍葬彼山益州今猶有木景白疊尚存云是聖人仙闍梨許

釋慧峯不知何人住栖霞寺聽詮公三論深悟其旨寂為得意名價遐布衆所推美詮每云峯之達解思力吾不及也以吾年老且復相依峯遊心正理身範律儀攝静松林日惟一食衣服麁素略無寸積顧步鏘鏘雅有風彩閑出都偏弘十誦讚誘前修聽者如市有問云今學大乘如何講律峯云此致非汝所知豈學正法而大

小相乖乎以陳天嘉年卒春秋六十臨終告弟智琨曰吾去處懸遠非汝所知終後屈一指將之雖伸還屈時議謂證初果

釋慧巖住蘇州重玄寺相狀如狂不修戒撿時人不齒多坐房中不同物議忽獨歡笑戲於寺中以物指撝曰此處為殿此處為堂乃至廊廡厨庫無不畢備經可月餘因告僧曰欲知巖者淨圖鈴落則士沒矣至期果然乃返鏁其房扣戶開之端坐已卒遠近聞之七赴閩闍各捨金帛遂成大聚僁言締搆欝成名寺遠皆符焉自終至今四十餘載猶如存在見處佛堂用通礼謁去

釋法安姓彭安定鶉孤人少出家在太白山九隴精舍慕禪為業麁食弊衣卒于終老開皇中来至江都令通晉王時以其形貌雉陋言笑輕舉並不為通日別門首偷遣不去試為通之王聞召入相見如舊便住慧日王所遊履必賷隨從及駕幸泰山時遇渴乏四顧惟巖無由致水安以刀刺

石引水崩注用給帝王時大嗟之聞何力耶咨王力也及從王入磧達于沿海中應遭變皆預避之得無損敗後徃泰山神通寺僧來請檀越安為達之王乃手書寺壁為弘護也初與王入谷安見一僧著弊衣乘白驢而来王問何人安曰斯朗公也即創造神通故来迎引及至寺中又見一神狀甚偉大在講堂上手凴鵄吻下觀人衆王又問之荅曰此太白山神從王者也尔後諸奇不可廣録大業之始帝弥重之威轢王公見皆屈膝常侍三衛奉之若神又徃名山召諸隱逸郭智辯釋誌公證公杯度一時揔萃慧日道藝二千餘人四事供給資安而立又於東都為立寶楊道場惟安一衆居中樹葉至十一年春四方多難無疾而終所住春秋九十八矣初將終前告帝後事安其亡後百日火起出於內宮弥須慎之及至寒食油沸上焚夜中門閉三院宮人一時火死帝時不以為恠送柩太白資俸官給然安德潛於內外同諸侶惟眠

不施枕頭無委曲延頸牀邊口流延溜每至升許為異時有釋法濟者通微知異僧也發迹陳世及隋二主皆宿禁中妃后雜住精進宜慾人罕登者文帝長安為造香臺寺後至東都造龍天道場帝給白馬常乘在宮如有疥患呪水飲之無不必愈又能見鬼物預覩未然大業四年忽辭上曰天命不常復須後世惟願弘護荷負含生便尔坐卒剃鬚將殮須臾鬚生長半寸許帝曰禪師滅定何得埋之索大鍾打之一月餘日既不出定身相如生天子廢朝百官素服勑送于蔣州吏力官給行到設齋物出所在東都王公以下為造大幡四十万口日齋百僧至于七七人別日𣈆二十五段通計十餘万疋斯並荷其福力故各傾散家珎云

釋慧侃姓湯晉陵曲河人也少受學於和闍梨和靈通幽顯世莫識其淺深而翹敬尊像事同真佛每見立像不敢前坐勸人造像惟作坐者道行遇諸困厄無不救濟或見被縛之豬

和曰解脫首楞嚴豬尋解縛主因放之自尔偏以慈救為業大衆集處輙為說法皆隨事讃引即物成務衆無不悟而歸於道末徃鄴下大弘正法歸向之徒至今流詠臨終在鄴人間其所獲云得善根成熟耳侃奉其神化積有年稔衆知靈異初不廣之後徃嶺南歸心真諦因授禪法專精不久大有深悟末住栖霞安志靈靜往還自任不拘山世時徃楊都偲法師所偲素知道行異礼接之將還山寺請現神力侃云許復何難即從窓中出臂長數十丈解齊淤寺佛殿上額將還房中語偲云世人無遠識見多驚異故吾所不為耳以大業元年終於蔣州大歸善寺春秋八十有二初侃終日以三衣襆遥拋堂中自云三衣還衆僧吾今死去便還房內大衆驚起追之乃見白骨一具跏坐牀上就而撼之鏗然不散

釋轉明俗姓㢊氏未詳何許形服僧儀貌非弘偉容止淡然色無喜愠以隋大業八年無何而來居住雒邑告

有賊起及至覆撿宗緒莫從帝時感之未能加罪擢令㕦禁初不測其然也至明年六月果逢梟感作逆駈逼凶醜充斥東都誅戮極甚方委其言有攜下勅放之而明雖被拘散情計如常與諸言議曾無所及會帝往江都行達偃師時獄中死囚數有五十剋時斬决明日吾當放此死厄即往獄所假為餉遺面見諸囚告曰明日車駕當從此過尒等一時大呼云有賊至若問所由云吾所委當免死矣及至期會便如所告勅乃揔放諸四㕦明入禁便大笑而受之都無憂懼于斯時也四方草竊人不聊生如明語矣大業末歲猶被拘縶越王踐祚方蒙釋放雖往還自在而恒居乹陽門內別院供擬恐其潛逸密遣三衛私防護之及皇泰建議軍國謀猷恒預帷幄籌計利害偽鄭世充倍加信奉守衛嚴設又蕭恒度至開明二年即唐武德三年也明從洛宮安然而出周圍五重初不見迹審偽都之將敗也西達京師太武皇帝夙奉音問

深知神異隆礼敬之勅住化度寺數引禁中具陳徵應及後事會咸同合葬以其年八月忽然不見衣資什物儼在房中尋下追徵合國周訪了無所獲尋明在道行涉冥祥有問學者乃云常以平等一法志而奉之顧其遊步四朝貴賤通屬以明道冠幽極皆往師之而情一榮枯寔遵平等而言調譎詭不倫和韻或云某法師者見謗大乘生報無擇其法師者從羊中來如此授記其例不一行至揔持顧僧衆曰不久此等當流血矣宜共慎之時以為卓異共怯輕誕及遭法談等事尋被簿録戮之都市方悔前失隋末有鮑子明者未詳何人煬帝遠召藝僧遂露慧日而歷遊寺院不止房堂隨夜即宿略無定所既請官供曾不臨赴不著三衣而服裙帔或驚叫湧走言無准度大業九年以緋褁額唱賊而走時人以為徵地也及梟起逆諸軍並著乇項栢額如其相焉咸圍東都召問通塞遂悪罵曰賊害天下何有國乎帝時在涿郡聞之

大悅召而勞遣明又以箕戚土當風颺之後覆梟感逆黨並被誅剪長夏門外曰別幾千遠應斯舉大業十年無故卒于雒邑賈逸者不知何人隋仁壽初遊于安陸言戲出沒有逾符讖形服變改時或緇素後於一時分身諸縣及至推驗方敬其德行迹不經而為無識所耻有方等寺沙門慧暠者學行通博逸因過之以紙五十幅施云法師由此得解耳初不測其所因也後有諍起暠被引禁官司責問引辯而荅紙盡事了如其語焉故徵應所指例如此也末至一家云承卿有女欲為聓嫌因往市中唱令告乞云他與我婦須得礼贈廣索錢米尅日成就數往彼門揚聲陳述女家耆耻遂密煞之埋在糞下經停三日行遊市上逢人言告被煞之事大業五年天下清晏逸與諸羣小戲於水側或騎橋檻手拼之云扨羊頭撥羊頭衆人倚看笑其所作及江都禍乱咸契前言不知所終時蜀郡又有楊祐師者楊狂岷絡古老百歲者云初

見至今顏常不改可年四十耆故黃衫食敢同俗栖止無定每有大集身必在先言笑應變不傷物議預記來驗時共稱美迄于唐初猶見彼土後失其所在

釋法順姓杜氏雍州万年人稟性柔和未思沴惡代親遠戍無憚艱辛十八棄俗出家事因聖寺僧珎禪師受持定業珎姓魏氏志存儉約野居成性京室東阜地号馬頭空岸重邃堪為靈窟珎草創伊基勸俗修理端坐指撝示其儀則忽感一犬不知何来足白身黃自然馴擾徑入窟內口銜土出須臾往返勞而不倦食則同僧過中不飲既有斯異四遠響歸乃以聞上隋高重之日賜米三升用供常限乃至龕成無為而死今所謂因聖寺是人也順時躬覲斯事更倍歸依力助締構隨便請業末行化慶州勸民設會供限五百及臨齋食更倍人来供主懼焉順日無所畏也但通周給而莫委供所由来千人皆足嘗有清河　張弘暢者家畜牛馬性本弊

惡人皆患之賣無取者順示語慈善如有聞從自後更無骶嚙其道發異頻為如此也嘗引衆驪山夏中栖靜地多虫蟻無因種菜順恐有損害就地示之令虫移徙不久往視如其分齊恰無虫焉順時患腫膿潰外流人有敬而唼者或有以帛拭者尋即差愈餘膿發香流氣難比拭帛猶在香氣不歇三原縣民田薩埵者生來患聾又張蘇者亦患生瘂順聞命來與共言議遂如常日永即瘥復武功縣僧毒龍所魅衆以投之順端拱對坐龍遂託病僧言曰禪師既來義無久住極相勞嬈尋即釋然故使遠近瘴癘婬邪所惱者無不投造順不施餘術但坐而對之識者謂有陰德所感故幽靈偏敬致其言教所設多抑浮詞顯言正理神樹鬼廟見即焚除巫覡所事躬為併儅禎祥屢見絕無障礙其奉正也如此而篤性綿密情隸泯愛道俗貴賤皆尊邀延而一其言問胷懷莫二或復重痼難治深願未果者皆隨時指示普得遂心時有讃毀

二途聞達於耳相似不知翻作餘語因行南野將度黃渠其水汎溢厲涉而度岸既峻滑雖登還墮水忽斷流便陟陸度及順上岸水尋還復門徒目覩而不測其然也所以感通幽顯聲聞朝野多有鄙夫利其財食順言不涉世全不留心隨有任用情志虛遠但服麁弊卒無兼副雖聞異議乃大笑之其不競物情又若此也今上奉其德仰其神引入內禁隆礼崇敬儲宮王族懿戚重日誠約是投無爽歸禁以貞觀十四年都無疾苦告累門人生来行法令使承用言訖如常坐定於南郊義善寺春秋八十有四臨終雙鳥投房悲驚哀切因即坐送于樊川之北原鑿穴處之京邑同嗟制服亘野肉色不變經月逾鮮安坐三周枯骸不散自終至今恒有異香流氣冕所學侶等恐有外侵乃藏于龕內四衆良辰赴供弥滿弟子智儼名貫至相幼年奉敬雅遵餘度而神用清越振績京皐華嚴攝論尋常恒講至今龕所化導鄉川故斯塵不終矣

釋道英姓陳氏蒲州猗氏人也年十八
叔休律師引令出家而二親重之便為取
婦五年同牀揞不相觸素在市貶與人同
財乃使妻執燭分判文跡付囑留累遂進
而剃落至幷州炬法師下聽花嚴等經學
成返邑其妻尚在開皇十年方預大度乃
深惟曰法相可知心惑須曉開皇十九年
遂入解縣太行山栢梯寺修行止觀忽然
大解南壚悟人比嶺悟法二空深鏡坐處
樹枝下暎四表於今見在因尔管理僧役
以事考心後在京師住勝光寺從曇遷禪
師聽採攝論講悟既新衆盈五百多務名
教尠能如理而英簡時問義惟陳止觀
無相思塵諸要睺節深會大旨遷弥重
之語諸屬曰余雖曰考通文義無擇昬
明得其妙者惟道英乎自尔儀服飲瞰
未甞篇章頗為時目作達者也聽講之暇
常供僧役有暮者從其所為因事呈理調
伏心行寄以弘法常云余實自坐禪窮尋理
性如有所詣及開目後還合常識故於事務
遊觀役心使有薰習然其常坐開目如綫動逾
信宿初無頃瞬後入禪定稍程異迹大業九年甞
任直歲與俗爭地遞鬪不息便語彼云吾其死矣

忽然倒仆如死之僵諸俗同評道人
多詐以針刺甲雖深不動氣絶色變
將欲洪膖傍有智者令其歸命揞不
敢諍願還生也尋言起坐語笑如常
又行龍臺澤池側見魚之遊乃曰吾與汝共静我何者為勝汝不及我
我可不及汝耶即脫衣入水弟子持
衣守之經于六宿比出昔吾雖在水
中惟槃玉筌我耳又屬嚴冬氷厚雪
壯乃曰如此平淨之處何得不眠遂
脫衣仰卧經于三宿乃起而曰幾被
火炙煞我如是隨事以法對之縱任
自在誠難偶者晚還蒲州住普濟寺
置莊三所麻麦粟田皆在夏縣東山
深隱之所不與俗爭用接羇遠故使
八方四部其歸若林晝則厲衆僧務
躬事措運難險緣者必先登踐夜則
跏坐為說禪觀時或獎其勞者聞法
不覺其疲一日說起信論至真實門
奄然不語怯往觀之氣絶身冷衆知
滅想即而任之經于累宿方從定起
時河東道遜高世名僧祖習心道素
同學也初在解縣領徒盛講及遜捨
命去英亘至東末及相報終夕便知告

其衆曰遜公已逝相與送乎人問其故荅曰此乃俗事心轉即是及行中
路乃逢告使其知微通感類皆如此
及終前夕集衆告曰急須羾積明日
閒多聚人畜損食穀草衆不測其言
英亦自運催促甚急至夜都了索水
剃洗還本坐處被以大衣告曰人謂
余為英禪師禪師之相不可達世語
門人志褒曰禪師知英氣息可有幾
耶褒以事荅自言如是因說法要又
曰無常常也不可自欺不可空死令
誦華嚴賢首偈至臨終勸念善處明
相既現口云捨却奄然申世近人以手循從下
而冷即貞觀十年九月中也春秋七十
有七初將終日衆問後事英曰佛有明
教但依行之則無累矣英何言哉時
感羣鳥集房數盈万計悲鳴相切及
其終夕褒公侍側見有青衣二童執
花而入紫氣如光從英身出騰焰屋
棟及明霧結周二十里人物失光三
日方歇蒲晉一川化行之所聞哀屯
赴如喪重親遠驗英言不有損失又
感僧牛吼叫聲徹數里流淚嗚咽不
食水草經于七日將欲藏殮道俗爭

之僉以英不樂喧譁但存道業便即莊
南（夏禹城東延年陵東鑿土龕之）才下一钁地忽大震人各
攬草臨卧地驚懾周十五里皆大動
怖又感白虹兩道連龕樞所白鳥二
頭翔鳴樞上至于龕所廻旋而逝詳
英道開物悟慧解入神故得靈相氤
氳存亡捻革不負身世誠斯人乎
釋又德姓徐雍州醴泉人形貌長偉
秀眉骨面立履清白服麁素衣而放
言来事多所弘獎年有凶暴毒厲流
者必先勸四民令奉三寶其所施設
或礼佛設齋或稱名念誦用其言者
皆穰灾禍有不信者莫不殃終預記
未然略如對目時遭亢旱懼而問焉
又以手指撝某日當雨但齊某處約
時雨至必如其言或雹暴廣狹澤潤
淺深事符明鏡不漏纖失且執志清
慎不濫刑科力所未行不受其法故
壯年在道唯遵十戒而於篇聚雜相
多所承修末於九峻山南造阿耨達
池并鑿石鉢即於池側用濟衆生以
貞觀十二年卒於山舍百姓感焉為
起白塔苕然山表

釋智則姓馮雍州長安人二十出家
止辯才寺聽凝法師攝論四十餘遍
性度掉舉僅觀採恒帔敗納裙垂膝
上有閣其故則大衣長多立耳遊浪
坊市宿止寺中銷聲京邑將五十載
財法食息一同僧伍房施單牀上加
以薦瓦椀木匙餘無一物或見其繿
縷為經營者隨得服用言終不及則
雖同僧住形有往来門無開閉同房
僧不知靈異号為狂者則聞之仰面
笑曰道他狂者不知自狂出家離俗
只為衣食往往遮障鏁門鏁櫃費時
乱業種種聚斂侵侵不安此而非狂更
無狂者乃撫掌大笑則性嗜餺飥寺
北有王摩訶家恒令辦之須便輙往
因事伺候兩處俱見方委分身而言
行相投片無假謀自貞觀来恒獨房
宿竟夜端坐嘅嗽達曙余親目見故
略述其相云
釋通達雍州人三十出家栖止無定
初辞世壤遍訪明師委問道方皆無
稱悦乃入太白山不賷粮粒不擇林
巖飢則食草息則依樹端坐思玄動

逾晦序意用漠漠投解無歸經跨五
年栖遑靡息因以木打塊塊破形銷
既覩斯緣廓然大悟晚住京師律藏
寺遊聽大乘情量虛蕩一裙一披布
納重縫所著麻鞋經三十載繒帛雜
飾未曾冠體冬夏一服不蔽氷炎常
於講席評叙玄奧而不肖之夫言行
矛楯及至飲噉無異俗人達曰大乘
之學豈其介耶若指聖懷斯寔凡庶
余不同也左僕射房玄齡聞而異焉
迎至弟中父事隆重而達體道為功
性不拘撿或單裙露腹或放達餘言
玄齡以風表處之不以形言致隔其
見貴如此也常以飲水噉菜任性遊
縱或攬折萵藋生宛而食至於桃杏
瓜果必生吞皮核人問所由云信施
難弃也貞觀已來稍顯神異往至人
家歡笑則吉愁慘必凶或索財賄或
索功力隨命多少即須依送若違其
語後失過前有人騎驢歷寺遊觀達
往就乞借而不施其驢尋死斯例不
以也故京室貴賤咸宗事之禍福由
其一言說道唯存離著所得財利並

營寺宇大將軍薛万均初聞異行迎宅供養百有餘日不違正軌忽於一夜索食欲噉初不與之苦求不已試與遂食從尔已後稍改前迹專顯變應其行多僻欲往入内宿將軍兄弟大怒打之幾死仰而告曰卿已打我身内都毀血汙不淨可作湯洗待沸涌已脫衣入鑊狀如冷水旁人怖之猶索加火遂合宅驚奉恣其寢處曾貟人錢百有餘貫後既辦得無人可送乃將錢寺門伺覓行人隨貟多少送乃將錢寺門伺覓行人隨貟多少倩達西市衆皆止之而達付而不禁及往勘當不失一文斯達量虛懷定難准也時逢米貴欲設大齋乃命寺家多令蹤請及至明旦來赴數千而供度閑然不知何擬大衆各之達曰他許送供計非妄語臨至齋時僧徒欲散忽見熟食美膳連車接轝充道而來即用施設乃大餘長並供僧庫都不委其所從來食訖須臾人車不見今威蕃京輦朝野具瞻叙事而舒故不曲盡

續高僧傳卷第二十五

感通上

釋明琛齊人少遊學兩河以通鑒知譽然經論雖富而以徵難爲心當魏明代釋門云盛琛有學識遊肆而已故其雅量頗非鴻業時有智異沙門道聲載穆遠近望塵學門若市琛不勝幽情深忌聲略私結密交廣搜論道初爲屋子論議法立圖著經外施名教内構言引牽引出入罔冒聲說聽言可領及述范然勇意之徒相從雲集觀圖望經怳若雲夢一從指授渙若冰消故來學者先辦泉帛此屋子法入學遂多餘有獲者不能隱秘故琛聲望少歇於前乃更撰蛇勢法其勢若葛亮陣圖常山蛇勢擊頭尾至大約若斯還以法數傍蛇比擬乍度乍却前後參差余曾見圖極是可畏畫作一蛇可長三尺時屈時伸傍加道品大業之季大有學之令則不行想應絕滅初琛行蛇論遍於東川有道行者深相諫喻決意已行博爲道藝潞州上邑思弘法華乃往巖州林慮縣洪谷寺請僧忘其名往講琛素與知識聞便往造其人聞至中心戰灼知琛論道不可相抗乃以情告曰此邑初信事須歸伏諸士俗等已有傾心願法師不遣故舊共相成贊今有少衣裁輒用相奉琛體此懷乃投絹十疋琛曰本來於此可有陵架意耶幸息此心然不肯去欲聽一上此僧彌怖事不獲已如常上講琛最後入堂賫絹束擲在衆中曰高座法師昨夜以絹相遺請不須論議然佛法宏曠是非須分脫以邪法化人幾許誤諸士俗高座聞此懾怖無聊依常唱文如蹤所解琛即喚住欲論至理高座爾時神意奔勇泰然待問琛便設問隨問便解重疊雖多無不通義琛精神擾攘思難無從即從座起曰高座法師猶來闇塞如何今日頓解若斯當是山中神鬼助其念力不爾何能至耶高座合堂一時大笑琛即出邑共伴二人投家乞食既得氣滿噎而不下餘解喻何所諍耶論議不來天常大理何困頓起如許煩惱琛不應相隨東出步步歎吒登嶺困極止一樹下語二伴曰我今煩惱熱不可言意恐作蛇便解剔衣裳赤露而卧翻覆不

定長展兩足須臾之間兩足忽合而爲蛇尾翹翹上舉仍自動轉語伴曰我作蛇勢論令報至矣卿可上樹蛇心若至則有吞噬之緣可急急上樹心猶未變伴便上樹仍共交語每作蛇論果至如何言語之間奄便全身作蛇唯頭未變亦不復語宛轉在地舉頭自打打仍不止遂至於碎欻作蟒頭身形忽變長五丈許舉首四視目如火星千時四面無量諸蛇一時總至此蟒舉頭去地五六尺許趣谷而下諸蛇相隨而去其伴目驗斯報至鄴說之

續高僧傳卷第二十五

校勘記

一　底本，金藏廣勝寺本。

一　九四九頁中一行經名，資、磧、普、南作「續高僧傳卷第二十六」；徑作「續高僧傳卷第三十三」；清作「續高僧傳卷第二十六上」。

一　九四九頁中三行「正傳三十三」，資、磧、普、南、清作「正傳三十四」；徑作「正傳三十四人」。又「附見三」，普、南、清作「附見十一」；徑作「附見十一人」。

一　九四九頁中五行首字「魏」，徑、清無，六行、七行、一四行、一五行首字同。又末字「二」下，普、南、徑、清有小字「僧明」。

一　九四九頁中六行與七行之間，資、磧、普、南、徑、清有（魏（徑、清無）東齊沙門釋明琛傳四」一行。

一　九四九頁中七行末字「四」，資、磧、普、南、徑、清作「五」。以下傳目序次依此順推。

一　九四九頁中八行「僧融」，資、磧、普、南、徑、清作「道融」。

一　九四九頁中九行下，普、南、徑、清有小字「法智道集　法禪」。

一　九四九頁中一〇行下，資、磧、普、南、徑、清有小字「道香　僧朗」。

一　九四九頁中一一行首字「梁」，徑、清無。一二行首字同。

一　九四九頁中一四行第七字「山」，資、磧、普、南、徑、清無。

一　九四九頁中一五行第六字「寺」，資、磧無。

一　九四九頁中一七行首字「齊」，徑、清無，下至二〇行首字同。

一　九四九頁中一九行下，徑、清有夾註「此下見下卷」。

一　九四九頁下一行「隋」，徑、清無，下至九行首字同。

一　九四九頁下八行「法濟」，資、磧、普、南、徑、清作「法齊」。

一　九四九頁下九行「慧㑺」，磧作「區」。

一 九四九頁下一一行首字「唐」，徑、清無，下至一七行首字同。又行下，資、磧、普、南、徑、清有小字「揚祐」。

一 九四九頁下二〇行「博詣」，資、麗作「博識」；普、南、徑、清作「博藝」。

一 九五〇頁上九行第七字「用」，資、磧、普、南、徑、清作「事用」。

一 九五〇頁上一〇行「所知」，資、磧、普、南、徑、清作「有所知」。

一 九五〇頁上一二行第六字「踰」，資、普、徑、麗作「踚」；南、清作「踏」。

一 九五〇頁上一七行首字「俟」，資、磧、普、南、徑、清作「准」。

一 九五〇頁上一八行「斯寔漫言」，資、普、南、徑、清作「期實謾言」；磧作「斯實謾言」；麗作「期寔漫言」。

一 九五〇頁上二一行「承之」，資、磧、普、南、徑、清作「承之云」。

一 九五〇頁上二二行「菸死」，資、磧、普、南、徑、清作「瘀死」。

一 九五〇頁上末行第三字「了」，資、磧、普作「子」。

一 九五〇頁中一行「稱衡」，資、磧、普、南、徑、清作「秤錘」。

一 九五〇頁中九行「放去」，南、徑、清作「故去」。

一 九五〇頁中一三行第六字「卧」，資、磧、普、南、徑、清作「而卧」。

一 九五〇頁中一六行「取涼」，資、磧、普、南、徑、清作「取涼耳」。

一 九五〇頁中二一行末字至次行首字「大怒」，資、磧、普、南、徑、清作「公大怒」。

一 九五〇頁下三行「及遠行至」，南、徑、清作「遠行及至」。

一 九五〇頁下四行第三字「必」，資、磧作「矣」。

一 九五〇頁下九行第一〇字「五」，南、徑、清、麗作「互」。

一 九五〇頁下一〇行末字「明」，麗作「期」。

一 九五〇頁下一二行首字「緾」，資、磧、普、南、徑、清作「繩」。又第九字「到」，資、磧、普、南、徑、清作「禱」。

一 九五一頁上一一行「素像」，諸本（不含石，下同）作「塑像」。又「手上」，徑、清作「于上」。

一 九五一頁上一三行「大風雨」，資、磧、普、南、徑、清作「天風雨」。

一 九五一頁上一六行「任之」，資、磧、普、南、徑、清作「住之」。

一 九五一頁中三行第九字「周」，資、磧、普、南、徑、清無。

一 九五一頁中八行「故令」，資、磧、普、南、徑、清作「故今」。

一 九五一頁中九行「終異」，資、磧、普、南、徑、清作「衆異」。

一 九五一頁中一五行與一六行之間，資、磧、普、南、徑、清有釋明琛傳一篇，茲據清藏本補録，附於卷後。

一 九五一頁中一八行第三字「弥」，資、磧、普、南、徑、清作「心」。

一 九五一頁下一行第九字「念」，資、磧、普、南、徑、清作「汝念」。

一九五一頁下二行「頌便」，資、磧、普、徑、清作「須臾」；南作「頌臾」。

一九五一頁下三行首字「輕」，資、磧、普、南、徑、清作「體輕」。

一九五一頁下六行「僧融」，徑、清作「道融」。

一九五一頁下七行「汎博」，資、磧、普、南、徑、清作「沉博」。

一九五一頁下二一行第一三字「劫」，麗作「劫賊」。

一九五一頁下末行末字「言」，諸本作「信」。

一九五二頁上二行第六字「令」，磧、普作「令」。

一九五二頁上一三行「野火」，南、徑、清作「猛火」。

一九五二頁上一五行第五字「逮」，資、磧、普、南、徑、清作「述」。

一九五二頁上一九行「看之」，資、磧、普、南、徑、清作「看火」。

一九五二頁中八行「梓橦」，資、磧、普、南、徑、清作「梓潼」。又「沓任」，麗作「當任」。

一九五二頁中一四行「孝水縣」，資、磧、普、南、徑、清作「孝水縣也」。

一九五二頁中一六行「瑣偉」，資、磧作「傀偉」。

一九五二頁中一七行第一〇字「相」，資、磧、普、南、徑、清無。

一九五二頁中二二行「懺謝」，資、磧、普、南、徑、清作「懺悔」。

一九五二頁下一行第一〇字「玄」，資、磧、普、南、徑、清作「言」。

一九五二頁下六行第三字「馬」，諸本作「焉」。下同。

一九五二頁下一〇行「異域」，資、磧作「異城」。

一九五二頁下一二行「未暇」，諸本作「未暇」。

一九五二頁下一五行第三字「當」，諸本作「堂」。又第六字「淨」，諸本作「涪」。

一九五二頁下一七行「四十」，資、磧、普、南、徑、清作「三十」。

一九五二頁下二〇行第八字「院」，資、磧、普、南、徑、清作「院宇」。

一九五二頁下二二行「此日」，資、磧、普、南、徑、清作「此旦」。

一九五二頁下末行末字「超」，資、磧、普、南、徑、清作「起」。

一九五三頁上一一行「因尒」，資、磧、普、南、徑、清作「自爾」。

一九五三頁上一四行末字至次行首字「洄度」，資、磧、普、南、徑、清作「泅渡」。

一九五三頁上一五行末字「生」，麗無。

一九五三頁上二一行「潼部」，磧、南、清作「潼郡」。

一九五三頁上末行「瞻勇」，資、磧、普、南、徑、清作「贍勇」。

一九五三頁中三行「專住」，諸本作「專任」。

一九五三頁中一五行「同陷」，資、磧、普、南、徑、清作「同隊」。

一九五三頁中一六行第五字「見」，

資、磧、普、南、徑、清無。
一　九五三頁中二一行首字「竪」，資、磧、普、南、徑、清作「堅」。又第五字「謙」，資、磧作「諫」。
一　九五三頁下四行「悽遑」，麗作「慞遑」。
一　九五三頁下一〇行「警覺」，資、磧、普、南、徑、清作「驚覺」。
一　九五三頁下一五行「徑詣」，資、磧、普、南、徑、清作「徑詣虎前」。
一　九五三頁下二二行「高驪」，南、徑、清作「高麗」。
一　九五三頁下末行「崐崘」，資作「崐罔」；磧、普、南、徑、清作「崑崗」。
一　九五四頁上六行「見拜」，資、磧、普、南、徑、清作「見形禮拜」。
一　九五四頁上一三行「光州」，資、磧、普、南、徑、清作「兖州」。
一　九五四頁中二行末字「延」，資、磧、普、徑、清作「莚」。
一　九五四頁中五行第五字「怢」，諸本作「怢」。
九五四頁中二一行「部別」，資、磧、作「剖別」。
一　九五四頁中二二行「達日」，普、南、徑、清作「達旦」。
一　九五四頁中末行末字「且」，資、磧、普、南、徑、清無。
一　九五四頁下二一行首字「特」，資、磧、普、南、徑、清作「持」。
一　九五五頁上一行「期我」，麗作「欺我」。
一　九五五頁上二行「眼精」，徑作「眼睛」。
一　九五五頁上三行「謂曰」，資、磧、普、南、徑、清作「問曰」。
一　九五五頁上六行第一三字「若」，資、磧、普、南作「苦」。
一　九五五頁上一四行第六字「住」，資、磧、普、南、徑、清作「徃」。
一　九五五頁中九行末字「暗」，清作「闇」。
一　九五五頁中一四行首字「東」，資、磧、普、南、徑、清作「東出」。
一　九五五頁中二二行首字「欵」，磧、南作「疑」。
一　九五五頁下一行第五字「少」，資無；普、南、徑、清作「劣」。
一　九五五頁下二行「袜額」，資、磧、普、南、徑、清作「袹額」。
一　九五五頁下四行第五字「處」，資、磧、普、南作「勿」。
一　九五五頁下一一行「諷詠」，資、磧、普、南、徑、清作「諷誦」。
一　九五五頁下一四行第二字「通」，資、磧、普、南、徑、清作「通通」。
一　九五五頁下一五行「烏合」，資、磧、作「焉合」。
一　九五五頁下一七行「複院」，資、磧、普、南、徑、清作「複道」。
一　九五五頁下一八行第八字「漆」，諸本作「漆」。
一　九五五頁下一九行第六字「首」，普、徑作「百」。
一　九五五頁下末行「九十許」，資、磧、普、南、徑、清作「七十上許」。

一　九五六頁上二行首字「過」，資、磧、普、南、徑、清作「通」。

一　九五六頁上六行「目光」，諸本作「日光」。

一　九五六頁上二一行「數里」，資、磧、普、南、徑、清作「兩里」。

一　九五六頁中三行第三字「入」，資、磧、普、南、徑、清作「如入」。

一　九五六頁中一二行末字至次行首字「魏都」，資、磧、普、南、徑、清作「魏都賦」。

一　九五六頁中一三行第六字「遞」，磧、普、南、徑、清作「遰」。

一　九五六頁中一五行「工匠」，資、磧、普、南、徑、清作「或工匠」。

一　九五六頁中一八行第一一字「采」，麗作「矣」。

一　九五六頁中末行第三字「乃」，資、磧、普、南作「行」。

一　九五六頁下三行「僧服」，麗作「別服」。又「給事」，資、磧、普、南、徑、清作「給事郎」。

一　九五六頁下四行第九字「給」，諸本作「洽」。

一　九五六頁下八行第八字「接」，資、磧、普、南、徑、清作「妾」。

一　九五六頁下一六行「冄冄」，諸本作「冉冉」。

一　九五七頁上六行第四字「四」，諸本作「口」。

一　九五七頁上一三行第七字「所」，資、磧、普、南、徑、清無。

一　九五七頁上二〇行末字「之」，至此，徑卷第三十三終，卷第三十四始；清卷第二十六上終，卷第二十六下始。

一　九五七頁上二二行「常住」，資、普、南、徑、清作「常任」。

一　九五七頁上末行第七字「住」，普作「任」。

一　九五七頁中一行第一一字「僧」，麗作「衆」。

一　九五七頁中五行首字「杭」，諸本作「抗」。

一　九五七頁中一五行第四字「感」，資、磧、普、南、徑、清作「咸」。

一　九五七頁中一七行首字「誕」，諸本作「疎誕」。

一　九五七頁中一九行第一一字「猶」，資、磧、普、南、徑、清作「遽」。

一　九五七頁中二〇行第一〇字「悖」，資、磧、普、南、徑、清作「驚悖」。

一　九五七頁中末行「遭此」，資、磧作「何出殃」；普、南、徑、清作「何此殃」。

一　九五七頁下一二行第四字「于」，資、磧作「矛」。

一　九五七頁下一三行末字「沙」，徑、清、麗作「紗」。

一　九五七頁下一五行末字「謂」，諸本作「謂曰」。

一　九五八頁上一行第八字「山」，資、磧、普、南、徑、清無。

一　九五八頁上二行「案業山阜」，資作「安業阜」；普、南、徑、清、麗作「安業山阜」。

一　九五八頁上五行「勞心」，諸本作「勞頓」。

一　九五八頁上一四行「芊扇秤尺」，諸本作「竿扇秤尺」。

一　九五八頁上一七行第四字「乃」，資、磧、普、南、徑、清作「及」。又「目覩」，資、磧、普、南、徑、清作「自覩」。

一　九五八頁上二一行「不赴」，資、磧、普、南、徑、清作「不起」。

一　九五八頁上末行「乃曰」，資、磧、普、南、徑、清作「又曰」。

一　九五八頁中三行「仍依」，徑作「仍便」。又「弥勤」，普作「彌勒」；徑、清作「彌勵」。

一　九五八頁中一六行第一三字「瞻」，資、磧、南、徑、清、麗作「贍」。

一　九五八頁中二二行第九字「且」，資、磧、普、南、徑、清作「但」。

一　九五八頁下九行「明導」，麗作「明道」。又「昌言」，麗作「唱言」。

一　九五八頁下一一行「國主」，南、徑、清作「國王」。

一　九五八頁下一八行「六句」，資、磧、普、南、徑、清作「六旬」。

一　九五八頁下二一行「箕坐」，資、磧、普、南、徑、清作「其坐」。

一　九五九頁上一四行「大盂」，諸本作「木盂」。

一　九五九頁上一五行首字「同」，資、磧、普、南、徑、清作「既同」。

一　九五九頁上二〇行第五字「乏」，磧作「之」。又第七字「弄」，麗作「哶」。

一　九五九頁中三行第七字「轄」，諸本作「囀」。

一　九五九頁中五行第九字「徃」，普、南、徑、清作「住」。

一　九五九頁中六行第四字「嘄」，資、磧、普、南、徑、清作「嚥」。

一　九五九頁中二〇行第四字「服」，資、磧、普、徑作「復」。又第八字「降」，南、徑、清作「隆」。

一　九五九頁下三行「徃來吴蜀」，資、磧、普、南、徑、清作「梁周之際往來吴蜀」。

一　九五九頁下五行「懷寶」，麗作「瓌寶」。

一　九五九頁下九行第五字「在」，資、磧、普、南、徑、清作「於」。

一　九五九頁下一〇行「若離」，諸本作「若失若離」。

一　九五九頁下一四行「滉瀁」，徑作「滉漾」。又「水定」，資、磧作「定定」；普、南、徑、清作「定」。

一　九五九頁下一五行「落髮」，資、磧、普、南、徑、清作「髮落」。

一　九五九頁下一六行「終不出山」，資、磧、普、南、徑、清作「不出此山」。

一　九五九頁下一八行「其處」，資、磧、普、南、徑、清作「某處」。

一　九五九頁下二一行第一三字「准」，麗作「唯」。

一　九五九頁下二二行「接語」，資、磧、普、南、徑、清作「接晤」。

一　九五九頁下末行第一〇字「當」，

諸本作「明當」。
一　九六〇頁上五行第一五字「意」，資、磧、普、南、徑、清無。
一　九六〇頁上二〇行「衆生」，麗作「衆生憂苦」。
一　九六〇頁中一行「岷絡」，資、磧作「岷洛」。
一　九六〇頁中一三行第五字「仍」，資、磧、普、南、徑、清作「乃」。
一　九六〇頁中一六行「名價遐布」，資、磧作「名馬於市」；普、南、徑、清作「名架於市」。
一　九六〇頁中二一行「風彩閏」，資、磧、普、南、徑、清作「風潤」；麗作「風彩」。又「未出都」，資、磧、普、南、徑、清作「未出江都」。
一　九六〇頁下二行第四字「弟」，資、磧、普、南、徑、清作「弟子」。
一　九六〇頁下三行「將之」，資、磧、普、南、徑、清作「捋之」。
一　九六〇頁下一二行第四字「乇」，資、磧、普、南、徑、清作「封」。
一　九六〇頁下一三行第一〇字「遠」，麗作「事」。
一　九六〇頁下二〇行第五字「別」，資、磧、普、南、徑、清作「到」。
一　九六一頁上一四行「證公」，資、磧、普、南、徑、清作「澄公」。
一　九六一頁上一七行第一二字「春」，麗作「奏」。
一　九六一頁上末行第一二字「侶」，資、磧、普、南、徑、清作「俗」。
一　九六一頁中一行「枕頸」，資、磧、普、南、徑、清作「枕頭」。又末字「延」，諸本作「誕」。
一　九六一頁中二行「時有」，資、磧、普、南、徑、清作「時復有」。
一　九六一頁中四行第一〇字「宜」，諸本作「寡」。
一　九六一頁中五行第一二字「至」，資、磧、普、南、徑、清作「主」。
一　九六一頁中一九行「曲河」，資、磧、普、南、徑、清作「曲阿」。
一　九六一頁下九行「霻静」，普、南、徑、清作「虛静」。
一　九六二頁上三行「果逢」，資、磧、普、南、徑、清作「累逢」。
一　九六二頁上末行「音問」，資、磧、普、南、徑、清作「音聞」。
一　九六二頁中二行末字「合」，南、徑、清作「緣」。
一　九六二頁中五行「學者」，資、磧、普、南、徑、清作「所學者」。
一　九六二頁中一二行「此等」，資、磧、普、南、徑、清作「此寺」。
一　九六二頁中一四行首字「該」，資、磧、普、南、徑、清作「謗」。
一　九六二頁中二一行首字「梟」，資、磧、普、南、徑、清作「梟感」。
一　九六二頁中二二行第二字「戚」，資、磧、普、南、徑、清作「感」。
一　九六二頁下四行「貫逸」，資、磧、普、南、徑、清作「釋貫逸」。又「何人」，資、磧、普、南、徑、清作「何許人」。
一　九六二頁下末行「楊狂」，諸本作

「佯狂」。又「岷絡」，資、磧作「岷洛」；徑、清作「岷落」。

一 九六三頁上四行「迄于」，南、徑、清作「迄乎」。

一 九六三頁上七行第六字「代」，資、磧、普、南、徑、清作「代辭」；麗作「辭」。

一 九六三頁上一五行「旣有」，資、磧、麗作「即有」。

一 九六三頁上一八行第三字「人」，諸本無。又第八字「覩」，南、徑、清作「視」。

一 九六三頁上末行「清河」，資、磧、普、南、徑、清作「張河江」。又第一〇字「馬」，普、南、清作「焉」。又末字「憖」，諸本作「弊」。

一 九六三頁中二行「道發」，麗作「導發」。

一 九六三頁中三行首字「頻」，諸本作「類」。又第六字「眘」，麗作「常」。

一 九六三頁中九行第八字「田」，資作「曰」。

一 九六三頁中一二行「毒龍」，普、南、徑、清作「爲毒龍」。

一 九六三頁中二二行「智懷」，資、磧、普、南、徑、清作「胸襟」。

一 九六三頁下四行「便墮陸度」，資、磧、普、南、徑、清作「便隨陸而度」。

一 九六三頁下六行第一一字「財」，資、磧作「則」。

一 九六三頁下七行第四字「全」，資、磧、普、南、徑、清作「令」。

一 九六三頁下八行末字「乃」，諸本作「仍」。

一 九六三頁下一〇行「隆礼」，普、南、徑、清作「降禮」。

一 九六三頁下一四行第三字「於」，資、磧、普作「平於」；南、徑、清作「卒於」。

一 九六三頁下一五行「雙烏」，資、磧、普、南、徑、清作「雙烏」。

一 九六三頁下二二行「恒講」，資、磧、普、南、徑、清作「講說恒」；麗作「講說」。

一 九六三頁下末行「不終」，資、磧、普、南、徑、清作「不絶」。

一 九六四頁上五行「剃落」，資、磧、普、南、徑、清作「落髮」。

一 九六四頁上七行「十九年」，資、磧、普、南、徑、清作「九年」。

一 九六四頁上一三行「尠能」，資、磧、普、南、徑、清作「而尠能」。

一 九六四頁上一五行第八字「曰」，資、磧、普、南、徑、清無。

一 九六四頁上一七行第二字「眘」，麗作「守」。又末字「暇」，諸本作「暇」。

一 九六四頁上一八行「常供僧役」，資、磧、普、南、徑、清作「常依華嚴發願供僧」。又「暮者」，資、磧作「慕道者」；普、南、徑、清、麗作「慕道者」。

一 九六四頁上二〇行第五字「詣」，資、磧、普、南作「旨」。

一 九六四頁上二二行第一二字「程」，資、磧、普、南、徑、清作「呈」。

一　九六四頁中五行小字左第五字「我」，麗無。

一　九六四頁中七行「經于六宿」，普、南、徑、清作「經十六宿」。又第一二字「吾」，諸本無。

一　九六四頁下三行第九字「悤」，資、磧、普、南、徑、清作「早」。

一　九六四頁下九行「自言」，資、磧、普、南、徑、清作「英言」。

一　九六四頁下一二行小字「口云捨却」，資、磧作「口云却捨」；麗無。又正文「中世近人以手」，資、磧、普、南、徑、清作「神逝人以手」；麗作「申逝近人以手」。

一　九六四頁下一三行末二字至次行首二字「七十有七」，資、磧、普、南、徑、清作「八十」。

一　九六四頁下一七行「褒公」，資、磧、普、南、徑、清作「惠褒」。

一　九六四頁下二〇行「一川」，徑、清作「二川」。

一　九六五頁上一行第三字「以」，麗作「曰」。

一　九六五頁上七行第五字「苹」，資、磧、普、南、徑、清作「集」。

一　九六五頁上八行「又德」，資、普、南作「乂德」；磧、麗作「叉德」。又第一〇字「人」，資、磧、普、南、徑作「人也」。

一　九六五頁上一〇行第一三字「勵」，資、磧、普、南、徑、清作「癘」。

一　九六五頁上一三行第二字「穰」，諸本作「穰」。

一　九六五頁上一四行第九字「冗」，諸本作「亢」。

一　九六五頁上一五行首字「叉」，資、磧、徑作「又」。

一　九六五頁上一八行「未行」，普、南、徑、清作「未及」。

一　九六五頁上末行「茗然山表」，普作「超然山表」；南、徑、清作「岧然山表」；麗作「苕然上表」。

一　九六五頁中二行首字「止」，資、磧、普、南、徑、清無。

一　九六五頁中三行「僅觀採」，麗作「僅絶」。同行第六字「觀」，資、磧、普、南、徑、清作「僅觀尋採」；麗作「僅絶觀採」。又第九字「帔」，諸本作「拔」。

一　九六五頁中七行首字「以」，資、磧、普、南、徑、清作「草」。

一　九六五頁中九行「開閈」，資、磧、普、南、徑、清作「閬閈」。

一　九六五頁中一二行「徃徃」，資、磧、普作「行往」；南、徑、清作「行住」。

一　九六五頁中一七行第六字「假」，麗作「瑕」。

一　九六五頁中一八行「嘅嗽達署」，資、磧、普、南、徑、清作「咳嗽達曙」；麗作「嘅嗽達曙」。又「目見」，資、磧、普、南、徑、清作「自見」。

一　九六五頁下三行「廊然」，諸本作「廓然」。

一　九六五頁下四行「一拔」，諸本作「一帔」。

一　九六五頁下八行「矛楯」，資、磧、

普、南、徑、清作「矛盾」。

一　九六五頁下九行第三字「豈」，資、磧作「業」。又末字「庶」，普、南、徑、清作「度」。

一　九六五頁下一八行第七字「慄」，資、磧、普、南、徑、清作「惨」。

一　九六五頁下二二行首字「以」，諸本作「一」。

一　九六六頁上一行「薛万均」，資、磧、普、南、徑、清作「薛萬鈞」。

一　九六六頁上一二行首字至末字「送……少」，諸本無。

一　九六六頁上一三行首字「倩」，資、磧、普、南、徑、清作「償」。

一　九六六頁上一四行第四字「儅」，南、徑、清作「償」。

一　九六六頁中一行經名，資、磧、普、南作「續高僧傳卷第二十六」；徑作「續高僧傳卷第三十四」；清作「續高僧傳卷第二十六下」。

一　九六六頁中二行「感通上」，徑、清無。

續高僧傳卷第二十六　　明

大唐西明寺沙門釋道宣撰

感通下　正傳四十五　附見二人

隋京師沙門釋道嵩傳四十三
隋京師淨影寺釋道顏傳四十四
隋京師淨影寺釋淨辯傳四十五

釋道密姓周氏相州人初投耶舍三藏師習方藝又從鄴下博聽大乘神思既開理致通衍至於西梵文言繼迹前列異術勝能閑諸齊世隋運興法翻譯為初勑召入京住大興善師資道成復弘梵語因循法本留意傳持會仁壽塔興銓衡德望尋下勑召送舍利于同州大興國寺即文帝所生之地其處本基般若尼寺也帝以後魏大統七年六月十三日生於此寺中于時赤光照室流溢外戶紫氣滿庭狀如樓闕色染人衣內外驚禁嬭母以時炎熱就而扇之寒甚幾絕困不能啼有神尼者名曰智仙河東蒲坂劉氏女也少出家有戒行和上失之恐其墮井見在佛屋儼然坐定時年七歲遂以禪觀為業及帝誕日無因而至語太祖曰兒天佛所祐勿憂也尼遂名帝為那羅延言如金剛不可壞也又曰此兒來處異倫俗家

穢雜自為養之太祖乃割宅為寺內通小門以兒委尼不敢名問後皇妣來抱忽見化而為龍驚遑墮地尼曰何因妄觸我兒遂令晚得天下及年七歲告帝曰兒當大貴從東國來佛法當滅由兒興之而尼沉靜寡言時道成敗吉凶莫不符驗初在寺養帝年十三方始還家積三十餘歲略不出門及周滅二教尼隱皇家內著法衣戒行不改帝後果自山東入為天子重興佛法皆如尼言及登祚後每顧群臣追念阿闍梨以為口實又云我興由佛法而好食麻豆前身以從道人裏來由小時在寺至今樂聞鍾聲乃命史官王劭為尼作傳其龍潛所經四十五州皆悉同時為大興國寺因改般若為其一焉仁壽元年帝及后宮同感舍利並放光明砧磓試之宛然無損遂散於州部前後建塔百有餘所隨有塔下皆圖神尼有靈相故其銘云維年月菩薩戒佛弟子大隋皇帝堅敬白十方三世一切三寶弟子蒙三寶福祐為蒼生君父思

與民庶共建菩提今故分布舍利諸州供養欲使普修善業同登妙果仍為弟子法界幽顯三塗八難懺悔行道奉請十方常住三寶願起慈悲受弟子等請降赴道場證明弟子為諸眾生發露懺悔文多不載密以洽聞之譽送此寺中初下塔時一院之內光明充塞黃白相間兼赤斑氣旋遶朗徹久而乃滅道俗內外咸同一見寺有四門門立碑礐廊廡及以生地莊嚴綺麗晃發城邑仁壽之末又勑送于鄂州黃鶴山晉安寺掘基至水獲金像一軀高尺許儀制特異正下塔時野鳥群飛旋繞塔上事了便散又見金花三枚騰空久之下沒基內又放螢光後遂廣大遶塔三匝寺本高顯素無泉水泊便下汲一夕之間去塔五步飛泉自涌有同浪井廣如王劭所紀及大業伊始徙治雒陽上林園中置翻經館因以傳譯遂卒於彼所出諸經如費氏錄

釋智隱姓李氏貝州人即華嚴藏公之弟子也自少及長遵弘道義慧解

所傳受無再請而神氣俊卓雅尚清虛時復談吐聽者忘倦開皇七年勅召大德興蔵入京住大興善通練智論阿毗曇心及金剛般若論明其窟穴至十六年以解兼倫例須有紹隆下勅補充講論衆主於經蔵寺還揚前部仁壽創福勅送舍利于益州之法聚寺寺即蜀王秀之所造也道適邛蜀開化弥昌傾其金貝尋即成就晚又奉送置塔華州天雨異花人得半合又放紫光變為五色盲者来儀欵獲雙目捨杖而皈風躄等病其例皆尒及將下瘞天雨銀花放白色光前後非一正入塔時感五色雲下覆函上重圓如蓋大鳥六頭旋遶雲間閇訖俱散隱以事聞帝大悅付於著作卒於京室

闍提斯那住中天竺摩竭提國學兼群蔵藝術異能通練於世以本國忽然大地震裂所開之處極深無底於其岸側獲一石碑文云東方震旦國名大隋城名大興王名堅意建立三寶起舍利塔彼國君臣欣感喜瑞相

慶希有乃募道俗五十餘人尋斯靈相初發祖送並出王府路遠賊掠所遺蕩盡惟餘數人逃竄達此以仁壽二年至仁壽宮計初地裂獲碑之時即此土開皇十四年也行途九載方達東夏正逢天子感得舍利諸州起塔天祥下降地瑞上騰前後靈感將有數百闔國稱慶佛法再隆有司以事奏聞帝以事符大夏陳迹東華美其遠度疑是證聖引入大寶殿躬屈四指顧問群僚解朕意不僉皆莫委因問斯那又解意不答曰檀越意謂貧道為第四果人耶實非是也帝甚異之乃置于別館供給華膳夫以酒酵和麵擬為麩調候時不起因以問那答曰此不合食便用水溲煑之與常酵者不異上問今造靈塔遍於諸州曹陝二州特多祥瑞誰所致耶答曰陝州現樹地藏菩薩曹州光花虛空藏也又問天花何似答曰似薄雲母或飛不委地雖委地而光明奇勝帝忞以好雲母及所獻天花各一箱用示諸人無有別者恰以問那那識

天花而退雲母及獻后去崩空發樂音并感異香具以問由答曰西方淨土名阿弥陁皇后往生故致諸天迎彼生也帝奇其識鑒賜綿絹二千餘段辝而不受因強之乃用散諸福地

見感應傳

釋明誕姓史衛州汲人律儀行務履顧前賢通十地地持赴機講解攝大乘論弥見弘演後入京住勝光寺溫柔敦厚性無迫累有勅召送舍利于襄州上鳳林寺基趾梁代雕飾隋初顯敞高林跨谷連院松竹交映泉石相喧邑屋相望索然閑舉有遊覽者皆忘返焉文帝龍潛之日因往礼拜乞願護及踐寶位追惟往福歲常就寺廣設供養仍又改為大興國寺及誕之至彼安厝塔基寺之東院鑿地數尺獲琉璃瓶內有舍利八枚聚散呈祥形質不定或現全碎顯發神奇即與今送同處起塔又下穿掘得石銘云大同卅六年巳後開仁壽之化依撿梁歷有号大同至今歲紀懸歸符會誕欣感嘉瑞乃表奏聞寺有金

像一軀舉高丈六面部圓滿相儀充
偹峙于堂內衆鳥無敢踐足庭前樹
碑庾信文蕭雲書世稱冠絕誕歷覽
徽猷講授相接終于本寺
釋明璨姓韋莒州沂水人十歲出家
二十受具中途尋閱偹通經史稟性
調柔初不陳怒末及三夏頻揚成論
及涅槃經值廢教隱倫避世林澤還
資故業重研幽極周宣創開陟岵慧
遠率侶登之璨時投足歸師諸部未
久深悟遂演於世講徒百數心計明
白開隱析疑善通問難精慮勅興未
曾沉息加又福德所被聞見欣然勅
召入京住大興善寺仁壽初歲召送舍
利于蔣州之栖霞寺今之攝山寺也
本基靈異前傳具詳而璨情存傳法
所在追訪乃於江表獲經一百餘卷
並是前錄所遺及諸闕本隨得福利
處處傳寫末住大禪定寺弘法為務
春和良序頻往藍田登山臨水欣其
得性唐初卒
釋慧重姓郭雍州人志幹威稜不怯
邪障鬼神林屋聞有栖止無往不降

淨持戒地明解攝論履遊名教清迥
不群住大興善博綜機要榮達敘顧
辯章言令寫送有法仁壽置塔勅召
送舍利于泰山之岱岳寺初至放光乃至
入塔相續流照岳上白氣三道下流
至于基所岳神廟門無故自開如是
者三識者以為神靈歸敬故也四年
建塔又送于隆州禪寂寺初至設齋
忽有野鹿從南山下度嘉陵江直趣
塔所人以手摩自然依附乃至下訖
其鹿方去夜放大光在佛堂上焰高
數丈青赤流集衆人同見三日打剎
合州喜捨紫雲覆塔雨金銀花遍於
城邑其取得者乃有五色相鏤又獲
舍利五枚於天花上浮沉旋轉合散
隨心州內修梵寺先為文帝造塔有
一分舍利欲與今塔同日下基其夜
兩塔雙放光明朗照幽顯至曉方滅
同覩此瑞無數千人將下之晨又雨
銀花變轉非一重還京室敢革前度
專修禪悔晝夜十有二時礼五十三
佛餘則加坐正念畢世終業
釋寶積姓朱冀州條人割略愛網訪

道為任浮遊靡定不存住止齊亡法
毀潛隱太山迴互曾充乃經年稔開
皇十四年隋高東巡候駕請謁一見
便悅下勅入京住勝光寺講揚智論
及攝大乘而體量虛廓不計仇隙曾
有昇毀達其耳者解衣遺之曰卿見
吾過真吾師友仁壽初年勅送舍利
於華岳思覺寺寺即左僕射楊素之
所立也初下之晨雲垂四布雪滿山
邑天地奄暗逼目無見及期當午忽
尒天清日朗現五色雲於塔基上去
地五丈圓如輪蓋遙有見者望其蓋
上朱光赫奕團團直上遠連天際暨
于覆了雲合光収還如晨旦積後卒
於京室
釋道端潞州人出家受具聽覽律藏
至於重輕開制銓定綱猷雅為宗匠
晚入京都住仁法寺講散毗尼神用
無歇時程俊舉後學欽之加復體尚
方言梵文書語披葉洞識了其深趣
勤心護法遠攝有功仁壽中年勅送
舍利于本州梵境寺初入州界山多
無水忽有神泉涌頂流者非一皆痾

夙痾飲無不愈別有一泉病飲尋差若咽酒肉必重發動審量持戒永除休健端以事聞後還京寺常樂弘演終于本寺

釋道璨恒州人慧學如神鑽求攝論華嚴十地深疑伏旨解其由緒志尚幽靜不務奢華重義輕財自小之大後入關輦便住勝光訪道求賢栖遑靡託仁壽起塔勑召送舍利于許州辯行寺初至塔寺堂中佛像素無靈異忽放大光通燭院宇舍利上踊金瓶之表又放光明遶瓶旋轉既屬炎熱將入塔時感雲承日覆訖方滅又於塔側造池供養因獲古井水深且清輕軟甜美舉州齊調一從此井而無竭濁莫不嗟嘆璨後不測其終

釋明芬相州人齊三藏耶舍之神足也通解方俗妙識梵言傳度幽旨莫匪喉舌開皇之譯下勑追延令與梵僧對傳法本而意專撿失好住空閑味詠十地言輒引據問論清巧通滯罕倫仁壽下勑令置塔于慈州之石窟寺寺即齊文宣之所立也大窟像

背文宣陵藏中諸雕刻駭動人鬼芬引舍利去州三十許里白雲鬱起從寺至輦長引不絕耿耿橫空中有天仙飛騰往返竟日方滅明旦將曉還有白雲長引来迎雲中天仙如昨無異人衆同見傾目叵論識者以為石窟之與鼓山連接密尓竹林仙聖響應之乎既至山塔東面有泉衆生飲皆病愈芬後卒于興善所著衆經如費氏録

釋僧蓋恒州人曾遊太原專聽涅槃晚至洛下還綜前業蓋聞經陳念慧攝慮為先遂廢聽業專思定學陶思既久殊呈心過遂終斯習後入京師周訪禪侶住大興善垂帷斂足不務世談近高異乘略不露口吐言清遠尠不高之仁壽二年勑送舍利于滄州四年又勑送于淅州之法相寺初營石函本惟青色及磨治了變為鮮錦布彩鋪發又見僧形但有半身及曉往觀僧變為佛光焰神儀都皆明著又現三字云人王子也佛前又現雄鷄之象冠尾圓具或現仙鳳天人

諸相甚衆南鄉縣民多業屠獵因瑞發心受戒永斷後於他日有採樵者於法相寺南見有撲樹乃生奇異果僅有百顆其色紅赤如蓮欲開折取二枚來用供塔官庶道俗千有餘人同往折取味如蒲桃并果表奏帝驚訝其瑞蓋後住禪定寺唐初即世九十餘矣

釋曇瑎江都人少學成實兼諸經論涅槃大品包蘊心目雖講道時軼而以慧解馳名每往法筵亟陳論決徵據文旨學者憚焉常讀經盈箱滿案記注幽隱追問老耄皆揖其精府又啓其志瑎乃為斟酌通開槃梗自江左右歷覽多年傳譽不爽實鍾華望煬帝昔為晉王造寺京室諸方搜選延瑎入住内史令蕭琮合門昆季祖尋義學屈礼歸心奉以家僧携現大小常處第内晨夕歡娛講論正理惟其開悟仁壽之末勑送舍利于濮州環谷山山谷寺古傳云昔有齊人郭智辯數遊環山之陽世俗重之因以名焉此寺即蕭齊高帝之所立也

林崖重映松竹交叅前帶瑮川北背峨嶺江流縈繞寔為清勝瑨巡此地仍搆塔焉初正月内當擬基處矍放金光如一綖許十餘日中然後方息舍利恰到如即置基先不相謀者同合契皆大慶也又初到治天本亢陽人物燋渴夜降大雨高下皆足無不賴幸又放赤光流矚如火行道七夕又放大光被諸山也五千餘戚蒙斯瑞及懺罪營福不可勝言晚承故業迄于隋運後住弥善以疾而終春秋八十有三武德初矣

釋道貴并州人華嚴為業詞義性度寛雅為能而於經中深意每發精彩有譽當時加以閑居放志不涉煩擾市肆俳優未曾遊目名利貴賤故自絶言精潔守素清貞士也晚在京師住隨法寺擁其道德閑守形心及建塔之初下勅流問令送舍利于德州會通寺至治之日放赤光明如大甕許久之方滅有一婦人躃疾多載閫舍利至轝来塔所苦心發願乞蒙杖步依言立愈疾走而歸將下塔時忽

有大鳥十二形相希世不識名目次第行列旋遶空中正當塔上覆訖方逝貴後鎮業京輦不測其終

釋法順貝州人習學涅槃文疏精覈志勤策立堪勝艱苦常樂弘法於囹圄中無緣拘縶假詐良善文書既劾方便重他投身桎梏情志欣泰監獄者愍斯厄苦將欲解免方取經疏鋪舒詳讀旁為囚隸說法勸化事本無蹤還蒙放釋出獄之日猶恨太早有問其故荅曰吾聞諸聖地獄化生雖不逮彼且事微轍開皇隆法杖步入關採訪經術住玄法寺及後造塔勅召送于宋州初到宋城市中古井由来醎苦水色又赤無敢嘗者及舍利至色忽變白味如甜蜜至造塔所初放赤光又放白光通照寺内七日辰時天雨白花如雪不落紛紛滿空及下塔時白鸖九頭飛翔塔上下函既了方乃北逝順後還京遊尋行業唐運初興巡栖山也年既遲暮欲事終心行至覇川驪山南足遇見古寺龕窟崩壞形像縱横即往修理先有主

護乃具表請武皇特聽遂得安復今之津梁寺是也僕射蕭瑀為大檀越福事所資咸從宗國僧衆濟濟有倫理焉順後卒於住寺春秋八十餘矣

釋法顯雍州扶風人厥姓竇氏生平志尚禪寂為宗文字紙筆性不遊履沉默寡欲不為世累其師法開定門幽秘殆是不測元魏之末住京地王寺與實禪師齊駕朝野兼以簡約清素華貴傾屬顯遇斯明匠承奉累年傳習師宗頗接微緒住日嚴寺仁壽末歲置塔隴州下勅令送顯發自帝京奉轝至彼藥王寺内然寺去州一十餘里褊狹邪仄殊非形望乃移近州北三王山下背崖臨水高勝博敞仍搆大塔放大光明闔境同觀欣其罪滅顯因其所利即而利之廣說法要傾其心惱當斯一會榮嘆成諠晚還入京聚徒綜業每年歲首受具者多顯為開發戒緣鼓行壇懺引聚清衆即而惠之後終時也將八十矣

釋僧世青州人負袠問道無擇夷險覩其途李略周方岳而雄氣所指鋒

刃難當時地論是長偏愛喉舌豐詞疊
難名聞齊魯開皇入京住興善寺長
遊講會必存論決仁壽下勅召送舍
利于萊州之弘藏寺四年又勅送密
州茂勝寺行達青州停道藏寺夜放
赤光從房而出直指東南尒夜密州
城內又見光明從西北來相如火炬
藂焰非一遶城內外朗徹如日預有
目者無不同覩後乃勘究方知先告
既至治所兩夜放光如前遶城朗徹
無異及世舉瓶欲示大衆忽然不見
後至寺塔復放大光通照寺宇行道
初日打剎教化舍利二粒見于瓶內
及造石函忽變為金如粟如豆間錯
函底餘處並變為青琉璃因具圖表
帝大悅也後還京不久尋卒
釋法周不知何許人狀相長偉言語
高大涅槃攝論是所留神禀會勝集
每預登踐身相孤拔多或顧問由是
振名者復繫於徳矣初住曲池之靜
覺寺林竹藂萃蓮沼槃遊縱達一方
用為自得京華時偶形相義舉如周
者可有十人同氣相求數來歡聚偃

仰茂林賦詠風月時即号之為曲池
十智也仁壽建塔下勅送舍利于韓
州修寂寺初造石函忽有一鴿飛入
函內自然馴狎經久乃去寺有塼塔
四枚形狀高偉各有四塔鎮以角隅
青瓷作之上圖本事舍利到夜各放
光明如焰上衝四方衆皆一時同見
數數放光至于未入空中如絳長三
文許諸佛聖僧衆相非一皆列其中
周後復往大禪定寺唐運初基為僧
景暉於仁壽坊置勝業寺召周經始
勅知寺任又改坊名還符寺号初暉
同諸僧侶住在長安晚又變改常度形
同俗服栖泊寺宇不捨戒業言語隱
伏時符讖記高祖昔任岐州登有前
識既承大寶追憶往言圖像立廟爰
彰徽号自周積年處任不事耆華
房宇趣充僧事僅足貞觀之始以疾
而終八十餘矣
釋慧誕雍州人學究涅槃及通攝論
每登講席有名京室即曇延法師之
學士也住延興寺仁壽下勅召起塔
于杭州天竺寺住在靈隱山林石岑

竦實來仙聖初攝塔基多逢伏石掘
得一所是古石函旁推其際眇不可
測因用今造置古函中大小和可宛
如昔契誕還本寺講授尋常雖非卓
犖亦例能色貞觀初年卒于本寺七
十餘矣臨終清言安話神色無異頃
諸法屬深累住持通告好住怗然神逝
釋智光江州人𡰥論師之學士也少
聽攝論大成其器言論清華聲勢明
穆志度輕健鮮忤言諍讜狀推下為
時所重開皇十年勅召𡰥公相從入
京住大興善寺仁壽創塔召送循州途
經許部行出城南人衆同送舍利於
轝忽放光明高出丈餘傾衆榮慶北
至番州寄停寺內其夜銅鍾洪洪自
鳴連霄至旦驚駭人畜及至食時其
聲乃止既達循州道場塔寺當下舍
利天降甘露塔邊樹上色類凝蘓光
白曜日光還京室以法自娛頻開攝
論有名秦壤晚猒談說歸靜林泉尋
還廬阜屏絕人事安禪自節卒于山舍
釋智教雍州人習誦衆經意存禪觀
晝則尋讀夜便坐嘿蕭散無為不存

世累住弘善寺閑居綜業仁壽中年起塔秦州之永寧寺下勑令送既至塔所夜逄布薩異香如露乇結入門合衆同怗欣所聞見又於塔上剎柱之前見大人跡長尺二寸蹈深二分十指螺文圓相周備推無蹤緒盖神瑞也又降異雲乇聚塔上又雨天花狀如金寶又聞空中讚嘆佛聲官民道俗相慶騰踊教還本寺綜業終年

釋圓超觀州阜城人十地涅槃是其經略言行所表必詢猷焉晚住京寺簉名臺省仁壽末歲下勑造塔於廓州化城寺初達州西四十餘里道俗導引竟列長幡南風勁利樹林北靡帷有幡脚南北相分雖為風吹都不移乱及初行道設二佛盤忽有蜻蛉二枚各在盤上相當而住形擬處大長五寸許色縣青緑大如人指七日相續如前停住行道既散欻然飛去比後下塔還復飛来填埋都了絕而不見當下正中塔基上空五色變雲狀如傘盖方直齊正如人所為雲下見一白鵠翔飛旋轉事了俱散超還京室不測其終

釋慧藏冀州人初學涅槃後專講解禁守貪覔絕迹譏嫌安詳詞令不形顏色入京訪道住光明寺仁壽中年勑召置塔于歡州初至塔寺行道設齋當其塔上景雲出見彩含五色有若花盖綺繡錦繢無以加焉從午至酉方始隱滅又延興寺僧法順者聽習涅槃善守根禁退讓自節負德無傲勑住江州廬山東林寺置舍利塔初至其地耕者見光尋而掘之獲金銅弥勒像一軀形質瓌異即而供養並不測其終

釋寶憲鄭州人寶鎮律師之學士也童稚依止即奉科條審量觀能具承大法受具之日但奉文言至於行撿並先具委有師資焉有弘業焉開皇之始與鎮同来住大興善威儀調順言無涉俗仁壽奉勑置塔洪州即豫章之故地初向彼州路由江阻既失正溜泛濘不通人力殆盡無前進理程期又逼道俗遑懼憲乃馮心舍利請垂通涉忽降白鳥舩前緩飛乍来

乍去如有引導即遣隨逐遂逄水脉通夕汎舟安達無障憲還京室尋事卒也

釋法朗蒲州人學涉三藏偏鏡毗尼開剖篇聚不阻名問加復器用平直無受輕陵決断剛正未私强禦後住勝光被究律典經其房戶莫不懔然仁壽二年勑召送舍利於陝州大興國寺寺即皇考武元本生處也故置寺建塔仰謝昔緣初達州境大通善法演業三寺夜各放光不知何来而通照寺內朗徹無障善法寺中見三花樹形色分明四月二日靈勝寺中夜忽放光五色彩雲合成一盖通變為紫比靈轝入城雲盖方散又有五色彩雲從乾巽二處緾紀而来至於塔上相合而住及掘塔基下深五尺獲一異鳥狀如鸜鵒色甚青黃巡行基趾人捉無畏唯食黃花三日而死又青石為函忽生光影表裏洞徹現諸靈異東西兩面俱現雙樹樹下悉有水文生焉函內西面現二菩薩南邊金色北邊銀色相對而立又二菩

薩坐花臺上各長一尺並放紅紫光
明函內南面現神足像合掌向西函
曆西面又見卧佛右脇而偃首北面
西函外東面雙樹間現前死鳥傾卧
須臾起立鳥上有三金花其鳥西南
而行至卧佛下住立不動凡此光相
從巳至未形狀儼然命人圖寫上紙
素訖方漸歇滅及將下日忽然雲起
如煙如霧團圓翳日又如車輪雲色
條別又如車輻輪輻雲色皆如紅紫
人皆仰視其相嘆恠希遇藏瘞既了
天還明淨失雲所在當斯時也寺院
墻外咸見幡蓋圍遶謂言他處助來
供養事了追問一無蹤緒朗慶斯神
瑞登即奏聞晚還京師以疾而卒
釋曇遂雍州人初學大論後味唯識
研精攝論選其幽理每言三界虗妄
但是一心追求外境未悟難息故得
名稱高遠有逾美焉然復慎守根門
勤修戒撿住真寂寺掩關勵業仁壽
中年下勑送舍利于晉州法吼寺初
停公館放大光明照精舍門朗如金
色又放黃白二光從道踴出久久乃

滅又從舍利轝所至於塔基而放瑞
光三道虹飛色如朝霞耿然空望下
塔之內又放光明隱顯時現大都為
言七日之內瑞靈雜沓相仍不絕還
京服業迄于唐運八十餘卒矣
釋曇觀莒州人七歲出家慕欣法宇
及進具後尋討義門偏宗成實袪折
玄滯後以慧解乱神本也乃逐駕澄
源攝慮巖壑十六特勝弥所留心神
呪廣被銷殄邪障高問周遠及于天
闕開皇之始下勑徵召延入京室住
大興善供事隆厚日問起居屢上紫
庭坐以華褥帝親供侍欽德受法觀
寔厚敦裕言無浮侈深得法忍苦樂虗
心故使名利日增而素氣常在所推
信施並入僧中房宇索然衣鉢而已
時俗流湎之夫雅尚之也仁壽中歲
奉勑送舍利於本州定林寺初停公
館即放大光掘基八尺獲銅浮圖一
枚平頂圓基兩戶相對制同神造雕
鏤駭人乃用盛舍利安瓶置內恰得
相容州民翕巨海者患瘂六年聞舍
利至自書請瑞見本一粒分為三分

色如黃金乍沉乍舉又見三佛從空
而降即能陳述詞句如流觀還京都
不委終事
釋靈達恒州人先在儒門偹參經史
惟見更相圖略時有懷仁抱義然復
終淪諸有未免無常乃釋髮道流希
崇正軌從遠公學義咸知大意因即
依隨三業無捨及達之入京楚單慕義
相從晚住延興退隱自守端毅身心
終月禪嘿衣食麁弊不希華美仁壽
中勑召送舍利於本州龍藏寺初定
基趾聞有異香漸漸芬列隨風而至
遍於寺內有民金玄瓚者任在寺側
先患鼻塞二十餘年莫知香臭當于
此日忽聞香氣驚尋至寺因尒鼽差
又雨天花從空而下光彩鮮淨晃若
金銀先降塔所後及寺院道俗競接
輕薄如鏤下舍利訖有雙白鶴旋於塔
上良久翔逝達後連尋定業追訪山
也不顧名貫頭陁林塚雖逢神鬼都
不怖憚大業之始終於墓藁初不委
之村人怯不乞食就看已卒加趺如
在圓合林殯於杜城窟中

釋僧昕潞州上黨人自翫道法津周聽大小逮諸禪律莫不登臨傾渴身心無席不赴而導或愚智衆通誼靜昕一其正度恭慎攢經聆其披指曾不忽忘初衆見其伍目憬言絕杜論道皆号為曚叟也後有智者問其文理咸陳深奧輕浮章句略不顧懷有問其故荅曰勿輕末學妙德常箴惟夫大覺方能靜照感德明約可無細瑕愚師軌物時有通悟惟自兩明殺鑒方取會不得以法累人致乖祇奉暨周滅二教逃隱泰山大隋開法還歸聽習遊步洛下從學遠公十地涅槃咸究宗領後入關住興善寺體度高爽不屈非監時復談講辯詞迅舉抑揚有度至於僧務營造情重勤切躬事率先搭捷運涉仁壽中歲置塔毛州護法寺下勑令送初至公館有沙門曇義者高行名僧聞諸舍利皆放光明我等罪業一無所現即解衣為懺燒指為燈竟夕供養明旦出光通屬人物又出金瓶廻旋行道青赤白光三色流照經于信宿其光乃隱

四月七日初夜放光赫赤欲然滿佛堂內須臾出戶流照四搭將入函時又放赤光烈盛逾日通夜又放照于函內四月十日天花如雪從空亂下五色相間人皆收得又感異香微風普遍熏塞寺內其函忽變為青琉璃內外通徹人以白氎周匝數重漫覆其函又加軟累灰泥其上尋照其泥還如函色又灰泥上畫作十花飾以金薄及成就後唯一金色餘花皆采末下搭前有張世讓清信士也常持八戒遠離妻孥靜室誦經乃聞舉所梵讚之聲出戶看之見有群僧各執香花遶旋供養迫之遂失又見天人持諸幡蓋及以香花東南飛來當于塔上變成大雲旋空良久又見百餘沙門在塔基上執箕簣土以陪增者比及明晨寂無所見時經夏暑土地乾燥人皆思雨應念即降三四寸許川野除煩沙丘縣民路如意者廻心信佛望見光相路雖遠映舉目徹見寺僧五人在佛堂內又聞塔邊音樂讚嘆聲極亮遠重雨天花滿四十里

塔基倍多昕慶斯衆瑞即具表聞晚還資業不測其卒

釋玄鏡趙州人立志清貞不干流俗四分一律文義精通不樂闡揚恒尋異部撥發違順品章廢立有神彩焉住空觀寺閑散優遊無為僧也仁壽二年奉勑置塔本州無際寺建基趾日尋放赤光變轉不常或如形像乍似樓閣又出白光時吐大小巡繞瓶側四月四日又放光明紫綠相間三度乃止又於光內見佛像形長二尺餘坐蓮花坐并有菩薩侠侍嚴儀從卯至酉方始歇滅當此之時有目皆覩鏡還空觀復學禪宗居止東院合集同侶多行頭陀遂終其寺也

釋智揆冀州人愛慕涅槃淨持戒行不重榮渥知足無求住弘濟寺閑門習業僧衆服其智德敬而宗之每處勝進推其名實而揆弗之顧也退屏自修若無聞見仁壽之歲弘塔四方有勑召揆送舍利於魏州開覺寺初屆治所遂放大光紫白相宣五色遞發有尼智曠冷疰積年因礼發願乃

見赤光遍室便吐悪物其患即除有
患重者聞斯嘉慶伏枕發願亦蒙光
照平復如本方来塔所其例衆夥不
復具書又揚大眼者先患兩目冥無
所見牽来至轝乞願求恩即見舍利
如本明淨斯例復衆四月八日下塔
既訖西北雲来雨花塔上紛霏如雪
色似黄金寺院皆遍道俗収取狀如
金花感一黒狗莫知由来直入道塲
周旋行道每日午後與餅不食與水
便飲至解齋時與粥方食寺内群犬
非常噤悪一見此狗低頭畏敬不敢
斜視塔所樹碑厚三尺半忽發光彩
狀如琉璃映物對視分明悉見又見
象六蹔石碑内至五月末来於其碑
中七變相狀或為佛像聖僧雙樹衆
瑞非一並以事聞揆晚徒迹終南居
閑禪寂登陟巖藪往而不返
釋僧範冀州人學大小乗靜務心業
追師禪念傾屈盡礼所獲定要倍於
同侣住勝光寺以慧解見推及帝建
塔下勅徵召送舍利於本州覺觀寺
每至日没常放光明黄赤交焰變化

非一沙門僧辯患耳四年聞聲如壁
一覩舍利兩耳洞開有逾恒日州民
蕪法會左足攣跛十有餘年委杖自
扶来礼乞願尋得除差放杖而歸範
目覩靈驗神道若斯信知經教非徒
虚誕但由誠節未著故致有差後歸
本寺還遵前轍未詳其卒
釋寶安兖州人安貧習學見者敬之
初依慧遠聽涉涅槃博究宗領周滅
齊亡南投陳國大隋一統還歸鄉壤
行次瀍洛又從遠焉因仍故業弥見
深隱開皇七年慕義入關住淨影寺
當遠盛日法輪之下聽衆将千講會
制約一付安掌于時遠方輻湊名望
者多難用緝諧故在斯任安隨機喻
接誘救有儀雖具徵治而無銜怨各
懐欣嘆登自稱馬講十地涅槃純熟
時匠性存攝嘿不好揚演有問酬對
辯寫泉流仁壽二年奉勅置塔於營
州梵幢寺即黄龍城也舊有十七級
浮圖擁在其内安置舍利當夜半上
並放白光狀如雲霧初惟一丈漸大
滿院明徹朗然良久乃滅前後三度

相類並同舊有石龜形狀極大欲作
函用引致極難匠石規摸斲截成函
三分去二安自思念石大函小何由
卒成懼曰愆期内懐憂灼比曉看之
其石稱函自然分拆不勞鐫琢宛尓
成就函雖神造計應大重薄用拖曳
輕迅若馳不勞至寺便依期限深慶
情願晚還京寺不測其終
釋寶巖幽州人摽意十地次綜毗曇
未究成實故於宗部涉獵繁焉户牖
玄文疏條本幹時傳富博而性殊省
事不樂談說苦祈敷散精理載揚住
京下仁覺寺守道自娱無事交厚仁
壽下勅召送舍利于本州弘業寺即
元魏孝文之所造也舊号光林依峯
帶澗面勢高敞多挾徵異事遵清肅
故使行僻之徒必致驚悚由斯此衆
濫迹希過自開皇将末舍利到前山
恒傾搖未曾休止及安塔竟山動自
息又仁壽初歳天降剃刀三十三枚
用甚銛利而形制殊别今僧常用以
剃剪也又初造石函明如水鏡文同
馬瑙光似琉璃内外照徹紫焰光起

函外生文如菩薩像及以衆仙禽狩
師子林樹雜相非一四月三日夜放
大光明照天地有目皆見巖事了
還不測其卒
釋明馭瀛州人初學涅槃後習攝論
推尋理源究括疑滯晚遊鄴下諮訪
未聞隱義重玄皆所披覽開皇八年
来儀帝里更就遷師詢求攝論意量
弘廣容姿都雅人有勃怒初不改容
衆服其忍力也住無漏寺講誦為業
仁壽中年勅請送舍利于濟州崇梵
寺寺基帶岳多饒異樹山泉盤屈脩
竹蒙天寔佳地也剋日將下寺有育
王瑞像乃放三道神光遍于體上金
石榴色朗晃奪精經一食頃乃遂漸
歇又聞磬聲揺曳長遠寺東巖上唱
善哉聲清暢徹止追尋莫委又舍利
凾上光高三尺狀如花樹本送舍利
分為二粒出琉璃瓶相隨而轉並放
光明有黄白雲從西南来聲如雨相
流音樂聲正當塔上凝住不動復見
二花從雲中出或時上下大鳥群飛
迴旋塔上又於雲中現仙人頭其數

無量於此之時華州城人見諸仙人
從空東来向于魏州馭當斯運欣慶
嘉瑞說不可盡民百捨物積之如山
並用擲塔沙門五人生逢奇瑞捨戒
為奴供養三寶因勒銘紀廣如別傳
獻后昇遐造禪定寺召而處之遂終
世矣
釋道生蒲州人延統是其師也名父
之子係迹厥師雖雅尚未齊而思力
方遠仁正致懷聲色無染受持戒護
躬詠文言四分一律薄露聲教講誦
時揚器法難擬住興善寺卓舉標異
目不斜眄威儀安怗衆敬憚之仁壽
二年勅召送舍利于楚州初停公館
感一野鹿直入城門防人牽来詣舍
利所自然屈拜馴善安隱生曰尒為
舍利可上升階必若他緣隨意而去
鹿聞此語遂即升階出入帳前往還
無難乃為說歸戒鹿乃頓頭香案如
有聽受因以繒帛繫之即舐人手夜
卧轝邊或往生房經停兩宿自然退
出還飯荒野及當下日白鶴兩雙飛
旋塔上覆訖方逝生覩斯瑞與諸僚

屬具表以聞并銘斯事在于塔所既
還京室不測所終
釋法性兖州人少習禪學精厲行道
少欲頭陁孤遊海曲時復入俗形骸
所資終潛林阜沉隱為任開皇十四
年文帝東巡搜訪巖穴因召入京任
勝光寺仁壽之年勅召送舍利於本
州普樂寺初營外凾得一青石錯磨
始了將欲鎣飾變成馬瑙五色相雜
文彩分明凾内斑駮雜生白玉凝潤
光淨凾之内外光如水鏡洞照無障
當入凾時正當基上白鳥一雙翱翔
緩飛遶塔而轉塔西柰樹枝葉並變
為真金色及文帝既崩置大禪定延
住供養遂卒于寺八十餘矣
釋辯寂徐州人少以慧學播名沉浪
人世遊講為業末在齊都專攻大論
及阿毗曇心未越周年粗朗通解會
武平末歲國破道亡南適江陰復師
三論神氣所屬鏡其新理開皇更始
復返舊鄉棄梓仍存支用徂落西入
京室復尋昔論龍樹之風復由光遠
仁壽置塔勅召送于本州流漸寺及

初達也舍利塔所忽見異光照寺北嶺及以南山朗同朝日又於石佛山內採石為函磨飾纔了彩文間發彪炳光現山海禽狩仙人等像備出其中雖復圖取十不呈一晚綜前業演散京華福利所兼俱充寺府不測其終

釋靜凝汴州人遷禪師之門人也早年聽受深閑邪正經律十地是所諮求後師攝論備嘗幽顯常樂止觀撿閑思擇緣來便講唱吼如雷事竟退靜狀如愚叟世間之務略不在言人不委者謂為庸劣同住久處方知有道兼以行不涉疑口無褒吊塊然卓坐似不能言開皇六年隨遷入雍住興善寺仁壽二年下勑送舍利于杞州初至頻放白光狀如皎月流轉通照及下塔日白鳥空中旋繞基上塵訖遠逝更有餘相凝為藏隱去出一二知大聖之通瑞也餘則隱之不書及至京師又被責及方便解免不久而終

釋法揩曹州人十五出家依相京賢統而為弟子師習涅槃通解文義及

受具後專攻四分雲暉兩匠振紐齊都備經寒暑伏面諮稟皆賜其深奧無所孑遺及齊法俱亡南避淮表壽山之陽隨開律教開皇首歲大闡法門還返曹州欲終山水將趣海岸而道俗邀留不許東騖揩性虛靜更於城北三里左丘山營造一寺名曰法元高顯平博下臨城邑遙望發心皆來受法未為要而能遷古人所尚久在塵欲不無流轉便入關壤觀化京都住楊化寺復楊戒律仁壽置塔奉勑送舍利於曹州揩以初基有由欲報斯地表請樹塔還置法元上帝不違任從所請初達曹部置轝州治廣現神瑞備如別紀但學未經遠難得遍知故略編之想未繁撓日別異見具如後述於三月十四日中時見佛半身面白如玉舍利輿前佛頂之上黃赤光起二十九日夜降甘露味甜逾蜜現於赤光遍於城上須臾流照達于塔所四月五日舍利上踊白色鮮明其日申時帳上北面忽見光影中有白雲氣中生樹狀如青桐下有

青色師子面西而蹲六日卯時復有光影見雲氣內有三蓮花兩廂雙樹下有佛像樓閣樹林沓重而出上有立菩薩像辰時又見金色光明出沒漸大巳時復見重閣閣上有樹菜如貝多旁立聖僧并午時復現雙樹之形下列七佛申時雙樹又見一佛二菩薩像三花承足又見天人擎花在空黃師子等亥時帳後見千佛形舍利至內出黃白光四月七日又見雙樹黃雀一頭及以光雲師子等像辰時又見金翅鳥身飛龍樹林寶蓋等像旁現二菩薩及黃師子巳時又見寶幢樹林下有菩薩黃衣居士白色師子蹲踞石上又有雲氣樹林樓閣菩薩午時又見白色雲氣寶幢樹林青色師子申時又現雙樹繁茂須臾變為宮殿樓闕佛坐花臺其色黃白亥時雲起西北兩潤三寸雲上六天一時見身四月八日將欲下塔平旦之時天雨白花飛颺不下卯時又見諸天寶蓋樹側菩薩及黃師子辰時又見大蓋兩重眾寶莊嚴下坐菩薩

及白師子踞在石上帳上又見光影雲氣氣中金光乍大乍小下有蓮花時開時合又雨天花大者在空面闊尺餘小者墮地狀如桃花巳時帳後見三諸天三師子及蓮花水池午時將下又見雙樹并立菩薩舍利忽分以為五粒流轉光曜四月九日填平已後帳後板上光影之内疊石文生又見大樹青衣沙門執爐而立又感奇香郁烈人鼻揩具列聞帝大悦令圖續之以流海内自仁壽創塔前後百餘感徵最優勿高於揩後以常業終於本寺

釋智能李氏懐州河内人布意遠塵東懐律教叔聽令譽風被河右開皇之始觀道渭陰隨奉資行住轉輪寺仁壽置塔奉勑召送於青州勝福寺中處約懸峯山參天際風樹交結迴瞰千里古名巖勢之道場也元魏末時創開此額初置基日疏山鑿地入土三尺獲古石函長可八尺深六尺許表裏平滑殆非人運所謂至感冥通有祈斯應憑矣及下舍利大放光明

盈溢山宇道俗俱見乃至出没流轉變狀亘論能晚還寺更崇定業林泉栖託不預僧倫逃名永逝莫測其終

釋曇良姓栗潞州人十六出家專尋經典及長成德以大論傳名兼講小經接叙時俗亟發歸信為衆賢之賞入京遊聽住真寂寺文帝下勑召送舍利于亳州開寂寺將欲起塔先造石函地非山鄉周訪難得良曰待覓得石期至亘成但發勝心何縁不濟乃要心祈請顧賜哀給忽於州境獲石三枚底廂及蓋各是異懸運来合之究是一物衆嘉異之具聞臺省良性樂異迹周覧觀之亳州西部穀陽城中有老君宅令為祠廟連前有栢三十餘株碑文薛道衡製廟東百餘步老君母宅亦有廟舍次西十里有苦城即傳所云李聃苦縣人斯處是也還歸本寺專誠懺礼食息已外常在佛前唐初卒也八十餘矣

釋道嵩姓劉瀛州河間人十三出家遊聽洛下訪許明哲終日栖遑衣服麁單全不涉意值慧遠法師講諸經

論陶染積時遂寢幽極隨京室為某義學士同侶推崇道心人也仁壽置塔勑召送於蘇州舍利將至井吼出聲二日乃止造基堀地得古甎函内有銀合獲舍利一粒置水瓶内旋遶呈祥同藏大塔嵩還京室住捴化寺飡味涅槃依行懺悔身戒心慧頂戴奉之一盆三衣盈長不畜遵經聖行息世譏嫌遂卒於世

釋智嶷姓康本康居王胤也國難東歸魏封于襄陽因累居之十餘世矣七歲初學尋文究竟無師自悟敬重佛宗雖晝權俗縁令依學侶而夜私誦法華竟文純熟二親初不知也十三拜辭即蒙剃落更諮大部情因弥著二十有四方受具足携帙洛濱依承慧遠傳業十地及以涅槃皆可敷導後入関中住靜法寺仁壽置塔勑召送于瓜州崇教寺初達定基黄龍出現於州側大池牙角身尾合境通矚具表上聞嶷住寺多年常思定慧非大要事不出户庭故往參候罕覩其面末以年事高邁勵業弥崇寺住

衆務並悉推謝唐初卒也七十餘矣
釋道顏姓李氏定州人初學遠公涅槃十地領牒樞紐最所帮贍仍顯講授門學聯塵道啓東川開悟不少後入京輦還住淨影寺當遠盛世居宗紹業仁壽中年置塔赤縣下勑徵召送舍利于桂州初入州境有鳥數千齊飛行列來迎輿上徙野入城良久方散及下安處感五色雲叆靆垂布七聚基上餘便廓清日曜天地後返京邑常尊上業唐運惟新宇內尚揔崇樹齋講相循淨影因疾而卒春秋七十餘即武德五年矣臨終清漱手執香爐若有所見奄然而逝自顏之處世也衣服麤素不妄用從行必以時情避嫌郄言必詳審深惟物忤又兼濟禽畜慈育在心微經惱頓便即垂泣不忽童稚不行楚叱縱有輕凌事同風拂顧諸屬曰不久去也何煩累人故於無常得其旨矣
釋淨辯姓韋齊州人少涉儒門備聞丘索孔墨莊老是所詢謀忽猒浮假屏迹出家經律具嘗薄通幽極復緬

名教避世山林受習禪門息緣靜慮開皇隆法入住京師依止遠公住淨影寺更學定境又從遷尚受攝大乘積歲研求遂終此業曾與故友因事相乖彼加言謗辯終不霻及委由問荅曰吾思其初結交也情欣若弦豈以後離復陳其失時以此高之後勑召送舍利於衡州大岳寺本号大明即陳宣帝為思禪師之所立也行達江陵風浪重阻三日停浦波猶未靜又迫嚴程憂遑無計乃一心念佛衝波直去即蒙風止安流泝下既入湘水泝流極難又依前念舉帆利涉不盈半月便達衡州及至岳寺附水不堪巡行山亭平正可搆正當寺南而有伏石辯乃執爐發願必堪起塔願降祥感便見岳頂白雲從上而下廣可一疋長四十里至所迂基三轉旋迴久久自歇又感異香形如削沉双獲數斤氣烟倍世道俗稱慶因即搆成初此山僧顗禪師者通鑒僧也曾有一粒舍利欲建大塔在寺十年都無異相及今送至乃楊瑞迹黃白大小

聚散不定當下之日衡山縣治顯明寺塔放大光明遍照城邑道俗同見古老傳云此寺立來三百餘年但有善事必放光明經今三度將非帝王弘福思與衆同感見之來誠有由矣辯欣斯瑞迹合集前後見聞之事為感應傳一部十卷後興禪定復請住之大業末年終於此世

論曰夫吟嘯之鼓風雲律調之通寒暑物理相會有若自天況乃神道玄謀義乖恒應而可思也故聖人之為利也權巧衆途示威雄以攝生為敦初信現光明而授物情在悟宗規摸之道既弘汲引之功無墜至於涅小大非有均彼我之恒儀齊色心於性空絕形有之流轉幽通而楊化本極變以達神源斯道窮微非曆言也然則教敷下土匪此難弘先以威權動之後以言聲導之轉發信然所以然萌漸也像末澆競法就崩離神力靜流通感殆絕二石之世澄上楊名兩蕭接統誌公標德僧諸紀録未敢詳之項世蒙俗情多浮濫時陳靈相或

加褒飾考聚本據顛隊漭邪妖異之誇
林蒸是非之論鋒起至如觀音之板
濟信而有徵大聖之通夢華實相半
斯則託事親業難免語意無涉餘求
想象實假宜緣故得有倫虛指因斯
以言良有以也圓通之遊聖寺照達
之涉仙宮信其言焉難窮事矣前傳
之叙蓬萊無乖鄙例纂者顯宗通感
創開玄化之基法本內傳具列靈通
之應或騰虛而現奇或飛光而吐瑞
有晉嘉相雜沓臻焉曇翼之感育王
陶侃之逢妙德自後繁華難具陳矣
隋高建塔之歲踊瑞紛綸神光矚於
群物至澤通於痰癘天花與甘露同
降靈芝共瑞鹿俱程空遊仙聖結霧
來儀水族龜魚行鱗出聽百有餘塔
皆備潛通君臣相慶緇素欣幸其德
榮明不可加也然而當年即世或墜
流言俗習常談五福欣其壽考通神
達命三畏君子所弘及煬帝鎔鑄高
陽開模之始其像頂含翠髮身曜紫
金靈光通普顯五色之希奇瑞花滿
庭開六彩之殊相上下同泰無德稱

馬下詔圖之遠頒郡國義當嚮斯厚
澤荷福無壇遺厥宗社如山之固尋
復兵飢荐集宇內分崩亡曆璽寶卒
于身世統詳終古五運非不推遷近
以情求殃慶迷其倚伏又如聖母上
天功高遂舉輪王樹塔禍及凶終何
以明其然乎信由業命之淳薄故感
報果之休咎耳豈以恒人之耳目而
遠籌於三世之道哉若夫卜商賈誼
之為言班彪嵇康之著論但知混而
謂之命莫辯命之所以為然何異見
羅紈於篋笥而未識成之由機杼也
覩百穀於倉廩而未知得之由稼穡
也儒之所云命也釋之所云業也命
繫於業業繫於心心發其既參差業
成故亦無準是以達命業之開士知
報熟而無辭迷因果之恒人謂徒言
而不應故馬遷嗟報施之爽積疑而
莫之通范滂惑善惡之宜舍情而無
以釋斯皆覩流而不尋源見一而不
知二覽釋門之弘教豈復淪斯網哉
夫造業千端感報万緒或始善而終
惡故先榮而後枯或吉凶之雜起故

禍福而同萃惟色一也等面異而殊
形惟心一也齊百化而無定故無學
或盡於此生往業終於即世有縛感
由於既往受報未止於今時身子悟
理之通人常懷疾惱目連威雄之達
士終纏碎身至聖納謗於祇園王子
被讒於清衆儒宗絕粒於陳壤堯湯
遭變於中原雖玄素之相或乖而業
命之緣無爽是知文煬大寶往福終
於此世崇建塔像今業起於將來交
運相投無識因之致惑隋遭兩鏡通
命豈其然乎復有深宮法濟寄神
祝而銷災慧日法安憑研石而流水
轉明之越巨通達之沐炎湯瓊公拜
而邪象崩道英終而大地轉斯德衆
矣其徒繁矣既云神化固不可以由
來擬之輒叙篇中識僧倫之難偶耳

續高僧傳卷第二十六

感通下

續高僧傳卷第二十七　衛五

唐　釋　道　宣　撰

感通篇中　本傳三十九人附見四人

釋僧安不知何人戒業精苦坐禪講解時號多能齊文宣時在王屋山聚徒二十許人講涅槃始發題有雌雉來座側伏聽僧若食時出外飲啄日晚上講依時赴集三卷未了遂絕不至衆咸怪之安曰雉今生人道不須怪也武平四年安領徒至越州行頭陀忽云往年雌雉應生在此徑至一家遙喚雌雉一女走出如舊相識禮拜歡喜女父母異之引入設食安曰此女何故名雌雉耶答曰見其初生髮如雉毛既是女故名雌雉也安大笑爲述本緣女聞涕泣苦求出家二親欣然許之爲講涅槃聞便領解一無遺漏至後三卷茫然不解于時始年十四便就講說遠近咸聽歎其宿習因斯躬勸從學者衆矣

香闍棃者莫測其來以梁初至益州青城山飛赴寺欣然有終志時俗每至三月三日必往山遊賞多將酒肉共相酣樂前後勸喻曾未能斷後年三月又如前集例坐已了香令

人於座穿坑方丈人莫知意謂人曰檀越等恒自飲歡未曾與香今日爲衆須飡一頓諸人爭奉肴酒隨得隨盡若塡巨壑識者怪之至晚曰我大醉飽扶我就坑不爾汚地及至坑所張口大吐雞肉自口出即能飛鳴羊肉自口出即馳走酒食亂出將欲滿坑魚鼈鵝鴨游泳交錯衆咸驚嗟誓斷辛殺迄今酒肉永絶上山此香之風德也益州别駕羅研朝梁誌公謂曰益州香貴賤荅曰甚賤初不謂是人也誌曰既爲人所賤何爲久留研亦不測此語爲有識者說之或曰將不指青城香闍黎乎遂往山具述香曰檀越遠來固非虚說其夜便化弟子等營墓將殯怪棺太輕及開止見凡杖而已

益州多寶寺猷禪師者梵道人姓楊氏勤讀誦四十餘年日夕不捨房後院壁圖九想變露置繩床樓被覆上晝依僧例夜則寢中亘一日方出一食如是漸增七日方食僧以爲常弗之怪也如此又經二十餘年忽經一月而不出者不畜侍人衆議不出秖是入定不勞看之忽一夜風雨盛晝壁廊倒旦共往視試撥樓被一無所見唯繩床坐褥存焉

釋僧度不知何人去來邑野略無定所言語出没時有預知號爲狂人周趙王在益州有郫人與王厚便欲反時有告者王未信之至旦郫兵果至王厚者爲主在城西大街方床大坐時僧度乃戴皮靴一隻從城西遺糞而走至盤陀塔棄靴而迴衆怪之而莫測也又復將反者將紙筆請度定吉凶便操筆作州度兩字反者喜曰州度與我斯爲吉也擇曰往亡我往彼亡重必尅之時趙王據西門樓令精兵三千騎往始交即退隨後殺之至盤陀斬郫兵千餘爲京觀令塔東特高者是於後方驗度戴皮相皮郫聲同遺糞而走散於塔地所言州度雖各反即斫頭目前取驗定後人聞於王遣人四追遂失所在

釋衛元嵩益州成都人少出家爲亡名法師弟子聰穎不偶嘗以夜靜侍傍曰世人洶洶貴耳賤目即知皂白其可得哉名曰汝欲名聲若不佯狂不可得也嵩心然之遂佯狂漫走人逐成羣備物搗詠周歷二十餘年亡名入關移住野安自制琴聲爲天女怨心風弄亦有傳其聲者嘗謂兄曰蜀土狹小不足展懷欲遊上京與國士抗對兄意如何兄曰當今王褒庾信名振四海汝何所知自取折辱答曰彼多讀書自爲文什至於天才大略非其分也兄但聽看即輕爾造關爲無過所乃著俗服關中却迴防者執之嵩詐曰我是長安于長公家人欲逃往蜀耳關家迭送至京于公曾在蜀忽得相見與之交遊貴勝名士靡所不諧即上廢佛法事自此還俗周祖納其言又與道士張賓密加扇惑帝信而不猜便行屏削嵩又制千字詩即龍首青煙起長安一代丘是也並符讖緯事後曉之隋開皇八年京兆杜祈死三日而穌云見閻羅王問曰卿父曾作何官曰臣父在周爲司命上士王曰若然錯追可速放去然卿識周武帝不答曰嘗任左武侯司法恒在階陛甚識王曰可往看汝武帝去一吏引至一處門牕椽瓦並是鐵作於鐵牕中見一人極瘦身作鐵色

著鐵枷鎖祈見泣曰大家何因苦困乃爾答曰我大遭苦困汝不見耳今得至此大是快樂祈曰作何罪業受此苦困答曰汝不知耶我以信衞元嵩言毀廢佛法故受此苦祈曰大家何不注引衞元嵩來帝曰我尋注之然曹司處處搜求乃遍三界云無不見若其朝來我暮得脫何所更論卿還語世間人爲元嵩作福早來相救如其不至解脫無期祈穌不忘冥事勸起福助云

釋尚圓姓陳廣漢洛人出家以呪術救物梁武陵王蕭紀宮中鬼怪魅諸婇女或歌或哭紛然亂舉王乃令善射者控弦擬之鬼乃現形即放箭射鬼便遥接還返擲人久而不已聞圓持呪請入宮中諸鬼競前作諸變現龍蛇百獸倏忽前後在空在地怪變多端圓安坐告曰汝小家鬼何因敢入王宮能變我身則可自變萬種秖是小鬼可住聽我一言諸鬼合掌住立圓始發云南無佛陀鬼皆失所自爾安靜武帝聞召大蒙賞遇值梁覆擾圓行至蜀所有痛惱因之護衞年八十一終所住治城今已摩滅

釋法行者不知何人即論法師之神足也論本住玉泉煬帝隆重見於別傳行性素不倫言多卓異或居山谷時入市鄽每往清溪路由覆船頂見泉流茂木乃顧曰十年之後當有大福慧人營搆伽藍及智者來儀果成先告又嘗往當陽城執竹弓射之後有山賊圍城如所前相然每出異言云梁休咎宣帝惡之令追將戮隨使至馬抗不前曰吾償命於此地尋有使至隨致命盡遂斬之而無有血臨終説諸要偈辭理切附不可具載皆述業報不可逃避及戮訖逡巡聞屍靈遂失僕射蕭瑀行至四望山因禪師所爲宣帝懺曰先人殺聖人罪者禮悔之餘願爲反也傳曰以爲後梁纘曆勢不超挺孤守一城傍被禦衞有何榮荷隨妄造愆故斬聖人望延厚祚所謂前望失於後途不久追入流離闕壞無辜之責誠不可欺

釋道穆松滋人性愛山林初入荆州神山將事幽隱感迅雷烈風震山折木神蛇繞床羣虎縱吼穆心安泰然都無外想七日一定蛇虎方隱方登山遠眺其山東依浚壑西顧深流有終焉之志山神變形謝過云是田伯王也來請受戒及施法式諸毒潛亡祭祀絕於醴辛祈澤應時雲雨如此衞候不一例可知也居山三十餘載名聲及遠遊道之賓咸歸向請沙門則僧晨僧安高士則劉虬車緩敘言命的無爽風聲梁湘東王蕭繹欽德經過於挂錫之所建臺一區立碑敘儁簡文爲頌立碑在於山頂及穆將終欣於觀遠乃行至山峯而卒春秋七十矣

釋智曠姓王本族太原中居徐部厥考後住荆州新豐縣母初將孕夢入流浴童子乘寳船來投便覺有娠及生長敏而重行梁太清初喪亂無像元帝當辟曠少勇壯招募壯士隨軍東行未幾淪陷深悟虛假遂不婚娶專求離俗初值巾褐誘以神仙先受符籙次陳章醮便問此術能致道乎答曰籙既護身章亦招貨曠曰斯乃保茲苦器便名道耶又請度世法乃示斷粒必到玉清七日便飛至期

不應道士曰爾猶飲水致無有赴次更七日
口絕水飲道士又曰爾夜尚眠致無感耳又
更七日常坐不卧三期屢滿靡尅昇天而氣
力休强遠近驚異後值高僧授戒為佛弟子
德行動人漸示潛迹江陵張詮者二世眼盲
曠曰爾家塚內棺枕古井移墳開楚必獲禳
焉因即隨言瞽者見道請求剃落衆咸憚之
便伐薪施僧空閑靜慮又言澗有古鐘可掘
出懸寺仁州刺史謂為詭惑鞭背百下無慘
無破使送出臺拘在尚方有力者試以八尺
械懸來搥膝傍觀謂言麋碎而曠容既無撓
肉亦無痕獄吏云承居士能忍飢便絕食七
日身色如故市衛見行驗獄猶有方委分身
梁宣大定三年從人乞草屩令夜當急行及
三更合城火發四門出人不泄燒殺七千曠
在獄引囚二百安步而出年將不惑始蒙剃
落進戒以後頭陀州北四望山去此地福德
方安天子去城六十猛獸所屯初止以後馳
弭床側每夕山隅四燈同照士俗雲赴奄成
華寺後宣明二年平顯二陵皆在寺前驗於
往矣至於梁元覆敗王琳上迫後梁國移並
預表剃有一宰鴟而為齋者鴟神夜告便曰
何有殺牲而充淨供自爾便斷曾度夏水徒
侶數十欲往不可欲去無從前岸兩船無人
將至曠笑而舉聲呼之船自截流直到遂因
濟水誡以勿傳又於咸陽造佛迹寺有牛產
犢出首還隱已過信次母將離弋僧告曠知
惻答曰此犢是寺居士侵用僧物今來償債
其羞不出牛母無他因執爐呵誡犢子疾當
償報何恥生乎應言便出故神異寞徵不可
備載以開皇二十年九月二十四日終於四
望開聖寺春秋七十有五自尅終期天香滿
室合寺音樂西南而去未亡二年預云終事
示如胛痛問律師曰阿那含人亦有疾不未
答間自云報身法然及遷神後手屈三指仁
壽元年永濟寺僧法貴死而又穌見閻羅王
放還正值曠乘宮殿自空直下罪人喜曰三
果聖僧來救我等所造八寺咸有靈奇或涌
飛泉時降佛跡隨慧日道場法論備見若人
為之碑頌廣彰德行
涪州相思寺無相禪師者非巴蜀人不知何
來忽至山寺隨衆而已不異恒人其寺在涪
州上流大江水北崖側有銘方五尺許字如
掌大都不可識下有佛迹相去九尺長三尺
許蹈石如泥道俗敬重相以一時渡水齋返
還無船乃鉢安水中曰何為常攀汝汝可自
渡水便取芭蕉葉搭水立上而渡鉢隨後來
須臾達岸時採樵者見之相語覺知已便辭
去徒衆苦留不住至水入船諸人禮請不與
篙檝乃捉船舷直爾渡水不顧而去即今尋
逐莫測所往
釋童進姓李綿州人昔周出家不拘禮度唯
樂飲酒謂人曰此可以灌等身也來去酣醉
遺尿臭穢衆共非之有遠識者曰此賢愚難
識會周武東征云須毒藥勑瀘州營造置監
吏力科條採藥蝮頭鐵猩萬根大蜂野葛鴆
羽等數十種醸以鐵瓮藥成著皮衣琉璃障
眼方得近之不爾氣衝成瘡致死藥著人畜
肉穿便死童進聞之往彼監所官人弄曰能
飲一盃豈非酒士進曰得一升解酲亦要官

日任飲多少何論一升便取鐵杓於藥瓮中取一杓飲之言訖自若都不爲患道士等聞皆來看進又舉一杓以勸之皆遠走避或曰此乃故殺人何得無罪進曰無所苦藥進自飲有誰相勸乃噫曰今日得一醉眠方石上俄爾遺尿所著石皆碎良久睡覺精爽如常爾後飲酒更多食亦逾倍隋初得度配等行寺抱疾月餘而終年九十餘弟子檀越等終後檢校衣服床褥皆香絕無酒氣

富上者莫測何人恒依益州淨德寺宿埋一大笠在路晝日坐下讀經人雖去來不喚令施有擲錢者亦不呪願每於靜路不入闇中狀如五十雖在多年過無所獲有信心者曰城西城北人稠施多在此何爲答曰一錢兩錢足養身命復用多爲陵州刺史趙仲舒者三代之酷吏也甚無信敬聞故往試騎馬直過倅墮貫錢富但讀經目未曾顧去遠舒令取錢富亦不顧舒乃返來曰你見我錢墮地以不曰見問曰錢今何在曰見一人拾將去舒曰你終日在路唯乞一錢豈有貫錢在地而不取者見人將去何不止之答曰非貪道物何爲浪認仲舒曰我欲須你身上袈裟富曰欲相試耳公能將去復有與者可謂得失一種即疊授與仲舒下馬禮謝曰弟子周朝人官歷三代大與衆僧往還少不貪者聞名故謁本非惡意請往陵州富曰大善然貧道廣欲結緣願公助國安撫即是長相見受供養也舒辭數曰毛中有人不可輕慢爾後不見益州人薊相者從揚州還見之亦埋笠路側顏狀如常

釋明恭住鄭州會善寺昔在俗是隋高下犳騎與伴三人膂力相似而時所忌帝深慮以事除之作兩裹餅餡一餅裹一具生鹿角一餅裹五升鹽俱賜食之並盡其噉鹽者出至朝堂腹裂而死恭噉鹿角全無所覺厭俗出家住會善寺其力若神不可當者曾與超化寺爭地彼多召無賴者百餘人來奪會善秋苗衆咸憂惱恭曰勿愁獨詣超化脫其大鍾塞孔以乾飯六升投中水和可噉一手承底一手取噉須臾並盡仍取大石可三十人轉者恭獨拈之如小土塊遠擲于地超化既見一時驚走又隋末賊起周行抄掠先告寺曰明當兵至可辦食具弁大猪一頭寺無力制隨言爲辦至時列坐鋪莫食具恭不忍斯負拄杖會所與賊言議賊先讓食恭乃鋪餅數十安猪裹之從頭咬拉須臾並盡賊衆驚伏恭召爲護寺檀越羣賊然之故會善一寺隋唐交軍絕賊往來恭之力也又曾山行虎猪交鬪猪漸不如恭語虎曰可放令去虎不肯便一手捉頭一手撮尾拋之深谷斯氣力也說多難信而實有之恭戒潔貞嚴常依衆食所噉如恒人一食有值機候便噉二百人料衆但深訝莫知其所由武德五年終於本寺春秋八十五時會善有客遊沙彌口作吳語厨下然火乾竹大如臂兩指折而燒之恭時怪訝亦以指折而不得沙彌出後恭抱厨柱起以沙彌衣置礎上柱壓之沙彌來求衣不得見在柱下欲取不得恭笑爲擧柱取衣此亦難可思者

釋法進蜀中新繁人在俗精進不敢辛腥在

田農作以鏵刃爲鐘磬步影而齋有送食晚
便飲水而已所犂田地不損蟲蟻一時空中
聲曰進闍棃出家時到如是四五聲合家同
聞進因詣洛口山出家行頭陀不居寺舍時
隋蜀王秀聞名知難邀請遣叅軍郝九闍長
卿往便將左右十人辭王曰承有道德如請
不來當申俗法王曰不須威逼但以理延明
當達此長卿出郭門顧曰今日將你輩往兜
率天請彌勒佛亦望得何況山中道人有何
不來初至吉陽山下日暮見虎道蹲命人射
之馬皆退走欲投村恐違王命俄見一僧負
襆上山長卿命住爲伴餘從並留步至寺所
召入至床又見虎在床下怖不自安進遣虎
出具述王意雖有答對而怖形于相狀進曰
檀越初出郭門一何雄勇今來至此一何怯
懼長卿頂禮默然因宿至旦令先往益貧道
後來行至望鄉臺顧視進行已及即與同見
王入內受戒即日辭出所獲䞋施一無所受
令往法聚寺停王顧諸佐曰見此僧令寡人
毛竪戒神所護也後更召入城王遥見即禮
進曰王自安樂進自安樂何爲苦相惱亂作
無益之事耶諸僧諫曰王爲地主應善問訊
何爲訶責進曰大德畏死須求王意眼見惡
事都不諫勉何名弘教進不畏死責過何嫌
手雖盛飾床筵厚味重結而但坐繩床麤餅
而已乃至妃嬪受戒但責放逸不念無常又
辭入山重延三日限滿便返諸清信等咸設
食而邀之至時諸家各稱進到總集計會乃
分身數十處焉有時與僧出山赴食欻爾而
笑人問其故曰山寺淨人穿壁盜蜜耳及還
果如所說斯事非一旦述之耳初王門師慈
藏者爲州僧官立政嚴猛瓶衣香花少闕加
捶僧衆苦之而爲王所重無敢諫者以事白
進請爲救濟答曰其威力如此豈能受語耶
苦請不已進造藏房門藏走出謂曰法門未
可如是爾亦大力也還返入房蜀人以大甚
爲大力自此藏便息言僧由此安以開皇中
卒山年九十六

釋道幽代州耆闍寺僧善解經論仁壽中於
寺講婆伽般若幷論聽衆百餘人日午坐繩
床如睡見一天人殊爲偉異自云我是釋提
桓因故來奉請在天講經初聞介介情不許
之以畏死答云爲造佛堂未成事有不可眠
覺向侍者如法師述之如曰此事罕逢人生
終死死時不知何道今得生天則勝人也開
通法利天解勝人何得不往佛堂事中功德
不足及言幽從之不久又如前夢依如天請
天帝乃以少香注幽手中尅時來迎及覺見
掌中有香氣熏一寺自後如前說法下講至
廊下床上諸僧遥見香煙充滿床側驚怪來
看幽執香爐正念蟬蛻而去于時寺外道俗
望見雲氣從寺而出如一段雲騰空直上飄
飄而没

襄州禪居寺岑闍棃者未詳何人住寺禪念
爲業有先見之明而寺居山藪貧給素少粒
食不繼岑每日將坩入郭乞酒而飲又乞滿
坩可三斗許將還在道行飲達寺坩亦空竭
明日復爾在寺解齋將篤坩就廚請粥三升
仍挂杖頭入衆以杖打僧頭從上至下人别
一擊日日如是人以其卓越異常或疑打已

災散不辭受之本將粥入房舊養黧犬一頭并一寺內鼠乃有數千每旦來集犬鼠同食庭中塥滿道俗共觀一時失一鼠本悲惋無聊必是犬殺便告責犬犬便銜來本見懊惱以杖捶犬將鼠埋已悲哀慟哭寺僧被鼠嚙衣及箱以告於本本總召諸鼠各令相保一鼠無保本曰汝何嚙人衣杖捶之鼠不敢動令爲寺貧便於講堂東北白馬泉下灤中迁記某處爲廚庫某處爲倉廪人並笑之經宿水縮地出如語便作遂令豐渥又遥記云却後六十年當有愚人於寺南立重閣者然寺基業不虧鬬訟不可住耳永徽中恰有人立重閣由此相訟如其語焉

丹陽通闍梨者住天保寺唐貞觀末年已八十氣力休健儀容率素常服納衣衣厚一寸綫如指大以用紩納極清潔誦法華經市中乞食所得不異流俗得錢財修補寺舍其寺大堂梁時所立朱砂汚灑塗之極厚唐初善禪師鑛大銅像須水銀就梁刮取所用充足餘趾猶赤是知昔人爲福竭於所貴不以爲辭如不用者昔物何在其寺基郭補修所須云有古鎮國金可取治護乃於寺北四十步依言掘得十斤用盡得三十斤便曰地下大有更取殺人於是便止後輒自營土窟於寺北擬終事時未之驗也不久告僧云尋常命終須有付囑引諸財物指訂囑授極有分明經三日而神氣爽健而云將去忽不知所在便就窟視之門已塞開一小孔在土撮卧氣已終矣年九十餘

京師西北有廢凝觀寺有夾紵立釋迦舉高丈六儀相超異屢放光明隋開皇三年寺僧法慶所造捻塑纔了未加漆布而慶忽終同日寶昌寺僧大智又終經三日穌說云初去飄飄若乘風雨可行百里乃見宮殿人物華綺非常又見一人似若王者左右儀仗甚有威雄須間見慶來而面有憂色又見大像謂殿上人曰慶造我未了何爲令死其人遽而下殿拜訖呼階下人曰慶合死未答云命未盡而食盡彼曰可給荷葉而終其福壽言已失像及慶所在時即問凝觀寺僧云慶公死來三日所造丈六一夕亦失達曙方見時共嗟怪言詳未訖人報云慶穌活衆咸往問與大智說同自爾旦旦解齋進荷葉六枚中食八枚凡欲食時先以煖水沃令耎濕方食之周流遠近率諸士女以成其像依像懺禮無爽晨昏以大業初卒春秋七十六近如雍州渭南人單道琮者云永徽五年因患風儀容改異差後味諸飲食咸臭唯噉土飲水時俗命爲人蟺令周行告乞可年四十餘

釋德山姓山氏莫測何人忽棄妻子入山修道鬚髮不暇削衣食不暇給唯息緣靜念爲得性也人莫知其觀行視其相狀如得定者時遊化竹林龍池開悟道俗以清簡爲本每云煩亂之法道俗同弊故政煩則國亂心煩則意亂水清則魚石可見神清則想倒可識學清簡者尚自諠煩況在亂使馬可道哉後入馬鞍山每多毒蛇螫人必死然山來往都不爲害諸餘僮侍晨夕所行一無所懼曾蹋被嚙山以水洗之尋爾還復後還天軻山夏坐樹下人來山所逢虎迫逐便入繩床下虎

蹲床前山曰床下佛子肉味可勝貧道耶即脫衣以施虎屈起而永去後其小子於山訪獲山曰爾來何爲曰久不奉見生死不知故來定省山曰汝去各自覓活更來與杖去後數年又來山取杖欲撞之兒却住曰闍梨遇兒如他人他人可受打耶山大笑曰吾不打爾者必更來敗我道意遂長去山年九十餘終於山谷舍時益州草堂寺旭上者不知何許人少居草堂唯以禪誦爲業餘無所營蜀土尤尚二月八日四月八日每至二時四方大集馳騁遊遨諸僧忙遽無一閑者而旭端坐竹林泊然寂想瓶水自溢爐香自然諸人城西看了相從衆之旭儼然不動等同金石三日之後方復如常四衆敬而異之故覩如朝日之初出同共目之爲旭上也年九十八

釋道悅姓張荊州昭丘人十二於玉泉寺出家受戒安貧苦節尤能持念大品法花常誦爲業隨有經戒日誦一卷人並異之初智者入於玉泉未有鐘磬於泉源所獲怪石一片懸而擊之磬響清徹悅於此寺每誦卷通扣磬一下聞者肅然且其誦聲如清流激韻聽者忘疲所以幽明往者屢有祥感一時患水腹脹如鼓更無餘求唯念般若一夜正誦經次腹忽如裂水出滂流及試手尋洪腫頓消病忽失所斯所謂轉障輕受者也昔朱粲賊擾雅悅守山盜來求減以惠給餘更重取責而不熟慙而返之他日又來將加害命悅坐地不動曰害吾止此吾欲自見寺舍取盡遂放令引路行數步又坐曰吾沙門也非引路之人浮幻形骸任從白刃賊奇其高尚也送還本寺悅一生不衣蠶衣唯服麻布漢陽王至山覩悅風儀秀眉韞服請受戒品又遺厚供一無所受王作大布三衣一襲以奉之因問何不著繒帛耶答曰蠶衣損命乖忍辱之名布服儉素表慈悲之相王曰仲由不恥夫子見稱沙門慈忍固其然也悅步影而食少差虛嗽食留一分以資飛走沉泳之屬故慈善所熏或飛來肩上或浮泊手中雖衣弊服而絕無蚤虱時又巡村乞虱養之誡勿令殺悅居山五十餘年春秋七十二矣終於巖所永徽中有人於青溪見一僧擎錫跣足自云般若師言已不見然生存常誦般若故人咸號焉

釋慧耀姓岐襄陽人少沉密訥言敏行人共重之受具後歷遊訪道至鄴川命師所又往衡岳思師所感伏齊請益觀用清明思公於衆曰公於實相觀善有玄趣居山數年值思長往欲絕迹武當以希素尚行至巴丘曰此地禪律罕聞可隨行化有江陵導因道懿法師聞志焉相攜西上居導因寺積十四年不出戶庭惟味禪靜及智顗返鄉數爲故鄉不乏賢友足爲模揩遺法也因是道俗稍來禮謁耀杜門密行不偶時俗以仁壽二年暮告人曰吾不願惱此衆僧欲往內華寺可以閑放衆固留不許至三年二月有疾見思命二師來迎至三月六日跏坐直身而卒年七十九遂葬於內華未終前寺中三十餘人咸夢寶剎傾倒及明異口同音而說之昔日導因今天皇寺是也見有栢殿五間兩廈梁右軍將軍張僧繇自筆圖畫殿其工正北盧舍那

相好威嚴光明時發殿前五級亦放光明祥徵休咎故不備述由此奇感聊附此焉

釋道辯齊人住泰山靈巖寺居無常所遊行爲任經史洞達偏解數術以大業年中來遊襄部年過七十又與同邑僧神辯相隨杖策登臨眺望山水多所表詣如曾聞見行至禪居寺南嶺望云此寺達者所營極盡山勢衆侶繁盛清肅有餘如何後銳於前起閣寺僧非准寡少更增諠諍相接曾未經涉恰如其言於是盤遊諸寺備陳勝負莫不幽通前識鑒徹精靈又至諸墓亦陳休咎有士俗忘姓名去者請爲圖其墳塋巡歷峴原示其一所曰此中安墓足食豐財入地三尺獲粟一升又深一丈獲石二片五彩交映斯曰財緣依言掘鑿果獲粟石遂行卜葬至今殷有襄州有袁山松者博覽經誥時號儒宗聞辯學廣故來尋造以揚子太玄王弼易道用相探賾辯曰揚王遺術未足研尋可賜懸徒無聞智者松勃然變色笑辯抑揚辯曰公學未周信其前述可除我固當爲指歸便引太玄經云又於玄象偏所留心曾不寢卧夜便露覘審宿度之所次察孛彗之光景便告人云吾昔於裕法師所學觀七曜告余云晉朝道安妙於此術人雖化往遺文在焉其所注素女之經最爲要舉恨失其本如何得之時有一僧偶然獲本請爲披決辯得欣然即爲銷摘此僧茫昧情猶夢海遂以惠之辯曰安目彌天誠非虛稱學統彌綸數術窮盡此雖四紙文綜無遺要約包富靈臺斯盡子時月臨井宿便云事在西楚可告道俗宜營水備不盈兩夕漢江大漲汎溢襄邑城隍將沒預見之明其類若此所得財物並用市金將事合丹擬延其壽人告來盜不可行之便云盜假遁甲六丁吾明此術常以月朔加氣何得相欺吾不畏也以義寧年與神辯南遊嶺表不知所往

釋慧琳姓薛綿州神泉人以隋初隱於建明寺清虛守靜與物不羣寺有塑像常在供養像爲生鬚三十六枚大業末年掃一古墳竪二竹竿云是天眼後忽拔一云弘農楊爲魔所拔也不久義寧嗣曆有時著複衣夏坐墳上日雖炎赫身無熱狀口雖涉道形同於俗言談之次以理居先雒縣先有育王浮圖琳忽一時歷村借車三百乘云欲向雒縣迎浮圖於此安置未經旬日遂被火燒武德年中潛伏草野人莫知也彼有楊祜師不測何人直往草中相見曾生未面宛若舊朋各云别來八百年矣曾爲人呪病得差病者令女賷裙以施女遂留衣送直琳遥見謂曰但將裙來我不須錢女驚其聖以貞觀四年示從物故

釋洪滿姓梁安定人在俗年十五遇時患雙足攣躄常念觀音經三年忽有僧執澡罐在前立不言問曰師從何來答曰以擅越常喚所以來滿扣頭問曰弟子往何罪報令施此攣躄僧曰汝前身拘縛物命餘殃致爾汝但閉目吾爲汝療之滿隨言瞑目但覺兩膝上各如拔六七寸丁却既了開目將欲謝恩失僧所在起行如故滿乃悟是觀音因爾精誠誓不妻娶後忽自通禪觀安坐不動乃經三

日七日者開皇初元變俗從道住救度寺大業融併入居法海貞觀十三年卒春秋八十三矣

釋慧聰姓王出家已後遊行齋講手不釋卷尋經旨趣心自欣躍苦形節食行知足行自云法華經常不輕菩薩不專讀誦經典但行禮拜四衆尚得六根清淨我何為不禮諸佛世尊即於別院閉門常禮萬五千佛依經自唱一一禮之寺僧怪其所作於壁隙伺之見禮拜頭下天龍八部等亦頭下數數非一諸人來其院者無不心戰走出恒聞異香蔚蔚爾及死在貞觀年中院絶人往每夜常聞彈指禮拜行道等相

釋法通姓闞京兆鄠人小出家極尫弱隨風偃仆似任羅綺由是同侶頗輕之通輒流淚一朝對觀音像慨慷曰通聞菩薩聖鑒所願尅從乞垂提誘免斯輕侮因斯誦觀音經晝夜不捨後歲餘歸本生覲母旦食訖假寐於庭樹下少間口中涎沫流液向有三升母以為物忤遽呼覺問何事如此通曰向見有人遺三驢䭾筋通噉始一驢嫌吁遂覺餘二失之自爾覺身力雄勇肌膚堅靭寔舉大木石不以為重寺有僧戢者膂力之最通竊取袈裟安在柱下戢初不見謂是神鬼所為通笑為舉梁抽取戢大駭服有大石曰重五百餘斤通於南山負來供僧用今見在廚水施禽鳥隋高祖重之有西蕃貢一人云大壯在北門試相撲無得者帝頗惡之云大隋國無有健者召通來令相撲通曰何處出家人為此事必知氣力把手即知便喚彼來通任其把捉其人努力把捉通都不以為懷至通後捉總攬兩手急搦一時血出外濆彼即蟠卧在地乞命通放之曰我不敢殺捉恐你手碎去於是大伏舉朝稱慶京邑弄力者聞而造之通為把豆麥便碎倒曳車牛卻行當時壯士命為天力士也煬帝末避亂隱南山乃負一具碓并犢子大神通也未幾丁母憂出山歸葬事了返山雖力兼百夫未曾忤物精誠節約時輩推之以武德初卒春秋五十六

釋慧因姓張清河武城人昔依賢法師後以雅志卓然衆所推伏欲屈知寺任逡巡於蜀川詢求禪律訪無夷險必往參請唐運大通自蜀而返于時州別一寺但三十僧因即其一持維志節終始無忘後為開聖本寺去荊五十餘里山藪曠逈阻絶風煙乃獨止此山草庵蘭若二十餘載四遠咸依昔智者遺言今宛符會貞觀十九年大旱而寺石泉獨無有竭乃自負水外給飛走由斯獲濟江陵令盧行餘承聞往之索水飲馬因負而給之行餘謂少頗出恚言便遣馬就寺餓值羣猪來路人無敢犯後有二人寺北竊食辛肉虎來擁遶哮吼將噉其人得急逃竄無方因聞往救虎乃潛退斯戒德慈明為若此也法華一部毗尼戒本行往常誦未忘心口年七十五卒於本寺

釋法施姓江武當人少而弘直神智難測形無定方出處不滯遊巴陵顯安寺娑羅樹下宴嘿而人亦莫之顧也依荊南記云晉永康元年僧房床下忽生一樹隨伐隨生如是非一樹生逾疾咸共異之置而不剪旬日之間

植柯極棟遂移房避之自爾已後樹長便遲
但極晚秀夏中方有花葉秋落與衆木不殊
多歷年稔人莫識也後外國僧見攀而流涕
曰此娑羅樹也佛處其下涅槃吾思本事所
以泣耳而花開細白不足觀採元嘉十一年
忽生一花形色如芙蓉樹今見在此亦一方
之奇迹也隋末喪亂稱兵非一蕭銑時為羅
縣令施拊背指巴陵城曰此天子城也後果
王之米極平賤施誡深藏人不測其言於後
米斗直萬五千飢餓者衆如此記授來事若
指諸掌趙郡王伐偽梁銑問今事如何施遺
雙銅筋銑曰令我同矣遂舉衆歸化百姓咸
賴其德弘矣嘗於江陵北頭陀虎來牀側人
來語虎曰佛子閉目虎即低頭閉目斯遇猛
獸如家犬者斯人在斯誦勝天王一部靜念
出觀誦而美之而精進牢強越於常伍後潛
形高遁

釋慧岸者未詳何人面鼻似胡言同蜀漢往
來市里默言無准人不之異武德三年科租
至岷州程期甚促蜀人初不聞謂在天外人
有僦賃科索萬錢轉更驚急謂往鬼國被去
者皆為死計散齎資糧為不行之計岸於新
繁市大笑曰但去必見歡喜捉負租拗折數
枚衆人去至鹿頭道逢勅停此前言之驗也
武德六年輒復悲泣不能自禁曰誰能見煩
惱因沒水求死衆人爭入水接之乃端坐水
底已卒卒後其年亢旱不收疫死衆矣

釋法運姓鄧荊州長林人姿容挺秀有拔羣
之美至於筭曆五行洞其幽致傳述楚二悔
星以運為一也後值智曠禪師誨以出俗之
資便削除俗玩剃髮入道修學禪要志樂閑
寂別於開聖西北起一道場如常觀行不隔
昏曉嘗誦七佛呪等救濟無不輒應隋末虎
暴摩頂曰天下正亂百姓遑遑汝可遠藏莫
為他厭及八營賊主楊道生承名迎接安置
供給蕭銑次立又加奉敬所獲施物即入悲
敬二田又於州內別置道場號為龍歸精舍
銑乃請問興亡答曰貧道薄德不得久為善
友時不測其言也不久趙郡王恭泝游兵至
又加頂謁兵又東下圖像隨身又留一影今
運慈屬允所謂道德之感動也嘗有信心士
女晨夕供施妖邪鬼怪見必迴心社廟神祇
悉來歸戒以武德中化往春秋六十葬於開
聖寺智曠禪師塔側

貞觀年中遼西柳城靺鞨名帝示階者年十
八時逃入高麗拾得二寸許銅像不知何神
明安皮袋中每有飲噉酒肉拔出祭之逢高
麗捉獲具說我是北邊靺鞨不信謂是細作
斫之三刀不傷皮肉疑是神人問有何道術
答曰無也唯供養神明而已乃出示之曰此
我國中佛也因說本末看像背上有三刀痕
遂放之令往唐國彼大有佛事可諮問也其
人得信在懷深厭俗網今在幽州出家大聰
明有儀止巡講採聽隨聞便解有疑錄出以
問者皆深隱遠思者難之

釋智顗住遂州護明寺少出家戒操貞峻立
操耿介勇銳居懷閭川聞見莫不高賞留寸務
坐禪人不知其所詣隋末賊起川原交陣相
推不已動經旬朔顗於兩陣以道和通往返
彌時俱隨和散合郡同嘉敬而重之後與道

俗十餘行值寇厥弃被驅掠顯遂隱身不見後訪得問云我念觀音不值賊有同學在箕山守靜獵者奪糧頓盡願遠知之使人送米其通幽解網非可究也而任吹虛舟無所拘礙每有苦處輒往救拔是知大悲攝濟隨方利生雖行位殊倫而心馬靡異不測其終

釋法聰姓陳住蘇州常樂寺初負袠周遊法席參詣隨聞雖曉然未本意意在息言然言為理詮事須博覽不著為本無得虛延如灰除垢灰亦須淨後往金陵攝山栖霞寺觀顧泉石僧衆清嚴一見發心思從解髮時遇善友依言度脫遂誦大品不久便通又往會稽聽一音慧敏法師講得自於心蕩然無累貞觀十五年還杭蘇等州開道集衆受道者三百餘人自爾華嚴涅槃相續二十餘遍貞觀十九年嘉興縣高王神降其祝曰為我請聰法師受菩薩戒依言為授又降祝曰自今以往酒肉五辛一切悉斷後若祈福可請衆僧在廟設齋行道又二十一年海鹽縣鄱陽府君神因常祭會降祝曰為我請聰法師講涅槃經道俗奉迎幡花相接遂往就講餘數紙在又降祝曰蒙法師講說得稟法言神道業障多有苦惱自聽法來身鱗甲内細蟲嚙苦已得輕昇願道俗為我稽請法師更講大品一遍乃不違之顯慶元年冬謂弟子曰吾不久捨報可施諸禽鳥而恒講不輟後講於高座上塵尾忽墮而終春秋七十一矣

釋僧明者不知何人在五臺娑婆古寺所管屋宇二十餘間守一切經禪誦為業自云年十七時從師上五臺東禮花林山訪文殊師利至一石谷漸深見有石臼木杵又見兩人形大無影眉長披髮眼瞼上掩師便頂禮請救其人曰汝穀氣小遠從何來答昭果寺僧習禪樂道隱在娑婆已數十年然食五穀願眞人救苦報曰待共衆議須臾更一人來長大著樹皮衣云汝來已久可遂我至寺行大石側忽見山谷異常廊院周遶狀若天宮有十四五人同坐談笑問所來方言議久之送出後重尋失路還舊業定以貞觀十六年卒八十一矣今娑婆寺二甎塔存

釋明隱者少習禪學次第觀十一切入在中臺北木瓜谷寺三十年唯以定業餘無所懷又往佛光山寺七年又住大孚寺九年志道之徒相從不絕道俗供事填委山林永徽二年代州都督以昭果寺僧徒事須網領追還寺任辭不獲免龍朔元年十月卒於此寺端坐熈怡如在久定其五臺山有故宕昌寺甘泉美峀往而忘返有僧服水得仙身如羅縠明見藏府骨髓武德年末行於山澤今村中父老目者十餘人說之五臺山者斯為神聖所憩中臺最高所望諸山並下上有大泉名曰太華傍有二塔後諸小石塔動有百千云是孝文從北恒安至此所立石上人馬大跡儼然如初從中臺東南三十里至大孚靈鷲寺南有花園前後遇聖多於此地有東西二道場中含一谷西北上八里許有王子燒身塔寺元是齊帝第三子性樂佛法思見文殊故來山尋如其所願燒身供養因而起塔所將内侍劉謙之於此寺中七日行道祈請文殊既遇聖者搶復丈夫曉悟華嚴經義乃造

華嚴論六百卷今五臺諸寺收束猶有三百許卷近龍朔中主上令會昌寺僧會賾兩度將功德物往彼修補塔尊儀與五臺縣官同往備見聖迹異香鐘聲相續不絶

釋法空者不知何人隋末任鷹門郡府鷹擊郎將時年四十歘自生厭離見妻子家宅如牢獄桎梏志慕佛法情無已已總召家屬曰吾為爾死日久矣旦夕區區止是供給可各自取計吾自決矣便裹糧負襆獨詣臺山飢則餐松皮柏末寒則入兜苫覆專思經中要偈亦無所參問時賊寇交起追擊攸歸府司郡官所在追捲將至禁所正念不語志逾慷慨跏坐不動不食不息已經五日守令以下莫不驚愕因放之任其所往一坐三十餘載禽獸以為親隣妻子尋獲欲致糧粒空曰吾厭俗為道以解脫為先自今以往願為善知識非爾纏縛吾何解之更不須相見於是遂絶幽居日久每有清聲召曰空禪如是非一空知是自心境界以法遣之後遂安靜初學九次以禪用乃明終為對礙遂學大乘離相有從學者並以此誨之不知所終

釋明濬姓孫齊人善章草常以金剛般若為業永徽元年二月十二日夜暴死心上暖周時方穌說云初有二青衣童子將至王所問一生作何業濬答但誦金剛般若經王曰不可言師可更誦滿十萬遍明年必生淨土弟子不見師也還令二青衣送至寺濬自爾精苦倍百逾厲至二年二月卒寺衆咸聞異香云

釋明解者姓姚住京師普光寺有神明薄知才學琴詩書畫京邑有聲然調情敞悅頗以知解自傲於諸長少無重敬心至於飲噉不異恒俗會龍朔之中徵諸三教有能觀國者策第賓王解因此際往赴東都策第及之行次將仕乃脫袈裟吾今脫此驢皮預在人矣遂置酒集諸士俗賦詩曰一乘本非有三空何所歸云云不久病卒與友僧夢曰解以不信故今生惡道甚患飢渴如何不以故情致一食耶及覺遂列食於野祭之又夢極慙愧云云又下夢於畫工先來同役者曰我以不信敬生處極惡思得功德無由可辦鄉舊與相知何為不能書一兩卷經耶又遺其詩曰

握手不能別　撫膺聊自傷　痛矣時陰短
悲哉泉路長　野風驚晩吹　荒隧落寒霜
留情何所贈　惟斯內典章

畫工不識書令誦十八遍已便去遂覺向諸僧俗說之嗟乎明解可惜一生妄存耶我自陷千載斯謂徒生徒死大聖豈虛言哉貞觀中洺州宋尚禮者薄學有神明好為誦詭詩賦罷縣還貧無食好乞貸至鄴戒德寺貸粟數與不還又從重貸不與之因發憤造慳伽斗賦可有十紙許加飾莊嚴慳態時俗常誦以為口實見僧輒弄亦為黃巾所笑及禮將死謗毀自當兩目圓赤見者咸畏呵嗟擾攘少時而絶

釋法沖字孝敦姓李氏隴西成紀人父祖歷任魏齊故又生於兗部沖幼而秀異傲岸時俗弱冠與僕射房玄齡善相謂曰丈夫年不登五品者則共不仕為逸人矣沖年二十四果為鷹揚郎將遭母憂讀涅槃經見居家迫

迮之文遂發出家心聽涅槃三十餘遍又至安州暠法師下聽大品三論楞伽經即入武都山修業年三十行至冀州貞觀初年下勅有私度者處以極刑沖誓亡身便即剃落時嶧陽山多有逃僧避難資給告窮便造詣州宰曰如有死事沖身當之但施道糧終獲福祐守宰等嘉其烈亮冒綱周濟乃分僧兩處各置米倉可十斛許一所徒衆四十餘人純學大乘并修禪業經年食米如本不減一所有五六十人纔經兩日食米便盡由不修禪兼作外學沖告曰不足怪也能行遣者白毫之惠耳蓋利由道感還供道衆行殊道業理固屢空于時逃難轉多復弊霖雨無處投止山有大巖猛獸所居沖往詣巖咒告曰今窮客相投可見容不虎乃相携而去遂感依之仍聽華嚴等經及難解重至安州有道士蔡子晃者閑習內外欵狎僧倫道俗盛集僧寺乃令晃開佛經沖曰汝形同外道邪術纏懷苟講佛經終歸名利我道俗無名要惟釋子身既在此畢不得行早可識機無悔於後晃

聞默然逡巡而退爾時大衆歎曰護法菩薩斯其人哉沖以楞伽奧典沉淪日久所在追訪無憚夷險會可師後裔盛習此經即依師學屢擊大節便捨徒衆任沖轉教即相續講三十餘遍又遇可師親傳授者依南天竺一乘宗講之又得百遍其經本是宋代求那跋陀羅三藏翻慧觀法師筆受故其文理克諧行質相貫專唯念惠不在話言於後達磨禪師傳之南北忘言忘念無得正觀為宗後行中原惠可禪師創得綱紐魏境文學多不齒之領宗得意者時能啓悟今以人代轉遠紕繆後學可公別傳略以詳之今叙師承以爲承嗣所學歷然有據達磨禪師後有惠可惠育二人育師受道心行口未曾說可禪師後粲禪師惠禪師盛禪師那老師端禪師長藏師眞法師玉法師（已上並口說玄理不出文記）可師後善師（出抄四卷）豐禪師（出疏五卷）明禪師（出疏五卷）胡明師（出疏五卷）遠承可師後大聰師（出疏五卷）道蔭師（抄四卷）沖法師（疏五卷）岸法師（疏五卷）寵法師（疏八卷）大明師（疏十卷）不承可師自依攝論者遷禪師（出疏四卷）尚

德律師（出人楞伽疏十卷）那老師後實禪師惠禪師曠法師弘智師（名住京師西明身亡法絕）明禪師後伽法師寶瑜師寶迎師道瑩師（並次第傳燈于今揚化）沖公自從經術專以楞伽命家前後數弘將二百遍須便爲引曾未涉文而通變適緣寄勢陶誘得意如一隨言便異師學者苦請出義乃告曰義者道理也言說已麤況舒在紙麤中之麤矣事不獲已作疏五卷題爲私記今盛行之初沖周行東川不任官貫頻有度次高讓不受年將知命有勅度人兗州度抑令入度隸州部法集寺雖名預公貫而栖泉石撫接遺逸爲心房公位居台輔作書召入沖得題背曰我於三界無所須卿至三槐位亦極公又重延不守恒度翻翔都邑即弘大法晟動英髦冠蓋雲蒸歎未曾有中書杜正倫親位法席詳評玄義弘福潤法師初未相識曰何處老大德答兗州老小僧耳又問何爲遠至答曰聞此少一乘欲宣一乘教網漉信地魚龍故至潤曰斯實大心開士也因行至大興善寺萬年令鄭欽泰於寺打人沖止之曰

公勿於寺打人泰曰打人罪我自當沖曰罪不自當可遣他受然國家立寺本欲安寧社稷雅善行之公今於寺打人豈名爲國祈福泰即禮謝又三藏玄奘不許講舊所翻經沖曰君依舊經出家若不許弘舊經者君可還俗更依新翻經出家方許君此意奘聞遂止斯亦命代弘經護法强禦之士不可及也然沖一生遊道爲務曾無栖泊僕射于志寧曰此法師乃法界頭陀僧也不可名實拘之顯慶年言旋東夏至今麟德年七十九矣

續高僧傳卷第二十七

續高僧傳卷第二十六

校勘記

一　底本，金藏廣勝寺本。

一　本卷前，資、磧、普、南、徑、清尚有感通篇中傳文一卷，兹據明永樂北藏本補録，附於卷後，並校以資、磧、普、南、徑、清。

一　九七七頁中一行經名，資、磧、普、南、清作「續高僧傳卷第二十八」；徑作「續高僧傳卷第三十六」。

一　九七七頁中三行「感通下」，資、磧、普、南、徑、清作「感通篇下」。又「四十五」，資、磧、普、南、徑、清作「四十五人」。

一　九七七頁中五行首字「隋」，徑、清無。以下傳目首字同。

一　九七七頁中一六行「隨法寺」，資、磧、普、徑作「隋法寺」。

一　九七七頁中一七行「僧順」，資、磧、普、南、徑、清作「道順」。

一　九七七頁下三行小字「法順」，資、磧、普、南作「法願」。

一　九七七頁下八行「靈達」，資、磧、普、南、徑、清作「靈遠」。

一　九七七頁下二〇行「法揩」，資、磧、普、南、徑、清作「法楷」。下同。

一　九七八頁上八行「大興善」，資、磧、普、南、徑、清作「大興善寺」。

一　九七八頁上一五行「樓閒」，資、磧、普、南、徑、清作「樓閣」。

一　九七八頁中八行首字「年」，資、磧、普、南、徑、清作「年至」。又「三十」，資作「四十」。

一　九七八頁中一一行「登祚」，資、磧、普、南、徑、清作「登位」。

一　九七八頁中一三行第一三字「以」，麗作「似」。

一　九七八頁中一八行「砧碪」，資、磧、普、南、徑、清作「砧鎚」。

一　九七八頁中一九行「州部」，資、磧、普、南、徑、清作「州郡」。

一　九七八頁下一二行「鄂州」，麗作「鄭州」。

一 九七八頁下一七行「洎便」，資作「洎使」；磧、普、南、徑、清作「須便」。

一 九七八頁下一九行第一〇字「徙」，麗作「從」。

一 九七九頁上三行第四字「興」，諸本(不含石，下同)作「與」。

一 九七九頁上八行末字「卬」，資、磧、普、南、徑、清作「印」。

一 九七九頁上二一行「其岸」，麗作「其圻」。又「震且」，諸本作「震旦」。

一 九七九頁上末行「喜瑞」，諸本作「嘉瑞」。

一 九七九頁中一行「乃募」，資、磧、普、徑作「乃慕」。

一 九七九頁中二行「路遠」，磧、普、南、徑、清作「路逢」。

一 九七九頁中八行「數百」，資、磧、普、南、徑、清作「百數」。

一 九七九頁中一〇行第六字「證」，資、磧、普、南、徑、清作「登」。

一 九七九頁中一四行第一〇字「華」，麗作「華重」，又第一二字「夫」，磧作「去」。

一 九七九頁下一三行第四字「屋」，資、磧、普、南、徑、清作「室」。

一 九七九頁下二〇行第三字「今」，資、磧、普、南、徑、清作「令」。

一 九七九頁下二一行「大同卅六年」，資、磧、普、南、徑、清作「大同三十六年」；麗作「大同世六年」。

一 九八〇頁上二行「峙于」，資、磧、普、南、徑、清作「于時」。

一 九八〇頁上八行「隱倫」，資、磧、普、南、徑、清作「隱淪」。

一 九八〇頁上一八行「福利」，資、磧、普、南、徑、清作「施利」。

一 九八〇頁上一九行「末住」，資、磧、普、南、徑、清作「末又住」。

一 九八〇頁上二〇行第二字「和」，諸本作「秋」。

一 九八〇頁上二一行第五字「卒」，資、磧、普、南、徑、清作「卒也」。

一 九八〇頁中二行「住大興善」，磧、南作「大住大善」。

一 九八〇頁中九行「喜陵江」，諸本作「嘉陵江」。

一 九八〇頁中一五行「浮汎」，資、磧、普、南、徑、清作「浮泛」。

一 九八〇頁下二行第九字「充」，諸本作「兗」。

一 九八〇頁下一〇行「奄暗」，徑作「奄闇」。

一 九八〇頁下一三行「朱光」，資、磧、普、南、徑、清作「赤光」。

一 九八一頁上一一行第七字「嬀」，資、磧、普、南、徑、清作「屬」。

一 九八一頁中七行第九字「尒」，徑、清作「邇」。

一 九八一頁中八行第三字「既」，資、磧、普、南、徑、清作「即」。又第一一字「衆」，資、磧、普、南、徑、清作「自」。

一 九八一頁中二〇行第五字「發」，資、磧、普、南、徑、清作「螺」。

一 九八一頁下七行第一三字「世」，資、磧、普、南、徑、清作「卒年」。

一 九八一頁下一二行第一〇字「經」，資、磧、普、南、徑、清作「諸經」。

一 九八一頁下一三行「老耄」，資、磧、普、南、徑、清作「耆老」。

一 九八一頁下一四行「通開槃梗」，資、磧、普、南、徑、清作「通問槩梗」；麗作「通問槃梗」。

一 九八一頁下二一行「谷山」，資、磧、普、南、徑、清作「公山」。

一 九八二頁上三行首字「仍」，資、磧、普、南、徑、清無。

一 九八二頁上四行第五字「綖」，資、磧、普、南、徑、清作「疋」。

一 九八二頁上八行第八字「矚」，資、磧、普、南、徑、清作「燭」。

一 九八二頁上九行第八字「也」，普、南、徑、清作「世」。又第一三字「咸」，資、磧、普、南、徑、清無。

一 九八二頁上一八行「閑守」，資、磧、普、南、徑、清作「閉守」。

一 九八二頁中四行「法順」，資、磧、普、南、徑、清作「道順」；麗作「僧順」。

一 九八二頁中六行末字「劾」，麗作「効」。

一 九八二頁中一二行第六字「徵」，資、磧、普、南、徑、清作「徽」。本頁下一一行第七字同。

一 九八二頁中一四行第二字「送」，麗作「送舍利」。

一 九八二頁中一八行「不落」，資、磧、普、南、徑、清作「下落」。

一 九八二頁中二〇行第四字「比」，諸本作「北」。

一 九八二頁中二一行第七字「也」，普、南、徑、清、麗作「世」。

一 九八二頁中二二行第九字「足」，資、磧作「之」。

一 九八二頁中末行「即徃」，麗作「即住」。

一 九八二頁下一四行「邪仄」，資、磧、普、南、徑、清作「斜仄」。

一 九八二頁下末行「途李」，麗作「遊履」。

一 九八三頁上一行第二字「難」，資、磧、普、南、徑、清無。又第五字「地」，資、磧、普、南、徑、清作「談」。

一 九八三頁上九行「後乃」，資、磧、普、南、徑、清作「後及」。

一 九八三頁上一一行「及世」，資、磧、普、南、徑、清作「及至」。

一 九八三頁上一六行第四字「也」，普、南、徑、清作「世」。

一 九八三頁上一七行「言語」，資、磧、普、南、徑、清作「言晤」。

一 九八三頁上二二行「義擧」，資、磧、普、南、徑、清作「義學」。

一 九八三頁中七行第一〇字「皆」，資、磧、普、南、徑、清作「生」。

一 九八三頁中八行「未入」，資、磧、普、南、徑、清作「末入」。

一 九八三頁中一〇行「復徃」，資、磧、普、南、徑、清作「復住」。

一 九八三頁中一五行「昔任」，普、南、

徑、清作「昔住」。

一九八三頁中一六行首字「識」，資、磧、普、南、徑、清作「誠」。

一九八三頁中一九行「八十」，資、磧、普、南、徑、清作「春秋八十」。

一九八三頁下三行第四字「今」，資、磧、普、南、徑、清作「令」。

一九八三頁下六行「神色」，徑作「悖色」。

一九八三頁下七行「怗然」，資、磧、普、南、徑、清作「怡然」。

一九八三頁下八行第七字「尼」，資、磧、普、南、徑、清作「居」。

一九八三頁下一一行「尼公」，普、南、徑、清作「居公」。

一九八三頁下一四行末字「北」，資、磧、普、南、徑、清作「比」。

一九八三頁下一五行「洪洪」，普、南、徑、清作「喙喙」。

一九八四頁上二行「秦州」，資、磧、普、南、徑、清作「于秦州」。

一九八四頁上三行「如露」，資、磧、普、南、徑、麗作「如霧」。

一九八四頁上一二行第七字「末」，資、磧、普、南、徑、清無。又「廟州」，資、磧、普、南、徑、清作「廣州」。

一九八四頁上一四行末字「帷」，諸本作「唯」。

一九八四頁上末行「白鵠」，資、磧、普、南、徑、清作「白鶴」。

一九八四頁中五行第六字「歡」，資、磧、普、南、徑、清作「觀」。又「塔寺」，資、磧、普、南、徑、清作「塔所」。

一九八四頁下三行「卒也」，普、南、徑、清作「卒世」。

一九八四頁下五行第二字「割」，資、磧、普、南、徑、清作「剖」。

一九八四頁下末行第一三字「二」，資、磧、普、南、徑、清作「一」。

一九八五頁中三行第三字「内」，資、磧、普、南、徑、清作「日」。

一九八五頁中七行末字「折」，資、普、南、徑、清作「析」。

一九八五頁中一二行第一三字「上」，資、磧、普、徑作「止」。

一九八五頁中一三行「供侍」，資、磧、普、南、徑、清作「供待」。

一九八五頁中一四行「寛厚」，資、磧、普、徑作「寛懷」。

一九八五頁下一行「又見」，資、磧、普、南、徑、清作「及見」。

一九八五頁下四行第三字「達」，資、磧、普、南、徑、清作「遠」。八行第八字、一九行第六字同。

一九八五頁下九行「延興」，資、磧、普、南、徑、清作「延興寺」。

一九八五頁下一〇行「終月」，資、磧、普、徑作「終日」。

一九八五頁下一二行「芬列」，磧、普、南、徑、清、麗作「芬烈」。

一九八五頁下一八行第一〇字「雙」，資、磧、普、南、徑、清無。

一九八五頁下二〇行首字「也」，資、磧、普、南、徑、清作「野」；麗作「世」。

一九八五頁下末行第二字「圓」，諸本作「因」。

一　九八六頁上三行第八字「或」，磧、麗作「戒」。

一　九八六頁上八行第一三字「箴」，麗作「箴」。又末字至次行首字「惟夫」，資、磧、普、南、徑、清作「夫惟」。

一　九八六頁上一〇行第一一字「自」，資、磧、普、南、徑、清作「目」。

一　九八六頁上一一行第四字「會」，資、磧、普、徑作「會通」。

一　九八六頁上一五行第六字「監」，諸本作「濫」。

一　九八六頁上一六行末字「切」，資、磧、普、南、徑、清作「劬」。

一　九八六頁上一八行「令送」，麗作「令送舍利」。

一　九八六頁上二〇行「一無所現」，普、南、清作「一無所見」；徑作「亦無所見」。

一　九八六頁上二二行第二字「屬」，普、南、徑、清作「燭」。

一　九八六頁中一行「欲然」，麗作「欻然」。

一　九八六頁中三行「又放」，資、磧、普、南、徑、清作「又放光」。

一　九八六頁中一一行「張世謙」，資、磧、普、南、徑、清作「張世謙者」。

一　九八六頁下五行第三字「撤」，資、磧、普、徑、麗作「激」。

一　九八六頁下二二行末字「遞」，麗作「遽」。

一　九八七頁上四行第三字「書」，資、磧、普、南、徑、清作「舒」。

一　九八七頁上七行「雲來」，資、磧、普、南、徑、清作「雲彩」。

一　九八七頁上一二行第三字「喋」，資、磧、普、南、徑、清作「禁」。

一　九八七頁上一五行第二字「六」，資、磧、普、南、徑、清作「六牙」。

一　九八七頁上一七行第一〇字「徒」，資、磧、普、南、清、麗作「徙」；徑作「後」。

一　九八七頁中一七行第五字「自」，麗作「白」。

一　九八七頁中二一行第三字「擢」，麗作「擁」。

一　九八七頁下二行「覩摸」，資、磧、普、南、徑、清作「規模」。

一　九八八頁上一二行「山泉」，資、磧、普、南、徑、清作「山衆」。

一　九八八頁上一七行「徹止」，諸本作「徹心」。

一　九八八頁上一九行「分爲」，資、磧、普、南、徑、清作「丞上分爲」。

一　九八八頁中三行第八字「百」，資、磧、普、南、徑、清作「皆」。

一　九八八頁中一二行「卓擧」，諸本作「卓卓」。

一　九八八頁中一三行「安怗」，徑、麗作「安帖」。

一　九八八頁下八行「錯磨」，資、磧、普、南、徑、清作「鑽磨」。

一　九八八頁下一〇行第八字「駮」，麗作「剥」。

一　九八八頁下一八行第一一字「朗」，諸本作「得」。

一　九八八頁下二一行「仍存」，資、磧、

普、南、徑、清作「乃存」。

一九八九頁上八行第五字「閑」，磧作「關」。

一九八九頁上九行「幽顯」，普、南、徑、清作「幽隱」。又「止觀」，資、磧、普、南、徑、清作「正觀」。

一九八九頁上一八行第一二字「云」，諸本作「示」。

一九八九頁上二一行末字「終」，資、磧、普、南、徑、清作「終世矣」。

一九八九頁上二二行「曹州」，南、徑、清作「青州」。

一九八九頁中一行「兩匠」，磧、南、徑、清作「雨匠」。又「振紐」，資、磧、普、南、徑、清作「振綱」。

一九八九頁中四行第四字「隨」，資、磧、普、南、徑、清作「隋」。

一九八九頁中六行第九字「揩」，資、磧、普、南、徑、清作「楷」。下至次頁上一〇行第五字同。

一九八九頁中一四行第一三字「治」，麗作「内」。

一九八九頁下三行「沓重」，資、磧、普、南、徑、清作「重沓」。

一九八九頁下六行第七字「并」，諸本無。

一九八九頁下一〇行第二字「至」，諸本作「室」。

一九八九頁下一八行「樓閼」，諸本作「樓閣」。

一九九〇頁上一〇行末字「續」，資、磧、普、南、徑、清作「經」。

一九九〇頁上一四行「李氏」，資、磧、普、南、徑、清作「姓李氏」。又「布意」，資、磧、普、南、徑、清作「希意」。

一九九〇頁中一行首字「盈」，諸本作「挺」。

一九九〇頁中三行「其終」，資、磧、普、南、徑、清作「終卒」。

一九九〇頁中四行「姓栗」，資、磧、普、南、徑、清作「姓粟」。

一九九〇頁中一二行「三枚」，資、磧作「三杖」；普、南、徑、清作「三丈」。

一九九〇頁中一五行末字「栢」，資、磧、普、南、徑、清作「古栢」。

一九九〇頁中二〇行第七字「也」，資、磧、普、南、徑、清作「世」。

一九九〇頁中二二行「栖遑」，資、磧、普、南、徑、清作「恓惶」。

一九九〇頁下一行第一三字「室」，資、磧、普、南、徑、清無。

一九九〇頁下五行「水瓶」，資、磧、普、南、徑、清作「水甌」。

一九九〇頁下一三行第五字「攉」，資、磧作「推」；普、南、徑、清作「擁」。

一九九〇頁下一五行第一三字「因」，資、磧、普、南、徑、清作「用」。

一九九〇頁下一七行末字「敫」，諸本作「敷」。

一九九〇頁下一九行第二字「送」，磧、普、南、徑、清作「送舍利」。又「崇教寺」，普、南、徑、清作「崇敬寺」。

一九九〇頁下二二行第二字「大」，資、磧、普、南、徑、清作「夫」。

一九九〇頁下末行末字「住」，諸本

作「任」。

一　九九一頁上一行「七十餘」，資、磧、普、南、徑、清作「年七十餘」。

一　九九一頁上三行「仍頻」，資、磧、普、南、徑、清作「頻仍」。

一　九九一頁上一一行第三字「尊」，普、南、徑、清作「遵」。

一　九九一頁上一六行「嫵郄」，資、磧、普、南、徑、清作「嫌隙」。

一　九九一頁上末行第一三字「復」，資、磧、普、南、徑、清作「後」。

一　九九一頁中一行「静慮」，資、磧、普、南、徑、清作「静處」。

一　九九一頁中五行「委由」，普、南、徑、清作「委曲」。

一　九九一頁中八行第八字「大」，諸本無。

一　九九一頁中一一行第七字「計」，資、普、南、徑、清作「許」。

一　九九一頁中一八行第九字「迂」，資、磧、普、南、徑、清作「塔」。

一　九九一頁下四行末字「王」，普、南、徑、清作「主」。

一　九九一頁下一五行「非有」，諸本作「之非有」。

一　九九一頁下一八行「教敦下土」，資、磧、普、南、徑、清作「教敷下士」；麗作「教數下土」。

一　九九一頁下一九行第八字「轉」，資、磧、普、南、徑、清作「輪」。

一　九九一頁下二一行「楊名」，諸本作「揚名」。

一　九九二頁上二行末字「栊」，諸本作「拔」。

一　九九二頁上五行第一〇字「倫」，麗作「淪」。

一　九九二頁上一三行第一三字「嘱」，資、磧、普、南、徑、清作「屬」。

一　九九二頁上二二行第五字「普」，資、磧、普、南、徑、清作「照」。

一　九九二頁中三行「宇内」，磧作「宗内」。

一　九九二頁中一〇行「季康」，資、磧、普、南、徑、清作「李康」。

一　九九二頁中一五行「其既」，資、磧、普、南、徑、清作「既其」。

一　九九二頁中一八行第四字「故」，資、磧作「故正」。

一　九九二頁中一九行「含情」，資、磧、普、南、徑、清作「含憤」。

一　九九二頁下二行「百化」，資、磧、普、南、徑、清作「自他」。

一　九九二頁下三行首字「或」，資、磧、普、南、徑、清作「或業」。又「終於」，磧、南、清作「或終於」。

一　九九二頁下一〇行第八字「今」，資、磧作「令」。

一　九九二頁下一一行第一〇字「隋」，資、磧、普、徑作「隨」。

一　九九二頁下一三行「研石」，資、磧、普、南、徑、清作「斫石」。

一　九九二頁下一四行第五字「巨」，普、南、徑、清作「巨防」；麗作「巨浸」。

一　九九二頁下一八行經名，資、磧、普、南、清作「續高僧傳卷第二十

八」；徑作「續高僧傳卷第三十六」。
一 九九二頁下末行「感通下」，資、普、徑、清、麗無。
一 九九三頁上一行「卷第二十七」，徑作「卷第三十五」。
一 九九三頁上三行夾註左首字及末字「人」，資、磧、普、南無。
一 九九三頁上四行至本頁下二行傳目序次，資、磧、普、南間有互置，但內容相同，可不出校。又，傳目上無朝代名稱者，資、磧、普、南均冠以與其右傳目相同的朝代，例如六、七、八行冠以「周」字，一一行冠以「後梁」二字，等等。
一 九九四頁上一四行第四字「凡」，資、磧、普、南、徑、清作「几」。
一 九九四頁上一七行第六字「被」，資作「皮」。
一 九九四頁中一〇行末字「曰」，資、磧、普作「日」。
一 九九四頁中一七行「衛几嵩」，資、磧、普、南、徑、清作「衛元嵩」。

一 九九五頁中六行末字「先」，資作「光」。
一 九九五頁下三行「田伯王」，徑作「田伯玉」。
一 九九五頁下七行首字「向」，資、磧、普作「竭」。
一 九九五頁下一五行第九字「辟」，資作「壁」。
一 九九六頁上一二行末字「七」，磧作「十」。
一 九九六頁上一八行末字「馳」，磧、南作「駝」。
一 九九六頁中一四行第三字「脾」，資、磧、普作「胛」。
一 九九八頁中一一行第九字「旦」，資、普作「且」。
一 九九九頁上八行「濼中迂」，資作「泊中迅」。
一 九九九頁下一六行第一三字「馬」，資、磧、普、南、徑、清作「焉」。
一 一〇〇〇頁中八行「自見」，資作「目見」。

一 一〇〇〇頁下一二行首字「乏」，資作「之」。
一 一〇〇一頁上一一行第一六字「忘」，資、磧、普、南無。
一 一〇〇一頁上一七行末字「瞋」，資、磧、普、南、清作「賾」。
一 一〇〇二頁下四行第三字「維」，資作「雖」。
一 一〇〇三頁上一七行末字「邁」，資作「遇」。
一 一〇〇三頁中一八行「薄德」，資作「薄福」。
一 一〇〇四頁下三行第一〇字「住」，資作「往」。
一 一〇〇四頁下五行第一四字「網」，資作「綱」。
一 一〇〇五頁上二行「主上」，徑作「主人」。
一 一〇〇五頁上八行「沉日」，資、磧、普、南作「沉滯」。
一 一〇〇五頁中一〇行「神明」，資、普作「伸明」。

一〇〇六頁上六行第五字「死」，資作「列」。

一〇〇六頁上一七行首字「子」，資作「于」。

一〇〇六頁中一七行首字「師」，資、磧、普、南作「老師」。

一〇〇六頁下一行夾註右「出人」，資、磧、普、南、徑、清作「出入」。

一〇〇七頁上一一行經名，資、磧、普、南作「續高僧傳卷第二十七」並有夾註「感通中」；徑作「續高僧傳卷第三十五」。

續高僧傳卷第二十七　明

大唐西明寺沙門釋　道宣　撰

遺身篇第七　正傳十二附見二

釋法凝會州人也俗姓龐氏初齊武帝夢遊齊山不知在何州縣散頌天下覓之時會州父老奏稱去州城北七里臣人山是舊号齊山武帝遣於上立精舍度僧給田業凝以童子在先得度專心持戒道德日新月六年三齋供不斷但以坐禪爲念出禪則誦經恒常入禪百

姓爭往看而不敢入唯於窓中遥見動經一月出猶不食大德名僧多往勸之雖復進食漸漸微少後年至七十於佛像前置座而坐初燒一指晝夜不動火然及臂諸人爲弟子欲往撲滅及有叩喚者復有禁止不聽者臂然火燄弥熾遂及身七日七夜時俗男女有號哭自搥者又有頂礼讚歎者至身盡唯一聚灰衆共埋之於上起塔今唯有一精舍在餘皆摧滅

釋僧崖姓牟氏祖居涪陵晉義熙九年朱齡石伐蜀涪陵獽三百家隨軍平討因止于廣漢金淵山谷崖即其後也而童幼少言不雜俳戲每遊山泉必先礼而後飲或諦視不瞬坐以終日人問其故荅曰是身可惡我思之耳後必燒之及年長從戎䝘然剛正甞隨伴捕魚得已分者用投諸水謂伴曰煞非好業我今舉體皆現生瘡撍斷獵矣遂燒其獵具時獽首領數百人共築池塞資以養魚崖率家僮往

彼觀望忽有異虵長尺許頭尾皆赤須臾長大乃至丈餘圍五六尺獽衆奔散虵便趣水舉尾入雲赤光遍野久之乃滅尋尒衆聚具論前事崖曰此無憂也但斷殺業虵不害人又勸停池堰衆未之許俄而隄防皮壞時依悉禪師施力供侍雖充驅使而言語訥澁舉動若癡然一對一言時合大理經留數載無所異焉至玄冬之月禪師患足冷命之取火乃將大鑪炎炭直頓於前禪師責之曰癡人何煩汝許多火執是癡人情性若斯何由得道禪乃正色荅曰須火却寒得火嫌熱師謂曰汝不畏熱試將手置火中崖即應聲將指置火中振吒作聲卒煙涌出都不改容禪師陰異之未即行敬又以他日諸弟子曰崖耐火共推之火爐被燒之處皆並成瘡而忻笑自如竟無痛色諸弟子等具諮禪師禪師喚來謂曰汝於此學佛法更莫漫作舉動或乱百姓荅曰若不苦身焉得成道如得出家一日

便足禪師遂度出家自爲剃髮但覺鬚鬚易除猶如自落禪師置刀於地攝衣作礼曰崖法師來爲我作師我請爲弟子崖謙謙而已既法衣著體四輩尊崇歸命輸誠無所悋惜或有疾病之處往到無不得除三十年間大弘救濟年踰七十心力尚強以周武成元年六月於益州城西路首以布裹左右五指燒之有問燒指可不痛耶崖曰痛由心起心既無痛指何所痛時人同号以爲僧崖菩薩或有問曰似有風疾何不治之荅曰身皆空耳知何所治又曰根大有對何謂爲空荅曰四大五根復何住耶衆服其言孝愛寺兖法師者有大見解承崖發迹乃率弟子數十人往彼礼敬解衣施之願大衆曰眞解波若非徒口說由是道俗通集倍加崇信如是經日左手指盡火次掌骨髓沸上涌將滅火焰乃以右手殘指挾竹挑之有問其故崖曰緣諸衆生不能行忍今勸不忍者忍不燒者燒耳兼又說法勸勵令行慈斷肉雖煙焰俱熾以日繼夕並燒二手眉目不動又爲四衆說法誦經或及諸切詞要義則頷頭微笑時或心怠私有言者崖顧曰我在山中初不識字今聞經語句句與心相應何不至心靜聽若乖此者則空燒此手何異樵頭耶於是大衆懍然莫不專到其後復告衆曰末劫輕慢心轉薄淡見像如木頭聞經如風過馬耳今爲寫大乘經教故燒手滅身欲令信重佛法也闔境士女聞者皆來遶數萬匝崖夷然澄靜容色不動頻集城西大道談論法化初有細雨殆將霑漬便般心入定即雲散月明而燒臂掌骨五枚如殘燭燼忽然各生並長三寸白如珂雪僧尼僉曰若菩薩滅後願奉舍利起塔供養崖乃以口齧新生五骨狀而折之吐施大衆曰可爲塔也至七月十四日忽有大聲狀如地動天裂人畜驚駭於上空中或見大羊龍蛇軍器等象少時還息人以事問崖曰此無苦也驚睡三昧耳吾欲捨身可辦供具時孝愛寺導禪師戒行清苦耆年大德捨六度錫杖并及紫被贈崖入火捷爲僧淵遠送班納意願隨身于時人物諠擾施財山積初不知二德所送物也至明日平旦忽告侍者法施曰汝往取導師錫杖紫被及納袈裟來爲吾著之便往造焚身所于時道俗十餘万衆擁輿而哭崖曰但守菩提心義無哭也便登高座爲衆說法時舉目視於薪積欣然獨笑乃傾右脅而寢都無氣息狀若木偶起問日時將欲至仍下足白僧曰佛法難值宜共護持先所積柴疊以爲樓高數丈許上作乾麻小室以油潤之崖緩步至樓遶旋三匝禮拜四門便登其上馮欄下望令念般若有苑主王撰懼曰我若放火便燒聖人將獲重罪崖陰知之告撰上樓臂摩頂曰汝莫憂造樓得罪乃大福也促令下火皆畏之置炬著地崖以臂挾炬先燒西北次及西南麻燥油濃赫然熾合於盛火中放火設禮比第二拜身面焦炘堊復一禮身踣炭上及薪盡火滅骨肉

皆化惟心尚存赤而且濕肝腸脾胃猶自相連更以四十車柴燒之腸胃雖卷而心猶如本允法師乃命収取瘞于塔下今在寶園寺中初未燒前有問者曰菩薩滅度願示瑞相崖曰我身可盡心不壞也衆謂心神無形不由燒蕩及後心存方知先見留以一心之不朽也然崖自生及終頻現異相有數十條曾於一家將欲受戒無何笑曰將捨寶物生疑慮耶衆相推問有楊氏婦欲施銀釵恐夫責及因更捨之有孝愛寺僧佛與者偏嗜飲啖流俗落度隨崖輩後私發願曰今值聖人誓斷酒肉及返至寺見黃色人曰汝能斷肉大好汝若食一衆生肉即食一切衆生肉若又食者即食一切父母眷屬肉矣必欲食者當如死屍中虫虫即肉也又曰有六時念善大好若不能具一時亦好如是一念其心亦好皆能滅惡也見其言詞真正音句和雅將欲致問不久而滅於是佛與翹心精進繞塔念誦又聞空中聲曰汝勤持齋願令衆生得

不食身又令餓鬼身常飽滿觀其感被皆崖力也初登柴樓沙門僧育在大建昌寺門見有火光高四五丈廣三四丈從地而起上衝樓邊久久乃滅又初焚日州寺大德沙門寶海問曰等是一火何故菩薩受燒都無痛相崖曰衆生有相故痛耳又曰常云代衆生受苦為實得不荅曰既作心代受何以不得又曰菩薩自燒衆生罪熟各自受苦何由可代荅曰猶如燒手一念善根即能滅惡豈非代耶時普法師又問曰二家共諍大義終莫之決一云佛智緣無相理理是緣境智是能緣一云除倒息妄即是真諦何者為定崖曰佛即無相無別異相海法師曰佛即無相無相之相本無異相若如此者菩薩即釋迦觀音崖曰我是凡夫誓入地獄代苦衆生願令成佛耳海曰前佛亦有此願何故早已成佛荅曰前佛度一時衆生盡也又問藥王等聖何故成佛今菩薩獨未成佛而救衆生是則前佛殊墮荅曰前段衆生已得藥王意今衆

生未得我意由我始化如將落之花也故其應對一時皆此之類乃謂侍者智炎曰我滅度後好供養病人並難可測其本多是諸佛聖人乘權應化自非大心平等何能恭敬此是實行也坐中疑崖非聖人者乃的呼其人名曰諸佛應世形無定方或作醜陋諸疾乃至畜生下類擅越慎之勿妄輕也及將動火也皆覩異相或見圓蓋覆崖有三道人處其蓋上或見五色光如人形像在四門者或見柴樓之上如日出形並雨諸花大者如斛兜許小者鍾乳片五色交乱紛紛而下接取非一振觸皆消又聞大鼓磤磤深遠久久方息及崖滅後郫縣人於郫江邊見空中有油絡輿崖在其上身服斑納黃偏袒紫被捉錫杖後有五六百僧皆罩竹傘乘空西沒又潼州靈果寺僧慧策者承崖滅度乃為設大齋在故市中於食前忽見黑雲從東南來翳日癊會乃雨龍毛五色分明長者尺五短猶六寸又雨諸花幡香煙滿空繽紛大衆通見又初収心舍利

至常住寺中皆見花蘂含盛光举庭
宇又阿迦膩吒寺僧慧勝者抱病在
牀不見焚身心懷悵恨夢崖將一沙
弥来帊裹三斛許香并檀屑分為四
聚以遶於勝下火焚香勝怖曰凡夫
耳未能燒身也崖曰無怖用熏病耳
爆燼既盡即覺爽健又請現瑞荅曰
我在益州詭名崖耳真名光明遍照
寶藏菩薩勝從覺後力倍於常有時
在於外村為崖設會勝自唱導曰潼
州福重道俗見瑞我等障厚都無所
見因即應聲二百許人悉見天花如
雪紛紛滿天映日而下至中食竟花
形漸大如七寸盤皆作金色明淨耀
日四衆競接都不可得或緣樹登高
望欲取之皆飛上去又成都民王僧
貴者自崖焚後舉家断肉後因事故
將欲解素私自評論時屬二更忽聞
門外唤檀越聲比至開門見一道人
語曰慎勿食肉言情酸切行啼而去
從後走趁似近而遠忽失所在又焚
後八月中獽人牟難當者於就嶠山
頂行獵搦箭聲弩舉眼望鹿忽見崖

騎一青麖獵者驚曰汝在益州已燒
身死今那在此崖曰誰道許誑人耳
汝能燒身不射獵得罪也汝當勤力
作田矣便尒别去又至冬間崖兄子
於溪中忽聞山谷喧動若數万衆舉
望見崖從以兩僧執錫杖而行因追
及之欲捉袈裟崖曰汝何勞捉我乃
指前鷄豬曰此等音聲皆有詮述如
汝等語他人不解餘國言音汝亦不
解人畜有殊皆有佛性但為惡業故
受此形汝但力田莫養畜言極周
委故其往往現形豫知人意率皆此
也具如沙門忘名集及費氏三寶録
并益部集異記
釋普圓不知何許人聲議所述似居
河海周武之初来遊三輔容貌姿美
其相偉大言顧弘緩有丈夫之神采
焉多歷名山大川常以頭陁為志樂
行慈救利益為先人有投者輙便引
度示語行要令遵苦節誦華嚴一部
潛其聲相人無知者弟子侍讀後因
知之然而常坐繩牀斂容在定用心
弥到不覺經過晨夕有時乞食暫往

村聚多依林墓取靜思惟夜有强鬼
形極可畏四眼六才手持曲棒身毛
垂下徑至其前圓怒目觀之都無怖
懾不久便退其例非一又有惡人從
圓乞頭將斬與之又不肯取又復乞
眼即欲剜施便從索手遂以繩繫腕
著樹齊肘斬而與之心悶委地村人明乃
聞知因斯卒于郊南樊川也諸村哀
其苦行爭欲收葬衆議不決乃分其
屍為數段各修塔焉
釋普濟雍州北山互人初出家依止
圓禪師儀軌行法獨處林野不宿人
世跏坐修禪至于没齒栖遲荒險不
避豺虎雖遊浪物表而手不釋卷嘗
讀華嚴依而結業自佛法淪廢便投
太白諸山行不裹粮依時噉草咀嚼
咽飲都不為患願像教一興捨身供
養修普賢行生賢首國開皇之始大
闡法門思願既滿即事捐捨引衆集
於炭谷之西崖廣發弘誓自投而殞
遠方填赴充於巖谷為建白塔于高
峯焉近貞觀初有山居沙門普濟者
立操標勇貞專自固恒遊名山習誦

經典大品法花偏所通利其所造集
多誦兩經仍隨文句時重解釋聲氣
所及周于一里故使數万衆中無不
聞者以武德十八年西入關壞時經
邑落還居林靜貞觀度僧時以濟無
貫擢預公籍住京師光明寺衆聚山
結樂聞經旨濟獘斯諠擾遂遺名迯
隱不測所之有說今在終南幽巖獨
坐傍饒山果湏者負還重更追尋便
失来俓余曽同聚目悅斯人衣則百
結相連鉾則纔充受用汲灌瓦瓶麻
縄繫頸坐則藉草脇無著地驍悍梟
敢睎盖莫欺節約儉退利賊潛迹言
論所指知足為先談授正義如行為
寂所以一坐說法施積如山曽無顧
涉任委監護乃重惟曰城邑所屬五
欲為根余力既微無宜自陷遂迯遁矣
釋普安姓郭氏京兆涇陽人小年依
圓禪師出家苦節頭陁捐削世務而
性在和忍不意怨酷或代執勞役受
諸勤苦情甘如薺恐其事盡晚投藹
法師通明三藏常業華嚴讀誦禪思
准為摽擬周氏滅法栖隱于終南山

之梗梓谷西坡深林自庇廓居世表
絜操泉石連蹤由甫又引靜淵法師
同止林野披釋幽奧資承玄理加以
遵修苦行亡身為物或露形草莽施
諸蚊虻流血被身初無懷憚或委臥
乱屍用施豺虎望存生捨以祈本志
而虎豹雖来皆嗅而不食常懷介介
不副情願孤踐狩蹤冀逢食噉于時
天地既閉像教斯蒙國令嚴重不許
迯難京邑名德三十餘僧避地終南
投骸未委安乃搃召詳集洲渚其心
幽密安處自居顯露身行乞索不懼
嚴誅故得衣食俱豊修業無廢乱世
知士安其在歟時有重募捉獲一僧
賞物十段有人應募来欲執安即慰
喻曰觀卿貧煎當欲相給為設食已
俱共入京帝語此人曰我國法急不
許道人民間你復助急不許道人山
中若尒遣他何處得活宜放入山不
須撿校又周臣柳白澤者奉勅傍山
搜括迯僧有黨告云此梗梓谷內有
普安道人因遣追取即與俱至澤語
黨曰我不得見宜即放還於是釋然

復歸所止前後遭難曽無私隱皆見
辭勉例如此也時藹法師避難在義
谷杜映世家掘窟藏之安被放還因過
礼覲藹曰安公明解佛法頗未寬多
而神志絕倫不避强禦盖難及也安
曰今蒙脫難乃惟花嚴力耳凡所祈
誠莫不斯頼因請藹還山親自經理
四遠承風投造非一藹乃與安更開
其所住具如別傳隋文創曆佛教大
興廣募遺僧依舊安置時梗梓一谷
三十餘僧應詔出家並住官寺惟安
欣茲重復不為名馳依本山居守素
林壑時行村聚恵益生靈終寢煙霞
不接浮俗末有人於子午虎林兩谷
合澗之側鑿龕結菴延而住之初止
龕曰上有大石正當其上恐落掘出
逐峻崩下安自念曰願移餘處莫碎
龕窟石遂依言迸避餘所大衆共怙
安曰華嚴力也未足異之又龕東石
壁澗左有索頭陁者川鄉巨富縱橫非
一陰嫉安德恒思誅殄與伴三人持
弓挾刃攫辟挽弓將欲放箭箭不離
弦手張不息怒眼舌噤立住經宿聲

相通振遠近雲會鄉人稽首歸誠請救安曰素了不知豈非華嚴力也若欲除免但令懺悔如語教之方蒙解脫又龕西魏村張暉者夙興惡念以盜為業夜往安所私取佛油瓮受五十背負而出既至院門迷昏失性若有所縛不能動轉眷屬鄉村同來為謝安曰余不知蓋華嚴力乎語令懺悔扶取油瓮如語得脫又龕南張鄉者來盜安錢袖中持去既達家內寫而不出口噤無言鄉尋歸懺復道而返有程郭村程暉和者頗懷信向恒來安所聽受法要因患身死已經兩宿纏屍於地伺欲棺殮安時先往鄠縣返還在道行達西南之德行寺東去暉村五里遙喚程暉和何為不見迎耶連喚不已田人告曰和久死矣無由迎也安曰斯乃浪語吾不信也尋至其村厲聲大喚和遂動身旁親乃割所纏繩令斷安入其庭又大喚之和即屈起匍匐就安令舁除棺器覆一笞筌以當佛坐令和遶旋尋服如故更壽二十許歲後遇重病來投乞

救安曰放尒遊蕩非吾知也便遂命終時安風聲搖逸道俗榮荷其例衆也皆來請謁興建福會多有通感略述一兩昆明池北白村老母者病卧林枕失音百日指撝男女思見安形會其母意請來至宅病母既見不覺下迎言問起居奄同常日遂失病所在于時聲名更振村聚齊集各率音樂巡家告令欲設大齋大萬村中田遺生者家途辟立而有四女妻著弊布齊膝而已四女赤露迴無絛綫大女名華嚴年已二十惟有廉布二尺擬充布施安引村衆次至其門慇斯貧苦遂度不入大女思念由我貧煎不及福會今又不修當來倍此周遍求物闇尒無從仰面悲号遂見屋甍一把亂床用塞明孔挽取抖捒得穀十餘掬以成米并將前布擬用隨喜身既無衣待至夜暗匍匐而行趣齋供所以前施物遙擲衆中十餘粒米別奉炊飯因發願曰女人窮業久自種得竭貧行施用希來報輙以十餘黃米投飯甑中必若至誠貧業盡者

當願所炊之飯變成黃色如無所感命也奈何作此誓已掩淚而返於是甑中五石米飯並成黃色大衆驚嗟未知所以周尋緣構乃云田遺生女之願也齋會齊率獲粟十斛尋用濟之安辦法衣仍度華嚴送入京寺尒後聲名重振弘悟難述安居處雖隱每行慈救年常二社血祀者多周行救贖勸修法義不煞生邑其數不少嘗於龕側村中縛猪三頭將加烹宰安聞往贖社人忿不得煞增長索錢十千安曰貧道見有三千已加本價十倍可以相與衆各不同更相忿競忽有小兒羊皮裹腹來至社會助安贖猪既見諍競因從乞酒行飲行儛焜煌旋轉合社老少眼並失明須臾自隱不知所在安即引刀自割髀肉曰此彼肉耳猪食糞穢尒尚噉之況人食米理是貴也社人聞見一時同放猪既得脫繞安三匝以鼻蛛觸若有愛敬故使郊之南西五十里內雞猪絕嗣乃至于今其感發慈善皆此類也性多誠信樂讀華嚴一鉢三衣

累紀弥劉開皇八年頻勅入京為皇儲門師長公主營建靜法復延住寺名雖帝宇常寢巖阿以大業五年十一月五日終于靜法禪院春秋八十遺骸於終南起塔在至相寺之側矣

釋大志姓顧氏會稽山陰人發蒙出家師事天台智者（顗禪師顗覩）其形神灑落高放物表因名為大志禪誦為業苦節自專四方名所無遠必造而言氣清穆儀相貞嚴故見者眄睞知非凡器開皇十年来遊廬岳住峯頂寺不隸公名不豫僧伍誦法華經索然閑雅絕能清囀使諸聽者忘疲後於花山甘露峯南建靜觀道場頭陁為業孑尒一身不避搪虎閑有惡狩輙往投之皆避而不噉山粒本絕終日忘飡或以餅果繼命而已外覩不堪其惱而志安之容色如故經于七載禪業無斷晚住此山福林寺會大業屏除流從隱逸慨法陵遲一至於此乃變服毀形頭擐孝服麤布為衣在佛堂中高聲慟哭三日三夕初不斷絕寺僧慰喻志曰余歎惡業乃如此耶

要盡此形骸伸明正教耳遂往東都上表曰願陛下興顯三寶當然一辟於嵩岳用報國恩帝許之勅設大齋七衆通集志不食三日登大棚上燒鐵赫然用烙其辟並令焦黑以刀截斷肉裂骨現又烙其骨令焦黑已布裹蠟灌下火然之光耀巖岫于時大衆見其行苦皆痛心貫髓不安其足而志雖加燒烙詞色不變言笑如初時誦法句或嘆佛德為衆說法聲聲不絕辟燒既盡如先下棚七日入定加坐而卒時年四十有三初志出家至終結操松竹冬夏一服無襟纏續布艾麁素自此為常形極鮮白脣如丹畫裙垂半脛足蹋蒲屩言氣爽朗調逸風雲人或不識怯所從来者便捋眉告曰余九江廬山福林寺小道人大志耳又善屬文藻編詞明切撰願讚文七十餘紙意在共諸衆生為善知識也僧為强禦難奉信者有見此讚無不掩淚今廬山峯頂每至暮年諸寺見僧宿集一夜讀其遺讚用曉道俗合衆皆酸結矣

釋智命俗姓鄭名頲榮陽人族望清勝文華曜世詞鋒所指罕有當之初仕隋為羽騎尉班位斯薄進官流俗偹歷講會飡寢法典就耕于寧州大業初年僕射楊素因事往彼乃通名謁見與語終日素曰觀卿風韻殊非鄙俗所懐乃廊廟偉器耳且擢抑忍辱尋當徵召及元德作貳搜訪賢能素遂拔之對晤宣傳應變不一有令試以三百對語一遍授之覆無遺漏致大重敬遷為中舍人官至五品及元德去薨不仕於世遊聽三論法華研味積年逾深信篤皇泰之初越王即位歷官至御史大夫僞鄭開明連任不改深謀廣略有國惟寄于斯時也今上任揔天策御兵西苑李密鴉張蟻結咆烋洛汭世充獨固一都內外煎迫上下同懼頲嘆斯紛梗情慕出家頻請鄭主為國修道既不遂志惟思剪剃不累形科夜則潛讀方等諸經晝則緝理公政斯須不替經四十日誦得法華暢满胷襟決心出俗又勸婦氏歸宗擇教言既切至即依

從之更手剃鬚顙語妻曰吾願滿矣不死而生當啓鄭主不宜尒也便法服擎錫俓至宫門去鄭顙輙已出家故来奉謁世充不勝憤怒下勑斬之顙聞喜曰吾願又滿矣欣笑泰然行至洛濵時惟旭旦未合行决顙曰若為善知識者願早見過度不尒尋應被放不滿夲懐于時道俗圍繞勸引至暮而顙厲色昌言不許因即斬之尋有勑放既所不救舉朝怨恨即僞鄭開明之初年也初顙從吉藏法師聽講有僧告曰觀卿頭顱頷有冨貴相但以耵眛後頤恐不得其終顙曰豈非傷死耶必如所相乃是夲願嘗見諸死者疾甚危弱心不自安紛擾不定便就後世生死終一期也定不能免何如發正願緣勝境心力堅明不有馳散刀落命終神爽自在豈不善乎故顙之臨刑遍礼十方口詠般若索筆題詩曰幻生還幻滅大幻莫過身安心自有處永人無有人與諸知故别已合眼少時曰可下刀矣尋聲斬之面貎熈怡有逾恒日妻為

比丘尼見住洛州寺也

釋玄覧姓李隨州房子人昆季五人寂處其末伯父任蒲州万泉令久而無子養之若親年十三心慕出家深見俗過遂逃逬山谷北達汾州超禪師所見其言情慱遠即依而出家令既失之遣人羅捕雖復藏竄不免捉獲口去身屬伯耳心屬諸佛終無俗志願深照也伯乃愍而放之貞觀年初入京蒙度配名弘福常樂禪誦礼悔為業每語法屬曰雖同恒業而擔欲捨身至貞觀十八年四月初脱諸衣服揔作一襆付夲寺僧惟著一覆單衣密去至京東渭陰洪陂坊側且臨渭水稱念礼訖投身瀅中衆人接出覧告衆曰吾擔捨身命久矣意欲仰學大士難捨能捨諸經正行幸勿固遮兩妨其業衆悟意故乃從之即又入水合掌稱十方佛廣發弘願已投于旋渦中三日後其屍方出村人接之起塔夲寺恠其不歸顧問無處便開衣襆乃見遺文云敬白十方三世諸佛弟子玄覧自出家来一十二夏

雖沾僧數大業未成今欲修行檀波羅蜜如薩埵投身尸毗割股魚王肉山經文具載請從前聖教附後塵衣物衆具任依佛教臨終之人多不周委同學等見其遺文往尋究云

釋法曠姓駱雍州咸陽人少有異節偏愛儒素後聽弘善寺榮師大論榮即周世道安之弟子也創染玄業便悟非常資學之勤不出門院年十六講解前論道穆京華酬荅泠然無替玄理専修念定無涉時方無量壽經世稱難誦曠聞試尋一日兩卷文言閑了故其誦持罕有加者自尒藏經披讀以為恒任文理所指問無不知願諸布薩人多說欲乃自勵心力立誦千遍數句之間便得滿願性樂儉約不尚華靡故其房中無有氈席滿院種莎用擬隨坐頭陁行也勗誡門人惟存離著以末代根機隨塵生染故也年登知命便袒三衣瓶鉢以外一無受畜卓然正色懍禀風霜人有與語惟言離著至時分衛一食而已每日余惟生死滞著無始輪廻生猒

者布死猒又少常懐怏怏欲試捨之以貞觀七年二月二十一日入終南山在炭谷内四十里許脱衣掛樹以刀自刎既獨自殯無由知處諸識故苐至八月中方始訪得其遺身頌云又近有汾州大乘寺僧忘名者常猒生死濁世難度誓必捨身先節食服香至期道俗通集香花幡蓋列衛而往西山子夏學巖面西斂容衆唱善哉咸送隨喜乃放身懸壑至地起坐及衆就視方知已逝博訪遺身其類甚衆且隨疏出示為一例餘者盖闕

釋會通雍州万年御宿川人少欣道撿遊泊林泉苦節戒行是其碩習投終南豹林谷潛隱綜業讀法花經至藥王品便欣猒捨私集柴木誓必行之以貞觀末年静夜林中積薪為龕誦至藥王便令下火風驚焰發煙火俱盛卓尒加坐聲誦如故尋尒西南有大白光流入火聚身方偃仆至曉身火俱滅乃収其遺骨為起白塔勒銘存焉貞觀之初荊州有比丘尼姊妹同誦法花深猒形器俱欲捨身節約衣食欽崇苦行服諸香油漸斷粒食後頓絶榖惟噉香蜜精力所被神志鮮爽周告道俗剋日燒身以貞觀三年二月八日於荊州大街置二高座乃以蠟布纏身至頂惟出面目衆聚如山歌讚雲會誦至燒處其姉先以火柱妹頂請妹又以火柱姉頂清夜兩炬一時同耀焰下至眼聲相轉明漸下鼻口方乃歇滅恰至明晨合坐洞舉一時火化骸骨摧朽二舌俱存合衆欣嗟爲起高塔近并州城西有一書生年二十四五誦法華經誓燒供養乃集數束蒿乾籠之人問其故密而不述後於中夜放火自燒及人往救火盛已死乃就加柴薪盡其形蔭近有山僧善導者周遊寰㝢求訪道津行至西河過道綽部惟行念佛弥陁淨業既入京師廣行此化寫弥陁經數万卷士女奉者其數無量時在光明寺説法有人告導曰今念佛名定生淨土不導曰念佛定生其人礼拜訖口誦南無阿弥陁佛聲聲相次出光明寺門上柳樹表合掌西望倒投身下至地遂死事聞臺省

紹闍梨者梓州玄武人也俗姓蒲氏未出家前山行見一蟲甚瘦又將一子於澗中取鰕子鰕子又不可得紹乃嘆曰此蟲應在深山今乃出路飢渴甚矣等是一死不如充此飢渴乃脱衣往卧蟲前蟲乃避去後方出家唯誦經行道而已更無異行大業之初汝州界蟲暴非常三五十人持仗不敢獨行害人既多紹乃往到其處立茅苫坐蟲並遠去道路清夷年一百九歲乃見疾謂弟子曰我欲露屍乞諸蟲鳥而彪嫌我身生尚不食豈死能嘗可焚之無餘燼弟子等不忍依其言乃露屍月餘鳥獸不犯乃收

葬之

釋道休未詳氏族住雍州新豐福緣寺常以頭陁為業在寺南驪山幽谷結草為菴一坐七日乃出其定執鉢持錫出山乞食飾鉢滿已隨處而食還來菴所七日為期初無替廢所以村野有信尅日至山路首迎逆而休歡笑先言畢詞問訊行說禁戒誨以慈善諸俗待其食已從受歸戒送入山門然後乃返積四十餘載貞觀三年夏內依期不出就菴者之端拱而卒衆謂入定於傍宿守乃經信宿迫而察之方知氣盡加坐不腐儼若生焉仍就而掩扉外加棘刺恐虫傷也四年冬首余往觀焉山北人接還村內為起廟舍安置厥形雖皮鞕骨連而容色不改加坐如故乃於其上加漆布焉然休出家已來常袒三衣不服繒纊以傷生也又所著布衣積有年稔塵朽零破見者寒心時屬嚴冬忽然呻噤即合脫三衣露背而坐冷厲難耐便取一重披之遂便覺暖自誡勸曰汝亦易誑前後俱冷俱是一

衣如何易奪遂覺暖也汝不可信當為汝師或時欲補衣以布相著欲加縫綴即便入定後出之時杈而乞食斯季世以死要生業道者罕有蹤也余曾參翻譯親問西域諸僧皆以布氎而為袈裟都無繒絹者縱用以為餘衣不得加受持也其龜茲于遁諸國見今養蠶惟擬取綿亦不煞害故知休之慈救與衡岳同風前已廣彰恐迷重舉自餘服甑安可言矣

論曰竊聞輕生徇節自古為難苟免無耻當今為易志人恒人之傳列樹風猷上達下達之言照揚經典皆所以箴規庸度開導精靈惟道居尊惟德生物故能兼忘通塞兩遣是非體流縛之根源曉想倒之條緒也是以達人知身城之假合如塵無性鑒命竿之若流惟心生滅由斯以降同是幻居妄有智者而能常保然則宅生附世纏取未捐寄以弘因用清心惑或挫拉以加惱辱或抑制以事奴黠或焚灼以拔貪源或刳剔以窮癡本纏身為炬且達迷途然辟為明時陳

報德出燈入鐵之相其蹤若林肉山乳海之能脩開前策斯發拔倒我之宏根顯坏形之可猒以將崩之朽宅貿金剛之法身經不云乎誠至言矣若夫厚生所寶極貴者形就而捘之其實惟命大聖成教豈虛搆哉故藥王上賢焚體由其通願下凡仰慕灼爛寧不失心然僧崖正身於猛焰言聲不改大志剋辟以熱鐵神操逾新玄覽致命於中流雖出還沒法安亡形於縲紲放免來投是知操不可奪行不可掩誠可嘉乎難行事矣復有引腸樹表條肉林中舒顏而臨白刃含笑而受輕辱並如本紀又可嘉哉然則四果正士灰身而避謗徒八千受決護法而逃忍界彼何力而登危此何情而脫苦自非懷安曠濟行杜我人觀色相為聚塵達性命如風燭故能追蹤前聖誠宗像末之寄乎或者問曰夫猒生者當拔生因豈斷苦果而推集本未聞其旨請為陳之斯立言也不無恒致且集因綿亘如山之相屬我為集本如煙之待搆生重惟

身隨重而行對治如世之病任形而設方術故焚溺以識貪瞋譏虛以攻癡惕斯業可尚同靜觀而緣色心斯道可崇等即有而為空也必迷斯迹謂我能行倒本更繁徒行苦聚故持經一句勝捨多身世該所貿唯斯人也但患闇而不行更增常結何如薄捐支節分遣著情聖教包羅義含知量自有力分虛劣妄敢思齊或呻嘷而就終或邀激而赴難前傳所評何世無耶又有未明教迹婬惱纏封恐漏初篇割從闡緣矜誕為德輕侮僧倫聖教科治必有深旨良以愛之所起者妄也知妄則愛無從焉不曉返檢內心而迷削於外色故根色雖削深愛逾增深為道障現充戒難尚須加之擯罰寧敢依之起福又有臨終遺訣露骸林下或沉在溷流通資翔泳或深瘞高墳豐碑紀德或乘崖濿望遠知人或全身化火不累同生之神或灰骨塗像以陳身奉之供鑽膏剔刖謂遣塵勞剜目支解言傾情慾斯途衆矣因而敘之且夫陳屍林薄

少袪鄙恡之心飛走以之充飢幽明以於熏勃得失相補斯能兼濟遂有蚤蛆涌於內外烏隨啄吞狼藉膏於原野傷於慈惻然西域本塟其流四焉火塟焚以蒸薪水塟沉於深淀土塟埋於岸旁林塟棄之中野法王輪王同依火杞世重常習餘者希行東夏所傳惟聞林土水火兩設世罕其蹤故瓦棺廈棺廢林薪之始也夏后聖周行瓦棺之事也郭人以木槥櫝藤緘之也中古文昌仁育成治雖明窆塟行者猶希故掩骼埋胔翤而瘞也上古墓而不墳未通庶類赫胥盧陵之后現即因山為陵下古相沿同行土塟紘紘難紀故且削之若乃裨行紀言導後葉之清緒施輪樹塔表前德之徽功阿含之所開明即世弥其昌矣至於埋屍塔側尚制遠撤邊坊親用骨塗寔乃虛通諂附又有猷割入世生送深林廣告四部望存九請既失情投僶俛從事道俗讚善賓從相催嚬蹙不已放身巖壑援律則罪當初聚論情則隨興大捨餘有削略

贅疣雖符拯教而心含不淨多存世染必能曠蕩無寄開化昏迷故非此論所詳自可仰歸清遠而世或多事妄行斷粒練形以期羽化服餌以却重尸或呼吸沆瀣或吐納陰陽或假藥以導遐齡或行氣以窮天地或延生以守慈氏或畏死以求邪術斯蹤極衆焉足聞乎並先聖之所閑鍵後賢之所掎摭方復周章求及追賞時澆負鑽陵峯望五芝之休氣揩鍬赴壑趣八石之英光以左道為吾賢用淫祀為終志畢從小朴未免生涯徒寄釋門虛行一世可為悲夫是知生死大期自有恒數初果分齊餘未詳論而忽廁以凡心籌諸聖慮通成愚結知何不為然則寒林之動庸識因悟無常捨生而存大義用開懷道全身碎身之相權行權行芳顯妙化之知機通大聖之宏略也水清有者終果言於厚葬虛心不賓則任物之行藏斯道不窮固略言矣

續高僧傳卷第二十七

遺身篇

癸卯歲高麗國大藏都監奉

勅彫造

續高僧傳卷第二十七

校勘記

一 底本，麗藏本。

一 一〇一六頁上一行經名，資、磧、普、南作「續高僧傳卷第二十九」；徑作「續高僧傳卷第三十六」；清作「續高僧傳卷第二十九上」。

一 一〇一六頁上三行「正傳十二」，徑、清作「正傳十二人」。又「附見二」，資、磧、普、南作「附見四」；徑、清作「附見四人」。

一 一〇一六頁上五行「益部」，諸本（不含石，下同）作「益州」。

一 一〇一六頁上六行首字「周」，徑、清無。

一 一〇一六頁上七行「終南山」，磧、普、南、徑、清作「雍州北山」。又小字「又普濟」，資作「普濟」；磧、普、南、徑、清無。

一 一〇一六頁上八行首字「隋」，徑、清無，九行首字同。又「京師郊南逸僧」，磧、普、南、徑、清作「終南山梗梓谷」。

一 一〇一六頁上一〇行「知命」，諸本作「智命」。

一 一〇一六頁上一一行首字「唐」，徑、清無。下至一五行首字同。

一 一〇一六頁上一三行「終南豹林谷沙門釋會通傳十」，諸本作「梓州沙門紹闍梨傳」。又末字「十」下，資有小字「忘名」；磧、普、南、清有小字「忘名字」；徑有小字「忘名字僧」。

一 一〇一六頁上一四行「梓州沙門紹闍梨傳」，諸本作「終南山豹林谷沙門釋會通傳」。又「十一」下，諸本有小字「二尼書生」。

一 一〇一六頁上一八行「會州」，諸本作「會之」。

一 一〇一六頁中一〇行「隹一」，諸本作「唯有」。

一 一〇一六頁中一七行首字「視」，諸本作「覩」。

一 一〇一六頁下九行「時合」，諸本作「而合」。

一 一〇一六頁下一四行「何由」，磧、普、南、徑、清作「何曰」。

一 一〇一六頁下一七行首字「卒」，諸本作「青」。

一 一〇一六頁下二二行第五字「漫」，諸本作「謾」。

一 一〇一七頁上四行第九字「謝」，諸本作「謝」。

一 一〇一七頁上一三行第一二字「知」，資、磧、普、徑、清作「如」；南作「何」。

一 一〇一七頁中三行「領頭」，諸本作「鎮頭」。

一 一〇一七頁中一八行第九字「扶」，諸本作「拔」。

一 一〇一七頁中二一行「空中」，資作「堂中」。又「或見大羊」，資、普、南、清作「或見犬羊」；徑作「忽現犬羊」。

一 一〇一七頁中二二行末字「鶩」，

磧、普、南、徑、清作「警」。
一〇一七頁下一行「清苦」，磧、普、南、徑、清作「精苦」。
一〇一七頁下五行第六字「且」，諸本作「旦」。
一〇一七頁下九行第一三字「時」，諸本作「時時」。
一〇一七頁下一〇行「乃傾」，諸本作「久頃」。
一〇一七頁下一一行第一一字「問」，諸本作「言」。
一〇一七頁下一二行第七字「僧」，諸本作「衆僧」。
一〇一七頁下一三行「先所」，諸本作「先於城都縣東南」。又第七字「疊」，諸本作「壘」。
一〇一七頁下一六行「令念般若」，諸本作「令念般若留以一心」。
一〇一七頁下一九行第九字「令」，諸本作「命」。
一〇一七頁下二二行第一三字「炘」，諸本作「圻」。
一〇一八頁上三行第七字「本」，南作「木」。
一〇一八頁上一八行「又曰」，諸本作「又曰日」。
一〇一八頁中一三行首字「莫」，諸本作「未」。
一〇一八頁中末行首字「墮」，諸本作「塗」。
一〇一八頁下三行「好供養」，資作「好好養」；磧、普、南、徑、清作「好好供養」。
一〇一八頁下一二行第九字「雨」，諸本作「兩」。二一行第七字同。
一〇一八頁下一三行第二字「兜」，諸本作「兜」。又「鍾乳片」，諸本作「如鍾乳片」。
一〇一八頁下一四行「大皷礅礅」，諸本作「天皷殷殷」。
一〇一八頁下一九行「僧慧策」，諸本作「僧慧榮」。
一〇一九頁上四行「三酙」，諸本作「三斛」。
一〇一九頁上一五行首字「日」，諸本作「目」。
一〇一九頁中二一行「人無」，徑作「無人」。
一〇一九頁下二行「六才」，諸本作「六牙」。
一〇一九頁下八行首字「聞」，磧、南作「問」。
一〇一九頁下一四行末字「嘗」，諸本作「常」。
一〇一九頁下二一行「遠方」，諸本作「方遠」。
一〇二〇頁上一行第七字「偏」，諸本作「徧」。
一〇二〇頁上一〇行第八字「目」，磧、普、南、徑、清作「自」。
一〇二〇頁上末行首字「准」，資、徑、清作「唯」。
一〇二〇頁中二行「由甫」，磧、普作「禽尚」；南、徑、清作「禽魚」。
一〇二〇頁下六行「脱難」，諸本作「免難」。

一　一〇二〇頁下一二行「不爲」，諸本作「以爲」。
一　一〇二〇頁下一四行末字「各」，諸本作「谷」。
一　一〇二〇頁下二〇行第六字「頭」，諸本無。
一　一〇二〇頁下二二行第七字「弓」，磧、南作「强」。
一　一〇二一頁上六行首字「十」，諸本作「升」。
一　一〇二一頁上一一行第八字「鄉」，磧、普、南、徑、清作「即」。
一　一〇二一頁上二二行「苦筌」，磧、普、南、徑、清作「笘笭」。又第一三字「服」，南、徑、清作「復」。
一　一〇二一頁中二行「榮荷」，諸本作「崇向」。
一　一〇二一頁中四行第三字「雨」，諸本作「兩」。
一　一〇二一頁中九行「大萬村」，磧、普、南、徑、清作「大方村」。
一　一〇二一頁中一七行第四字「床」，磧、普、南、徑、清作「床」。
一　一〇二一頁下五行「願也」，諸本作「願力也」。
一　一〇二一頁下一八行第三字「彼」，諸本作「彼俱」。
一　一〇二一頁下二〇行第一二字「蝝」，資作「蟓」；磧、普、南、徑、清作「喙」。
一　一〇二二頁上九行「名所」，諸本作「名匠」。
一　一〇二二頁上一三行末字「花」，諸本作「蓮花」。
一　一〇二二頁上一五行首字「子」，諸本作「介」。
一　一〇二二頁上一九行「此山」，磧作「北山」。
一　一〇二二頁上二一行「孝服」，磧、普、南、徑、清作「孝經」。
一　一〇二二頁中七行首字「裹」，諸本作「褁」。
一　一〇二二頁下一七行「咆休」，諸本作「炰烋」。
一　一〇二二頁下二〇行「形科」，諸本作「刑科」。
一　一〇二三頁上九行「昌言」，諸本作「唱言」。
一　一〇二三頁上一〇行「怨恨」，諸本作「惋恨」。
一　一〇二三頁中二行「隨州」，諸本作「趙州」。
一　一〇二三頁中六行第一〇字「依」，諸本無。
一　一〇二三頁下一行第二字「沾」，資作「露」。
一　一〇二三頁下三行第一〇字「教」，諸本作「敢」。
一　一〇二三頁下五行第九字「往」，諸本作「方往」。
一　一〇二三頁下二〇行「也年」，資、磧、普、南作「他行」。又第八字「袒」，磧、普、南、徑、清作「但」。
一　一〇二四頁上四行「自殯」，諸本作「自殞」。
一　一〇二四頁上五行末字「云」，諸

一 本作「云云」。
一 一〇二四頁上六行首至本頁下五行末「又近有……臺省」與本頁下六行首至次頁上一行末「紹闍梨……葬之」兩段經文，諸本前後互置。
一 一〇二四頁中七行「火柱」，諸本作「火炷」。八行同。
一 一〇二四頁中一三行第八字「年」，諸本作「年可」。
一 一〇二四頁中一八行「褭寓」，資、磧、普、南、徑作「褭寓」。
一 一〇二四頁下一行「念佛定生」，諸本作「定生定生」。
一 一〇二四頁下四行第一〇字「逆」，磧、普、南無。
一 一〇二四頁下八行首字「蟲」，諸本作「大蟲」。
一 一〇二四頁下一七行第九字「坐」，諸本作「而坐」。
一 一〇二五頁上七行第二字「野」，磧、南、清作「墅」。

一 一〇二五頁上一五行第七字「覲」，諸本作「覲」。又第一一字「人」，諸本作「村人」。
一 一〇二五頁上一八行第一一字「袒」，磧、普、南、徑、清作「但」。
一 一〇二五頁中二一行末字「駘」，磧、普、南、徑、清作「儓」。
一 一〇二五頁下二一行第二字「推」，諸本作「摧」。
一 一〇二六頁上六行「世該」，諸本作「世諺」。
一 一〇二六頁上九行「呻嗥」，磧、普、南、徑、清作「呻嘷」。
一 一〇二六頁上一六行第一〇字「充」，資作「宏」。
一 一〇二六頁上一八行第一〇字「溷」，磧、普、南、徑、清作「洄」。
一 一〇二六頁上一九行第一四字「漏」，資無。
一 一〇二六頁上二二行「剸刖」，諸本作「剸刖」。
一 一〇二六頁中二行「以於」，諸本作「以之」。
一 一〇二六頁中三行「內外」，諸本作「內外」。
一 一〇二六頁中六行「岸旁」，諸本作「崖旁」。
一 一〇二六頁中七行「火祀」，磧、普、南、徑、清作「火禮」。
一 一〇二六頁中一〇行首字「聖」，磧、普、南、徑、清作「聖」。
一 一〇二六頁中一二行第一二字「翢」，諸本作「堋」。
一 一〇二六頁中一五行「禆行」，磧、普、南作「碑行」；徑、清作「碑待」。
一 一〇二六頁中一六行「後葉」，磧、普、南、徑、清作「後葉」。
一 一〇二六頁下八行第一一字「所」，磧作「新」。
一 一〇二六頁下一〇行第一三字「鍬」，諸本作「鍋」。
一 一〇二六頁下一五行第一一字「慮」，諸本作「道」。
一 一〇二六頁下一九行「水清」，資、

作「氷清」；磧、普、南、徑、清作「冰情」。又末字「果」，磧、普、南、徑、清作「累」。

一一〇二六頁下二〇行「不賓」，諸本作「不寄」。

一一〇二六頁下二二行經名，資、磧、普、南無（未換卷）；徑作「續高僧卷第三十六」；清作「續高僧卷第二十九上」。

一一〇二六頁下末行「遺身篇」，諸本無。

續高僧傳卷第二十八　明

大唐西明寺沙門釋道宣撰

讀誦篇第八正紀十四人附見七人

魏秦岳人頭山衛草寺釋志湛傳一
魏益州玉壘寺釋法建傳二
益州招提寺釋慧恭傳三
眉州隆山鼎阜山釋法泰傳四
唐終南山藍谷悟真寺釋慧超傳五
伯濟國達拏山寺釋慧顯傳六
唐益州福成寺釋道積傳七洪遠僧思智曄
唐益州福壽寺釋寶瓊傳八
唐騶山津梁寺釋善慧傳九
唐終南山悟真寺釋法誠傳十
唐京師會昌寺釋空藏傳十一
唐京師大莊嚴寺釋慧銓傳十二智證宋公
唐雍州醴泉沙門釋遺俗傳十三玄秀史喈
唐京師羅漢寺釋寶相傳十四法達

釋志湛。齊州山茌人。是朗公曾孫之弟子也。立行純厚。省事少言。仁濟為務。每遊諸禽獸。而群不為亂。住人頭山邃谷中銜草寺。寺即宋求那跋摩之所立也。讀誦法華。用為常業。將終之日。沙門寶誌奏梁武曰。北方山茌

縣人住今銜草寺須陀洹果聖僧者。今日入涅槃。揚都道俗聞誌此告。皆遙礼拜。故湛之亡也。寂無餘惱。端然氣絕。兩手各舒一指。有西天竺僧解云。若二果者舒兩指。驗湛初果也。還收葬于人頭山。築塔安之。石灰泥塗。鳥狩不敢凌汙。今猶存焉。又范陽五侯寺僧。失其名。常誦法華。初死之時。權殯堤下。後遷改葬。骸骨並枯。惟舌不壞。雍州有僧。亦誦法華。隱于白鹿山。感一童子常來供給。及死置屍巖下。餘骸枯朽。惟舌如故。齊武成世。并州東看山側。有人掘地見一處土。其色黃白。與傍有異。尋見一物。狀如兩脣。其中有舌。鮮紅赤色。以事聞奏。帝問諸道人。無能知者。沙門大統法上奏曰。此持法華者六根不壞報耳。誦滿千遍。其徵驗乎。乃勑中書舍人高珎曰。卿是信向之人。自往看之。必有靈異。宜遷置淨所。設齋供養。珎奉勑至彼。集諸持法華沙門。執爐潔齋。遶旋而呪曰。菩薩涅槃年代已遠。像法流行。奉無謬者。請現感應。纔

始發聲。此之脣舌一時鼓動。雖無響及。而相似讀誦。諸同見者。莫不毛竪。珎以狀聞。詔遣石函藏之。遷于山室云。又元魏北代乘禪師者。受持法華。精勤匪懈。命終託河東薛氏為第五子。生而能言。自陳宿世。不願處俗。其父任北肆州刺史。隨任便往中山七帝寺。尋得本時弟子。語曰。汝頗憶從我度水往狼山不。乘禪師者。我身是也。房中靈几。可速除之。父母恐其出家。便與納室。尒後便忘宿命之事。而常興猒離。端拱靜居。又太和初年。代京閹官自慨刑餘。不逮人族。奏乞入山修道。有勑許之。乃賷一部花嚴。晝夜讀誦。礼悔不息。夏首歸山。至六月末。鬚髯盡生。復丈夫相。還狀奏聞。高祖信敬由來。忽見驚訝。更增常日。於是大代之國。花嚴一經。因斯轉盛。並見侯君素旌異記。

釋法建者。廣漢雒縣人也。俗姓朱氏。誦經一千卷。仍多閑暇。遨遊偶俗。無所異焉。忽復閇門則累日不出。無所食美。唯聞誦

經然小聲吟諷音不外徹有人倚壁竊聽臨響但聞亹亹細細似伏流之吐波時乃一出追從無閒武陵王東下令弟規守益州魏遣將軍尉遲迥來伐蜀規既降欵城內大有名僧皆被拘禁至夜忽有光明迥遣人尋光乃見諸僧並睡唯法建端坐誦經光從口出迥聞自到建所頂礼坐聽至旦始休迥問曰法師昨夜所誦名作何經荅曰華嚴經下帙十卷迥曰何不從頭誦之荅曰貧道誦次到此耳迥曰法師誦得幾許荅曰貧道發心欲誦一藏情多懈怠今始得千卷迥驚疑不信將欲試之曰屈揔誦一遍應不勞損耶建報曰讀誦經典沙門常事豈憚勞苦乃設高座令諸僧衆並執本逐聽法建登座為誦或似急流之注峻壑其吐納音句呼噏氣息或類清風之入高松聰明者繞似聞餘音情疎意遠者空望塵躅七日七夜數已滿千猶故不止迥起謝曰弟子兵將不得久停請從此辭諸僧因並釋散迥既出歎息曰自如来寂滅之後阿難號為揔持豈能過此蜀中乃有如此人所以常保安樂奇哉奇哉建年八十終

釋慧恭者益州成都人也俗姓周氏周末廢佛法之時与同寺慧遠結契勤學遠直詣長安聽採恭長往荊揚訪道遠於京師聽得阿毗曇論迦延拘舍地持成實毗婆沙攝大乘並皆精熟還益州講授卓尒絕群道俗欽重嚫施盈積恭後從江表来還二人相遇欣歡共叙離別三十餘年同宿數夜語說言談遠如泉涌恭竟無所道問恭曰離別多時今得相見慶此歡會伊何可論但覺仁者無所說將不得無所得耶恭對曰為性闇劣都無所解遠曰大無所解可不誦一部經乎恭荅曰唯誦得觀世音經一卷遠厲色曰觀世音經小兒童子皆能誦之何煩大汝許人乎且仁者童子出家与遠立誓望證道果豈復三十餘年唯誦一卷經如指許大是非闇鈍懶墮所為請与斷交願法師早去無增遠之煩惱也恭曰經卷雖小佛口所說遵敬者得無量福輕慢者得無量罪御願暫息瞋心當為法師誦一遍即与長別遠大笑曰觀世音經是法華經普門品遠已講之數過百遍如何始欲為人耳乎恭曰外書云人能弘道非道弘人但至心聽佛語豈得以人棄法乃於庭前結壇壇中安高座繞壇數匝頂礼昇高座遠不得已於是下據胡床坐聽恭始發聲唱經題異香氛氳遍滿房宇及入文天上作樂雨四種花樂則寥亮振空花則霏霏滿地經訖下座自為解座梵訖花樂方歇慧遠接足頂礼淚下交連謝曰慧遠臭穢死屍敢行天日之下乞暫留賜見教誨恭曰非恭所能諸佛力耳即日拂衣長揖汎流而去尒後訪問竟不知其所之其寺久已湮滅

釋法泰眉州隆山縣人也俗姓呂氏初為道士十餘年中間忽自悟迴心正覺因即剃除始誦法華經尋即通利乃精勤寫得法華經一部數有靈瑞欲將向益州莊潢令一人擔負一頭以籠盛錢二千束縛經置錢上一

頭是衣服檐行至地名莋橋橋忽斷泰在後負檐人俱墜水中人浮得出檐没不見泰於岸上搥胷號哭曰錢衣豈非關事何忍溺經即高聲唱言如能為瀍得者賞錢兩貫時有一人聞之脱衣入水没求之數度出入得錢與衣幞而不得經泰轉悲泣廵岸上下望小洲上有一幞命人取之乃是經也草木擎之宛無濕處泰不勝歡喜即以二千錢償所瀍人曰法師悲號剋喪父母故為急覔非是貪錢弟子雖傭夫亦知福報請以此錢充莊嚴之直言訖逌去更欲與言去已遠矣泰至城都裝潢以檀香為軸表帶及帙并函將還本寺別處安置夜夜有異香泰勤誦持一夜一遍時彪法師彼寺講夜欲看讀恒嫌泰内乱其心自欲往請令稍下聲乃見泰前大有人衆皆胡跪合掌彪退流汗即移所住泰年八十終矣

釋慧超姓沉氏丹陽建元人稟懷温裕立性慷仁弱齡猒俗自出家後誦法華經聞光州大蘇山慧思禪師獨悟一乘善明三觀與天台智者仙城命公篤志幽尋積年請業行優智遠德冠時賢思對衆命曰超之神府得忍人也及遊衡嶺復與同途留誦經停亟移歲序自隋初廓定北入嵩高餌藥坐禪與言終老隋太子勇召集名德揔會帝城以超業行不群特留供養而恭慎凝攝不顧丗華及勇廢免一無所涉晚移定水高振德音道俗歸宗仰其戒範會淨業法師卜居藍田谷之悟真寺欽超有道躬事邀迎共隱八年倍勤三惠及大業承運禪定初基爰發詔書延入行道屢辤砭疾後許還山德感物情頗存汲引四川貴望一縣官民莫不委質投誠請傳香德并為經始伽藍繼綜耋粒大唐伊始榮重於前京邑名僧慧因保恭等情慕隱淪咸就栖止蔭松偃石論詳道義皆曰斯誠出要樂也後卧疾少時弟子跪問荅曰吾之常也長生不欣夕死不感乃面西正坐云第一義空清淨智觀言如入定奄遂長往春秋七十有七即武德五年十二月六日也露骸松石一月餘日顔色不變天筞上將聞稱希有遣人就視端拱如生自超九歲入道即誦法華五十餘年万有餘遍感霊獲瑞不可勝言弟子法成等為建白塔于寺之北峯焉

釋慧顯伯濟國人也少出家苦心精専以誦法華為業祈福請願所遂者多聞講三論便從聽受法一染神弥增其緒初住本國北部脩德寺有衆則講無便清誦四遠聞風造山諠接便往南方達拏山山極深險重障巖固縱有往展登陟艱危顯静坐其中専業如故遂終于彼同學轝屍置石窟中虎噉身骨並盡惟餘髏舌存焉經于三周其舌弥紅赤柔軟勝常過後方變紫鞕如石道俗怪而敬焉俱緘閉于石塔時年五十有八即貞觀之初年也

釋道積蜀人住益州福成寺誦通涅槃生常恒業凡有言述必洗滌身纖淨衣法座然後開之立性沉審慈仁揔務諸有癘疾洞爛者其氣弥復欝勃衆咸掩鼻而積與之供給身心無

貳或同器食或為補浣時有問者積
玄清淨奚處心憎愛也吾豈一其神
慮耶寄此陶練耳皆慕其為行也而
患已不能及之以貞觀初年五月終
于住寺春秋七十餘矣時屬炎夏而
不腐臭經停百日跏坐如初莫不嗟
尚乃就加漆布興敬巴蜀京邑諸僧
受誦涅槃其列非少又有沙門洪遠
僧恩並誦涅槃皂素迴向遠志尚敦
慤情捐名利徵入會昌隆礼供給恩
道心清肅成節動人弘福禪定兩以
崇德而畢牧自處蒙俗罕知時弘福
寺有沙門智曅者本族江表隋朝徵
入深樂法華鎮恒抄寫所得外利即
用雇人前後出本二千餘部身恒自
勵日寫五張年事乃秋斯業無怠今
捻寺任弥勤恒業年七十餘矣
釋寶瓊馬氏益州綿竹人小年出家
清貞儉素讀誦大品兩日一遍為常
途業歷遊邑洛無他方術但勸信向
尊敬佛法晚移州治住福壽寺率勵
坊郭邑義為先每結一邑必三十人
合誦大品人別一卷月營齋集各依

次誦如此義邑乃盈千計四遠聞者
皆來造款瓊乘機授化望風靡服而
甲弱自持先人後德經行擁內下道
相避言問酬對怡聲讜敬斯實量也
不媚於時本邑連比什邡諸縣並是
道民尤不奉佛僧有投寄無容施者
致使老幼之徒於沙門像不識者衆
瓊雖桒梓習俗難改徒有開悟莫之
能受李氏諸族正作道會邀瓊赴之
来既後至不礼而坐衆謂不礼天尊
非法也瓊曰邪正道殊所事各異天
尚不礼何况老君衆議紜紜頗相凌
侮瓊曰吾礼非所礼恐貽辱也遂礼
一拜道像弁座動揺不安又礼一拜
連座返倒摧殘在地道民相視謂是
風皷竟来周正瓊曰斯吾所為勿妄
怨也初未之信既安又礼如前崩倒
合衆驚懼舉掌礼瓊一時迴信從受
戒法旁縣道黨相將嘆訝咸復奉法
時既創開釋化皆授菩薩戒焉縣令
高遠者素有誠敬承風敷導更於州
寺召僧弘講合境傾味自此而繁以
貞觀八年終於所住

釋善慧姓苟氏河内温人博通群籍
統括文義逮于九章律歷七曜盈虛
皆吞若胸中抵掌符會乃深惟世務
終墜泥塗遂解褐抽簪剃歸僧伍初
在徐州之彭城寺誦法華經聽双攝
論時遭寇蕩兵食交侵而慧抱飢自
勵奉法無殆洗穢護淨弥隆恒日但
以邊邑京學文字紕謬至於音詁衆
議紛然雖復俗語時通而慧意存雅
正周諮悟還同昔疑乃以大業末齡
負錫西入屢逢群盜衣裳略盡但有
弊布自遮猶執破鉢常充淨用既達
関口素闕繻文遂即正念直前從門
而度于時中表列刃曾無遮止孟冬
十月初達京師值沙門吉藏正講法
華深副本圖即依聽受形服鄙悪衆
不納之乃掃雪藉地單裙覲坐都講
財唱傾耳詞句擬定經文藏既闡揚
勇心承旨望通理義由情存兩得不
暇忍寒歡笑濈濈如賈獲寶竟冬常
尒衆方美之問以詞旨片無遺忘乃
以聞法同屬禪定寺沙門法喜便脫
衣迎之引至房中智覬無濫慧又師

續高僧傳卷第二十八　第十三張　明　奉
喜雨振芳規武德初年隨住藍田之
津梁寺俗本驪戎互相棲息率奬陶
化十室而九然而性愛英賢樂相延
致自西自東百有餘里名林勝地皆
建禪坊所以逃逸之儔賴其安堵以
貞觀九年正月終於驪山之陽涼泉
精舍春秋四十有九初慧棄擲俗典
從此玄模言不重涉專心道業省言
節食佩律懷仁迎頓客掾雅重經教
其有未曾覩者要必親觀若值行要
累日誦持以為熏習之基也
時太原沙門慧達者亦誦法華五千
餘遍行坐威儀其聲不輟偏存物命
直視徑目地有虫豸必迴身而避不
敢踐越有問答曰斯之與吾生死不
定將不先成正覺安可妄輕之耶以
貞觀八年四月跏坐而終人謂入定
停于五宿既似長逝又不臭腐乃合
牀內于龕中
釋法誠姓樊氏雍州万年人童小出
家止藍田王效寺事沙門僧和和亦
鄉族所推奉之比聖嘗有人欲宮夜
往其房見門內猛火騰焰昇帳遂即

續高僧傳卷第二十八　第十四張　明
退悔性飲清泉潔清故也人或弄之
密以羊骨況水和素不知飲便嘔吐
其宜感潛識為若此矣誠奉佩訓勗
講法華經以為恒任又詣禪林寺相
禪師詢于定行而德茂時宗學優衆
仰晚住雲花綱理僧鎮隋文欽德請
遵戒範乃陳表固辭薄言抗禮遂貞
笈長驅歷遊名岳追蹤勝友咸承志
道因見超公隱居幽靜乃結心期栖
遲藍谷處既局狹纔止一牀旋轉經
行恐顛深壑便剗迹開林披雲附景
茅茨葺宇甕牖疎簷情事相依欣
然符合今所謂悟真寺也法華三昧
翹心奉行澡沐中表溫恭朝夕夢感
普賢勸書大教誠曰大教大乘也諸
佛智慧所謂般若於即入淨行道重
惠匠人書八部般若香臺寶軸莊嚴
成就又於寺南横嶺造華嚴堂堙山
闐谷列棟開甍前對重巒右臨斜谷
吐納雲霧下瞰雷霆余曾遊焉實奇
觀也又竭其精志書寫受持弘文學
士張靜者時号筆工罕有加勝乃請
至山舍令受齋戒潔淨自修口含香

續高僧傳卷第二十八　第十五張　明
汁身被新服然靜長途寫經不盈五
十誠料其見財兩紙酬其五百靜利
其貨竭力寫之終部以來誠恒每日
燒香供養在其案前點畫之間心緣
目覩略無遺漏故其克心鑽注時感
異鳥形色希世飛入堂中徘徊鼓儛
下至經案復上香爐攝靜住觀自然
馴狎久之翔逝明年經了將事興慶
鳥又飛來如前馴擾鳴啄哀亮貞觀
初年造畫千佛鳥又飛來登上匠背
後營齋供慶諸經像日次中時恠其
不至誠顧山岑曰鳥既不至誠吾無
感也將不兼諸識行致有此徵言已
欻然飛來旋環鳴囀入香水中奮迅
而浴中後便逝前如此者非復可述
素善翰墨鄉曲所推山路巖崖勒諸
經偈皆其筆也手寫法華正當露地
因事他行未營收舉屬洪雨滂注滿
澗波飛走往看之而合案並乾餘便
流潦嘗却偃攢松遂落懸溜未至下
澗不覺已登高岸無損一毛又青泥
坊側有古佛龕周氏瘞藏今猶未出誠
夜夢其處大有尊形既覺往開恰獲

古龕像年月猶久並崇剥壞就而修理
道俗稱善斯並冥術之功自誠開發
至貞觀十四年夏末日忽感餘疾自
知即世願生兜率索水浴訖又索終
舉旁自撿按不許營厚恰至月末明
相將現無故語曰欲來但入未假弦
歌頌侍人曰吾聞諸行無常生滅不
住九品往生此言驗矣今有童子相
迎久在門外吾今去世尒等佛有正
戒無得有虧後致悔也言已口出光
明照于楹內又聞異香苾芬而至但
見端坐儼思不覺其神已逝時年七
十有八然誠之誦習也一夏法華料
五百遍餘日讀誦兼而行之猶獲兩
遍縱有人客要須與語者非經部度
中不他言略計十年之勤万有餘遍
釋空藏俗姓王氏先祖晉陽今在雍
州之新豊焉母初孕日自然不食酒
肉五辛時以同塵身子故密加異之
既誕育後靈鑒日陳情用高遠讀誦
經論思存拔濟至年十九同佛出家
既惟一巳二親留㝵乃於父前以身
四布七日不起恐其命絶方從所願

續高僧傳卷第二十八　第十六張　明

即辭向藍田負兒山中私自剃落初
賣麫六斗擬作月粮日啖二升三年
不盡屢感神鼎自然而至由是增其
禪誦晨宵無輟後依止判法師住龍
池寺欽重經論日誦万言前後揔計
三百餘卷三論涅槃探窮巖穴大業
之始以藏名稱惟遠道俗所聞下勑
徵延入住禪定唐運既興崇繕法宇
有勑於金城坊建會昌寺并請大德
十人度僧五十人永用住持以藏行
德夙彰又請住焉供事弥隆極光恒
美而性樂山水志存清曠每年仲春
遊浪林皐行次玉泉遂有終焉之思
居止載紀衆聚如山說導亡疲開悟
逾廣後為亢旱經時山泉乃竭合寺
僧衆咸以驚嗟藏乃至心祈請其泉
應時還復遠近道俗動色相歡兼又
弘操嶽峙器局川停不擾榮利不懷
寵辱濟度群有不略寸陰乃鈔摘衆
經大乘要句以為卷軸紙别五經三經
卷部二十五十揔有十卷每講開務極
增成學聞義兩持偏無迷忘夏分常
行方等懺法賢劫千佛日礼一遍常

續高僧傳卷第二十八　第十七張

坐不臥垂三十年翹勤專注難加係
迹以貞觀十六年五月十二日終於
會昌春秋七十有四遺身於龍池寺
側收骨起塔觀其讀誦之冨振古罕
儔視其髏骨兩耳通明頂有雙孔眼
眶含竅各有三焉弟子等追惟永往
樹碑於會昌寺中金紫光禄大夫衛
尉卿于志寧為文
釋慧銓姓蕭氏今特進宋公瑀之兄
子也父仕隋為梁公祖即梁明帝矣
性度恢簡志用沖粹姑即隋煬之后
也自幼及長恒在宮闈慕樂超世無
因自達年既冠成帝乃尚以秦孝妾
為妻非其願也事不獲已時行伉儷
及妻終後方遂夙心以鄭氏東都預
茲剃落及武德初歲方還京輦住莊
嚴寺廣聽衆部而以攝論為心頗懷
篇什尤能草隷隨筆所被用為摸楷
故經題寺額咸推仰之兄鈞任東宮
中舍文才之舉朝廷攸屬每歲春秋
相携乃嶽岫觸興題篇連句同韻時以
為難兄弟也又弟智證出家同住即
宋公之兄太府卿之子也略榮位之

續高僧傳卷第二十八　第十八張　明

好佽懷道業勤勤自課無擇昏曉證與兄銓相次而卒以家世信奉偏弘法華同族尊卑咸所成誦故蕭氏法華皂素稱富特進撰疏揔集十有餘家採掇菁華錄以胷臆勒成卷數常自敷弘時召京輦名僧指摘瑕累或集親屬僧尼數將二十給惠以時四事無怠故封祿所及惟存通濟太府情好讀誦為先故生至終誦盈万遍雇人抄寫揔有千部每日朝參必使儐者執經在前至於公事微隙便就轉讀朝伍仰屬以為絕倫自釋化東傳流味弥遠承受讀誦世罕伊人蕭氏一門可為天下摸楷矣

釋遺俗不知何許人以唐運初開遊止雍州醴泉縣南美泉鄉陽陸家鎮常供養清儉京慾惟誦法華為業晝夜相係乃數千遍以貞觀初因疾將終遺囑友人慧廓曰比雖誦經意望靈驗以生蒙俗信向之善若身死後不須棺盛露骸埋之十載可為發出舌根必爛知無受持若猶存在當告道俗為起一塔以示感靈言訖而終遂依

埋瘞至貞觀十一年廓與諸知故就墓發之身肉都銷惟舌不朽一縣士女咸共仰戴誦持之流又倍恒度乃函盛其舌於隆村北甘谷南岸為建塼塔識者尊嚴弥隆信敬誦讀更甚

又京城西南豊谷鄉福水南史村史呵擔者少懷善念常誦法華行安樂行慈悲在意不乘畜產虛約為心名露令史徃還京省以習誦相仍恐路逢相識人事喧涼便廢所誦故其所行必小逕左道任氣怡頹緣念相續初不告倦及終之時感異香氣充於村曲親踈同怯遂埋殯之介後十年妻亡乃發屍出舌根鮮明餘並朽盡乃別摽顯瘞

又黃州隨華寺僧玄秀者性清慎溫恭為志常誦法華每感徵異未以為怯時屬炎暑同友逐涼遣召秀来欲有談笑既至房前但見羽衛嚴肅人馬偉大怖而返告同往共觀如初不異韓至後門其徒弥感上望空中塡塞無際多乘為馬類雜鬼神乃知其感通也置而却返明晨慙謝朋從遂

絕秀專斯業隋末終寺

釋寶相姓馬雍州長安人十九出家清貞栖德住羅漢寺專聽攝論深惟妄識之難伏也無時不諠乃入禪坊頭陁自靜六時禮悔四十餘年夜自萬課誦阿弥陁經七遍念佛名六萬遍晝讀藏經初無散捨後專讀涅槃一千八十遍兼誦金剛般若終于即世然身絕惡惱休健翁習冷食麤衣隨得便服情無憚苦又志存正業翹注晨宵蚤虱絲身不暇觀採遇患將極念誦無捨迄至大期眾屬道俗以念佛為先西方相待勿虛度世又屬當燒散吾尸不勞銘塔用塵庸俗言訖而逝年八十三六十二夏不畜尺財無勞僧法

又同寺僧法達者以誠素見稱供覯之直用寫華嚴八部般若燒香自讀一百餘遍而生常清潔不畜門人單巳自怡食無餘粒斯亦輕清之高士也年登七十便覽所讀經贈同行者但捧勝天一部以為終老即擲公名趣雲陽巖中擁緣送死經于四載遂

辛彼山並是即目近事且夫讀誦微
感其類繁焉別有紀傳故不曲盡略
引數條示光緒耳
論曰尋夫讀誦之為業也功務本文
經嘆說行要先受誦何以然耶但由
庸識未剖必假聞持崑竹不斷鳳音
寧顯義當繞登解髮即須通覽採酌
經緯窮搜名理疑偽雜錄單複出生
普閱目前銓品人世然後要約法句
誦鎮心神廣說緣本用躡迷結遂能
條貫本支釋疑滯以通化統略云言
附事用以徵治是故經云受持讀誦
書寫解說如法修行斯誠誠也世多
情學愚計相封以尋理為諸見用博
文為障道故調達善星之廣富未免
泥犂般特薄拘之京約尚參中聖凡
斯等議未成通論原夫道障之起起
乎心行道在無滯滯則障道焉有多
聞能為道障夫聞本筌解封附不行
此則滯指亡月正違出要是以愚夫
當斯一計莫非學既未功隨言便著於
經律論生未曾沾感妄發心誓不執
卷見學教者目為文字故使慢水覆

心膏肓誰遣至於決斷篇聚判析偽
真由來未知事逾聾瞽既恥來問反
啓寡陳遂即惟心臆斷汎浪無准傍
為啓齒何急如前又有薄讀數帙略
誦短章謂為止足更絕欣尚便引大
集法行比丘十住不貴多讀竊以教
門宏曠待對塵勞藥病相投豈徒繁
積藏部所設止在奉持聞而莫依校
量非一令倒想如草之募慢我如山
之立要資博讀見有廣治之能隨境
流觀務存祛滯之本但以暗識未萌
集熏怠攝攝情昏倒反福成罪故此
方見錄卷止六千尚怖不希壅迷頑
足何論天竺遺典龍藏現經敢慕窺
求通觀閱海必能追功起觀無暇廣
尋要找苦輪方聞為飾斯則莊嚴道
論慧解前驅不待抑揚自然會理又
有曲媚佛言詐辟學論便言論作小
聖吐言隱密彫淳撲散道味已離故
我誦持無心悟入斯言何哉妄有穿
鑿原夫諸佛說法本惟至道赴接凡
小方便乘權權道多謀任機而現或
以聲光動之或以威容鼓之法辟乱

舉緣事相開以悟達為本言以亡筌
為意得但以去聖久遠時接澆浮專
寶文詞罕會幽旨所以大小諸聖悲
大道之將崩廣採了義製明論以通
教故文云隨聲取義有五過失謗佛
輕法誑人退信斯言極矣不量已之
神府而輒撥於成教明佛而侮賢聖
憎愛於是由生噬乎法侶又何詳哉
且夏屋非散材所成大智豈庸情所
攝固當通其所滯悟其所迷不然則
至聖於何起悲正士於何揚化事敘
緣於本紀故不廣之

續高僧傳卷第二十八

癸卯歲高麗國分司大藏都監奉
勅彫造

續高僧傳卷第二十八

校勘記

一　底本，麗藏本。

一　一〇三二頁上一行經名，資、磧、普、南無（未换卷）；徑作「續高僧傳卷第三十八」；清作「續高僧傳卷第二十九下」。

一　一〇三二頁上二行作者，資、磧、普、南無（未换卷）。

一　一〇三二頁上三行「七人」，諸本（不含石，下同）作「八人」。

一　一〇三二頁上五行首字「魏」，徑、清無。

一　一〇三二頁上六行傳目，諸本冠以「隋」字。

一　一〇三二頁上七行傳目，資、磧、普、南冠以「隋」字。又「隆山鼎」，諸本作「隆山縣」。

一　一〇三二頁上一〇行首字「唐」，徑、清無，下至一七行首字同。又「福成寺」，諸本作「福感寺」，下同。又小字「僧思」，諸本作「僧恩」。

一　一〇三二頁上一五行「慧銓」，諸本作「慧齡」。又小字左「宋公」，諸本作「宗公」。

一　一〇三二頁中一行「住今」，諸本作「頭山」。

一　一〇三二頁中一六行「道人」，諸本作「通人」。

一　一〇三二頁中末行第六字「奉」，諸本作「幸」。

一　一〇三二頁下二行首字「及」，諸本作「聲」。

一　一〇三二頁下三行末字「云」，徑、清作「云云」。

一　一〇三二頁下五行「薛氏」，磧、普、南、徑、清作「薛氏」。

一　一〇三二頁下七行「北肆州」，諸本作「北泗州」。

一　一〇三二頁下一〇行「可速」，諸本作「可送」。

一　一〇三二頁下一三行第五字「刑」諸本作「形」。又第八字「逮」，資作「遠」。

一　一〇三二頁下一六行「髭鬢」，諸本作「髭鬚」。又第九字「還」，諸本作「遥」。

一　一〇三三頁上二行末字至次行首字「細細」，諸本作「溜溜」。

一　一〇三三頁上一三行末字「偍」，諸本作「得」。

一　一〇三三頁上一七行「逐聽」，磧、南、徑、清作「遂聽」。

一　一〇三三頁上二〇行第二字「似」，諸本無。

一　一〇三三頁中一行「寂滅」，諸本作「稱滅」。

一　一〇三三頁中五行第二字「末」，磧、普、南、徑、清作「未」。

一　一〇三三頁中一〇行「江表」，諸本作「江左」。

一　一〇三三頁中一三行首字「問」，諸本作「遠問」。

一　一〇三三頁下四行末字「何」，磧作「己」。

一　一〇三三頁下九行首字「是」，諸本作「簷」。

一　一〇三三頁下一〇行「氛氳」，資、磧、普、南、清作「氳氳」；徑作「氤氳」。

一　一〇三三頁下一一行「寮亮」，諸本作「嘹亮」。

一　一〇三三頁下一二行第一二字「⿱林九」，諸本作「梵梵」。

一　一〇三三頁下一三行「交連」，諸本作「交流」。

一　一〇三三頁下二二行「莊潢」，諸本作「裝潢」。又第一二字「檐」，諸本作「擔」，下至次頁上二行第五字同。

一　一〇三四頁上一〇行「二千」，諸本作「三千」。

一　一〇三四頁上一二行「傭夫」，諸本作「庸夫」。

一　一〇三四頁上一四行「城都」，磧、普、南、徑、清作「成都」。

一　一〇三四頁上二〇行「所住」，磧作「所任」。

一　一〇三四頁上二一行「汎氏」，諸本作「沈氏」。又「建元」，諸本作「建康」。

一　一〇三四頁中一〇行第六字「田」，諸本無。

一　一〇三四頁中一一行「三惠」，諸本作「三慧」。

一　一〇三四頁中一五行末字「羞」，諸本作「著」。

一　一〇三五頁上二行第七字「憎」，磧、南作「增」。

一　一〇三五頁上八行第六字「列」，諸本作「例」。

一　一〇三五頁上一五行「雇人」，徑、清作「顧人」。

一　一〇三五頁上二〇行「邑洛」，諸本作「邑落」。

一　一〇三五頁中二行「皆來」，諸本作「皆蒙」。

一　一〇三五頁中一七行第三字「初」，諸本作「初如」。又「如前」，諸本作「依前」。

一　一〇三五頁中一八行「舉掌」，徑、清作「舉堂」。

一　一〇三五頁中一九行「戒法」，諸本作「歸戒」。

一　一〇三五頁中二〇行「皆授」，諸本作「皆受」。

一　一〇三五頁中二一行「高遠」，諸本作「高達」。又「敷導」，諸本作「敷道」。

一　一〇三五頁中二二行「合境」，諸本作「闔境」。

一　一〇三五頁下一行「苟氏」，諸本作「荀氏」。

一　一〇三五頁下三行「抵掌」，諸本作「指掌」。

一　一〇三五頁下五行第一三字「收」，諸本作「采」。

一　一〇三五頁下一七行第一一字「⿰扌親」，諸本作「襯」。

一　一〇三五頁下一九行第四字「旨」，諸本作「習」。

一〇三六頁上一〇行「親觀」，諸本作「親覽」。
一〇三六頁上一八行「既似」，磧、作「既以」。
一〇三六頁上二一行「和和」，資作「弘弘」；磧、普、南、徑、清作「弘和弘和」。
一〇三六頁上末行第一一字「昇」，磧、普、南、徑、清作「斗」。
一〇三六頁中四行首字「講」，諸本作「誦」。
一〇三六頁中六行第一〇字「隋」，諸本作「而隋」。
一〇三六頁中一一行第一一字「拔」，諸本作「扳」。
一〇三六頁下二行第一〇字「其」，諸本作「直」。
一〇三六頁下一〇行「登上」，諸本作「登止」。
一〇三六頁下一三行「不兼」，諸本作「不嫌」。
一〇三六頁下一四行「旋環」，磧、普、南、徑、清作「旋還」。
一〇三六頁下一五行第七字「前」，諸本作「前後」。
一〇三六頁下一六行「素善」，諸本作「靜素善」。
一〇三六頁下一八行「他行」，諸本作「化行」。
一〇三七頁上一行首字「古」，諸本無。
一〇三七頁上二行第八字「術」，諸本作「衛」。
一〇三七頁上四行末字「終」，諸本作「絡」。
一〇三七頁上一一行末字「伹」，諸本作「但」。
一〇三七頁中一〇行首二字「十人」，諸本作「十八人」。
一〇三七頁中一二行首字「美」，諸本作「度」。
一〇三七頁中一四行「亡疲」，諸本作「不疲」。
一〇三七頁中二一行「二十」，諸本作「三十」。
一〇三七頁下一行「三十年」，諸本作「二十年」。
一〇三七頁下八行「爲文」，磧、普、南、徑、清作「爲文云」。
一〇三七頁下九行「慧銓」，諸本作「慧齡」。
一〇三七頁下一八行「摸指」，諸本作「摸楷」。下同。
一〇三八頁上二行第三字「銓」，諸本作「鈞」。
一〇三八頁上五行第六字「揉」，諸本作「糅」。又「卷數」，諸本作「命氏」。
一〇三八頁上九行「情好」，諸本作「情存好善」。又「故生」，諸本作「從生」。
一〇三八頁上一〇行「雇人」，清作「顧人」。
一〇三八頁上一五行第七字「許」，諸本無。又第一三字「開」，磧、南、徑、清作「閑」。

一　一〇三八頁上一六行「陽陸」，諸本作「湯陸」。本頁中四行同。

一　一〇三八頁上二一行「棺盛」，諸本無。

一　一〇三八頁中四行「南岸」，諸本作「南崖」。

一　一〇三八頁中八行「慈悲」，諸本作「悲忍」。

一　一〇三八頁中一三行第七字「埋」，磧作「理」。

一　一〇三八頁中一四行「舌根」，諸本作「舌相」。

一　一〇三八頁中一六行「隨華寺」，磧、普、南、徑、清作「濟華寺」。

一　一〇三八頁下四行「乃入」，諸本作「及入」。

一　一〇三八頁下八行「般若」，諸本作「般若經」。

一　一〇三八頁下一五行末字「尺」，南、徑、清作「長」。

一　一〇三八頁下二二行「勝天」，諸本作「勝天王」。又「公名」，南、徑、清作「功名」。

一　一〇三九頁上二〇行第八字「達」，諸本作「違」。

一　一〇三九頁上二二行第八字「惑」，諸本作「或」。

一　一〇三九頁上末行「目爲」，資作「自爲」。

一　一〇三九頁中一行「判折」，諸本作「判析」。

一　一〇三九頁中八行末字至次行首字「挍量」，諸本作「教毁」。

一　一〇三九頁中一一行第一三字「未」，清作「夫」。

一　一〇三九頁中一九行「撲散」，諸本作「樸散」。

一　一〇三九頁中二〇行「誦持」，諸本作「讀持」。

一　一〇三九頁下一行「相開」，諸本作「相關」。又「亡筌」，諸本作「忘筌」。

一　一〇三九頁下七行第九字「明」，諸本作「朋」。

一　一〇三九頁下八行「何詳」，諸本作「可詳」。

一　一〇三九頁下卷末經名，資、磧、普、南作「續高僧傳卷第二十九」，並有夾註「讀誦」；徑作「續高僧傳卷第三十八」；清作「續高僧傳卷第二十九下」。

續高僧傳卷第二十九　明

大唐西明寺沙門釋道宣撰

興福篇第九 正紀十二人 附見五人

釋明達姓康氏其先康居人也童稚出家嚴持齋素初受十戒便護五根年及具足行業弥峻脇不著席日無再飯外肅儀軌內樹道因廣濟爲懷遊行在務以梁天鑒初来自西戎至于益部時巴峽蠻夷皷行抄刼州郡徵兵克期誅討達愍其將苦志存拯拔獨行詣賊登其堡壘慰喻招引未狎其情俄而風雨晦冥雷霆振擊群賊驚駭慚佘求哀達乃教具千燈祈誠三寶營辦始就昏霾立霽山澤通氣天地開朗翕然望國並從王化綴負排藪擲弁前趍者其徒充澤遂使江路肅清往還無阻兵威不設而萬里坦然達之力也後因行汶中路逢有人縛豨在地聲作人語曰願上聖救我達即解衣贖而放之嘗於夜中索水洗腳弟子如言而湯竟不脫重以湯洗如前不去乃自以水灌之其腳便淨達曰此魚膏也更莫測其所從行至梓州牛頭山欲搆浮圖及以精舍不訪材石直覓匠工道俗莫不恠其言也于時三月水竭即下求木乃於水中得一長材正堪剎柱長短合度僉用欣然仍引而豎焉至四月中涪水大溢木流翳江自泊村岸都無溺者達率合皂素通皆接取縱橫山積創修堂宇架塔九層遠近併力一時繕造役不踰時欻然成就而躬襲三衣並是麁布破便治補寒暑無

革有時在定擾于繩牀赫然火起衆往撲滅惟覺清涼有沙門僧救者積患攣躄足來從乞差達便授杖令行不移晷景驟步而返斯陰德顯濟功不可識其例甚矣又布薩時身先衆坐因有偷者穿墻負物既出在外迷悶方所還來投寺遂輸而遣之故達化行楚蜀德服如風之偃仆也故使三蜀氓流或執爐請供者或散花布衣者或捨俗歸懺者或剪落從法者日積歲計又不可紀以天監十五年隋始興王還荊州冬十二月終于江陵春秋五十有五達形長八尺容式偉然敷弘律訓及以講誦乍諷俗書用悟昏識銓序罪福無待重尋故詳略而傳矣

釋僧明俗姓姜鄜州內郡人住既山栖立性淳素言令質撲叙悟非任而能守禁自修不隨鄜俗雖不閑明經誥然履操貞梗有聲時俗因遊邑落往還山谷見一倚岸屢有異光恠而尋討上下循擾乃見澗底石趺一枚其狀高大遠望岸側卧石如像半現

於外遂加工發掘乃全像也形同佛相純如鐵礦不加鏨琢宛然圓具舉高三丈餘時周武已崩天元嗣曆明情發增勇不懼嚴誅頗問古老無知來者其地天荒榛梗素非寺所明自惟曰當是育王遺像散在人間應現之來故在斯矣即召四遠同時拖舉事力既竭全無勝致明乃執爐誓曰若佛法重興蒼生有賴者希現威靈得遂情願適發言已像乃忽然輕舉從山直下徑趣趺孔不假扶持卓然峙立大衆驚嗟得未曾有因以奏聞帝用為嘉瑞也乃改元為大像焉自介佛教漸弘明之力也又尋下勑以其所住為大像寺今所謂顯際寺是也在坊州西南六十餘里時值陰暗便放神光明重出家即依此寺盡報修奉大感物心以開皇中年卒于彼寺余以為興福之來事有機會感見奇跡其相弥隆略引五三用開神理至如徐州吴寺太子思惟瑞像者昔東晉沙門法顯厲節西天歷觀聖迹往投一寺小大承迎顯時遇疾心希

鄉飰主人上坐親事經理勑沙弥為取本鄉齋食倏忽往還脚有瘡血云往彭城吴蒼鷹家求食為犬所齧顯恠其旋轉之傾而遊万里之外方悟寺僧並非常也及隨船還故往彭城訪吴蒼鷹具知由委其犬齒餘血塗門之處猶在顯曰此羅漢聖僧血也當時見為取食何期犬遂損耶鷹聞懺咎即捨宅為寺自至揚都廣求經像正濟大江船遂傾側忽有雙骨各長一丈隨波騰漾奄入船中即得安流昇岸以事奏聞有司觀撿乃龍齒也鷹求像未獲泝江西上暫息林間遇見婆羅門僧持像而行云往徐州與吴蒼鷹供養鷹曰必如來言弟子是也便以像付之鷹將像還至京詔令摸之合造千軀皆足下置字新舊莫辯任鷹採取像又降夢示其本末恰至鷹取還得本像乃還徐州每有神瑞元魏孝文請入北臺高齊後主遣使者常彪之迎還鄴下齊滅周廢為僧藏舉大隋開教還重興世今在相州鄴縣大慈寺也又京師崇義寺

石影像者形高一尺徑六寸許八楞紫色內外映徹其源梁武太清中有天竺僧賚來謁帝會侯景作乱便置江州廬山西林寺大像項上至開皇十年煬帝作鎮江海廣搜英異文藝書記並委讎括乃於雜傳得景像記即遣中使王延壽往山推得王自虔奉在內供養在蕃歷任每有行往函感導前初無寧舍及登儲貳乃送於曲池日嚴寺不令外人瞻覩武德七年廢入崇義像隨僧來京邑道俗備得觀仰其中變現斯量難准或佛塔形像或賢聖天人或山林帳蓋或三途苦趣或前後見同或俄須轉異斯並目矚而敘之信業鏡而非謬矣貞觀六年下勅入內外遂絕也又梁襄陽金像寺丈六無量壽瑞像者東晉孝武寧康三年二月八日沙門釋道安之所造也明年季冬嚴飾成就刺史郗恢創莅此蕃像乃行至万山恢率道俗迎還本寺復以其夕出住寺門合境同矚具以聞奏梁普通三年勅於建興苑鑄金銅花趺高六尺

廣一丈上送承足立碑讚之劉孝儀為文又荊州長沙寺瑞像者晉太元年此像現于城北光相奇特具如前傳形甚瓌異高於七尺昔經夜行人謂非類以刀擊之及旦往視乃金像也刀所擊處文現於外梁高奉法情欲親謁雖加事力終無以致後遣侍中廣賚香供丹款既達夜忽放光似隨使往旦加延接還復留寺重竭請祈方許從就去都十八里帝躬出迎竟路放光相續不絕白黑欣慶在殿供養三日已後從大通門送同泰寺末被火燒堂塔並盡惟像居殿巋然獨存又高齊定州觀音瑞像及高王經者昔元魏天平定州募士孫敬德於防所造觀音像及年滿還常加礼事後為劫賊所引禁在京獄不勝拷掠遂妄承罪並處極刑明旦將決心既切至淚如雨下便自誓曰今被枉酷當是過去曾枉他來願償債畢了又願一切眾生所有禍橫弟子代受言已少時依俙如睡夢一沙門教誦觀世音救生經經有佛名令誦千遍

得免死厄德既覺已緣夢中經了無謬誤比至平明已滿百遍有司執縛向市且行且誦臨欲加刑誦滿千遍執刀下斫折為三段三換其刀皮肉不損怪以奏聞承相高歡表請免刑仍勅傳寫被之於世今所謂高王觀世音是也德既放還觀在防時所造像項有三刀迹悲感之深慟發鄉邑又昔弥天襄陽金像更歷晉宋迄于齊梁屢感靈相聞之前紀周武滅法建德三年甲午之歲太原公王秉為荊州副鎮將上開府長孫哲志性凶頑不信佛法聞有此像先欲毀之邑中士女被廢僧尼捨淚痛心無由救止哲見欽崇弥至瞋怒弥盛逼遂不從速令摧弥令百餘人以繩繫項牽挽不動哲謂不用加力便杖監事人各一百牽之如故鏗然逾固進三百人牽猶不動哲怒弥盛又加五百牽引方倒聲振地動人皆悚慄哲獨喜勇即遣鎔毀之鄰無懸懼自又馳馬欲報刺史裁可百步塌然落地失瘖直視四支不勝至夜而卒道俗唱快當

毀像時於腋下倒垂衣內銘云晉太元十九年歲次甲午比丘道安於襄陽西郭造丈八金像此像更三周甲午百八十年當滅計勘年月興廢悉符同焉信知印手聖人崇建容範動發物心生滅之期世相難欺葉理之致復何虛矣又楊都長干寺育王瑞像者光趺身相祥瑞通感五代侯王所共遵敬具如前傳每有亢陽之歲請像入宮必乘御輦上加油帔僧衆從像以蓋自遮初雖炎赫洞天像出中途無不雨流滂注家國所幸有年斯賴所以道俗恒加雨俟至陳氏禎明年中像面轉西直月監堂屢迴正南及至晨起還西如故具以奏聞勑延太極殿設齋行道先有七寶冠在于像頂飾以珠玉可重百斤其上復加錦帽經夜至曉寶冠掛于像手錦帽猶加頭上帝聞之乃燒香祝曰若必國有不祥還脫冠也仍以冠在頂及至明晨脫掛如故上下同懼莫惻其徵及隋滅陳降舉朝露首面縛京室方知其致文帝後知乃遣迎接大

內供養以像立故帝恒侍奉不敢對坐乃下勑曰朕年老不堪久立侍佛可令有司造坐像其相還如育王本像送興善寺既達此寺形相偉壯不會即撥遂置于北面及明見像乃在南面中門衆咸異焉還送北面堅封門鑰明旦更看像還在南僉皆愧悔謝其輕侮即見在寺圖寫彰矣又梁高祖崇重釋侶欣尚靈儀造等身金銀像二軀於重雲殿晨夕礼敬五十許年初無替廢及侯景篡奪猶在供養太尉王僧辯誅景江南元帝渚宮復沒辯乃通款於齊迎貞陽侯為帝時江左未定利害相雄辯女聟杜龕典衛宮闕為性兇捍不見後世欲毀二像為金銀挺先遣數十人上三休閣令鑱佛頂二像忽然一時迴顧所遣衆人失瘖如醉不能自勝杜龕即被打築遍身青腫惟見金剛力士怖畏之像覚来打擊略無休息呻噺數日洪爛而死及梁運在東武帝崩背兄子陳蒨嗣膺大業將修整具造輼輬車國創新定未遑經始勑取重

雲殿中佛像寶帳珩珮珠玉鎣飾之具將用送終人力既豊四面齊至但見雲氣擁結圍遶佛殿自餘方左白日開朗百工聞怯同本看覩須臾大雨横注雷電震吼煙張鵄吻火烈雲中流光布焰高下相涉並見重雲殿影二像峙然四部神王并及帳座一時騰上煙火相扶欻然遠逝觀者傾都咸生深信雨晴之後覆看[illegible]惟見柱礎存焉至後月餘有從東州来者是日同見殿影東飛于海今有望海者時往見之近高齊日沙門僧護守道直心不求慧業願造丈八石像咸怯其言後於寺北谷中見一卧石可長丈八乃雇匠營造向經一周面腹粉了而背著地以六具拗舉之如初不動經夜至旦忽然自翻即就營訖移置佛堂晉州陷日像汗流地周兵入齊燒諸佛寺此像獨不變色又欲倒之人牛六十餘頭挽不可動忽有異僧以瓦木土墼壘而圍之須臾便了失僧所在像後降夢信心者曰吾患指痛其人寤而視焉乃木傷其二指

也遂即補之開皇十年有盜像幡蓋
者夢丈八人入室債之賊遂慚怖悔
而謝焉其像現存並見旌異記及諸
僧録然斯通感佛教脩彰但是福門
無非靈應竊以像避延燒狩驚邪道
影覆異術經焚不灰靈骨之放神光
寮迹之興弘護其相大矣具在前聞
至如貞觀五年梁州安養寺慧光師
弟子毋氏貧窶內無相衣来入子房
取故袈裟作之而著與諸隣毋同聚
言笑忽覺脚熱漸上至腰須臾雷震
鄰隣毋百步之外土沮兩耳悶絶經
日方得醒悟所用衣者遂被震死火
燒焦踐題其背曰由用法衣不如法
也其子収殯又再震出乃露骸林下
方終銷散是知受持法服恵及三歸
之龍信不虛矣近有山居僧在深巖宿
以衣障前感異神来形極可畏伸辭
內探欲取宿者畏觸袈裟㝵不得入
遂得免脫如是衆相不可具紀如上
下諸例中
釋慧達姓王家于襄陽幼年在道繕
修成務或登山臨水或邑落遊行但

據形勝之所皆曆心寺宇或補緝殘
廢為釋門之所宅也後居天台之瀑
布寺修禪繫業又北遊武當山如前
攝靜有陳之日癘疫大行百姓斃者
殆其過半達內興慈施於楊都大市
建大藥藏須者便給拯濟弥隆金陵
諸寺數過七百年月逾邁朽壞略盡
達課勸修補三百餘所皆鎣飾華巘
有移恒度仁壽年中於楊州白塔寺
建七層木浮圖材石既充付後營立
乃浙江西上至鄱陽預章諸郡觀撿
功德願與衆生同此福緣故其所至
封邑見有坊寺禪宇靈塔神儀無問
金木土石並即率化成造其數非一
晚為沙門慧雲邀請遂上廬岳造西
林寺重閣七間欒櫨重疊光耀山勢
初造之日搘用黄楠闔境推求了無
一樹僉欲改用餘木達曰誠心在此
豈更餘求但至誠無感故訪追不遂
必心期果也松散並變為楠如求不
獲閣成則無日矣衆懼其言四出追
索乃於境內下巢山感得一谷並是
黄楠而在窮澗幽深無由可出達尋

行崖辟忽見一處晃有光明窺見其
中可通材道惟有五尺餘並天崖遂
牽曳木石至於江首中途灘復樺筏
並壞及至廬阜不失一根閣遂得成
宏冠前構後忽偏斜向南三尺工匠
設計取正無方有石門澗當于閣南
忽有猛風北吹還正于今尚在晚往
長沙鑄鍾造像所至方面若革從馬
傾竭金貝者兢兢業業恐其不受達
任性造真言無華綺據經引喻篤勵
物情然其形服獘廢殆不可覩外綜
繁穀內収理靜傍觀沉伏似不能言
而指撝應附立有成遂斯即處煩不
撓固其人矣又為西林閣成尊容猶
闕復泝江投造脩建充滿故舉閣圓
備並達之功大業六年七月晦日舊
疾忽增七日倚卧異香入室旋繞如
雲閣中像設並汗流地衆見此瑞當
達當終官人撿驗具以聞奏達神志
如常累以餘業奄尒長逝年八十七矣
釋僧晃姓馮氏綿州涪城南昌人形
長八尺顏貌都偉威容整肅動中規
矩而鷹眼虎身鵝行象步聲氣雄

亮志略宏遠綱維法任有桂石馬故
使岷巴領袖咸所推仰昔年在志學
丈才博達時共聲譽甞夢手擎日月
太虛中坐便晃然猒俗欣慕出家私
即立名為僧晃也父母未之許拘縶
兩足牢繫屋柱決意已絕揩心無啟
不移旦夕鎖自然解乃嘆曰夫志之
所及也山岳以之轉江河以之絕城
臺以之崩瀛海以之竭日月為之潛
光須弥為之崩頹星辰為之啟度嘉樹
為之摧枯況復金木之與桎梏奚足
以語哉二親顧其冥感任從道化係
彖法師出家受業學通大小夙夜匪
懈會梁末周初佛法淆濫行多浮略
迂誕眂戾晃具戒未聞而超然異表
少能精苦性自矜持率非師友所成
立也衆皆挹其神宇密相高尚及昇
壇之後偏功十誦數年劬勞朗鑒精
熟研微造盡楙嚮可崇周保定後更
業長安進學僧祇討其幽旨有難必
究是滯能通又於曇相禪師稟受心
法觀道圓淨由此弥聞又於開禪師
方等行道洞入時倫無與相映自此

罕得而傳者由多營福業勞事有為
是以隱墜世不稱也既而遐迩諷德
聲聞天庭武帝下勑延於明德殿言
議開闡弥遂聖心乃授本州三藏大
隋啓祚面委僧正匡御本邑而對決
方正賞罰嚴平緜益欽風貴賤攸奉
前後州主十有餘人皆授戒香斷惡
行善開皇十五年又於寺中置頭陁
衆僧事蠲免以引墮者仁壽以後重
率寺衆共轉藏經日而後始初不斷
絕供給賙錫一出俗緣皆晃指授故
福報所至如泉不窮僧業茂盛方類
推舉以武德冬初終於所住之振嚮
寺春秋八十五矣初未終前佛堂蓮
華池自然枯竭池側慈竹無故彫死
寺內薔薇非時發花曄如夏月衆以
榮枯兩瑞不無生滅之懷德異常倫
故感應之所期耳
釋住力姓褚氏河南陽翟人避地吳
郡之錢塘縣因而家焉宿植勝因早
修慧業甫及八歲出家學道器宇
凝峻虛懷投悟聲第之高有聞緇俗
陳中宗宣帝於京城之左造泰皇寺

宏壯之極磬竭泉府逦勑專監百工
故得揆測指撝面勢嚴淨至德二年
又勑為寺主值江表淪亡僧徒乖散
乃負錫遊方訪求勝地行至江都乃
於長樂寺而止心焉隋開皇十三年建
塔五層金縣景耀峨然挺秀遠近式
瞻至十七年煬帝晉蕃又臨江海以
力為寺任繕造之功故也初梁武得
優填王像神瑞難紀在丹陽之龍光
寺及陳國云亡道場焚毀力乃奉接
尊儀及王謐所得定光像者並延長
樂身心供養而殿宇褊狹未盡莊嚴
遂宣導四部王公黎庶共修高閣并
夾二樓寺衆大小三百餘僧咸同喜
捨畢願締搆力乃勵率同侶二百餘
僧共往豫章刊山伐木人力既壯規
摹所指妙盡物情即年成立制置華
絶力異神工宏壯高顯挺冠區宇大
業四年又起四周僧房廊廡齋廚倉
庫備足故使衆侶常續斷緒無因弄
往京師深降恩禮還至江都又蒙勑
慰大業十年自竭身資以栴檀香木
摸寫瑞像并二菩薩不久尋成同安

閣内至十四年隋室喪乱道俗流亡骰若萎朽充諸衢市擔以身命守護殿閣寺居孙免顧影為儔啜菽飲水再離寒暑雖耆年暮齒而心力逾壯泥塗補落周匝火燒口誦不輟手行治葺賊徒雪泣見者哀嘆往往革心相佐修補皇唐受命弘宣大法舊僧餘衆並造相投邑室雖焚此寺猶在武德六年江表賊師輔公祐負阻繕兵潛圖反叛凡百寺觀撤送江南力乃致書再請願在閣前燒身以留寺宇祐僞号尊稱志在傾殄雖得其書全不顧遂力謂弟子曰吾無量劫来積習貪愛不能捐捨形命以報法恩今欲自於佛前取盡决不忍見像濟江可積乾薪自燒供養吾滅之後像必南渡衣資什物並入尊像泣服施靈理宜改革便以香湯沐浴加趺面西引火自焚平於炭聚時年八十即武德六年十月八日也命終火滅合掌凝然更足閣維一時都化初力在佛前焚時群鵲哀鳴其聲甚切若違七匝方始飛去及身没後像畢南遷

殿閣房廊得免煨燼法寶僧衆如疇昔焉門人慧安智躓者師資義重甥舅恩深為樹高碑于寺之内東宮庶子虞世南為文今像還歸於本閣云

釋智興俗緣宋氏洛州人也謙約成務厲行堅明誦諸經數十卷并行法要偈數千行心口相師不輟昏曉住禪定寺今所謂大莊嚴也初依首律師隨從講會思力清澈同侶高之徵難鋒錯詞鋒驚挺又能流靡巧便不傷倫次時以其行無諍也大業五年仲冬次掌維那時鐘所役奉佩勤至僧徒無擾寺僧三果者有兄從帝南幸江都中路亡没初無凶告忽通夢其妻曰吾行從達於彭城不幸病死生於地獄備經五苦辛酸叵言誰知吾者賴以今月初日蒙禪定寺僧智興鳴鐘發聲響振地獄同受苦者一時解脫今生樂處思報其恩可具絹十疋奉之并陳吾意從睡驚覺怯夢所由與人共說初無信者尋又重夢及諸至覬咸陳前說經十餘日凶問奄至恰與夢同果乃奉絹與之而興

自陳無德並施大衆有問興曰何緣鳴鐘乃感斯應興曰余無他術見付法藏傳罽膩吒王劔輪停事及增一阿含鐘聲功德敬遵此轍苦力行之每冬登樓寒風切肉僧給皮袖用執鐘挺余自厲意露手捉之嚴寒裂肉掌中凝血不以為辞又至諸時鳴鐘之始願諸賢聖同入道場然後三下將欲長打如先致敬願諸惡趣聞此鐘聲俱時離苦如斯願行志常奉脩豈惟微誠遂能遠感衆服其言以貞觀六年三月遘疾少時自知後世捨緣身資召諸師友因食陳別尋卒莊嚴春秋四十有五塟於杜城窟中弟子善因宗師戒範誦四分律講法華經冥神福慧著聞京邑

釋道積河東安邑人也俗姓相里名子材既莅玄門更名道積其先盖鄭大夫子產之苗裔矣昔子產生而執拳啓手觀之文成相里其後因而氏焉父宣恢廓有大志好學該富宗尚嚴君積早習丘墳神氣爽烈年二十將欲出家未知所適乃遇律師洪遵

見而異之即為剃落晦迹雙巖又依法朗禪師希求心學絕影三載不出山門然為幽證自難聖教須涉開皇十三年辭師擐錫周行採義路經滄冀就遠行寺普興法師尋學涅槃慶所未聞乃經四載情通三事為門學所推至十八年入於京室依寶昌寺明及法師諮習地論又依辯才智凝法師稟大乘論於十義熏習六分轉依無塵唯識一期明悟仁壽二年又往并州武德寺沙門法稜所聽採地持故得十法三持畢源斯盡四年七月楊諒作亂遂與同侶素傑諸師南旋蒲坂既達鄉壤法化大行先講涅槃後敷攝論并諸異部往往宣傳及知命將隣偏弘地持以為誡勗之極特是開心之要論也故成匠道俗並潤朱藍結宗慈訓遠近通洽而深護煩惱重慎譏嫌足眾歸依初不引顧每謂徒屬曰女為戒垢聖典常言佛度出家損減正法尚以聞名汙心況復面對無染且道貴清顯不參非濫俗重遠嫌君子攸奉余雖不逮請遵

其度由此受戒教授没齒未登叅謁諮請不聽入室斯則骨梗素已清貞高蹈河東英俊莫與同風先是沙門寶澄隋初於普救寺創營大像百丈万工纔登其一不卒此願而澄早逝鄉邑耆艾請積繼之乃惟大造之未成也且引七貴而崇樹之修建十年彫莊都了道俗慶賴欣喜相并初積受請之夕寤夢崖傍見二師子於大像側連吐明珠相續不絕既覺惟曰狩王自在則表法流無滯寶珠自涌又喻財施不窮冥運潛開功成斯在即命工匠圖夢所見於弥勒大像前今猶存焉其寺蒲坂之陽高爽華博東臨州里南望河山像設三層巖廊四合上坊下院赫奕相臨園磑田蔬周環俯就小而成大咸積之功撝空樹有皆積之力而弊衣菲食輕財重命普救殺賂追靜歸閑為而不恃即處幽隱天懷挹志頓絕人世不令而衆自嚴不出而物自往僕射裴玄真寵居上宰欽其令問頻贈香衣刺史杜楚客知人之重造展求法其感動柔

靡皆此類也往經隋季擁閉河東通守堯君素鎮守荒城偏師肆暴時人莫敢窺視也欲議諸沙門登城守固敢諫者斬玄素同憂無能忤者積憤嘆内發不顧形命謂諸屬曰時乃感衰法無隆替天之未喪斯文在斯且沙門塵外之賓迹類高世何得執戈擐甲為禦侮之卒乎遂引沙門道遜神素歷階厲色而諫曰貧道聞人不畏死不可以死怖之今視死若生但懼不得其死死而有益是所甘心計城之存亡公之略也世之否泰公之運也豈五三虛怯而能濟乎昔者漢欽四皓天下隆平魏重干木舉國大治今欲拘縶以從軍役反喬以會靈祇恐納不祥之地耳敢布腹心願深圖之無宜空肆一朝自傾於後為天下笑也公若索頭與頭仍為本願必縱以殘生逼充步甲者則不知生為何生死為何死積陳此語傍為寒心素初聞諫重積詞氣但張目直視曰異哉斯人也何乃心氣若斯之壯耶因捨而不問累詣積陳懺堯素以煞

戳無庻騁其毒心加又舉意輕凌雖當時獲寢而禍作其地卒為城隍宗所害自積立性剛果志決不迴遇逢瞋忿動為魚肉既出家後訶責本緣挫拉無情轉增和忍歲登耳順此行弥隆習與性成斯言不爽以貞觀十年九月十七日終於本寺春秋六十有九初積云疾的無所苦自知即世告門人曰吾今七十有五吾卒今年矣其徒曰師六十九矣何遽辭耶告曰死生法尒吾不懼也且耂僧將年七十刾史貌吾增為六歲故其命在旦夕宜深剋勵視吾所行又曰經不云乎世實危脆無牢强者去終三日鍾不發聲逝後如舊衆咸哀歎

釋德美俗姓王清河臨清人也年在童稚天然樂善口中所演恒鋪讚唄擁塵聚戲必先景搭每見形像生知礼敬由是親故審而異之知非紹續之胤也任從師學十六辭親投諸林野廣訪名賢用為師傅年至十九方蒙剃落謹敬謙恪專思行務雖經論備閱而以律要在心故四分一部薄

通宗条追求善友無擇遐迩禀然自厲不群非類開皇末歲觀化京師受持戒撿礼懺為業因往太白山誦佛名經一十二卷每行懺時誦而加拜人以其捴持念力切格涅槃太白九隴先有僧邕禪師道行僧也因又奉之而為師導從受義業亟涤暄涼後還京輦住慧雲寺值默禪師又從請業默即道善禪師之神足也善遵承信行普功德主節約形心不衣皮帛默從受導聞見學之望重京都偏歸俗衆美依承默十有餘年三業隨從深相器待所以每歲礼懺將散道塲去期七日苦加勵勇万五千佛日别一遍精誠所及多感徵祥自尒至終千有餘遍故默之弘獎福門開悟士俗廣召大衆盛列檀那利養所歸京輦為冣積而能散時又弥重常於興善千僧行道期滿䞋奉人别十縑將及散晨外赴加倍執事懼少依名付物默聞告曰何有此理不成僧義必若約截凡聖難知但當供養不慮虛竭庫先無貯物出散晨及設大會七

衆俱集施物山積新舊咸充時又欽之謂其志大而致遠故使靈祇冥助也不然誰能覩斯不懼耶故自開皇之末終於大業十年年别大施其例咸尒默將滅度以普福田業委於美美頂行之故悲敬兩田年常一施或給衣服或濟喉粮及諸造福處多有匱竭皆来祈造通皆賑給又至夏末諸寺受盆隨有盆處皆送物往故俗所謂普盆錢也往住禪定斯事無殆大業末歲夏召千僧七日行道忽感異人形服率然来告美曰時既炎熱何不打餅以用供養美曰麵易辦也人多餅壞何由可致便曰易可辦耳且溲二十斛麵作兩日調餅不壞也即隨言給但云多辦瓮水槽多貯冷水明旦將設半夜便起打麵捉桊皷動人物僧俗聚觀驚乱眼耳須臾打切麵已將半命人煑之隨熟内水自往攪之及明行餅皆訝緊韌抽拔難斷千人一飽咸共欣泰試尋匠者通問失所餘有槽瓮中餅日别供僧乃盡限期一無爛壞合衆悲慶感通斯應

武德之始創立會昌又延而住美乃
於西院造懺悔堂像設嚴華堂宇宏
麗周廊四注複殿重敞擔共含生斷
諸悪業鎮長礼悔潔淨方等凡欲進
具必先依憑蕩滌身心方登壇位又
於一時所汲浴井忽然自竭徒衆駐
立無由洗懺美乃執爐臨井苦加祈
告應時泉涌還同恒日時共宗焉所
畜舍利藏以寶函隨身所往必賷供
養每諸起塔祈請散之百粒千粒隨
須而給精苦所感隨散隨滿由是增
信弥隆勤懇不絶又年經秋夏嘗行
徒跣恐蹈虫蟻慈濟意也或行般舟
一夏不坐或學止過三年不言或劝
不輕通礼七衆或同節食四分之一
如斯雜行其相紛綸即目略書羌難
備舉生常輟想専固西方口誦弥陁
終于命盡以貞觀十一年十二月二十
六日合掌稱佛卒于寺院春秋六十
三矣乃送於南山鴟鳴𡑞後又収骸
於櫬梓谷起塔弟子等樹碑于會昌
寺侍中于志寧為文又京邑沙門曇
獻者亦弘福之業功格前賢身令成

範衆所推揖所造福業隨處成焉故
光明寶閣冠絶寰中慈悲佛殿時所
驚異人世罕亦故不廣焉
釋慧胄姓王蒲州蒲坂人少在道門
樂崇福事受具已後師表僧祇及至
立年又専禪誦晩夕相繼偏重法華
後住京邑清禪寺草創基構並用相
委四十餘年初不告倦故使九級浮
空重廊遠攝堂殿院宇衆事圓成所
以竹樹森繁園圃周遶水陸莊田倉
廩碾磑庫藏盈滿莫匪由焉京師殷
有無過此寺終始監護功實一人年
至耳順便辭僧任衆以勤劬經久且
令摧替及於臨撥断决並用諮詢寺
足淨人無可役者乃選取二十頭令
學鼓儛每至節日設樂像前四遠同
觀以為欣慶故家人子弟接嶂傳風
聲伎之㝡高於俗里遇患極困自然
知卒香湯沐浴正理衣襟曰吾有小
罪須加重病事由營造掘鑿故也至
於終晨言氣不昧告弟子曰酬債了
矣吾其去矣尋聲而卒春秋六十有
九即貞觀初年也乃露骸収葬為起

方墳就而銘之時京邑會昌有沙門
法素者倜儻不倫操業奇卓雅為衆
佐本師智顗専行勸福昔在江表遊
適所至皆設万人大會夜告纔竟明
即成辦此例非一隋末東都嬰城自
固肌骨相望有若堆焉帝有金像二
軀各長一丈素不忍見斯窮厄取一
融破粜米作糜餧諸餓者須臾米盡
又取欲壞時沙門辯相與諸僧等拒
諍不與素曰諸大德未知至理也昔
如来因地為諸衆生尚不惜頭目髓
腦或生作肉山或死作大魚以濟飢
餧如何成果復更貪惜化形必不然
矣素今身肉堪者亦所不惜大德須
知今此一像若不恵給衆生城破之
後亦必從毀則墜陥多人何如素今
一身當也衆不許之及偽鄭降曰像
先分散如其言焉然其言行譎詭險
而難遵其例不一後入京室卒會昌寺
釋智通姓陳住梓州八歳出家為正
道法師弟子後誦法華并講在牛頭
山善持威儀奉戒貞苦降伏皇老士
女奏章必杖之五十遠近皆憚寺宇

成就惟其終始合衆畏懾無蓄私財
者常有雙鵝依時聽講講百餘遍兩
度放光至貞觀二十三年十月十三
日告衆吾造山寺可用十万貫恨未
周備今便永別言訖而卒春秋九十
七矣小食時終合寺房堂皆動而作
白色經一食頃
釋慧震姓龎住梓州通泉寺身長八
尺後聽曷師三論大領玄旨福力所
被蜀部遥推曷之還南得袈裟二百
領以贈路首每年正月轉藏經千人
袈裟奉施無闕常弘三論聽衆百餘
忽於高座似悶見人語曰西山頭好
造大佛既覺下座領衆案行中堪造
像兩邊泉流即命石工鑱鑿座身高
百三十尺貞觀八年周備成就四面
都集道俗三万慶此尊儀其像口中
放大白光遠近同奉先有一馬日行
五百曾經入陣餘馬並死惟此得還
至十四年七月忽自嘶鳴不食三日
震聞毛竪有一異僧名為十力語震
曰馬與主別主當先行来年正月十
五日日正中時應入湼槃法師須散

財物無留於後於身何益言已而隱
莫知其由先造藏經請僧常轉開大
施門四遠悲敬来者皆給至終年初
又請衆僧讀經行道作三七日俗緣
昆季內外皆集至於八日香氣欝勃
充滿寺中傾邑道俗共聞異香捨散
山積至十五日氣猶不歇從旦至午
寺內樹木土地皆生蓮華衆覩奇瑞
知其即世震曰嘉相已現不容待滿
便行䞋施早食訖手執香爐繞廬舍
那三匝還於佛前踟跪正念大衆滿
堂不覺已逝春秋六十有六僧喪侍
滿香氣猶存兄弟三人各捨五十万
於墓所作僧徳施及以悲田作石塔
高五丈龕安繩牀扶屍置上經百餘
日猶不委仆道俗万餘悲涼相結云
釋慧雲姓王太原人也遠祖避地止
于九江弱年樂道投廬山大林寺沙
門智鍇而出家馬鍇亦摽領當時有
聲出世而雲慷慨時俗精厲歸從故
得獨異恒倫不拘物累致有大節大
務倫所留心時年二十有五達禪師
者江淮內外所在興造事力不遂咸

来祈請雲為寺廟毀壞故致邀延達
不許之雲以来告不申便陳死請委
身在地涕泗滂沲流迸塗湧滿五尺
許又以頭叩地青腫覆眼加諸搘頤
曰若不蒙赴雲亦投江達見其意感
欵然迴意雲即前告道俗所在迎候
披草望山行不由俓路值群雨不暇
駐目延達至山須有經始浙流諸處
撿挍功徳時屬嚴冬水擁船路崩砂
頽結屢阻舟人雲乃懸繫衣裳破氷
挽纜胷膀以下淩澌截肉流血凝住
不覺疲苦自此船行二百餘里方登
所在其懇誠難繼並例此也隋季末
齡中表賊乱有林士弘者結衆豫章
僞稱楚帝僞尚書令鄱陽胡秀才親
領士衆臨據九江因感發心欲寫廬
山東林文殊瑞像盡所鎮境訪監護
者道俗僉議以雲有出衆之奇稚當
此選鑪錘既辨便就鎔範光儀乃具
惟頸及胸兩處有孔時衆未之悟也
其年秀才僞勑所追有像色金百二
十兩感以竹筒雲以賊徒蜂起無方
守護並用付才又以念誦銅珠一環

遺才為信行至宮亭軍士乞福才得便風舉帆前引於江中路遭浪船没財物蕩盡惟人達岸才諸無所恨但失像色金煩寃江畔呼嗟不絕誓願不成深為業也須臾金筒隨浪逆流并遺銅珠前後相繼汎隱向岸就才既獲色金舉衆同叫歡欣無量計被没處至所出岸三十餘里重而能浮逆波相授軍民通怯驚異靈感及才之遇害也刀開頸脅恰符像焉初才之欲擊賊以金用委琳父曉禪師及楚都既覆群寇交侵曉用㲲布裹金揩以避難不免為賊所奪既失像金取求無計尋有賊中来者盜金投曉俱不知是金揩也曉得本金委雲成就光相超挺今在山閣初鑄像時有李五戒者私發願曰若鎔金日揩然一辟雲為摸樣早成遂前期日李氏不知巳鑄乃夢像曰汝先願然辟如何違信耶李氏夢寤因始知之即於像前以刀解辟蠟布纏骨而燒焉又感徵應略其事也雲以江介威紆累逢草竊經論乃積而戒律未弘遠趣帝

京師叅學府值首律師當陽開化大適本志悲喜交并操掇行務有聞朝省下勑令住弘福而形貌長偉骨面多鬚言晤成章衆所知識偏能讀誦頗盛威容故齋福大集恒居坐首群公卿士側席虛心一舉五卷須臾尋了未聞陳噎莫不嘉尚然其程器即目故略敘之

論曰夫住持之相其例乃多色舉精博要惟二種道法弘世則靜倒絕其生源相法所持則導昏開其耳目宗途既闡万代奉其風規雖或中微終亦依之成則昔如来創化寺開須達之源塔現古今初惟積土之漸㳂斯巳後福事弥隆無憂之碣林繁有信之園星布自摩滕入洛其相先揚建寺以宅僧旦顯福門之出俗圖繪以開依信知化主之神工故有列寺將千繕塔數百前修摽其華望後進重其高奇遂得金剎千雲四遠瞻而懷敬寶臺架迥七衆望以知歸並弘道之初津攝度之權術也至如引風治閣出慧達之深誠傳聲停毒寔智興

之通感僧明志開遺寄僧晃操動幽明達公因涪水而集林美上假冥聖而陳供慧雲貞烈黃金以之不沉道積捴言白刃由斯不拔若斯監護不蔑由来然則經理衆事論陳退没並由志節素少情非巧能致涉艱違便虧誓願切敗毒成義當斯也昔如来在世師治院門大集僧務非聖不獲迦葉之營五寺恒預蹋汩目連之任月直常供掃地是以福事之来導引逾遠下凡祖習故是常科而須世墮寙每多欺負覩塗塔為庸夫謂引材為竪伍出道無宜行施入俗有絕清心斯語不倫殊乖正則故天報為貴尚行乞於人聞聖果為高猶被餓於僧部斯徒衆矣略舉可知是以福智二嚴空有兩諦大經大論臧列綱猷即可師承難為排斥且自世有諸福其流多雜倚傍了經陳揚疑偽隋祖開皇之始釋教勃興真偽混流恐乖遺寄乃勑沙門法經定其正本所以人中造者五百餘卷同並燔之餘不盡者隨方閒出比諸經藏惟録正本

通數則有三千餘卷已外別生雜集並不寫之至於疑偽時復抄録斯由未曾陶練故致此涉試為論之至如藥師行事源出宋朝比用在疑頗存沿俗隋煬洛水彦琮所翻義節全同文鋪少略斯則梵本有據祈福之元宰也但以世惟相有非相何以曉心大聖逗機任物而敷此要如説行者必致攘除恐涉懐已自虧名實故彼文云口為説空行在有中誠言得矣或有精專懇苦厚供弥隆而所祈無應者則往業堅明定須酬償故文云惟除宿殃餘則可脱然則業無永定皆可轉除任業增生無成聖義故經明懺止約内心有愧則亡無慙斯有三報輕重具顯涅槃六根淳薄亦陳實觀是知宿殃不請例是別時通諸理教義須隱括又有普賢別行金光捴懺多歸清衆事乖通俗比有行事執著者多遍告雖来皆虧法利故彼文云諸業障海從妄想生還須體妄乃傾前業今則縁念彼此我所兩存倒想逾增故難遣聖義應塵無以表

達真識有以明通俗在凡下位行漸若斯順舊常熏理非筌悟梁初方廣源在荆襄本以厲疾所投祈誠悔過哀兹往業悲慟酸涼能使像手摩頭所苦欻然平復同疾相重遂廣其塵乃依約諸經抄撮成部擊聲以和動發恒流談述罪縁足使汗垂凝寫綂括福慶能令藏府俱傾百司以洽一朝万化惟通一道被時濟世諒可嘉之而恨經出非本事須品藻六根大懺其本惟梁武帝親行情矜黙識故文云万方有罪在予一人當由根識未調故使情塵濫染年別廣行捨失寶而充僮僕心力所被感地震而天降祥是稱風靡讚成恒則有陳真觀因而廣之但為文涉菁華心行頗淡原夫懺悔之設務在専貞欲使肝膽露於衆前慙愧成於即日固得罪終福始言行可依如文宣之製淨住言詞可屬引經教如對佛述猒欣如寫面卷雖二十覽者不覺其繁文乃重生讀人不嫌其妨世稱筆海固匪浮言又有妄讀懺文行於悔法罪事藂

雜不解位以十條因攝煩挐未知本於三惱浪誦盡紙昏憒通於自他為師難共墮負歸於彼此如斯遣累未曰清澄固約前論薄為准的六道慈懺源亦同前事在歲終方行此祀道別開奠海陸之味畢陳隨趣請祝慈悲之意弘矣原夫六道至果趣別重輕人含十等之差餘則舉例可悲阿舍所述入處鬼道有親供祭心生隨喜心喜身飽故曰充飢非由供福業令自受以正法義理有所從無有自作他人受果斯則目連餉母事也自外五趣報局所叙隨報位隔無由通給今則道別陳奠恐非臨饗然又報得諸通事舍生趣不妨他心徹視待會而從祭酹自此已外其例難叙或度星安宅决明罪福占察投輪懐疑結綫同歸淺俗未入深經然罪積由来福興伊始俱惟妄想而善卦難諸愚凡所履諒衆其用又有不揆分量登冒聖賢端然思道剋成位地此並想心懐道不識道是妄心知妄思心不起有起實歸惟識識心達俗知何

續高僧傳卷第二十九　第三十九張　明字号

不為用此投輪應分業相又有方等佛名般舟誦呪多以夢王表淨准此用顯澆淳且夢惟宾妄想象尚取依憑況在現輪舉擲其心可准若夫惑業所起拂擳有因惑必達理而生故懺務觀其理業生依事而起故懺還須緣事懷勤身營擳慙愧為其所宗理悔必折破我人知妄是其大略並如別録悔法廣之是知釋宗一化大較三門若樂罪時須弘福事因修福故便起想者則應破遣教思理觀如斯易奪集業可期若滯此三全乖教意惟夫大聖垂世未欲增生福順情欣還資故習義須思擇斷結入道斯言拯矣世不達者以福為道軌附情纒用為高勝正是戒見二結所收我倒常行何能遣縛是以通人審攉實之有從達界繫之無爽明惑性之重輕曉分量之優劣莫不以罪障天人一向須捨福為有基雖行不普由諸八禪滯情六度不淨事觀及世順善皆為有法大論明言計並封心故非道業至如色有初定凡聖通行非

續高僧傳卷第二十九　第四十張　明字号

想拯居無生不止終乖出要未靜淪迴但為封迷不猒故也況以乱善用充靜業有識聞之足為殷鑒流俗儒素尚捐固我之心但謂我能行之故非清蕩所攝豈得心用淨動觸境增迷妄計為道一何可笑復聞福為有本潛神不修身行處世何能無事事涉罪福理必通知且如衣食四資無時不假佛制取納惟依觀門輕悔對治斯誠罪也奉觀勤行斯誠福也謂我能行便成達理我不能行又是達事達事則業繫三塗達理則福纒諸欲在凡使性何能靜心入止正見方傾苦趣故知因修世相知何不為惟勤觀漸當缺有不尒況淪還歸無始伊我同舟可不免哉

續高僧傳卷第二十九

續高僧傳卷第二十九

校勘記

一　底本，金藏廣勝寺本。

一　一〇四四頁中一行經名，資、磧、普、南、清作「續高僧傳卷第三十」；徑作「續高僧傳卷第三十九」。

一　一〇四四頁中三行「正紀」，資、磧、普、南、徑、清作「正傳」。

一　一〇四四頁中八行首字「唐」，徑、清無。下至一五行首字同。

一　一〇四四頁中一七行「齋素」，資、磧、普、南、徑、清作「齋戒」。

一　一〇四四頁中一九行「外肅儀軌」，資、磧、普、南、徑、清作「外儀軌則」。

一　一〇四四頁下六行第五字「弁」，資、磧、普、南、徑、清作「歟」。

一　一〇四四頁下八行「行汶」，資、磧、普、南、徑、清作「行役」。

一　一〇四四頁下一六行「三月」，麗作「二月」。

一　一〇四五頁上一七行「内郡」，諸

本(不含石，下同)作「内部」。
一〇四五頁上一八行「質撲」，徑作「智樸」。又「敘悟」，資、磧、普、南、清作「敘晦」；徑作「質晦」。
一〇四五頁中五行「天荒」，諸本作「久荒」。
一〇四五頁下一行第一一字「勑」，資、磧、普、南、徑、清作「乃勑」。
一〇四五頁下五行第九字「舩」，資、磧、普、南、徑、清作「舶」。
一〇四五頁下一七行「合造千軀」，資、磧、普、南、徑、清作「令造十軀」；麗作「合造十軀」。
一〇四五頁下二二行第四字「舉」，麗作「弃」。
一〇四六頁上四行「開皇」，資、磧、普、南、徑、清作「隋開皇」。
一〇四六頁中一八行「明旦」，資、磧、普、南、徑、清作「明日」。
一〇四六頁下二行「謬誤」，資、磧、普、南、徑、清作「遺謬」。又「執縛」，資、磧、普、南、徑、清作「執縶」。
一〇四六頁下五行「承相」，資、磧、普、南、徑、清作「丞相」。
一〇四六頁下六行末字至次行首二字「觀世音」，資、磧、普、南、徑、清作「世音經」。
一〇四六頁下一五行「欽崇」，資、磧、普、南、徑、清作「欽敬」。又末字「不」，諸本作「侍」。
一〇四六頁下二〇行「方倒」，清作「有倒」。又末字「喜」，磧、普、南、徑、清作「加」。
一〇四六頁下二一行第六字「之」，資、磧、普、南、徑、清無。
一〇四七頁上一三行首字「斯」，徑作「期」。
一〇四七頁上一九行「頭上」，磧、普、南、徑、清作「頂上」。又「祝曰」，資、磧、普、南、徑、清作「禮曰」。
一〇四七頁上二一行「莫惻」，資、磧、普、南、徑、清作「莫測」。
一〇四七頁上二二行「面縛」，資作「回縛」。
一〇四七頁中二行「久立」，資作「人立」。
一〇四七頁中三行「坐像」，資、磧、普、南、徑、清作「坐佛」。
一〇四七頁中一一行「猶在」，資、磧、普、南、徑、清作「猶存」。
一〇四七頁中一二行末字「渚」，資、磧、普、南、徑、清作「儲」。
一〇四七頁中一五行「皃捍」，磧、普、南、徑、清作「皃悍」。
一〇四七頁中一六行第七字「挻」，資、磧、普、南、徑、清作「鋌」。
一〇四七頁中一七行「佛項」，徑作「佛項」。
一〇四七頁中二一行第一一字「東」，諸本作「陳」。
一〇四七頁下三行「圍遶」，諸本作「圍遶」。
一〇四七頁下四行「同本」，資、磧、普、南、徑、清作「同奔」。
一〇四七頁下九行末字「住」，諸本作「柱」。

一　一〇四七頁下一五行第四字「雇」，徑作「顧」。又末字「粉」，諸本作「粗」。
一　一〇四七頁下一七行第四字「至」，普無；南、徑、清作「及」。
一　一〇四七頁下二一行第五字「土」，磧、普、南作「上」。
一　一〇四八頁上二行「債之」，諸本作「責之」。
一　一〇四八頁上七行「前聞」，資、磧、普、南、徑、清作「前文」。
一　一〇四八頁上九行「相衣」，資、磧、普、南、徑、清作「小衣」。
一　一〇四八頁上一八行「以衣」，清作「以木」。
一　一〇四八頁上二〇行第一三字「如」，資、磧、普、南、徑、清作「並如」。
一　一〇四八頁上二一行「諸例」，資、磧、普、南、徑、清作「諸列」。
一　一〇四八頁中一五行「遂上」，資、磧、普、南、徑、清作「遂止」。

一　一〇四八頁中一六行「光耀」，資、磧、普、南、徑、清作「光輝」。
一　一〇四八頁下三行「灘復櫸筏」，諸本作「灘澓箄筏」。
一　一〇四八頁下四行「及至」，資、磧、普、南、徑、清作「乃至」。
一　一〇四八頁下八行「若革徙焉」，資作「若革屣焉」；磧、普、南、徑、清、麗作「若草從焉」。
一　一〇四八頁下一二行「内收」，資、磧、普、南、徑、清作「内堅」。
一　一〇四九頁上七行「夫志」，清作「失志」。
一　一〇四九頁上一五行「未聞」，資、磧、普、南、徑、清作「未間」。
一　一〇四九頁上一八行「偏切」，諸本作「偏攻」。
一　一〇四九頁中六行「嚴平」，資、磧、普、南、徑、清作「嚴肅」。又「飲風」，諸本作「欽風」。又「攸奉」，資、磧、普、南、徑、清作「遐奉」。
一　一〇四九頁中一〇行「曰而後始」，諸本作「周而復始」。
一　一〇四九頁中二〇行第八字「家」，資、磧、普、南、徑、清作「出家」。
一　一〇四九頁中末行「泰皇寺」，資、磧、普、南、徑、清作「秦皇寺」。
一　一〇四九頁下六行「景耀」，資、磧、普、南、徑、清作「景輝」。
一　一〇四九頁下一二行「猵狭」，諸本作「褊狭」。
一　一〇四九頁下一七行首字「摹」，資、磧、普、南、徑、清作「模」。
一　一〇五〇頁上四行首字「再」，資、磧、普、南、徑、清作「載」。
一　一〇五〇頁上五行第三字「褅」。徑、清作「阤」。
一　一〇五〇頁上六行第五字「雪」，資、磧、普、南、徑、清作「雷」。
一　一〇五〇頁上八行「邑室」，資、磧、普、南、徑、清作「邑屋」。
一　一〇五〇頁上九行第八字「師」，諸本作「帥」。又第一一字「祐」，資、普作「祏」。

一　一〇五〇頁上一〇行第二字「戈」，資、磧、普、南、徑、清無。

一　一〇五〇頁上一三行第四字「遂」，諸本作「遇」。

一　一〇五〇頁上一六行首字「江」，資作「江何」；磧、普、南、徑、清作「江河」。

一　一〇五〇頁上末行「南遷」，資、磧、普、南、徑、清作「南還」。

一　一〇五〇頁下七行「掌中」，資、磧、普、南、徑、清作「掌內」。

一　一〇五〇頁下一二行「後世」，資、磧、普、南、徑、清作「終日」。

一　一〇五〇頁下一三行「因食」，麗作「因痟」。

一　一〇五〇頁下一五行「誦四分律」，諸本作「講四分律」。又「講法華」，資、磧、普、南、徑、清作「誦法華」。

一　一〇五〇頁下一八行「子材」，磧、普、南、徑、清作「梓材」。

一　一〇五〇頁下二一行第二字「父」，磧、普、南、徑、清作「又」。

一　一〇五〇頁下二二行「年二十」，資、磧、普、南、徑、清作「年至二十」。

一　一〇五一頁上四行末字「滄」，資、磧、普、南、徑、清作「滄海」。

一　一〇五一頁上六行「情通」，資、磧、普、南、徑、清作「清通」。

一　一〇五一頁上一〇行「二年」，資、磧、普、南、徑、清作「三年」。

一　一〇五一頁上一七行首字「特」，資、磧、普、南、徑、清作「持」。

一　一〇五一頁中四行「百丈」，資、磧、普、南、徑、清作「百尺」。

一　一〇五一頁中六行「大造」，資、磧、普、南、徑、清作「大像」。

一　一〇五一頁中一四行「高爽」，資、磧、普、南、徑、清作「嵩高」。

一　一〇五一頁中一八行「菲食」，資、磧、普、南、徑、清作「蔬食」。

一　一〇五一頁中末行第二字「客」，資、磧、普、南、徑、清作「容」。

一　一〇五一頁下一五行第九字「役」，資作「促」。

一　一〇五二頁上二行「獲寑」，資、磧、普、南、徑、清作「權」。

一　一〇五二頁上四行「訶責」，資作「詞責」。

一　一〇五二頁上九行第一一字「吾」，資、磧、普、南、徑、清無。

一　一〇五二頁中八行「默禪師」，資、磧、普、南、徑、清作「靜默禪師」。

一　一〇五二頁中一一行「受導」，諸本作「受道」。又「聞見」，清作「間見」。

一　一〇五二頁中一八行「珎重」，資、磧、普、南、徑、清作「弥重」。

一　一〇五二頁中二一行末字「必」，資、磧、普、南、徑、清作「如」。

一　一〇五二頁中末行「出散」，麗作「出散之」。

一　一〇五二頁下五行第一一字「業」，資、磧、普、南、徑、清作「業用」。

一　一〇五二頁下七行「喉粮」，磧、南、徑、清作「餱粮」；麗作「糇粮」。

一　一〇五二頁下一〇行「徃住」，資、

一　磧、普、南、徑、清作「往往」。
一　一〇五二頁下一四行末字「旦」，資作「日」；磧、普、南、徑、清作「先」；麗作「且」。
一　一〇五二頁下一五行「二十」，麗作「三十」。
一　一〇五二頁下一六行第八字「瓫」，徑作「瓮」。
一　一〇五二頁下二〇行「攪之」，諸本作「攪之」。又「緊勒」，磧、普、南、徑、清作「堅勒」。
一　一〇五三頁上四行「礼悔」，資、磧、普、南、徑、清作「礼懺」。
一　一〇五三頁上一二行「嘗行」，諸本作「常行」。
一　一〇五三頁上一六行「即目」，資、磧、普、南、徑、清作「即自」。又「羌難」，資、磧、普、南、徑、清作「尤難」；麗作「差難」。
一　一〇五三頁上一八行「命畫」，資、磧、普、南、徑、清作「畫命」。
一　一〇五三頁上二〇行第一〇字「塠」，資、磧、普、南、徑、清作「阜」。
一　一〇五三頁上末行第三字「亦」，諸本作「亦以」。
一　一〇五三頁中六行「晚夕」，諸本作「暁夕」。
一　一〇五三頁中一二行「監䕶」，諸本作「監護」。
一　一〇五三頁中一六行「四遶」，諸本作「四遠」。
一　一〇五三頁中一七行「子弟」，資、磧、普、南、徑、清作「子女」。又「接嶂」，諸本作「接踵」。
一　一〇五三頁下六行「肌骨」，資、磧、普、南、徑、清作「飢骨」。又「帝有」，資、磧、普、南、徑、清作「嘗有」；麗作「寺有」。
一　一〇五三頁下八行首字「融」，資、磧、普、南、徑、清作「鎔」。
一　一〇五三頁下二二行「皇老」，資、磧、普、南、徑、清作「黃老」。
一　一〇五三頁下末行第一二字「惲」，磧、普、南作「禪」。
一　一〇五四頁上一行「終始」，資、磧、普、南、徑、清作「經始」。
一　一〇五四頁上五行「周偹」，資、磧、普、南、徑、清作「用備」。
一　一〇五四頁上一〇行「二百」，資、磧、普、南、徑、清作「三百」。本頁下一二行同。
一　一〇五四頁上一九行「五百」，資、磧、普、南、徑、清作「五百里」。
一　一〇五四頁中一二行末字「侍」，諸本作「待」。
一　一〇五四頁中一六行「悲涼相結云」，資、磧、普、南、徑、清作「悲泣相繼云耳」。
一　一〇五四頁中二〇行第二字「出」，資、磧、普作「山」。
一　一〇五四頁中二二行「達禪師」，資、磧、普、南、徑、清作「有達禪師」。
一　一〇五四頁下八行第七字「湏」，資、磧、普、南、徑、清作「頂」。
一　一〇五四頁下九行第九字「水」，諸本作「冰」。

一　一〇五四頁下一六行第九字「感」，資、磧、普、南、徑、清作「戚」。

一　一〇五五頁上一行「宮亭」，資作「郢亭」。

一　一〇五五頁上三行末字「但」，資、磧、普、南、徑、清作「但恨」。

一　一〇五五頁上四行「呼嗟」，磧、普、南、徑、清作「吁嗟」。

一　一〇五五頁上六行「汎隱」，磧、普、南、徑、清作「汎汎隱隱」。

一　一〇五五頁上七行末字「被」，徑作「彼」。

一　一〇五五頁上一〇行第五字「刀」，諸本作「刃」。

一　一〇五五頁上二二行「江介戚紆累逢」，資、磧、普、南、徑、清作「江水成紆頻逢」。

一　一〇五五頁中一行「當陽」，資、磧、普、南、徑、清作「當隅」。

一　一〇五五頁中四行「言晤」，資、磧、普、南、徑、清作「言語」。

一　一〇五五頁中七行「咮噎」，資、磧、普、南、徑、清作「嗽噎」。

一　一〇五五頁中八行第三字「略」，資、磧、普、南、徑、清作「略序」。

一　一〇五五頁中二〇行「千雲」，資、磧、普、南、清、麗作「干雲」；徑作「于雲」。

一　一〇五五頁下二行「浩水」，麗作「治水」。又「集林」，諸本作「集材」。

一　一〇五五頁下五行首字「薨」，資作「夢」。

一　一〇五五頁下六行第六字「情」，資、磧、普、南、徑、清作「精」。又「艱違」，資、磧、普、南、徑、清作「難違」。

一　一〇五五頁下七行「功敗」，資、南、徑、清作「功致」。

一　一〇五五頁下一一行末字「墮」，資作「順」；麗作「惰」。

一　一〇五五頁下一七行「盛列」，資、磧、普、南、徑、清作「盛引」。

一　一〇五五頁下二二行「造者」，資、磧、普、南、徑、清作「造作」。

一　一〇五六頁上一行「三千」，麗作「三萬」。

一　一〇五六頁上三行第八字「涉」，資、磧、普、南、徑、清作「涉疑」。

一　一〇五六頁上一九行「多歸」，資、磧、普、南、徑、清作「名歸」。

一　一〇五六頁上二〇行「遍告雖來皆虧法利」，資、磧、普、南、徑、清作「遍吉雖來皆舒法利」。

一　一〇五六頁上末行「逾增」，資、磧、普、南、徑、清作「愈增」。

一　一〇五六頁中五行「同疾」，資、磧、普、南、徑、清作「因疾」。

一　一〇五六頁中一一行「黔識」，麗作「默識」。

一　一〇五六頁中二一行首字「面」，資作「雨」。又「二十」，資、磧、普、南、徑、清作「三十」。

一　一〇五六頁中二二行「其妨」，資、磧、普、南、徑、清作「其廣」。

一　一〇五六頁中末行「悔法」，資作「海法」。

一　一〇五六頁下四行「固約」，資、磧、普、南、徑、清作「因約」。

一　一〇五六頁下五行「此祀」，資、磧、普、南、徑、清作「此禮」。

一　一〇五六頁下一四行「臨饗」，資、磧、普、南、徑、清作「臨響」。

一　一〇五七頁上七行第四字「事」，諸本無。

一　一〇五七頁上九行「廣之」，資、磧、普、南、徑、清作「度之」。

一　一〇五七頁上一三行第九字「未」，麗作「末」。

一　一〇五七頁上二〇行「不普」，資、磧、普、南、徑、清作「不著」。

一　一〇五七頁中一行末字「淪」，諸本作「輪」。

一　一〇五七頁中一〇行「奉觀」，資、磧、普、南、徑、清作「奉勸」。

一　一〇五七頁中一三行「入止」，資、磧、普、南、徑、清作「入上」。

一　一〇五七頁中一六行「免哉」，資、磧、普、南、徑、清作「勉哉」。

一　一〇五七頁中卷末經名，資、磧、普、南、清作「續高僧傳卷第三十」；徑作「續高僧傳卷第三十九」。又卷次下，磧有夾註「興福篇」。

續高僧傳卷第三十　　明

大唐西明寺沙門釋道宣撰

雜科聲德篇第十　正傳十二　附見八

釋慧明不知何人貌儀象胡故世以胡明為目然其利口奇辯鋒涌難加搊體風雲銘目時事吐言驚世聞皆諷之後乃聽採經論傍尋書史捃摭大言不存文句陳文御世多營齋福民百風從其例遂廣衆以明駢衍吻機變不思諸有唱導莫不推指明亦自顧才力有餘隨聞即舉牽引古今包括大致能使聽者欣欣恐其休也宣帝在位太建五年將事北征觀兵河上已遣大都督程文季等領軍淮浦與齊對陣雄氣相傾帝甚憂及乃於太極殿命龜卜之試卦腹文颳然長裂君臣失色為不祥也即請百僧齋時一會臨中龜猝未測所由及行香訖乃陳卜意明抗聲敘致又述緣曰卜征龜破可謂千里路通既其文季前鋒豈不一期程捷時以為浮飾也至四月中次大小峴與齊大戰俘虜援兵二十餘万軍次譙合呂梁彭越前無撗陣故下勅云今歲出師薄伐邊服所獲梁土則江淮二百許城東西五千餘里然龜腹長丈号千里也遠驗明言宛同符契故明承此勢為業復隆偏意宗猷達悟登白者其量弘矣不測其終

釋道紀未詳氏族高齊之初盛弘講說然以成實見知門學業成分部結衆紀用欣然以教習之功成遺業也天保年中秋初立講紀引衆首出鄴

城南彼舊門人又引衆入正於閫刋欵尒相值紀曰卿從何来殊無礼也如何師範輙抗非耶既不傾屈理宜下道彼曰法鼓覺鳴利建斯在聲榮之望師資焉有紀不荅自為下道出于城外廻首告其屬曰吾講成實積三十載開悟匠導望有功夫解本擬行斯遺誡也今解而不行還如根本不解矣徒失前功終無後利往不可追来猶可及請並返京吾當別計乃退捿房戶廣讀經論為彼士俗而行開化故其撰集名為金藏論也一帙七卷以類相從寺塔幡燈之由經像歸戒之本具羅一化大啓福門論成之後與同行七人出鄴郊東七里而頓周迴七里士女通集為講斯論七日一遍往必荷擔不耻微行經書塔像為一頭老母掃帚為一頭齊佛境內有塔斯掃每語人曰經不去乎掃僧地如閻浮不如佛地一掌者由智田勝也親供母者以福與登地菩薩齊也故其孝性淳深為之縫補衣著食飲大小便利必身經理不許人兼

有或助者紀曰吾母也非他之母形骸之累並吾身也有身必苦何得以苦勞人所以身為苦先幸勿相助因斯以勵道俗從者衆矣又復勸人奉持八戒行法社齋不許屠煞所期既了又轉至前還依上事周歷行化數年之間遶鄴林郊奉其教者十室而九有同侶者故往候曰比行化俗何如道耶紀曰彼講可追今則無悔既往不咎知復何言後遭周氏吞併玄教同廢呼嗟俗壞每崇斯業及開法始更廣其門故彼論初云邪見者是也所以世傳何隱論師造金藏論終惟紀也故改名云然其所出抄略正文深可依准後不測其終

釋法稱江南人通諸經聲清響動衆陳氏所化舉朝奉之又善披導即務標奇雖無希世之明而有隨機之要隋平南服與白雲經師同歸秦壤住興善寺每引內禁叙論正義開納帝心即勅正殿常置經座日別差讀經聲聲不絶聽覽徹隟即閤經音遂終吳遐晩住定水與雲同卒俱八十餘仁

壽年也時有智雲亦善經唄對前白者世号烏雲令望所高聲飛南北每執經對御響振如雷時衆哀轉傳駐飛走其德甚衆祕不泄之故無事緒可列又善席上談吐驚奇子史丘索都皆諳曉對時引挽如宿搆焉隋煬在蕃弥崇敬愛召入慧日把臂朋從欣其詞令故也年登五十卒於京師王悲惜焉數日不出廣為追福又教沙門法論為之墓誌見於別集

釋真觀字聖達吳郡錢唐人俗姓范氏祖延蒸給事黃門侍郎父兇通直散騎常侍母桓氏溫良有德嘗悱憤無胤絜齋立誓誦藥師觀世音金剛波若願求智子紹嗣名家時獻統所圖迦毗羅王者在上定林寺巨有靈異躬往祈禱刻寫容影事像若真後藥師經七日行法至於三夕覺遊光照身自尒志性非恒言輙詣達豈非垂天誕人寄茫弘釋者也及其誕育奇相不倫左掌仙文右掌人字口流津液充閏榮府從幼至終未嘗患渴故體膚光偉雖老不褰舌又交加狀

如羅綺故得含章藴辯開神明晤又聲韻鍾鈴摠均風雨其見聞者莫不小有大槩五歲能蔬齋或登衣簾或執扇帚戲為談講八歲通詩禮和庚尚書林檎之作十六儒道群經柱下雲令望所遺隱時又流涉碁琴暢懷文集曰新月異師友驚忻嘗共友人逍遥津渚有善相者迎而拜曰年少當為大法師後即專誦淨名般若志存入道伺機承色二親弗許乃迦毗降夢子欲開籠拘令在絅此非黠慧父母感開心隨喜督勸降言并賜衣鉢義興生法師行絜小震躬為剪落大功德貞律師道譪雲陽請任和上研思十誦一遍能述又從華林園法師受成實論十遍十覆超振前摽自謂解成可墳以行也始誦法華日限一卷因斯通夢汝有大根忽守小道深可惜也遂往興皇聽摩訶衍質疑明難唐突玄門朗公精通綽然復加脂粉吾出講八年無一問至此能使妙義開神真吾師矣仍從北面數載研尋開善大忍法師匿影鍾山遊心

方等將欲試瞻先達問津高士因操捋扣寂用程玄妙乃嘆曰龍樹之道方興東矣辯勇二師當塗上將頻事折開亟經重席時人語曰錢唐有真觀當天下一半沙門洪偃才邁儒英鈎深釋傑面相謂曰權高多智耳白有名我有四絶尒具八能謂義導書詩辯貌聲碁是也由此王公貴遊多所知識始興王東臨禹井請以同行于時興皇講莚選能義集觀臨途既促感推前次既登高座開二諦宗百並縱横一言氷泮學士傅繹在席嗟曰三千攝首七十當初是上人者當為酬對金陵道俗見知若此既達東夏住香嚴寺講大涅槃四方義集復增榮觀興皇又三追曰吾大乘經論略已弘通而燕趙齊秦引領翹足專學雖多兼該者寡宜速反東蕃法門相寄于斯時也征周失律朝議括僧無名者休道觀乃傷迷嘆曰夫剎利居士皆植福富強黎庶斯小造罪貧弱欲茂枝葉反剋根本斯甚惑矣人皆惜命偷生我則亡身在法乃致書僕

射徐陵文見別集陵封書合奏帝懔然動容括僧由寢攜斯以言非但梁柱佛法亦乃明略佐時矣江夏王出鎮于越復請同行朗師吞咽良久言曰能住三年講堂相委復屬英王尚法利益深不可留也仍於禹穴屢動法輪特進扗稜請歸光顯傳教學徒及永陽鄱陽二王司空司馬消難並相次海運延仰淛東故得塗香慧炬以薰以爕頂敬傾心盡誠盡節天台智者名行絶倫先世因緣敦猷莫逆年臈既齊為法兄弟共遊秦嶺凌雲舊房朝陽澄景則高談慧照夕陰匿彩則深安禪寂及智者徵上關庭觀便瓜園敷說大流法味載廣俗心永陽還京仰奏清德舉朝僧正同請綸遂逢祚終斯事便寢隋祖尚法惟深三勅勞問秦王蒞蕃二延揔府皆辭以疾確乎不就齊王晚迎江浦躬申頂礼傳以香火送還舊邑之衆善寺開皇十四年時拯焼旱刺史劉景安請講海龍王經序王既訖驟雨滂霔自斯厥後有請便降吳越宗仰其若

神馬縣西有雲隱山者舊曰仙居峯
吐蓮華洞藏龍穴信江東之秀嶽也
觀既仁智內冥山水外狎共道安禪
師頭陀石室擅越陳仲寶率諸同侶
開藏拓基構立精舍号南天竺遂即
去邑還谷栖止終焉衆善講堂付門
人玄鏡鏡承緒寫相從不絕及文皇
造塔形勝所歸不謀同集取决於觀
乃指崔嵬高石可安塔基雖發誠言
孰為可信俛仰穿鑿洞穴自然狀似
方函宛如奩底天工神匠冥期若符
自介在山常講法華用為心要受持
讀誦躬自書弘五種法師於斯乎在
又持於經首明練深趣談吐新奇非
尋紙墨智思擊揚迥飛文外又感盥
洗遺滴地不為濡事理異人經之力
也峩亭神姓陳名重降祝請講法華
一遍遺以錢物又降祝捨其膺堂五
間為衆善佛殿攝斯以言感靈通供
誠希有也大業七年四月八日司馬
李子深更延出邑講大涅槃初出天
竺自標塋地至現病品夢見三人容
服甚盛把憣俱礼去淨居遣迎至六

月六日以疾而卧又夢與智者同攀
夾侍尊像冀佛還山覺已嘆曰昔六
十二應終講法華力更延一紀今七
十四復致斯應生期畢矣即集內衆
訓將來事曰欲生善道欲憑神力欲
出生死欲具佛法宜須持戒修定學
慧弘通正法勿令空過無所得也介
曰天台送書并致香爐石蜜觀覽書
曰宿世因緣宜後信矣命兩如意一
東向天台一留西法志諸雜服式吾
眼自分一還僧羯磨二成第五僧施
嘗有人夢飛殿來迎沙門寶慧又聞
空中伎樂至七月一日中夜跏坐盥
漱整服曰有人請講菩薩戒也端坐
恰然不覺已滅逝於衆善之舊寺從
子至午心頂俱煖身體柔軟顏色不
變右手內掘三指信宿流汗遍身至
四日移入禪龕時屬流火焰氣尚嚴
而儼若生存寔資神力從此至二十
五日四方輻湊六縣同集道俗公私
一期咸萃皆就屍手傳香表別攀德
號慕悲起纏雲追惟戒德泣垂零雨
至香花供獻日有千群隨次大齋開

龕睹奉而色相光潔眉毫更長倍異
生前咸加奇歎至二十六日乃永窆
於靈隱山真容掩方墳寫狀留天竺
是日四部亘一由旬香蓋成蔭幢幡
蔽野存亡榮慶非可勝言初觀聲辯
之雄冣稱宏富江表大國莫敢爭先
自正法東流談導之功衛安為其擬
首自介詞人莫不宗猷於觀是知五
百一賢代興有日佛法榮顯寔賴斯
乎開皇十一年江南叛反王師臨弔
乃拒官軍羽檄競馳兵聲逾盛時元
帥楊素整陣南驅尋便瓦散俘虜誅
剪三十餘万以觀名聲昌盛光揚江
表謂其造檄不問將誅既被嚴繫無
由申雪金陵才士鮑亨謝瑀之徒並
被擁略將欲斬决來過素前責曰道
人當坐禪讀經何因妄忤軍申乃作
檄書罪當死不觀曰道人所學誠如
公言然觀不作檄書無辜受死素大
怒將檄以示是你作不觀讀曰斯文
淺陋未能動人觀實不作若作過此
乃指摘五三處曰如此語言何得上
紙素既解文信其言也觀曰吳越草

竊出在庸人士學儒流多被擁逼即數艶謝之徒三十餘人並是處國賓主當世英彥願公冊慮不有悠奉素曰道人不愁自死乃更愁他觀曰生死常也既死不可不知人以為深慮耳素曰多時被繫叵解愁不索紙與之令作愁賦觀攬筆如流須臾紙盡命且將來更與一紙素隨執讀驚異其文口唱師來不覺起接即命對坐乃盡其詞故賦略云若夫愁名不一愁理多方難得醜縷試舉宏綱或稱憂憤或号酸涼蓄之者能令改貌懷之者必使迴腸尒其愁之為狀也言非物而是物謂無象而有象雖則小而為大亦自狹而成廣譬山岳之穹隆類滄溟之滉瀁或起或伏時來時往不種而生無根而長或比煙霧乍同羅綱似玉葉之晝舒類金波之夜上尒乃過違道理殊乖法度不遣喚而輙来未相留而恢住雖割截而不斷乃驅逐而不去討之不見其蹤尋之靡知其處而能奪人精爽罷人歡趣減人肌容損人心慮至如荊軻易

水藴武河梁靈均去國阮秭辭鄉且如馬生未達顏君不遇夫子之詠山梁仲大之撫庭樹並悵懟於胸府俱讚揚於心路是以虞卿愁而著書束哲愁而作賦又如蕩子從戎倡婦閨空悠悠塞北杳杳江東山川既阻夢想時通高樓進月傾帳来風愁眉歇黛淚瞼銷紅莫不感悲枕席結恋房櫳乃有行非典則心懷疑惑未識唐虞之化寧知禹湯之德霧結銅柱之南雲起煙山之北翦既盡於晉陽水復乾於踈勒文多不載素大嗟賞即坐釋之所達文上免死而為僕隸觀以才學之富弘導不疲講釋開悟榮光俗塵具於前叙其所講大乘四十二載又造藏經三千餘卷金銅大像五軀搆塔五層五僧德施造寺二所著諸導文二十餘卷詩賦碑集三十餘卷近世稱用其言衆矣

釋法韻姓陳氏蘇州人追慕舠從偏工席上騷索遠度罕得其節誦諸碑誌及古導文百有餘卷并王僧孺等諸賢所撰至於導達善能引用又通

經聲七百餘契每有宿齋經導兩務並委於韻年至三十獎於諠捷邀延踈請日別重疊乃於正旦割繩永斷即聽華嚴不久便覆恨悢棄功妄銷脣舌承栖霞清衆江表所推尋聲即造從受禪道又聞泰岳靈巖因往追蹤般舟苦行特立志梗槃不希名聞搭石破薪供給為任曉還故鄉有浮江石像者如前傳述後被燒燼而不委相量無由可建便於石像故基顯礼八万四千塔樹功既滿感遇野姓送一卷書及披讀之乃是昔像之緣也既有樣度依而造成大有徵應海中有陽需島者去岸三百韻往安禪惟服布艾行慈故也初達逢佐大風鬼物既見如常心毛不動九十日後恬然大安自知終事還返栖霞不久便卒春秋三十五即仁壽四年矣

釋立身江表金陵人志節雄果不緣淨綺威容肅然見者憚懾有文章工辯對時江左文士多興法會每集名僧連霄法集導達之務偏所牽心及身之登座也創發聲喉砰礚如雷

道俗緻襟毛竪自整至於談述業緣
布列當果泠然若面人懷猒勇晚入慧
日優贈日隆大業初年聲唱尤重帝
以聲辯之功動衷情抱賜帛四百段
氈四十領性本清儉無兼儲蓄率命
門學通共均分從駕東都遂終于彼
時年八十餘矣時西京興善官供尋
常唱導之士人分羽翼其中高者則
慧寧曠壽法達寶巖哮吼之勢有餘
機變之能未顯人世可覩故不廣也
釋善權揚都人住寶田寺聽採成論
深有義能欵尒迴思樂體人物隨言
聯貫若珠辯也衆以學工將立不願
弘之而權發悟時機為功不少適諸
為得遂從其務然海内包括言辯之
最無出江南至於銓品時事機斷不
思莫有高者晚以才術之舉煬帝所
知召入京師住日嚴寺獻后既崩下
令行道英聲大德五十許人皆号智
囊同集宮内六時樹葉令必親臨權
與立身分番礼導既絶　文墨惟存心
計四十九夜揔委二僧將三百度言
無再述身則聲調陵人權則機神駭

衆或三言為句便盡一時七五為章
其例亦尒煬帝與學士柳顧言諸葛
頴等語曰法師談寫乍可相從導達
鼓言奇能切對甚可訝也頴曰天授
英辯世罕高者時有竊誦其言寫為
卷軸以問於權權曰唱導之設務在
知機誦言行事自貽打棒雜藏明誠
何能輙傳宜速焚之勿漏人口故權
之導文不存紙墨每讀碑誌多疎儷
詞傍有觀者若夢遊海及登席列用
牽引囀之人謂拔情實惟巧附也大
業初年終日嚴寺時年五十三矣門
人法綱傳師導法汪汪任放譎詭多
奇言雖不繁寫情都盡蕭僕射昆
季時号學宗常營福祀登臨莫逮每
有擅會必遣邀迎然其令響始飛颷
馬早逝釋門掩扇道俗咸惋
釋智果會稽剡人率素輕清慈物在
性常誦法華頗愛文筆經史固其本
圖摘目得其清致時弘唱讀文學所
欣俗以其書勢逼右軍用呈晉王
乃召令寫書果曰吾出家人也復為
他役都不可矣一負聲教之寄二違

發足之誠王逼吾身心不可逼乃去
眼闇不能運筆王大怒長囚江都令
守寶臺經藏及入京儲貳出巡揚越
乃上太子東巡頌其序略云智果振
衣出俗慕義遊梁感昔日之提獎喜
今辰之嘉慶遂下令釋之賜錢一万
金鍾二枚召入慧日終于東都六十
餘矣時慧日沙門智騫者江表人也
偏洞字源精閑通俗晚以所學追入
道場自秘書正字讎挍著作言義不
通皆諮騫決即為定其今古出其人
世變體詁訓明若面馬每曰余字學
頗周而不識字者多矣無人通決以
為恨耳造衆經音及蒼雅字苑宏叙
周贍達者高之家藏一本以為珎璧
晚事導述變革前綱既絶文縟頗程
深器綴本兩卷陳叙謀猷學者秘之
故斯文殆絶京師沙門玄應者亦以
字學之富皂素所推通造經音甚有
科據矣
釋法琰俗姓嚴江表金陵人本名法
藏住願力寺聽莊嚴寺皭公成實入
義知歸時共讃賞每聞經聲唄讃如

舊所經充滿胷臆試竊尋擬意言通詣即以所解用諧先達咸曰卿曽昔習故有今縁不可恡也遂取瑞應依聲盡卷舉擲旁迸囀態驚馳無不訝之皆来迓啓乃於講隟一時為叙陳國齋會有執卷者若不陳聲齋福不濟故使人各所懐相從畢聽清音盈耳頌聲洋溢廣流世路晚被晉府召入日嚴終于武德復居玄法雖年迫期頤而聲喉不敗京室雖冨聲葉甚貧諸有尋味莫有高於琰者然而性在知足不畜貲財福利所歸隨皆散盡以貞觀十年卆于此寺九十餘矣

釋慧常京兆人以梵唄之工住日嚴寺尤能却囀哢響飛揚長引滔滔清流不竭然其聲發喉中脣口不動與人並立推檢莫知自非素識方明其作時隋文興法煬帝倍隆四海輻湊同歸帝室至於梵導讃叙各重家風聞常一梵颯然傾耳皆推心喪膽如飢渴焉僉曰若此聲梵有心聞之何得不善也衆雖效學風骨時参至於用與牽挽皆不及矣晚入東都梟感

作乱齋梵揔任咸共委常及平殄後復還闕壤時有僭帝曰逆賊建福言涉國家並可收之因即募覓常被囚送行次洛斛逃賊留曰往必被戮可於此止常日債負久作終須償了遂至東都果如言焉年四十餘矣時京師興善有道英神爽者亦以聲梵馳名道英喉顙偉壯詞氣雄遠大衆一聚其數万餘聲調稜稜高超衆外興善大殿鋪基十畝櫺扇高大非卆摇皷及英引衆遶旋行次窓門聲聒衡轝皆為動振神爽唱梵弥工長引遊囀聯綿周流内外臨機奢促恒洽衆心貞觀年中豫州治下照機寺曇寳禪師者斷穀練形戒行無點年六十許常講觀音導引士俗而聲調超挺特異人倫寺有塔基至於靜夜登上讃礼聲響飛衝周三十里四遠所聞無不驚仰

釋智凱姓安江表揚都人家世大冨奴僕甚多年在童丱雅重謝謔引諸群小乃百數人同戲街衢以為自得陳氏耆室省門無衛禁凱乃率其戲侶

在太極殿前獅令而過朝宰江揔等顧其約束銓叙駐步訝之相視笑曰此小兒王也及至學年揔擲前緒承沙門吉藏振宗禹穴往者談之光聞遠近便辞親詣焉從受三論偏工領疊所以初章中假複詞遣滯學人苦其煩挐而凱統之泠然釋頃各有投詣及藏入京因倍同住義業通廢專習子史今古集傳有開意抱輙條踈之隨有福會因而標擬至於唱導將半更有緣来即為叙引冥符衆望隋末唐初嘉猷漸著每有殿會無不仰推廣誦多能罕有其類嘗於内殿佛道雙嚴兩門導師同時各唱道士張鼎雄辯難加自恨聲小為凱陵架欲待言了方肆其術語次帝德鼎延其語凱斜目之知其度也乃含笑廣引古今皇王治乱濟溺得喪銓序言無浮重文極鋪要鼎攝既窮凱還叙緒一代宰伯同賞摽奇臨機之妙詰辝若此而情均貧冨赴供不差存念寒微多行針療後以繩點所拘申雪無路從於原部乃冠服古賢講開莊

老時江夏王道宗昔在京輦弟多福會至於唱叙無非凱通後督靈州携隨任所留連歲稔欣慕朋從及巡撫燕山問罪浿海皆與連騎情同比影在蕃齋祀須有導達乃㠋幔令凱作之至于終詞無不泣淚王亦改容遂卒於彼

釋寶巖住京室法海寺氣調閑放言笑聚人情存道俗時共目之說法師也與講經論名同事異論師所設務存章句消判生起結詞義巖之制用隨狀立儀所有控引多取雜藏百譬異相聯辟觀公導文王孺懺法梁高沈約徐庾晉宋等數十家包納喉衿觸興抽拔每使京邑諸集塔寺肇興費用所資莫匪泉貝雖玉石通集藏府難開及巖之登座也按几顧望未及吐言擲物雲崩須臾坐没方乃命人從物談叙福門先張善道可欣中述幽途可厭後以無常逼奪終歸長逝提耳抵掌速悟時心莫不解髮撤衣書名記數剋濟成造咸其功焉時有人云夫說法者當如法說不聞陰

界之空但言本生本事巖曰生事所明為存陰入無主但濁世情鈍說陰界者昏睡也故隨物附相用開神府可不佳乎以貞觀初年卒于住寺春秋七十餘矣

論曰自古諸傳多略後科晉氏南遷方開名實然則利物之廣在務為高忍界所尊惟聲通解且自聲之為傳其流雜焉即世常行空歸探索今為未悟試揚擢而論之爰始經師為德本實以聲糅文將使聽者神開因聲以從迴向須世皆捐其音鄭衛弥流以哀婉為入神用騰擲為清舉致使淫音婉變嬌哢頻繁世重同迷尠宗為得故聲唄相涉雅正全乖縱有刪治而為時廢物希貪附利涉便行未曉聞者悟迷且貴一時傾耳斯並歸宗女衆僧頗兼之而越墜堅貞殊虧雅素得惟英俊失在戲論且復取訛將絕宗匠者希昔演三千今無一契將非淤世遷貿固得行藏有儀乎道達之任當今務先意在寫情疎通玄理本寔開物事屬知機不必誦傳由

乖筌悟故佛世高例則身子為其言初審非斯人則雜藏陳其殃咎統其明拔終歸慧門法師說法之功律師知律之用今且隨相分位約務終篇俗有無施不可又陳無偽一人道則不輕末學亦開降外須博是以前傳所叙殷勤四能即用以觀誠如弘例何以明耶若夫聲學既豊則温詞雅贍才辯横逸則慧發隣幾必履此蹤則軌躅成於明道如乖此位則濫同羇於玄津但為世接五音人纆九惱俗利日隆而道弘頗躓所以坐列朝宰或面對文人學攝疎蕪時陳鄙俚褒奬帝德乃類阿衡讃美寒微翻同旒晃如陳滿月則曰聖子歸門迷略璋弦豈聞牀几若叙閨室則誦窈窕縱容能令子女奔逃尊卑動色僧倫為其掩耳士俗莫不寒心非惟謂福徒施亦使信情萎萃又有逞齒脣吻搖鼓無慙豔飾園遊閨光犬馬斯並學非師授詞假他傳勇果前聞無思箴艾遂即重輕同迹真誤混流頹厚既增弥深㵼券寧謂道達豈並然耶

至如善權之對晤儲兩千紙不獘其繁華真觀之抜難程神百句弥開其邪信故得存亡定其尊考佳嚴審其郊邑詞調流便弈弈難窮引挽倫綜愜當情事能令倨傲折體儒素解顏使識信牢强頌聲載路今且略明機衆則得人開悟如此有背斯言則來誚掩化如彼輙試論矣臨機難哉唄匿之作沿世相驅轉革舊章多弘新勢討覈原始共委漁山或指東阿昔遺乍陳竟陵冥授未詳古述且叙由來豈非聲乖久布之象惟信口傳在人為高畢固難准大約其體例甚衆焉至如梵之為用則集衆行香取其靜攝專仰也考其名實梵者淨也寔惟天音色界諸天來覲佛者皆陳讚頌經有其事祖而習之故存本因詺聲為梵然彼天音未必同此故東川諸梵聲唱尤多其中高者則新聲助哀般遮掘勢之類也地分鄭魏聲亦參差然其大途不爽常習江表關中巨細天隔豈非吴越志揚俗好浮綺致使音頌所尚惟以纖婉為工秦壤

雍梁音詞雄遠至於詠歌所被皆用深高為勝然則處事難常未可相奪若都集道俗或傾郭大齋行香長梵則秦聲為得五衆常礼七貴恒興開發經講則吴音抑在其次豈不以清夜良辰昏漠相阻故以清聲雅調駭發沉情京輔常傳則有大小兩梵金陵昔拵亦傳長短兩引事屬當機不無其美劒南隴右其風體秦雖或盈虧不足論評故知神州一境聲類既各不同印度之與諸蕃詠頌居然自別義非以此唐梵用擬天聲敢惟妄測斷可知矣唄匿之作頗涉前科至於寄事置布仍別梵設發引為功唄匿終於散席尋唄匿也亦本天音唐翻為靜深得其理謂衆將散恐涉亂緣故以唄約令無逸也然靜唄為義豈局送終善始者多慎終誠寡故隨因起誠而不無通議頌讚之設其流寔繁江淮之境偏饒此翫彫飾文綺糅以聲華隨卷稱揚任契便擲然其聲多豔逸翳覆文詞聽者但聞飛弄竟迷是何筌目關河晉魏兼而重之

但以言出非文雅稱呈拙且其聲約詞豊易聽而開深信惟彼南服文聲若林向若節之中和理必諧諸幽遠隨墮難沂返亦希焉至如生嚴之詠佛緣五言結韻則百歲宗為師轄遠運之讚淨土四字成章則七部欽為風素斯並無聲以蔚其本故得列代傳之或者問曰向叙諸讚敗績由聲余聞非聲無以達心非聲不颺玄理故歌詠頌法以為音樂斯言何哉必有此陳未聞前喻義須銘裁節約得使文質相勝詞過其實世誚所非聲覆法本佛有弘約何得掩清音而希激楚忽雅衆而冒昏夫斯誠耻也京輦會坐有聲聞法事者多以俗人為之通問所從無由委者昌然行事謂有常宗並盛德之昔流未可排斥至於聖哲尋訓通別兩序以命章述經叙聖人法諸頌以標首雖復序頌文別而開發義同古聖垂範於教端今賢祖承於事表世遠莫測其面斯推想得其蹤信有依焉固非誕妄且大集叢內昏雜波騰九十欲正理何由可

靜未若高颺洪音歸依三寶忽聞駭耳莫不傾心斯亦發萌草創開信之奇略也世有法事号曰落花通引皂素開大施門打剎唱舉抽撒泉貝別請設坐廣說施緣或建立塔寺或繕造僧務隨物讚祝其紛若花士女觀聽擲錢如雨至如解髮百數數別異詞陳願若星羅結句皆合韻聲無暫停語無重述斯實利口之銛奇一期之赴捷也餘則界得僧得其徒復弘尋常達覩科要易悉故不廣也若夫適化無方陶甄不一知微詐幾達信誰焉然則堅信終乎我亡知微極乎想滅自斯階降漸次不倫達化以識變為明通法以濫委為闇故身子謬說無昇悟入衆首妄悔畢為譏訶自餘下凡諒難圖矣且道開物悟信乎說道之功既非會正何能審觀止可登機之務以意商量接俗之能存乎此舉猶應執文信度懲革者希擬人以倫固當非各悠哉遐想通斯意焉終南太一山沙門京兆釋道宣敢告法屬曰竊以法流所被非人不弘須

世澆離多乖名實後學奔競未志尋籌致淡篇章凋殘者衆自梁已後僧史荒蕪追討英猷罕有徽緒豈非綴緝寡鮮聞見遂況高行明德湮埋難紀輙不涯揆且掇在言至於傳述固虧嘉績猶賢絕墜無聞於世所以江表陳統瓊晃琰皭之疇河北高都融琛散魏之侶英聲冒於天漢盛行動於人心並可楷摸俱從物故嘗以暇日遍訪京賢名尚不聞何論景行撫心之痛自積由來相成之規意言道合仰託周訪務盡搜揚勿謂繁多致乖弘略世之三史卷餘四百尚有師尋豈喻釋門三五袠也故當徵有操行可用師摸即須綴筆更廣其類豈不光闡僧海舟徑聖蹤則釋門道勝顧思齊之有日俗流上達增景仰於生常邪輙舒傳末冀期神之有據耳

續高僧傳卷第三十

續高僧傳卷第三十

校勘記

一　底本，金藏廣勝寺本。一〇六五頁中原版殘，以麗藏本換。

一　一〇六四頁中一行經名，資、磧、普、南、清作「續高僧傳卷第三十一」；徑作「續高僧傳卷第四十」。

一　一〇六四頁中三行「正傳十二附見八」，資、磧、普、南作「正傳十二附見八人」；徑、清作「正傳十二人附見八人」。

一　一〇六四頁中七行首字「隋」，徑、清無。下至一二行首字同。

一　一〇六四頁中八行「蘇州」，資、磧、普、南、徑、清作「蔣州」。

一　一〇六四頁中一四行首字「唐」，徑、清無。一五行首字同。

一　一〇六四頁中一六行「不知何人貌儀象胡」，資、磧、普、南、徑、清作「不知何許人儀貌象胡」。

一　一〇六四頁中一九行末字「掇」，

資、磧、普、南、徑、清作「拾」。

一〇六四頁下六行「太拯殿」，資、磧、普、南、徑、清作「太拯殿中」。又「試卦」，磧、普、南、徑、清作「試拄」。

一〇六四頁下一一行第九字「程」，資、磧、普、南、徑、清作「利」。

一〇六四頁下一三行「俘虜」，資作「處」。又「譙合」，資作「推合」；磧、普、南、徑、清作「樵合」。

一〇六四頁下一九行「不測」，資、磧、普、南、徑、清作「莫測」。

一〇六五頁上二行第一一字「殊」，資、磧、普、南、徑、清作「乃殊」。

一〇六五頁上五行「紀不答」，資、磧、普、南、徑、清作「紀何不答」。

一〇六五頁上七行「匠導」，資、磧、普、南、徑、清作「正道」。

一〇六五頁上二二行第六字「性」，資、磧、普、南、徑、清作「必性」。

一〇六五頁中一六行第七字「通」，資、磧、普、南、徑、清作「誦」。

一〇六五頁下三行「時条」，麗作「時慘」。

一〇六五頁下一六行「巨有」，磧、普作「臣有」。

一〇六五頁下二二行「閏榮府」，資、磧、普、南、徑、清作「潤榮府」。

一〇六六頁上二行「莫不」，麗作「莫不驚異」。

一〇六六頁上六行「雲令望」，資、普、南、徑、清、麗作「河上無」；磧作「何上無」。

一〇六六頁上一〇行第一二字「乃」，麗作「乃曰」。

一〇六六頁上一一行「拘令」，資、磧、普、南、徑、清作「勿令」。

一〇六六頁上一四行第二字「功」，磧、普、南、徑、清無。

一〇六六頁上一五行「華林園」，資作「華林國」；磧、普、南、徑、清作「華林圓」。

一〇六六頁中四行「折開」，資作「析開」；磧、普、南、徑、清作「折關」；麗作「開析」。又「錢唐」，資、磧、普、南、徑、清作「錢塘」。

一〇六六頁中六行末字「白」，麗作「目」。

一〇六六頁中一一行「宗百」，徑、清作「宗旨」。

一〇六六頁中一二行「傅繹」，磧、普、南、徑、清作「傅緯」。

一〇六六頁中一九行第一〇字「朝」，資作「期」。

一〇六六頁中二一行第四字「福」，資、磧、普、南、徑、清作「福田」。又「斯小」，麗作「厮小」。

一〇六六頁中二二行第五字「反」，資作「及」。

一〇六六頁中末行「在法」，磧、普、南、徑、清作「存法」。

一〇六六頁下一行「合奏」，磧、普、南、徑、清作「令奏」。

一〇六六頁下七行「傳教」，徑作「傅教」。

一〇六七頁上一行「雲隱山」，諸

本作「靈隐山」。

一〇六七頁上七行「文皇」，資、磧、普、南、徑、清作「文宣」。

一〇六七頁上一四行第二字「持」，麗作「特」。

一〇六七頁中一一行首字「眼」，資作「服」。

一〇六七頁中一三行「伎樂」，麗作「鼓樂」。又「一日」，磧、普、南、徑、清作「七日」。又「跏坐」，資、磧、普、南、徑、清作「跏趺而坐」。

一〇六七頁中一七行「掘三指」，資、磧、普、南、徑、清作「屈三指」。

一〇六七頁中二一行第一三字「拳」，麗作「叙」。

一〇六七頁中末行首字「至」，資、磧、普、南、徑、清作「至於」。

一〇六七頁下六行「大國」，磧、普、南、徑、清作「文國」。

一〇六七頁下一二行首字「師」，資、磧、普、南、徑、清作「帥」。

一〇六八頁上三行首字「主」，諸本作「王」。

一〇六八頁上六行第八字「叵」，資、磧、普、南、徑、清作「頗」。

一〇六八頁上二〇行「恢住」，資、磧、普、南、徑、清作「悏住」；麗作「忽住」。

一〇六八頁上末行「肌容」，資、磧、普、南、徑、清作「顏容」。

一〇六八頁中三行第三字「大」，諸本作「文」。

一〇六八頁中八行「淚瞼」，資、磧、普、南、徑、清作「淚臉」。又「咸悲」，資、磧、普、南、徑、清作「感悲」。

一〇六八頁中一一行「煙山」，諸本作「燕山」。

一〇六八頁下三行首字「跡」，磧、普、南作「流」。

一〇六八頁下四行「恨恨」，資、磧、普、南、徑、清作「恨浪」。

一〇六八頁下七行第六字「特」。資、磧、普、南、徑、清無。

一〇六八頁下九行「石像」，資作「名像」。

一〇六八頁下一四行「三百」，資、磧、普、南、徑、清作「三里」。

一〇六八頁下一七行「怙然」，麗作「帖然」。又「自知」，資、磧、普、南、徑、清作「自知命」。

一〇六八頁下一九行「江表」，資、磧、普、南、徑、清作「江東」。

一〇六八頁下二〇行末字「工」，資、磧、普、南、徑、清作「攻」。

一〇六九頁上九行「曠壽」，磧、普、南、徑、清作「廣壽」。又「寶巖」，資、磧、普、南、徑、清作「寶嚴」。

一〇六九頁上一三行第一〇字「工」，資、磧、普、南、徑、清作「功」。

一〇六九頁中六行第一一字「之」，次頁上一四行第一一字同。資、磧、普、南、徑、清作「之法」。

一〇六九頁中九行末字「傴」，麗作「麗」。

一〇六九頁中一三行「任放」，資、磧、普、南、徑、清作「放曠」。

一〇六九頁下六行首字「今」，資作「令」。

一〇六九頁下二二行「嶙公」，資、磧、普、南、徑、清作「嶙公」。

一〇七〇頁上二行末字「昔」，資、磧、普、南、徑、清作「共」。

一〇七〇頁上四行「旁迸」，資、磧、普、南、徑、清作「牽迸」。

一〇七〇頁上九行第一二字「法」，資、磧、普、南、徑、清作「法師」。

一〇七〇頁上一五行「哢響」，資、磧、普、南、徑、清作「弄響」。又「飛揚」，諸本作「飛揚」。

一〇七〇頁上二〇行「椎心」，資、磧、普、南、徑、清作「摧心」。

一〇七〇頁中五行末字「遂」，資、磧、普、南、徑、清作「送」。

一〇七〇頁中一三行第一〇字「奢」，麗作「賒」。

一〇七〇頁中一七行「人倫寺」，資、磧、普、南、徑、清作「仁倫寺」。

一〇七〇頁下七行「釋頓」，資、磧、普、南、徑、清作「頓釋」。

一〇七〇頁下九行「有開」，麗作「有開」。

一〇七〇頁下一三行「内殿」，資、磧、普、南、徑、清作「殿内」。

一〇七〇頁下一八行「濟溺」，徑、清作「濟弱」。

一〇七一頁上五行「須有」，資、磧、普、南、徑、清作「頃有」。

一〇七一頁上九行「道俗」，資、磧、普、南、徑、清作「導俗」。

一〇七一頁上一一行「生起」，資作「生成」。又第八字「結」，資、磧、普、南、徑、清作「採結」。

一〇七一頁上一九行第二字「従」，諸本作「徙」。

一〇七一頁上二一行「抵掌」，資作「指掌」。又「速晤」，資、磧、普、南、徑、清作「達晤」；麗作「速悟」。

一〇七一頁中三行第三字「皆」，資無。

一〇七一頁中七行「方開」，麗作「方開」。

一〇七一頁中一〇行「楊擢」，資、磧、普、南、徑、清作「揚推」；麗作「揚擢」。

一〇七一頁中一二行「彌流」，資、磧、普、南、徑、清作「珍流」。

一〇七一頁中一四行「嫋哢頻繁」，資、磧、普、南、徑、清作「嬌弄頻繁」；麗作「嬌哢頻繁」。

一〇七一頁中一八行「兼之」，磧、南、徑、清作「嫌之」。

一〇七一頁中一九行「英俊」，諸本作「隨俗」。

一〇七一頁中二一行「固得」，南、徑、清作「因得」。

一〇七一頁下三行首字「明」，諸本作「朗」。

一〇七一頁下六行「未學」，資、磧、普、南、徑、清作「末學」。

一〇七一頁下一四行第五字「乃」，資、磧、普、南、徑、清作「反」。

一〇七一頁下一五行「迷略」，麗

- 作「悉略」。
- 一〇七一頁下一九行第二字「施」，資、磧、普、南、徑、清作「難施」。
- 一〇七一頁下二〇行「閏光」，資、磧、普、南、徑、清作「潤光」。
- 一〇七一頁下末行「癡券」，麗作「癡滯」。又「道達」，資、磧、普、南、徑、清作「導達」。
- 一〇七二頁上六行首字「使」，麗作「便」。
- 一〇七二頁上一三行第一三字「甚」，資、磧、普、南、徑、清作「其」。
- 一〇七二頁上一七行末字「詺」，資、磧、普、南、徑、清作「詔」。
- 一〇七二頁上二〇行「掘勢」，資、磧、普、南、徑、清作「屈勢」。
- 一〇七二頁中一行第二字「梁」，資、磧、普、南、徑、清作「冀」。
- 一〇七二頁中三行「傾郭」，資、磧、普、南、徑、清作「傾國」。
- 一〇七二頁中四行「恒興」，磧、普、南、徑、清作「胥興」。
- 一〇七二頁中二一行「稱楊」，諸本作「稱揚」。
- 一〇七二頁下五行「百藏」，資、磧、普、南、徑、清作「百歲」。
- 一〇七二頁下八行「敗績」，麗作「唄績」。
- 一〇七二頁下一二行「世該」，資、磧、普、南、徑、清作「世諺」。
- 一〇七二頁下一八行「尋訓」，麗作「彝訓」。
- 一〇七二頁下一九行「聖人法」，資、磧、普、南、徑、清作「聖人之法」。
- 一〇七三頁上四行第一〇字「抽」，徑、清作「拘」。
- 一〇七三頁上五行第六字「施」，徑、清作「拖」。
- 一〇七三頁上七行第一二字「數」，資、磧、普、南、徑、清無。
- 一〇七三頁上一〇行第二字「赴」，麗作「走」。
- 一〇七三頁上一八行「說道」，磧、普、南、徑、清作「說導」。
- 一〇七三頁上二一行第六字「各」，諸本作「咎」。
- 一〇七三頁中一行「澆離」，磧、南、徑、清作「澆漓」。
- 一〇七三頁中三行「徽緒」，資、磧、普、南、徑、清作「微緒」。
- 一〇七三頁中五行第五字「涯」，資、磧、普、南、徑、清作「崖」。
- 一〇七三頁中七行第八字「嚼」，資、磧、普、南、徑、清作「爝」。
- 一〇七三頁中一八行第一二字「之」，資、磧、普、南、徑、清作「人知」。
- 一〇七三頁中卷末經名，資、磧、普、南、清作「續高僧傳卷第三十一」；徑作「續高僧傳卷第四十」。又卷次下，資、磧、普、南有夾註「聲德篇」。

中華大藏經(漢文部分)

校勘凡例

一　《中華大藏經(漢文部分)》的底本以《趙城金藏》爲主;《趙城金藏》缺佚,則以《高麗藏》等作底本。各卷所用底本的名稱及涉及底本的其他問題,均在校勘記的第一條中說明。

一　《中華大藏經(漢文部分)》選用的參校本共八種,即《房山雲居寺石經》(石)、宋《資福藏》(資)、《影印宋磧砂藏》(磧)、元《普寧藏》(普)、明《永樂南藏》(南)、明《徑山藏》(徑)、《清藏》(清)、《高麗藏》(麗)。

一　校勘記中的「諸本」,若底本爲金藏,即包括石、資、磧、普、南、徑、清、麗全部八種校本;若底本爲麗藏,則包括石、資、磧、普、南、徑、清全部七種校本。其他情况若用「諸本」,校勘記中則另加說明。

一　校勘採用底本與校本逐字對校的办法,只勘出經文中的異同及字句錯落,一般不加評注。參校本若有缺卷,或有殘缺、漫漶等字迹無可辨認者,則略去不校,校勘記亦不作記録。

一　一經多卷,經名、譯者、品名出現同樣性質的問題,一般只在第一卷出校,並注明以下各卷同;分卷不同時,以底本爲主出校。

一　古今字、異體字、正俗字、通假字及同義字,一般不出校。如:

古今字:宍(肉);猗(倚);距(跛);銔(矛);誼(義)等。

異體字:脎(槃);剎(刹);皃(貌);惱(惱);旻(碍、礙、閡)等。

正俗字:怪(恠);滴(渧);體(躰);刺(刾);閉(閇)等。

通假字:惟(唯);嫉(疾);頻(嚬、顰);揣(搏);尠(鮮)等。

同義字:言(曰);如(若);弗(不)等。